U0565828

北朝隋唐史論集

黄永年 著

上册

山西出版传媒集团
山西人民出版社

图书在版编目（CIP）数据

北朝隋唐史论集 / 黄永年著. — 太原：山西人民
出版社，2025. 3. — ISBN 978-7-203-13726-9

Ⅰ. K239.207-53

中国国家版本馆 CIP 数据核字第 2025JM2603 号

北朝隋唐史论集

著　　者：黄永年
责任编辑：崔人杰　张志杰
复　　审：傅晓红
终　　审：梁晋华
装帧设计：陈　婷

出 版 者：山西出版传媒集团·山西人民出版社
地　　址：太原市建设南路21号
邮　　编：030012
发行营销：0351-4922220　4955996　4956039　4922127（传真）
天猫官网：https://sxrmcbs.tmall.com　电话：0351-4922159
E－mail：sxskcb@163.com　发行部
　　　　　sxskcb@126.com　总编室
网　　址：www.sxskcb.com

经 销 者：山西出版传媒集团·山西人民出版社
承 印 厂：山西出版传媒集团·山西人民印刷有限责任公司

开　　本：720mm×1020mm　1/16
印　　张：57.5
字　　数：853千字
版　　次：2025年3月　第1版
印　　次：2025年3月　第1次印刷
书　　号：ISBN 978-7-203-13726-9
定　　价：249.00元（上下册）

如有印装质量问题请与本社联系调换

黄永年先生与中国中古史研究

黄永年先生（1925—2007）出生于江苏常州，1950年毕业于复旦大学历史系。终身以教书为业，先后任教于上海（西安）交通大学和陕西师范大学，曾任陕西师范大学古籍整理研究所所长，并兼任全国高等院校古籍整理研究工作委员会委员、全国古籍整理出版规划领导小组成员及北京大学中国古文献研究中心兼职教授等多种学术职务。黄永年先生是我国老一辈古代史及古文献学著名研究专家。

黄先生幼时西方式教育已经普及，不像时代略早的一些前辈学者，他从小并未上过私塾，而是和今天的幼童一样入幼稚园，升入小学、中学。他从小喜爱读书，《春秋左传》《资治通鉴》《太平广记》等典籍，多在中学即已通读，由此对史学产生浓厚兴趣。他早年师从吕思勉、童书业及顾颉刚等诸位大师，受业名家，渊源有自，根柢深厚。

黄先生研究兴趣广泛，涉及史学、古典文学及目录版本、碑刻、书法等诸多领域，但如其本人所言，其中较成体系的主要还是在中古史方面。20世纪40年代，黄永年先生在复旦大学求学时受陈寅恪先生的影响，对唐史研究产生浓厚兴趣，开始涉足这一领域。之后60年，尤其是自20世纪80年代排除了种种政治干扰以后，他潜心于唐史研究，成果丰硕。90年代以来，研究兴趣又上溯至北朝，同样取得了为学界瞩目的成就。多年来，黄先生在这一领域发表的论文多有反响，其关于唐史研究的系列文章，曾由美国汪荣祖教授代编为《唐代史事考释》（1998年台北联经出版事业公司出版）。后黄先生复手订论文结集为《文史探微》（2000年北京中华书局出版）。所著《唐史史料学》因内容扎实，方便使用，久已蜚声士林，是当今唐史研究者的入门必备之书。《六至九世纪中国政治史》(2004年上海书店出版社出版)，更是他在个人多年研究的系列论文基础上加以充实连贯而成的厚积薄发之作。黄永年先生于中古历史研究的诸多领域，如政治事件、民族关系、典章制度、历史人物及思想文化等方面都有深入的见解，其谨严的学风和深厚的文献功底，向来为学界所称道。

长久以来，人们多已习惯政治史以王朝为断限的研究方法，黄先生却打破了人们习见的这一传统格局，独辟蹊径，选取北朝至唐代后期作为中国政治史上相对完整的一个时期予以考察。这绝非一时心血来潮，别出心裁，而是对长时段的中国历史精心钻研后深思熟虑的结果。他认为，发生在北周、北齐和隋的若干重大史事及其创建之制度，如"关中本位政策"及关陇集团的存在，北魏迁都以后汉化政策的影响，齐、周间的文化差异及特点，文武合一和文武分途以及与门阀士族之关系等等，皆对入唐以后的政治发展影响甚深。依照他的看法，唐朝后期尤其是黄巢攻入长安，伴随安史乱后唐廷长期赖以维持的主要军事力量神策军的解体，标志着历史开始转入地方藩镇相争的阶段，而这一阶段实应与五代十国至宋初的动乱割据视为一体。这些见解，可谓发前人之所未发，不惟令人耳目一新，更是颇具灼见的论断。

在隋唐史领域，史学大师陈寅恪无疑具有开拓创建之功。他在中国中古史研究中的诸多精辟认识，至今仍予后学者以启迪。黄先生早年曾与陈先生有过文字之交，后者可以说是他进入唐史研究领域的启蒙者和领路人。他服膺陈先生的学术成就，从其历年刊布的论文和著作中，能够时时感受到这一点。但这并不表示他就此拘于陈先生建立的庞大体系之中，而放弃了自主见解。事实上，在黄先生的各种论著中，随处可以见到他对陈先生某些具体看法的不同意见。黄先生这种不囿成说独立思考的治学态度，在早年就已展露端倪。他在大学时代的毕业论文《论唐代河北藩镇及其相关问题》，即根据唐人记载安史之乱的第一手文献《安禄山事迹》所说安史叛军的构成状况"其中契丹，委任尤重，一国之柄，十得二三"，来否定陈先生以昭武九姓为安史主力的说法。

宇文泰实行关中本位主义，进而演进成为隋及唐前期政治上把持大权的关陇集团，这是陈先生于隋唐史研究最重要的创获之一，也是认识这一段历史的关键所在。此说自提出以后，已为学界普遍接受，几成定说。然黄永年先生关注这一问题有年，经长期思考及深入探究之后，对之提出了重大补充与修正。对于陈寅恪先生未曾深入论述的关陇集团究竟是先进还是落后这一问题，黄先生也表明了自己的看法。他从文化方面将关陇集团所在的西魏北周与东魏北齐加以对比，认为这一集团属性落后，并不代表社会发展的方向。在对这一问题的考察中，黄先生提出他自己对中国社会发展和转型问题的系统认识。他就关陇集团"文武合一"这一本质特征进行深入分析，认为早在西周春秋时代，上层统治者具有文武合一的特质，由于当时是封建领主社会，文武合于领主一身正是这个社会的典型特征。战国时期，封建领主制社会转型进入封建地主制社会，文武合一的领主消失。但是社会发展往往是曲折前行的，封建领主制至东汉末又出现反复，形成了魏晋时期的门阀制度，成为封建领主制彻底死亡前的回光返照。关陇集团的文武合一，正是这一背景下的产物。

关陇集团的延续历史，涉及这一势力在政治上究竟发挥了多长时间的主导作用，这无疑也是关于关陇集团历史评价的又一个关键性问题。陈寅恪先生在提出关陇集团这一重大概念的同时，已经做出论断，认为这一集团历时150年，延至武周遭到武曌的彻底破坏。这一问题是黄先生关于关陇集团的又一个思考重点。北周灭北齐、杨坚平定相州总管尉迟迥的举兵、隋兵南下灭陈实现寰宇一统，关陇集团进入全盛时代。但是其后发展是否真如陈先生所言，直到武周才遭全面解体？面对这几乎已不是问题的成说，黄先生再次展现出学术探求的勇气。他通过对《隋书》的仔细研读，以陈先生提出的"文武合一"界定标准，对当朝权贵逐一进行分析，指出在文帝时，关陇集团把持朝政的局面大体尚可维系，但是到炀帝时，朝贵中大多数已成为文职，因而不再具有关陇集团的这一典型特征，关陇集团实际上仅维持了半个多世纪即已开始解体。对于个中原因，黄先生同样做了历史的考察。他认为在"关中本位政策"指导下形成的关陇集团之所以局限于关陇，是因为宇文泰当年只控制了关陇地区，其实力远较东魏北齐及南朝萧梁为弱，这些地区的人才不能为其所用之故。自隋唐统一寰宇，所用人才当然不可能继续局限于关陇而必然同时从山东、江左选拔。此系列论断见于他的《从杨隋中枢政权看关陇集团的开始解体》《关陇集团到唐初是否继续存在》及《论北齐的政治斗争》等论文。

关中本位政策被破坏之前，凡是操持关中主权之政府，即可宰制全国。此内外轻重之势使政治革命中只有中央政治革命可以成功，地方政治革命则无论如何名正言顺，均以失败告终。然而中央政治革命有成功，亦有失败，其原因何在？陈寅恪先生认为："其关键实系于守卫宫城北门禁军之手，而北门之重要则由于唐代都城建置之形势使然"①，并详述高祖、太宗至中宗、玄宗四次政变，认为其成败均以玄武门之得失及屯卫北门禁军之向背为关键。陈先生从玄武门做出关乎政治革命成功与失败这样一篇大文章，可谓以小见大之典范，向为史家所称道。但黄先生同样并未止步于此，他在《敦煌写本常何墓碑和唐前期宫廷政变中的玄武门》一文中就这个问题进行了专门的探讨。他认为玄武门本身并不像陈先生所说的那么重要，只是因为当时禁军屯营就在玄武门外，以致宫廷政变之动用禁军者必然要就近突入玄武门而已。玄宗开元年间，左右屯营地点发生变更，不再屯驻于玄武门，大明宫及大内的玄武门仅各留一营兵力，从此玄武门的重要性便不复如前。至于中唐，禁军左三军列于皇帝所居大明宫东面南边大和门外，右三军列于西面北边九仙门外，玄武门从此更是无关大局。由此，黄先生指出政变成败的关键并不在于是否首先抢占玄武门，而在于力量是否占优势从而是否能够取得禁军的支持。至于武德九年的玄武门事变则并非如陈先生所言是获得了禁军的支持，只是当时的秦王李世民率领少数死党在玄武门内冒险伏击而侥幸成功，禁军将领常何在政变后未获擢升便是铁证。

黄先生在这一领域的其他论文，如《说永徽六年废立皇后事真相》

① 陈寅恪：《唐代政治史述论稿》中篇《政治革命及党派分野》，生活·读书·新知三联书店2001年版。

《说李武政权》及《开元天宝时所谓武氏政治势力的剖析》等以武则天及则天朝政治为研究对象，后二文更对陈寅恪先生《记唐代李武韦杨婚姻集团》一文做出了较大修正。《说马嵬驿杨妃之死的真相》和《〈长恨歌〉新解》言玄宗朝政事，点明马嵬之变并非出于禁军的自发行为，而是内廷宦官与外廷宰相争斗的结果。《唐肃宗即位前的政治地位和肃代两朝中枢政局》一文对唐肃代两朝的宦官、宰相及皇帝之间的关系作了深入的探讨。至于德宗朝政事，则有专门论述两税法改革的《唐两税法杂考》《论建中元年实施两税法的意图》及《"泾师之变"发微》等文章。《所谓"永贞革新"》一文着力考察了顺宗朝以王叔文为首的政治集团的活动，黄先生在文中指出，所谓"永贞革新"其实只是顺宗周围的新贵同德宗旧部之间的权力之争，就其性质而言，并无多少新意。而且经查考以后发现，顺宗周围的新贵中先人实多士族，他们的对立面反而多庶族，这与教科书所谓的代表庶族利益的王叔文等人与士族集团作斗争的说法正好相反。《唐元和后期党争与宪宗之死》言宪宗朝政事，文章从宪宗妃郭氏不得立为皇后，来论证其所生穆宗虽得立为太子，但地位仍不够巩固，因此与其母合谋杀害宪宗以正大位。黄先生还在文中考证了元和十四年《赵氏夫人墓志》上"改元永新"的来由，继而论定《续玄怪录》"辛公平上仙"条乃言顺宗被杀之事，否定了陈寅恪先生认为是讲宪宗之死的说法。这些文章后多被收录于《文史探微》，同时也是其《六至九世纪中国政治史》一书内容的重要组成。

由于黄先生在唐代政治史领域的研究与陈寅恪先生异同处甚多，所以学界不免有些议论，大意是大凡陈寅恪先生写什么，黄先生也多有相同的文章，题目一样，内容却正好相反云云。殊不知陈先生要建立的是整个文化体系，实在不必拘泥于细处，而黄先生绝非特意与陈先生之说立异，只是本着求真的态度在学术这块园地辛勤耕耘而已，而此点实是陈先生所倡导之学术精神的继续与坚持。事实上，在黄先生自述性的文字里，常常提及陈先生对他的启发与影响，而他的一些文章也是非常支持陈先生的说法的。如他的《论北齐的文化》即从颜之推何以弃周就齐、内齐外周这样一件小事，论证了陈先生关于隋唐制度文化渊源判断的正确。陈寅恪先生当年曾提出"华夏文化造极于赵宋之世"这样一个论断，惜未能予以深论，这也成为黄先生不时思考的一个问题。唐宋之世，中古社会发生了深刻的改变，学人于此早已有所意识。20世纪，日本学者提出唐宋变革论的主张，即是对这一现象的一种解释。通过多年来对北朝隋唐史的研究与考察，黄先生提出：中国古代社会及文化的发展，从封建领主制至地主制的转型，在门阀势力日渐消亡的隋与初唐即告完成，此后的唐宋已然进入成熟的封建地主制社会。这一阶段的社会形态为我国历史所独有，其文化成就之光辉灿烂远远超过了中世纪时期的西欧。黄先生的见解符合历史大势，对于这一认识无论认可与否，这一论断确实已经超越了一般的断代史研究，这是对中国古代社会发展的一种全局式的认识，其深刻处绝非斤斤较于锱铢者可比。或者可以更进一步认为，黄先生于唐代政治史领域的研究，实质上是对陈寅恪先生《唐代政治史述论稿》的补充与修正，也是他向其前辈学人表示礼敬的最好方式。

黄永年先生是文献学大家，曾撰写过《唐史史料学》《古籍整理概论》《碑刻学》《古籍版本学》等教材，为《雍录》《类编长安志》及《西游证道书》等古籍作过校点，并选译过《北齐书》《周书》《旧唐书》和《颜氏家训》，以及韩愈诗文、吴伟业诗等典籍，晚年整理出版的《古文献学四讲》是他多年授课的讲义，包括"目录学""版本学""碑刻学"和"文史工具书简介"四个部分，是文史研究入门者的必备之书。据黄先生自述，他在上高中时有幸听到吕思勉先生讲授国文、本国史、中国文化史与国学概论四门课程，由此"开了眼界，掌握了读书做学问的基本方法"，之后又得到童书业先生和顾颉刚先生的指教，尽管后来他没有跟从几位前辈以研习先秦史为业，但他们对中国古史的基本看法，尤其是他们精密不苟的考证方法，使他受益终生。①

黄先生博览群书，功底深厚，尤其重视对文献资料的运用，但他并不

---

① 黄永年：《治学浅谈》，载《文史知识》1993年第6期。

强调寻找并依靠所谓孤本秘籍，或是地上地下新发现的史料。读常见书，用常见书，是他个人治学的一个重要特点，也是他从顾颉刚、陈寅恪等诸位老师那里继承的路径。黄先生曾经谈道："譬如研究古代史，纪传体的《二十四史》是常见书，《资治通鉴》也是常见书；研究先秦，《十三经》、诸子是常见书；讲诗文，若干大家的集子还有《文选》之类是常见书。这些其实都是最重要最基本的文献，碑刻、敦煌卷子以及近年出土的临沂、银雀山汉墓简牍，虽然也很有用，毕竟太零碎，只起辅助作用。"①他对唐代历史的考察，所引用资料就几乎都是在这些常见书籍范围之内。

以他对玄宗朝宰相问题的研究为例。谈及玄宗朝的宰相，人们一般只注意到开元时期的姚崇与宋璟，天宝时期的李林甫和杨国忠，而且许多人仍沿袭《旧唐书·李林甫传》"史臣曰"的认识："开元任姚崇、宋璟而治，幸林甫、国忠而乱。"由于唐代实行的是集体宰相制度，所以黄先生在着手这一课题时，对玄宗即位起的几十位宰相进行了全面考察。他首先利用两《唐书》纪传和《新唐书·宰相表》，将这些宰相的任职时间逐一核计，结果着实出人意表：号称开元盛世时任职的宰相，一般任期只有三年多，少的仅有一年多乃至几个月，姚崇、宋璟二人也不例外。姚崇任宰相时间为三年零两个月，继任的宋璟也是如此，二者相加不过六年零三个月，还不到开元二十九个年头的四分之一。黄先生由此认为，开元之治全凭此二人之力显然不符合历史实际。开元后期情况有所变化，李林甫任宰相一职直至天宝后期，长达十八年零七个月；继任的杨国忠因安史之乱爆发，随玄宗逃离长安在马嵬驿被杀，属于非正常死亡，在位三年零八个月。随后他又主要利用两《唐书》中有关列传对这些宰相在任期内的表现进行剖析，如姚崇，虽然在任内对玄宗有所襄助，但是政治上的作为相当有限，另一方面却是他玩弄手段，屡屡谗毁排挤倾陷异己，党庇亲信，最终因此而不得不下台了事。至于宋璟，其政绩同样没有多少可以称道之处。黄先生进而考察了玄宗一生中几个关键时期的年龄：开元元年为二十

---

① 黄永年：《治学浅谈》，载《文史知识》1993年第6期。

九岁，天宝元年五十八岁，天宝十五载七十二岁。通过这一细致具体的梳理，黄先生指出：玄宗登基之初，各路人物奔竞投靠，各有来头，因此在外朝不易形成重心，同列之间相互排挤倾陷之事自然层见叠出。同时，开元时期的玄宗正当年富力强，有兴趣有精神直接过问外朝宰相之事，此时宰相之间的矛盾也容易暴露其弱点，易于为他抓住及时处理。至于李林甫执政时期外朝权力相对集中，这主要是因为玄宗此时已渐入老境，加上政局的长期稳定，也使他不再像当初那样有兴趣过问外朝之事，这样李林甫才能长期把持朝政。①显然，黄先生的认识没有停留在表面，应当更接近历史的真实。但是，他在这里并没有依赖什么罕见或新出史料，这无疑也为后学者指明了从事史学研究所应具有的一种基本态度。

当然，这并不表示黄先生不重视一般史料甚至很少为人使用的其他资料，事实上，他非常善于从不太为治史者所重的另类文献中撷取所需。如前所述，对于安史主力的成分，他注意到唐人《安禄山事迹》的记载，从而修正了陈寅恪先生的说法。

又如他对于"两税法"的考察。两税法是中唐时财政方面的重大举措，20世纪中期的经济史研究热潮中，已有多位学者予以探讨，其结论甚至已写进教科书。黄先生在重提这一问题时指出，这一改革实际上是政治问题，此前研究者在研究时并没有真正说清楚两税法本身及其相关的诸多问题，主要原因在于史料掌握得不够充分，一般多采用《旧唐书·杨炎传》，而于实施两税法的第一手资料《唐会要》等则很少充分利用。除《唐会要》及《旧唐书》《新唐书》《资治通鉴》而外，黄先生所利用文献尚有《唐大诏令集》《册府元龟》《文苑英华》，以及多种唐人别集、敦煌文书乃至史家几不置目的《夏侯阳算经》，对于文献中的相关资料，庶几穷尽，故而其于两税法的认识在某一层面上可以说是大大超越了前贤时辈。②

再如利用《太平广记》。这是一部北宋初年官修的大型古小说汇集，

---

① 见黄永年：《六至九世纪中国政治史》，上海书店出版社2004年版，242—256页。

② 见黄永年：《六至九世纪中国政治史》，上海书店出版社2004年版，370—400页。

因其多具神怪色彩，受"子不语怪力乱神"观念的影响，历来并不为治史者所重。《〈纂异记〉和卢仝的生卒年》一文，反映黄先生善于利用此类材料考史的深厚功力。卢仝是中晚唐之际有名的文士，有诗集传世。关于卢仝之死，《唐才子传》载其为唐文宗时甘露之变中被宦官杀害。有人以为此说起自宋代，不见于唐人记载，故不可信。持此论者主要依据同时代的贾岛《哭卢仝》诗："平生四十年，惟着白布衣。"因而据其生年推算，应早在甘露之变前二十年已亡。黄先生此文考订卢仝死于甘露之变的说法并非宋代始有，他所引用的证据是《太平广记》卷三五〇《鬼类·许生》条。而此条可谓是通篇鬼话，说的是武宗会昌时许生下第东归，途经寿安（今河南宜阳）遇到一位老叟，一路同行来到喷玉泉。在这里见到四位衣金紫者，这几位称老者为"玉川"。然后众人吟诗唱和，感慨身世，均似遭遇莫大冤屈，语意悲凉，并点明许生遇到的这几位都是鬼。黄先生解读道这老叟就是卢仝，玉川子本为其号；其他四人据宋人钱易《南部新书》说"《纂异记》中有'喷玉泉幽魂'一篇，即甘露四相也"，就是甘露之变中被杀的四位宰相王涯、贾𫗧、舒元舆、李训。此条所出之《纂异录》（原书已佚）撰者为李玫，作于唐宣宗大中时。撰者与上述几人大体同时代而年辈略低，早年曾受过王涯的接济。由此可证卢仝死于甘露之变的说法早在唐代即有，同时人说当代事，记述当然是可信的。贾岛诗实际是说卢仝成人后四十年没有做官，而不是指他只活了四十岁。黄先生此文发表后被《唐才子传校笺》第五册全文采纳，评曰"黄文所考堪为定论"。

谈及治学心得时，黄先生坦言他认为一开始写学术性的东西应该写论文，甚至是读书札记，这样才有能力将它写好。等到同类的论文积累多了，到了一定年纪再写这方面的专著，这才真正是个人的研究成果。如果不想写著作，汇成论文集也是好的。①综观黄先生的学术道路，一路正是这样走来。他的《唐代史事考释》《文史探微》等所收录论文皆为其历年研究的精华。黄先生的政治史研究代表之作《六至九世纪中国政治史》，

---

① 黄永年：《治学浅谈》，载《文史知识》1993年第6期。

即为他在多年考求中古史系列论文基础上结撰而成，是黄先生几十年研治中古政治史的压卷之作，代表当代这一领域研究的最高水平。而这部洋洋四十万字的宏著完全是一己所见而绝无水分，这种严谨的学风与认真的态度，应当成为后辈努力的标杆和学习的榜样。

贾二强

2024 年孟夏

我和唐史以及齐周隋史（代前言）

我这个人在学问上兴趣广，史学、古典文学以及版本、碑刻、书法都写过自认为过得去的文字，但较成体系的还在于我国的中古一段。40年代后期开始涉足唐代文史的探讨，进入90年代又上溯到北齐、北周、杨隋。今承邀把个人在这方面的研究实况公开，聊博知好一粲。

一

我开始接触学问，是1938年冬天在沦陷区常州城里地摊上买到吕诚之（思勉）先生的《经子解题》。1941年夏天又买到吕先生的《先秦史》。1942年就读于敌伪管辖所不及的苏州中学常州分校，正式成为吕先生的学生，听了他讲的"国文""本国史""中国文化史""国学概论"四门课。又经吕先生介绍购读了《古史辨》，认识了《古史辨》第七册的编著者童丕绳（书业）先生并成为他的学生，抗战胜利后又成为顾颉刚先生的学生。按理讲我研究中国历史应该研究先秦，1946年上复旦大学开始发表的学术文字如《春秋末吴都江北越都江南考补》《李斯上书谏逐客事考辨》以及与徐中舒先生商榷"委蛇"是虎抑蛇等便都是考先秦的事物。只是研究唐代文史的兴趣也在这时产生了，引导者即是陈寅恪先生的名著《唐代政治史述论稿》。这是1946年冬天在上海河南路商务印书馆买到的，同时还买到寅恪先生的另一册《隋唐制度渊源略论稿》，不过当时看不懂，看懂且引起兴趣的是这册《述论稿》。

原先我上高中时已看了《通鉴纪事本末》，是当章回小说那样看热闹的，读了寅恪先生的《唐代政治史述论稿》，才知道如何读史书、如何做研究的门道。几十年后我从列宁的《论民族自决权》里看到这样的话："在分析任何一个社会问题时，马克思主义理论的绝对要求，就是要把问题提到一定的历史范围之内。"我想，这不也正是《唐代政治史述论稿》和寅恪先生其他著作使用的方法吗？这种科学方法把我从《资治通鉴》等以君之明暗、臣之忠奸去解释历史的陈腐观念中彻底解脱出来，我至今仍深深地感谢。

但当初我还没有直接接触唐代政治史，而是先从文化领域下手，这又有个原因。即我在1944年高中毕业、到其时中央大学的南京部分混了半年回常州自学后，曾从吕诚之师处借来《太平广记》通读。《广记》中多数是唐人的杂记小说，使我能利用来解决一些唐代文化上的问题，首先是"魌头"问题。"魌头"者，据《大唐六典》《唐会要》等本是"方相"一类的东西，《太平广记》记载"方相"变怪之事甚多，从中可知道它是用竹或荆编扎成形在送葬时开路驱邪的，并非埋进墓里的明器，"魌头"自亦如此。因此其时博物馆里把唐三彩中怪兽状的明器按照罗振玉所说标为"魌头"，显然是错误的。1946年冬天我写了文章在上海博物馆主编的《文物周刊》上发表，很快博物馆就去掉"魌头"的标签改标为"镇墓兽"。由此我还写了一系列考证明器的文字。再一次是在1948年初，写了《读陈寅恪先生〈狐臭与胡臭〉兼论狐与胡之关系》。寅恪先生原作只引用了唐崔令钦《教坊记》和五代何光远《鉴诫录》，我则利用更早的《广记》所引刘宋时刘义庆《幽明录》和刘敬叔《异苑》等文字，并认为"西胡之入中国，本为华人之所歧视，乃缘'胡''狐'读音相近之故，遂以'狐'称之，借寓鄙弃之意于其中"。文章发表后我剪寄寅恪先生，蒙先生不弃，由其夫人代笔作覆，还附赠刚在《清华学报》发表的《长恨歌笺证》抽印本。我又据以重读《白氏长庆集》，写了几条先生《笺证》所未涉及的札记——《汉皇与明皇》《骊宫》《行幸骊山季节》发表，其时已当解放前夕。1951年我购读寅恪先生的《元白诗笺证稿》初版线装本，知先生在岭南无恙，且喜我的《札记》悉与《稿》中所说暗合，又将札记剪报寄先生，先生复寄赠《岭南学报》上的新作《崔浩与寇谦之》等篇。这是我当年和寅恪先生的一段文字交往。顺便说一下，这种文字上的交往商榷，即使在后学与前辈之间也是很寻常的事情，前辈多不以后学之持异议为忤，后学也初无因之沾沾自喜之意，我至今仍认为是一种良好的风气。

1949年上海解放，1950年7月我从复旦历史系毕业。前此我的文章多在报纸的文史性质副刊上发表，这时此类文章自不合需要了。但我仍写了两篇唐史研究的文字。一篇是《读〈秦妇吟〉札记》，因为当时研究农民起义已成时尚，我也未能免俗，札记对涉及黄巢事迹的韦庄《秦妇吟》作了若干考释，颇与寅恪先生《读秦妇吟》立异之处，因仍是用文言文写的，没有地方发表，只提供给王大华学姊让她征引进同一题目的毕业论文了。再一篇我当时认为是大文章，即我自己的题为《论唐代河北藩镇及其相关问题》的毕业论文。这个题目是毕业前的寒假里定下来的，是从《唐会要》所说"故事尝以范阳节度使为押奚契丹两蕃使，自至德后藩臣多擅封壤，朝廷优容之，俱务自完，不生边事，故二蕃亦少为寇"受到启发，进而论述了河北藩镇实为遏制奚、契丹而设置，至安史乱后仍有此作用，五代时契丹大肆入寇，乃缘幽州节度赵德钧之降敌而自弃屏障，并考证安史武力之多凭借奚、契丹，而否定了寅恪先生以西域昭武九姓胡为安史主力之说。花了一个多月时间草成此两万多字的论文，由大华姊代为清抄缴卷，当时自亦无问世之可能。

1950年开始实施大学毕业生统一分配，我被派到交通大学任政治课助教，以后升讲师，除写过一些讲历史知识的通俗小册子外，没有发表过本行的学术性文字。1956年迁校西安。1957年因反对学生闹事，主张深入群众、化解矛盾而被打成右派，1962年安排在校图书馆工作并摘帽。这时想，人活着总得干点有益的事情，不许阿Q革命就弄学问吧！于是利用下班后的剩余时间重理唐史旧业。

自50年代起，由于把经济基础决定上层建筑之说简单化，认为研究历史必须首先研究经济财政。好吧！我也就在唐代的经济财政上作点研究，看是不是有本领啃得动。当时王仲荦先生在《历史研究》上发表了一篇《唐代两税法研究》，虽然在两税法兼包户地税这点是讲对了的，但对两税法之为按地区摊配而无全国统一税额，对两税法之较前加重剥削，对实施两税法是中央要与地方争财权而并非因农民起义作让步等重大事项，或则避而不谈，或则作了错误的讲说。于是我根据实施两税法的第一手文献建中元年正月五日赦文、二月十一日起请条以及《唐会要》上"其月大赦天下"云云的纪事，对上述事项作了明确的解答。我又发现贺昌群先生在《汉唐间封建的国有土地制与均田制》一书里把唐代籍帐上的"常田"误释为永业田，把"部田"误释为"畿外州县的公田"，也撰写长文重事考释。当然，这些考释工作当时是做得比较艰苦的。买不起中华书局新印的《册府元龟》，托人从省图书馆借来，把有用的史料抄满一本笔记本。没有师友可商讨。解放后成为我岳父的童丕绳先生在某些问题上又和我持不同的看法，认为改行两税法只是经济规律所驱使，否认我提出的是中央和地方争财权，并批评我不好好学习马克思主义的理论。到"文革"开始，这些研究工作自然又成为抗拒思想改造的罪行。

"文革"后期闹"评法批儒"，转使弄古代文史无形中合法化。我曾借此把先前所学包括版本之类传授给个别工农兵学员；同时还计划把旧作整理一下，改写成札记保存下来，想留到后世总有用处。当时共拟了三十多个条目，已完成的条目把那篇讲河北藩镇的毕业论文作了多处充实。

还在"文革"前一两年，郭沫若先生发表了《兰亭序》不是王羲之所书写的文章。我因为上中学时就喜欢玩碑刻拓片，认为郭的结论虽对，考证尚欠精审，就另行写了文章，在"文革"后期整理成《书法源流杂论》，手写油印了若干份。

二

右派分子即使摘了帽子也是很难发表文章的。我当时也本无此发表文章以至重登讲坛的非分之想，真作此想保证要进疯人院的。但托十一届三中全会、改革开放之福，摘帽右派居然也能重见天日。1978年9月我调入陕西师范大学，先在图书馆编撰了一本《馆藏善本书目》，接着前辈史筱苏（念海）教授邀我协助他招收中国古代史唐史方向的硕士研究生。1979年元月右派问题正式改正，恢复了讲师职称，1981年升副教授，1982年升教授。工作单位先在历史系，继在唐史研究所，1983年学校成立古籍整理研究所，任副所长，1987年任所长。此外，1983年教育部成立全国高等院校古籍整理研究工作委员会，任我为委员，1992年兼任国务院古籍整理出版规划小组成员，1988年至1992年还担任过第七届全国人民代表大会代表。对这些职务职称，我是这么看待的：职务是叫你做工作，不论当所长、当委员、当代表，总得或多或少地占用教学和科研时间，但这也是一种为人民服务，占了一般没有怨言。至于职称，给了可增加点工资，可扩大点住房，给我自不拒绝，但要认清楚，给了职称并非学问也随之提高，绝无昨天是讲师写的文章就差，今天提了副教授、教授文章就突然好起来之理。正经的是要乘此东风把失去的光阴补回来，把教学和科研赶上去。科研是要多出成果为学术大厦添砖加瓦，为自己的国家争光彩；教学是培养青年使后继有人，且能超越前人。至于其他得失荣辱，就都是身外之物了。所以1986年申报博士点被人暗算未获通过后，我除了为学校受到损失而惋惜外，仍一如既往地尽力于教学和科研，顾全大局。

教学上我曾给历史系77级78级讲过唐史专题课，给稍后几届讲过目录学课，更多的是给硕士生讲课。从1979年起招收了多届中国古代史唐史方向硕士生，1982年起还招收多届历史文献学硕士生，其间在1985年还由国家教委核准招过历史文献学硕士生班，合起来总共招过七十多名。可以一说的是所授课程除了外语和政治外，近十门基础课专业课最初都由我一手包揽，没有给一个半个学期的备课时间，统统利用寒暑假写讲义，开学就讲，有的讲义还事先印发。也正因为写的都是自己的东西，个别承用吕诚之师等前辈旧说处为数无几，所以一本讲义写起来不过十天半个月就完工。后来正式出版的《古籍整理概论》《唐史史料学》，以及即将出版的《古籍版本学》，都是用这种讲义修订而成的。

这里着重讲科研即写学术性文章。其中一部分是把前此的旧稿改写，把当年的毕业论文改写成《唐代河北藩镇与奚、契丹》《〈通典〉论安史之乱的"二统"说证释》《"羯胡""柘羯""杂种胡"考辨》《论安史之乱的平定和河北藩镇的重建》四篇发表，讲两税法的改写成《唐两税法杂考》和《论建中元年实施两税法的意图》发表，《读〈秦妇吟〉札记》改写成《〈秦妇吟〉通释》发表，《唐代籍帐中"常田""部田"诸词试释》则稍作修饰即发表，《书法源流杂论》近年以原稿发表未亊改作。

更多的时间自然要研究新课题，重点放在唐代政治史上。因为这方面除了陈寅恪先生有若干论说包括《唐代政治史述论稿》这本名著外，通行教科书还基本上停留在君之明暗、臣之忠奸的水平上，连寅恪先生正确的东西也不被吸收，有些人主观上想讲唯物主义，今天看来仍不是那么一回事，至于寅恪先生的失误之处自更少有人起来匡正了。因此这唐代政治史实际上多半是有待开垦的园地。正好要我带唐史方向的硕士生，就有计划地从武德、贞观时的政治斗争开始，一个课题一个课题地做下去。

首先写了篇《论武德贞观时统治集团的内部矛盾和斗争》，着重论证李世民通过平定山东积蓄起来的自外于高祖李渊的势力，在太子建成、齐王元吉反击下已处于劣势，玄武门之变李世民取胜实有极大的偶然性，而凡此均属权力之争无是非可说，并以此规律来解释了太宗朝太子承乾与魏王泰之争。其后又写了《敦煌写本常何墓碑和唐前期宫廷政变中的玄武门》，指出玄武门本身并非如陈寅恪在《唐代政治史述论稿》里所说那么重要，只是因为当初禁军屯营就在玄武门外，致宫廷政变之能动用禁军者必就近突入玄武门而已。至于武德九年李世民发动玄武门军事政变则并未获得禁军的支持，只是率少数死党在玄武门内冒险伏击而侥幸成功，禁军将领常何在政变后未蒙升擢便是铁证。另外又写了《李勣与山东》，论证山东在唐初之重要，李勣实以山东军事领袖而致身显要。

接着研究武曌。先撰文驳斥了郭沫若先生的武则天研究。再撰写《说永徽六年废立皇后事真相》，阐明此止是高宗与元老重臣长孙无忌、褚遂良争夺权力的措施，武曌在此斗争取胜后始转而向高宗夺权。又撰写《说李武政权》和《开元天宝时所谓武氏政治势力的剖析》，对寅恪先生《记唐代之李武韦杨婚姻集团》一文作了较大幅度的修正。撰写《读唐刘潘墓志》，探索了李唐政权对武曌本人和武周朝所持的不同态度。

对玄宗朝的政治，除将有关安史之乱的毕业论文改写发表外，着重研究了内廷宦官与外朝宰相之争，所撰写《说马嵬驿杨妃之死的真相》实际上阐说了这个政治问题。《〈长恨歌〉新解》也本此立说，并从白居易本人所说论定其为"风情"之作而初不存在今人所说的歌颂爱情或对统治者作讥刺。继此所写《唐肃宗即位前的政治地位和肃代两朝中枢政局》，则对肃代两朝宦官、宰相与皇帝的关系作探讨。

德宗朝的政局除前述两税法诸文外，写了《"泾师之变"发微》，着重指出朔方军之始终不为朝廷所信用，而神策军则系中央拥有的强大野战部队，为唐室所依仗的可靠武力，此所以不敢轻易交付职业军人而必由天子的代理人宦官来统率。

顺宗朝王叔文等执政，今教科书多称之为"永贞革新"。我撰写《所谓"永贞革新"》，指出此止是顺宗周围新贵与德宗旧人间的权力之争。并查考顺宗周围新贵中先世实多士族，其对立面转多庶族，与教科书所谓代表庶族的王叔文诸人与士族作斗争之说适相反背。至于所谓种种革新事迹亦非顺宗朝所独有，如反藩镇则宪宗上台后反得更为彻底。

宪宗朝的政局则写了篇《唐元和后期党争与宪宗之死》，从宪宗妃郭氏之不得立为皇后，论证其所生穆宗虽立为太子地位仍欠稳固，从而与郭氏合谋杀宪宗以正大位。文中并考证元和十四年《赵氏夫人墓志》上"改元永新"之来由，复论定《续玄怪录》"辛公平上仙"条是讲顺宗之见杀，否定了陈寅恪先生认为是讲宪宗之死之说。

此外，我还应《祖国丛书》之邀写了小书《旧唐书与新唐书》和《唐太宗李世民》，应《文史知识》之邀写了文章《唐代的宦官》和《盛世英主唐玄宗》，也都把上述研究成果写进去而不仅作一般的讲述。

唐代的文物和文化方面，我写了《唐天宝宣城郡丁课银铤考释》《释敦煌写本〈杂钞〉中的"面衣"》，并应西安市家具学会之邀写了《唐代家具探索》，应西安市烹饪学会之邀写了《说饼——唐代长安饮食探索》，还利用《太平广记》的材料写了《佛教为什么能战胜道教》和《说狄仁杰的奏毁淫祠》。又应中华书局之邀点校了自明以来久未版行的元骆天骧《类编长安志》，也是给研究唐长安城和唐史提供了重要的文献。

唐代文学方面，除《〈长恨歌〉新解》和《〈秦妇吟〉通释》外，写了《释敦煌写本王道祭杨筠文兼论有关王梵志的考证》《"士先器识而后文艺"正义》《论韩愈》《论韩愈在中国思想史上的地位》《〈纂异记〉和卢仝的生卒年》《〈三梦记〉辨伪》《〈东阳夜怪录〉王梦鸥注匡谬补阙》《李商隐的〈利州江潭作〉究竟在说什么》。

还写了不少文学方面的其他文章和版本碑刻方面的文章。重要的有《述〈注坡词〉》《记元刻〈新编红白蜘蛛小说〉残页》《记清康熙刻本〈济颠语录〉》《〈西洋记〉里金碧峰的本来面目》。还给中华书局点校《西游证道书》并写了长篇前言，对《西游记》的成书经过和版本源流作了比较精确的论述，否定了百回本出于吴承恩之说。因为不属唐代范围，这里就不多讲了。

以上这些文章，除了唐代政治部分是有计划地研究撰写，还有一些是应人之邀而写外，都是看书时有所发现才动笔。其中又包括两种情况：一是人家没有讲过的我来讲，当然必须是事关紧要的有用的，不能写"邻猫生子"式的文章。再是人家讲错了的我来纠正，其中有些是纠正通行教科书的，而和陈寅恪先生异同处就更多。但从方法来讲，如前所说仍是受了寅恪先生的启发。而且撰写文章不依靠孤本秘笈而用人所习见之书，要从习见书中看出人家看不出的问题这一点，也是继承了寅恪先生以及顾颉刚师等老一辈学人的做法。习见书如纪传体正史中未被发掘未见利用的实在太多了，再利用上几辈子也用不完。不此之图，光坐等孤本秘笈的出现包括考古掘得新东西，岂非有点"守株待兔"的意味。

三

早在1982年，也就是我改正复出，开始发表了一些文章而其中与陈寅恪先生有异同之时，某学术团体在成都开会，会上有位比我年长的教授私底下警告我说："你再也不要写和陈寅恪先生有不同看法的文章了！"当时我着实吃惊，对毛泽东同志都不"两个凡是"了，难道对寅恪先生倒不能稍持异议要来"两个凡是"？于是我严肃地回敬了一句："对不起，这种文章我还要写下去！"事实上我就是这么做的。上述研究唐史时是如此，从1990年起进入北朝齐周和杨隋的研究后还是如此。而且由于牵涉到"关陇集团"等带有根本性的问题，因而异同好像更为显著。

这里还得说一下我的研究为什么不从中唐以后往下推而倒过来上溯齐周杨隋，自然是考虑到有些唐代的事情不上溯弄不清楚。但还有个偶然的因素，即其时我所在的全国高等院校古籍整理研究工作委员会组织人员编写一套《古代文史名著选译丛书》，我建议"二十四史"也都得今译，结果《北齐书》《周书》落到我的头上。这两书我只翻过，没有认真读过，既要选译，就得认真读一遍。谁知一读就读出了问题，促使我把兴趣和精力上移到这齐周杨隋上面。

最早发现的是陈寅恪先生《隋唐制度渊源略论稿》"财政"章有问题。寅恪先生认为"和籴之法乃由西北地方制度一变而成中央财政制度"，但我发现《北齐书·神武纪》有高欢"于白沟颅船不听向洛，诸州和籴粟运入邺城"之说，说明和籴以济京师之法早已在中原实施。又查了《唐会要》"仓及常平仓"和《册府元龟》"常平""平籴"等文献，更发现即在开元前期已多次颁行在关内、河南诸道和籴的诏敕，如何能说迟至开元二十五年方缘西北诸州之启发而在中原和籴？于是写了《和籴以济京师事初不始于盛唐》，又增补为《元魏李唐和籴以济京师事考释》，先后发表以对此问题作匡正。

寅恪先生《隋唐制度渊源略论稿》的"兵制"章也有问题。寅恪先生认为宇文泰身为柱国大将军后，更以此职分授李弼、赵贵等六人及实无职守的西魏宗室元欣以凑成八柱国者，乃"摹拟鲜卑旧时八国即八部之制"以满足李、赵等六人的权欲。我发现这与《周书》的记载有矛盾。因为从《周书》看，潼关、沙苑二役时此六人所分掌的兵力均不到千人，且绝无联合起来对付宇文泰的痕迹，则宇文泰何所惧而必满足彼等的权欲？再看分任此六人为柱国大将军，是在宇文泰东征河桥、邙山二役战败，深感降附的乌合之众不足用而亟须整训之时。因而任命李、赵等为柱国大将军者，实是叫他们负责整训，看李、赵等六人之任柱国大将军均有先后而非同时便是明证。因而写了纠正寅恪先生旧说的《宇文泰所以建立八柱国制的一种推测》。

再往下写的是《论北齐的文化》。从西魏破灭江陵萧氏政权"虏其百官及士民以归，没为奴婢者十余万"的措施之野蛮，以及颜之推被虏后要"经砥柱之险"，"具船将妻子来奔"北齐，且以北齐为本朝，以北齐见灭于北周为亡国，来说明其时北齐之文化实远高于北周而为文士所向慕。这就从另一角度论证了寅恪先生《隋唐制度渊源略论稿》所说北齐及江左梁陈制度之为隋唐所承袭而西魏北周影响甚微的正确。并进而据《隋书·地理志》推测北周文化之所以远逊北齐，乃缘所管领的雍州"华戎错杂"，即仍有大量与汉人杂居而尚未融合之氏、羌和其他杂夷，加上雍、梁二州边境的山胡、獠户，自影响其经济水准以至文化水准。这就给寅恪先生所指出的制度继承现象作了合理的解说。

对北齐的政治我也作了研究，发现缪彦威（钺）先生当年撰写的《东魏北齐政治上汉人与鲜卑之冲突》而为王仲荦先生《魏晋南北朝史》所承袭之说殊难成立。于是写了《论北齐的政治斗争》长篇文章，历数东魏北齐的几次政治斗争只是文人与勋贵之争、文人参预帝位之争和文武之争。且发现北齐的中枢政柄常由文人执掌，后主时设置文林馆由颜之推等主持，更显示文人政治地位之优越，即使大宦官邓长颙、陈德信以及西胡何洪珍诸人也和他们往来勾结。最后这点在我后来撰写的《〈北史·恩幸传〉记齐宦者仓头胡人乐工事杂说》一文中曾作了论述。

寅恪先生在《唐代政治史述论稿》里指出宇文泰实行"关中本位政策"鸠合关陇集团这点，自是完全正确的。但认为宇文泰建立的府兵制是由于武曌要破坏此"关中本位政策"而被破坏，则殊非事实。事实上是隋文帝平陈混一宇内，下诏"凡是军人，可悉属州县，垦田籍帐，一与民同"以后，获得土地自耕的府兵不再甘愿背井离乡从事远征。隋炀帝远征高丽之所以失败即缘府兵大量逃亡，因而不得已重行招募由国家供养的专业化军人骁果以事补救。对此我写了《说隋末的骁果》和《对府兵制所以败坏的再认识》，后者还附带驳斥了某些教科书认为府兵制建立在均田之上，均田破坏府兵随之败坏的妄说。

寅恪先生主张"关中本位政策"到武曌时才不复执行，关陇集团至此始不复存在，也是大成问题的。先生曾正确地指出此集团成员有两个特征或条件：即（1）是关陇人，此集团是"融合关陇胡汉民族之有武力才智者"；（2）他们"入则为相，出则为将，自无文武分途之事"。但前者不是宇文泰不用山东、江左人而是山东、江左人不为其所用，迨宇内混一后此局面自即改观；后者之文武合一本为一种落后的政治现象，经济文化优于关陇的山东北齐、江左梁陈其时已进入文武分途，关陇亦必继而向文武分途趋同。为此我查考隋文帝时的"四贵"，其中已有一贵不符合寅恪先生提出的关陇集团成员的条件，炀帝时的"五贵"中则仅有一贵符合，炀帝所安排的东都"总留台事"六人中也仅三人符合，就据以撰写了《从杨隋中枢政权看关陇集团的开始解体》。又查考了唐高祖的元谋功臣十七人中符合此条件者仅三人，唐高祖的宰相十二人中符合者仅七人，唐太宗时获得实封的功臣四十三人中符合者仅八人，凌烟阁图像二十四人中符合者仅五人，唐太宗的宰相二十九人中符合者仅七人，因而又撰写《关陇集团到唐初是否继续存在》，断定入唐后此集团已不复存在，当初的"关中本位政策"不再被承用。

此外我还附带撰写了与此时期有关的《邺城与三台》和《从文献记载看六世纪中期到七世纪初年的洛阳》，都是属于历史地理方面的，不必在此细说。

由于我这一段的研究和陈寅恪先生异同处甚多，引起了北京某大学研究生们的议论。大意是："黄永年先生的文章逻辑性极强，更像搞自然科学的，缺乏一种人文精神。大凡陈寅恪先生写什么，黄先生必有相同文章，题目都一样，而内容正相反，不知陈先生要建立的是整个文化体系，又何必拘于细处！"这说得自有些过头，并非寅恪先生有什么文章我必写相同文章与之立异，而且有的文章还很支持寅恪先生之说，如《论北齐的文化》。至于说我的文章逻辑性强像搞自然科学的，自是对我极大的夸奖。但认为建立整个文化体系就不必拘于细处，则仍可商榷。因为我所立异并非细处而多关涉大局，如这些地方成问题，则所建立的体系岂不有连带动摇的危险。

以上所说发表过的论文中，1989年以前关涉唐代的已承执教美国的汪荣祖教授编成《唐代史事考释》，今年年初在台北联经出版事业公司出版。1990年以来考释齐周隋史事以及研究古典文学、版本、碑刻等文字，尚待再行结集。

黄永年　1998年6月

（选自《文史探微》，中华书局 2000 年版，原载《学林春秋》二编上册，朝华出版社 1999 年版）

目 录

上 册

论北齐的政治斗争

缪彦威（钺）先生写过一篇题为《东魏北齐政治上汉人与鲜卑之冲突》的文章①，文章首先考证了北齐高氏的族属，进而主张其时统治层中先后发生的三次重大冲突，均是汉人与鲜卑人间的政治斗争。案高欢凭借北魏六镇的残存武力起家，且诚如彦威先生所考其本人就可能是六镇鲜卑或鲜卑化了的汉人，也有可能如谭季龙（其骧）先生所说是鲜卑化了的高丽人②，因而在此高氏政权中鲜卑确曾多少有点优越感。但若进而将其时的政治冲突简化为汉人与鲜卑之争，则似尚多可商之处。于是将《北齐书》覆读一过，草成拙文。惜彦威先生已归道山③，请益无由了。

又彦威先生文题在"北齐"前加了"东魏"两字，当缘高欢及长子高澄执政时名义上尚称魏朝之故，但其时的政治冲突实尽是高欢父子集团内部的事情，用了"东魏"似魏朝的元氏皇室亦卷入其中。因此拙文索性止题"北齐"，好在高欢当初已死赠齐王，次子高洋在称帝前亦正位齐王，李百药撰《北齐书》复将东魏史事尽行纳入，则拙文之不标"东魏"谅不致引起误解或来有欠周延之诮。

---

① 载四川大学《史学论丛》第一期(1949年)，又收入先生《读史存稿》(三联书店,1963年)。

② 彦威先生此文所附季龙先生函中之说，见《读史存稿》。

③ 缪彦威先生于1995年1月6日谢世，享年九十一岁。

一 文人与勋贵之争

第一次冲突，彦威先生说在东魏孝静帝时高澄、高洋执政之际，高澄信用汉人崔暹、崔季舒以纠劾鲜卑亲贵，到高洋执政，在鲜卑亲贵压力下又流徙二崔于北边。

这是否汉人与鲜卑之冲突，似应先看《北齐书》卷三《世宗文襄帝纪》亦即高澄的本纪[1]，本纪说：

> 天平……三年（536），入辅朝政，……元象元年（538），摄吏部尚书。魏自崔亮以后，选人常以年劳为制，文襄乃厘改前式，铨擢唯在得人。又沙汰尚书郎，妙选人地以充之。至于才名之士，咸被荐擢，假有未居显位者，皆致之门下，以为宾客，每山园游燕，必见招携，执射赋诗，各尽其所长，以为娱适。……自正光已后，天下多事，在任群官，廉洁者寡。文襄乃奏吏部郎崔暹为御史中尉，纠劾权豪，无所纵舍，于是风俗更始，私枉路绝。乃榜于街衢，具论经国政术，仍开直言之路，有论事上书苦言切至者，皆优容之。

这是说高澄掌权时为了巩固统治，要大力整顿吏治，而出自六镇的佐命勋贵之中，即有若干滥用权势者成为其整肃的重点对象。为此就需要重用文化高、素质好、懂得政事的文人来执行此任务，其中自多汉人且为汉人之出身士族高门者。此崔暹便是"博陵安平人，汉尚书寔之后也，世为北州著姓"[2]；崔季舒也是"博陵安平人，父瑜之，魏鸿胪卿"[3]；正都是如此

---

[1] 《北齐书》原书至北宋时已止存十七卷，其余均由唐人及北宋人利用源出《北齐书》的《北史》和唐高峻《高氏小史》有关部分陆续抄补，如本卷即抄自《北史》卷六《齐本纪》并用他书杂凑。对此中华书局本《北齐书》的校勘记里都已有考证，拙文也就径自引用而不改用《北史》文字，并不再作说明。

[2] 《北齐书》卷三〇《崔暹传》，中华书局，1972年。

[3] 《北齐书》卷三九《崔季舒传》。

人物。所以这实际上是高氏政权任用文人以与勋贵作斗争，而不能说是汉人与鲜卑之争。更何况高欢父子本都以鲜卑自居，读史者所常引用的，如显祖文宣帝高洋"尝问〔杜〕弼云：'治国当用何人？'对曰：'鲜卑车马客，会须用中国人。'显祖以为此言讥我"①。其实杜弼此话也只是要任用文人而不能让勋贵来干扰政事的意思，不留心讲了句"鲜卑车马客"便使"显祖以为此言讥我"，要说高澄任用了汉人来反鲜卑，毋乃远于情理。

高澄是天平三年去邺城在名义上的皇帝东魏孝静帝身边执掌政权的，高欢则仍留在晋阳遥控，如是历时十一年到武定五年（547）高欢才去世②。所以高澄这么做显然是秉承了高欢的意旨，或者说在此问题上是父子一致的。这在《北齐书》卷三〇《崔暹传》里说得最清楚：

> 武定初，迁御史中尉，……前后表弹尚书令司马子如及尚书元美、雍州刺史慕容献，又弹太师咸阳王坦，并州刺史可朱浑道元，罪状极笔，并免官。其余死黜者甚众。高祖（神武帝高欢）书与邺下诸贵曰："崔暹……始居宪台，乃尔纠劾。咸阳王、司马令并是吾对门布衣之旧，尊贵亲昵，无过二人，同时获罪，吾不能救，诸君其慎之。"高祖如京师，群官迎于紫陌。高祖握暹手而劳之曰："往前朝廷岂无法官，而天下贪婪，莫肯纠劾。中尉尽心为国，不避豪强，遂使远迩肃清，群公奉法。冲锋陷阵，大有其人，当官正色，今始见之。今荣华富贵，直是中尉自取，高欢父子，无以相报。"赐暹良马，使骑之以从，且行且语，暹下拜，马惊走，高祖为拥之而授辔。魏帝宴于华林园，谓高祖曰："自顷朝贵、牧守令长、所在百司多有贪暴，侵削下人。朝廷之中用心公平，直言弹劾，不避亲戚者，王可劝酒。"高祖降阶，跪而言曰："唯御史中尉崔暹一人。谨奉明旨，敢以酒劝，并臣所射赐物千匹，乞回赐之。"帝曰："崔中尉为法，道俗齐

---

① 《北齐书》卷二四《杜弼传》。
② 又周太初（一良）先生《魏晋南北朝史札记》（中华书局，1985年）的《北齐书札记》"高澄历官年份"条推测高澄入邺辅政当在兴和初年，则下去高欢之卒亦有八年之久。

整。"暹谢曰："此自陛下风化所加，大将军臣澄劝奖之力。"世宗退谓暹曰："我尚畏羡，何况余人。"由是威名日盛，内外莫不畏服。高祖崩，未发丧，世宗以暹为度支尚书兼仆射，委以心腹之寄。

足见高欢对崔暹倚寄之重、委任之深。崔季舒之见信也类此，《北齐书》卷三九《崔季舒传》说：

> 神武亲简丞郎，补季舒大行台都官郎中。文襄辅政，转大将军中兵参军，甚见亲宠。以魏帝左右须置腹心，擢拜中书侍郎。……转黄门侍郎，领主衣都统。虽迹在魏朝，而心归霸府，密谋大计，皆得预闻。于是宾客辐凑，倾心接礼，甚得名誉，势倾崔暹。……时勋贵多不法，文襄无所纵舍，外议以季舒及崔暹等所为，甚被怨疾。

这里还需要对被整肃的勋贵作点考查，看他们是否均属鲜卑。他们的姓名在上引《崔暹传》里开列了司马子如、元羡、慕容献、元坦、可朱浑道元，此外高欢的姊夫尉景[1]，和司马子如同号"四贵"的孙腾、高岳、高隆之[2]，也是这类人物。其中尉景，是"善无人"[3]，当是《魏书》卷一一三《官氏志》"西方尉迟氏，后改为尉氏"的尉氏，入居北边而鲜卑化的。孙腾，"咸阳石安人也。祖通，仕沮渠氏为中书舍人，沮渠灭，入魏，因居北边"[4]，当是汉人鲜卑化的。高岳，是"高祖（高欢）从父弟"[5]。元坦，"祖魏献文皇帝"[6]，是元魏的宗室。可朱浑道元，"自云辽东人，世为渠帅，魏时拥众内附，曾祖护野肱终于怀朔镇将"[7]，是鲜卑慕容氏贵

---

① 《北齐书》卷一五《尉景传》。
② 《北齐书》卷一八《孙腾传》。
③ 《北齐书》卷一五《尉景传》。
④ 《北齐书》卷一八《孙腾传》。
⑤ 《北齐书》卷一三《清河王岳传》。
⑥ 《北齐书》卷二八《元坦传》。
⑦ 《北齐书》卷二七《可朱浑元传》。参看姚薇元《北朝胡姓考》（中华书局，1962年）内篇"四方诸姓"朱氏条。

族的后裔。还有未立传的元羡，也应是元魏宗室。慕容献，也应是鲜卑慕容氏后裔。以上这七人都可算是鲜卑或鲜卑化了的，但其中元羡、元坦两名鲜卑元魏宗室又已汉化。至于名列"四贵"的另两名高隆之、司马子如，则情况更不相同。高隆之，"本姓徐氏，云出自高平金乡。父幹，魏白水郡守，为姑婿高氏所养，因从其姓"①。司马子如，"河内温人也。八世祖模，晋司空、南阳王。模世子保，晋乱出奔凉州，因家焉。魏平姑臧，徙居于云中，其自序云尔"②。这自序自不尽可凭信，但司马子如之与高隆之同为汉人而非鲜卑，当无问题。看子如的"事姊有礼，抚诸兄子慈笃，当时名士并加钦爱，世以此称之"③；高隆之"虽不涉学，而钦尚文雅，缙绅名流，必存礼接。寡姊为尼，事之如母，训督诸子，必先文义。世甚以此称之"④；这两个"世以此称之"说明在此二贵身上仍未失汉族文人的风度，然而此二贵偏偏和鲜卑及鲜卑化的都成为被整肃的对象。而另有个对尉景射利纳贿极端厌恶，在高欢座上要求作御史中尉来"捉尉景"的库狄干，却又是家于善无的鲜卑人⑤。还有上述鲜卑化了的孙腾，因为"亲狎小人，专为聚敛"，也会弄得包括鲜卑、汉人在内的"朝野深非笑之"⑥。这些都说明此种斗争确实未曾以民族来划分营垒，不能说成是汉人与鲜卑之争。

高澄遇刺身死，高欢次子高洋继起掌权，第二年即取代东魏成为北齐朝第一个正式皇帝显祖文宣帝。崔暹、崔季舒在此时确曾一度遭到打击，而带头发动此次打击者偏又是"四贵"中的司马子如、高隆之两汉人。其事《北齐书》卷四《文宣帝纪》失载，散见二崔及高隆之、司马子如的传里。《崔暹传》说：

---

① 《北齐书》卷一八《高隆之传》。
② 《北齐书》卷一八《司马子如传》。
③ 《北齐书》卷一八《司马子如传》。
④ 《北齐书》卷一八《高隆之传》。
⑤ 《北齐书》卷一五《尉景传》《库狄干传》。又卷二《高祖神武帝纪》记高欢称库狄干为"鲜卑老公"。参看《北朝胡姓考》内篇"四方诸姓"狄氏条。
⑥ 《北齐书》卷一八《孙腾传》。

显祖初嗣霸业，司马子如等挟旧怨，言遇罪重，谓宜罚之。高隆之亦言宜宽政网，去苛察法官，黜崔遇，则得远近人意。显祖从之。及践祚，谮毁之者犹不息。帝乃令都督陈山提等搜遇家，甚贫匮，唯得高祖、世宗与遇书千余纸，多论军国大事。帝嗟赏之。仍不免众口，乃流遇于马城，昼则负土供役，夜则置地牢。岁余，奴告遇谋反，锁赴晋阳，无实，释而劳之。寻迁太常卿。帝谓群臣曰："崔太常清正，天下无双，卿等不及。"……天保末，为右仆射。……十年（559），遇以疾卒，帝抚灵而哭。赠开府。

《崔季舒传》说：

司马子如缘宿憾，及尚食典御陈山提等共列其过状，由是季舒及遇各鞭二百，徙北边。天保初，文宣知其无罪，追为将作大匠，再迁侍中。俄兼尚书左仆射、仪同三司，大被恩遇。

可见这只是一场个人恩怨引起的政坛风波，是勋贵司马子如、高隆之等人受二崔抑制而不甘心，找机会报复陷害。但为时无几二崔又为高洋重新起用且颇受恩遇，高隆之则为高洋"禁止尚书省"筑辱致死，司马子如亦被免官，且高洋数让之曰："崔遇、季舒事朕先世，有何大罪，卿令我杀之？"①足证高洋在任用文人不纵容勋贵这点上仍能继承父兄遗志，并未有所改易。

其实高洋之任用文人，尚早在接班掌权之前。如《北齐书》卷三〇《高德政传》所说：

德政，字士贞，渤海蓨人。……世宗嗣业，如晋阳，显祖在京居守，令德政参掌机密，弥见亲重。世宗暴崩，事出仓卒，群情草草。

---

① 《北齐书》卷一八《高隆之传》《司马子如传》。

勋将等以缵戎事重，劝帝（显祖高洋）早赴晋阳。帝亦回遑不能自决，夜中召杨愔、杜弼、崔季舒及德政等，始定策焉。以杨愔居守。……迁尚书右仆射，兼侍中，……德政与尚书令杨愔纲纪政事，多有弘益。

此高德政与高欢父子不同宗族，是真的渤海蓨人，汉人士族。杨愔是"弘农华阴人。父津，魏时累为司空、侍中"[①]；杜弼是"中山曲阳人也，……自序云，本京兆杜陵人，九世祖鸷，晋散骑常侍，因使没赵，遂家焉。祖彦衡，淮南太守。父慈度，繁畤令"[②]，也都是汉人士族。当然也不宜以此来论证高洋之亲汉，其亲信之所以多汉人者，只是由于汉人士族多以文学政事见长，非勋将所能企及而已。

附带说一下，这几名亲信文人中高德政和杜弼后来都被高洋杀害，其根本原因当如《北齐书》卷四《显祖文宣帝纪》所说：

帝……六七年后，以功业自矜，遂留连耽湎，肆行淫暴。……沉酗既久，弥以狂惑，至于末年，每言见诸鬼物，亦云闻异音声。情有蒂芥，必在诛戮，……高隆之、高德政、杜弼、王元景、李蒨之等皆以非罪加害。

这显然是高洋精神失常所致，不能看到杀了高德政、杜弼等汉人，以及杀了系出汉人的勋贵高隆之，就认为高洋后期又对汉人存心摧残。何况《文宣帝纪》在讲高隆之等被害时还说高洋"尝在晋阳以稍戏刺都督尉子耀，应手即殒。又在三台大光殿上，以镤镆都督穆嵩，遂至于死"。此穆姓据《魏书·官氏志》是鲜卑丘穆陵氏所改；尉姓前面说过是尉迟氏所改而鲜卑化者，说明其时为高洋冤杀的并不止是汉人。更何况其时杨愔等仍在纲纪政事，如《杨愔传》所说"自天保五年（554）已后，一人丧德，维持

---

① 《北齐书》卷三四《杨愔传》。
② 《北齐书》卷二四《杜弼传》。

匡救，实有赖焉"。这天保五年已后即高洋掌权六七年后，一人丧德即指高洋之因精神病而淫暴。而且《高德政传》《杜弼传》都还讲到高洋对杀德政和弼追悔，可见这只是精神病发作时的行为而并非清醒时所决策。《高传》说："德政死后，显祖谓群臣曰：'高德政常言宜用汉，除鲜卑，此即合死。又教我诛诸元，我今杀之，为诸元报仇也。'"也只能算是病态的胡言乱语，不宜当真，不然又后悔干什么。

二　文人参预帝位之争

第二次冲突，彦威先生说在北齐废帝高殷之时，认为高洋在位时杨愔实为汉人士大夫之领袖，故主张立汉族高门赵郡李氏女为高洋皇后。高洋去世，李氏所生皇太子高殷即位，杨愔等受遗诏辅政，欲使政权归已为皇太后之李氏而排斥鲜卑亲贵。遂有乾明元年（560）二月之政变，高洋同母弟高演、高湛杀杨愔等人，高演继而废高殷自立，汉人失败而鲜卑胜利。

这么说的主要依据是《北史》卷四一《杨愔传》亦即《北齐书》卷三四《杨愔传》，今引后者原文，以明究竟：

> 文宣〔于晋阳〕大渐，以常山（高演）、长广（高湛）二王位地亲逼，深以后事为念。愔与尚书左仆射平秦王归彦、侍中燕子献、黄门侍郎郑子默（名颐）受遗诏辅政，并以二王威望先重，咸有猜忌之心。初在晋阳，以大行在殡，天子谅闇，议令常山王在东馆，欲奏之事，皆先咨决。二旬而止。仍欲以常山王随梓宫之邺，留长广王镇晋阳。执政复生疑贰，而王又俱从至于邺。子献立计，欲处太皇太后（高欢后娄氏）于北宫，政归皇太后（李氏）。又自天保八年（557）已来，爵赏多滥，至是，愔先自表解其开府封王，诸叨窃恩荣者皆从黜免。由是婴宠失职之徒，尽归心二叔。高归彦初虽同德，后寻反动，以疏忌之迹尽告两王。可朱浑天和又每云："若不诛二王，少主

无自安之理。"宋钦道面奏帝，称二叔威权既重，宜速去之。帝不许曰："可与令公（案指时已为尚书令又已解除王爵而为公的杨愔）共详其事。"愔等议出二王为刺史。以帝仁慈，恐不可所奏，乃通启皇太后，具述安危。有宫人李昌仪者，……太后以启示之，昌仪密启太皇太后。愔等又议不可令二王俱出，乃奏以长广王为大司马、并州刺史，常山王为太师、录尚书事。及二王拜职，于尚书省大会百僚，……长广旦伏家僮数十人于录尚书后室，仍与席上勋贵数人相知。……及宴〔捉愔等〕……愔大言曰："诸王构逆，欲杀忠良邪！尊天子，削诸侯，赤心奉国，未应及此。"常山王欲缓之，长广王曰："不可。"于是愔及天和、钦道皆被拳杖乱殴击，头面血流，各十人持之，使薛孤延、康买执子默于尚药局。

案上述杨愔等"尊天子，削诸侯"的措施曲折，当属真实，因为无事后编造之必要。而此"尊天子，削诸侯"者，乃北齐最高统治层中的一场大规模权力之争。斗争之一方是以高洋的皇太子、此时已即帝位的高殷为核心，以重臣杨愔及燕子献、可朱浑天和、宋钦道、郑颐为骨干力量的正统合法的政治集团，另一方是其时的常山王即后来的肃宗孝昭帝高演和其时的长广王即后来的世祖武成帝高湛，生他们的高欢娄后即其时的太皇太后也站到他们一边。

杨愔等并非因是汉人而结合到一起。据本传杨愔虽是汉人士族，但其仕进实以文人身份经高欢识拔而成为高洋的辅佐，又两次成为高欢的女婿、高洋的妹夫，第二次所"尚太原长公主"且为高欢娄后的亲女。他早在东魏武定末年已"超拜吏部尚书，加侍中、卫将军"，高洋称帝的天保初年"以本官领太子少傅"，任保护高殷之职，"迁尚书右仆射"，"又拜开府仪同三司、尚书左仆射，……九年（558），徙尚书令，又拜特进、骠骑大将军"，高殷即位受遗诏辅政。实已成为高氏皇室的懿戚，高洋父子的股肱。何况本传还说他"自居大位，门绝私交"，"性周密畏慎，恒若不足"①，绝不像是在汉人中结帮营私以对抗鲜卑的人物。

和杨愔在《北齐书》同卷的燕子献是"广汉下洛人"，同样是汉族而以文人身份为高欢任用，"尚淮阳公主"，高洋时"官至侍中、开府"，高殷即位"除右仆射"②。可朱浑天和则是可朱浑道元的季弟，是鲜卑人，"以道元勋重，尚东平公主"，"累迁领军大将军，开府"，高殷即位"加特进"③。此二人也均以高欢女婿的身份和杨愔共同辅佐高殷，和他们的民族并无关系。否则说鲜卑人可朱浑天和参加汉人集团来反鲜卑，岂不太有悖事理！

和杨愔在《北齐书》同卷同时被杀的还有宋钦道和郑颐。宋钦道是"广平人"，郑颐是"彭城人"，确都是汉人。但宋是高洋"令在东宫教太子习事"，郑旧与高殷"款狎"，"二人幸于两宫（高洋、高殷）"，高殷即位宋"迁秘书监"，郑"拜散骑常侍"。这都是凭高殷在东宫时的旧人的身份得宠用，"权势之重，与愔相埒"④，和杨愔不同气类，并无以同系汉人之故而与杨愔结成反鲜卑集团的事实。

再看高演、高湛一方。他们之所以要反对以杨愔等为骨干、以高殷为核心的政治集团，也并非出于鲜卑的民族利益来反汉人，而只是自身感受到了威胁。为此需要弄清楚高欢诸子、高洋兄弟辈的情况。据《北齐书》卷一〇《高祖十一王传》，高欢有十五男，其中"武明娄皇后生文襄皇帝（澄）、文宣皇帝（洋）、孝昭皇帝（演）、襄城景王淯、武成皇帝（湛）、博陵文简王济"共占了六个。文襄帝高澄是长子，死后"兄终弟及"，由次子文宣帝高洋掌权称帝。第八子襄城王高淯在天保二年（551）就去世。第十二子博陵王高济"尝从文宣巡幸，在路忽忆太后，遂逃归。帝怒，临以白刃，因此惊恍"⑤。当也缘年幼且精神欠正常而未见忌。因而娄后所生六子中见忌者自只剩下第六子其时的常山王高演和第九子其时的长广王

① 《北齐书》卷三四《杨愔传》。
② 《北齐书》卷三四《燕子献传》。
③ 《北齐书》卷三四《燕子献传》。
④ 《北齐书》卷三四《宋钦道传》《郑颐传》。
⑤ 《北齐书》卷一〇《博陵文简王济传》。

高湛，这是一点。再一点是高洋生前对有能力的诸弟确是十分猜忌且要杀害的，非娄后所生的高欢第三子永安王高浚和第七子上党王高涣的遭遇就是如此。高浚本传说浚被收后"盛以铁笼，与上党王涣俱置北城地牢下，饮食溲秽共在一所。……帝亲将左右临穴歌讴，令浚和之。浚等惶怖且悲，不觉声战。帝为怆然，因泣，将赦之。长广王湛先与浚不睦，进曰：'猛兽安可出穴。'……浚与涣皆有雄略，为诸王所倾服，帝恐为害，乃自刺涣，又使壮士刘桃枝就笼乱刺。矟每下，浚、涣辄以手拉折之，号哭呼天。于是薪火乱投，烧杀之，填以石土"①。这惨酷的虐杀固系高洋后期精神失常之所致，而所以要虐杀自由于二王"皆有雄略""恐为害"之故。至于长广王高湛虽因私仇在杀害高浚上加了温，他自身和常山王高演也在危惧之中。这在高演的本纪《北齐书》卷六《孝昭帝纪》里即有明文说：

> 时文宣溺于游宴，帝……密撰事条，将谏，其友王晞以为不可。帝不从，因间极言，遂逢大怒。……帝性颇严，尚书郎中剖断有失，辄加捶楚，令史奸慝，便即考竟。文宣乃立帝于前，以刀环拟胁。召被帝罚者，临以白刃，求帝之短，咸无所陈，方见解释。……后赐帝魏时宫人，醒而忘之，谓帝擅取，遂以刀环乱筑，因此致困。皇太后日夜啼泣，文宣不知所为。先是禁友王晞，乃舍之，令侍帝。帝月余渐瘳，不敢复谏。

加之如前引《杨愔传》还有高洋临终"以常山、长广二王位地亲逼，深以后事为念"之说，宋钦道、可朱浑天和等又有使二王外任以至要诛杀的建议。鉴于自身的安危利害，高演、高湛二王自必发动政变以求一逞。至于取代高殷，则又是政变成功后顺理成章的事情。

政变中站在高演、高湛一方的还有他俩的生母即高欢娄后，也就是此时的太皇太后。这在《北齐书》卷九《神武娄后传》说得更清楚：

---

① 《北齐书》卷一〇《永安简平王浚传》。

天保初，尊为皇太后，宫曰宣训。济南（高殷被废后为济南王）即位，尊为太皇太后。尚书令杨愔等受遗诏辅政，疏忌诸王。太皇太后密与孝昭及诸大将定策诛之，下令废立。孝昭即位，复为皇太后。孝昭帝崩，太后又下诏立武成帝。大宁二年（562）……崩于北宫。

娄后为什么要支持高演、高湛来反高殷？如说因为高演、高湛是她亲生之子，那高殷也是她的亲孙儿，因而很容易让人们从民族问题上来考虑。因为这娄后本是鲜卑人，是《魏书·官氏志》"匹娄氏，后改为娄氏"的娄氏①，那高殷生母、高洋皇后李氏正好是"赵郡李希宗女"②，是汉人中的士族高门、山东地区"为大"的郡姓③。而且《北齐书》同卷《文宣李后传》里还有如此的记载：

初为太原公夫人（天平二年高洋封太原郡开国公）。及帝将建中宫，高隆之、高德正（政）言汉妇人不可为天下母，宜更择美配。杨愔固请依汉、魏故事，不改元妃。而德正（政）犹固请废后而立段昭仪，欲以结勋贵之援，帝竟不从而立后焉。

但看同卷的其他皇后，文襄帝高澄皇后"元氏，魏孝静帝之姊"，孝昭帝高演皇后"元氏，开府元蛮女"，固同出鲜卑族的北魏皇室但已汉化，武成帝高湛皇后"胡氏，安定胡延之女，其母范阳卢道约女"，则是汉人且当系士族。再看《高祖十一王传》中王妃姓氏可考者，仅永安王高浚妃陆氏有可能是《魏书·官氏志》所说"步六孤氏，后改为陆氏"的鲜卑陆

---

① 参看《元和姓纂》辑本卷五河南娄姓条，《北朝胡姓考》内篇"内入诸姓"娄氏条。
② 《北齐书》卷九《文宣李后传》。
③ 《新唐书》卷一九九《儒学·柳冲传》记柳芳论氏族谓"山东则为郡姓，王、崔、卢、李、郑为大"。

氏①，华山王高凝妃王氏是汉人抑乌丸王氏或高丽王氏未能确定②，此外彭城王高浟妃郑氏、上党王高涣妃李氏、任城王高湝妃卢氏、高阳王高湜妃张氏均是汉人。此张氏父张宴之且有传见《北齐书》卷三五，谓"幼孤有至性，为母郑氏教诲，动依礼典"，应出于士族，李、卢、郑三氏加上汉人中的王氏更是山东地区"为大"的郡姓。凡此可知高欢本就多择汉人士族或已汉化之元氏皇室之女为其儿媳，而史传中也未说娄后对此有何异议。至《文宣李后传》中所说反对立李氏为高洋皇后的高隆之、高德政，前面说过又都是汉人。而他们主张立为皇后的段昭仪，据《北史》卷一四《后妃传》知是段韶之妹。段韶及父段荣传见《北齐书》卷一六，说段荣之妻亦即段韶兄妹之母乃娄后之姊，但段荣本身却是"姑臧武威人"，"祖信，仕沮渠氏，后入魏，以豪族徙北边"，段韶"雅性温慎，有宰相之风。教训子弟，闺门雍肃，事后母以孝闻"，知仍与高隆之、高德政同为汉人而非鲜卑。高隆之、高德政之请废李后立段昭仪，显然是由于昭仪之母乃娄后之姊，可借以见好于娄后及段荣父子，如《北齐书》卷九《文宣李后传》所说"欲以结勋贵之援"，而并不存在什么民族问题。因为以高隆之、高德政两汉人来请废汉人李后而立另一汉人段昭仪，是无论如何和民族问题扯不到一起的。所以《文宣李后传》谓高德政言"汉妇人不可为天下母"，也只能是史官在妄说而绝非实录。至于李氏之得立为皇后且"独蒙礼敬"，也只是由于高洋之悦其"容德甚美"，和民族问题并无关系。杨愔之支持高洋立此李后，也只是忠于其主或将顺其主，并不表示他站在汉人立场说话。当然更不能说娄后因为儿媳李氏是汉人，就要连自己的孙儿高殷一起作为自己的对立面来反对。

剩下一个问题，即《杨愔传》在记述政变把场面转入昭阳殿之后，曾说娄后讲过"岂可使我母子受汉老妪斟酌"的话，这仍很自然地要被人们用来作为娄后站在鲜卑立场反儿媳汉人李后的证据。但我发觉这段记载本身的真实性就成问题。这段记载的原文是：

---

① 参看《北朝胡姓考》内篇"内入诸姓"陆氏条。
② 参看《北朝胡姓考》外篇"东胡诸姓"王氏条、"东夷诸姓"王氏条。

二叔率高归彦、贺拔仁、斛律金拥〔杨〕愔等唐突入云龙门。见都督叱利骚，招之不进，使骑杀之。开府成休宁拒门，归彦喻之，乃得入。送愔等于御前。长广王及归彦在朱华门外。太皇太后临昭阳殿，太后及帝侧立。常山王以砖叩头，进而言……帝时默然，领军刘桃枝之徒陛卫，叩刀仰视，帝不晓之。太皇太后令却仗，不肯，又厉声曰："奴辈即今头落。"乃却。因问杨郎何在。贺拔仁曰："一目已出。"太皇太后怆然曰："杨郎何所能，留使不好耶！"乃让帝曰："此等怀逆，欲杀我二儿，次及我，尔何纵之？"帝犹不能言。太皇太后怒且悲，王公皆泣。太皇太后曰："岂可使我母子受汉老妪斟酌。"太后拜谢。常山王叩头不止。太皇太后谓帝："何不安慰尔叔。"帝乃曰："天子亦不敢与叔惜，岂敢惜此汉辈？但愿乞儿性命，儿自下殿去，此等任叔父处分。"遂皆斩之。……太皇太后临愔丧，哭曰："杨郎忠而获罪。"以御金为之一眼，亲内之，曰："以表我意。"常山王亦悔杀之。

这段记述中可怀疑的有几点。首先是杨愔等既已被执被殴，即可处置，何以要押送到内朝昭阳殿上其时的皇帝高殷和李太后面前，难道不怕杨愔等申诉，不怕高殷、李太后为之解救？而且其时太皇太后娄氏也在殿上，杨愔被殴"一目已出"之惨状尽已目睹，何以还要问"杨郎何在"？"一目已出"当尚可抢救，何况娄后还说了"杨郎何所能，留使不好耶"的话，何以卒不能救而"遂皆斩之"？再则历来宫廷政变的成败在于禁军之向背。北齐禁军如《隋书》卷二七《百官志》所说设有"领军府，将军一人，掌禁卫宫掖。朱华阁外，凡禁卫官，皆主之。……又领左右卫、领左右等府"，这朱华阁自即在外朝与内朝之间的朱华门①，禁军本止禁卫朱华门以外的外朝，此时情况紧急，已有部分禁军进入内朝禁卫昭阳殿，《杨传》

① 北齐邺城宫室布局，别详顾炎武《历代帝王宅京记》卷一三述邺都南城所引《邺中记》，顾《记》则又录自《嘉靖彰德府志》卷八邺都宫室志，盖源出北宋李琮撰《相台志》。

所说"领军刘桃枝之徒陛卫"可证。而此时禁军长官领军大将军如前所说实由可朱浑天和充任，与杨愔等"初虽同德，后寻反动"，而与高演、高湛合作的高归彦，虽曾任领军大将军，此时已卸职离任①，故入云龙门时"见都督叱利骚，招之不进"，"开府成休宁拒门，归彦喻之，乃得入"，均已不能指挥如意。乃在昭阳殿上单凭太皇太后娄氏厉声大喝"奴辈即今头落"，陛卫的禁军就会"却仗"退走，娄后难道真有如此的威力？

这些疑点，要看了《北齐书》卷六《孝昭帝纪》才能解决，这是这次政变的另一种记载，略谓：

> 帝（高演）初上省，……朝士咸集。坐定，酒数行，执尚书令杨愔、右仆射燕子献、领军可朱浑天和、侍中宋钦道等于坐。帝戎服与平原王段韶、平秦王高归彦、领军刘洪徽入自云龙门，于中书省前遇散骑常侍郑子默，又执之，同斩于御府之内。帝至东阁门，都督成休宁抽刃呵帝。帝令高归彦喻之，休宁厉声大呼不从。归彦既为领军，素为兵士所服，悉皆弛仗，休宁叹息而罢。帝入至昭阳殿，幼主、太皇太后、皇太后并出临御坐。帝奏愔等罪，求伏专擅之辜。时庭中及两廊下卫士二千余人皆被甲待诏，武卫娥永乐武力绝伦，又被文宣重遇，抚刃思效。废帝性吃讷，兼仓卒不知所言。太皇太后又为皇太后誓，言帝无异志，唯去逼而已。高归彦敕劳卫士解严，永乐乃内刀而泣。帝乃令归彦引侍卫之士向华林园，以京畿军入守门阁，斩娥永乐于园。诏以帝为大丞相、都督中外诸军、录尚书事，……帝寻如晋阳，有诏军国大政咸咨决焉。……废帝恭己以听政。太皇太后寻下令废少主，命帝统大业。

这里所说前一段的情节与《杨传》无大出入，《杨传》未出现之领军刘洪

---

① 《北齐书》卷一四《平秦王归彦传》未记其卸领军大将军职。但此时不致有可朱浑天和与高归彦二人同任领军大将军一职之事，"领军〔大将军〕一时二十，连判文书，各作依字"，是后来高纬在位时的情况，见《北齐书》卷八《后主纪》。《归彦传》不见卸领军大将军职自属史官失记。

徽当和刘桃枝之领军同为领军府下属的将领，而不可能与可朱浑天和同任领军大将军，娥永乐之武卫即领军府所领左右卫将军的副贰武卫将军，凡此均尚无关宏旨。真有大出入者，一是杨愔等五人在高演等进入宫禁之前已"同斩于御府之内"，则《杨传》所云昭阳殿里娄后有关"杨郎"的问对实悉出虚构，有同白日见鬼！再则当时高殷一方可用的禁军卫士之在昭阳殿庭及两廊下已多至二千余人，占绝对优势，所以这位太皇太后娄氏绝不可能用虚声恫喝的手法而只好向皇太后李氏立誓诱说，说高演等别无异志，只是由于杨愔等逼迫太甚才不得不诛杀。皇太后李氏缺乏斗争经验，高殷其时也只有十六岁，幼弱少决断①，受了娄后的欺骗而未敢利用此优势禁卫武力以敉平变乱。而此禁卫武力复在原长官高归彦劝诱下解严并被引向华林园，以原由高湛指挥的京畿军入守门阁②，政变于是乎成功。由此可知《杨传》所记昭阳殿上的种种细节，包括高殷所说"天子亦不敢与叔惜，岂敢惜此汉辈"等好似准备退位的话语，娄后所说"岂可使我母子受汉老妪斟酌"的直斥李后的言辞，也都是有违当时情势而属事后所虚构，在论证娄后的鲜卑民族立场上毫无史料价值。

至于娄后参预此次政变的真实目的，说明确点无非是要满足她的权欲。《北齐书》卷九《神武娄后传》说："神武既有澄清之志，倾产以结英豪，密谋秘策，后恒参预。及拜渤海王妃，阃阃之事悉决焉。"说明是个对政治感兴趣而并非家庭妇女式的人物。高欢死后她先是王太妃，后是皇太后，在亲子高澄、高洋面前总还有点发言权。现在孙儿高殷当了皇帝，她成了太皇太后，就隔了一层，不能越过皇太后李氏对小皇帝指挥如意，而皇太后李氏则实际上成为此小皇帝的代言人，《孝昭帝纪》所记政变中她要向李氏立誓也证明了这一点。这才应该是她支持亲子高演、高湛来反

---

① 《北齐书》卷五《废帝纪》说高殷"皇建二年九月，殂于晋阳，年十七"。则政变发生的皇建元年即废帝乾明元年高殷才十六岁。

② 《北齐书》卷七《世祖武成帝纪》只记高湛在政变成功后"迁太傅、录尚书事、领京畿大都督"。但《孝昭帝纪》却说杨愔等以"湛为大司马、录并省尚书事，解京畿大都督"。可知高湛前此已任京畿大都督，政变时以刚解任仍能控制指挥京畿军，政变成功后遂复任此职以掌握部分兵权。

对孙儿高殷，并让高演当上皇帝的真实原因。后来高演死了，《娄后传》说她"又下诏立武成帝"即她的亲子湛，而不立高演的皇太子即她的孙儿高百年，也应是出于同样的原因，尽管这高百年之母是鲜卑元氏，纵使已汉化至少并非真汉人。由此更说明那种认为娄后反对汉妇人当皇太后从而要推翻高殷母子之说，委实难于成立。

再有这位篡立的孝昭帝高演本身也是颇为汉化的人物。《孝昭帝纪》就讲他"情好稽古，率由礼度，将封先代之胤，且敦学校之风，征召英贤，文武毕集"。其中最见亲信的仍是历任他常山公友、常山王友的王晞。王晞有传附在《北齐书》卷三一其兄王昕的传后，《昕传》说他们是"北海剧人。六世祖猛，秦苻坚丞相，家于华山之郿城。父云，仕魏朝有名望"，所以此王晞者仍是个系出汉人士族的文士。《杨愔传》还说愔见杀后高演"仍以中书令赵彦深代总机务"，而《北齐书》卷三八《赵彦深传》说他"自云南阳宛人，汉太傅熹之后。高祖父难，为清河太守，有惠政，遂家焉"，高欢所用"专掌机密，文翰多出其手"，又是一个汉族文人。可见高演篡立后对前此重用文人的政策并无改变，并不以文人多系汉族而有所介意。

三 个人权势之争

第三次冲突，彦威先生说在北齐后主高纬之世，汉人士大夫之领袖为祖珽，珽执政时颇欲整顿政治，重用汉人，为鲜卑亲贵排挤而去，继之汉人士大夫崔季舒等被诛杀，北齐政治终于上不了轨道以迄于亡。

案这里牵涉的事情太多，为眉目清晰起见，要分两段来讲，先讲祖珽在政治上如何逐步掌权，再讲祖珽的最终失败和崔季舒等的被杀。

祖珽在《北齐书》卷三九有篇颇为详尽的传，说他"字孝徵，范阳遒人也。父莹，魏护军将军"，确是个系出士族的汉人。又说"珽天性聪明，事无难学，凡诸伎艺，莫不措怀，文章之外，又善音律，解四夷语及阴阳占候，医药之术尤是所长"，是个多有才艺的文人，因此曾先后见赏于高欢、高澄、高洋父子兄弟，但因"不能廉慎守道"，贪污盗窃，多次被贬责。祖珽之被重用，是在北齐朝政局败坏的世祖武成帝高湛和后主高纬父子之时。《祖珽传》说：

> 珽善为胡桃油以涂画，乃进之长广王，因言"殿下有非常骨法，孝徵梦殿下乘龙上天"。王谓曰："若然，当使兄大富贵。"及即位，是为武成皇帝，擢拜中书侍郎。……〔和〕士开忌之，出为安德太守，转齐郡太守，以母老乞还侍养，诏许之。……寻为太常少卿、散骑常侍、假仪同三司，掌诏诰。初，珽于乾明、皇建之时，知武成阴有大志，遂深自结纳，曲相祗奉。……时皇后爱少子东平王俨，愿以为嗣，武成以后主体正居长，难于移易。珽私于士开曰……珽曰："宜说主上，云襄、宣、昭帝子俱不得立，今宜命皇太子早践大位，以定君臣。若事成，中宫少主皆德君，此万全计也。君此且微说，令主上粗解，珽当自外上表论之。"士开许诺。因有彗星出，太史奏云除旧布新之征。珽于是上书，言："陛下虽为天子，未是极贵。按《春秋元命苞》云：'乙酉之岁，除旧革政。'今年太岁乙酉，宜传位东宫，令君臣之分早定，且以上应天道。"并上魏献文禅子故事。帝从之。由是拜秘书监，加仪同三司，大被亲宠。既见重二宫，遂志于宰相。先与黄门侍郎刘逖友善，乃疏侍中尚书令赵彦深、侍中左仆射元文遥、侍中和士开罪状，令逖奏之。逖惧不敢通，其事颇泄，彦深等先诣帝（武成帝高湛）自陈。帝大怒，执珽诘曰："何故毁我士开？"……乃鞭二百，配甲坊，寻徙于光州。……为深坑，置诸内，苦加防禁，桎梏不离其身，……夜中以芜菁子烛熏眼，因此失明。

这是祖珽第一次从得宠到失势。所以得宠是先结纳高湛，继又勾结和士开支持高纬受内禅，这自然谈不上代表汉人利益和鲜卑斗争。失势则由于想当宰相而反赵彦深、元文遥、和士开不成。这里且不说对和士开先勾结再反对属于政治上的反复无常，即就此和本人而言，实亦甚少鲜卑化或鲜卑意识。《北齐书》卷五〇《恩倖·和士开传》说：

> 清都临漳人也。其先西域商胡，本姓素和氏。父安，恭敏善事人，稍迁中书舍人。……后为仪州刺史。士开幼而聪慧，选为国子学生，解悟捷疾，为同业所尚。天保初，世祖封长广王，辟士开府行参军。世祖性好握槊，士开善于此戏，由是遂有斯举。加以倾巧便僻，又能弹胡琵琶，因此亲狎。……世祖践祚，累除侍中，加开府。……除右仆射。……言辞容止，极诸鄙亵，以夜继昼，无复君臣之礼。……世祖寝疾于乾寿殿，士开入侍医药。世祖谓士开有伊、霍之才，殷勤属以后事，临崩，握士开之手曰："勿负我也。"仍绝于士开之手。后主以世祖顾托，深委仗之。

这说明和士开的先世只是西域商胡而并非鲜卑贵族①，和士开擅长的握槊和弹胡琵琶也都是西域的玩意，加之他当过国子学生，至少受到点汉族文化的熏染，在他身上鲜卑的习气不可能有多少。他的得势，除了早为高湛属吏相亲狎外，和高湛、高纬父子之宠信西胡，如《恩倖传》所说"史丑多之徒胡小儿等数十，咸能舞工歌，亦至仪同开府、封王"等现象大有关系。总之看不出此和是在代表鲜卑旧人而与汉人祖珽闹矛盾。至于赵彦深之为汉族文人已见前引《北齐书》卷三八《赵传》。同卷《元文遥传》谓元"河南洛阳人，魏昭成皇帝六世孙"，"敏慧凤成"，"有人将《何逊集》初入洛，诸贤皆赞赏之。河间邢邵试命文遥，诵之几遍可得？文遥一览便诵，时年十余岁"，其后"历事三主，明达世务"，"既与赵彦深、和士开同被任遇，虽不如彦深清贞守道，又不为士开贪淫乱政，在于季、孟之间。然性和厚，与物无竞，故时论不在彦深之下"。说明此元亦久已汉化。祖珽要反对他们几位无非是权势之争。

---

① 《北朝胡姓考》内篇"内入诸姓"和氏条考证素和氏当是鲜卑素和国之归化人，和士开可能"先世本素和国人，徙居西域，或本出西域，归魏后赐姓素和，亦未可知"。但此家族之西域化而少鲜卑习气则无疑问。

到高湛死去，高纬完全当权之后，针对和士开又引起一场斗争，事详《北齐书》卷一三《赵郡王叡传》、卷一五《娄定远传》，以及《元文遥传》和《和士开传》，是高欢弟高琛之子赵郡王高叡和娄后弟娄昭之子娄定远，加上元文遥一起来反和士开，结果失败，高叡被杀，娄定远、元文遥均外出为刺史。这又是权势之争而不存在民族意识。

这时祖珽又再次活动，《祖珽传》说：

> 武成崩，后主忆之，就除海州刺史。是时陆令萱外干朝政，其子穆提婆爱幸。珽乃遗陆媪弟悉达书曰："赵彦深心腹深沉，欲行伊、霍事，仪同姊弟岂得平安，何不早用智士耶？"和士开亦以珽能决大事，欲以为谋主，故弃除旧怨，虚心待之。……入为银青光禄大夫、秘书监，加开府仪同三司。

这是祖珽通过陆令萱、穆提婆母子及和士开重新起用。陆、穆母子事详《北齐书·恩倖·穆提婆传》，谓：

> 提婆，本姓骆，汉阳人也。父超，以谋叛伏诛。提婆母陆令萱尝配入掖庭，后主襁褓之中，令其鞠养，谓之干阿妳，遂大为胡后（高湛后）所昵爱。令萱奸巧多机辩，取媚百端，宫掖之中，独擅威福。天统初，奏引提婆入侍后主，朝夕左右，大被亲狎，嬉戏丑亵，无所不为。宠遇弥隆，官爵不知纪极，遂至录尚书事，封城阳王。令萱又佞媚，穆昭仪养之为母，是以提婆改姓穆氏。及穆后立，令萱号曰太姬，此即齐朝皇后母氏之位号也，视第一品，班在长公主之上。自武平之后，令萱母子势倾内外矣。庸劣之徒皆重迹屏气焉，自外杀生予夺不可尽言。

案《魏书·官氏志》说："他骆拔氏，后改为骆氏。"①本姓骆的穆提婆很可能出于此鲜卑他骆拔氏。但其人及其母陆令萱实是恩幸一流，说不上代表鲜卑的利益，更看不到他母子存在何种强烈的民族意识。否则，汉族文人祖珽何敢通过他母子以求进用，他母子又如何会对祖珽乐于擢用？

接着发生了后主朝的大规模政变，事详《北齐书》卷一二《武成十二王·琅邪王俨传》、卷四〇《冯子琮传》及《和士开传》。是以高湛第三子琅邪王高俨为首，侍中冯子琮、治书侍御史王子宜、开府高舍洛、中常侍刘辟疆参加，利用高俨任京畿大都督的权力，动员京畿军士三千余人闹了场政变，先杀掉和士开，还想再杀穆提婆母子并取代后主高纬，由于宿将斛律光支持高纬而政变最终失败。祖珽此时站到了高纬一边，《琅邪王俨传》即说：

> 陆令萱说帝（高纬）曰："人称琅邪王聪明雄勇，当今无敌，观其相表，殆非人臣，自专杀以来，常怀恐惧，宜早为计。"何洪珍与和士开素善，亦请杀之。未决，以食舆密迎祖珽问之，珽称周公诛管叔，季友鸩庆父，帝纳其言。

此何洪珍名列《恩幸传》，据《北齐书》卷四四《儒林传·张景仁》和《张雕》，以及《北史》卷九二《恩幸传》，知是胡人，是西域伊兰种族之何国人而入居中原者②。祖珽这时与此何及陆令萱采取同一态度，自只是结好恩幸而与民族别无关系。

祖珽再与陆令萱进一步勾结。《祖珽传》说："太后（高湛后胡氏）之被幽也，珽欲以陆媪为太后，撰魏帝皇太后故事，为太姬言之。谓人曰：'太姬虽云妇人，实是雄杰，女娲已来无有也。'太姬亦称珽为国师、国宝。由是拜尚书左仆射，监国史，加特进，入文林馆，总监撰书。"此后又与陆令萱、穆提婆、何洪珍等冤杀宿将斛律光及弟斛律羡并子伷，事详

---

① 参看《北朝胡姓考》内篇"内入诸姓"骆氏条。
② 参看《北朝胡姓考》外篇"西域诸姓"何氏条。

《北齐书》卷一七《斛律光传》。案光父金有传与光传同卷，说是"朔州敕勒部人也。高祖倍侯利，……道武时率户内附"。《魏书》卷一〇三《高车传》说高车"初号为狄历，北方以为敕勒"，其种有斛律氏①。则斛律家族是高车而并非鲜卑，此杀害斛律光事件也只是权势之争而不存在民族问题，否则穆提婆、何洪珍何以要和汉人通谋杀害斛律光？

接着祖珽求为领军又取得胜利。事详《祖传》，谓反对者有侍中斛律孝卿、尚书右仆射高元海，孝卿、元海失败，"珽列元海共司农卿尹子华、太府少卿李叔元、平准令张叔略等结朋树党"，除诸人外任，"珽自是专主机衡，总知骑兵、外兵事"，"委任之重，群臣莫比"。这斛律孝卿及其父斛律羌举有传见《北齐书》卷二〇，《羌举传》说"太安人也。世为部落酋长。父谨，魏龙骧将军、武川镇将"，则虽是高车也已家于六镇。但《孝卿传》说"孝卿，少聪敏几悟，有风检，……自赵彦深死，朝贵典机密者，唯孝卿一人差居雅道，不至贪秽"，则亦久已汉化，自不致站在鲜卑立场来反祖珽。高元海则是高欢从子上洛王恩宗之子，但《北齐书》卷一四《高元海传》说他"武平中，与祖珽共执朝政。元海多以太姬密语告珽。珽求领军，元海不可，珽乃以其所告报太姬。姬怒，出元海为郑州刺史"，则与祖珽之间也只是权势之争。至于尹子华、李叔元、张叔略自均是汉人，而悉为祖珽所摈斥，则说祖珽此举是反鲜卑又不能成立。

总之，祖珽从得宠到失势到再得宠，驯至参预中枢政事兼缩兵柄，以及其间各种人物的勾结倾轧，实无一不是为了争个人权势而并非闹民族纠纷，更不存在汉人与鲜卑之争。

四　武人与文人之争

这里讲祖珽的最终失败和崔季舒等人的被杀。为方便起见，先将有关史料一并迻录，然后论证分析。

---

① 参看《北朝胡姓考》外篇"高车诸姓"斛律氏条。

《北齐书·祖珽传》说：

> 自和士开执事以来，政体隳坏，珽推崇高望，官人称职，内外称美。复欲增损政务，沙汰人物。始奏罢京畿府，并于领军，事连百姓，皆归郡县。宿卫都督等号位从旧官名，文武章服并依故事。又欲黜诸阉竖及群小辈，推诚朝廷，为致治之方。陆媪、穆提婆议颇同异。珽乃讽御史中丞丽伯律令劾主书王子冲纳贿，知其事连穆提婆，……犹恐后主溺于近习，欲因后党为援，请以皇后兄胡君瑜为侍中、中领军，又征君瑜兄梁州刺史君璧，欲以为御史中丞。陆媪闻而怀怒，百方排毁，即出君瑜为金紫光禄大夫，解中领军，君璧还镇梁州。皇后之废，颇亦由此。王子冲释而不问。珽日益以疏，又诸宦者更共谮毁之，无所不至。后主问诸太姬，悯默不对，及三问，乃下床拜曰："老婢合死，本见和士开道孝徵多才博学，言为善人，故举之。比来看之，极是罪过，人实难知，老婢合死。"后主令韩长鸾检案，得其诈出敕受赐十余事，以前与其重誓不杀，遂解珽侍中、仆射，出为北徐州刺史。珽求见后主，韩长鸾积嫌于珽，……令军士牵曳而出，立珽于朝堂，大加诮责。……卒于州。

《恩幸·韩凤传》说：

> 韩凤，字长鸾，昌黎人也。父永兴，青州刺史。……后主居东宫，年幼稚，世祖简都督二十人送令侍卫，凤在其数。后主亲就众中牵凤手曰："都督看儿来。"因此被识，数唤共戏。后主即位，累迁侍中、领军，总知内省机密。祖珽曾与凤于后主前论事。珽语凤云："强弓长矛，无容相谢；军国谋算，何由得争。"凤答曰："各出意见，岂在文武优劣。"封昌黎郡王。男宝仁尚公主，……军国要密，无不经手，与高阿那肱、穆提婆共处衡轴，号曰三贵，损国害政，日月滋甚。……凤于权要之中，尤嫉人士，崔季舒等冤酷，皆凤所为。每朝

士咨事，莫敢仰视，动致呵叱，辄詈云："狗汉大不可耐，唯须杀却。"若见武职，虽厮养末品，亦容下之。

崔季舒等被杀事，则《季舒传》所说为详尽：

> 斑被出，韩长鸾以为斑党，亦欲出之。属车驾将适晋阳，季舒与张雕议①：以为寿春被围，大军出拒，信使往还，须禀节度，兼道路小人，或相惊恐，云大驾向并，畏避南寇；若不启谏，必动人情，遂与从驾文官连名进谏。时贵臣赵彦深、唐邕、段孝言等初亦同心，临时疑贰，季舒与争未决。长鸾遂奏云："汉儿文官连名总署，声云谏止向并，其实未必不反，宜加诛戮。"帝即召已署表官人集含章殿，以季舒、张雕、刘逖、封孝琰、裴泽、郭遵等为首，并斩之殿庭。

案到这时祖斑方不徒事钻营而欲于政治上有所作为，"推崇高望，官人称职"，"增损政务，沙汰人物"。但这类事情其他人早已做过。如当初高欢父子能任用崔暹等"纠劾权豪，无所纵舍"，而高澄本人也能"厘改前式，铨擢唯在得人。又沙汰尚书郎，妙选人地以充之"。其后辅佐高洋的杨愔及为祖斑反对的元文遥、赵彦深也均如此。杨愔"典选二十余年，奖擢人伦，以为己任"②。"齐因魏朝，宰县多用厮滥，……文遥以县令为字人之切，遂请革选。于是密令搜扬贵游子弟，发敕用之，……士人为县，自此始也"③。彦深"凡诸选举，先令铨定，提奖人物，皆行业为先，轻薄之徒，弗之齿也"④。可见凡是具有政治头脑的人，尤其是文人而被大用者，必然要在整肃仕途上有所作为。祖斑如此做并无大过人之处，更说不上代

---

① 张雕，《北史》卷八一《儒林传》作张雕武，知本名张雕虎，唐人避其先世李虎名讳，遂于《北齐书》省作张雕而《北史》改作张雕武。参看陈援庵（垣）先生《史讳举例》（科学出版社，1958年）第三五"因避讳一人二史异名例"。

② 《北齐书》卷三四《杨愔传》。

③ 《北齐书》卷三八《元文遥传》。

④ 《北齐书》卷三八《赵彦深传》。

表了汉人的利益，否则高澄当年也如此做又将作何解释？

祖珽较前此多做了的是对宦官也加以整肃，这是因为当时宦官已渐干扰政事，自成势力。如《恩幸传》在叙述宦官时所说"世祖时有曹文摽、邓长颙辈，……唯长颙武平中任参宰相，干预朝权，……于后主之朝，有陈德信等数十人，并肆其奸佞，败政虐人，古今未有"。宦官弄权多少会和外廷宰相发生矛盾，所以祖珽"又欲黜诸阉竖及群小辈"。这仍是有点为个人权势打算，不尽出以公心。

祖珽这时还"奏罢京畿府，并于领军"。这京畿府前面讲高演发动政变时提到过，和职掌禁军的领军府是互不统属的两个军事机构。彦威先生文中引用《魏书·官氏志》所说"永安已后，远近多事，置京畿大都督，复立州都督，俱总军人。天平四年夏，罢六州都督，悉隶京畿"，指出六州都督乃总领鲜卑或鲜卑化之六州流民者，"故京畿府所辖乃鲜卑之兵团"，祖珽此举"即取消此有特殊权势之鲜卑兵团，与汉人兵士同等待遇"。但其时祖珽自身已兼领军，则此举的主要目的，仍不能不归之于要扩张自己的权力。

值得注意的倒是前引《祖珽传》说他拜尚书左仆射时提到的"入文林馆"。《北齐书》卷四五《文苑传序》讲了这个文林馆的设置，说：

> 后主虽溺于群小，然颇好讽咏，幼稚时，曾读诗赋，……及长亦少留意。初因画屏风，敕通直郎兰陵萧放及晋陵王孝式录古名贤烈士及近代轻艳诸诗以充图画，帝弥重之。后复追齐州录事参军萧悫、赵州功曹参军颜之推同入撰次，犹依霸朝，谓之馆客。放及之推意欲更广其事，又祖珽辅政，爱重之推，又托邓长颙渐说后主，属意斯文。〔武平〕三年（572），祖珽奏立文林馆，于是更召引文学士，谓之待诏文林馆焉。

又卷四二《阳休之传》则说"邓长颙、颜之推奏立文林馆"。《文苑·颜之推传》载之推《观我生赋》注谓："齐武平中，署文林馆待诏者仆射阳休之、祖孝徵以下三十余人，之推专掌。"《文苑传序》还备载监撰《御览》及入馆撰书者的姓名官职，后来为韩凤所奏杀六人中的崔季舒、张雕、刘逖、封孝琰均在其列。案高氏政权的建立本有赖于六镇鲜卑武力，而高欢父子复重视文人多用之于政事，因此一开始即出现了文武分途的局面①，同时也带来了不可避免的文武之间的争竞。只是高欢和高澄、高洋时文人如崔暹等多被用以抑制勋旧亲贵，于是多表现为文人与勋贵之争。其后此辈勋贵逐渐引退死亡，文人与武人之争始日见明朗化。如高演杀杨愔等执掌大权之后，其亲信王晞为司马，尚"每夜载入，昼则不与语，以晞儒缓，恐不允武将之意"②，便是武人歧视文人的一个事例。到后主时文人既凭借建立文林馆结成以祖珽为核心的集团，《北齐书》卷二一《封孝琰传》且有琰谓祖珽"公是衣冠宰相，异于余人"之说，自更激起武人首脑中如韩凤者与之对立。所谓"凤于权要之中，尤嫉人士，崔季舒等冤酷，皆凤所为"，这"人士"就是士人、文人之谓。所以颜之推在《观我生赋》自注中会说："时武职疾文人，之推蒙礼遇，每构创痏。故侍中崔季舒等六人以谏诛，之推尔日邻祸。"邻祸者，即《颜之推传》所说"崔季舒等将谏也，之推取急还宅，故不连署。及召集谏人，之推亦被唤入，勘无其名，方得免祸"。这"武职疾文人"可谓点出了事情的要害。当然这只是从大体上来说，其间还难免渗入更为复杂的亲疏恩怨关系。如上引《观我生赋》自注之后还有"侪流或有毁之推于祖仆射"之说，说明文人内部也有倾轧。又如文林馆的建立邓长颙起了作用，而此邓却是名列《恩幸传》在"武平中任参宰相"的宦官。又如《北齐书》卷四四《儒林·张雕传》说："胡人何洪珍大蒙主上亲宠，与张景仁结为婚媾。雕以景仁宗室，自托于洪珍，倾心相礼，情好日密，公私之事，雕常为其指南。时穆提婆、

---

① 缘此文武有别的观念也就存在于多数人头脑之中。就《北齐书》所记，如《杨愔传》谓"韩陵之战，愔每阵先登，朋僚咸共怪叹曰：'杨氏儒生，今遂为武士，……'"《张宴之传》谓："宴之文士，兼有武干，每与（高）岳推帐之谋，又常以短兵接刃，亲获首级，深为岳所嗟赏。"文人像这样兼能武事的在其时其地即称罕有。而武人之兼能文事者，如卷四一《皮景和传》谓"景和于武职之中，兼长吏事"，同卷《綦连猛传》谓"赵彦深以猛武将之中颇疾奸佞，言议时有可采，故引知机事"。也均属难能。

② 《北齐书》卷三一《王晞传》。

韩长鸾与洪珍同侍帷幄，知雕为洪珍谋主，甚忌恶之。"可见张雕此人亦非端人正士，更不说一贯无行的祖珽了。而穆提婆、韩凤知张雕为何洪珍谋主便甚忌恶，可知他们之间又有不易解脱的矛盾。

尤堪注意的，即文人经此次摧残后并未完全失势，资历更优于祖珽的赵彦深和阳休之等均安然无恙。武人首脑中的韩凤在稍后却和穆提婆同被宦官陈德信所攻讦，除名为民。其事《后主纪》《穆提婆传》均失记，仅《韩凤传》有之，谓：

> 凤母鲜于，段孝言之从母子姊也，为此偏相参附，奏遣监造晋阳宫。陈德信驰驿检行，见孝言役官夫匠自营宅，即语云："仆射为至尊起台殿未讫，何容先自营造？"凤及穆提婆亦遣孝言分工匠为己造宅，德信还具奏闻。及幸晋阳，又以官马与他人乘骑。上因此发忿，与提婆并除名，亦不露其罪。仍毁其宅，公主离婚。复被遣向邺吏部门参。及后主晋阳走还，被敕入内，寻诏复爵。从后主走度河，到青州，并为周军所获。

穆提婆除名前任录尚书事，而《后主纪》记武平五年（574）二月甲寅"以尚密令唐邕为录尚书事"，则穆、韩的除名或在此时，到武平七年十二月（577年1月）晋阳为周师攻陷还有将近三年，说明这两人最后仍失势了好一段时间。另外，掌知文林馆事的文人颜之推到晋阳失陷北齐危亡之时，却仍颇为后主所亲信。如《颜之推传》所说：

> 及周兵陷晋阳，帝轻骑还邺，窘急计无所从，之推因宦者侍中邓长颙进奔陈之策，仍劝募吴士千余人以为左右，取青、徐路共投陈国。帝甚纳之，以告丞相高阿那肱等，阿那肱不愿入陈，乃云吴士难信，不须募之，劝帝送珍宝累重向青州，且守三齐之地，若不可保，徐浮海南渡。虽不从之推计策，然犹以为平原太守，令守河津。

《观我生赋》自注所说略同。所有这一切，都说明这里不仅不存在什么民族问题，就是武人和恩幸也并非一直占优势而文人仍有说话的余地。

五 "汉"字的解释

最后还需要回答一个问题，即《崔季舒传》韩凤所说"汉儿文官"以及《韩凤传》所说"狗汉大不可耐"的汉应如何解释？《北史》卷九二《恩幸·韩凤传》还说："凤恒带刀走马，未曾安行，瞋目张拳，有啖人之势。每咤曰：'恨不得锉汉狗饲马！'又曰：'刀止可刈贼汉头，不可刈草。'"这"汉狗""贼汉"又应如何解释？这些通常是被用来作为汉人与鲜卑之争的证据的。为此，我把《北齐书》里以"汉"称人之处略按时间先后抄录在这里，并补充了《北史》的有关文字，看是否都有民族含义。

一、《北齐书》卷二一《高昂传》："随高祖讨尔朱兆于韩陵，昂自领乡人部曲王桃汤、东方老、呼延族等三千人。高祖曰：'高都督纯将汉儿，恐不济事，今当割鲜卑兵千余人共相参杂，于意如何？'昂对曰：'敖曹所将部曲，练习已久，前后战斗，不减鲜卑，今若杂之，情不相合，胜则争功，退则推罪，愿自领汉军，不烦更配。'"案这里的呼延族又见《北齐书》卷一一《文襄六王·广宁王孝珩传》，呼延是其姓，《史记》卷一一〇《匈奴传》说："诸大臣皆世官。呼衍氏，兰氏，其后有须卜氏，此三姓其贵种也。"正义："颜师古云：'呼衍，即今鲜卑姓呼延者也。……'"[1]则呼延族实是匈奴后裔之入鲜卑者，何以高欢称高昂"纯将汉儿"？可见这"汉儿""汉军"者，实仅指六镇鲜卑以外的地方豪族武装而言。地方豪族武装中自以汉人为多，遂称之为"汉儿""汉军"，是以武装的性质来区分而民族意味并不浓厚。

二、《北史》卷三一《高昂传》："〔刘〕贵与昂坐，外白河役夫多溺死。贵曰：'头钱价汉，随之死。'昂怒，拔刀斫贵。贵走出还营，昂便鸣

---

① 参看《北朝胡姓考》外篇"匈奴诸姓"呼延氏条。

鼓会兵攻之。侯景与冀州刺史万俟受洛解之乃止。时鲜卑共轻中华朝士，唯惮昂。"此刘贵《北齐书》卷一九有传，说是"秀容阳曲人"，清中叶出土东魏刘懿字贵珍者之墓志，志主即是此人，而志中说他"起家□大将军府骑兵参军第一酋长"①，则必是匈奴屠各部之后而入于鲜卑者②。但所谓"头钱价汉"的"头钱价"，是"只值一文钱"之谓，"汉"则是对此"只值一文钱"之人的贱称，以服劳役之百姓以汉人为多，遂称之为"头钱价汉"，其本意并非站在鲜卑立场专事仇视汉人。所以《北齐书·刘贵传》说"贵凡所经历，莫不肆其威酷。修营城郭，督责切峻，非理杀害，视下如草芥"，也只讲他的残暴而不涉及民族。只是他在高昂面前说话不注意用了这个"汉"字，使高昂敏感起来误以为他蔑视汉人，才要与他拼命。至于所说"时鲜卑共轻中华朝士"，只是指当时鲜卑勋贵轻视文人，文人多为汉族，故被称作"中华朝士"，同样不宜作为民族矛盾的证据。

三、《北齐书》卷一〇《高祖十一王·高阳王湜传》："其妃父护军长史张晏之尝要道拜湜，湜不礼焉。帝（高洋）问其故，对曰：'无官职汉，何须礼。'帝于是擢拜晏之为徐州刺史。"前面说到过此高阳王高湜的王妃张氏家确是汉人且系士族，但张晏之不为高湜所礼，是因为没有充任独当一面的官职而与汉人与否无涉，针对这点所以高洋要给张当上个刺史。这个"无官职汉"的"汉"如上所释也只是对人的贱称，"无官职汉"者只是"无官职人"之谓。

四、《北齐书》卷二三《魏兰根传附魏恺》："迁青州长史，固辞不就。杨愔以闻。显祖大怒，谓愔云：'何物汉子，我与官，不肯就！明白将过，我自共语。'是时显祖已失德，朝廷皆为之惧，而恺情貌坦然。显祖切责之，仍云：'死与长史孰优，任卿选一处。'恺答云：'能杀臣者是陛下，不受长史者是愚臣，伏听明诏。'显祖谓愔云：'何虑无人作官职，苦用此汉何为，放其还家，永不收采。'"案此魏虽是"钜鹿下曲阳人"，是汉人

---

① 寒斋藏拓本，收入《八琼室金石补正》卷一九。
② 此刘氏源出匈奴屠各部之考证，可看《北朝胡姓考》内篇"勋臣八姓"刘氏条。惟此条于刘贵止曰可疑，未能利用墓志证实其必为胡姓。

士族，但此"汉子"和"汉"与上两例相同，也只是对人的贱称而别无民族意味。

五、《北史》卷七《齐本纪·显祖文宣帝》："曾有典御丞李集面谏，比帝有甚于桀纣。帝令缚置流中，沉没久之，复令引出，谓曰：'吾何如桀纣？'集曰：'向来弥不及矣。'帝又令沉之，引出更问，如是数四，集对如初。帝大笑曰：'天下有如此痴汉！方知龙逢、比干，非是俊物。'"这"痴汉"自然也就是"痴人"的意思，"汉"字在此不能释为汉族与上几例相同。

六、《北齐书》卷一四《高归彦传》："魏时山崩，得石角二，藏在武库。文宣入库，赐从臣兵器，特以二石角与归彦。谓曰：'尔事常山不得反，事长广得反，反时，将此角吓汉。'归彦额骨三道，着帻不安。文宣尝见之，怒，使以马鞭击其额，血被面，曰：'尔反时当以此骨吓汉。'其言反竟验云。"案这当然是事后编造的神话，高洋生前如何能预知其弟常山王高演、长广王高湛之相继为帝。而额骨三道恐亦由二石角的神话衍化而出。但这"吓汉"者仍只是"吓人"之谓，和前几例相同。因为这是讲头上长了二角成为龙即皇帝得以吓人，自然不可能只吓汉人。

七、前引《北齐书·杨愔传》："太皇太后曰：'岂可使我母子受汉老妪斟酌。'……帝乃曰：'天子亦不敢与叔惜，岂敢惜此汉辈？'"案这段纪事和这些语言悉出虚构，前面已作了考证。但虚构者心目中"岂敢惜此汉辈"的"汉"字恐仍只是"人"的贱称而不指汉族，因为"此汉辈"中的可朱浑天和明明不是汉族，只有"汉老妪"的"汉"字才是指汉族。

八、《北齐书·武成十二王·琅邪王俨传》记高俨杀和士开后，斛律光就谓曰："天子弟杀一汉，何所苦。"此和士开的先世前已说过是西域商胡，他本身绝对不能算作汉人，这里称之为"一汉"的"汉"当然仍是对人的贱称。

九、《北齐书·祖珽传》：高元海语侯吕芬、穆提婆云："孝徵汉儿，两眼又不见物，岂合作领军也？"这个"汉儿"倒真是指汉人，因为当时武职多由鲜卑或其他汉人以外之人充任，所以高元海这么说。

十、《北齐书·恩幸·高阿那肱传》："尚书郎中源师尝咨肱云：'龙见，当雩。'问师云：'何处龙见？作何物颜色？'师云：'此是龙星见，须雩祭，非是真龙见。'肱云：'汉儿强知星宿！'"案《新唐书》卷七五上《宰相世系表》谓"源氏出自后魏圣武帝诘汾长子疋孤。七世孙秃发傉檀"，自系鲜卑而非汉族①。因此陈寅恪先生在《唐代政治史述论稿》上篇"统治阶级之氏族及其升降"里指出："此为北朝汉人胡人之分别，不论其血统，只视其所受之教化为汉抑为胡而定之确证。"但细审文义，此"汉儿强知星宿"之"汉儿"恐仍是用来泛称文职人员，以文人多汉人遂称之曰"汉儿"，其中看不出存在多少民族意味。

以上十例之中，例一之"汉儿""汉军"指六镇鲜卑以外之地方豪族武装；例二、三、四、五、六、八之"汉"或"汉子"，以及例七之"汉辈"，都是对人的贱称而并非专用于汉族；例十之"汉儿"则指文人的意味更重于民族；只有例九之"汉儿"和例七"汉老妪"之"汉"方指汉族，而"汉老妪"一例复出臆造而不真实，足见其时口头常用之"汉"字已多数不指汉族而言。宋人陆游在《老学庵笔记》卷三里曾说过："今人谓贱丈夫曰汉子，盖始于五胡乱华时。"现在看来应说是正确的。

这样回头来看韩凤的话。所谓"狗汉"只是骂朝士即文官为狗，"贼汉"只是骂人为贼，犹后来骂人为"贼骨头""狗东西"，而"汉狗"也应和"狗汉"同义，因为无论《北史》或《北齐书》的《韩凤传》均未说这些话是专对汉人而言。至于"汉儿文官"，则文官、文人的意味也更重于民族，和例七所云"汉儿"相似。凡此均不能用来证实韩凤是站在鲜卑立场上专对汉人斗争，而实在只是其时的文武之争。

六 余论

对高氏政权北齐朝廷先后四十余年的政潮起伏和重大事件逐一考释

---

① 参看《北朝胡姓考》外篇"东胡诸姓"源氏条。

后，还想再发点议论。

过去研究历史者往往有一种错觉，即认为只要在中国大地上出现了少数民族的政权，民族间的歧视欺凌就必然炽烈而不能缓和，民族矛盾将始终成为主要矛盾。但从上面所考释来看却并非如此，当时的民族问题并未严重影响政局，这其实倒真是符合了历史发展趋势。周太初（一良）先生在所撰《魏晋南北朝史札记》的《晋书札记》"王敦桓温与南北民族矛盾"条中说过：

> 就大势而言，则自420年刘宋建立，迄六世纪中叶侯景乱梁，百余年间，南北之间民族矛盾远较东晋渡江后之百年间为缓和。盖北方少数民族入中原日久，汉化日深，封建生产关系在北方占主导地位。以后南北之冲突，虽仍不无民族矛盾色彩，如高欢之呼"吴儿老翁萧衍"，但究其实质，则已成为南北两封建地主阶级政权间之斗争矣。

南北两不同民族主持的政权之间尚且如此，同一政权内部要说经久不息地大闹其民族问题，岂不扞格难通！而且，稍后到杨隋以至李唐初期，不特元魏君臣后裔久告汉化，即六镇鲜卑子孙亦已与汉族融合不能分离，这是研究历史者公认的事实，则说其前北齐朝鲜卑与汉人之斗争尚如此剧烈，恐也不合事物演变的规律。

北齐朝的政局既与民族问题无多关涉，而从所考释却可看到文人经常在起着重要作用，有几场且直是文人与勋贵以至文人、武人的斗争。这种现象是体现了社会的进步抑落后？要回答，最好找同时的北周来作比较。陈寅恪先生《唐代政治史述论稿》上篇"统治阶级之氏族及其升降"曾指出：

> 宇文泰当日融冶关陇胡汉民族之有武力才智者，以创霸业，而隋唐继其遗产，又扩充之。其皇室及佐命功臣大都西魏以来此关陇集团中人物，所谓八大柱国家即其代表也。当李唐初期此集团之力量犹未

衰损，皇室与其将相大臣几全出于同一之系统及阶级，故李氏据帝位，主其轴心，其他诸族入则为相，出则为将，自无文武分途之事。

此宇文泰创建之关陇集团是否延伸至隋及初唐尚存在，我已别有考论以事商榷①。惟此集团在政治上确是文武合一而不分途，而与北齐之文武分途且文人颇有权势者，成为两种不同的政治格局。案中国自战国开始已脱出前此之封建领主制社会而进入地主制社会，文武分途即成为此较见进步之地主制社会在政治上的一大特色。《史记》卷九七《陆贾传》说：

> 陆生时时前说称《诗》《书》，高帝骂之曰："乃公居马上而得之，安事《诗》《书》!"陆生曰："居马上得之，宁可以马上治之乎？且汤武逆取而以顺守之，文武并用，长久之术也。"

这个马上得之、不能马上治之，久已成为有识见政治人物所共同认可的理论。无如领主制为地主制取代后，其残余长期未能清除，至东汉以后遂出现左右魏晋南北朝政局的门阀制度，此制度实为领主制彻底死亡前的一种回光返照，于是政治上又重演文武合一的局面。这种局面从全国范围来讲要到进入隋唐随门阀制度的结束才结束，其后除列朝开国时不能不依仗勋旧宿将外，要以文武分途且文重于武为正常状态。而北齐能及早任用文人参预朝政，岂不大胜于北周文武合一的关陇集团。近人顾多夸扬关陇集团之作用，细思之实未必科学。至于北周之所以最终吞灭北齐，自别有原因可资探讨。历史上不皆是经济文化先进者灭落后，在使用冷兵器时代经济文化落后者灭先进的例子固多次出现，可不能如前人那样以成败论英雄啊！

我曾撰写论文《论北齐的文化》②，以阐明从经济、从文化上讲北齐

---

① 《从杨隋中枢政权看关陇集团的开始解体》，载《学术集林》卷九，1996年12月；《关陇集团到唐初是否继续存在》，载《周绍良先生欣开九秩庆寿文集》，中华书局，1997年。

② 《陕西师大学报》哲学社会科学版，1994年第4期。

实大胜于北周。今此文则可说是另从政治上来论证这一认识。感兴趣者自可取而参看，以明究竟。

（原载香港中文大学《中国文化研究所学报》新第6期，1997年）

〔附记〕万绳楠先生尝整理1947年至1948年听陈寅恪先生讲课所记为《陈寅恪魏晋南北朝史讲演录》，1987年由黄山书社出版，近始购得1999年4月第二次印本。看其中"北齐的鲜卑化"一节与缪彦威先生文持义略同，所引用史料亦未有溢出缪文之外者，自可不必更事撰文商榷，庶免重复。

论北齐的文化

一

高氏建立的东魏北齐政权，是颇有胡化之称的。《北齐书》卷一《神武帝纪》虽说高欢是"渤海蓨人"①，但又说他的祖父"坐法徙居怀朔镇"，足见他起码是几代居住北边六镇、彻底鲜卑化了的汉人，也可能本是鲜卑，发迹后冒认汉族大姓渤海高氏以事夸饰。他的部下也多数是胡人和六镇系统的军人，《北齐书》卷二一《高昂传》有一段常为人们征引的话：

> 于时鲜卑共轻中华朝士，唯惮服于昂。高祖（高欢）每申令三军，常鲜卑语，昂若在列，则为华言。

确是颇能说明问题的。

高欢死后长子高澄掌权，北齐建国后追谥文襄帝，死后高欢次子高洋建北齐为文宣帝，都有淫暴之称。如《北齐书》卷四《文宣帝纪》所说：

---

① 《北齐书》等南北七史原本颇有阙略，今本多用李延寿《南北史》、《高氏小史》等补足，但李史等仍源自诸史原本，并非另起炉灶，所以这里按习惯径自征引，不复区别。

六七年后，以功业自矜，遂留连耽湎，肆行淫暴。或躬自鼓舞，歌讴不息，从旦通宵，以夜继昼。或袒露形体，涂傅粉黛，散发胡服，杂衣锦彩。拔刃张弓，游于市肆，勋戚之第，朝夕临幸。时乘駏驼牛驴，不施鞍勒，盛暑炎赫，隆冬酷寒，或日中暴身，去衣驰骋，从者不堪，帝居之自若。亲戚贵臣，左右近习，侍从错杂，无复差等。征集淫妪，分付从官，朝夕临视，以为娱乐。凡诸杀害，多令支解，或焚之于火，或投之于河。沉酗既久，弥以狂惑，至于末年，每言见诸鬼物，亦云闻异音声。情有蒂芥，必在诛戮，诸元宗室，咸加屠剿，永安、上党，并致冤酷，高隆之、高德政、杜弼、王元景、李谞之等皆以非罪加害，……自余酷滥，不可胜纪。朝野慑憎，各怀怨毒，……文武近臣，朝不谋夕。又多所营缮，百役繁兴，举国骚扰，公私劳弊。凡诸赏赉，无复节限，府藏之积，遂至空虚。

文宣帝死后长子高殷即位，为高欢第六子高演所废，孝昭帝高演不久病死，高欢第九子高湛即位，武成帝高湛和他的长子——北齐亡国之君后主高纬又都以荒唐著称。尤其是高纬，《北齐书》卷八《后主纪》对他也有一段议论，说他：

> 任陆令萱、和士开、高阿那肱、穆提婆、韩长鸾等宰制天下，陈德信、邓长颙、何洪珍参预机权，各引亲党，超居非次，官由财进，狱以贿成，其所以乱政害人，难以备载。诸宫奴婢、阉人、商人、胡户、杂户、歌舞人、见鬼人滥得富贵者将万数，庶姓封王者百数，不复可纪，开府千余，仪同无数。

其中胡户即《北齐书》卷五〇《恩幸传》所说的胡小儿，《恩幸传》说：

> 又有史丑多之徒胡小儿等数十，咸能舞工歌，亦至仪同开府、封王。……至于胡小儿等眼鼻深崄，一无可用，非理爱好，排突朝贵，

尤为人士之所疾恶。

史是西域胡人昭武九姓之一，可见北齐后期文化还加进了西胡的成分。

二

但看其时著名文士颜之推的事迹，发现事情并不如此简单。《北齐书》卷四五《文苑·颜之推传》说：

> 颜之推，字介，琅邪临沂人也。九世祖含，从晋元东渡，官至侍中、右光禄、西平侯。父勰，梁湘东王绎镇西府谘议参军。……绎遣世子方诸出镇郢州，以之推掌管记，值侯景陷郢州，频欲杀之，赖其行台郎中王则以获免，被囚送建业。景平，还江陵。时绎已自立，以之推为散骑侍郎，奏舍人事。后为周军所破，大将军李显庆重之，荐往弘农，令掌其兄阳平公远书翰①。值河水暴长，具船将妻子来奔，经砥柱之险，时人称其勇决。

案西魏之破灭江陵萧氏政权固极野蛮，如《周书》卷二《文帝纪》所说："擒梁元帝（萧绎），杀之，并虏其百官及士民以归，没为奴婢者十余万，其免者二百余家。"卷一五平江陵的主将于谨的传里也说："虏其男女十余万人，……赏谨奴婢一千口。"这种把战败一方的百官士民大批沦为奴婢的做法在当时已很少见。《颜之推传》所说大将军李显庆即李穆，显庆是字，《周书》卷三〇有传，传里有"征江陵，功封一子长城县侯，邑千户"的话，则颜之推当是被赏给李穆为奴。只是李穆既荐他到阳平公李远处掌书翰，其身份已见改善，何必经历砥柱冒生命危险东奔北齐，这究竟为了什么？对此《颜之推传》载有他齐亡入周后所写的《观我生赋》，在赋的

---

① 本句文字据中华书局点校本校正。

自注里说：

> 齐遣上党王涣率兵数万纳梁贞阳侯〔渊〕明为主。梁武聘使谢挺、徐陵始得还南，凡厥梁臣，皆以礼遣。之推闻梁人返国，故有奔齐之心。……至邺，便值陈兴而梁灭，故不得还南。

这自然是一个理由，不过怕不是主要的理由。因为《颜之推传》讲到北齐为北周攻灭时又说：

> 及周兵陷晋阳，帝轻骑还邺，窘急计无所从，之推因宦者侍中邓长颙进奔陈之策，仍劝募吴士千余人以为左右，取青、徐路共投陈国。帝甚纳之，以告丞相高阿那肱等，阿那肱不愿入陈，乃云吴士难信，不须募之，劝帝送珍宝累重向青州，且守三齐之地，若不可保，徐浮海南渡。虽不从之推计策，然犹以为平原太守，令守河津。

《观我生赋》自注也说：

> 除之推为平原郡，据河津，以为奔陈之计。约以邺下一战不克，当与之推入陈。丞相高阿那肱等不愿入南，又惧失齐主则得罪于周朝，故疏间之推。所以齐主留之推守平原城，而索船渡济向青州。……

二者纪事有详略出入，所表达颜之推的政治态度则完全一致，即效忠北齐甘为其孤臣孽子，而对北周充满敌意，纵使颜之推的大哥颜之仪自江陵被俘入周后已渐通显（别详《周书》卷四○《颜之仪传》），仍未能转移颜之推的观感。至于此时奔陈之计不过是不愿降周的一种措施，和前此之想回归梁国性质上已不尽相同。

这点还可从下列两件事情来证实：

一是《观我生赋》最后称"予一生而三化，备荼苦而蓼辛"，自注："在扬都（建康）值侯景杀简文（简文帝萧纲）而篡位，于江陵逢孝元（元帝萧绎）覆灭，至此而三为亡国之人。"可见颜之推最后确以北齐为其本朝，以北齐见灭于北周为亡国。

再是颜之推所著《颜氏家训》旧本都题"北齐黄门侍郎颜之推撰"，据《北齐书·颜之推传》，这"黄门侍郎"是颜之推在北齐朝所任的最高官职，其后"齐亡入周，大象末为御史上士，隋开皇中太子（杨勇）召为学士，甚见礼重，寻以疾终"。这《家训》是颜之推晚年入隋后写的，如《风操》篇所说"今日天下大同"即指隋统一中国，《书证》篇更有"开皇二年五月长安民掘得秦时铁称权"的明文。而题署偏要曰"齐黄门侍郎颜之推撰"者（"齐"上的"北"字自是后人所加俾和南齐区别），未必如有人推测"之推历官南北朝，宦海浮沉，当以黄门侍郎最为清显"，署上了可以"自炫其'人门兼美'"。而应是以齐朝遗老自居，和《观我生赋》之言"三化"是同一立场、同一态度。

三

颜之推何以如此内齐外周？根本原因实在于周、齐在文化上的差别。要弄清楚这点，最简捷可靠的办法是一读唐初所修梁、陈、齐、周、隋《五代史志》里的《地理志》即通常所谓《隋书·地理志》，它仿照《汉书·地理志》的写法，对每个地区的经济文化都有一段中肯的评论。先看北齐统治地区，《隋书》卷三〇《地理志中》说：

> 豫州，……洛阳得土之中，赋贡所均，故周公作洛，此焉攸在。其俗尚商贾，机巧成俗，故《汉志》云："周人之失，巧伪趋利，贱义贵财。"此亦自古然矣。荥阳古之郑地，梁郡梁孝故都，邪僻傲荡，旧传其俗，今则好尚稼穑，重于礼文，其风皆变于古。谯郡、济阴、襄城、颍川、汝南、淮阳、汝阴，其风颇同。南阳古帝乡，播绅所

出，自三方鼎立，地处边疆，戎马所萃，失其旧俗。

兖州，……东郡、东平、济北、武阳、平原等郡，得其地焉，兼得邹、鲁、齐、卫之交，旧传太公、唐叔之教，亦有周、孔遗风。今此数郡，其人尚多好儒学，性质直怀义，有古之风烈矣。

冀州，……信都、清河、河间、博陵、恒山、赵郡、武安、襄国，其俗颇同，人性多敦厚，务在农桑，好尚儒学，而伤于迟重。前代称"冀、幽之士钝如椎"，盖取此焉，俗重气侠，好结朋党，其相赴死生，亦出于仁义。故《班志》述其土风，悲歌慷慨，椎剽掘冢，亦自古之所患焉。前谚云"仕宦不偶遇冀部"，实弊此也。魏郡，邺都所在，浮巧成俗，雕刻之工，特云精妙，士女被服，咸以奢丽相高，其性所尚习，得京、洛之风矣，语曰"魏郡、清河，天公无奈何"，斯皆轻狡所致。汲郡、河内，得殷之故壤，考之旧说，有纣之余教。汲又卫地，习仲由之勇，故汉之官人，得以便宜从事，其多行杀戮，本以此焉。今风俗颇移，皆向于礼矣。长平、上党，人多重农桑，性尤朴直，盖少轻诈。河东、绛郡、文城、临汾、龙泉、西河，土地沃少瘠多，是以伤于俭啬。其俗刚强，亦风气然乎？太原山川重复，实一都之会，本虽后齐别都，人物殷阜，然不甚机巧，俗与上党颇同，人性劲悍，习于戎马。离石、雁门、马邑、定襄、楼烦、涿郡、上谷、渔阳、北平、安乐、辽西，皆连接边郡，习尚与太原同俗，故自古言勇侠者，皆推幽、并云。然涿郡、太原，自前代以来，皆多文雅之士，虽俱曰边郡，然风教不为比也。

青州，……吴札观乐，闻齐之歌曰："泱泱乎大风也哉！国未可量也。"在汉之时，俗弥侈泰，织作冰纨绮绣纯丽之物，号为冠带衣履天下。始太公以尊贤尚智为教，故士庶传习其风，莫不矜于功名，依于经术，阔达多智，志度舒缓。其为失也，夸奢朋党，言与行谬。齐郡旧曰济南，其俗好教饰子女淫哇之音，能使骨腾肉飞，倾诡人目，俗云齐倡，本出此也。……大抵数郡风俗，与古不殊，男子多务农桑，崇尚学业，其归于俭约，则颇变旧风。东莱人尤朴鲁，故特少文义。

卷三一《地理志下》说：

> 徐州，……考其旧俗，人颇劲悍轻剽，其士子则挟任节气，好尚
> 宾游，此盖楚之风焉。大抵徐、兖同俗，故其余诸郡，皆得齐、鲁之
> 所尚，莫不贱商贾，务稼穑，尊儒慕学，得洙泗之俗焉。

可见除洛阳、邺城以至济南等少数大城市尚商贾而巧伪侈靡外，北齐统治
区内多数是务农桑而尚儒学，也就是在封建农业经济健康发展的基础之
上，形成了当时较为先进的文化。至于少数民族问题一处也没有提到，可
见鲜卑的影响主要是在军事系统上，在整个社会的经济文化上则并未产生
消极破坏作用，而后期的西胡文化在音乐歌舞的发展上还转有积极意义，
尽管此类胡小儿滥得富贵确曾引起士大夫的不满。

再看北周统治地区，《隋书》卷二九《地理志上》说：

> 雍州，……京兆王都所在，俗具五方，人物混淆，华戎杂错，去
> 农从商，争朝夕之利，游手为事，竞锥刀之末。贵者崇侈靡，贱者薄
> 仁义，豪强者纵横，贫窭者窘蹙。桴鼓屡惊，盗贼不禁，此乃古今之
> 所同焉。自京城至于外郡，得冯翊、扶风，是汉之三辅，其风大抵与
> 京师不异。安定、北地、上郡、陇西、天水、金城，于古为六郡之
> 地，其人性犹质直，然尚俭约，习仁义，勤于稼穑，多畜牧，无复寇
> 盗矣。雕阴、延安、弘化，连接山胡，性多木强，皆女淫而妇贞，盖
> 俗然也。平凉、朔方、盐川、灵武、榆林、五原，地接边荒，多尚武
> 节，亦习俗然焉。河西诸郡，其风颇同，并有金方之气矣。
>
> 梁州，……汉中之人，质朴无文，不甚趋利。性嗜口腹，多事田
> 渔，虽蓬室柴门，食必兼肉。好祀鬼神，尤多忌讳，家人有死，辄离
> 其故宅。崇重道教，犹有张鲁之风焉。每至五月十五日必以酒食相

馈，宾旅聚会，有甚于三元。傍南山杂有獠户，富室者颇参夏人为婚，衣服居处言语，殆与华不别。西城、房陵、清化、通川、宕渠，地皆连接，风俗颇同。汉阳、临洮、宕昌、武都、同昌、河池、顺政、义城、平武、汶山，皆连杂氐、羌，人尤劲悍，性多质直，皆务于农事，工习猎射，于书计非其长矣。

这里讲京兆也是去农崇商，和北齐地区的洛阳、邺城相同，但这里说到"华戎杂错"，而讲洛阳、邺城时都没有这么说。洛阳、邺城是有鲜卑的，但多数在北魏孝文帝以后已经汉化，而"北朝胡、汉之分，不在种族，而在文化"[1]，故已无胡、汉杂居之感，而如前所说六镇鲜卑之南下者的影响又仅限于军事系统。至北周地区六镇鲜卑则转少于北齐[2]，这里所说"华戎杂错"之"戎"，乃指西晋以来长期和汉人杂居且尚未融合的氐、羌和其他杂夷[3]。毋庸讳言，当时这些少数民族是落后的，再加上边境上的山胡、獠户，自然影响整个北周的经济水平以至文化水平，使之和北齐相比较处于落后状态[4]。这就可以理解为什么攻取江陵后会把大批百官士民沦为奴婢，而颜之推要冒着生命危险东奔北齐，并从此以北齐为本朝。《颜传》说之推到北齐后："显祖（文宣帝高洋）见而悦之，即除奉朝请，引于内馆中，侍从左右，颇被顾眄。……河清末，被举为赵州功曹参军，寻待诏文林馆，除司徒录事参军。之推聪颖机悟，博识有才辩，工尺牍，应对闲明，大为祖珽所重，令掌知馆事，判署文书。寻迁通直散骑常侍，俄领中书舍人。帝（后主高纬）时有取索，恒令中使传旨，之推禀承宣

---

① 陈寅恪先生语，见《隋唐制度渊源略论稿》第二章"礼仪"。寅恪先生此观点已为近时治我国中古史者所认可。

② 详拙撰《宇文泰所以建立八柱国制的一种推测》所考证，收入《中国典籍与文化论丛》第一辑。

③ 可参考周一良先生《北朝的民族问题与民族政策》，收入所著《魏晋南北朝史论集》。

④ 如经学的西不如东就极为明显，见《魏书》卷八四《儒林》徐遵明、李兴业等传，籍贯华阴的徐遵明至被贬称为"羌博士"。对此周一良先生《北朝的民族问题与民族政策》已作论证。至于安定、北地、上郡、陇西、天水、金城六郡之地的"习仁义，勤于稼穑，多畜牧"，则另成为凉州之能保存中原魏晋文化的经济基础（凉州之能保存中原文化详见陈寅恪先生《隋唐制度渊源略论稿》第一章"叙论"、第二章"礼仪"），以与本文主题无大关系，在此不更深论。

告，馆中皆受进止，所进文章，皆是其封署，于进贤门奏之，待报方出。兼善于文字，监校缮写，处事勤敏，号为称职。帝甚加恩接，顾遇逾厚。……寻除黄门侍郎。"可说完全过着汉族士大夫的正常仕宦生活。《观我生赋》中对后主身边穆提婆等人的攻击，只是反映了士大夫和恩幸之间的矛盾斗争，纵使在斗争中士大夫崔季舒等被杀还几乎连累到颜之推，也只算是常见的宦海风波，并不能动摇颜之推对北齐这个高层次文化区域的依恋。相反，北周迟至建德六年灭掉北齐以后的十一月里才放免从江陵弄来的奴婢（《周书》卷六《武帝纪》），其无从改变颜之推的敌意自在情理之中。

因此，可以得出这样一个结论：北齐、北周东西两方在经济上的差别，决定了文化上的差别，这就是士大夫如颜之推者要弃周就齐、内齐外周的根本原因。

四

陈寅恪先生《隋唐制度渊源略论稿》第一章"叙论"有这样一大段概括性的判断：

> 隋唐之制度虽极广博纷复，然究析其因素，不出三源：一曰〔北〕魏、〔北〕齐，二曰梁、陈，三曰〔西〕魏、周。所谓〔北〕魏、〔北〕齐之源者，凡江左承袭汉、魏、西晋之礼乐政刑典章文物，自东晋至南齐其间所发展变迁，而为北魏孝文帝及其子孙摹仿采用，传至北齐成一大结集者是也。其在旧史往往以"汉魏"制度目之，实则其流变所及，不止限于汉魏，而东晋南朝前半期俱包括在内。旧史又或以"山东"目之者，则以山东之地指北齐言，凡北齐承袭元魏所采用东晋南朝前半期之文物制度皆属于此范围也。又西晋永嘉之乱，中原魏晋以降之文化转移保存于凉州一隅，至北魏取凉州，而河西文化遂输入于魏，其后北魏孝文、宣武两代所制定之典章制度遂深受其

影响，故此〔北〕魏、〔北〕齐之源其中亦有河西之一支派，斯则前人所未深措意，而今日不可不详论者也。所谓梁、陈之源者，凡梁代继承创作陈氏因袭无改之制度，迄杨隋统一中国吸收采用，而传之于李唐者，易言之，即南朝后半期内其文物制度之变迁发展乃王肃等输入之所不及，故魏孝文及其子孙未能采用，而北齐之一大结集中遂无此因素者也。旧史所称之"梁制"实可兼该陈制，盖陈之继梁，其典章制度多因仍不改，其事旧史言之详矣。所谓〔西〕魏、周之源者，凡西魏、北周之创作有异于山东及江左之旧制，或阴为六镇鲜卑之野俗，或远承魏、〔西〕晋之遗风，若就地域言之，乃关陇区内保存之旧时汉族文化，以适应鲜卑六镇势力之环境，而产生之混合品。所有旧史中关陇之新创设及依托周官诸制度皆属此类，其影响及于隋唐制度者，实较微末。故在三源之中，此〔西〕魏、周之源远不如其他二源之重要。然后世史家以隋唐继承〔西〕魏、周之遗业，遂不能辨析名实真伪，往往于李唐之法制误认为〔西〕魏、周之遗物，如府兵制即其一例也。

案寅恪先生所说除个别地方尚可商榷外[1]，自大体正确，看其书之后二至七章之论证可知。但寅恪先生仅论证其传授人物学术渊源，而其根本原因，恐还需要从东魏、北齐之经济优越于西魏、北周，以致文化也远胜于西魏、北周来理解，这和上文所说颜之推的弃周就齐、内齐外周自有其共通之处。

最后还想说一点，即杨隋、李唐两朝的先人，本均是西魏府兵上层领导人物，而取得政权之后，却不囿于宇文泰所建立的比较落后的制度而采

---

[1]　如与其说西魏、北周之创作"或阴为六镇鲜卑之野俗"，不如如本文所说是受关陇地区少数民族氐、羌、山胡、獠户的影响，因为这里的六镇鲜卑实为数无几，又宇文泰任命李弼、赵贵等为六柱国其目的乃在扩军整训而非模仿鲜卑旧俗，均详拙撰《宇文泰所以建立八柱国制的一种推测》。又第七章"财政"所说唐玄宗时推行和籴之法"乃由西北地区制度一变而成中央政府制度"，亦有问题，别详拙撰《元魏李唐和籴以济京师事考释》，已编入庆祝缪彦威先生九十大庆的论文集，并于1993年6月台北出版的《新史学》第四卷第二期提前发表。

用先进的北魏、北齐以及梁、陈两源的制度。这固不能否认此两朝开国者的明智，但更可说明先进的文化确有其强大的吸引力，初非任何势力之能阻挠。所以，进入隋唐后宇文泰等人建立的"关中本位政策"实已落伍，用此旧政策来解释隋唐新事物，是否允当也值得考虑。

（原载《陕西师大学报》哲学社会科学版1994年第4期）

《北史·恩幸传》记齐宦者仓头胡人乐工事杂说

一

《北史》卷九二《恩幸传》在传序结尾处说：

> 《魏书》有《恩幸传》及《阉官传》，《齐书》有《佞幸传》，今用比次，以为《恩幸》篇云。旧书郑俨在《恩幸》中，今从例附其家传，其余并编于此。其宦者之徒，尤是亡齐之一物，丑声秽迹，千端万绪，其事阙而不书，乃略存姓名，附之此传之末。其帝家诸奴及胡人乐工叨窃贵幸者，亦附出焉。

案这自是《北史》撰人李延寿的话。"其事阙而不书"者，是说宦者之事在《北齐书》的《佞幸传》里阙而不书，所以在编撰此《北史》的《恩幸传》时才"略存姓名，附之此传之末。其帝家诸奴及胡人乐工叨窃贵幸者，亦附出焉"。从文义来看，这"宦者之徒"以下绝无可能是《北齐书》原文。

因此，《北史·恩幸传》在郭秀、和士开、穆提婆、高阿那肱、韩凤五传之后，自"宦者韩宝业、卢勒叉、齐绍、秦子徵并神武左右"以下直至传末"是时群妄，多皆类此"，就都是《北史》所增写而非《北齐书》

所原有。其中除最后讲见鬼人薛荣宗闹笑话稍具情节外，不论宦者、仓头、胡人乐工都仅"略存姓名"，没有缕陈事迹，和传序所说也正吻合。

但今本《北齐书》卷五〇《恩幸传》何以也有自韩宝业至"是时群妄，多皆类此"的大段文字？这可借用中华书局本该卷校勘记的话来解释。校勘记说："按此卷前有序，后有赞，称齐帝庙号。钱氏（大昕）《考异》卷三一认为是《北齐书》原文。但诸传内容基本上不出《北史》所有，且较《北史》简略，两相比较，删节痕迹显著，并有删节不当之处。但其中也有溢出《北史》的字句，其序与《北史·恩幸传》序出入较多，赞则《北史》所无。疑此卷仍出自《高氏小史》之类史钞。这种史钞基本上以《北史》卷九二《恩幸传》中相关诸传为主，改帝号为庙号，而加上《北齐书》序赞，插入《北齐书》的个别字句，并非直录《北齐书》原文。"这里除"加上《北齐书》序赞"一语说得过于简单外，自不失为一种大体合理的推测。尽管校勘记作者未能觉察韩宝业以下非《北齐书》原有，而前人补《北齐书》此传时把为《北史》所独有的这段文字误带进了《北齐书》，则当无疑问。

这里还连带有个正名问题。即《北齐书》此传本曰《佞幸传》而不作《恩幸传》，看上引《北史》称"《齐书》有《佞幸传》"，和今本《北齐书》此传所说"今辑诸凶族为《佞幸传》"，均可证实。今本《北齐书》之作《恩幸传》者，乃缘其既据出自《北史·恩幸传》的文字钞补，就跟着用了《恩幸》来称此传，致和传序之作《佞幸》有矛盾亦未能顾及，足见钞补之苟且草率。

二

《北史》此《恩幸传》的传序里有这样的话：

> 大宁之后，奸佞浸繁，盛业鸿基，以之颠覆，生灵厄夫左衽，非不幸也。

这在今本《北齐书·恩幸传》里作"生民免夫被发左衽"。案大宁是北齐武成帝高湛的年号，史家公认自此北齐政局日见败坏，这里所谓"盛业鸿基，以之颠覆"也就是这个意思。这样还怎么能使"生民免夫被发左衽"呢？足见这"免夫"只能是"厄夫"之误。中华本《北齐书》没有纠正或出条校勘记，也是个小失误。

"左衽"或"被发左衽"，其出典自是《论语·宪问》的"微管仲，吾其被发左衽矣"。集解："马融曰：微，无也。无管仲，则君不君，臣不臣，皆为夷狄也。"这里用来说北齐的覆亡，自是指北周为"左衽"的夷狄，由他来灭掉北齐致使北齐也落入"君不君，臣不臣"的夷狄境地。这显然是站在北齐的立场上敌视北周，用《公羊传》的书法来讲乃是一种"内齐外周"之词。

《北史》的《恩幸传》传序是李延寿把《魏书》卷九三《恩幸传》、卷九四《阉宦传》和原本《北齐书》卷五〇《佞幸传》的三篇传序节略拼合并加上自己的话写成的；但今本《北齐书》的《恩幸传》又是间接、直接本诸《北史》的《恩幸传》：则上面所说视北周为夷狄的话是李百药《北齐书》所原有，抑李延寿重写传序时所增加，还难于肯定。如按照前引中华本校勘记所说，今本《北齐书·恩幸传》据补的史钞此传是加上了原本《北齐书》此传的序赞，则此话应为李百药《北齐书》原有。但试以《北史》和今本《北齐书》此二传序相比勘，发现《北史》虽经删节却亦有多出之处，其中"有通州刺史梁伯和、陆翻儿"一语即不见于今本《北齐书》。可见今本《北齐书》此传序已非李百药书原貌，此视北周为夷狄的话究竟出于李百药抑李延寿仍不好判断。

如从此二人的家世及政治态度来看，则李延寿的可能性似大于李百药。李百药之父李德林在北齐时固已是名人，《隋书》卷四二《德林传》说齐后主"令与黄门侍郎颜之推二人同判文林馆事"，周武帝入邺之日也对他慰喻，说什么"平齐之利，唯在于尔"。他却自此颇为周、隋尽力，并无故国之思。《史通》卷一二"正史"篇说："李在齐预修国史，创纪传书二十七卷，至开皇初奉诏续撰，增多齐史三十八篇以上送官，藏之秘府。皇家贞观初敕其子中书舍人百药仍其旧录，杂采它书，演为五十卷。"隋受周禅，唐名义上也受隋禅，甘为隋唐效劳的李氏父子在彼时修史，似不可能写出指斥北周为夷狄的文字。李延寿的情况却不一样。《北史》卷一〇〇《序传》记延寿祖李仲举任齐晋州别驾为周师俘获之时，即有"世居山东，受恩高氏"之说，"邺城平，仍将家随例入关，仲举以亲故流离，情不愿住"，到晚年尚称"性本疏惰，少无宦情"。延寿父大师在隋任州司户参军、书佐等微职，"独守清戒，无所营求，家产益致窘迫"，入唐后又"以谴徙配西会州"。他"少有著述之志"，《南北史》就由他开始纂修，武德九年赦归京师仍不愿留住，说"昔唐尧在上，下有箕山之节"，东归"编缉前所修书"。其后李延寿即承之撰成《南北史》。说大师、李延寿父子在此《北史·恩幸传》的传序里加进"生灵厄夫左衽"的话，似更近乎情理。

不论是哪个李氏父子，把北周之灭北齐说成"生灵厄夫左衽"，说明原在北齐的文士中持内齐外周的态度者实有人在。这正和颜之推由江陵被俘入关后仍要历砥柱之险从黄河东奔北齐，在齐亡后撰写《观我生赋》仍作内齐外周之词相一致。《陕西师大学报》哲学社会科学版1994年第4期所载拙撰《论北齐的文化》一文于此尝事申说。盖北齐之经济文化均远胜于北周，周之灭齐乃借实施府兵制后所扩充之兵力，而绝非经济文化上有何优势可说。此点亦可参考拙撰《宇文泰所以建立八柱国制的一种推测》，收入1993年9月中华书局版《中国典籍与文化论丛》第一辑。

三

《北史》的《恩幸传》在承用了《北齐书》原有的《佞幸传》后，首先讲了宦者之徒，全文是：

宦者韩宝业、卢勒叉、齐绍、秦子徵并神武旧左右，唯阁内驱使，不被恩遇。历天保、皇建之朝，亦不至宠幸，但渐有职任，宝业至长秋卿，勒叉等或为中常侍。武成时有曹文摽、夏侯通、伊长游、鲁特伯、郭沙弥、邓长颙及宝业辈，亦有至仪同、食干者。唯长颙武平中任参宰相，干预朝权。如宝业及勒叉、齐绍、子微后并封王，俱自收敛，不过侵暴。又有陈德信亦参时宰，与长颙并开府封王，俱为侍中、左右光禄大夫，领侍中。又有潘师子、崔孝礼、刘万通、研胥光弁、刘通远、王弘远、王子立、王玄昌、高伯华、左君才、能纯陁、宫钟馗、赵野叉、徐世凝、苟子溢、斛子慎、宋元宾、康德汪，并于后主之朝，肆其奸佞，败政虐人，古今未有。多授开府，罕止仪同，亦有加光禄大夫、金章紫绶者，多带中侍中、中常侍，此二职乃至数十人。恒出入门禁，往来园苑，趋侍左右，通宵累日，承候颜色，竞进谄谀，发言动意，多会深旨，一戏之赏，动逾巨万，丘山之积，贪容无厌，犹以波斯狗为仪同、郡君，分其干禄。神兽门外，有朝贵憩息之所，时人号为解卸厅。诸阉或在内多日，暂放归休，所乘之马，牵至神兽门阶，然后升骑，飞鞭竞走，十数为群，马尘必坌，诸贵爱至唐、赵、韩、骆，皆隐厅趋避，不敢为言。齐、卢、陈、邓之徒，亦意属尚书、卿尹，宰相既不为致言，时主亦无此命。唯以工巧矜功，用长颙为太府卿焉。

稍后在论说宦者、仓头、胡人乐工时还说：

> 阉官犹以宫掖驱驰，便蕃左右，渐因昵狎，以至大官。

这都是综述北齐宦官的仅存的史料。而且文句完整，不像收进今本《北齐书·恩幸传》里的已大肆删节。今本《北齐书·恩幸传》不仅把这里点到的二十九名宦官的姓名删削得只剩七人，连"陈德信亦参时宰"，以及最后"齐、卢、陈、邓之徒，亦意属尚书、卿尹，宰相既不为致言，时主亦无此命。唯以工巧矜功，用长颙为太府卿焉"等紧要的话，也都删去不存。

　　这最后几句话之所以紧要者，是因为它讲清楚了北齐时的宦官只能任宦官的本职官，纵使显赫如齐绍、卢勒叉、陈德信、邓长颙者，想做"尚书、卿尹"等朝廷高官总做不上。其后邓长颙好歹被用为太府卿，还是凭他"工巧矜功"，而且这个太府卿在《隋书》卷二七《百官志》"后齐制官"里讲明只是"掌金帛府库、营造器物"的太府寺的长官，初不算枢要。他们所任的长秋卿则是长秋寺的长官，中侍中、中常侍是中侍中省的长官和属员，见《百官志》及《通典》卷二七"职官"内侍省条，都是宦官的本衙门和本职。《恩幸传》中所说陈德信与邓长颙"俱为侍中、左右光禄大夫领侍中"的"侍中"当也是"中侍中"的脱误，如真做了侍中则已成为其时仅次于尚书省的门下省长官，和此辈做不上朝官之说相抵牾。至于左右光禄大夫和金紫光禄大夫等《百官志》说"俱以旧德就闲者居之"，用来给宦官自属滥授，但仍是荣誉性并无实权可说，开府（开府仪同三司）、仪同（仪同三司）也是这种性质，王也只是封爵并非实职。这和前此北魏的宦官就大不相同。北魏宦官在《魏书》卷九四《阉官传》记了二十五人，多数内则可任至尚书左仆射、吏部尚书、侍中、中书令，外则多任为州刺史、郡太守，甚至演出大宦官"宗爱杀帝害王，刘腾废后戮相"的活剧。到北齐能革除此前朝陋习，不得不说是政治上的一种进步。

　　也许有人要说，用《恩幸传》这段文字来说明北齐宦官之没有任朝官是可以的，可还不足以证实此辈之未出任地方官。再则此辈究竟干了些怎么样的大坏事，致使《恩幸传》有"肆其奸佞，败政虐人，古今未有"之说，也需要落实。为此就得查考《北齐书》和《北史》中有关此辈的其他记载，这很欣幸有中华书局编印的综合《魏书》《北齐书》《周书》《北史》的《北朝四史人名索引》可利用。查的结果是这二十九名北齐宦官之中，除"任参宰相"的邓长颙、陈德信之外，秦子徵、曹文摽等二十一人名不见于其他纪传，韩宝业、卢勒叉、齐绍、研胥光弁、王子立、苟子溢六人也仅各见一次。其中所干坏事止如《北史》卷五一《高思好传》所说后主"纵子立夺马于东门，光弁挈鹰于西市"；以及《北齐书》卷一三《高劢传》所说齐危亡时苟子溢"犹行暴虐，民间鸡猪，悉放鹰犬搏噬取之"。这和《恩幸传》说诸阉归休时升骑竞走，致使唐邕、赵彦深、韩凤、穆提婆等文武朝贵为之趋避，都还算不上多大奸恶。此外则仅奉使送迎，本是宦官分内之事，也无一人出任刺史等地方官职。

邓长颙、陈德信之见于记载确实多一些。其中邓的主要业绩是参预了文林馆的设置。《北齐书》卷四五《文苑传》说"祖珽辅政，爱重〔颜〕之推，又托邓长颙渐说后主，属意斯文，三年，祖珽奏立文林馆，于是更召引文学士，谓之待诏文林馆"。卷四二《阳休之传》则径谓"邓长颙、颜之推奏立文林馆"，卷四四《儒林·张景仁传》复说"立文林馆，中人邓长颙希旨，奏令〔景仁〕总制馆事"。案此文林馆实为人君所纠合以备撰作并顾问的文士集团，也可说是唐初秦府、齐府学士、魏王泰文学馆以至后来翰林院的前奏。邓长颙赞助其事，至少不好说是"奸佞"之举。《文苑·颜之推传》还说："周兵陷晋阳，帝轻骑还邺，窘急计无所从，之推因宦者侍中（当亦是中侍中）邓长颙进奔陈之策，仍劝募吴士千余人以为左右，取青、徐路共投陈国。帝甚纳之，以告丞相高阿那肱等，阿那肱不愿入陈，乃云吴士难信，不须募之，劝帝送珍宝累重向青州，且守三齐之地，若不可保，徐浮海南渡。虽不从之推计策，然犹以为平原太守。"这高阿那肱本"工于骑射"，"不涉文史"，见《北史·恩幸》本传，他和颜之推在奔陈问题上的意见对立，正是彼时经常发生的武人与文士之间的争执。邓长颙与文士颜之推通同一气，总应该差优于高阿那肱等武人。

《北史》卷八《齐后主纪》说："黄门侍郎颜之推、中书侍郎薛道衡、侍中（中侍中）陈德信等劝太上皇帝（后主）往河外募兵，更为经略，若不济，南投陈国。"可见在投陈的文武之争中陈德信和邓长颙同样支持了文士颜之推。《北史·恩幸·韩凤传》还有这样的纪事："凤母鲜于，段孝言之从母子姊也，为此偏相参附，奏遣监造晋阳宫。陈德信驰驿检行，见孝言役官夫匠自营宅，即语云：'仆射为至尊起台殿未讫，何容先自营造?'凤及穆提婆亦遣孝言分工匠为己造宅，德信还具奏闻。"这又说明陈德信和武人韩凤以及穆提婆有矛盾。而武人高阿那肱又是穆母陆令萱的义子，见《北史·恩幸·穆传》，陆、穆当早站在高阿那肱等武人一边。陈德信当然也干坏事，《北齐书》卷四二《卢潜传》曾说"诸商胡负官责息者，宦者陈德信纵其妄注淮南富家，令州县征责"，但仍不好说是大奸恶。《北史·齐后主纪》说后主国亡被虏后旋即见杀，周大象末"阳休之、陈德信等启大丞相隋公请收葬，听之"。这在彼时还是一种德行。

因此总的说来，北齐的宦官问题还不是过于严重的。《恩幸传》说他们在神武时"不被恩遇"，"历天保、皇建之朝，亦不至宠幸"，封王后仍"俱自收敛，不过侵暴"，应都是可信的。即使到了后主朝，"任参宰相"的邓长颙、陈德信也不曾像北魏时某些宦官那么恣肆暴戾。即和同时高阿那肱、韩凤等武人相比较还可说此善于彼。所以我认为说他们"肆其奸佞，败政虐人，古今未有"，以及传序说他们"尤是亡齐之一物"，都太重了，太过分了。这自由于文人对宦官这种"刑余"之人常视为"非我族类"而歧视，而撰修《北史》的李大师、李延寿父子及其上代之与邓、陈等人夙无瓜葛也很有关系。如果让颜之推及文林馆的人来修北齐史书，这些太不堪的词句是肯定不会出现的。

四

仓头，也就是《北史·恩幸传》序所说的帝家诸奴。《恩幸传》本文说：

> 神武时有仓头陈山提、盖丰乐，俱以驱驰便僻，颇蒙恩遇。魏末，山提通州刺史，丰乐尝食典御。又有刘郁斤、赵道德、刘桃枝、梅胜郎、辛洛周、高舍洛、郭黑面、李铜鞮、王恩洛，并为神武驱使。天保、大宁之朝，渐以贵盛。至武平时，山提等皆以开府封王，其不及武平者则追赠王爵。虽赐与无赀，顾眄深重，乃至陵忽宰辅，然皆不得干预朝政。

后面总论时说:

> 仓头始自家人, 情寄深密, 及于后主, 则是先朝旧人, 以勤旧之
> 劳, 致此叨窃。

利用《北朝四史人名索引》, 上列仓头中辛洛周、郭黑面、李铜鍉、王恩洛四人全无事实可资检寻。有事实诸人中则自以刘桃枝最为有名。

赵翼《陔余丛考》卷四二"一人杀四王两大臣"条讲的就是此刘桃枝。他杀的所谓四王是赵郡王叡、平秦王归彦、永安王浚、琅邪王俨, 两大臣是斛律光、胡长仁, 分别见《北齐书》卷一三《叡传》、卷一七《斛律传》,《北史》卷五一《归彦传》《浚传》、卷五二《俨传》、卷八〇《胡传》。惟《胡传》只说"敕遣张固、刘桃枝驰驿诣齐州责长仁谋害宰辅, 遂赐死", 未必由刘手杀。《浚传》说浚与上党王涣均"盛以铁笼", 文宣帝"自刺涣, 又使壮士刘桃枝就笼乱刺","于是薪火乱投, 烧杀之", 则刘亦仅是今所谓帮凶, 而赵《考》又漏列了上党王涣。其余诸人自真为刘独自行凶, 且常用"自后拉而杀之"的技法, 如《斛律传》所说。清诗人王士禛《读史杂感》"结发从戎老战争, 挥鞭立就十三城, 凉风堂侧桃枝戏, 绝胜平阳九道兵"(《精华录》卷五), 就是为此事而咏。不过这多次行凶均是奉命而非自己有什么政治野心。《北史》卷八九《艺术·皇甫玉传》说:"有吴士双盲, 妙于声, 文襄历试之, 闻刘桃枝声, 曰:'有所系属, 然当大富贵, 王侯将相, 多死其手, 譬如鹰犬, 为人所使。'"尽管出于附会编造, 倒也说得确如其分。

《皇甫传》下面还说此吴士"闻赵道德声, 曰:'亦系属人, 富贵翕赫, 不及前人。'"《北史》卷五《魏孝静帝纪》说帝被迫禅位于齐文宣后,"直长赵德以故犊车一乘候于东上阁, 帝上车, 德超上车持帝, 帝肘之曰:'朕畏天顺人, 授位相国, 何物奴, 敢逼人!'赵德尚不下"。这赵德今本《北齐书》卷三〇所补《高德政传》纪此事作赵道德, 自即是一人。又《北史》卷五二《齐安德王延宗传》说延宗为定州刺史"骄纵多不

法"，"孝昭帝闻之，使赵道德就州杖之一百，道德以延宗受杖不谨，又加三十"。惟尚未有杀人行凶之事，所以《皇甫传》说他不及刘桃枝。此外高舍洛尝参预琅邪王俨之政变事败被杀，见《北史》的《恩幸·和士开传》及《俨传》。其余盖丰乐诸人益无大事可说。《恩幸传》说这些仓头"皆不得干预朝政"，大体是事实。

最后还可一说的是陈山提。《北齐书》卷二五《张亮传》说亮"初事尔朱兆"，"及兆败，窜于穷山，令亮及仓头陈山提斩己首以降，皆不忍，兆乃自缢于树"。知此陈本是尔朱家奴继又转归高氏者。齐亡后他又入周，《周书》卷九《宣帝陈皇后传》说："后父山提本高氏之隶，仕齐官至特进、开府、东兖州刺史、谢阳王。高祖平齐，拜大将军，封淅阳郡公。大象元年以后父超授上柱国，进封鄅国公，除大宗伯。"在诸仓头中允称几易其主而长保富贵者了。

五

胡人乐工，也就是所谓胡小儿。《北史·恩幸传》说：

> 武平时有胡小儿，俱是康阿駃、穆叔儿等富家子弟，简选黠慧者数十人以为左右，恩眄出处，殆与阉官相埒，亦有至开府、仪同者。其曹僧奴、僧奴子妙达，以能弹胡琵琶，甚被宠遇，俱开府封王。又有何海及子洪珍，开府封王，尤为亲要，洪珍侮弄权势，鬻狱卖官。其何朱弱、史丑多之徒十数人，咸以能舞工歌及善音乐者，亦至仪同、开府。

总论时又说：

> 至于胡小儿等，眼鼻深险，一无可用，非理爱好，排突朝贵，尤为人士之所疾恶。其以音乐至大官者，沈过儿官至开府仪同，王长通

年十四五便假节、通州刺史。

这里的康阿駄、穆叔儿均无可考，说是富家，乃指此等胡人都系出西域商胡而言。其时西域商胡之多，胡乐之盛，陈寅恪先生《隋唐制度渊源略论稿》的"音乐"章已征引《洛阳伽蓝记》卷三"崦嵫馆"条、"慕义里"条作考证，指出"隋之胡乐大半受之北齐，而北齐邺都之胡人胡乐又从北魏洛阳转徙而来"。《隋书》卷七《礼仪志》所说后齐"后主末年，祭非其鬼，至于躬自鼓舞，以事胡天，邺中遂多淫祀，兹风至今不绝"。又《北史·恩幸·和士开传》说和"威权转盛，富商大贾，朝夕填门"。也均堪作佐证。

《北史·齐后主纪》说后主"任陆令萱、和士开、高阿那肱、穆提婆、韩长鸾（凤）等宰制天下，陈德信、邓长颙、何洪珍参预机权"。以何洪珍与大宦官陈、邓并论，可见其在西胡中确是首要人物。事迹散见史传的，有《北史·琅邪王俨传》说俨发动政变杀和士开，旋事败，陆令萱请杀俨，"洪珍与和士开素善，亦请杀之"。又《北齐书·斛律光传》说祖珽欲杀光，与光同为武人的韩凤不同意，洪珍谓后主曰："若本无意则可，既有此意而不决行，万一泄露如何？"则似复站到了武人的对立面。《北齐书》卷四四《儒林·张景仁传》又说："胡人何洪珍有宠于后主，欲得通婚朝士，以景仁在内官位稍高，遂为其兄子取景仁第二息子瑜之女，因此表里，恩遇日隆。""子瑜薄传父业，更无余伎，以洪珍故，擢授中书舍人，转给事黄门侍郎。"又《儒林·张雕传》说："雕（雕虎，避唐讳去虎字）以景仁宗室，自托于洪珍，倾心相礼，情好日密，公私之事，雕常为其指南。时穆提婆、韩长鸾与洪珍同侍帷幄，知雕为洪珍谋主，甚忌恶之。洪珍又奏雕监国史，寻除侍中，加开府，奏度支事，大被委任，言多见从，特敕奏事不趋，呼为博士。雕自以出于微贱，致位大臣，励精在公，有匪躬之节，欲立功效，以报朝恩，论议抑扬，无所回避，宫掖不急之费，大存减省，左右纵恣之徒，必加禁约，数讽切宠要，献替帷扆。上亦深倚仗之，方委以朝政，雕便以澄清为己任。""长鸾等虑其干政不已，阴图之。会雕与侍中崔季舒等谏帝幸晋阳，长鸾因谮之，故俱诛死。"这些又说明何洪珍后来确像邓长颙、陈德信那样能结交文士，成为武人韩凤以及穆提婆的对立面，而文士中如张雕虎也诚欲有作为。至张等终于为韩凤谮杀，当缘何洪珍已先去世而无大力者挽救。

有关北齐胡人乐工的旧事，还见于《隋书》卷一四至一五《音乐志》。卷一四所说"后主唯赏胡戎乐，耽爱无已，于是繁手淫声，争新哀怨，故曹妙达、安末弱、安马驹之徒，至有封王开府者，遂服簪缨而为伶人之事"，也可补《恩幸传》的不足。此风尚延续到隋代仍未稍衰歇，《隋唐制度渊源略论稿》的"音乐"章亦已作论述。其中引用《隋书》卷一五所说杨隋音乐提及的曹妙达、王长通，都是见于《恩幸传》而由齐入周复见用于隋的。说明这种西域新乐自有其可悦耳目之处，也可说在中国音乐的发展上作出了贡献。

因此对这些胡人乐工实不必过于谴责。《恩幸传》所说"胡小儿等眼鼻深险，一无可用"，盖出于汉族士人的偏见而有失公允。

六

《北史·齐后主纪》说"诸官奴婢、阉人、商人、胡户、杂户、歌舞人、见鬼人滥得富贵者将以万数"。《恩幸传》在最后讲了个"见鬼人"薛荣宗作结束。全文是：

> 时又有开府薛荣宗，常自云能使鬼。及周兵之逼，言于后主曰："臣已发遣斛律明月将大兵在前去。"帝信之。经古冢，荣宗谓舍人元行恭："是谁冢？"行恭戏之曰："林宗冢。"复问："林宗是谁？"行恭曰："郭元贞父。"荣宗前奏曰："臣向见郭林宗从冢出，着大帽、吉莫靴，插马鞭，问臣：'我阿贞来不？'"是时群妄，多皆类此。

明月是斛律光的字，见鬼人薛荣宗胡说叫这已被冤杀的大将率兵御敌，自是此辈常态，初不足奇。奇在此人居然上了元行恭的当而当场出丑。元行恭者宰相元文遥之子，事迹附见《北史》卷五五《文遥传》，后主时"位中书舍人，待诏文林馆"。林宗则是东汉末大名人郭太的字，郭太有传见范晔《后汉书》卷六八，没有文化的见鬼人薛荣宗自然不知道要请教，元行恭再开玩笑说是郭元贞之父。此郭元贞倒也实有其人，《北齐书》卷二五《王纮传》就有"年十三，见扬州刺史太原郭元贞"的纪事。薛荣宗信以为真，便活见鬼地说见到郭林宗从古冢里走出来，还让穿戴了胡人带进中原的大帽、吉莫靴，问"我阿贞来不"，闹了个大笑话。这不仅充分暴露了见鬼人的荒诞，还反映出文人对这类人物的鄙视。

此薛荣宗后来入周入隋，事见《隋书》卷四四《卫昭王爽传》。说隋文帝开皇七年"爽寝疾，上使巫者薛荣宗视之，云'众鬼为厉'，爽令左右驱逐之。居数日，有鬼物来击荣宗，荣宗走下阶而毙，其夜爽薨"。薛荣宗的下场如此。其走下阶暴毙，当是今所谓心肌梗塞或脑溢血所致，世本无鬼，何来鬼击。但可见时至隋代这类巫觋活动在统治层中也仍很盛行，即入李唐后亦未稍减，文献中其例至多，此姑不赘。

北齐的见鬼人自然也不止薛荣宗一个，薛只因混上了开府且留此笑柄，得幸入史传而已。《北齐书》卷四《文宣帝纪》说帝"至于末年，每言见诸鬼物，亦云闻异音声"，固缘神经出了毛病，也不排除有见鬼人在乘机活动的可能。

（原载《燕京学报》新六期，1999年5月）

宇文泰所以建立八柱国制的一种推测

一

对初期府兵制的研究，已往多着眼于是兵农合一抑兵农分离。自陈寅恪先生的论文《府兵制前期史料试释》问世[①]，根据《北史》卷六〇传末的记载否定唐人李繁《邺侯家传》兵农合一之说，初期府兵之系兵农分离已成定论，这也是寅恪先生在史学上的一大贡献。

但寅恪先生的论文仍有不足之处。因为《北史》卷六〇传末的记载基本上抄录《周书》卷一六传末的记载，而后者与前者又颇有异同。为了便于把问题说清楚，不妨先在这里作个比勘。《周书》这段记载的原文是：

> 初，魏孝庄帝以尔朱荣有翊戴之功，拜荣柱国大将军，位在丞相上，荣败后此官遂废。大统三年，魏文帝复以太祖建中兴之业，始命为之，其后功参佐命望实俱重者亦居此职，自大统十六年以前任者凡有八人。太祖位总百揆，督中外军。魏广陵王欣，元氏懿戚，从容禁闱而已。此外六人，各督二大将军，分掌禁旅，当爪牙御侮之寄。当时荣盛，莫与为比，故今之称门阀者咸推八柱国家云。今并十二大将

---

① 刊《历史语言研究所集刊》第七本第三分，后又编入所撰《隋唐制度渊源略论稿》作为"兵制"专章。

军录之于左。（以下列书太祖宇文泰而下七柱国大将军李虎、元欣、李弼、独孤信、赵贵、于谨、侯莫陈崇及十二大将军元赞、元育、元廓、宇文导、侯莫陈顺、达奚武、李远、豆卢宁、宇文贵、贺兰祥、杨忠、王雄姓名官爵。）

　　右十二大将军，又各统开府二人。每一开府领一军兵，是为二十四军。自大统十六年以前，十二大将军外，念贤及王思政亦作大将军，然贤作牧陇右，思政出镇河南，并不在领兵之限。此后功臣位至柱国及大将军者众矣，咸是散秩，无所统御。六柱国、十二大将军之后，有以位次嗣掌其事者，而德望素在诸公之下，不得预于此列。

用《北史》的记载相比勘，最显著的不同是《周书》"右十二大将军，又各统开府二人。每一开府领一军兵，是为二十四军"，在《北史》里变成了：

　　是为十二大将军，每大将军督二开府，凡为二十四员，分团统领，是二十四军。每一团仪同二人，自相督率，不编户贯。都十二大将军。十五日上，则门栏陛戟，警昼巡夜；十五日下，则教旗习战，无他赋役。每兵唯办弓刀一具，月简阅之，甲槊戈弩，并资官给。

原来寅恪先生用来论证初期府兵兵农分离的主要依据"自相督率，不编户贯"和"十五日上""十五日下"云云，都是《北史》里增多出来的。众所周知，《周书》等南北朝七史在李延寿《南北史》流行后卷帙多有脱失，今本多经后人用《南北史》和《高氏小史》等节本史书补缀。不过《周书》的这段记载倒不像是另据某种节本史书补缀的，因为它和《北史》的某些文字异同之处，试查对《通典》都同于《周书》而不同于《北史》①，可见中唐初期杜佑所见《周书》这段记载已是今本《周书》这个样子。当然，《北史》增多的可论证兵农分离的这段话也必有所依据，寅恪先生兵农分离的考证仍完全可以信从。但《周书》舍此不取，不正说明了《周书》以至《周书》所本西魏、北周国史和隋牛弘旧史在纂修时心目中重视八柱国制远过于重视兵农分离制。而寅恪先生论文于八柱国制虽亦有所阐说，持论转不若讲述兵农分离制之精密，其中对宇文泰所以建立八柱国制的解释似尤多偏差，这不能不说是寅恪先生论文的美中不足。

寅恪先生之后，唐长孺先生《魏晋南北朝史论丛》中的《魏周府兵制度辨疑》篇和谷霁光先生《府兵制度考释》的第二章，都对八柱国制作了有益的考证，可惜对宇文泰之所以要建立此制度仍未多涉及。

近由《古代文史名著选译丛书》编委会安排要我选译《周书》《北齐书》。于是重新通读了这两书并泛览其他有关史籍，对宇文泰之所以要建立八柱国制产生了一点不尽同于时贤的看法，因抽暇写成这篇论文供研治北朝史事者采择。由于个别地方在论证时还缺乏足够的史料作为依据，所以标题只敢说是"一种推测"。

二

先说陈寅恪先生对所以建立八柱国制的解释为什么难于成立。

寅恪先生说："宇文泰最初之创制，实以鲜卑旧俗为依归。""八柱国者，摹拟鲜卑旧时八国即八部之制者也。"这后一句从表面上看自然没有错。问题在于宇文泰当时为什么一定要作这样的摹拟？要知道这种"鲜卑旧时八国即八部之制"，本是少数民族在中央集权出现之前必然会经过的

---

① 其较有关系者如《周书》所说"咸是散秩"，《北史》作"不限此秩"，《通典》卷二八将军总叙和卷三四勋官都同《周书》作"咸是散秩"，《北史》的"不限此秩"实不可通。当然在某些文字上《北史》也有正确之处。如《周书》所书元欣和李弼官衔中同有"大宗伯"，而《北史》所书元欣官衔作"大宗师"，《北史》此处显然正确，《周书》则系传抄刊刻滋误。

部族酋长联盟制，除了鲜卑八国之外，其后契丹的八部、女真后金的八旗无不如此。这种制度，寅恪先生论文中也已指出"部落酋长对于部内有直辖之权，对于部外具独立之势"，以后要消灭这种独立之势实行中央集权，不知得花费多少心力。因此如果宇文泰真是要以鲜卑旧俗为依归，摹拟鲜卑旧时八国即八部之制，只能基于两种情况：一是其时西魏军人绝大多数是鲜卑并包括汉人之已鲜卑化者，不恢复当年鲜卑旧制大家不习惯不乐意。再是李虎、李弼、独孤信、赵贵、于谨、侯莫陈崇都有极其强大的实力，让他们分任执掌兵权的六柱国是对既成事实的确认或合法化，如寅恪先生所说"宇文泰分其境内之兵，以属赵贵诸人，本当日事势有以致之，殊非其本意"。

但这两种情况在当时实不存在。

从将领的种族来说，鲜卑倒是占了绝大多数。《周书》卷一六传末所列八柱国十二大将军中，出身北魏六镇是鲜卑人和鲜卑化汉人的计有宇文泰、李虎、独孤信、赵贵、于谨、侯莫陈崇、宇文导、侯莫陈顺、达奚武、豆卢宁、宇文贵、贺兰祥、杨忠十三人①，加上是元魏宗室的元欣、元赞、元育、元廓一共十七人，在八柱国十二大将军一共二十人中占了五分之四以上，和六镇无关的李弼、李远、王雄三人只占了不到五分之一②。但讲军人总不能光讲高级将领，重要的还得看基层军官尤其是士兵，在这方面宇文泰系统里的六镇鲜卑成分就显得很单薄了。研读北朝史事的人都知道，宇文泰和上列多数出身六镇的高级将领，是北魏孝庄帝建义元年跟随尔朱天光为平定万俟丑奴等反魏武装而进入关中陇右的，而尔朱天光当时带进关陇的兵马实在为数无几。这点在《魏书》卷七五《尔朱天光传》里讲得最清楚：

---

① 《周书》卷一《文帝纪》，《旧唐书》卷一《高祖纪》，《周书》卷一六《独孤信传》《赵贵传》，卷一五《于谨传》，卷一六《侯莫陈崇传》，卷一〇《宇文导传》，卷一九《侯莫陈顺传》《达奚武传》《豆卢宁传》《宇文贵传》，卷二〇《贺兰祥传》，卷一九《杨忠传》。

② 《周书》卷一五《李弼传》，卷二五《李远传》，卷一九《王雄传》。

天光初行，唯配军士千人，诏发京城已西路次民马以给之。时东雍赤水蜀贼断路，诏侍中杨侃先行晓慰，并征其马。侃虽入慰劳，而蜀持疑不下，天光遂入关击破之，简取壮健以充军士，悉收其马。至雍，又税民马，合得万余匹，以军人寡少，停留未进。〔尔朱〕荣遣责之，杖天光一百，荣复遣军士二千人以赴。

从东边进入关陇的就这两起一共三千人①，不够用就尽量利用关陇的地方武力来补充。其后尔朱天光东出参加韩陵之战，带走的兵力应有四五万光景，其中原先带进关的嫡系主力至少得有一千到二千②。这样留在关陇最后归宇文泰所有的六镇鲜卑主力至多也不过二千，少则仅有一千③，即使魏孝武帝西迁带去了鲜卑禁卫部队所谓"六坊之众"，也增加不了好多④，

---

① 这不是尔朱荣吝惜不多给而是无更多的兵可给，因为尔朱氏本身的契胡兵力就很有限。《洛阳伽蓝记》卷一"永宁寺"条说尔朱荣"部落八千余家，有马数万匹"，进入洛阳时据《魏书》卷四四《费穆传》是"士马不出万人"，平定葛荣时据《魏书》卷七四《尔朱荣传》是"率精骑七千"，尽管以后不断吸收六镇鲜卑来充实，主力仍不会骤增很多，两次共派三千人入关，就算其中多数是六镇鲜卑，在尔朱荣已颇大方了。至于以后韩陵之战，尔朱兆、尔朱天光、尔朱仲远、尔朱度律四军合起来据《周书》卷一四《贺拔胜传》有"众十余万"，据《北齐书》卷一《神武帝纪》"众号二十万"，则是包括了契胡、鲜卑以外降附的大批杂牌队伍在内。这种杂牌队伍不经整训全无战斗力，所以高欢用六镇鲜卑为主的精兵，虽"马不满二千，步兵不至三万"，也能大败这"众号二十万"的杂牌乌合了。

② 韩陵之战尔朱氏四家共有"众十余万"，而战前尔朱家族对尔朱天光颇多期望，如《魏书》卷七五《尔朱天光传》说尔朱世隆令斛斯椿苦要天光云："非王无以能定，岂可坐看宗家之灭也。"可知尔朱天光这次东出所带兵马必不少于其他三家，可以姑定为四五万光景。他原先带进关的嫡系主力共三千，这次东出总得带走三分之一到三分之二，所以这里姑定为一千到二千。此外所带四五万人中绝大多数是关陇新降附的杂牌队伍，所以《魏书》卷七五《尔朱彦伯附尔朱世隆传》记斛斯椿所说有"天光部下皆是西人"的话。

③ 当年尔朱天光入关时以贺拔岳、侯莫陈悦为副贰，其后侯莫陈悦袭杀贺拔岳，宇文泰进讨侯莫陈悦。《周书》卷一《文帝纪》说："悦……闻大军且至，退保略阳，留一万余人据守水洛，太祖（宇文泰）至水洛，命围之，城降，太祖即率轻骑数百趣略阳，……悦出军，……太祖纵兵奋击，大破之，虏获万余人，马八千匹。"则此时侯莫陈悦军已扩充到二万余人，其中必多属杂牌乌合，所以会被宇文泰的主力轻骑数百所破，不得以此来否定六镇鲜卑在关陇止一二千之数。

④ 《隋书》卷二四《食货志》说："是时六坊之众从武帝而西者不能万人。""不能万人"者，照文义来讲应是接近万人的意思。但《周书》卷一《文帝纪》又有魏孝武帝"率轻骑入关"的讲法，"轻骑"者一般又不可能超过一二千之数。从情理上讲，不管魏孝武帝究竟带来了多少鲜卑禁卫，宇文泰是不可能把大量忠于孝武帝的鲜卑禁卫塞进自己的嫡系部队造成喧宾夺主之势，使自己在和孝武帝的矛盾斗争中处于不利地位。根据这个分析，所以我说孝武帝西迁后宇文泰部队中的鲜卑成分仍不会增加好多。

在后来整个关陇武装力量中只能算个不大的数字。在这一点上实在远不能
和东边的高欢相比。这是因为北魏末年破六韩拔陵等人发动的六镇起义，
以及利用起义失败后六镇兵民而发动的杜洛周、鲜于修礼、葛荣等人的几
次反魏军事行动，其活动地域都在后来高欢所控制的东魏境内，在战斗中
不曾被消灭的六镇残余力量自多先后为高欢所接纳。其中人数最多的一
次，即是尔朱荣死后尔朱兆掌权时高欢接纳了葛荣的大批余部，如《北齐
书》卷一《神武帝纪》所说：

> 葛荣众流入并、肆者二十余万，为契胡陵暴，皆不聊生，大小二
> 十六反，诛夷者半，犹草窃不止。兆患之，问计于神武，神武曰：
> "六镇反残，不可尽杀，宜选王素腹心者私使统焉。……"兆曰：
> "善，谁可行也？"贺拔允时在坐，请神武，……兆……遂以委焉。神
> 武……遂出宣言受委统州镇兵，可集汾东受令，乃建牙阳曲川，陈部
> 分。……兵士素恶兆而乐神武，于是莫不皆至。

所以六镇鲜卑在高欢系统中占了很大比重。纵使后来东西魏战争中有若干
六镇鲜卑为宇文泰这边所俘虏补充，恐仍无法扭转六镇鲜卑东多西少的格
局①。但东边的高欢并没有想用恢复北魏初期设置八国八部的办法来维系
军心，而军心却能维系下去并不有所离散。这显然是由于这种比较原始的
旧制度即使从道武帝天兴元年设置八部大夫算起，到这时已经历了一百好
几十年，就在鲜卑本族人心目中也逐渐淡忘不复系恋思念的缘故。鲜卑多
的高欢一边尚且如此，要说鲜卑少的宇文泰一边却想用摹拟八部旧制的办
法来满足广大将士要求，岂不远于情理。

再说是否李虎、李弼、独孤信、赵贵、于谨、侯莫陈崇都有极其强大
的实力，让他们分任六柱国是对既成事实的确认或合法化？粗看起来好像
也差不多。宇文泰本来只是尔朱天光入关时的副贰左大都督贺拔岳手下的

---

① 据《周书》卷二一《韦孝宽传》，到北齐灭亡后单河阳一城尚有"鲜卑八百人，家并在邺"，
这几乎抵得上西魏初期全境六镇鲜卑止有一二千人的半数。

别将，比另一副贰右大都督侯莫陈悦还低了一个层次。《周书》卷一六《赵贵传》所说"初贵与独孤信等皆与太祖（宇文泰）等夷"，《于谨传》所说"谨……与太祖等夷"，以及《周书》卷一《文帝纪》和《赵贵传》、同卷《侯莫陈崇传》所说贺拔岳死后"诸将以都督寇洛年最长，相与推洛以总兵事，洛素无雄略，威令不行"，于是赵贵、侯莫陈崇等同谋迎宇文泰主持，自均是事实。无如事物是会发展变化的，在被推为贺拔岳系统的领袖，且吞并了另一系统侯莫陈悦的部众之后，宇文泰已成为关陇地区的首脑人物。这里节引《周书·文帝纪》的记载就看得很清楚：

> 魏永熙三年，……齐神武（高欢）闻秦陇克捷，乃遣使于太祖，甘言厚礼，深相倚结，太祖拒而不纳。时齐神武已有异志，故魏帝（孝武帝）深仗太祖，……进太祖侍中、骠骑大将军、开府仪同三司、关西大都督、略阳县公，承制封拜，使持节如故。……进授太祖兼尚书仆射、关西大行台，余官封如故。……七月丁未，帝遂从洛阳率轻骑入关，太祖……乃奉帝都长安，披草莱，立朝廷，军国之政，咸取太祖决焉。仍加授大将军、雍州刺史兼尚书令，进封略阳郡公，别置二尚书随机处分，解尚书仆射，余如故。……八月，……进位丞相。……闰十二月，魏孝武帝崩，太祖与群公定策尊立魏南阳王宝炬为嗣，是为文皇帝。魏大统元年春正月己酉，进太祖督中外诸军事[①]、录尚书事、大行台，改封安定郡王，太祖固让王及录尚书事，魏帝许之，乃改封安定郡公。……三年春正月，〔太祖于潼关斩东魏将窦

---

① 《册府元龟》卷六"创业"、卷二七"命相"均作"都督中外诸军事"，和这"督中外诸军事"是一个意思，也许《周书》此处在抄刻中脱掉了一个"都"字。至于《文帝纪》下文所说"魏废帝……二年春，魏帝诏太祖去丞相、大行台，为都督中外诸军事"，则是指去掉宇文泰的丞相和大行台而保留都督中外诸军事之职，否则大统元年之进太祖都督中外诸军事就不好解释。而且《周书》卷一九《宇文贵传》还有"大统……十六年迁中外府左长史"的记事，"中外府"者，就是都督中外诸军事府的简称，如果宇文泰被任命都督中外诸军事真迟至废帝二年，那在废帝二年以前的大统十六年怎会冒出个"中外府"来呢？寅恪先生忽略了大统元年"进太祖督中外诸军事"的记载，根据废帝二年的"太祖去丞相、大行台，为都督中外诸军事"认为"此为宇文泰权力扩张压倒同辈名实俱符之表现"，可谓千虑一失。至废帝去掉宇文泰丞相、大行台之职有何意图，与明年废帝之见废是否有关，以超出本题范围，姑置不论。

泰〕。……六月，……太祖请罢行台，帝复申前命，太祖受录尚书事，余固让，乃止。……冬十月，〔太祖于沙苑大破齐神武〕，……进太祖柱国大将军。

再检《周书》列传，李弼、独孤信、赵贵、于谨、侯莫陈崇诸人在大体相应时间的官爵为：

李弼……拥众以归太祖，……太祖率兵东下，征弼为大都督，领右军。……大统初，进位仪同三司、雍州刺史，寻又进位骠骑大将军、开府仪同三司。从平窦泰，……与齐神武战于沙苑，……以功拜特进，爵赵郡公。（卷一五《李弼传》）

独孤信，……孝武西迁，事起仓卒，信单骑及之于瀍涧，……进爵浮阳郡公。……时荆州虽陷东魏，民心犹恋本朝，乃以信为卫大将军、都督三荆州诸军事，兼尚书右仆射、东南道行台、大都督、荆州刺史以招怀之。……三荆遂定，就拜车骑大将军、仪同三司。东魏又遣其将高敖曹、侯景等率众奄至，信以众寡不敌，遂率麾下奔梁。居三载，梁武帝方始许信还北。……大统三年秋至长安，……转骠骑大将军，加侍中、开府，其使持节、仪同三司、浮阳郡公悉如故。寻拜领军，仍从太祖复弘农，破沙苑，改封河内郡公。（卷一六《独孤信传》）

赵贵，……齐神武举兵向洛，……太祖以贵为行台，与梁御等讨之，未济河而魏孝武已西入关，拜车骑大将军、仪同三司、兼右卫将军。时曹泥据灵州拒守，以贵为大都督，与李弼等率众讨之，进爵为侯。……又以预立魏文帝勋，进爵为公。……寻授岐州刺史，时以军国多务，藉贵力用，遂不之部，仍领大丞相府左长史，加散骑常侍。梁仚定称乱河右，以贵为陇西行台，率众讨破之。从太祖复弘农，战沙苑，拜侍中、骠骑大将军、开府仪同三司，进爵中山郡公，除雍州刺史。（卷一六《赵贵传》）

于谨……从太祖征潼关，破回洛城，授使持节、车骑大将军、仪同三司、北雍州刺史，进爵蓝田县公。……大统元年，拜骠骑大将军、开府仪同三司。……齐神武至沙苑，谨从太祖与诸将力战破之，进爵常山郡公。……又从战河桥，拜大丞相府长史兼大行台尚书。（卷一五《于谨传》）

侯莫陈崇……从平悦，转征西将军，又遣崇慰抚秦州，别封广武县伯。……大统元年，除泾州刺史，加散骑常侍、大都督，进爵为公。累迁车骑大将军、仪同三司、骠骑大将军、开府仪同三司，改封彭城郡公。（卷一六《侯莫陈崇传》）

李虎，《周书》《北史》均未立传，传见《册府元龟》卷一"帝系"：

太祖（李虎）师师迎魏武帝于潼关，以功拜骠骑将军，加仪同三司。……〔降破野头贼，克灵州，〕进封长安县侯，……太祖不受，让于兄子康生。……后从文帝破高欢于沙苑。……有贼帅梁企（仚）定据河州作乱，太祖以本官兼尚书左仆射为陇右行台，总兵以击之，……企（仚）定率众降，……进位开府仪同三司，余如故。

可见宇文泰虽然原先和赵贵、独孤信、于谨等人等夷，从被推为领袖，吞并了侯莫陈悦系统以后，就和他们再不等夷了。他像东魏的高欢那样封上王，做上丞相、柱国大将军之类在名义上居一人之下而实际上大权独揽的特设官职，大统元年之为都督中外诸军事更确定了他的最高统帅地位。对比之下，李虎、李弼等六人在同时期的升迁不仅远远落后于宇文泰，像于谨之拜大丞相府长史兼大行台尚书，赵贵之领大丞相府左长史，更成为宇文泰的僚属，再看不到还有什么等夷的气味。

会不会这几位官爵虽然远低于宇文泰，但都手握重兵，实力强大，使宇文泰不得不就范呢？也并非如此，试分析潼关斩窦泰和沙苑败高欢两大战役就看得清楚。

大统三年正月潼关斩窦泰之役，《周书》卷二《文帝纪》只说宇文泰"率骑六千"，没有讲有哪些将领参加。我试检列传，参加的有冯迁、贺拔胜、李弼、侯莫陈崇、侯莫陈凯、若干惠、怡峰、刘亮、达奚武、豆卢宁、杨忠、尉迟纲、李远、韩果、蔡祐、常善、辛威、厍狄昌、王勇、宇文虬、宇文盛、耿豪、王雅、达奚寔、窦炽、窦毅、李穆、韦孝宽、陆通、元定、崔谦、薛端、段永共计三十三人，文职参与者如吕思礼等已除外不计①。这三十三人在参加这次战役时已都是将领身份，既是将领手下总得带点兵，把宇文泰的六千骑用三十三除一下，一个将领还摊不到二百名骑兵。当然这么算不够科学，因为这三十三名将领地位并非同等，其中必存在统属关系。譬如后来列入沙苑战役十二将和六柱国十二大将军的李弼、侯莫陈崇、若干惠、怡峰、刘亮、达奚武、豆卢宁、杨忠、李远九名地位应该高一些，其他将领有些归他们统属。那把六千骑用九除一下，每名高级将领手下仍只能摊到六百多骑兵。

这么计算自然还不好说精确，要比较精确一点可以看沙苑战役。《周书》卷二《文帝纪》把这次战役的经过说得很详细：

> 大统……三年……秋七月，征兵会咸阳。八月丁丑，太祖率李弼、独孤信、梁御、赵贵、于谨、若干惠、怡峰、刘亮、王德、侯莫陈崇、李远、达奚武等十二将东伐。……齐神武惧，率众十万出壶口，趋蒲坂，将自后土济，又遣其将高敖曹以三万人出河南。是岁关中饥，太祖既平弘农，因馆谷五十余日。时战士不满万人，闻齐神武将度，乃引军入关。齐神武遂度河。……涉洛，军于许原西。太祖据

---

① 据《周书》卷一一《冯迁传》，卷一四《贺拔胜传》，卷一五《李弼传》，卷一六《侯莫陈崇传》《侯莫陈凯传》，卷一七《若干惠传》《怡峰传》《刘亮传》，卷一九《达奚武传》《豆卢宁传》《杨忠传》，卷二〇《尉迟纲传》，卷二五《李远传》，卷二七《韩果传》《蔡祐传》《常善传》《辛威传》《厍狄昌传》，卷二九《王勇传》《宇文虬传》《宇文盛传》《耿豪传》《王雅传》《达奚寔传》，卷三〇《窦炽传》《窦毅传》《李穆传》，卷三一《韦孝宽传》，卷三二《陆通传》，卷三四《元定传》，卷三五《崔谦传》《薛端传》，卷三六《段永传》，以及卷三八《吕思礼传》。

渭南，征诸州兵皆未会①，……即造浮桥于渭，令军人赍三日粮，轻骑度渭，辎重自渭南夹渭而西。冬十月壬辰，至沙苑，距齐神武军六十余里，齐神武闻太祖至，引军来会。癸巳旦，……太祖……进军至渭曲，背水东西为阵，李弼为右拒，赵贵为左拒，命将士皆偃戈于葭芦中，闻鼓声而起。申时，齐神武至，望太祖军少，竞驰而进，不为行列，总萃于左军。兵将交，太祖鸣鼓，士皆奋起，于谨等六军与之合战，李弼等率铁骑横击之，绝其军为二队，大破之，斩六千余级，临阵降者二万余人。齐神武夜遁，追至河上，复大克获。前后虏其卒七万，留其甲士二万，余悉纵归，收其辎重兵甲，献俘长安。还军渭南，于是所征诸州兵始至。

这里所说东伐的十二将是每将率领一个军，十二将一共十二个军。下文所说"李弼为右拒，赵贵为左拒"，是说把十二军分成左右各六个军，由赵贵、李弼分别担任这左右各六个军的临时指挥官。交战时齐神武高欢"总萃于左军"，"于谨等六军与之合战"，是指赵贵、于谨等的左六军与高欢合战，"李弼等率铁骑横击之"，是指李弼等右六军横击高欢军，从而取胜。这十二军加起来"战士不满万人"，则每军每个将领所率的兵众只摊到八百人光景，和斩窦泰之役每个高级将领摊到六百多骑兵仍增加不了好多。凭这点兵力就能迫使丞相、都督中外诸军事、录尚书事、大行台、柱国大将军的宇文泰就范，不管宇文泰愿不愿也得让他们出任六柱国来合法化地瓜分总兵力，在事理上仍难讲得通。除非设想这些高级将领当时已准备联合起来对付宇文泰，但史书上又别无此类迹象可资寻求。

因此我认为寅恪先生对宇文泰所以建立八柱国制的解释难于成立。

---

① 原作"征诸州兵皆会"，与下文战胜后"诸州兵始至"矛盾，《北史》卷九《周本纪》作"未会"，《通典》卷一五六"我寡敌众"作"皆未会"，今据改。

三

宇文泰建立八柱国制究竟为了什么？我认为应该从兵少必须扩军和扩军必须整训这两层来考虑。

兵少是西魏的一大问题。前面说过，当年尔朱天光带进关的嫡系契胡和六镇鲜卑不过三千人，以后又带走了一千到二千，所以多方扩充兵力，久已成为尔朱天光以来直至宇文泰掌权后的首要任务。这类史料《周书》里记录得颇多，大体归纳一下，有这么三种来源：

（一）吸收东魏的降附者和俘虏。除前引《文帝纪》沙苑战役留下俘虏的"甲士二万"外，还有：

> 魏永熙三年……八月，齐神武袭陷潼关，……留其将薛瑾守关而退。太祖乃进军讨瑾，虏其卒七千，还长安。（卷一《文帝纪》）
>
> 大统……三年春正月，……太祖……至小关，窦泰……依山为阵，……太祖纵兵击破之，尽俘其众万余人，斩泰，……太祖还军长安。（卷二《文帝纪》）
>
> 大统……三年……八月丁丑，太祖率……十二将东伐，……遣于谨居军前，狗地至槃豆，东魏将高叔礼守栅不下，谨急攻之，乃降，获其戍卒一千，送叔礼于长安。戊子，至弘农，东魏将高干、陕州刺史李徽伯拒守……庚寅，城溃，斩徽伯，虏其战士八千，高干走度河，令贺拔胜追擒之，并送长安。（卷二《文帝纪》）
>
> 叱列伏龟……为齐神武所宠任，加授大都督。沙苑之败，随例来降。……自此常从太祖征讨，亟有战功。（卷二〇《叱列伏龟传》）
>
> 大统……四年……八月〔河桥之战〕，……斩〔东魏〕高敖曹及其仪同李猛、西兖州刺史宋显等，虏其甲士一万五千，赴河死者以万数。（卷二《文帝纪》）

以上有数字可稽的合计就达六万多人，较沙苑战时"不满万人"的西魏军竟有六倍之多。

（二）吸收少数民族和地方豪帅宗党的武装。此类事例最多，这里只择录大统十六年以前的：

> 泉企，……上洛丰阳人也，世雄商洛。……齐神武率众至潼关，企遣其子元礼督乡里五千人北出大谷以御之，齐神武不敢进。……〔子〕元礼，……洛州陷，与企俱被执而东，元礼于路逃归。时〔东魏〕杜窋虽为刺史，然巴人素轻杜而重泉。及元礼至，与〔弟〕仲遵相见，……潜与豪右结托，信宿之间，遂率乡人袭州城，斩窋，传首长安。（卷四四《泉企传》）

> 魏永熙三年……十一月，遣仪同李虎与李弼、赵贵等讨曹泥于灵州，……明年，泥降，迁其豪帅于咸阳。（卷一《文帝纪》）

> 王悦，……京兆蓝田人也。……太祖初定关陇，悦率募乡里从军，屡有战功。……侯景攻围洛阳，太祖赴援，悦又率乡里千余人从军至洛阳。（卷三三《王悦传》）

> 段永，……魏正光末……避地中山。……帝西迁，永时不及从。大统初，乃结宗人，潜谋归款。（卷三六《段永传》）

> 大统……三年……八月丁丑，太祖率……十二将东伐，……戊子，至弘农。……于是宜阳、邵郡皆来归附，先是河南豪杰多聚兵应东魏，至是各率所部来降。（卷二《文帝纪》）

> 杨撝，……父猛先为邵郡白水令，撝与其豪右相知，请微行诣邵郡，举兵以应朝廷，……与土豪王覆怜等阴谋举事，密相应会者三千人，内外俱发，遂拔邵郡。……以功授大行台左丞，率义徒更为经略。（卷三四《杨撝传》）

> 司马裔，……河内温人也。……大统三年，大军复弘农，乃于温城起义，……与东魏将高永洛、王陵等昼夜交战，众寡不敌，义徒死伤过半。……六年，授河内郡守。……八年，率其义众入朝，太祖嘉

之，特蒙赏劳，顷之，河内有四千余家归附，并裔之乡旧，乃授前将军、太中大夫，领河内郡守，令安集流民。……十五年，太祖令山东立义诸将等能率众入关者并加重赏，裔领户千室先至。（卷三六《司马裔传》）

郑伟，……荥阳开封人也。……大统三年，河内公独孤信既复洛阳，伟……与宗人荣业纠合州里，建义于陈留。信宿间，众有万余人，遂攻拔梁州，……率众来附。因是梁、陈之间相次降款。（卷三六《郑伟传》）

敬珍，……河东蒲坂人也。……齐神武趋沙苑，珍谓〔从祖兄〕祥曰："……此诚志士效命之日，当与兄图之。"……祥深然之，遂与同郡豪右张小白、樊昭贤、王玄略等举兵，数日之中，众至万余。……及李弼军至河东，珍与小白等率猗氏、南解、北解、安邑、温泉、虞乡等六县户十余万归附。（卷三五《敬珍传》）

裴果，……河东闻喜人也。……齐神武败于沙苑，果乃率其宗党归阙。（卷三六《裴果传》）

大统……四年，……南岐州氐苻安寿自号太白王，攻破武都，州郡骚动，复以〔侯莫陈〕顺为大都督，往讨之。……安寿知势穷迫，遂率部落一千家赴军款附。（卷一九《侯莫陈顺传》）

大统……九年……三月，〔邙山战败〕，……于是广募关陇豪右，以增军旅。（卷二《文帝纪》）

赵昶，……天水南安人也。……大统九年，大军失律于邙山，清水氐酋李鼠仁自军逃还，凭险作乱，陇右大都督独孤信频遣军击之，不克，……太祖……令昶使焉。昶见鼠仁，喻以祸福，……鼠仁感悟，遂相率降。氐梁道显叛，攻南由，太祖复遣昶慰谕之，道显等皆即款附，东泰州刺史魏光因徙其豪帅四十余人并部落于华州，太祖即以昶为都督领之。……十五年，拜安夷郡守，带长蛇镇将，氐族荒犷，世号难治，昶威怀以礼，莫不悦服，期岁之后，乐从军者千余人，加授帅都督。（卷三三《赵昶传》）

　　大统……十二年春，凉州刺史宇文仲和据州反。……夏五月，独
孤信平凉州，擒仲和，迁其民六千余家于长安。（卷二《文帝纪》）

　　令狐整，……燉煌人也，……世为西土冠冕。……瓜州……城民
张保……杀刺史成庆，与凉州刺史宇文仲和构逆，……整至玉门郡，
召集豪杰，……进军击保，州人素服整威名，并弃保来附。……太祖
……遂立〔整〕为瓜州义首，仍除持节、抚军将军、通直散骑常侍、
大都督。整以国难未宁，常愿举宗效力，遂率乡亲二千余人入朝，随
军征讨。（卷三六《令狐整传》）

　　渭州民郑五丑构逆，与叛羌傍乞铁忽相应。令〔赵〕刚往镇之。
……铁忽平，所获羌卒千人，配刚军中，教以戎旅，皆尽其力用。
（卷三三《赵刚传》）

　　又《册府元龟》卷一"帝系"所记李虎击河州贼帅梁企（仚）定，"企
（仚）定率众降，获男女数万口，以实三辅"，应在大统七年，也属于设置
六柱国以前的事情。

　　（三）利用乡兵。乡兵也是地方豪帅宗党的武装，只是归属乡兵建制，
和编入正规部队者有所区别。这里也择录大统十六年设置六柱国以前的乡
兵记载：

　　裴侠，……河东解人也。……大统三年，领乡兵从战沙苑，先锋
陷阵。（卷三五《裴侠传》）

　　李贤，……其先陇西成纪人也。……大统……四年，莫折后炽连
结贼党，所在寇掠，贤率乡兵与行泾州事史宁讨之。（卷二五《李贤
传》）

　　韦瑱，……京兆杜陵人也，世为三辅著姓。……大统八年，……
除蒲州总管府长史，顷之，征拜鸿胪卿，以望族兼领乡兵，加帅都
督，迁大都督、通直散骑常侍，行京兆郡事，进车骑大将军、仪同三
司、散骑常侍。（卷三九《韦瑱传》）

柳敏，……河东解县人。……文帝克复河东，见而器异之。……与苏绰等修撰新制，为朝廷政典，迁礼部郎中，封武城县子，加帅都督，领本乡兵，俄进大都督。（卷三二《柳敏传》）

郭彦，太原阳曲人也，其先从宦关右，遂居冯翊。……彦……迁虞部郎中，大统十二年，初选当州首望，统领乡兵，除帅都督、持节、平东将军，以居郎官著称，封龙门县子，……进大都督，迁车骑大将军、仪同三司、司农卿。（卷三七《郭彦传》）

苏绰，……武功人。……弟椿，……大统……四年，出为武都郡守，改授西夏州长史，除帅都督，行弘农郡事。……十四年，置当州乡帅，自非乡望允当众心，不得预焉，乃令驿追椿领乡兵。其年，破槃头氐有功，除散骑常侍，加大都督。十六年，征随郡，军还，除武功郡守。既为本邑，以清俭自居。（卷二三《苏椿传》）

在以上三种兵源中，除乡兵当作为地方部队留在本州由当州望族之任乡帅者统率外①，前两种都理应用来充实正规部队。当时能从尔朱天光留在关陇的一二千六镇鲜卑基干武力，发展到大统三年正月斩窦泰时的"骑八千"，同年八月东伐时"不满万人"的十二军②，显然是从上两种兵源中得到了补充。但如前所列，永熙三年八月宇文泰已俘虏了东魏薛瑾所部"卒

---

① 谷霁光先生《府兵制度考释》第二章第一节中认为乡兵已纳入六柱国的正规军系统，但所根据仅是乡帅"采用大都督、帅都督等统一官号"，理由似欠充足。因为苟如所说，又何必保存"乡帅"这一名称，还要选"当州首望"来充任。而且上引乡兵史料中如韦瑱、柳敏、郭彦、苏椿等都是领本乡兵的同时还兼任本郡的郡守或中央的文职官员，和已纳入六柱国正规军系统又显然矛盾。可见乡帅之用大都督、帅都督名义，只是说明其地位相当于正规军的大都督、帅都督而已，并无消除其地方性的用意。

② 这里牵涉到设置十二军的年月问题。《周书》卷一七《刘亮传》说："及太祖置十二军，简诸将以将之，亮领一军，每征讨，常与怡峰为骑将。魏孝武西迁，以迎驾功除使持节、右光禄大夫……"好像在孝武帝西迁前宇文泰已建立了十二军，唐长孺先生论文中即这么认为。但这只是个孤证，除此以外所有在大统三年以前的记事，包括参与斩窦泰之役的三十三将本传中都没有已成立了十二军的痕迹。加之孝武帝西迁前宇文泰兵力寡少，也没有成立十二军的必要和可能。因此在没有更确切史料可资证实以前，只能说大统三年八月东伐以前已有了十二军，也许这年"七月征兵会咸阳"就是为了正式成立十二军的建制。至于《刘亮传》的记事，很大可能是根据不同来源的史料在编撰时颠倒了时间。

七千"，斩窦泰又"尽俘其众万余人"，再加上地方豪强的降附，何以到十二军东伐时还"不满万人"？可见这些俘虏兵和降附的杂牌队伍必须经过一定时间的整训，才能陆续充实进十二军等正规部队作为嫡系主力使用。斩窦泰、战沙苑之所以大获全胜，除掉战略战术的正确之外，兵虽少但精而可用自是个主要的因素。至于这嫡系主力以外的部队，如沙苑之战所征调的"诸州兵"，则到战事结束后才来到，其疲缓可想而知，如果不经整顿便作为主力使用，岂不贻误大事。

斩窦泰、战沙苑都是在自己统治地区的内线作战，兵虽少只要精还有取胜的可能。以后乘两次大捷的余威，由内线转入外线作战，"不满万人"的兵力显然不敷用了。《周书》卷二《文帝纪》说沙苑战后派独孤信"率步骑二万向洛阳"，第二年大统四年七月东魏围洛阳，宇文泰亲率大军救援，八月河桥决战，虽斩东魏高敖曹等，仍失利班师，洛阳也失守。据《北齐书》卷二《神武帝纪》说，这一役"大破西魏军，俘获数万"。大统九年宇文泰再度东进，和高欢在邙山决战又大败，高欢追击到陕州才退还。据《神武帝纪》，这一役"擒西魏督将已下四百余，俘斩六万计"。东魏方面的记载自然不免夸大，但可由此推知这两次宇文泰动用的兵力至少每次在六七万以上，独孤信入洛阳的一军即有二万便是明证。这骤然增加出来的好几万人，自然多数属于来不及整训好的乌合之众。这种乌合之众，在主力打胜仗时固可起点助威之类的作用，一旦失利即争先逃窜而有导致全军土崩瓦解的危险。历史上以少胜多的战例，多的一方往往存在着这个先天不足的毛病。说得近一点，尔朱氏四军有"众十余万"而被"马不满二千，步兵不至三万"的高欢打败就是一个例子。何况河桥、邙山两次大战高欢的兵力不比宇文泰少而要多，宇文泰的失败自无可避免。至于两次大战中宇文泰所率乌合之众之如何土崩瓦解，西魏的国史自然不愿自扬家丑，在《周书》里只留下前引《赵昶传》里邙山战败"清水氐酋李鼠仁自军逃还，凭险作乱"的事情，还是因为记赵昶功绩带出来的。再是卷二《文帝纪》所记河桥战败后降卒作乱的事情：

〔西魏〕大军至弘农，守将皆已弃城西走，所虏降卒在弘农者，因相与闭门拒守，进攻拔之，诛其魁首数百人。大军之东伐也，关中留守兵少，而前后所虏东魏士卒，皆散在民间，乃谋为乱。及李虎等至长安，计无所出，乃与公卿辅魏太子出次渭北，关中大震恐，百姓相剽劫。于是沙苑所俘军人赵青雀、雍州民于伏德等遂反，青雀据长安子城，伏德保咸阳，与太守慕容思庆各收降卒，以拒还师。长安大城民皆相率拒青雀，每日接战。魏帝留止阌乡，遣太祖讨之。……华州刺史〔宇文〕导率军袭咸阳，斩思庆，擒伏德，南度渭与太祖会攻青雀，破之。太傅梁景睿先以疾留长安，遂与青雀通谋，至是亦伏诛。关中于是乃定，魏帝还长安。

这是事情闹大了所以不得不记。所谓"散在民间"的"前后所虏东魏士卒"，就是指尚未整编而留在后方的俘虏兵。留在后方尚如此捣乱，驱之前敌其败坏大事就更不必说了。

在河桥、邙山两次大败之后，从《周书·文帝纪》里可以看到许多"大阅""大会诸军"的记事。大统四年八月河桥战败后有：

五年冬，大阅于华阴。

八年夏四月，大会诸军于马牧。……十二月，魏帝狩于华阴，大飨将士，太祖率诸将朝于行在所。

大统九年三月邙山战败之后，更记载：

九年……冬十月，大阅于栎阳。

十年……冬十月，大阅于白水。

十一年……冬十月，大阅于白水，遂西狩岐阳。

十二年……七月，太祖大会诸军于咸阳。

十三年……冬，太祖奉魏帝西狩于岐阳。

这连年的"大阅""大会诸军"和"狩""西狩",实际上都是整训军队,否则在丧败之余还做这么多阅兵耀武的门面文章干什么?由此我推测,大统十六年之前宇文泰之增设六柱国形成所谓八柱国制,仍旧是为了进行更大规模的整训。只是前此的整训由宇文泰直接抓,实在抓不过来?这时把整训的权力和责任下放给李弼、独孤信等六名亲信的大将,让他们同样以柱国大将军的大头衔分头从事整训,俾此整训扩军工作得以快速完成。这么做会不会弄得独孤信、赵贵等又和宇文泰"等夷"起来?也不会,因为宇文泰还拥有都督中外诸军事、丞相、录尚书事、大行台等名为一人之下实居万人之上的崇高头衔,不会因此动摇他的最高统帅地位。

这个推测,还可以从下列几个方面来论证:

(一)对这六名柱国大将军的任命不在同一时间;

李弼,……大统……十四年,北稽胡反,弼讨平之,迁太保,加柱国大将军。(《周书》卷一五《李弼传》)

独孤信,……大统……十四年,进位柱国大将军,录克下溠、守洛阳、破岷州、平凉州等功,增封,听回授诸子。(卷一六《独孤信传》)

赵贵,……东魏将高岳、慕容绍宗等围王思政于颍川,贵率军援之,……东魏人遏洧水灌城,军不得至,思政遂没。贵乃班师,寻拜柱国大将军。(卷一六《赵贵传》。案卷二《文帝纪》,赵贵出兵援颍川在大统十五年春,六月颍川陷,则赵贵拜柱国大将军应在大统十五年秋冬。)

于谨,……大统……十五年,进位柱国大将军。(卷一五《于谨传》)

侯莫陈崇,……大统……十五年,进位柱国大将军。(卷一六《侯莫陈崇传》)

〔李〕虎,……徙封赵郡公,历渭、秦二州刺史,复击叛胡,平之，徙封陇西公，进拜太尉，迁右军大都督、柱国大将军、少师。
（《册府元龟》卷一"帝系"。案这"复击叛胡，平之"的叛胡当即
李弼在大统十四年讨平的北稽胡，则李虎之进位柱国大将军，当在这
以后的大统十四年后期或十五年初。）

唐长孺先生也注意到了六柱国任命时间的参差不齐，"六柱国或八柱国在
大统十五年才全备"，还注意到独孤信、赵贵、于谨、侯莫陈崇的并非有
功而提升，从而认为"这个全备从无故提升这一点来看，显然是为满足八
柱国的数字"。对唐先生这个讲法我不能完全同意。因为如果仅是为了
"满足八柱国的数字"，那何不干脆痛快地把这六柱国同时任命，这何等整
齐冠冕，何必参差不齐地弄成几个在大统十四年，几个在大统十五年？所
以这也绝非真是"无故提升"而自有其缘故，缘故者，即是要把一批批地方
豪强武装或俘虏兵众拨交给这些新任的柱国大将军们，责成他们整训成
有战斗力有纪律的部队编入正规军。又因为要整训的兵众不可能一下子全
部调齐交割，而且这么做也怕波动面太大，不利于大局的稳定，所以采用
了调齐一批交割一批的办法，从而任命柱国的时间就会略有先后。至于任
命了李弼等六柱国后暂时不再增加，自然是想在宇文泰和挂名的魏广陵王
元欣这两位柱国之外加上六柱国凑成八柱国以附会北魏初期的八国、八
部。这和宇文泰改官制之比附《周礼》六官相同，均是表面官样文章而并
不说明事情的实质。

（二）再看大统十四、十五年这个时间。这正是大统十三年正月东魏
高欢去世，东西双方正面交战的局势得以暂时缓和的时候。这时候的军事
行动，只有大统十三年三月派李弼救援在颍川被东魏围攻的侯景，以后派
王思政入据颍川，再被东魏围攻，十五年春赵贵救援不成，六月颍川失
陷，同年十一月至十六年春杨忠进攻并擒获南朝将领柳仲礼。所有这些都
算不上正面的大战役，有条件在此时间进行大规模的内部整编。

（三）前引《北史》卷六〇传末比《周书》多出的一段记事里有"十
五日上，则门栏陛戟，警昼巡夜；十五日下，则教旗习战，无他赋役"的

话。其中"教旗习战"，自然是讲整训。而"门栏陛戟，警昼巡夜"，却并非真讲京师和宫禁要靠他们来警卫，因为真正承担禁卫的当时另有禁军。如谷霁光先生《府兵制度考释》第一章第三节所考，"大统八年以前，王励领禁兵从战沙苑，贺兰祥以右卫将军领禁军宿卫京师，大统八年以后，尉迟纲以中领军总领禁兵等，禁军不曾废除，而且有羽林、伙飞等名目，均是禁军"①。真正禁卫要用这些专业化禁军，他们才是最高统治者的亲信，西汉的南军和唐代的北军都是这种性质②。这里叫府兵来"门栏陛戟，警昼巡夜"，只是表明此种军队仍属中央所辖的意思，以防止和中央不发生关系以致演化成六柱国的私兵。

（四）恢复胡姓和赐姓。《北史》卷五《魏本纪》说：

> 大统……十五年……五月，……初诏诸代人太和中改姓者并令复旧。

《周书》卷二《文帝纪》说：

> 魏恭帝元年。……魏氏之初，统国三十六，大姓九十九，后多绝灭。至是，以诸将功高者为三十六国后，次功者为九十九姓后，所统军人，亦改从其姓。

这两条史料常为治史者所引用，谷霁光先生《府兵制度考释》第二章第一节且对在《周书》中可查出的李弼等三十六人赐姓时间作了考证，说"一般均在大统十五年至魏恭帝三年"。而所以这么做，自然不是为了真使西魏军队鲜卑化，让六柱国们得以各擅其军闹独立性，而是想利用此种鲜卑化使战士视其将领有如酋长有如父兄，以强化军纪，这又显然是配合整训

---

① 案见《周书》卷二〇《王励传》《贺兰祥传》《尉迟纲传》,《隋书》卷六〇《于玺传》、卷六一《郭衍传》、卷五五《乞伏慧传》《和洪传》。

② 可参看陈寅恪先生《唐代政治史述论稿》中篇"政治革命及党派分野"。

的一种措施。

以上主要讲了六柱国。这里再讲六柱国以下的十二大将军和二十四军。

十二大将军中除魏宗室元赞、元育、元廓三人《周书》《北史》均未立传而无从稽考外，其余的任职时间是：

> 大统……十六年……秋七月，太祖率诸军东伐，拜章武公〔宇文〕导为大将军，总督留守诸军事，屯泾北以镇关中。（《周书》卷二《文帝纪》）
>
> 侯莫陈顺，……大统……十六年拜大将军，出为荆州总管、山南道五十二州诸军事、荆州刺史。（卷一九《侯莫陈顺传》）
>
> 达奚武，……进位大将军。〔大统〕十七年，诏武率兵三万经略汉川。（卷一九《达奚武传》）
>
> 豆卢宁，……大统……十六年，拜大将军。（卷一九《豆卢宁传》）
>
> 宇文贵，……大统……十六年，迁中外府左长史，进位大将军。（卷一九《宇文贵传》）
>
> 贺兰祥，……大统……十六年，拜大将军。（卷二〇《贺兰祥传》）
>
> 皇考（杨忠），〔大统十六年春正月擒柳仲礼，〕……旋师，进爵陈留郡公，位大将军。〔大统〕十七年，梁……邵陵王纶……欲来寇，……周文，遣皇考讨之。（《北史》卷一一《隋本纪》）
>
> 王雄，……进爵武威郡公，进位大将军，行同州事。〔大统〕十七年，雄率军出子午谷，围梁上津、魏兴。（《周书》卷一九《王雄传》）

除李远在《周书》《北史》纪传中均未提及任大将军之事外，上列八人的任大将军都在大统十六年。但如杨忠之任大将军早在十六年春正月或稍后，宇文导之任大将军则迟至十六年秋七月，可见也并非八人或九人同时任命，此其一。其二，从这八人以及李远的传里，丝毫看不出他们和哪个六柱国存在着从属关系。其三，六柱国早在大统十四、十五年先后任命，而此八大将军迟至十六年任命，可见六柱国至少在任命后一年甚至两年时间内下边并无大将军。则这些大将军的任务是辅助柱国整训，还是自己也分头整训而和柱国的直接整训同时并进，或者两者都不是，任命大将军实际上已是酬劳勋庸的一种措施，均已不得而知。

《周书》卷一六传末说"右十二大将军，又各统开府二人。每一开府领一军兵，是为二十四军"，《北史》所说也大体相同。是否一大将军必统二开府，这里姑置勿论，而"二十四军"在《周书》中确是常见的词语。如《周书》卷三《孝闵帝纪》元年八月诏中说"今二十四军宜举贤良堪治民者，军列九人"；卷一一《宇文护传》说武帝保定四年宇文护东征，"征二十四军及左右厢散隶及秦陇巴蜀之兵、诸蕃国之众"；卷五《武帝纪》建德三年正月"享二十四军督将以下，试以军旅之法，纵酒尽欢"：则二十四军实为西魏北周军队的基本建制。案沙苑之战时宇文泰还只有十二军，由十二军扩建成二十四军究竟在什么时候？《周书·宇文护传》有"自太祖为丞相，立左右十二军，总属相府"的说法，可太祖宇文泰之为丞相早在永熙三年八月魏孝武帝刚西迁入关之后，这时连十二军还没有遑论二十四军。《宇文护传》所说只是讲这"左右十二军"即二十四军"总属相府"，并非说宇文泰一为丞相即有二十四军。我推测，这二十四军的建成当也在大统十六年前后。这时候六柱国整训杂牌充实正规部队，原有十二军不能容纳，才扩建二十四军作为基本建制。

正因为经过了整编，军队不仅在质量上迅速提高，在数量上也大幅度上升，所以以后多次作战，都有充裕的能战斗的兵力供使用。

最早一次是大统十六年五月高洋取代东魏建立北齐政权之后，同年七月宇文泰即率诸军东伐。这当然有政治原因，即公开声讨高洋的篡逆。同时也说明六柱国的整训已初见成效，已有较多的可用之兵，否则宇文泰应吸取河桥、邙山两次大败的教训，必不敢作如此大规模的东征。这次东征总兵力多少，史无明文，但《独孤信传》有"大军东讨，信率陇右数万人从军"的话，则全军至少也有十多万，而且这十多万是经过整编的精兵，并非前此乌合之众可比。这次东征仍旧是向洛阳进军，《周书》卷二《文帝纪》说"九月丁巳，军出长安，时连雨，自秋及冬，诸军马驴多死，遂于弘农北造桥济河，自蒲坂还"。这应是事实，当然也不排除宇文泰此时感到不可能一举消灭对方，为避免无谓损耗及时回军。

此后，宇文泰把兵力用于侵略南朝。西魏废帝二年讨伐成都的梁武陵王萧纪，没有动用六柱国而任命新提升的大将军尉迟迥为统帅，据《周书》卷二一《尉迟迥传》，是"令迥督开府元珍、乙弗亚、俟吕陵始、叱奴兴、綦连雄、宇文昇等六军，甲士一万二千，骑万匹伐蜀"。这六军自然是二十四军中的六军而不是常说"天子六军"的六军，六军占了二十四军的四分之一，当绝不止甲士一万二千，应只出动了这六军中的一部分。这年三月出兵，八月就克成都平蜀，足见这一万二千甲士之精锐可用。西魏恭帝元年又征讨建都江陵的梁元帝，动用的兵力，据《周书·文帝纪》是"柱国于谨、中山公〔宇文〕护、大将军杨忠、韦孝宽等步骑五万"。这年十月出兵，十一月克江陵擒杀梁元帝，也说明兵多而且可用。

宇文泰死后宇文护掌权，辅佐宇文泰第三子宇文觉篡西魏而建立北周政权，继又先后杀北周孝闵帝宇文觉和北周明帝、宇文泰长子宇文毓，拥立北周武帝、宇文泰第四子宇文邕。孝闵帝在位只两个年头，明帝在位四个年头，对外都没有大规模军事行动。恢复讨伐北齐的大规模军事行动是在武帝保定四年，这时还是宇文护掌权。《周书》卷一一《宇文护传》说：

> 九月，……征二十四军及左右厢散隶及秦陇巴蜀之兵、诸蕃国之众二十万人。十月，……遣柱国尉迟迥率精兵十万为前锋，大将军权景宣率山南之兵出豫州，少师杨檦出轵关，护连营渐进，屯军弘农。迥攻围洛阳，柱国齐公宪、郑国公达奚武等营于邙山。护性无戎略，且此行也，又非其本心，故师出虽久，无所克获。护本令堑断河阳之路，遏其救兵，然后同攻洛阳，使其内外隔绝，诸将以为齐兵必不敢

出，唯斥候而已。值连日阴雾，齐骑直前，围洛之军，一时溃散，唯尉迟迥率数十骑扞敌，齐公宪又督邙山诸将拒之，乃得全军而返。权景宣攻克豫州，寻以洛阳围解，亦引军退，杨檦于轵关战没。护于是班师。

这次能动员二十万大军，其中前锋即有精兵十万，足见绝非往年河桥、邙山二役之众多乌合可比，其实力当已超过北齐，所以"诸将以为齐兵必不敢出"。其不能成功则由于宇文护"性无戎略，且此行也，又非其本心"，以致在战略上出了问题。但对看《北齐书》卷七《武成帝纪》只说"大破尉迟迥等，解洛阳围"，没有夸言斩获，足见宇文护这次出师虽不成功亦未丧败，和往年河桥、邙山二役之遭受重大损失者截然不同。

以后就是北周武帝亲自指挥的灭齐战役，先后两次出兵。第一次出兵是在建德四年七月，《周书》卷六《武帝纪》说：

> 丁丑，……以柱国陈王纯为前一军总管，荥阳公马消难为前二军总管，郑国公达奚震为前三军总管，越王盛为后一军总管，周昌公侯莫陈琼为后二军总管，赵王招为后三军总管，齐王宪率众二万趣黎阳，随国公杨坚、广宁侯薛回舟师三万自渭入河，柱国梁国公侯莫陈芮率众一万守太行道，中国公李穆帅众三万守河阳道，常山公于翼帅众二万出陈、汝。壬午，上亲率六军众六万，直指河阴。

这里"上亲率六军"的六军，自即前后一二三军共六个军，是战时编制而不是从二十四军中抽用六个军，也不是"天子六军"的六军。这六个军共六万人即每军有一万人，加上齐王宪的二万，杨坚等的舟师三万，侯莫陈芮的一万，李穆的三万，于翼的二万，一共动员兵众十七万。从数字上看好像比前此宇文护动用的二十万人少，但宇文护的二十万中包括了非正规的秦陇巴蜀地方武装和诸蕃国之兵，而这次周武帝的十七万中没有提到这些非正规军，则按正规军数字来比较周武帝这次当超过了宇文护那次。

《隋书》卷二四《食货志》有"建德二年，改军士为侍官，募百姓充之，除其县籍，是后夏人半为兵矣"的说法，这对建德四年这次大举伐齐用兵之更多且精自起了作用，但所以能多且精的根本原因，还不能不归功于当年设置六柱国建立二十四军打下了坚实的基础。

建德四年东征据《周书》卷六《武帝纪》是因"上有疾"而班师，但也有可能是周武帝发现从洛阳进军不利于围歼北齐主力而班师改图。第二年建德五年十月再度东征，就改换成先攻晋州以吸引北齐主力、从而打歼灭战的新战略。《武帝纪》说：

> 己酉，帝总戎东伐，以越王盛为右一军总管，杞国公亮为右二军总管，随国公杨坚为右三军总管，谯王俭为左一军总管，大将军窦恭为左二军总管，广化公丘崇为左三军总管，齐王宪、陈王纯为前军。……癸亥，帝至晋州，遣齐王宪率精骑二万守雀鼠谷，陈王纯步骑二万守千里径，郑国公达奚震步骑一万守统军川，大将军韩明步骑五千守齐子岭，乌氏公尹昇步骑五千守鼓钟镇，凉城公辛韶步骑五千守蒲津关，柱国、赵王招步骑一万自华谷攻齐汾州诸城，柱国宇文盛步骑一万守汾水关[①]，遣内史王谊监六军，攻晋州城。

案下文还讲到十二月庚戌在晋州城外决战时"帝帅诸军八万人，置阵东西二十余里"，这八万自即左右一二三军共六个军的总兵力，加上齐王宪的二万，陈王纯的二万，达奚震的一万，韩明的五千，尹昇的五千，辛韶的五千，赵王招的一万，宇文盛的一万，一共动用兵众十六万五千。这和上次是一样的多而精，加上战略正确，在晋州歼灭对方主力后一口气拿下晋阳，攻克邺城，完成吞并北齐统一北方的大业。

---

① 此宇文盛不是右一军总管越王宇文盛，前者传见《周书》卷一三《文帝诸子传》，后者卷二九有传。

四

六柱国在任命前的实力并不足以威胁宇文泰，已如前所说。但任命后会不会由此擅兵干政，这在当时没有可能性，因为这六柱国和宇文泰的关系都非同一般。请看：

> 贺拔岳既镇陇右，以太祖（李虎）为左相大都督，委以内外军事，岳寻为侯莫陈悦所害，太祖……同与周文帝平侯莫陈悦。（《册府元龟》卷一"帝系"）

> 李弼，……隶侯莫陈悦为大都督。……太祖自平凉进军讨悦，……弼密通使太祖，许背悦来降。夜，弼乃勒所部云："侯莫陈公欲还秦州，汝等何不束装？"弼妻，悦之姨也，特为悦所亲委，众咸信之，人情惊扰，不可复定，皆散走，争趣秦州，弼乃先驰据城门以慰辑之，遂拥众以归太祖，悦由此遂败。（《周书》卷一五《李弼传》）

> 贺拔胜出镇荆州，乃表〔独孤〕信为大都督，……及胜弟为侯莫陈悦所害，胜乃令信入关，抚岳余众。属太祖已统岳兵，信与太祖乡里，少相友善，相见甚欢。（卷一六《独孤信传》）

> 赵贵，……从贺拔岳平关中。……及岳为侯莫陈悦所害，……贵乃收岳尸还，与寇洛等纠合其众，……首议迎太祖。……太祖至，以贵为大都督，领府司马。（卷一六《赵贵传》）

> 太祖临夏州，以〔于〕谨为防城大都督兼夏州长史。及岳被害，太祖赴平凉，谨乃言于太祖曰："魏祚陵迟，权臣擅命，群盗蜂起，黔首嗷然。明公仗超世之姿，怀济时之略，四方远近，咸所归心，愿早建良图，以副众望。"（卷一五《于谨传》）

> 及岳为侯莫陈悦所害，〔侯莫陈〕崇与诸将同谋迎太祖。（卷一六《侯莫陈崇传》）

可见这第一批任六柱国的都是宇文泰初起时的合作者支持者，都是宇文泰信得过的人物①。事实上，他们出任六柱国后也一直能听从宇文泰的号令指挥，从未出现过想和宇文泰等夷的言行。《周书》卷二《文帝纪》记"魏恭帝……三年春正月丁丑，初行《周礼》，建六官，以太祖为太师、大冢宰，柱国李弼为太傅、大司徒，赵贵为太保、大宗伯，独孤信为大司马，于谨为大司寇，侯莫陈崇为大司空"②，但仍没有意味李弼、赵贵诸人能和宇文泰等夷，因为《周礼》上就写着"太宰（即这里的大冢宰）之职，掌建邦之六典，以佐王治邦国"，则宇文泰之为大冢宰仍高居于其余五官之上。所谓建六官者，多半仅是把旧有官职换成《周礼》上面的古雅之称，以期自我感觉良好而已，不会有更深层次的用意。

但在宇文泰生前彼此固能相安无事，宇文泰去世后由其长兄宇文颢的第三子宇文护掌权，事情就起了变化。《周书》卷一五《于谨传》说：

太祖崩，孝闵帝尚幼，中山公护虽受顾命，而名位素下，群公各

① 就连次一级的十二大将军中，除宗室三元姓外的九大将军也多是如此。宇文导是宇文泰长兄宇文颢第二子，"少雄豪，有仁惠，太祖爱之"（《周书》卷一〇《宇文导传》）。侯莫陈顺是侯莫陈崇之兄，"与太祖同里闬，素相友善"（卷一九《侯莫陈顺传》）。达奚武本是贺拔岳别将，"及岳为侯莫陈悦所害，武与赵贵收岳尸归平凉，同翊戴太祖"（卷一九《达奚武传》）。李远曾是尔朱天光入关的向导，"太祖见远，与语悦之，令居麾下，甚见亲遇"（卷二五《李远传》）。豆卢宁本以别将随尔朱天光入关，"太祖讨悦，宁与李弼率众归太祖"（卷一九《豆卢宁传》）。宇文贵"善骑射，有将率才，太祖又以宗室，甚亲委之"（卷一九《宇文贵传》）。贺兰祥父尚太祖姊建安长公主，"祥年十一而孤，……长于舅氏，特为太祖所爱"（卷二〇《贺兰祥传》）。只有杨忠、王雄二人在《周书》卷一九本传里看不出和宇文泰有特殊关系，但杨忠一直是独孤信的部下，当因此而得宇文泰信任。又《周书》卷一六传末所说"十二大将军外，念贤及王思政亦作大将军，然贤作牧陇右，思政出镇河南，并不在领兵之限"，也似有悖于史实。因为六柱国中独孤信也是作牧陇右，移镇河阳，长期外任的，何以不碍其任柱国？实则王思政"虽被任委，自以非相府之旧，每不自安"（《周书》卷一八《王思政传》）。念贤"于诸公皆为父党，自太祖以下，咸拜敬之"（卷一四《念贤传》），可谓尊而不亲。而且念贤早在大统五年任秦州刺史时就"薨于州"，王思政镇守颍川也在大统十五年被东魏所俘，都如何能进入大统十六年的十二大将军之列？看来《周书》卷一六传末这段文字虽有很高史料价值，却不尽是西魏北周国史的旧文，而经《周书》纂修者或修周史的牛弘点窜致间有失实之处了。
② 《册府元龟》卷一"帝系"说李虎子李昞在大统"十七年封汝阳县伯，食邑五百户，寻拜抚军大将军、大都督、通直散骑常侍，俄转车骑大将军，袭封陇西公"。说明在这以前李虎已去世，因此不得预于六官之列。

图执政，莫相率服。护深忧之，密访于谨，谨曰："夙蒙丞相殊眷，情深骨肉，今日之事，必以死争之，若对众定策，公必不得辞让。"明日，群公会议，谨曰："昔帝室倾危，人图问鼎，丞相志在匡救，投袂荷戈，故得国祚中兴，群生遂性。今上天降祸，奄弃庶寮，嗣子虽幼，而中山公亲则犹子，兼受顾托，军国之事，理须归之。"辞色抗厉，众皆悚动。护曰："此是家事，素虽庸昧，何敢有辞。"谨既太祖等夷，护每申礼敬。至是，谨乃趋而言曰："公若统理军国，谨等便有所依。"遂再拜，群公迫于谨，亦再拜，因是众议始定。

《于传》记此事尚在"孝闵帝践阼"之前，则是宇文护刚受顾命后的事情。这于谨是唯宇文氏是从的，本传说他"有智谋，善于事上"，所以能安富尊荣终其一身，且泽及子孙。再一位是李弼，《周书》卷一五本传说"晋公护执政，朝之大事，皆与于谨及弼等参议"，《于传》则说孝闵帝践阼后"与李弼、侯莫陈崇等参议朝政"。这李弼自也是支持宇文护的，侯莫陈崇在其时当也未有反对宇文护的表示。反宇文护的是赵贵和独孤信，《周书》卷一六《赵贵传》说：

> 初，贵与独孤信等皆与太祖等夷。及孝闵帝即位，晋公护摄政，贵自以元勋佐命，每怀怏怏，有不平之色，乃与信谋杀护。及期，贵欲发，信止之。寻为开府宇文盛所告，被诛。

《独孤信传》说：

> 赵贵诛后，信以同谋坐免。居无几，晋公护又欲杀之，以其名望素重，不欲显其罪，逼令自尽于家。

据《周书》卷三《孝闵帝纪》，"元年……二月……丁亥，楚国公赵贵谋反，伏诛，……太保独孤信有罪免"。则是宇文护才掌权后的事情。接着

"甲午，……晋国公护为大冢宰"。"三月……己酉，柱国、卫国公独孤信赐死"。《周书》卷一一《宇文护传》说：

> 自太祖为丞相，立左右十二军，总属相府。太祖崩后，皆受护处分，凡所征发，非护书不行。护第屯兵禁卫，盛于宫阙。事无巨细，皆先断后闻。〔武帝〕保定元年，以护为都督中外诸军事，令五府总于天官。

这后两个措施只是在形式上来个合法化。事实上五府本来总于天官，宇文泰始建六官时就如此；二十四军的征发非护书不行，也就已经是都督中外诸军事了。

剩下三名柱国的结局是：《周书》卷四《明帝纪》：明帝即位后"冬十月癸酉，太师赵国公李弼薨。"卷五《武帝纪》："保定……三年春正月……乙酉，太保梁国公侯莫陈崇赐死。""天和……三年……三月……戊午，太傅柱国燕国公于谨薨。"从侯莫陈崇本传来看，被赐死也是有点冤枉的，只是由于没有学会于谨那一套，所以不免被剪除而已①。这样当初的六柱国就都不在世了。《周书》卷一六传末说"此后功臣，位至柱国及大将军者众矣，咸是散秩，无所统御"，也就是说柱国、大将军已完全脱离府兵制而退出历史舞台，成为徒具虚名有如后来散官、勋官性质的东西。但这对府兵制的存在和发展并无影响。因为如前所说，西魏北周的府兵制本以二十四军为基本建制。这时去掉上面几顶过时不起作用的柱国、大将军空帽子，又何碍于制度本身？

---

① 侯莫陈崇本传说："保定三年，崇从高祖幸原州，高祖夜还京师，窃怪其故。崇谓所亲人常昇曰：'吾昔闻卜筮者言，晋公今年不利，车驾今忽夜还，不过是晋公死耳。'于是众皆传之。或有发其事者，高祖召诸公卿于大德殿，责崇，崇惶恐谢罪。其夜，护遣使将兵就崇宅，逼令自杀，礼葬如常仪，谥曰躁。护诛后，改谥曰庄闵。"其实杀侯莫陈崇恐也是高祖武帝宇文邕之意，在这个问题上宇文邕和宇文护的态度是一致的，尽管他俩之间也有矛盾，不久宇文邕又杀掉宇文护把大权收回到自己手里。

五

此文草成后，偶检王仲荦先生昔年寄赠所撰《魏晋南北朝史》，在第七章第五节注语⑤中发现王先生对六柱国别有看法。王先生说：

> 六个柱国分掌六个军，也就是大统八年所成立的六军。六军的前身就是贺拔岳的武川军团、侯莫陈悦旧部李弼军团与元修带进关中的禁卫军团。不过宇文泰在组织府兵统帅部时，为了团结以上三个军团的将领以巩固关陇统治集团的联合阵线起见，贺拔岳军团还是由赵贵、侯莫陈崇、李虎等率领；李弼的军团，也保持原有的建制。除了调"专制陇右"的独孤信来主持一军之外，宇文泰又提拔他的亲信于谨为柱国大将军。可见六军原有的班底，并没有多少更动，新招募到的"关陇豪右"，也只是分隶六军（归六柱国指挥），并没有组织新的军团来予以收编。

熟悉北朝史事的人可看出，王先生这么说多半只凭想象和推测。在府兵制初期史料缺乏的情况下，作点合理的推测固自允许，但至少要符史实不要出现矛盾。可王先生这段话里却有不少不符史实矛盾之处：（1）当初尔朱天光入关时只说以贺拔岳、侯莫陈悦为左右大都督，没有说贺拔岳系统全由武川镇人所组成。贺拔岳及其部下赵贵、侯莫陈崇、李虎以及宇文泰本人诚均出身武川镇，但同属其部下的达奚武却出身怀荒镇，《周书》卷一九《达奚武传》上说得很清楚，何以说这支部队是武川军团，于史何征？（2）于谨出身怀荒镇，《周书》卷一五本传也有明文。但于谨又是"从尔朱天光破万俟丑奴"的，以后尔朱天光失败，"贺拔岳表谨留镇"，宇文泰出任夏州刺史他又是"防城大都督兼夏州长史"，何以又不算进贺拔岳的所谓武川军团？（3）尔朱天光入关时左大都督贺拔岳和右大都督侯莫陈悦的兵力是均等的，何以后来贺拔岳军团由赵贵、侯莫陈崇、李虎等率领，而侯莫陈悦的军团变成李弼一人所有？真是如此，李弼一人的实力岂不就等于赵贵、侯莫陈崇、李虎等人合起来的实力，但史书上何以找不到这个痕迹？（4）说"六军的前身就是贺拔岳的武川军团、侯莫陈悦旧部李弼军团与元修带进关中的禁卫军团"，还说"为了团结以上三个军团的将领"云云。可这禁卫军团的将领是谁？为团结何以此禁卫军团的将领不在六柱国之列？既不在六柱国之列，这个禁卫军团究竟划归赵贵等六柱国中哪一位统辖？均含糊带过。其实如拙文前面所说，魏孝武帝元修带进关的鲜卑禁卫本来为数无多，根本形成不了和赵贵、李弼等相当的势力，自然在史书中不复被齿及。（5）说"调'专制陇右'的独孤信来主持一军"。但检《周书·独孤信传》，在大统十四年进位柱国之后，还有"信在陇右岁久，启求还朝，太祖不许"的话，可见独孤信任柱国时并未奉调入京。（6）既说"新招募到的'关陇豪右'，也只是分隶六军（归六柱国指挥），并没有组织新的军团来予以收编"，又说"贺拔岳军团还是由赵贵、侯莫陈崇、李虎等率领；李弼的军团，也保持原有的建制"，那么独孤信主持下的一军以及于谨的一军，其兵众又从何而来？这些自相矛盾和不合史实之处，都是无法作疏解的。

至于所说"六个柱国分掌六个军，也就是大统八年所成立的六军"，也同样成问题。《北史》卷五《魏本纪》固有"大统……八年春三月初置六军"的说法，《玉海》卷一三七引《后魏书》也有"西魏大统八年，宇文泰仿周典作六军"的记载，但这"六军"究竟是六个军，还是"天子六军"的六军，仍不易判断。如说是六个军，则和大统三年宇文泰率十二将即十二军东伐之说又发生矛盾，因为大统三年已有了十二个军，怎么会到大统八年又变成了六个军，即使真变成了六个军也不该用"初置"字样。唐长孺先生是把这个"六军"解释为"天子六军"的，他在论文中说："大统八年初作六军，六军者天子之军，这里暗示宇文泰将关西大行台之军提升到六军的地位，使军队就只有一个系统。《周书·文帝纪》这一年只有一句'夏四月，大会诸军于马牧'，与此或者不无关系。"今既别无新史料发现，就不能不承认唐先生的说法较为合乎情理，而王先生的说法不能成立。

（原载《中国典籍与文化论丛》第一辑，1993年9月）

对宇文周和关陇集团的再认识

中国中古史的研究历来是汉学研究的一个重要领域，但对魏晋南北朝这一段似多关注于魏晋南朝及北朝前期。魏分东西以后下讫周之灭齐、隋之代周，亦即与李唐史事之衔接部分，仅陈寅恪先生《隋唐制度渊源略论稿》及《唐代政治史述论稿》中所提出的关陇集团和隋唐制度之转承北魏北齐与江左梁陈两点为人所公认的重大贡献。惟学术先导者往往多在大处着眼，其节目或尚有待于后学阐说或修正。自1991年起，我的研究由唐转而上溯此齐周杨隋，重读旧籍，撰写论文，形成了一系列看法。今择要敷陈，以乞正于海内外诸君子。

一

东魏北齐文化之远较西魏北周先进这点，陈寅恪先生在《隋唐制度渊源略论稿》第一章《叙论》中所说，"凡江左承袭汉魏西晋之礼乐政刑典章文物，自东晋至南齐其间所发展变迁，而为北魏孝文帝及其子孙摹仿采用，传至北齐成一大结集"，为隋唐制度所承袭，而西魏北周之"影响及于隋唐制度者，实较微末"云云，本已作了精当的论证。我在《论北齐的文化》（《陕西师大学报》哲学社会科学版1994年第4期）中则据颜之推自周奔齐之事进而作了阐说。

《北齐书》卷四五《文苑·颜之推传》说：

> 颜之推，字介，琅邪临沂人也。九世祖含，从晋元东渡，官至侍中、右光禄、西平侯。父勰，梁湘东王绎镇西府谘议参军。……绎遣世子方诸出镇郢州，以之推掌管记，值侯景陷郢州，频欲杀之，赖其行台郎中王则以获免，被囚送建业。景平，还江陵，时绎已自立，以之推为散骑侍郎，奏舍人事。后为周军所破，大将军李显庆重之，荐往弘农，令掌其兄阳平公远书翰[①]。值河水暴涨，具船将妻子来奔，经砥柱之险，时人称其勇决。

按西魏之破灭江陵萧氏政权固极野蛮，如《周书》卷二《文帝纪》所说："擒梁元帝（萧绎），杀之，并虏其百官及士民以归，没为奴婢者十余万，其免者二百余家。"卷一五平江陵主将于谨的传里也说："虏其男女十余万人，……赏谨奴婢一千口。"这种把战败一方的百官士民大批沦为奴婢的做法，在当时中原已很少见。《颜传》所说大将军李显庆即李穆，显庆是字，《周书》卷三〇有传，云"征江陵，功封一子长城县侯，邑千户"，知颜之推是被赏给李穆为奴。只是李穆既荐他到阳平公李远处掌书翰，其身份已见改善，何必经历砥柱冒生命危险东奔北齐？《颜传》载有他齐亡入周后所写的《观我生赋》，在赋的自注里说：

> 齐遣上党王涣率兵数万纳梁贞阳侯〔渊〕明为主，梁武聘使谢挺、徐陵始得还南，凡厥梁臣，皆以礼遣。之推闻梁人返国，故有奔齐之心。……至邺，便值陈兴而梁灭，故不得还南。

这自然是一个理由，但恐不是唯一的理由。因为《颜传》入周后讲到北齐为北周攻灭时又说：

---

① 此句文字据《北史》卷八三《文苑颜传》校正。

及周兵陷晋阳，帝轻骑还邺，窘急计无所从。之推因宦者侍中邓
长颙进奔陈之策，仍劝募吴士千余人以为左右，取青、徐路共投陈
国。帝甚纳之，以告丞相高阿那肱等。高阿那肱不愿入陈，乃云吴士
难信，不须募之，劝帝送珍宝累重向青州，且守三齐之地，若不可
保，徐浮海南渡。虽不从之推计策，然犹以为平原太守，令守河津。

《观我生赋》自注也说：

除之推为平原郡，据河津，以为奔陈之计。约以邺下一战不克，
当与之推入陈。丞相高阿那肱等不愿入南，又惧失齐主则得罪于周
朝，故疏间之推。所以齐主留之推守平原城，而索船渡济向青州。

二者纪事有详略，而所表达的颜之推的政治态度则完全一致，即效忠北齐
甘为其孤臣孽子，而对北周充满敌忾，纵使之推的大哥颜之仪自江陵被俘
入周后已渐致通显①，并未能使之推的观感转移。《观我生赋》最后称"予
一生而三化，备荼苦而蓼辛"，自注："在扬都（建康）值侯景杀简文而篡
位，于江陵逢孝元覆灭，至此而三为亡国之人。"也是他以北方为其本朝
的证明。至于其时奔陈之计不过是不愿降周的一种措施，和前此之想回归
梁国已不尽相同。

颜之推之内齐而外周，其根本原因自在于周、齐在文化上的差别。而
所以有此差别，则与北周境内之多后进的少数民族有关。这在唐初所修
梁、陈、齐、周、隋《五代史志》里的《地理志》即《隋书》卷二九至三
一的《地理志》里可以看清楚。卷三〇的豫州、兖州、冀州、青州和卷三
一的徐州均为北齐所统治，其中除说洛阳、邺城以至济南等少数大城市是
"尚商贾""浮巧成俗"外，大多是"务在农桑""尊儒慕学""重于礼文"，

---

① 别详《周书》卷四〇《颜之仪传》。

也就是在封建农业经济健康发展的基础之上，形成了当时较为先进的文化，而少数民族问题一处也没有提到。可见北齐高氏政权的建立，虽凭借北魏六镇鲜卑和鲜卑化的武力，但其影响主要局限于军事领域，原先入居此地区的鲜卑在北魏孝文帝以后更已汉化，在整个社会的经济文化上均未产生消极破坏作用。而为北齐后主所宠幸的胡小儿，如《北史》卷九二《恩幸传》所说，则"能舞工歌"，对音乐歌舞的发展转有积极意义，尽管他们滥得富贵曾引起士大夫的不满。《隋书》卷二九所说北周统治的雍、梁二州就不一样了。说"京兆王都所在，俗具五方，人物混淆，华戎杂错"；"雕阴、延安、弘化，连接山胡，性多木强"；"平凉、朔方、盐州、灵武、榆林、五原，地接边荒，多尚武节"；"河西诸郡，其风颇同，并有金方之气"；说"汉中……傍南山杂有獠户"；"汉阳、临洮、宕昌、武都、同昌、河池、顺政、义城、平武、汶山，皆连杂氐、羌，人尤劲悍，性多质直，皆务于农事，工习猎射，于书计非其长矣"。这里讲的京兆"华戎杂错"之"戎"，乃指西晋以来长期和汉人杂居且尚未融合的氐、羌和其他杂夷[①]，加上山胡、獠户，自然影响整个北周的经济水平以至文化水平，使之和北齐相比较处于落后状态。这就可以理解为什么攻取江陵后会把大批百官士民掳为奴婢，而颜之推要冒生命危险东奔北齐且以北齐为本朝。陈寅恪先生论证隋唐制度之转袭东魏北齐，得此似亦可作较为圆满的解释。

二

陈寅恪先生在《唐代政治史述论稿》上篇《统治阶级之氏族及其升降》一文中指出，关中本位政策指导下形成的关陇集团，是（1）"融冶关陇胡汉民族之有武力才智者"；（2）此集团中人"入则为相，出则为将，自无文武分途之事"。这在西魏北周时确实如此。遗憾的是陈先生没有进

---

① 可参考周一良先生《北朝的民族问题与民族政策》（《燕京学报》第39期，1950年）。

而论述此种现象之所以会出现。我在《从杨隋中枢政权看关陇集团的开始解体》（《学术集林》卷九，1996年12月）一文中对此作了疏说。

关陇集团之所以局限于关陇，是由于宇文泰当年只控制了关陇地区，其实力远较拥有山东包括江左广大地区的东魏北齐和南朝萧梁为薄弱，这些地区的人才不为关陇所用的缘故。这只要看杨隋统一中国以后，很快出现"朝廷之内，多山东人"的现象，如《旧唐书》卷七五《韦云起传》所说，便可证实。

比较复杂的是关陇集团的文武合一而不分途，这得回顾更早的历史。早在春秋时是文武合一不分途的。《春秋经》尤其《左氏传》上讲得很清楚。其原因即在于春秋时中原大地还处在封建领主制社会，而文武合于领主一身正是这种社会的特征。到战国进入封建地主制社会，文武合一的领主消失，才出现政坛上文武分途的新局面，这种新局面自远较前此文武合一的领主统治进步。无如事物发展多有曲折，封建领主制的残余势力到汉末又养成气候，出现了魏晋南北朝的门阀制度。这种门阀制度实际上就是封建领主制彻底死亡前的一次回光返照，因而在这一段时间里又出现了文武合于一身的局面。举凡汉末群雄中的曹操、二袁、刘备、孙坚父子，稍后的司马懿父子，东晋时王、庾、桓、谢等世家大族的首脑，无一不是文武合一的人物，更不说本来就习惯于文武合一的所谓"五胡"了。这些少数民族在经济、文化、社会组织上和汉族虽有较大的差异，可在文武合一这点上当时却走着同样的道路。到他们接受汉化，也产生了自己的门阀后，和汉人世家大族的文武合一自然越加合拍了。宇文泰创建的关陇集团的文武合一，就是这种历史条件下的产物，和前此汉族、少数民族的文武合一，实质上并无差别。

但关陇地区在当时是比较落后的，这不仅如前所说表现在经济和文化上，就在文武合一问题上也是如此。当宇文泰组建关陇集团，西魏北周文武合一之时，东边的东魏北齐和南朝的梁陈已经重新向文武分途回归。南朝的情况可看赵翼《廿二史札记》卷一二"江左世族无功臣"条、"陈武帝多用敌将"条，陈寅恪先生《述东晋王导之功业》（《中山大学学报》

1956年第1期）、《书魏书萧衍传后》（《中山大学学报》1958年第1期）亦曾涉及。东魏北齐则我写有《论北齐的政治斗争》（香港中文大学《中国文化研究所学报》新6期，1997年），在否定缪钺先生强调胡汉之争的《东魏北齐政治上汉人与鲜卑之冲突》（四川大学《史学论丛》第1期，1949年）的同时，论述了文人崔暹、崔季舒、杨愔、赵彦深、祖珽等在中枢先后职掌权要的情况。这里姑以后主朝的设置文林馆以及文武分途争竞之事为例。《北齐书》卷四五《文苑传序》记文林馆的设置说：

> 后主虽溺于群小，然颇好讽咏，幼稚时，曾读诗赋，……及长亦少留意。初因画屏风，敕通直郎兰陵萧放及晋陵王孝式录古名贤烈士及近代轻艳诸诗以充图画，帝弥重之。后复追齐州录事参军萧悫、赵州功曹参军颜之推同入撰次，犹依霸朝，谓之馆客。放及之推意欲更广其事，又祖珽辅政，爱重之推，又托邓长颙渐说后主，属意斯文。〔武平〕三年，祖珽奏立文林馆，于是更召引文学士，谓之待诏文林馆焉。

又颜之推《观我生赋》自注谓："齐武平中，署文林馆待诏者仆射阳休之、祖孝徵（珽）以下三十余人，之推专掌。"《北齐书》卷四二《阳休之传》则说"邓长颙、颜之推奏立文林馆"。按此文林馆者显然是人君所纠合以备撰作并顾问的文士集团，可以说是唐初秦府、齐府学士、魏王泰文学馆以至后来翰林院的前奏。又赞成其事的邓长颙乃是"武平中任参宰相，干预朝权"的大宦官，见《北史》卷九二《恩幸传》，足见此文士集团之权势。这就易于引起武人有权势者的妒恨。《北史·恩幸·韩凤传》说：

> 韩凤，字长鸾，昌黎人也。……后主居东宫，年尚幼，武成简都督三十人送令侍卫，凤在其数。……除侍中、领军，总知内省机密。祖珽曾与凤于后主前论事，珽语凤云："强弓长矟，容相推谢；军国谋算，何由得争？"凤答云："各出意见，岂在文武优劣。"……与高

> 阿那肱、穆提婆共处衡轴，号曰"三贵"。……朝士谘事，莫敢仰视，动致呵叱，辄詈云："狗汉大不可耐，唯须杀却。"若见武职，虽厮养未品，亦容下之。

此后更逐出祖珽，冤杀名列文林馆的崔季舒、张雕虎、刘逖、封孝琰、裴泽和郭遵，别详《北史》卷四七《祖珽传》、卷三二《崔季舒传》。但文职人员并未完全失势，如赵彦深任司空、司徒，唐邕任尚书令、录尚书事，文林馆中重要人物阳休之亦任中书监、尚书右仆射，均仍居显要，而韩凤稍后却和穆提婆同除名为民。《北史·韩凤传》说：

> 凤母鲜于，段孝言之从母子姊也，为此偏相参附，奏遣监造晋阳宫。陈德信驰驿检行，见孝言役官夫匠自营宅，即语云："仆射为至尊起台殿未讫，何用先自营造？"凤及穆提婆亦遣孝言分工匠为己造宅。德信还，具奏闻。及幸晋阳，凤又以官马与他人乘骑，上因此发忿，与提婆并除名。

这个致使韩凤、穆提婆除名的陈德信，是"亦参时宰，与〔邓〕长颙并开府封王"的大宦官。《北史》卷八《齐后主纪》又有"黄门侍郎颜之推、中书侍郎薛道衡、侍中陈德信等劝太上皇帝（后主）往河外募兵，更为经略，若不济，南投陈国"的记载；前引《北齐书·颜之推传》也说"之推因宦者侍中邓长颙进奔陈之策"。文人能得此等大宦官的支持，足见其实力之不弱。这种格局在北周是万万不能出现的。

三

在使用冷兵器的时代，常有落后者灭掉先进的现象，经济文化以至政治制度落后的北周之吞灭北齐，不过是其一例。而其所以能如此，自依仗其强大之府兵。对此我也作了点研究。

我撰写了《宇文泰所以建立八柱国制的一种推测》（《中国典籍与文化论丛》第1辑，1993年9月），从西魏大统三年正月潼关斩窦泰之役宇文泰止"率骑六千"，十月沙苑败高欢之役西魏"战士不满万人"，推知扩充兵力为宇文泰第一要务。而为数众多的俘虏兵和降附的杂牌队伍实不堪用，大统四年八月河桥之役和九年三月邙山之役宇文泰东征两度战败之后，均有杂牌及俘虏兵叛变作乱之事便是明证。因此《周书》卷二《文帝纪》所载大统五年、八年直至十三年的连年"大阅""大会诸军""狩"及"西狩"，其实都是整训军伍。而大统十六年之前宇文泰之增设六柱国形成所谓八柱国制，则是把整训的权力和责任下放给李弼、独孤信等六名亲信的大将，让他们同样以柱国大将军的大头衔分头从事整训，俾此整训扩军工作得以快速完成。这里最有力的证据是这六名柱国大将军的任命不在同一时间：

李弼，……大统……十四年，北稽胡反，弼讨平之，迁太保，加柱国大将军。（《周书》卷一五本传）

独孤信，……大统……十四年，进位柱国大将军，录克下溠、守洛阳、破岷州、平凉州等功，增封。（卷一六本传）

赵贵，……东魏将高岳、慕容绍宗等围王思政于颍川，贵率军援之，……思政遂没，贵乃班师，寻拜柱国大将军。（卷一六本传。案卷二《文帝纪》赵贵出兵在大统十五年春，六月颍川陷，则贵拜柱国大将军应在十五年秋冬。）

于谨，……大统……十五年，进位柱国大将军。（卷一五本传）

侯莫陈崇，……大统……十五年，进位柱国大将军。（卷一六本传）

〔李〕虎，……徙封赵郡公，历渭、秦二州刺史，复击叛胡，平之，徙封陇西公，进拜太尉，迁右军大都督、柱国大将军、少师。（《册府元龟》卷一《帝系》。案这"复击叛胡，平之"的叛胡当即大统十四年讨平的北稽胡，则李虎之进位柱国大将军当在大统十四年后期或十五年初。）

若如陈寅恪先生《隋唐制度渊源略论稿》第六章《兵制》所说是此六人实力本极强大，宇文泰让他们进位柱国大将军"本当日事势有以致之，殊非其本意"，则六人的进位应在同时，方不致引起更多纠纷而合乎安抚之道。今既不然，则除了是分批分期整训扩军外，不可能找到其他解释。至于六柱国大将军以下的十二大将军，除元魏宗室三人未立传无可稽考外，其余九人的进位据本传、本纪均在大统十六年，早则正月，迟则七月，也非同时，而且看不出与哪个柱国大将军存在从属关系。则这些大将军的任务是辅助柱国大将军整训，还是自己另行从事整训，或者两者都不是而仅用以酬劳勋庸，均已不得而知。

整训扩军是很有成效的。很快地使西魏北周的府兵既精又多，到北周武帝时得以动员十六万五千之众完成吞灭北齐的大业。

陈寅恪先生在《唐代政治史述论稿》上篇里说："武曌，其氏族本不在西魏以来关陇集团之内，因欲消灭唐室之势力，遂开始施行破坏此传统集团之工作，如崇尚进士文词之科破格用人及渐毁府兵之制等皆是也。"这也并非事实，进士科与本题相去较远，姑置不论，府兵制的不克维持则并非某些人在蓄意破坏，而是府兵制本身在败坏。

府兵本来是专业的军人，是兵农分离而非合一的，这点陈寅恪先生在《隋唐制度渊源略论稿》的《兵制》章已考证清楚。府兵的真正兵农合一，是在隋文帝平陈的第二年开皇十年，文帝认为天下统一不再需要大规模用兵，在五月乙未下诏对府兵制度来个大改革，这诏书见于《隋书》卷二《高祖纪》，是叫原先"权置坊府，……居处无定，家无完堵，地罕包桑"的府兵，和不充任府兵的农户一样"悉属州县，垦田籍帐，一与民同，军府统领，宜依旧式"。说清楚点，就是让府兵获得土地耕种，自己养活自己，当然仍有作战的任务，但据《隋书》卷二四《食货志》所记有不纳租调、不服劳役的权利。这就是府兵的兵农合一。这对府兵来说可得安居田园之乐，而国家又可省却供养府兵的大笔开支，好像真是两全其美的大好事。可一旦再发生大规模战争，叫安居田园的府兵背井离乡去远征就困难了。大业七年二月隋炀帝下诏远征高丽动员了二十四军，一百一十三万三千八百人，其情况如《隋书·食货志》所说是：

> 比屋良家之子，多赴于边陲，分离哭泣之声，连响于州县，老弱耕稼，不足以救饥馁，妇工纺绩，不足以赡资装。

到同年十二月就出现了《隋书》卷三《炀帝纪》所说的：

> 辽东战士及馈运者填咽于道，昼夜不绝，苦役者始为群盗。甲子，敕都尉、鹰扬与郡县相知追捕，随获斩决之。

炀帝还来软的一手，即《隋书》卷四《炀帝纪》大业八年二月下诏所说：

> 诸行从一品以下，伏飞、募人以上家口，郡县宜数存问，若有粮食乏少，皆宜赈给。或虽有田畴，贫弱不能自耕种，可于多丁富室劝课相助，使夫居者有敛积之丰，行役无顾后之虑。

当然实际上也难起作用。所以在这次远征失败后，炀帝就改弦易辙，招募脱离生产的专业化战士——骁果以取代府兵。凡此我已写了《说隋末的骁果》（《燕京学报》第 3 期，1997 年 8 月）和《对府兵制所以败坏的再认识》（《中国典籍与文化论丛》第 4 辑，1997 年 12 月）以事申说，后者并对某些教科书上所谓府兵制建立在均田基础之上，均田破坏府兵随之败坏之说作了驳斥。

唐初在统一战争结束后重建兵农合一的府兵制。但到高宗、武曌时陷入东西两面作战，玄宗时如《通典》卷一四八《兵典》总序所说"将欲荡灭奚、契丹，剪除蛮、吐蕃"，兵农合一的府兵自不能胜任，只好再走募兵的道路，招募长任边军的健儿并建立节度使管区来对付周边少数民族，如唐长孺先生《唐代军事制度之演变》（《武汉大学社会科学季刊》第9卷第1号，1948年12月）和我的旧作《唐代河北藩镇与奚、契丹》（《中国古代史论丛》1982年第2辑）中所考证的那样了。

四

中国由南北朝的分裂进而统一以后，稍有头脑的统治者自不致继续前此惟关陇人是用的政策，而前此之文武合一也必受北齐、梁陈的影响而重趋文武分途。为此我撰写《从杨隋中枢政权看关陇集团的开始解体》和《关陇集团到唐初是否继续存在》（《周绍良先生欣开九秩庆寿文集》，中华书局，1997年），对隋文帝、炀帝以至唐高祖、太宗时重要人物之是否仍籍贯关陇以及是否仍文武合一，亦即是否仍符合前此关陇集团成员之两条件，逐一作了考察。

〔隋文帝四贵〕见《隋书》卷四三《观德王杨雄传》，为杨雄、高颎、虞庆则、苏威四人，符合两条件者为杨雄、高颎、虞庆则三人。

〔隋炀帝五贵〕见《隋书》卷四一《苏威传》，为苏威、宇文述、裴矩、裴蕴、虞世基五人，符合两条件者只宇文述一人。

〔隋炀帝总留台事〕见《隋书》卷四《炀帝纪》，即炀帝幸江都宫时安排留守洛阳的班子，为越王杨侗、段达、元文都、韦津、皇甫无逸、卢楚六人，符合两条件的为段达、皇甫无逸，加上皇孙杨侗也可算符合有三人。

〔唐高祖元谋功臣〕见《旧唐书》卷五七《刘文静传》，为秦王李世民、裴寂、刘文静、长孙顺德、刘弘基、窦琮、柴绍、唐俭、殷开山（峤）、刘世龙、刘政会、赵文恪、武士彠、张平高、李思行、李高迁、许世绪十七人，符合两条件的只李世民、裴寂、刘文静三人。

〔唐高祖宰相〕见《唐会要》卷一《帝号》，并用《旧唐书》卷一《高祖纪》，《新唐书》卷一《高祖纪》、卷六一《宰相表》校正，为秦王李世民、裴寂、刘文静、萧瑀、窦威、窦抗、陈叔达、杨恭仁、封德彝、裴矩、齐王李元吉、宇文士及十二人，符合两条件者为李世民、裴寂、刘文静、窦抗、杨恭仁、李元吉、宇文士及七人。

〔唐太宗功臣实封〕见《旧唐书》卷五七《刘文静传》，为裴寂、长孙无忌、王君廓、尉迟敬德、房玄龄、杜如晦、长孙顺德、柴绍、罗艺、赵郡王李孝恭、侯君集、张公谨、刘师立、李勣、刘弘基、高士廉、宇文士及、秦叔宝、程知节、安兴贵、安修仁、唐俭、窦轨、屈突通、萧瑀、封德彝、刘义节（世龙）、钱九陇、樊兴、公孙武达、李孟尝、段志玄、庞卿恽、张亮、李药师（靖）、杜淹、元仲文、张长逊、张平高、李安远、李子和、秦行师、马三宝四十三人，符合两条件的只裴寂、长孙无忌、李孝恭、侯君集、宇文士及、窦轨、屈突通、李靖八人。

〔唐太宗图画凌烟阁〕见《旧唐书》卷六五《长孙无忌传》、《新唐书》卷八九《秦琼传》及《册府元龟》卷一三三《帝王部·褒功》，为长孙无忌、河间元王李孝恭、杜如晦、魏徵、房玄龄、高士廉、尉迟敬德、李靖、萧瑀、段志玄、刘弘基、屈突通、殷开山、柴绍、长孙顺德、张亮、侯君集、张公谨、程知节、虞世南、刘政会、唐俭、李勣、秦叔宝二十四人，符合两条件的只长孙无忌、李孝恭、李靖、屈突通、侯君集五人。

〔唐太宗宰相〕见《唐会要》卷一《帝号》，并核对《旧唐书》卷二、卷三《太宗纪》，《新唐书》卷二《太宗纪》、卷六一《宰相表》，为裴寂、萧瑀、陈叔达、李靖、封德彝、宇文士及、长孙无忌、杜如晦、房玄龄、高士廉、温彦博、岑文本、魏徵、侯君集、杨师道、戴胄、刘洎、李世勣（李勣）、张亮、马周、褚遂良、崔仁师、杨弘礼、王珪、杜淹、杨恭仁、许敬宗、高季辅、张行成二十九人，符合两条件的只裴寂、李靖、宇文士及、长孙无忌、侯君集、杨弘礼、杨恭仁七人。

从以上的统计，可看到至迟在隋炀帝时已不复执行关中本位政策，前此之关陇集团开始解体，进入唐初在高祖、太宗时此集团更不复存在。这是历史发展的必然趋势，并非某个统治者个人意志之所能左右。陈寅恪先生所云"此关陇集团自西魏讫武曌历时既经一百五十年之久，自身本已逐渐衰腐，武氏更加以破坏，遂致分崩堕落不可救止"之说，似尚可修正，而不必据为定论以对彼时的史事作解说了。

（原载《文化的馈赠——汉学研究国际会议论文集·史学
卷》，北京大学出版社，2000年）

邺城和三台

都邺最早的是战国初年的魏文侯，汉末曹操又以邺为根据地，魏代汉后邺仍为五都之一，永嘉乱后后赵石虎、前燕慕容儁先后在邺城定都，北魏在邺城设置行台，以后成为东魏、北齐的都城。邺城的形胜在顾祖禹《读史方舆纪要》卷四九里已作了评论，时贤如周太初（一良）、严归田（耕望）、邹逸麟诸先生更多所阐述①。其中太初先生《读邺中记》且专节述及邺城的三台，指出"十六国时期，三台似乎还起过颇为重要的军事防御作用。邺城的易守难攻，好像与'三台之固'很有关系"，并说"似乎三台虽在〔邺都北城的〕西北一隅，但因形成制高点，造成邺城易守难攻的形势"。太初先生这个看法是很对的，我在这里可以再作点疏说。

上篇

先说所谓台。台并非起源于邺城的三台，它在先秦时早就出现。对此顾颉刚师在抗战时撰写的《浪口村随笔》里就有一篇题为《台》的文章，增补后又收入所著《史林杂识初编》1963年中华书局本中。文中广征文献，指出先秦时的台即有库藏财物、观察气象、训练士卒、登临瞭望、凭高据守等作用，初不仅是为了游观宴乐。由此可知邺城之筑三台，也只是

---

① 周一良《读邺中记》，载《内蒙古社会科学》1983年第4期，又收入所撰《魏晋南北朝史论集续编》，1991年北京大学出版社本；严耕望《南北朝三个都城人口数量之估测》，载台北《新史学》1990年创刊号；邹逸麟《安阳》收入陈桥驿编《中国七大古都》，1991年中国青年出版社本。

继承了前人的陈法而并非后来所创制。

记述邺城三台的文献，当以初建的曹魏时和后赵石虎时为详备。《三国志·魏志》卷一《武帝纪》固只说"建安十五年……冬作铜爵台，……十八年……九月作金虎台"，稍后西晋初左思描写邺城的《魏都赋》里便有"飞陛方辇而径西，三台列峙以峥嵘，亢阳台于阴基，拟华山之削成，上累栋而重溜，下冰室而沍冥"的句子，《文选》李善注承用左思同时人张载为此赋所作的注说：

> 铜爵园西有三台，中央有铜爵台，南则金虎台，北则冰井台。〔铜爵台〕有屋一百一间，金虎台有屋一百九间，冰井台有屋百四十五间，上有冰室。三台与法殿皆阁道相连，直行为径，周行为营。

东晋时陆翙撰写《邺中记》，据四库辑本所记曹魏时的三台为：

> 铜爵、金凤、冰井三台，皆在邺都北城西北隅，因城为基址。建安十五年铜爵台成，曹操将诸子登楼，使各为赋，陈思王植援笔立就。金凤台初名金虎，至石氏改今名。冰井台则凌室也。金虎、冰井皆建安十八年建也①。铜爵台高一十丈，有屋一百二十间，周围弥覆其上，金虎台有屋百三十间，冰井台有冰室三，与凉殿皆以阁道相通②。三台崇举，其高若山云。

接着还记述石虎时增修的三台，说：

> 至后赵石虎，三台更加崇饰，甚于魏初。于铜爵台上起五层楼

---

① 顾炎武《历代帝王宅京记》卷一三的邺城资料悉录自《嘉靖彰德府志》卷八邺都宫室志，盖源出北宋时李琮所撰《相台志》，其"冰井台"条谓"建安十八年曹操既筑金凤台，明年复筑此台"，与《邺中记》此处所说"金虎、冰井皆建安十八年建"不同，未知孰是。

② 此"凉殿"即《魏都赋》张载注之所谓"法殿"，"凉""法"形近，未知孰是。

阁，去地三百七十尺，周围殿屋一百二十房，中有女监女伎。三台相面，各有正殿，上安御床，施蜀锦流苏斗帐，四角置金龙头，衔五色流苏，又安金钮屈戌屏风床，床上细直女三十人，床下立三十人，凡此众妓，皆宴日所设。又于铜爵台穿二井，作铁梁地道以通井，号曰命子窟，于井中多置财宝饮食，以悦蕃客，曰圣井。又作铜爵楼，巅高一丈五尺，舒翼若飞。南则金凤台，有屋一百九间，置金凤于台巅故名。北则冰井台，有屋一百四十间，上有冰室，室有数井，井深十五丈，藏冰及石墨，石墨可书，又爇之难尽，又谓之石炭，又有窖粟及盐，以备不虞，今窖上石铭尚存焉。三台皆砖甃，相去各六十步，上作阁道如浮桥，连以金屈戌，画以云气龙虎之势，施则三台相通，废则中央悬绝也。

北魏末年郦道元撰《水经注》，卷一〇"浊漳水注"也讲到三台，说：

> 〔邺〕城之西北有三台，皆因城为之基，巍然崇举，其高若山，建安十五年魏武所起。……其中曰铜雀台，高十丈，有屋百余间，……石虎更增二丈，立一屋，连栋接榱，弥覆其上，盘回隔之，名曰命子窟，又于屋上起五层楼，高十五丈，去地二十七丈，又作铜雀于楼巅，舒翼若飞。南则金凤台，高八丈，有屋一百九间。北曰冰井台，亦高八丈，有屋一百四十间，上有冰室，室有数井，井深十五丈，藏冰及石墨焉，石墨可书，又然之难尽，亦谓之石炭。又有粟窖及盐窖，以备不虞。今窖上犹有石铭存焉。左思《魏都赋》曰"三台列峙而峥嵘"者也。……三台洞开，高三十五丈，石氏作层观架其上，置铜凤，头高一丈六尺。

案这几种文献都有转相因袭之迹，其中《水经注》之袭用《邺中记》尤为明显，仅文字有异同详略，台和建筑物的高度、屋的间数也略有出入。再是行文也不够清晰，如上引《邺中记》所记石虎时增修金凤、冰井二台和

《水经注》相同的纪事，周太初、邹逸麟二先生文中就认为是曹魏时事。
惟三台之始建于曹魏、大成于石虎当无疑问。其作用则游观宴乐和库藏财
物两点自最为明显。战守这点则由于曹魏、石虎时均未在邺城发生争夺
战，所以在上引文献中无明文可稽，但《晋书》卷一〇四《石勒载记》记
张宾劝石勒北上曾说"邺有三台之固，西接平阳，四塞山河，有喉衿之
势，宜北徙据之"。后来石勒又"长驱寇邺，攻北中郎将刘演于三台，演
部将临深、牟穆等率众数万降于勒。时诸将佐议欲攻取三台以据之，张宾
进曰：'刘演众犹数千，三台险固，攻守未可卒下，舍之则能自溃。'……
于是进据襄国"。足证三台在军事上的作用已成为人们的共识。只有观察
气象之事已不再在此三台进行，因为两汉以来已专设太史令职掌其事，而
三台在平时已成专供君王活动的禁区。训练士卒之不在三台进行，则当缘
三台过高，对在平地上操演的兵马不便指挥，所以《邺中记》记石虎"建
武六年造凉马台，在城西漳水之南，虎常于此台简练骑卒"。此"凉马台
高三十尺"，仅相当于去地三百七十尺的铜爵台楼阁的十分之一高度还不
到，可证吾说之不谬。

"其高若山"的三台在加强邺城的守御上究竟如何起作用，在上述文
献里找不出解答，但从北宋庆历时官修的《武经总要》里可以获得一点启
发。《武经总要前集》卷一二守城条说：

> 如筑于闲时，须稍宽阔。作四门，二开二闭。门外筑瓮城。城外
> 凿濠，去大城约三十步，上施钓桥。壕之内岸筑羊马城，去大城约十
> 步。凡城上皆有女墙，每十步及马面皆上设敌棚、敌团、敌楼、瓮
> 城。（原注：敌团，城角也。）有战棚，棚楼之上有白露屋。城门重
> 门，闸版凿扇。城之外有弩台。自敌棚至城门常设兵守，以观候敌
> 人。弩台，上狭下阔如城制，高与城等，面阔一丈六尺，长三步，与
> 城相接，每台相距亦如之。上通阔道，台上架屋，制如敌棚，三面垂
> 以濡毡，以遮垂钟板，亦备绳梯。内容弩手一十二人，队将一人，置
> 五色旗各一，鼓一，弓弩、擂木、炮石、火鞲等皆蓄之。常伺寇至，

举旗为表号，令台及城上见之，皆举旗相应，寇来自东即举青旗，南举赤旗，西举白旗，北举黑旗，已来复还举黄旗。寇来渐迹（当作近）则望其主将发弩丛射之。其炮、擂用如城上法。

案在使用冷兵器的时代，战术上不会有多大变化，因此很可以从上面所说的弩台等来推测三台的守御作用，当然此三台之高大雄伟绝非彼弩台之可比拟。此外，三台之多窖藏，包括窖藏粟、盐、冰、石炭及财宝，三台之间又可互相交通，也都更有利于较长期的固守。再则我国到宋代才普遍用砖砌城墙，其前实多土筑，所以《晋书》卷一三〇《赫连勃勃载记》对勃勃营起统万城时"蒸土筑城"之事要特别记上一笔，其实这无非是像烧砖那样把土烧过然后筑城而已。而"三台皆砖甃"，其坚固程度也自非其时土筑城墙之所能及了。

下篇

这里再从多次实战来看三台在邺城城防上所起的作用。

西晋八王之乱时，成都王颖据有邺城。《晋书》卷三九《王浚传》说浚"率胡晋合二万人进军讨颖，……遇颖将石超于平棘，击败之，浚乘胜遂克邺城"。卷五九《成都王颖传》说"颖遣幽州刺史王斌及石超、李毅等距浚，为羯朱等所败，邺中大震，百僚奔走，士卒分散，颖惧，将帐下数十骑，拥天子，与中书监卢志单车而走"。这是自行溃散，并未在邺城拒守，三台自无从起作用。

《晋书》卷一〇四《石勒载记》说："〔汲〕桑进军攻邺，以勒为前锋都督，大败〔东瀛公〕腾将冯嵩，因长驱入邺，遂害腾，杀万余人，掠妇女珍宝而去。"这也未在邺城拒守。

同卷《石勒载记》又说："〔刘〕元海僭号，遣使授勒持节、平东大将军，校尉、都督、王如故，勒并军寇邺，邺溃，和郁奔于卫国，执魏郡太守王粹于三台。"这也是对方溃散后进入邺城。太守王粹之在三台被执，则是想凭三台的险固以苟免。

《晋书》卷一〇七《冉闵载记》说："闵为〔慕容〕恪所擒，……〔慕容僬〕遣慕容评率众围邺，……邺中饥，人相食，季龙（石虎）时宫人被食略尽。〔冉闵子〕冉智尚幼，〔大将军〕蒋幹遣侍中缪嵩、詹事刘猗奉表归顺，且乞师于晋。〔晋〕濮阳太守戴施自仓垣次于棘津，止猗，不听进，责其传国玺。猗使嵩还邺复命，幹沉吟未决。施乃率壮士百余人入邺，助守三台，谲之曰：'且出玺付我，今凶寇在外，道路不通，未敢送也，须得玺，当驰白天子耳。天子闻玺已在吾处，信卿至诚，必遣军粮厚相救饷。'幹以为然，乃出玺付之。施宣言使督护何融迎粮，阴令怀玺送于京师。长水校尉马愿、龙骧田香开门降评。施、融、蒋幹悬缒而下，奔于仓垣。"按之《通鉴》，东晋永和八年四月甲子冉闵被擒，甲申慕容评攻邺，五月邺中已大饥，六月戴施入邺助守三台，八月庚午慕容评才取得邺城。邺城前后守御了两个多月，还是由于有人开门迎降才失陷，这说明邺城确实险固可守，由戴施入援点明"助守三台"，更可见三台在城防上的作用。

《晋书》卷一一一《慕容暐载记》说："〔苻〕坚又使王猛、杨安率众伐暐，……暐使慕容评等率中外精卒四十余万距之，……与猛战于潞川，评师大败，死者五万余人，评等单骑遁还。猛遂长驱至邺，坚复率众十万会猛攻暐。……散骑侍郎徐蔚等率扶余、高句丽及上党质子五百余人夜开城门以纳坚军。暐与评等数十骑奔于昌黎。"《通鉴》纪歼灭慕容评军在东晋太和五年十月甲子，丁卯围攻邺城，十一月苻坚率众十万赴邺，戊寅徐蔚等开门纳坚军。十月甲子是十月十三日，十一月戊寅是十一月七日，说明在主力被歼后邺城还守御了二十二天，最后仍因内部发生问题才弃守。

《晋书》卷一二三《慕容垂载记》说：垂"自称大将军、大都督、燕王，……众至二十余万，……长驱攻邺。……垂攻拔邺郛，〔苻〕丕固守中城。垂堙而围之，……拥漳水以灌之。……〔翟斌〕密应苻丕，潜使丁零决防溃水。事泄，垂诛之。斌兄子真率其部众北走邯郸，引兵向邺，欲与丕为内外之势，垂令其太子宝、冠军慕容隆击破之。真自邯郸北走，又使慕容楷率骑追之，战于下邑，为真所败，真遂屯于承营。垂谓诸将曰：

'苻丕穷寇，必死守不降，丁零叛扰，乃我心腹之患。吾欲迁师新城，开其逸路，……'于是引师去邺，北屯新城。慕容农进攻翟嵩于黄泥，破之。垂谓其范阳王德曰：'苻丕吾纵之不能去，方引晋师规固邺都，不可置也。'进师又攻邺，开其西奔之路。……晋龙骧将军刘牢之率众救苻丕，至邺。垂逆战，败绩，遂撤邺围，退屯新城。垂自新城北走，牢之追垂，〔垂〕连战皆败。又战于五桥泽，王师败绩，德及隆引兵要之于五丈桥，牢之驰马跳五丈涧，会苻丕救至而免。……苻丕弃邺城，奔于并州。"《通鉴》纪慕容垂引兵攻邺、苻丕退守中城在东晋太元九年正月，四月慕容垂引水灌邺，八月邺中刍粮俱尽，但慕容垂因丁零叛扰解围北屯新城。十二月慕容垂又攻邺，东晋刘牢之等帅众二万救邺，运米二千斛馈苻丕。太元十年四月刘牢之至邺，慕容垂战败，退屯新城，邺中饥甚，苻丕帅众就晋谷于枋头，刘牢之入邺城，坐军败征还。七月苻丕帅众三万自枋头复入邺城。八月苻丕欲西赴长安，帅邺中男女六万余口主动撤离邺城西去并州。这次邺城的攻守战竟延续了一年半以上，尽管慕容垂的兵力不算怎么强大，又有丁零的干扰以及刘牢之对苻丕的救援，但如非凭借特别险固的邺城，安能如此持久。

邺城从北魏、东魏直到北齐灭亡之前均未有过争战，但三台仍极受重视。四库辑本《邺中记》就说："自魏至后赵、前燕、东魏、北齐，三台每加修整，甚于魏武初造之时。"《魏书》卷一二《孝静纪》："〔东魏〕天平元年，……车驾北迁于邺。……二年……八月，……发众七万六千人营新宫。……兴和元年……九月甲子，发畿内民夫十万人城邺城，四十日罢。……十有一月癸亥，以新宫成，大赦天下。"这主要是增筑邺都的南城，详《北齐书》卷一八《高隆之传》。增修三台则在北齐文宣帝高洋时，《北齐书》卷四《文宣纪》说："天保……七年，……修广三台宫殿。……九年……八月，……先是，发丁匠三十余万营三台于邺下，因其旧基而高博之，大起宫室及游豫园，至是，三台成，改铜爵曰金凤，金兽（虎）曰圣应，冰井曰崇光。十一月甲午，帝至自晋阳，登三台，御乾象殿，朝谶群臣，并命赋诗。以新宫成，丁酉，大赦。"可见这增修三台是高洋在位时的一件大事，三台增修后且成为经常临幸之处，有如晚清的颐和园，其记载散见《北齐书》纪传，王仲荦先生《北周地理志》卷一〇"三台"条搜辑略备，可参考。其规模则从《北史》卷七《文宣纪》所说"三台构木高二十七丈，两栋相距二百余尺，工匠危怯，皆系绳自防"可推知。"构木高二十七丈"者应是台上所起之层楼高二十七丈，比《水经注》所说石虎时铜雀台上五层楼高十五丈、去地二十七丈又高出许多。案这位文宣帝高洋在后期精神上虽出些毛病，但毕竟是个很厉害的君主，《北齐书》本纪说他"军国几策，独决怀抱，规模宏远，有人君大略，又以三方鼎跱，诸夷未宾，修缮甲兵，简练士卒，左右宿卫，置百保军士，每临行阵，亲当矢石，锋刃交接，唯恐前敌之不多，屡犯艰危，常致克捷"。则他增修三台之有军事上的意图，当无疑问。

到北齐武成帝高湛时国势已走下坡路，高湛和儿子后主高纬又都不成器。《北齐书》卷七《武成纪》："河清……二年……秋八月辛丑，诏以三台宫为大兴圣寺。"卷八《后主纪》："天统……二年……三月乙巳，太上皇帝（高湛）诏以三台施兴圣寺。……五年春正月辛亥，诏以金凤等三台未入寺者施大兴圣寺。"父子俩一而再、再而三地把三台全部变成了佛寺，其军事设施自尽行撤毁。到武平七年十二月高纬在晋州和北周武帝宇文邕决战战败，主力被歼，放弃晋阳逃回邺城，第二年正月宇文邕进取邺城。《周书》卷六《武帝纪》说："壬辰，帝至邺，齐主（高纬）先于城外掘堑竖栅。癸巳，帝率诸军围之，齐人拒守，诸军奋击，大破之，遂平邺。齐主先送其母并妻子于青州，及城陷，乃率数十骑走青州。"已往以险固著称的邺城，只一天工夫就被北周拿了下来，这固然由于北齐君臣丧失斗志，但和三台军事设施的撤毁也很有关系。弄得匆忙中北齐方面只能在城外掘堑竖栅，而《北齐书》卷一三《高劢传》讲到北周兵临邺城时，高劢也只"请追五品已上家属，置之三台，因胁之曰'若战不捷，即退焚台'，此曹顾惜妻子，必当死战"，而不再像前人那样提出"三台险固"之类的话头。

北周吞灭北齐后进一步对三台作摧毁性的措施。《周书·武帝纪》说建德四年正月甲午宇文邕进入邺城，辛丑就下诏说："伪齐叛涣，窃有漳滨,世纵淫风,事穷雕饰。或穿池运石,为山学海;或层台累构,概日凌云。以暴乱之心,极奢侈之事,有一于此,未或弗亡。朕菲食薄衣,以弘风教,追念生民之费,尚想力役之劳。方当易兹弊俗,率归节俭。其东山、南园及三台可并毁撤。瓦木诸物,凡入用者,尽赐下民。山园之田,各还本主。"明眼人自可通过这种提倡节俭、振恤百姓的表面文章,看到战胜者要彻底摧毁邺城城防的企图。

邺城发生的最后一次战役是在北周末年。《周书》卷八《静帝纪》说:"大象……二年夏五月……己酉,宣帝崩,……上柱国、扬州总管、随国公杨坚为假黄钺、左大丞相,……百官总己以听于左大丞相。壬子,以上柱国、郧国公韦孝宽为相州总管。……六月……甲子,相州总管尉迟迥举兵不受代。诏发关中兵,即以孝宽为行军元帅,率军讨之。……八月……庚午,韦孝宽破尉迟迥于邺城,迥自杀,相州平。"《周书》卷二一《尉迟迥传》详记此役的经过说:"孝宽乘胜进至邺。迥与子惇、祐等又悉其卒十三万陈于城南,迥别统万人,皆绿巾锦袄,号曰黄龙兵,〔迥侄〕勤率众五万自青州赴迥,以三千骑先到。迥旧习军旅,虽老犹被甲临阵,其麾下千兵皆关中人,为之力战,孝宽等军失利而却。邺中士女观者如堵,高颎与李询整阵,先犯观者,因其扰而乘之。迥大败,遂入邺。迥走保北城,孝宽纵兵围之。李询、贺楼子幹以其属先登。迥上楼,射杀数人,乃自杀。勤、惇等东走,并追获之,余众月余皆斩之。"看来尉迟迥的部队还是很有战斗力的,但战败后韦孝宽当天就能进入邺城,而尉迟迥至此也只能"走保北城",不能再如前人那样去凭三台固守①。这说明北周武帝平齐后摧毁三台之举,确实对其时的中央政权大为有利。

杨坚消灭尉迟迥后,更进一步对邺城作出了毁灭性的措施。《周书·静帝纪》在"相州平"后接着记载:"移相州于安阳,其邺城及邑居皆毁废之。"邺城的重要地位从此消失,三台也随之成为一个历史名词。

(原载《中国历史地理论丛》1995年第2期)

---

① 尉迟迥此时所上之楼,当也是本传所记反杨坚时"登城北楼"号令的北城楼,而不是三台之层楼。

从文献记载看六世纪中期到七世纪初年的洛阳

洛阳，是我国历史上的古都名城。先秦、东汉、魏晋不用说了，北魏孝文帝迁都洛阳，从《洛阳伽蓝记》看也是规模雄伟，市廛繁华，极一时之盛。但到公元六世纪中期东魏孝静帝天平元年（534），却要弃洛阳而北迁都邺，历时七十载至隋炀帝大业元年（605）才择洛阳营建东京。在这段时间洛阳周围的自然经济条件是无甚变化的，其所以废弃自当从政治军事上来考虑。遗憾的是从政治军事来讲历史地理的名著——顾祖禹的《读史方舆纪要》，在畅论洛阳形势时并未就此问题着笔。只好重事钩稽文献，试作解说。自思或可补顾著之不足，供研治北朝旧史者参考采择。

一

天平元年由实际执掌政权的高欢决策北迁都邺，并非由于洛阳经战乱遭到严重破坏。

战乱是有的。第一次是武泰元年（528）尔朱荣进入洛阳杀死灵太后、少主及王公卿士。《魏书》卷七四《尔朱荣传》纪其始末说：

> 武泰元年四月……十一日，荣奉〔孝庄〕帝为主。……十三日，荣惑武卫将军费穆之说，乃引迎驾百官于行宫西北，云欲祭天。朝士既集，列骑围绕，责天下丧乱、明帝卒崩之由，云皆缘此等贪虐，不相匡弼所致。因纵兵乱害，王公卿士皆敛手就戮，死者千三百余人，

皇弟、皇兄（无上王元劭）并亦见害，灵太后、少主其日暴崩。……于时或云荣欲迁都晋阳，或云欲肆兵大掠，迭相惊恐，人情骇震，京邑士子不一存，率皆逃窜，无敢出者。直卫空虚，官守废旷。荣闻之，上书曰："……陛下登祚之始，人情未安，大兵交际，难可齐一，诸王朝贵，横死者众，臣今粉躯，不足塞往责以谢亡者。然追荣褒德，谓之不朽，乞降天慈，微申私责。无上王请追尊帝号，诸王、刺史乞赠三司，其位班三品请赠令仆，五品之官各赠方伯，六品已下及白民赠以镇郡。诸死者无后听继，即授封爵，均其高下节级别科，使恩洽存亡，有慰生死。"……荣启帝遣使循城劳问，于是人情遂安，朝士逃亡者，亦稍来归阙。

第二次是永安二年（529）北海王元颢率梁兵进入洛阳。《魏书》卷二一上《北海王颢传》说：

　　颢既怀异谋，……事意不谐，遂与子冠受率左右奔于萧衍。……衍……以颢为魏主，假之兵将，令其北入。永安二年四月，于梁国城南登坛燔燎，……庄帝北幸，颢遂入洛。……颢以数千之众，转战辄克，据有都邑，号令自己，天下人情，想其风政。而自谓天之所授，颇怀骄怠。宿昔宾客，近习之徒，咸见宠待，干扰政事，又日夜纵酒，不恤军国。所统南兵，凌窃市里，朝野莫不失望。时又酷敛，公私不安。庄帝与尔朱荣还师讨颢，自于河梁拒战，王师渡于马渚，冠受战败被擒，因相继而败。颢率帐下数百骑及南兵勇健者自轘辕而出，至临颍，颢部骑分散，为临颍县卒所斩。

第三次是永安三年（530）孝庄帝袭杀尔朱荣，荣从子尔朱兆攻占洛阳。《魏书》卷七五《尔朱兆传》说：

　　及尔朱荣死也，兆自汾州率骑据晋阳。……与〔荣从弟〕世隆等定谋攻洛。兆遂率众南出，进达太行，……轻兵倍道，从河梁西涉渡，掩袭京邑。……帝步出云龙门外，为兆骑所絷，幽于永宁佛寺。兆扑杀皇子，污辱妃嫔，纵兵虏掠。停洛旬余，先令卫送庄帝于晋阳。兆后于河梁监阅财货，遂害帝于三级寺。

《洛阳伽蓝记》卷二"平等寺"条还用佛像流汗的神话来总述这三次战乱：

> 孝昌三年十二月中，此像面有悲容，两目垂泪，遍体皆湿，时人号曰佛汗。京师士女，空市里往而观之。……明年四月，尔朱荣入洛阳，诛戮百官，死亡涂地。永安二年三月，此像复汗，京邑士庶，复往观之。五月，北海王入洛，庄帝北巡。七月，北海王大败，所将江淮子弟五千，尽被俘虏，无一得还。永安三年七月，此像悲泣如初，每经神验，朝野惶惧，禁人不听观之。至十二月，尔朱兆入洛阳，擒庄帝，帝崩于晋阳。在京宫殿空虚，百日无主，惟尚书令司州牧乐平王尔朱世隆镇京师。商旅四通，盗贼不作。

案洛阳经过这三次战乱，受到骚扰破坏是肯定的。如上引史传便说元颢"所统南兵，凌窃市里"，尔朱兆"纵兵虏掠"。《洛阳伽蓝记》卷一"瑶光寺"条所说：

> 永安三年中尔朱兆入洛阳，纵兵大掠，时有秀容胡骑数十人入寺淫秽，自此后颇获讥讪。京师语曰："洛阳男儿急作髻，瑶光寺尼夺作婿。"

亦是明证。但洛阳朝市仍没有遭到多大破坏。如《洛阳伽蓝记》卷四"寿丘里"条所说：

> 经河阴之役，诸元歼尽，王侯第宅，多题为寺，寿丘里间，列刹

相望，祗洹郁起，宝塔高凌。四月初八日，京师士女多至河间寺。观其廊庑绮丽，无不叹息，以为蓬莱仙室，亦不是过。入其后园，见沟渎塞产，石磴嶕峣，朱荷出池，绿萍浮水，飞梁跨阁，高树出云。咸皆唧唧，虽梁王兔苑，想之不如也。

案河阴之役即尔朱荣大肆杀戮王公卿士之役，这河间寺乃是原河间王元琛第宅所改佛寺，京师士女在四月初八相传佛诞生之日来此游观，说明尔朱荣虽使"诸元尽歼"，洛阳仍不失其繁华。《洛阳伽蓝记》所说尔朱世隆镇洛阳时"商旅四通，盗贼不作"，也必是实录，因为撰写《伽蓝记》时尔朱世隆辈久已诛灭，不用再故意给说好话。

二

洛阳的破坏，相反是天平元年高欢决策北迁都邺时自行破坏。这在《魏书》卷一二《孝静纪》里只说永熙三年冬十月丙寅改天平元年，丙子"车驾北迁于邺"。《北齐书》卷二高欢的本纪《神武纪下》则说[1]：

> 诏下三日，车驾便发，户四十万狼狈就道。

《通鉴》卷一五六同年十月丙子条在"四十万户狼狈就道"后还说：

> 收百官马，尚书丞郎已上非陪从者，尽令乘驴。

《洛阳伽蓝记》杨衒之自序则说：

> 暨永熙多难，皇舆迁邺，诸寺僧尼，亦与时徙。

---

[1] 案《北齐书》的《神武纪》原缺，前人用《北史》卷六《神武纪》补入，但《北史》此纪本据《北齐书》撰写，当与《北齐书》原文无多异同。

全记结尾又说：

> 京师……寺有一千三百六十七所，天平元年迁都邺城，洛阳余寺
> 四百二十一所。

可见这次北迁都邺的同时就把洛阳自行破坏。

所以如此，《北齐书》的《神武纪下》里讲得最清楚，所谓：

> 天平元年……七月，……魏〔孝武〕帝逊于长安。……九月，
> ……神武……立清河王世子善见，……是为孝静帝。魏于是始分为
> 二。神武以孝武既西，恐逼嵩、陕，洛阳复在河外，接近梁境，如向
> 晋阳，形势不能相接，乃议迁邺，护军祖莹赞焉。

这是说，在这年七月魏孝武帝与高欢决裂西奔长安投靠盘据关陇的宇
文泰，高欢另立孝静帝后魏已东西分立。而洛阳以至河南从形势上讲如不
得关中是很难自守的，顾祖禹在《读史方舆纪要》的"河南方舆纪要序"
中便说：

> 然则河南固不可守乎？曰：守关中，守河北，乃所以守河南也。
> 自古及今，河南之祸，中于关中者什之七，中于河北者什之九。秦人
> 以关中并韩、魏，汉以关中定三河，苻秦以关中亡慕容燕，宇文周以
> 关中亡高齐，隋之亡也，群雄角逐，而唐独以先入长安，卒兼天下，
> ……谓关中不足以制河南之命乎？

接着还讲河北的足制河南之命，都是有点道理的。高欢自身从河北来，这
时以晋阳为根据地南控洛阳是不成问题的，成问题的是关中已为宇文泰所

据有。而宇文泰最初兵众虽较寡少①，其战斗力仍不容忽视。据《周书》卷一《文帝纪上》，早在宇文泰平定侯莫陈悦、统一关陇之后，就有"齐神武闻秦陇克捷，乃遣使于太祖（宇文泰），甘言厚礼，深相倚结，太祖拒而不纳"的记事。如今东西魏正式对立，处于关中宇文泰势力威胁之下的洛阳自很难安全。为审慎起见，高欢决定北迁都邺，让长子高澄留邺城辅政，自己居晋阳遥控，从晋阳到邺城连成一线以巩固其统治，从当时的形势来看应不失为上策。无如古代迁起都来往往是野蛮不择手段的，不仅强迫官员居民一起搬迁，还不惜让旧都毁废。这就使北魏孝文帝营建的洛阳免不了遭受一次大规模的破坏。接着到天平二年（535），如《通鉴》卷一五七本年二月壬午条所说：

> 东魏使尚书右仆射高隆之发十万夫撤洛阳宫殿，运其材入邺。

这又使洛阳遭受再一次大破坏。

正如所预料，西魏宇文泰在大统三年（东魏天平四年，537）正月击斩窦泰、十月取得沙苑大捷之后，就急着进取洛阳。其事略见《周书》卷二《文帝纪下》和《北齐书·神武纪下》，而以《通鉴》所述为详备。《通鉴》卷一五七记：

> 〔大统三年十月，〕魏复遣行台冯翊王季海与独孤信将步骑二万趣洛阳。……信至新安，高敖曹引兵北渡河，信逼洛阳，洛州刺史广阳王湛弃城归邺，信遂据金墉城。……时洛阳荒废，人士流散。……

卷一五八记：

---

① 大统三年正月宇文泰于小关击斩窦泰只"率骑六千"，同年十月宇文泰沙苑大捷仍是"战士不满万人"，均详《周书》卷二《文帝纪下》。《中国典籍与文化论丛》第一辑刊载拙撰《宇文泰所以建立八柱国制的一种推测》曾有所论述，《文史探微》已将此文收入。

〔大统四年七月，东魏元象元年（538），〕东魏侯景、高敖曹等围魏独孤信于金墉，……景悉烧洛阳内外官寺民居，存者什二三。魏主将如洛阳拜园陵，会信等告急，遂与丞相（宇文泰）俱东。……八月，……泰进军瀍东，侯景等夜解围去。辛卯，泰帅轻骑追景至河上。景为陈，北据河桥，南属邙山，与泰合战。……是日，东、西魏置陈既大，首尾悬远，从旦至未，战数十合，气雾四塞，莫能相知。魏独孤信、李远居右，赵贵、怡峰居左，战并不利，又未知魏主及丞相泰所在，皆弃其卒先归。开府仪同三司李虎、念贤等为后军，见信等退，即与俱去。泰由是烧营而归，留仪同三司长孙子彦守金墉。……东魏太师欢自晋阳将七千骑至孟津，未济，闻魏师已遁，遂济河，遣别将追魏师至崤，不及而还。欢攻金墉，长孙子彦弃城走，焚城中室屋俱尽，欢毁金墉而还。

这应是洛阳遭受大破坏的第三次，侯景"悉烧洛阳内外官寺民居，存者什二三"，占洛阳西北一小角的金墉城也被焚被毁。至于这些破坏之所以仍多出于东魏之手，是因为高欢虽放弃洛阳但仍不愿为西魏据有，索性焚毁让对方更无所得。

东西魏在洛阳的再一次大战是东魏武定元年（大统九年，543）的邙（芒）山之战。《北齐书·神武纪下》说这年"二月壬申，北豫州刺史高慎据武牢西叛。三月壬辰，周文（宇文泰）率众援高慎，围河桥南城。戊申，神武大败之于芒山"。《周书·文帝纪下》和《通鉴》卷一五八讲得更详细。但都肯定战役是在洛阳城北的邙山进行，没有在城内作攻守战，也许既已残破的洛阳没有再忍受一次破坏。

不过即使这样也够了。《洛阳伽蓝记》自序中说：

至武定五年（547），岁在丁卯，余因行役，重览洛阳。城郭崩毁，宫室倾覆，寺观灰烬，庙塔丘墟。墙被蒿艾，巷罗荆棘，野兽穴于荒阶，山鸟巢于庭树。游儿牧竖，踯躅于九逵，农夫耕老，艺黍于

> 双阙。始知《麦秀》之感，非独殷墟，《黍离》之悲，信哉周室！京
> 城表里，凡有一千余寺，今日寥廓，钟声罕闻。

这就是上述先后三次破坏的结果。

当然，宇文泰的进取洛阳，也不过是企图就近扩大点地盘，凭当时西魏那一点兵力想吞灭东魏实属梦想。以后高欢次子高洋取代东魏建齐，宇文泰三子宇文觉取代西魏建周。到宇文泰四子北周武帝宇文邕时所拥有的府兵兵力已超过了北齐，其东征的目的就不在乎攻取洛阳或其他城邑，而要通过决战以歼灭北齐主力，实现其灭齐的心愿。所以周武帝在建德四年（北齐武平六年，575）七月出动十七万大军是准备在河阴与齐师决战，因"上有疾"而班师。建德五年（武平七年，576）十二月动员精兵十六万五千先在晋州歼灭北齐主力，然后北上一口气拿下晋阳，再南下于第二年正月攻克邺城，完成吞并北齐、统一北方的大业。凡此详见《周书》卷六《武帝纪下》①，这里不再赘说。

三

值得注意的是，《周书·武帝纪下》建德六年（577）二月在记述"齐诸行台州镇悉降，关东平"后说：

> 乃于河阳、幽、青、南兖、豫、徐、北朔、定并置总管府，相、并二总管各置宫及六府官。

相州是北周灭齐后在邺城所设置，并州即晋阳所在，在北齐的旧都和重镇置宫及六府官是可以理解的。可北魏旧都洛阳所在的洛州连个总管府都没

---

① 拙撰《宇文泰所以建立八柱国制的一种推测》亦有所考说。

有设置①，足见洛阳在其时人们心目中之不受重视。

洛阳重新受到重视是在北周宣帝宇文赟时。《周书》卷七《宣帝纪》记：

> 大象元年（579）春正月……戊午，行幸洛阳。……二月癸亥，诏曰："河洛之地，世称朝市，……圣人以万物阜安，乃建王国。时经五代，世历千祀，规模弘远，邑居壮丽。自魏氏失驭，城阙为墟，君子有恋旧之风，小人深怀土之思。我太祖受命酆、镐，胥宇崤、函，……高祖神功圣略，混一区宇。……朕……一昨驻跸金墉，备尝游览，百王制度，基趾尚存，今若因修，为功易立。宜命邦事，修复旧都。……"于是发山东诸州兵，增一月功为四十五日役，起洛阳宫。常役四万人，以迄于晏驾。并移相州六府于洛阳，称东京六府。

但大象二年（580）五月己酉宣帝死，政权归于辅佐幼主静帝宇文阐的杨坚，据《周书》卷八《静帝纪》，当天即"大赦天下，停洛阳宫作"。杨坚建隋后的情况，如《隋书》卷二〇《地理志中》"河南郡洛阳"条所说是：

> 开皇元年（581）改六府，置东京尚书省。二年废总管，置河南道行台省。三年废行台，以洛州刺史领总监。十四年于金墉城别置总监。

再次兴建洛阳要到七世纪初年隋炀帝杨广手里。《隋书》卷三《炀帝纪上》说：

> 仁寿……四年（604）七月，高祖崩，上即皇帝位于仁寿宫。……十一月乙未，幸洛阳。……癸丑，诏曰："……洛邑自古之都，

---

① 这里置总管府诸州中的豫州在汝南郡，隋大业元年正月才"改豫州为溱州，洛州为豫州"，见《隋书》卷三《炀帝纪上》。

王畿之内，天地之所合，阴阳之所和，控以三河，固以四塞，水陆通，贡赋等。故汉祖曰："吾行天下多矣，唯见洛阳。"自古皇王，何尝不留意，所不都者，盖有由焉，或以九州未一，或以困其府库，作洛之制，所以未暇也。我有隋之始，便欲创兹怀洛，日复一日，越暨于今。念兹在兹，兴言感哽。朕肃膺宝历，纂临万邦，遵而不失，心奉先志。今者汉王谅悖逆，毒被山东，遂使州县，或沦非所。此由关河悬远，兵不赴急。加以并州移户，复在河南，周迁殷人，意在于此。况复南服遐远，东夏殷大，因机顺动，今也其时。群司百辟，佥谐厥议。但成周墟堦，弗堪葺宇，今可于伊、洛，营建东京，便即设官分职，以为民极也。……"……大业元年……三月丁未，诏尚书令杨素、纳言杨达、将作大匠宇文恺营建东京，徙豫州郭下居人以实之。……徙天下富商大贾数万家于东京。……二年（606）春正月辛酉，东京成，赐监督者各有差。……夏四月庚戌，上自伊阙，陈法驾，备千乘万骑，入于东京。辛亥，上御端门，大赦，免天下今年租税。……五年春正月丙子，改东京为东都。

隋炀帝在位的十五个年头中，留在东都洛阳的时间，据《隋书》本纪，为仁寿四年十一月至大业元年八月，大业二年四月至大业三年三月，大业三年九月至大业四年三月，大业四年九月（？）至大业五年正月，大业五年十一月至大业六年三月，大业八年九月至大业九年三月，大业十年十月，大业十年十二月至大业十一年五月，大业十一年十月至大业十二年七月。而留在京师长安的时间，只有仁寿四年八月至十一月，大业三年三月至四月，大业五年正月至二月，大业五年九月至十一月，大业十年十月至十二月，还不到留在东都洛阳的时间的四分之一。谭其骧先生说"炀帝以居洛为常，洛阳是实际上的首都"[1]，是完全正确的。

隋炀帝何以要以洛阳为首都？可能有人会从经济上推测，认为长安要

---

① 谭其骧先生《中国历史上的七大首都》，收入先生的《长水集续编》，1994年人民出版社本。

靠江淮租赋供给，而自洛阳至长安之间水运有三门砥柱之险，不如东移留居洛阳方便。唐初高宗、武太后时均曾如此①，隋炀帝也不应例外。我认为这或许可算个小小的理由，但绝非主要的理由。主要的理由，仍应该从前引仁寿四年十一月癸丑营建东京的诏书中寻找。这说具体点，就是所谓"南服遐远，东夏殷大"，建都洛阳便于控制江左、山东即原陈、齐的广大地区。更原则一点，则是鉴于洛阳居寰宇之中，所谓"自古之都，王畿之内，天地之所合，阴阳之所和，控以三河，固以四塞，水陆通，贡赋等"，从道理上讲也是大一统时代的最合适的首都。对此，还该回顾一下开皇九年（589）平陈以后的气象，这是从西晋末年发生战乱以来，分裂近三百年后中国才出现的大一统，如从东汉末年算起，这个分裂更漫长到了四百年。所以当时朝野一片欢腾，连隋文帝自己也产生了从此天下太平的幻想。如《隋书》卷二《高祖纪下》所载开皇九年夏四月乙巳"三军凯入"，辛亥"大赦天下"之后，就在壬戌下诏说：

> 今率土大同，含生遂性，太平之法，方可流行。凡我臣僚，澡身浴德，开通耳目，宜从兹始。……朕为帝王，志存爱养，时有臻道，不敢宁息。内外职位，遐迩黎人，家家自修，人人克念，使不轨不法，荡然俱尽。兵可立威，不可不戢，刑可助化，不可专行。禁卫九重之余，镇守四方之外，戎旅军器，皆宜停罢。代路既夷，群方无事，武力之子，俱可学文，人间甲仗，悉皆除毁。有功之臣，降情文艺，家门子侄，各守一经，令海内翕然，高山仰止。……

本纪还说"时朝野物议，咸愿登封"，虽然为隋文帝所拒绝，但仍在同年十二月甲子下诏说"制礼作乐，今也其时"。只因这位隋文帝颇有俭德，

---

① 对此问题全汉昇先生作过考证，见所著《唐宋帝国与运河》第二章，民国35年商务印书馆本。

不欲为营建新都这样靡费之举①。到好大喜功的隋炀帝便按捺不住，才即位就赶忙下诏重建洛阳为东京了。平心而论，具有宏伟的建国理想，本无可厚非。至于实施起来的虐用民力，则是某些封建帝王的通病，只是隋炀帝为之尤甚而已。隋炀帝在这点上颇有与秦始皇帝相似之处，都是在乱离日久骤告统一后欲大有作为的君主，虽然结局不尽相同。读史者似不必因炀帝的末路不终而独加指斥。

至于北周宣帝之欲重建洛阳，事在武帝平齐之后，可能也有略似隋炀帝的心情。这位周帝在身故之后便被杨坚改周为隋，所以《周书》本纪里很少说他的好话，是否有史臣蓄意诟病，也很难说。

（原载《中国典籍与文化论丛》第五辑，2000年2月）

---

① 隋文帝的俭德，先师吕诚之（思勉）先生有讲说，见所著《隋唐五代史》第一章第一节，1959年中华书局本。

尉迟迥相州举兵事发微

北周大象二年五月宣帝死，隋国公杨坚为假黄钺左大丞相擅政。六月甲子相州总管尉迟迥举兵反杨，七月己酉郧州总管司马消难响应，八月庚申益州总管王谦也举兵。但到八月庚午尉迟迥就战败自杀，同月庚辰司马消难南奔陈国，十月王谦兵溃被杀。也许失败得快，不曾引起史学界的重视，没有成为研究的课题。其实其中尉迟迥的行动，是事关大局，颇能看出问题来的。

一

认真查看尉迟迥举兵的史料，可以看到这的确不是个别地方长官在反抗中央，而是几乎遍及原北齐领域山东地区反抗其时关中政权的行动。

《周书》卷二一《尉迟迥传》原本缺失，前人以某种节本补入，记事有不如《北史》卷六二《尉迟迥传》详备处。《北史·迥传》述其举兵缘起及声势之盛说：

> 宣帝即位，以迥为大右弼，转大前疑，出为相州总管。宣帝崩，隋文帝辅政，以迥位望宿重，惧为异图，乃令迥子魏安郡公惇赍诏书以会葬征迥。寻以郧国公韦孝宽代迥为总管。迥以隋文帝当权，将图篡夺，遂谋举兵，留惇而不受代。隋文帝又令候正破六韩裒诣迥喻

旨，密与总管府长史晋昶等书，令为之备。迥闻之，杀昶，集文武士庶等，登城北楼而令之，于是众咸从命，莫不感激。乃自称大总管，承制署官司。〔宣帝时以洺州襄国郡为赵国，令宇文泰子赵王招之国，〕于时赵王招已入朝，留少子在国，迥又奉以号令。迥弟子大将军、成平郡公勤时为青州总管，初得迥书表送之，寻亦从迥。迥所管相、卫、黎、毛、洺、贝、赵、冀、瀛、沧，勤所统青、齐、胶、光、莒诸州皆从之，众数十万。荥州刺史邵国公宇文胄、申州刺史李惠、东楚州刺史费也利进国、东潼州刺史曹孝达各据州以应迥。徐州总管司录席毗与前东平郡守毕义绪据兖州及徐州之兰陵郡，亦以应迥。永桥镇将纥豆陵惠以城降迥。迥又北结高宝宁以通突厥，南连陈人，许割江淮之地。

此外，原属北齐的山东其他地区也多出现不稳的局势。

先看并州，其治所晋阳在北齐是仅次于首都邺城的重镇。其时的并州总管是李穆。李穆在《周书》卷三〇和《隋书》卷三七均有传，《隋书·穆传》说：

尉迥之作乱也，遣使招穆，穆锁其使，上其书。穆子士荣以穆所居天下精兵处，阴劝穆反，穆深拒之，乃奉十三环金带于高祖（杨坚），盖天子之服也。

李穆本人虽投靠杨坚而拒尉迟，其子士荣却要劝穆反杨。这士荣《周书·穆传》作荣，士荣当是字，说事后荣仍得任仪同大将军，《隋书》说荣"官至合州刺史、长城县公"，对其动摇不想深究。

再看幽州，这又是原北齐的东北边重地，而且其时尉迟迥"又北结高宝宁以通突厥"。这高宝宁一作高保宁，《北齐书》卷四一有传，说其人"武平末为营州刺史，……竟不臣周"，则与营州毗邻的幽州自益为人们所关注。幽州总管其时是于翼，《周书》卷三〇《于翼传》说：

> 尉迟迥据相州举兵，以书招翼，翼执其使，并书送之。……开皇
> 初，拜太尉。或有告翼云往在幽州欲同尉迟迥者，隋文召致清室，遣
> 理官按验，寻以无实见原，仍复本位。

这个于翼是西魏重臣平江陵的统帅于谨之子，虽能执送尉迟使者，事后仍
见疑且下狱按验，足见幽州的人心也不稳固。

还有一个地处淮南的寿州，本是南朝陈人所有，北周派韦孝宽、贺若
弼等攻取来的。《隋书》卷五二《贺若弼传》讲了其经过：

> 与韦孝宽伐陈，攻拔数十城，弼计居多，拜寿州刺史。……尉迥
> 作乱邺城，恐弼为变，遣长孙平驰驿代之。

卷四六《长孙平传》说得更详细：

> 尉迥、王谦、司马消难并称兵内侮，高祖深以淮南为意。时贺若
> 弼镇寿阳，恐其怀二心，遣平驰驿往代之。弼果不从，平麾壮士执
> 弼，送于京师。

这寿阳是寿州的治所，其时尉迟迥"南连陈人，许割江淮之地"，杨坚不
放心，派"龙潜时"就"情好款洽"的长孙平去替代贺若弼，"不从"就
执送京师，虽然其后贺若弼仍获任用。《长孙平传》又记其入隋后任相州
刺史的事情说：

> 在州数年，会正月十五日百姓大戏，画衣裳为鍪甲之象，上怒而
> 免之。俄而念平镇淮南时事，进位大将军，拜太常卿，判吏部尚书
> 事。

相州"百姓大戏，画衣裳为鳖甲之象"，何以会引得杨坚发怒，很可能是在演出当年尉迟迥相州拒战的乐舞，被怀疑有所举动，尽管其时相州治所已迁至安阳。长孙平缘此被免职旋又起用，仍是念他"镇淮南时事"，说明尉迟迥举兵时淮南地区得自陈国的寿州也很紧张。

因此，《隋书》卷四二《李德林传》载所撰《天命论》中说的：

> 于斯时也，尉迥据有齐累世之都，乘新国易乱之俗，驱驰蛇豕，连合纵横，地乃九州陷三，民则十分拥六。

是多少讲出了当时局势的真相。

二

从杨坚一边来看，其时东征尉迟迥的大军军心也欠齐一，甚至杨坚在中枢的党羽也颇有迟疑动摇的。如《隋书》卷三八《刘昉传》说：

> 高祖以昉有定策之功，……与沛国公郑译皆为心膂。……尉迥起兵，高祖令韦孝宽讨之，至武陟，诸将不一。高祖欲遣昉、译一人往监军，因谓之曰："须得心膂以统大军，公等两人，谁当行者？"昉自言未尝为将，译又以母老为请，高祖不怿。而高颎请行，遂遣之。由是恩礼渐薄。

卷四一《高颎传》也说：

> 尉迥之起兵也，遣子惇率步骑八万，进屯武陟。高祖令韦孝宽击之，军至河阳，莫敢先进。高祖以诸将不一，令崔仲方监之，仲方辞父在山东。时颎又见刘昉、郑译并无去意，遂自请行，深合上旨，遂遣颎。

这崔仲方也有传见《隋书》卷六〇，说"与高祖少相款密"，"高祖为丞相，与仲方相见，握手极欢，仲方亦归心焉"。但此时就以"父在山东"为理由不愿出监东征军。

东征军军心不一的情况，在《隋书·李德林传》里更有详细的记述：

> 郧公韦孝宽为东道元帅，师次永桥，为沁水泛长，兵未得度。长史李询上密启云："大将梁士彦、宇文忻、崔弘度并受尉迟迥饷金，军中慅慅，人情大异。"高祖得询启，深以为忧，与郑译议，欲代此三人。德林独进计云："公与诸将，并是国家贵臣，未相伏驭，今以挟令之威，使得之耳。安知后所遣者，能尽腹心，前所遣人，独致乖异？又取金之事，虚实难明，即令换易，彼将惧罪，恐其逃逸，便须禁锢，然自郧公以下，必有惊疑之意。且临敌代将，自古所难，乐毅所以辞燕，赵括以之败赵。如愚所见，但遣公一腹心，明于智略为诸将旧来所信服者，速至军所，使观其情伪，纵有异志，必不敢动。"丞相大悟曰："若公不发此言，几败大事。"即令高颎驰驿往军所，为诸将节度，竟成大功。

按之《北史·尉迟迥传》，这次东征军是"以韦孝宽为元帅，阴罗云监诸军，郕国公梁士彦、乐安公元谐、化政公宇文忻、濮阳公宇文述、武乡公崔弘度、清河公杨素、陇西公李询、延寿公于仲文等皆为行军总管"，而这八个行军总管中被怀疑"受尉迟迥饷金"的梁士彦、宇文忻、崔弘度就占了三个，无怪乎李询密启中会有"军中慅慅，人情大异"的说法。

奇怪的是，这几个行军总管一面被怀疑有异心，一面仍在攻战中充当了主力。如《隋书》卷四〇《梁士彦传》所说：

> 尉迥之反也，以为行军总管，从韦孝宽击之。至河阳，与迥军相对，令家僮梁默等数人为前锋，士彦以其徒继之，所当皆破。乘胜至

草桥，迥众复合，进战，大破之。及围邺城，攻北门而入，驰启西门，纳宇文忻之兵。

同卷《宇文忻传》也说：

> 时兵屯河阳，诸军莫敢先进，帝令高颎驰驿监军，与颎密谋进取者，唯忻而已。迥遣子惇盛兵武陟，忻先锋击走之。进临相州，迥遣精甲三千伏于野马岗，欲邀官军，忻以五百骑袭之，斩获略尽。进至草桥，迥又拒守，忻率奇兵击破之，直趋邺下。迥背城结阵，与官军大战，官军不利。时邺城士女观战者数万人，忻与高颎、李询等谋曰："事急矣，当以权道破之。"于是击所观者，大嚣而走，转相腾藉，声如雷霆，忻乃传呼曰："贼败矣！"众军复振，齐力急击之，迥军大败。

尽管如此，仍得不到信任。梁士彦"及迥平除相州刺史，高祖忌之，未几，征还京师"。其后"上尝欲令〔宇文〕忻率兵击突厥，高颎言于上曰：'忻有异志，不可委以大兵。'乃止"，继而"以谴去官"，终于和梁士彦以及刘昉谋反，事泄均被杀。崔弘度传见《隋书》卷七四，说：

> 及尉迥作乱，以弘度为行军总管，从韦孝宽讨之。弘度募长安骁雄数百人为别队，所当无不披靡。弘度妹先适迥子为妻，及破邺城，迥窘迫升楼，弘度直上龙尾追之，迥弯弓将射弘度，弘度脱兜鍪谓迥曰："相识不？今日各图国事，不得顾私，以亲戚之情，谨遏乱兵，不许侵辱，事势如此，早为身计，何所待也？"迥掷弓于地，骂大丞相极口而自杀。弘度顾其弟弘昇曰："汝可取迥头。"弘昇遂斩之。进位上柱国。时行军总管例封国公，弘度不时杀迥，致纵恶言，由是降爵一等，为武乡郡公。

崔弘度之见疑自主要由于和尉迟迥是亲戚，因而虽直上龙尾追尉迟迥并斩得其首，仍以"不时杀迥，致纵恶言，由是降爵一等"。但对崔弘度和梁士彦、宇文忻这些被怀疑有异心的人仍得用作东征的主力，最主要的原因是杨坚这边实已动员不出更多更可靠的。这从东征统帅韦孝宽之侄韦艺身上也可以得到证实。《隋书》卷四七《韦艺传》说：

> 艺……为魏郡太守。……朝廷……遣艺季父孝宽驰往代〔尉迟〕迥，孝宽将至邺，因诈病，止传舍，从迥求药，以察其变，迥遣艺迎孝宽。孝宽问迥所为，艺党于迥，不以实答。孝宽怒，将斩之，艺惧，乃言迥反状，孝宽于是将艺西遁。……高祖以孝宽故，弗问艺之罪，加授上开府，即从孝宽击迥，及破尉惇，平相州，皆有力焉。

魏郡是相州治所邺城所在之郡，让韦艺当太守，当和《北史·尉迟迥传》所说以晋昶为相州总管府长史一样想对尉迟迥起监视作用，不意韦艺转而"党于迥"。但只要最后肯"从孝宽击迥"，就"弗问艺之罪"，这自和用梁士彦等出于同一原因，不仅因为他是韦孝宽之侄的缘故。

三

尉迟迥的生母是宇文泰姊昌乐大长公主，和北周皇室是甥舅之亲。但北周宣帝的杨皇后是杨坚的长女，杨坚也是周室的懿戚。所以尉迟迥此举声势之盛，初非仅凭这点亲戚关系，而是承用了也可说是利用了北齐遗民的反周心理。这种心理不止是敌国之间的一般成见，更是由于西魏北周的落后野蛮，招致了北齐所领山东地区长期以来的反感。

对此我在旧作《论北齐的文化》中已有所涉及[1]，这里可以再作详尽一点的讲述。

---

[1] 载《陕西师范大学学报》哲学社会科学版1994年第4期，《文史探微》已收入。

我发现，读史者多研究西魏的府兵组织，而很少注意其性质之落后。这野蛮落后首先集中暴露在破灭江陵梁元帝萧绎政权一役上。《周书》卷二《文帝纪》说：

> 魏恭帝元年……冬十月壬戌，遣柱国于谨、中山公护、大将军杨忠、韦孝宽等步骑五万讨之。十一月……丙申，谨至江陵。……辛亥，……克之。擒梁元帝，杀之，并虏其百官及士民以归。没为奴婢者十余万，其免者二百余家。

卷一五《于谨传》也说：

> 虏其男女十余万人，收其府库珍宝，得宋浑天仪、梁日晷铜表、魏相风乌、铜蟠螭趺、大玉径四尺围七尺，及诸輦辇法物以献，军无私焉。……赏谨奴婢一千口，及梁之宝物，并金石丝竹乐一部。

这所谓"军无私焉"，本是说所收的"府库珍宝"都归了公，实际上并没有做到。这只要看《周书》卷三四《裴尼传》所说：

> 以本官从于谨平江陵，大获军实，谨恣诸将校取之，余人皆竞取珍玩，尼唯取梁元帝素琴一张。

以及卷三二《唐瑾传》所说：

> 于谨南伐江陵，以瑾为元帅府长史，……及军还，诸将多因虏掠，大获财物，瑾一无所取，唯得书两车，载之以归。

便可知"军无私焉"者，对这支惯于野蛮掠夺的西魏军只算是官样文章式的废话。

被西魏军大批虏没的奴婢中也有侥幸者。《唐瑾传》说：

> 江陵既平，衣冠仕伍，并没为仆隶。瑾察其才行，有片善者，辄议免之，赖瑾获济者甚众。

又前引于谨之子于翼传里也说：

> 谨平江陵，所赠得军实，分给诸子，翼一无所取，唯简赏口内名望子弟有士风者，别待遇之。

但这恐怕只有极少数，"获济者甚众"只是行文时用的夸张之词。整批地放免这些奴婢，要迟至十八年后的北周武帝建德元年。《周书》卷五《武帝纪》说：

> 建德元年……冬十月庚午，诏江陵所获俘虏充官口者，悉免为民。

这是放免官口即官奴婢。官奴婢以外的放免，还得到建德六年正月武帝入邺城灭北齐之后，即《周书》卷六《武帝纪》这年十一月诏所说：

> 自永熙三年七月已来，去年十月已前，东土之民被抄略在化内为奴婢者，及平江陵之后良人没为奴婢者，并宜放免，所在附籍，一同民伍。若旧主人犹须共居，听留为部曲及客女。

案永熙三年七月是东西魏分立之时，这是指此后西魏北周从东魏北齐抄略来的奴婢，以及从江陵俘获来的奴婢，统统放免。只是还拖了一条可让"旧主人""留为部曲及客女"的尾巴。部曲和客女对主人仍有依附关系。说明这种放免还是不十分彻底。

我国大部分地区从战国开始，已从封建领主制社会进入地主制社会。而时至北朝后期仍出现这种把敌国臣民大批俘虏为奴婢的野蛮措施，自缘西魏北周所在地区之多经济文化后进的少数民族。这在编入《隋书》的五代史志《地理志》里就看得很清楚。《地理志》在北周所辖的雍州条下说京兆、三辅"人物混淆，华戎杂错"，雕阴、延安、弘化"连接山胡，性多木强"，平凉、朔方、盐川、灵武、榆林、五原"地接边荒，多尚武节"，河西诸郡"其风颇同，并有金方之气"。梁州条下也说汉中之人"质朴无文"，"傍南山，杂有獠户"，西城、房陵、清化、通川、宕渠"地皆连接，风俗颇同"，汉阳、临洮、宕昌、武都、同昌、河池、顺政、义城、平武、汶山"皆连杂氐羌，人尤劲悍，性多质直，皆务于农事，工习猎射，于书计非其长矣"。而于北齐所辖山东的豫、兖、冀、青、徐诸州便绝无这类后进民族的记录。至于陈寅恪先生在《唐代政治史述论稿》中揭示的宇文泰所鸠合的关陇集团，则本非一种先进的政治团体。关陇集团中人"入则为相，出则为将，自无文武分途之事"，也和门阀制度一样只是封建领主制社会遗留的残存物。正常的地主制社会是文武分途的，战国以来即是如此。作为领主制回光返照的门阀制度虽多少打乱了这正常的格局，出现过种种文武合一的现象，但和西魏北周关陇集团同时的东魏北齐已经恢复文武分途，南朝的梁陈也是如此，都比关陇集团进步。

在用冷兵器的时代，往往是经济文化后进的一方打败甚至灭掉先进的一方。周的灭掉殷商，秦的灭掉山东六国，以至刘邦运用关中兵力统一中国无不如此。西魏北周建立府兵以壮大其兵众最后吞灭北齐，也未能逃脱这个规律，这里不拟多说。至于吞灭北齐后未曾实施当初平江陵尽虏官民没为奴婢的办法，自缘北齐地域广大，人口众多，没有统统变成奴婢的可能。但成批量地虏没还是免不了的，如《周书》卷六《武帝纪》说建德五年十二月庚申攻占并州后，过了六天即丙寅日就：

> 出齐宫中金银宝器珠翠丽服及宫女二千人班赐将士。

第二年建德六年十二月庚申又记载：

> 行幸并州宫，移并州军人四万户于关中。

这"军人"即"军民"，令狐德棻等在贞观时撰修《周书》，要避李世民的御讳把"民"写作"人"字。这种强制性地叫军民大批背井离乡，自然又是不堪忍受的虐政。

彼时施予原北齐山东地区的虐政绝不止这一些，这只要看《隋书》卷四五文帝长子杨勇的传便可知悉。《勇传》是这么说的：

> 高祖受禅，立为皇太子。……上以山东民多流冗，遣使按检，又欲徙民北实边塞，勇上书谏曰："……有齐之末，主暗时昏，周平东夏，继以威虐，民不堪命，致有逃亡，非厌家乡，愿为羁旅。加以去年三方逆乱，赖陛下仁圣，区宇肃清，锋刃虽屏，疮痍未复。若假以数岁，沐浴皇风，逃窜之徒，自然归本。……"上览而嘉之，遂寝其事。

这"三方逆乱"是指尉迟迥和司马消难、王谦之反杨坚，被平定后山东逃亡之民仍未回归，足见周灭北齐"继以威虐"造成"民不堪命"的惨状之严重。而在《北齐》《周》《隋》诸书甚少此类记载者，盖缘此三书虽均修成于唐贞观之世，所本实为隋牛弘、李德林、王劭等所撰《周纪》《齐史》《隋史》，别详《史通》外篇"古今正史"。而此隋高祖文帝杨坚彼时正躬预灭齐之役且为右三军总管，因而此诸书涉及灭齐威虐之事不能不有所讳饰。至前此平江陵之役杨坚之父杨忠虽亦参预，而没其官民为奴婢之事仍备详《周书》者，则不特事属久远，且其后施仁政放免奴婢之诏令需要登载，其前没人为奴婢的史实就无从刊削了。

四

西魏北周关陇集团的野蛮威虐，必然招致人们的反抗，撰写《颜氏家训》的颜之推的言行，可以说是最鲜明而有代表性。

《北齐书》卷四五《文苑·颜之推传》记载他前一段的经历说：

> 琅邪临沂人也。九世祖含，从晋元东渡。……梁湘东王萧绎……遣世子方诸出镇郢州，以之推掌管记，值侯景陷郢州，……被囚送建业。景平，还江陵，时绎已自立，以之推为散骑侍郎，奏舍人事。后为周军所破，大将军李显庆重之，荐往弘农，令掌其兄阳平公远书翰。值河水暴长，具船将妻子来奔，经砥柱之险，时人称其勇决。

这李显庆即李穆，显庆是字，《周书》及《隋书·李穆传》都说"征江陵"有功，则颜之推即是被赏给李穆为奴中的一员。只是李穆既荐他到阳平公李远处掌书翰，其身份已略见改善，何以仍要经历砥柱冒生命危险东奔北齐？《北齐书·颜传》所载他在齐亡重入周后撰写的《观我生赋》，其自注中是这么说的：

> 齐遣上党王涣率兵数万纳梁贞阳侯〔渊〕明为主，梁武聘使谢挺、徐陵始得还南，凡厥梁臣，皆以礼遣。之推闻梁人返国，故有奔齐之心。……至邺，便值陈兴而梁灭，故不得还南。

想奔齐后再还南归梁，这自是颜之推最初的计划。但不得还南后却安心留在北齐任职，如《颜传》所说：

> 显祖（文宣帝高洋）见而悦之，即除奉朝请，引于内馆中，侍从左右，颇被顾眄。……〔武成帝高湛〕河清末，被举为赵州功曹参

军。寻待诏文林馆，除司徒录事参军。之推聪颖机悟，博识有才辩，工尺牍，应对闲明，大为祖珽所重，令掌知馆事，判署文书。寻迁通直散骑常侍，俄领中书舍人。帝（后主高纬）时有取索，恒令中使传旨，之推禀承宣告，馆中皆受进止。所进文章，皆是其封署，于进贤门奏之，待报方出。兼善于文字，监校缮写，处事勤敏，号为称职。帝甚加恩接，顾遇逾厚，为勋要者所嫉，常欲害之。崔季舒等将谏也，之推取急还宅，故不连署。及召集谏人，之推亦被唤入，勘无其名，方得免祸。寻除黄门侍郎。

这可说是过了比较顺心的仕宦生活。虽其间有"为勋要者所嫉"而卒"免祸"之事，乃缘彼时文武相竞所致，我在《论北齐的政治斗争》中已有所考说①。在作为士大夫安身立命之所这点上，北齐之远胜于北周已是不争的事实。

因此，在这位士大夫颜之推的心目之中，北齐已成为他的本朝。《颜传》详记了他在北齐危亡时的作为：

周兵陷晋阳，帝（后主高纬）轻骑还邺，窘急计无所从。之推因宦者侍中邓长颙进奔陈之策，仍劝募吴士千余人以为左右，取青、徐路共投陈国。帝甚纳之，以告丞相高阿那肱等，阿那肱不愿入陈，乃云吴士难信，不须募之，劝帝送珍宝累重向青州，且守三齐之地，若不可保，徐浮海南渡。虽不从之推计策，然犹以为平原太守，令守河津。

颜之推在《观我生赋》自注中也说：

除之推为平原郡，据河津，以为奔陈之计。约以邺下一战不克，

当与之推入陈。丞相高阿那肱等不愿入南，又惧失齐主则得罪于周朝，故疏间之推。所以齐主留之推守平原城，而索船渡济向青州。……

其后虽未及奔陈齐主便在青州被俘，颜之推之以北齐为本朝为之效忠的态度已十分鲜明。纵使其兄颜之仪如《周书》卷四〇《仪传》所说，江陵被俘入周后逐渐通显，仍转移不了颜之推的观感。所以《观我生赋》在最后要说：

予一生而三化，备荼苦而蓼辛。

自注这"三化"是：

在扬都（建康）值侯景杀简文〔帝萧纲〕而篡位，于江陵逢孝元〔帝萧绎〕覆灭，至此而三为亡国之人。

把北齐见灭于北周视为亡国。

《颜传》说颜之推"齐亡入周，大象末为御史上士，隋开皇中，太子（杨勇）召为学士，甚见礼重，寻以疾终"，《颜氏家训》就是入隋后写成的，所以《风操》篇有"今天下大同"的话，《书证》篇更有"开皇二年五月长安民掘得秦时铁称权"的明文。但旧本题署仍曰"齐黄门侍郎颜之推撰"者，乃犹以齐朝遗老自居，并非如有人推测"之推历官南北朝，宦海浮沉，当以黄门侍郎最为清显"，署上了可以"自炫其'人门兼美'"。这种署法和《观我生赋》之言"三化"实是站在同一立场，持同一态度（至今本"齐"上的"北"字自是后人所加，俾和南朝的萧齐相区别）。

抱这种内齐外周的遗民姿态者绝不止这颜之推一位，尽管史书上不可能多作正面讲述，总会间或有所流露。《北史》卷九二《恩幸传》的传序里就有这样的话：

> 大宁之后，奸佞浸繁，盛业鸿基，以之颠覆，生灵厄夫左衽，非
> 不幸也！

这在今本《北齐书》卷五〇《恩幸传》里作"生民免夫被发左衽"。案
"左衽"或"被发左衽"，出典自是《论语·宪问》的"微管仲，吾其被发
左衽矣"。集解："马融曰：微，无也。无管仲，则君不君，臣不臣，皆为
夷狄也。"而"大宁"是北齐武成帝高湛的年号，史家公认自此北齐政局
日见败坏，所谓"盛业鸿基，以之颠覆"就是这个意思。这样怎么还能使
"生民免夫被发左衽"呢？这"免夫"显然是"厄夫"之误，是撰写此
"生灵厄夫左衽"的士大夫站在内齐外周的立场上，指斥北周为"左衽"
的夷狄，痛惜齐之见灭于周沦为了夷狄的世界。

《北史》的《恩幸传》传序是李延寿把《魏书》卷九三《恩幸传》、卷
九四《阉宦传》和原本《北齐书》卷五〇《佞幸传》的三篇传序节略拼合
并加上自己的话写成的，但今本《北齐书》的《恩幸传》又因原本佚失，
是间接、直接抄自《北史·恩幸传》的。则"厄夫左衽"视北周为夷狄的
话是李百药撰《北齐书》所原有，抑李延寿重写传序时所增入？对此我在
《〈北史·恩幸传〉记齐宦者仓头胡人乐工事杂说》中作了推测[①]，认为
李延寿增入的可能性大于李百药所原有。李百药之父李德林固是北齐名
人，降周后却颇为周隋尽力，不复有故国之思，前引《隋书·德林传》记
其为杨坚谋划便可见一斑。而李百药的《北齐书》如《史通》"古今正史"
所说是以李德林在隋所修《齐史》为蓝本，于周之灭齐威虐且有所讳饰，
更不可能以周为夷狄。李延寿的情况则不同。《北史》卷一〇〇《序传》
记延寿祖李仲举任齐晋州别驾为周师俘获之时，即有"世居山东，受恩高
氏"之说。"邺城平，仍将家随例入关，仲举以亲故流离，情不愿住"，到
晚年尚称"性本疏惰，少无宦情"。延寿父大师在隋任州司户参军、书佐

等微职，"独守清戒，无所营求，家产益致窘迫"，入唐后又"以谴徙配西会州"。他"少有著述之志"，《南北史》就由他开始纂修，武德九年赦归京师仍不愿留住，说"昔唐尧在上，下有箕山之节"，东归"编缉前所修书"。其后李延寿即承之撰成《南北史》。说李大师、李延寿父子在此《北史·恩幸传》的传序里加进"生灵厄夫左衽"的话，似更近乎情理。

不论是哪个李氏父子，把北周之灭北齐说成"生灵厄夫左衽"，说明原在北齐的文士中持内齐外周的态度者确实大有人在，初不止颜之推一位。尉迟迥举兵之所以造成声势，这应该也是一个因素。

<h1 style="text-align:center">五</h1>

现在再回到尉迟迥举兵和东征军交战的事情上来。《北史·尉迟迥传》说：

> 〔迥子〕惇率众十万人入武德，军于沁东。孝宽等诸军隔水，相持不进。隋文帝又遣高颎驰驿督战。惇布兵二十余里，麾军小却，欲待孝宽军半度而击之。孝宽因其却，乃鸣鼓齐进，惇遂大败。孝宽乘胜进至邺，迥与其子惇、祐等又悉其卒十三万，阵于城南。迥别统万人，皆绿巾锦袄，号曰黄龙兵。〔迥弟子〕勤率众五万自青州赴迥，以三千骑先到。迥旧集军旅，虽老，犹被甲临阵，其麾下兵皆关中人，为之力战，孝宽等军失利而却。邺中士女观者如堵，高颎与李询乃整阵先犯观者，因其扰而乘之，迥众大败，遂入邺城。迥走保北城，孝宽纵兵围之，李询、贺娄子幹以其属先登。迥上楼，射杀数人，乃自杀。勤、惇、祐等东走青州，未至，开府郭衍追及之，并为衍所获。隋文帝以勤初有诚款，特释之。……迥自起兵至于败，凡经六十八日焉。

《周书》卷三一《韦孝宽传》原本佚失，今本据《北史》，今引《北史》卷六四《韦传》以补《尉迟迥传》之不足：

> 时尉迟迥先为相州总管，诏孝宽代之，……至朝歌，……疑其有
> 变，……乃驰还。……时或劝孝宽，以为洛京虚弱，素无守备，河阳
> 镇防，悉是关东鲜卑，迥若先往据之，则为祸不小，乃入保河阳。河
> 阳城内旧有鲜卑八百人，家并在邺，见孝宽轻来，谋欲应迥。孝宽知
> 之，遂密造东京官司，诈称遣行，分人诣洛受赐。既至洛阳，并留不
> 遣，因此离解，其谋不成。六月，诏发关中兵，以孝宽为元帅东伐。
> 七月，军次河阳，……引军次于武陟，大破迥子惇，惇轻骑奔邺。军
> 次于邺西门豹祠之南，迥自出战，又破之，迥穷迫自杀。兵士在小城
> 中者，尽坑之于游豫园。诸有未服，皆随机讨之，关东悉平。

这"关东"也就是当时惯称的山东，亦即原北齐统治的地区。这里讲到了
"关东鲜卑"，还讲到了另一面的"关中兵""关中人"。现在可以用来观察
这场战争。

"关中兵""关中人"指的就是其时北周的正规官军府兵，以韦孝宽为
元帅的东征军用的即是这关中府兵。从前引《北史·尉迟迥传》所载有梁
士彦等八行军总管，其中梁士彦、宇文忻、崔弘度如前所说虽受怀疑仍是
参预且成为主力，说明已出动了尽可能出动的关中府兵。前五年北周建德
四年武帝东征北齐，我在《宇文泰所以建立八柱国制的一种推测》中统计
用了十七万关中府兵，建德五年武帝灭北齐用了十六万五千关中府兵。这
次东征能动员的应该少一些，至少一部分已跟随北周将领在山东原北齐辖
境镇守，如《尉迟迥传》所说"其麾下兵皆关中人"，其余尉迟等也不会
例外。但这次东征总也得十万人出头。所以先会隔沁水和尉迟惇的十万人
相持，继在邺城和尉迟迥父子十三万人对阵，如太少了便不可能。

尉迟迥这边如上所说先是十万，决战时再是十三万。这十三万中"迥
别统万人，皆绿巾锦袄，号曰黄龙兵"，又说迥"麾下兵皆关中人"。这麾
下的关中兵是否就是有万人的黄龙兵，还是应如《周书·尉迟迥传》作

"其麾下千兵皆关中人",即黄龙兵万人中只有麾下一千人是关中兵,今已不易判断。但尉迟迥军中的关中兵只是少数则无疑问。更多的必是北齐灭亡时投降过来的齐正规军。因为把军队整编成府兵是需要一点时间的,对此我在《宇文泰所以建立八柱国制的一种推测》里有所疏说。而这时去北齐灭亡才五年,顾不上把这些降兵彻底改编成北周式的府兵,也不可能在山东地区另行招募组织成这样的府兵。《韦孝宽传》所说"河阳镇防"的"关东鲜卑",就是这种未经改编纳入府兵系统的北齐降兵。因为北齐武力本以鲜卑和鲜卑化汉人的北魏六镇余众为基础,所以有此"关东鲜卑"之称。

这些北齐降兵为什么能和来自关中的尉迟迥合作,在其指挥下同反北周的杨坚?原因之一当是尉迟迥其人在关陇集团将领中比较不那么野蛮,比较讲点文明。西魏废帝三年伐蜀之役尉迟迥曾是统帅,《北史·尉迟迥传》说他攻下成都时,成都的益州刺史萧撝和称了帝的萧纪之子圆肃"率其文武诣军门请见,迥以礼接之,其吏人等各令复业,唯收僮隶及储积以赏将士"。这和稍后于谨平江陵之"虏其百官及士民以归,没为奴婢者十余万"的野蛮行径,岂不成为鲜明的对比。继而尉迟迥被任命为益州刺史、督十八州诸军事,自剑阁以南得承制封拜及黜陟,"迥乃明赏罚,布恩威,绥辑新邦,经略未附",可说施行了仁政,使"人夷怀而归之"。其后灭北齐之役尉迟迥没有参加。接着北周宣帝即位他出任相州总管,这种能使"人夷怀而归之"的政策,在此原北齐的政治中心地区自当继续得以实施。

实施这种使"人夷怀而归之"的政策,借重原北齐人士自是一项重要手段。这在《北史·尉迟迥传》里说得很清楚,说尉迟迥"起兵,以开府、小御正崔达拏为长史,自余委任,亦多用齐人"。这崔达拏是北齐崔暹之子。崔暹则为高欢、高澄、高洋父子所信用,事详《北史》卷三二《崔暹》本传。其传末附记崔达拏事迹说:

达拏温良廉谨,有识学,位仪同三司、司农卿,周御府大夫。大象中使邺，属尉迟迥起兵，以为总管司马，迥平，伏诛。初，文宣〔帝高洋〕尝问〔高澄长女、达拏妻〕乐安公主："达拏于汝何似？"答云："甚相敬，唯阿家憎儿。"文宣令宫人召达拏母入而杀之，投漳水。齐灭，达拏杀主以复仇。

这"阿家"是乐安公主称崔达拏之母，此母被杀自高洋狂易后所为，而祸实起于乐安公主。所以达拏在齐亡后要杀主，足见其人确是志节之士。杀主是复父母之仇，为父母之邦而反周复齐乃其大愿。这种志愿当为多数原北齐人士所同有，因而此时能与尉迟迥一致行动，固不论其是诚心结合，抑相互利用。《北史·尉迟迥传》说邺城攻守战"孝宽等军失利而却"时"邺中士女观者如堵"，前引《隋书·宇文忻传》说"邺城士女观战者数万人"，自也不是一般的看热闹，而是原北齐士女替尉迟迥临阵助威，希望打败东征军以扬眉吐气。

至于《尉迟迥传》在讲了"多用齐人"后说"达拏文士，无筹略，举措多失纲纪，不能匡救"，也许是事实，崔达拏未必资兼文武有筹略。但这绝非尉迟迥这边失败的主要原因。主要原因仍在于北周府兵之战斗力已非原北齐辖区山东武力之所能抗拒，山东武力即使加上尉迟迥等麾下的关中兵与之相较终属强弱异势。不过还应该看到，在这次大战役中，毕竟能在沁水和邺城两度出现最初胜负难分的局面。这比《周书》卷二一《王谦传》所说谦在成都未及接战就"军皆叛"，以及《司马消难传》所说消难闻来征讨的荆襄兵将至便"率其麾下归于陈"，总要光彩得多。

因此可以说这场战乱是北周东征灭北齐四年后的再一次重演，其震撼山东以至关中自在情理之中。

六

邺城攻下，尉迟迥和山东势力失败，韦孝宽东征军所施加的惩罚是十分可怕的。前引《北史·韦孝宽传》所说他把对方"兵士在小城中者尽坑于游豫园"就够说明问题，大概是把当年于谨平江陵时的杀掠重演了一番。须记得这个韦孝宽本是平江陵之役的参预者，前引《周书·文帝纪》所列此役将领中就有他的大名。只是仍缘山东幅员广大，士女众多，只好像周武帝那样不曾尽虏他们为奴婢而已。

但另一种严酷的办法还是拿了出来的，即把邺城这个自战国、曹魏以来的山东名都彻底加以毁灭。这在武帝灭齐时已开始做了一些，《周书》卷六《武帝纪》记建德六年正月甲午武帝入邺，辛丑所下诏中就说：

> 东山、南园及三台可并毁撤，瓦木诸物，凡入用者，尽赐下民，山园之田，各还本主。

这"三台"是邺城北城西北隅的三个台，魏武帝曹操所创建。《水经注》卷一〇浊漳水注说它"皆因城为之基，巍然崇举，其高若山"，不仅是游观胜地，且成为邺城在防御上的制高点。所以《晋书》卷一〇四《石勒载记》上会说"邺有三台之固"，《邺中记》四库辑本还详记石虎增修三台"以备不虞"的种种措施。为此我曾撰写《邺城和三台》[1]，以探讨三台在邺城历次攻守战中所起的作用，并弄清楚在恤民旗号下三台之被毁撤，应是尉迟迥战败后邺城一天也守不住的军事上原因。

这一次就更厉害了，光没有三台还不行，连整个邺城也不再让它继续存在下去。这就是《周书》卷八《静帝纪》在"相州平"后所说的：

> 移相州于安阳，其邺城及邑居皆毁废之。

《旧唐书》卷三九《地理志》里写得更具体，作：

> 相州刺史尉迟迥举兵不顺，杨坚令韦孝宽讨迥，平之。乃焚烧邺

---

① 载《中国历史地理论丛》1995年第2期。

城，徙其居人，南迁四十五里。以安阳城为相州理所。

这样，杨坚可以踌躇满志了，可邺城士女遭受的苦难也就不言而喻了。无怪乎前引《隋书·长孙平传》说移至安阳后的相州百姓正月十五日大戏，"画衣裳为鍪甲之象"，已受周禅称帝的杨坚为怀疑北齐遗民有所举动，一怒之下把时任相州刺史的长孙平给予免职处分。

给尉迟迥恢复名誉，要到事隔两朝的李唐初年。《北史·尉迟迥传》说：

> 武德中，迥从孙库部员外郎耆福上表请改葬。朝议以迥忠于周室，有诏许焉，仍赠绢百匹。

这恐怕也含有安抚山东地区人心的因素。因为如上所述，尉迟迥此举在山东地区是受到赞同，是得人心的。

武德是唐高祖的年号。过了一百多年，到唐玄宗时相州还出现了尉迟迥的神祠，其时是张嘉祐任相州刺史。《旧唐书》卷九九《张嘉贞传》附有其弟嘉祐的事迹，其中说：

> 〔开元〕二十五年为相州刺史。相州自开元已来，刺史死贬者十数人，嘉祐访知尉迟迥周末为相州总管，身死国难，乃立其神祠以邀福。经三考，改左金吾将军。后吴兢为邺郡守，又加尉迟神冕服。自后郡守无患。

《金石萃编》卷八二且著录有开元二十六年所立《周尉迟迥庙碑》，并说"今在彰德府"。

案立神祠用来邀福，其后又加上王者的冕服，显然是所谓"淫祀"，不过是地方长官带头闹起来，并非民间自发的而已。但既是淫祀，自然会滋生神话鬼话。《太平广记》卷三〇〇所载引自《广异记》的"张嘉祐"条，就是吸收进了这些神话鬼话编写出来的，它的全文是：

> 开元中，张嘉祐为相州刺史。使宅旧凶，嘉祐初至，便有鬼祟回祐家，备极扰乱，祐不之惧。其西院小厅铺设，及他食物，又被翻倒。嘉祐往观之，见一女子，嘉祐问："女郎何神？"女云己是周故大将军、相州刺史尉迟府君女，家有至屈，欲见使君陈论。"嘉祐曰："敬当以领。"有顷而至，容服魁岸，视瞻高远，先致敬于嘉祐。祐延坐，问之曰："生为贤人，死为明神，胡为宵窜幽暝，恐动儿女，遂令此州，前后号为凶阙，何为正直而至是耶？"云："往者周室作衅，杨坚篡夺，我忝周之臣子，宁忍社稷崩殒，所以欲全臣节，首倡大义，冀乎匡复宇宙，以存太祖之业。韦孝宽周室旧臣，不能闻义而举，反受杨坚衔勒，为其所用。以一州之众，当天下累益之师，精诚虽欲贯天，四海竟无救助，寻而失守，一门遇害。合家六十余口，骸骨在此厅下，日月既多，幽怨愈甚，欲化别不可，欲白于人，悉皆惧死，无所控告至此，明公幸垂顾盼，若沉骸傥得不弃，幽魅有所招立，则虽死之日，犹生之年。"嘉祐许诺。他日，出其积骸，以礼葬于厅后，便以厅为庙，岁时祷祠焉。祐有女年八九岁，家人欲有所问，则令启白，神必有应。神欲白嘉祐，亦令小女出见，以为常也。其后嘉祐家人有所适，神必使阴兵送出境，兵还，具白送至某处，其西不过河阳桥。

这《广异记》，《说郛》原本卷四题戴孚撰，《文苑英华》卷七三七有顾况撰《戴氏广异记序》。顾况是肃宗至德时进士，知《广异记》也是中唐时的作品。其时去张嘉祐之立尉迟神祠又经历了好些岁月，自然会滋生出如上的神话鬼话。这类神话鬼话多由神祠的巫祝们传播，或许就由他们编造，所以往往和史实对不到一起。最明显的是当初尉迟迥任总管的相州其治所不在安阳而在邺城，在邺城殉难的尉迟迥和合家骸骨怎么能埋到安阳的刺史使宅厅下？而且《北史·尉迟迥传》已有武德中诏许改葬的明文，又何劳开元时将他和合家埋在安阳使宅的骸骨礼葬。当然在个别地方也不无史实作为依据，如当初尉迟迥反杨时兵至河阳，即与前来的东征军相持未能西进，见前引《隋书·高颎传》《梁士彦传》和《宇文忻传》，从而《广异记》也有尉迟阴兵"其西不过河阳桥"的讲法。

不管怎样，这些总说明了尉迟迥之在山东在相州确有颇为深远的影响，是以正面人物的形象成神而不同于一般徒示妖妄的淫祀。这和韩愈《张中丞传后叙》所说唐人为张巡、许远立双庙，以至后来杭州西湖边上的岳庙和于谦的于忠肃公祠，多少具有同样的性质。

〔附记〕历史不会重演，但相似还是有的。在作了对尉迟迥相州举兵事的探讨后，总使我想起牧野之战战胜了商纣，派在殷商原统治区起监视作用的管叔、蔡叔及纣子武庚所谓"三监"，举兵反周公最终失败的事情。这件事情顾颉刚师曾撰写专文《〈尚书·大诰〉今译》以事疏说，《历史研究》1962年第4期发表其摘要，其史事考证部分分《三监人物及其疆地》《周公执政称王》《三监及东方诸国的反周军事行动和周公的对策》《周公东征和东方各族的迁徙》《康王以下的东征和北征》《三监的结局》《奄和蒲姑的南迁》《徐和淮夷的迁留》等篇，先后发表于中华书局1984年至1990年出版的《文史》第22、23、26、27、29、30、31、32辑，又有《周公东征胜利后东土的新封国》篇，发表于江苏古籍出版社1987年出版的《中国史学集刊》第1辑。

（原载日本东京中国史学会《中国史学》第十一卷，2001年10月）

从杨隋中枢政权看关陇集团的开始解体

一

关陇集团和关中本位政策，是半个多世纪前陈寅恪先生所揭示的。寅恪先生在他的名著《唐代政治史述论稿》上篇"统治阶级之氏族及其升降"中说：

> 有唐一代三百年间其统治阶级之变迁升降，即是宇文泰"关中本位政策"所鸠合集团之兴衰及其分化。盖宇文泰当日融冶关陇胡汉民族之有武力才智者，以创霸业；而隋唐继其遗产，又扩充之。其皇室及佐命功臣大都西魏以来此关陇集团中人物，所谓八大柱国家即其代表也。当李唐初期此集团之力量犹未衰损，皇室与其将相大臣几全出于同一之系统及阶级，故李氏据帝位，主其轴心，其他诸族入则为相，出则为将，自无文武分途之事，而将相大臣与皇室亦为同类之人，其间更不容别一统治阶级之存在也。至于武曌，其氏族本不在西魏以来关陇集团之内，因欲消灭唐室之势力，遂开始施行破坏此传统集团之工作，如崇尚进士文词之科破格用人及渐毁府兵之制等皆是也。此关陇集团自西魏迄武曌历时既经一百五十年之久，自身本已逐渐衰腐，武氏更加以破坏，遂致分崩堕落不可救止。其后皇位虽复归

李氏，至玄宗尤称李唐盛世，然其祖母开始破坏关陇集团之工事竟及其身而告完成矣。

寅恪先生在这里讲了两点：（1）在这关中本位政策指导下形成的关陇集团，是"融冶关陇胡汉民族之有武力才智者"；（2）此集团中人"入则为相，出则为将，自无文武分途之事"。这在西魏北周时确实如此，当时的中枢政权确实是掌握在这伙人手里的。

但到杨坚以禅让方式从北周皇室取得政权建立隋朝以后，这种情况已开始发生变化，并非如寅恪先生所说要到武曌时此关陇集团才被破坏而分崩堕落。

二

隋朝灭亡后不久，由魏徵领衔纂修在唐太宗贞观十年完成的《隋书》修得很好，把各个时期在中枢执掌政权者用"参掌朝政""参掌机密"等字样列举出来，还标出他们是时人所说的"四贵""五贵"或"七贵"。

杨坚刚建立隋朝后有所谓"四贵"，《隋书》卷四三《观德王杨雄传》说：

> 高祖受禅，除左卫将军兼宗正卿，俄迁右卫大将军，参预朝政，进封广平王，……贵宠冠绝一时，与高颎、虞庆则、苏威称为"四贵"。

这"四贵"中杨雄的出身经历，传里讲得很清楚，大要是：

> 高祖族子也，父绍，仕周，历八州刺史、傥城县公，赐姓叱吕引氏。……周武帝时……卫王直作乱，以其徒袭肃章门，雄逆拒破之。……周宣帝葬，备诸王有变，令雄率六千骑送至陵所。……雄宽容下

士，朝野倾瞩，高祖恶其得众，阴忌之，不欲其典兵马，乃下册书，拜雄为司空，曰："维开皇九年八月朔壬戌，皇帝若曰……"外示优崇，实夺其权也。

可见这杨雄确是关陇集团孕育出来的人物，才兼将相，合文武于一身。高颎等人呢，《隋书》卷四一《高颎传》说：

> 自云渤海蓨人也。父宾，背齐归周，大司马独孤信引为僚佐，赐姓独孤氏。……高祖得政，素知颎强明，又习兵事，多计略，……于是为相府司录，……委以心膂。……尉迥之起兵也，……高祖令韦孝宽击之，……以诸将不一，……遂遣颎，……至邺下，与迥交战，……因平尉迥。……高祖受禅，拜尚书左仆射，兼纳言，……俄拜左卫大将军，……又拜左领军大将军。……开皇二年，长孙览、元景山等伐陈，令颎节度诸军。……九年，晋王广大举伐陈，以颎为元帅长史，三军谘禀，皆取断于颎。……突厥犯塞，以颎为元帅，击贼破之。……以颎为元帅长史，从汉王征辽东，遇霖潦疾疫，不利而还。

卷四〇《虞庆则传》说：

> 京兆栎阳人也。本姓鱼，其先仕于赫连氏，遂家灵武，代为北边豪杰。父祥，周灵武太守。……庆则……宣政元年，授仪同大将军，除并州总管长史。……时稽胡数为反叛，越王盛、内史下大夫高颎讨平之，将班师，颎与盛谋，须文武干略者镇遏之，表请庆则，于是即拜石州总管。……开皇元年，进位大将军，迁内史监、吏部尚书、京兆尹，封彭城郡公，营新都总监。二年冬，突厥入寇，庆则为元帅讨之。……寻迁尚书右仆射。……九年，转为右卫大将军，寻改为右武候大将军。开皇十七年，岭南人李贤据州反，……庆则……为桂州道行军总管，以妇弟赵什柱为随府长史，什柱先与庆则爱妾通，……因

告庆则谋反，上案验之，庆则于是伏诛。

这二人也都是典型的文武合一的关陇集团中人。但最后一名苏威的情况便不一样，《隋书》卷四一《苏威传》说：

> 京兆武功人也。父绰，魏度支尚书。……威……周太祖时，袭爵美阳县公，……大冢宰宇文护……以其女新兴主妻焉。……宣帝嗣位，就拜开府。高祖……受禅，征拜太子少保，……俄兼纳言、民部尚书，……寻复兼大理卿、京兆尹、御史大夫，……未几，拜刑部尚书，解少保、御史大夫之官。后京兆尹废，检校雍州别驾。时高颎与威同心协赞，政刑大小，无不筹之，故革运数年，天下称治。俄转民部尚书，纳言如故，……后二载，迁吏部尚书，岁余，兼领国子祭酒。……九年，拜尚书右仆射。

案苏威之父苏绰在西魏时虽以协助宇文泰革易时政、颁行六条诏书并改变文体著称，别详《周书》卷二三本传，但实止是文职人员，并未进入中枢。到苏威才以文职人员参预朝政成为"四贵"之一，这就开始打破了关陇集团中人文武合于一身的传统，尽管其籍贯仍属关中。

这"四贵"并未能一直保持其权势。《隋书》卷二《高祖纪》：开皇九年八月壬戌，"以广平王雄为司空"；十二年秋七月己巳，"尚书右仆射、邳国公苏威……坐事除名"；十七年十二月壬子，"上柱国、右武候大将军、鲁国公虞庆则以罪伏诛"。而由另一名杨素填补了空白。《隋书》卷四八《杨素传》说：

> 弘农华阴人也。祖暄，魏辅国将军、谏议大夫。父敷，周汾州刺史。……素……善属文，工草隶，……周大冢宰宇文护引为中外记室，后转礼曹，加大都督。武帝……拜素为车骑大将军、仪同三司，……命素为诏书，下笔立成，词义兼美。……及平齐之役，……每战

有功。……及高祖为丞相，……以素为汴州刺史。行至洛阳，会尉迥作乱，荥州刺史宇文胄据武牢以应迥，素不得进。高祖拜素大将军，发河内兵击胄，破之，迁徐州总管。……高祖受禅，加上柱国。开皇四年，拜御史大夫。……上方图江表，先是，素数进取陈之计，未几，拜信州总管，……及大举伐陈，以素为行军元帅，引舟师趣三硖，……率水军东下，……巴陵以东无敢守者。……及还，拜荆州总管，……改封越国公。寻拜纳言。岁余，转内史令。俄而江南人李稜等聚众为乱，大者数万，小者数千，共相影响，杀害长吏。以素为行军总管，帅众讨之。……江南大定。……代苏威为尚书右仆射，与高颎专掌朝政。

这杨素又是文武合一的关陇集团人物。说明在隋文帝杨坚时关陇集团虽因文职人员如苏威者参掌朝政而稍有突破，但大体上尚维系不坏，其开始解体要到隋炀帝杨广手里。

三

隋炀帝时又出现了所谓"五贵"。《隋书·苏威传》说：

仁寿初，复拜尚书右仆射。……炀帝嗣位，加上大将军。……高颎、贺若弼等之诛也，威坐与相连，免官。岁余，拜鲁郡太守。俄召还，参预朝政。未几，拜太常卿。其年从征吐谷浑，进位左光禄大夫。帝以威先朝旧臣，渐加委任。后岁余，复为纳言。与左翊卫大将军宇文述、黄门侍郎裴矩、御史大夫裴蕴、内史侍郎虞世基参掌朝政，时人称为"五贵"。

这个宇文述的传见《隋书》卷六一，说：

代郡武州人也。……父盛，周上柱国。……尉迥作乱相州，述以行军总管率步骑三千，从韦孝宽击之，……每战有功，超拜上柱国。……开皇初，拜右卫大将军。平陈之役，复以行军总管率众三万……进据石头。……陈主既擒，而萧瓛、萧岩据东吴之地，拥兵拒守。述……讨之，……吴会悉平，……拜安州总管。时晋王广镇扬州，甚善于述，欲述近己，因奏为寿州刺史总管。……及晋王为皇太子，以述为左卫率。……炀帝嗣位，拜左卫大将军，改封许国公。大业三年，加开府仪同三司，……从幸榆林。……明年，从帝西幸，……还至江都宫，敕述与苏威常典选举，参预朝政。述时贵重，委任与苏威等，其亲爱则过之。……及征高丽，述为扶余道军将，……九军败绩，……至东都，除名为民。明年，帝有事辽东，复述官爵，待之如初。……会杨玄感作乱，帝召述班师，令驰驿赴河阳，发诸郡兵以讨玄感，……大破之，……复从东征，至怀远而还。突厥之围雁门，……围解，车驾次太原，议者多劝帝还京师，帝有难色。述因奏曰："从官妻子多在东都，便道向洛阳，自潼关而入可也。"帝从之。是岁，至东都，述又观望帝意，劝幸江都，帝大悦。述于江都遇疾，……薨。

这是"五贵"中仅有的关陇集团文武合一人物。其余裴矩、裴蕴、虞世基三人，就都来自山东、江左而不属关陇了。《隋书》卷六七《裴矩传》说：

河东闻喜人也。祖他，魏都官尚书。父讷之，齐太子舍人。矩……长好学，颇爱文藻，有智数。……齐北平王贞为司州牧，辟为兵曹从事，转高平王文学。……高祖为定州总管，召补记室。……高祖作相，……参相府记室事。及受禅，迁给事郎，奏舍人事。伐陈之役，领元帅记室。……明年，奉诏巡抚岭南，……时俚帅王仲宣逼广州，……矩进击破之，……所绥集者二十余州，……以功拜开府，……除民部侍郎，寻迁内史侍郎。……太平公史万岁为行军总管，出定襄道，以矩为行军长史，破达头可汗于塞外。……上以启民可汗初附，令矩抚慰之，还为尚书左丞，……转吏部侍郎，名为称职。炀帝即位，营建东都，矩职修府省，九旬而就。……帝……将通西域，四夷经略，咸以委之。转民部侍郎，未视事，迁黄门侍郎。帝复令矩往张掖，引致西蕃，至者十余国。大业三年，……复令矩往敦煌。矩遣使说高昌王麹伯雅及伊吾吐屯设等……入朝。……帝谓矩有绥怀之略，进位银青光禄大夫。……帝遣将军薛世雄城伊吾，令矩共往经略。……王师临辽，以本官领虎贲郎将。明年，复从至辽东。兵部侍郎斛斯政亡入高丽，帝令矩兼掌兵事。……进位右光禄大夫。……还至涿郡，帝以杨玄感初平，令矩安集陇右。……从至东都，……寻从幸江都宫。……宇文化及之乱，……以矩为侍内，……及僭帝位，以矩为尚书右仆射，加光禄大夫。……为窦建德所获，……复以为吏部尚书，寻转尚书右仆射，专掌选事。……归于大唐，授左庶子，转詹事、民部尚书。

这河东闻喜虽在北周境内，但裴矩本身为由齐入周，不属关陇人物，兼之还是地道的文职人员，虽间或参预军事，和文武合一的关陇集团中人不是一回事。再看《隋书》同卷《裴蕴传》，说：

河东闻喜人也。祖之平，梁卫将军。父忌，陈都官尚书。……蕴性明辩，有吏干，在陈，仕历直阁将军、兴宁令，……及陈平，……拜开府仪同三司，……历洋、直、棣三州刺史。……大业初，……征为太常少卿，……迁民部侍郎。……渐见亲委，拜京兆赞治，……未几，擢授御史大夫，与裴矩、虞世基参掌机密。……帝问苏威以讨辽之策，威不愿帝复行，且欲令帝知天下多贼，……帝不怿，……蕴知上意，遣张行本奏威罪恶，帝付蕴推鞫之，乃处其死。帝曰："未忍便杀。"遂父子及孙三世并除名。……司马德戡……难作，……见害。

这裴蕴的河东闻喜更只是原籍，实际上是南朝的文职人员入隋后见宠于炀帝的。再一位虞世基也是如此，《隋书》同卷《虞世基传》说：

> 会稽余姚人也。父荔，陈太子中庶子。世基……博学有高才，兼善草隶。……仕陈，释褐建安王法曹参军事，历祠部殿中二曹郎、太子中舍人。迁中庶子、散骑常侍、尚书左丞。……及陈灭归国，为通直郎，直内史省。……未几，拜内史舍人。炀帝即位，顾遇弥隆，……迁内史侍郎，……专典机密，与纳言苏威、左翊卫大将军宇文述、黄门侍郎裴矩、御史大夫裴蕴等参掌朝政。……辽东之役，进位金紫光禄大夫。……帝幸江都，……宇文化及杀逆也，世基乃见害焉。

这虞世基本身就是南朝人，是典型的文职人员而见宠于炀帝的。

这炀帝朝的"五贵"中，真正符合关陇集团中人的仅有一名宇文述，苏威如前所说虽籍贯关中却系文职人员，裴矩、裴蕴、虞世基均系文职人员且籍贯也不在关陇，但均能参掌朝政、参掌机密，说明原先的"关中本位政策"最迟到炀帝手里已不复执行，关陇集团已开始解体。

四

最后还有所谓"七贵"，是大业十四年三月炀帝在江都被杀后，炀帝之孙、元德太子之子越王杨侗在东都洛阳称帝时的掌权人物。《隋书》卷五九《越王侗传》说：

> 帝每巡幸，侗常留守东都。……十三年，帝幸江都，复令侗与金紫光禄大夫段达、太府卿元文都、摄民部尚书韦津、右武卫将军皇甫无逸等总留台事。宇文化及之弑逆也，文都等议，以侗元德太子之子，属最为近，于是乃共尊立，大赦，改元曰皇泰，……以段达为纳

言、右翊卫大将军、摄礼部尚书，王世充亦纳言、左翊卫大将军、摄吏部尚书，元文都内史令、左骁卫大将军，卢楚亦内史令，皇甫无逸兵部尚书、右武卫大将军，郭文懿内史侍郎，赵长文黄门侍郎，委以机务，为金书铁券，藏之宫掖。于时洛阳称段达等为"七贵"。

这改元皇泰的东都政权虽已不能号令四方，只算得个小朝廷，但毕竟是从越王杨侗为首的"总留台事"的班子演变而来，而此班子仍出炀帝的安排，所以仍可试看其中有多少关陇集团的因子。

先看"总留台事"的班子，这在《隋书》卷四《炀帝纪》里也有记载，作：

> 大业……十二年……秋七月……甲子，幸江都宫，以越王侗、光禄大夫段达、太府卿元文都、检校民部尚书韦津、右武卫将军皇甫无逸、右司郎卢楚等总留后事。

本纪记事一般说来比列传精确，这里就按此加了卢楚的名单来推求。

越王杨侗是皇孙可不计，以下段达的传见《隋书》卷八五，说：

> 武威姑臧人也。父严，周朔州刺史。达在周，年始三岁，袭爵襄垣县公。及长，……便弓马。高祖为丞相，以大都督领亲信兵，常置左右。及践阼，为左直斋，累迁车骑将军，兼晋王参军。高智惠、李积等之作乱也，达率众一万，击定方、滁二州，……迁进仪同，又破汪文进等于宣州，加开府。……仁寿初，太子左卫副率。大业初，以藩邸之旧，拜左翊卫将军。征吐谷浑，进位金紫光禄大夫。帝征辽东，百姓苦役……聚众为群盗，……帝令达击之。……明年，帝征辽东，以达留守涿郡。俄复拜左翊卫将军。高阳魏刀儿聚众十余万……达率涿郡通守郭绚击败之。……十二年，帝幸江都宫，诏达与太府卿元文都留守东都。李密据洛口，纵兵侵掠城下，达与监门郎将庞玉、

武牙郎将霍举率内兵出御之。颇有功,迁左骁卫大将军。王充之败也,密复进据北芒,来至上春门,达与判左丞郭文懿、尚书韦津出兵拒之,达见贼盛,不阵而走,为密所乘,军大溃,津没于阵。……及帝崩于江都,达与元文都等推越王侗为主,署开府仪同三司,兼纳言,封陈国公。元文都等谋诛王充也,达阴告充。……充僭尊号,以达为司徒。及东都平,坐诛,妻子籍没。

这段达仍可说是文武合一的关陇集团人物。元文都的传见《隋书》卷七一《诚节传》,说:

洵阳公孝矩之兄子也。父孝则,周小冢宰、江陵总管。文都性鲠直,明辩有器干。仕周为右侍上士。开皇初,授内史舍人,历库部、考功二曹郎,……擢为尚书左丞,转太府少卿。炀帝嗣位,转司农少卿、司隶大夫,寻拜御史大夫,坐事免。未几,授太府卿,帝渐任之。……大业十三年,帝幸江都宫,诏文都与段达、皇甫无逸、韦津等同为东都留守。及帝崩,文都与达、津等共推越王侗为帝。侗署文都为内史令、开府仪同三司、光禄大夫、左骁卫大将军、摄右翊卫将军、鲁国公。……王充……与文都有隙,文都……阴有诛充之计,……充……谋作乱,……侗……度终不免,……遣其署将军黄桃树执文都以出,……充令左右乱斩之,诸子并见害。

又卷五〇《元孝矩传》说:

河南洛阳人也。祖修义,父子均,并为魏尚书仆射。孝矩西魏时袭爵始平县公,拜南丰州刺史。

则此元氏是北魏宗室之西迁关中者,可说是关陇的胡人,但从元文都的经历看已只是文职人员,皇泰朝让他兼任左骁卫大将军等武职不过想给他增

加点权力，初不同于地道的文武合一。再一个是韦寿，是韦孝宽之子，韦
孝宽是京兆杜陵人，传见《周书》卷三一，是典型的文武合一的关陇集团
名人。韦寿的事迹附见《隋书》卷四七《韦寿传》，《韦寿传》说：

> 父孝宽。……寿在周，……为右侍上士，迁千牛备身。赵王为雍
> 州牧，引为主簿，寻迁少御伯。武帝亲征高氏，拜京兆尹。……高祖
> 为丞相，以其父平尉迥，拜寿仪同三司，进封滑国公。……高祖受
> 禅，……迁恒、毛二州刺史。……寿弟霁，位至太常少卿，安邑县
> 伯。津，位至内史侍郎，判民部尚书事。

可见韦津及其兄韦寿、韦霁均已成为文职人员，前引《段达传》所记达与
郭文懿、韦津出兵拒李密，以致津没于阵者，只是敌军压境时的不得已之
举，不能说明他是文武合一。再是皇甫无逸，事迹附见《隋书·诚节传》
的《皇甫诞传》，太简略，《旧唐书》卷六二有《皇甫无逸传》，说：

> 安定乌氏人，父诞，隋并州总管府司马。其先安定著姓，徙居京
> 兆万年。……无逸……拜淯阳太守，……再转右武卫将军，甚见亲
> 委。帝幸江都，以无逸留守洛阳。及江都之变，与段达、元文都尊立
> 越王侗为帝。王世充作难，无逸弃老母妻子，斩关而走。……高祖以
> 隋代旧臣，甚尊礼之，拜刑部尚书，封滑国公，历陕东道行台民部尚
> 书。明年，迁御史大夫。时益部新开，……令无逸持节巡抚之，承制
> 除授。……寻拜民部尚书，累转益州大都督府长史。……卒，赠礼部
> 尚书。

这皇甫无逸仍可算是文武合一的关陇集团人物，虽然入唐后已只任文职。
再是卢楚，《诚节传》也有传，说：

> 涿郡范阳人也。祖景祚，魏司空掾。楚少有才学，……大业中，

为尚书右司郎。……越王侗称尊号，以楚为内史令、左备身将军、摄尚书左丞、右光禄大夫，封涿郡公。……王充作乱，……贼党执之，……充奋袂令斩之。

这卢楚又分明是文职人员，兼左备身将军者是和元文都一样为了增加点权力，其父辈不知有否随宇文泰等西迁关中，否则连籍贯也不属关陇。

现在再看"七贵"。"总留台事"中除韦津已战死外，段达、元文都、皇甫无逸、卢楚均在"七贵"之列，上面已分别讲过。剩下的"三贵"是王世充和郭文懿、赵长文。王世充在《隋书》卷八五、《旧唐书》卷五四里都有传，是后来进入东都洛阳，不在炀帝安排的"总留台事"班子之列，《元文都传》就说：

卢楚说文都曰："王充外军一将耳，本非留守之徒，何得预吾事！"

所以在这里不宜把他算进去。郭、赵二人《隋书》未立传，前引《越王侗传》说"郭文懿内史侍郎，赵长文黄门侍郎"，《段达传》说"判左丞郭文懿"，苟无新史料发现，应说他俩是文职人员，籍贯是否关陇则不得而知。

总起来这七人中，可算关陇集团中人的只有段达和皇甫无逸，元文都、韦津虽籍贯关中却系文职人员，卢楚、郭文懿、赵长文也是文职人员，郭、赵籍贯不明，卢则不在关陇。这说明在安排东都留守班子时，炀帝同样不再执行"关中本位政策"组织关陇集团。

五

关陇集团为什么在杨隋统一中国以后就开始解体？这应从关陇集团和"关中本位政策"的本身说起。

"关中本位政策"指导下形成的关陇集团之所以局限于关陇，是由于宇文泰当年只控制了关陇地区，其实力远较坐拥山东广大地区的东魏北齐以及据有江左的南朝萧梁为薄弱，这些地区的人才不为关陇所用的缘故。所以在杨隋统一中国以后，稍有头脑的统治者就决不会继续惟关陇人是用的政策。《旧唐书》卷七五《韦云起传》所说：

> 大业初，……上疏奏曰："今朝廷之内，多山东人，而自作门户，更相剡荐，附下罔上，共为朋党。不抑其端，必倾朝政，臣所以痛心扼腕，不能默已，谨件朋党人姓名及奸状如左。"炀帝令大理推究，于是左丞郎蔚之、司隶别驾郎楚之并坐朋党，配流漫头赤水，余免官者九人。

正告诉人们进用山东人这点在隋朝已是大势所趋，才引起韦云起这个籍贯"雍州万年"的关中人发生恐惧要求炀帝采取措施，而炀帝也只整肃了少数几个闹朋党者而没有扩大到制裁所有的山东人。以后韦云起还奏劾"五贵"中籍隶山东江左的裴蕴、虞世基，则不仅没达到目的，反而受到左迁的处分。

比较复杂一些的是关陇集团的文武合一而不分途，这得回顾一下更早的历史。众所周知，早在春秋时是文武合一不分途的，《春秋经》尤其《左氏传》上讲得最清楚。现在知道其原因在于春秋时中原大地还处在封建领主制社会，而文武合于领主一身正是这封建领主制社会的一种特征。到了战国由封建领主制社会进入封建地主制社会，文武合一的领主消失，才出现政坛上文武分途的新局面，这种新局面自远较过去文武合一的领主统治来得进步。无奈事物发展多有曲折，大至社会的演变也未能例外，战国以后封建领主制的残余势力到汉末又养成气候，出现了魏晋南北朝的门阀制度。这种门阀制度实际上就是封建领主制彻底灭亡前的一次回光返照，因而在这一段时间里又出现了合文武于一身的局面。举凡汉末群雄中的曹操、二袁、刘备、孙坚父子，稍后的司马懿父子，东晋时王、庾、桓、谢等世家大族的首脑，无一不是文武合一的人物，更不说本来就习惯于文武合一的所谓"五胡"了。这些北方的少数民族在经济、文化、社会组织上和汉族虽有较大的差异，可在文武合一这点上当时却走着同样的道路。到他们接受汉化，也产生了自己的门阀后，和汉人世家大族的文武合一自然越加合拍了。我认为，宇文泰创建的关陇集团的文武合一，就是这种历史条件下的产物，和前此汉族、少数民族的文武合一，实质上并没有区别。

但关陇地区在当时是比较落后的，这不仅表现在经济和文化上，就在文武合一问题上也是如此。当宇文泰组建关陇集团、西魏北周文武合一之时，东边的东魏北齐和南朝的梁陈已经重新向文武分途回归。后者赵翼《廿二史札记》卷一二"江左世族无功臣"条、"陈武帝多用敌将"条以及陈寅恪先生《述东晋王导之功业》《书魏书萧衍传后》都曾有所涉及。《书魏书萧衍传后》引用《颜氏家训·慕贤》篇所说：

> 侯景初入建业，台门虽闭，公私草扰，各不自全。太子左卫率羊侃坐东掖门，部分经略，一宿皆办，遂得百余日抗拒凶逆。于时城内四万许人，王公朝士，不下一百，便是恃侃一人安之，其相去如此。

就颇能说明问题。而《家训·涉务》篇所说：

> 国之用材，大较不过六事：一则朝廷之臣，取其鉴达治体，经纶博雅；二则文史之臣，取其著述宪章，不忘前古；三则军旅之臣，取其断决有谋，强干习事；四则藩屏之臣，取其明练风俗，清白爱民；五则使命之臣，取其识变从宜，不辱君命；六则兴造之臣，取其程功节费，开略有术。

把军旅之臣和朝廷、文史等文职人员区别开来，也可见文武分途已成为颜之推等文士的共识。我前些日子还撰写了《论北齐的政治斗争》的文章，历举崔暹、崔季舒、杨愔、赵彦深、元文遥、祖珽等均以文职人员而致身权要参预朝政的事情。而《北齐书》卷五〇《恩幸·韩凤传》所说：

> 祖珽曾与凤于后主前论事，珽语凤云："强弓长矛，无容相谢；军国谋算，何由得争。"凤答曰："各出意见，岂在文武优劣。"……凤于权要之中，尤嫉人士，……每朝士咨事，莫敢仰视，动致呵叱，……若见武职，虽厮养末品，亦容下之。

便是北齐后期文武之间由于分途而出现的裂痕。在此山东、江左两先进地区的影响之下，文武合一的关陇集团自无从维系过久。正如陈寅恪先生在《隋唐制度渊源略论稿》中所指出杨隋典章制度实多采用北齐和梁陈，而并未因袭宇文泰授意苏绰、卢辩附会《周官》所创制的货色一样，在文武分合上杨隋也必然趋同于北齐、梁陈。关陇集团到这时开始解体乃是历史发展的必然趋势，并不有赖于其后武曌个人的努力。

〔附记一〕我另有《论北齐的文化》的文章，发表在《陕西师大学报》哲学社会科学版1994年第4期上，与这篇文章有相互发明之处，可资参考。又唐初太宗用人之不因袭关陇集团陈规，汪篯先生《唐太宗之拔擢山东微族与各集团人士之并进》（收入《汪篯隋唐史论稿》）实已有所论述，十余年前我写过《论武德贞观时统治集团的内部矛盾和斗争》一文（收入陕西师范大学《唐史论丛》第一辑），且兼论及唐高祖的用人，惜均未在文武分途上着笔，因在本文草成后又写了篇《关陇集团到唐初是否继续存在》以事申说。

〔附记二〕有人提出当年岑仲勉先生已对武曌始破坏关陇集团之说提出异议。案所说见岑先生旧著《隋唐史》卷下第十八节，但止指出李唐太宗时所命将相之多非关陇人士，并未上溯杨隋，故拙文似仍有问世之需要。

（原载《学术集林》卷九，1996年12月）

说隋末的骁果

——兼论我国中古兵制的变革

前言

隋大业十四年（也就是李渊所立的傀儡隋恭帝义宁二年）三月十日夜发生了江都之变，在江都郡治所江阳（即今江苏扬州）的隋炀帝杨广被杀。《隋书》卷四《炀帝纪》记其事说：

> 右屯卫将军宇文化及，武贲郎将司马德戡、元礼，监门直阁裴虔通，将作少监宇文智及，武勇郎将赵行枢，鹰扬郎将孟景，内史舍人元敏，符玺郎李覆、牛方裕，千牛左右李孝本、弟孝质，直长许弘仁、薛世良，城门郎唐奉义，医正张恺等以骁果作乱，入犯宫闱，上崩于温室。

其曲折则备见于《隋书》卷八五《宇文化及传》，略谓：

> 是时李密据洛口，炀帝惧，留淮左，不敢还都。从驾骁果多关中人，久客羁旅，见帝无西意，谋欲叛归。时武贲郎将司马德戡总领骁果，屯于东城，风闻兵士欲叛，未之审，遣校尉元武达阴问骁果，知其情，因谋构逆。共所善武贲郎将元礼、直阁裴虔通互相扇惑，……

又转告内史舍人元敏，鹰扬郎将孟秉，符玺郎李覆、牛方裕，直长许弘仁、薛良，城门郎唐奉义，医正张恺等，……并相然许。时李孝质在禁，令骁果守之，中外交通，所谋益急。赵行枢者，乐人之子，家产巨万，先交〔宇文〕智及，勋侍杨士览者，宇文甥，二人同告智及。……即共见德戡，期以三月十五日举兵同叛，劫十二卫武马，虏掠居人财物，结党西归。智及曰："不然，当今天实丧隋，英雄并起，同心叛者，已数万人，因行大事，此帝王业也。"德戡然之。行枢、薛良请以〔智及兄〕化及为主。……义宁二年三月一日，德戡欲宣言告众，恐以人心未一，更思谲诈以胁骁果，……〔使〕许弘仁、张恺……言陛下闻说骁果欲叛，多酝毒酒，因享会尽鸩杀之，独与南人留此。……骁果闻之，递相告语，谋叛逾急。德戡知计既行，遂以十日总召故人，论以所为。……其夜，奉义主闭城门，乃与虞通相知，诸门皆不下钥。至夜三更，德戡于东城内集兵得数万人，举火与城外相应。……孟秉、智及于城外得千余人，劫候卫武贲冯普乐，共布兵分捉郭下街巷。至五更中，德戡授虞通兵，以换诸门卫士。虞通因自开门，领数百骑至成象殿，杀将军独孤盛。武贲郎将元礼遂引兵进，宿卫者皆走。虞通进兵……执帝。……至旦，孟秉以甲骑迎化及，……入朝堂，号为丞相。……遣令狐行达弑帝于宫中，又执朝臣不同己者数十人及诸外戚，无少长害之，唯留秦孝王子浩，立以为帝。十余日，夺江都人舟楫，从水路西归。

案《隋书》纪传是在唐太宗贞观十年正月就修成进上的，主持其事的魏徵和参预者颜师古、孔颖达、许敬宗都是在隋末已露头角的人物，而宇文化及之弟、身历江都之变的宇文士及入唐后在贞观初且位至宰相，搜执炀帝的裴虞通也归唐任职，虽然最后被除名徙于岭表，所以这些记载应是根据当事人口述的第一手史料。当年汪篯先生所撰论文《宇文化及之杀炀帝及其失败》（收入《汪篯隋唐史论稿》，1981年中国社会科学出版社本），即曾据此论证政变发动者司马德戡、宇文化及等人"世业皆在关陇"，因思归而谋叛，但对叛变所用的武力——骁果的来龙去脉，则尚未能涉及。这当缘文献短缺，缺乏完整的记载可资凭借之故，需要另作一番拾遗补阙的工作。

骁果的出现及其编制

要考证骁果，自得首先查看原为唐高宗显庆元年修成进上的《五代史志》——即编入《隋书》里的志。不过当时还没有修兵志的习惯（开始有兵志是北宋时修的《新唐书》），兵的事情都附在官制里讲。试看讲隋官的卷二八《百官志》，隋文帝时是没有出现骁果的，骁果的出现是在炀帝改制以后。志里说：

> 炀帝即位，多所改革。三年定令：……改左右卫为左右翊卫，左右备身为左右骑卫，左右武卫依旧名，改领军为左右屯卫，加置左右御，改左右武候为左右候卫，是为十二卫。又改领左右府为左右备身府。左右监门依旧名。凡十六府。

这是大业三年定令改革后的兵制的大框架。其中"十二卫……统诸鹰扬府"，也就是管领传统的府兵，"左右监门府……掌门禁守卫"，都不领骁果，掌领骁果的是左右备身府。志里左右备身府条的全文是：

> 左右领左右府，改为左右备身府。各置备身郎将一人，又各置直斋二人以贰之，并正四品，掌侍卫左右。统千牛左右、司射左右各十六人，并正六品。（原注：千牛掌执千牛刀宿卫，司射掌供御弓箭。）置长史，正六品。录事、司兵、仓、骑参军等员，并正八品。有折冲郎将各三人，正四品，掌领骁果，又各置果毅郎将三人以贰之，从四品。其骁果，置左右雄武府雄武郎将以领之，以武勇郎将为副员，同鹰扬、鹰击，有司兵、司骑二局，并置参军事。

旧史行文有时不易看清其头绪脉络，而通行中华书局本的标点有时也较混乱，所以这里要重新点过，并作如下的解释：

（1）备身郎将和直斋是左右备身府的正副长官（左备身府和右备身府各置一备身郎将、二直斋），千牛左右、司射左右（这两个"左右"不是像左右备身府之为一左一右，而是指伺候在天子的左右，和领左右府的"左右"是一个意思）以及长史和录事、司兵、仓、骑参军，都是备身府里的官员。他们都不直接掌领骁果。

（2）在左右备身府下另设折冲郎将各三人，果毅郎将各三人，作为掌领骁果的长官，他们分别为正四品、从四品，和左右备身府的长官备身郎将、直斋是同一品秩。其分工是备身郎将、直斋管备身府事，折冲、果毅郎将掌领骁果，从现存文献来看后者并无受前者指挥的迹象。

（3）说置左右雄武府雄武郎将领骁果，以武勇郎将为副员，又说同鹰扬、鹰击。而据志十二卫条，鹰扬郎将、鹰击郎将为府兵的鹰扬府的正副长官，则知骁果的编制也同于府兵，雄武府相当于鹰扬府，雄武郎将、武勇郎将相当于鹰扬郎将、鹰击郎将。但府兵的鹰扬府为数至多（隋炀帝时鹰扬府为数虽不明，但从唐代府兵有六百多折冲府来看，也应有好几百），而这里只说左右雄武府者，当是此等雄武府名义上分属左右备身府，一如府兵之分属十二卫，而其左或右雄武府均为数甚多，并非仅有一左一右两个。

正因为骁果和左右备身府并无直接关系，左右备身府的长官备身郎将、直斋等并不掌领骁果而自有其在天子左右宿卫侍从的任务，所以大业三年定令改左右府为左右备身府时，还不曾招募骁果，招募建立这支府兵之外的兵力，是大业九年的事情。《隋书》卷四《炀帝纪》说：

〔大业〕九年春正月丁丑，征天下兵，募民为骁果，集于涿郡。……辛卯，置折冲、果毅、武勇、雄武等郎将官，以领骁果。

撰修《百官志》时为行文方便把这九年的事情记到三年之下，读史者不可误会。

至于隋炀帝何以要把这新招募的兵力放在左右备身府名下，自然是为了表明此兵力是不同于府兵的最可依仗的亲兵，初未意料在形势有异时也会变生肘腋。

招募骁果的原因

招募骁果的原因自然是感到兵力不足，而且原有的府兵制暴露了问题已不尽可用。

请注意募民为骁果是在大业九年正月，正是大业八年隋炀帝第一次远征高丽失利之后。《隋书》卷四《炀帝纪》记述这第一次远征高丽的始末是：

> 〔大业〕八年春正月辛巳，大军集于涿郡，……〔左右各十二军，〕总一百一十三万三千八百，号二百万，其馈运者倍之。癸未，第一军发，终四十日，引师乃尽，旌旗亘千里，近古出师之盛，未之有也。……三月……癸巳，上御师。甲午，临戎于辽水桥。戊戌，大军为贼所拒，不果济，右屯卫大将军、左光禄大夫麦铁杖，武贲郎将钱士雄、孟金叉等皆死之。甲午，车驾渡辽。大战于东岸，击贼破之，进围辽东。……五月，……于时诸将各奉旨，不敢赴机，既而高丽各城守，攻之不下。六月己未，幸辽东，责怒诸将。止城西数里，御六合城。七月壬寅，宇文述等败绩于萨水，右屯卫将军辛世雄死之。九军并陷，将帅奔还，亡（案当作"至"）者二千余骑。癸卯，班师。九月庚辰，上至东都。……十一月……甲申，败将宇文述、于仲文等并除名为民，斩尚书右丞刘士龙以谢天下。

案《通鉴》卷一八一大业八年六月己未后尚有"左翊卫大将军宇文述出扶

余道，右翊卫大将军于仲文出乐浪道，左骁卫大将军荆元恒出辽东道，右
翊卫将军薛世雄出沃沮道，左屯卫将军辛世雄出玄菟道，右御卫将军张瑾
出襄平道，右武候将军赵孝才出碣石道，涿郡太守检校左武卫将军崔弘昇
出遂城道，检校右御卫虎贲郎将卫文昇出增地道，皆会于鸭绿水西"的记
载，就是此《炀帝纪》所谓"九军并陷"的九军，也就是左右各十二军共
二十四军中的九军。所以《隋书》卷六一《宇文述传》说"初渡辽九军三
十万五千人，及还至辽东城，唯二千七百人"者，是指损失了这九军三十
万五千人中的三十万二千三百人。当然如《炀帝纪》所说此行二十四军总
共有一百一十三万三千八百人，除去渡辽九军的三十万五千人外，未渡辽
的十五军还应有八十二万八千八百人，其中扣除点小损失，另加九军中逃
回辽东城的二千七百人，这次远征高丽的隋军还应剩下八十万人光景。但
损失仍在三十万以上，不能不说十分惨重。

这时隋朝的兵主要是府兵。而府兵当年在灭齐平陈中何等得力，到这
时却如此不济事者，原因自极复杂。陈寅恪先生在《唐代政治史述论稿》
下篇"外族盛衰之连环性及外患与内政之关系"中即曾指出："中国东北
方冀辽之间其雨季在旧历六七月间，而旧历八九月至二三月又为寒冻之时
期。故以关中辽远距离之武力而欲制服高丽攻取辽东之地，必在冻期已过
雨季未临之短时间获得全胜而后可。否则，雨潦泥泞冰雪寒冻皆于军队士
马之进攻粮粮之输运已甚感困难，苟遇一坚持久守之劲敌，必致无功或覆
败之祸。"但尚有根本之点未为前贤所指出，即此时的府兵已由灭齐平陈
时的兵农分离而转为兵农合一，从而极大地影响了战斗力。

府兵之由兵农分离转为兵农合一，是隋文帝杨坚的一大措施。《隋书》
卷二《高祖纪》说：

〔开皇〕十年……五月乙未，诏曰："魏末丧乱，宇县瓜分，役车
岁动，未遑休息。兵士军人，权置坊府，南征北伐，居处无定。家无
完堵，地罕包桑，恒为流寓之人，竟无乡里之号，朕甚愍之。凡是军
人，可悉属州县，垦田籍帐，一与民同，军府统领，宜依旧式。罢山

> 东河南及北方缘边之地新置军府。"

案这条史料自陈寅恪先生《隋唐制度渊源略论稿》第六章"兵制"引用以来，已为谈府兵者所熟知，但似均未作过简单明了的解释。其实一读此《高祖纪》，便知这是开皇九年正月平陈，四月"大赦天下"，"时朝野物议，咸愿登封"，在一片寰宇混一、共庆太平的气氛之中发出的诏令。认为从此不再需要大规模用兵，可以让原先"权置坊府，居处无定，家无完堵，地罕包桑"的府兵，和不充任府兵的普通农户一样"悉属州县"。"垦田籍帐，一与民同"者，是因为府兵原先是不像普通农户那样有籍帐的。《隋书》卷二四《食货志》说北周武帝扩充府兵"募百姓充之，除其县籍"可证。现在则可以和普通农户一样编造籍帐，有权利获得土地耕种，用这种办法让充任府兵的家庭自己养活自己，从而省却了原先供养府兵的大笔财政开支。和普通农户不同者，则是"军府统领，宜依旧式"，即原先的府兵任务不变，从而也不必像普通农户那样缴纳租调和服劳役，因此《食货志》里会有炀帝"增置军府，扫地为兵，自是租赋之入益减"的说法。而这种不必缴纳租调、不必服劳役，同时又没有多少征战任务，对府兵及其家庭来说，也是很合算的。所以隋文帝开皇十年下诏作此兵农合一的措施，在当时应说是比较有头脑的。

无如天下的事情很难一厢情愿地打如意算盘。《隋书·高祖纪》就有开皇十八年二月"以汉王谅为行军元帅，水陆三十万伐高丽"的纪事，同年九月"汉王谅师遇疾疫而死者十八九"。不过隋文帝处事还是谨慎稳妥的，修《隋书》的史臣对他仍有"二十年间，天下无事，区宇之内晏如"的赞语。到炀帝动员一百多万人马远征高丽，就乱套了。"垦田籍帐，一与民同"已以农耕为业的府兵多数不再愿意背井离乡长时期远征，致使田亩荒弃，其家口无以为生。《隋书》卷三《炀帝纪》大业七年十二月所说：

> 于时辽东战士及馈运者填咽于道，昼夜不绝，苦役者始为群盗。甲子，敕都尉、鹰扬与郡县相知追捕，随获斩决之。

即已暴露了兵农合一的府兵不宜远征的弱点。自然光"追捕""斩决"也不是办法，《隋书》卷四《炀帝纪》又记载大业八年二月甲寅下诏说：

> 朕观风燕裔，问罪辽滨。文武协力，爪牙思奋，莫不执锐勤王，舍家从役，罕蓄仓廪之资，兼损播殖之务。朕所以夕惕愀然，虑其匮乏。虽复素饱之众，情在忘私，悦使之人，宜从其厚。诸行从一品以下，伙飞、募人以上家口，郡县宜数存问。若有粮食乏少，皆宜赈给，或虽有田畴，贫弱不能自耕种，可于多丁富室劝课相助。使夫居者有敛积之丰，行役无顾后之虑。

案《隋书·百官志》记炀帝大业三年定令十二卫府兵的军士，"左右卫所领名为骁骑，左右骁卫所领名豹骑，左右武卫所领名熊渠，左右屯卫所领名羽林，左右御卫所领名射声，左右候卫所领名伙飞，而总号卫士"，则诏中所说"伙飞以上"，即指府兵而言。诏中既指出府兵为何有"顾后之虑"，又提出对府兵家口"存问""赈给"，叫"多丁富室劝课相助"等补救办法，当然这一纸空文未必能真有实效。但又不能来个倒退，叫府兵重新脱离州县、脱离土地而仍由国家供养。为了保持并增强战斗力，就需要在府兵以外招募一支完全脱离农业生产的专业化新军——骁果，来作为国家实际上依靠的主力。所以前引《炀帝纪》大业九年正月丁丑条说"征天下兵，募民为骁果"，前者"征天下兵"是再征集第一次动员后留在地方上不曾赴敌的府兵，"募民为骁果"则是另行招募真能战斗的新军。这么做是否受了大业八年诏中提到的"募人"的启发，自很难说。但《炀帝纪》还记本年八月甲辰"制骁果之家蠲免赋役"，要使之完全解除"顾后之虑"以甘心卖命，则是绝无疑问的。

这是我国兵制史上一次有重大影响的改革，说明在大一统的局面下，继续实行地区政权的府兵制是行不通而必然要走上募兵制道路的。至于后来唐太宗贞观十年之称府兵之府为折冲府，府的正副长官为折冲都尉、果毅都尉，都借用了骁果制的折冲、果毅郎将之称，怕还是小焉者了。

骁果的兵力及其分布

骁果在当时究竟招募了多少？使用在哪些方面？旧史更未尝系统讲述，只能作点零星的钩稽。

《隋书》卷六四《沈光传》说：

> 沈光，字总持，吴兴人也。父君道，仕陈为吏部侍郎，陈灭，家于长安。皇太子勇引署学士，后为汉王谅府掾，谅败除名。光少骁捷，善戏马，为天下之最。略综书记，微有词藻，常慕立功名，不拘小节。家甚贫窭，父兄并以佣书为事，光独跅弛，交通轻侠，为京师恶少年之所朋附。人多赡遗，得以养亲，每致甘食美服，未尝困匮。初建禅定寺，其中幡竿高十余丈，适遇绳绝，非人力所及，诸僧患之。光见而谓僧曰："可持绳来，当相为上耳。"诸僧惊喜，因取而与之。光以口衔索，拍竿而上，直至龙头。系绳毕，手足皆放，透空而下，以掌拒地，倒行数十步。观者骇悦，莫不嗟异，时人号为"肉飞仙"。大业中，炀帝征天下骁果之士以伐辽左，光预焉。同类数万人，皆出其下。光将诣行在所，宾客送至灞上者百余骑。光酹酒而誓曰："是行也，若不能建立功名，当死于高丽，不复与诸君相见矣。"及从帝攻辽东，以冲梯击城，竿长十五丈，光升其端，临城与贼战，短兵接，杀十数人。贼竞击之而坠，未及于地，适遇竿有垂絙，光接而复上。帝望见，壮异之，驰召与语，大悦，即日拜朝请大夫，赐宝刀良马，恒致左右，亲顾渐密。未几，以为折冲郎将，赏遇优重。帝每推食解衣以赐之，同辈莫与为比。

其时所招募的骁果当多属这类轻侠恶少年，其战斗力自非有"顾后之虑"的府兵所能比拟，沈光只是其佼佼者而已。同时，这类轻侠恶少年又最易成为天子的亲信武力，沈光之受宠遇也不能看作出乎常情之外的特例。

沈光等骁果的参与远征高丽，是在大业九年三月第二次大进军时（《通鉴》即将沈光升冲梯竿攻城记在这年四月里）。这次大进军到同年六月因杨玄感反隋而班师。《隋书》卷四《炀帝纪》记六月庚午"上班师"的同时"遣左翊卫大将军宇文述、左候卫将军屈突通等驰传发兵以讨玄感"，很可能有一部分骁果也参加了讨击杨玄感的战斗。因为后来屈突通在抵御李渊的战役中确已统率着大量骁果，如《大唐创业起居注》卷二记李渊兵临霍邑时就有"西京留守代王遣骁将兽牙郎将宋老生率精兵二万拒守，又遣左武候大将军屈突通将辽东兵及骁果等数万余人据河东与老生相影响"的明文（《通鉴》卷一八四宋本作"代王侑遣虎牙郎将宋老生帅精兵二万屯霍邑，左武候大将军屈突通将骁果数万屯河东以拒渊"，即据《创业起居注》改写，胡身之注本无"将骁果数万"五字，脱漏不足据）。而杨玄感的反隋是炀帝的腹心大患，从情理上讲，不会不抽调战斗力强于府兵的骁果让屈突通等带去征讨。

大业十一年八月壬申炀帝巡北塞时在雁门为突厥所围，九月甲辰解围，在此期间骁果也起了作用。《册府元龟》卷三九六"将帅部·勇敢门"便录有"唐张瑾初仕隋世，历职显贵，炀帝被围于雁门也，瑾以骁果出城击战，一日九捷，炀帝登城望之，大悦，赐物二千段，拜右翊卫大将军"的史料，此张瑾者即是《隋书》卷六一《宇文述传》所说"左卫将军张瑾与述连官，尝有评议，偶不中意，述张目叱之，瑾惶惧而走"的张瑾，也是《旧唐书》卷一九四上《突厥传》所说唐高祖武德八年七月颉利可汗"袭将军张瑾于太原，瑾全军并没，脱身奔于李靖"的张瑾。同一人何以前勇而后怯，难道当年全凭骁果才能获得"一日九捷"的战果？至于《炀帝纪》说被围雁门时曾有"甲申，诏天下诸郡募兵，于是守令各来赴难"的事情，是增募骁果还是另募其他新兵，则旧史别无明文，姑从阙疑。

大业十二年七月炀帝去江都时，以故太子昭的第三子越王侗和段达、元文都、韦津、皇甫无逸、卢楚等在东都洛阳总留后事，又令屈突通镇京师长安辅佐故太子昭的长子代王侑，自此屈突通更成为举足轻重的人物。

其事实除略见前引《大唐创业起居注》外，要以《旧唐书》卷五九《屈突通传》所述为详备，传中说：

> 炀帝幸江都，令通镇长安，〔唐高祖李渊〕义兵起，代王遣通进屯河东。既而义师济河，大破通将桑显和于钦马泉，永丰仓又为义师所克。通大惧，留鹰扬郎将尧君素守河东，将自武关趋蓝田以赴长安。军至潼关，为刘文静所遏，不得进，相持月余。通又令显和夜袭文静，诘朝大战，义军不利。显和纵兵破二栅，惟文静一栅独存，显和兵复入栅而战者往覆数焉。文静为流矢所中，义军气夺，垂至于败。显和以兵疲，传餐而食，文静因得分兵以实二栅。又有游军数百骑自南山来击其背，三栅之兵复大呼而出，表里齐奋，显和军溃，仅以身免，悉虏其众，通势弥蹙。或说通归降，通泣曰："吾蒙国重恩，历事两主，受人厚禄，安可逃难，有死而已。"……劳勉将士，未尝不流涕，人亦以此怀之。高祖遣其家僮召之，通遽命斩之。通闻京师平，家属尽没，乃留显和镇潼关，率兵东下，将趋洛阳。通适进路，而显和降于刘文静，遣副将窦琮、段志玄等率精骑与显和追之，及于稠桑。通结阵以自固，窦琮纵通子寿令往谕之，通……命左右射之。显和呼其众曰："京师陷矣，汝并关西人，欲何所去？"众皆释仗。通知不免，乃下马东南向再拜号哭，曰："臣力屈兵败，不负陛下，天地神祇，实所鉴察。"遂擒通送于长安。……高祖曰："隋室忠臣也。"命释之，授兵部尚书，封蒋国公，仍为太宗行军元帅长史。从平薛举，……寻以本官判陕东道行台仆射，复从太宗讨王世充，……大兵围洛阳，窦建德且至，太宗中分麾下以属通，令与齐王元吉围守洛阳。世充平，通功为第一。寻拜陕东大行台右仆射，镇于洛阳。……

又贞观二年十一月二十八日所瘗屈突通墓志（今藏千唐志斋，周绍良先生《唐代墓志汇编》1992年上海古籍出版社本贞观〇〇七号录文），以行文骈俪之故转不若此《旧传》翔实。看《旧传》屈突通及其所率战将桑显和实已成为李渊略定关中的最大阻力。而所以如此，自缘屈突通拥有其时最具战斗力的骁果，如《创业起居注》所说加上辽东归来之府兵有数万余人之多。即桑显和之善战也由于所部多是骁果，如《创业起居注》卷二便有"〔屈突〕通闻孙华导〔义师左统军王〕长谐等渡河，果遣兽牙郎将桑显和率骁果精骑数千人夜驰掩袭长谐等军营"的记载。而屈突通个人对隋室的忠贞只好说是次要的，否则他何以在最后仍降唐并为之尽力。至于屈突通所率这支庞大的骁果部队，据《旧唐书》卷一《高祖纪》说"屈突通自潼关奔东都，刘文静等追擒于阌乡，虏其众数万"，则这以骁果为主的数万人实已尽随屈突通归于唐室。所以高祖李渊之重用屈突通，并让他随同李世民征薛举、取王世充，在取王战役中李世民且让他与齐王元吉共负围守洛阳的重任，也不仅是鉴于他的忠义，更主要的是要利用他来统率这支庞大的骁果部队投入战斗，足见这骁果在唐室的统一战争中还起了积极作用。《旧唐书·屈突通传》之所以不著"骁果"字样者，当是由于骁果在江都之变中已落了个弑君的坏名声，因而《旧传》所本的唐国史《屈突通传》就回避了"骁果"一词，不像《创业起居注》是当时的原始记录未考虑到回避。墓志之不著"骁果"当也出于这个原因。加以这部分战士在归唐后自不会继续称作骁果，因而在平薛、攻取王世充等战役中不复重见骁果之称。

屈突通的这一大批骁果，从《旧传》所说是"并关西人"，是和沈光一样都是从关中招募来的。

骁果中更多的其时当应随驾驻江都。除前引《隋书》卷八五《宇文化及传》所说"从驾骁果多关中人"，又说"时武贲郎将司马德戡总领骁果，屯于东城"，变乱时"德戡于东城内集兵得数万人"外，尚有《隋书》同卷《司马德戡传》说：

> 迁武贲郎将，炀帝甚昵之，从至江都，领左右备身骁果万人，营于城内，因隋末大乱，乃率骁果谋反。

又《宇文化及传》记化及北上与李密作战不利后说：

> 其将陈智略率岭南骁果万余人，张童儿率江东骁果数千人，皆叛
> 归李密。化及尚有众二万，北走魏县。

《旧唐书》卷五四《窦建德传》记建德擒斩宇文化及后说：

> 得隋文武官及骁果尚且一万，亦放散，听其所去。

《隋书》卷八五《王〔世〕充传》记世充战胜李密后说：

> 降其将张童儿、陈智略。

《旧唐书》卷二《太宗纪》记武德三年李世民攻东都时说：

> 九月，太宗以五百骑先观战地，卒与世充万余人相遇，会战，复
> 破之，斩首三千余级，获大将陈智略，世充仅以身免。

卷五四《王世充传》记世充降李世民，世民入东都后说：

> 收世充党与段达、杨汪、单雄信、阳公卿、郭士衡、郭什柱、董
> 濬、张童仁（即张童儿，《通鉴》卷一八九武德四年五月丁卯条即作
> 张童儿）、朱粲等十余人，皆戮于洛渚之上。

《唐大诏令集》卷一一五武德四年八月《张镇州淮南道安抚等诏》说：

> 三楚之地，江山迤阻。五岭之表，经途辽复。自有隋失驭，盗贼
> 交侵，声教莫通，方隅久绝。……左武候将军黄国公张镇州、大将军

合浦县公陈智略，二方首族，早从历任，思展诚效，缉宁州里，镇州可淮南道行军总管，智略可岭南道行军总管，以安抚之。

又《旧唐书》卷五九《丘和传》说：

　　和为交趾太守，既至，抚诸豪杰，甚得蛮夷之心。会炀帝为化及所弑，鸿胪卿宁长真以郁林、始安之地附于萧铣，冯盎以苍梧、高凉、珠崖、番禺之地附于林士弘，各遣人召之，和初未知隋亡，皆不就。……会旧骁果从江都还者，审知隋灭，遂以州从铣。及铣平，和以海南之地归国。

综上记述，可看到在江都随驾的骁果至少是从关中、江东、岭南三个地区分别招募来的（为什么不见从山东地区招募来的，是史文缺佚抑真的不曾从山东招，已不得而知）。其人数及其结局分别是：

（1）关中招募来的，据《司马德戡传》说是所领"骁果万人"，江都之变后宇文化及率师北上，司马德戡又"谋袭化及"不克被杀，原为德戡所领的骁果当因此有所损失。但其后化及与李密作战不利，所率江东、岭南的骁果降附李密后，据《宇文化及传》"化及尚有众二万"，化及被窦建德擒斩，据《旧唐书·窦建德传》说"得隋文武官及骁果尚且一万"，则原先关中招募骁果之在江都随驾的必不止如《司马德戡传》所说仅"万人"，而至少应在二万以上。因此《宇文化及传》所说"德戡于东城内集兵得数万人"的"数万人"，当即随驾关中骁果的总数，《司马德戡传》说所领"万人"实系行文的疏略。至于化及被擒斩后留下的一万关中骁果的结局，《窦建德传》虽说"放散，听其所去"，但从情理来讲必回归其故乡关中，而终于为已据有关中的唐室所利用。而窦建德止以山东、河北地区之军事领袖自居，不能抚循此一部分关中武力，其气局之欠恢宏，较李渊父子之能广用关陇以外人才武力实在差得远了。

（2）《宇文化及传》说："其将陈智略率岭南骁果万余人，张童儿率江

东骁果数千人，皆叛归李密。"《王世充传》又说，王世充战胜李密，"降
其将张童儿、陈智略"。则此江东、岭南两支骁果又必随之而为王世充所
有。但其人数，在江都之变以前必不止《宇文化及传》所说"数千""万
余"，因为江东、岭南的骁果肯定不会都跟随宇文化及北上。如《旧唐
书·丘和传》就说炀帝死后"旧骁果"有从江都回到岭南的，可见变乱前
随驾江都的岭南骁果必超过宇文化及时的"万余人"而要接近二万之数。
又《隋书·沈光传》说到江都之变后，沈光和麦孟才、钱杰等将为炀帝复
仇，"孟才为将军，领江淮之众数千人，期以营将发时，晨起袭化及"，事
泄被害。这"江淮之众数千人"也很有可能是从江淮招募的江东骁果，在
这次复仇行动失败后自必又遭受损失，则未损失时随驾的江东骁果总得上
万之数，而绝不止张童儿所率北上的数千人。

（3）张童儿归降王世充后一直为世充尽力，这自然由于王世充的基本
队伍如《隋书·王充传》所说是所"募江都万余人"，和张童儿的江东骁
果有乡里之情的缘故。最后世充失败，张童儿被诛戮，这批江东骁果必为
唐室收编使用。陈智略据《旧唐书·太宗纪》在其先已为李世民擒获，其
所率岭南骁果自随之而为唐所有。这支岭南骁果的人数本有"万余"，《太
宗纪》说这次战斗"与世充万人遇"者当多数为此岭南骁果，被"斩首三
千余级"则归唐的仍将及万人，仍是一支较有战斗力的精兵。所以武德四
年五月洛阳平定之后，到同年八月陈智略便被任命为岭南道行军总管，就
因为他能指挥这支兵力。另外在江都之变后就南归的岭南骁果最后也随丘
和归唐，已如上所说。

江都随驾的骁果如上所说有关中招募来的数万，岭南来的近二万，江
东的上万，再加上屈突通所率镇守长安的关中骁果数万，炀帝所募集的骁
果总兵力当超过了十万。

骁果的将领

最后说统率骁果的将领。

大业九年远征高丽时应募为骁果的沈光，《隋书》本传说他因功升擢为折冲郎将。按之《隋书·百官志》，这折冲郎将是备身府掌领骁果的长官，符合制度不存在问题。但赵万里先生《汉魏南北朝墓志集释》图版四八二《邓□墓志》里却有"大业……九年转尚义府鹰扬郎将，领亡身子弟、骁果等色"的文字。这"亡身子弟"与本题无关，姑置不论，领"骁果等色"的鹰扬郎将如前所说却不是备身府骁果系统的长官，而是府兵的鹰扬府长官。为醒目起见不妨将《隋书·百官志》所述大业三年改革后府兵系统的编制再移录在这里，即：

> 十二卫，各置大将军一人，将军二人，总府事，并统诸鹰扬府。改骠骑为鹰扬郎将，正五品，车骑为鹰扬副郎将，从五品。……每卫置护军四人，掌副贰将军，将军无则一人摄。寻改护军为武贲郎将，正四品，而置武牙郎将六人副焉，从四品。……鹰扬府，每府置鹰扬郎将一人，正五品，副鹰扬郎将一人，从五品。……五年，又改副郎将并为鹰击郎将。

可见刚招募了骁果时就出现由府兵系统官员来率领骁果的情况。

这种情况以后不断出现，而且常有以府兵系统十二卫长官的身份来指挥骁果的事情。前引《册府元龟》"将帅部·勇敢门"说大业十一年雁门之围中张瑾"以骁果出城击贼"，有功拜右翊卫大将军，又据《隋书·宇文述传》，此张瑾前此应是左卫将军。不论左卫将军或右翊卫大将军，都是十二卫的长官而不是备身府骁果系统的长官。

以后统率数万骁果镇守长安并与李渊抗衡的屈突通，前引《大唐创业起居注》说他当时任左武候大将军，《旧唐书》本传说他"大业中累转左骁卫大将军"，《隋书》卷七一有他所率将领尧君素的传，也说他当时是骁卫大将军，屈突通的墓志则说大业十一年他"持节关右"时是"授左光禄大夫，迁右骁、左候二卫大将军"。不论是右骁卫、左骁卫或左候卫的大将军，又都是府兵系统的十二卫长官而不是备身府骁果系统的长官。屈突通所率领的尧君素，在尧本传里说炀帝嗣位后"累迁鹰击郎将"，《屈突通传》说留尧守河东时尧已是鹰扬郎将。屈突通所率的另一将领桑显和，在《大唐创业起居注》上有"率骁果精骑数千人"明文的，其官职《起居注》说是兽牙郎将。这兽牙郎将即《百官志》所说的武牙郎将，本来应称虎牙郎将，因唐人避太祖李虎名讳改为武牙、兽牙，和鹰扬郎将、鹰击郎将又都不属备身府骁果系统而属于府兵系统。

在江都随驾的骁果将领中，最有权势并成为政变主角的司马德戡是武贲郎将，如前所说有可能率领数千江东骁果的麦孟才，据《隋书》卷六四本传也是武贲郎将。这武贲郎将是武牙郎将的正职，和虎牙一样本应作虎贲，因避李虎讳改，是府兵十二卫中仅次于大将军、将军的重要官职。此外率领江东骁果的张童儿、率领岭南骁果的陈智略官职不明（前引《唐大诏令集》武德四年八月诏中所说已是陈智略归唐后的官职）。真正担任备身府骁果系统官职的只有一个武勇郎将赵行枢，但此赵在政变中所起的作用远不能和总领骁果的武贲郎将司马德戡相比拟。

为什么常由府兵系统的将领来统率骁果，又是史无明文可稽。这里只能引用点后来唐代府兵的事情供参考。

唐代府兵并不担任中央宫城的禁卫，禁卫宫城的禁军自高宗以后由另成系统的左右羽林军充任，这点陈寅恪先生在《唐代政治史述论稿》中篇"政治革命及党派分野"里已讲得很明白。我在旧作《说马嵬驿杨妃之死的真相》（刊《学林漫录》五集，1982年4月中华书局本）里则考证过王毛仲及禁军将领葛福顺、唐地文等因在玄宗夺取政权中立功，而与宦官高力士争宠终致失败的事情。但《旧唐书》卷一〇六《王毛仲传》开列了被贬的禁军将领名单，却作左领军大将军耿国公葛福顺、左监门将军卢龙子唐地文、右武卫将军成纪侯李守德、右威卫将军王景耀、右威卫将军高广济等，多是府兵系统十二卫的官衔，还有"掌宫禁门籍"的监门卫的官衔，而没有一个领有禁军系统左右羽林军的官衔。

《唐会要》卷七二"府兵"说："天宝八载五月九日，停折冲府上下鱼书，以无兵可交。至末年，折冲府但有兵额，其军士、戎器、六驮、锅幕、糗粮并废。"但以后府兵的官职名称依然存在。这方面谷霁光先生在《府兵制度考释》（1962年上海人民出版社本）的第七章第二节里作了讲述，说："如段秀实在天宝十二载由斥候府果毅改绥德府折冲，府兵军职仍为军将升转的一种依据；曲环在天宝中累任别将、果毅，天宝末至至德中由左清道率转羽林将军，才脱离卫府军职；杨朝晟于天宝以后直到建中以前，任甘泉府果毅，建中初升骠骑大将军，才脱离卫府军职；高庭辉在乾元二年仍任五台府果毅；索游鸾在大历元年为通化府折冲，这些都足以说明折冲府官职，是历久不废的。既有官职，也保留兵额。敦煌出土的唐户籍残卷，凡大历以前的都载明了丁中和卫士及队副、折冲等身份或官职，不过空有其名而已，那些官吏和卫士并非担负原来职掌。"

大业九年开始招募骁果，已是在炀帝第一次远征高丽失败、府兵暴露其弱点并大受折损之后，此后实际上出现了以骁果来逐步取代府兵的趋势，其用于江都随驾及镇守关中几全为骁果可以验证。因此这时候是不是也会出现像后来唐代的情况，即府兵败坏之后，其将领多已无本来应属其统带的府兵可统带，而将领的名额如天宝八载停折冲府上下鱼书以后那样依然沿袭下来，于是改用他们来统率骁果，如同玄宗初年之由带有府兵十二卫长官官衔的人来统率左右羽林军。这也是兵制变革过程中出现的一种特殊情况，值得读史者注意。

〔附记〕此文草成后请中国社会科学院历史研究所辛德勇研究员看过。德勇谓东瀛气贺泽保规教授曾有《以骁果制为中心论隋炀帝时代的兵制》一文刊于《陕西师大学报》哲学社会科学版1987年第1期，汉译即出德勇之手。因取阅一过，其所持论与拙文殊多违异，故拙文仍须问世，以乞正于研治隋唐兵制诸君子。

（原载《燕京学报》新三期，1997年8月）

对府兵制所以败坏的再认识

　　某些历史教科书上认为：府兵制是和均田制相结合的，是建立在均田制的基础之上的，均田制破坏了，府兵制才随之而败坏。在某些人心目中这几乎成了定论似的。

　　其实这个"定论"是大成问题的。早在1948年12月出版的《武汉大学社会科学季刊》第九卷第一号上，就刊登了唐长孺先生的论文《唐代军事制度之演变》，其中指出：

　　　　唐代自贞观以来即有东西二战线，在攻势战略下，使同时企图消灭两面之强敌，国力之不能担负，自不待论，然则非舍西而图东，即舍东而图西，如是则苟非两边皆有足资御敌之军队，自不免顾此失彼，左右支绌，因此在东线采取攻势时，西线必须维持其安全，以免牵动，易地亦然。军区①之成立亦所以适应此种局势，则不独在守势战略时有建立军区之必要，即采取攻势时亦必有一方面预为布置也。……

　　　　高宗之后军区制度确立，边防军额既增，屯戍之年限亦久，而关陇骑士又早易以耕稼之农夫，……社会风气又不足以鼓舞骑射之风。彼锄耰棘矜之农夫与弓刀既不相习，且人既土著，地不可移，乡里之念，深中人心，如此则征镇之役实非农民之所能胜任，而况道里悬

---

　　①　唐文称节度使管区为军区。

远，老死不归之长期屯戍乎。府兵制之由职业骑士进而为兵农合一，自制度言之为一大进步，且亦为应有之发展，然其破坏之因素亦即在此进步之中。当贞观、永徽之后，府兵制之破坏已见其端矣。

唐先生在这里并没有考虑均田和府兵的关系，即把府兵制所以败坏的原因分析得十分透彻。我是同意这种分析的。1949年冬我撰写大学毕业论文《论唐代河北藩镇及其相关问题》，在吕诚之（思勉）师处见到唐先生此文的抽印本[①]，曾有所引用。唐文多举河陇事例，拙文则疏说河北藩镇的由来，或可视为唐文的补充[②]。

但唐文主旨在于论证李唐府兵制之所以在高宗武太后时败坏不能维持，且易于给读者造成两面作战为府兵败坏主要原因的错觉。至于李唐以前、杨隋之时，唐文仅说：

> 炀帝征高丽一败之后，死丧之威足寒士心，于是逃亡者多，而不能不借募兵为弥补。

难免语焉不详之憾。近日重读《隋书》，撰写论文《说隋末的骁果——兼论我国中古兵制的变革》，发现府兵制的败象在隋炀帝时实已充分暴露，所惜本纪中有关重要史料尚未为治史者注意利用。因而感到有再写一篇专讲府兵制所以败坏的论文的需要，虽与说骁果文间有重复似尚无大碍，谅不致来一稿两用或两写之讥。

又有立仍得有破。教科书上均田破坏府兵随之败坏之说仍需批驳。因此将文章分写成上下篇，下篇说破而上篇言立。

---

① 唐长孺先生抗战前早在光华大学读附中时曾去大学部听诚之师讲课，是诚之师的学生。

② 拙文草成三十年后，卒改写成四篇分别刊登，所论河北藩镇的由来详见福建人民出版社《中国古代史论丛》1982年第2辑所刊登的《唐代河北藩镇与奚、契丹》一文。

上篇

府兵制之所以败坏，根子就在于兵农合一。

宇文泰初建府兵时并没有兵农合一。对此陈寅恪先生在《隋唐制度渊源略论稿》第六章"兵制"里已引用《北史》卷六〇传末所纪府兵建立时是"分团统领，是二十四军，每一团仪同二人，自相督率，不编户贯"，以及《周书》卷三《孝闵帝纪》元年八月甲午诏中所说"今二十四军宜举贤良堪治民者，军列九人"，得出"其府兵与农民迥然不同，而在境内为一特殊集团及阶级"的结论。这是完全正确的。《隋书》卷二四《食货志》所说北周武帝"建德二年改军士为侍官，募百姓充之，除其县籍，是后夏人半为兵矣"，是为了扩充府兵兵额以事吞灭北齐。但充任府兵后即不再是普通百姓而具有特殊身份，要"除其县籍"。这种兵虽本来是农，成为兵后却不再是农，依然是兵农分离而没有兵农合一。

府兵的真正兵农合一，是在隋文帝开皇十年。《隋书》卷二《高祖纪》说：

> 〔开皇〕十年……五月乙未，诏曰："魏末丧乱，宇县瓜分，役车岁动，未遑休息，兵士军人，权置坊府，南征北伐，居处无定，家无完堵，地罕包桑，恒为流寓之人，竟无乡里之号，朕甚愍之。凡是军人，可悉属州县，垦田籍帐，一与民同，军府统领，宜依旧式。"罢山东河南及北方缘边之地新置军府。

这条史料早在《隋唐制度渊源略论稿》"兵制"中就被引用，因而也为谈府兵者所熟知，但隋文帝为什么采取这种措施，似尚未见解说。其实只要把《隋书·高祖纪》通读一下，便会注意到这个诏令的发布时间正在平陈之后十六个月。开皇九年正月丙子，"获陈主叔宝，陈国平"，四月辛亥就"大赦天下"，因为这是自西晋丧乱以来，历经东晋南北朝分裂近三百年后才盼到的重归统一，因而"时朝野物议，咸愿登封"，出现一片海内共庆太平的景象。尽管隋文帝在七月丙午、十一月壬辰一再表示拒绝封禅，但到十二月甲子仍下诏说"制礼作乐，今也其时"，叫人"议定作乐"。十年五月乙未的诏令就是在这种气氛之下颁布的。隋文帝认为统一以后不再需要大规模用兵，所以在停罢"山东河南及北方缘边之地新置军府"的同时，再对整个府兵制度来一次改革，叫原先"权置坊府，居处无定，家无完堵，地罕包桑"的府兵，和不充任府兵的普通农户一样"悉属州县"。这些府兵原先不像普通农户那样要编造户籍册子——籍帐，所以前引《隋书·食货志》说北周武帝扩充府兵"募百姓充之"，要"除其县籍"。现在则"垦田籍帐，一与民同"，和普通农户同样编造籍帐，有权利获得土地耕种。隋文帝要用这种办法来使充任府兵的家庭自己养活自己，从而省却原先在平时供养府兵的大笔财政开支。当然这也不是说让府兵和普通农户完全一样不再有所区别，因为他们毕竟还是国家常备军的成员，所以要"军府统领，宜依旧式"，即仍旧归军府——骠骑府、车骑府统领，仍要担任未编籍帐未得垦田之前的府兵的老任务。这样不是比普通农户负担更重了吗？并不，因为这些获得垦田的府兵不需要像普通农户那样缴纳租调和服劳役，因此《隋书·食货志》里会有炀帝"增置军府，扫地为兵，自是租赋之人益减"的说法。这样只要不大规模用兵，没有多少征战任务，这种既有田可种，又不用缴纳租调不必服劳役的美事，对府兵及其家庭来说当然是十分乐意接受，他们较之普通农户是应有其优越感的。所以这种兵农合一并不真是府兵和普通农户的合一，合一后和普通农户再无区别，而只是指府兵自此有田可种，是在既当兵又从事农耕这个意义上的兵农合一。

隋文帝作出这种兵农合一、对政府对府兵都有好处的新措施，应说是颇有头脑、颇工心计的。无如天下的事情总难尽如人意，要保证从此以后不再大规模用兵，只能说是这位隋文帝在一厢情愿地打如意算盘。看《隋书·高祖纪》，到开皇十八年亦即隋文帝去世的前五年，就有二月"以汉王谅为行军元帅，水陆三十万伐高丽"，同年九月"汉王谅师遇疾疫而旋，死者十八九"的纪事。只因隋文帝处事谨慎稳妥,虽受损失还未伤元气,修《隋书》的史官对他仍有"二十年间,天下无事,区宇之内晏如"的赞语。问题的充分暴露要到隋炀帝手里。

问题是什么,就是"垦田籍帐,一与民同"的府兵再也不愿背井离乡作长时期远征,致使田园荒弃其家口无以为生。而隋炀帝在大业七年二月第一次下诏远征高丽不是像文帝晚年只用水陆三十万,而是如《隋书》卷四《炀帝纪》所说动员了二十四军一百一十三万三千八百人。而据《隋书》卷二九《地理志》,大业五年全国户不过八百九十万七千五百四十六,口四千六百一万九千九百五十六①,可见这次动员如此众多的府兵确已震动了全国。其恶果则如《隋书》卷二四《食货志》总序所描写的:

> 比屋良家之子,多赴于边陲,分离哭泣之声,连响于州县,老弱耕稼,不足以救饥馁,妇工纺绩,不足以赡资装。

到同年十二月就出现了《隋书》卷三《炀帝纪》所说的情况,即:

> 于时辽东战士及馈运者填咽于道,昼夜不绝,苦役者始为群盗。甲子,敕都尉、鹰扬与郡县相知追捕,随获斩决之。

自然光"追捕""斩决"也不是办法,隋炀帝又来软的一手,这就是《隋书》卷四《炀帝纪》大业八年二月甲寅下诏所说:

> 朕观风燕裔,问罪辽滨。文武协力,爪牙思奋,莫不执锐勤王,舍家从役,罕蓄仓廪之资,兼损播殖之务。朕所以夕惕愀然,虑其匮乏。虽复素饱之众,情在忘私,悦使之人,宜从其厚。诸行从一品以下,伙飞、募人以上家口,郡县宜数存问,若有粮食乏少,皆宜赈

---

① 这当然只是籍帐上的户口数,在籍帐作为征收赋税的依据时所登户口恒少于实际户口数。

给，或虽有田畴，贫弱不能自耕种，可于多丁富室劝课相助，使夫居者有敛积之丰，行役无顾后之虑。

案《隋书》卷二八《百官志》记炀帝大业三年定令，十二卫的府兵各有名称，"左右卫所领名为骁骑，左右骁卫所领名豹骑，左右武卫所领名熊渠，左右屯卫所领名羽林，左右御卫所领名射声，左右候卫所领名伏飞，而总号卫士"，则诏中所说"伏飞以上"即指府兵而言。诏中能承认兵农合一的府兵在"舍家从役"之后家里会"罕蓄仓廪之资，兼损播殖之务"，能提出用"郡县宜数存问，若有粮食乏少，皆宜赈给，或虽有田畴，贫弱不能自耕种，可于多丁富室劝课相助"等办法来解决，说明隋炀帝及其亲信参预决策者还是颇有头脑而绝非昏愦的。问题是在封建社会中叫郡县赈给点粮有时也许能够做到，叫富室去帮助府兵家属无偿耕种，来个贫富互助，实在又是在一厢情愿。结果自然无法做到"居者有敛积之丰，行役无顾后之虑"。而有"顾后之虑"的府兵实难说再有多少战斗力，这就是兵农合一后的府兵制非败坏不可的根本原因。隋炀帝这次远征高丽之所以败绩，渡辽九军三十万五千人返回的只剩有二千七百者，固如陈寅恪先生在《唐代政治史述论稿》下篇中指出是由于"中国东北方冀辽之间其雨季在旧历六七月间，而旧历八九月至二三月又为寒冻之时期。故以关中辽远距离之武力而欲制服高丽攻取辽东之地，必在冻期已过雨季未临之短时间获得全胜而后可。否则，雨潦泥泞冰雪寒冻皆于军队士马之进攻、糇粮之输运已甚感困难，苟遇一坚持久守之劲敌，必致无功或覆败之祸"。但所以不能在短时间内取胜，根本原因仍当在于其时府兵之有"顾后之虑"从而丧失战斗力。

对此尚可作进一步的证实，即隋炀帝在这首次远征失败之后，没有再在府兵身上多做文章，而另行招募名为"骁果"的新军，在中古军制史上作了一次改弦易辙的措施。其事在《隋书》卷四《炀帝纪》里有明文记述，说大业九年即初次远征失败后的明年"春正月丁丑，征天下兵，募民为骁果，集于涿郡。……辛卯，置折冲、果毅、武勇、雄武等郎将官，以领骁果"。又"八月……甲辰，制骁果之家蠲免赋役"。诚然府兵也能免掉赋役，但招募来的骁果其本身和兵农合一的府兵是不一样的。这从骁果中的代表人物沈光身上可以看得很清楚。《隋书》卷六四《沈光传》说："光少骁捷，善戏马，为天下最，……常慕立功名，……跌弛，交通轻侠，为京师恶少年之所朋附，……炀帝征天下骁果之士以伐辽左，光预焉，同类数万人，皆出其下。"其时所招募的骁果当多属于这类轻侠恶少年，他们自身本来就不从事农业生产，即使远征也不会像平时从事农耕的府兵那样有"顾后之虑"，相反他们家里还能获得"蠲免赋役"的好处，加之恶少年之流本多骁捷习于武事，其具有强大的战斗力自非府兵之所得比拟，所以隋炀帝要把它当成了自己的亲兵主力。《隋书》卷二八《百官志》说骁果是不属于府兵十二卫系统而由左右备身府的折冲郎将等掌领的，而左右备身府者本是"掌侍卫左右"的机构。

关于骁果的编制、实力等已备详拙撰《说隋末的骁果》论文，这里只列举若干史实，用以证实府兵到隋末确已多为骁果所取代。

有大批骁果参加的第二次远征高丽，因杨玄感反隋而班师，我推测平定杨玄感战役中即有屈突通所统率的骁果在起作用。大业十一年八月隋炀帝巡北塞时在雁门为突厥所围，《册府元龟》卷三九六"将帅部·勇敢门"即有张瑾"以骁果出城击战，一日九捷"的记载。解围回洛阳后还如《隋书·食货志》所说"益募骁果，以充旧数"。大业十二年炀帝去江都，在京师长安和东都洛阳均分别有所布置，洛阳有否骁果史无明文，长安则在军事上交付领有大批骁果的屈突通，其数据《大唐创业起居注》所说有"数万余人"①。《旧唐书》卷五九《屈突通传》所记屈突之所以成为李渊自河东入关时之大敌者，自即缘拥有此数万骁果之故。《旧唐书》卷一《高祖纪》说"屈突通自潼关奔东都，刘文静等追擒于阌乡，虏其众数万"，则此数万骁果已尽随屈突为唐室所有。唐室旋即起用屈突随太宗西征薛举，东讨王世充，在窦建德进援王世充时，太宗且任屈突以辅佐齐王

---

① 《创业起居注》原作"屈突通将辽东兵及骁果等数万余人"，但《通鉴》卷一八四宋本作"屈突通将骁果数万"，可见屈突所将实以骁果为主，骁果以外的辽东兵为数不会太多。

元吉困围洛阳，自也由于屈突能指挥此数万骁果。至于在江都随驾的武装则更以骁果为主，看《隋书》卷八五《宇文化及传》可知。其后司马德戡等奉宇文化及以骁果作乱杀炀帝，化及率众北上后"其将陈智略率岭南骁果万余人、张童儿率江东骁果数千人皆叛归李密"，同卷《王充传》又记陈、张归降王世充，王败后张童儿见杀于太宗，陈智略则事先已被太宗擒获，却于洛阳平定后即被任命为"岭南道行军总管"以安抚五岭之表，事见《唐大诏令集》卷一一五武德四年八月《张镇州淮南道安抚等诏》，自亦由于陈智略能指挥其所统率的岭南骁果。这些都说明其时骁果实已成为极能战斗的主力部队，府兵由于兵农合一不适宜远征已败坏而为招募来的骁果所取代。

结论是全国统一后兵农合一的府兵不堪远征，隋炀帝用之于远征高丽其败象已充分暴露，已决定其必然被淘汰的命运。

有人会说：既然如此，那到了唐初为什么又恢复府兵制，难道不吸取历史教训，何况唐初的府兵还很得力，能够取得统一战争的胜利。我在这里可作两点来回答。首先，历史固不会重演，但历史教训确实不易吸取，重复地碰钉子的事情是常见的，在此问题上无论唐高祖、唐太宗都不见得比隋炀帝高明。再则，唐初重建府兵制恢复兵农合一究竟在什么时候？太原起兵时不曾兵农合一是无疑问的。以后据《唐会要》卷七二"京城诸军"所说："武德三年七月十一日，高祖以天下未定，将举关中之众，以临四方，乃下诏曰：'周置六军，每习蒐狩，汉增八校，毕选骁勇，故能化行九有，威震百蛮，况今伊洛犹芜，江湖尚梗，各因部校，序其统属，改复钲铎，创造徽章，取象天官，作其名号。'于是置十二卫将军，分关内诸府隶焉，每将军一人，副一人，取威名素重者为之，督以耕战之事。……"好像府兵在此时已既战且耕。但既"伊洛犹芜，江湖尚梗"，府兵要尽力于征战，如何还能兼事农耕，这"督以耕战之事"之"耕"，怕只是史官信手写来的空泛文辞。而《新唐书》卷五〇《兵志》所说"〔武德〕六年，以天下既定，遂废十二军，改骠骑曰统军，车骑曰别将。居岁余，十二军复，而军置将军一人，军有坊，置主一人，以检察户口，劝课农桑"，才真正是兵农合一的开始。加以唐初所进行的几场统一战争，包括肃清并州，攻取洛阳，平安河北、江南，都不出当年北周灭北齐、隋灭陈的作战范围，算不上真正的远征。以后重新兵农合一，却先要真正远征高丽，继而到高宗武太后时陷入东西两面作战，玄宗时如《通典》卷一四八"兵"总序所说"将欲荡灭奚、契丹，剪除蛮、吐蕃"，兵农合一的府兵自不能胜任，只好再走募兵的道路，招募了长任边军的健儿并建立节度使管区来对付周边少数民族，如唐长孺先生《唐代军事制度之演变》及拙撰河北藩镇论文中所考证的那样了①。

下篇

这里再来批驳教科书上府兵制和均田制相结合，均田破坏府兵随之败坏之说。

教科书为数众多自不克一一征引，这里只举王仲荦先生的《隋唐五代史》为例。此书1988年上海人民出版社本上册第一章第一节讲"府兵制的发展"时，是这么说府兵制和均田制相结合的：

> 在北周武帝建德二年，……府兵已招募均田农民来充当，军队已经对均田户开放，所以"是后夏人（汉民）半为兵矣"（《隋书·食货志》），说明府兵制已经开始和均田制结合在一起，……到了隋开皇十年，就下令"凡是军人，可悉属州县，垦田籍帐，一与民同，军府统领，宜依旧式"（《隋书·高祖纪》），府兵户的户籍就和一般编入齐民的民籍统一起来——兵民共籍了，这是府兵制和均田制进一步结合的必然结果。

---

① "充健儿长任边军"之语见《册府元龟》卷一二四"帝王部·修武备"所载开元二十五年五月癸未诏，《大唐六典》卷五兵部郎中注引此诏作"健儿长任边军"，似乎较唐先生据《玉海》卷一三八引《邺侯家传》作"长征健儿"者为确切，以此"长征健儿"之语初不见于唐诏令文书,且本是"长镇"而非"长征"也。

案这短短几句话就存在三个问题。（1）"均田户"这个名称是今人创造的，史书所记魏齐周以至隋唐的法令里都没有这么说过。出土的敦煌、吐鲁番文书，从西魏到唐代有均田法令之时的籍帐上面也只写有"课户""课口"而不见所谓"均田户"①。《通典》卷七"食货·丁中"引开元二十年《户令》说："户内有课口者为课户，无课口者为不课户。"这"课口"即指需要负担租庸调的丁口而言。因为历代编造籍帐都是为了收纳租赋之用，而不是为了均田授田，所以均田之先早就出现籍帐，均田不实行籍帐还一直仍而不废。现在生造个"均田户"的名称用来指所有编入籍帐直接向国家缴纳租赋的人户，也就是以自耕农为主的人户，而事实上充当不充当府兵又和此自耕农是否按均田法令受足田亩并无关系，没有任何法令说府兵必须由受足田亩的丁男充当，则造了"均田户"之称究竟有什么意义？姑以小人之心度君子之腹，会不会是在名词上玩点花样，把广大自耕农说成"均田户"，然后从自耕农中抽人当府兵就好成为府兵和均田制相结合。（2）即使如此，北周建德二年的"夏人半为兵矣"，也不能如王先生《隋唐五代史》所说是"府兵制已经开始和均田制结合在一起"。因为《隋书·食货志》的原文只是"改军士为侍官，募百姓充之，除其县籍，是后夏人半为兵矣"，没有说什么"募均田户充之"，而且充当了府兵就"除其县籍"，不再是普通自耕农身份，更何来与均田制结合之说。（3）隋开皇十年五月乙未诏，如拙文上篇所说，只是讲府兵此时"可悉属州县，垦田籍帐，一与民同"，即也可以和普通自耕农亦即《隋唐五代史》所说"均田户"那样分得耕地，但却不需像所谓"均田户"那样缴纳租赋，这些府兵和所谓"均田户"仍有严格的区别，怎么扯得上是"府兵制和均田制进一步结合的必然结果"。

《隋唐五代史》既认为府兵制和均田制相结合，均田制破坏府兵制才败坏。但均田制到隋唐时有没有破坏，在《隋唐五代史》里却又摆出了两

---

① 见中国科学院历史研究所数据室编《敦煌数据》第一辑，1961年中华书局版，及日本池田温著《中国古代籍帐研究》录文部分，1979年东京大学东洋文化研究所版，后者晚出，较为详备。

种截然不同而且互相矛盾的说法。一种是上册第一章第一节讲"均田制的继续发展"时所说的要看均田户是否增多，也就是史书上和治史者通常所说的户口是否增多，因为《隋唐五代史》认为户口多了均田对象就多，均田制就在扩大。《隋唐五代史》是这么说的：

> 隋文帝……下令州县"大索貌阅"，阅实户口，……"计帐进四十四万三千丁，新附一百六十四万一千五百口"（《隋书·食货志》）。……均田户的增多，也就是政府剥削对象的增多，府兵兵源的扩大。

同章同节讲"府兵制的发展"时更说：

> 府兵制既然和均田制结合起来，那末均田制的扩大，也就是府兵基础的扩大及府兵兵源的增多。……到了开皇十年，兵民同籍，府兵制进一步地与均田制结合起来，府兵的员额就大大地增加，到了隋炀帝大业八年进攻高句丽时，"扫地为兵"，动员府兵与募士的人数到达一百十三万人以上。府兵兵员的不断增多，适足以说明它在均田制的基础上扩展这一事实。

这种讲法显然是有问题的。因为这种搜括户口的"大索貌阅"，目的是在增加国家的租赋收入，并不是由于闲空之田太多要括些新户口来均掉它，则又何必硬把这些人户说成"均田户"，借此让府兵和均田硬拉上关系呢？何不免兜这个"均田"圈子，直截了当地说府兵的增多是建筑在户口搜括的基础之上呢？当然，这还是按照《隋唐五代史》的认识来说的，认真地推敲仍旧是有问题的。因为并不是括出一户便必多得一名府兵，没有任何记载说府兵是逐户抽取的，括户多了府兵一定会增多。更何况在大业八年"扫地为兵"之前并不曾有过"扫地为兵"的事情，要增加府兵兵额尽可以从原来的户口中抽取，何至于非依靠括户不可。

再看第二种说法，它同样见于讲"均田制的继续发展"之时，说：

> 在西魏、北周时期，关陇地区的均田制度，已经非常不足了[①]；尽管比起山东、河北地区来，情况要好一些。到了隋代，这一授田不足的情况，也并未好转。

按照常识来说，在"授田不足"之时总不好说均田制在进一步发展，而只应该说是在被破坏吧？这和第一种说法说隋代均田制在扩大，实在是互相矛盾而无法调和的。

《隋唐五代史》上册第四章第二节在讲"府兵制的破坏与募兵制的代兴"时，是只用第二种说法的，说：

> 唐初，国力强盛，那时构成军队核心的府兵，固然兵役负担很重。但由于他们尚能分配到足够的永业、口分田，府兵本人也能够免除自身庸租调，因此他们的经济比较优裕，他们也能够以优良的武装，出现于疆场之上，他们的战斗力比较强。到了唐高宗晚年和武则天统治时代，均田制逐渐破坏，府兵受田很难足额，有些府兵户除了保有二十亩永业田以外，连一亩口分田也分配不到，这样，他们的经济就逐渐衰颓下来，即所谓"浸以贫弱"（《资治通鉴》唐玄宗开元十年）了。

为什么第一种说法在这里绝口不再提及呢？再以小人之心度君子之腹，是不是因为它和《通典》卷七"食货·历代户口盛衰"所说的数字发生了冲突？"历代户口盛衰"说唐贞观户不满三百万，永徽三年三百八十万，开元二十年七百八十六万一千二百三十六，天宝元年八百三十四万八千三百九十五，天宝十四载八百九十一万四千七百九。如用《隋唐五代史》的第

---

① 按似应作"授田已经非常不足了"，因为"均田"这个制度是没有什么足不足的。

一种说法，这岂非所谓"均田户"的户数在逐年上升，岂非府兵在此基础上也得大为扩展，怎么可以如这里所说"到了唐高宗晚年和武则天统治时代，均田制逐渐破坏"，并如下文所说到天宝时"府兵的兵源更加枯竭，唐王朝的军事力量也更加削弱，从而使府兵制陷于瘫痪状态而无法再维持下去"呢？于是只好舍弃第一种说法而只用第二种说法。但既然如此，又何不索性只讲第二种说法，对和"历代户口盛衰"所说户数相冲突的第一种说法干脆弃置不提，让读者头脑中减少点混乱，不是更符合编著教科书的要求吗？

麻烦的是即使这么做了，仍旧无法符合教科书要立论谨严的要求。因为上述第二种说法在立论上之欠谨严，仍旧到了使人惊讶的程度。

先看所谓"在西魏、北周时期，关陇地区的均田制度，已经非常不足了"。我查阅了同为王先生所著的《魏晋南北朝史》1980年上海人民出版社本下册第七章第五节所讲"西魏北周的均田制度"部分，原来所依据的只是中华书局本《敦煌资料》第一辑和池田温《中国古代籍帐研究》录文所著录的敦煌发现的西魏大统十三年邓延天富等户籍帐残卷，看到残卷上三十三户中受田未足的多至二十七户便这么说，却不考虑一下当时西魏已拥有整个关陇地区，单凭这一个居民点三十三户的材料，就给西魏的均田制下结论，不太匆促太随意了吗？接着还说这"尽管比起山东、河北地区来，情况要好一些"，可又有什么根据呢？试查同书同章第四节所讲"均田制在北齐地区的推行及其破坏"部分，才知道只是根据《通典》卷二"食货·田制"引用宋孝王《关东风俗传》所说北齐时"强弱相凌，恃势侵夺，富有连畛亘陌，贫无立锥之地"，以及种种破坏田令的情况。但怎能保证这些情况不同样出现于西魏北周，怎能单凭西魏一个居民点三十三户的材料就说比山东、河北即北齐的情况要好一些呢？至于下面所说"到了隋代，这一授田不足的情况，也并未好转"，当是依据《隋书·食货志》开皇十二年"发使四出，均天下之田，其狭乡每丁才至二十亩，老小又少焉"而言。这种史料自然是有其价值的。但用来和西魏一个居民点三十三户来比较，说什么"并未好转"，则又失去了科学性而显不出任何价值了。

　　讲到唐代，这第二种说法一上来就认为"唐初，国力强盛，……府兵……能分配到足够的永业、口分田"。说实在这更是没有任何史料作为依据的。没有依据为什么还要这么讲？据《隋唐五代史》上册第三章第一节讲"唐初的均田制与租庸调制"时所说，是因为"关中、河东、陇右诸道，是唐王朝的根据地与府兵兵源的供给地，因此，均田制必须在这些地区，大力地被巩固下来，这是毋庸怀疑的"。但作为读者我仍不能不怀疑，因为这只是推测毕竟不能等同于史实，否则历史文献岂不将变得一钱不值。所以《隋唐五代史》在说"唐高宗晚年和武则天统治时代，均田制逐渐破坏，府兵受田很难定额，有些府兵户除了保有二十亩永业田以外，连一亩口分田也分配不到"时，也仍不得不找点历史文献作为依据。其文献见于《隋唐五代史》第三章第二节讲"均田制的破坏"时所列表格里，可惜依旧少得仅有两件：一件是《敦煌资料》第一辑和《中国古代籍帐研究》录文都著录的唐七世纪后期沙州敦煌县龙勒乡籍①，上面有缺名一户应受田已受田数字；再一件是《中国古代籍帐研究》录文所著录的武周大足元年沙州敦煌县效谷乡籍，上面有邯寿寿、赵端严、索贒才、张玄均四户应受已受田数字。这岂不又和前面依据西魏邓延天富残卷一样，企图用边远地区一个县里两件五户的材料，来判断高宗武太后时受田的情况。可是高宗武太后时的幅员比西魏还要辽阔得多，则这种论证的价值说它等于零恐亦不为过。

　　或许自己也感觉到这种论证经不起推敲，所以《隋唐五代史》在讲"府兵制的破坏与募兵制的代兴"时，在作了如上经不起推敲的论证之后，紧接着又来上一大篇讲"唐王朝长期对外用兵，是造成府兵制破坏的一个重要原因"的文字，审其内容则基本上承用了唐长孺先生《唐代军事制度之演变》的说法。那我要请问，后面这个"重要原因"和前面所说均田制破坏才使府兵败坏的原因是什么关系呢？在《隋唐五代史》里是没有作任何交代的。其实又何必对前者恋恋不舍，舍弃掉干脆只用唐先生的说法，

---

　　① 即《敦煌资料》第一辑"户籍"所著录的户籍残卷二件的第二件，《隋唐五代史》所列表格径称之为唐高宗时期。

不是既科学又使人明白易懂吗!

至于所谓府兵制基础的均田制究竟是怎么一回事？最近读了1992年北京大学出版社出版的题为《汉唐史论稿》的汪篯先生遗著，认为所收《两汉至南北朝大族豪强大土地所有制的发展和衰落》一文中有这么一段话值得介绍，即：

> 均田制是荒地收授制和限田制相结合的制度。……均田制最初对大族是有一些妥协的，以后各代田令内容变化，限田制的性质就越来越明显了。……有说均田制是一纸空文，或只是部分地区实行，南方没有实行，盖是以为均田制是平均分田，看到田没有平均分便认为未实行。田令原意并不是平均分地，这法令能执行得通也正因为不是平均分地。

我是同意这种看法的①。这样就根本谈不上用分够分不够来讲均田制是否推行或破坏，而均田制破坏致使府兵败坏之说岂不随之而烟消云散。

（原载《中国典籍与文化论丛》第四辑，1997年12月）

---

① 大约在1954年前后，我试写过一篇类似看法的文章，送某学术刊物，以与通行看法不合见斥，原稿也随之遗失。

唐太宗生年考实

　　唐太宗李世民生于隋文帝开皇十八年十二月戊午即十二月二十二日，用陈垣先生《中西回史日历》或《二十史朔闰表》换算成公历是599年1月23日，这是一向无人怀疑的。最近中华书局出版了胡如雷先生的《李世民传》，认为上面的说法整整迟了一年，应该是生于开皇十七年十二月戊午即开皇十七年十二月十六日，换算成公历是598年1月28日。胡先生在《李传》12页小注里用七百多字阐述了他的理由，归纳起来主要是两条：（1）《新唐书》卷七九《高祖诸子传》说"卫怀王玄霸……隋大业十年薨，年十六"，上推生年应为开皇十九年，而玄霸是高祖李渊妻窦氏亲生的第三子，窦氏在开皇十八年十二月生了第二子李世民，第二年开皇十九年接着又生了李玄霸，就算玄霸生在十九年十二月，和李世民之生仍相隔不到十三个月，就常情而言不大可能。（2）正好，《新唐书》卷二《太宗纪》在贞观二十三年五月己巳"皇帝崩于含风殿"下有"年五十三"这句话，则上推皇帝李世民之生年应为开皇十七年。于是胡先生把这个开皇十七年再加上传统的"十二月戊午"之说合到一起，定李世民的生年为开皇十七年十二月戊午，按陈垣《日历》《朔闰表》为十二月十六日。这距离十九年玄霸之生至少超过十三个月，多则可达到二十四个月，就完全合乎常情。

　　胡先生这样考证其实仍有问题。

　　（一）生于开皇十八年十二月戊午之说是否应该怀疑否定，似宜首先审查一下它的史料来源。胡先生在小注里已讲到它是出自《册府元龟》卷二"帝王部·诞圣"和《旧唐书》卷二《太宗纪》,其实还不止这两处,《唐会要》卷一"帝号"里也有如下的记载:

> 太宗文武大圣大广孝皇帝讳世民,隋开皇十八年十二月戊午生于武功别馆,……贞观二十三年五月二十六日崩于翠微宫含风殿。(原注:年五十二。)

这和《元龟》"诞圣"门所载"太宗以隋开皇十八年十二月戊午生于武功之别馆,时有二龙戏于馆门之外,三日而去",以及《旧唐书》卷二、卷三《太宗纪》所载"太宗文武大圣大广孝皇帝讳世民,……隋开皇十八年十二月戊午生于武功之别馆,时有二龙戏于馆门之外,三日而去",贞观二十三年五月"己巳,上崩于含风殿,年五十二",不仅时日完全相同,连行文、句式都很少出入。就这三种书的成书时间来讲,《唐会要》的前身苏冕、苏弁兄弟创修的《会要》成于唐德宗贞元年间①,《旧唐书》在石晋出帝开运二年才成书进呈,《元龟》成书进呈更是北宋真宗大中祥符六年的事情,好像《元龟》《旧书》的这项记载都应本诸苏氏《会要》。其实不然。如所周知,《元龟》唐代部分多取材于唐列朝实录和国史,《旧书》本纪在武宗以前也是实录的节本或直接抄录源出实录的国史本纪,都不是以《会要》为蓝本转辗抄袭,而是与《会要》同出于实录或国史②。而国史、实录所纪时日,尤其是皇帝的出生时日、享年若干都是如实直书,一般不太会出问题。何况今本《唐会要》卷六三"修国史"里还有这样一条史料:

---

① 这是从今本《唐会要》卷三六"修撰"在贞元十九年杜佑进上《通典》的纪事后紧接着写上苏冕兄弟纂修《会要》这点来推定的。北宋太祖建隆二年王溥进上的今本《唐会要》,在高祖到德宗部分全用苏氏旧文,其中常见"苏冕曰"云云可证。

② 从称太宗为"文武大圣大广孝皇帝"这点来看,抄自国史的可能性更大一些,因为太宗本来谥曰文皇帝,这个"文武大圣"云云是玄宗天宝十三载追加的,而国史最后一次是整编到肃宗乾元年间,完全可以把天宝十三载追加的添进《太宗纪》里。当然,也有可能是天宝十三载追加后把它直接添入《太宗实录》。

贞观十七年七月十六日，司空房玄龄、给事中许敬宗、著作郎敬播等上所撰高祖、太宗实录各二十卷，太宗遣谏议大夫褚遂良读之，前始读太宗初生祥瑞[1]，遂感动流涕曰："朕于今日，富有四海，追思膝下，不可复得！"因悲不自止，命收卷，仍遣编之秘阁，并赐皇太子及诸王各一部，京官三品以上欲写者亦听。

这应是从永徽元年长孙无忌等续修的《太宗实录》或显庆四年许敬宗的改定本中抄来的。所谓"太宗初生祥瑞"者，就是"隋开皇十八年十二月戊午生于武功之别馆，时有二龙戏于馆门之外，三日而去"这段记载。其中"二龙戏于馆门之外"虽出事后附会，出生年月日则经过了太宗本人的耳目，自必真实可靠。而且如所说这两部实录当时还抄赐太子诸王，公诸三品以上京官，实际上已成为当时的正式宣传品，应该比一般进呈后即束之秘阁不复覆视者还要审慎，在这样重大的皇帝出生时日上更无差错之可能。当然，也得承认今天所看到的《唐会要》等都早已不是修成时的原本，通行的《唐会要》武英殿聚珍本和《元龟》崇祯黄国琦刻本在文字上都颇有脱误，《旧唐书·太宗纪》这部分也仅存嘉靖时闻人铨刻本而别无宋本可查对。但闻人铨刻书时并未用《会要》《元龟》等参校，黄刻《元龟》、聚珍本《会要》也都未参校过《旧书》或其他记载，而这三种书里的太宗出生时日却绝无歧异，足见都保存了原本面目。而且从常识来看，"七""八"两字无论正书行书均不易混淆，"开皇十八年"错成"十七年"的可能极少，不像今本《新唐书·太宗纪》"年五十三"的"三"字之大有可能是"二"字错写，因此，这条"年五十三"的孤证，在源出实录、国史的《会要》《旧书》《元龟》面前可说是无足轻重，无力动摇《会要》等的权威记载。

（二）《贞观政要》卷一〇"论灾异"第二章里唐太宗自己说的几句话：

---

[1] 案此"前"字似是衍文，也可能本作"遣谏议大夫褚遂良读之御座前"，传写脱去"御座"二字。

> 朕年十八，便经纶王业，北剪刘武周，西平薛举，东擒窦建德、王世充，二十四而天下定，二十九而居大位。

同卷"论慎终"第三章里房玄龄也对太宗这么说：

> 陛下年十八便事经纶，遂平天下，二十九升为天子。

这本来也都是推算太宗生年的第一手上好史料，可惜未能引起胡先生重视。胡先生认为："李渊父子起兵于大业十三年，即义宁元年，如果这一年世民年十八，则生年当在开皇二十年。定天下指平定窦建德、王世充而言，系武德四年之事，如果大业十三年十八岁，则武德四年当二十二岁，与二十四定天下之说相矛盾。如果十八起兵，武德九年即位时当仅二十七岁，即令次年贞观改元计算，也只二十八岁，与二十九居大位之说不符。可见世民本人的记忆是错误的，不足为据。"但一个人对自己生平做过的细小事情固容易遗忘，像哪年平窦建德、王世充，哪年做皇帝这样的大事都记不清楚，则似无可能。即使房玄龄，既然身为宰相，又是太宗的亲信、参与玄武门之变的大谋士，也同样不可能记不清这类大事，以致面对太宗乱说他做上皇帝的年岁。何况《贞观政要》取材于《太宗实录》，即使太宗或房玄龄临时失言说错了年岁，纂修实录时房玄龄自己以及许敬宗等岂有不加以校正之理。所以问题恐怕还在于对这些话如何理解。胡先生正是先把"朕年十八便经纶王业"的"经纶王业"理解成"李渊父子起兵"，于是下面的"二十四而天下定""二十九而居大位"就统统差了两年。其实所谓"经纶王业""便事经纶"者，只是指大业十一年即公元615年高祖李渊被隋炀帝任命为山西河东抚慰大使，带着李世民和建成、元吉兄弟驻节河东即今山西西南，得以今山西为根据地开始作拥众自立的准备工作，实为"经纶王业"之起点而已，并非指其后李氏父子之在太原正式起兵，若指起兵则应径用"兴义师""举义兵"等字眼而不必用"经纶"。

如《旧唐书》卷七二《虞世南传》所记太宗的话就作：

> 吾才弱冠举义兵，年二十四平天下。

这显然是纂修国史列传的史官根据实录（也就是《贞观政要》"论灾异"第二章里太宗所说的那段话）改写的，很可能这位史官嫌"经纶王业"的含义不够清楚，才把它改成"弱冠举义兵"。"弱冠"者，《礼记·曲礼》"二十曰弱冠"。"弱冠举义兵"即指太宗二十岁参加太原起兵。这样，大业十三年即公元617年太宗二十岁参加太原起兵，大业十一年即公元615年太宗十八岁在河东与李渊开始"经纶王业"，上推其出生都应在开皇十八年，和《唐会要》《册府元龟》《旧唐书·太宗纪》的记载完全吻合。再往下推二十四岁平定王世充、窦建德是公元621年即武德四年，二十九岁玄武门之变后"居大位"做上皇帝是公元626年即武德九年，和史实也全无出入。因此这《贞观政要》里的一段文字包括《旧唐书·虞世南传》改写的文字，正是在《唐会要》等记载之外考订太宗生年的另一种坚强佐证。当然，这也不必对胡先生有所苛责，因为早在白居易《新乐府》第一首根据《贞观政要》撰写《七德舞》已出现"太宗十八举义兵"的句子[1]，可见把"经纶王业"误解成太原起兵是古已有之。

（三）至于胡先生提出的李渊妻窦氏在开皇十八年十二月生了李世民到第二年内再生李玄霸就常情不大可能这一点，理由就更不充分。俗话说"十月怀胎"，婴儿正常情况在母胎里经过九个多月就可出生，则头年十二月生了李世民，到第二年十月、十一月生李玄霸，应是很正常的事情。在提倡节制生育之前，尤其在旧社会里，这样连续生孩子可说是司空见惯，不足为奇。就胡先生自己在小注里也说这种生法"不能完全排除"啊！

根据以上的论证分析，唐太宗李世民的出生年月日应该维持旧说，即开皇十八年十二月二十二日戊午出生，用公元则是599年1月23日。到贞

---

[1] 白居易写《七德舞》之根据《政要》，陈寅恪先生《元白诗笺证稿》第五章"新乐府"的"七德舞"篇所作考证至为精详，已成定论。

观二十三年五月二十六日即公元649年7月10日去世，按老算法享年五十二岁，新算法享年五十岁零五个多月。

胡先生这本《李世民传》正如"前言"中所说是"搜集史料近二年后"认真撰写的"学术性的著作"，迥不同于信手命笔、随便发点议论的某些传记，所考的李世民生年也就容易被人们认为可以信据的新说，从而有可能在整理初唐文献上引起某些混乱，因此有必要写这篇小文予以纠正。胡先生学人雅量，谅不会见怪。

（原载《古籍整理与研究》第二期，1987年）

关陇集团到唐初是否继续存在

一

陈寅恪先生在其名著《唐代政治史述论稿》里揭示了宇文泰的关中本位政策及此政策指导下形成的关陇集团，其要点即《述论稿》上篇"统治阶级之氏族及其升降"中所说：

> 有唐一代三百年间其统治阶级之变迁升降，即是宇文泰"关中本位政策"所鸠合集团之兴衰及其分化。盖宇文泰当日融冶关陇胡汉民族之有武力才智者，以创霸业；而隋唐继其遗产，又扩充之。其皇室及佐命功臣大都西魏以来此关陇集团中人物，所谓八大柱国家即其代表也。当李唐初期此集团之力量犹未衰损，皇室与其将相大臣几全出于同一之系统及阶级，故李氏据帝位，主其轴心，其他诸族入则为相，出则为将，自无文武分途之事，而将相大臣与皇室亦为同类之人，其间更不容别一统治阶级之存在也。至于武曌，其氏族本不在西魏以来关陇集团之内，因欲消灭唐室之势力，遂开始施行破坏此传统集团之工作，如崇尚进士文词之科破格用人及渐毁府兵之制等皆是也。此关陇集团自西魏迄武曌历时既经一百五十年之久，自身本已逐渐衰腐，武氏更加以破坏，遂致分崩堕落不可救止。其后皇位虽复归

李氏，至玄宗尤称李唐盛世，然其祖母开始破坏关陇集团之工事竟及其身而告完成矣。

由此可知所谓关陇集团者必须具备两个特征：（1）此集团是"融冶关陇胡汉民族之有武力才智者"；（2）此集团中人"入则为相，出则为将，自无文武分途之事"。如果"其皇室及佐命功臣大都西魏以来此关陇集团中人物"，就可认为此关陇集团是存在着的。

西魏北周朝此关陇集团自然是存在着的。但到隋朝其存在就颇成问题，我已撰写了《从杨隋中枢政权看关陇集团的开始解体》一文加以论述。进入唐代，也并非如寅恪先生所说"当李唐初期此集团之力量犹未衰损，皇室与其将相大臣几全出于同一之系统及阶级"，要到武曌才"开始施行破坏此传统集团之工作"，因此需要再撰写这篇《关陇集团到唐初是否继续存在》作论证。这里所说的"唐初"仅指太原起兵到武德、贞观两朝，因为此后不久武曌即登上历史舞台，即寅恪先生也已认为关陇集团被破坏了。所以它不等于明人所说唐诗分初盛中晚的"初唐"，不是包括高宗武太后在内的开元以前的"初唐"。

寅恪先生的高足汪篯先生多年前曾写过《唐太宗之拔擢山东微族与各集团人士之并进》的文章（收入《汪篯隋唐史论稿》），实际上已讲了太宗用人之不因袭关陇集团陈规。十余年前我写过《论武德贞观时统治集团的内部矛盾和斗争》一文（收入陕西师范大学《唐史论丛》第一辑），且兼论及唐高祖的用人。不过都没有在文武分途不分途上着笔，所以再写本文仍是有其必要的。

二

唐高祖李渊的家世，《旧唐书》卷一《高祖纪》说得很清楚："皇祖讳虎，后魏左仆射，封陇西郡公，与周文帝及太保李弼、大司马独孤信等以功参佐命，当时称为八柱国家。"高祖本人自然是标准的关陇集团人物，他的经历也完全符合文武合于一身的要求，凡此可毋庸多说。这里应该说的是其佐命功臣是否也如寅恪先生所云"大都"是此关陇集团中人物。

高祖的佐命功臣包括武德时在中枢执掌朝政的是哪些人，史书上提供了两个名单，即太原元谋立功名单和宰相名单。

太原元谋立功名单见于《旧唐书》卷五七《刘文静传》，说：

> 文静初为纳言时，有诏以太原元谋立功尚书令秦王某、尚书左仆射裴寂及文静特恕二死，左骁卫大将军长孙顺德、右骁卫大将军刘弘基、右屯卫大将军窦琮、左翊卫大将军柴绍、内史侍郎唐俭、吏部侍郎殷开山、鸿胪卿刘世龙、卫尉少卿刘政会、都水监赵文恪、库部郎中武士彟、骠骑将军张平高、李思行、李高迁、左屯卫府长史许世绪等十四人约免一死。

《新唐书》卷八八《裴寂传》后照录了一遍，《册府元龟》卷一三三"帝王部·褒功"则收入了此武德元年八月下诏，除省略官职外，姓名和两《唐书》相同。其中没有李建成也许是由于已立为皇太子，没有齐王元吉则不好解释，有可能是玄武门政变和建成被杀后一起从名单中剔除，好在都是皇子不算进去也无甚关系。武士彟的姓名是原有抑后来缘武曌而窜入亦不得而知，这里也姑算成原有。下面就公布本此名单查对史传的结果，包括其人的籍贯是否关陇，是文武合一抑仅是文职或武职，是否真系关陇集团中人物。

考虑到名单人数较多，且查对时仅凭常见书新旧《唐书》即已足用别无其他需求，因此这里不再逐一征引史传原文，而改用表格的方式把所查对的结果列出来，只在最后一格注明"旧××"即《旧唐书》卷××本传或本纪，以便读者需要时复核之用，《新唐书》纪传因多本《旧书》即不加注，即"本纪""本传"等字亦概从略。如此不特可使篇幅大为简约，看起来似亦转较醒目。

姓名	籍贯	是否文武合一	是否关陇集团人物	出处
秦王李世民	关陇	合	是	旧2
裴寂	关陇	合	是	旧57
刘文静	关陇	合	是	旧57
长孙顺德	关陇	武	否	旧58
刘弘基	关陇	武	否	旧58
窦琮	关陇	武	否	旧61
柴绍	关陇	武	否	旧58
唐俭	山东	文	否	旧58
殷开山（峤）	江左	合	否	旧58
刘世龙	山东	文	否	旧57
刘政会	山东	合	否	旧58
赵文恪	山东	武	否	旧57
武士彟	山东	文	否	旧58
张平高	关陇	武	否	旧57
李思行	山东	武	否	旧57
李高迁	关陇	武	否	旧57
许世绪	山东	文	否	旧57

这十七人中确属文武合一的关陇集团人物只有李世民、裴寂、刘文静三人，而李世民还是皇子身份。

再看高祖武德朝的宰相名单。《唐会要》卷一"帝号"高祖条说：

宰相十六人：秦王、裴寂、刘文静、萧瑀、窦威、窦抗、陈叔达、杨恭仁、封德彝、裴矩、高士廉、齐王元吉、宇文士及、长孙无忌、杜如晦、房玄龄。

用《旧唐书》卷一《高祖纪》和《新唐书》卷一《高祖纪》、卷六一《宰相表》相对校，除两书《高祖纪》均间有脱漏外，这里所列十六人中高士廉和房玄龄都是武德九年六月玄武门政变李世民为皇太子掌权后的七月里才任命的，长孙无忌和杜如晦之任宰相更分别迟至贞观元年七月和二年正月，把这四人除去，真正的高祖朝宰相是十二人。这里把这十二人查对的结果表列如下：

姓名	籍贯	是否 文武合一	是否关陇 集团人物	出处
秦王李世民	关陇	合	是	旧 2
裴寂	关陇	合	是	旧 57
刘文静	关陇	合	是	旧 57
萧瑀	江左	合	否	旧 63
窦威	关陇	文	否	旧 61
窦抗	关陇	合	是	旧 61
陈叔达	江左	文	否	旧 61
杨恭仁	关陇	合	是	旧 62
封德彝	山东	文	否	旧 63
裴矩	山东	文	否	旧 63
齐王李元吉	关陇	合	是	旧 64
宇文士及	关陇	合	是	旧 63

这十二人中确属文武合一的关陇集团人物有李世民、裴寂、刘文静、窦抗、杨恭仁、李元吉、宇文士及七人，也才过十二人的半数，如除去身为皇子的李世民、李元吉则仅有五人。

可见无论从太原元谋立功名单或高祖朝宰相名单，都看不出其时仍在执行"关中本位政策"组建关陇集团。相反，从够得上所谓关陇集团人物之仅占此两名单的极少数或才过半数，正好说明关陇集团在此时已告消释。

三

太宗李世民在武德后期是与其父高祖李渊有点异其趣向的，因此还需要看这关陇集团在太宗朝是否存在。

太宗朝正好也有一个功臣实封差第名单和宰相名单，还有一个图画凌烟阁的名单。

功臣实封差第名单也见于《旧唐书》卷五七《刘文静传》后，说：

> 武德九年十月，太宗始定功臣实封差第，文静已死，于是裴寂加食九百户，通前为一千五百户，长孙无忌、王君廓、尉迟敬德、房玄龄、杜如晦等五人食邑一千三百户，长孙顺德、柴绍、罗艺、赵郡王孝恭等四人食邑一千二百户，侯君集、张公谨、刘师立等三人食邑一千户，李勣、刘弘基二人食邑九百户，高士廉、宇文士及、秦叔宝、程知节四人食七百户，安兴贵、安修仁、唐俭、窦轨、屈突通、萧瑀、封德彝、刘义节八人各食六百户，钱九陇、樊兴、公孙武达、李孟尝、段志玄、庞卿恽、张亮、李药师、杜淹、元仲文十人各食四百户，张长逊、张平高、李安远、李子和、秦行师、马三宝六人各食三百户。

另《旧唐书》卷二《太宗纪》武德九年十月癸酉也有此四十三人的实封名单，《新唐书·裴寂传》后则据《旧唐书·刘文静传》照录。这里据此名单将查对结果表列如下：

姓名	籍贯	是否 文武合一	是否 关陇集团人物	出处
裴寂	关陇	合	是	旧57
长孙无忌	关陇	合	是	旧65
王君廓	山东	武	否	旧60
尉迟敬德	山东	武	否	旧68
房玄龄	山东	文	否	旧66
杜如晦	关陇	文	否	旧66
长孙顺德	关陇	武	否	旧58
柴绍	关陇	武	否	旧58
罗艺	关陇	武	否	旧56
赵郡王李孝恭	关陇	合	是	旧60
侯君集	关陇	合	是	旧69
张公谨	山东	武	否	旧68
刘师立	山东	武	否	旧57
李勣	山东	合	否	旧67
刘弘基	关陇	武	否	旧58
高士廉	山东	文	否	旧65
宇文士及	关陇	合	是	旧63
秦叔宝	山东	武	否	旧68
程知节	山东	武	否	旧68
安兴贵	关陇	武	否	旧55 李轨传
安修仁	关陇	武	否	旧55 李轨传
唐俭	山东	文	否	旧58
窦轨	关陇	合	是	旧61
屈突通	关陇	合	是	旧59

续表

姓名	籍贯	是否 文武合一	是否 关陇集团人物	出处
萧瑀	江左	合	否	旧63
封德彝	山东	文	否	旧63
刘义节(世龙)	山东	文	否	旧57
钱九陇	江左	武	否	旧57
樊兴	江左	武	否	旧57
公孙武达	关陇	武	否	旧57
李孟尝	山东	武	否	旧57附
段志玄	山东	武	否	旧68
庞卿恽	山东	武	否	旧57
张亮	山东	合	否	旧69
李药师(靖)	关陇	合	是	旧67
杜淹	关陇	文	否	旧66
元仲文	山东	武	否	旧57附
张长逊	关陇	武	否	旧57
张平高	关陇	武	否	旧57
李安远	关陇	武	否	旧57
李子和	关陇	武	否	旧56
秦行师	山东	武	否	旧57附
马三宝	？	武	否	旧58

这四十三人中确属文武合一的关陇集团人物只有裴寂、长孙无忌、李孝恭、侯君集、宇文士及、窦轨、屈突通、李靖计八人，其中李孝恭且是李唐宗室。

再看图画凌烟阁的名单。《旧唐书》卷六五《长孙无忌传》说：

贞观……十七年，令图画无忌等二十四人于凌烟阁，诏曰："自古皇王，褒崇勋德，既勒铭于钟鼎，又图形于丹青。是以甘露良佐，麟阁著其美；建武功臣，云台纪其迹。司徒、赵国公无忌，故司空、扬州都督、河间元王孝恭，故司空、莱国成公如晦，故司空、相州都督、太子太师、郑国文贞公徵，司空、梁国公玄龄，开府仪同三司、尚书右仆射、申国公士廉，开府仪同三司、鄂国公敬德，特进、卫国公靖，特进、宋国公瑀，故辅国大将军、扬州都督、褒忠壮公志玄，辅国大将军、夔国公弘基，故尚书左仆射、蒋忠公通，故陕东道行台右仆射、郧节公开山，故荆州都督、谯襄公柴绍，故荆州都督、邳襄公顺德，洛州都督、郧国公张亮，光禄大夫、吏部尚书、陈国公侯君集，故左骁卫大将军、郯襄公张公谨，左领军大将军、卢国公程知节，故礼部尚书、永兴文懿公虞世南，故户部尚书、渝襄公刘政会，光禄大夫、户部尚书、莒国公唐俭，光禄大夫、兵部尚书、英国公勣，故徐州都督、胡壮公秦叔宝等，或材推栋梁，谋猷经远，绸缪帷帐，经纶霸图；或学综经籍，德范光茂，隐犯同致，忠谠日闻；或竭力义旗，委质藩邸，一心表节，百战标奇；或受脤庙堂，辟土方面，重氛载廓，王略遐宣：并契阔屯夷，劬劳师旅，赞景业于草昧，翼淳化于隆平，茂绩殊勋，冠冕列辟，昌言直道，牢笼搢绅。宜酌故实，弘兹令典，可并图画于凌烟阁。庶念功之怀，无谢于前载；旌贤之义，永贻于后昆。"

另《册府元龟》卷一三三"帝王部·褒功"载贞观十七年二月戊申诏令同此文，仅后"牢笼搢绅"下多出"固以瞻伊吕而连衡，迈周召而长骛者矣"一句，《新唐书》卷八九《秦琼（叔宝）传》也收入此图形名单，惟在已故人员上未加"故"字以事区别，其二十四人姓名并无出入。其中除魏徵、虞世南外二十二人均已先后见于太原元谋立功、高祖宰相及武德九年十月功臣实封三名单，今为醒目起见仍重事表列，以便看清楚二十四人有多少关陇集团人物。

姓名	籍贯	是否 文武合一	是否 关陇集团人物	出处
长孙无忌	关陇	合	是	旧65
河间元王李孝恭 （赵郡王李孝恭）	关陇	合	是	旧60
杜如晦	关陇	文	否	旧66
魏徵	山东	文	否	旧71
房玄龄	山东	文	否	旧66
高士廉	山东	文	否	旧65
尉迟敬德	山东	武	否	旧68
李靖（药师）	关陇	合	是	旧67
萧瑀	江左	合	否	旧63
段志玄	山东	武	否	旧68
刘弘基	关陇	武	否	旧58
屈突通	关陇	合	是	旧59
殷开山	江左	合	否	旧58
柴绍	关陇	武	否	旧58
长孙顺德	关陇	武	否	旧58
张亮	山东	合	否	旧69
侯君集	关陇	合	是	旧69
张公谨	山东	武	否	旧68
程知节	山东	武	否	旧68
虞世南	江左	文	否	旧72
刘政会	山东	合	否	旧58
唐俭	山东	文	否	旧58
李勣	山东	合	否	旧67
秦叔宝	山东	武	否	旧68

这二十四人中确属文武合一的关陇集团人物只有长孙无忌、李孝恭、李靖、屈突通、侯君集计五人，其中李孝恭又是李唐宗室。

再看太宗朝的宰相名单。《唐会要》卷一"帝号"太宗条说：

> 宰相二十九人：裴寂、萧瑀、陈叔达、李靖、封德彝、宇文士及、长孙无忌、杜如晦、房玄龄、高士廉、温彦博、岑文本、魏徵、侯君集、杨师道、戴胄、刘洎、李世勣、张亮、马周、褚遂良、崔仁师、杨弘礼、王珪、杜淹、杨恭仁、许敬宗、高季辅、张行成。

和《旧唐书》卷二、卷三《太宗纪》，《新唐书》卷二《太宗纪》、卷六一《宰相表》对校，知道这个宰相名单是从武德九年六月太宗为皇太子掌权后算起，并将"参预朝政""同掌机务""同中书门下三品"等都算了进去的。当然《宰相表》和《太宗纪》均间有脱漏，尤以《新唐书·太宗纪》为甚，如名单上的杨弘礼即不见于此《纪》《表》，仅《旧唐书》卷七七《杨弘礼传》说到"时诸宰相并在定州留辅皇太子，唯有褚遂良、许敬宗及弘礼在行在所，掌知机务"。所以这个名单虽先后次序乱一些，仍大体可用，这里就据此查对表列：

姓名	籍贯	是否文武合一	是否关陇集团人物	出处
裴寂	关陇	合	是	旧57
萧瑀	江左	合	否	旧63
陈叔达	江左	文	否	旧61
李靖	关陇	合	是	旧67
封德彝	山东	文	否	旧63
宇文士及	关陇	合	是	旧63

续表

姓名	籍贯	是否 文武合一	是否 关陇集团人物	出处
长孙无忌	关陇	合	是	旧65
杜如晦	关陇	文	否	旧66
房玄龄	山东	文	否	旧66
高士廉	山东	文	否	旧65
温彦博	山东	文	否	旧61
岑文本	江左	文	否	旧70
魏徵	山东	文	否	旧71
侯君集	关陇	合	是	旧69
杨师道	关陇	文	否	旧62
戴胄	山东	文	否	旧70
刘洎	江左	文	否	旧74
李世勣(李勣)	山东	合	否	旧67
张亮	山东	合	否	旧69
马周	山东	文	否	旧74
褚遂良	江左	文	否	旧80
崔仁师	山东	文	否	旧74
杨弘礼	关陇	合	是	旧77
杜如晦	关陇	文	否	旧66
王珪	山东	文	否	旧70
杜淹	关陇	文	否	旧66
杨恭仁	关陇	合	是	旧62
许敬宗	江左	文	否	旧82
高季辅	山东	文	否	旧78
张行成	山东	文	否	旧78

这二十九人中确属文武合一的关陇集团人物只有裴寂、李靖、宇文士及、长孙无忌、侯君集、杨弘礼、杨恭仁计七人。

太宗朝这三个名单上可称关陇集团人物者既如此寡少，较高祖朝关陇集团人物在宰相中仅及半数者倍见寂寥，便足以证明太宗和高祖同样不再执行"关中本位政策"，关陇集团之不复存在确是无可否认的事实。

四

本文主旨是用当时功臣宰相的名单来证实关陇集团在唐初高祖、太宗两朝之不复存在。至其原因则另详前面所说的《从杨隋中枢政权看关陇集团的开始解体》一文，这里只需作简单讲述。

首先，宇文泰当日所以仅能融冶关陇胡汉民族之有武力才智者，是因为关陇以外便非其统治所及，山东、江左人才不为其所用的缘故。到隋唐统一区宇，其皇室虽出于西魏十二大将军以至八柱国之家，所用以创业的佐命功臣和治国的宰辅人才自不可能继续局限于关陇而必然同时从山东、江左挑选。

再则文武不分途而合一本是封建领主制社会的现象，到战国进入封建地主制社会后文武即已分途。魏晋以还重演此文武合一者，是由于出现了门阀制度，而此制度实系领主制的回光返照的缘故。但南朝到梁陈时文武又已渐趋分途，北齐也文武分途且文职颇占优势。由此可知偏居关陇的北周不仅在经济文化上落后于山东、江左，即政治上的文武合一在当时也是一种落后的措施。因而不仅如陈寅恪先生在《隋唐制度渊源略论稿》中所指出杨隋的典章制度多采用北齐、梁陈而不继承西魏北周，在文武分途上也必然要向北齐、梁陈趋同。

总之，关陇集团到隋代之开始解体和入唐初之不复存在，是历史发展的必然趋势，并非如寅恪先生所说要迟至武曌时由于"其氏族本不在西魏以来关陇集团之内，因欲消灭唐室之势力，遂开始施行破坏此传统集团之工作"。而且科举取士本是门阀制度崩溃后必然出现的新事物，即进士科也系始置于隋炀帝时。府兵制的败坏则自有其本身的原因，唐长孺先生《唐代军事制度之演变》（《武汉大学社会科学季刊》第九卷第一号，1948年）及拙撰《唐代河北藩镇与奚、契丹》（《中国古代史论丛》1982年第2辑）已先后作了阐说，它与武曌并无关系，更不是为了达到消灭唐室势力的目的。

（原载《周绍良先生欣开九秩庆寿文集》，中华书局，1997年）

唐代政治史研究中的士族庶族问题

多年来流行的中国通史和隋唐史教科书中，在谈到唐代统治阶级政治活动时，常常运用一个公式，即他们之间的派系斗争实际上是士族与庶族之争。诸如李世民与建成、元吉以至李渊之争，武则天与反武势力之争，王叔文集团与其对立面之争，牛李党争，几无不以此公式来解释。其实这并非教科书编写者所发明，早在陈寅恪先生的若干著名论文和《唐代政治史述论稿》中已多次提出此观点，后来为教科书编者据有而已。

对前辈学者及其研究成果，我认为是需要尊重的。但尊重不等于无条件接受继承，好的正确的当然应该继承且发扬光大，否则是否也可以推敲修正。我认为，陈寅恪先生在我国中古政治研究上的伟大之处，是他开始寻找其中的规律，这和过去封建史家只着眼于臧否人物、用资鉴戒有本质的区别。因此我十年来指导唐史研究生，仍以《唐代政治史述论稿》为必读书，好让初学者在如何着手研究政治史上进入一个新境界。至于寅恪先生留下的大量具体结论，固多数为宝贵财富，但也不必一一视为金科玉律。像这个唐代士庶问题，我总感到先生的旧说难厌人心。这个感觉最初是五十年代读岑仲勉先生《隋唐史》讲义时产生的，岑先生在论牛李党争时查考了牛党也有门阀之士，而李党也多科举出身。近十年新刊论著中能在此问题上作出贡献且对我有帮助的，则允推唐长孺先生《魏晋南北朝史论拾遗》中四篇大文，即《东汉末期的大姓名士》《士族的形成和升降》《士人荫族特权和士族队伍的扩大》和《论北魏孝文帝定族姓》。这都是讲魏晋南北朝士族门阀的，但本事物发展演变的通则，只有像唐先生这样弄清楚士族门阀的来龙去脉，从总体上认识其产生、发展以至衰亡的过程，唐代士庶问题才有迎刃而解的可能。

较系统地讲说魏晋南北朝士族的似始于乡先辈赵云崧（翼）先生，他的《陔余丛考》和《廿二史札记》中有关条目常为谈士族门阀者所引用。但云崧先生有个缺点，即未能从发展演变来看士族门阀，给人的印象是"其兴也勃焉，其亡也忽焉"，而且自始至终看不到有什么变化。唐先生论文中讲到"过去往往有一种错觉，认为自魏晋间门阀形成后，姓族高卑、士庶区别就长期没有变化"。我认为就是墨守云崧先生《丛考》《札记》之说所致。唐先生则不然，他这四篇论文运用并分析了大量的史料，对此问题重新作出了科学的论断。他首先指出，"汉末大姓、名士是魏晋士族的基础，而士族形成在魏晋时期，九品中正制保证士族在政治上的世袭特权，实质上就是保证当时显贵的世袭特权，因而魏晋显贵家族最有资格成为士族"。其时"中正品第人才……所重者是父、祖官爵，时代悬隔的远祖对于定品高低至少在魏晋时并无重大关系"。"因而在汉代算不上大姓，甚至出身卑微，只要在魏晋时因某种机缘在政治上获得一定地位，也得以上升"，如"颍川庾氏是东晋最显赫的士族之一，然而先世却出身卑微，……在士族中突出地为江南侨姓第一流高门则决定于庾琛缔姻皇室，庾亮弟兄以国戚先后执政。……比庾家更迟一些起来的单家寒门还有阳翟的褚氏，……却也因褚裒连姻皇室，穆帝即位，为太后之父，尊重莫比，成为东晋南朝第一流高门"。唐先生又指出，"东晋南朝……士族地位稳定，中正定品只是例行公事，'士庶之间，实是天隔'，很少发生变化。这是个基本情况，但士族内部的高下序列仍有升降。……庾氏受桓温、桓玄两代的打击，宋以后地位降低；褚氏却因褚淡之兄弟和褚渊相继为宋齐佐命，煊赫一时。又如陈郡谢氏，谁都知这是与琅邪王氏并列的东晋南朝最高贵士族，然而晋宋间却还有人对这一家的门第不太尊重，……还被认为是新出门户。……南朝时期后起的新门是兰陵萧氏。《唐书》卷一九九《儒学·柳冲传》记柳芳论士族云：'过江则有侨姓，王、谢、袁、萧为大；东南则为吴姓，朱、张、顾、陆为大。'柳芳这个论断年限很不清楚。'朱、张、顾、陆'是孙吴旧姓，东晋南朝朱氏不见有名人物，梁代朱异甚至自称是寒士。侨姓中萧姓始起，实因刘宋外戚，后来又是两朝皇室，才得与王、谢、袁并列"。"宋齐时期，大量寒门地主挤入士族行列，……尽管在社会上、政治上他们仍受到高门甲族的歧视，但无论如何，在地方上他们取得士族身份。"至于北方，唐先生指出，"从后赵以至北魏前期，定士族的依据是魏晋旧籍。……太和十八年，孝文帝迁洛以后，为了谋取鲜卑贵族和汉士族之间，旧士族和非士族新兴门户之间进一步合作，决定复位士族。……决定代人入姓或入族的唯一标准就是官爵。……定汉人士族也是一样，见于唐人柳芳所述的具体规定同样以官位为标准，……大致先朝与当代兼顾，而以当代为主。……从而突破了'士族旧籍'的限止，建立了新的门阀序列。……唐代最高门阀是崔、卢、李、郑、王五姓七家，获得这个崇高地位即在太和定士族时"。唐先生这四篇论文的精义自不止此，但是从研究唐代政治史来说，摘出了这几点应可说已探骊得珠。

我在魏晋南北朝史上的功力远不能和唐先生比拟，但当年翻看史传时也多少产生过近似的感觉。因此1980年唐史研究会成立大会上提交的论文《论武德贞观时统治集团的内部矛盾和斗争》中，我曾写过以下两段话：

　　李世民以及李渊、建成、元吉各个派系小集团是否分别代表了庶族地主和世族地主的利益？我看也不见得。所谓世族地主（或曰士族地主）即旧史所谓"高门望族"或"门阀""右姓"，是起于东汉，经魏晋南北朝到唐代才逐渐没落的一种历史现象。大体说来，几代仕宦在中央或地方有一定声望权势的就可成为世族地主。而随着时间的推移，旧的世族地主会不断衰败，新的世族地主会不断涌现。在新世族地主涌现后，旧世族地主不仅不愿承认其原有地位消失，甚至不愿承认新世族地主有和自己平起平坐的资格，于是出现了究竟谁算高门望族、谁不算之争。《新唐书》卷一九九《儒学·柳冲传》附载柳芳论氏族的文章中……都是魏晋南北朝时出现的旧"右姓"（柳芳此文也完全是主张维护世族地主的论调）。《唐会要》卷三六《氏族》载苏冕所议："创业君臣，俱是贵族，三代以后，无如我唐。……"则是本上述几代仕宦具有一定声望权势便是世族地主这个标准提出的隋唐新"高门大族"。用柳芳的旧传统来衡量，无论李渊的"元谋功臣"、李世民的"功臣"以及建成、元吉所委信的人中出于"右姓"者都寥寥无几。从苏冕的新观念来看，……无论李世民、李渊、建成、元吉对世族地主、庶族地主，以至非地主分子都是兼收并蓄，并无成见。

《旧唐书·高士廉传》记载贞观十二年高士廉等奉诏编撰《氏族志》时李世民所发的一段议论："我与山东崔、卢、李、郑，旧既无嫌，为其世代衰微，全无冠盖，犹自云士大夫，……我不解人间何为重之？……我平定四海，天下一家，凡在朝士，皆功效显著，或忠孝可称，或学艺通博，所以擢用，……我今特定族姓者，欲崇重今朝冠冕，……卿等不贵我官爵耶？不须论数世以前，止取今日官爵高下作等级。"要修《氏族志》，是仍以门阀为贵的旧意识，不承认崔、卢等旧"右姓"，要把唐朝的功臣显宦定为新的"右姓"，又是敢于突破旧传统的思想。这种新旧糅合的思想意识出于世族地主行将为庶族地主取代的过渡期是十分自然的。若前此世族地主全盛之世，则绝无出现这种思想意识的可能。《旧唐书》卷六一《窦威传》载李渊谓窦威："比见关东人与崔、卢为婚，犹自矜伐，公代为帝戚，不亦贵乎？"也是和李世民同一思想意识。这又证明李渊、李世民在对待世族、庶族问题上是同等水平的历史人物。（据在大会上分送的打字油印本，后收入1987年出版的《唐史论丛》第一辑时，为保存本来面目未有改动）。

如今看来，这里所说的某些事态还不够确切，如未能像唐先生论文那样明确指出"士族形成也正如太宗所说'止取今日官职作高下'"，也未能考虑到这次修《氏族志》和前此魏孝文帝定族姓是同样性质的措施，只是因时代不同而有成败之别。但不泥成说，从士族门阀之产生、发展、衰亡这个事物通则来观察分析问题，自信在观点方法上还是做对了的。

唐先生的《魏晋南北朝史论拾遗》是1983年5月由中华书局刊行公世的，我拜读赠书似已在1984年春夏。其时我的论文《所谓"永贞革新"》已写成一、二两部分（这是1983年7月里的事情，后缘赶写《古籍整理概论》讲义等而中辍，至1986年始检出续成，在是年《青海社会科学》第5期刊布），第二部分逐个考查士庶身份，并查清"王叔文集团中士族还远多于庶族，对立面中靠得住的士族转少于庶族"的同时，曾在士庶标准问题上写过这么一段话：

哪些郡姓可算士族地主阶级，仍不甚好说，因属现存的唐代谱牒文献，如《元和姓纂》《新唐书·宰相世系表》等都是士族、庶族并列而未作区别。《新唐书》卷一九九《儒学·柳冲传》附载柳芳论氏族的文章里除列举"为大""首之"的少数侨姓、吴姓、郡姓、虏姓外，小一点次一点的士族仍没有讲到。何况士族这个事物和任何历史事物一样有其产生、发展以至衰亡的过程，各个士族产生、发展、衰亡的先后迟早还各不相同。从东汉末年大姓名士中显贵者发展成为魏晋时在经济政治上具特权的士族后，南朝的庶族地主仍不断因缘军功或其他功勋上升为士族，北朝则经魏孝文帝之定姓族也让大批鲜卑族步入士族的行列。到唐太宗修新《氏族志》以"崇重今朝冠冕"，仍旧要像魏孝文帝那样培养一批新士族。无如当时士族制已近尾声，《唐令》中再也不能像西晋户调式那样规定"士人子孙"有庇荫宗族细客的特权，这个新《氏族志》并没有能产生实效。因而让唐代的士族、庶族实在没有十分精确的衡量标尺。不得已只好来个笼而统之的折中办法，即除沿用柳芳文章里说过的几个成为士族的侨姓、吴姓、郡姓、虏姓外，凡先世在南北朝以至隋及唐初历任显职者只都算成是士族，不具备此等条件者概归之于庶族。

其中"东汉末年大姓名士……"等几句话，显然是拜读唐先生论文后改写过的，唐先生论文对我的观点无形中给了极大的支持。只是由于此文主旨在破所谓"永贞革新"之说，对士庶问题顾不上作更多的探讨。如《元和姓纂》等所以不再区别士庶，贞观新修《氏族志》之所以失传，当是由于即使唐人也弄不清究竟哪些是士族哪些不是，所以留恋士族门阀者如柳芳也只能搬出南北朝相沿下来的旧姓。而崔、卢、郑、李、王等旧士族也只能以门阀婚姻自高。从政治上、经济上再捞不到什么特权。文人要做官只能走科举这条道路，即使旧士族也无从例外，这就是为什么有那么多科举出身的人查考其先世仍是南北朝士族的缘故。至于门荫，则仅有少数人愿意享用，而且只要是父辈显宦，子弟便可以门荫进身，初不论其先世，这到赵宋下迄明清仍是如此，和当年士族之有政治特权是两回事。这些我在讲课时给研究生谈过，但还都未暇在文章里写进去。

唐代统治阶级内部小集团斗争既非士庶之争，那应该属于什么性质？我在《所谓"永贞革新"》里讲了一点，即"这些集团都得找一个皇帝或皇子为集团的核心，而参加的成员多数是皇帝或皇子的旧人，是以人事关系结集而并非以士族、庶族来区分。而且在政策上各集团之间也没有太大的差别。因为施点仁政之类本是中国儒家的传统思想，一般来讲无论哪个集团得势登上政治舞台总得多少做一点"。这对王叔文集团并上推到武德、贞观其间多次内部斗争都是适用的，元和以后则进而出现同一皇帝手下不同派系集团的斗争，和上述前期斗争形式交错到一起，所谓牛李党争就是如此。对此尚有待另撰专文申论。

（原载《新史学》第一卷第四期，1990年）

论武德贞观时统治集团的内部矛盾和斗争

唐代的党争，也就是统治集团的内部矛盾和斗争，一般只讲中晚唐，只讲所谓"牛李党争"，早一点也只从高宗、武则天时讲起。其实作为封建统治集团，其内部矛盾和斗争是时刻存在的。武德时李渊、李世民、建成、元吉父子兄弟之间的斗争，贞观时太子承乾、魏王泰之间的斗争，实际上都是封建统治集团内部的派系或小集团之争，是唐朝初期主要的党争。这是本文要说明的第一点。

第二点，用什么来分析和解释当时的党争。有人用地域来解释，说这是关陇人和山东人之争。有人不同意，认为这种矛盾应该是世族地主和庶族地主之间的矛盾。我认为，这些解释都失在求之过深。地域以及世族、庶族等问题，历史研究工作者是应该考虑的，但作为统治集团内部的党争大多数还只是权力之争，派系或小集团并非都按地域或世族、庶族来结合，不能用世族、庶族或地域来判断一切，决定一切。

一　裴寂、刘文静之争

唐高祖李渊于隋大业十三年在太原起兵，进入长安，第二年称帝，改元武德，到武德九年六月玄武门之变后立次子秦王李世民为太子，八月内禅，李世民成为皇帝，即历史上著名的唐太宗，第二年改元贞观。在武德年间秦王李世民和太子建成、齐王元吉有矛盾是读史者所知道的，但很少考虑到李渊、李世民父子之间的矛盾。其实这个父子矛盾早在武德初年就存在，当时朝廷重臣裴寂和刘文静之争，就是这个矛盾的初步公开化。

裴寂、刘文静都是开国元勋，两《唐书》都是以裴刘合传居功臣传之首。其实此二人各有其政治背景。裴寂是李渊的亲信。据《旧唐书》卷五七本传，隋末任晋阳宫副监，"高祖留守太原，与寂有旧，时加亲礼，每延之宴语，间以博弈，至于通宵连日，情忘厌倦"。"及义兵起，寂进宫女五百人，并上米九万斛、杂彩五万段、甲四十万领，以供军用"。高祖"大将军府建，以寂为长史"。高祖入长安为大丞相，又"转大丞相府长史"。"高祖既受禅，谓寂曰：'使我至此，公之力也。'拜尚书右仆射，赐以服玩，不可胜纪，仍诏尚食奉御，每日赐寂御膳。高祖视朝，必引与同坐，入阁则延之卧内，言无不从，呼为裴监而不名。当朝贵戚，亲礼莫与为比"，"高祖有所巡幸，必令居守"。武德六年，"迁尚书左仆射"，寂乞引退，"高祖泣下沾襟曰：'今犹未也，要相偕老耳。公为台司，我为太上，逍遥一代，岂不快哉！'俄册司空"。可见裴寂是高祖李渊身边最亲信的第一号人物。李渊此人雄才大略，读太原起兵时记室参军温大雅所记《大唐创业起居注》可知[1]。从隋大业十三年太原起兵到武德九年玄武门之变以前，李渊一直是最高决策者和全局指挥者。裴寂在其中当也建立过别人所不能企及的重大勋业[2]，才获得李渊如此高度的亲任。所谓"使我至此，公之力也"的话，是无论如何加不到徒知进宫女、论故旧、寻常恩幸之流的头上，只因玄武门之变后李渊的政权为李世民所夺取，裴寂跟着垮了台，贞观朝纂修《高祖实录》就把太原起兵说成李世民所主谋，统一天下也几乎全是李世民的功劳，李渊尚被诬为坐享其成，裴寂的作用自然更一概抹煞。后来国史以及承用国史、实录的两《唐书》等因之而不改，于是《裴传》中才出现只纪恩宠不见勋业的怪现象[3]。

① 《大唐创业起居注》之保存太原起兵、进取长安的真相，包括李渊主谋、建成与李世民同起作用之类，前人已有所注意，见《四库提要》等书，友人牛致功更撰专文论述，于此不赘。

② 裴寂不仅为李渊出谋划策，协助指挥全局，而且从《旧唐书·裴传》所纪晚年流静州时能率家僮破山羌来看，在武事上也并非一无所知。

③ 如所谓"公为台司，我为太上"的"太上"二字，也显然出于修《实录》者改纂，玄武门之变前高祖从无内禅之意，武德六年时如何会说准备当太上皇的话。由此可见《实录》及《裴传》之多曲笔。

刘文静原为隋晋阳令，和裴寂同是太原起兵的主要策划者，裴寂任李渊大将军府长史时他任大将军府司马，裴寂转大丞相府长史他也转大丞相府司马，裴寂拜尚书右仆射他拜纳言，是仅次于裴寂的人物。但武德初年他和裴寂有了矛盾。《旧唐书》本传说："时高祖每引重臣共食，文静奏曰：'陛下君临亿兆，率土莫非臣，……宸极位尊，帝座严重，乃使太阳俯同万物，臣下震恐，无以措身。'"所谓"太阳俯同万物"是借用晋元帝"诏王导升御床共坐"王导推辞之词①，"重臣"则指裴寂，对看《裴传》自知。为什么刘文静要反对裴寂，连裴寂和李渊同坐共食这点事情都不放过，《刘传》下文作了解释："文静自以才能干用在裴寂之右，又屡有军功，而位居其下，意甚不平，每廷议多相违戾，寂有所是，文静必非之，由是与寂有隙。"好像只是缘妒宠而成仇。其实这只是就事论事，没有讲出事态发生的根子。要真正弄清根子，应该从刘文静和李世民的关系来考虑。这在《旧书·刘传》中并没有完全隐讳，如一开头就说："文静察高祖有四方之志，深自结托，又窃观太宗，谓〔裴〕寂曰：'非常人也，大度类于汉高，神武同于魏祖，其年虽少，乃天纵矣。'寂初未然之。""后文静坐与李密连婚，炀帝令系于郡狱，太宗以文静可与谋议，入禁所视之，文静大喜曰：'天下大乱，非有汤、武、高、光之才，不能定也。'太宗曰：'卿安知无，但恐常人不能别耳，今入禁所相看，非儿女之情相忧而已，时事如此，故来与君图举大计……'"可见太原起兵之前刘文静和李世民的关系就不平常。以后武德元年七月秦王李世民为西讨元帅拒薛举，刘文静为元帅府长史。十二月秦王李世民拜太尉陕东道行台尚书令，镇长春宫以经略山东，刘文静领陕东道行台左仆射从镇长春宫。说明刘文静确属秦府早期的私党，是辅佐李世民的第一号人物。刘、裴之争，实际上反映了李世民和李渊之间的矛盾。当然，此时李世民羽毛未丰，裴寂绝非刘文静之能动摇。刘文静借同坐共食事攻击裴寂而"帝不纳"。武德元年拒薛举战败被降了职（先坐除名，后拜民部尚书，而前此之为纳言则是

宰相之一）。武德二年因"绝望""怨言"被杀。当李渊审理此狱时，李世民为刘文静疏解，"极佑助之"，李纲、萧瑀也"皆明其非反"，只因"高祖素疏忌之，裴寂又言曰：'文静才略，实冠时人，性复粗险，忿不思难，丑言悖逆，其状已彰。当今天下未定，外有勃敌，今若赦之，必贻后患。'高祖竟听其言"。这实际上是李渊、裴寂为防止内部出现派系小集团而蓄意剪除李世民的羽翼。李渊、李世民父子之间开始出现了裂痕。

武德九年玄武门之变李世民成为太子，再迫李渊内禅当上了皇帝，裴、刘旧案当然非翻不可。大概是遵"三年无改父之道"的古训吧，最初还给成为太上皇的李渊留面子，敷衍一下裴寂。如贞观二年"太宗祠南郊，命寂与长孙无忌同升金辂"，但当裴寂辞让时太宗就说："以公有佐命之勋，无忌亦宣力于朕，同载参乘，非公而谁？"前两句直截地翻译起来就是："你是太上皇的人，无忌是我的人。"已颇见斤两。贞观三年就借故把裴寂"免官，削食邑之半，放归本邑"，不久又借故"徙交州，竟流静州"。同时就在这一年，给刘文静"追复官爵，以子树义袭封鲁国公，许尚公主"，彻底平反。

当裴寂被免官放归本邑蒲州时，他请求留住京师，李世民不同意，指责他说："计公勋庸，不至于此，徒以恩泽，特居第一，武德之时，政刑纰缪，官方弛紊，职公之由，但以旧情，不能极法，归扫坟墓，何得复辞！"李世民这段话讲到两点：一、裴寂是武德时国家政刑的全面负责者；二、当时政刑纰缪。第一点是事实，裴寂武德时身为宰相，而且是宰相中最为高祖倚重的，武德时一切政刑当然由他辅佐李渊全面负责，这实际上已否定了裴寂"徒以恩泽"之说。第二点则是所谓"欲加之罪，何患无辞"，而且连李渊也连带骂在里面，和后来朝廷宴会上对太上皇李渊所说"百姓获安，四夷咸附，皆奉遵圣旨，岂臣之力"云云①又矛盾。我认为后者倒是事实：因为天下是武德时统一的，奠定建国规模的《唐律》和《唐令》是武德七年由裴寂等因隋开皇《律》《令》损益制定的，通常所艳称

---

① 《旧唐书》卷一《高祖纪》贞观八年三月甲戌条。

的府兵、均田等制度都是武德时确定下来的，以后贞观十一年重颁《律》《令》，除《律》有所改动外，《令》一仍武德之旧无甚增删。可以说"贞观之治"是在武德政刑的基础上取得的，李世民对太上皇所说"百姓获安，四夷咸附，皆奉遵圣旨"者倒多少符合点事实。一定要说武德时"政刑纰缪"，无非是杀了刘文静以及后来对秦府势力作过种种抑制而已。这只是权力之争，并不能因此而说李渊、李世民之间有什么方针政策上的重大差别。

二　太原元谋功臣和李世民即位时的功臣

《旧唐书·裴刘合传》里保存了两个功臣名单，《新传》照抄下来。一个是李渊颁布的"太原元谋功臣"名单，一个是李世民颁布的"功臣实封差第"名单。把这两个名单作点分析，会有助于对李渊、李世民父子之争作进一步了解。

"太原元谋功臣"名单是李渊在武德元年五月称帝后不久就公布的，一共有十七人：

> 尚书令秦王某、尚书左仆射裴寂及〔纳言刘〕文静特恕二死，左骁卫大将军长孙顺德、右骁卫大将军刘弘基、右屯卫大将军窦琮、左翊卫大将军柴绍、内史侍郎唐俭、吏部侍郎殷开山、鸿胪卿刘世龙、卫尉少卿刘政会、都水监赵文恪、库部郎中武士彟、骠骑将军张平高、李思行、李高迁、左屯卫府长史许世绪等十四人约免一死①。

---

① 此名单是以诏书形式颁布的，诏书收入《唐会要》卷四五"功臣"和《册府元龟》卷一三三"褒功"里，惟姓名次序略见零乱，《元龟》更略去官职，这里据《旧唐书·裴刘传》。至于诏书发布时间《会要》《元龟》均作武德元年八月六日，据《旧唐书·高祖纪》《太宗纪》，李世民、刘文静败于薛举是在武德元年七月，文静"坐除名"，八月又从李世民讨举子仁杲，文静"以功复其爵邑，拜民部尚书"，则文静武德元年七月以后就不再是纳言，《会要》武德元年八月六日此诏却仍作"纳言刘文静"，疑"八月"云者或有错误。

这个名单在纂修《实录》《国史》时肯定加过工，不称"秦王世民"而称"秦王某"便是明证。建成已是太子不入功臣之列可以理解，只列秦王世民不列齐王元吉就颇奇怪。如说李渊起兵时建成、元吉不在太原，是从河东赶去的，那李渊的女婿柴绍也是从长安赶去的，何以名单中有柴绍而无元吉，显然是加工时砍掉的。另外武士彠是否后来因武则天的关系而窜入也可考虑①。但总的来说还是可以信据的。其中除长孙顺德是李世民的长孙皇后的族叔，后来曾"讨建成余党于玄武门"②，很可能此时已和刘文静同属李世民私党外，其余都是李渊的人。刘弘基、柴绍、殷开山曾随李世民打薛举，打王世充、窦建德，唐俭更做过李世民的天策上将府长史，但都是后来的事情③。刘政会、赵文恪在武德初曾协助齐王元吉留守太原，窦琮曾随同太子建成消灭刘黑闼，但也看不出他们和建成、元吉有什么特殊关系④。李思行曾任齐王护军，玄武门之变后曾被"锢送诣京师"，这也是后来的事情⑤。

武德九年八月李渊内禅，李世民即位，十月就定"功臣实封差第"，其名单也见于《旧唐书》卷二《太宗纪》，内容相同：

> 裴寂加食九百户，通前为一千五百户，长孙无忌、王君廓、尉迟敬德、房玄龄、杜如晦等五人食邑一千三百户，长孙顺德、柴绍、罗艺、赵郡王孝恭等四人食邑一千二百户，侯君集、张公谨、刘师立等三人食邑一千户，李勣、刘弘基二人食邑九百户，高士廉、宇文士及、秦叔宝、程知节四人食七百户，安兴贵、安修仁、唐俭、窦轨、屈突通、萧瑀、封德彝、刘义节八人各食六百户，钱九陇、樊兴、公孙武达、李孟尝、段志玄、庞卿恽、张亮、李药师、杜淹、元仲文十

---

① 如《旧唐书》卷五八《武士彠传》就说："初，义师将起，士彠不预知，及平京师，乃自说云：'尝梦高祖入西京，升为天子。'高祖晒之曰：'汝王威之党也，以汝能谏止弘基等，微心可录，故加酬效，今见事成，乃说迂诞而取媚也？'"不像是名列"元谋功臣"的样子。

② 《旧唐书》卷五八本传。

③ 《旧唐书》卷五八本传。

④ 《旧唐书》卷五八、五七、六一本传。

⑤ 《旧唐书》卷七一《魏徵传》。

人各食四百户，张长逊、张平高、李安远、李子和、秦行师、马三宝六人各食三百户。

这个名单应和"元谋功臣"名单对勘分析：

一、列入"元谋功臣"名单而不登此名单者有：秦王、刘文静、窦琮、殷开山、刘政会、赵文恪、武士彟、李思行、李高迁、许世绪等十人。秦王已贵为天子，武士彟是否真属"元谋功臣"尚有问题，刘文静已被杀，赵文恪已赐死，窦琮、殷开山、许世绪已病故，李高迁已"除名徙边"[①]，当然都不会再列入这次的功臣名单里。李思行的被剔则显然是因为做过齐王护军。刘政会的被剔也可能是因为亲李渊而疏李世民[②]。

二、"元谋功臣"名单中有而此名单仍保留者是：裴寂、长孙顺德、柴绍、刘弘基、唐俭、刘世龙（改名义节）、张平高共七人。裴寂只是暂时保留，长孙顺德参与玄武门之变肯定是秦府私党，柴绍、刘弘基多次随李世民征讨，唐俭是天策府长史，此时也都应是李世民这边的人。只有刘世龙、张平高站在哪一边不清楚，但至少没有发现他们公开反对过李世民。

三、"元谋功臣"名单中没有而为此名单新增的，有长孙无忌等三十六人。这三十六人大体有两种情况。罗艺、张长逊、李子和分别以涿郡、五原、榆林归款[③]，赵郡王孝恭略定江南[④]，安兴贵、安修仁献河西[⑤]，窦轨镇益州[⑥]，李勣、李药师（靖）则是武德年间进行统一战争中建立特殊功勋的大将，他们名列此功臣名单是理所当然的，和李世民的小集团没有

---

① 《旧唐书》卷五七、六一、五八本传。
② 因此刘卒后，太宗手敕只说他"举义之日，实有殊功"，见《旧唐书》本传。
③ 《旧唐书》卷五六、五七本传。
④ 《旧唐书》卷六〇本传。
⑤ 《旧唐书》卷五五《李轨传》。
⑥ 《旧唐书》卷六一本传。

牵涉①。此外则统统是李世民小集团里的、至少也是站在李世民一边的人物。长孙无忌、尉迟敬德、房玄龄、杜如晦是李世民发动玄武门军事政变的主谋者②，侯君集、张公谨、刘师立、公孙武达、李孟尝都在以尉迟敬德为首的袭杀建成、元吉的"九人"之中③，高士廉、秦叔宝、程知节、屈突通、段志玄、庞卿恽都积极参与这次军事行动④，宇文士及、萧瑀、封德彝在斗争中也都支持李世民⑤，王君廓是擒杀建成主要外援庐江王瑗的首功⑥，张亮是"秦府车骑将军"，李世民派驻洛阳的主要外援⑦，杜淹是李世民的"天策府兵曹参军、文学馆学士"⑧，钱九陇、樊兴、李安远都从李世民征伐，李安远且以固拒建成勾引使李世民对他"益加亲信"⑨，

---

① 李勣、李靖都不曾参与李世民与建成、元吉之争。《通鉴》卷一九一武德九年六月《考异》引《统纪》说二李向李世民表示"欲申犬马之力"，刘𫗱《小说》又说李世民"将诛萧墙之恶"，谋于二李，二李均辞，《考异》谓"未知谁得其实"。其实二说均后来附会之谈：李世民根本不可能将谋杀建成、元吉这样机密大事和平素没有勾结的二李相商；如二李主动向李世民建议，发动玄武门军事政变时更不会不借重他们的大力。许敬宗撰《李靖碑》、高宗撰书《李勣碑》、刘祎之撰《李勣墓志》及《旧唐书》卷六七本传均不纪此等事，盖得其实。

②《旧唐书》卷六五、六八、六六本传。

③《旧唐书》卷二《太宗纪》说"太宗率长孙无忌、尉迟敬德、房玄龄、杜如晦、宇文士及、高士廉、侯君集、程知节、秦叔宝、段志玄、屈突通、张士贵等于玄武门诛〔建成、元吉〕"。卷六五《长孙无忌传》则说"无忌与尉迟敬德、侯君集、张公谨、刘师立、公孙武达、独孤彦云、杜君绰、郑仁泰、李孟尝等九人入玄武门讨建成、元吉"。二说不同，当以后者为是，因为后者有个长孙无忌加"九人"的实数。《旧唐书》卷六八《张公谨传》说"公谨与长孙无忌等九人伏于玄武门以俟变"，卷五七《刘师立传》说"师立与尉迟敬德、庞卿恽、李孟尝等九人同诛建成有功"，卷六四《建成传》说"太宗将左右九人至玄武门自卫"。尽管"至玄武门自卫"和"伏于玄武门"的讲法不同，"九人"中个别人选也有出入，但其为"九人"则无异词。足见"九人"在当时本有定说，犹后世曾国荃湘军攻占天京的"先登九将"之类，而长孙无忌则为"九人"之率领者。这都是指亲自"擐甲持矛"袭杀建成、元吉者而言。至于《太宗纪》所说的房玄龄、杜如晦是文士，虽主谋而未能擐甲，宇文士及据《建成传》事发时当在李渊左右，高士廉据卷六五本传此时"率吏卒释系囚，授以兵甲，驰至芳林门，备与太宗合势"，程知节、段志玄据卷六八本传只说"从诛建成、元吉"，当与屈突通、张士贵等人都是参与此役而未在"九人"之列。《太宗纪》只是随便列举若干参与此役的人，与《长孙无忌传》之备具"九人"姓名者有别。

④ 详注③，庞卿恽事见《旧唐书》卷五七本传及《刘师立传》。

⑤ 宇文事详注③，萧事见《旧唐书》卷六四《建成传》，封事见卷六三本传及《建成传》，《本传》《建成传》又说封"潜持两端"，当是许敬宗修《实录》时的曲笔，见卷八二《许传》，《通鉴》卷一九一武德九年六月《考异》已引《许传》作辨正。

⑥《旧唐书》卷六〇《庐江王瑗传》。

⑦《旧唐书》卷六九本传。

⑧《旧唐书》卷六六本传。

⑨《旧唐书》卷五七本传。

元仲文、秦行师、马三宝也应在对建成、元吉的斗争中立有功勋①。以上站在李世民一边、为他夺取政权出了力的共计二十七人，占新增补功臣三十六人的百分之七十五，再加上已见"元谋功臣"名单、这次因站在李世民一边又列入的长孙顺德、柴绍、刘弘基、唐俭等四人，占这次功臣名单全部四十三人的百分之七十二。

分析了这个李世民即位、李渊退居太上皇后颁布的功臣新名单，真有俗语所谓"一朝天子一朝臣"之感。这说明在武德后期确已形成了一个以李世民为核心的自外于李渊的政治小集团。这个小集团不仅和建成、元吉斗争，也要和李渊斗争。因为既形成了小集团就不再以个别人的意志或父子兄弟的所谓伦常关系为转移②，虽父子兄弟间互相倾轧杀戮也无所顾忌。这是封建统治的题中应有之义，不能用今天的道德观念来衡量。

三 李世民与经略山东

怎样形成以李世民为核心的政治小集团，说来话长。

自从南北朝世族地主占优势以来，反映在政治上就出现高门大族结党争权的局面，在皇室内部，太子和诸王也相应地形成各个政治小集团。太子有东宫官属兵甲，等于在京城里组成一个小朝廷，诸王开府征镇，更易于结集地方势力及某些军事力量作为凭借，而都以取得最高权力继承帝位为其共同争夺之标的。远的不说，李渊、李世民等目睹的隋文帝杨坚、太子杨勇、晋王杨广父子兄弟间就曾为此展开过一场惨酷的斗争。李渊、李世民以及建成、元吉间的斗争也同样是按照此规律来进行。虽然具体的过程和结局不尽相同，但在大关节目上自有其相似之处，其中最明显的，就

---

① 马三宝本是柴绍妻平阳公主的家僮，附见《旧唐书》卷五八《柴绍传》，当与柴绍同站李世民边。元仲文、秦行师和李孟尝均附见《旧唐书》卷七，均因"事微不录"而无传，但据《长孙无忌传》李孟尝实在袭杀建成、元吉的"九人"之中，则元、秦当亦因在此次行动中建功而入功臣之列，《旧唐书》说他们"事微不录"者，是除此次行动外别无功业可纪之谓。

② 长孙无忌、房玄龄、杜如晦、尉迟敬德、侯君集、高士廉及秦府僚属等固劝李世民诛建成、元吉，就充分说明了这一点。见《旧唐书》建成、元吉、长孙无忌、房玄龄、尉迟敬德诸传及《通鉴》卷一九一武德九年六月纪事。

是都以次子身份利用开府征镇的机会结集力量而取得帝位。

我国古来有个传统，君主的嫡子一般是法定的太子，当了太子就得经常留在君主身边，遇有关系重大的军事行动，任命外姓将领不放心时，往往派太子以外的儿子充当统帅，有时还由君主自己亲征，把留守京师的任务交给太子，而很少派太子出征。所谓"君之嗣嫡，不可以帅师"①，已成为相沿的惯例。因此隋文帝伐陈，就不派太子杨勇而叫次子晋王杨广任行军元帅，还让杨广先后充当并州、扬州等重要地区的总管。以后杨广之所以能取代杨勇成为太子，并取得军人权臣杨素等的支持，当与此有很大关系，绝非仅仅在独孤皇后面前玩点哄骗手段就能达到目的。李世民的情况也是如此。李渊后窦氏生建成、世民、玄霸、元吉四个儿子。玄霸早卒。李渊太原起兵时，建成二十九岁，世民二十岁，元吉十五岁②。十五岁太小，所以一开始派建成、世民同取西河③；接着入关，以建成为陇西公、左领军大都督，统左三统军等，世民为敦煌公、右领军大都督，统右三统军等，而让元吉为太原郡守留镇晋阳④。攻占长安后，又派建成为左元帅、世民为右元帅徇地东都⑤。但到李渊正式称帝、建成为皇太子后，就按照老规矩派次子李世民任统帅出征，客观上给李世民创造了扩充实力的条件。

这个时期由李世民任统帅的几次大征战是：（一）武德元年六月到七月任西讨元帅拒薛举于泾州，战败。（二）八月薛举死，任元帅西征举子薛仁杲，十一月破降仁杲，平陇右。（三）十二月拜太尉、陕东道行台、尚书令，镇长春宫，关东兵马并受节度，开始担负经略山东地区的重任。（四）武德二年十月到三年四月破刘武周、宋金刚，平并州。（五）武德三年七月率元吉总统诸军征讨盘踞洛阳的王世充，四年三月窦建德救王世

---

① 《左传》闵二年。

② 据《旧唐书·太宗纪》《建成元吉传》所记卒年推算。

③ 《大唐创业起居注》卷上。

④ 《大唐创业起居注》卷上、卷中。《旧唐书·高祖纪》"左领""右领"下均脱"军"字，"统军"上均脱"三"字。

⑤ 《大唐创业起居注》卷下。《旧唐书·高祖纪》作建成为元帅、世民为副。

充，五月擒窦建德，降王世充，尽取山东地区，十月，加天策上将，位在
王公上，领司徒、陕东道大行台、尚书令。（六）武德四年七月窦建德余
部刘黑闼又起事河北，八月徐圆朗举齐、兖之地响应，十二月率元吉击刘
黑闼，五年三月破刘黑闼，再取河北，又遣淮安王神通、李勣破灭徐圆
朗①。早在破薛仁杲"俘其精兵万余人"后，李世民就"与之游猎驰射，
无所间然，贼徒荷恩慑气，咸愿效死"②。以后经略山东地区，更放手汲
引人材，培植私党。有文献可查的，如尉迟敬德本刘武周偏将，归降后李
世民"赐以曲宴，引为右一府统军"③。秦叔宝、程知节本从李密，后归
王世充，李世民镇长春宫时归降，叔宝"事秦府"，"拜马军总管"，"寻授
秦王右三统军"④，知节"授秦王府左三统军"，张公谨"为王世充洧州长
史"，"以州城归国"，"李勣骤荐于太宗，尉迟敬德亦言之，乃引入幕
府"⑤。刘师立"初为王世充将军"，"洛阳平，当诛，太宗惜其才，特除
之，为左亲卫"⑥。段志玄"从讨王世充"，"迁秦王府右二护军"⑦。公孙
武达"武德初至长春宫请谒太宗，从讨刘武周，……又从平王世充、窦建
德，累迁秦王府右三军骠骑"⑧。屈突通"为太宗行军元帅长史，从平薛
举"，"寻以本官判陕东道行台仆射，复从太宗讨王世充"，"寻拜陕东大行
台右仆射，镇于洛阳"⑨。宇文士及"从太宗平宋金刚"，"迁秦王府骠骑
将军，又从平王世充、窦建德"⑩。萧瑀当李世民为右元帅攻洛阳时"为
府司马"⑪。封德彝同时受诏"参谋军事"⑫。钱九陇从太宗"平薛仁杲、

① 《旧唐书·高祖纪》《太宗纪》。
② 《旧唐书·太宗纪》。
③ 《旧唐书·太宗纪》。
④ 《旧唐书·太宗纪》。
⑤ 《旧唐书·太宗纪》。
⑥ 《旧唐书·太宗纪》。
⑦ 《旧唐书·太宗纪》。
⑧ 《旧唐书》卷五九本传。
⑨ 《旧唐书》卷五九本传。
⑩ 《旧唐书》卷六三本传。
⑪ 《旧唐书》卷六三本传。
⑫ 《旧唐书》卷六三本传。

刘武周"，又"从太宗擒获窦建德，平王世充①。樊兴"从太宗破薛举，平王世充、窦建德"②。李安远"从太宗征伐，特蒙恩泽"③。以上十四人都是李世民经略山东所招降邀结，而列入武德九年十月"功臣实封差第"名单中的，在因站在李世民一边为他夺取政权有功而列入此名单的二十七人中占了过半数。此外不曾列入此名单的还有：李君羡"初为王世充骠骑"，"叛而来归，太宗引为左右"④。田留安为王世充征南将军，"帅众来归"，李世民"以留安为右四统军"⑤。吴黑闼、牛进达也与秦叔宝、程知节同叛王世充来归⑥。张士贵"从平东都"，而参与玄武门之役⑦。薛万均初随罗艺，"及太宗平刘黑闼，引万均为右二护军"⑧。戴胄仕越王侗、王世充，"太宗克武牢而得之，引为秦府士曹参军"⑨。此外，李世民在武德四年消灭窦建德、王世充后，因"海内渐平"，"乃锐意经籍，开文学馆以待四方之士，行台司勋郎中杜如晦等十有八人为学士，每更直阁下，降以温颜，与之讨论经义，或夜分乃罢"⑩，实际上是以杜如晦、房玄龄两个亲信文士为首组织起来的一个秦府顾问班子。这批学士中，陆德明、孔颖达原在王世充辖区，王世充平，"引为秦府文学馆学士"⑪。李玄道历任李密记室、王世充著作佐郎，"东都平，太宗召为秦王府主簿、文学馆学士"⑫。李守素"代为山东名族，太宗平王世充，征为文学馆学士，署天

---

① 《旧唐书》卷五七本传。
② 《旧唐书》卷五七本传。
③ 《旧唐书》卷五七本传。
④ 《旧唐书》卷六九本传。
⑤ 《通鉴》卷一八七武德二年二月己未条。
⑥ 《旧唐书》卷六八《秦叔宝传》，吴、牛后均陪葬昭陵，见宋敏求《长安志》卷一六"昭陵"条（《唐会要》卷二一陪陵名位无牛名，但牛碑清中叶已出土昭陵，足证宋《志》不误。《会要》有脱佚），则当时来归后亦与秦、程同为李世民所用。吴黑闼武德"九年六月，与段志玄等立功于玄武门"，见昭陵新出土吴碑。
⑦ 《旧唐书》卷八三本传、卷二《太宗纪》。
⑧ 《旧唐书》卷六九本传。
⑨ 《旧唐书》卷七〇本传。
⑩ 《旧唐书·太宗纪》。又卷七二《褚亮传》更详纪此十八学士"登瀛洲"故事，并十八人姓名官职。
⑪ 《旧唐书》卷一八九上《儒学》本传、卷七三本传。
⑫ 《旧唐书》卷七二本传。

策府仓曹参军"①。虞世南先为窦建德黄门侍郎,"太宗灭建德,引为秦府参军,寻转记室,仍授弘文馆学士"②。蔡允恭"没于窦建德,及平东夏,太宗引为秦府参军兼文学馆学士"③。刘孝孙为王世充弟辩行台郎中,"洛阳平","太宗召为秦府学士"④。以上平王世充后所得的有七人,占十八学士的百分之三十九。所有这些说明了一个事实:李世民在经略山东中大大扩充了实力。后来建成、元吉攻击他,说"秦王左右多是东人"⑤,是确有事实根据的。

四 建成、元吉以及玄武门之变

对秦府势力的扩张,李渊和建成、元吉采取什么对策?

如前所说,李渊此人是有才能的,并非通行历史读本中所说是什么"昏庸无能","连做个守成的中等君主也是不成的"人物⑥,岂有听任派系、小集团危及自己权势之理。当武德初年刘文静和李世民相邀结,与李渊的第一号亲信裴寂闹对立时,李渊就坚决除掉刘文静,以维护其尊严。但自己的儿子看来究竟比外人可靠,因此仍旧沿袭传统习惯,让李世民担负经营山东的重任,同时叫元吉当李世民的助手,这也多少包含着牵制李世民的意味。无奈李世民的雄心绝非杀个刘文静就能抑制,区区元吉更不在话下,公然把本来应该归公的平定山东胜利果实占为己有,不仅把收得的精兵良将作为秦府的私甲,把山东的文士谋臣作为自己的智囊顾问,而且凭"于管内得专处分"的特权,和李渊的诏敕相对抗。这就使李渊认识

---

① 《旧唐书》卷七二本传。
② 《旧唐书》卷七二本传。
③ 《旧唐书》卷一九〇上《文苑》本传。
④ 《旧唐书》卷七二本传。刘本不在十八学士之列,十八学士中薛收卒,以刘补入,见《褚亮传》。
⑤ 《旧唐书·建成传》。
⑥ 《中国通史简编》第三编第二章第一节,此书认为唐朝的建立"主要依靠唐太宗的谋略和战功"。其实太宗李世民在武德前期经常在外担任一个战区的指挥官,即使到后期也从未在中央执掌过政权。难道一个战区指挥官能决定战略全局,一个从未执掌过政权的皇子能奠定开国规模?除非当时李渊事事就商于李世民。这点恐怕再醉心歌颂李世民者也不敢说吧!

到问题的严重性，对裴寂等亲信说："此儿典兵既久，在外专制，为读书汉所教，非复我昔日子也。""自是于太宗恩礼渐薄"，"建成、元吉转蒙恩宠"①。

建成、元吉也绝非如历史读本中所诟骂是什么"纨绔无赖子""凶险"之徒②。《旧唐书》所说"建成残忍，岂主鬯之才，元吉凶狂，有覆巢之迹，若非太宗逆取顺守，积德累功，何以致三百年之延洪，二十帝之篡嗣？或坚持小节，必亏大猷，欲比秦二世、隋炀帝，亦不及矣。"③好像由建成、元吉来做皇帝唐政权就会马上垮台，连秦二世、隋炀帝的结局都不如，也无非是受了《实录》《国史》对建成、元吉所加诬陷之词的影响。然而篡改历史总是件心劳力拙的蠢事，今天仔细研读文献，仍不难看出建成、元吉对唐皇室的积极作用。李渊太原起兵后一直让建成、世民共同充当统帅，直到正式称帝为止，其间建成、世民都完成了任务，并无显著的高下优劣之分。元吉年龄小，以偏师留守太原，武德二年并州被刘武周攻陷时他只有十七岁，失败的责任恐怕应该由辅佐他的窦诞、宇文歆等多承担一些④。而且李世民也并非常胜将军，武德元年七月他所统率的主力就在泾州被薛举打得大败亏输⑤。以后打王世充、打窦建德、打刘黑闼在李世民指挥下确实取得胜利，但元吉也参加指挥。如李世民和窦建德决战时"留元吉与屈突通围王世充于东都，世充出兵拒战，元吉设伏击破之，斩

---

①《旧唐书·建成传》。但传里所谓李渊对李世民疏薄是出于妃嫔的挑拨，则明系诬陷之词。封建统治者的宫闱纠纷是永远闹不清的，最易拿来作为诬陷的把柄。修《实录》《国史》者不仅以此诬陷李渊，连所谓建成、元吉"内连嬖幸，高祖所宠张婕妤、尹德妃皆与之淫乱"云云，也无非是这一类型的诬陷之词。

② 《中国通史简编》第三编第二章第一节。

③ 《旧唐书》卷六四史臣曰。

④ 参考《旧唐书·元吉传》。

⑤ 《旧唐书》卷五五《薛举传》。刘文静、刘弘基、殷开山等传都说此役李世民有病，刘文静等违李世民节度而败衄，恐多少有为李世民粉饰的成分。

首八百级，生擒其大将乐仁昉、甲士千余人"①，这样才使李世民无后顾之忧。此时元吉才十九岁，在封建统治阶级中不能不说是早熟的军事人才。至于政事上，建成当了太子后"高祖忧其不闲政术，每令习时事，自非军国大务，悉委决之"②。也就是让他学习主持日常工作。史书上也找不到他此时在政事上弄得如何糟的话，相反在这方面他起码在经验上要比李世民丰富得多。

李世民以平定山东而威权日盛，当然使身为太子的建成受压迫，元吉也有自己的打算，不甘屈居李世民之下。于是联合起来共同对付李世民③。（一）在出征问题上，前此建成以太子身份留长安练习政事，除武德二年出兵鄠屋镇压司竹园的"群盗祝山海"，四年出兵鄜州击破稽胡酋帅刘仚成的部落外，再未承担军事任务。而这两次都是长安附近的小规模作战④，事罢即回长安，不能像李世民那样培植私人军事实力。元吉虽然出征山东，总还是李世民的副手，捞不到多少好处。现在趁李世民为李渊疏薄，他们赶快争取出任大战役的统帅。据《旧唐书·高祖纪》，武德五年八月"突厥颉利寇雁门"，"遣皇太子及秦王讨击，大败之"。十月"遣齐王元吉击刘黑闼于洺州"。十一月"命皇太子率兵讨刘黑闼"。十二月"皇太子破刘黑闼于魏州，斩之，山东平"。六年七月"突厥颉利寇朔州，遣皇太子及秦王屯并州以备之"。八年六月"突厥寇定州，命皇太子往幽州，秦王

---

① 《旧唐书·元吉传》。《太宗纪》则作"留通辅齐王元吉以围世充"，《屈突通传》更作"太宗中分麾下以属通，令与齐王元吉围守洛阳"，都在行文措词上对元吉独当一面的作用加以贬低，其他如《王世充传》等并绝口不提元吉的名字。又此役唐军凯旋至长安，《通鉴》卷一八九据《唐历》书"世民被黄金甲，齐王元吉、李世勣等二十五将从其后，铁骑万匹，甲士三万人，前后部鼓吹"，而《旧唐书·太宗纪》只书"太宗亲披黄金甲，陈铁马一万骑，甲士三万人，前后部鼓吹"，《李勣传》更书"论功行赏，太宗为上将，李勣为下将，与太宗俱服金甲，乘戎辂，告捷于太庙"，也都有意抹掉元吉的名字。

② 《旧唐书·建成传》。

③ 这绝不能如《建成传》所说是"同恶相济"，即建成、元吉这两个坏蛋气味相投来共同对付李世民这个正派人。至于《元吉传》纪太宗府像所说"元吉狠戾，终亦不事其兄"，"为乱未成，预怀相夺"云云，虽是蓄意诬陷丑化，倒不无其可能性，历史上本不乏先同谋后火并的事情。

④ 此两次作战见《旧唐书·建成传》。传上说"司竹群盗祝山海"，"司竹"即卷五八《平阳公主传》里提到的"司竹园"，据《隋书》卷二九《地理志》在鄠屋。祝山海止"有众一千"。刘仚成"部落数万人"，但亦非强敌，所以一战即请降被歼。

往并州，以备突厥"。最后九年"突厥犯边，诏元吉率师拒之"，因玄武门之变而告吹[1]。可见武德后期李世民已当不成大战役的最高统帅，这个重要位置已逐步为建成、元吉取代。（二）不仅公开取代统帅权，还用公开或秘密的手法来瓦解李世民已经结集的小集团势力。用金帛招诱尉迟敬德、段志玄、李安远等秦府将领，不成就加以排陷，曾下尉迟敬德于诏狱，要出程知节为康州刺史，连房玄龄、杜如晦这两个大谋士都被斥逐出秦府[2]。武德九年玄武门之变前夕，还借元吉率师拒突厥的机会，"令秦府骁将秦叔宝、尉迟敬德、程知节、段志玄等并与同行，又追秦府兵帐，简阅骁勇，将夺太宗兵以益其府"[3]，要把李世民弄到彻底无拳无勇的地步。（三）和李世民一样大搞其结党营私，扩充东宫、齐府的实力。李世民有以杜如晦、房玄龄为首的谋士和秦府文学馆十八学士，建成有洗马魏徵、中允王珪、左卫率韦挺等"尽心所事"的东宫官属[4]。元吉也有王孝逸、张胤等齐王府文学[5]。李世民有秦府私甲，建成则"私召四方骁勇，并募长安恶少年二千余人，畜为宫甲，分屯〔东宫〕左、右长林门，号为长林兵"，元吉也和建成同样"募壮士，多匿罪人"[6]。李世民有尉迟敬德、秦叔宝、程知节、段志玄等骁将，建成有薛万彻、冯立，元吉有谢叔方等战将[7]。李世民的外援有在洛阳的张亮、幽州的王君廓，而幽州大都督庐江王瑗以及在河北地区的前宫千牛李志安、齐王护军李思行等则是建成、元吉的外援[8]。在外边哪方面强固很难说，在京城里则建成、元吉的实力最后已超过了李世民，这在玄武门之变中表现得很明显，后面要谈到。

建成、元吉这么做，显然是得到李渊同意和支持的。其中如取代李世

---

① 《旧唐书·建成传》《元吉传》。

② 《旧唐书》尉迟诸人本传。

③ 《旧唐书·元吉传》。

④ 《旧唐书》卷七一、七〇、七七本传。

⑤ 《昭陵碑录》卷中著录《张胤碑》，王孝逸则见《旧唐书》卷七〇《格辅元传》。

⑥ 《旧唐书·建成传》《元吉传》。《通鉴》卷一九一武德七年六月壬戌条《考异》引《高祖实录》。这些记载中的所谓"恶少年"之类，当然只是李世民事后所加的贬词。

⑦ 《旧唐书》卷六九《薛万彻传》、卷一八七上《忠义冯立传》《谢叔方传》，又《尉迟敬德传》。

⑧ 《旧唐书》卷六〇《庐江王瑗传》、卷七一《魏徵传》。

民出任统帅，斥逐房玄龄、杜如晦，让秦府精锐转属元吉等等，更非出之诏敕不可，很可能有些本来就是李渊的主意。但李世民毕竟也是亲儿子，处理起来多少要牵顾父子之情，不能像解决其他政治案件那样果断，那样干脆利落①。例如武德七年曾发生庆州都督杨文幹叛乱事件，此人"尝宿卫东宫，建成与之亲厚"，有人上变诬告"太子使文幹举兵，欲表里相应"，这大概出于李世民一伙所指使，但李渊没有彻底追究，"惟责以兄弟不能相容，归罪于〔太子〕中允王珪、〔太子〕左卫率韦挺及〔秦王〕天策兵曹杜淹等，并流之嶲州"，用各打五十大板的方式把建成和李世民双方的部属处理几个了事②。因此两年后李世民和建成、元吉的矛盾进一步尖锐，到达水火不相容时，李渊仍不想作出果断措施，而准备召集这三个儿子，由他和重臣大僚裴寂、萧瑀、陈叔达、封伦、宇文士及、窦诞、颜师古等来公断曲直③。没有预料到李世民会发动玄武门军事政变，来个突然袭击。结果不仅建成、元吉当场被袭杀，李渊被迫立李世民为皇太子，"庶政皆决断"，两个月后更被迫内禅，成为毫无权力、真正"孤家寡人"式的太上皇，当了九年高等政治囚犯而死去，比隋文帝之见杀于杨广总算略胜一筹。

关于武德九年六月四日玄武门之变，陈寅恪先生在《唐代政治史述论稿》的中篇里已有所论述，这里只谈一点和陈先生稍有出入的看法，即这次军事政变对李世民方面来说实属"孤注一掷"。当时李渊之支持建成、

---

① 这主要是指父亲对儿子，如前此隋文帝杨坚处理太子杨勇、晋王杨广矛盾之反复无定，后此李世民成为皇帝后处理太子承乾、魏王泰矛盾之徘徊困惑，都说明这一点，至于儿子对父亲则往往连这点感情也抛之九霄云外，所以历史上弑父之事比比皆是。封建统治阶级就是这么冷酷，有什么办法！

② 杨文幹武德七年六月据庆州反，七月败死，事见《通鉴》卷一九一及《旧唐书·建成传》《韦挺传》，当都根据《实录》《国史》。所谓杨与建成通谋应接云云，盖即本上变诬告之辞而书。说李渊要因此废建成立李世民、经元吉等请求才中止，更属修《实录》《国史》时增饰。此时李渊既对李世民"恩礼渐薄"而"建成、元吉转蒙恩宠"，建成又何必冒险用军事行动来夺取政权。如真有其事，何以第二年李渊还派他前往幽州以备突厥，毫无恩宠衰薄的迹象。足见统统出于诬陷增饰，不是事实。

③ 《旧唐书·建成传》，这个记载是基本可信的。《尉迟敬德传》说玄武门之变时"高祖泛舟于海池"，好像并无和裴寂等一起准备公断李世民、建成、元吉曲直之举，是不对的，因为如无此公断曲直之举，则建成、元吉不会来玄武门，不会被李世民和长孙无忌、尉迟敬德等袭杀。

元吉，李世民是很清楚的（这也是政变成功后急于要叫李渊退居太上皇的原因之一）。六月四日公断，以剪除过李世民羽翼刘文静的裴寂为首席大臣，其结果之不利于李世民也是可以预计的。即使公断后维持现状，不对李世民作什么大处分，元吉之夺取秦府精锐也是势在必行的，李世民眼看就要成为没有多少实力的空头皇子。再就双方当时的军事力量来看，这时东宫、齐府的兵力合起来已远较李世民在京城里所能控制的来得强大，如果不是在东宫、齐府兵到来前已将建成、元吉袭杀，出示建成、元吉首级使东宫、齐府兵瓦解，李世民一方肯定要失败①。这种兵力的不敌，老于行阵的李世民等人岂能不知。所以玄武门之变实是李世民等人处在极端不利的困境中的冒险行动，其成功与否全在能否出其不意地把前来听候公断的建成、元吉袭杀。这当然没有十分把握，使见过大世面的李世民都弄得极为紧张，要占卜一下吉凶②。

研究历史的首要任务当然是探索其必然性，但对偶然性也不宜忽视，更不能否认。就当时的历史条件来说，太子和诸皇子以至对皇帝争夺最高权力的事情是必然发生的，但究竟谁胜谁败，像玄武门之变的结局那样，就不能否认有很大的偶然成分。

五　地域问题和世族庶族问题

以上各节具体分析了李世民和李渊以及建成、元吉各个派系各个小集团之间的矛盾和斗争。总起来说明了一个事实，这种矛盾斗争只是封建统治集团内部的权力之争。

是不是反映关陇人和山东人的矛盾，是关陇人和山东人之争？如果抓住建成、元吉所说"秦王左右多是东人"这句话，来个断章取义，好像有点像，好像秦王李世民确是山东利益的代表，而建成、元吉以至李渊都代

①《旧唐书·忠义·敬君弘传》《冯立传》《谢叔方传》，以及《薛万彻》《尉迟敬德》《张公谨》诸传，《唐代政治史述论稿》所引用敦煌写本伯二六四○号李义府撰《常何墓志》。
②《旧唐书·张公谨传》。

表关陇旧势力。然而不然。（一）李世民结集的主要力量见诸"功臣实封"名单的，房玄龄（齐州临淄）[1]、高士廉（渤海蓨）、柴绍（晋州临汾）、唐俭（并州晋阳）、秦叔宝（齐州历城）、程知节（济州东阿）、段志玄（齐州临淄）、张公谨（魏州繁水）、刘师立（宋州虞城）、李孟尝（赵州平棘）、王君廓（并州石艾）、张亮（郑州荥阳）、庞卿恽（并州太原）、樊兴（安陆）、元仲文（洛州）、秦行师（并州太原）、封德彝（观州蓨）诚然是山东人，萧瑀（兰陵）、钱九陇（晋陵）是江南人也非关陇人，而长孙无忌（雍州长安）[2]、杜如晦（京兆杜陵）、长孙顺德（雍州长安）、侯君集（豳州三水）、刘弘基（雍州池阳）、公孙武达（雍州栎阳）、屈突通（雍州长安）、宇文士及（雍州长安）、杜淹（京兆杜陵）、李安远（夏州朔方）都是关陇人，而且长孙无忌、杜如晦、侯君集和山东的房玄龄、尉迟敬德、张公谨等同样是发动玄武门之变的主要人物。（二）建成的韦挺（雍州万年）、薛万彻（雍州咸阳）、冯立（同州冯翊）是关陇人。魏徵（钜鹿曲城）、王珪（太原祁）却是山东人。元吉的谢叔方（雍州万年）是关陇人，李思行（赵州）、王孝逸（汴州）又是山东人。而且建成、元吉还想招诱李世民一边的山东人尉迟敬德、段志玄、李安远等为己用。（三）就是李渊也如此，在他称帝后公布的"太原元谋功臣"名单中，刘文静（京兆武功）、长孙顺德、刘弘基、殷开山（雍州鄠县）、窦琮（扶风平陵）、张平高（绥州肤施）、李高迁（岐州岐山）是关陇人。裴寂（蒲州桑泉）、柴绍、唐俭、刘世龙（并州晋阳）、刘政会（滑州胙城）、赵文恪（并州太原）、李思行、许世绪（并州）是山东人。李渊、建成、元吉和李世民在用人上都明显地没有只要关陇或只要山东。

所谓"山东"这个地域名词，是战国秦汉以来的习惯用语，一般是指华山、崤山、函谷关以东的广大地区[3]，在隋唐之际，狭义的一般多指今

---

①　以下括号中的籍贯都据《旧唐书》本传，除需解说者外，不再一一加注。

②　本传作"洛阳人"，这是因为长孙氏本是北魏皇族，随魏孝文帝迁都洛阳而改为洛阳人，以后又入关仕西魏北周而为长安人。《旧唐书》卷五一无忌妹《长孙皇后传》就作"长安人"。《新唐书》卷七六《长孙后传》改作"河南洛阳人"，殊可不必。

③　见《战国策·赵策》、贾谊《过秦论》、《汉书》卷六九《赵充国辛庆忌传》赞。

河南、山东（唐统划为河南道），有时更狭一点也可单指今山东，广一点则包括今河北（唐河北道）、山西（唐河东道），更广一点还延及长江中下游（唐淮南道）①。专用关陇人，早在西魏北周确是如此。这是因为西魏北周所统治的只有关中以及陇西（后来加进剑南）这点地区，过黄河出函谷关便是东魏北齐的版图，长江中下游更是南朝梁陈的辖区，你要用山东人，山东人也不为你所用。所以西魏北周的统治集团只能是所谓"关陇集团"，执行所谓"关中本位政策"，尽管这个集团的大多数骨干本来都是随贺拔岳、宇文泰入关的山东人。北周灭北齐，隋继北周又并江南，统一全国，只要稍有头脑的政治人物到这时就不会再死守住关陇集团的老框框。大业时雍州万年人韦云起曾上疏说"今朝廷之内多山东人，而自作门户，更相剡荐，附下罔上，共为朋党"云云，炀帝令大理推究，少数山东人因之免官流配②。可见在隋代山东人已多为中央任用，只是需要他们给中央出力，不准"自作门户""共为朋党"而已。李渊继隋，当然也继续执行这一政策。由于他原任太原留守，现在山西地区人才如"太原元谋功臣"中的裴寂、柴绍、唐俭、刘世龙、赵文恪、许世绪等和关中人同样成为他起兵时的基本干部，一开始就突破了关陇的小圈子。他称帝后要引用的山东人则主要是包括现在河南、山东以及河北等地的山东人。这个任务在经略山东的过程中也已顺利完成，不过经略山东的统帅李世民从中打了个大埋伏，把这批理应归公的山东人才中绝大多数据为己有，以扩充秦府的实力，从而引起了建成、元吉的妒忌争夺。当然，旧习惯势力的残余总还会起作用有影响。李世民当上皇帝后"尝言及山东、关中人，意有同异"，也就是多少有点厚关中、薄山东，山东的定州义丰人张行成劝他"天子以四海为家，不当以东西为限，……示人以隘狭"③。说明这种用人问题上的地域界限即使在全国统一后也需要相当长的时间才能完全泯失。

李世民以及李渊、建成、元吉各个派系小集团是否分别代表了庶族地

① 见《战国策·赵策》《过秦论》以秦与山东六国对称，其所谓山东即延及楚国领地长江中下游。
② 《旧唐书》卷七五《韦云起传》。
③ 《旧唐书》卷七八《张行成传》。

主和世族地主的利益？我看也不见得。所谓世族地主或曰士族地主，即旧史所谓"高门望族"或"门阀""右姓"，是起于东汉，经魏晋南北朝到唐代才逐渐没落的一种历史现象。大体说来，几代仕宦在中央或地方有一定声望权势的就可成为世族地主。而随着时间的推移，旧的世族地主会不断衰败，新的世族地主会不断涌现。在新世族地主涌现后旧世族地主不仅不愿承认其原有地位之消失，甚至不愿承认新世族地主有和自己平起平坐的资格，于是出现了究竟谁算高门望族、谁不算之争。《新唐书》卷一九九《儒学·柳冲传》附载柳芳论氏族的文章中所谓："过江则为侨姓，王、谢、袁、萧为大；东南则为吴姓，朱、张、顾、陆为大；山东则为郡姓，王、崔、卢、李、郑为大；关中亦号郡姓，韦、裴、柳、薛、杨、杜首之；代北则为虏姓，元、长孙、宇文、于、陆、源、窦首之。"都是魏晋南北朝时出现的旧"右姓"（柳芳此文也完全是主张维护世族地主的论调）。《唐会要》卷三六"氏族"载苏冕所议："创业君臣，俱是贵族，三代以后，无如我唐：高祖八柱国唐公之孙，周明懿、隋元真二皇后外戚，娶周太师窦毅女，毅则周太祖之婿也；宰相萧瑀、陈叔达，梁陈帝王之子；裴矩、宇文士及，齐隋驸马都尉；窦威、杨恭仁、封德彝、窦抗，并前朝师保之裔；其将相裴寂、唐俭、长孙顺德、屈突通、刘政会、窦轨、窦琮、柴绍、殷开山、李靖等，并是贵胄子弟。"则是本上述几代仕宦具有一定声望权势便是世族地主这个标准所提出的隋唐新"高门大族"。用柳芳的旧传统来衡量，无论李渊的"元谋功臣"、李世民的"功臣"以及建成、元吉所委信的人中出于"右姓"者都寥寥无几。从苏冕的新观念来看，李渊"元谋功臣"名单中的裴寂、窦琮、殷开山、刘政会，李世民"功臣"名单中的长孙无忌、房玄龄、杜如晦、高士廉、宇文士及、屈突通、萧瑀、封德彝、杜淹，以及两个名单中共有的长孙顺德、刘弘基、柴绍、唐俭，建成、元吉手下的王珪、韦挺、薛万彻，都已几代仕宦，可以算是世族地主；而李渊"功臣"中的刘世龙、赵文恪、张平高、李思行、李高迁、许世绪，李世民"功臣"中的王君廓、尉迟敬德、侯君集、张公谨、刘师立、秦叔宝、程知节、钱九陇、樊兴、公孙武达、李孟尝、段志玄、庞卿恽、张亮、元仲文、李安远、秦行师、马三宝，建成、元吉手下的魏徵、冯立、谢叔方等又都只是庶族地主，有的甚至连地主出身都够不上。因此无论李世民、李渊、建成、元吉对世族地主、庶族地主，以至非地主分子都是兼收并蓄，并无成见。当然文官中世族地主多一些，因为世族地主条件好，容易掌握文化；而庶族地主以及非地主分子条件差，往往习于战斗，因此大多数成为战将。这无论在李世民、李渊、建成、元吉任何一方面都是如此。

《旧唐书·高士廉传》记载贞观十二年高士廉等奉诏编撰《氏族志》时李世民所发的一段议论："我与山东崔、卢、李、郑，旧既无嫌，为其世代衰微，全无冠盖，犹自云士大夫，……我不解人间何为重之？……我平定四海，天下一家，凡在朝士，皆功效显著，或忠孝可称，或学艺通博，所以擢用，……我今特定族姓者，欲崇重今朝冠冕，……卿等不贵我官爵耶？不须论数世以前，止取今日官爵高下作等级。"①要修《氏族志》，是仍以门阀为贵的旧意识，不承认崔、卢等旧"右姓"，要把唐朝的功臣显宦定为新"右姓"，又是敢于突破旧传统的新思想。这种新旧糅合的思想意识，出于世族地主行将为庶族地主取代的过渡时期是十分自然的。若前此世族地主全盛之世，则绝无出现这种思想意识的可能②。《旧唐书》卷六一《窦威传》载李渊谓窦威："比见关东人与崔、卢为婚，犹自矜伐，公代为帝戚，不亦贵乎？"③也是和李世民同一思想意识。这又证明李渊、李世民在对待世族、庶族问题上是同等水准的历史人物。

---

① 《唐会要》卷三六"氏族"贞观十二年正月十五日条略同。

② 如《宋书》卷五七《蔡兴宗传》记宋文帝宠臣王弘欲作士人为王球所拒，文帝只好说："我便无如此何！"《南齐书》卷三六《江斅传》纪齐武帝宠臣纪僧真乞作士大夫为江斅所拒，武帝说："士大夫固非天子所命！"其口吻较之李世民何其软弱，这不是宋文、齐武二帝的性格问题，而是时代使然。

③ 《唐会要》卷三六"氏族"武德三年条同。

六　太子承乾、魏王泰以及晋王治

李世民当上皇帝后，贞观年间他的儿子又学父辈的老样，分别形成派系，为争夺帝位的继承权而斗争。

李世民的儿子很多，照旧传统习惯，最有资格继承帝位的应是长孙皇后亲生的三个儿子李承乾、李泰和李治。承乾生于武德二年，是长子，李世民当皇帝后就立他为皇太子。据《旧唐书》卷七六《承乾传》，他"性聪敏，太宗甚爱之"。贞观九年太上皇李渊死，"太宗居谅闇，庶政皆令听断，颇识大体。自此太宗每行幸，常令居守监国"。看来也并非无能之辈①。只缘"先患足，行甚艰难，而魏王泰有当时美誉，太宗渐爱重之。承乾恐有废立，甚忌之，泰亦负其材能，潜怀夺嫡之计。于是各树朋党，遂成衅隙"。"尝召壮士左卫副率封师进及刺客张师政、纥干承基，深礼赐之，令杀魏王泰，不克而止。寻与汉王元昌、兵部尚书侯君集、左屯卫中郎将李安俨、洋州刺史赵节、驸马都尉杜荷等谋反，将纵兵入西宫。贞观十七年，齐王祐反于齐州。承乾谓纥干承基曰：'我西畔宫墙，去大内正可二十步来耳，此间大亲近，岂可并齐王乎！'会承基亦外连齐王，系狱当死，遂告其事。太宗召承乾幽之别室，命司徒长孙无忌、司空房玄龄、特进萧瑀、兵部尚书李勣、大理卿孙伏伽、中书侍郎岑文本、御史大夫马周、谏议大夫褚遂良等参鞫之，事皆明验。废承乾为庶人，徙黔州，元昌赐令自尽，侯君集等咸伏诛。其宫僚左庶子张玄素、右庶子赵弘智、令狐

---

① 《承乾传》所说"及长，好声色，慢游无度"，"退朝后便与群小亵狎，宫臣或欲进谏者，……先揣其情，便危坐敛容，引咎自责，枢机辨给，智足饰非"，"常命户奴数十百人专习伎乐，学胡人椎髻，剪彩为舞衣，寻橦跳剑，昼夜不绝，鼓角之声，日闻于外"，以及《新唐书》卷八〇《承乾传》所说"又好突厥言及所服，选貌类胡者，被以羊裘，辫发，五人建一落，张毡舍，造五狼头纛，分戟为阵，系幡旗，设穹庐自居"云云，当都是承乾败后或高宗朝修《太宗实录》所附会增饰之词。退朝后与群小相处，本是帝王常事。东宫所属执役警卫当有胡人，于是有太子胡化之说，其实太宗既可受"天可汗"之称，太子又何以不能一效可汗言行以为戏乐。至于宫臣进谏引咎自责，更与李世民之纳谏邀誉有何区别。而在李世民则为明君圣德，在承乾则为不才子恶迹。旧史好以成败论人，今日不应再为所惑。

德棻、中舍人萧钧并以材选用，承乾既败，太宗引大义以让之，咸坐免。"案承乾当时处境颇似武德时的建成，为保持帝位继承权而结集私党。其办法则学习乃父李世民，想用壮士杀死魏王泰是操李世民除建成、元吉故智，"将纵兵入西宫"即"大内"①，也是抄袭玄武门之变后威迫皇帝内禅的老章法，而此时已成为他私党的侯君集又正是当年玄武门之变的干将。至于李世民阴妃所生第五子齐王祐也是"潜募剑士"有所觊觎的不安分之徒②，贞观十七年在齐州叛乱至少客观上成为承乾的外援。承乾所说"我西畔宫墙至大内正可二十步来"的话，表明他确有趁齐王祐叛乱的机会用兵于大内的打算。

再看魏王泰，《旧唐书》卷七六本传说他"少善属文"，"太宗以泰好士爱文学，特令就府别置文学馆，任自引召学士"。"司马苏勖以自古名王多引宾客，以著述为美，劝泰请撰《括地志》，泰遂奏引著作郎萧德言、秘书郎顾胤、记室参军蒋亚卿、功曹参军谢偃等就府修撰，……功毕，表上之，诏令付秘阁，赐泰物万段，萧德言等咸加给赐物"。《括地志》现在还有辑本传世，给人的印象好像真是"好士爱文学"的名王之流，其所引宾客也真是只会摇笔杆的文士。其实绝不止此。本传就说："泰潜有夺嫡之意，招驸马都尉柴令武、房遗爱等二十余人，厚加赠遗，寄以腹心。黄门侍郎韦挺、工部尚书杜楚客相继摄泰府事，二人俱为泰要结朝臣，津通赂遗。文武群官，各有附托，自为朋党。"这里所讲要结附托的是"文武群官"，不仅有文而且有武。韦挺在武德时做过太子建成的左卫率，因杨文斡叛乱辞涉东宫而与王珪同被流放，对太子诸王间如何斗争有经验。杜楚客是杜如晦的兄弟③，房遗爱是房玄龄的儿子，柴令武是柴绍的儿子，二人还都是李世民的女婿，后来在高宗永徽四年与薛万彻谋立李渊第六子荆王元景不成被杀④，都是有一定权势的不安分之徒，和承乾手下的侯君

---

① 大内在太子所居东宫之西，所以叫"西宫"。

② 《旧唐书》卷七六本传。

③ 《旧唐书》卷六六本传。

④ 《旧唐书》卷六六《房玄龄传附遗爱传》、卷五八《柴绍传附令武传》、卷六四《元景传》、卷四《高宗纪》。

集等人正旗鼓相当。"引召学士""以著述为美"和当年李世民、元吉之分别开文学馆置学士同样有政治性质，除邀誉外还在培植自己的私党羽翼。

但魏王泰的结局也不甚美妙，在承乾被废为庶人时李世民也"幽泰于将作监"，接着降封东莱郡王，改封顺阳王，徙居均州之郧乡县，比承乾之徙黔州好不了多少。李世民对魏王泰本来是颇为喜欢的，在处分他的诏书中还说"朕之爱子，实所钟心"，"恩遇极于崇重，爵位逾于宠章"。当承乾被废时，改立魏王泰为太子好像是顺理成章的事情，但偏偏出人意外地连魏王泰也降逐，来个两败俱伤。这究竟是什么原因？

《旧唐书·濮王泰传》是这样写的："承乾败，太宗面加谴让。承乾曰：'臣贵为太子，更何所求？但为泰所图，特与朝臣谋自安之道。不逞之人，遂教臣为不轨之事。今若以泰为太子，所谓落其度内。'太宗因谓侍臣曰：'承乾言亦是，我若立泰，便是储君之位可经求而得耳。……''自今太子不道，藩王窥嗣者，两弃之。传之子孙，以为永制。'"在处分魏王泰的诏书里也说："朕志存公道，义在无偏，彰厥巨衅，两从废黜，非惟作则四海，亦乃贻范百代。"实际这些只是表面文章，听了承乾这几句话就贸然作出"两从废黜"的决定，更不可能是李世民这种老谋深算的封建统治者的作风①。所以"两从废黜"者实另有其原因，这就是诏书中所说的承乾和泰都"争结朝士，竞引凶人，遂使文武之官，各有托附，亲戚之内，分为朋党"，而一分派系小集团，欲罢难休，最后非危及皇帝本身不可。隋文帝杨坚的结局，唐高祖李渊当太上皇的滋味，李世民是一清二楚的，他自己就是深于此道的过来人，现在看到自己的儿子也向父辈学习，以承乾为首的小集团已准备向自己下手，魏王泰小集团也难保不来这

---

① 至于《旧唐书》卷八〇《褚遂良传》所说太子承乾以罪废，魏王泰入侍，太宗面许立为太子，因谓侍臣曰："昨青雀（魏王泰小名）自投我怀云：'臣今日始得为陛下子，更生之日也。臣惟有一子，臣百年之后，当为陛下杀之，传国晋王。'父子之道，故当天性，我见其如此，甚怜之。"为遂良所谏止云云。则更不可信，或出遂良后嗣所撰家传之类之所增饰，《濮王泰传》等均无此项记载。其中李世民所述魏王泰杀子传弟之誓，太不近情理。而且魏王泰未被废时并无立晋王为太子说，魏王泰何以要用百年后传弟晋王的话来媚惑李世民？退一步说，即使当时真有欲立魏王的打算，则经褚遂良谏止也就可以，何至立刻转而幽泰于将作监，且继之以贬逐？司马光不察，竟采入《通鉴》，可谓千虑之失。

一着，为自己免当杨坚、李渊起见，不如当机立断，忍痛割爱，把这两个小集团同时粉碎。这完全是从自己的利害打算，绝非什么"志存公道，义在无偏"。作为一个封建帝王事事为自己打算是很自然的事情，要他出以公心倒反是不现实的。

废承乾后立晋王治（唐高宗）为太子也说明了这一点。晋王治固然是承乾、魏王泰外长孙皇后唯一的儿子，但光有这一条还不够，因为必要时还可以废嫡立庶，立其他妃嫔生的儿子。其所以得立，主要还是因为他不曾营私结党，自成派系。《旧唐书·长孙无忌传》说："太子承乾得罪，太宗欲立晋王，而限以非次，回惑不决，御两仪殿，群官尽出，独留无忌及司空房玄龄、兵部尚书李勣，谓曰：'我三子一弟①，所为如此，我心无憀。'因自投于床，抽佩刀欲自刺，无忌等惊惧，争前抱扶，取佩刀以授晋王。无忌等请太宗所欲，报曰：'我欲立晋王。'无忌曰：'谨奉诏，有异议者臣请斩之。'太宗谓晋王曰：'汝舅许汝，宜拜谢。'晋王因下拜。太宗谓无忌等曰：'公等既符我意，未知物论何如？'无忌曰：'晋王仁孝，天下属心久矣，伏乞召问百僚，必无异辞，若不蹈舞同音，臣负陛下万死。'于是建立遂定。"这条记载某些细节有点问题，如晋王治虽是第九子，但在长孙皇后亲生之子中名列第三，在嫡庶有别的封建社会里如何能说"非次"，但在需要长孙无忌、房玄龄、李勣等文武重臣支持晋王治这点上必非虚构。这证明晋王治当时确没有营私结党，因此要替他找好几位有力量的重臣作为辅佐。

晋王治为什么不营私结党，这和他的年龄有关。《旧唐书·太宗纪》：武德九年十月"立中山王承乾为皇太子"。《承乾传》："太宗即位，为皇太子，时年八岁。"则承乾生于武德二年，到贞观十七年被废时已二十五岁。魏王泰是第四子，据《旧唐书》本传"永徽三年薨于郧乡，年三十有五"，上推其生为武德元年，比承乾都大，不可能，本传"永徽三年"盖为"五年"之误，则出生于武德三年，至贞观十七年亦已二十四岁，和二十五岁

---

① "三子"谓承乾、魏王泰、齐王祐，"一弟"谓汉王元昌。

的承乾均早具备营私结党的能力。晋王治据《旧唐书·高宗纪》"贞观二年六月生"，则贞观十七年才十六岁，前此更是幼小，十二三岁的小孩子当然没有营私结党的可能性。这不是他比魏王泰、承乾来得恬淡或无能，而是年龄所局限。

〔附记〕拙文写成后，偶读抗战初武汉出版的《太炎文录续编》，在卷二上发现一篇《书唐隐太子传后》，才知道章炳麟先生早在半个世纪前已对隐太子建成和李世民的矛盾问题持独特的看法。其文一开头就说："史之失官，莫如书唐隐太子与明建文事。建文纪年被革除，因不为著实录，其时政令遂不可知，顾史官阙文而已。隐太子事，加诬乃已甚矣！"文中指出"倡义之谋，本裴寂、刘文静启之，太宗在侧，故附成其说，隐太子不在侧，故不得附成其说，太宗非有以过其兄也。其决策之大者，莫为师次贾胡，久雨粮乏，群议欲返太原，惟太子兄弟沮其计，使神尧纭然西进，终成大业，此其功亦二人兼之。观温大雅《创业起居注》所记，大郎、二郎方略正等，知太子非谨庸不可与立者，神尧所以卒无异志为此也。其后削平东夏，实太宗之功为大，事乃在武德三年。后王、魏劝太子亲将讨刘黑闼以立功，事虽卒就，比于太宗当不逮，要创业时功非有异也。太宗以削平东夏自伐，故思夺宗，与炀帝以平陈自伐无异。夺宗之事，太宗与炀帝等。房、杜为之谋主，与杨素等。凡事为耳目所习者，其取法也易，其虑之也亦深。神尧虽暗，独惩于隋之高祖。讼者知其不决，则割刃以先之，事乃有甚于炀帝者矣。"所说除"神尧虽暗"云云与鄙见尚不无出入外，可谓先得我心，特备录如上，供读拙文者参考。1979 年 6 月。

（原载陕西师范大学《唐史论丛》第一辑，1988 年 3 月）

敦煌写本常何墓碑和唐前期
宫廷政变中的玄武门

这是一个老课题。1942年陈寅恪先生在他的名著《唐代政治史述论稿》中篇"政治革命及党派分野"里，就引用巴黎图书馆所藏敦煌写本伯2640/17·4李义府撰《常何墓碑》残卷[1]，来论证屯守玄武门的禁军将领常何和玄武门之变的关系。过了将近四十年，1980年武汉大学历史系魏晋南北朝隋唐史研究室编印的《魏晋南北朝隋唐史资料》第二期发表了《常何墓碑写本录文》和黄惠贤先生的《常何墓碑跋》，对寅恪先生所说表示异议。1981年北京大学中古史研究中心编集、1982年中华书局出版的《敦煌吐鲁番文献研究论集》又发表了郑必俊女士的《敦煌写本常何墓碑校释》，仍维持寅恪先生旧说。我大体赞同黄惠贤先生的看法，但认为尚有若干剩义仍未涉及，不贤识小，写出来请并世通人指正。

一

寅恪先生列举武德九年秦王李世民袭杀皇太子建成、齐王元吉和神龙元年张柬之剪除张易之兄弟、景龙三年太子李重俊剪除武三思、唐隆元年

---

① 可能由于原件或照片模糊不清，寅恪先生在这里误以为是墓志，1951年撰《论隋末唐初所谓"山东豪杰"》（原刊1952年《岭南学报》第十二卷第一期，后收入1980年上海古籍出版社版《金明馆丛稿初编》）重加引用时已改正。

临淄王李隆基剪除韦后等四次宫廷政变，指出政变中宫城北门玄武门地势重要，能否夺取玄武门是这几次政变成败的关键。但寅恪先生没有进一步讲清楚玄武门所以重要的原因。如所周知，玄武门只是宫城的一个城门，就武德九年、景龙三年、唐隆元年三次政变发生地点长安宫城（当时所谓大内，景云元年改名太极宫）而言，除通向东宫、掖庭宫的宫门而外，南面有承天、长乐、永春、广运、永安五门，北面除正中玄武门外其东尚有安礼门，就神龙元年政变发生之地东都洛阳宫而言，除通向东宫的宫门而外，南面有应天、明德、长乐、雒城南门四门，西面有嘉豫门、雒城西门，北面除正中玄武门外其东尚有安宁门①，发动政变的目的既在剿除宫廷内部的政敌，玄武门不易夺取难道不能从其他城门进入宫城以达到此目的？而且不通过玄武门而进入宫城的政变在当时并非不曾发生过，《旧唐书》卷八《玄宗纪》就有这样的记载：

〔开元十年九月〕己卯②夜，京兆人权梁山伪称襄王男，自号光帝，与其党权楚璧以屯营兵数百人自景风、长乐等门斩关入宫城构逆，至晓兵败，斩梁山③。

长乐如前所说是长安宫城南面、承天门东边的城门，景风则是宫城南面的皇城的东面城门。权梁山和屯营兵是通过景风门进入皇城，再北向通过长乐门进入宫城的，并没有首先去夺取玄武门④。

再看神龙元年、景龙三年、唐隆元年几次政变中玄武门究竟起多少作用。神龙元年政变的经过略见《旧唐书》卷一〇九《李多祚传》和卷九一《桓彦范传》，《李多祚传》说：

① 详徐松《唐两京城坊考》卷一西京宫城和卷五东都宫城的考证，并参考日本平冈武夫《长安与洛阳》所汇集诸家地图（1957年陕西人民出版社版杨励三译本）。
② 原作乙卯，但据《二十史朔闰表》，开元十年九月是己巳朔，不可能有乙卯，故从《通鉴》卷二一二改为己卯，己卯是十一日。
③ 《旧唐书》卷一〇〇《王志愔传》所记略同，惟误作开元九年，当从纪。
④ 当然这次政变是失败了，但失败应有其他原因，不能归之于不去夺取玄武门。因为如果当时玄武门非夺取不可，权梁山和叛变的屯营兵不会不知道，何致偏走长乐门以自取败亡。

多祚……少以军功历位右羽林大将军，前后掌禁兵北门宿卫二十余年。神龙初，张柬之将诛张易之兄弟，引多祚将筹其事。……多祚曰："苟缘王室，惟相公所使。……"遂与柬之等定谋诛易之兄弟。

《桓彦范传》说：

神龙元年正月，彦范与敬晖及左羽林将军李湛、李多祚、右羽林将军杨元琰、左威卫将军薛思行等率左右羽林兵及千骑五百余人讨易之、昌宗于宫中，令李湛、李多祚就东宫迎皇太子。兵至玄武门，彦范等奉太子斩关而入，兵士大噪。时则天在迎仙宫之集仙殿，斩易之、昌宗于廊下。

可见张柬之、桓彦范等是利用当时的禁军即左右羽林兵及其主力千骑来发动宫廷政变。其所以必自玄武门进入者，则和禁军屯营的地点有关。《唐会要》卷七二"京城诸军·羽林军"说：

贞观十二年十一月三日，于玄武门置左右屯营①，以诸卫将军领之，其兵名曰飞骑，中简才力骁健善骑射者，号为百骑。……至永昌元年十月二十八日，改百骑为千骑。至景云元年九月二十七日，改千骑为万骑。垂拱元年五月十七日，置左右羽林军②。

案自左右羽林军设置后百骑、千骑、万骑均先后受其管辖③，玄武门外的左右屯营也就随之成为左右羽林军的大本营。这是长安的情况。高宗、武

① 案玄武门之置屯营当始于武德时，《旧唐书》卷一八七上《忠义·敬君弘传》所谓"武德中为骠骑将军，掌屯营兵于玄武门"可证。其分置左右屯营则当在贞观十二年。
② 《新唐书》卷五〇《兵志》略同，盖即据《会要》的记载移写。
③ 《旧唐书》卷一〇六《王毛仲传》说"韦后称制，令韦播、高嵩为羽林将军，令押千（万）骑营"可证。

则天长期移居东都，禁卫的办法一仍长安之旧，所以《旧唐书·李多祚传》说多祚“历位羽林大将军，前后掌禁兵北门宿卫二十余年”，这个“北门”就指东都洛阳宫的玄武门而言。以李多祚等为首的禁军既已被政变发动者收买利用，禁军从左右屯营出动自然就近通过玄武门进入宫禁。唐隆元年临淄王李隆基在长安剪除韦后之役也是如此，据《旧唐书》卷八《玄宗纪》：

〔唐隆元年六月〕庚子夜率〔刘〕幽求等数十人自苑南入，总监钟绍京又率丁匠百余以从，分遣万骑往玄武门杀羽林将军韦播、高嵩，持首而至，众欢叫大集。

又卷五一《后妃·中宗韦庶人传》：

临淄王率薛崇简、钟绍京、刘幽求领万骑及总监丁夫入自玄武门，……至太极殿，后惶骇遁入殿前飞骑营，及武延秀、安乐公主皆为乱兵所杀[1]。

这是利用万骑劫取羽林军，并就近进入玄武门以成大事。至于万骑及羽林军之所以甘愿倒向两次政变发动者李隆基和张柬之一边，根本原因还在于张柬之的行动代表了当时李、武两大势力的共同意愿，李隆基则联合武氏势力中太平公主一系，在力量上都已取得绝对优势的缘故[2]。

景龙二年中宗太子李重俊发动宫廷政变之所以失败，根本原因在于本身力量过于单薄，却要和中宗、韦后、武三思、武崇训等代表的李、武两大势力抗衡，其失败自在意中[3]，而初不系于政变发动时是否占据了玄武

① 有关这次宫廷政变的史料除《旧唐书·玄宗纪》《韦庶人传》外，还有《旧唐书·王毛仲传》和《通鉴》卷二〇九景云元年唐隆元年六月庚子条，所纪均小有出入，这里节引《玄宗纪》《韦庶人传》，目的在于点清当日情势，其枝节出入处不复考辨。

② 别详拙作《说李武政权》，载《人文杂志》1982年第1期。

③ 亦详拙作《说李武政权》。

门。这在《旧唐书》卷八六《中宗诸子·节愍太子重俊传》里本已交代得很清楚：

〔景龙〕三年七月，〔重俊〕率左羽林大将军李多祚、右羽林将军李思冲、李承况、独孤祎之、沙吒忠义等矫制发左右羽林兵及千骑三百余人，杀三思及崇训于其第。并杀党与十余人，又令左金吾大将军成王千里分兵守宫城诸门，自率兵趋肃章门，斩关而入，求韦庶人及安乐公主所在。……韦庶人及公主遽拥帝驰赴玄武门楼，召左羽林将军刘仁景等，令率留军飞骑及百余人于楼下列守。俄而多祚等兵至，欲突玄武门楼，宿卫者拒之，不得进。帝据槛呼多祚等所将千骑，谓曰："汝并是我爪牙，何故作逆？若能归顺，斩多祚等，与汝富贵。"于是千骑王欢喜等倒戈，斩多祚及李承况、独孤祎之、沙吒忠义等于楼下，余党遂溃散。

这里明明说重俊已令成王千里分兵守宫城诸门，玄武门自亦在据守之列，但中宗一到就立即获得留守禁军的拥护，可见政变成败的关键仍不在于是否首先抢占玄武门，而在于力量之是否占优势从而是否能取得禁军的支持。重俊一边势孤力单，争取不到多数禁军的支持，只好勾结几名将领来"矫制"调发禁军，到中宗亲临，"矫制"不成自然土崩瓦解。而中宗之所以必须驰赴玄武门，也不是因为玄武门地势如何重要，而因为玄武门是禁军屯营所在，仓卒中要取得自卫武力非来到这里不可。这和唐隆元年政变中韦后"惶骇遁入殿前飞骑营"的目的正相同，不过当时韦后已为禁军所弃，遁入飞骑营等于自投罗网，其结局不同于中宗而已。

左右屯营地点的变更是在玄宗开元年间，《唐会要》卷七二"京城诸军·羽林军"说：

开元十年九月二十七日敕：驾在京，左右屯营宜于顺义、景风门内安置，北衙亦著两营，大明〔宫〕北门安置一营，大内北门安置一营；驾在东都，左右屯营于宾曜右掖门内安置，兼于玄武北门左右厢各据地界，绕宫城分配宿卫[①]。

禁军左右屯营既不复屯驻玄武门，大明宫及大内的玄武门仅各留一营兵力，此后玄武门的重要性自不能和前此左右屯营俱在时同日而语。中唐时禁军左三军列皇帝所居大明宫东面南边大和门外，右三军列西面北边九仙门外[②]，玄武门就更无关大局了

二

现在回到本文主题，来研究武德九年六月四日的玄武门之变。

寅恪先生认为这次宫廷政变成败的关键仍在能否夺取玄武门，其证据即是敦煌写本《常何墓碑》，还有《旧唐书》卷一八七上《忠义·敬君弘等传》的记载。《敬君弘传》说：

> 武德中，为骠骑将军，封黔昌县侯，掌屯营兵于玄武门，加授云麾将军。隐太子建成之诛也，其余党冯立、谢叔方率兵犯玄武门，君弘挺身出战，……与中郎将吕世衡大呼而进，并遇害。太宗甚嗟赏之，赠君弘左屯卫大将军，世衡右骁卫将军。

同卷《冯立传》说：

> 率兵犯玄武门，苦战久之，杀屯营将军敬君弘，……解兵遁于野，俄而来请罪。太宗数之曰："汝在东宫，潜为间构，阻我骨肉，

---

① 为什么作如此变更，敕里没有说，据前引《旧唐书·玄宗纪》开元十年九月十一日己卯"权梁山……以屯营兵数百人自景风、长乐等门斩关入宫城构逆"，事在二十七日降敕之前半个月，可能玄宗鉴于屯营兵被利用"构逆"因而降敕变更其驻屯地点，但不得确证。

② 详宋敏求《长安志》卷六"左右三军飞龙院章"、程大昌《雍录》卷八宫北禁军营图、《唐两京城坊考》卷一大明宫及西京大明宫图。

汝罪一也。昨日复出兵来战，杀伤我将士，汝罪二也。"

《常何墓碑》则说：

> 从隐太子讨平河北。……〔武德〕七年，奉太宗令追入京，赐金
> 刀子一枚，黄金卅挺，令于北门领健儿长上，仍以数十金刀子委公锡
> 骁勇之夫，趋奉蕃朝，参闻霸略，承解衣之厚遇，申绕怅（当作帐）
> 之深诚。九年六月四日，令总北门之寄。

据此寅恪先生认为："玄武门地势之重要，建成、元吉岂有不知，必应早
有所防卫，何能令太宗之死党得先隐伏夺据此要害之地乎？"今知"常何
旧曾隶属建成，而为太宗所利诱，当武德九年六月四日常何实任屯守玄武
门之职，故建成不以致疑，而太宗因之窃发，迨太宗既杀其兄弟之后，常
何遂总率北门之屯军矣。此亦新史料之发见，足资补释旧史所不能解之一
端也。""至于敬君弘、吕世衡则观太宗数冯立罪所言，殆与常何同为太宗
之党欤？史料缺乏，未敢遽定。"

寅恪先生如此阐说，自较寻常读史者深入了一层，但仍有疑难之处不
易解释。因为这次宫廷政变李世民一方成败的最关键处并不在于后半截玄
武门之据守，而在于前半截袭杀建成、元吉之能否得手。而在李世民统率
下袭杀建成、元吉的骨干力量，据《旧唐书》卷六五《长孙无忌传》是：

> 无忌与尉迟敬德、侯君集、张公谨、刘师立、公孙武达、独孤彦
> 云、杜君绰、郑仁泰、李孟尝等九人入玄武门讨建成、元吉。

卷五七《刘师立传》则说：

> 师立与尉迟敬德、庞卿恽、李孟尝等九人同诛建成有功。

又增多一庞卿恽，这或系《刘师立传》有错误，庞卿恽本不在"九人"之中，或系《长孙无忌传》有错误，把庞卿恽错成了某某人，因为《旧唐书》卷六八《张公谨传》也说"公谨与长孙无忌等九人伏于玄武门以俟变"。卷六四《隐太子建成传》也说"太宗将左右九人至玄武门"，可见骨干力量之为"九人"当时已有定说，其人选则为尉迟、侯、张、刘、公孙、独孤、杜、郑、李，也许其中有庞而无某某①，此外绝不可能再有他人参与其列。长孙、尉迟、张、刘的传里固从未说他们曾禁卫北门，侯、公孙、独孤、杜、郑、李、庞中有碑传可考者在武德九年六月四日之前也与北门禁军绝无瓜葛，而统统是李世民的私党②。至于真正的北门禁军将领，不仅如常何者没有名登袭杀建成、元吉者的名单，即使其后抗击东宫、齐府兵而身殉的敬君弘、吕世衡都不在其列。

是否常何等禁军将领确已参与袭杀建成、元吉的行动，只缘不属长孙无忌直接统率，功劳比不上尉迟敬德等人，因而未能名厕其列？从记述现场搏斗的史料《旧唐书·建成传》《尉迟敬德传》来看，也绝无可能。《建成传》所记是：

> 四日，太宗将左右九人至玄武门自卫，……建成、元吉行至临湖殿，觉变，即回马，将东归宫府。太宗随而呼之，元吉马上张弓，再三不彀。太宗乃射之，建成应弦而毙。元吉中流矢而走，尉迟敬德杀之。

---

① 《旧唐书》卷二《太宗纪》说"皇太子建成、齐王元吉谋害太宗。六月四日，太宗率长孙无忌、尉迟敬德、房玄龄、杜如晦、宇文士及、高士廉、侯君集、程知节、秦叔宝、段志玄、屈突通、张士贵等于玄武门诛之"，只是随便列举一些参与此役支持李世民的人员，并非正式开列在玄武门袭杀建成、元吉的名单，因此其中不仅有只能运筹决策而不擅擐甲张弓的文士如房、杜之流，而且如《旧唐书》卷六五《高士廉传》说他在六月四日的任务是"率吏卒，释系囚，授以兵甲，驰至芳林门备与太宗合势"，根本不会同时去玄武门，《旧唐书·建成传》说六月四日宇文士及已和高祖在一起准备穷核世民与建成、元吉之争，更没有亲临玄武门现场的可能。此外，昭陵新出土吴广（黑闼）碑中所说"九年六月与段志玄等立功于玄武门"，当也仅是指他在政变中出了力，并不能径释为亲临现场身预"九人"之列，吴碑《书法丛刊》第四辑印有拓片。

② 《侯君集传》见《旧唐书》卷六九，《公孙武达传》《李孟尝传》《庞卿恽传》见卷五七，又李孟尝碑（碑作孟常）、杜君绰碑均在昭陵，杜君绰碑录文见《昭陵碑录》卷中，李孟尝碑新出土，《书法丛刊》第四辑印有拓片。

卷六八《尉迟敬德传》对射杀元吉的过程讲得更具体：

> 六月四日，建成既死，敬德领七十骑①蹑踵继至，元吉走马东奔，左右射之坠马。太宗所乘马又逸于林下，横被所繣，坠不能兴。元吉遽来夺弓，垂欲相扼。敬德跃马叱之，于是步走欲归武德殿，敬德奔逐射杀之。

如果真如寅恪先生所推测，李世民此时已收买常何、敬君弘等禁军将领，则完全可以像后来张柬之、李隆基那样利用禁军来剪除建成、元吉，以收万全之效。现在既需亲冒锋镝与建成、元吉交手，甚至几为元吉所扼。足见当时李世民确未能利用禁军，《常何墓碑》所谓"趋奉藩朝，参闻霸略"，一似常何已委身秦府且参闻六月四日政变机密者，实不足凭信②。因此可以判定这次政变之所以要在玄武门发动，和后来张柬之、李隆基之欲利用禁军就近突入并不相同，其真相应重新探索。

探索这次政变真相，我认为还是应当从大处着眼，即弄清政变前双方力量的优劣。对此通常多认为李世民的实力优于建成、元吉。这在武德五年之前确是如此。当时出于"君之嗣嫡，不可以帅师"③的传统习惯，作为皇太子的建成需要留在长安，李渊"令习时事，自非军国大务，悉委决之"④，出征的重任落到次子秦王李世民身上。尤其是武德二年十二月李

---

① 这"七十骑"疑本作"七骑"，"七骑"者就是同在玄武门埋伏的侯君集、张公谨等人，以尉迟敬德为首，此处所有记载都没有说李世民、长孙无忌、尉迟敬德等人外还有秦府士兵七十骑在玄武门埋伏。当然也不可能是七十骑禁军，因为禁军统属比较严密，七十骑禁军不是非禁军长官的尉迟敬德所能指挥得动。因此疑本作"七骑"，传写衍一"十"字。

② 发动政变是绝密之事，如何能让不被利用的局外人参闻。所谓"趋奉藩朝，参闻霸略"云云，实系常何后人撰述行状时粉饰之词，或即李义府撰制碑文时所故意美化。因而措词就难免模糊影响，和尉迟敬德碑（《昭陵碑录》卷中）之作"二凶伏辜，虽天道祸淫，盖仗君之算"，李孟常碑之作"二凶挺祸，窥觎神器，衅生非虑，义在泣诛，公贞劲之节，霜霰无改，大憝销亡，茂赏遄及"，均敢于肯定功绩者绝不相同。

③ 《左传》闵公二年。

④ 《旧唐书·建成传》。

世民充任陕东道行台尚书令到武德四年五月消灭王世充、窦建德这段时间内，大量吸收了山东的人才作为秦府私党，秦府私甲也迅速扩充起来[1]，其实力确已超越东宫、齐府。这不仅使建成、元吉感到威胁，并且引起李渊的疑忌，认为"此儿典兵既久，在外专制，为读书汉所教，非复我昔日子也"，从而"于太宗恩礼渐薄"，"建成、元吉转蒙恩宠"[2]，李世民的军事指挥权也被剥夺而被转授建成、元吉。《旧唐书·建成传》所说：

> 及刘黑闼重反，王珪、魏徵谓建成曰："殿下但以地居嫡长，爰践元良，功绩既无可称，仁声又未遐布。而秦王勋业克隆，威震四海，人心所向，殿下何以自安？今黑闼率破亡之余，众不盈万，加以粮运限绝，疮痍未瘳，若大军一临，可不战而擒也。愿请讨之，且以立功，深自封植，因结山东英俊。"建成从其计，遂请讨刘黑闼，擒之而旋。

确能道出当时权势转移的关键，尽管其中贬抑建成、抬高李世民处出于玄武门之变后太宗朝史官的曲笔。武德五年先派元吉，继派建成消灭了刘黑闼，建成、元吉在山东地区尤其在河北的势力就迅速膨胀，超过了李世民。《新唐书》卷九七《魏徵传》记玄武门之变后"河北州县素事隐（隐太子建成）、巢（巢王元吉）者不自安，往往曹伏思乱"，便是佐证。地方如此，京师长安城内东宫、齐府实力之较秦府雄厚从可推知。何况玄武门之变前夕建成、元吉更进而夺取秦府私甲，解散秦府私党，如《旧唐书·元吉传》所记：

> 突厥郁射设屯军河南，入围乌城。建成乃荐元吉代太宗督军北

---

[1] 《旧唐书·建成传》记建成、元吉党羽上封事攻击李世民，其中有"秦王左右多是东人"之说，即是指这一事实。

[2] 《旧唐书·建成传》。传又有"太宗功业日盛，高祖私许立为太子"之说，自系出于玄武门之变后增饰伪造的《实录》《国史》，而不顾其与"于太宗恩礼渐薄"之说相矛盾。

讨，仍令秦府骁将秦叔宝、尉迟敬德、程知节、段志玄等并与同行。又追秦府兵帐，简阅骁勇，将夺太宗兵以益其府。又谮杜如晦、房玄龄，逐令归第。

《元吉传》说建成、元吉这么做"高祖知其谋而不制"，实际上当然是秉承高祖意旨在办事。从房玄龄、杜如晦这两个亲信谋士都不得不被逐出秦府[1]，可见除尉迟敬德等敢置生死于度外者外，绝大多数秦府兵将对元吉的简阅征调无力抗拒，秦府势力转瞬即有土崩瓦解之势。

李世民等人策动宫廷政变的阴谋秘计，事成后当然讳莫如深，今日已不可能尽发其覆。《旧唐书·建成传》所称"元吉因兵集，将与建成克期举事"，《元吉传》所称"建成谓元吉曰：'既得秦王精兵，统数万之众，吾与秦王至昆明池，于彼宴别，令壮士拉之于幕下，因云暴卒'"，以及"率更丞王晊闻其谋，密告太宗"云云，均显属秦府党与或贞观朝史官为政变找理由而编造，司马光纂修《通鉴》时即不置信[2]。即《建成传》所谓：

> 六月三日，〔太宗〕密奏建成、元吉淫乱后宫，因自陈曰："臣于兄弟无丝毫所负，今欲杀臣，似为世充、建德报仇，臣今枉死，永违君亲，魂归地下，实亦耻见诸贼。"高祖省之愕然，报曰："明日当勘问，汝宜早参。"

也说得太不近情理。但六月四日高祖要勘问李世民与建成、元吉之间的是非曲直当是可信的。《建成传》下文所说"四日，……高祖已召裴寂、萧瑀、陈叔达、封伦、宇文士及、窦诞、颜师古等，欲令穷核其事"，也必是事实，尽管为什么要在这时勘问穷核已不可得而知。这对李世民说来当然有末日来临之感，不仅高祖久已站在建成、元吉一边，宰相中最有权

---

[1] 《旧唐书》卷六六《房杜传》，卷六八《尉迟敬德传》。

[2] 见《通鉴》卷一九一武德九年六月本条考异。

势的裴寂早在武德初年就曾和李世民的羽翼刘文静站在对立面①，再加上建成、元吉亲自出面和李世民质证，李世民最好的结局也只能是罢职就第，最迟到建成或元吉即位后必被诛夷无疑。因此玄武门之变实际上是李世民及其少数私党处于力穷气索时的冒险尝试。对此《旧唐书·张公谨传》有一段记事：

> 太宗将讨建成、元吉，遣卜者灼龟占之，公谨自外来见，遽投于地而进曰："凡卜筮者，将以决嫌疑，定犹豫，今既事在不疑，何卜之有？纵卜之不吉，势不可已，愿大王思之。"

这里的李世民之占卜，张公谨之投龟，都充分表示出这次行动完全是绝无把握的孤注一掷。

再谈行动之所以选择在玄武门。如前所说，这既不是为了利用驻屯玄武门的禁军，更不是为了玄武门的地势重要非控制占领不可，而应当从其他因素去考察。先考察六月四日高祖与裴寂等准备在哪里勘问李世民，据《旧唐书·尉迟敬德传》说"是时高祖泛舟海池"，"泛舟"虽不一定，在"海池"附近勘问当无疑问。据《通鉴》卷一九一"泛舟海池"句下胡三省注引阁本《太极宫图》：

> 太极宫中凡有三海池：东海池在玄武门内之东，近凝云阁，北海池在玄武门内之西，又南有南海池，近咸池殿。②

又据《旧唐书·尉迟敬德传》所说"建成既死，……元吉走马东奔"，《建成传》所说"建成、元吉行至临湖殿，觉变，即回马，将东归宫府"，

---

① 详《旧唐书》卷五七《刘文静传》。

② 宋敏求《长安志》卷六"西内章"有"北海池、南海池、东海池、西海池"，徐松《唐两京城坊考》卷一宫城小注："西内凡海池四，一在咸池殿东，一在望云亭西，一在凝阴阁北，一在凝云阁北，故《雍大记》谓之四海池。《通鉴》注引阁本《太极宫图》云太极宫中凡有三海池，……盖以近望云亭与凝阴阁者为一也。"又程大昌《雍录》卷三有唐西内太极宫图，程氏原注"此系阁本"，亦可参考。

可知六月四日高祖等所在的海池是"玄武门内之西"的北海池或其相邻的南海池。再考察当时建成、元吉的住址，建成作为皇太子住在大内东边的东宫自无问题，元吉则复杂一些，据《旧唐书·建成传》：

> 自武德初，高祖令太宗居西宫之承乾殿，元吉居武德殿后院，与上台、东宫昼夜并通，更无限隔。皇太子及二王出入上台，皆乘马携弓刀杂用之物，相遇则如家人之礼。

此武德殿在大内东部，承乾殿在大内西部，东西正相对称①。但到武德后期李世民与建成、元吉交恶以至决裂之时，当不致继续保持这种"昼夜并通"的局面。看《旧唐书》尉迟敬德、张公谨等传所记政变前李世民招集私党，策划阴谋、龟卜吉凶诸事，自不可能在大内承乾殿举行而必在秦府②，则此时元吉也应出居齐府。秦府、齐府的位置自宋敏求《长安志》以下有关唐长安城坊的图志均失记，但从六月四日建成、元吉同行进入大内并同时遇害这点，可知元吉必在六月三日或四日晨离齐府后先至东宫，然后与建成由东宫进入大内。东宫与大内之间据宋敏求《长安志》有通训门可通③，但其启闭恐司于大内主者而不属东宫，从《旧唐书》卷七六《太宗诸子传》记太子承乾图谋不轨时所说东宫"西畔宫墙去大内正可二十步来"而不说从通训门直达可证。而当时高祖既在南北海池，去玄武门

---

① 详《唐两京城坊考》卷一宫城武德殿条、承乾殿条，并参考《长安与洛阳》所集有关诸图。《两京城坊考》说承庆殿"即太宗所居，《旧书》作承乾者误"。但《旧唐书》卷七八《太宗诸子传》谓太宗长子承乾"生于承乾殿，因以名焉"，则此殿本名承乾，其易名承庆盖缘贞观时立承乾为太子之故。

② 《旧唐书·尉迟敬德传》载敬德对李世民所说"在外勇士八百余人，今悉入宫，控弦被甲，事势已就"，自亦指进入秦府而言。郑必俊《校释》引用《通鉴》据《敬德传》移写之文，认为"太宗居然能够把亲兵八百人控弦被甲地遣入宫中"，以此来证实常何领北门宿卫的作用。但敬德此语是六月四日之前所说，勇士八百之进入还得早一些，如真如郑《释》是进入大内，这么多的武装部队在大内中历时多日岂有不被发觉之理，且在此期间将如何饮食生活，难道宫官宫婢亦尽被李世民收买，独瞒了李渊和建成、元吉，其有背事理显而易见。

③ 此门《唐两京城坊考》所绘西京宫城图定于南端，日本关野贞《平城京及大内里考》所绘宫城平面略图定于北端，均属臆测而无的据，关野图已收入平冈武夫《长安与洛阳》。

不远，则建成、元吉出东宫北门沿宫城北墙往西进入玄武门，实为到达南北海池最便捷的途径①，这就是李世民要把伏击的地点选择在玄武门的原因。至于在玄武门外抑门内，从《旧唐书·尉迟敬德传》所说元吉坠马后"步走欲归武德殿"这点，可证实是在门内。因为武德殿即原赐元吉所居大内东部之殿，如伏击在玄武门外，则元吉应由原路就近逃往东宫，绝无兜圈子先进入大内，再步归武德殿之理，何况其间还有玄武门的阻隔。而李世民之所以要在门内伏击，很清楚也是为了防止建成、元吉逃窜，不让他们就近逃回东宫。

要在玄武门伏击，而且还要进入玄武门在门内伏击，当然牵涉到驻屯玄武门的禁军。禁军之未参与政变阴谋，没有被李世民利用成为伏击建成、元吉的力量，已如前所说。但当李世民一行进入玄武门以事伏击之时，禁军确也没有拦阻干预。这是由于多年来李世民与建成、元吉都惯于"乘马携弓刀杂用之物"，在大内任意出入，如前引《建成传》所说，而出入时必有亲随②，因而六月四日李世民、长孙无忌率尉迟敬德等九人武装进入玄武门，禁军也就不复注意审察，初不料会发生宫廷政变。同时，如《常何墓碑》所说李世民以金刀子、黄金对常何等禁军将领的贿赂，也起了一定的作用，使他们犹豫暧昧，在建成、元吉遭到袭击时既不干预，更不救护。

在建成、元吉被杀，东宫、齐府兵要突入玄武门之时，事态起了变化。一则宫府大队武装之公然冲突和前此李世民等少数人之进入有所不同。对李世民等少数人进入，禁军将领可诿诸狃于惯例无从拦阻。对大队武装公然冲突则职守攸关，势必防卫抵御。再则建成、元吉既被袭杀，禁军将领的态度亦易有所转变，可以接受秦府私甲的支持共同抗击东宫、齐府武装。但也正由于变起不测，仓卒间无从作充分布置准备，以致在冲突中敬君弘、吕世衡被东宫、齐府兵斩杀。《旧唐书·敬君弘传》所谓"君

---

① 参考程大昌《雍录》卷三唐西内太极宫图、元李好文《长安志图》卷上唐宫城图、《唐两京城坊考》卷一西京宫城图。

② 否则"弓刀"固可由李世民和建成、元吉自佩，"杂用之物"总不能也由他们自己负戴。

弘挺身出战，其所亲止之曰：'事未可知，当且观变，待兵集，成列而战，未晚也。'"正透露出禁军将领初未预谋、临时仓卒应战、措手不及的真实情况。至于事毕后李世民数说东宫将领冯立有所谓"杀伤我将士"者，当是指敬君弘等最后站到秦府一边抗击东宫、齐府被杀伤而言，抑亦包括被杀伤的秦府私甲在内。要不能据此含义不甚明确之词，如寅恪先生所怀疑敬君弘等同为"太宗之党"。

三

最后，从常何的政治态度来分析他的升沉荣辱。

在玄武门之变之前，《常何墓碑》说他"于北门领健儿长上"，这自是事实不可能虚构。但从他所充任的职事官品阶和敬君弘、吕世衡相比较，可看出他只是北门禁军中一员普通将领而并非主要负责人。他在武德元年随李密降唐，《墓碑》说"授清义府骠骑将军"，此后随李密东归叛唐，失败后转投王世充，继又降唐，其职事官已降为"车骑将军"。据《唐会要》卷七二府兵："武德元年……六月十九日改军头为骠骑将军，副为车骑将军；……七年三月六日改骠骑将军为统军，车骑为副统军；至贞观十年，改统军为折冲都尉，副为果毅都尉。"又《旧唐书》卷四二《职官志》官品上府折冲都尉条引《武德令》：统军正四品下。至于副统军即常何所充任的车骑将军的品阶，因《武德令》全文佚失已无明文可稽，但从《通典》卷四〇"职官·大唐官品"引《开元二十五年令》所说上府折冲都尉正四品上阶、上府果毅都尉从五品下阶来推测，最高不过从五品①。而和常何同为北门禁军将领的敬君弘，据《旧唐书》本传初为骠骑将军即统军，已是正四品下阶，掌禁军屯营后加授云麾将军，据《旧唐书》卷四二

---

① 《墓碑》记常何入京充任禁军将领前曾从建成平定河北并"留镇于洺州"，但恐是临时措施而非实授州刺史，和他后来正式历任延、泾、资、黔等州刺史不同。因为据《通典》引《开元二十五年令》即使下州刺史已是正四品下阶，如前此常何已实授过州刺史，何以到玄武门之变后才因防御突厥有功除一正四品下阶的折冲都尉？

《职官志》引《武德七年令》是从三品①，自居常何之上。即吕世衡据《敬
君弘传》也是中郎将，《通典》引《开元二十五年令》左右千牛卫、左右
监门卫中郎将都是正四品下阶，武德时当亦无大出入，则也在最高不过从
五品的常何之上。因此当时北门禁军的主要负责人必非常何而应是敬君
弘。本传说敬君弘"绛州太平人"，应是李渊太原起兵时的干部，而武德
时的禁军即所谓"元从禁军"是由"太原从义之师愿留宿卫为心膂"者充
任②，由太原起兵时的干部敬君弘来充任他们的高级长官自正合适。至于
常何，据《墓碑》不仅籍贯"汴州浚仪"，是山东地区的土豪，而且降了
又叛，叛了再降，在政治上一再反复，让他在敬君弘之下当个禁军普通将
领自无不可，若让他出任当时皇室安全所系的北门禁军主要负责人，则虽
最糊涂的统治者也不致这么做，何况创业之主李渊。

再看常何与李世民的关系。据《墓碑》所说，"太宗文皇帝出讨东都，
以公为左右骁骑"，则曾经是李世民的直属部下，但并未能像同系原属李
密、继投王世充、最后降唐居李世民麾下的秦叔宝、程知节那样成为秦府
的私党心腹。这倒并非由于常何比秦、程多一段降唐又叛唐的不光彩历
史，因为如果由于这段不光彩历史而见弃于李世民，则后来常何任北门禁
军将领时李世民就不致用金刀子、黄金去收买他③。无奈他心计过于工巧，
不敢绝对倒向李世民或建成、元吉，如前所说在玄武门之变的紧要关头仍
态度暧昧，当其上级敬君弘、吕世衡因抗御东宫、齐府兵被杀而他仍能安
然无恙，以致除《墓碑》外《旧唐书》等任何记述玄武门之变的史料都没
有必要提到他的名字。

玄武门之变在李世民看来是对干部的一次大考验，在政变成功并通过
所谓"内禅"君临天下之后，就"定功臣实封差第"。《旧唐书》卷二《太

① 云麾将军是散号将军，但据《职官志》引《武德令》"职事卑者不解散官"的规定，可知敬君
弘是以加云麾将军的办法成为从三品的禁军长官，他被杀后追赠正三品的左屯卫大将军，就正好
比原来的从三品提升一级。
② 《玉海》卷一三八引《邺侯家传》。
③ 至于《墓碑》所说武德七年常何"奉太宗令追入京"，"于北门领健儿长上"也是奉太宗之
"令"，则当系撰写行状、碑文时所增饰。因为武德七年李世民已失宠，且早被剥夺山东地区的军
事指挥权，有何权力将镇守涪州的常何内调并派他在北门领健儿长上。

宗纪》和卷五七《裴寂刘文静传》都备列定实封差第的功臣四十三人的名单，其中李世民私党参与玄武门之变以及政变中站到李世民一边的多至三十一人，占功臣总数的百分之七十二①。当然也有对政变采取中立态度仍能名居四十三功臣之列的，如李勣、李药师（靖），但他们是山东和关陇两地区武装力量的代表人物，只要他们不公开和李世民作对，始终是李世民笼络利用的对象②。常何的政治地位自然不能和二李相比，加之身临政变现场仍态度暧昧，过去又有过降叛反复的不光彩经历，旧账、新账一起算，政变后不得重用正是事理之所必然。《墓碑》说"九年六月四日令总北门之寄"，是指政变后让常何临时总统一下北门禁军，这倒是可信的，因为敬君弘、吕世衡既都在政变中被杀，总统北门禁军的责任只能落到品阶较低的常何头上，不必如黄惠贤先生所说是"碑文虚饰，不可尽信"，但常何并没有因之得到任何升赏则是事实。要到这年八月以"马军副总管"参加抗御突厥的便桥之役，才因功"除真化府折冲都尉"，"封武水县开国男，食邑三百户"，又"特令长上"。折冲都尉即过去的骠骑将军、统军所改名③，是正四品下阶，常何初次投唐时就充任过骠骑将军，这次除折冲都尉只能算是官复原职。至于"特令长上"者，说明在此以前就解除了常何总统北门禁军的职权，所以这时要重说"特令长上"，但这只是回到禁军普通将领的位置上，和政变前在敬君弘等统辖下"领健儿长上"没有什么差别。这比玄武门之变中立功的尉迟敬德、秦叔宝、程知节、段志玄等得授诸卫大将军，侯君集、张公谨、刘师立、公孙武达等得授诸卫将军④，固大大落后。即名列伏击建成、元吉的"九人"之末的李孟尝，也

---

① 详拙作《论武德贞观时统治集团的内部矛盾和斗争》，载陕西师范大学《唐史论丛》第一辑，1988年3月。

② 详拙作《论武德贞观时统治集团的内部矛盾和斗争》，载陕西师范大学《唐史论丛》第一辑，1988年3月。

③ 见前引《唐会要》卷七二"府兵"，但《会要》述改统军为折冲都尉在贞观十年，据此似当提前。

④ 均详《旧唐书》本传，黄惠贤先生对此亦有所论述。据《通典》引《开元二十五年令》，诸卫大将军是正三品，诸卫将军是从三品。

在"其年七月除右监门中郎将，封武水县开国公，仍别食实封四百户"①，诸卫中郎将据《通典》引《开元二十五年令》是正四品下阶，和常何在同年八月所得的折冲都尉品阶大体相同，但开国县公的爵是从二品，仍比常何从五品上阶的开国男显赫。

据《旧唐书》卷七四《马周传》，常何在贞观三年前后改任中郎将，又据《墓碑》，贞观六年除延州刺史，十一年行泾州刺史，十二年入为右屯卫将军，丁忧后起复原职，十六年改授左领军将军，十八年兼右武卫将军，品阶均较前此之任折冲都尉、中郎将有所提高②。这当由于常何毕竟算是山东地区的宿将③，此时离玄武门之变已久，其人又再无离贰的表现，因此在任用上也适当宽纵一些。此后据《墓碑》在贞观二十一年除资州刺史，高宗永徽三年迁黔州刺史，生前始终捞不上个诸卫大将军，到永徽四年在黔州病死后才追赠左武卫大将军、上柱国、武水县开国伯。这恐怕仍旧和他当年在玄武门之变中弄巧成拙不无关系。

（原载《1983年全国敦煌学术讨论会文集·文史·遗书编上》，甘肃人民出版社，1987年）

〔附记一〕此文刊行后，得读辛德勇君博士论文《隋唐两京丛考》，其上篇"宫城南面名称考实"条考知西京宫城南面实为三门，中曰承天，东曰长安，西曰永安，纠正《唐两京城坊考》之失，惟此于拙文尚无扞格耳。辛君现为中国社会科学院历史研究所研究员、副所长，其《丛考》已于1991年10月由三秦出版社印行。

① 《书法丛刊》第四辑印李孟常碑拓本。

② 据《新唐书》卷三七《地理志》，泾州是上州，《通典》引《开元二十五年令》上州刺史从三品。

③ 据《墓碑》，常何居李密麾下时就爵为上柱国，黄惠贤先生考证他在瓦岗军中的地位实出秦叔宝、程知节诸人之上。

〔附记二〕近读1998年8月中华书局版《赵守俨文存》，乃故友守俨先生公子赵珩世兄所惠赠者，其《唐临川公主墓志纪事考索》中引及《适园丛书》本《文馆词林》卷四五三《左屯卫大将军周孝范碑铭》，略谓此周"武德五年授秦王府右库真车骑将军，……九年六月改授太子右内率仍检校北门诸仗，……贞观元年授右屯卫将军于玄武门领兵宿卫，仍以本职出使北藩，……还，又领玄武门内左右厕仗，……五年转授左卫将军，……六年以本官检校殿中监事，七年舆驾幸九成，……乃与左仆射〔房〕玄龄同掌枢禁，……加授左屯卫大将军，……七年薨于京师"。足证玄武门政变之后，北门禁军之统率权已落入秦府旧人周孝范辈之手，拙文论述常何之未获信用不误。

李勣与山东

一

李勣和李靖是唐开国时位置最高、名声最响的两员大将。新旧《唐书》都为此二人合传。《旧唐书》卷六七《二李传论》所谓"近代称为名将者，英（李勣贞观十一年封英国公）、卫（李靖同年封卫国公）二公，诚烟阁之最（贞观十七年同预二十四功臣图形凌烟阁之列）"，不仅是后来纂修《唐书》时史臣的看法，也代表二李生前的定论。唐太宗在贞观时就说过："李靖、李勣二人，古之韩、白、卫、霍岂能及也。"①足见二李的地位和作用早为当时最高统治集团所肯定。

但李勣和李靖的出身大不一样。《旧唐书·李靖传》说李靖是"雍州三原人"，"祖崇义，后魏殷州刺史、永康公，父诠，隋赵郡守"，"少有文武材略"，"其舅韩擒虎号为名将，每与论兵，未尝不称善，抚之曰：'可与论孙、吴之术者，惟斯人矣。'""左仆射杨素、吏部尚书牛弘皆善之，素尝拊其床谓靖曰：'卿终当坐此。'"可见李靖出身贵族，是关中地区的世族地主，在隋代就和达官贵人往来，为他们所赏识。李勣不然，《旧唐书》本传说他是"曹州离狐人"，"隋末徙居滑州之卫南，本姓徐氏"，"家多僮仆，积粟数千钟，与其父盖皆好惠施，拯济贫乏，不问亲疏。大业

---

① 《贞观政要》戈直本卷二"任贤"，《政要》出自《太宗实录》。

末，韦城人翟让聚众为盗，勣往从之"。是庶族地主即所谓土财主出身①。其好惠施拯济，又敢于投奔翟让，当与窦建德之"少时颇以然诺为事"，"为里长，犯法亡去，会赦得归，父卒，送葬者千余人"②，是同一类型，都属于好结交江湖豪杰、在地方上有一定势力的人物。这种人物的社会地位与李靖是大有差别的。再从年龄来看，《旧唐书》说李靖"贞观……二十三年薨于家，年七十九"③。上推大业十三年唐高祖太原起兵时已四十七岁，武德年间建立功勋时已是年过半百的老将。李勣"总章……二年……薨，年七十六"④，太原起兵之年只有二十四岁，到武德时还是个三十左右的青年。一个出身寻常的青年人能和比他大二十多岁的老将并驾齐驱，究竟凭借什么？

　　一般总会认为是凭借其卓越的军事才能。李勣有军事才能当然是肯定的，但如何卓越、无人能企及恐怕还很难说。请看他一生的军事经历：大业十二年他参与围歼张须陁之役，但指挥者是李密⑤。大业十三年他随李密与王世充相持于洛阳，互有胜负。同年他驻守黎阳仓，曾击退宇文化及

---

　　① 唐高宗撰书《李勣碑》谓"昌郡守，祖康，齐伏波将军、谯郡太守"，见《昭陵碑录》卷下录文。据新出土刘祎之撰《李勣墓志》拓片，则是"曾祖鹊，后魏濮阳郡守，祖康，齐谯郡太守"。而据《新唐书》卷七五下《宰相世系表》，则李曾祖"懰，梁荆州刺史，祖元起，字山立，隋濮阳太守"，又与《碑》《志》完全不合，当均属李勣既贵后所捏造者。为抬高社会地位而捏造先世姓名官爵，在魏晋南北朝是茶饭常事，见于墓碑、墓志者比比皆是，唐人尚有此余风。宋以来此风虽稍杀，但明清家谱中遥托华胄之事仍未绝迹。今人有时迷信家谱，如据陆氏家谱信陆秀夫是陆游的后人之类，实系不懂此道理而上当受骗。

　　② 《旧唐书》卷五四《窦建德传》。

　　③ 许敬宗《李靖碑》同，见《昭陵碑录》卷中录文。

　　④ 《李勣碑》《志》均作"总章二年十二月薨"，"春秋七十有六"，与《旧传》同。《通鉴》卷二〇一《考异》谓"《旧传》云'勣年八十六'"，盖所据《旧唐书》本不尽善，误"七"为"八"。《新唐书》卷九三《勣传》所云，"总章二年卒，年八十六"，盖亦据误本《旧唐书》而然。又《旧唐书》本传和《实录》（据《通鉴》卷二〇一《考异》）都说"大业末，韦城人翟让聚众为盗，勣往从之，时年十七"，盖即本《李勣碑》"年甫十七，属隋运分崩，于时率土沸腾，群方竞逐"及《志》之"年甫十七，情图九万"云云而书（也可能与《碑》《志》同本行状家传）。而照"总章二年薨，年七十六"上推，十七岁时值隋炀帝大业六年，尚在大业七年王薄发难长白山之先。翟让聚众之年史无明文，岂真在大业六年或更早？抑"时年十七"之说为其子嗣夸饰，初不足为凭？更无其他佐证，姑从阙疑。至于刘餗《隋唐嘉话》谓"英公尝言：'我年十二三为无赖贼，逢人则杀，十四五为难当贼，有所不快者，无不杀之，十七八为好贼，上阵乃杀人，年二十便为天下大将，用兵以救人死'"（顾氏文房小说本卷上）。则小说好奇，益不足凭信。李勣二十岁时尚为炀帝大业九年，哪有为"天下大将"之事！

　　⑤《隋书》卷七〇《李密传》《旧唐书·李勣传》，以下凡据《旧书·勣传》处一般不再注出。

的进攻，但武德二年投唐后黎阳即被窦建德攻陷，他力屈请降。武德三年他自拔归长安，四年随秦王李世民擒窦建德，降王世充，但统帅是李世民，分兵围王世充的主将是齐王元吉①，他只算辅佐。同年他任黎州总管，刘黑闼起兵，他弃城走保洺州，在黑闼追击下仅以身免②。武德五年平徐圆朗之役，李世民是统帅，他和淮安王神通均属李世民麾下。武德七年擒辅公祐之役，赵郡王孝恭是元帅，李靖是负实际责任的副帅，他只是受孝恭、李靖节度的七总管之一③。从武德八年到贞观十四年，他一直在并州防御突厥，能做到"塞垣安静"，但贞观四年大破突厥主要是李靖的功劳，他仍只起配合作用④。要到贞观十五年任朔州行军总管打败薛延陀，才算独当一面充当大战役的最高指挥官。但更大的贞观十八年进攻高丽的战役则仍由太宗李世民亲自出马，他只在太宗统帅之下担任辽东道行军总管，与指挥舟师的平壤道行军总管张亮并列。以后高宗乾封元年破灭高丽之役才由他以辽东道大总管为统帅。从以上事迹来看，实不如李靖来得显赫⑤。《旧唐书》卷六九《薛万彻传》纪太宗曾说："当今名将，惟李勣、道宗、万彻三人而已，李勣、道宗不能大胜，亦不大败，万彻非大胜即大败。"太宗说这话是在贞观十八年，当时李靖已老病在家，所以太宗不提李靖，江夏王道宗只是在灵州防边有功，又曾与侯君集充当李靖副手击败吐谷浑，李勣与之相提并论，足见李勣的战绩确难比美李靖。所谓"不能大胜，亦不大败"，实际上只算是个中上的评语。

---

① 《旧唐书》卷六四《元吉传》。

② 《旧唐书》卷五五《刘黑闼传》。

③ 《旧唐书·李靖传》。

④ 《旧唐书·二李传》。又卷二《太宗纪》贞观三年十一月庚申"以并州都督李世勣为通汉道行军总管、兵部尚书李靖为定襄道行军总管以击突厥"，而卷三《太宗纪》贞观四年下纪正月乙巳"定襄道行军总管李靖大破突厥"，二月甲辰"李靖又破突厥于阴山"，不提李勣，也是此役二李功勋高下的佐证。

⑤ 据《旧唐书·李靖传》李靖武德四年平萧铣之役任行军总管兼赵郡王孝恭行军长史，"高祖以孝恭未更戎旅，三军之任，一以委靖"。武德六年擒辅公祐之役赵郡王孝恭为元帅，李靖为负实际责任的副帅。贞观四年破突厥之役李靖与李勣同为行军总管，而实际上以李靖为主。贞观九年破吐谷浑之役李靖以西海道行军总管统侯君集等五总管。前后"南平吴会，北清沙漠，西定慕容"（太宗语），李靖都起着统帅作用。

因此，唐最高统治者之重视且抬高李勣，应该别有缘故。

二

李勣所以始终见重于唐室，我认为主要原因由于他是山东人。

所谓"山东"，不是指明代才正式设置的现在的山东省，而是指华山、崤山、函谷关以东广大地区的习惯用语①。在隋唐之际，狭义的一般指现在的河南、山东（唐统划为河南道），有时更狭一点也只指现在的山东，广一点则包括现在的河北（唐河北道）、山西（唐河东道），更广一点还延及长江中下游（唐淮南道、江南道）②。唐继承隋和北周，这几个朝代都建都长安，以关中地区为重心。但关中地区从商周以来就一直赶不上山东地区的富庶，文化也远不如山东地区发达，所以要统治中国非掌握山东的物资、吸收山东的人才不可。北周武帝乘北齐衰败花了很大气力并吞山东地区，隋代就大批吸收山东人参与政权，出现"朝廷之内多山东人"的现象③。唐高祖李渊本为太原留守，起兵时已罗致了好些当地的人才，进入长安称帝后公布的"太原元谋功臣"十四人④中，裴寂（蒲州桑泉人）⑤、柴绍（晋州临汾人）⑥、唐俭（并州晋阳人）⑦、刘世龙（并州晋阳人）⑧、赵文恪（并州太原人）⑨、许世绪（并州人）⑩六人的籍贯都在现在的山西地区，占十四人的百分之四十三。因此武德年间就要进一步着重

① 见《战国策·赵策》、贾谊《过秦论》、《汉书》卷六九《赵充国辛庆忌传》赞。

② 《战国策·赵策》《过秦论》以秦与山东六国对称，其所谓山东即延及楚国领地长江中下游。

③ 《旧唐书》卷七五韦云起大业初上疏中语。

④ "太原元谋功臣"十四人是武德元年八月六日以诏书形式公布的，见《旧唐书》卷五七《裴寂刘文静传》。此诏书收入《唐会要》卷五四"功臣"和《册府元龟》卷一二三"褒功"，但功臣名次转较《旧传》零乱。

⑤ 《旧唐书》卷五七本传。

⑥ 《旧唐书》卷五八本传。

⑦ 《旧唐书》卷五八本传。

⑧ 《旧唐书》卷五七本传。

⑨ 《旧唐书》卷五七本传。

⑩ 《旧唐书》卷五七本传。

经营现在的河南、山东以及河北地区，罗致这片广大地区的人才。

唐初贯彻这项国策是全力以赴的。当时沿袭南北朝以来的惯例，大征战多派亲王为统帅。可是平江陵萧铣、擒江东辅公祏、统一长江中下游的战役只派高祖李渊的从父兄子赵郡王孝恭为统帅（李靖为负实际责任的副手），而经营山东地区则由李渊自己的亲儿子而且是窦皇后所生的最有地位的长子建成、次子世民、四子元吉先后负全责。早在李渊进入长安成为唐王后，武德元年正月就派"世子为左元帅、秦王为右元帅，左右二府诸军十余万众"，徇地东都①，作试探性行动，结果实力不足，只"于宜阳、新安置熊、谷二州，戍之而还"②。这年五月李渊称帝，照传统习惯已成皇太子的建成得留长安随同李渊居守，出征的重任就交付次子秦王李世民。十二月李世民"拜太尉、陕东道行台尚书令，镇长春宫，关东兵马并受节度"③。武德三年七月李世民率元吉督诸军征讨盘踞东都洛阳的王世充，四年三月窦建德率军救洛阳，李世民留元吉"围王世充于东都"④，五月破擒窦建德，降王世充，尽取山东地区。七月窦建德余部刘黑闼又起事河北，八月徐圆朗也举齐、兖之地响应，十二月李世民率元吉击刘黑闼，再取河北，又遣淮安王神通、李勣破灭徐圆朗。五年六月刘黑闼又引突厥卷土重来，十月改派元吉击刘黑闼，十一月再派建成，十二月建成破刘黑闼，整个山东地区终于平定。在唐的统一战争中，平定山东地区可算是最大最艰巨的战役，几次所用的都是唐统治集团的主力。

花了大气力平定山东，不仅要土地物资，还广事罗致人才。在秦王李世民负责经营山东期间为唐室所收用的山东人就有：齐州历城人秦叔宝，济州东阿人程知节，本依李密，后归王世充，李世民镇长春宫时"与吴黑闼、牛进达等数十骑"临阵降唐，叔宝"事秦府"，"拜马军总管"，"寻授

---

① 《大唐创业起居注》卷下。《旧唐书》卷一《高祖纪》作"世子建成为抚宁大将军、东讨元帅，太宗为副，总兵七万，徇地东都"。卷二《太宗纪》作"义宁元年（大业十三年）十二月复为右元帅，总兵十万徇东都"。《太宗纪》不提主将建成，且大业十三年十月癸巳李世民方破薛举之众于扶风，不可能当月又匆忙出师东征，显然错误。

② 《旧唐书》卷二《太宗纪》。

③ 《旧唐书》卷二《太宗纪》。

④ 《旧唐书·元吉传》。

秦王右三统军"，知节"授秦王府左三统军"①。魏州繁水人张公谨，"为
王世充洧州长史"，"以州城归国"，"李勣骤荐于太宗"，"乃引入幕府"②。
宋州虞城人刘师立，"初为王世充将军"，"洛阳平，当诛，太宗惜其才，
特除之，为左亲卫"③。洺州武安人李君羡，"初为王世充骠骑"，"与其党
叛而来归，太宗引为左右"④。齐州临邑人田留安，为王世充征南将军，
"帅众来归"，为秦府"右四统军"⑤。相州安阳人戴胄，仕越王侗、王世
充，"太宗克武牢而得之，引为秦府士曹参军"⑥。冀州衡水人孔颖达，
"隋乱，避地于武牢，太宗平王世充，引为秦府文学馆学士"⑦。郑州人李
玄道，"李密据洛口，引为记室，及密破，为王世充所执"，"以为著作佐
郎"，"东都平，太祖召为秦王府主簿、文学馆学士"⑧。赵州人李守素，
"太宗平王世充，征为文学馆学士，署天策府仓曹参军"⑨。这些都是姓名
见于史传者，史传失载、姓名湮没不传的山东文武人才此时被唐室收用者
当更还不止于此数，后来建成、元吉说"秦王左右多是东人"可证⑩。这
些东人本应用来加强唐室的统治力量，却被图谋夺嫡的秦王李世民占为己
有，成为他的私党（秦叔宝、程知节、张公谨、刘师立是后来李世民用来
发动玄武门军事政变的武装骨干，张、刘二人且在袭杀建成、元吉的九人
之列，与秦、程同登李世民即位后发布的"功臣实封差第"名单⑪，孔颖

① 《旧唐书》卷六八本传。又吴黑闼、牛进达均陪葬昭陵，见宋敏求《长安志》卷一六"昭陵"
条（《唐会要》卷二一陪陵名位有脱佚，夺牛进达名），足见来归后亦与秦、程同为秦府所用。牛碑
清中叶已出土，谓"公讳秀，字进达，其先陇西狄道人也，因官而迁于濮"。

② 《旧唐书》卷六八本传。
③ 《旧唐书》卷五七本传。
④ 《旧唐书》卷六九本传。
⑤ 《通鉴》卷一八七武德二年二月己未条。
⑥ 《旧唐书》卷七〇本传。
⑦ 《旧唐书》卷七三本传。
⑧ 《旧唐书》卷七二本传。
⑨ 《旧唐书》卷七二本传。
⑩ 《旧唐书》卷六四《建成传》。
⑪ 长孙无忌所率尉迟敬德等九人姓名见《旧唐书》卷六五《无忌传》。"功臣实封差第"名单
见卷二《太宗纪》、卷五七《裴寂刘文静传》。

达、李玄道、李守素则在秦府十八学士即李世民的顾问团之中①），从而引起建成、元吉的疑惧。在刘黑闼失败再起时，元吉和建成就先后取代李世民出任平定山东的唐军统帅，不让李世民独吞胜利果实。但为时已晚，山东杰出人才中只有一个钜鹿曲城人魏徵为建成出死力，这还是前此"随李密来降"，以后与李勣同在黎阳被窦建德所获，窦建德失败后为建成所引用的②，说明山东人才基本上已入李世民彀中。所以武德九年借突厥南侵之机"建成乃荐元吉代太宗督军北讨，仍令秦府骁将秦叔宝、尉迟敬德、程知节、段志玄等并与同行，又追秦府兵帐，简阅骁勇，将夺太宗兵以益其府"③。此工作如完成，秦府累年积聚的实力将尽为建成、元吉所有，李世民非垮台不可，于是铤而走险，发动玄武门军事政变，袭杀建成、元吉而取得政权。

　　从以上的事实，可见山东人特别是山东兵将对唐初政权的稳固和李氏父子兄弟间斗争的胜负有着重大的关系。李勣正是在这种特定条件下，以其特殊的身份经历，上跻李靖而成为军事界的大人物。

三

　　对李勣早期参加瓦岗军的经历，旧时治史者多不甚注意。现代研究隋末农民起义的人则往往把精力用于李密袭杀翟让之是否篡夺瓦岗军领导权、改变农民起义性质问题上④，很少谈李勣在瓦岗军中的作用。在"由表及里"的探索功夫上做得都有些欠缺。

　　瓦岗军始建于翟让，起初"聚党万余人"⑤。李密参加后，"说诸小贼，所至辄降下"，"破金堤关，掠荥阳诸县城堡，多下之"，又阵斩荥阳

①　秦府十八学士姓名见《旧唐书》卷七二《褚亮传》。
②　《旧唐书》卷七一本传。
③　《旧唐书·元吉传》。
④　其实中国历史上农民起义的领导人物不一定都是纯正的农民，地主阶级或其他阶层出身的人物往往充当了农民起义的领导者。李密固出身关中贵族，是世族地主身份，翟让之"起陇亩之间"而为"东都法曹"，也颇有庶族地主且系土豪的嫌疑。
⑤　《旧唐书》卷五三《李密传》。

通守张须陁，"袭兴洛仓，破之，开仓恣民所取，老弱襁负，道路不绝"①，"众至数十万"②。瓦岗军之所以能成大气候，李密起了主要的作用。这是读史者多能知道的。其实李勣的作用并不比李密差得太远。他投瓦岗军尚早于李密，一开始就"谓让曰：'今此土地是公及勣乡壤，人多相识，不宜自相侵掠，且宋、郑两郡，地管御河，商旅往还，船乘不绝，就彼邀截，足以自相资助。'让然之，于是劫公私船取物，兵众大振"。可以说是瓦岗军的奠基人之一。以后李密被公推为瓦岗军领袖他从中出过力。李密与东都洛阳的越王侗、王世充相持，他又"言于密曰：'天下大乱，本是为饥，今若得黎阳一仓，大事济矣。'密乃遣勣领麾下五千人自原武济河掩袭，即日克之，开仓恣食，一旬之间，胜兵二十万余"。这和李密之取兴洛仓也可相提并论。所以前此李密以魏公称尊时，就"拜翟让为司徒"，单雄信为左武候大将军，徐世勣（李勣）为右武候大将军，除翟让处于架空地位外，李勣已与单雄信同为瓦岗军的两员大将。杀翟让后，就"命徐世勣、单雄信、王伯当分统其众"③（王伯当是李密的亲信私党）。以后又遣李勣守黎阳仓城，拒宇文化及，使李勣成为从主力分离出来的独当一面的瓦岗军第二号人物。

当时山东地区大体有三个主要的军事集团。窦建德集团在河北比较偏远。王世充集团虽据山东地区政治中心东都，但势力不出洛阳城郊。在洛阳附近金墉城发号施令的李密集团成为山东地区最大的军事势力。"东至海岱，南至江淮，郡县莫不遣使归密。窦建德、朱粲、杨士林、孟海公、徐圆朗、卢祖尚、周法明等并随使通表于密劝进。"就连唐高祖李渊太原起兵之初，在答复李密的信中也要说："天生蒸民，必有司牧，当今为牧，非子而谁？老夫年余知命，愿不及此，欣戴大弟，攀鳞附翼。"④武德元年九月李密与王世充决战失败，在金墉直属李密的单雄信、秦叔宝、程知节

① 《隋书·李密传》。
② 《旧唐书》卷五三《李密传》。
③ 《旧唐书》卷五三《李密传》。
④ 《旧唐书》卷五三《李密传》。

等良将精兵多为王世充所得①，李密只带了亲信王伯当等二万人入关投唐②，而李勣在黎阳的实力并未受到损伤。李密"旧境东至于海，南至于江，西至汝州，北至魏郡，勣并据之"。这时李勣的向背真有举足轻重左右全局之势。于是李渊派瓦岗军旧人、跟随李密入关的魏徵去李勣处做工作，李勣"遂定计遣使归国"③，"诏授黎阳总管、上柱国、莱国公"。同年十二月李密以招集故时将士、经略王世充东行中途叛变被杀后，第二年武德二年闰二月又加李勣"右武候大将军，改封曹国公，赐姓李氏，赐良田五十顷，甲第一区，封其父盖为济阴王，盖固辞王爵，乃封舒国公，授散骑常侍、陵州刺史，令勣总统河南、山东之兵以拒王世充"④。右武候大将军固是李勣在瓦岗军的旧职，但唐室给他加上则堪称异数，李渊称帝时李世民就拜受尚书令、右武候大将军之职，出镇长春宫时又改加左武候大将军⑤。而李密归唐时只拜光禄卿、邢国公，别无其他褒异⑥，可见此时李渊之重视李勣已远在当初李密之上。所以然者，不止因为李勣尽据李密旧境，广有土地甲兵；也不止因为李勣所管的黎阳地居要冲，为粮食积贮之所。更主要的是因为李勣是山东本地人，而且是好惠施结交江湖豪杰的庶族地主，是瓦岗军初建时的高级干部，在瓦岗军系统里的资格比李密更

---

① 《旧唐书》卷五三《单雄信传》，卷六八《秦程传》。

② 《旧唐书·李密传》。

③ 《旧唐书》卷七一《魏徵传》。

④ 这段引文据《旧唐书·李勣传》，但传不著年月。《高祖纪》书"李密旧将徐世勣以黎阳之众及河南十郡降，授黎州总管，封曹国公，赐姓李氏"于武德二年闰二月己酉。《通鉴》卷一八六武德元年十一月己酉后书魏徵说降李勣，"赐姓李"事，卷一八七武德二年闰二月丙辰书"以徐世勣为黎州总管"。《李勣碑》则谓："及密来投附，公独未归，既承其旨，方奉皇运"，"高祖乃诏公为黎州总管、上柱国、莱国公，寻改封曹公，赐同国氏"，"武德二年，又授右武候大将军"。按李勣归降必在李密叛死之前，看魏徵劝李勣归唐的信中说"魏公(李密)思皇天之乃眷，入函谷而不疑"可知，则《旧纪》之书李勣在武德二年闰二月即李密叛死三个月后归降肯定错误。黎阳要地既属唐后不能不授官守御，则李勣之见授黎州总管也不可能如《通鉴》所书迟至武德二年闰二月。惟《李勣碑》《旧传》都把归唐授黎州总管、上柱国、莱国公和授右武候大将军分作两次，前者在归降之初，后者如《碑》所云在武德二年即李密叛死之后，比较合乎情理，今从之。至于《旧纪》《通鉴》之武德二年闰二月，当本是李勣加授右武候大将军的年月，而被《旧纪》《通鉴》误作归降及授黎州总管的年月，因此这里在引用《旧传》的后一次除授之前加上"武德二年闰二月"(至于改封曹国公、赐姓李氏在哪一次，《碑》和《旧传》所说又有违异，似以《旧传》之系后一次为近是)。

⑤ 《旧唐书》卷二《太宗纪》。

⑥ 《旧唐书·李密传》。

老，和多数出身庶族下层的瓦岗军将士以及其他山东人的关系比出身世族地主的关中贵族李密更密切。而山东武装力量尤其是瓦岗军在当时凤称精锐，无论王世充、窦建德以至李渊父子都竞相争取罗致，以后李世民且凭借罗致的山东力量以及瓦岗军旧时将士以夺取最高政权。这就是李勣之所以能见重于李渊父子，与李靖这位关中贵族出身的老将并称，而且历太宗、高宗两朝终其身不替的主要原因。他们都需要利用封建社会的地域观念和讲究部属关系等习惯势力，通过李勣来控制山东地区，争取山东人。

以后还有若干事情可以证实上面的分析：

当李勣受任唐的黎州总管后，武德二年十一月窦建德南下攻克黎阳，李勣"力屈降之，建德收其父，从军为质，令勣复守黎阳"。窦建德手下不是别无可守黎阳的大将，仍用李勣者，和李渊之留任李勣为黎州总管是同一用意，希图李勣来协助他经略山东地区。三年正月李勣自拔归长安，执法者请诛其父，建德曰："勣本唐臣，为我所掳，不忘其主，逃还本朝，此忠臣也，其父何罪！"竟不诛①。所谓"忠臣"云者当然只是表面文章，实际上除当时窦建德不欲与李渊遽行决裂外，还害怕因此激起李勣一伙人的反感，对他经略山东不利。

武德三年七月李世民率元吉督诸军讨王世充，四年五月破擒窦建德，降王世充，李勣参加了整个战役。《旧唐书》本传说"振旅而还，论功行赏，太宗为上将，勣为下将，与太宗俱服金甲，乘戎辂，告捷于太庙"。如前所说，此役李世民是统帅，元吉是窦建德来援时分兵围王世充的主将，李勣只是辅佐者。《旧传》在凯旋行列中故意删去元吉是可以理解的，故意张大李勣则绝无可能，说明李勣在这次东征中的地位确属仅次于李世民、元吉。这显然是因为需要李勣来抚绥山东，招徕旧部，而且原先瓦岗军系统兵将后来降附王世充的更需要李勣用老关系来争取。

山东初定后李勣仍任黎州总管，同年八月刘黑闼起兵，李勣弃城败走，但未受任何处分。五年仍在李世民指挥下与淮安王神通破灭齐、兖地

---

① 《旧唐书·窦建德传》。

区的徐圆朗。这显然也是要利用李勣在山东的威望。到这年年底山东彻底
安靖后，李勣才被调离山东用于其他战场。

四

人的品德当然有高下优劣之分，即使旧社会的统治阶级中也是如此。
但我认为研究历史者对此不宜过于强调，因为有些表面看来属于品德的问
题，实际上往往别有其社会原因，应从当时历史条件以及历史人物的社会
地位、身份、经历去考察。对旧史相传甚至众口一词的有关李勣某些品德
上的评论，我认为也有必要作如此的考察。

《旧唐书》本传纪李勣归唐的经过说："〔李〕密为王世充所破，拥众
归朝。其旧境……勣并据之，未有所属，谓长史郭孝恪曰：'魏公既归大
唐，今此人众土地，魏公所有也。吾若上表献之，即是利主之败，自为己
功，以邀富贵，吾所耻之。今宜具录州县名数及军人户口，总启魏公，听
公自献，此则魏公之功也。'乃遣使启密。使人初至，高祖闻其无表，惟
有启与密，甚怪之，使者以勣意闻奏，高祖大喜曰："徐世勣感德推功，
实纯臣也。'"刘祎之撰《李勣墓志》也说："李密为王充所困，拥众归
朝，公知天命有在，犹全事君之节，通启于密，俟去就之命，高祖闻而嘉
之曰：'此真忠义之士。'"案李勣参加瓦岗军为时应早于李密，在瓦岗军
中自有其势力和影响，不像王伯当那样是李密的私党嫡系，严格地讲和李
密之间不见得有多少正式的君臣关系，《墓志》纪当年推尊李密为魏公事
就只说："及李密归于翟让，公乃推为盟主。"所谓"盟主"者，就是算不
上"天子"之谓，李密之所以只称魏公，不敢匆忙做皇帝，恐怕也出于这
个原因①。后来李密袭杀翟让，李勣不仅未与其谋，而且为乱兵斫成重伤，

---

① 《旧唐书·李密传》说其后"密下官属咸劝密即尊号，密曰：'东都未平，不可议此。'""东都
未平"恐怕不是不称帝的主要原因，《隋书·李密传》为《旧传》所从出，就只说"其党劝密即尊号，密
不许"，没有"东都未平"的理由。"其党"者亦即"密下官属"，就是李密直属的将士、李密私党嫡系，
其他部分的瓦岗军将士如李勣等都并无"劝密即尊号"的举动。

差一点送命。李密当场制止，并让李勣和单雄信、王伯当分统翟让部众[①]，以后又让李勣带了分统的部众到黎阳独当一面，也只是想利用李勣在瓦岗军的声望和势力，并非对李勣信任。《通鉴》卷一八六武德元年九月纪此事谓"虽名委任，实亦疏之"，也不无可能。所以当李密被王世充打败，筹划是否要去黎阳投李勣时，"人或谓密曰：'杀翟让之际，徐世勣几至于死，今疮犹未复，其心安可保乎？'"[②]这样考虑确实是有道理的。李密投了李勣，处在李勣和翟让旧部的控制下，不是当傀儡，就是迟早被李勣所取代，于是李密只好入关归唐。《旧传》《墓志》却把李勣说得如此重君臣大义，由于李密归唐自己也主动提出要归唐，而且不是直接归唐，而是通书李密作为李密的部属随李密而归唐，岂不太远于情理！其实据前引《旧唐书·魏徵传》，当时是李渊授魏徵秘书丞使"安辑山东"，魏徵"驱传至黎阳"对李勣做了劝说工作，李勣才决计归唐，《魏徵传》里还保存了他给李勣的劝说信，其中并无"魏公既归唐"，公之"人众土地，魏公所有"，所以也应归唐之类的论调，相反只说"若策名得地，则九族荫其余辉，委质非人，则一身不能自保"，完全用李勣个人的利害得失来打动他。这种信札不可能是后来伪造，魏徵之见授秘书丞驰传至黎阳做劝说工作更不可能是后来增饰。因此李勣归唐的经过只能相信《旧唐书·魏徵传》而不能相信李勣本传和《墓志》，本传和《墓志》所说当是根据行状家传之类所编造的溢美之辞。司马光却对这种溢美、忠君之辞很欣赏，在《通鉴》卷一八四武德元年十一月己酉条下既本《魏徵传》书徵劝说李勣，又从本传全录李勣在归唐经过中忠于李密的言行，读史者不察，就容易把李勣当成满脑子忠君思想的人。

李勣之所以没有成为李密或翟让的私党，是因为凭他的出身和经历，在山东地区有一定的声望势力，犯不着作依草附木之徒，更犯不着为某个个人或小集团冒险出死力。归唐后在秦王李世民与太子建成、齐王元吉的斗争中也是如此。《通鉴》卷一九一武德九年六月《考异》所引《统纪》

---

① 《隋书·李密传》。

② 《隋书·李密传》。

却说："秦王惧〔建成、元吉之逼〕，不知所为，李靖、李勣数言大王以功高被疑，靖等请申犬马之力。"①又引刘餗《小说》："太宗将诛萧墙之恶以主社稷，谋于卫公靖，靖辞，谋于英公徐勣，勣亦辞。帝由是珍此二人。"②《考异》说："二说未知谁得其实，然刘说近厚，有益风化，故从之。"在《通鉴》正文中写进二李辞李世民问之事。案这又是司马光用自己的道德观念来去取史料，臆断古人。其实在武德九年六月玄武门军事政变之前，李世民对建成、元吉的斗争已处于劣势，并无取胜的把握。而李勣凭其和山东地区的关系久已成为唐室倚重的人物，李靖也是关中贵族中的军事耆宿，无论建成、元吉或李世民上台都得借重。他们又何必冒险向李世民请申犬马之劳，以蹈不测之机。李世民也不可能把图谋袭杀建成、元吉这样的机密大事向平素并无勾结的李勣、李靖谋议。因此无论《统纪》或《小说》，都只是事后从不同角度给二李所加溢美之辞。高宗撰书《李勣碑》、刘祎之撰《李勣墓志》、许敬宗撰《李靖碑》和《旧唐书·二李传》都没有这类牵涉李世民与建成、元吉斗争的话。

以上两起对李勣说来都是所谓"不虞之誉"。下面再谈一件李勣晚年被人认为有损名誉的事情。此事《旧唐书》本传不载，载卷八〇《褚遂良传》，谓"高宗将废皇后王氏，立昭仪武氏为皇后，召太尉长孙无忌、司空李勣、尚书左仆射于志宁及遂良以筹其事"，遂良极谏，"翌日，帝谓李勣曰：'册立武昭仪之事，遂良固执不从，遂良既是受顾命大臣，事若不可，当且止也。'勣对曰：'此乃陛下家事，不合问外人。'帝乃立昭仪为皇后。"《通鉴》卷一九九永徽六年九月纪高宗废立皇后事也本《遂良传》将李勣这两句话录入。后世读《通鉴》者因之对李勣大为诟病，认为他太圆滑，太无骨气，甚至骂他蓄意迎合高宗，为武则天撑腰。其实，这次争辩的经过是否尽如《遂良传》所纪尚未可必，因为《旧唐书》卷六五《长孙无忌传》就只说高宗召无忌及于志宁、遂良征求可否，初无李勣在内，《通鉴》又说"勣称疾不入"，也不知是否另有史料作依据。但说李勣当时

---

① 《新唐书》卷五八《艺文志》编年类有陈岳《唐统纪》一百卷，当即此《考异》所引《统纪》。

② 今传本刘餗《小说》已易名《隋唐嘉话》，《考异》所引此条见顾氏文房小说本《嘉话》卷上。

采取不介入的态度倒是可以相信的。他早年不介入李密与翟让之争，归唐后又不介入李世民与建成、元吉之争，这次不介入皇后废立之争正是他一贯的态度。他凭山东地区的关系见重于最高统治者，不论武则天当不当皇后，对他既得的地位和利益都不会有任何动摇损失。

《旧唐书》本传又纪李勣临终对弟弼遗言："我见房玄龄、杜如晦、高季辅辛苦作得门户，亦望垂裕后昆，并遭痴儿破家荡尽。我有如许豚犬，将以付汝，汝可访察，有操行不伦，交游非类，急即打杀，然后奏知。"《通鉴》卷二〇一总章二年十二月戊申纪李勣薨事亦据《旧传》把这段话插入，给读史者以李勣家教严整的印象。其实这也不单纯是李勣个人的品德问题。所谓破家痴儿者，房玄龄子遗爱与薛万彻、柴令武欲立高祖第六子荆王元景，永徽四年事泄被杀[①]；杜如晦子荷预太宗长子承乾谋，贞观十七年缘承乾事败而被杀[②]；高季辅子正业与上官仪善，麟德元年仪坐交通废太子忠被杀，正业配流岭外[③]。都是以参与皇室内部矛盾而偾事破家。李勣临终以他们为戒来约束自己的儿子，仍旧是出于不肯参与派系斗争的一贯想法。高宗撰《李勣碑》铭文中说他"慎同温室"，也就是肯定他这种态度。

（原载《陕西师大学报》哲学社会科学版1981年第1期）

---

① 《旧唐书》卷四《高宗纪》、卷六六《房玄龄传》、卷六九《薛万彻传》、卷五八《柴绍传》、卷六四《元景传》，书年从纪。

② 《旧唐书》卷六六《杜如晦传》，卷七六《承乾传》。

③ 《旧唐书》卷七八《高季辅传》，卷八〇《上官仪传》，卷八六《忠传》。

说永徽六年废立皇后事真相

唐高宗李治永徽六年十月己酉废皇后王氏为庶人，立昭仪武氏即武则天为皇后，元老重臣长孙无忌、褚遂良等以反对易后均被贬逐诛戮。对此读史者多认为主谋是武则天，高宗的所作所为无非听任武则天指挥。有的教科书干脆骂高宗性格"昏懦"，"是个亡国的昏君"（《中国通史简编》第三编第二章第一节）。我认为这种认识是错误的，没有接触到事件的真相。

一

人的才能确会有高下，性格确会有刚懦，作为人的皇帝当然也不例外。但我认为研究历史不比写小说编戏剧，不宜过于强调性格或才能，不能由此简单地画出个"昏君"或"明君"、"奸臣"或"忠臣"之类的脸谱，应该把历史人物包括皇帝在内放到历史的特定条件中去考察。

皇帝是统治阶级的总头目，要以皇帝为首建立稳定的专制秩序，这是事情的一个方面。另一方面，统治阶级又不可能团结一致，为了争夺权力，必然分裂成种种派系和小集团。尤其为了争当皇帝，争夺最高权力，小集团之间更是闹得你死我活。远的不说，唐开国之初，李世民就利用其受任经略山东的机会，结成秦府小集团，通过玄武门军事政变袭杀建成、元吉，摧毁东宫、齐府联合集团，强迫高祖李渊内禅而取得最高权力。李世民成皇帝后，太子承乾、魏王泰又效法父辈，各自结党营私，为夺取最高权力而发展到准备重演玄武门式的军事行动。李世民是过来人，不愿像他父亲李渊那样成为高等囚犯太上皇，于是在贞观十七年采取断然措施，废太子承乾为庶人徙黔州，降魏王泰为东莱郡王徙均州，摧毁东宫、魏府两个小集团，立晋王李治即后来的高宗为皇太子。

李治之所以能中选入居东宫，当然由于他是承乾、泰以外长孙皇后唯一的亲儿子，比其他妃嫔所生的皇子要高出一头，但更主要的原因还在于他还年纪小，不曾营私结党闹小集团。贞观十七年承乾已二十五岁，李泰当是二十四岁，李治只有十六岁①，在此以前更为幼小。小孩子不懂得也没有能力闹小集团，想投靠小集团的攀龙附凤之徒也麇集东宫、魏府，不会去找不太懂事的小孩子。

永远孤立无援将来可又当不成皇帝，当皇帝总要有大臣来扶持。在李世民看来，扶持皇太子李治的大臣既要得力，又要靠得住，千万不能只忠于太子而对皇帝不忠。这就只有在自己的亲信大臣中来挑选，长孙无忌、褚遂良就是最后选定的两个。贞观二十三年五月，"太宗寝疾，召遂良及长孙无忌入卧内，谓之曰：'卿等忠烈，简在朕心，昔汉武寄霍光，刘备托葛亮，朕之后事，一以委卿。太子仁孝，卿之所悉，必须尽诚辅佐，永保宗社。'又顾谓太子曰：'无忌、遂良在，国家之事，汝无忧矣。'仍命遂良草诏"（《旧唐书》卷八〇《褚遂良传》）。长孙无忌、褚遂良成为"受遗令辅政"的顾命重臣（《旧唐书》卷六五《长孙无忌传》）。

但这种遗令托孤往往只是老皇帝一厢情愿，新皇帝和这些老皇帝所信托的顾命重臣一般多无历史渊源，未必乐意接受这种监护式的辅政，这在历史上是屡见不鲜的。废立皇后只是斗争的焦点，不是长孙无忌、褚遂良被贬杀的根本原因。

---

① 《旧唐书》卷七六《太宗诸子·承乾传》谓"太宗即位，为皇太子，时年八岁"，上推其生为武德二年，至贞观十七年为二十五岁。《泰传》谓"永徽三年薨于郧乡，年三十有五"，上推其生为武德元年，转长于承乾，这不可能，"永徽三年"盖"五年"之误，泰实生于武德三年，至贞观十七年为二十四岁，卷四《高宗纪》谓"贞观二年六月生"，至十七年为十六岁。

二

长孙无忌，尤其是褚遂良，一向被认为是"忠臣"，是"正人君子"。其实并非如此。

长孙无忌是长孙皇后的哥哥，李世民的妻舅，李治的母舅。"少与太宗友善"，"常从太宗征讨"。是玄武门军事政变主要的策划者和现场的指挥者，辅佐李世民夺取帝位的首功。在李世民即位后颁布的"功臣实封差第"名单里，以及贞观十一年"功臣世袭刺史"名单和十七年"图画凌烟阁功臣"名单里，他一贯名列第一[①]。在官职上，太宗即位后迁左武候大将军，这在隋唐之际是最显要的武职[②]，贞观元年转吏部尚书，七月拜尚书右仆射为宰相，二年正月为开府仪同三司，七年十一月册拜司空，为正一品的首席宰相，十六年册拜司徒，十九年检校侍中，二十二年以司徒兼检校中书令知尚书门下二省事，集三省大权于一身（《旧唐书》本传、《太宗纪》）。以这种和太宗休戚相关的头号元老重臣，又兼具太宗妻舅的外戚身份，用来辅佐太子，在太宗看来自然是最理想的人选。因此贞观十七年四月立晋王李治为太子时首先要取得他的支持[③]，并加授他为太子太师，这是地位最尊贵的东宫名誉官属。

褚遂良的情况和长孙无忌不同。他的父亲褚亮是武德元年李世民平薛仁杲后吸收进秦府的，只是秦府文学馆十八学士之一，李世民即位后为弘文馆学士，拜员外散骑常侍、通直散骑常侍后致仕（《旧唐书》卷七二本

---

① "功臣实封差第"名单见《旧唐书》卷二《太宗纪》和卷五七《裴寂刘文静传》。名单在无忌前还有个裴寂，这是高祖的亲信，此时只算暂时保留地位，实际是以无忌居首。后两个名单见《无忌传》。

② 如李密称魏公时，拜"单雄信为左武候大将军，徐世勣为右武候大将军"，为武将之首（《旧唐书》卷五三《李密传》）。李渊称帝时李世民"拜尚书令、右武候大将军"，"拜太尉、陕东道行台尚书令，镇长春宫"后又"加左武候大将军"（卷二《太宗纪》）。贞观十一年"加魏王泰为雍州牧、左武候大将军"（卷三《太宗纪》）。

③ 《旧唐书》本传："太宗欲立晋王，……无忌曰：'谨奉诏，有异议者臣请斩之。'太宗谓晋王曰：'汝舅许汝，宜拜谢。'"

传），在政治上没有什么权势。褚遂良随父归唐后"授秦州都督府铠曹参军"，贞观十年"自秘书郎迁起居郎"，以善书侍太宗，贞观十五年才迁正五品的"谏议大夫兼知起居事"，资历比长孙无忌浅得多。可是贞观十七年竟和司徒长孙无忌、司空房玄龄、兵部尚书李勣一起承旨定策立晋王治为太子，"寻授太子宾客"，十八年"拜黄门侍郎，参综朝政"成为宰相，二十二年"拜中书令"①，可以说是直线上升。这当然不单由于他知起居事并善书得以经常接近太宗，而应当更有其深一层的政治原因。

根据现存文献，褚遂良至少在两次政治斗争中为太宗立了功。一次是反对魏王泰，《新唐书·褚传》载褚贬爱州后所上表中说："往者承乾废，岑文本、刘洎奏东宫不可少旷，宜遣濮王（魏王泰后改封濮王）居之，臣引义固争。"可见太宗之决计对承乾、泰"两从废黜"，褚起了作用②。再一次是直接反对刘洎，其事《褚传》不载，见《旧唐书》卷七四《刘洎传》，说："太宗征辽，令洎与高士廉、马周留辅皇太子定州监国，仍兼左庶子、检校民部尚书，太宗谓洎曰：'我今远征，使卿辅翼太子，社稷安危之机，所寄尤重，卿宜深识我意。'洎进曰：'愿陛下无忧，大臣有愆失者，臣谨即行诛。'太宗以其妄发，颇怪之。……十九年，太宗辽东还，发定州，在道不康，洎与中书令马周入谒，洎、周出，遂良传问起居，洎泣曰：'圣体患痈，极可忧惧。'遂良诬奏之曰：'洎云国家之事不足虑，

---

① 《旧唐书·褚遂良传》《太宗纪》。关于参与定策立储者《高宗纪》《长孙无忌传》止无忌、房玄龄、李勣，无褚遂良名，然《新唐书》卷一〇五《褚传》载贬爱州刺史后所上表中有"先帝留无忌、玄龄、勣及臣定策立陛下"之语，可证褚实参与定策，或因其时褚尚非宰执大臣，故《实录》及出自《实录》之《高宗纪》《无忌传》遂略而不书。《通鉴》卷一九七贞观十年四月据《旧唐书·无忌传》书定策事而增入褚名盖即本《旧书·褚传》及《新书》褚表，也可能更有其他依据。吕诚之(思勉)师《隋唐五代史》第三章第一节不信《旧书·褚传》，并《新书》褚表亦疑为伪造，似微过当。

② 《旧唐书·褚遂良传》说："太子承乾以罪废，魏王泰入侍，太宗面许立为太子，因谓侍臣曰：'昨青雀(泰小名)自投我怀云："臣今日始得与陛下为子，更生之日也，臣唯有一子，臣百年之后，当为陛下杀之，传国晋王。"父子之道，固当天性，我见其如此，甚怜之。'遂良进曰：'陛下失言，伏愿审思，无令错误也。安有陛下百年之后，魏王执权为天下之主，而能杀其爱子，传国于晋王者乎?"案所谓魏王泰的话不近人情，诚如褚之所驳，但太宗是政治斗争老手，何以能为这种不近人情的谎言所迷惑?而且如《褚传》所说，太宗当时初无立晋王之意，何以魏王泰要在晋王身上大做其文章?可见这段对答全属虚拟而非事实，因此这里不引而引可信的《新书》褚表。至于褚如何固争，事涉机密，当时未必外泄，今日更无可考索。

正当傅少主行伊〔尹〕霍〔光〕故事，大臣有异志者诛之，自然定矣.'
太宗疾愈，诏问其故，泊以实对，又引马周以自明，太宗问周，周对与泊
所陈不异，遂良又执证不已，乃赐泊自尽。"这里所说刘泊的罪行极为含
糊，但有一点可以肯定，刘泊确曾讲过"辅少主行伊、霍事，大臣有异志
者诛之"之类的话，对看《刘泊赐自尽诏》所说"兹朕行旅，小乖和豫，
凡百在位，忠孝缠心，每一引见，涕泗交集，泊独容颜自若，密图他志，
今行御史进状，奏泊乃与人窃议，窥窬万一，谋执朝衡，自处霍光之地，
窥弄兵甲，擅总伊尹之权，猜忌大臣，拟皆夷戮，朕亲加临问，初犹不
承，傍人执证，方始具伏，此而可恕，孰不可容"云云自知（《唐大诏令
集》卷一二六），褚遂良绝不可能以一人手遮天下目。这些话的真实内容
是：刘泊要乘太宗病危拥太子李治即位以夺取最高权力。这当然不是太宗
之所能容忍，于是"赐泊自尽"，扑灭了这场未遂的宫廷政变，而褚则以
检举揭发刘泊又立了一功①。

太宗所派辅佐太子李治的本来不止长孙无忌、褚遂良。贞观十九年太
宗发洛阳打高丽，留太子在定州监国时，就曾以"开府仪同三司〔平章
事〕、申国公高士廉摄太子太傅，与侍中刘泊、中书令马周、太子少詹事
张行成、太子右庶子高季辅五人同掌机务"（《旧唐书·太宗纪》）。其时
太子太师、司徒、检校侍中长孙无忌随太宗出发作战，太子宾客、黄门侍
郎、参综朝政褚遂良以反对作战留长安，都不曾派在太子身边。结果刘泊
的问题还赖褚来揭发。这使太宗至少在辅佐太子这件事情上失去了对和刘
泊在一起的二高、马、张的信任。贞观二十一年高士廉卒，二十二年马周

---

① 此事是太宗定的案，又牵连到高宗，所以高宗朝修《太宗实录》时也只好一笔带过，《旧唐
书·太宗纪》贞观十九年十二月戊申书"侍中清苑男刘泊以罪赐死"，当即承用《实录》的原文。而
则天临朝时刘泊子弘业上书求昭雪也只把一切责任推到已倒台的褚遂良身上，说"泊被遂良谮而
死"。今《旧唐书·刘泊传》当即修国史时据刘氏家传所撰述，所以行文如此吞吐。又《旧唐书·长
孙无忌传》在立晋王为太子后说"寻而太宗又欲立吴王恪，无忌密争之，其事遂辍"，而不著其事之
年月。吴王恪是太宗第三子，杨妃所生，太宗第二子宽早卒，吴王恪便是年龄仅次于太子承乾的
皇子。但《旧唐书》本传无此欲立为太子的纪事。《通鉴》则系此事在贞观十七年十一月太子辞选
良家女事后，疑亦姑为附丽，未必别有所据。有没有可能此事系发生在刘泊狱事后，太宗考虑到
太子李治不可靠而想改立吴王恪？史多阙文，只好存疑。

卒，司空房玄龄卒，二十三年太子詹事、同中书门下三品李勣出为叠州都督①，宰相位置有很多空缺，但并未让张行成、高季辅升补②。在太宗临终时只让仅有的两位宰相、也是太宗最相信的长孙无忌和褚遂良充顾命重臣，其余一概排除在外。

三

高宗只是后来身体不好，智力上并无不健全之处，当然不愿意受顾命重臣的控制。

如何摆脱控制，如何和重臣们展开斗争，大概由于事后有意讳饰，史书已少明文记述。但从若干重臣宰相的升黜，多少还可以捉摸到一点线索。

贞观二十三年五月己巳太宗病死，第二天庚午就"以礼部尚书兼太子少师、黎阳县公于志宁为侍中，太子少詹事兼尚书左丞张行成为兼侍中、检校刑部尚书，太子右庶子兼吏部侍郎、摄户部尚书高季辅为兼中书令、检校吏部尚书"。六月甲戌高宗即位，辛巳以"叠州都督英国公〔李〕勣为特进、检校洛州刺史"，癸未"诏司徒、扬州都督、赵国公无忌为太尉兼检校中书令、知尚书门下二省事"，癸巳"特进、英国公勣为开府仪同三司、同中书门下三品"（《旧唐书·高宗纪》）。宰相太少需要增补，这看来是正常的。但太宗时不补，高宗一上台就大增补，而且增补的是在定州一起辅佐过高宗的张行成、高季辅，是长孙无忌、褚遂良掌大权时被太宗外贬的李勣，其目的就很明显，是要分长孙无忌、褚遂良的权（长孙无忌之由司徒转太尉只是陪衬，太尉在三公中不过名列司徒之前而已，由司

---

① 此事《旧唐书》本传谓："太宗寝疾，谓高宗曰：'汝于李勣无恩，我今将责出之，我死后，汝当授以仆射，即荷汝恩，必致其死力。'"理由说得太离奇，显然不是真相，盖出于行状家传之类编造，至于真相已不得而知。历史真相不传者多，只要无关大局，不必一一深求。

② 《旧唐书》卷七八《高季辅传》说高迁中书令为贞观二十二年，《张行成传》说张迁侍中在贞观二十三年，均在太宗生前，据《高宗纪》则在太宗崩后，纪出《实录》，封拜年月一般不致有误，当以纪为准。

徒转太尉并不增加任何实权）。

第二年永徽元年十一月，"中书令、河南郡公褚遂良左授同州刺史"（《旧唐书·高宗纪》），这是高宗对顾命重臣首次公开进攻。褚遂良的地位资望不如长孙无忌，而从反魏王泰、反刘洎来看，其活动能量已大于无忌。《旧唐书·无忌传》纪无忌及褚受遗令辅政时太宗对褚说："无忌尽忠于我，我有天下，多是此人力，尔辅政后，勿令谗毁之徒损害无忌，若如此者，尔则非复人臣。"不叫无忌保护褚而叫褚保护无忌，可见此时褚权势之炙手可热。因此高宗先从褚下手，把他左迁授外职，凭什么理由《褚传》和《高宗纪》都没有说，无非是抓点小问题作为借口。这是事情的一方面。再一方面，要进一步培植自己的势力，永徽二年正月，"黄门侍郎、平昌县公宇文节加银青光禄大夫、依旧同中书门下三品，守中书侍郎柳奭为中书侍郎、依旧同中书门下三品"①。宇文节两《唐书》无传，背景不清楚。柳奭则是高宗皇后王氏的母舅（《旧唐书》卷七七本传）。皇后的母舅不一定当宰相，这个王皇后的父亲凭裙带关系就只当个"特进"（《旧唐书》卷五一《高宗废后王氏传》）。柳奭之同中书门下三品为宰相者，显然是高宗要在王皇后的亲属中选拔一名较有能力的来和长孙无忌等对抗。这种任用自己的外戚来向已故老皇上的外戚争权，本是封建帝王历来惯用的办法。

但重臣们的势力仍不可轻侮。永徽三年正月褚遂良又回任"吏部尚书、同中书门下三品"。同年七月立后宫刘氏所生的高宗的长子陈王忠为太子。《旧唐书》卷八六《高宗诸子·忠传》说："时王皇后无子，其舅中书令柳奭说后谋立忠为皇太子，以忠母贱，冀其亲己，后然之。奭与尚书右仆射褚遂良、侍中韩瑗讽太尉长孙无忌、左仆射于志宁等，固请立忠为储后，高宗许之。"这里的官衔有点小错误，褚遂良任尚书右仆射是永徽四年九月的事情，韩瑗永徽三年三月守黄门侍郎、同中书门下三品②，任

---

① 《旧唐书·高宗纪》。宇文节、柳奭前此均为同中书门下三品，这里所云"依旧同中书门下三品"者，当即"同中书门下三品"之谓，看《新唐书》卷六一《宰相表》可知。

② 《新唐书》卷六一《宰相表》。《旧唐书·高宗纪》失载，卷八〇《韩传》作永徽四年亦误。

侍中是六年三月的事情（《旧唐书·高宗纪》）。但所说诸人拥立陈王忠为太子这点则不可能凭空虚构。这说明高宗想用来对抗长孙无忌等的柳奭，以及想用来分无忌等权的于志宁、韩瑗等，这时已转而与无忌、褚遂良打成一片；而且内有王皇后，有被他们所拥立的太子忠，对高宗作内外包围之势。

高宗这时二十五岁，正当血气方刚之年，有和元老重臣们斗到底的勇气。这个时期宰相仍有一些变动，主要有永徽三年九月"守中书侍郎来济同中书门下三品"①。四年九月"尚书右仆射、北平县公张行成薨"，"吏部尚书、河南郡公褚遂良为尚书右仆射，依旧知政事"。十一月"兵部尚书、固安县公崔敦礼为侍中"。十二月"侍中兼太子少保、蓨县公高季辅卒"。五年六月"中书令柳奭兼吏部尚书"②。但这些升迁都只能算是例行公事。高宗已不把希望寄托在这些重臣宰相身上，而另行培植在外朝的新势力。这就是当时任礼部尚书的许敬宗，任中书舍人、弘文馆学士的李义府，以及御史大夫崔义玄、中书舍人王德俭、大理正侯善果、大理丞袁公瑜，后来都被武则天称为"在永徽中有翊赞之功"（《旧唐书》卷八二《李义府传》）。许、李、崔三人《旧唐书》都为列传（《许传》《李传》卷八二，《崔传》卷七七），许、崔是武德初就跟随李世民的老人，但宦途上一直不得志，李则是贞观时才入仕的新进，其他王德俭、侯善果、袁公瑜三人想也属新进之列。这些人懂得不把现在的重臣宰相撵下台，他们要爬上去掌权将不知等待到何日，因此很容易成为高宗用来反对重臣宰相的得力助手。其中许在高宗当太子时做过右庶子，李和高宗的关系更早，初任监察御史时就"以本官兼侍晋王"，晋王即高宗，当太子后他又"除太子舍人"，高宗利用他们当然更为方便。至于内廷，由于柳奭已和长孙无忌、褚遂良等打成一片，柳奭的外甥女王皇后已转成高宗的对立面，高宗

---

① 《新唐书》卷六一《宰相表》。《旧唐书·高宗纪》失载，卷八〇《来传》作永徽四年亦误。

② 均据《旧唐书·高宗纪》。《新唐书》卷六一《宰相表》作永徽六年六月"奭罢为吏部尚书"，《旧唐书·柳奭传》作"奭忧惧，频上疏请辞枢密之任，转为吏部尚书"，均与《旧唐书·高宗纪》所纪不同。纪出自《实录》，似较可信据。

就非把她去掉不可。于是在永徽六年掀起了废立皇后的轩然大波，成为高宗和元老重臣之争的焦点。

四

永徽六年废立皇后之争及其结局，已为读史者所熟知。我在这里只就一般不曾注意到的讲几点。

这次斗争先弄掉柳奭，六月五日"贬遂州刺史"①。这是因为柳奭根底不深，容易摆布。同时也可看出高宗的目的在反元老重臣及其党羽，所以先贬柳奭再废后，而不像一般在废后的同时处理外戚。

高宗为废立皇后，召集元老重臣太尉长孙无忌、司空李勣、尚书左仆射于志宁、尚书右仆射褚遂良要求表态。《旧唐书·褚遂良传》《无忌传》所记对答言词并细节均有出入，恐都未必完全可信（这类高级机密会议的实况史官未必与闻记录，外传的至少掺杂若干臆想成分），但说元老重臣方面主要由褚遂良出头反对则无异词。而高宗方面也仍旧以褚遂良为主要打击对象，首先给以处分。九月褚"贬授潭州都督"，十月才"废皇后王氏为庶人，立昭仪武氏为皇后"（《旧唐书·高宗纪》）。

长孙无忌是资历最深、地位最高的元老，而且还是高宗的亲舅父，动摇他颇不容易。因此一开始对他多方拉拢以分化元老重臣集团。《旧唐书·无忌传》所说"帝将立昭仪武氏为皇后，无忌屡言不可，帝乃密遣使赐无忌金银宝器各一车、绫锦十车，以悦其意，昭仪母杨氏复自诣无忌宅，屡加祈请"，"礼部尚书许敬宗又屡申劝请"，都说明高宗对无忌和对褚遂良是采取不同的手法。褚被贬后，第二年显庆元年五月无忌仍进史官所撰《五代史志》三十卷，七月进史官所撰《国史》八十卷，"赐物二千段"，三年正月修成《新礼》一百三十卷，"诏颁行于天下"②，至少高宗

---

① 《旧唐书·高宗纪》《柳奭传》不书此时贬遂州，只说"及后废，累贬爱州刺史"，好像先废后再贬柳奭，是行文上的毛病。
② 《旧唐书·高宗纪》《无忌传》，《唐会要》卷六三"修前代史""修国史"。

对他表面上还是礼貌不衰。到四年四月，才"带扬州都督于黔州安置，依旧准一品供给"（《旧唐书·高宗纪》），再进一步由许敬宗、李义府"遣大理正袁公瑜就黔州重鞫无忌反状，公瑜逼令自缢而死，籍没其家"（《旧唐书·无忌传》）。安置黔州的罪名所谓与监察御史李巢交通谋反，是出于许敬宗所检举，高宗"竟不亲问无忌谋反所由，惟听敬宗诬构之说"（《旧唐书·无忌传》），可见无忌在高宗心目中势在必除，"谋反"云者只是编造个借口。

李勣以和山东地区的特殊关系取得军界的崇高地位，一贯不介入唐统治集团的内部斗争。相传高宗为废立皇后事要他表态，他说："此乃陛下家事，不合问外人。"就是概不介入这场斗争的意思（《旧唐书·褚遂良传》）。他当然平安无事。其余重臣宰相：显庆二年八月，"侍中、颍川县公韩瑗左授振州刺史，中书令兼太子詹事、南阳侯来济左授台州刺史，皆坐谏立武昭仪为皇后，救褚遂良之贬也"（《旧唐书·高宗纪》）。于志宁是当年太宗刚死高宗就把他升任侍中的，只因参与立陈王忠为太子事，转化成高宗的对立面，所以尽管他在废立皇后问题上"独无言以持两端"，并奉命与李勣册武昭仪为皇后，仍非下台不可。显庆四年四月"许敬宗推鞫长孙无忌诏狱，因诬构志宁党附无忌，坐是免职，寻降授荣州刺史"（《旧唐书》卷七八《于志宁传》），和长孙无忌同时退出政治舞台。从永徽六年五月柳奭之贬算起，到这时先后花了四年时间才把长孙无忌、褚遂良一伙的势力扫除干净。

高宗一边许敬宗、李义府的上台也同样有个过程。永徽六年十月废王氏立武昭仪，十二月才"遣礼部尚书、高阳县男许敬宗每日待诏于武德殿西门"，显庆二年八月贬韩瑗、来济时才以"礼部尚书、高阳郡公许敬宗为侍中"（《旧唐书·高宗纪》）。李义府稍早一点，永徽六年七月在柳奭贬逐后"擢拜中书侍郎、同中书门下三品"①，显庆二年三月正式升迁"为中书令、检校御史大夫"（《旧唐书·高宗纪》）。这和重臣宰相之不

---

① 《旧唐书·高宗纪》失纪，据本传及《新唐书·宰相表》。

能马上统统下台，都说明这场斗争高宗方面花了很大气力，不是轻而易举、一蹴而就的简单事情。

高宗一边的阵容看来并不怎么坚强，所依靠的人物在正式摊牌前竟没有一个已居相职。其所以能战胜长孙无忌、褚遂良等庞然大物者，我分析有两个重要原因：（一）长孙无忌方面没有一个可供拥戴为首脑的有力量的皇族，像当初武德年间无忌之推戴秦王李世民那样。他们拥立的太子忠本来可以作为首脑，但到永徽六年也只有十三岁①，年龄太小扶不起，王皇后又不是武则天那样的政治人物。因此他们只能奉高宗为君而加以监护控制，高宗一旦不受控制而向他们发动进攻，他们无法公然抗御。（二）他们也没有兵权。当时守卫宫城驻屯北门（玄武门）的左右羽林军是禁军的精锐，其向背在军事政变中往往起着决定性的作用。此时羽林军将领可查考者有张延师、薛仁贵。张延师"永徽初累授左卫大将军"，"廉谨周慎，典羽林屯兵前后三十余年，未尝有过，朝廷以此称之"。薛仁贵贞观末"迁右领军郎将，依旧北门长上，永徽五年，高宗幸万年宫，甲夜，山水猥至，冲突玄武门，宿卫者散走，仁贵曰：'安有天子有急，辄敢惧死！'遂登门桄叫呼以惊宫内。高宗遽出乘高，俄而水入寝殿，上使谓仁贵曰：'赖得卿呼，方免沦溺，始知有忠臣也。'于是赐御马一匹。"（《旧唐书》卷八三《张俭弟延师传》《薛仁贵传》）可见都是谨驯之辈，没有被勾引来玩军事政变的可能。长孙无忌、褚遂良等既无可利用的武力，自然难逃束手待毙之厄。

五

最后研究一下这次斗争中的武则天。

从上面的史实来看，排除长孙无忌、褚遂良等元老重臣，是高宗一贯的政策，由于柳奭与元老重臣打成一片，王皇后自然非废不可。这都是高

---

① 据《旧唐书》本传所说"麟德元年……赐死于流所，年二十二"推算。

宗的乾纲独断，并非受武则天或其他人所指使，更谈不上一切都听武则天指挥。

再从武则天本人来看，在当时也不可能具备指挥高宗的力量。武则天之入高宗后宫有两说：《旧唐书》卷六《则天皇后纪》说："则天年十四时，太宗闻其美容止，召入宫，立为才人。及太宗崩，遂为尼，居感业寺。大帝于寺见之，复召入宫。"卷五一《高宗废后王氏传》则说："武皇后贞观末随太宗嫔御居于感业寺，后及左右数为之言，高宗由是复召入宫，立为昭仪。"《通鉴》卷一九九永徽五年三月庚申条则调停两说，复谓"太宗……忌日，上诣寺行香见之"云云，不知有何根据？不管哪种说法可信，武则天入高宗后宫之在永徽初年是没有问题的。就算是元年吧，到六年废立皇后事起也不过四五年时间。短短四五年内，以区区昭仪的地位，能发展成足以使高宗俯首听命的力量是不太可能的，这时期武则天并无结交外廷的实迹便是明证（当然不排除她代表高宗和许敬宗、李义府辈有往来）。至于凭美貌，使高宗沉溺失志而唯其命是听，这也不太可能。因为王皇后也是因为"有美色"而被纳为晋王妃的（《旧唐书·高宗废后王氏传》），而且年纪还比武则天轻好几岁[1]，即使武则天真如后来骆宾王讨武檄文中所说"狐媚偏能惑主"，也尽可由她获专房之宠而不必急于废掉王皇后[2]。在这点上，还是《旧唐书·则天皇后纪》透露了点真相，即所谓武则天"素多智计，兼涉文史"，武则天就是凭其智计文史才能充当高宗政治斗争的内助而获得宠信。高宗既因政治原因要废王皇后，最合适的递补者当然是这个政治贤内助武则天。这种充当政治内助正是武则天当

---

[1]　《旧唐书·高宗纪》说高宗即位时年二十二，王皇后的年龄一般不会比他大。《则天皇后纪》谓武则天卒于神龙元年，"年八十三"，上推高宗即位时已年二十七。

[2]　至于《新唐书》卷七六《则天皇后传》所说武则天潜毙所生女以诬皇后，以及《通鉴》永徽五年二月庚申条所说王皇后劝纳武则天以间萧淑妃之宠云云，都类似小说，不足置信。《旧唐书·废后王氏传》所记武则天截王、萧手足投于酒瓮之中，曰"令此二妪骨醉，数日而卒"，也是这种小说性质（王、萧当时均不过二十多岁，可骂为"婢"而不致骂成"妪"，截去手足如何能延至数日方卒），但《旧唐书》上文仍说王、萧被"囚之别院，武昭仪令人缢杀之"，附录截手足故事只聊备异说，俾后人别择，不像《新唐书》《通鉴》融诸异说为一体，使真相转转难寻觅。这是《旧唐书》的优点，非《新唐书》《通鉴》之所能及。

时真能起的作用。再说得形象一点，在当时的政治舞台上高宗和长孙无忌、褚遂良是斗争双方的主角，武则天只是高宗一边的配角。

武则天之逐步从高宗手里夺取权力，是在当上皇后以后。这在道理上也应如此，专宠与否和是否皇后或妃嫔无关，而要在政治上取得权力则不名正言顺地当上皇后便有困难（皇后不仅和皇帝是敌体身份，在内廷礼数殊绝于妃嫔宦寺，而且在一定条件下有允许参与政权的惯例，如提携小皇帝垂帘听政之类）。人有阶级性，但同阶级的人也有性格上的差异，有些皇后满足于安富尊荣，缺乏政治兴趣，有的则有强烈的政治欲，武则天便是后一类型的人物。她既以政治内助获高宗宠信而取得皇后这个政治地位，就要进一步抑制高宗，分享甚至全部取得皇帝的权力。她此时如何活动，宫掖事秘，文献无征，其详已不可得而闻。但高宗"自显庆以后，多苦风疾，百司表奏，皆委天后详决"[①]，至少给她创造了有利的条件（历史上某些偶然因素能起一定的作用，决不能一概忽视）。这样经过了将近十年，到麟德元年高宗终于不堪忍受，又计划要把武则天废掉。其事《旧唐书》不详，《高宗纪》只纪"十二月丙戌，杀西台侍郎上官仪，戊子，庶人忠坐与仪交通而死"，卷八○《上官仪传》也只说"宦者王伏胜与梁王忠抵罪，许敬宗乃构仪与忠通谋，遂下狱而死"，都不明缘由，盖系后来修《实录》时有所讳饰。《新唐书》卷一○五《上官仪传》则说："初武后得志，遂牵制帝，专威福，帝不能堪。〔武后〕又引道士行厌胜，中人王伏胜发之，帝因大怒，将废〔武后〕为庶人，召仪与议，仪曰：'皇后专恣，海内失望，宜废之以顺人心。'帝使草诏，左右奔告后，后自申诉，帝乃悔，又恐后怨恚，乃曰：'上官仪教我。'后由是深恶仪。始，忠为陈王时，仪为谘议，与王伏胜同府，至是许敬宗构仪与忠谋大逆，后志也。"《新唐书》卷七六《则天皇后传》略同，并谓："及仪见诛，则政归房帷，天子拱手矣。群臣朝、四方奏章皆曰'二圣'。每视朝，殿中垂帘，帝与后偶坐，生杀赏罚惟所命。"所说当均有所本，尽管"帝乃悔"等细节未

---

① 《旧唐书·则天皇后纪》。文中"天后"宜作"皇后"或"武后"，以称"天后"是其后上元元年的事情。

必事实，大体应属信史。此时高宗不得不要结资历浅薄唯藉文词进身的新宰相上官仪以谋武则天，可见原属高宗的亲信许敬宗、李义府辈已尽为武则天所牢笼，许敬宗且转而参与对帝党上官仪的打击活动，李义府更依仗武则天之势早在上官仪被打击前就不把高宗放在眼里①。此后的高宗在某种意义上讲已和玄武门之变后的高祖李渊一样，成为尸位素餐甚至高等囚犯式的人物，不过不便像李渊那样用"太上皇"称号，还保持一个皇帝（"天皇"）的空名义而已。

武则天之拉拢许敬宗、李义府等完全是为了这些人可利用来帮助自己夺权，许、李等投靠武则天也完全是见风使舵，谁可能得势就替谁出力，并不是由于同属庶族地主为本阶层利益相结合。说实在话，武士彟起初虽是庶族地主兼富商，后来"累迁工部尚书"，"历利州、荆州都督"，并娶隋宗室杨达女为妻后已非一般庶族之比（《旧唐书》卷五八《武士彟传》，《新唐书》卷一〇〇《杨恭仁传》），照太宗敕修《氏族志》不须论数世以前，"止取今日官爵高下作等级"（《旧唐书》卷六五《高士廉传》）的标准来衡量，可算入新兴门阀之列。许敬宗与褚遂良都著籍杭州，许"隋礼部侍郎善心子"，"其先高阳南渡，世仕江左"；褚"散骑常侍亮之子"，亮"其先自阳翟徙居"，"曾祖湮，梁御史中丞，祖蒙，太子中舍人，父玠，陈秘书监"（《旧唐书·许敬宗传》《褚遂良传》《褚亮传》）。家世相同，均属士族地主，而偏偏在政治上处于敌对立场。可见古人并没有那么鲜明的阶层观念，并不见得同阶层就拉拢，不同阶层就打击排挤，不论武则天或高宗以至褚、许等均如此。研究历史者在这些问题上千万不要简单化或想当然。

（原载《陕西师大学报》哲学社会科学版1981年第3期）

---

① 《旧唐书·李义府传》："〔龙朔〕三年，迁右相，……帝颇知其罪失，从容诫义府，……义府勃然变色，腮颈俱起，徐曰：'谁向陛下道此？'上曰：'但我言如是，何须问我所从得耶！'义府睆然，殊不引咎，缓步而去。"其口吻已略似清末李莲英辈之对待光绪帝，可见当时后党的气焰。

武则天真相

去年给《中国典籍与文化》写了篇《杨贵妃和她的故事》，据编辑说还能引起读者的兴趣，因此希望我再给杨贵妃的太婆婆、也就是唐玄宗李隆基的亲奶奶武则天写点什么。眼下这位历史上的女皇帝好像又要当令起来。

但写这位当过皇帝的武则天可不比写杨贵妃。杨贵妃算不上政治人物，而且只活了三十八岁，牵涉的事情少。武则天从她二十七八岁来到唐高宗李治身边算起，由昭仪而皇后，而皇太后，而大周皇帝，最后又从大周皇帝跌落成为大唐的皇太后，掌握全国最高权力为时半个世纪还多。要全面写，写上一二十万字还未必能打住，在这里只能有重点地写一些。但求武则天其人其事能回复到本来的面目形象，不致在文学家、剧作家的笔下弄得太离谱。

把武则天弄得最离谱的自然首推"四人帮"。但我不想在这里和此等反革命分子纠缠，因为他们用来吹捧武则天的货色，其实都是从中国科学院前院长郭沫若那里偷去的。郭前院长诚然是一位受人尊敬的文学家、史学家，但唐史研究实非其所长，他在1960年创作、1962年由中国戏剧出版社出版的《武则天》，包括剧本和附录中所作的武则天研究，可说是对武则天作了极大的美化——实际上也是极大的歪曲。所以在"四人帮"倒台之后，我就忍不住写了篇评《武则天》的文章。遗憾的是有些话在当时还只宜说得吞吐一些，加以文章发表在某个高校的学报上，也不易引起人们的注意。现在换个题目重新写过，当时不宜说和不曾想到说的都好趁此加进去，自问当不致有炒冷饭或一稿两用之嫌。

武则天和唐高宗

武则天是并州文水也就是现在的山西文水人，父亲武士彟原是富商，后跟随唐高祖起兵成为新贵。她本来的名字已经失传，在改唐为周之前新造了个"曌"字作为大名。从大周皇帝跌落下来才被另上个尊号叫"则天大圣皇帝"，死后被谥为"则天大圣皇后"，后来《旧唐书》《新唐书》都给她立了《则天皇后本纪》，因此今天习惯称她为武则天（其实如果她死后有灵，对用这个倒霉后加上的尊号怕也未必乐意）。她十四岁时被唐太宗弄进宫里当"才人"（皇后以下的三等妃嫔），太宗死后出宫当尼姑，被高宗看上又弄进宫里当昭仪（二等妃嫔），永徽六年（655），高宗废掉皇后王氏改立她为皇后。以上这些事实，是向来为人们公认没有异议的。至于她为什么会被高宗立为皇后，倒并非如人们想象单纯凭美貌，如后来骆宾王讨武檄文中所说"狐媚偏能惑主"，因为原先的王皇后也是"有美色"，而且还比她年轻。王皇后之被废，是因为充当宰相的舅父柳奭倒向了高宗的对立面——元老重臣长孙无忌、褚遂良一边，使王皇后成为政治斗争中的牺牲品。而武则天的高升为皇后，据我推测是由于她"素多智计，兼涉文史"（《旧唐书》卷五《则天皇后纪》），在斗争中充当了高宗的助手的缘故。

武则天贵为皇后以后，是否像《武则天》书里所说，"高宗信任武后是比较专一的，虽然有时也听信过谗言，想废掉她，但终于让她辅政二十多年"。从文献来看并非如此。所谓"有时也听信过谗言"者，应指麟德元年（664）高宗和上官仪合谋准备废掉武则天。这件事情在《旧唐书》卷四《高宗纪》、卷八〇《上官仪传》里都写得欠直率，当是由于《旧唐书》多数直抄唐人修撰的《实录》和《国史》，而武则天最终还是唐朝的皇太后，《实录》《国史》以至《旧唐书》在高宗和武则天的关系上不能不含糊一点。这要到宋人撰写的"文省事增"的《新唐书》里才无顾虑地把真相公开出来。《新唐书》卷一〇五《上官仪传》说："初，武后得志，遂牵制帝，专威福，帝不能堪。〔武后〕又引道士行厌胜，中人王伏胜发之，帝因大怒，将废为庶人，召仪与议，仪曰：'皇后专恣，海内失望，宜废之以顺人心。'帝使草诏，左右奔告后，后自申诉，帝乃悔，又恐后怨恚，乃曰：'上官仪教我。'后由是深恶仪。始，忠（高宗长子忠，本封陈王，后为皇太子，武后立后又降为梁王）为陈王时，仪为谘议，与王伏胜同府，至是许敬宗构仪与忠谋大逆，后志也。"《新唐书》卷七六《则天皇后传》里也这么说，并说："及仪见诛，则政归房帷，天子拱手矣。群臣朝、四方奏章，皆曰'二圣'，每视朝，殿中垂帘，帝与后偶坐，生杀赏罚惟所命。"这些大体应属信史，尽管"帝乃悔"等细节，不一定是事实。这位上官仪在剧本里被说成是"豪门望族"，把这件事情说成是"离间宫廷，要挟着皇帝陛下，想把大权操在他们几家豪门望族手里"。这实在冤枉。两《唐书》本传里只说上官仪的父亲上官弘是"隋江都宫副监，因家于江都"，查《新唐书》卷七三下《宰相世系表》也只说上官弘的上代上官回是北周的襄城太守，看起来已不像是关中或山东的"豪门望族"，何况上官仪本人"举进士"，"以词彩自达"，尽管受高宗提拔当上了宰相，仍是个凭文学进身之士，和"豪门望族"哪是一个路子。而高宗在打击长孙无忌、褚遂良时，本曾识拔许敬宗、李义府之流作为臂助，到这时却只能依靠新进文学之士上官仪来图谋武则天，可见原属亲信的许敬宗、李义府辈已尽为武则天所牢笼。其中许敬宗且转而参与对帝党上官仪的打击活动，李义府更早在上官仪事件之前就不把高宗放在眼里敢公开顶撞（见《旧唐书》卷八二《李传》）。要说这些都是高宗对武则天的"信任"，甚至像剧本中借武则天之口所说："皇帝陛下是有病在身的人，我不帮助他，谁来帮助他？天下是天下人的天下，皇帝要我管，我只好管。"能说得通吗？

《新唐书》卷四《则天皇后纪》说："高宗自显庆后，多苦风疾。百司奏事，时时令后决之，常称旨，由是参豫国政。……而高宗春秋高，苦疾，后益用事，遂不能制。"这倒可称为后世史官的直笔。

得到人民拥护吗

在《武则天》书里认为武则天的政权"是获得人心的","是得到人民拥护的"。还从《通鉴》光宅元年（684）考异所引《唐统纪》中找到武则天自己说过"不爱身而爱百姓"的话，说"她执掌政权的五十多年中，基本上是站在'爱百姓'的立场而进行措施的"。

说话要有证据。《武则天》书里居然也给我们找来了证据。这就是《新唐书·则天皇后传》里的一段纪事："上元元年（674），进号天后，建言十二事：一、劝农桑，薄赋徭；二、给复三辅地；三、息兵，以道德化天下；四、南北中尚禁浮巧；五、省功费力役；六、广言路；七、杜谗口；八、王公以降皆习《老子》；九、父在，为母服齐衰三年；十、上元前勋官已给告身者，无追核；十一、京官八品以上益禀入；十二、百官任事久、材高位下者，得进阶申滞。帝皆下诏略施行之。"其实像这样的官样文章，在封建社会的诏令里本是屡见不鲜的。就唐代来说，翻一翻《唐大诏令集》和《册府元龟》的帝王部，就可看到几乎每个皇帝都在诏令里说过这类勤政爱民的好话。至于实行与否，那自然是另一回事。这里所说的"略施行之"，就是并未认真实施的同义语。如所谓"薄赋徭"，唐初的赋徭主要有租庸调和户税、地税（义仓税），在高宗上元年间就并没有降低税额的任何措施。不观其行只听其言，无条件相信这类官样文章，那就可以作出唐朝每个皇帝都"得到人民拥护"的结论，何止一个武则天。

《武则天》书里还提到了均田制。唐初的均田制究竟实施得如何？均田制对唐初农业生产的恢复发展究竟起了多少作用？是尚待研究、尚未得出一致结论的问题。肯定均田制的积极作用，并把维护均田制作为武则天的"关键性"德政，当然也听便，不过仍该拿出点像样的证据。很遗憾，连《武则天》书里也承认"从史料中找不出武后保护均田制的明令"，于是只好从《全唐诗》里找一首武则天的《石淙》诗来作证。这首诗里有两句叫"均露均霜标胜壤，交风交雨列皇畿"，书里说这"或许可以作为她的歌颂均田的一种流露"。案今本《全唐诗》已是官书，照例不再说明所收辑的诗篇的来历，但这首《石淙》诗的来历倒还是可以弄清楚的，它出于今河南省登封县石淙山北崖上的石刻，是武周久视元年（700）夏日武则天行幸时所留下的文物。据《金石萃编》卷六四所录全文，除武则天这首"圣制"外，还有皇太子李显以下的"侍游应制"诗十六首，其中姚元崇（后来改名姚崇）的一首也有"二室三涂光地险，均霜撥日处天中"的句子。可见这"均霜""均露"无非是即景成文，最多带点通常所谓"雨露均沾"或"风调雨顺"的意思，和"田"之"均"否哪有关系，哪能因为有个"均"字就拉来作为维护或歌颂均田制的佐证。

《武则天》书里把户口的增加也作为武则天的德政，书里根据《通鉴》说："在唐高宗永徽三年（652），是唐太宗死后的第三年，中国只有三百八十万户，而到武后神龙元年（705）已经达到六百一十五万户，可以看出武后末年的中国户口比起唐太宗末年来差不多增加了一倍。"因而得出"她使天下富庶"的结论。案这类户口数只是登记在籍帐（户籍簿）上的数字，而籍帐是向百姓征收赋税的依据，为了逃税，这类户口数字比实际户口数字总会小得多，不能认为实际数字也是如此而无条件依据。当然，从太宗末年到武则天末年已经历了半个世纪，说户口有所增长本也合理，不过这仍不能归功于武则天。因为像古代中国这样的封建社会，只要不逢上特大灾荒或特大战乱，人口增长本来是很迅速的。

《武则天》书里又说"在武后统治的五十多年间不曾有过大规模的农民起义"。这是事实，但仍不能用来说明武则天"得到人民拥护"。农民大规模起义要有一定的条件，条件不具备，不成熟，即使政治再黑暗也不一定会发生。就唐代来说，安史之乱以后的穆宗、敬宗都是很糟的，文、武、宣三朝的政治也不见得清明，但同样"不曾有过大规模的农民起义"，总不能说这个时期的中央政权也"得到人民拥护"。

有利于武则天施行德政、"得到人民拥护"的事例实在不易找，不利的呢，倒俯拾皆是。这里姑且举几篇常见的文献。一是武周时陈子昂的《上军国利害书》，说当时"自剑以南，爰至河、陇、秦、凉之间，山东则有青、徐、曹、汴，河北则有沧、瀛、恒、赵，莫不或被饥荒，或遭水旱，兵役转输，疾疫死亡，流离分散，十至四五，可谓不安矣"（《陈伯玉文集》卷八）。再是武周证圣元年（695）李峤上表，说："今天下之人，流散非一，或违背军镇，或因缘逐粮，苟免岁时，偷避徭役，此等浮衣寓食，积岁淹年，王役不供，簿籍不挂，或出入关防，或往来山泽，非直课调虚蠲，阙于恒赋，亦自诱动愚俗，堪为祸患。"（《唐会要》卷八五"逃户"）还有玄宗开元十二年五月《置劝农使安抚户口诏》中也说到武周"天册、神功之时，北狄、西戎作梗，大军之后，必有凶年，水旱相仍，逋亡滋甚，自此成弊，至今患之"（《唐大诏令集》卷一一一"田农"）。这些文献都是研究唐代逃户、客户时经常引用的，在《武则天》书里何以一概不提到？当然，闹水旱灾也好，少数民族入侵也好，都不能叫武则天个人来承担责任，但武则天没有能采取有效措施也是事实，可见从武则天身上实在是很难找到值得歌颂的德政。

杀人是否杀得对

武则天杀过许多人。《武则天》书里认为这些被杀的都是罪有应得的坏人，武则天没有杀错。

剧本是"以徐敬业的叛变作为剧情的中心"的。徐敬业在扬州起兵，实际上是以地方势力来反抗中央。只是由于当时武则天还未改唐为周，徐敬业反的是唐朝皇太后，所以后来的唐朝皇帝一直不曾给徐敬业平反。关于这个事件的是非自当另行研讨。但同时为武则天杀害的宰相裴炎也被剧本写成是图谋不轨，想自己做皇帝，就全非事实了。裴炎在两《唐书》里都有传，《旧唐书》卷八七《裴传》说："太后（武则天）俾武承嗣请立武氏七庙及追王父祖，太后将许之，炎进谏曰：'皇太后天下之母，圣德临朝，当存至公，不宜追王祖祢，以示自私。且独不见吕氏之败乎？臣恐后之视今，亦犹今之视昔。'太后曰：'吕氏之王，权在生人，今者追尊，事归前代，存殁殊途，岂可同日而言！'炎曰：'蔓草难图，渐不可长，殷鉴未远，当绝其源。'太后不悦而止。时韩王元嘉、鲁王灵夔等皆皇属之近，承嗣与从父弟三思屡劝太后因事诛之，以绝宗室之望，……炎独固争，以为不可，承嗣深憾之。……徐敬业构逆，太后召炎议事，炎奏曰：'皇帝年长，未俾亲政，乃致猾竖有词。若太后返政，则此贼不讨而解矣。'御史崔察闻而上言曰：'裴炎伏事先朝，二十余载，受遗顾托，大权在己，若无异图，何故请太后归政？'乃命御史大夫骞味道、御史鱼承晔鞫之。凤阁侍郎胡元范奏曰：'炎社稷忠臣，有功于国，悉心奉上，天下所知，臣明其不反。'右卫大将军程务挺密表申理之，文武之间证炎不反者甚众，太后皆不纳。光宅元年（684）十月，斩炎于都亭驿之前街。"可见裴炎是反对武则天临朝而被诬陷杀害的。他"家无儋石之蓄"，怎么也不像是司马懿一流篡位的权相。而且历史进入隋唐、门阀制度衰亡之后，权相篡位改朝换代的事情已不可能再出现，如何硬把这个罪名安到裴炎头上。张鷟《朝野佥载》记载徐敬业令骆宾王编造童谣，以"自古大臣执政多移社稷"来劝说裴炎充当内应，并说裴炎也有效法司马懿的野心云云。司马光的《通鉴考异》已指出"此皆当时构陷炎者所言耳，非其实也"。剧本不相信《旧唐书》而相信《朝野佥载》，理由只是："裴炎为人实不光明磊落。其嫉妒裴行俭，背信杀降一事，即足证明。"案背信杀降一事也见于《旧唐书·裴传》，也说裴炎这件事是"妒功害能"。但"妒功害能""不光明磊落"和谋叛图篡是两回事，今天"不光明磊落"以至"妒功害能"者不还大有人在，你总不能说这些人也都有政治野心图谋不轨。至于剧本中说裴炎当年"决定拥戴上官仪"，"上官仪也想做皇帝"，更是无中生有，厚诬古人而已。

程务挺被说成和裴炎、徐敬业通谋叛乱，这也是厚诬古人。《旧唐书》卷八三有程务挺的传，说他"督军以御突厥，……突厥甚惮之，相率遁走，不敢近边。及裴炎下狱，务挺密表申理之，由是忤旨。务挺素与唐之奇、杜求仁友善，或构言务挺与裴炎、徐敬业皆潜相应接，则天遣左鹰扬将军裴绍业就军斩之，籍没其家。突厥闻务挺死，所在宴乐相庆"。案程务挺平素和唐之奇、杜求仁关系好，这时唐、杜和徐敬业一起造反，怎么就能断定程务挺一定和徐敬业潜相应接呢？认为裴炎冤枉给上表申理，怎么又成了潜相应接的罪证呢？如果程务挺真和裴炎、徐敬业潜相应接，那军中就早会有所准备，岂区区裴绍业之所能斩。因此《旧唐书》讲清楚这是"构言"，武则天杀他实在是自坏长城。

　　章怀太子李贤并没有多大罪过，只要不带成见，读一读《旧唐书》卷八六的本传就会承认这点。因此《武则天》书里只好在谁杀李贤这点上提出异议。本传是这样说的："文明元年（684），则天临朝，令左金吾将军丘神勣往巴州检校贤宅，以备外虞。神勣遂闭于别室，逼令自杀。"《通鉴》承用本传，在"以备外虞"下加了一句"其实风使杀之"，下面又纪"太后乃归罪于神勣，……贬神勣为叠州刺史，……神勣寻复入为左金吾将军"。《武则天》书里认为这几句是司马光随便加上的，于是大加指责说："这样寥寥几笔，便把武后描绘成枭獍。试问：'风使杀之'，除当事人之外，司马光或其他的人何从得而知之？写出丘神勣初被贬谪，寻复原职，在司马光是有意显示武后的奸诈，想掩饰人的耳目，其实这是不难理解的。初加贬谪者是怀疑丘神勣逼死了太子贤，寻复原职者是发觉了丘神勣的冤屈。太子贤之死，看来别有原因，是史书上的一笔悬案。"既是"悬案"，在剧本里就更可以无中生有地说裴炎是主凶，是裴炎买贿丘神勣的部下杀害了李贤。其实《旧唐书》卷五九《丘和传》和卷一八六上《酷吏传》里都有丘神勣的传，都说"则天使于巴州害章怀太子，既而归罪于神勣，左迁叠州刺史，寻复入为左金吾卫大将军，深见亲委"。可见《通鉴》"风使杀之"的写法不是没有根据。何况李贤的长子光顺后来也被杀掉，次子守礼"幽闭宫中十余年，每岁被敕杖数顿，见瘢痕甚厚"（《旧唐书·李贤传》）。如果像《武则天》书里所说武则天本无意杀李贤，还揣想派丘神勣去巴州是"有意起用"李贤，那事后对待李贤的儿子们如此残酷干什么？至于所说"风使杀之"除当事人之外便无人知道这点，更不成其为理由，因为此种理由如能成立，则古今中外一切阴谋就将永无败露之日。武则天杀的人实在太多。儿子辈里，除李贤外被诬告冤杀或逼死的，还有曾为皇太子的李忠和泽王李上金、许王李素节，尽管这几个不像李贤那样是她亲生的。将相大臣被她杀掉的，也何止上官仪和裴炎、程务挺。在杀裴炎中出过力提升做宰相的骞味道，后来仍旧是被武则天杀掉的。平定徐敬业立了大功的左玉钤卫大将军李孝逸，因为是李氏宗室，后来也被贬死。剧本中提到过的、朝鲜半岛入仕中国的名将黑齿常之，结局也被杀死。还有刘祎之、张光辅、魏玄同、李昭德等宰相，也都先后被杀，连颇有才能受到武则天信任的宰相狄仁杰都差点不能幸免。难道这些人也都真是谋反大逆？其实，封建社会里统治者之间的权力之争本来是极其残酷的，男性皇帝出于猜忌会乱杀人，女皇帝何能例外，尤其是在改朝换代的时候，滥杀起来更没有道理可说。为了给武则天贴金，硬要说她杀人都杀得对，实在大可不必。

男宠酷吏和所谓知人善任

用酷吏，玩男宠，一向被认为是武则天最不光彩的事情。可《武则天》书里也提出异议，说："以前的人爱说武后淫荡，其实是不尽可信的，薛怀义被委任为白马寺主，在垂拱元年（685），于时武后已六十二岁。张昌宗、张易之被优遇，在圣历二年（699），时武后已七十六岁。武后管教子女相当严，她的外甥贺兰敏之，韩国夫人的儿子，在男女关系上胡作非为，她索性把他杀了。如果到了六七十岁她自己还在逾闲荡检，她怎么来管教她的子侄，怎么来驾驭她的臣下呢？"其实人要淫乱起来哪受年龄的限制，对小辈道貌岸然，自己乱来更是常见的事情。薛怀义只是一名市井无赖，张易之、张昌宗也只是"白皙美姿容、善音律歌词"的贵族子弟，不凭男宠怎能使"诸武朝贵，匍匐礼谒"，"争执鞭辔"（《旧唐书》卷一八三《薛怀义传》、卷七八《张易之张昌宗传》）？《旧唐书·二张传》还说："天后（武则天）令选美少年为左右奉宸供奉，右补阙朱敬则谏曰：'臣闻志不可满，乐不可极，嗜欲之情，愚智皆同，贤者能节之不使过度，则前圣格言也。陛下内宠，已有薛怀义、张易之、昌宗，固应足矣。……'则天劳之曰：'非卿直言，朕不知此。'赐彩百段。"这难道也是史官在造谣？清代史学家赵翼对此倒说过几句公道话："人主富有四海，妃嫔动至千百，后既身为女主，而所宠幸不过数人，固亦无足深怪。"（《廿二史札记》卷一九）武则天的恶德，只是对这几个男宠太纵容，让他们为非作歹，成为祸害而已。

武则天所任用的酷吏，其实即是近代的所谓特务，这在任何时候都是祸国殃民的坏蛋，而武则天为了改朝换代，压制反对派，竟对这类坏蛋大力培养任用，以至两《唐书》酷吏传里的人物由武则天培养任用的竟超过了半数。这些酷吏在武则天的怂恿下闹告密，施酷刑，臭名昭著的来俊臣甚至有本领编造出一卷《告密罗织经》。这个来俊臣"按制狱，少不会意者必引之，前后坐族千余家"。和他齐名的周兴"自垂拱已来，屡受制狱，被其陷害者数千人"。前面说过的奉命杀害李贤的丘神勣也是此中人物，"受诏与周兴、来俊臣鞫制狱，俱号为酷吏"。这些酷吏因为实在劣迹多端，来俊臣还疯狂到要"罗告武氏诸王及太平公主、张易之等"，最后多数被武则天收拾掉。但像周兴此人本"当诛，则天特免之，徙于岭表，在道为仇人所杀"，可见武则天对这些坏蛋有时还下不了手。《武则天》书里却把这种任用酷吏"大开告密之门"作为武则天的"特出的政治措施"，实在有点说不过去。

《武则天》书里还说："开元时代的一些大臣宰相、文人学士大抵是武后时代培养出来的人物。"以此作为武则天的功绩。这种说法前人早已有过，如唐德宗时陆贽在奏对中说："往者则天太后践祚临朝，欲收人心，尤务拔擢，弘委任之意，开汲引之门，进用不疑，求访无倦，非但人得荐士，亦许自举其才，所荐必行，所举辄试，其于选士之道，岂不伤于容易哉？而课责既严，进退皆速，不肖者旋黜，才能者骤升，是以当代谓知人之明，累朝赖多士之用。"（《旧唐书》卷一三九《陆贽传》）宪宗时李绛在奏对时也说："武后命官猥多，而开元中有名者皆出其选，古人言拔十得五，犹得其半。"（《新唐书》卷一五二《李绛传》）赵翼还根据这些说武则天"知人善任"（《廿二史札记》卷一九）。案陆贽、李绛这些话都是有所为而发，不能算作公允的评价。开元前期的宰相如姚崇、宋璟以及刘幽求、郭元振、张说等在武则天时确已身居要职，但这些人本来就有才能，武则天最多只在识拔上起点作用，说不到有什么"培养"。真正受武则天培养而且获得宠信的，倒是那批男宠、酷吏以及武承嗣、武三思、武懿宗、武攸宜等武家子侄，这些人往往凌驾于将相大臣之上。如长寿二年（693）突厥默啜犯塞，武则天就派男宠薛怀义做朔方道行军大总管充当统帅，而叫宰相李昭德、苏味道做薛怀义的行军长史和司马。又如万岁通天元年（696）奚、契丹骚扰河北时，武则天派武攸宜做清边道行军大总管，派武懿宗做神兵道行军大总管，都充当统帅，而御史大夫娄师德只做副大总管作他们的助手，前宰相狄仁杰只做魏州刺史、幽州都督成为他们的下属。做皇帝的派子弟宗室出任统帅也本有先例，但总得派像样一点的人物。这个武懿宗"闻贼将至，……便欲弃军而遁，……时人嗤其怯懦。……百姓有胁从贼众后得归来者，懿宗以为同反，总杀之，仍生刲取其胆，后行刑，流血盈前，言笑自若。初，〔契丹〕孙万荣别帅何阿小攻陷冀州，亦多屠害士女，至是，时人号懿宗与阿小为'两何'（懿宗封河内郡王），为之语曰：'唯此两何，杀人最多。'懿宗又自天授已来，尝受中旨推鞫制狱，王公大臣多被陷成其罪，时人以为周兴、来俊臣之亚"（《旧唐书》卷一八三本传）。这种既怯懦又残忍的民贼只因是武家子侄就被重用，可见所谓武则天"知人善任"云者起码得打个大大的折扣。

文化上有多少贡献

武则天的奢侈浪费在历史上是出了名的。《武则天》书里却根据高宗说过的"天后，我之匹敌，常着七破间裙，岂不知更有靡丽服饰，务遵节俭也"几句话（《旧唐书》卷五《高宗纪》永隆二年正月），断言"武后重节俭"。《新唐书》卷七六《则天武皇后传》说"太后虽春秋高，善自涂泽，虽左右不悟其衰"，明明是讲老来还爱打扮，《武则天》书里却誉之为"好整洁"。高宗咸亨三年（672）造龙门大卢舍那像，武则天"助脂粉钱二万贯"（《金石萃编》卷七三《奉天寺像龛记》），《武则天》书里认为是"留下唐代艺术的雄伟作品，是值得赞赏的"。只有对后来的造"明堂""天堂"，作夹纻大像，铸"天枢""九州鼎"之类，才承认是"过分奢侈浮夸的事"，是"很难掩盖"的"缺点"，但仍补了一句"要说这是封建文化的豪华版也未尝不可以"。其实造大卢舍那像和作夹纻大像在性质上有什么区别？不错，今天还在龙门的大卢舍那像是宝贵的历史文物艺术遗产（如果夹纻大像、天枢、九州鼎等留下来同样是宝贵的历史文物艺术遗产），但这是劳动人民的智慧和血汗的结晶，在赞美叹赏的同时决不能忘掉劳动人民为此付出的巨大代价。在这里，我看应该引用《南齐书》卷五三《虞愿传》里的一段话："〔宋明〕帝以故宅起湘宫寺，费极奢侈，……愿在侧曰：'陛下起此寺，皆是百姓卖儿贴妇钱，佛若有知，当悲哭哀愍，罪高佛图，有何功德！'"用虞愿这段话来谴责武则天，是同样确当的。

武则天是爱好文学艺术的。她会做诗，传世的《升仙太子碑》如果真是她手书而非代笔，从书法来讲也是够水平的。她所宠信的上官婉儿也是个女诗人。但《武则天》书里说她俩"对于唐代文化的高涨大有贡献"，则未免夸张得太过分。当时武则天"以〔张〕易之为奉宸令，引辞人阎朝隐、薛稷、员半千并为奉宸供奉，每因宴集，则令嘲戏公卿以为笑乐。若内殿曲宴，则二张、诸武侍坐，樗蒲笑谑，赐与无算。时谀佞者奏云，昌宗是王子晋后身。乃令被羽衣，吹箫，乘木鹤，奏乐于庭，如子晋乘空。辞人皆赋诗以美之，崔融为其绝唱"（《旧唐书·二张传》），看来和陈后主以江总、孔范等为"狎客"，使张贵妃、龚孔二贵嫔及女学士与狎客"共赋新诗，互相赠答，采其尤艳丽者以为曲词，被以新声"的把戏差不多（《陈书》卷七《张贵妃传》、卷二七《江总传》）。武则天和上官婉儿的诗篇《全唐诗》里收辑了一些，像前面所引《石淙》诗之类的"圣制"，就实在并不见得高明。凭这点宫廷文学就能"对于唐代文化的高涨大有贡献"，实在叫人不好信服。

上官婉儿被剧本写成十分纯洁、十分正面的人物。试看两《唐书》的后妃传，就不对了，她只是个会结党营私玩弄阴谋的女人，尤其是中宗李显即位，她封为昭容（二等妃嫔）以后。她和中宗的皇后韦氏以及武三思等掌权者勾结在一起，中宗的太子李重俊（不是韦后生的）受不了压迫，发动宫廷政变，也要杀她但没有成功。到中宗去世，她草遗诏，起用中宗的弟弟李旦辅政，这是她想脚踏两只船。接着李旦的儿子李隆基发动政变，杀死韦后，上官昭容也被抓了起来，她拿出遗诏的草稿来，想讨好李旦希图免死，后来成为唐玄宗的李隆基不受他蒙骗，坚决把她杀掉。至于事后"玄宗令收其诗笔，撰成文集二十卷，令张说为之序"，不过是不以人废言的意思，不能像《武则天》书里所说"杀得冤枉"，玄宗"自己也很后悔"。

出生地之争

《武则天》书里主张武则天生于利州即今四川广元，还专门写了篇《武则天生在广元的根据》作为书的附录，和不同意此说者作争辩。

不同意此说者很多，吴晗在《新建设》1961年第1期上发表《关于历史人物评价问题》及附记，陈振在《光明日报》1961年5月24日的《史学》副刊上发表《也谈武则天的出生地和出身》，都利用《册府元龟》等史料来讲武则天出生利州的不可能。可惜这两篇文章在文字组织上还欠周密。另外，《全唐文》卷二四九有一篇李峤在武周圣历二年（699）撰写的、为武士彟歌功颂德的《攀龙台碑》，留下若干有用的史实，也未被这两篇文章所利用。因此有必要花点篇幅对此问题重新做番论证。

（1）武则天死于中宗神龙元年（705），旧算法享年八十三岁，上推生年为唐高祖武德七年（624），这是谁也没有异议的。（2）《册府元龟》卷二八一说："唐武士彟，武德末判六尚书事，扬州有人告赵郡王孝恭有变，追入京属吏。高祖令士彟驰驿检校扬州都督府长史。"这原任扬州大都督李孝恭追入京后是由襄邑郡王李神符继任的，李神符继任扬州大都督据《通鉴》是在武德八年（625）十二月，《册府元龟》卷二八一和《旧唐书》卷六〇《李神符传》把孝恭入京拜宗正卿写在武德九年之前，则孝恭入京、武士彟出任检校扬州都督府长史实在武德八年年底之前。（3）《册府元龟》卷四六四说："唐武士彟，武德中为工部尚书判六尚书。"卷六二六又说："武士彟，武德中检校并钺将军，……检校右厢卫。"从武士彟以判六尚书事直接出任扬州都督府长史来看，他是先任并钺将军、右厢卫以后再任工部尚书判六尚书事的。《册府元龟》卷八五三又说："唐武士彟，武德中检校右厢宿卫，既丧妻，高祖谓士彟曰：'朕自为卿更择佳偶。'隋日有纳言遂宁公杨达，英才冠绝，奕叶亲贤，今有女，志行贤明，可以辅德。'遂令桂杨公主与杨家作婚主，降敕结亲。"武士彟继娶的这位杨氏就是武则天的生母，武士彟娶她时还在任右厢宿卫。《攀龙台碑》说他此时已是工部尚书判六曹尚书，又说义宁元年（617）他已拜礼部侍郎，武德元年（618）已是散骑常侍、同中书门下三品，兼检校并钺将军，都是夸饰之词，不如多本唐《实录》《国史》的《册府元龟》可信。（4）据《攀龙台碑》，武德九年（626）李世民立为皇太子后，才从扬州征武士彟入朝，接着出任"使持节豫息舒道等四州诸军事、豫州都督"。在这以后，"利州都督义安郡王孝常称乱剑南，扇动夷落，孝常诛死"，于是武士彟在"贞观元年（627），拜利隆始静西龙等六州诸军事、利州都督"。"五年（631），改授荆峡澧朗岳果松等七州诸军事、荆州大都督"。贞观九年（635）已为太上皇的李渊去世，武士彟"奉讳号恸"，"呕血而崩"，"时年五十九"，这些都大体可信，因为《旧唐书》卷二《太宗纪》也说贞观元年十二月戊申"利州都督、义安王孝常……谋反伏诛"，《通鉴》在贞观五年十二月己亥有"朝集使、利州都督武士彟等复上表请封禅"的明文。而且《旧唐书》卷五八《武士彟传》也说他"又历利州都督、荆州都督，贞观九年卒官"，只是未记上任、调任的年份。（5）武士彟之任利州都督既在贞观元年年底到贞观五年之间，而前此武德八年年底武士彟正由工部尚书判六尚书事出任检校扬州都督府长史。要说武则天出生的武德七年武士彟正在利州做都督或别的利州地方官，不仅文献无征，而且情理上也有点说不通。因为如果武德七年正在做利州都督，八年年底又出任检校扬州都督府长史，这中间还要在京城里充当一段工部尚书判六尚书事，时间未免过于偏促。（6）武德七年武士彟既不曾在利州做官，这一年武则天的出生之不可能在利州，自应成为铁案。

无奈《武则天生在广元的根据》这篇文章面对这么多的文献仍旧不认账，硬要说"武士彟曾重任利州都督，即在武德七年是首任利州都督，在贞观二年又转任"。甚至用上了偏离正常考证的语言，说什么"在武德七年，武士彟就没有做过利州都督也不要紧，他所做的或许还是总管，或许只是长史之类，更或许只是因公寄留。当然，这里还有一个可能性，便是武后的生年有问题"。归结一句话，武则天无论如何非得生在利州不可！根据呢？只需要一个，就是李义山（商隐）的《利州江潭作》。这是一首七言律诗，在诗题下有李义山的自注，是"感孕金轮所"五个字。《武则天生在广元的根据》认为"诗的内容和武后是毫无关系的"（案其实是有关系的，只是仍不能用来论证武则天的出生地，至于对此诗应如何"赏析"，拟另写文章），关系在这"感孕金轮所"，"'金轮'是指武则天，她曾自册封为'金轮圣神皇帝'。'感孕'是由古代帝王感天而孕来的。武则天做过皇帝，所以李义山特别使用了这样的敬语。唐代的利州，即今四川广元县。可见离武则天之死（705）仅一百四五十年的李义山是肯定武则天生于广元的"。《根据》接着说："相隔仅一百四五十年，和我们距离洪秀全的年代相差不远。武则天和洪秀全都是做过皇帝的人。就跟我们今天的知识分子大都知道洪秀全是生于广东花县的一样，唐代的知识分子，像李义山那样的人，难道还不会知道武则天的生地吗？何况李义山至少两次经过利州，关于武则天的生地有过亲身经历的见闻。如果武则天生于利州之说是捏造，为什么他在第二次经过利州时，还要随便乱说？"

案李义山是否至少两次经过利州，在这里暂不去考证。但李义山并非专门来利州对武则天生地问题作调查，而只是路过，就算路过两次，也不见得就一定能够把真相弄清楚。而洪秀全之为花县人，对我这个知识分子来说，只是当年从初中历史课本上知道的，此外即使更近一点在民国时代做过所谓总统的徐世昌、曹锟的籍贯是哪一县，我就不清楚，更不说生于何地了，因为历史课本上没讲，又懒得去查辞书。李义山的时代没有辞书和历史课本，即使能看到武则天的《实录》，上面也未必记载其出生地（《旧唐书》前几朝的本纪都是根据《实录》纂修的，则天皇后纪中就没有提到出生地）。不能以为李义山是唐朝人，所说唐朝事就一定很权威，连两《唐书》《册府元龟》以及《攀龙台碑》都一定要让路。

当然，李义山在利州写这首诗并自注"感孕金轮所"也并非自我作古，而是利州当地本有武则天出生的传说。这不劳调查，常见的清冯浩给李义山诗作注的《玉谿生诗笺注》，就引用明胡震亨的《唐音戊签》说："《九域志》：武士彟为利州都督，生后曌于其地。《方舆胜览》：其地皇泽寺有武后真容殿。《名胜记》：古利州废城，在今保宁府广元县，县之临清门川主庙即唐皇泽寺，县之南有黑龙潭，盖后母感溉龙而孕也。"可见在利州确有此传说并有所谓皇泽寺、武后真容殿之类的古迹。这种古迹是否可靠，则从《武则天》附录《重要资料十四则》第六则五代孟蜀广政二十二年《利州都督府皇泽寺唐则天皇后武氏新庙记》（1955年广元出土）中可以看清楚。《新庙记》说"寺内之庙，不知所创之因，古老莫传，图经罕记"，又说"管境所依，祈祷必验"，"其间以水旱灾沴之事，为军民祈祷于天后之庙，无不响应"。可知这寺庙都非皇家敕建，只是民间的所谓淫祀。是因为武士彟做过利州都督，民间附会武则天也出生在这里。"俗语不实，流为丹青"，就在当地原有的某个寺里给她立庙以祭祀祈福，日久喧宾夺主，把寺名也改成了皇泽寺。这完全是迷信之举，没有什么道理可说。李义山这位诗人不过路经寺庙，即兴赋诗，自无考证真伪的责任。而撰写《根据》的郭前院长一定要这么说，硬要把武则天的出生地往四川广元拉，我看还不仅是考证方法的问题，很可能另有其内在的原因。

原因是什么？应是一种过于强烈的乡土观念。郭前院长是四川乐山人，对四川的山川风物有特殊的感情。他在《武则天》书里说："武后既生在利州，又在那儿度过了她的一段幼年时代，广元附近的奇山异水对于武后性格的形成上，可能有些影响。……我在剧本里面还作了更进一步的大胆的设想。我想，武后流放太子贤到巴州去，也可能有她的用意。她是想借巴蜀山川风物来陶冶太子贤的性灵。"不过这种观念怕是成问题的，有奇山异水的地方可以出人才，那没有奇山异水的地方怎么办呢？是否注定出不了人才呢？

下台和后遗症

《武则天》书里没有讲她怎样下台。为了预防不负责任的人乱说一气，在这里不妨就我研究过的谈一些，作为这篇《武则天真相》的结束。

武则天在载初元年（690）"革唐命，改国号为周"，正式当上大周皇帝后，"立武氏七庙于神都，追尊神皇父赠太尉、太原王士彟为孝明皇帝，兄子文昌左相承嗣为魏王，天官尚书三思为梁王，堂侄懿宗等十二人为郡王"（两《唐书·则天皇后纪》），完全是建立一个新朝代的格局。但在让谁当继承人——即立谁当皇太子上可发生了问题。立自己的亲儿子吧，当时活着的还有两个，即高宗死后做过两个月皇帝又被她废掉的第三子李显，和原来接着做皇帝、改唐为周后退下来的第四子李旦，可是他们都姓李，好容易建立了武家的大周朝，最后又把皇帝的宝座给姓李的来坐，总不怎么合适。传给武家的人吧，又都是娘家的侄儿，和亲儿子隔了一层。所以侄儿武承嗣要求当皇储（皇太子），武则天就没有同意，同时又让李旦当了皇嗣，叫他"徙居东宫，其具仪一比皇太子"，还"赐姓武氏"，保有个候补皇太子的资格。这样举棋不定地过了七八年，到圣历元年（698）才下决心把李家的亲儿子作为继承人，即把李显召回来正式立为皇太子，李旦仍旧封为原先封过的相王。武则天所以这么做，说穿了还是出于迷信。因为古人相信人死了要成鬼，鬼还得吃东西，而且不是自己亲儿孙的祭品还吃不成。武则天如果让娘家侄儿来继承，自己死后作为姑妈怎能进得了武氏太庙，要不做饿鬼，就只有立自家亲儿子，将来好以先妣身份在李氏太庙里受祭享。于是在亲信大臣们的敦劝下武则天作出了传子的决策（《旧唐书》卷八七《李昭德传》、卷一八六上《吉顼传》、卷八九《狄仁杰传》以及《通鉴》圣历元年二月的纪事）。当然还得让武家的人掌实权，否则处心积虑地改唐为周干什么？武则天还生怕李武两家闹矛盾，就指使两家通婚做到亲上加亲，还叫李显、李旦和武三思等"立誓文于明堂"以示团结（《旧唐书·则天皇后纪》）。

这样下去应该太平无事，武则天寿老归西后让皇太子李显即位就行，可中间又插进了前面说过的男宠张易之、张昌宗两兄弟。这两兄弟仗着武则天的势闹政治活动，朝臣和他俩拉上关系的多到好几十人（《旧唐书·二张传》），其中还包括几名宰相。这还不要紧，要紧的是这两兄弟居然欺凌到了武家、李家的头上。先是在大足元年（701），武承嗣的长子继魏王武延基和他的妻子——皇太子李显的女儿永泰郡主，加上李显的长子邵王李重润，因为议论"易之兄弟出入宫中，恐有不利"，武则天知道了大为生气，把这武家侄孙和李家亲孙儿孙女都勒令自尽（《旧唐书》卷一八三《武延基传》）。过了两年是长安三年（703），张易之兄弟又诬告御史大夫魏元忠和司礼丞高戬，这高戬正是"太平公主所爱"（《通鉴》长安三年九月），太平公主则是武则天的女儿、皇太子李显的妹妹、武则天堂侄武攸暨的妻子。这样这二张和李武两家的矛盾尖锐起来，接着在神龙元年（705）正月就爆发了一场大规模的宫廷政变。政变由宰相张柬之、崔玄暐、禁军将领桓彦范、敬晖、知相王府司马事袁恕己五人组织发动，拥戴皇太子李显为首脑，相王李旦和武三思、武攸暨、太平公主等李武两家头面人物统统参加（《旧唐书》卷九一桓彦范等五人传、卷一八三《太平公主传》及《武承嗣传》所附中宗诏书）。结果是张易之兄弟当场被斩杀，连武则天也被请下了台。这位大周皇帝此时已经八十三岁了，年迈有病，哪里还有能力抗拒，于是传位给皇太子李显，改周为唐，她本人退居上阳宫养老，这年十一月死去。前面说过，她死后被谥为则天大圣皇后，还送进乾陵和丈夫唐高宗李治合葬，最终正式恢复了大唐皇后、皇太后的身份，这就是这位曾经风光一时的女皇帝的结局。

但她在政治上的影响还没有马上消失，还留下了后遗症。这就是中宗李显当上皇帝后武家的势力仍旧很强大，以后再经过三次宫廷政变才彻底解决。

第一次在前面讲上官婉儿时已讲过，中宗的太子李重俊受不了压迫，在神龙三年（707）七月发动宫廷政变杀掉武三思和三思子武崇训，还要杀中宗的韦后和韦后所生的安乐公主，没有成功，李重俊自己反被杀死。这安乐公主的丈夫就是武崇训，她本人也是代表武家势力的掌权人物。第二次在前面也讲过，中宗在景龙四年（710）六月去世，韦后、安乐公主掌权，相王李旦的儿子李隆基联合了代表武家势力的太平公主发动又一次宫廷政变，杀死韦后、安乐公主，让李旦做皇帝，自己当上皇太子。接着皇太子李隆基又和父亲睿宗李旦争权，李旦被迫把皇帝让给李隆基做，但并未交出全部权力，因为他还有妹妹太平公主作依靠，这位代表武家的太平公主此时已有颇大的权势。于是唐玄宗李隆基在先天二年（713）七月以皇帝身份发动第三次宫廷政变，杀掉姑妈太平公主及其党羽，清除了武家的最后势力。从此政治上重新出现平静安定的局面，迎来了我国历史上光辉的一页——"开元之治"。

事情讲完了，可能有人会问："你对武则天究竟怎样评价？"我想这不用回答，看了上面所讲的真相之后，有头脑的读者自会评说。我在这里只提两点请注意：一是不要因为武则天是女的就特殊照顾，好像照顾了女皇帝才得免顽固保守之讥。要知道，女皇帝毕竟还是个皇帝，而皇帝总是封建统治阶级利益的代表者，让女的当上了仍不说明妇女翻了身。再是不要受"四人帮"玩"影射史学"的影响，这种影射除能歪曲历史外实在起不了任何积极作用。

（原载《中国典籍与文化》1994年第3期）

说李武政权

自武则天称帝到太平公主覆灭这段时间内，中央政权长期处于不稳定状态，统治集团的内部矛盾和斗争表现得极为错综复杂。其所以如此，我认为关键在于当时建立过一个要以李氏居虚名、以武氏掌权的畸形政权，姑名之曰"李武政权"。抓住这点来观察剖析当时的政治事件，许多疑团就迎刃而解。

一　为什么会形成李武政权

在中国帝制社会里，男性的皇帝家天下，只可能存在一家一姓的政权。如隋是杨氏政权，唐是李氏政权。唐载初元年九月"圣母神皇"武则天"革唐命，改国号为周"，照例应该建立武氏政权。当时"立武氏七庙于神都，追尊神皇父赠太尉、太原王士矱为孝明皇帝，兄子文昌左相承嗣为魏王，天官尚书三思为梁王，堂侄懿宗等十二人为郡王"[①]，都已属于改朝换代后建立武氏新政权的措施。但进一步确立这个清一色的武氏新政权却遇到了困难。因为武则天不是男人而是女人，是从被革掉命的先朝唐室的皇后、皇太后进而成为大周皇帝的，她的亲生子姓李不姓武，姓武的只是她的侄儿。究竟应该让谁来充当自己的皇位继承人，对女皇帝武则天说来是个无前例可援的大难题。

---

① 《旧唐书》卷六《则天皇后纪》。

武则天亲生子有四，当时生存着的是三子李显和四子李旦。李显即中宗，唐高宗死后做过两个月皇帝，被临朝称制的武则天废为庐陵王，改立李旦即睿宗做皇帝。革唐为周，李旦的皇帝当然也做不成，不过没有被废为王，更不曾像南北朝以来的亡国之君那样遭屠害，而是"降帝为皇嗣"，"徙居东宫，其具仪一比皇太子"①，"赐姓武氏"②。皇嗣是个新名号，其"具仪一比皇太子"者，说明皇嗣并不等于皇太子，不能算作正式的皇位继承人；但在名号上仍安了这个有继承含义的"嗣"字，而且住进只有皇太子方能住的东宫，又说明还多少保有候补皇太子的资格。可见当时武则天在皇位继承人这个难题上是举棋不定，没有匆忙作出解答。

武家的人当然不能等待，新皇帝既姓武，皇位继承人如何能不从武氏家族里来挑选。武则天兄元爽子，当年曾袭祖爵周国公，现在又列诸王之首，并且身居文昌左相、同凤阁鸾台三品兼知内史事要职的魏王武承嗣"自为次当为皇储（皇太子）"，抄袭武则天指使侍御史傅游艺率关内父老陈请革唐为周的故智，"令凤阁舍人张嘉福讽谕百姓抗表陈请"③，结果大碰钉子。《旧唐书》卷八七《李昭德传》：

> 凤阁舍人张嘉福令洛阳人王庆之率轻薄恶少数百人诣阙上表，请立武承嗣为皇太子，则天不许，庆之固请不已，则天令昭德诘责之，令散。昭德便杖杀庆之，余众乃息。昭德因奏曰："臣闻文武之道，布在方策，岂有侄为天子而为姑立庙乎？以亲亲言之，则天皇是陛下夫也，皇嗣是陛下子也，陛下正合传之子孙，为万代计。况陛下承天皇顾托而有天下，若立承嗣，臣恐天皇不血食矣。"则天寤之，乃止。

此事《旧》传系于延载初，《通鉴考异》认为应是载初之误，即发生在革唐为周之后不久。其后，吉顼、狄仁杰还都提出过和李昭德同样的主张，

① 《旧唐书》卷七《睿宗纪》。
② 《新唐书》卷四《则天顺圣武皇后纪》。
③ 《旧唐书》卷一八三《外戚·武承嗣传》。

《旧唐书》卷一八六上《酷吏·吉顼传》：

> 初，中宗未立为皇太子时，〔张〕易之、昌宗尝密问顼自安之策，顼云："公兄弟承恩既深，非有大功于天下，则不全矣。今天下士庶，咸思李家，庐陵既在房州，相王（李旦）又在幽闭，主上春秋既高，须有付托，武氏诸王，殊非属意。明公若能从容请建立庐陵及相王，以副生人之望，岂止转祸为福，必长享茅土之重矣。"易之然其言，遂承间奏请。则天知顼首谋，召而问之，顼曰："庐陵王及相王，皆陛下之子，先帝顾托于陛下，当有主意，唯陛下裁之。"则天意乃定。

卷八九《狄仁杰传》：

> 初，中宗在房陵，而吉顼、李昭德皆有匡复谠言，则天无复辟意。唯仁杰每从容奏对，无不以子母恩情为言，则天亦渐省悟，竟召还中宗，复为储贰。

读史者切莫以为李昭德、吉顼、狄仁杰等是站在武则天的对立面，反对革唐为周，绝非如此。当时反对武则天革唐为周、反对武则天称帝，甚至前此反对武则天临朝称制的，如裴炎、刘祎之、魏玄同、刘濬等人，都被武则天坚决清除无一幸免[1]。而李昭德等在皇位继承人问题上进言，不仅没有触犯武则天，而且还为武则天接受采纳，说明他们是真心实意地在为武则天尽忠效劳、出谋划策[2]。上引《旧》传里的言辞盖多出事后追记，和开元时李邕所撰《梁公别传》里的匡复之辞同样未必尽属实录[3]，但主要

---

[1] 《旧唐书》卷八七《裴炎传》《刘祎之传》《魏玄同传》，乾陵出土《刘濬墓志》。

[2] 所以《旧唐书·李昭德传》说武则天认为"我任昭德，每获高卧，代我劳苦"；《狄仁杰传》说仁杰在"当时恩宠无比"；吉顼更名列《酷吏传》，武则天"堪委以心腹"：都是武则天的自己人。

[3] 《梁公别传》已失传，只有《通鉴考异》引用其片段，司马光认为"其辞鄙诞，殆非邕所为"，其实《旧唐书·狄传》已提及此《传》，《新唐书》卷八五《艺文志》杂传纪类更将此《传》录入，因此不可能是后人伪托。"其辞鄙诞"者，正是由于李邕杂采传说所致，不足为怪。

的论点是很明确，而且相一致的，即为武则天死后血食计，只能立姓李的亲生子而不能立姓武的侄儿，《李昭德传》所说"岂有侄为天子为姑立庙"，《吉顼传》强调"庐陵王及相王皆陛下之子"，《狄仁杰传》"以母子恩情为言"，以及《通鉴》圣历元年二月据《梁公别传》所写的"姑侄之与母子孰亲？陛下立子，则千秋万岁后配食太庙，承继无穷；立侄，则未闻侄为天子而祔姑于庙者也"，都是这个意思。这种言论在今天看来自然毫无价值，单就人死为鬼要"血食"这点就荒唐不值一笑。但当时是封建社会，武则天再高明也难逃出封建意识的圈子，即不仅要做现实生活里的皇帝，还必须考虑身后"血食"这个大问题。她革唐为周时把李旦保留为皇嗣，就多少已从身后血食来考虑，李昭德等人也可能正是看到这一点，才敢于反复进言。终于取得一致的认识后，在圣历元年把李显召还东都，正式立为皇太子，皇嗣李旦仍封相王，解决了皇位继承人这个大难题。

封建社会里并不是皇帝一个人掌握最高权力，除皇帝外还需要有一个政治上的重心，这个重心在武则天看来理当由武氏家族来组成，否则她花了那么多心力革唐为周为了什么。在革唐为周后，她不仅如前所说把武氏侄儿封了两个王，堂侄封了十二个郡王①，而且让他们分别充任大小不等的实职。其中前期以侄儿文昌左相、同凤阁鸾台三品兼知内史事魏王武承嗣为首，武承嗣以希冀皇太子位而失宠，"罢知政事""怏怏而卒"②，另一个侄儿梁王武三思又起而代之，在李显召回为皇太子的同一年检校内史，第二年进拜特进、太子宾客。这些人当然不至绝无才能，如武三思旧史就说他"略涉文史，性倾巧便僻，善事人，由是特蒙信任"③，但更主要的还是凭他们和武则天的亲属关系而被宠用。所以先后掌大权为首领的武承嗣、武三思都是武则天的亲侄儿，武三思的儿子、武则天亲侄孙武崇训的权势也远在其他郡王之上。郡王中只有武攸暨因尚武则天女太平公主

---

① 《旧唐书》卷一八三《外戚·武承嗣传》开列了这个封王名单，郡王只有十一个，当有脱漏。《旧唐书》卷一三一《外戚·武承嗣传》增添了一个河间王武仁范，但此人是颍川王武载德之父，和武则天是堂兄弟姊妹。

② 《旧唐书》卷一八三《外戚·武承嗣传》。

③ 《旧唐书·外戚·武三思传》。

而一度进封为定王①。

婚姻关系不等同于政治关系，但某些婚姻也确实是出于政治利害的考虑。武攸暨尚武则天女太平公主，武崇训尚李显女安乐公主，以及武承嗣子延基尚李显女永泰公主，武则天兄子赠陈王承业子延晖尚李显女新都公主②，都是武则天有意识地把武、李两家融合成一体的措施。《旧唐书·则天皇后纪》所纪武则天令皇太子、相王与武三思、武攸暨"立誓文于明堂"③，也显然出于同样的意图。

这种把武、李两家融为一体，形成一个准备以李氏居虚名、武氏掌实权的李武政权，对武则天说来是早有经验的。永淳二年唐高宗病逝后由李显、李旦先后当名义上的皇帝而由武则天掌握实权临朝称制，甚至麟德元年以后出现的武则天"垂帘于〔高宗〕御座后，政事大小皆预闻之，内外称为'二圣'"的局面④，实际上都已经是后来李武政权的先导。用婚姻来巩固李、武关系，也早已是武则天本人行之有效的办法，武则天正是以李家的皇后、皇太后身份成为这一政权的首脑。

二 怎样认识张柬之发动的政变

神龙元年正月，守凤阁侍郎、同凤阁鸾台平章事张柬之，鸾台侍郎、同凤阁鸾台平章事崔玄暐，左羽林将军桓彦范，右羽林将军敬晖，司刑少卿兼知相王府司马事袁恕己等利用禁军发动政变，杀张易之、张昌宗，逼武则天传位皇太子李显即中宗，复国号为唐。武则天此时已八十三岁，退居上阳宫，在十一月病死。但武三思、武攸暨等仍掌握政权，早在这年五月就封张柬之等五人为王而罢其政事，第二年五王被贬死。旧史既肯定五王"忠于唐室"，又认为他们不乘势剪除武三思等是失策。如《旧唐书》

---

① 《旧唐书·外戚·武攸暨传》。
② 《唐会要》卷六"公主"，《新唐书》卷八三《公主传》。
③ 攸暨原作攸宁，显系错误，《通鉴》卷二〇六圣历二年六月壬寅条记此事已改作攸暨。
④ 《旧唐书》卷五《高宗纪》上元二年三月丁巳条。

卷九一《五王传》的论赞就说：

> 史臣曰：昔夫差入越，勾践保于会稽，不听子胥之言，而有甬东之叹。此五王除凶返正，得计成功。当是时，彦范、敬晖，握兵全势，三思、攸暨，其党半歼，若从〔薛〕季昶之言，宁有〔周〕利贞之祸？盖以心怀不忍，遽失后图，黜削流移，理固然也。且芟蔓而不能拔本，建谋而尚欠防微，死即无辜，祸由自掇，失断召乱也，不亦宜哉！
>
> 赞曰：嗟彼五王，忠于有唐。知火在木，谓其无伤。祸发既克，势摧靡当。何事不敏，周身之防。

《新唐书》卷一二〇《五王传》赞也说：

> 五王提卫兵，诛嬖臣，中兴唐室，不淹辰天下晏然，其谋深矣。至谓中宗为英王，不尽诛诸武，使天子藉以为威，何其浅耶！衅牙一启，为艳后竖儿所乘，劫持戮辱，若放豚然。何哉？无亦神夺其明，厚韦氏毒，以兴先天之业乎？不然，安李之功，贤于汉平、勃远矣。

后世读者也多同意这种言论。但从当时已筹建起李武政权这个角度来看，这类言论只能算是皮相之谈，并没有接触到问题的实质。

首先，发动这次政变的主要目的是什么？是逼使武则天让位从而恢复唐室，还是剪除张易之、张昌宗兄弟以清君侧？很显然是后者而不是前者。

众所周知，二张兄弟是武则天的面首，面首对女皇来说只是男性的妃嫔，不过因为是男性，所以参与政治的可能性要比女性的妃嫔更大一些。当然，这也要看是什么人。譬如武则天的另一个面首薛怀义，就不是什么政治材料，尽管"出入乘厩马，中官侍从，诸武朝贵，匍匐礼谒"①，但对诸武朝贵构不成威胁，甚至因态度偃蹇触犯了宰相苏良嗣，良嗣可以"怒叱左右批其颊曳去"②，最后恩衰被武则天缢杀了事。二张兄弟可不同，他们是高宗时宰相张行成的族孙，山东地区的世家大族子弟，政治活动能量远非曾"以鬻台货为业""非士族"的薛怀义可比。《旧唐书》卷七八《张行成附二张传》说：

> 则天春秋高，政事多委易之兄弟。中宗为皇太子，太子男邵王重润及女弟永泰郡主窃言二张专政，易之诉于则天，付太子自鞫问处置，太子并自缢杀之。又御史大夫魏元忠尝奏二张之罪，易之惧不自安，乃诬奏元忠与司礼丞高戬云："天子老矣，当挟太子为耐久朋。"则天曰："汝何以知之？"易之曰："凤阁舍人张说为证。"翌日，则天召元忠及说廷诘之，皆妄。则天尚以二张之故，逐元忠为高要尉，张说长流钦州。……及则天卧疾长生院，宰臣希得进见，唯易之兄弟侍侧，恐祸变及己，乃引用朋党，阴为之备。

案唐代宦官之擅政始于玄宗时高力士，前此尚未有宦官在中枢预问机密之事③。这时"二张擅政"实际上起着后来宦官擅政的作用，因为他们和宦官一样可以出入宫禁，接近人主；而且不像宦官是刑余之人，在政治上能够有更大的号召力。所谓"引用朋党"不是一句空话，《旧唐书·二张传》所记这次政变后"坐二张窜逐"的就有"朝官房融、崔神庆、崔融、李峤、宋之问、杜审言、沈佺期、阎朝隐等……凡数十人"，此外亲附二张有实迹可查的还有李迥秀、杨再思、苏味道、韦承庆、韦嗣立和吉顼④，参加张易之主持的控鹤监后改奉宸府为供奉的除宋之问、阎朝隐之外还有

① 《旧唐书·外戚·薛怀义传》。
② 《新唐书》卷一〇三《苏良嗣传》。
③ 别详拙作《说马嵬驿杨妃之死的真相》，载《学林漫录》五集，1982年4月。
④ 《旧唐书》卷六二《李大亮附李迥秀传》、卷九〇《杨再思传》、卷九四《苏味道传》，《新唐书》卷一一六《韦思谦附韦承庆韦嗣立传》，《旧唐书·酷吏·吉顼传》。

薛稷、员半千和田归道①。其中李迥秀、杨再思、苏味道、李峤、韦承庆、韦嗣立、房融在这个时期还先后充任过宰相②。可见，二张在李武政权之外已逐渐形成另一股新势力。在这股势力还没有形成时，武氏家族承嗣、三思之流可以看武则天面上"候其门庭，争执鞭"，对二张作些谄媚姿态③；形成而且壮大了，两者之间就不可避免要发生矛盾。上面所引《二张传》里讲到的邵王重润之狱就是一个例证。此狱事发生在大足元年即政变的前四年，《旧唐书》卷八六《中宗诸子·重润传》说："大足元年，为人所构，与其妹永泰郡主、婿魏王武延基等窃议张易之兄弟何得恣入宫中，则天令杖杀。"《外戚·武承嗣附延基传》也说：延基"与其妻永泰郡主及懿德太子（即邵王重润，政变后追赠懿德太子）等话及张易之兄弟出入宫中，恐有不利，后忿争不协，泄之，则天闻而大怒，咸令自杀"。无论是"自杀"抑"杖杀"，其缘反对二张而见杀则一。案皇太子李显及其长子邵王重润等李家的人此时诚无多大势力，武家的人却是照例碰不得的，曾经是武则天的亲信而且和二张有点关系的吉顼就因"与武懿宗争赵州功于殿中，……尝不相假，则天以为卑我诸武于我前，其可倚与"，而卒被贬死④。这时在武氏家族中地位远高于武懿宗的武承嗣长子继魏王武延基，却因反对二张，连带其妻皇太子女永泰郡主、妻舅皇太子长子邵王重润统统被处死。而过了两年即长安三年，和御史大夫魏元忠同被二张诬奏以至贬逐的司礼丞高戬又正是"太平公主之所爱"⑤，太平公主则是则天之亲生女、皇太子李显之妹、武攸暨之妻。足证其时二张势力已一再危及李武政权的成员。李武政权为生存计，安得不事反攻。长安四年七月以赃赂事审鞫二张，年底武则天寝疾，二张侍侧，而"屡有人为飞书及榜其书于通衢云易之兄弟谋反"⑥，都应是代表李武势力的反攻行动。值得注

① 《旧唐书·二张传》《吉顼传》以及卷一四一中《文苑》员、宋、阎诸传。
② 《旧唐书》李、杨、苏传，卷八八《二韦传》，卷九四《李峤传》，《新唐书》卷六一《宰相表》。
③ 《旧唐书·二张传》。
④ 《旧唐书·吉顼传》。
⑤ 《通鉴》卷二〇七长安三年九月。
⑥ 《通鉴》卷二〇七长安四年七月、十二月。《旧唐书·二张传》纪赃赂事于长安二年，是错误的。

意的是，后来五王中的桓彦范，此时任司刑少卿，崔玄暐，此时为宰相，都是攻击二张的积极分子①。二张赖武则天的庇护不易攻倒，接着就发生了神龙元年正月的军事政变。很明显，这次政变是代表李武政权成员的利益，以剪除二张为其主要目的。

这一点从参与政变的成员以及政变的动员言辞都看得很清楚。动员言辞见《旧唐书》卷一〇九《李多祚传》：

> 张柬之将诛张易之兄弟，引多祚将筹其事，谓曰："……大帝之子见在东宫，逆竖张易之兄弟擅权，朝夕危逼，宗社之重，于将军，诚能报恩，正属今日。"多祚……遂与柬之等定谋诛易之兄弟。

这里只提剪除张易之兄弟而未及其他。参与的成员则如《旧唐书·桓彦范传》所说：

> 则天不豫，张易之与弟昌宗入阁侍疾，潜图逆乱，凤阁侍郎张柬之与桓彦范及中台右丞敬晖等建策将诛之。柬之遽引彦范及晖并为左右羽林将军，委以禁兵，共图其事。时皇太子每于北门起居，彦范与晖因得谒见，密陈其计，太子从之。神龙元年正月，彦范与敬晖及左羽林将军李湛、李多祚②，右羽林将军杨元琰，左威卫将军薛思行等率左右羽林兵及千骑五百余人讨易之、昌宗于宫中。

又《袁恕己传》：

> 长安中，历迁司刑少卿，兼知相王（李旦）府司马事。敬晖等将诛张易之兄弟，恕己预其谋议，又从相王统率南衙兵仗以备非常。

---

① 《旧唐书》卷九一《桓传》《崔传》，《通鉴》长安四年七月、十二月。
② 案《旧唐书·李多祚传》，多祚此时已是右羽林大将军，《桓传》此处微误。

卷一八三《外戚·武攸暨妻太平公主传》：

> 神龙元年，预诛张易之谋有功，进号镇国太平公主，相王加号安国相王。

《武承嗣传》：

> 中宗（李显）即位，侍中敬晖等以唐室中兴，武氏诸王宜削其王爵，……上答曰："……攸暨、三思皆悉预告凶竖（二张），虽不亲冒白刃，而亦早献丹诚，今若却除旧封，便虑有功难劝。"

《通鉴》卷二〇八神龙元年五月乙酉：

> 以张柬之等及武攸暨、武三思、郑普思等十六人皆为立功之人，赐以铁券，自非反逆，各恕十死。

可见李武方面的主要人物皇太子李显、相王李旦、太平公主、公主夫武攸暨以及武三思全部参与了这次政变，尽管或上前敌，或充后台，因为剪除二张正实现了他们的共同心愿。

至于由清君侧进而立逼武则天传位于皇太子李显，则似非本来预定的计划。《旧唐书》卷八二《李义府附李湛传》说：

> 时凤阁侍郎张柬之将诛张易之兄弟，遂引湛为左羽林将军，令与敬晖等启请皇太子，备陈将诛易之兄弟意，太子许之。及兵发，湛与右羽林大将军李多祚等诣东宫迎皇太子，拒而不时出。湛进启曰："逆竖反道乱常，将图不轨，宗社危败，实在须臾，湛等诸将与南衙执事克期诛剪，伏愿殿下暂至玄武门，以副众望。"太子曰："凶竖悖乱，诚合诛夷，然圣躬不豫，虑有惊动，公等且止，以俟后图。"湛

曰:"诸将弃家族,共宰相同心戮力,匡辅社稷,殿下奈何不哀其诚恳而欲陷之鼎镬?湛等微命,虽不足惜,殿下速出自止遏。"太子乃驰马就路,湛从至玄武门,斩关而入,率所部兵直至则天所寝长生殿,环绕侍卫。因奏:"臣等奉令诛逆贼易之、昌宗,恐有漏泄,遂不获预奏,辄陈兵禁掖,是臣等死罪。"……则天移就上阳宫,因留湛宿卫。

这里写得颇为蹊跷,皇太子李显早同意诛二张,何以临发又"拒而不时出"?这当是李显已了解到李湛等要对武则天有所动作,所以想用"圣躬不豫,虑有惊动,公等且止"的话来阻止。当然,正位称皇帝对李显说来是很愿意的,不过自从被武则天迎回东都当上皇太子后,进一步当皇帝已是题中应有之义,何况武则天已老病垂危,只要剪除二张这个危险因素,很快就可名正言顺地即位,何必对武则天动用武力,徒然得个威逼生母的恶名,并且引起武氏家族的疑忌。但事出仓卒,只好不得已而顺从。所以《通鉴》卷二〇八神龙元年五月甲午条考异引《统纪》有这样的记载:

太后善自粉饰,虽子孙在侧,不觉其衰老,及在上阳宫,不复栉颒,形容赢悴。上(李显)入见,大惊,太后泣曰:"我自房陵迎汝来,固以天下授汝矣,而五贼贪功,惊我至此。"上悲泣不自胜,伏地拜谢死罪。由是三思等得入其谋。

此事是否真实姑不必论,而所谓太后的话则确是实情。授李显以天下既是武则天本意,则名义上的易周为唐亦属既定计划,何劳张柬之等威逼武则天才能实现。张柬之等威逼武则天的动作只能说是贪拥立之功,实在算不上真正"忠于有唐"。

《旧唐书》五王传论中所说的"当是时,彦范、敬晖,握兵全势,三思、攸暨,其党半歼,若从季昶之言,宁有利贞之祸",也完全有背于当时的情势。薛季昶之言见于《旧唐书·敬晖传》:

初，晖与彦范等诛张易之兄弟也，洛州长史薛季昶谓晖曰："二凶虽除，产、禄犹在，请因兵势诛武三思之属，匡正王室，以安天下。"晖与张柬之屡陈不可，乃止。季昶叹曰："吾不知死所矣！"……晖等既失政柄，受制于三思，晖每推床嗟惋，或弹指出血。柬之叹曰："主上畴昔为英王时，素称勇烈，吾留诸武，冀自诛锄耳。今事势已去，知复何道。"

按禁军诚然是当时赖以发动政变的主要武力，但这次政变发动时桓彦范、敬晖只是禁军的左右羽林将军，并非大将军。羽林军的大将军是武攸宜、李多祚[①]。李多祚只是临时动员过来的，武攸宜更是武家的人，如何能如传论所说是"彦范、敬晖，握兵全势"。二张此时和武氏家族处于对立地位，二张被杀，怎么能说是"三思、攸暨，其党半歼"。三思、攸暨都参与了剪除二张的政变，而且拥有相当的实力，武攸宜之掌握禁军即是其例，张柬之等又如何可能"因兵势诛武三思之属"。因此不仅传论说得不中情理，连所谓薛季昶进言云云恐也未必是事实，起码也是一种不负责任的主张，张柬之等自无从采纳。反之，张柬之等人主观上倒是想连武三思等也清除掉的，因为他们威逼武则天就是贪拥立之功以图掌权，能进而除掉武氏家族不是可以更掌握全权？前引《旧唐书·武承嗣传》所记政变后敬晖等请削诸武王爵一事，就已见端倪，只是限于实力，才不敢采取断然行动。至于所谓留诸武冀李显加以诛锄，更是不中情理的妄说，张柬之等都无此力量，何论全无实力的李显。《新唐书》五王传转信此说以立论，实太无识。

唐自长孙无忌、褚遂良等为高宗剪除后，就再没有出现过宰相左右中

---

① 武攸宜之为右羽林大将军见于《通鉴》卷二〇七神龙元年正月，原文作"柬之又用彦范、晖及右散骑侍郎李湛皆为左右羽林将军，委以禁兵，易之等疑惧，乃更以其党武攸宜为右羽林大将军，易之等乃安"。按武氏家族此时已与二张水火，攸宜不可能是二张之党，但《通鉴》记其任右羽林大将军必有所本，不致虚构。

枢政局的事情。现在张柬之等不仅挟持李显以贪拥立之功，还有不利于武氏家族的表示，说明他们要想另成其操纵朝政的新势力，这当然非李武政权之所能容忍。张柬之等人根基本甚浅薄，政变之所以成功是由于代表了李武政权的利益。现在转而与李武政权为敌，其失败贬逐，以至见杀于武党周利贞自属必然，毋庸赘说。

三　对所谓韦后乱政的剖析

李显改周为唐后，在位六年，庙号中宗。这六年中，皇后韦氏干政，名声极坏，《通鉴纪事本末》即把这段历史和武则天的统治合编在一起，题曰"武韦之乱"。而所以出现这样的局面，通常都认为是由于中宗昏庸，所谓"志昏近习，心无远图"，"纵艳妻之煽党"的结果。我认为这种看法仍值得商榷。

旧史所纪此时期韦后等人的恶迹至多，除一般侈靡淫乐，卖官鬻狱，为封建统治者所共有，无足深论外，较有关系的如《旧唐书》卷五一《后妃·中宗韦庶人传》所纪：

> 〔中宗〕受上官昭容邪说，引武三思入宫中，升御床，与后双陆，帝为点筹，以为欢笑，丑声日闻于外。……时侍中敬晖谋去诸武，武三思患之，乃结上官氏以为援，因得幸于后，潜入宫中谋议，……于是三思骄横用事。……后……欲宠树安乐公主，乃制公主开府，置官属。太平公主仪比亲王。

又《中宗上官昭容传》：

> 昭容名婉儿，……随母配入掖庭，……则天时，婉儿忤旨当诛，则天惜其才不杀。……自圣历已后，百司表奏，多令参决。中宗即位，又令专掌制命，深被信任，寻拜为昭容。……婉儿既与武三思淫

乱，每下制敕，多因事推尊武氏而排抑皇家。

卷一八三《外戚·武三思传》：

> 初，敬晖等立功后掌知国政，三思虑其更为己患，而令其子崇训因安乐公主构诬敬晖等，并流于岭表而死。自是三思威权日盛，军国政事，多所参综，敬晖等所斥黜者，皆能引复旧职，令百官复修则天之法。……中宗寻又制：武氏崇恩庙，一依天授时旧礼享祭，其昊陵、顺陵并置官员。皆三思意也。

这些无非说明此时虽然李家的人做了皇帝，武家的人仍然掌握实权，这正是武则天当年安排好的李武政权顺理成章地登台表演。"百官复修则天之法"，以及武氏崇恩庙的享祭，武氏先人昊、顺二陵的置官，在武氏家族和甘当名义上皇帝的中宗看来是理所当然的事情。上官婉儿之得掌制命只是承袭则天时的旧规，其每下制之多推尊武氏也只是遵循武氏必须握权立威的原则，和她与武三思淫乱与否并无关系。武三思本是武承嗣死后武氏家族的首席代表人物，在李武政权中自有掌握大权的资格，并非由于他和韦后或上官婉儿淫乱才能窃取权力，更不是由于惧怕敬晖等宰相危害自己才要窃取权力。至于韦后女安乐公主和则天女太平公主之有特殊权势，也不藉韦后或其他人宠树，而是如前所说，因为太平公主之夫是武攸暨，安乐公主之夫是武三思子武崇训，她们既是李家公主，又是武家外甥女和媳妇，在李武政权中有其特殊地位的缘故。当然，这样讲不是认为韦后等人就是良善之辈，并无政治野心，也不是认为这些人之间并无淫乱行为（宫闱淫乱在封建统治者原是茶饭常事），只是说上引旧史所纪这些人的重大恶迹应该从李武政权这点来剖析才好理解，才不致把出现这些历史现象一概归之于某些统治者的个人品德。

这种李武政权，中宗对它是无异议的，韦后在前期也是全力支持它的。但某些李家的人对它并不满意，他们想去掉武氏，把李武政权改变为李氏独家掌握名实俱得的政权，中宗第三子非韦后所出的李重俊就是这样一个人物。《旧唐书》卷八六《中宗诸子·节愍太子重俊传》说：

> 〔神龙〕二年秋立为皇太子。……时武三思得幸中宫，深忌重俊，三思子崇训尚安乐公主，常教公主凌忽重俊，以其非韦氏所生，常呼之为奴，或劝公主请废重俊为王，自立为皇太女，重俊不胜忿恨。三年，七月，率左羽林大将军李多祚、右羽林将军李思冲、李承况、独孤祎之、沙吒忠义等矫制发左右羽林兵及千骑三百余人，杀三思及崇训于其第，并杀党与十余人，又令左金吾大将军成王千里分兵守宫城诸门，自率兵趋肃章门，斩关而入，求韦庶人及安乐公主所在，又以昭容上官氏素与三思奸通，扣阁索之。韦庶人及公主遽拥帝驰赴玄武门楼，召左羽林将军刘仁景等，令率留军飞骑及百余人于楼下列守，俄而多祚等兵至，欲突玄武门楼，宿卫者拒之，不得进。帝据槛呼多祚等所将千骑，谓曰："汝并是我爪牙，何故作逆？若能归顺，斩多祚等，与汝富贵。"于是千骑王欢喜等倒戈，斩多祚及李承况、独孤祎之、沙吒忠义等于楼下，余党遂溃散。重俊既败，……为左右所杀。

从利用李多祚等禁军将领这点，重俊的做法和当年张柬之等是一致的，但张等成功而重俊失败者，是由于张等的行动代表了李、武两家的共同利益，而重俊则止凭他个人和与他并无多少渊源的部分禁军，却要去掉整个武氏家族包括和武氏家族沆瀣一气的韦后在内，在韦后、安乐公主以及中宗等李武政权代表者的抗御下自然必败无疑。

但重俊这次政变毕竟袭杀了武氏家族的为首者武三思、武崇训父子，多少削弱了一点武家的力量，这在客观上给韦后造成了扩充韦家政权势力的机会。在此以前，韦后是以李武政权成员的面貌出现在政治舞台上的，这次政变武三思父子被杀后就有所变化。《旧唐书·韦庶人传》：

神龙三年，节愍太子死后，宗楚客率百僚上表，加后号为顺天翊圣皇后。景龙二年春，宫中希旨，妄称后衣箱中有五色云出，帝使画工图之，出示于朝，乃大赦天下，百僚母妻各加邑号。右骁卫将军、知太史事迦叶志忠上表曰："昔高祖未受命时，天下歌《桃李子》；太宗未受命时，天下歌《秦王破陈乐》；高宗未受命时，天下歌《侧堂堂》；天后未受命时，天下歌《武媚娘》。伏惟应天皇帝未受命时，天下歌《英王石州》；顺天皇后未受命时，天下歌《桑条韦也》《女时韦也》。……谨进《桑条歌》十二篇，伏请宣布中外，进入乐府，皇后先蚕之时，以享宗庙。"帝悦而许之。……兵部尚书宗楚客又讽补阙赵延禧表陈符命，解《桑条》以为十八代之符，请颁示天下，编诸史册。帝大悦。……三年冬，帝将亲祠南郊，国子祭酒祝钦明、司业郭山恽建议云："皇后亦合助祭。"……帝纳其言，以后为亚献。

可见此时韦后已不以李武政权的成员自甘，而要模仿武则天之于高宗，准备制造一个"内外称为二圣"的局面。接着，景龙四年六月中宗死去。韦后又进一步学习武则天的临朝称制，据《韦庶人传》：

后与兄太子少保温定策，立温王重茂（中宗第四子，非韦后出）为皇太子，召诸府兵五万人屯京城，分为左右营，然后发丧。少帝即位，尊后为皇太后，临朝摄政。韦温总知内外兵马，守援宫掖，驸马韦捷、韦濯分掌左右屯营，武延秀（武承嗣子，武崇训被杀后安乐公主新夫，韦后女婿）及温从子播、族弟璿、外甥高崇共典左右羽林军及飞骑、万骑。

到这时把大批韦家的人分布到要害部门，在李武政权外另形成其势力。要说韦后乱政，只有到这个时候才说得上，因为这以前的政权是李武政权，韦后不能负主要责任。

中宗之死，《旧唐书》卷七《中宗纪》说是"安乐公主志欲皇后临朝称制而求立为皇太女，由是与后合谋进鸩"。《韦庶人传》则说"帝遇毒暴崩，时马秦客侍疾，议者归罪于秦客及安乐公主，后惧，秘不发丧"，和《中宗纪》有矛盾。其实恐怕都是后来李隆基等发动政变诛杀韦后、安乐公主时给安上的罪名，以示政变之名正言顺。如果真是安乐公主为了要当皇太女而和韦后合谋毒杀中宗，则事成后何以韦后不践此诺言立皇太女而立重茂为皇帝？《通鉴》卷二○九景龙元年五月丁卯条说燕钦融上言"皇后淫乱，干预国政"云云而为宗楚客扑杀，"上虽不穷问，意颇怏怏不悦，由是韦后及其党始忧惧"，胡三省注并点明这是"为韦后弑逆张本"，则更出于附会想象。韦后之干预国政久为中宗默许，何以此时经人家上言点出就怏怏不悦（《旧唐书·中宗纪》记此事就没有说中宗怏怏不悦），中宗的存在对韦后干政并无妨碍，韦后又何必谋杀中宗以招来个封建时代大不韪的"篡弑"罪名，给自己增添麻烦。因此，中宗很大可能是病死的。他生于高宗显庆元年[①]，到此时已五十五岁，宫廷的淫乐生活容易损坏人的健康，年过半百因病死亡本属正常。何况《韦庶人传》正有"马秦客侍疾"的明文，可以证明此时中宗确实在患病。

四　李隆基取得政权的策略和睿宗内禅

唐玄宗李隆基是相王即睿宗李旦的第三子。他为了取得政权，先后发动两次军事行动。一次是景龙四年韦后临朝称制利用禁军发动政变，杀韦后、安乐公主、武延秀、上官婉儿及其他党羽，使睿宗当上皇帝，他进封平王，册为皇太子。再一次是延和元年六月受睿宗内禅为皇帝后，第二年先天二年七月杀太平公主，取得全部政权。

同样利用禁军发动政变，为什么李隆基能够成功，而前此他的堂兄弟重俊失败。这不排除可能存在的某些偶然原因，但根本的决定性的原因则是由于力量强弱不同。如前所说，重俊虽是皇太子，并无自己的实力，要

---

① 《旧唐书·中宗纪》。

和整个武氏家族包括韦后、安乐公主等为难，自然众寡不敌。李隆基则不同，《旧唐书》卷七《睿宗纪》纪李隆基以临淄王身份发动的政变说：

> 景龙四年夏六月，中宗崩，韦庶人临朝，引用其党，分握政柄，忌帝望实素高，潜谋危害。庚子夜，临淄王讳与太平公主子薛崇简、前朝邑尉刘幽求、长上果毅麻嗣宗、苑总监钟绍京等率兵入北军，诛韦温、纪处讷、宗楚客、武延秀、马秦客、叶静能、赵履温、杨均等，诸韦、武党与皆诛之。

这里称"临淄王讳"，可见是直接录自玄宗时所修的《睿宗实录》。其不提杀韦后及武延秀妻安乐公主者，当以韦后、安乐公主是李隆基的伯母和堂姊妹，动手诛杀多少有损于已为今上的李隆基的令德，和卷八《玄宗纪》、卷一〇六《王毛仲传》及《韦庶人传》之诿为"乱兵所杀"是同一用意，无足深论。值得注意的是，和李隆基合谋参与政变的有太平公主子薛崇简在内，而且居于合谋参与者的首列①，《玄宗纪》更有李隆基"与太平公主谋之，公主喜，以子崇简从"的明文，可见这次政变是代表相王李旦一系的李隆基和太平公主一系的联合行动。太平公主固是高宗李治幼女，但系武则天所出，此时的丈夫又是武则天的堂侄武攸暨，因此实际上代表着一部分武氏势力。《睿宗纪》所记政变后"废武氏崇恩庙，其昊陵、顺陵并去陵名"，而景云二年又"复武氏昊陵、顺陵，仍量置官属，太平公主为武攸暨请也"可证。李隆基能利用武氏势力中太平公主一系为其同盟，用来对付武氏另一系安乐公主、武延秀和韦后，力量自非重俊之时可比，我认为这才是李隆基这次政变所以能取得胜利的根本原因。

李隆基此时能够和太平公主结成同盟，是由于当时安乐公主一系势力的膨胀和太平公主之间发生了矛盾。《通鉴》有两条记事很能说明这两系矛盾的尖锐化。一条是卷二〇八景龙元年七月所纪：

---

① 《旧唐书·玄宗纪》和《韦庶人传》记此次政变的合谋参与者，也都以薛崇简居首列。

> 襄邑尉襄阳席豫闻安乐公主求为太女，叹曰："梅福讥切王氏，独何人哉！"乃上书请立太子，言甚深切。太平公主欲表为谏官。

说明安乐公主之求为皇太女遭到太平公主的反对。再一条是同年八月所纪：

> 安乐公主及兵部尚书宗楚客日夜谋谮相王，使侍御史冉祖雍诬奏相王及太平公主，云与重俊通谋，请收付制狱。

说相王、太平公主与重俊通谋当然不是事实，否则重俊有这两支势力的协助也就不至于如此惨败，所以中宗也没有因此认真追究，但安乐公主要置太平公主和相王于死地则已十分明显。而安乐公主所以能如此猖狂，又由于其生母韦后此时之势力已膨胀到可以效法武则天的地步，使安乐公主有恃无恐。因此，李隆基利用其间的矛盾，以同受韦后、安乐公主倾害者的身份来拉拢太平公主，劝诱她和自己一起来发动政变，太平公主怎能不入其彀中。

景龙四年六月庚子政变成功，第二天辛丑李隆基就进封为平王，第四天癸卯又以殿中监兼知内外闲厩押左右厢万骑而同中书门下三品为宰相，比睿宗取代韦后所立的少帝重茂而为皇帝还早一天[1]。这可以说是由于立下大功需要酬庸。但李隆基只是睿宗的第三子，却越过睿宗的长子宋王成器、次子申王成义，在同年七月己巳被睿宗册立为皇太子，这就不止一般的酬庸，而是鉴于李隆基此时势力迅速膨胀，得到诸王公卿的支持，认为他"合居储位"[2]，从而采取的权变措施。因此两年后景云三年八月庚子

---

[1] 据《旧唐书·睿宗纪》。但《睿宗纪》说李隆基此时除押左右厢万骑外还检校龙武右军。而龙武军的成立实系其后开元二十六年的事情（《唐会要》卷七二"京城诸军"、《通典》卷二八"左右龙武军"及《旧唐书·玄宗纪》）。《玄宗纪》即未记载其时任"检校龙武右军"官职。今从《玄宗纪》删去。

[2] 《旧唐书》卷九五《睿宗诸子·成器传》。

睿宗内禅，传位皇太子隆基，"自称太上皇帝，五日一度受朝于太极殿，自称曰朕，三品已上除授及大刑狱并自决之，其处分事称诰、令；皇帝每日受朝于武德殿，自称曰予，三品已下除授及徒罪并令决之，其处分事称制、敕"①。这显然是在李隆基势力压迫下的再一次让步，否则既已内禅退居太上皇帝，又何须保存一部分最高权力。当然，睿宗本身是没有多大实力的，要保存这点最高权力与李隆基抗衡，必须依靠同样参加政变立有大功的另一实力派太平公主。正好太平公主也并非安分之徒，而系"多权略"，当年"则天以为类己，每预谋议"的政治活动人物，此时政变成功，对立面韦后、安乐公主已被清除，也迫切需要扩张自己的势力。于是出现了如《旧唐书》卷一八三《太平公主传》所说的局面：

> 公主频著大勋，益尊重，……每入奏事，坐语移时，所言皆听，荐人或骤历清职，或至南北衙将相，权移人主，军国大政，事必参决，如不朝谒，则宰相就第议其可否。

这也就是让李家的人居皇帝虚名，而由代表武氏家族的太平公主来左右朝局，俨然是过去李武政权的延续。

这时延续李武政权，睿宗为了对付李隆基当然是愿意的，玄宗李隆基则决不会俯首就范，从而矛盾日益加剧。《旧唐书》卷五二《后妃·玄宗元献皇后杨氏传》对此透露了一点情况：

> 时太平公主用事，尤忌东宫。宫中左右持两端，而潜附太平者，必阴伺察，事虽纤芥，皆闻于上。

可见在玄宗为皇太子时，太平公主之党已站在睿宗一边和玄宗为难。到玄宗受内禅为皇帝后，太平公主更加速行动。这在《旧唐书·太平公主传》

---

① 《旧唐书·睿宗纪》。

里说得很清楚：

> 公主惧玄宗英武，乃连结将相，专谋异计。其时宰相七人，五出公主门，常元楷、李慈掌禁兵，常私谒公主。

无如此时武氏家族仅剩下太平公主这点力量，较景龙四年政变前的韦后、安乐公主更为孤立，即使控制了一些宰相和禁军长官也无济于事。因为唐朝宰相在长孙无忌、褚遂良以后就不再成为左右中枢政局的力量，张易之、张昌宗控制过那么多宰相仍无救其败亡，宰相张柬之等必凭借李、武家族力量始能发动政变，而最终仍不免受困于武三思，都是明证。而禁军则其主力左右万骑早就为李隆基所利用，《旧唐书》卷一〇六《王毛仲传》就说万骑营当"玄宗在藩邸时，常接其豪俊者，或赐饮食财帛，以此尽归心焉"。卷八《玄宗纪》说除韦后时即"分遣万骑往玄武门杀羽林将军韦播、高嵩（崇）"。如今太平公主所控制的羽林长官常元楷、李慈等之被架空也正和韦播、高崇相同。因此在玄宗攻击下必然一败涂地。《旧唐书·睿宗纪》说：

> 〔玄宗先天二年〕秋七月甲子，太平公主与仆射窦怀贞、侍中岑羲、中书令萧至忠、左羽林大将军常元楷等谋逆，事觉，皇帝（玄宗）率兵诛之，穷其党与，太子少保薛稷、左散骑常侍贾膺福、右羽林将军李慈、李钦、中书舍人李猷、中书令崔湜、尚书左丞卢藏用、太史令傅孝忠、僧惠范等皆诛之。……翌日，太上皇（睿宗）诰曰："朕将高居无为，自今后军国刑政一事以上，并取皇帝处分。"

玄宗这次军事行动的成功，不仅迫使太上皇睿宗交出全部权力，自己成为名副其实的皇帝；而且把太平公主代表的武氏家族残余势力彻底消灭，重新恢复清一色的李唐政权。当年武则天创建的李武政权，至此终于宣告结束。

我这篇论文是想从武则天称帝到太平公主覆灭这段时间内统治集团内部错综复杂的矛盾斗争中找出些规律性的东西，而没有涉及这些最高权力掌握者的施政方针政策并加以探讨。不过，就我粗浅的认识，他们在大的方针政策例如财政税收政策、军事国防政策等问题上还没有显著差别。他们之间的矛盾斗争，只是封建统治集团内部的权力之争，而不是方针政策之争。如果硬要把这种权力之争提高到方针政策上去认识，就难免会有求之过深之失。

（原载《人文杂志》1982年第1期，有删节，今据原稿）

说狄仁杰的奏毁淫祠

狄仁杰是武后掌权时的名臣，他的业绩中有件脍炙人口的是奏毁淫祠，《旧唐书》卷八九《狄仁杰传》说他：

> 征为冬官侍郎，充江南巡抚使。吴楚之俗多淫祠，仁杰奏毁一千七百所，唯留夏禹、吴太伯、季札、伍员四祠。

《新唐书》卷一一五《狄传》也这么说，都没有讲毁掉的是哪些淫祠。

给这些淫祠点了名的是玄宗朝刘𫇭的《传记》和安史乱后封演的《封氏闻见记》。《传记》今本叫《隋唐嘉话》，卷下说：

> 狄内史仁杰，始为江南安抚使，以周赧王、楚王项羽、吴王夫差、越王勾践、吴夫概王、春申君、赵佗、马援、吴桓王等神庙七百余所有害于人，悉除之，惟夏禹、吴太伯、季札、伍胥四庙存焉。

这里说"神庙七百余所"必是"一千七百余所"之误，今本《隋唐嘉话》脱漏了"一千"二字。被点名的是周赧王、项羽等九个古人，他们的祠庙散布在吴楚各地共有一千七百多所，平均一个人多至一二百所，足见其在人们心目中兴妖作怪得厉害，弄得狄仁杰非要奏毁不可。《封氏闻见记》卷九《刚正》则仅点了项羽一个人的名，说狄仁杰：

后为冬官侍郎，充江南安抚使，吴楚风俗，时多淫祠，庙凡一千七百余所，仁杰并令焚之。有项羽神，号为楚王庙，祈祷至多，为吴人所惮，仁杰先致檄书，责其丧失八千子弟而妄受牲牢之荐，然后焚除。

今本《唐语林》卷三《方正》所引此文大体相同。至于狄仁杰致项羽神的檄书，则见于《太平广记》卷三一五《狄仁杰檄》条引《吴兴掌故集》说：

唐垂拱四年，安抚大使狄仁杰檄告西楚霸王项君将校等，其略曰：鸿名不可以谬假，神器不可以力争，应天者膺乐推之名，背时者非见几之主。自祖龙御宇，横噬诸侯，任赵高以当轴，弃蒙恬而齿剑，沙丘作祸于前，望夷覆灭于后，七庙隳圮，万姓屠原，鸟思静于飞尘，鱼岂安于沸水。赫矣皇汉，受命玄穹，膺赤帝之贞符，当四灵之钦运，俯张地纽，彰凤纪之祥，仰缉天纲，郁龙兴之兆。而君潜游泽国，啸聚水乡，矜扛鼎之雄，逞拔山之力，莫测大符之所会，不知历数之有归，遂奋关中之翼，竟垂垓下之翅，盖实由于人事，焉有属于天亡，虽驱百万之兵，终弃八千之子，以为殷监，岂不惜哉！固当匡魄东峰，收魂北极，岂合虚承庙食，广费牲牢。仁杰受命方隅，循革攸寄，今遣焚燎祠宇，削平台室，使蕙帷销尽，羽帐随烟，君宜速迁，勿为人患，檄到如律令。

《全唐文》卷一六九狄仁杰《檄告西楚霸王文》当即据此收录。这里没有历数项羽神兴妖作怪的罪恶，但这些罪恶在正史上便有记载，顾炎武《日知录》卷三〇《古今神祠》条就说：

《宋书·孔季恭传》（卷五四）："先是吴兴频丧太守，云项羽神为卞山王，居郡听事，二千石至常避之。"《南齐书·李安民传》（卷二

七）："太守到郡必须祀以轭下牛，安民奉佛法不与神牛，着屐上听
事，又于厅上八关斋，俄而牛死，安民亦卒，世以神为祟。"

后来赵翼《陔余丛考》卷三五《项羽神》条，吕诚之（思勉）师《两晋南
北朝史》第二四章第一节《旧有诸迷信》，更征引了《南齐书》卷四六
《萧惠基传》、《梁书》卷二六《萧琛传》、《南史》卷一八《萧思话传》所
载项羽神如何擅作威福的事情。至于其余八个在《隋唐嘉话》里点了名
的，其祸害当也和项羽神差不多。尽管这些人生前在人们心目中并无多大
恶迹，如吴王夫差、越王勾践以及汉初自立的南越王赵佗、汉末割据的吴
桓王孙策，都一向不被认为是暴君，吴夫概王虽因争国而逃亡，春申君黄
歇虽不得善终，仍没有被认为是坏人，辅佐汉光武帝的马援更被认为是正
面人物，东周的周赧王也只是个不能自存的可怜虫。但成神者的作恶与否
本不是以他们生前行事来决定的，就项羽这个人来说也没有被人们当作反
面人物，《史记》的《项羽本纪》还把他写成为失败了的英雄呢！他们成
神后之所以劣迹多端者，其责任初不在本人而在这些淫祠的神巫庙祝。要
知道这些淫祠本是巫祝利用人们的迷信心理弄起来的，巫祝需要制造成神
者能擅作祸福的种种神话鬼话，用来吓唬人们，使人们抱着敬畏希冀之心
来顶礼祭赛，从而为巫祝为祠庙广开生财之道。当时吴楚之地的文化还较
北方黄河流域落后，所以巫祝们更易于利用人们的无知以售其奸。这就是
"吴楚之俗多淫祠"的根本原因。

这类淫祠之有害并非到狄仁杰时才认识，魏晋以来的统治者都曾有过
禁毁淫祠的措施，如《宋书》卷三《武帝纪》所载永初二年四月己卯朔诏
就说：

淫祠惑民费财，前典所绝，可并下在所，除诸房庙，其先贤及以
勋德立者，不在此例。

这里能指出淫祠的"惑民费财"，本已讲到了点子上，但仍说"其先贤及

以勋德立祠者不在此例"，可谓未达一间，不懂得其为淫祠害民与否和成神者生前之是否贤德并无关系。到狄仁杰奏毁淫祠还没有能破除此等书生之见，所以把他认为属于先贤有勋德的夏禹、吴太伯、季札、伍员四祠留了下来，其实这几家祠庙之为害于民间正不亚于奏毁的淫祠，如《太平广记》卷二八〇《刘景复》条引《纂异记》说：

> 吴泰伯庙，在东阊门之西。每春秋季，市肆皆率其党，合牢醴祈福于三让王（案《论语·泰伯》说"泰伯其可谓至德也已矣，三以天下让"，所以人们称之为三让王），多图善马、彩舆、女子以献之，非其月亦无虚日。乙丑春，有金银行首纠合其徒，以绡画美人，捧胡琴以从，其貌出于旧绘者，名美人为胜儿，盖户牖墙壁会前后所献者无以匹也。女巫方舞，有进士刘景复送客之金陵，置酒于庙之东通波馆，而欠伸思寝，乃就榻。方寝，见紫衣冠者言曰："让王奉屈。"刘生随而至庙，周旋揖让而坐。王语刘生曰："适纳一胡琴，艺甚精而色殊丽，吾知子善歌，故奉邀作胡琴一章，以宠其艺。"初生颇不甘，命酌人间酒一杯与歌，逡巡酒至，并献酒物，视之，乃适馆中祖筵者也。生饮数杯，醉而作歌，……①。歌既成，刘生乘醉落泊草札而献。王寻绎数四，召胜儿以授之。王之侍儿有不乐者，妒色形于坐中，恃酒以金如意击胜儿首，血淋襟袖。生乃惊起，明日祝绘素，果有损痕。歌今传于吴中。

这位本以"至德"见称的三让王居然对"艺甚精而色殊丽"的胡琴胜儿如此感兴趣，祈福者也"多图善马、彩舆、女子以献之"，岂非是一个典型的淫祠。他的后人被公认为大贤的季札即所谓延陵季子呢，在这方面也未能免俗，《广记》卷二九六《萧岳》条引《八朝穷怪录》说：

---

① 这是一篇哀叹河湟沦于吐蕃未能收复的七言歌行，写得很够味，近见四川大学历史系所编祝贺缪彦威先生九十大庆的论文集《冰茧彩丝集》里刊载韩国磐撰《从杜牧〈河湟〉谈起》，备引唐人河湟诗乃遗此佳作。惜此歌词繁且与拙文主题无关，姑从节略。

　　齐明帝建武中，有书生萧岳自毗陵至延陵季子庙前，泊舟望月。忽有一女子年十六七，从三四侍女貌皆绝世，以橘掷岳怀中。岳心异之，乃问其姓名，云葛氏，岳因请舟中，命酒与歌。宴及晓请去，岳甚怅然。岳登舟望之，见庙前有五六女相迎笑，一时入庙。岳异之，及明，乃整衣冠至延陵庙中，见东壁上书第三座之女，细观之而笑，果昨夜宿之女也，及左右侍女亦所从也，画壁题云"东海姑之神"。

祠庙里有女的出来勾引男青年，这分明又是淫祠的特征。伍子胥庙之为淫祠则见于《隋书》卷五五《高劢传》，说劢：

　　拜楚州刺史，民安之。先是，城北有伍子胥庙，其俗敬鬼，祈祷者必以牛酒，至破产业。劢叹曰："子胥贤者，岂宜损百姓乎！"乃告谕所部，自此遂止，百姓赖之。

夏禹祠损害百姓的记载虽未找见，但像伍子胥祠那样弄得祈祷者破产之事，恐仍在所难免。

　　淫祠是不列于国家正式祀典的，淫祠之害民是必然无疑了。那列入祀典的呢，也不见得都怎么高超。仍以唐代为例，《旧唐书》卷二一《礼仪志》说："昊天上帝、五方帝、皇地祇、神州及宗庙为大祀，社稷、日月星辰、先代帝王、岳镇海渎、帝社、先蚕、释奠为中祀，司中、司命、风伯、雨师、诸星、山林川泽之属为小祀。"这都是正式列入祀典的了。其中"岳"指所谓"五岳"，卷二三《礼仪志》并说玄宗先天二年"封华岳神为金天王"，开元十三年"封泰山神为天齐王"，但就是在这华山、泰山的岳神那里经常出问题。如《太平广记》卷三〇〇《河东县尉妻》条引《广异记》说：

　　景云中，河东南县尉李某，妻王氏有美色，著称三辅。李朝趋府未归，王妆梳向毕，焚香闲坐，忽见黄门数人，御犊车，自云中下至堂所，王氏惊问所以，答曰："华山府君使来奉迎。"……

同卷《李湜》条引《广异记》说：

> 赵郡李湜，以开元中谒华岳庙，过三夫人院，忽见神女悉是生人，邀入宝帐中，备极欢洽。……

卷二九八《赵州参军妻》条引《广异记》说：

> 赵州卢参军新婚之任，其妻甚美。数年，罢官还都。五月五日，妻欲之市求续命物上于舅姑，车已临门，忽暴心痛，食顷而卒。卢生号哭毕，往见正谏大夫明崇俨，……明云："此泰山三郎所为。"……

这类岳神自己或其子女、姬妾乱来的神话鬼话，以及巫祝传达神意、求福免祸之类的神话鬼话，在《广记》卷二九三到三一三里还颇有一些，可见虽名列祀典而非淫祠的祠庙，只要容人随便出入祈祷游观，巫祝们同样会制造出种种神话鬼话使香火兴盛以图利。这种名列祀典的祠庙实际上已和淫祠没有什么不同。淫祠有时还可让狄仁杰之流来禁一下，对这种名列祀典的准淫祠又有谁能下手？

因此，狄仁杰的奏毁淫祠之举实际上并无多大意义。不信，请看两段记载。一是《旧唐书》卷一五六《于頔传》所说：

> 改苏州刺史，……吴俗事鬼，頔疾其淫祠废生业，神宇皆撤去，唯吴太伯、伍员等三数庙存焉。

这是德宗时候的事情，说明狄仁杰的禁令早失去作用，到这时又劳于頔来禁毁。再一条是《旧唐书》卷一七四《李德裕传》所说：

> 出德裕为浙西观察使。……江岭之间信巫祝，惑鬼怪，……德
> 裕欲变其风，……属郡祠庙，按方志前代名臣贤后则祠之，四郡之内
> 除淫祠一千一十所。

这是穆宗时候的事情。说明于頔之禁仍起不了作用，所以更劳李德裕来禁除。无论李德裕、于頔所用的仍是狄仁杰的老标准，仍旧书生气十足把所谓名贤的祠庙留而不毁，因而其无效果自必无异于其先辈狄仁杰。

更值得玩味的，在狄仁杰本人身上居然也不断地出现了神话鬼话。《太平广记》卷二九八《狄仁杰》条引《广异记》说：

> 高宗时，狄仁杰为监察御史，江岭神祠焚烧略尽。至端州，有
> 蛮神，仁杰欲烧之，使人入庙者立死，仁杰募能焚之者，赏钱百千。
> 时有二人出应募，仁杰问往复何用，人云，愿得敕牒，仁杰以牒与
> 之。其人持往，至庙，便云"有敕"，因开牒以入，宣之，神不复动，
> 遂焚毁之。其后仁杰还至汴州，遇见鬼者曰："侍御后有一蛮神，云
> 被焚舍，常欲报复。"仁杰问事竟如何，见鬼者云："侍御方须台辅，
> 还有鬼神二十余人随从，彼亦何所能为。"久之，其神还岭南矣。

案，姑不论什么蛮神作祟之系胡说八道，即狄仁杰当年奏毁淫祠也是以冬官侍郎、江南巡抚使的身份而并非任监察御史。说明这又是淫祠的巫祝们或其他迷信此道者事后所编造。他们不弄点见神见鬼的事情总不甘心，于是在反淫祠的狄仁杰身上也来这一套。《广记》卷三一三《狄仁杰祠》条引《玉堂闲话》又说：

> 魏州南郭狄仁杰庙，即生祠堂也。天后朝，仁杰为魏州刺史，
> 有善政，吏民为之立生祠。及入朝，魏之士女，每至月首，皆诣祠奠
> 醊，仁杰方朝，是日亦有醉色。天后素知仁杰初不饮酒，诘之，具以

事对，天后使验问，乃信。〔后唐〕庄宗观霸河朔，尝有人醉宿庙廊
之下，夜分即醒，见有人于堂陛下鳌折咨事，堂中有人问之，对曰：
"奉符于魏州索万人。"堂中语曰："此州虚耗，灾祸频仍，移于他
处！"此人曰："诺，请往白之。"遂去，少顷复至，则曰："已移命于
镇州矣。"语竟不见。是岁，庄宗分兵讨镇州，至于攻下，两军所杀
甚众焉。

魏州有狄仁杰生祠是事实，《旧唐书》本传就有"仁杰尝为魏州刺史，人
吏为立生祠"的明文。其善政则如本传所说：

> 万岁通天年契丹寇陷冀州，河北震动，征仁杰为魏州刺史。前
> 刺史独孤思庄惧贼至，尽驱百姓入城缮修守具，仁杰既至，悉放归农
> 亩，谓曰："贼犹在远，何必如是，万一贼来，吾自当之，必不关百
> 姓也。"贼闻之自退，百姓咸歌诵之，相与立碑以纪恩惠。

除"贼闻之自退"外当也不会有多大夸饰。但本传又说：

> 其子景晖为魏州司功参军，颇贪暴，为人所恶，乃毁仁杰之祠。

则至后唐时仍存在的魏州狄仁杰祠乃后来所重建。所谓"仁杰方朝，是日
亦有醉色"云云，很可能是巫祝们为了重建狄祠以图利而制造的神话，这
种重建的狄祠实际上也已成为淫祠。这说明旧社会里的祠庙只要有香火可
图利，在巫祝的鼓捣下终究逃脱不了堕落成为淫祠的命运。

今天好多地方又在重建祠庙，其中大多数并未成为正常的宗教活动场
所，而只是当年的淫祠在死灰复燃。因此把狄仁杰奏毁淫祠作点分析研
究，对解决此类问题应该不无帮助。

（原载《唐史论丛》第六辑，陕西人民出版社，1995年）

开元天宝时所谓武氏政治势力的剖析

我研究唐代统治集团的内部矛盾和斗争，发现武则天革唐为周后曾筹划创组一个以李氏居虚位、以武氏掌实权的畸形政权——我名之为"李武政权"。中宗即位实为政权的正式登台表演。经中宗子重俊袭杀武三思父子，尤其经睿宗子隆基即唐玄宗先后袭杀韦后、安乐公主，袭杀太平公主，才把武氏势力从政治舞台上清除，恢复清一色的李氏政权。

在《说李武政权》一文初稿完成时，陈寅恪先生遗著《金明馆丛稿初编》出版问世。其中有一篇题为《记唐代之李武韦杨婚姻集团》的论文，曾在《历史研究》1954年第1期发表过，当时我从事其他工作未曾注意，这次才得细读。陈先生是前辈学者，对武则天混合李、武两家为一体，隆基、太平公主与韦后、安乐公主之争以及隆基与太平公主之争实属同一大集团内之竞争诸问题，陈先生论文中都已提出，尽管立论的角度有所不同，我仍深表钦佩。但陈先生认为武氏政治势力延续到开元、天宝时尚不稍衰歇，李武政权之结束不在玄宗统治之初而在其末，则似难成立。因此再写本文，以申鄙说。

一

陈先生之所以主张武氏政治势力至开元、天宝时尚不稍衰歇，是有若干事实作为根据的。陈先生指出："开元时如姚崇、宋璟、张说、张九龄等先后任将相，此诸人皆为武曌所拔用，故亦皆是武氏之党。"这是陈先生主张武氏政治势力在开元时未曾衰歇的依据之一。

案开元时将相之多曾经武则天拔用，唐代某些政治家早有所议论。如陈先生论文引用的德宗时陆贽所说："则天太后践祚临朝，欲收人心，尤务拔擢，……累朝赖多士之用"（《旧唐书》卷一三九《陆贽传》）。宪宗时李绛所说："天后朝命官猥多，……及开元中，致朝廷赫赫有名望事绩者，多是天后所进之人"（《李相国论事集》卷六"上言须惜官"条）。清人赵翼《廿二史札记》卷一九"武后纳谏知人"条且据之以立说。再就陈先生所列举的姚、宋、二张来看，除张九龄之"应举登乙第，拜校书郎"或在武周、中宗朝，而显贵则在开元时，不能算是武则天所拔用外，姚崇在武周时已知政事为宰相，宋璟、张说亦分别拜左御史台中丞、凤阁舍人，确可说是武则天所拔用（《旧唐书》卷九六《姚崇传》、卷九七《张说传》、卷九九《张九龄传》）。但陈先生进而认为他们"亦皆是武氏之党"，则未免过当。因为武周时之显达者有谁不是见用于武则天，总不能把当时所有的显达者统统认定是武氏之党，要认定，必须查出他们确有与武氏政治势力的代表人物如武承嗣、武三思、太平公主、安乐公主等互相勾结的实迹。

这种和武氏代表人物互相勾结的实迹，在姚、宋、张说身上都查不出来，更不说张九龄了。勉强找点在疑似之间的，只有《旧唐书·姚崇传》所说，张柬之等发动政变成功，威逼武则天幽居上阳宫，姚崇"独呜咽流涕"。但在张柬之等责问时，姚崇说："事则天岁久，乍此辞违，情发于衷，非忍所得。昨预公诛凶逆者，是臣子之常道，岂敢言功。今辞违旧主悲泣者，亦臣子之终节，缘此获罪，实所甘心。"实际上这是他虽参与这次剪除张易之、张昌宗的政变，却不同意威逼武则天下台，鄙薄张柬之等贪功拥立的表示，并非真站在武氏势力一边（关于张柬之等发动政变的真相以及对张柬之等人的评价，别详《说李武政权》第二节）。而与姚崇齐名的宋璟，还能对武氏势力作一定的斗争，如《旧唐书·宋璟传》所纪：

〔中宗〕时武三思恃宠执权，尝请托于璟，璟正色谓之曰："当今复子明辟，王宜以侯就第，何得尚干朝政。王独不见产、禄之事乎！"俄有京兆人韦月将上书讼三思潜通宫掖，将为祸患之渐。三思讽有司奏月将大逆不道，中宗特令诛之。璟执奏请按其罪状，然后申明典宪，月将竟免极刑。

把这样的人看作是武氏之党，是无论如何也说不过去的。

至于姚、宋、张说之被大用于玄宗，很大程度是由于他们都曾站在玄宗一边反对太平公主。如《旧唐书·姚崇传》：

睿宗即位，……玄宗在东宫。太平公主干预朝政，宋王成器为闲厩使，岐王范、薛王业皆掌禁兵，外议以为不便。元之（崇原名）同侍中宋璟密奏请令公主往就东都，出成器等诸王为刺史，以息人心。

《宋璟传》：

时太平公主谋不利于玄宗，尝于光范门内乘辇伺执政以讽之，众皆失色。璟昌言曰："东宫有大功于天下，真宗庙社稷之主，安得有异议！"乃与姚崇同奏请令公主就东都。

《张说传》：

玄宗在东宫，说与国子司业褚无量俱为侍读，深见亲敬。……太平公主引萧至忠、崔湜等宰相，以说为不附己，转为尚书左丞，罢知政事，仍令往东都留司。说既知太平等阴怀异计，乃因使献佩刀于玄宗，请先事讨之，玄宗深嘉纳焉。

可见至迟在睿宗时姚、宋、张说已成为玄宗的私党，在反太平公主上为玄宗出谋划策。而太平公主者，实是武氏政治势力之最后代表人物（详《说李武政权》第四节）。姚、宋、张说既帮助玄宗为消灭此最后一支武氏势力出力，怎么能说他们是武氏之党，认为他们当宰相是标志着武氏势力在开元时尚未衰歇。

二

陈先生论文中还举出一个高力士，认为"此人潜身宫禁，实为武氏政治势力之维持者"。案高力士是玄宗宦官的首脑，《旧唐书》卷一八四《宦官·高力士传》说当时"每四方进奏文表，必先呈力士，然后进御，小事便决之"，是唐代最早的一名"内大臣"。如果陈先生的论断能够成立，确实可以说武氏政治势力在玄宗朝仍未衰歇。

陈先生作出此论断有两点依据：一点是高力士的出身和武氏有关；再一点是高力士在玄宗时和与武氏有牵连的李林甫、杨国忠以及杨贵妃等相互勾结。关于后面一点之是否事实，需要对李、杨等人另作分析。这里先讨论一下出身问题。陈先生根据的是《旧唐书·高力士传》：

> 力士，潘州人，本姓冯，……圣历元年岭南讨击使李千里进入宫。则天嘉其黠惠，总角修整，令给事左右。后因小过，挞而逐之，内官高延福收为假子。延福出自武三思家，力士遂往来三思第。岁余，则天复召入禁中，隶司宫台，廪食之。……性谨密，能传诏敕，授宫闱丞。

据此诚可说高力士早年曾投靠过武则天以至武三思，受到他们的卵翼，在这点上和姚、宋、张说之凭才能做官有所不同（当然这也是宦官的身份所决定的，宦官的进身之术本来就不可能和一般士大夫相同）。但《旧传》接着还说：

景龙中，玄宗在藩，力士倾心奉之，接以恩顾。及唐隆平内难，升储位，奏力士属内坊，日侍左右，擢授朝散大夫、内给事。先天中，预诛（太平公主）萧、岑等功，超拜银青光禄大夫，行内侍同正员。开元初，加右监门卫将军，知内侍省事。

《旧唐书》卷八《玄宗纪》对参加诛讨太平公主的人员讲得更具体：

〔玄宗〕以中旨告岐王范、薛王业、兵部尚书郭元振、将军王毛仲，取闲厩马及家人三百余人，率太仆少卿李令问、王守一、内侍高力士、果毅李守德等亲信十数人，出武德殿，入虔化门。枭常元楷、李慈于北阙，擒贾膺福、李猷于内客省以出，执萧至忠、岑羲于朝，皆斩之。

可见人是会变的，高力士并没有因为早年投靠过武氏家族就始终为武氏尽力，而是转成与志在铲除武氏势力的玄宗相勾结。不仅玄宗在藩时"倾心奉之"，成为玄宗的私党，玄宗平内难除韦后、安乐公主后即被提升至内给事这个宦官中的要职，而且在玄宗清除太平公主时直接参与军事行动，从而获得玄宗更大的信任，知内侍省事成为宦官的首脑人物。这和姚、宋、张说之为玄宗信用正相同，他们都是玄宗的亲信私党，他们的政治行动丝毫看不出有代表武氏势力的地方。

为了把人是会变的这个道理讲得更清楚，这里还可以举一个宦官为例。此宦官是继高力士而起在肃宗时掌握绝大权势的李辅国。据《旧唐书·宦官·李辅国传》，此人本"属厩马家小儿"，"为仆，事高力士"，可以说是高力士培养过的，但掌握大权后却要置高力士及其主子太上皇玄宗于死地。我们当然不能说这时的李辅国还维持着高力士的势力；因此，同样也不能说开元、天宝时的高力士还维持着武氏政治势力。

三

　　陈先生还从玄宗的妃嫔中来寻找武氏势力的影响，他认为玄宗宠爱过的几个妃子武惠妃、杨妃和后来的杨贵妃都和武氏势力有关系。

　　杨贵妃的问题留待和杨国忠一起来分析，这里先分析武惠妃和杨妃。武惠妃开元二十五年卒后赠贞顺皇后，据《旧唐书》卷五一《后妃·玄宗贞顺皇后武氏传》：

> 贞顺皇后武氏，则天从父兄子恒安王攸止女也。攸止卒后，后尚幼，随例入宫。上即位，渐承恩宠，及〔玄宗后〕王庶人废后，特赐号为惠妃，宫中礼秩，一同皇后。所生母杨氏，封为郑国夫人，同母弟忠，累迁国子祭酒，信，秘书监。

武惠妃确实出于武氏家族。又卷一〇七《玄宗诸子·废太子瑛传》也讲到武惠妃专宠谮杀太子瑛、鄂王瑶、光王琚的事情。胡三省注《通鉴》据此也认为武氏宗属在玄宗朝还能起一定的作用（《通鉴》卷二〇九景云元年六月辛巳武氏宗属诛死流窜殆尽条胡注）不过，我认为这种作用并没有超越当时常见的后妃间争宠以求立爱的范围。其同母弟之任国子祭酒、秘书监，也无非和太子瑛母赵丽妃的父兄之得任京职大官一样，是裙带关系在起作用，而且国子祭酒、秘书监之类还都是没有权势的闲职。所以这些都说不上是图谋维持或恢复当年的武氏政治势力。至于玄宗之宠爱武惠妃，更无非和赵丽妃一样是看上其"才貌"，并非因为她是出于武氏家族。历史上政治斗争失败者的妻女为胜利者所占有、并备受宠爱的事例多得不胜枚举，难道能说这些胜利者都在有意识地让失败者的残余势力在自己宫闱里保存下来？

　　至于杨妃，因为是肃宗的生母，肃宗在灵武即位后玄宗以太上皇的身份追册她为元献太后。陈先生论文中引用了《唐书》卷五二《后妃·玄宗元献皇后杨氏传》中这样一段记载：

> 元献皇后杨氏，弘农华阴人。曾祖士达，隋纳言，天授中，以则天母族，追封士达为郑王，赠太尉。……后景云元年八月，选入太子（玄宗）宫。时太平公主用事，尤忌东宫，宫中左右持两端，而潜附太平者，必阴伺察，事虽纤芥，皆闻于上，太子心不自安。后时方娠，太子密谓张说曰："用事者不欲吾多息胤，恐祸及此妇人，其如之何？"密令说怀去胎药而入，太子于曲室躬自煮药，醺然似寐，梦神人覆鼎，既寤如梦，如是者三。太子异之，告说，说曰："天命也，无宜他虑。"既而太平诛，后果生肃宗。太子妃王氏无子，后班在下，后不敢母肃宗，王妃抚鞠，慈甚所生。开元中，肃宗为忠王，后为妃，又生宁亲公主。张说以旧恩特承宠异，说亦奇忠王仪表，心知运历所钟，故宁亲公主降说子垍。

案这个杨妃只是和武则天的母家同族，比武惠妃之直接出于武氏家族又隔了一层，而且她在玄宗朝也未见得十分得宠。所谓"神人覆鼎"的神话以及肃宗如何受王皇后的抚鞠喜爱，更显然是肃宗称帝后所编造，为肃宗鼓吹天命并制造其地位本高于其他皇子的舆论，其所以牵涉张说者，当以张说次子所尚宁亲公主是肃宗同母妹的缘故（这段神话故事又见于今本《次柳氏旧闻》，但据我研究今本《次柳氏旧闻》本身即系伪物。凡此均详拙作《唐肃宗即位前的政治地位和肃代两朝中枢政局》）。而且，张说此人之非代表武氏势力已如前所说，即使此人真与杨妃及妃子肃宗有勾结，也只是外朝大臣企图勾结宫闱以扩大或巩固权势，并不能如陈先生所推测是由于都代表武氏势力的缘故（《唐会要》卷三"玄宗皇后武氏"条又说张说曾"谄附惠妃"，如果真是事实，也无非和所谓勾结杨妃是同样性质，并非由于同属武氏势力代表才谄附勾结）。

四

陈先生还认为"天宝时最有实权之宰相,先为李林甫,后为杨国忠,此二人之任用实与力士有直接或间接之关系,故亦不可谓不与武氏有关系"。并认为李林甫"所以能致是者,则由于高力士、武惠妃之助力,此亦玄宗用人行政深受武氏影响之明证,而武氏政治势力至是犹未衰歇,可以想见"。

陈先生这样说的根据是《旧唐书》卷一〇六《李林甫传》里的一段记载:

> 时武惠妃爱倾后宫,二子寿王、盛王以母爱特见宠异,太子瑛益疏薄。林甫多与中贵人善,乃因中官干惠妃云:"愿保护寿王。"惠妃德之。初,侍中裴光庭妻武三思女,诡谲有材略,与林甫私。中官高力士本出三思家,及光庭卒,武氏衔哀祈于力士,请林甫代其夫位,力士未敢言。玄宗使中书令萧嵩择相,嵩久之以右丞韩休对,玄宗然之,乃令草诏,力士遽漏于武氏,乃令林甫白休。休既入相,甚德林甫,与嵩不和,乃荐林甫堪为宰相,惠妃阴助之,因拜黄门侍郎,玄宗眷遇益深。〔开元〕二十三年,以……林甫为礼部尚书、同中书门下三品。

则李林甫之得任宰相确曾获得武惠妃、武三思女以及高力士的助力。但如前所说,高力士、武惠妃此时均已不能代表武氏政治势力,武三思女之为李林甫进用而祈求于高力士也只能说是出于床笫私爱,未必有恢复武氏势力的政治企图,犹李林甫本人虽是"高祖从父弟长平王叔良之曾孙"(《旧唐书·李林甫传》),但此时只以个人身份入相,毫不代表长平王一支宗室势力的扩张。而且,据后来和高力士同贬巫州的郭湜所撰写的《高力士外传》说:

〔天宝〕十二年冬，林甫云亡，国忠作相。……十三年秋，大雨昼夜六十日，陈希烈罢相，韦见素持衡。上因左右无人，谓高公曰："自天宝十年之后，朕数有疑，果致天灾，以殃万姓，虽韦、陈改辙，杨、李殊途，终未通朕怀，卿总无言，何以为意？"高公伏奏曰："开元二十年以前，宰相授职，不敢失坠，边将承恩，更相戮力，自陛下威权假于宰相，法令不行，灾眚备于岁时，阴阳失度，纵为轸虑，难以获安，臣不敢言，良有以也。"上久而不答。

这是根据力士口述的可靠记载，早为《通鉴》所采用（《通鉴》卷二一七天宝十三载九月条）。其中讲到的陈希烈、韦见素都是"不敢参议""无所是非"的伴食宰相（《旧唐书·李林甫传》、卷一〇八《韦见素传》），高力士这里所攻击的自非李林甫、杨国忠莫属，可见在李林甫势力膨胀后又与高力士发生矛盾。这种矛盾和起初的勾结援引都是从自己的利害出发，和所谓武氏政治势力久已无关。

五

陈先生认为"天宝后期中央之政权在杨国忠之手，而国忠之进用全由于杨贵妃之专宠"，而"贵妃之入宫，乃由高力士之搜拔"。又根据《册府元龟》卷八五三"姻好门"武士彟条、《新唐书》卷一〇〇《杨执柔传》、卷七一下《宰相世系表·杨氏观王房》等记载，考知武则天生母杨氏为杨达之女、隋文帝族子观王杨雄之侄女。而《新唐书》卷七六《后妃·玄宗杨氏传》谓贵妃"隋梁郡通守汪四世孙，徙籍蒲州，遂为永乐人"，据《宰相世系表》此永乐杨氏为汉太尉杨震第五子奉之后裔，与隋文帝杨坚、观王杨雄之为震长子牧后裔实同出一源。因此认为杨贵妃"此房虽非武曌外家近属"，"亦属于此大集团，不过为距核心较远之外围人物"，"盖力士搜拔之范围原有限制，而玄宗亦为武党所包围蒙蔽"。

其实，这种世系表所谓源出某某本未可尽信，在魏晋南北朝重视门阀之风的影响下伪造谱牒、自言是前朝某显达后裔的事情固屡见不鲜。即使可信，永乐杨氏与观王杨雄房的远祖确同出汉太尉杨震，到唐代也已极为疏远，和观王雄侄女的夫家武氏更谈不上有什么关系。

杨贵妃与高力士的关系，据《旧唐书》卷五一《后妃·玄宗杨贵妃传》仅是：

> 〔天宝〕五载七月，贵妃以微谴送归杨铦宅，比至亭午，上思之不食，高力士探知上旨，……伏奏请迎贵妃归院。……天宝九载，贵妃复忤旨，送归外第，时吉温与中贵人善，……入奏，……上即令中使张韬光赐〔妃〕御馔，妃……乃引刀剪发一缭附献，玄宗见之惊惋，即使力士召还。

而在贵妃入宫问题上，只说"或奏〔杨〕玄谈女姿色冠代，宜蒙召见"。《新唐书·贵妃传》除补明其原为寿王妃一点外，也只说"或言妃资质天挺，宜充掖庭"，都没提到高力士。说"诏高力士潜搜外宫"而得贵妃，实始见于陈鸿《长恨歌传》，这和白居易《长恨歌》本同属小说性质。就算可信，也与后来两度承旨召还贵妃一样，无非是克尽宦官的本职，谈不上是从维护武氏利益考虑。

杨国忠之进用，据《旧唐书》卷一〇六本传，不仅有赖贵妃的裙带关系，还走了李林甫的门路。而且贵妃并不代表武氏已如上所述，则国忠进用即使全凭贵妃，也不能表明武氏政治势力至天宝时还有所延续或死灰复燃。

六

陈先生立论之所以难于成立，除上面所谈到的，还有一个毛病，即过于重视了当时的婚姻关系。陈先生论文开宗明义说："自高宗之初年至玄宗之末世，历百年有余，实际上之最高统治者递嬗轮转，分歧混合，固有先后成败之不同，若一详察其内容，则要可视为一牢固之复合团体，李、武为其核心，韦、杨助之粘合，宰割百年之世局"，而"此李、武、韦、杨四大家族最高统治集团之组成实由于婚姻之关系"。因此论文的内容虽系分析这一政治集团，却以《记唐代之李武韦杨婚姻集团》为标题。

其实，当时某些婚姻固确有其政治目的，确曾代表某些家族的政治利益，如武攸暨尚太平公主，武崇训、武延秀先后尚安乐公主之类，而更多统治者的婚姻并不具备这样的政治色彩。即以武则天本人而论，她见悦于太宗、高宗只是以其"美容止"，和高宗王皇后之以"有美色"见纳相同（《旧唐书》卷六《则天皇后纪》、卷五一《后妃·高宗废后王氏传》），她借此逐步攫取权力、形成武氏家族的政治势力则是后来的事情，并非一开始就是武、李两种政治势力在结合。韦后本也只是普通的后妃，适逢机会才参与中枢政权，最后正将另成其韦氏政治势力，即为玄宗所歼灭，而并非一开始就代表韦氏政治势力与中宗结合。至于杨贵妃入宫之不代表武氏政治势力已如前所说，她和杨国忠等也没有像武则天那样掌握过中枢最高权力，就连韦后那样短暂地掌握最高权力也不曾有过。因此，我认为陈先生主张当时存在"一牢固之复合团体，李、武为其核心"这点是十分正确的，把韦、杨，尤其是杨氏加进去则未免牵强，把这一政治集团完全等同于婚姻集团也未见妥当。

（原载《陕西师大学报》哲学社会科学版1981年第4期）

唐玄宗朝姚宋李杨诸宰相的真实面貌
——兼论李杨与宦官高力士之争

一

讲唐玄宗朝的宰相，往往只注意到开元时的姚崇、宋璟，天宝时的李林甫、杨国忠，通行历史教科书也多数是这么写的。这也难怪，原本李唐国史的《旧唐书》，在卷一〇六《李林甫等传》的"史臣曰"就说：

> 开元任姚崇、宋璟而治，幸林甫、国忠而乱。

元稹名篇编入今本《元氏长庆集》卷二四的《连昌宫词》也说：

> 我闻此语心骨悲，太平谁致乱者谁？翁言野父何分别，耳闻眼见为君说：姚崇宋璟作相公，劝谏上皇言语切。燮理阴阳禾黍丰，调和中外无兵戎。长官清平太守好，拣选皆言由相公。开元之末姚宋死，朝廷渐渐由妃子。禄山宫里养作儿，虢国门前闹如市。弄权宰相不记名，依稀忆得杨与李。庙谟颠倒四海摇，五十年来作疮痏。

其实这只能算是代表了唐朝人的世俗之见。姚崇、宋璟、李林甫、杨国忠等历史人物的真实面貌，有需要重新探讨讲说。

二

《唐会要》卷一"帝号"附记李唐列朝的宰相，玄宗朝是：

> 宰相三十四人：刘幽求、韦安石、魏知古、崔湜、陆象先、窦怀贞、岑羲、萧至忠、郭元振、张说、姚元之（崇）、卢怀慎、源乾曜、宋璟、苏颋、张嘉贞、王晙、李元纮、杜暹、萧嵩、宇文融、裴光庭、韩休、裴耀卿、张九龄、李林甫、牛仙客、李适之、陈希烈、杨国忠、韦见素、崔圆、房琯、崔涣。

这当是从所说延和元年（712）①七月五日玄宗即位时算起的，即位后改本年为先天元年。但据《旧唐书·玄宗纪》《新唐书·玄宗纪》和《宰相表》并参考两《唐书》本传，韦安石任宰相早在睿宗景云二年（711）的二月至十月，不知怎么被错算进玄宗朝的名单里。崔湜、窦怀贞、岑羲、萧至忠则是玄宗尚未掌握全权时站在太平公主一边的人，先天二年（713）七月已随太平公主被玄宗剪除。最后的崔圆、房琯、崔涣已是天宝十五载（756）六七月玄宗避安禄山叛军逃离长安将到成都时所任命，也可以不算进去。除去这两头，为玄宗所用的宰相有二十六人。这里再用两《唐书》纪传和《宰相表》，表列他们任宰相的起讫年月，并核计其干了几年几个月，以便观览，以醒眼目：

---

① 　为方便注上相当于该年的公元，月日就不再换算。

姓名	任宰相起讫年月①	年月核计②
刘幽求	开元元年③八月至十二月	5个月
魏知古	先天元年八月至开元二年五月	1年10个月
陆象先	先天元年正月至开元元年七月	1年7个月
郭元振	开元元年六月至十月	5个月
张说	开元元年七月至十二月 开元九年九月至十四年四月	6个月 4年8个月
姚元之（崇）	开元元年十一月至四年闰十二月	3年2个月
卢怀慎	开元元年十二月至四年十一月	3年
源乾曜	开元四年十一月至闰十二月 开元八年正月至十七年六月	3个月 9年6个月
宋璟	开元四年闰十二月至八年正月	3年2个月
苏颋	开元四年闰十二月至八年正月	3年2个月
张嘉贞	开元八年正月至十一年二月	3年2个月
王晙	开元十一年四月至十二月	9个月
李元纮	开元十四年四月至十七年六月	3年3个月
杜暹	开元十四年九月至十七年六月	2年10个月
萧嵩	开元十六年十一月至二十一年十二日	5年2个月
宇文融	开元十七年六月至九月	4个月
裴光庭	开元十七年六月至二十一年三月	3年10个月
韩休	开元二十一年三月至十二月	10个月
裴耀卿	开元二十一年十二月至二十四年十一月	3年
张九龄	开元二十一年十二月至二十四年十一月	3年
李林甫	开元二十二年五月至天宝十一载十一月	18年7个月
牛仙客	开元二十四年十一月至天宝元年七月	5年9个月

---

① 有人在此前已一度以至再度任过宰相,在这表里不再将其前度的年月列入。

② 这年月核计的几个月,只是指跨有几个月,如刘幽求之为开元元年八月至十二月,就算5个月。

③ 这年本是先天二年,到十二月才改为开元元年,为醒目起见,这表上就用《通鉴》纪年的办法,都写成开元元年了。

续表

姓名	任宰相起讫年月	年月核计
李适之	天宝元年八月至五载四月	3年 9个月
陈希烈	天宝五载四月至十三载八月	8年 5个月
杨国忠	天宝十一载十一月至十五载六月	3年 8个月
韦见素	天宝十三载八月至至德二载三月	2年 8个月

表上核计得很清楚，开元年间的宰相一般只干了三年多，少的甚至一年多或几个月。其中姚崇、宋璟也不例外，姚崇是三年两个月，宋璟接上同样是三年两个月，加起来核算是六年三个月，还不到开元二十九个年头的四分之一，认为开元之治全靠这两位好宰相显然不尽符史实。开元时比姚、宋干得长的宰相有张说，先是六个月，再是四年八个月，源乾曜先是三个月，再是九年六个月，萧嵩也有五年两个月。开元后期的情况有些变动，其时拜相干到天宝后期的李林甫为时长达十八年七个月，而与李同获奸相之称的杨国忠只有三年八个月者，乃缘随玄宗逃离长安在马嵬驿被杀，并非罢免或正常死亡。

为什么会出现如上的情况？上述的这几名宰相干得究竟怎么样？这里试就现有的史料作剖析。

三

先看上述开元时的几名。

姚崇是老资格，早在武周时就擢用，武周长安二年（702）十月至中宗神龙元年（705）还任过宰相。睿宗即位后，在景云元年（710）七月又入相，和比他早几天入相的宋璟都站在玄宗一边反对太平公主，到景云二年（711）正月在太平公主压力下又和宋璟同被贬逐。玄宗先天二年（713）七月剪除太平公主之后，同年十一月姚崇才重新入相。

姚崇这次入相后处理的政务，《旧唐书》卷九六《姚传》只记述了两件：一是"中宗时，公主外戚皆奏请度人为僧尼，亦有出私财造寺者，富户强丁，皆经营避役，远近充满"，经姚崇进奏，"令有司隐括僧徒，以伪滥还俗者万二千余人"。再是开元四年（716）山东蝗虫大起，姚崇主张"夜中设火，火边掘坑，且焚且瘗，除之可尽"，"遣御史分道杀蝗"，"蝗因此亦渐止息"。但这总还算不上事关大局①。关大局的政绩，当如这《旧书·姚传》所说，是：

> 是时，上初即位，务修德政，军国庶务，多访于崇，同时宰相卢怀慎、源乾曜等，但唯诺而已。崇独当重任，明于吏道，断割不滞。

《新唐书》卷一二四《姚传》讲得更详细，说：

> 崇尤长吏道，处决无淹思，三为宰相，常兼兵部，故屯戍斥候、士马储械，无不谙记。玄宗初立，宾礼大臣故老，雅尊遇崇，每见便殿，必为之兴，去辄临轩以送，它相莫如也。时承权戚干政之后，纲纪大坏，先天末，宰相至十七人②，台省要职不可数，崇常先有司，罢冗职，修制度，择百官各当其材，请无广释道，无数移吏。繇是天子责成于下，而权归于上矣。

能使"天子责成于下，而权归于上"，俾中枢政局走上正轨，这应该就是把姚崇加上其继承者宋璟作为良相典范的原因。

但《新书·姚传》还有一大段记载不知怎么被读史者忽略了，这就是说他：

---

① 《新唐书·姚传》还说姚这次入相时提出十事要玄宗施行。但据《通鉴》卷二一○开元元年（713）十月甲辰的《考异》，其说出于传为吴兢所撰《升平源》，《考异》即不置信，指出："当时天下之事，止此十条，须因事启沃，岂一旦可邀，似好事者为之，依托兢名，难以尽信，今不取。"

② 据两《唐书》纪传和《宰相表》，先天二年（713）包括剪除太平公主之前加上其后之在宰相位上的，统共也仅得刘幽求、魏知古、崔湜、陆象先、窦怀贞、岑羲、萧至忠、郭元振、张说、姚崇十人，除去与太平公主同被剪除的崔湜、窦怀贞、岑羲、萧至忠更不到此数，这里说"十七人"或传写有误。

资权谲，如〔缘得罪太平公主出〕为同州〔刺史〕，张说以素憾，讽赵彦昭劾崇。及当国，说惧，潜诣岐王申款。崇它日朝，众趋出，崇曳踵为有疾状，帝召问之，对曰："臣损足。"曰："无甚痛乎？"曰："臣心有忧，痛不在足。"问以故，曰："岐王陛下爱弟，张说辅臣，而密乘车出入王家，恐为所误，故忧之。"于是出说相州。魏知古，崇所引，及同列，稍轻之，出摄吏部尚书，知东都选，知古憾焉。时崇二子在洛，通宾客馈遗，凭旧请托，知古归，悉以闻。他日，帝召崇曰："卿子才乎，皆安在？"崇揣知帝意，曰："臣二子分司东都，其为人多欲而寡慎，是必尝以事干魏知古。"帝始以崇私其子，或为隐，微以言动之，及闻，乃大喜，问安从得之，对曰："知古，臣所荐也，臣子必谓其见德而请之。"帝于是爱崇不私其子，而薄知古，欲斥之，崇曰："臣子无状，桡陛下法，而逐知古，外必谓陛下私臣。"乃止，然卒罢〔知古〕为工部尚书。

这虽均不见于《旧书·姚传》，但已为《通鉴》卷二一〇开元元年（713）十二月癸丑条、卷二一一开元二年（714）五月辛亥条采用。《旧书》卷九七《张说传》也说张"为姚崇所构，出为相州刺史"，卷九八《魏知古传》也记"姚崇深忌惮之，阴加谗毁，乃除工部尚书，罢知政事"，足见自可信从。何况为姚崇谗毁者绝不止此二人，仅就《旧书》记载，尚有卷九七《刘幽求传》所说"开元初……幽求……罢知政事，姚崇素嫉忌之，乃奏言幽求郁怏于散职，兼有怨言，贬授睦州刺史"。同卷《钟绍京传》所说"玄宗即位，复召拜户部尚书，迁太子詹事，时姚崇素恶绍京之为人，因奏绍京发言怨望，左迁绵州刺史"。可见宰相大臣间之多有矛盾，不时地在相互排挤倾陷。而姚崇所玩手法，一如《新传》所描述那样，才使他屡屡得逞吧！

当然，纵使屡屡得逞，仍总有被抓住把柄不得不下台之日。《旧书·姚传》记述其经过，《新传》简约为："紫微史赵诲受夷人赇，当死。崇素亲倚，署奏营减，帝不悦。时曲赦京师，惟海不原。崇惶惧，上还宰政，引宋璟自代。"这是开元四年（716）闰十二月的事情，如前所核计这次任宰相只有三年两个月。

前面讲过，宋璟在睿宗景云元年（710）七月到二年（711）正月已任过宰相。《通鉴》卷二一一在他这次再任宰相的开元四年闰月己亥纪事中说：

> 璟为相，务在择人，随材授任，使百官各称其职，刑赏无私，敢犯颜直谏，上甚敬惮之。

《新唐书·姚宋合传》的论赞也说：

> 璟刚正又过于崇，玄宗素所尊惮，常屈意听纳。故唐史臣称崇善应变以成天下之务，璟善守文以持天下之正，二人道不同，同归于治，此天所以佐唐使中兴也。……然唐三百年，辅弼者不为少，独前称房〔玄龄〕、杜〔如晦〕，后称姚、宋，何哉？君臣之遇合，盖难矣夫！

这自是原本国史所写的议论。《通鉴》还给加上几句，写成：

> 使赋役宽平，刑罚清省，百姓富庶。唐世贤相，前称房、杜，后称姚、宋，他人莫得比焉。

更加重了姚、宋二位的分量。

但宋璟这次在相位上的嘉言懿行之见于记载者，也和姚崇那样并不多。仅有驾幸东都，因崤谷处驰道隘狭，车骑停拥，玄宗要罢黜河南尹和知顿使，为宋璟劝阻。宋璟和他同时拜相的苏颋为皇子制名及封邑并公主等邑号，不奉诏别撰一佳名及一美邑号，以免母宠子爱发生问题。又当时的王皇后父王仁皎卒，宋璟与苏颋请筑坟一依礼式。这些在《旧传》《新传》都相同。其罢相经过，则《新传》失记，仅《旧传》作"先是，朝集使每至春将还，多有改转，率以为常，璟奏请一切勒还，绝其侥求之路。又禁断恶钱，发使分道检括销毁之，颇招士庶所怨。俄授璟开府仪同三司，罢知政事"。《通鉴》更认定禁断恶钱是宋璟与苏颋罢相的导火线，在卷二一二开元八年（720）正月讲其事情的经过说："时璟与中书侍郎、同平章事苏颋建议严禁恶钱，江淮间恶钱尤甚，璟以监察御史萧隐之充使括恶钱，隐之严急烦扰，怨嗟盈路，上于是贬隐之官。辛巳，罢璟为开府仪同三司，颋为礼部尚书。"《旧唐书》卷八八《苏颋传》说他"与侍中宋璟同知政事，璟刚正，多所裁断，颋皆顺从其美，若上前承旨、敷奏及应对，则颋为之助，相得甚悦"。可见宋璟和他同时罢相是为别个有力者所排挤中伤。

声望次于姚、宋的张说，也早在睿宗景云二年（711）正月到十月任过宰相。先天二年（713）七月太平公主剪除后重新入相，这年十二月即改称开元元年的十二月，又为同列姚崇倾陷罢相外任。姚崇、宋璟也相继罢相之后，他在开元九年（721）九月又以军功三度入相，干了四年八个月，在开元十四年（726）四月又罢相。《旧唐书》卷九七《张传》备详最后罢相的经过说："先是，御史中丞宇文融献策，请括天下逃户及籍外剩田，置十道劝农使分往检察，说嫌其扰人不便，数建议违之。及东封还，融又密奏分吏部置十铨，融与礼部尚书苏颋等分掌选事，融等每有奏请，皆为说所抑，由是铨综失叙。融乃与御史大夫崔隐甫、中丞李林甫奏弹说引术士夜解及受赃等状，敕宰臣源乾曜、刑部尚书韦抗、大理少卿胡珪、御史大夫崔隐甫就尚书省鞫问。……时中书主事张观、左卫长史范尧臣并依倚说势，诈假纳赂，又私度僧王庆则往来与说占卜吉凶，为隐甫等所鞫伏罪。……由是停兼中书令，观及庆则决杖而死，连坐迁贬者十余人。隐甫及融等恐说复用为己患，又密奏毁之。明年，诏说致仕，仍令在家修史。"这又明显是被排挤倾陷。

在相位五年两个月的萧嵩，是在开元十六年（728）十一月以抵御吐蕃有功拜相的。《旧唐书》卷九九《萧传》说："〔开元〕二十一年（733）二月，侍中裴光庭卒，光庭与嵩同位数年，情颇不协，及是，玄宗遣嵩择相，嵩以右丞韩休长者，举之。及休入相，嵩举事，休峭直，辄不相假，互于玄宗前论曲直，因让位。玄宗眷嵩厚，乃许嵩授尚书右丞相，令罢相，以休为工部尚书。"事在二十一年十二月，是互相闹矛盾而同时下台，两败俱伤。

开元年间居相位真正特别久的是源乾曜，先从开元四年（716）十一月到闰十二月干了三个月，再从开元八年（720）正月到十七年（729）六月又干了九年六个月。《旧唐书》卷九八《源传》说："乾曜在政事十年，时张嘉贞、张说相次为中书令，乾曜不敢与之争权，每事皆推让之。及李元纮、杜暹知政事，乾曜遂无所参议，但唯诸署名而已。初，乾曜因姜皎所荐，遂擢用，及皎得罪，为张嘉贞所挤，乾曜竟不救之，议者以此讥焉。"就凭此种姿态，好歹不和同列闹矛盾，这才干得长久。以致《旧传》的"史臣曰"都要说他"职当机密，无所是非，持禄保身，焉用彼相"！他最后罢相，当是由于年老多病，因为再过两年到开元十九年（731）冬他就死去。

在源乾曜之前还有一位同类型的人物，就是早在开元元年（713）十二月拜了相的卢怀慎。《旧唐书·卢怀慎传》正好和源同卷，说"怀慎与紫微令姚崇对掌机密，怀慎自以为吏道不及崇，每事皆推让之，时人谓之'伴食宰相'"。只是过了三年到开元四年（716）十一月此卢就病故，没有能继续对付着干下去。

为什么开元前期的宰相一般都干不长？我认为至少可以从两个方面来考虑。从宰相方面来说，当时玄宗的新政权刚刚建立，各路人物都有兴头来奔竞，来猎取高位。因而宰相们的所谓外朝一时不易形成其重心，同列之间相互排挤倾陷之事自然层见叠出。玄宗这方面呢，我把他毕生几个关键时间的年龄编排了一下：出生是在武太后垂拱元年（685）的八月五日，剪除太平公主的先天二年即开元元年（713）才二十九岁，天宝元年（742）五十八岁，天宝十五载即肃宗至德元载（756）七十二岁，到代宗元年建巳月即宝应元年（762）的四月五日七十八岁时去世。则开元前期正当他年富力强，有精神有兴趣来直接过问外朝宰相的事情。加上宰相的事情也确实叫他不怎么放心，岑羲、萧至忠等投靠太平公主和自己作对的事情就在眼前，稍远一点，为首发动政变把他祖母大周皇帝武曌弄下台的也有宰相张柬之和崔玄暐。而此时宰相们的排挤倾陷也容易暴露其弱点毛病，易于为他一一抓住及时处理。这些应该就是开元前期宰相更迭频繁、多数干不长的根本原因。

不过，他大概还不曾发现这些宰相敢于动摇他的统治，所以让他们罢相时一般不再严加处分，相反还常给予名义上的高官聊事安抚。如姚崇、宋璟都授开府仪同三司罢知政事，其后玄宗幸东都，还令姚崇五日一参仍入阁供奉，令宋璟兼京兆留守俄又兼吏部尚书，复迁尚书右丞相即尚书右仆射。张说罢相后也与宋璟同时拜尚书左丞相即左仆射和集贤院学士，又加开府仪同三司。魏知古、韩休都是转工部尚书罢知政事，韩休还迁太子少师。萧嵩授尚书右丞相即右仆射罢相，后又拜太子太师。这当然并不能说这位玄宗就如何宽厚，因为此前对付真与他为敌的岑羲、萧至忠等宰相是概从诛戮，丝毫不手软的。

四

现在来讲李林甫。此人一向被认定为祸乱国家的罪人，如本文一开头所说，《新唐书》更索性把他打入了卷二二三的《奸臣传》。但正因为如此，两《唐书》的《李传》不会和有些史传那样尽给传主说好话，可以从所记述中多少看到点此人的真面目。

《旧唐书》卷一〇六《李传》说他走源乾曜、宇文融的门路进入官场，又说韩休推荐他"堪为宰相"，应都是事实。不过韩休在开元二十一年（733）十二月罢相，而李林甫拜相已到开元二十二年（734）五月[1]，可见

---

[1] 《旧传》错成二十三年，前列表格作二十二年，是据两《唐书·玄宗纪》、《新书·宰相表》写定的。

还是凭其能力为玄宗擢用的。

李林甫对同时的宰相大臣也很会排挤倾陷，《旧传》记述的归纳起来有两起。先是针对张九龄。张九龄反对听从武惠妃废掉太子瑛等，李退后对中贵人即宦官说"家事何须谋及于人"。又不顾张九龄反对，支持进用牛仙客。加上九龄与中书侍郎严挺之善，蔚州刺史王元琰坐赃严要救免，玄宗"以九龄有党，与裴耀卿俱罢知政事，拜左、右丞相，出挺之为洺州刺史，元琰流于岭外，即日林甫代九龄为中书〔令〕、集贤殿大学士修国史，拜牛仙客工部尚书、同中书门下平章事，知门下省事"。这是开元二十四年（736）十一月的事情。二十五年（737）四月，"监察御史周子谅言仙客非宰相器，玄宗怒而杀之，林甫言子谅本九龄引用，乃贬九龄为荆州长史"。

同月太子瑛等被废，李林甫建议立武惠妃生的玄宗第十八子寿王李瑁，可第二年玄宗立了年长的第三子忠王也就是后来继位为肃宗的李亨为太子，"自是林甫惧，巧求阴事以倾太子"，此后太子周围的人就成为李排挤倾陷的对象。李先令御史中丞杨慎矜诬告太子妃兄刑部尚书韦坚，自己再奏宰相李适之与坚昵狎，及户部尚书裴宽、京兆尹韩朝宗并曲附适之，玄宗"赐坚自尽，裴、韩皆坐之斥逐"。后杨慎矜权位渐盛，李又引王鉷为御史丞，授意王鉷"诬罔密奏慎矜左道不法，遂族其家"。太子良娣杜氏父有邻为婿柳勣飞书告其不法，引李邕为证，诏王鉷与杨国忠按问，"鉷与国忠附会林甫奏之，于是赐有邻自尽，出良娣为庶人，李邕、裴敦复枝党数人并坐极法"。李又令济阳别驾魏林告陇右河西节度使王忠嗣，说忠嗣"自云与忠王同养宫中，情意相得，欲拥兵以佐太子"，玄宗虽不置信，"然忠嗣亦左授汉阳太守"。

所有这些当然都很恶劣，但和前此姚崇倾陷人的手法相比较，也止能说各有千秋。只是此时外朝权力已相对集中，倾陷人也得集中火力，不像姚崇当年权力分散，致使四面出击而已。就凭这点来评判谁奸谁贤，显然是欠公允的。公允点应该认真弄清楚玄宗为什么会宠用此李林甫，此李林甫又凭什么能见宠于玄宗。

玄宗本是够精明有作为的，从他早年剪除伯父中宗的韦后和安乐公主，继而又剪除太平公主建立自己的政权，都看得很清楚。无奈年龄不饶人，到开元后期他已渐入老境，加以其时中原经济日见繁荣，户口赋税有所增长①，而自设置节度使以来，周边也大体宁静②。使他对外朝宰相们的事情，不再像当初那样有兴致去过问处理。这样就出现了《旧唐书·李传》所说的：

> 上在位多载，倦于万机，恒以大臣接对拘检，难徇私欲，自得林甫，一以委成，故杜绝逆耳之言，恣行宴乐。

就李林甫来说，前面讲到本是凭能力被擢用的。其主要表现如《旧书·李传》所说是：

> 每事过慎，条理众务，增修纲纪，中外迁除，皆有恒度。

再是：

> 自处台衡，动循格令，衣冠士子，非常调无仕进之门。

吕诚之师据此认为他"盖亦守成综核之才"（《隋唐五代史》第四章第一节"玄宗政治"）。这和姚崇的"明于吏道"，"罢冗职，修制度，择百官各当其材"，宋璟的"务在择人，随材授任，使百官各称其职"，其实也只是一回事，确可说已多少克尽了相职。至如《旧书·李传》所说：

---

① 如后来杜佑《通典》卷七"历代盛衰户口"所说："〔开元〕二十年，户七百八十六万一千二百三十六，口四千五百四十三万一千二百六十五。天宝元年，户八百三十四万八千三百九十五，口四千五百三十一万一千二百七十二。……十四载，管户总八百九十一万四千七百九，管口总五千二百九十一万九千三百九，此国家之极盛也。"这当然还只是为征收赋税而登录统计的数字，实际的户口肯定更大于此数。

② 其事别详旧作《唐代河北藩镇与奚、契丹》等篇，均已收入自选集《文史探微》，2000年中华书局版。

> 林甫面柔而有狡计，能伺候人主意，故骤历清列，为时委任，而中官妃家，皆厚结托，伺上动静，皆预知之，故出言进奏，动必称旨。

这通过宦官和妃家来伺上动静，可又是姚崇、宋璟辈未尝措意的，自然更让玄宗对他放心倚重，"一以委成"。而李也就此加紧地党同伐异，培植自己的势力，做到：

> 与宰相李适之虽同宗属，而适之轻率，尝与林甫同论时政，多失大体，由是主恩益疏，以至罢免。黄门侍郎陈希烈性便佞，尝曲事林甫，适之既罢，乃引希烈同知政事。林甫久典枢衡，天下威权，并归于己，台司机务，希烈不敢参议，但唯诺而已。……宰相用事之盛，开元已来，未有其比。

这样就使李林甫能集外朝相权于一身，经历长达十八年七个月的岁月，到天宝十一载（752）十一月才以老病去世。

杨国忠在《旧唐书》和李林甫同卷，说"本名钊，……太真妃[①]即国忠从祖妹也。天宝初，太真有宠，剑南节度使章仇兼琼引国忠为宾佐，既而擢授监察御史"。但后来大用，倒并非如通常所说全凭裙带关系，而自有其理财的能力，如《旧书·杨传》所说：

> 上春秋高，意有所爱恶，国忠探知其情，动契所欲。骤迁检校度支员外郎，兼侍御史，监水陆运及司农、出纳钱物、内中市买、召募剑南健儿等使，以称职迁度支郎中。不期年，兼领十五余使，转给事中兼御史中丞，专判度支事。……〔天宝〕八载，玄宗召公卿百僚观

[①] 玄宗杨贵妃本为寿王李瑁妃，出寿邸入宫前，衣道士服号曰太真。

左藏库，喜其货币山积，而赐国忠金紫，兼权太府卿事。国忠既专钱
谷之任，出入禁中，日加亲幸。

与此同时，杨国忠也卷入朝臣互相倾陷的漩涡而得到好处。先是投靠
李林甫，《旧书·杨传》讲侍御史杨慎矜听从李林甫倾陷太子妃兄韦坚，
"以国忠怙宠敢言，援之为党，以按其事，京兆府法曹吉温舞文巧诋，为
国忠爪牙之用"，"自是连岁大狱，追捕挤陷，诛夷者数百家，皆国忠发
之。林甫方深阻保位，国忠凡所奏劾，涉疑似于太子者，林甫虽不明言以
指导之，皆林甫所使，国忠乘而为邪，得以肆意"。《旧传》还说杨慎矜与
王鉷有隙，"鉷乃附国忠，奏诬慎矜，诛其昆仲"，据《旧书》卷一〇五
《杨慎矜传》事在天宝六载（747）十一月，也是李林甫在指使操纵的。

到羽毛稍丰，又把矛头转而指向李林甫了。《旧传》说"吉温为国忠
陈移夺执政之策，国忠用其谋"。"京兆尹萧炅、御史中丞宋浑皆林甫所亲
善，国忠皆诬奏谴逐，林甫不能救。王鉷为御史大夫兼京兆尹，恩宠侔于
国忠，而位望居其右，国忠忌其与己分权，会邢縡〔潜构逆谋〕事泄，乃
陷鉷兄弟诛之，因代鉷为御史大夫，权京兆尹，赐名国忠"。事在天宝十
一载（752）四月。其前天宝十载（751）四月杨国忠推荐的剑南节度使鲜
于仲通进攻南诏"全军陷没"，十一月杨国忠兼领剑南节度使，使司马李
宓率师再讨，又"不战而败"。十一载南诏侵蜀，"蜀人请国忠赴镇，林甫
亦奏遣之，将辞，雨泣恳陈必为林甫所排，帝怜之，不数月召还。会〔是
年十一月〕林甫卒，遂代为右相，兼吏部尚书、集贤殿大学士、太清太微
宫使，判度支、剑南节度、山南西道采访、两京出纳租庸铸钱等使并如
故"。《旧书》同卷《李林甫传》还说国忠"既得志，诬奏林甫与蕃将阿布
思同构逆谋，诱林甫亲族间素不悦者为之证，诏夺林甫官爵，废为庶人，
岫、崿诸子并谪于岭表"。《旧书·玄宗纪》记此事发生在天宝十二载
（753）二月，即李林甫死后第三个月。这就旧道德来说，也是很不像话
的，所以《旧书·李传》要给加上句"及国忠诬构，天下以为冤"。

《旧书·杨传》说："国忠本性疏躁，强力有口辩，既以便佞得宰相，

剖决机务，居之不疑，立朝之际，或攘袂扼腕，自公卿已下，皆颐指气使，无不奢惮。"又说："国忠既以宰臣典选，奏请铨日便定留放，不用长名。……故事，吏部三铨，三注三唱，自春及夏，才终其事。国忠使胥吏于私第暗定官员，集百僚于尚书省对注唱，一日令毕，以夸神速，资格差谬，无复伦序。明年注拟，又于私第大集选人，令诸女弟垂帘观之，笑语之声，朗闻于外。故事，注官讫，过门下侍中、给事中。国忠注官时，呼左相陈希烈于座隅，给事中在列，曰：'既对注拟，过门下了矣。'"这都是对杨国忠的政绩作否定的。《新唐书》的《杨传》在卷二〇六《外戚传》里，大体本上述史料讲述外，还加上一段："故事，岁揭版南院为选式，选者自通，一辞不如式，辄不得调，故有十年不官者。国忠创押例，无贤不肖，用选深者先补官，牒文谬缺得再通，众议翕然美之。"给杨说了好话，这应该也有依据，但总的看来比当年的姚、宋以至李林甫都差多了。至于《旧传》所说"贵妃姊虢国夫人，国忠与之私"，"远近饷遗，珍玩狗马，阉侍歌儿，相望于道"之类，还只是当年权贵们的通病。安禄山的叛乱也另有原因[①]，不能由杨国忠承担责任。

《新唐书·李林甫传》说："至德中，两京平，大赦，唯禄山支党及林甫、杨国忠、王𬭶子孙不原。"《通鉴》记其事在卷二二〇至德二载（757）十二月戊午。此后原本《国史》的《旧书·李杨等传》、元稹的《连昌宫词》都把李林甫和杨国忠相提并论，对李说来是颇为委屈的。

五

唐代初期宦官还没形成其特殊势力，不曾和外朝宰相发生矛盾。发生矛盾要到玄宗时候，宦官一边是其首领高力士，宰相则先是李林甫，再是杨国忠。

将这矛盾明白地讲出来的，是郭湜撰写的记述高力士一生重要言行的

---

① 别详已收入《文史探微》的旧作《〈通典〉论安史之乱的"二统"说证释》。

《高力士外传》。《外传》说：

> 上因大同殿思神念道，左右无人，谓高公曰："朕自住关内向欲
> 十年，俗阜人安，中外无事，高止黄屋，吐故纳新，军国之谋，委以
> 林甫，卿谓如何？"高公顿首曰："臣自〔开元〕二十年（732）已后，
> 陛下频赐臣酒，往往过度，便染风疾，言辞倒错，进趋无恒，十年已
> 来，不敢言事。陛下不遗鄙贱，言访刍荛，纵欲上陈，无裨圣造，然
> 所闻所见，敢不竭诚。且林甫用变造之谋，仙客建和籴之策，足堪救
> 弊，未可长行。恐变正仓尽即义仓尽，正义俱尽，国无旬月之蓄，人
> 怀饥馑之忧。和籴不停，即四方之利不出公门，天下之人尽无私蓄，
> 弃本逐末，其远乎哉！但顺动以时，不逾古制，征税有典，自合恒
> 规，则人不告劳，物无虚费。军国之柄，未可假人，威权之声，振于
> 中外，得失之议，谁敢兴言，伏惟陛下图之。"上乃言曰："卿十年已
> 来，不多言事，今所敷奏，未会朕心。"乃顿首曰："臣生于夷狄之
> 国，长自升平之代，一承恩渥，三十余年，尝愿粉骨碎身，以裨玄
> 化，竭诚尽节，上答皇慈。顷缘风疾所侵，遂使言辞舛谬，今所尘
> 默，不称天心，合当万死。顿首顿首。"上曰："朕与卿休戚共同，何
> 须忧虑。"命左右曰："即置酒为乐，无使怀忧。"左右皆称万岁。从
> 此便住内宅，不接人事。

这里先说"〔开元〕二十年已后"，再说"十年已来"，开元二十年（732）
之后再经十年便是天宝元年（742），此时高力士已在玄宗面前公开反对李
林甫。所谓"变造""和籴"，陈寅恪先生《隋唐制度渊源略论稿》"财政"
章已有所解释。高力士抓住这两项财政政策，来反对玄宗将"军国之谋，
委以林甫"。

《外传》此后又说：

> 〔天宝〕十二年（753）冬，林甫云亡，国忠作相。……十三年

（754）秋，大雨昼夜六十日，陈希烈罢相，韦见素持衡。上因左右无人，谓高公曰："自天宝十年之后，朕数有疑，果致天灾，以殃万姓，虽韦、陈改辙，杨、李殊途，终未通朕怀，卿总无言，何以为意？"高公伏奏曰："开元二十年（732）以前，宰臣授职，不敢失坠，边将承恩，更相戮力。自陛下威权假于宰相，法令不行，灾眚备于岁时，阴阳失度，纵为轸虑，难以获安，臣不敢言，良有以也。"上久而不答。

前面的对话说"〔开元〕二十年已后"，这里对话又说"开元二十年以前"。案李林甫之任宰相是在开元二十二年，《外传》老讲二十年当是高力士上年纪后只记了个成数。总之是说"陛下威权假于宰相"后就什么都会出问题，何止昼夜六十日的大雨。此时"林甫云亡"，把矛头对准了杨国忠。

这些是口头攻击，当然还必有具体行动。可查考的，最早是开元二十六年（738）立太子的事情。如前所说，李林甫本来建议立寿王李瑁，结果立了年长的玄宗第三子忠王即后来的肃宗李亨，而高力士在中间是起了作用的。《新唐书》卷二〇七《宦者·高力士传》就讲了其事说："帝……意未决，居忽忽不食。力士曰：'大家不食，亦膳羞不具耶？'帝曰：'尔，我家老，揣我何为而然？'力士曰：'嗣君未定耶？推长而立，孰敢争？'帝曰：'尔言是也。'储位遂定。"《通鉴》卷二一四开元二十六年五月也据以写入，《考异》并说还见于《统记》，自非虚构可信。说明至少早在此时内廷高力士与外朝李林甫之间的矛盾已经露头，到天宝时就逐步加深。曾进言帮助高力士反对王毛仲的齐瀚，这时候见厄于李林甫即是一个事例。《旧唐书·齐瀚传》说："瀚因高力士中助，连为两道采访使，……李林甫恶之，遣人掎摭其失，会瀚判官犯赃，瀚连坐，遂废归田里。天宝初，起为员外少詹事，留司东都。时绛州刺史严挺之为林甫所构，除员外少詹事，留司东都，与瀚皆朝廷旧德。既废居家巷，每园林行乐，则杖屦相过，谈谑终日。林甫闻而患之，欲离其势，〔天宝〕五年（746），用瀚为平阳太守，卒于郡。"和高力士闹矛盾发展到倾陷高力士一边的人。高力士对杨国忠，则天宝十三载（754）予以攻击而玄宗"久而不答"后，到天宝十五载（756）就在马嵬驿把他和杨贵妃一并剪除①。

至于在李林甫之前，尚未发现高力士与宰相之间的矛盾痕迹，这当由于姚崇、宋璟以至张说等宰相疲于同列显贵之间的相互排挤倾陷，还没有能形成集相权于一身的局面。宦官高力士这边也因与禁军之间的矛盾要到开元十九年（731）正月王毛仲等贬死才得解决，此前也未形成其为内朝，自与外朝宰相无多争竞。而这双方的变化正在开元后期，亦即玄宗渐入老境而李林甫集相权于一身之时。我以为只有这样才可说是理清了玄宗时期中枢政局种种纠纷的头绪，而其时姚、宋、李、杨诸宰相的真实面貌也才得以弄清楚。

（原载《中国史研究》2003年第2期，为避免和《说马嵬驿杨妃之死的真相》重复，最后一节在这里作了删节）

---

① 别详旧作《说马嵬驿杨妃之死的真相》。

说唐玄宗防微杜渐的两项新措施

从唐高宗永徽六年（655）武昭仪得立皇后，继而与高宗并称"二圣"以后，到睿宗延和元年（712）内禅传位玄宗，长达半个世纪中央政权不获稳定。酿成不稳定的因素中最明显的有两个，一是后妃，一是皇子。所以先天二年（713）玄宗剪除太平公主，让太上皇睿宗交出了全部权力，就要对后妃、对皇子作出防微杜渐的新措施。

一

先说对皇子。

玄宗自己就是以睿宗第三子的身份，唐隆元年（710）发动政变诛杀中宗的韦后和安乐公主，把睿宗扶上皇帝宝座，以功大超越睿宗的长子成器而成为皇太子，继而成为皇帝的。而且他的曾祖李世民也是以高祖的第二子通过武德九年（626）的玄武门政变成为太宗皇帝的。中宗神龙三年（707）太子李重俊也曾发动政变要杀韦后和安乐公主，不过没有成功。因此玄宗取得全部权力后，为防微杜渐，就得着意安抚好他的大哥成器（后改名宪）、二哥成义（后改名㧑）和弟弟隆范（后单名称范）、隆业（后单名称业）。《旧唐书》卷九五《睿宗诸子传》说：

> 玄宗兄弟圣历初出阁，列第于东都积善坊，五人分院同居，号

"五王宅"。大足元年，从幸西京，赐宅于兴庆坊，亦号"五王宅"。及先天之后，兴庆是龙潜旧邸，因以为宫。〔宁王〕宪于胜业东南角赐宅，申王㧑、岐王范于安兴坊东南赐宅，薛王业于胜业西北角赐宅，邸第相望，环于宫侧。玄宗于兴庆宫西南置楼，西面题曰花萼相辉之楼，南面题曰勤政务本之楼。玄宗时登楼，闻诸王音乐之声，咸召登楼同榻宴谑，或便幸其第，赐金分帛，厚其欢赏。诸王每日于侧门朝见，归宅之后，即奏乐纵饮，击球斗鸡，或近郊从禽，或别墅追赏，不绝于岁月矣。游践之所，中使相望，以为天子友悌，近古无比，故人无间然。

所谓友悌自是表面文章，实质上是用这种特殊的友悌来防微杜渐，即"奏乐纵饮，击球斗鸡"，"近郊从禽"，"别墅追赏"，干什么吃喝玩乐都可以，只是不准参与政治活动，要安分守己。

其中本来身居嫡长有当皇太子资格的大哥宁王宪，就做得比较好，《睿宗诸子传》说：

玄宗既笃于昆季，虽有谗言交构其间，而友爱如初。宪尤恭谨畏慎，未曾干议时政及与人交结，玄宗尤加信重之。

岐王范则不够注意，《诸子传》说：

范好学工书，雅爱文章之士，士无贵贱，皆尽礼接待，与阎朝隐、刘庭琦、张谔、郑繇篇题唱和，又多聚书画古迹，为时所称。时上禁约王公，不令与外人交结。驸马都尉裴虚己坐与范游谯，兼私挟谶纬之书，配徙岭外。万年尉刘庭琦、太祝张谔皆坐与范饮酒赋诗，黜庭琦为雅州司户，谔为山茌丞。然上未尝间范，恩情如初，谓左右曰："我兄弟友爱天至，必无异意，只是趋竞之辈强相托附耳，我终不以纤芥之故责及兄弟也。"

虽然对与外人结交的岐王范可以宽容不加斥责，但和他饮酒赋诗的文士就得黜逐，和他游宴兼私挟谶纬更要配徙岭外，这也是对他的一种警诫。至于兄弟的亲戚当玄宗身体欠适时和外人私议休咎，处分自愈加严厉，《诸子传》所记：

> 〔开元〕十三年，上尝不豫，〔薛王〕业妃弟内直郎韦宾与殿中监皇甫恂私议休咎。事发，玄宗令杖杀韦宾，左迁皇甫恂为锦州刺史。妃惶惧，降服待罪，业亦不敢入谒。上遽令召之，业至阶下，逡巡请罪，上降阶就执其手曰："吾若有心猜阻兄弟者，天地神明，所共咎罪。"乃欢宴久之，仍慰谕妃，令复其位。

对薛王业和王妃则仍慰谕不追问。这样以胡萝卜为主，必要时副以大棒，成为玄宗安抚兄弟诸王使他们安分守己的一贯措施。

对自己的皇子皇孙也是如此，所不同的是进而创设了和其前"五王宅"颇不一样的"十王宅"和"百孙院"。《旧唐书》卷一〇七《玄宗诸子传》说：

> 先天之后，皇子幼则居内，东封年（开元十三年），以渐成长，乃于安国寺东附苑城同为大宅，分院居，为"十王宅"，令中官押之。于夹城中起居，每日家令进膳。又引词学工书之人入教，谓之侍读。十王，谓庆、忠、棣、鄂、荣、光、仪、颍、永、延、济，盖举全数。其后盛、仪、寿、陈、丰、恒、凉六王又就封，入内宅。二十五年，鄂、光得罪，忠继大统。天宝中，庆、棣又殁，惟荣、仪等十四王居院。而府幕列于外坊，时通名起居而已。外诸孙成长，又于十宅外置"百孙院"。每岁幸华清宫，宫侧亦有十王院、百孙院。宫人每院四百，百孙院三四十人。又于宫中置维城库，诸王月俸物，约之而给用。诸孙纳妃、嫁女，亦就十宅中。太子不居于东宫，但居于乘舆

> 所幸之别院。太子亦分院而居，婚嫁则同亲王、公主，在于崇仁之礼
> 院。

这里所说"盛、仪、寿、陈、丰、恒、凉六王又就封"，实数已有七王，当从《新唐书》卷七《玄宗诸子传》和《唐会要》卷五"诸王"作"寿、信、义、陈、丰、恒、凉七王就封"，而这《旧传》的盛王也应如《新传》和《会要》移入上文"十王"之中作"庆、忠、棣、鄂、荣、光、仪、颖、永、延、盛、济等王"。这样庆、忠等王是十二王，加上又就封的七王为十九王，其中"鄂、光得罪"，"忠继大统"，"庆、棣又殁"，共去掉五王，正好剩下"荣、仪等十四王居院"。

"鄂、光得罪"事以《新传》所记为详悉，说：

> 太子瑛，始王真定，进王郢，开元三年立为皇太子。……初，瑛母（赵丽妃）以倡进，善歌舞，帝在潞得幸，……鄂、光二王母（皇甫德仪、刘才人）亦帝为临淄王时以色选。及武惠妃宠幸倾后宫，生寿王，爱与诸子绝等。而太子、二王以母失职，颇怏怏。惠妃女咸宜公主婿杨洄揣妃旨，伺太子短，哗为丑语。惠妃诉于帝，且泣，帝大怒，召宰相议废之，中书令张九龄谏，……太子得不废。俄而九龄罢，李林甫专国，数称寿王美以撼妃意。……二十五年，洄复构瑛、〔鄂王〕瑶、〔光王〕琚与〔太子〕妃之兄薛锈异谋，惠妃使人诡召太子、二王曰："宫中有贼，请介以入。"太子从之。〔惠〕妃白帝曰："太子、二王谋反，甲而来。"帝使中人视之，如言，遽召宰相林甫议，答曰："陛下家事，非臣所宜豫。"帝意决，乃诏太子瑛、鄂王瑶、光王琚同恶均罪，并废为庶人，锈赐死。瑛、瑶、琚寻遇害，天下冤之，号"三庶人"。

但寿王瑁仍未能代立为皇太子，第二年立为皇太子的是忠王玙，也就是后来改名绍又改名亨的肃宗皇帝，这就是所说的"忠继大统"，不再算在居

住十宅的诸王里。

"天宝中，庆、棣又殁"的庆是玄宗的长子庆王琮，天宝十一载死去到肃宗时追册为奉天皇帝的那一位。棣是棣王琰，也死于天宝十一载，不过不是正常死亡。《旧唐书·玄宗诸子传》说：

> 先是，琰妃韦氏有过，琰怒之，不敢奏闻，乃斥于别室。宠二孺人，孺人又不相协。至十一载，孺人乃密求巫者，书符置于琰履中以求媚。琰与监院中官有隙，中官闻其事，密奏于玄宗，云琰厌魅圣躬，玄宗使人掩其履而获之。玄宗大怒，引琰诘责之，……及推问之，竟孺人也。玄宗犹疑琰知情，怒未解，太子已下皆为请，命囚于鹰狗坊中，绝朝请，忧惧而死。

这和前此太子瑛、鄂王瑶、光王琚都是被怀疑图谋不轨而非正常死亡，尽管都是冤狱。而"中官闻其事"，又足见令中官押十王宅所起的作用。

此外在十王宅以至百孙院里生活着的都相安无事。出事情要到安禄山起兵，玄宗逃离长安、中央政权暂时瓦解之时，从而肃宗方能自立于灵武，永王璘才得擅兵于江陵，而在开元、天宝长达四十年间亲王们确实不曾发生什么变乱。说明玄宗对他们的防微杜渐措施是有效的，在稳定中枢政局上起了积极的作用。

二

再说对后妃。

在整个初唐阶段，皇后干政之事确是屡见不鲜的，武氏之以皇后、皇太后进而成为武曌改唐为周，韦后在中宗死后"临朝摄政"，均其尤甚者。因此玄宗发现自己的皇后王氏事涉不轨就断然处置。《旧唐书》卷五一《后妃·玄宗废后王氏传》说：

上为临淄王时，纳后为妃。上将起事，颇预密谋，赞成大业，先天元年为皇后。……后兄守一以后无子，常惧有废立，导以符厌之事。有左道僧明悟为祭南北斗，刻霹雳木书天地字及上讳，合而佩之，且祝曰："佩此有子，当与则天皇后为比。"事发，上亲究之，皆验。开元十二年秋七月己卯，下制曰："皇后王氏，天命不祐，华而不实，造起狱讼，朋扇朝廷，见无将之心，有可讳之恶，焉得敬承宗庙，母仪天下，可废为庶人，别院安置。……"守一赐死，其年十月，庶人卒。

想"与则天皇后为比"，当然犯了大忌。七月被废，十月就死去，怕也不见得是平静地善终。

《新唐书》卷七六《后妃·玄宗王皇后传》有王皇后"久无子，而武妃稍有宠"的话，这是事实。《旧唐书》卷五一《后妃·玄宗贞顺皇后武氏传》就是为这武妃立的传，说：

武氏，则天从父兄子恒安王攸止女也。攸止卒后，后尚幼，随例入宫，上即位，渐承恩宠。及王庶人废后，特赐号为惠妃，宫中礼秩，一同皇后。所生母杨氏，封为郑国夫人；同母弟忠，累迁国子祭酒；信，秘书监。……以开元二十五年十二月薨，年四十余。下制曰："……玉衣之庆，不及于生前；象服之荣，徒增于身后。可赠贞顺皇后，宜令所司择日册命。"葬于敬陵。时庆王琮等请制齐衰之服，有司请以忌日废务，上皆不许之。立庙于京中昊天观南。

案这《后妃传》的总序说："唐因隋制，皇后之下有贵妃、淑妃、德妃、贤妃各一人，为夫人正一品"，"开元中……于皇后之下立惠妃、丽妃、华妃等三位，以代三夫人为正一品"。则这位武氏惠妃在妃嫔中已是位居极品了，而且是"宫中礼秩，一同皇后"，还像皇后那样可以让亲属加点不重要的官职了，可在她活着时就是不给正位为皇后。这是为什么呢？《唐会要》卷三"皇后"有个说法，说：

> 〔开元〕十四年四月，侍御史潘好礼闻上欲以惠妃为皇后，进疏谏曰："臣尝闻《礼记》曰：'父母之仇，不共戴天。《公羊传》曰：'子不复父仇，不子也。'昔齐襄公复九世之仇，丁兰报木母之恩，《春秋》美其义，汉史称其孝，陛下既不以齐襄为法，丁兰为戒，岂得欲以武氏为国母，当何以见天下之人乎，不亦取笑于天下乎？……又惠妃再从叔三思、从父延秀等并干乱朝纲，递窥神器，豺狼同穴，枭獍同林，至如恶木垂阴，志士不息，盗泉飞液，正夫莫饮，良有旨哉！……伏愿陛下详察古今，鉴戒成败，慎择华族之女，必在礼义之家，称神祇之心，允亿兆之望，为国大计，其在于兹。且惠妃本是左右执巾栉者也，不当参立之。……又见人间盛言，尚书左丞相张说自被停知政事之后，每谄附惠妃，诱荡上心，欲取立后之功，更图入相之计。……且太子本非惠妃所生，惠妃复自有子，若惠妃一登宸极，则储位实恐不安，……昔汉高祖以戚夫人之故，将易太子之位，时有商山四皓，虽不食汉庭之禄，尚能辅翼太子，况臣愚昧，职参宪府，慷慨关心，感激怀愤，陛下留神省察。"

《新唐书》并把这个谏疏节要增入卷七六的《玄宗贞顺皇后武氏传》里，最后还添上一句"遂不果立"，好像真是玄宗本来要立武惠妃为皇后，经潘好礼上了谏疏才中止。但这篇谏疏的真实性是成问题的。德宗贞元年间纂修原本《会要》的苏冕把它收录进去时就加了一条案语，在今百卷本《唐会要》里仍保存着，作：

> 苏冕驳曰：此表非潘好礼所作。且好礼先天元年为侍御史，开元十二年为温州刺史致仕，表是十四年献，而云职参宪府？若题年恐错，即（当如《通鉴考异》所引作"则"）武惠妃先天元年始年十四，王皇后有宠未衰，张说又未为右丞相，竟未知此表是谁献之。

因此《通鉴》卷二一三开元十四年四月下虽节引这谏疏，却不著潘好礼之名，只说"或上言"，并在《考异》里备详《唐会要》潘疏和苏驳。其实这所谓潘疏在内容上也尽多毛病。首先是武曌改唐为周虽被否定，但她之为皇后、皇太后仍被承认，中宗在她死后上谥曰则天大圣皇后，祔葬于高宗的乾陵，睿宗时如《旧唐书》卷六《则天皇后纪》所说追尊为大圣天后，改号为则天皇太后，到玄宗如《新唐书》卷四《则天皇后纪》所说在开元四年改为则天皇后。这自由于中宗、睿宗都是她的亲儿子，玄宗是她的亲孙子，把亲妈、亲奶奶彻底否定了，岂不叫儿子、孙子也落得个名不正言不顺。这个谏疏却把武家说成是玄宗的"父母之仇"，还引用了今见于《宋书》卷二三《乐志》引曹植《灵芝篇》和《初学记》卷一七引孙盛《逸人传》的丁兰刻父母木像报仇故事，真不知是从何说起！下文预测惠妃成了皇后会危及非所生的太子，固还似在情理之中，而把自己比作汉初辅翼太子的商山四皓，可不又吹过了头！因此我不仅肯定苏冕的批驳，还认为这谏疏根本就是一篇其后的拟作，其时间在开元二十五年武惠妃谮害太子及鄂、光二王之后，所以不自觉地把危及太子的话写了进去。总之，这所谓疏谏之事既不存在，武惠妃之不得立为皇后只有出于玄宗的宸断。这自是玄宗有鉴于先朝武、韦以至自己王皇后的事情，所采取的又一种防微杜渐的特殊措施，"宫中礼秩，一同皇后"，又不让正位皇后，死后虽赠个皇后却不许皇子制齐衰之服，不许以忌日废务。

关于这位武惠妃的谮害太子、二王，并没有超脱后宫争宠以求立爱的程序，对国家仍算不上有太大的危害。而且如《新唐书·玄宗诸子传》所说，太子、二王成为"三庶人"遇害后，"岁中惠妃数见庶人为崇，因大病，夜召巫祈之，请改葬，且射行刑者瘗之，讫不解"，以致到年底十二月里就死去。这固然是由于做了亏心事而闹病产生幻觉，也不无夹杂着怕玄宗一旦悔悟追究问罪的因素。此外陈寅恪先生在《记唐代之李武韦杨婚姻集团》（《历史研究》1954年第1期，又收入《金明馆丛稿初编》）里因为武惠妃是"则天从父兄子恒安王攸止女"，"攸止卒后……随例入宫"，就认为在玄宗朝仍保留着武氏势力，理由也嫌欠缺。历史上政治斗争失败一方的妻女为胜利者所占有并受宠爱，本是习见的事情，岂能就此说胜利者有意让失败一方的势力保存下来？何况在史书上确实找不到这位不曾当上皇后的武惠妃有什么维护武氏势力的言行。

武惠妃死后继之得宠的是杨贵妃。《旧唐书》卷五一《玄宗杨贵妃传》说：

> 玄宗杨贵妃，高祖令本，金州刺史。父玄琰，蜀州司户。妃早孤，养于叔父河南府士曹玄璬。开元……二十四年〔武〕惠妃薨，帝悼惜久之，后庭数千，无可意者，或奏玄琰女姿色冠代，宜蒙召见。时妃衣道士服，号曰太真。既进见，玄宗大悦。

《新唐书》卷七六《杨贵妃传》则加详其先世并先为寿王妃事，作：

> 玄宗贵妃杨氏，隋梁郡通守汪四世孙，徙籍蒲州，遂为永乐人。幼孤，养叔父家，始为寿王妃。开元二十四年武惠妃薨，后廷无当帝意者，或言妃姿质天挺，宜充掖廷，遂召内禁中，异之，即为自出妃意者，丐籍女官，号太真，更为寿王聘韦诏训女，而太真得幸。

说武惠妃开元二十四年薨，自是错误，当从前引《旧唐书·武氏传》作二十五年，陈寅恪先生《长恨歌笺证》（《清华学报》卷十四第一期，后编入《元白诗笺证稿》作为第一章）并引用《旧唐书》卷九《玄宗纪》、《唐会要》卷三"皇后"等作了考证。但陈先生《记唐代之李武韦杨婚姻集团》又据《册府元龟》卷八五三"婚姻"武士彠条、《新唐书》卷一〇〇《杨执柔传》、卷七一下《宰相世系表》杨氏观王房等考知武曌生母杨氏为杨达之女，隋文帝族子观王杨雄之侄女，而杨贵妃据《新传》复为永乐人，据《宰相世系表》永乐杨氏为汉太尉杨震第五子奉之后裔，与隋文帝杨坚、观王杨雄之为杨震长子牧之后裔同出一源，因而认为杨贵妃"此房虽非武曌外家近属"，"亦属于此大集团，不过为距核心较远之外围人物"。其实这种《世系表》之所谓源出某某本未必可信，魏晋南北朝重视门阀的余风所及，自言是前朝某显达后裔的事情固屡见不鲜，洪迈《容斋随笔》卷六"唐书世系表"条即已指出。即使可信，永乐杨氏与观王杨雄房的远祖确同出汉太尉杨震，到唐代也已极为疏远，和观王杨雄侄女的夫家武氏更谈不上有什么关系。所以对此可不必注意。应该注意的，是《旧唐书·杨贵妃传》在"玄宗大悦"后接着说的：

> 不期岁，礼遇如惠妃。太真姿质丰艳，善歌舞，通音律，智算过人，每倩盼承迎，动移上意，宫中呼为"娘子"，礼数实同皇后。

说明玄宗对这位杨贵妃仍和前任武惠妃一样，给了皇后待遇还是不给正位为皇后，说明这不再立专宠者为后，确已成为不让武后、韦后复生而采取的另一项防微杜渐措施。

这项措施对武惠妃是有效的，武惠妃确实没有变成武、韦，而用在杨贵妃身上是否生效？有人会说并未生效，因为向来有"开元之治，天宝之乱"，而乱就由于宠爱了杨贵妃的讲法。其实这不过是女人是祸水的世俗之见，和白居易《长恨歌》同时撰写的陈鸿的《歌传》，不也在最后来两句"惩尤物，窒乱阶"，要把杨贵妃比作夏桀的妹喜，商纣的妲己，周幽王的褒姒，晋献公的骊姬。但只要破除这个成见，不带这个有色眼镜，试看杨贵妃"礼数实同皇后"后的所作所为，便知道完全不是这么一回事。这在《旧唐书·杨贵妃传》已讲得很清楚，仅是：

> 有姊三人，皆有才貌，玄宗并封国夫人之号，长曰大姨，封韩国，三姨封虢国，八姨封秦国，并承恩泽，出入宫掖，势倾天下。天宝初，进册贵妃，妃父玄琰，累赠太尉、齐国公，母封凉国夫人，叔玄珪光禄卿，再从兄铦鸿胪卿，锜侍御史。……韩、虢、秦三夫人与铦、锜等五家，每有请托，府县承迎，峻如诏敕，四方赂遗，其门如

市。……开元已来，豪贵雄盛，无如杨氏之比也。……宫中供贵妃院织锦刺绣之工凡七百人，其雕刻镕造又数百人，扬、益、岭表刺史必求良工造作奇器异服，以奉贵妃献贺，因致擢居显位。……十宅诸王、百孙院婚嫁，皆因韩、虢为绍介，仍先纳赂千贯，而奏请固不称旨。

这实在只是宠妃贵戚间常见的高度奢侈贪婪，从兄铦、锜辈也只是循例做点无关紧要的官职，怎么也不能说成了新的武、韦。至于所谓"天宝之乱"，本只指天宝十四载十一月安禄山的叛乱，其原因我在旧作《唐代河北藩镇与奚、契丹》《〈通典〉论安史之乱的"二统"说证释》已事疏说。杨贵妃的从祖兄杨国忠的当上宰相也不全凭裙带关系，相反杨贵妃最后在马嵬驿之死倒是受了他的牵累，详旧作《〈长恨歌〉新解》（均收入2000年中华书局版拙撰《文史探微》）。玄宗的防微杜渐措施在杨贵妃身上仍然生效能起作用。

三

不过这种不立皇后以防微杜渐的措施，在玄宗以后没有能继续推行下去。肃宗自立于灵武后就把共患难的张良娣册为淑妃，两年后册为皇后。以后历朝皇帝有时立皇后，有时来不及以后立为皇太后，蓄意不让贵妃正位为皇后的只有宪宗。这自因为照例有帝便得有后，不让立后总不像太平盛世的缘故。

对皇子们的防微杜渐措施可自此成为李唐的国策。元稹《和李校书新题乐府十二首》编入今本《元氏长庆集》卷二四中的第一首《上阳白发人》，在入后说：

此辈贱嫔何足言，帝子天孙古称贵。诸王在阁四十年，十宅六宫门户闷。隋炀枝条袭封邑（原注：近古封前代子孙为二王、三恪），肃宗血胤无官位（原注：肃宗已后，诸王并未出阁）。王无妃媵主无婿，阳亢阴淫结灾累。何如决壅顺众流，女遣从夫男作吏。

陈寅恪先生《元白诗笺证稿》第五章"新乐府"据今本《元集》卷二三《乐府古题序》得知此《新题乐府》作于宪宗元和四年，又从钱谦益所校改诗中"七宅"为"十宅"，以明是讲玄宗设置十王宅以后的情况。从这里可以知道肃宗以还入住十王宅的皇子们不仅和玄宗时同样不能出阁担任官职预问政事，就连皇子本身下及其子女的婚姻都发生问题，《旧唐书·杨贵妃传》所称"十宅诸王、百孙院婚嫁皆因韩、虢为绍介"的热闹局面已一去不复返了①。所以元稹要在这里呼吁，希望改变政策做到"女遣从夫男作吏"。陈先生还指出这"可与《元氏长庆集》三二《献事表》所列十事中'二曰任诸王以固磐石。三曰出宫人以消水旱。四曰嫁诸女以遂人伦。'等相参证"。但这出宫人在唐代本是常有之事，仅据《册府元龟》卷四二"帝王部·仁慈"所记载，太宗、高宗、睿宗、肃宗、德宗、顺宗、宪宗、穆宗、敬宗、文宗都放出过，有的还不止放一次，其中宪宗朝就在元和八年六月和十年十二月放过两次。是否因为元和初年没有放，元稹以及白居易的《新乐府》中才都写了《上阳白发人》，而八年十年之放是听取了元白二公的建议，已不得而知。至于要求皇子出阁任事的建议则显然未被听取。所以《新唐书》在卷八二《十一宗诸子传》的论赞里总结道：

> 唐自中叶，宗室子孙多在京师，幼者或不出阁，虽以国王之，实与匹夫不异，故无赫赫过恶，亦不能为王室轩轾，运极不还，与唐俱殚。

这最后几句，可说是把玄宗创设这项防微杜渐措施的得失讲清楚了。

（原载《燕京学报》新十五期，2003年11月）

---

① 这诗里的"主无婿"是指皇子的女儿而不是皇帝的女儿，因为即使肃宗以下各个皇帝的女儿即公主者，除早薨或为女道士外，一般都记其下嫁某某人，见《唐会要》卷六"公主"及《新唐书》卷八二《诸帝公主传》。

《通典》论安史之乱的"二统"说证释

《通典》卷一四八"兵"总序有一段对安史之乱的议论：

> 玄宗御极，承平岁久，天下乂安，财殷力盛。开元二十年以后，邀功之将，务恢封略，以甘上心，将欲荡灭奚、契丹，剪除蛮、吐蕃，丧师者失万而言一，胜敌者获一而言万。宠锡云极，骄矜遂增。哥舒翰统西方二师，安禄山统东北三师，践更之卒，俱授官名，郡县之积，罄为禄秩。于是骁将锐士，善马精金，空于京师，萃于二统。边陲势强既如此，朝庭势弱又如彼，奸人乘便，乐祸觊欲，胁之以害，诱之以利，禄山称兵内侮，未必素蓄凶谋。是故地逼则势疑，力侔则乱起，事理不得不然也。

杜佑是唐代中期著名的政治家、理财家，他在大历初年就纂修《通典》[①]，去安史之乱为时无几[②]。因此这段议论不同于后世文人的无聊史论，其中"二统"的说法，我认为是多少揭示了事态的真相。

过去利用《通典》往往局限于财政经济等方面，上面这段议论特别是"二统"说没有引起人们的注意，因此有必要作点论证诠释，供研读唐史者参考。

---

① 详《通典》李翰序，《十七史商榷》卷九〇"杜佑作《通典》"条。

② 《旧唐书》卷一四七《杜佑传》说佑元和七年薨，寿七十八（《新唐书》卷一六六《杜佑传》同），则上推天宝十四年安史乱起时佑已二十岁，乱前情况当为佑耳闻眼见。

一

《通典》所谓"西方二师""东北三师"，是指节度使的武力而言。唐初设置府兵，"命将以出，事解辄罢，兵散于府，将归于朝"[1]。高宗、武则天时府兵败坏，不得不充实边境都督府等的实力：战士由府兵逐步变为招募来的健儿，再变为健儿长任边军；都督等的地位也逐步提高到兼管行政，以专一事权。到睿宗景龙、先天时，就开始出现了节度使[2]。玄宗天宝元年共设置了九个节度使和一个实力略次于节度使的经略使[3]，它们是：

安西节度，抚宁西域，统龟兹、焉耆、于阗、疏勒四镇，治龟兹城，兵二万四千。

北庭节度，防制突骑施、坚昆，统瀚海、天山、伊吾三军，屯伊、西二州之境，治北庭都护府，兵二万人。

河西节度，断隔吐蕃、突厥，统赤水、大斗、建康、宁寇、玉门、墨离、豆卢、新泉八军，张掖、交城、白亭三守捉，屯凉、肃、瓜、沙、会五州之境，治凉州，兵七万三千人。

朔方节度，捍御突厥，统经略、丰安、定远三军，三受降城，安北、单于二都护府，屯灵、夏、丰三州之境，治灵州，兵六万四千七百人。

河东节度，与朔方掎角以御突厥，统天兵、大同、横野、岢岚四军，云中守捉，屯太原府忻、代、岚三州之境，治太原府，兵五万五千人。

范阳节度，临制奚、契丹，统经略、威武、清夷、静塞、恒阳、

---

① 《新唐书》卷五〇《兵志》语。

② 详唐长孺撰《唐代军事制度之演变》(载《武汉大学社会科学季刊》第九卷第一号)及拙撰《唐代河北藩镇与奚、契丹》。

③ 其设置年月沿革，详《唐会要》卷七八"节度使"和《新唐书·方镇表》，二者有异同。

北平、高阳、唐兴、横海九军，屯幽、蓟、妫、檀、易、恒、定、漠、沧九州之境，治幽州，兵九万一千四百人。

平卢节度，镇抚室韦、靺鞨，统平卢、卢龙二军、榆关守捉，安东都护府，屯营、平二州之境，治营州，兵三万七千五百人。

陇右节度，备御吐蕃，统临洮、河源、白水、安人、振威、威戎、漠门、宁塞、积石、镇西十军，绥和、合川、平夷三守捉，屯鄯、廓、洮、河之境，治鄯州，兵七万五千人。

剑南节度，西抗吐蕃，南抚蛮、獠，统天宝、平戎、昆明、宁远、澄川、南江六军，屯益、翼、茂、当、嶲、柘、松、维、恭、雅、黎、姚、悉十三州之境，治益州，兵三万九百人。

岭南五府经略，绥静夷、獠，统经略、清海二军，桂、容、邕、交四管，治广州，兵万五千四百人。①

以上诸节镇中，兵力在五万以上的大镇有范阳（原称幽州）、陇右、河西、朔方、河东。这是由于当时东北的奚、契丹已极为强悍，因此临制奚、契丹的范阳兵力为诸镇之冠。平卢从范阳分出，名为镇抚室韦、靺鞨，实际和范阳一起行动。西方的大敌是吐蕃，因此设置陇右、河西两大镇来对付。安西是其前卫，北庭又自安西分出，兵力自均远不如河、陇。剑南西抗吐蕃，南抚蛮、獠，蛮即南诏，虽附于吐蕃，此时还不为大患，因此剑南只对吐蕃起牵制作用，兵力也不很多。夷、獠对唐的统治更少危害，因此岭南五府的兵力最少，还没有升格到节度。②东突厥在武则天时虽曾中兴，到开元初默啜败亡，势复浸衰，因此北方的朔方、河东虽是大镇，却常依附于陇右、河西或范阳，不能自成系统。哥舒翰所统的"西方二师"，即是陇右、河西，安禄山所统的"东北三师"，即是范阳、平卢再加上河

① 《通鉴》卷二一五天宝元年正月壬子。《通典》卷一七二"州郡"、《旧唐书》卷三八《地理志》所记兵额微有出入。

② 《大唐六典》卷五兵部列举八个节度使，岭南也是一个，这当是开元时对节度使的调整计划，并未实施（《大唐六典》之"未有明诏施行"，可看《四库提要》），升岭南为节度据《唐会要》是至德二载，据《新唐书·方镇表》是至德元载，都在安史乱起之后。

东，这是当时两个最强大的军事集团。

这里有必要对这些集团的首脑节度使们作点研究。《旧唐书》卷一〇六《李林甫传》说："国家武德、贞观已来，蕃将如阿史那社尔、契苾何力忠孝有才略，亦不专委大将之任，多以重臣领使以制之。开元中，张嘉贞、王晙、张说、萧嵩、杜暹皆以节度使入知政事。林甫固位，志欲杜出将入相之源，尝奏曰：'文士为将，怯当矢石，不如用寒族、蕃人，蕃人善战有勇，寒族即无党援。'帝以为然，乃用〔安〕思顺代林甫领〔朔方节度〕使，自是高仙芝、哥舒翰皆专任大将，林甫利其不识文字，无入相由。然而禄山竟为乱阶，由专得大将之任故也。"①案开元中叶以后充任节度使的确已多数是寒族、蕃人，蕃人除高仙芝、哥舒翰、安禄山、安思顺外还有夫蒙灵詧，寒族则有王君㚟、张守珪、牛仙客、王忠嗣、封常清等人。但说这都出于李林甫个人的私心，未免过分②，这应是当时的国策。因为高门贵族到中央有更好的出路，不愿在边境长期充当节度使，而要巩固边防，节度使又非久任不可，这只能用寒族、蕃人，他们虽然不一定"不识文字"③，但一般没有条件入相④，只好长期在边境干事业，时间一长，不说蕃人，寒族也锻炼得很能打仗，说他们"善战有勇"是对的。至于说他们"无党援"倒不见得，查一查两《唐书》里这些节度使的传，就可知道他们之间勾结援引的情况也很严重。如王君㚟初事郭知运于河西、陇右，其后节度河西，又委任牛仙客，牛仙客又节度河西。⑤王忠嗣任河东、朔方、河西、陇右四镇节度，擢用哥舒翰，王忠嗣贬废，哥舒翰就代

---

① 《新唐书》卷二二三《林甫传》同。《安禄山事迹》卷上、《大唐新语》卷一一也有类似的记载。

② 上引《旧唐书·李林甫传》说天宝十一载玄宗听了林甫的话用安思顺领朔方节度，"自是高仙芝、哥舒翰皆专任大将"，其实高仙芝、哥舒翰之任节度使皆远在天宝十一载之前，可见《林甫传》等所说必非事实。

③ 上引《旧唐书·李林甫传》说哥舒翰"不识文字"，其实翰"好读《左氏春秋传》及《汉书》"，颇有文化，见《旧唐书》卷一〇四《新唐书》卷一三五《翰传》。

④ 牛仙客入相是例外，但为人看不起，说他"不才，滥登相位"，见《旧唐书》卷一〇三《仙客传》。

⑤ 《旧唐书》卷一〇三《新唐书》卷一三三《王君㚟传》《牛仙客传》。

王节度陇右，又兼领河西。[①]高仙芝为安西节度夫蒙灵詧所拔擢，既代灵詧节度安西，用封常清为判官，高仙芝改任河西节度，封常清就继任安西节度。[②]张守珪本出身北庭，一度调到范阳，又回河西，升擢陇右节度，又转范阳节度，在范阳委用安禄山，安禄山先节度平卢，继又节度范阳、平卢。[③]在这种局面下，不是本镇出身的人充任节度就往往干不下去，如王忠嗣"在河东、朔方日久，备谙边事，得士卒心，及至河、陇，颇不习其物情"[④]，因此尽管当时"佩四将印，控制万里"，仍成不了西方节镇的领袖，成领袖的只能是生长安西、出身河西，兼领河西、陇右大镇的哥舒翰。张守珪在范阳抵御奚、契丹立了大功，却长不下去，恐怕和他不是出身范阳多少有关，兼领范阳、平卢成为东北军事集团领袖只能是生长平卢、出身范阳的安禄山。

《旧唐书》卷一○四《哥舒翰传》："翰素与禄山、思顺不协，上每和解之为兄弟，其冬（天宝十一载冬）禄山、思顺、翰并来朝，上使内侍高力士及中贵人于京城东驸马崔惠童池亭宴会，……〔禄山〕谓翰曰：'我父是胡，母是突厥，公父是突厥，母是胡，与公族类同，何不相亲乎？'翰应之曰：'古人云，野狐向窟嗥，不祥，以其忘本也，敢不尽心焉！'禄山以为讥其胡也，大怒，骂翰曰：'突厥敢如此耶！'翰欲应之，高力士目翰，翰遂止。"[⑤]案这不仅是哥舒翰和安禄山个人之间闹意气，实际上是西方和东北这两大军事集团在闹对立，而且对立得很厉害，朝廷已无法调解。本来，西方镇多，两大镇河西、陇右外还有安西、北庭，北方两大镇朔方、河东也和西方关系较密，王忠嗣就曾兼领河东、朔方、河西、陇右四镇节度，天宝八载哥舒翰还统率陇右、河西、朔方、河东兵攻吐蕃石堡城，当时西方集团的声势仍在东北的范阳、平卢之上。到天宝十载二月安

---

① 《旧唐书》卷一○四、《新唐书》卷一三五《哥舒翰传》。
② 同上《高仙芝传》《封常清传》。
③ 《旧唐书》卷一○三、《新唐书》卷一三三《张守珪传》，《旧唐书》卷二○○上、《新唐书》卷二二五上《安禄山传》。
④ 《旧唐书》卷一○三《王忠嗣传》。
⑤ 《安禄山事迹》卷上、《新唐书·禄山传》、《通鉴》卷二一六天宝十一载十二月丁酉条略同。

禄山在范阳、平卢外又兼领了河东节度，十一载四月安禄山的党羽安思顺又充当了朔方节度①，东北集团的实力就超过了西方，出现"国之重镇惟幽都"②"天宝以来东北隅节度位冠诸侯"③的局面。以致安禄山在这次宴会上表现得如此骄横，敢把对手哥舒翰骂得不回口。④于此也可见朔方、河东两镇虽不能像西方、东北那样自成系统，在斗争的某种情况下仍起着决定作用，这到安史乱起后就更明显。

二

《通典》说当时"骁将锐士，善马精金，空于京师，萃于二统"。这里主要对东北这一统的情况作点诠释。

我国古代军队中常有少数民族的战士和将领，不仅少数民族掌握政权时是这样，汉族政权下也是如此。少数民族特别是东北和北方、西方的少数民族往往"生时气雄，小养马上，长习陈敌"⑤，战斗力一般比较强。⑥安禄山统率的东北军事集团之所以能战斗，少数民族起着很大的作用。这些研究魏晋南北朝隋唐史的人多少是知道的。问题是这个东北军事集团以哪一种少数民族为主力。陈寅恪先生《唐代政治史述论稿》认为从中亚东徙的昭武九姓胡是东北军事集团的主力，我不甚同意⑦，我认为主力是当

---

① 安思顺之党于安禄山，看《安禄山事迹》卷上所说禄山幼时与"思顺并为兄弟"（《旧唐书·禄山传》同）以及上引《旧唐书·哥舒翰传》所说"翰与禄山、思顺不协"可知。因此禄山兵起，朝廷即擢朔方右厢兵马使九原太守郭子仪代思顺节度朔方，调思顺到长安任户部尚书，实际监视起来，以后又从哥舒翰请把思顺杀掉。《安禄山事迹》卷上记郭子仪有《请雪安思顺表》，这是郭感于私恩为思顺请雪，由此也可见当时边镇将佐间团结之深。

② 《全唐诗》卷二三五贾至《燕歌行》。

③ 《全唐文》卷三一六李华《安堪县令厅壁记》。

④ 杜甫《后出塞》之三咏东北节镇有"主将位益崇，气骄凌上都"之句，真可谓诗史。

⑤ 《安禄山事迹》卷上。

⑥ 如《北齐书》卷二一《高昂传》：昂随高祖讨尔朱兆于韩陵，高祖曰："高都督纯将汉儿，恐不济事，今当割鲜卑兵千余人共相参杂。"当然也有很多例外，高昂的这支汉儿部队就比较能打。高昂当时对齐高祖高欢说："敕书所将部曲练习已久，前后战斗，不减鲜卑，……愿自领汉军，不烦更配。"结果打得很好，"是日微昂等，高祖几殆"。

⑦ 别详拙作《"羯胡""柘羯""杂种胡"考辨》。

地的奚、契丹①。

从历史上看，贞观十八年唐太宗打高丽，就曾悉发契丹酋长与奚首领从军。②武则天时奚、契丹成为东北隅大敌，久视元年曾利用契丹降将李楷固、骆务整将兵击平契丹余党。③开元中幽州（范阳）节度薛楚玉击破契丹，所用"东胡杂种君长之群"多至二万五千余骑④，奚、契丹本东胡种，这二万五千余骑中恐怕大部分也是奚、契丹。安禄山继承这个传统，不过用得更多。记述安禄山部队中少数民族的史料，有唐姚汝能《安禄山事迹》⑤卷上所说："〔禄山〕养同罗及降奚、契丹曳落河八千余人为假子，及家童教弓矢者百余人，以推恩信，厚其所给，皆感恩竭诚，一以当百。""阿布思者，〔突厥〕九姓首领也，开元初为默啜所破，请降附，……禄山因请为将，共讨契丹，〔阿布思〕虑其见害，乃率其部以叛，后为回鹘所破，禄山诱其部落降之。"⑥卷中所说："禄山起兵反，以同罗、契丹、室韦曳落河，兼范阳、平卢、河东、幽、蓟之众，号为父子军，马步相兼十万，鼓行而西。"《通鉴》卷二一八至德元载七月所说："同罗、〔仆骨、〕突厥从安禄山反者屯长安苑中。甲戌，其酋长阿史那从礼帅五千骑，窃厩马二千匹逃归朔方，谋邀结〔河曲九府六胡州〕诸胡，盗据边地。"⑦卷二二〇至德二载十二月所说："安庆绪之北走也，其大将北平王

---

① 《魏书》卷一〇〇《契丹传》："契丹国，在库莫奚东，异种同类。"《新唐书》卷二一九《契丹传》："契丹，本东胡种。"《奚传》："奚亦东胡种。"《辽史》卷六三《世表》：鲜卑氏为慕容燕所破，"析其部曰宇文，曰库莫奚，曰契丹。"都说明奚和契丹只是同一种族的分支。《唐会要》卷九六"奚"又说奚和契丹"两国常为表里，号为两蕃"。唐代文献讲到契丹的地方有时也把奚包括在内。因此这里对奚和契丹之间不再细事区别。

② 《新唐书》卷二《太宗纪》、卷二一九《契丹传》《奚传》，《唐会要》卷九六"奚"，《全唐文》卷七太宗《命张俭等征高丽诏》《命将征高丽诏》《克高丽辽东城诏》。

③ 《通鉴》卷二〇六久视元年六月。

④ 《文苑英华》卷六四七樊衡撰露布，《全唐文》卷三五二已录入。

⑤ 这是记述安史之乱的第一手资料，《新唐书·安禄山传》较《旧传》增益之处，多本此书。

⑥ 参考《通鉴》卷二一五天宝元年八月、卷二一六天宝十一载三月、十二载五月，《旧唐书》卷一九四上《突厥默啜传》。

⑦ 参考《通鉴考异》所引《肃宗实录》《汾阳家传》以及《旧唐书》卷一二〇、《新唐书》卷一三七《郭子仪传》，引文中"仆骨""河曲九府六州胡"诸词即从《旧唐书·郭传》补入。

李归仁及精兵曳落河、同罗、六州胡数万人皆溃归范阳。"①说到的有奚、契丹、室韦、同罗、仆骨、突厥九姓阿布思部，以及开元元年被安置在灵州南部黄河以东皋兰、燕然、燕山、鸡田、奚鹿、烛龙六州的突厥九姓即所谓六州胡。②其中除室韦本近奚、契丹，是"契丹之别类""别部"③外，同罗、仆骨是铁勒诸部④，和突厥九姓阿布思部都迟至天宝后期才战败穷蹙降附安禄山⑤，六州胡之被煽诱更是至德初年的事情，这些都只是不甚可靠的杂牌队伍⑥，惟有奚、契丹才是安禄山的嫡系主力。前引《安禄山事迹》所提到的禄山军中的"曳落河"，当时最有善战之称⑦，实际上就是后来《辽史》里的拽剌军⑧，是奚、契丹民族中所选拔出来的精兵⑨，安禄山将领中最被信用和最以悍勇见称的，如孙孝哲、张孝忠、王武俊、李宝

---

① 这六州胡就是《通鉴》至德元载七月甲戌条所说为阿史那从礼邀结的河曲九府六胡州诸胡，阿史那从礼这次虽擅自脱离安禄山集团，其部众以后当又叛附禄山的，所以这里会有同罗、六州胡溃归范阳的纪事。

② 参考《唐会要》卷七三灵州都督府开元元年条、《旧唐书》卷三八《地理志》关内道灵州都督府条。

③ 《旧唐书》卷一九九下、《新唐书》卷二一九《室韦传》。

④ 《旧唐书》卷一九九下《铁勒传》、《新唐书》二一七下《回鹘传》。

⑤ 《安禄山事迹》卷上记天宝十一载十一月禄山遣其男庆绪送"奚、契丹及同罗、阿布思等生口三千人"于阙下，《通鉴》卷二一七天宝十三载二月己丑禄山奏"臣所部将士讨奚、契丹、九姓、同罗等勋效甚多"，均可证。仆骨当也在这些战役中随同罗降附。

⑥ 如同罗、仆骨、突厥等既在阿史那从礼率领下脱离安禄山集团，后来溃归范阳的同罗余众又"走归其国"，后一事见《通鉴》卷二二〇至德二载十二月甲子。

⑦ 如房琯在陈涛斜之战前就曾自吹"逆党曳落河虽多，岂能当我刘秩等"可见"曳落河"之善战已为时人所公认。房琯语见《旧唐书》卷一一一、《新唐书》卷一三九《琯传》、《通鉴》卷二一九至德元年十月。

⑧ 陈述《曳落河考释及其相关诸问题》（载中央研究院《历史语言研究所集刊》第七本第四分）对此有详尽的纶述。

⑨ 《安禄山事迹》卷上"曳落河"下小注："蕃人健儿为曳落河。"此"蕃人"当专指奚、契丹而言（当时习惯称奚、契丹为"两蕃"，见《唐会要》卷九六《奚》）。后人误读《事迹》，以为曳落河也包括同罗的精兵在内，故司马光于《通鉴》卷二一六天宝十载二月丙辰改《事迹》原文为"养同罗、奚、契丹降者八千余人，谓之曳落河，曳落河者，胡言壮士也"，宋祁修《新唐书·回鹘传》于卷二一七下同罗条也增入"安禄山反，劫其兵用之，号曳落河者也"。其实旧史有以曳落河与同罗并列的，如《通鉴》卷二一七天宝十四载十二月丙午条考异引《河洛春秋》就有禄山"留同罗及曳落河一百人"的话，即前引《通鉴》卷二二〇至德二载十二月也说"精兵曳落河、同罗"（《通鉴》此条当系另本旧史），可见同罗与奚、契丹的曳落河是两回事，《通鉴》卷二一八至德元载五月壬午条考异引《河洛春秋》思明"精骑万人，悉是同罗曳落河"，此"同罗""曳落河"间也当点断，不能连读。

臣，也都是奚、契丹人。①甚至安禄山的贴身侍卫阉竖，也多用奚、契丹。②《安禄山事迹》卷中所说"禄山专制河朔已来七年余，蕴蓄奸谋，潜行恩惠，东至鞨鞨，北及匈奴，其中契丹，委任尤重，一国之柄，十得二三，行军用兵，皆在掌握"，应是实录。

范阳节度治幽州，平卢节度治营州，和奚、契丹毗邻，是为了对付奚、契丹才建立此两镇的。安禄山军中的奚、契丹，也就大体有两种来源。一种是战败被俘或降附的，如上引《安禄山事迹》所云"降奚、契丹"及所亲信的阉竖李猪儿之类。安禄山自身是"营州柳城杂种胡人"③，"本姓康"④，"母阿史德氏，为突厥巫"⑤，是昭武九姓胡和突厥的混血种，这使他具备抚用奚、契丹等少数民族的有利条件，如《安禄山事迹》卷中所说："前后节度使招怀夷狄，皆重译告谕，夷夏之意，因而往往不传。禄山悉解九夷之语，躬自抚慰，曲宣威惠。夷人朝为俘囚，暮为战士，莫不乐输死节。"再一种来源如张孝忠、王武俊、李宝臣之类，是久已内属定居两镇辖境幽、营地区的奚、契丹。当时设置一种羁縻州来安插内属的少数民族，《旧唐书》卷三九《地理志》河北道所记天宝时的情况是："自燕以下十七州，皆东北蕃降胡散诸处幽州、营州界内，以州名羁縻之。"这十七州中，威州"所领户契丹内稽部落"，玄州"处契丹李去闾

---

① 《旧唐书》卷二〇〇上《孙孝哲传》："契丹人也，……禄山僭逆，伪授殿中监闲厩使，封王，……尤用事，亚于严庄。"《新唐书》卷二二五上《孝哲传》："贼令监张通儒等守西京。"《旧唐书》卷一四一《张孝忠传》："本奚之族类，……父谧，开元中以众归国，……孝忠以勇闻于燕赵，时号张阿劳、王没诺干二人齐名，阿劳，孝忠本字，没诺干，王武俊本字，……禄山、史思明继陷河洛，孝忠皆为其前锋。"《新唐书》卷二一一《王武俊传》："本出契丹怒皆部，父路俱，开元中与饶乐府都督李诗等五千帐求袭冠带，入居蓟，武俊甫十五，善骑射，与张孝忠齐名，隶李宝臣帐下为裨将。"《新唐书》卷二一一《李宝臣传》："本范阳内属奚也，善骑射，……为安禄山射生，……更为禄山假子，使将骁骑十八人劫太原尹杨光翙，挟以出，追兵万余不敢逼。"《通鉴》卷二一七天宝十四载二月辛亥："安禄山使副将何千年入奏，请以蕃将三十二人代汉将"（藕香零拾本《安禄山事迹》卷中作五月，恐误）。此三十二人中当有奚、契丹，惜未记姓名，无从考求。

② 天宝十一载禄山讨契丹败绩，"被射，折其玉簪，以麾下奚小儿二十余人走上山"（《旧唐书·禄山传》，《新传》略同）。最见信用其后刺杀禄山的阉竖李猪儿也是"契丹之降口"（《安禄山事迹》卷下）。

③ 《旧唐书·安禄山传》，参考《安禄山事迹》卷上、《新唐书·禄山传》。

④ 《安禄山事迹》卷上引郭子仪《请雪安思顺表》，《新唐书·禄山传》。

⑤ 《安禄山事迹》卷上、两《唐书·禄山传》。

部落"，崇州"处奚可汗部落"，师州"领契丹、室韦部落"，鲜州"分饶乐郡都督府奚部落置"，带州"处契丹乙失革部落"，沃州"处契丹松漠部落"，昌州"领契丹松漠部落"，信州"处契丹失活部落"，还有个青山州据《新唐书》卷四三下《地理志》也是契丹州。合起来奚、契丹州在幽、营地区就达十个，占十七个羁縻州的绝大多数。[1]这些散居幽、营地区的奚、契丹人都是大好兵源，"安禄山之乱，一切驱之为寇，遂扰中原"[2]。

当时少数民族中战斗力最强的东北隅有奚、契丹，西方北方有吐蕃、回纥。西方河西、陇右两大镇就是专为抵御吐蕃设置的。但吐蕃族最初没有入居河、陇境内，河、陇武装部队中也从没有吐蕃族战士和将领，这点和东北范阳、平卢之多奚、契丹大不一样。当时河、陇是有少数民族的，如《旧唐书》卷四〇《地理志》从陇右道分出的河西道中有"吐浑部落、兴昔部落、阁门府、皋兰府、卢山府、金水州、蹛林州、贺兰州"，并说"已上八州府并无县，皆吐浑、契苾、思结等部寄在凉州界内"；《安禄山事迹》卷中记禄山兵起后哥舒翰所率防守潼关的河、陇诸蕃部落有"奴刺、颉、跌、朱耶、契苾、浑、蹛林、奚结、沙陁、蓬子、处蜜、吐谷浑、恩结等一十三部落"。这些部落的战斗力是不如奚、契丹的，从后来灵宝决战中就看得出。从这点来说，西方二师对东北二师也屈居了下风。何况如本文第一节所说，东北二师后来还发展到东北三师，甚至差一点变成四师。

骑兵在古代作战中很起作用，《通典》所说"善马精金"之"善马"绝非浮文泛词。《旧唐书》卷三八《地理志》记节度使所管马数：安西二千七百匹，北庭五千匹，河西万九千四百匹，朔方万四千三百匹[3]，河东万四千匹，范阳六千五百匹，平卢五千五百匹，陇右万六百匹[4]，剑南二

---

[1]　余外七个羁縻州中燕州、慎州、夷宾州、黎州置处靺鞨，归义州置处海外新罗，瑞州置处突厥，凛州置处降胡。又《新唐书》卷四三下《地理志》羁縻州河北道所记与《旧志》略有出入，可参考。

[2]　《旧唐书·地理志》河北道。

[3]　《旧志》原作"四千三百匹"，脱"万"字，据《通典》卷一七二"州郡"补。

[4]　《旧志》原作"六百匹"，脱"万"字，据《通典》"州郡"补。

千匹①，这是天宝初的数字。其中范阳、平卢只各五六千匹，河西、陇右以及朔方、河东都在万匹以上，似乎西方二师在"善马"上占了上风。其实也不见得，这些数字多少有点表面文章。《安禄山事迹》卷上就说禄山"畜单于护真大马习战斗者数万匹"②。《旧唐书》卷二〇〇上《禄山传》记天宝十三载正月禄山"为闲厩、陇右群牧等都使，……又请知总监事，既为闲厩、群牧等使，上筋脚马，皆阴选择之，夺得楼烦监牧，及夺张文俨马牧"③，"阴选胜甲马归范阳，故其兵力倾天下而卒反"④。这都说明到安史乱前禄山拥有"善马"之多至少已不减河、陇。⑤

以上诠释了《通典》所说的"边陲势强"，这里再对"朝廷势弱"作点诠释。所谓"朝廷势弱"，也就是指朝廷直接控制下的中原势弱。这方面如《唐会要》卷七二"军杂录"所记："天宝末，天子以中原太平，修文教，废武备，销锋镝，以弱天下豪杰。于是挟军器者有辟，蓄图谶者有诛，习弓矢者有罪，不肖子弟为武官者，父兄摈之不齿。惟边州置重兵，中原乃包其戈甲，示不复用，人至老不闻战声。六军诸卫之士，皆市人白徒，富者贩缯彩，食粱肉，壮者角抵拔河，翘木扛铁，日以寝斗，有事乃股栗不能授甲。其后盗乘而反，非不幸也。"⑥这是安史叛乱前夕的情况。乱起之后，如《安禄山事迹》卷中所说是："百年老公，未尝见范阳兵马向南者。""所至郡县，无兵御捍，皆开门延敌，长吏走匿，或被擒杀，或自缢路傍，而降者不可胜计。""列郡开甲仗库，器械朽坏，皆不可执，兵

---

① 岭南五府经略无马匹。

② 《新唐书·禄山传》作"三万匹"，《旧唐书·禄山传》作"战马万五千匹"。

③ "及夺"当是"又夺"之误。并参考《新唐书·禄山传》《兵志》，《安禄山事迹》卷中，《通鉴》卷二一七天宝十三载正月壬戌。

④ 《新唐书·兵志》。

⑤ 除"锐士""善马"外，当时范阳、平卢积聚殷实，也非河、陇之所能及。关于这方面的史料，宋本《大唐六典》卷七屯田郎中条及《玉海》卷一七七所引《大唐六典》有诸军州管屯的数字，《通典》卷二《食货》有天宝八载屯收的数字，卷一二《食货》有正仓、常平仓、义仓储米的数字，《大唐六典》卷二二诸铸钱监和《安禄山事迹》卷上、《新唐书·禄山传》《通鉴》卷二一六天宝九载十月辛未有定州、上谷铸钱的炉数，《安禄山事迹》卷上又有禄山遣商胡于诸道兴贩的记载。杜甫《后出塞》之三所咏范阳之繁庶也是实录。以与本文主题无关，不再事引证论述。

⑥ 参考唐郑綮《开天传信记》开元初上留心理道条（今本《唐语林》卷三"夙慧"所采略同）。

士皆持白棒，所谓天下虽安，忘战必危。"①

这种"朝廷势弱""边陲势强"的危局，唐玄宗等最高统治者并非完全不觉察，苦于积重难返，已找不出根本上解决的办法，只好用高官厚禄来对安禄山姑事羁縻，希图他潜销异志，尽忠朝廷。②《安禄山事迹》、两《唐书·禄山传》以及唐人小说中所记玄宗对禄山宠赐优渥，迥异寻常，后人读了往往感到奇怪，不甚置信③，就由于没有懂得这是当时朝廷采用的一种策略。无奈这种策略对安禄山这样的大野心家此时已不起作用，渔阳鼙鼓一鸣，半壁河山即刻变色。

三

安史兵事，旧史所记已甚详备。这里只择取其中几件较重大的事情加以分析，以说明东西二统和这次大变乱的始终关系。

《唐大诏令集》卷一一九天宝十四载十二月《亲征安禄山诏》："其河西、陇右、朔方除先发蕃汉将士及守军郡城堡之外，自余马步军将兵健等一切并赴行营，各委节度使统领，仍限今月二十日齐到。"④案"亲征"当然未曾实现，引用这段史料说明当时中原实无可用之兵，安禄山的东北三师既叛，只有西方的河、陇二师以及西北的朔方之师来抵御。这是"骁将锐士，善马精金，空于京师，萃于二统"的必然结果。

调动河、陇二师要花一点时间，远水难救近火。因此在十一月庚午确信安禄山发动叛乱后，只好就已在长安的西方将帅中任命一二位，让他们招募些乌合之众去抵挡一阵。《旧唐书》卷一〇四《封常清传》："〔天宝〕十四载入朝，……时禄山已叛，……以常清为范阳节度，俾募兵东讨。其

---

① 参考《新唐书·禄山传》、《通鉴》卷二一七天宝十四载十一月甲子。
② 如《通鉴》卷二一七天宝十四载二月壬子记玄宗对杨国忠等说："禄山，朕推心待之，必无异志。"
③ 如清诗人袁枚就有《"唐书"新旧分明在，那有金钱洗禄儿》的诗句。不知金钱洗禄儿之事已见于第一等史料《安禄山事迹》卷上里，并非出于后世人所编造。
④ 并录入《全唐文》卷三三，《通鉴》卷二一七天宝十四载十二月壬辰亦有此记载。

日，常清乘驿赴东京召募，旬日得兵六万，皆佣保市井之流，乃斫断河阳桥，于东京为固守之备。十二月，禄山渡河，……先锋至葵园，常清使骁骑与柘羯逆战，杀贼数十百人。贼大军继至，常清退入上东门，又战不利，贼鼓噪于四城门入，杀掠人吏。常清又战于都亭驿，不胜。退守宣仁门，又败。乃从提象门入，倒树以碍之。至谷水，西奔至陕郡。"[1]同卷《高仙芝传》："〔天宝〕九载……入朝，拜开府仪同三司，……为右羽林大将军。十四载……十一月，安禄山据范阳叛，是日以京兆牧荣王琬为讨贼元帅，仙芝为副。命仙芝领飞骑、彍骑及朔方、河西、陇右应赴京兵马，并召募关辅五万人，继封常清出潼关进讨。……十二月，师发，……屯于陕州。……常清以余众奔陕州，谓仙芝曰：'累日血战，贼锋不可当，且潼关无兵，若狂寇奔突，则京师危矣，宜弃此守，急保潼关。'……俄而贼骑继至，诸军惶骇，弃甲而走，无复队伍。仙芝至关，缮修守具，……贼骑至关，已有备矣，不能攻而去，仙芝之力也。"[2]案封常清、高仙芝都是西方系统的名将，其才智绝不在安禄山等东北将领之下。但封常清是临时来朝，虽属现任安西节度，并没有带作战部队。高仙芝只是前任安西节度，这时在长安任右羽林大将军，手里更没有可用的野战军。他们所用的只能是洛阳、长安的"佣保市井之流"[3]，战败自在意中。然而封常清还能在洛阳打几次硬仗，高仙芝还能退守住潼关，说明已尽了极大的努力，因此监军宦官边令诚冤杀他们时，他们手下的兵要"齐呼曰枉"。

河西、陇右大军赶到，于是第三次出兵，起用曾"统西方二师"的哥舒翰为统帅。《旧唐书》卷一〇四《哥舒翰传》："〔天宝〕十三载……入

---

① 参考《新唐书》卷一三五《封常清传》，《通鉴》卷二一七天宝十四载十一月壬申、十二月丁酉。

② 参考《新唐书》卷一三五《高仙芝传》，《通鉴》卷二一七天宝十四载十一月丁丑、十二月丙戌、丁酉。

③ 《旧唐书·高仙芝传》说玄宗命他"领飞骑、彍骑及朔方、河西、陇右应赴京兵马，并召募关辅五万人"。据《通鉴》卷二一七天宝十四载十一月丁丑所记，共召募了"十一万，号曰天武军，旬日而集，皆市井子弟"。飞骑、彍骑本是宿卫禁军，此时也都早已败坏无战斗力，见《新唐书·兵志》。至于朔方可能并没有来人，河西、陇右最多也只来点少数先头部队，河、陇蕃汉大军赶到已是哥舒翰起用时的事情。

京，废疾于家。及安禄山反，上以封常清、高仙芝丧败，召翰入，拜为皇太子先锋兵马元帅，以田良丘为御史中丞，充行军司马，以王思礼、钳耳大福、李承光、苏法鼎、管崇嗣及蕃将火拔归仁、李武定、浑萼、契苾宁等为裨将，河、陇、朔方兵及蕃兵与高仙芝旧卒共二十万，拒贼于潼关。"①《安禄山事迹》卷中说得更详细些，是"领河、陇诸蕃部落奴刺、颉、跌、朱耶、契苾、浑、蹛林、奚结、沙陀、蓬子、处蜜、吐谷浑、恩结等一十三部落，督蕃汉兵二十一万八千人，镇于潼关"。哥舒翰所统西方二师和安禄山所统东北三师要一决雌雄。从数量来说，哥舒翰"督蕃汉兵二十一万八千人"，安禄山出动的据《安禄山事迹》是"马步相兼十万"，《旧唐书·禄山传》作"诸蕃马步十五万"，《新唐书·禄山传》和《通鉴》都作"十五万，号二十万"，这是"鼓行而西"的全军，崔乾祐所率进逼潼关的部队更少得多，估计不过二万左右。②哥舒翰以十倍之众，不出关野战而采取守势，这不仅由于"翰至潼关，风疾颇甚，军中之务，不复躬亲，政事委行军田良丘，其将王思礼、李承光又争长不叶，全无斗志"，内部矛盾太多太深③，更主要的还应是西方二师的战斗力实在已不如东北三师。

哥舒翰以西方二师这支主力坚守潼关，另一支可用的朔方军作为偏师向安禄山的后方进逼，这在战略上本是正确的，确实给予安禄山很大的威

---

① 参考《新唐书》卷一三五《哥舒翰传》、《通鉴》卷二一七天宝十四载十二月癸卯。

② 《安禄山事迹》卷下记灵宝之战崔乾祐军"不过万人，为撒星阵，……又以陌刀五千人列于阵后"。又记此前有人劝哥舒翰："禄山阻兵以诛〔杨〕国忠为名，公若留二万人守潼关，悉以余兵诛国忠，此汉诛晁错挫七国之计也。"可见崔乾祐军不会多于二万，否则此人不敢劝哥舒翰只留二万人守关。

③ 《安禄山事迹》卷下。《旧唐书·哥舒翰传》："良丘复不敢专断，教令不一，颇无部伍。"又王思礼是哥舒翰的旧将，"禄山反，哥舒翰为元帅，奏思礼加开府仪同三司，兼太常卿同正员，充元帅府马军都将，每事独与思礼决之"，见《旧唐书》卷一一〇《思礼传》，李承光则随高仙芝抵御安禄山，仙芝被冤杀，"承光摄领其众"，见《通鉴》卷二一七天宝十四载十二月癸卯，二人渊源有别，因此"争长不叶"。灵宝战败后，哥舒翰又被手下的蕃将火拔归仁缚送安禄山军。这些都说明哥舒翰军内部矛盾之多且深。

胁。①无如朝廷对哥舒翰的西方二师此时也不完全信任，催促哥舒翰开关迎敌。灵宝决战失败，随之而来是潼关不守，长安沦陷。

灵宝战败，关系极大。《通鉴》卷二一八至德元载六月乙未："王思礼自潼关至，始知哥舒翰被擒，以思礼为河西、陇右节度，即令赴镇，收合散卒，以俟东讨，……思礼至平凉，闻河西诸胡乱，还诣行在。初，河西诸胡部落闻其都护皆从哥舒翰没于潼关，故争自立，相攻击，而都护实从翰在北岸，不死，又不与火拔归仁俱降贼。上乃以河西兵马使周泌为河西节度使，陇右兵马使彭元耀为陇右节度使，与都护思结进明等俱之镇，招其部落。"这是聊以善后之举。是年七月，"河西节度副使李嗣业将兵五千赴行在"。此外再别无下文。可见灵宝战败后朝廷主要依靠的西方河、陇二师已基本溃散，不复可用。河、陇二师本是对付西方强敌吐蕃的，二师一垮，吐蕃就唾手而取河、陇，给唐统治中心关中地区很大威胁。当然，这还仅是后患。迫在眉睫即刻需要解决的，是河、陇二师垮掉后究竟还有哪一支兵力能依靠。

安西、北庭两镇太远，而且实力也不雄厚。剑南兵数也少，好在路近，而且重山阻隔，有险可守，敌人占领关中后不易马上打进去，因此玄宗南逃到剑南节度驻在地成都。这样，算下来完整可用且较有战斗力的就只有朔方节度的兵马。本文第一节里说过，北方大镇朔方、河东是东北、西方二统争夺的对象，最初和西方河、陇关系较密。后来河东被安禄山夺去，成为东北三师之一。进一步又想夺取朔方，由安禄山的党羽安思顺充当朔方节度，眼看要汇合成东北四师。幸亏在安禄山兵起后采取紧急措施，让在朔方掌握军事实权的右厢兵马使郭子仪取代安思顺，使朝廷控制了这支武装。这支武装基本上没有南下参与潼关的战守②，而是东向攻取

---

① 《安禄山事迹》卷中说此时"禄山始惧，责高尚及严庄曰：'汝等令我举事，皆曰必成，四边兵马若是，必成何在？汝等陷我，不见汝等矣。'"参考《旧唐书》卷二○○上《高尚传》、《新唐书·禄山传》、《通鉴》卷二一八至德元载五月壬午。

② 《旧唐书·哥舒翰传》说哥舒翰守潼关的部队是"河、陇、朔方兵及蕃兵与高仙芝旧卒"，这当本诸《肃宗实录》（详《通鉴》卷二一七天宝十四载十二月癸卯考异），但《安禄山事迹》只说哥舒翰"领河、陇诸蕃部落督蕃汉兵"，没有提到朔方，估计即使出了些兵也不会怎么多。

河东、河北，直捣安禄山的老巢。《旧唐书》卷一一〇《李光弼传》："玄宗眷求良将，委以河北、河东之事，以问〔郭〕子仪，子仪荐光弼堪当阃寄。〔天宝〕十五载正月，以光弼为云中太守，摄御史大夫，充河东节度副使、知节度事。二月，转魏郡太守、河北道采访使，以朔方兵五千会郭子仪军，东下井陉，收常山郡。贼将史思明以卒数万来援常山，追击破之。……三月八日，光弼兼范阳长史、河北节度使，拔赵郡。……六月，与贼将蔡希德、史思明、尹子奇战于常山郡之嘉山，大破贼党。……河北归顺者十余郡。光弼以范阳禄山之巢穴，将先断之，使绝根本。[1]会哥舒翰潼关失守，玄宗幸蜀，人心惊骇。肃宗理兵于灵武，遣中使刘智达追光弼、子仪赴行在。"[2]灵武是朔方节度的治所，肃宗到灵武即位，就想依靠朔方这支唯一可用的兵力以图恢复。朔方也不负所望，《旧唐书》卷一二〇《郭子仪传》："子仪与李光弼率步骑五万至自河北，时朝廷初立，兵众寡弱，虽得牧马，军容缺然，及子仪、光弼全师赴行在，军声遂振，兴复之势，民有望焉。"当然，单凭朔方的力量还不够，再借用了回纥兵和朔方军一起收复两京，完成所谓"中兴"大业。[3]

《唐大诏令集》卷一二一有德宗《宥李怀光示谕河中将士诏》说："允惟此军，功著王室：安禄山之作乱，肃宗以朔方之众复区夏；仆固怀恩之纵逆，代宗用朔方之师静关塞；洎朕涉此多难，露处奉天，内则擐甲登陴，外则历险赴难，寒不挟纩，夜不释戈，邦国不倾，寇仇斯屏，竭诚致命，万众一心。……朕知朔方将士忠顺，惜朔方将士功名……"[4]安史之乱，怀恩之逆，奉天之难，朔方军三度勤王，最后以节度使李怀光叛变而结束其政治生命。这个诏书是李怀光既叛后所颁，对朔方军旧勋还不胜惓

① 李光弼收复河东之功极大，杜甫《八哀诗·故司徒李公光弼》中为此写了"司徒天宝末，北收晋阳甲"，"蓟北断右臂，朔方气乃苏"的诗句。
② 《新唐书》卷一三六《光弼传》，《旧唐书》卷一二〇、《新唐书》卷一三七《郭子仪传》略同。
③ 关于安史余党之不克最终消灭，和朔方兵力之不足以及回纥之不尽可用有关，别详拙作《论安史之乱的平定和河北藩镇的重建》一文（载福建人民出版社《中国古代史论丛》1981年第1辑），于此不赘。
④ 并录入《全唐文》卷五一。又《全唐文》同卷《论李怀光诏》《招抚河中将士诏》，卷五二《为李怀光立后诏》均可参考。

念，说明从安史之乱以来朔方军久已成为朝廷依靠力量。当初玄宗信用二统，结果安禄山所统东北三师反戈向内，哥舒翰所统西方二师战败溃亡，剩下来依靠的倒是并不特别重视的朔方，这也是始料之所不及。

至于郭子仪，政治上可能有点办法，军事上则并不算是怎么杰出的人才。《旧唐书·子仪传》说他"始与李光弼齐名，……威略不逮"。《新唐书》卷一三六《李光弼传》说光弼"初与郭子仪齐名，世称李郭，而战功推为中兴第一。其代子仪朔方也，营垒、士卒、麾帜无所更，而光弼一号令之，气色乃益精明云"。郭子仪之所以成为"中兴"元勋者，无非因为他是朔方军的首脑而已。

（原载《陕西历史学会会刊》第 2 期，1981 年）

北朝隋唐史論集

黄永年 著

下册

山西出版传媒集团
山西人民出版社

说马嵬驿杨妃之死的真相

杨贵妃死于马嵬驿这件事情，我最初是读白居易的《长恨歌》才知道的。当时还是个十三岁的小孩子，读到《长恨歌》里的：

> 九重城阙烟尘生，千乘万骑西南行。翠华摇摇行复止，西出都门百余里。六军不发无奈何，宛转娥眉马前死。花钿委地无人收，翠翘金雀玉搔头。君王掩面救不得，回看血泪相和流。

模模糊糊地感觉到这是禁军士兵的自发行动。几年后读《通鉴纪事本末》，又查对了《通鉴》卷二一八天宝十五载六月丙申条有关这件事情的记载，其中讲到"至马嵬驿，将士饥疲，皆愤怒"，以及"军士围驿"，玄宗"令收队，军士不应"云云，更加深了读《长恨歌》时所得的士兵自发行动这个印象。

前年重读《旧唐书》，研究唐统治集团的内部矛盾斗争，才发现所谓自发行动说大成问题。又检读先师吕思勉先生的《隋唐五代史》，知道吕先生也早已注意到这个问题，只是未暇深入探讨。因此今天写这篇文章似还有其必要。这离开初读《长恨歌》已有四十多年了，足见自己在学术道路上前进之迟缓。同时，也使自己体会到研究某些历史现象确实不甚容易，即使具体到马嵬驿杨贵妃之死这样的问题都很难轻而易举，一蹴而就。

一

单《旧唐书》里讲到马嵬驿之变的就有好几处：卷九《玄宗纪》、卷五一《后妃·玄宗杨贵妃传》、卷一〇六《杨国忠传》、卷一〇八《韦见素传》，另外唐人姚汝能纂集的《安禄山事迹》也讲到这次事变。其中《杨国忠传》和《韦见素传》确都把事变讲成自发，认为是"士兵不得食"，"饥而愤怒"所致。《玄宗纪》还讲到至咸阳望贤驿时玄宗"亭午未进食，俄有父老献麨"的事情，《安禄山事迹》也有类似的说法，好像士兵饥而愤怒确有其事。但玄宗避安禄山叛军兵锋撤离长安之前是作过点准备的，头天六月甲午晚上曾"命龙武大将军陈玄礼整比六军，厚赐钱帛，选闲厩马九百余匹"，第二天乙未黎明才启程，并不能说是仓皇逃窜（《通鉴》卷二一八至德元载六月甲午、乙未）。何以钱帛都知道要厚赐给扈从禁军，却偏偏不给他们准备饭食。而且马嵬驿距离长安城不过一百多里，走上一天工夫就到达，禁军再骄弱，也不可能弄得饥疲不堪以至激起兵变。真到激起兵变，则军心早已涣散，军纪早已荡然无存，也绝非让他们杀个杨国忠、杨贵妃就能重新收拾整顿。而事实上杀掉杨国忠、贵妃以及其他杨氏家族后禁军仍把玄宗一行安全护送到成都，第二年冬天长安、洛阳相继收复后又护送回关中。这说明前此马嵬驿事件绝非禁军士兵因饥疲而自发的兵变，而只能是一次有预谋、有计划、有指挥的行动。至于说什么玄宗"亭午未进食，俄有父老献麨"，无非是要美化玄宗之如何得民心，受百姓拥戴。《玄宗纪》和《安禄山事迹》在下文都说尚食持御膳至，可见饭食本有准备，原不有赖于百姓进献。当时的史官、文士为本朝君主贡谀是可以理解的，今天可不要再为其所欺。

究竟谁在指挥这次事变？是禁军最高长官陈玄礼。这在《旧唐书·玄宗纪》里本已写得很清楚：

> 次马嵬驿，诸卫顿军不进，龙武大将军陈玄礼奏曰："逆胡指阙，

以诛国忠为名，然中外群情，不无嫌怨。今国步艰阻，乘舆震荡，陛下宜徇群情，为社稷大计，国忠之徒，可置之于法。"

《安禄山事迹》也说：

> 行在都虞候陈玄礼领诸将三十余人带仗奏曰："国忠父子既诛，太真（贵妃）不合供奉。"

《安禄山事迹》是所谓"合本子注"性质的著作，对马嵬驿之变的经过讲得很具体。连射杀杨国忠的骑士都能举出姓名，当系采自时人关于玄宗西幸入蜀的记载，如《新唐书》卷五八《艺文志二》杂史类所著录的温畬《天宝乱离西幸记》、宋巨《明皇幸蜀记》之类，可说是较原始的史料。《旧唐书》的本纪则在宣宗以前都是实录的节本，实录下笔也一般比较审慎。而这两种记载如上所引都只说事变是陈玄礼出头而不讲士兵饥疲。陈玄礼在《旧唐书》里也有传，附于卷一〇六《王毛仲传》后，其中更明确地写道：

> 及安禄山反，玄礼欲于城中诛杨国忠，事不果，竟于马嵬斩之。

这篇传很简略，不像一般大臣列传以行状家传为蓝本，而是当时的国史撰述者柳芳凭亲身见闻所命笔，再为《旧唐书》所承用，自然有更高的史料价值。可见陈玄礼本在长安城里就要对杨国忠下手，只是没有找到机会，这时离长安到马嵬，除自己指挥的禁军外不再有其他势力掣肘，于是把杨氏家族清除干净，连带贵妃在内。

二

《陈玄礼传》说他"以淳朴自检"，绝非怙势弄权、跋扈飞扬之徒。而且他只是禁军长官，弄倒了杨国忠也轮不到他来取而代之当宰相，而动用禁军杀宰相，甚至杀皇帝的宠妃可是要担大风险的。没有强有力的后台，没有绝对的把握，这位年事已高的老将军是没有勇气来冒风险的。

后台是谁？《旧唐书·杨贵妃传》《韦见素传》都认为是当时的皇太子接着去灵武称帝的肃宗，说陈玄礼杀杨国忠之前曾"谋于皇太子"。这样说陈玄礼应该是肃宗集团里的人物。可是事变后陈玄礼并没有跟随肃宗到灵武去成为中兴功臣，却一直紧跟玄宗，回到长安后且以此被勒令"致仕"，丝毫看不出他和肃宗之间有什么特殊关系。可见《贵妃传》《韦见素传》所说只是不了解实情者捕风捉影之谈，它不被写进实录和国史《玄宗纪》等正式记载，是理所当然的。

真正的后台，据我分析只能是高力士。

高力士是玄宗朝宦官的首领，《旧唐书》卷一八四《宦官·高力士传》说当时"每四方进奏文表，必先呈力士，然后进御，小事便决之"，在唐代首开宦官执掌中枢政柄的先例，实际上已是后来的所谓"内大臣"性质。内廷有了内大臣就容易和外廷的宰相发生矛盾，宰相本分一点的还可以，要想弄权像李林甫、杨国忠之流就非和高力士闹到水火不相容不可。关于这点在《高力士外传》所记力士与玄宗的对话里透露得很明显：

〔天宝〕十二年冬，林甫云亡，国忠作相。……十三年秋，大雨，昼夜六十日，陈希烈罢相，韦见素持衡。上因左右无人，谓高公曰："自天宝十年之后，朕数有疑，果致天灾，以殃万姓，虽韦、陈改辙，杨、李殊途，终未通朕怀，卿总无言，何以为意？"高公伏奏曰："开元二十年已前，宰相授职，不敢失坠，边将承恩，更相戮力。自陛下威权假于宰相，法令不行，灾眚备于岁时，阴阳失度，纵为轸虑，难以获安，臣不敢言，良有以也。"上久而不答。

《高力士外传》的作者郭湜在肃宗后期曾和高力士同贬流巫州，《外传》所记即多本诸力士口述，因此司马光也认为是重要的史料而把这段对话节写进《通鉴》里（卷二一七天宝十三载九月）。对话中提到的陈希烈、韦见素都是不起作用的伴食宰相，所谓开元二十年以后假弄威权的宰相自然是指李林甫、杨国忠。李林甫已死，杨国忠犹在，高力士这段对话就是要劝玄宗把杨国忠剪除。只是由于玄宗迟疑不决"久而不答"，于是乘安禄山叛乱、中央政权出现危机时动用禁军把杨国忠及其家族铲除干净。至于逼杀杨贵妃，更是高力士亲自出马，《安禄山事迹》就说当时"高力士乃请先入见太真（贵妃），具述事势，太真……遂缢于佛堂"，《玄宗纪》《贵妃传》也都有类似的记载，可见高力士是直接的凶手。当然，这并不是说高力士和杨贵妃一开始就处于敌对地位。《贵妃传》说前此贵妃曾因忤旨两度被谴送出宫，都由高力士出面召还。但这无非是聊尽宦官的本职，也不能从而推断高力士和贵妃之间有什么共同的利害关系。因此一旦和贵妃的族兄杨国忠闹到要以兵刃相临，根据封建社会重视家族的观念，贵妃自必受到株连而不能幸免。

三

宦官高力士何以能动用禁军来制造马嵬驿事件，这就需要查考玄宗朝禁军和宦官的关系。

玄宗当年当上皇太子，以后又当上皇帝从父亲睿宗手里接管全部政权，是通过清除韦后、安乐公主和清除太平公主两次军事行动而后实现的。这两次都得到宦官高力士的助力，这也就是高力士所以深受玄宗宠用的一个重要原因。但另一方面，在京城里要有军事行动更需要依靠禁军，玄宗就是利用当时禁军左右羽林军的主力左右万骑才能夺取并巩固政权的。而替玄宗出面勾结万骑营长葛福顺、陈玄礼等人的，是玄宗的亲信家奴王毛仲。因此在玄宗取得政权后，王毛仲就"至大将军，阶三品"，"检校内外闲厩兼知监牧使"，以后又"进位特进"，"加开府仪同三司"，不仅是玄宗的特大宠臣，而且在实际上成了禁军的首脑。据《旧唐书·王毛仲传》，开元前期以王毛仲为代表的禁军声势远过于宦官，所谓：

> 毛仲……不避权贵，……中官杨思勖、高力士等常避畏之。……
> 又〔葛〕福顺子娶毛仲女，〔李〕宜德、唐地文等数十人皆与毛仲善，
> 倚之多为不法。中官等妒其全盛逾己，专发其罪，尤倨慢之。中官高
> 品者，毛仲视之蔑如也，如卑品者，小忤意则挫辱如己之僮仆。力士
> 辈恨入骨髓，……构之弥甚，曰："北门奴官太盛，豪者皆一心，不
> 除之，必起大患。"

所谓"北门奴官"者，胡三省注《通鉴》说"王毛仲、李守德皆帝奴也，
又葛福顺等皆出于万骑，中宗以户奴补万骑，故云然"（卷二一三开元十
八年末），"奴官"上冠以"北门"，则因为禁军驻屯宫城正北玄武门的缘
故。这是以高力士为首的宦官势力对禁军势力的反攻。宦官们不仅自己散
布流言，还拉拢了某些朝官帮宦官说话。如吏部侍郎齐澣就对玄宗说：
"福顺典兵马，与毛仲婚姻，小人宠极则奸生，若不预图，恐后为患，惟
陛下思之。况腹心之委，何必毛仲，而高力士小心谨慎，又是阉官，便于
禁中驱使。"（《旧唐书》卷一九〇中《文苑中·齐澣传》）这种议论倒是
说到点子上的，所谓刑余之人的宦官确实便于接近皇帝，而且照惯例刑余
之人没有当皇帝的资格，不像其他权贵势力发展过大会引起皇帝的疑忌。
因此最终禁军必然屈居下风，王毛仲等非倒台不可。这是开元十九年正月
里的事情，《王毛仲传》记录有正月壬戌的诏书，开列了王毛仲以及葛福
顺以下禁军大将军、将军级长官被分别贬逐的名单。王毛仲本人在贬逐途
中又被下诏缢杀。

　　但禁军既是当时京城里唯一可用的武力，何以王毛仲、葛福顺等会束
手待毙，毫无反抗？这显然是高力士已事先在禁军里玩了花样。花样者，
无非是拉拢分化的老办法。当年玄宗发动政变诛杀韦后、安乐公主时，就
通过王毛仲来拉拢万骑营长葛福顺、陈玄礼以收拾担任禁军左右羽林军长
官的韦氏家族，现在高力士"以其人之道还治其人之身"，拉拢了在禁军
中和葛福顺同等地位的陈玄礼来反对葛福顺、王毛仲，使他们在关键时刻
失去反抗能力。当然，这种见不得人的阴谋活动不便登诸实录、国史，公

之于众。但从陈玄礼不仅没有在这次斗争中和葛福顺等一起倒台，反而继续高升，在开元二十六年把左右万骑营升格扩编为左右龙武军，成为比原有的左右羽林军更为权威的禁卫武力后，就让陈玄礼充当龙武军大将军为其最高长官这些事实来看，已足够说明陈玄礼在斗争中倒向了高力士一边，成为听从高力士指挥从而受到玄宗信用的人物。禁军中像这样的长官当然不止陈玄礼一个，清中叶出土、著录于《金石萃编》《隋唐石刻拾遗》《古志石华》里的刘感墓志、张安生墓志就是很好的例证。刘感、张安生都是禁军的士兵出身，曾参与玄宗诛杀韦后的政变而被逐步升擢，在天宝时做到左右龙武军将军，其间没有受过任何挫折，说明他们是走了陈玄礼同样的道路，或许就是陈玄礼的直接下属。张安生墓志说他以在天宝十三载七十一高龄时还抱病扈从玄宗去骊山华清宫，结果病死在宫侧官第，可见这一伙投靠高力士的禁军确实成为玄宗的心腹。

高力士此人给人的印象似乎还不太恶劣，比起他的后辈大宦官李辅国、程元振以及王守澄、仇士良之流要良善一些，这是受旧史记载的影响，实际上他窃取中枢政柄，开了后来宦官成为"内大臣"的恶例。他拉拢控制禁军，也是李辅国、程元振"专掌禁兵"以及后来定制由宦官任神策军长官的先导，虽然他没有在禁军中担任正式名义，但王毛仲之为禁军首脑本也没有正式名义。中唐时内廷与外朝之争，宦官动辄贬杀宰相，也无非是继承高力士动用禁军清除宰相杨国忠的老传统。只是高力士还没有直接危害到皇帝本人，对玄宗还是维持保护的。但这也不是他在尽愚忠，而是因为他的权势是依靠玄宗建立起来的，玄宗如果倒台，他自己也将失去一切。

四

最后分析玄宗的态度。玄宗对杨贵妃是宠爱的，虽然《长恨歌》一开头所说的"汉皇重色思倾国，御宇多年求不得"并非事实，因为开元年间早已有特承恩宠"宫中礼秩，一同皇后"的武惠妃。但到开元二十五年武惠妃死后，把武惠妃爱子寿王瑁妃杨氏弄进宫成为贵妃，"宫中呼为娘子，礼数实同皇后"，宠爱的程度确实不亚于过去的武惠妃。杨国忠也是玄宗识拔提到宰相位置上的，虽然怙宠弄权，也还没有发展到对玄宗不忠的地步。因此在安禄山叛乱之前，玄宗对内廷宦官高力士和外朝宰相杨国忠之间想搞平衡，前面所说的高力士攻击杨国忠，玄宗"久而不答"就是明证。到马嵬驿高力士、陈玄礼要对杨国忠以兵刃相临，两不偏袒的办法当然不行了，必然在两者之间作出及时的抉择。杨家和他的关系究竟浅，杨国忠之任宰相是在天宝十一载十一月，到这时不满四年，贵妃入宫早一点，在开元末年，到这时也不到二十年。而高力士、陈玄礼都是他青年时代夺取政权中结合的老伙伴，是经历了四十多年考验的旧交情。加以高力士、陈玄礼掌握禁军，是唯一可恃的护驾力量。杨国忠则赤手空拳，宰相的头衔在兵荒马乱中起不了多少作用。玄宗自然宁要高力士、陈玄礼而不要杨国忠、贵妃。因此贵妃之死实际上是经过玄宗同意的，《旧唐书·玄宗纪》所书"上即命力士赐贵妃自尽"，可以说是史官的直笔。

这从后来的事实也完全可以得到证实。离马嵬驿后玄宗平安抵达成都，在成都住了一年多又返回长安，仍一直依赖高力士、陈玄礼保护。住进长安的南内兴庆宫后，高力士、陈玄礼还和他形影不离。到他在肃宗的大宦官李辅国压力下迁居西内完全失去人身自由时，高力士、陈玄礼也随之贬逐、致仕。这真可说是相依为命，毫无猜疑隔阂。如果高力士、陈玄礼之杀贵妃不曾获得玄宗同意，是绝对不可能出现这种融洽无间的现象的。

那么《长恨歌》怎么办？《长恨歌》所讲玄宗如何思念贵妃、请临邛道士寻觅贵妃魂魄，以至"七月七日长生殿，夜半无人私语时。在天愿作比翼鸟，在地愿为连理枝"等等本来都是虚构的。对此我另外写了一篇《长恨歌新解》，等发表后向大家请教。这里只指出一点，即《长恨歌》者是白居易用诗歌形式所写的传奇故事，他自己也只说它是"风情"之作（见《白氏长庆集》卷一六《编集拙诗成一十五卷因题卷末》），而并非在写史诗。我当年先入为主，信以为真，只能说明自己的幼稚。

（原载《学林漫录》第五集，1982年4月）

论安史之乱的平定和河北藩镇的重建

安史之乱平定后，河北地区仍由安史余党田承嗣、张忠志（后赐姓名李宝臣）、李怀仙、薛嵩分任节度使。以后，田承嗣、李宝臣、李怀仙的辖区魏博、成德、幽州称为河北三镇，"讫唐亡百余年率不为王土"①。旧史把这件事归罪于仆固怀恩，现在研究唐史的人也往往这么看，如说："讨叛须拣忠诚之将，代宗竟毫无抉择，入宦官程元振、鱼朝恩之言而任仆固怀恩，发端已错。及〔史〕朝义授首，所余李怀仙、田承嗣、薛嵩、张忠志辈，乘战胜之威，本可更易，即曰赏功，予以一州足矣，更不然则废去节度名称，而乃一误再误，听怀恩言各授大节。"②又如说："怀恩父子和唐朝朝廷间有矛盾，为了养寇固位，接受了安史部下许多大将的投降，并且，表请这些降将就地担任本处的节度使，也就是将安史旧部残余力量都保存下来。"③

仆固怀恩真有这样大的权力？他个人的私意竟能左右朝廷的决策？认真审阅一下平定安史的文献，就知道这绝非事实。

一

安禄山发范阳、平卢、河东三镇的兵力叛乱，哥舒翰统率的河西、陇

① 《新唐书》卷二一〇《藩镇传序》。
② 岑仲勉《隋唐史》卷下第二十七节。
③ 韩国磐《隋唐五代史纲》第三编第十章第二节（二）。

右两镇兵力在灵宝决战后溃散，唐朝中央政权所能用的只剩下郭子仪、李光弼统率的朔方这支兵力①。唐肃宗即位灵武，就是想依靠朔方军来收复两京，平定叛乱，完成其中兴大业。朔方一支孤军要完成这样的大业，当然力量不足，其他地方军队又没有多大战斗力，只好借兵于回纥。

关于借回纥兵平乱的始末，《旧唐书·回纥传》等记述尚为详尽。杜甫也留有若干诗篇，多少代表当时的舆论。可以用史诗互证的办法，来看当时平定安史的真相。

《旧唐书》卷一九五《回纥传》②：

> 至德元载七月，肃宗于灵武即位。遣……使于回纥以修好征兵。……二载……九月……回纥遣其太子叶护领其将帝德等兵马四千余众助国讨逆，肃宗宴赐甚厚。又命元帅广平王见叶护，约为兄弟，接之颇有恩义，叶护大喜，谓王为兄。戊子，回纥大首领达干等一十三人先至扶风，与朔方将士见，仆射郭子仪留之，宴设三日。叶护太子曰："国家有难，远来相助，何暇食为！"子仪固留之，宴毕，便发其军，每日给羊二百口，牛二十头，米四十石。

可见一开始关系还不坏，舆论对此也寄以很大期望，杜诗《哀王孙》：

> 窃闻太子已传位，圣德北服南单于。花门剺面请雪耻……

《北征》：

> 阴风西北来，惨淡随回鹘。其王愿助顺，其俗善驰突。送兵五千人，驱马一万匹。此辈少为贵，四方服勇决。所用皆鹰腾，破敌过箭疾。

---

① 详拙作《〈通典〉论安史之乱的"二统"说证释》。
② 《新唐书》卷二一七下《回鹘传》略同。

《喜闻官军已临贼二十韵》：

> 花门腾绝漠，柘羯渡临洮。此辈感恩至，嬴俘何足操。

这里的"花门"，指回纥①；"柘羯"，指勇士②；"送兵五千人"，也正与《回纥传》所说"四千余众"符合。这四五千回纥骑兵和朔方军共同进取两京，《回纥传》：

> 及元帅广平王率郭子仪等至香积寺东二十里，西临沣水，贼埋精骑于大营东，将袭我军之背，朔方左厢兵马使仆固怀恩指回纥驰救之，〔贼〕匹马不归，因收西京。十月，广平王、副元帅郭子仪领回纥兵马与贼战于陕西。初次于曲沃，叶护使其将军车鼻施吐拨裴罗等旁南山而东，遇贼伏兵于谷中，尽殪之。子仪至新店，遇贼战，军却数里，回纥望见，逾山西岭上曳白旗而趋击之，直出其后，贼众大败，军而北坑③，逐北二十余里，人马相枕藉，蹂践而死者不可胜数，斩首十余万，伏尸三十里。贼党严庄驰告安庆绪，率其党背东京北走渡河。而叶护从广平王、仆射郭子仪入东京。

案这是至德二载九、十月的事情，安禄山在这年正月已被次子安庆绪等谋杀，"庆绪素懦弱，言词无序"④，叛军内部已有分崩离析征兆，因此官军

---

① 《新唐书》卷四〇《地理志》陇右道甘州删丹："北渡张掖河，西北行出合黎山峡口，傍河东壖屈曲东北行千里，有宁寇军，……军东北有居延海，又北三百里有花门山堡，又东北千里至回鹘衙帐。"

② 详拙作《"羯胡""柘羯""杂种胡"考辨》。

③ 此处似有脱误，《新唐书·回鹘传》《通鉴》均无此语。

④ 《旧唐书》卷二〇〇上《安禄山传》。

胜得比较容易。尽管所说"斩首十余万"有夸大①，回纥的战功仍不容抹杀，因为不靠回纥，朔方军未必有独立攻取两京的勇气。杜诗《忆昔》："忆昔先皇幸朔方，千乘万骑入咸阳。阴山骄子汗血马，长驱东胡胡走藏。"还是肯定了回纥的劳绩。

但这时的回纥是处在游牧民族的社会中，习惯于掠夺，要他们对子女金帛不动心实在不可能。《回纥传》：

> 初收西京，回纥欲入城劫掠，广平王固止之②。及收东京，回纥遂入府库收财帛，于市井村坊剽掠三日而止，财物不可胜计。广平王又赉之以锦罽宝贝，叶护大喜。及肃宗还西京，十一月癸酉，叶护自东京至，敕百官于长乐驿迎，上御宣政殿宴劳之，叶护升殿，其余酋长列于阶下，赐锦绣缯彩金银器皿。及辞归蕃，……叶护奏曰："回纥战兵，留在沙苑，今且须归灵夏取马，更收范阳，讨除残贼。"己丑，诏曰："……回纥叶护，……可司空、仍封忠义王，每载送绢二万匹至朔方军，宜差使受领。"

为什么不一鼓作气直捣范阳？归灵夏取马是托词，实际上是掠夺饱了要享受一番，不肯再打硬仗。再看杜诗《留花门》：

> 北门天骄子，饱肉气勇决。高秋马肥健，挟矢射汉月。自古以为患，诗人厌薄伐。修德使其来，羁縻固不绝。胡为倾国至，出入暗金阙。中原有驱除，隐忍用此物。公主歌黄鹄，君王指白日。连云屯左

---

① 自范阳南下的安禄山叛军，据《旧唐书》卷二〇〇上、《新唐书》卷二二五上《安禄山传》，有十五万，据唐姚汝能《安禄山事迹》，只有十万；以后可能再裹胁些，但也不会增加很多。《旧唐书》卷一二〇《郭子仪传》就仍说这次新店之战安庆绪"悉其众十万"，怎么可能有十余万被斩首？如真有，叛军就差不多被杀完了，但以后官军与叛军作战仍要花很大气力，可见新店之役后，叛军仍保有强大实力，斩首十余万之说不真实。

② 《通鉴》卷二二〇至德二载十月癸卯："初，上欲速得京师，与回纥约曰：'克城之日，土地、士庶归唐，金帛、子女皆归回纥。'"其实即无先约，回纥破城后还是照例要掠夺一番的，说是肃宗主动提出"金帛、子女皆归回纥"，恐亦未必。

辅，百里见积雪。长戟鸟休飞，哀笳晓幽咽。田家最恐惧，麦倒桑枝折。沙苑临清渭，泉香草丰洁。渡河不用船，千骑常撇烈。胡尘逾太行，杂种抵京室。花门既须留，原野转萧瑟。

诗中提到"公主歌黄鹄"，是乾元元年肃宗幼女宁国公主出嫁为回纥毗伽阙可汗可敦后的作品。这时诗人已改换了口气，对回纥转褒为贬。"连云屯左辅"，就是指"回纥战兵，留在沙苑"，沙苑在同州冯翊县南，所以叫"左辅"，这里"东西八十里，南北三十里"，唐代"以其处宜六畜，置沙苑监"[1]，本是块好牧场，可是回纥兵一驻屯，就破坏得不成样子。这种骚扰掠夺，实在远过于安禄山的叛军。这是摆在当时中央政权面前的第一个问题。

第二个问题是两京易收，河北难取。两京对叛军本是倘来之物，得之固好，失之也不伤元气。河北则是叛军的老巢，身家性命攸关，万不能放弃。《安禄山事迹》卷下：

> 至德二年……十月六日，又收东都，安庆绪空东都遁于河朔，……疲卒才一千，骑士三百而已。至滏阳县界，时河东节度使李光弼屯卒一万、军马三百在滏阳，庆绪处必死地，谓诸弟曰："一种是死，不如刀头取决。"遂与庆和等三人领家童数百，设奇计大破官军，光弼大溃。泽潞节度使王思礼营相去四五里，知光弼败，一时分散。庆绪遂分八道曳露布，称破光弼、思礼两军，收斫万计，营幕俨然，天假使便，无所欠少，况回鹘已走，立功不难，其先溃将士，于相州屯集。

安庆绪这点残兵败卒拼起命来尚如此难于对付，要攻占老巢范阳，彻底消灭叛军，更谈何容易。因此中央政权不能不另谋对策。

---

[1] 《元和郡县图志》卷二"同州冯翊"条。

当时叛军有两大据点，安庆绪在相州，史思明在范阳，《旧唐书》卷二〇〇上《史思明传》：

> 安禄山死，庆绪令归范阳，……思明转骄，不用庆绪之命。安庆绪为王师所败，投邺郡，其下蕃汉兵三万人初不知所从，思明击杀三千人，然后降之。庆绪使阿史那承庆、安守忠征兵于思明，且欲图之……思明……拘承庆，斩守忠、李立节之首。光弼使衙门敬俛招之，〔思明〕遂令衙官窦子昂奉表，以所管兵众八万人及以伪河东节度使高秀岩来降。肃宗大悦，封归义王、范阳长史、御史大夫、河北节度使，……令讨残贼。……明年……四月，肃宗使乌承恩为副使，〔令〕候伺其过而杀之。

这是企图利用叛军内部矛盾不战而收取范阳。对相州，没有办法，只好以和亲为手段再借回纥兵来硬打。《回纥传》：

> 乾元元年……秋七月丁亥，诏以幼女封为宁国公主出降〔回纥毗伽阙可汗〕。……八月，回纥使王子骨啜特勤及宰相帝德等骁将三千人助国讨逆，肃宗嘉其远至，赐宴，命随朔方行营，使仆固怀恩押之。

结果这两头都没有成功。《史思明传》：

> 〔乌〕承恩至范阳，数漏其情，……思明……因榜杀承恩父子。……十月，郭子仪领九节度围相州，安庆绪偷道求救于思明。……乾元二年……三月，〔思明〕引众救相州，官军败而引退。思明召庆绪等杀之，并有其众。四月，僭称大号，……以范阳为燕京。九月，寇汴州，节度使许叔冀合于思明，思明益振，又陷洛阳。

形势又来了个大逆转。回纥兵是参加相州战役的，但在史思明等攻战下也不起作用，《回纥传》：

> 乾元二年，回纥骨啜特勤等率众从郭子仪与九节度于相州城下，
> 战不利。三月壬子，回纥王子骨啜特勤及宰相帝德等十五人自相州奔
> 于西京，……其月庚寅，回纥特勤辞还行营。……夏四月，回纥毗伽
> 阙可汗死，……宁国公主……以无子得归。

杜诗《即事》：

> 闻道花门破，和亲事却非。人怜汉公主，生得渡河归。秋思抛云
> 髻，腰支剩宝衣。群凶犹索战，回首意多违。

是慨叹这次赔了夫人又折兵的事情。

史思明本是安禄山系统的大将，在安禄山叛乱前就做到平卢都知兵马
使，才能威望远出安庆绪之上，重占东京洛阳后一直打到陕州，官军张皇
拒守，根本谈不上进取。幸好叛军内又发生变乱，史思明为子朝义所杀，
叛军"诸节度使皆禄山旧将，与思明等夷，朝义征召不至"[1]，在此情况
下，中央政权计划反攻。但怕官军仍不济事，又用饮鸩止渴的办法第二次
向回纥借兵。《回纥传》：

> 宝应元年，代宗初即位，以史朝义尚在河洛，遣中使刘清潭征兵
> 于回纥，又修旧好。其秋，清潭入回纥庭。回纥已为史朝义所诱，云
> "唐室天子频有大丧，国乱无主，请发兵来收府库"，可汗乃领众而
> 南，已八月矣。清潭赍敕书国信至，……回纥业已发至三城北[2]，见

---

① 《旧唐书》卷二〇〇上《史朝义传》。

② 唐睿宗景云二年朔方道大总管张仁愿筑三受降城于河上以御突厥，详《唐会要》卷七三
"三受降城"、《旧唐书》卷九三、《新唐书》卷一一一《张仁愿传》，吕温《吕和叔集》卷六有《三受降城
碑铭》，杜诗《诸将》："韩公本意筑三城，拟绝天骄拔汉旌。岂谓尽烦回纥马，翻然远救朔方兵。"也
是咏这件事的，张仁愿景龙二年封韩国公。

荒城无戍卒，州县尽为空垒，有轻唐色，乃遣使北收单于兵马仓粮，又大辱清潭。……上使殿中监药子昂驰劳之，及于太原北忻州南，子昂密数其丁壮，得四千人，老小妇人相兼万余人，战马四万匹，牛羊不纪。先是，毗伽阙可汗请以子婚，肃宗以仆固怀恩女嫁之，及是为可敦，与可汗同来，……上敕怀恩自汾州见之于太原，怀恩又谏国家恩信不可违背。……上以雍王适为兵马元帅，……东会回纥登里可汗营于陕州黄河北。……可汗责雍王不于帐前舞蹈，……〔将军〕车鼻遂引〔左厢兵马使药〕子昂、〔元帅行军司马〕李进、〔元帅判官兼掌书记韦〕少华、〔右厢兵马使〕魏琚各榜捶一百，少华、琚因榜捶，一宿而死，以王少年未谙事，放归本营。

案这一次回纥在史朝义煽诱下本是想来收取唐室府库的，和前两次应唐中央政权之请而发兵不一样，所以其横蛮凶狠异乎寻常，经仆固怀恩以亲戚关系劝说才转而助唐攻取东京洛阳。《回纥传》：

怀恩与回纥右杀为先锋，及诸节度同攻贼，破之，史朝义率残寇而走。元帅雍王退归灵宝。回纥可汗继进于河阳，列营而止数月，去营百余里，人被剽劫逼辱，不胜其弊。怀恩常为军殿。及诸节度收河北州县，仆固玚与回纥之众追蹑二千余里，至平州石城县，枭朝义首而归。河北悉平。怀恩自相州西出崞口路而西，可汗自河阳北出泽、潞与怀恩会，历太原，……辞还蕃，代宗引见于内殿，赐彩二百段。初，回纥至东京，以贼平，恣行残忍，士女惧之，皆登圣善寺及白马寺二阁以避之，回纥纵火焚二阁，伤死者万计，累旬火焰不止。及是朝贺，又纵横大辱官吏。……时东都再经贼乱，朔方军及郭英乂、鱼朝恩等军不能禁暴，与回纥纵掠坊市及汝、郑等州，比屋荡尽，人悉以纸为衣，或有衣经者。

说明这次对洛阳及其周围河阳、汝、郑的掠夺破坏比第一次更厉害。杜诗

《遣愤》：

> 闻道花门将，论功未尽归。自从收帝里，谁复总戎机。蜂虿终怀毒，雷霆可震威。莫令鞭血地，再湿汉臣衣。

《回纥传》：

> 史臣曰："……肃宗诱回纥以复京畿，代宗诱回纥以平河朔，戡难中兴之功，大即大矣！然生灵之膏血已干，不能供其求取；朝廷之法令并弛，无以抑其凭陵。忍耻和亲，姑息不暇，……比昔诸戎，于国之功最大，为民之害亦深……"赞曰："……安史乱国，回纥恃功。恃功伊何，咸议姑息。民不聊生，国殚其力……"

代表了当时和后世的舆论。

二

弄清了三次借用回纥兵的始末，并作了些剖析，就可以重点研究一下平定河北的问题。上引《旧唐书·回纥传》讲得太简略，要看卷一二一《仆固怀恩传》，这大概是根据当时功状编写的，讲得很具体：

> 怀恩留回纥可汗营于河阳，乃使其子右厢兵马使玚、北庭朔方兵马使高辅成以步军万余众乘胜逐北。怀恩常压贼而行，至于郑州，再战皆捷。进至汴州，伪节度张献诚开门出降。又拔滑州，追破朝义于卫州。伪睢阳节度田承嗣、李进超、李达卢等兵马四万余众又与朝义合，据河来拒，玚连盘济师，登岸薄之，贼党悉奔。长驱至昌乐县东，朝义率魏州兵马来战，又败走，达卢来降，贼徒震骇。于是相州伪节度薛嵩以相、卫州、洺、邢、赵降于李抱玉、高辅成、尚文悊，

伪恒阳节度李宝臣（张忠志）以深、恒、定、易四州降于河东节度辛云京。朝义至贝州，又与伪大将薛忠义两节度合。瑒至临清县，惧贼气盛，驻军以俟变。朝义领众三万并攻具来攻，瑒令高彦崇、浑日进、李光逸等设三伏以待之，贼半渡，伏发，合击而走之。其时回纥又至，官军益振，瑒卷甲驰之，大战于下博县东南，贼背水而阵，大军冲击而崩之，积尸拥流而下，朝义又走莫州。于是河南副元帅都知兵马使薛兼训、兵马使郝廷玉、兖郓节度使辛云京会师于下博，进军莫州城下。朝义与田承嗣频出挑战，大败而旋，临阵杀其伪尚书敬荣。朝义惧，自分万余众投归义县，留承嗣守城。于是淄青节度侯希逸继诸将同为攻守，凡月余日，瑒与高彦崇、侯希逸、薛兼训等以众三万追及朝义于归义县，交锋而贼溃。属幽州节度使李怀仙送降款，瑒顿兵于其境，遣怀仙分兵追蹑，〔乾元〕二年三月，朝义至平州石城县温泉栅，穷蹙，走入长林自缢，怀仙使妻弟徐有济传其首以献。又降田承嗣之军，河北悉平，怀恩乃与诸将班师。

案这个大战役的打法和过去不一样，有两点特别值得注意：

一、过去收复两京都要依靠回纥兵，这次却主要依靠仆固怀恩父子统率的朔方等军，而"留回纥可汗营于河阳"，不让回纥兵北上。以后虽因仆固瑒在临清县受阻调来点回纥兵，但也只是象征性的，为数不多，而且并没有赶得上参加临清战役，以后几次战役中更没有提到这支回纥部队[①]。这时回纥部队的主力仍随登里可汗留驻河阳，所以河北平定后登里可汗是"自河阳北出泽、潞与怀恩会，历太原……还蕃"，不是从河北还蕃[②]。所以要这样，显然是因为回纥的掠夺破坏实在叫人受不了，中原两京的老百

---

① 《旧唐书·回纥传》说"及诸节度收河北州县,仆固瑒与回纥之众追蹑二千余里",即是因后来来了这支回纥部队而言,而行文疏略,让人看了好像回纥主力自始至终参与了平定河北的战役。《新唐书·回鹘传》作"仆固瑒率回纥兵与朝义挈战,蹀血二千里",只是据《旧》传改写,写得好像仆固瑒所用的全是回纥兵,更为失真。

② 《通鉴》卷二二二宝应元年十月作"回纥悉置所掠宝货于河阳,留其将安恪守之",好像登里可汗没有留在河阳,不知是根据什么史料,实误。

姓好欺侮，河北地区的军民就决不会那么逆来顺受。如果让登里可汗全军北上，进入河北地区像在东京那样乱抢乱杀，在河北军民拼死下四千回纥兵是不经打的，九节度相州之役三千回纥兵败奔西京就是个先例。

二、当时河北地区的安史余党田承嗣、张忠志、李怀仙、薛嵩等都手握强兵，霸占州郡，而范阳的"百姓至于妇人小童，皆闲习弓矢"①。仆固怀恩父子北上进入河北地区时的兵力只有"万余众"，"追及〔史〕朝义于归义县"时，加上侯希逸、薛兼训的兵力，也只有"众三万"，用这点兵力要把整个河北地区的叛军全部歼灭，怎么有可能？相反，如果逼紧了，田承嗣、张忠志、李怀仙、薛嵩等和史朝义合力抵御，被歼灭的恐怕是仆固怀恩父子的官军。因此，仆固怀恩父子这次进军改用了一种新战略，把打击目标缩小到史朝义这个总头目身上，紧紧咬住他不放，最后把他歼灭了就算大功告成。至于田承嗣等实力派，只要名义上投顺过来，不再打出叛旗公开和中央政权作对，就一概保存他们既得的地盘和既有的实力，由中央正式任命为合法的节度使。田承嗣等对这样做法当然也合心意：过去自己是安史父子的部属，要听指挥听调动，不能为所欲为；现在直属于中央，而且天高皇帝远，身边没人监视管辖，可以在自己的辖区里安安逸逸当土皇帝，又何乐而不为。于是官军所到，争先迎降，史朝义成为孤家寡人，不到五个月河北就宣告平定。

因此，任命安史余党田承嗣等为节度使，让河北藩镇重建，在后人看来也许是一种养痈遗患的失策，如《新唐书》卷二一〇《藩镇传总序》所说："安史乱天下，至肃宗大难略平，君臣皆幸安，故瓜分河北地，付授叛将，护养孽萌，以成祸根。"而不知这是当时河北叛党势力尚强大下不得不采用的一种策略，舍此实无更妥善的办法。至于"讫唐亡百余年卒不为王土"，那是后来的问题，怎能把责任统统推到当年平定河北的人身上？宋祁等文人在修《新唐书》时发点空议论很容易，真叫他们去处理实际问

---

① 《通鉴》卷二二二上元二年李怀仙为范阳尹燕京留守条《考异》引《蓟门纪乱》。

题，恐怕就未必胜任愉快了①。

三

这个策略的决定者当然不会是仆固怀恩。仆固怀恩这个出身铁勒贵族的将军后来虽被逼反了，几次引吐蕃、回纥入侵，但以前对唐家朝廷一直是尽心出力的。《旧唐书》本传就说他"以寇难已来，一门之内死王事者四十六人，女嫁绝域，再收两京，皆导引回纥，摧灭强敌"。何况对待田承嗣等安史余党是大局有关的事情，他不会也不敢背着朝廷另搞一套，决策者肯定是朝廷而不是他，他只是这个策略的执行者。这在史书里仍留有片段的痕迹，《旧唐书》卷一四一《田承嗣传》：

> 帝以二凶继乱，郡邑伤残，务在禁暴戢兵，屡行赦宥，凡为安史诖误者，一切不问。时怀恩阴图不轨，虑贼平宠衰，欲留贼将为援，乃奏承嗣及李怀仙、张忠志、薛嵩等四人分帅河北诸郡。

卷一四二《李宝臣传》：

> 河朔平定，忠志与李怀仙、薛嵩、田承嗣各举其地归国，皆赐铁券，誓以不死。

《新唐书》卷二二四上《仆固怀恩传》：

> 初，帝有诏，但取朝义，其它一切赦之。故薛嵩、张忠志、李怀仙、田承嗣见怀恩皆叩头，愿效力行伍。怀恩自见功高，且贼平则势轻，不能固宠，乃悉请裂河北分大镇以授之，潜结其心以为助，嵩等

---

① 平定河北是代宗即位后的事情，《藩镇总序》却说"至肃宗大难略平"，连事实都讲错了，好发空论者往往有此毛病。

辛据以为患云。

《通鉴》卷二二二宝应元年十一月辛巳制：

> 东京及河南北受伪官者一切不问。

案既有"但取朝义，其它一切赦之""受伪官者一切不问""为安史诖误者，一切不问"等诏制，则仆固怀恩父子之穷追史朝义、对田承嗣等予以保存，完全是按朝廷旨意行事。让田承嗣等做节度使要经过"请"的手续，并由朝廷"赐铁券"，说明也都是朝廷的意思，仆固怀恩并未专擅。所以《旧唐书·仆固怀恩传》记怀恩"为人媢孽"时"上书自叙功伐"，就公开说：

> 陛下委臣副元帅之权，令臣指麾河北，其新附节度使皆握强兵，臣之抚绥，悉安反侧。

正由于心中无鬼，才敢理直气壮地把处理田承嗣等事作为自己的劳绩。至于《旧传》所说"怀恩阴图不轨，虑贼平宠衰，欲留贼将为援"，《新传》本《旧传》所书"怀恩自见功高，且贼平则势轻，不能固宠"，要"潜结其心以为助"等等，更是莫须有之辞①。仆固怀恩平定河北后和田承嗣等再不曾有过往来，叛唐后也不见田承嗣等有任何声援响应。这说明仆固怀恩处理河北问题只是秉承朝廷旨意公事公办，并未拉私人关系，更谈不上勾结。

后来史书上为什么多把河北藩镇的重建归罪于仆固怀恩，这也有个原因。仆固怀恩当时是颇为几个有权势者所反对的，这几个有权势者是：河

---

① 这类莫须有之辞还很多，如薛嵩本降于李抱玉等人，见《旧唐书·仆固怀恩传》，而《薛嵩传》却说"仆固怀恩东收河朔，嵩为贼守相州，闻贼朝义兵溃，王师至，嵩惶惑迎拜于怀恩马前，怀恩释之，令守旧职，时怀恩二心已萌"云云，其为捏造诬陷更明显。

东节度使太原尹辛云京，泽潞节度使李抱玉，以及中官骆奉仙、鱼朝恩。在仆固怀恩被逼反后，比较正直的颜真卿就说：

> 明怀恩反者，独辛云京、李抱玉、骆奉仙、鱼朝恩四人耳，自外朝臣，咸言其枉①。

他们密奏仆固怀恩的反迹，可说极深文周纳之能事，如怀恩奉诏统回纥登里可汗还蕃，他们就说"怀恩与可汗为约，逆状已露"。李抱玉送"马兼银器四事"与怀恩，怀恩"于回纥处得绢，便与抱玉二千匹以充答赠"，却被抱玉"共相组织，将此往来之赆，便为结托之私"②。说任命安史余党为节度使是怀恩"欲留贼将为援"，也同样是他们诬构的反状之一③。他们四人中，鱼朝恩、骆奉仙两名中官固秽德彰闻，为人不齿，辛云京、李抱玉则极为朝廷宠信。尤其是辛云京，死后"命中使吊祭"，"宰相及诸道节度使祭者凡七十余幄"，代宗"言及云京，泫然久之"④，"德宗时第至德以来将相，云京为次"⑤。以地位仅次于中兴元勋郭子仪的大人物辛云京来讲后来确实逼反了的仆固怀恩的坏话，当然容易为人们轻信。这就是史书上为什么多把重建河北藩镇归罪于仆固怀恩的原因。

四

河北藩镇重建后"讫唐亡百余年卒不为王土"的情况，旧史所记已较详备。陈寅恪先生《唐代政治史述论稿》又着重从民族和文化的角度作了

---

① 《旧唐书·仆固怀恩传》。

② 均见《旧唐书·仆固怀恩传》。

③ 《通鉴》卷二二二宝应元年十一月条："于是邺郡节度使薛嵩以相、卫、洺、邢四州降于陈郑，泽潞节度使李抱玉，恒阳节度使张忠志以赵、恒、深、定、易五州降于河东节度使辛云京。……抱玉等已进军入其营，按其部伍，嵩等皆受代，居无何，仆固怀恩皆令复位，由是抱玉、云京疑怀恩有贰心，各表言之。"可参考。"嵩等皆受代"云云，当即抱玉、云京所捏造以诬陷怀恩之辞。

④ 《旧唐书》卷一一〇《辛云京传》。

⑤ 《新唐书》卷一四七《辛云京传》。

分析，以与主题无关，不在这里探讨。这里只提出一件过去读史者所没有注意到的事情，即《通鉴》卷二二四大历八年所记：

> 魏博节度使田承嗣为安史父子立祠堂，谓之"四圣"，且求为相。上令内侍孙知古因奉使讽令毁之。冬十月甲辰，加承嗣同平章事以褒之。

案安禄山见杀于安庆绪，安庆绪见杀于史思明，史思明又见杀于史朝义，把这互相屠杀的两家父子共祠一堂，看来只是田承嗣这个不学无术的军人在胡闹，不值一笑，因而修两《唐书·田承嗣传》者对此都略过不提。其实不然。"圣人"这个名词，在唐人习惯用来称皇帝，如《旧唐书》卷六《则天皇后纪》：

> 〔武后〕内辅国政数十年，威势与帝无异，当时称为"二圣"。

《肃宗纪》：

> 上皇〔玄宗〕至自蜀，……上乘马前导，……士庶舞忭路侧，皆曰："不图今日再见二圣。"

《新唐书》卷一三九《李泌传》：

> 〔泌〕陈天下所以成败事，帝悦，欲授以官，固辞，愿以客从，入议国事，出陪舆辇，众指曰："着黄者圣人，着白者山人。"

安史既先后称帝，"国曰大燕"①，在他们的统治区里自然也被称为"圣

---

① 《安禄山事迹》卷下。

人"，如《安禄山事迹》卷下：

> 〔史〕朝义将骆悦、蔡文景与朝义……言废立之事，……朝义曰："勿惊动圣人，善为之计。"

《新唐书》卷一二七《张弘靖传》：

> 始入幽州，……俗谓禄山、思明为"二圣"，弘靖惩始乱，欲变其俗，乃发墓毁棺，众滋不悦。

因此田承嗣"为安史父子立祠堂，谓之'四圣'"者，实际是建立河北地区的太庙，奉祀大燕皇朝前后四代皇帝，而隐以自身继之为第五代，像安、史那样充当河北地区唯一的领袖。这在中央看来，当然是一件可震惊的大事。因为当初平定河北时"但取〔史〕朝义，其它一切赦之"，就是允许安史余党把河北地区瓜分割据，而大燕国号和皇帝必须铲除，从而使河北地区的割据势力处于群龙无首的局面，不让再出个安、史之类的领袖用整个河北地区的割据势力来公开反对中央。现在田承嗣要改变这个局面，中央当然绝对不能同意。因此田承嗣在魏博"重加税率，修缮兵甲"，"郡邑官吏，皆自署置，户版不籍于天府，税赋不入于朝廷"①，中央都可优容不问。而一立"四圣"祠堂，就务必要"讽令毁之"，从而遏制其野心。由此也更加证实中央政权对安史乱后的河北地区自有一贯的策略，绝非仆固怀恩之流所能左右改变，更不能像旧史所说重建河北藩镇是出于仆固怀恩的私心。

（原载福建人民出版社《中国古代史论丛》1981年第1辑）

---

① 《旧唐书·田承嗣传》。

唐代河北藩镇与奚、契丹

一

河北藩镇在唐代藩镇中有其特殊的重要性，由于河北藩镇实力的膨胀酿成安史之乱，安史乱后河北藩镇仍割据方隅不为王土，这都是研治唐史者所熟知的。但是，当时为什么要设置河北藩镇，河北藩镇是否起过积极作用，很多人都回答不上来。这也难怪，旧时代的史家们对唐代藩镇即节度使制度的产生本不曾留下完整的论述，研治唐史者缺乏现成的东西作为凭借。

《通典》卷一七二"州郡"和《旧唐书》卷三八《地理志》都列举安西、北庭、河西、朔方、河东、范阳、平卢、陇右、剑南九个节度使和岭南五府经略使等的辖区、兵力，这当以天宝年间的政府文书为依据，是研究安史乱前节度使问题的第一等史料[①]。但由于是放在州郡地理里讲的，不可能把这种既是地方政权又是军事指挥机构的节度使制度的来龙去脉讲清楚。《通典》另纪"兵"，但只讲战例，不讲军事制度的沿革。《新唐书》创立了《兵志》，要讲军事制度，可惜作者欧阳修主要是个文学家，史学并非其专长[②]，《兵志》里常被历史教科书所引用的"唐有天下二百余年，

[①] 《旧唐书》所载和《通典》内容文字基本相同，可能抄自《通典》，也更可能和《通典》同抄自当时的政府文书。今通行本《通典》有脱误，可据《旧唐书》补正。

[②] 欧阳修有名的文章《朋党论》里就把汉灵帝错成汉献帝。

而兵之大势三变：其始盛时，有府兵；府兵后废，而为彍骑；彍骑又废，而方镇之兵盛矣"这几句话，说得含糊不清。府兵有宿卫京师和征镇四方两项任务，府兵废坏后宿卫任务诚然由彍骑来承担，征镇则由招募健儿长任边军的办法来解决，从而形成藩镇擅兵的局面，彍骑之废和方镇之盛并没有因替的关系。健儿长任边军的诏令见于《册府元龟》和《大唐六典》，但《元龟》只是汇编史料，《六典》据《直斋书录解题》引韦述《集贤记注》等是成于开元二十六年，正处在兵制转变的时期，所述新旧杂陈，脉络不清，也很难通读，关于健儿长任边军的事情没有引起人们的注意，没有把它写进《新唐书·兵志》里。《新唐书》还创制了《方镇表》，这和《唐会要》卷七八"节度使"一样，对查考各个节度使的设置沿革是有用处的①，但仍说明不了设置节度使的原因。

开始对唐代藩镇作认真研究的是陈寅恪先生，他在1944年出版的《唐代政治史述论稿》里指出河北藩镇的胡化现象，对唐史研究者有很大启发，尽管其中某些论证还可商榷。1948年，唐长孺先生在《武汉大学社会科学季刊》第九卷第一号上发表了题为《唐代军事制度之演变》的论文，对由府兵征戍演变为健儿长任边军，第一次作了精辟的考证②，可惜唐先生文中列举的都是西北军镇的事例，对河北藩镇如何形成发展，仍没有顾得上论述。我这篇文章准备补唐文之不足。我认为，《旧唐书·地理志》所说"范阳节度使临制奚、契丹"这句话值得注意，由于对付不了奚、契丹才不得不在河北地区设置节度使，河北藩镇的产生以至消灭和奚、契丹始终有着紧密的联系。

二

契丹和奚始见于《魏书》，其由来在《魏书》卷一〇〇《契丹传》《库

---

① 《新唐书·方镇表》的记载与《唐会要》有违异处，当另有原始史料为依据。

② 《武汉大学社会科学季刊》流布不广，唐先生当时曾将抽印本寄吕诚之（思勉）师，吕师在所著《隋唐五代史》中已很谦逊地对唐文的主要论点作了介绍，可参阅。

莫奚传》，《旧唐书》卷一九九下、《新唐书》卷二一九《契丹传》《奚传》，《旧五代史》卷一三七《契丹传》，和《辽史》卷六三《世表》里，都有记载。这两个少数民族都源出于东胡，"异种同类"，东胡的先进者鲜卑在魏晋时逐步进入中原，成为"五胡"之一，遗部留居塞外的就是契丹和库莫奚（到隋代省称为奚）①。一般认为五代时契丹才强盛起来，以后成为北宋的大敌。其实不然。早在唐代，契丹和奚就"常为表里，号为两蕃"②，给予东北隅很大威胁。尤其在武则天时，发生了契丹首领李尽忠、孙万荣的军事行动，事态弄得极为严重。

事变的始末，《通鉴》记叙得较详备。《通鉴》卷二〇五：

> 万岁通天元年……夏五月壬子，营州契丹松漠都督李尽忠、归诚州刺史孙万荣举兵反，攻陷营州，杀都督赵文翙。……乙丑，遣左鹰扬卫将军曹仁师、右金吾卫大将军张玄遇、左威卫大将军李多祚、司农少卿麻仁节等二十八将讨之。秋七月辛亥，以春官尚书梁王武三思为榆关道安抚大使，姚璹副之，以备契丹。……尽忠寻自称无上可汗，据营州，以万荣为前锋，略地，所向皆下，旬日，兵至数万。……八月丁酉，曹仁师、张玄遇、麻仁节与契丹战于硖石谷，……契丹设伏横击之，飞索以绚玄遇、仁节，生获之，将卒死者填山谷，鲜有脱者。……九月，制天下系囚及庶士家奴骁勇者，官偿其直，发以击契丹。初令山东近边诸州置武骑团兵。以同州刺史建安王武攸宜为右武威卫大将军，充清边道行军大总管，以讨契丹。……十月辛卯，契丹李尽忠卒，孙万荣代领其众。突厥默啜乘间袭松漠，虏尽忠、万荣妻子而去。……孙万荣收合余众，军势复振。遣别帅骆务整、何阿小为前锋，攻陷冀州，杀刺史陆宝积，屠吏民数千人，又攻瀛州，河

---

① 犹女真族中先进者入居中原建立金国，后进者仍留居故地为后来清室的始祖。

② 《唐会要》卷九六。两《唐书·四裔传》多本《会要》，《新唐书》卷二一九《奚传》说奚"与突厥相表里，号两蕃"是误读《会要》旧文所致。唐人说"两蕃""二蕃"都指奚、契丹而言，"奚契丹两蕃"一词常见于文献，《会要》"奚"所说"故事，尝以范阳节度使为押奚契丹两蕃使"便是一例。

北震动。

卷二〇六：

神功元年……三月戊申，清边道总管王孝杰、苏宏晖等将兵十七万，与孙万荣战于东硖石谷，唐兵大败，孝杰死之。……将士死亡殆尽。……武攸宜军渔阳，闻孝杰等败没，军中震恐，不敢进。契丹乘胜寇幽州，攻陷城邑，剽掠吏民，攸宜遣将击之，不克。……四月……癸未，以右金吾卫大将军武懿宗为神兵道行军大总管，与右豹韬卫将军何迦密将兵击契丹。五月癸卯，又以娄师德为清边道副大总管，右武威卫将军沙吒忠义为前军总管，将兵二十万击契丹。……六月，……武懿宗军至赵州，闻契丹将骆务整数千骑将至冀州，懿宗惧，……退据相州，委弃军资器仗甚众，契丹遂屠赵州。……万荣之破王孝杰也，于柳城西北四百里依险筑城，留其老弱妇女、所获器仗资财，……突厥默啜……发兵取契丹新城，……尽俘以归。……时万荣方与唐兵相持，军中闻之，恟惧，奚人叛万荣。神兵道总管杨玄基击其前，奚兵击其后，获其将何阿小。万荣军大溃，帅轻骑数千东走，……奴斩其首以降。……其余众及奚、霫皆降于突厥。……九月壬辰，大享通天宫，大赦，改元〔神功〕。……久视元年，……初，契丹将李楷固……骆务整……屡败唐兵，及孙万荣死，二人皆来降，……使将兵击契丹余党，悉平之[1]。

按这次事变的时间延续得并不长，前后还不到两年，但对中央统治的打击极大。控制奚、契丹的第一线据点营州失陷，第二线河北重镇幽州也岌岌可危，中央三度兴师，两次被打得全军覆没，最后全靠突厥袭击契丹的后方，奚又和契丹携贰，才勉强取胜。

----

① 参考《旧唐书》卷一九九下、《新唐书》卷二一九《契丹传》。

一般说来，武则天统治时国家还是比较富强的，何以对付奚、契丹就几乎毫无办法？原因当然很多。奚、契丹本身这时已开始强大；武则天所任命的统帅也实在太糟，武三思、武攸宜、武懿宗因为是她的本家亲信才被重用，都不懂军事，武懿宗的酷暴更骇人听闻①。但这些都不能算作主要原因。主要原因是当时的军事设施有问题，已完全不能适应形势。

三

唐初的边防设施，基层沿袭前朝有"镇"和"戍"，下面分置"烽候"（也简称"烽"）②，后来在镇、戍之上又陆续设置"军"和"守捉"③，再上最高一级叫"都督府"，也早在唐初就设置。《通典》卷一七二"州郡"序目下：

> 大唐武德初，……其边镇及襟带之地，置总管府，以领军戎。至七年，改总管府为都督府。

《唐会要》卷六八"都督府"：

> 武德七年二月十二日，改大总管府为大都督府，管十州已上为上

---

① 《通鉴》神功元年六月："河内王武懿宗……所至残酷，民有为契丹所胁从复来归者，懿宗皆以为反，生剐取其胆。先是，〔契丹将〕何阿小嗜杀人，河北人为之语曰：'唯此两何，杀人最多。'"

② 《大唐六典》卷五职方郎中，《通典》卷三三镇戍关市官，《旧唐书》卷四四《职官志》诸镇诸戍，《新唐书》卷四九下《百官志》镇戍。

③ 《大唐六典》卷五兵部郎中、《通典》卷一七二"州郡"序目下、《旧唐书》卷三八《地理志》和《通鉴》卷二一五天宝元年正月壬子所列"节度使"以及《新唐书》卷五○《兵志》所列"道"下均写出所属各守捉的名号，其设置则在节度使之先，《唐会要》卷七八"节度使"记有若干军和守捉的设置年月。至于《新唐书·兵志》说"唐初兵之戍边者，大曰军，小曰守捉，曰城，曰镇，而总之者曰道"，则是统指安史乱前而言，《兵志》行文遣词每含糊不清，已如前说。

都督府，不满十州只为都督府①。

就河北地区来说，设有幽州和营州两个都督府，《旧唐书》卷三九《地理志二》河北道：

> 幽州大都督府，隋为涿郡，武德元年改为幽州总管府，管幽、易、平、檀、燕、北燕、营、辽等八州，……六年，改总管为大总管，管三十九州，七年，改为大都督府，……九年，改大都督为都督幽、易、景、瀛、东盐、沧、蒲、蠡、北义、燕、营、辽、平、檀、玄、北燕等十七州，贞观元年，废玄州，……又废北义州，……八年，……都督幽、易、燕、北燕、平、檀六州。
>
> 营州上都督府，隋柳城郡，武德元年改为营州总管府，领辽、燕二州，……七年改为都督府，管营、辽二州，贞观二年又督昌州，三年又督师、崇二州，六年又督顺州，十年又督慎州。

看起来一个都督府可以管好几州，但只管这些州的军事，如《通典》卷三二大都督下只说"掌所管都督诸州城隍、兵马、甲仗、食粮、镇戍等"，而不管民政。《唐六典》卷三○说都督和京兆、河南、太原牧及州刺史同样有"清肃邦畿，考核官吏，宣布德化，抚和齐人，劝课农桑，敦谕五教，每岁一巡属县，观风俗，问百姓，录囚徒，恤鳏寡，阅丁口"等任务，实际上多半只是虚文。

更成问题的是兵，从都督府到军、守捉、镇、戍都有一些常备兵，主要是由中央招募派来的健儿②，府兵照规定也要定期来边防地区轮流承担

---

① 《大唐六典》卷三○大都督府则谓"至隋改为总管府，皇朝武德四年又改为都督府，贞观中始改为上、中、下都督府"，似以《会要》为是。至《新唐书·兵志》所说"道有大将一人，曰大总管，已而更曰大都督"，自误，唐长孺先生《唐书兵志笺正》已有所辨正。

② 另详本文四。

镇戍任务①，不过合起来人数不会很多②，只能防止小规模的侵扰，遇到大敌就无力对付。因此，从唐初起就另外有一种命将出师的措施。《通典》卷三二"都督"：

> 复有行军大总管者，盖有征伐，则置于所征之道，以督军事。

《唐会要》卷七八"节度使"：

> 贞观三年八月李靖除定襄道行军大总管，贞观三年已后，行军即称总管，本道即称都督。

这种临时任命的行军总管、大总管调用若干府兵和府兵外其他性质的兵组成大兵团到前线充当作战的主力，也就是《新唐书·兵志》所说的"若四方有事，则命将以出，事解辄罢，兵散于府，将归于朝"的办法。

府兵制本来就是集兵权于中央的办法，上述和府兵制配合的边防制度，也确实如《新唐书·兵志》所说起到"将帅无握兵之重，所以防微渐绝祸乱"的作用。但另一方面，这种制度又存在着一些问题。（一）在当时社会里，战士和将帅之间是很讲从属关系的，历史上的"亲兵""家丁"之所以有战斗力就是这个道理，命将出师时府兵和总管之间没有历史渊源，互不相习，必然影响战斗力。（二）在边远地区镇戍，十分艰苦，时间长了战士思家心切，时间短了战士和都督以下的大小将领又互不相习，对地形和边防需要的特殊作战技术也无从熟悉，这些又都必然影响战斗力。在突然事变的面前就显得捉襟见肘，无法应付。

这里就抗击奚、契丹的战役来看。由于都督府的兵力太单薄，所以契

---

① 《大唐六典》卷五兵部郎中记卫士（府兵因分练诸卫故称卫士）"征行之镇守者免番而遣之"，"凡差卫士征戍镇防，亦有团伍，……"就是府兵制全盛时的规定。《六典》中新旧制度杂陈，已如前说。

② 《通典》"州郡"序目下、《旧唐书·地理志》等所载诸军守捉兵马若干已是设置节度使、边兵制度改变后的数字，不足为据。

丹李尽忠等一上来就"攻陷营州，杀都督赵文翙"，中央连救援都来不及。接着中央三度派兵，"以春官尚书梁王武三思为榆关道安抚大使"，"以同州刺史建安王武攸宜为右武威卫大将军，充清边道行军大总管"，"以左金吾卫大将军武懿宗为神兵道大总管"等还是过去命将出师的老办法。所用部队今能考知的，有《文苑英华》卷六四七张说《为河内郡王武懿宗等平冀州贼契丹等露布》①所提到河东、关内、河南、陇右四道八个折冲府的府兵②，有所发"天下系囚及庶士家奴骁勇者"，府兵之缺乏战斗力已不用说，系囚和庶士家奴是未经训练的乌合之众，真骁勇也不会有很大能力，加上远道赴救，地理不熟，困难更多。因此，尽管王孝杰、苏宏晖等将兵十七万，武懿宗、娄师德等将兵二十万，数字上远超过奚、契丹的数万，娄师德、王孝杰还都是曾经立功西陲的名将③，仍几乎每战必败，王孝杰甚至堕谷殒命。如果不是最后由于其他原因侥幸取胜，事情将弄得不知如何收拾。

不能老是靠侥幸来对付事变，改革军事制度就日益迫切地提到议事日程上来。

四

《旧唐书》卷八九《狄仁杰传》：

> 万岁通天年，契丹寇陷冀州，河北震动，征仁杰为魏州刺史，……俄转幽州都督。神功元年，入为鸾台侍郎、同凤阁鸾台平章事④。

---

① 此文《四部丛刊》影明嘉靖伍氏鹪池草堂刻二十五卷本《张说之文集》失收，《文苑英华》卷前目录作《为建安郡王武攸宜等平冀州贼契丹露布》，题下注"一本作建安郡王武攸宜，非"。

② 参考谷霁光先生《府兵制度考释》附论二。

③ 《旧唐书》卷九三、《新唐书》卷一〇八《娄师德传》，《旧唐书》卷九三、《新唐书》卷一一一《王孝杰传》。

④ 《新唐书》卷一一五《狄仁杰传》略同。

他是亲自参与抗御奚、契丹，事平后才入相的。鉴于"百姓西戍疏勒等四镇，极为凋弊"，乃上疏曰：

> 近者国家频岁出师，所费滋广，西戍四镇，东戍安东，调发日加，百姓虚弊，……方今关东饥馑，蜀汉逃亡，江淮以南，征求不息。人不复业，则相率为盗，本根一摇，忧患不浅。……请捐四镇以肥中国，罢安东以实辽西，省军费于远方，并甲兵于塞上，则恒代之镇重，而边州之备实矣。……当今所要者，莫若令边城警守备，远斥候，聚军实，蓄威武，以逸待劳，则战士力倍，以主御客，则我得其便，坚壁清野，则寇无所得，自然贼深入必有颠踬之虑，浅入必无虏获之益。①

四镇、安东应否捐罢是另一问题，而否定命将出师，强调充实边镇，使不需中央支持而自身具备抗御强敌的能力，则当是狄仁杰在魏州、幽州与奚、契丹周旋后的经验之谈，确属府兵制度败坏无从重振的情况下唯一可用的办法。因此"事虽不行，识者是之"。不行只是捐罢四镇、安东，充实边镇则实际上已为中央所逐渐重视并摸索办法采取措施。

充实边镇首先要解决兵源问题。《唐会要》卷七八"诸使杂录上"：

> 万岁通天元年九月，令山东近境州置武骑团兵。至圣历元年腊月二十五日，河南、河北置武骑团，以备默啜。②

万岁通天元年九月正是征讨奚、契丹的第一批大军曹仁师等被歼之后，过两年圣历元年契丹事变暂告平定而突厥默啜的威胁又逼在眉睫，因此把当地居民组织成这种武骑团兵以自卫，这在当时是个创举。但据《唐会要》此条，团兵是"每一百五十户共出兵十五人，马一匹"，仍多少沿袭府兵

---

① 并收入《唐会要》卷七三"安西都护府"，略有简省。
② 《通鉴》卷二〇五万岁通天元年九月及卷二〇六圣历元年腊月所纪即据《会要》。

的老办法，没有改用招募。

招募的办法在其前早已用过，《唐会要》"诸使杂录上"就有两条高宗时招募的史料：

> 仪凤二年十二月二十七日诏：宜令关内、河东简练有膂力雄果者，即以猛士为名。
>
> 三年正月二十五日，遣左金吾将军曹怀舜、李知十等分往河南、河北，以募猛士。

这种"猛士"，后来通称"健儿"，主要派到边镇防戍，本文第三节所说边防部队中有一部分就是由中央招募来的健儿。这种防戍边镇的健儿背井离乡，日久必不堪其苦，所以要有年限，但如年限太短，更代频繁，兵将又不相习，都仍将影响战斗力[①]。

再进一步改革，就是把武骑团兵的不离开乡土和健儿的自愿应募这两点结合起来，在边防要地直接招募健儿。《册府元龟》卷一二四"修武备"开元二年十月诏：

> 比来缘边镇军，每年更代，兵不识将，将不识兵，岂有缘路疲人，盖是以卒与敌。其以西北军镇宜加兵数，先以侧近兵人充，并精加简择，……专令教练，不得辄有使役。

八年八月诏：

> 敕幽州刺史邵宏于幽、易两州选二万灼然骁勇者充幽州经略军健儿，不得杂使，租庸资课并放免。

---

① 《册府元龟》卷一三五"愍征役"开元五年正月、十二年九月、十三年正月、十四年六月、十六年三月、十二月等诏就采取缩短镇戍年限、放还老弱病患，以及帮助健儿老家营种等措施，来缓和离乡日久产生的矛盾，但仍不是根本解决的办法。

这是开元初由边镇长官在当地自行招募健儿的仅存的两条史料。事实上各个边镇当已先后采用这种新方法，而且未必都一定要奉诏办事。因此到开元末就由中央把这种方法用诏敕的形式固定下来作为正式的制度，这就是《册府元龟》"修武备"所载开元二十五年五月癸未诏：

> 宜令中书门下与诸道节度使各量军镇闲剧，审利害，计兵防健儿等作定额，委节度使放诸色征行人内及客户中召募，取丁壮情愿充健儿长任边军者，每岁加于常例，给田地屋宅，务加优恤，使得存济，每年逐季本使具数报中书门下，至年终一时录奏①。

这种"健儿长任边军"的制度，解决了边镇的兵源问题，而且如《大唐六典》卷五兵部郎中"天下诸军有健儿"原注所说，实行了这种制度使"州郡之间永无征发之役"，"人赖其利，中外获安"，这是好的方面。不好的方面是自此边镇有兵而中原无兵，为节度使擅兵准备了条件。

五

在解决兵源的同时，还改革边防的指挥体制，这就是建立节度使制度。

节度使制度的建立，经过两个阶段。第一阶段，把原来行军大总管的

---

① 《大唐六典》卷五兵部郎中"天下诸军有健儿"原注节引此开元二十五年诏，今本间有脱误，如"愿充健儿长任边军者"，《六典》作"长住"，似不如《元龟》作"长任"之善。《玉海》卷一三八引《邺侯家传》所说"开元末李林甫为相，又请诸军召募长征健儿，以息山东兵士，于是师不土著，无家族之顾，将帅胁一时之令，而偏裨杀帅专擅之兆生矣"，当即本《六典》而生议论。其议论之背离事实，唐长孺先生《唐代军事制度之演变》已予驳正。而所说"长征健儿"一词，也似并无依据，《元龟》《六典》所引开元二十五年诏只说"健儿长任边军"，无此"长征健儿"名称。要说也只能说"长镇健儿"，如《元龟》卷一三五开元十六年十二月诏就说"健儿长镇"，因为这种健儿确只是长期镇戍而不是长期出征。又《通鉴》卷二二四大历三年末胡三省引此开元二十五年诏作"开元十五年"，谷霁光先生《府兵制度考释》第七章第三节引此诏以胡注"十五年"为正确而从之，其实《六典》《元龟》都作二十五年，可见胡注是脱漏了个"二"字。

权力转移给边防军事长官，出现了在军事上权力比都督等权力大得多的节度使。第二阶段，把所管地区甚至扩大到整个一道的地方行政和财赋大权都逐步集中到节度使手中，使节度使成为一道或一个大地区的事实上的最高军政长官。

前引《唐会要》卷七八"节度使"中说："贞观三年已后，行军即称总管，本道即称都督。"好像二者是平级的。其实不然。边镇所设置的一般只是都督，如幽州这个重镇，据《旧唐书》卷三九《地理志二》武德六年到九年是大总管、大都督，以后就降为都督，即使有的地区名为大都督，但据《通典》卷三二"都督"所说是"亲王为之，多遥领其任，亦多为赠官，长史居府以总其事"。而命将出师虽然也派行军总管，上面的统帅却都是行军大总管级。以万岁通天时征讨李尽忠、孙万荣之役为例，第二次出师武攸宜是清边道行军大总管，王孝杰是总管，第三次出师武懿宗是神兵道大总管，娄师德是清边道副大总管，沙吒忠义是前军总管，而地方上是狄仁杰任幽州都督，武攸宜、武懿宗这两个行军大总管就不仅是行军总管的上级，同时也是幽州都督的上级①。现在要改变命将出师的老办法而让边镇自身具备抗御强敌的能力，就要提高边镇军事长官的地位，把行军大总管的权力转移给他们。一般是派大将以行军大总管的身份到边镇，这种行军大总管和过去命将出师之指挥野战部队征讨敌寇者不同，是在边镇留住下来，担任一个大地区的最高军事长官，统筹防御事宜，有时也称镇军大总管。如《册府元龟》卷九九二"备御"中宗神龙元年六月："以左骁卫大将军裴思谅摄右御史台大夫充灵武军大总管，以备突厥。"三年五月戊戌："命右屯卫大将军张仁亶为朔方道大总管，以备突厥。"睿宗景云元年九月："以前太子少师唐休璟为特进兼朔方道大总管，以备突厥。"二年十月："命太仆卿李迥秀持节朔方后军大总管，以备胡寇。"延和元年六月："吏部尚书郭元振为朔方道行军大总管，节度诸军，以备胡

---

① 出师征讨派行军大总管的例子很多，可参考《册府元龟》卷一一九"选将"。当然其中也有少数以行军总管为统帅的，也有不叫行军大总管叫安抚大使的，如征讨李尽忠等第一次出师即以武三思为榆关道安抚大使。

寇。"《唐大诏令集》卷五九开元二年二月五日《王晙朔方道行军总管制》："可持节充朔方道行军大总管，仍兼安北大都护，丰、安、定远三城等军及侧近州军，宜依旧例，并受晙节制。"①卷一三〇开元二年二月二十八日《命姚崇等北伐制》："可持节灵武道行军大总管，管内诸军咸受节度。"《元龟》卷一一九"选将"开元三年四月庚申诏："〔右羽林军大将军薛讷〕可持节充凉州镇军大总管，赤水、建康、河源及缘边州军并受节度，……〔左卫大将军郭虔瓘〕可持节充朔州镇军大总管，和戎、大武及并州以北缘边州军并受节度，……讷便特于凉州住，……虔瓘于并州住。"这种行军或镇军大总管都赐有旌节，有权节度管内所有的驻军，对驻军将领可以军法从事，所以职衔上多标出"持节"两个字②。有时也径称之为"节度使"，如景云元年十月丁酉"以幽州镇守经略节度大使薛讷为左武卫大将军兼幽州都督"③。有的还明令把行军大总管改为节度使，如《唐会要》卷七八"节度使"开元九年十月六日敕："朔方行军大总管宜准诸道例改为朔方节度使。"④称使是因为这只是中央差遣的特使，因此《大唐六典》卷五"兵部郎中"说"以奉使言之则曰节度使"，《唐会要》把"节度使"列入卷七八"诸使"里，而把"都督府"列入卷六八和"府尹""刺史"等在一起，《通典》卷三二"职官·州郡"里也只标都督而小注"总管、节度、团练、都统诸使附"，并且点明节度使是"近代行军总管之任"，这都表明节度使不算正式的地方官，只有都督才是有品级的地方官，为了名正言顺一些，所以幽州镇守经略节度大使就名义上兼任原来的幽州

---

① 《册府元龟》卷九九二"备御"开元二年二月条作"节度"。

② 都督本来也"持节"，《通典》卷三二"都督"条就说都督的前身"诸州总管亦加号使持节"，但实际上只是虚名，《旧唐书》卷四四"职官志"上州刺史注："魏晋刺史任重者为使持节都督，轻者为持节，后魏北齐总管、刺史则加使持节领军事，隋开皇三年罢郡，以州统县，刺史之名存而职废，而于刺史、太守官位中不落持节之名。"诸州总管、都督之"加号使持节"也是这种虚名性质，和这时行军或镇军大总管之真能节制管内驻军者是两回事。这点唐长孺先生《唐书兵志笺正》卷二"都督带使持节者始谓之节度使"条已疏说，可参考。

③ 《通鉴》卷二一〇，《考异》说是"从《太上皇实录》"。

④ 开元九年今聚珍本《唐会要》作"元年"，《新唐书》卷六四《方镇表》则列"置朔方军节度使"于开元九年，作九年是对的，这时其他八个地区都已设置了节度使，所以《会要》所载敕中要说"宜准诸道例"，聚珍本的"元年"是"九年"形似滋误，今径改正。

都督。也有由都督兼充节度使的，如《唐会要》卷七八"节度使"："景云二年四月，贺拔延嗣为凉州都督充河西节度使。"① "开元元年十二月，鄯州都督阳矩除陇右节度。"还有由低一级的军大使以及边方都护改为节度使的，如《新唐书》卷六五《方镇表》：开元八年"更天兵军大使为天兵军节度使"。卷六六《方镇表》：开元七年"升平卢军使为平卢军节度经略河北支度管内诸蕃及营田等使"。卷六七《方镇表》：先天元年"北庭都护领伊西节度等使"。开元六年"安西都护领四镇节度支度经略使"。大致从睿宗景云元年以前到玄宗开元九年这十多年时间内，完成了后来称为范阳、平卢、河东、朔方、安西、北庭、河西、陇右、剑南九个节度使的设置工作②。接过原先行军大总管的权力，从东北到西陲初步呈现一条防御线。这是第一个阶段。

《通典》卷三二说节度使"得以军事专杀，行则建节，府树六纛，外任之重莫比焉"。《旧唐书》卷四四节度使条原注也承用了这几句话，好像节度使的威权只在"得以军事专杀"这一点上，这是不对的③。节度使真正做到"外任之重莫比"，还必须通过兼领诸使来扩大权力。就河北地区首要的幽州即范阳节度使来说，景云元年以前只叫"镇守经略节度大

---

① 《新唐书》卷六七《方镇表》作景云元年"置河西诸军州节度支度营田督察九姓部落赤水军兵马大使"。

② 这里还有个谁先建立的问题。《唐会要》卷七八"节度使"："景云二年四月贺拔延嗣除凉州都督充河西节度使，此始有节度之号，遂至于今不改焉。"《通典》卷三二同，《新唐书·兵志》亦本以为说。而《通鉴》卷二一〇则说：景云元年九月丁酉"以幽州镇守经略节度大使薛讷为左武卫大将军兼幽州都督，节度使之名自讷始"。也就是说景云元年九月之前已有了"幽州镇守经略节度大使"这个名号。考异："《统纪》：'景云二年四月以贺拔延秀为河西节度使，节度之名自此始。'《会要》云：'景云二年贺拔延嗣为凉州都督充河西节度，始有节度之号。'又云：'范阳节度自先天二年始除甄道一。'《新表》：'景云元年置河西诸军州节度支度营田大使。'按讷已先为节度大使，则节度之名不始于延嗣也。今从《太上皇实录》。"其实这一二年的先后考清楚了意义也不大，倒是由此可知最先设置节度使的是幽州和河西。幽州为了对付奚、契丹，河西为了对付吐蕃，这两个少数民族当时对唐朝的统治威胁最大。足证当时确是为了对付边境少数民族才急于设置节度使的。

③ 《旧唐书》节度使条还说"天宝中缘边御戎之地置八节度"，把时代都说错了，可见过去史书的某些数据不加考订真不好随便使用。

使"①，开元十五年十二月"又带河北支度营田使"②，二十年"兼河北采访处置使"③，二十七年十二月"又加河北海运使"④。这个扩大权力的阶段，就是节度使制度形成的第二阶段。

这里着重讲兼领诸使中采访处置使所起的作用。本来，唐代正式的地方行政只分州（郡）、县两级。"贞观元年三月十日……始因关河近便分为十道"⑤，仿照汉代刺史巡察十三州部的办法，先后派遣巡察使、存抚使、按察使等代表中央临时分道出巡，"察吏人善否，观风俗得失"⑥。到睿宗、玄宗时，进一步把临时派遣改为设置正式的管理机构，睿宗"景云二年六月二十八日制：敕天下分置都督府二十四，令都督纠察所管州刺史以下官人善恶"⑦。这等于在州、县之上增加了都督一级，所以"时议以权重不便，寻罢之"⑧。玄宗"开元二十二年二月十九日初置十五道采访处置使，……三月二十三日……各使置印，……二十五年十二月二十四日命诸道采访使考课官人善绩，三年一奏，永为常式"⑨。这种采访处置使不是像过去巡察使那样只是"访察闻奏"⑩，而是有权处置，可以"专停刺史务，废置由己"⑪，和东汉末年的刺史、州牧一样成为非正式的地方官，而且管辖整个一道，权力比景云二年的二十四都督府还大得多。节度使本来管不到一道，幽州即范阳节度使当时按规定只"统经略、威武、清夷、

---

① 《通鉴》卷二一〇景云元年十月丁酉幽州镇守经略节度大使薛讷条据《太上皇实录》，《唐会要》卷七八"节度使""先天二年二月甄道一除幽州节度经略镇守使"，《新唐书》卷六六《方镇表》开元二年"置幽州节度诸州军管内经略镇守大使"，名号稍有详略。

② 《唐会要》卷七八、《新唐书》卷六六同。

③ 《新唐书》卷六六。

④ 《唐会要》卷七八、《新唐书》卷六六同。

⑤ 《唐会要》卷七〇"州县分望道"，《通典》卷一七二"州郡"序目下，《旧唐书》卷三八、《新唐书》卷三七《地理志》同。

⑥ 详《唐会要》卷七七"巡察按察巡抚等使"。

⑦ 《唐会要》卷六八"都督府"，《通典》"州郡"序目下、两《唐书·地理志》同。

⑧ 《通典》"州郡"序目下，两《唐书·地理志》同。

⑨ 《唐会要》卷七八"采访处置使"，原作"十道"，"十"下脱"五"字，今径改正。又二十二年，《通典》"州郡"序目下、《旧唐书·地理志》、《通鉴》作二十一年，《新唐书·地理志》作二十年。

⑩ 《唐会要》卷七七"巡察按察巡抚等使"开元三年三月敕。

⑪ 《唐会要》"采访处置使"大历十二年五月中书门下奏中所说。

静塞、恒阳、北平、高阳、唐兴、横海九军，屯幽、蓟、妫、檀、易、恒、定、漠、沧九州之境"①，现在兼领了河北采访处置使，整个河北道的行政财赋大权也就全归节度使直接掌握，再兼上河北支度营田使和河北海运使，营田、海运这两宗特殊的财源也归所有②，幽州节度使就成为权力前所未有的河北全道最高军政长官。

设置幽州节度使并赋予大权是责成他集中人力物力来对付奚、契丹。下面就看一看幽州节度使和他统率的长任边军健儿在抵御奚、契丹战役中的作用。

六

从开始设置节度使说起，《通鉴》卷二一〇：

> 景云元年……十月……丁酉，以幽州镇守经略节度大使薛讷为左武卫大将军兼幽州都督。……先天元年……三月丁丑，以〔左羽林将军孙〕佺为幽州大都督，徙讷为并州长史。……六月……庚申，……佺帅左骁卫将军李楷洛、左威卫将军周以悌发兵二万、骑八千，分为三军，以袭奚、契丹，……曰："薛讷在边积年，竟不能为国家复营州，今乘其无备，往必有功。"……唐兵大败，……佺、以悌为虏所擒。献于突厥，默啜皆杀之。……十一月乙酉，奚、契丹二万骑寇渔阳，幽州都督宋璟闭城不出，虏大掠而去。

卷二一一：

> 开元二年正月，……并州长史、和戎大武等军州节度大使薛讷

---

① 《通鉴》卷二一五天宝元年正月壬子，参考《通典》"州郡"序目下、《旧唐书·地理志》、《新唐书·兵志》。

② 《通鉴》未书，据《新唐书》卷六六《方镇表》。

……奏请击契丹，复置营州。……七月，……将兵六万，出檀州击契丹，……唐兵大败。……四年……八月……辛未，契丹李失活、奚李大酺帅所部来降。……五年，……奚、契丹既内附，贝州刺史宋庆礼建议请复营州。三月庚戌，制复置营州都督于柳城，兼平卢军使，管内州县镇戍皆如其旧。以太子詹事姜师度为营田支度使，与庆礼等筑之，三旬而毕。庆礼清勤严肃，开屯田八十余所，招安流散，数年之间，仓廪充实，市里浸繁。

卷二一二：

六年……五月，……契丹王李失活卒，癸巳，以其弟娑固代之。……〔七年，升平卢军使为平卢军节度经略河北支度管内诸蕃及营田等使①。〕……八年，……契丹牙官可突干骁勇得众心，……击娑固，娑固败奔营州，〔平卢军节度使、〕营州都督许钦澹遣安东都护薛泰帅骁勇五百与奚王李大酺奉娑固以讨之，战败，娑固、李大酺皆为可突干所杀，生擒薛泰，营州震恐，许钦澹移军入渝关。可突干立娑固从父弟郁干为主，遣使请罪。……十二年，……契丹王李郁干卒，弟吐干袭位。……十三年，……契丹王李吐干与可突干复相猜忌，……来奔，……可突干立李尽忠之弟邵固为主。

卷二一三：

十八年……五月，……己酉，可突干弑邵固，帅其国人，并胁奚众，叛降突厥，奚王李鲁苏……来奔。制〔幽州节度使、〕幽州长史赵含章讨之，又命中书舍人裴宽、给事中薛侃等于关内、河东、河南北分道募勇士。六月丙子，以单于大都护忠王浚领河北道行军元帅，

---

① 据《新唐书》卷六六《方镇表》补入。

以御史大夫李朝隐、京兆尹裴仙先副之，帅十八总管以讨奚、契丹。……可突干寇平卢，先锋使张披乌承玼破之于捺禄山。……九月丁巳，以忠王浚兼河东道元帅，然竟不行。……二十年春正月乙卯，以朔方节度副大使信安王祎为河东河北行军副大总管，将兵击奚、契丹，壬申，以户部侍郎裴耀卿为副总管。……三月，……信安王祎帅裴耀卿及幽州节度使赵含章分道击奚、契丹，含章与虏遇，虏望风遁去，平卢先锋将乌承玼言于含章曰："二虏，剧贼也，前日遁去，非畏我，乃诱我也，宜按兵以观其变。"含章不从，与虏战于白山，果大败。承玼别引兵出其右，击虏，破之。己巳，祎等大破奚、契丹，俘斩甚众，可突干帅麾下远遁，余党潜窜山谷，奚酋李诗琐高帅五千余帐来降，祎引兵还①。……二十一年，……闰月癸酉，幽州道副总管郭英杰与契丹战于都山，败死，时节度薛楚玉遣英杰将精骑一万及降奚击契丹，屯于榆（渝）关之外，可突干引突厥之众来合战，奚持两端，散走保险，唐兵不利，英杰战死，余众六千余人犹力战不已，虏以英杰首示之，竟不降，尽为虏所杀。

案开元二十年幽州节度使已兼领河北采访处置使，开元二十五年中央又以诏敕形式固定健儿长任边军的制度，在此以前这种制度也已在各节度使管内贯彻，可以说薛楚玉任职时幽州节度使防区的建设工作已基本上完成。上述这前后二十三年的历史正是防区在建设过程中和奚、契丹抗衡的历史。

这个时期，奚、契丹和突厥是联合的，不会像武则天时那样有遭受突厥袭击的那种后顾之忧，可突干又是契丹统治阶级中的人才，其能力比过去的李尽忠、孙万荣要强得多，而幽州节度使防区还在建设之中，因此双方互有胜负，但实际上官军已逐步取得优势，显示了幽州节度使防区的实

---

① 大历十年元载撰《王忠嗣碑》，说到"信安王之临辽碣也，用武于卢龙塞"，就是指这次率幽州节度使赵含章等破奚、契丹而言，王鸣盛《十七史商榷》卷八"王忠嗣两传异同"条却说："信安王据两传皆言在河东，……而碑乃言辽碣，……地理亦不合。"连《通鉴》都不一检，可谓疏忽。

力：（一）除先天元年奚、契丹一度进逼幽州外，每次战役都是官军主动出击，战场也都在渝关以外，扭转了过去消极防御的局面。（二）恢复了控制奚、契丹的第一线据点渝关外的营州，并以此为基础分设平卢节度使，更减少了奚、契丹对内地的威胁。（三）所用的基本上是幽州节度使包括后来平卢节度使管内的兵力，薛讷把河东地区的兵力用于河北并未成功，忠王浚为行军元帅帅十八总管讨奚、契丹也未成行，信安王祎以副大总管身份来指挥实际上还是用幽州、平卢的人马取胜。最后薛楚玉节度幽州时虽有郭英杰之败，但所统战士肯全部为之牺牲，可见健儿长任边军后兵将之间的封建关系已建立，再不存在过去互不相习的问题。（四）《通鉴》只记载郭英杰之败，其实薛楚玉任节度时多数战役是胜仗，《文苑英华》卷六四七保存了樊衡的《为幽州长史薛楚玉破契丹露布》，就记载了"平卢之战""墨山之讨""卢龙之师"以及直捣契丹"松漠漠庭"的四次胜仗。说明由于防区建设的完成，对奚、契丹的优势已完全确立。接着，就有开元二十二年"六月壬辰幽州节度使张守珪大破契丹遣使献捷"和十二月乙巳"张守珪斩契丹王屈烈及可突干传首"的胜利。

张守珪破契丹事《通鉴》所纪太简略，详情见于《旧唐书》卷一〇三《张守珪传》：

〔开元〕二十一年转幽州长史兼御史中丞、营州都督、河北节度副大使，俄又加河北采访处置使。先是，契丹及奚连年为边患，契丹衙官可突干骁勇有谋略，颇为夷人所伏，……及守珪到官，频出击之，每战皆捷。契丹首领屈剌与可突干恐惧，遣使诈降，守珪察知其伪，遣管记右卫骑曹王悔诣其部落就谋之。悔至屈剌帐，贼徒初无降意，乃移其营帐渐向西北，密遣使引突厥，将杀悔以叛。会契丹别帅李过折与可突干争权不叶，悔潜诱之，夜斩屈剌及可突干，尽诛其党，率余烬以降。守珪因出师次于紫蒙川，大阅军实，宴赏将士，传屈剌、可突干等首于东都，……二十三年春，守珪诣东都献捷，会籍田礼毕酺宴，便为守珪饮至之礼，上赋诗以褒美之，……仍诏于幽州立碑以纪功赏。①

案张守珪这次凭幽州节度使管内的兵力打得契丹可突干不得不投降，可突干投降后有贰心，一个节度使管记就有可能把他诛灭，显然不是当年武则天时侥幸取胜之比，是真正的空前大捷，所以要仿古礼饮至，效勒石燕然故事立碑以纪功赏。就在开元初年，张说在《幽州论戎事表》中还说"熟闻幽州兵马寡弱，卒欲排比，未可即用，城中仓粮，全无贮积"②，经营不到二十年就能凭幽州本身的实力制服奚、契丹这样历来不好对付的强敌，说明节度使制度确实成效显著，从而使玄宗对这种制度深信不疑，而不料后来安禄山会利用这种节度使有兵、中央无兵的局面发动叛乱。

七

关于安禄山如何利用范阳、平卢以及后来所兼河东三节度使管内的兵力发动叛乱，中央如何依靠朔方节度使并借用回纥兵平乱，乱平后又为什么让河北藩镇重建，我已另有考索③。这里只就安禄山统治时期以及河北藩镇重建以后在抵御奚、契丹问题上是否还有积极作用作点论证。

安禄山是人所共知的反面人物，但在他统治河北时期，防区仍是积极执行抗击奚、契丹任务的。唐人姚汝能所撰比较原始的史料《安禄山事迹》卷上说：

> 安禄山，营州杂种胡也。……张守珪为范阳节度使，禄山盗羊奸发，追捕至，欲棒杀之，禄山大呼曰："大夫不欲灭奚、契丹两蕃耶？而杀壮士！"守珪奇其言貌，乃释之，留军前驱使，遂与史思明同为

---

① 《新唐书》卷一三三《张守珪传》略同。
② 此文宋人所见张说文集已失收，见《文苑英华》卷六一四，原注"开元六年"。
③ 《〈通典〉论安史之乱的"二统"说证释》，载《陕西历史学会会刊》第2期，1981年。又《论安史之乱的平定和河北藩镇的重建》，载福建人民出版社《中国古代史论丛》1981年第1辑。

捉生将。禄山素习山川井泉，尝以麾下三五骑生擒契丹数十人，守珪
转奇之，每益以兵，擒贼必倍。后为守珪偏将，所向无不摧靡，守珪
遂养为子，以军功加员外左骑卫将军，充衙前讨击使。……开元……
二十四年，禄山为平卢将军，讨契丹失利，……玄宗惜其勇锐，但令
免官。……二十八年，为平卢军兵马使。二十九年三月九日，加特
进。……遂授营州都督，充平卢军节度使、知左厢兵马使、支度营田
水利陆运使副、押两蕃渤海黑水四府经略。……天宝元年正月六日，
……以禄山为左羽林大将军员外置同正员兼柳城郡太守、持节充平卢
军摄御史大夫、管内采访处置等使。……三载三月，授范阳长史，充
范阳节度、河北采访使、平卢节度，余如故。……四载，奚、契丹各
杀公主，举部落以叛，禄山方邀两蕃，肆其侵掠，奚等始贰于我。
……九载八月二日，又加河北道采访处置等使。……十载……二月二
日，遂加云中太守兼充河东节度采访使，余如故。……禄山性残忍，
多奸谋，常诱熟蕃奚、契丹，因会酒中实毒鸩杀之，动数十人，斩大
首领，函以献捷。是年秋，禄山大举兵讨契丹，……奚遂以骁骑二千
从之，禄山使为乡导，行至土护真河，誓众，……遂昼夜兼行三百余
里。……时属雨甚，弓弩尽湿，弛而不可张。……奚又背禄山以附契
丹，并力夹攻，杀伤略相当。矢中禄山鞍桥，鞭弭俱弃，簪履亦坠，
独以麾下二十骑走上山，苍黄陷于坑中，男庆绪、麾下将孙孝哲扶出
之。又战数十里，会夜，追骑解，遂投平卢城。平卢骑将史定方领精
兵三千赴之，契丹知救至，遂解围而去，禄山方得脱。十一载三月，
禄山引蕃奚步骑二十万直入契丹，以报去秋之役，朔方节度副使奉信
王阿布思率同罗数万以会之，布思与禄山不协，遂拥众归漠北，禄山
乃屯兵不进。……十一月十七日，禄山遣其男……庆绪献奚、契丹及
同罗、阿布思等生口三千人……于阙下。①

---

① 参考《旧唐书》卷二〇〇上、《新唐书》卷二二五上《安禄山传》，新传多本《事迹》。

按《事迹》撰于安史乱平以后，行文时自应多加贬词，但仍可看出安禄山不仅以击奚、契丹起家，在贵为节度使后对付奚、契丹仍全力以赴，可见玄宗之信任安禄山自有其一定的道理，不能全说成是晚年昏庸。以后安禄山叛乱，率河北防区的主力南下，奚、契丹又乘机侵袭，如《事迹》卷下所记：

> 十五载（至德元载）……五月，奚、契丹两蕃数出北山口，至于范阳，俘劫牛马子女，止城下累日，城中唯留后赢兵数千，不敌。

但毕竟没有出什么大乱子，说明只要有河北藩镇存在，奚、契丹的南侵就不能不遭到阻遏。

安史乱平时无法消灭其余党李怀仙、张忠志、田承嗣等在河北的势力，只好任命他们为节度使，让河北藩镇重建。以后幽州、成德、魏博号为河北三镇，"擅署吏，以赋税自私，不朝献于廷，效战国肱髀相依，以土地传子孙，胁百姓，加锯其颈，利怵逆污，遂使其人自视由羌狄然，一寇死，一贼生，讫唐亡百余年卒不为王土"①。但在制御奚、契丹上仍继承幽州节度初建以来的老传统，一直起着积极作用。《唐会要》卷九六"奚"：

> 故事，尝以范阳节度使为押奚契丹两蕃使。自至德后，藩臣多擅封壤，朝廷优容之，俱务自完，不生边事，故二蕃亦少为寇。其每岁朝贺，常各遣数百人，至幽州，则选其酋长三五十人赴阙，引见于麟德殿，赐以金帛遣还，余皆驻而馆之，率以为常。②

---

① 《新唐书》卷二一〇《藩镇传序》。

② 《旧唐书》卷一九九下《奚传》、《新唐书》卷二一九《契丹传》略同，《唐会要》、两《唐书·奚契丹传》并有至德以后奚、契丹遣使朝贡的纪事，《册府元龟》卷九七一、九七二"朝贡"，卷九七六"褒异"纪得更多。

偶有几次入寇，也都为幽州节度所击破。如"贞元四年七月，奚及〔契丹、〕室韦寇振武。十一年四月，幽州奏却奚六万余众"①。"大和四年，〔奚〕复盗边，卢龙李载义破之，执大将二百余人，缚其帅茹羯来献。"②"大中元年，北部诸山奚悉叛，卢龙张仲武禽酋渠，烧帐落二十万，取其刺史以下面耳三百、羊牛七万、辎贮五百乘献京师。"③因此"〔大和〕五年正月幽州军乱，〔杨志诚〕逐其帅李载义。文宗以载义输忠于国，遽闻失帅，骇然，急召宰臣谓之曰：'范阳之变奈何？'〔牛〕僧孺对曰：'此不足烦圣虑，且范阳得失不系国家休戚，自安史已来，翻覆如此。前时刘总以土地归国，朝廷耗费百万，终不得范阳尺帛斗粟入于天府，寻复为梗。至今志诚亦由前载义也，但因而抚之，俾扞奚、契丹不令入寇，朝廷所赖也。假以节旄，必自陈力，不足以逆顺治之。'帝曰：'吾初不详，思卿言是也。'"④说明河北藩镇有制御奚、契丹的积极作用已是当时朝廷所公认的事实（至于对河北藩镇采用姑息政策对不对是另一个问题），中晚唐内地和奚、契丹比较能和平相处，不能不肯定河北藩镇有一份功绩⑤。

① 《旧唐书》卷一九九下《奚传》，《新唐书》卷二一九《奚传》略同。《唐会要》卷九六"契丹"纪"贞元四年后犯我北鄙，幽州以闻"，《旧唐书》卷一九九下《契丹传》也纪"贞元四年与奚众同寇我振武，大掠人畜而去"，则契丹也曾一同入寇，因此在引文中补入"契丹"。又《会要》同卷"奚"作"元和四年七月，奚及室韦寇振武，五年四月，幽州奏，破奚六万余众"，当即与两《唐书》所纪为同一事，似以"贞元"为是，"五年"与"十一年"则未知孰是。

② 《新唐书》卷二一九《奚传》。《册府元龟》卷九八七"征讨"："文宗大和……四年四月，幽州节度使李载义上言，今月三日发兵入奚界，杀奚贼五千余人，生擒刺史、县令、大将、首领等二百七十三人。"

③ 《新唐书》卷二一九《奚传》。《册府元龟》卷九八七"征讨"："宣宗大中元年春，幽州大破奚众。"

④ 《旧唐书》卷一七二《牛僧孺传》，《新唐书》卷一七四《牛僧孺传》、《旧唐书》卷一八〇《杨志诚传》略同。

⑤ 在中唐时奚、契丹曾一度依附回纥，《李卫公集》卷二《幽州纪圣功碑铭》："先是，奚、契丹皆有虏使护护其国，责以岁遗，且为汉谍，自回鹘啸聚，靡不鸱张，公（张仲武）命裨将石公绪等谕意两部，戮回鹘八百人。"《唐会要》卷九六"契丹"："会昌二年……幽州节度使张仲武奏：契丹新立王屈戍等云，契丹旧用回鹘印，今恳请当道闻奏，乞国家赐印。"可能有人会据此说中唐时奚、契丹已见衰微，不足自立，因此少为寇，并不是河北藩镇制御的作用。案当时回纥确比奚、契丹强大，所以奚、契丹要依附回纥，但不等于奚、契丹本身已衰微，已无力南侵。早在玄宗时奚、契丹曾依附过突厥，而同时可突干等仍经常威胁河北地区，中唐时奚、契丹也曾几次单独入侵，都说明当时少数民族的入侵与否并不决定于有没有依附别个少数民族。

八

唐末五代初年，河北藩镇中成德、魏博两家已因投靠朱温而丧失独立性，只有刘仁恭的幽州仍为河北重镇，继续起着遏制奚、契丹的作用。《旧五代史》辑本卷一三七《契丹传》：

> 〔唐僖宗〕光启中，其王钦德者，乘中原多故，北边无备，遂蚕食诸郡，达靼、奚、室韦之属，咸被驱役，族帐浸盛，有时入寇。刘仁恭镇幽州，素知契丹军情伪，选将练兵，乘秋深入，逾摘星岭讨之，霜降秋暮，即燔塞下野草以困之，马多饥死，即以良马赂仁恭，以市牧地。仁恭季年荒恣，出居大安山，契丹背盟，数来寇钞。时〔仁恭子〕刘守光戍平州，契丹舍利王子率万骑攻之，守光伪与之和，张幄幕于城外以享之，部族就席，伏甲起，擒舍利王子入城。部族聚哭，请纳马五千以赎之，不许，钦德乞盟纳赂以求之。自是十余年不能犯塞。①

可见幽州节镇在契丹面前仍很有声威。

契丹别部长阿保机代钦德为主，称王称帝，给中原地区很大威胁，子德光即位后更加紧南侵。这时在幽州镇守的是最后一任节度使赵德钧，《旧五代史》辑本卷九八《赵德钧传》：

> 〔后唐庄宗〕同光三年，移镇幽州。……〔明宗〕天成中，定州王都反，契丹遣惕隐领精骑五千来援都，至唐河，为招讨使王晏球所败。会霖雨相继，所在泥淖，败兵北走，人马饥疲，德钧于要路邀之，尽获余众，擒惕隐已下首领数十人，献于京师。……德钧奏发河

---

① 《新唐书》卷二一九、《新五代史》卷七二《契丹传》略同。

北数镇丁夫，开王马口至游口，以通水运，凡二百里。又于阎沟筑
垒，以戍兵守之，因名良乡县，以备钞寇。又于幽州东筑三河城，北
接蓟州，颇为形胜之要，部民由是稍得樵牧。德钧镇幽州凡十余年，
甚有善政。①

可见直到这时幽州节镇仍是契丹南侵的最大障碍。

这个障碍最后不是被契丹拔掉的，而是自动撤除的。《旧五代史》辑
本卷一三七《契丹传》：

〔后唐〕长兴末，契丹迫云州，明宗命晋高祖（石敬瑭）为河东
节度使兼北面蕃汉总管。〔后唐末帝〕清泰三年，晋高祖〔叛唐〕，为
张敬达等攻围甚急，遣指挥使何福赟表乞师〔契丹〕，愿为臣子。德
光白其母曰："儿昨梦太原石郎发使到国，今果至矣，事符天意，必
须赴之。"德光乃自率五万骑由雁门至晋阳，即日大破敬达之众于城
下。寻册晋高祖为大晋皇帝，约为父子之国，割幽州管内及新、武、
云、应、朔州之地以赂之，仍每岁许输帛三十万。时幽州赵德钧屯兵
于团柏谷，遣使至幕帐，求立己为帝，以石氏世袭太原，德光对使指
帐前一石曰："我已许石郎为父子之盟，石烂可改矣。"……赵德钧、
赵延寿自潞州出降于契丹，德光锁之，令随牙帐。②

《通鉴》卷二八〇后晋高祖天福元年十一月甲戌：

德钧见述律太后，……太后问曰："汝近者何为往太原？"德钧
曰："奉唐主之命。"太后指天曰："汝从吾儿求为天子，何妄语邪！"
……又曰："吾儿将行，吾戒之云，赵大王若引兵北向渝关，亟须引

---

① 参考《旧五代史》辑本卷一三七、《新五代史》卷七二《契丹传》。
② 参考《旧五代史》辑本卷九八、《赵德钧传》、《新五代史》卷七二《契丹传》及《通鉴》卷二八
〇天福元年纪事。

归，太原不可救也。汝欲为天子，何不先击退吾儿，徐图亦未晚。
……"

足见到这时契丹对幽州节镇仍有很大的顾忌，如不是赵德钧妄图称帝，自
弃根本而投靠契丹，即使石敬瑭甘愿割弃幽州，契丹仍未必能轻易到手。
至于石敬瑭所割弃的共有幽、蓟、瀛、莫、涿、檀、顺、新、妫、儒、
武、云、应、寰、朔、蔚一共十六州，后来宋人称之为燕云十六州，正包
括原幽州节度使管区全部①。因此石敬瑭手下的刘知远表示反对，认为
"厚以金帛赂之，自足致其兵，不必许以土田，恐异日大为中国之患，悔
之无及"②。无奈石敬瑭不从，于是这个阻遏契丹南侵的障碍转而为契丹
所有，刘知远"为中国之患"的话不幸而言中。

二百年前为了对付奚、契丹的南侵建立起河北藩镇，二百年后终于因
河北藩镇管区的割让而为契丹南侵大开方便之门。奚、契丹和河北藩镇有
着如此紧密的联系，可以说不懂得奚、契丹在唐代的历史，也就不可能对
唐代河北藩镇的兴亡作出正确的解释。

九

我国古代少数民族对中原以汉族为主体的政权的威胁即所谓"边患"，
前期多来自北方、西方，后期则多来自东北方。其转折一般都认为开始于
五代时契丹阿保机、德光父子的南侵。其实武则天时契丹李尽忠等的变乱
早已见其端倪。如果不是唐朝统治者及时采取措施，建立河北藩镇，则五
代北宋时那么严重的东北边患很有可能提前在中唐时就出现。可是研究历
史的人对此似乎一向不加注意，或则略而不提，或则硬说当时奚、契丹完

---

① 《旧唐书》卷三八《地理志》："幽州节度使，治幽州，管幽、涿、瀛、莫、檀、蓟、平、营、妫、顺
等十州。"其中最北的营、平二州已在后唐同光、天成时被契丹所攻占，见《旧五代史》辑本卷一三
七、《新五代史》卷七二《契丹传》。

② 《通鉴》卷二八〇天福元年七月。

全不是强敌，奚、契丹和唐朝之间的战争都是安禄山等边将挑起来的。这使我想起了《新唐书》卷二一五上《四夷传》总序里的话：

> 唐兴，蛮夷更盛衰，尝与中国亢衡者有四：突厥、吐蕃、回鹘、云南是也。……凡突厥、吐蕃、回鹘以盛衰先后为次，东夷、西域又次之，迹用兵之轻重也，终之以南蛮，记唐所繇亡云。

《四夷传》是把奚、契丹作为北狄的，在总序里无论北狄、奚、契丹一句也不提，把奚、契丹看得比所谓东夷、西域都更不重要。《四夷传》的作者宋祁是北宋时人，正久处契丹压力之下，而对唐代奚、契丹的情况尚如此隔膜，何况千年以后的今天。这也是我所以写这篇文章的一个原因。

（原载福建人民出版社《中国古代史论丛》1982年第2辑）

唐肃宗即位前的政治地位
和肃代两朝中枢政局

对唐肃宗、代宗这两个皇帝，《旧唐书》本纪论赞里还说得比较好，《新唐书》已不行，以后每况愈下，很多人骂他们是"昏君"，认为当时政局上出现的问题都是昏君胡作乱为之所致，这种论调似与旧史论赞同样不甚正确。肃宗、代宗以及其他人物之所以产生某种思想并见诸行动，主要应该从当时社会的种种特定条件去考察，而不宜归结于他们生来昏庸或贤明。本文不是对肃、代两宗作全面的评价，而只是对这两朝变幻动荡的中枢政局作若干分析和解释，但分析解释时往往回避不了这个昏庸与否的问题，因此首先申明一下自己的观点。

一

要研究以肃宗为核心的中枢政局，我认为有必要回顾肃宗在成为皇帝以前的地位和处境。

唐玄宗皇后王氏无子，三十子都系妃嫔所生。长子琮可能因母刘华妃无宠，没有立为皇太子。开元三年立为皇太子的，是赵丽妃所生的第二子瑛。肃宗亨则是第三子，生母杨妃在至德二载肃宗成为皇帝后才由玄宗追册为元献皇后。《旧唐书》卷五二《玄宗元献皇后杨氏传》里有一大段关于肃宗的记载：

　　后（睿宗）景云元年八月选入太子（玄宗）宫。时太平公主用事，犹忌东宫，宫中左右持两端，而潜附太平者必阴伺察，事虽纤芥，皆闻于上，太子心不自安。后时方娠，太子密谓张说曰："用事者不欲吾多息胤，恐祸及此妇人，其如之何？"密令说怀去胎药而入，太子于曲室躬自煮药，醺然似寐，梦神人覆鼎。既寤如梦，如是者三。太子异之，告说。说曰："天命也，无宜他虑。"既而太平诛，后果生肃宗。太子妃王氏无子，后班在下，后不敢母肃宗，王妃抚鞠，慈甚所生。开元中，肃宗为忠王，后为妃，又生宁亲公主。张说以旧恩特承宠异，说亦奇忠王仪表，心知运历所钟，故宁亲公主降说子埱。

这无非是说肃宗生来不凡，未成皇太子时地位就迥出其余诸王之上，并且获得大臣张说的有力支持。但所谓覆鼎云者明系神话，睿宗朝太平公主虽颇有权势，也确曾站到睿宗一边共同抑制身为太子的玄宗，而玄宗其时已掌握禁军主力左右万骑，尔后且迫使睿宗不得不采取退让姿态实行内禅，足见力量亦殊不弱，又何至在太平党羽窥伺下"心不自安"到不敢让妾侍诞育。所谓杨氏"不敢母肃宗，王妃抚鞠，慈甚所生"也绝非事实，否则开元十二年王氏被废何以肃宗不曾波及，到二十六年且代玄宗第二子瑛为皇太子。很明显，所有这些都是出于肃宗正位后所编造，为肃宗制造天命、抬高身份①。其所以牵涉张说者，当以张说子埱所尚宁亲公主为肃宗

---

　　① 《旧唐书·杨后传》的这段记载又见于今本《次柳氏旧闻》,《旧闻》李德裕撰，见《旧唐书》卷一七四本传,《新唐书》卷五八《艺文志》杂史类也著录。今本卷首冠以李德裕自记,略谓:"上元中,史臣柳芳得罪,窜黔中,时〔高〕力士亦从徙州,因相与周旋。力士以芳尝司史,为芳言先时禁中事,皆芳所不能知,而芳亦有质疑者,芳默识之,及还,编次其事,号曰《问高力士》。……今按求其书,亡失不获。臣德裕亡父先臣(吉甫)与芳子吏部侍郎冕贞元初俱为尚书郎,后谪官,亦俱东出,道相与语,遂及高力士之说,且曰'彼皆目睹,非出传闻,信而有征,可为实录'。先臣每为臣言之,臣伏念所忆授凡有十七事,岁祀久,遗稿不传,臣德裕……唯次旧闻,惧失其传,不足以对大君之问。谨录如左,以备史官之阙云。"从文字体式来看这个自记可信为李德裕的手笔,但今本所记十七事却多系荒诞悠谬之谈,如张果击齿复生,无畏三藏咒龙致雨,以及玄宗幸蜀前登兴庆宫花萼楼置酒歌水调之类,皆事理之所必无,与真多出于高力士口述之《高力士外传》之翔实可信者截然不同,如何称得上"信而有征,可为实录","以备史官之阙",李德裕何至如此缺乏起码的史识？因此我怀疑此《旧闻》的真本久已佚失,惟自记独存,后人因据自记杂采小说传闻以足成之,而伪谓原本。张说进药、神人覆鼎的神话当系作伪者取自国史或《旧传》,而不是《旧传》采用《旧闻》。

同母妹的缘故①。肃宗在未立为皇太子时实仅是一普通皇子，并无特殊地位或其他奥援。

这里需要研究肃宗为什么能从普通皇子一跃而为皇太子的问题。如前所说，原来的皇太子是赵丽妃所出的第二子瑛，他之所以得立，固然由于年长，更重要的还是由于赵丽妃"有才貌，善歌舞"而宠幸于玄宗。王皇后废后，武惠妃专宠，"宫中礼秩，一同皇后"，丽妃恩弛，太子瑛的地位自无从继续维持。开元二十三年李林甫得武惠妃等帮助任宰相，二十五年就和武惠妃合谋潛杀太子瑛以及同样由于生母宠衰失欢的第五子鄂王瑶、第八子光王琚（《旧唐书》卷五一《玄宗贞顺皇后武氏传》、卷一〇六《李林甫传》、卷一〇七《玄宗诸子传》）。照理，立武惠妃所出玄宗第十八子寿王瑁已属题中应有之义，李林甫也以此陈请（《旧唐书·林甫传》、卷一〇《肃宗纪》）但玄宗并未表态。这年十二月武惠妃病死，第二年六月却立忠王亨即肃宗为皇太子。这仍旧不仅是由于肃宗在年龄上是仅次于故太子瑛的皇第三子，如《旧唐书·李林甫传》记玄宗所说"忠王仁孝，年又居长，当守器东宫"，这只是表面文章。实际上当时内廷另有一股反对寿王瑁的势力，其代表就是宦官首领高力士。《新唐书》卷二〇七《宦者·高力士传》：

> 初，太子瑛废，武惠妃方嬖，李林甫等皆属寿王。帝以肃宗长，意未决，居忽忽不食。力士曰："大家不食，亦膳羞不具耶？"帝曰："尔我家老，揣我何为而然。"力士曰："嗣君未定耶？推长而立，孰敢争？"帝曰："尔言是也。"储位遂定。

---

① 张说子均、垍后均陷于安禄山为其宰执，《通鉴》卷二二〇至德二载十二月壬申条据柳珵《常侍言旨》谓玄宗返京后坚执杀均、垍，经肃宗救免，似肃宗当年确曾被张说保护。但《常侍言旨》记肃宗之言，有"臣比在东宫，被人诬谮，三度合死，皆张说保护，得全首领以至今日"云云，而事实上肃宗为太子入居东宫已在开元二十六年，据《旧唐书》卷九七《张说传》则说早在开元十八年病故，如何尚能尽保护之责？又据《张说传》垍实"死于贼中"，特免死长流者是均而非垍。足见《通鉴》此条所记全非事实。至于均之得免死长流，当只是由于和肃宗沾点姻亲关系的缘故，初不足深论。

此事《旧唐书·高力士传》虽未写入，但据《通鉴》卷二一四开元二十六年六月立太子条《考异》，知又见于《统纪》，必非虚构。其后"林甫惧不利己，乃起韦坚、柳勣之狱，上（太子亨）几危者数四，后又杨国忠依倚妃家，恣为褻秽，惧上英武，潜谋不利，为患久之"（《旧唐书·肃宗纪》，又详《林甫》《国忠》等传），而肃宗皇太子之位迄未因之失却，显然也是有高力士在抵制。但切莫认为高力士已是太子即肃宗的私党，这种抵制行动完全不是从肃宗利益出发。因为《高力士外传》有这样一段记载：

　　〔天宝〕十二年冬，林甫云亡，国忠作相。……十三年秋大雨，昼夜六十日，陈希烈罢相，韦见素持衡。上因左右无人，谓高公曰："自天宝十年之后，朕数有疑，果致天灾，以殃万姓，虽韦、陈改辙，杨、李殊途，终未通朕怀。卿总无言，何以为意？"高公伏奏曰："开元二十年已前，宰臣授职，不敢失坠，边将承恩，更相戮力，自陛下威权假于宰相，法令不行，灾眚备于岁时，阴阳失度，纵为轸虑，难以获安，臣不敢言，良有以也。"上久而不答。①

陈希烈、韦见素都是所谓"不敢参议""无所是非"的伴食宰相（《旧唐书·李林甫传》、卷一〇八《韦见素传》），和高力士对立的开元二十年以后的宰相自非李林甫、杨国忠莫属②。这种对立已发展到使高力士在玄宗面前公开对李、杨攻击，要求玄宗表态，说明前此双方在私底下早有过多

---

　　①　《高力士外传》后人多视为小说，其实不然，《新唐书》即把它著录于卷五八《艺文志》杂传记类中。撰者郭湜因得罪李辅国贬谪巫州，与高力士相接，据力士口述旧事写成此《外传》，是研究玄宗朝历史的第一手资料。《通鉴》卷二一七天宝十三载九月高力士侍侧条即据《外传》这段记事节写。

　　②　据《旧唐书·李林甫传》，林甫之任宰相曾得到高力士的帮助。又据《杨国忠传》，国忠的进用也曾走过李林甫的门路。但李、杨与力士终于先后矛盾对立者，是由于自长孙无忌、褚遂良为高宗贬死后外朝宰相久未能参与内廷政权核心，其权力仅限于处理一般日常政务。此时李、杨均欲染指于政权核心，自必引起力士的妒恨。这种始朋比、终倾轧之事在封建统治阶级中最为常见，李、杨之间后来也发生矛盾亦是一例。

次斗争倾轧。高力士之反对李林甫拥立寿王瑁为皇太子，抵制李林甫、杨国忠危害肃宗，都属于这种斗争倾轧活动。这可以说是当时宦官和宰相之间的首次交锋，也就是唐代最早的内廷与外朝之争。对高力士来说，打击外朝宰相李林甫、杨国忠是其目的，反对立寿王、抵制危害肃宗只是对付李、杨的手段，并非想通过支持身为皇太子的肃宗而取得什么利益。要知道，支持或拥立皇太子另成其势力的做法最易招致皇帝的疑忌，这在唐代已成为通则，高力士不会不懂得。而当时"每四方进奏文表，必先呈力士，然后进御，小事便决之"（《旧唐书·高力士传》），实际上力士已成为内大臣即玄宗的代理人，只要能把外朝宰相抑制住，就可长保所谓一人之下的最高权势，又何必冒着招致玄宗的疑忌的危险另找皇太子肃宗作为自己的新主子？这从后来马嵬驿事变后力士没有跟肃宗去灵武而仍随玄宗入蜀，第二年玄宗返回长安后力士仍克尽保护之职，最后且以此为肃宗一系宦官首脑李辅国迫害放逐，即可证实。

由此可以断定：肃宗在成为皇太子以后仍缺乏真正的奥援，没有能形成自己的政治势力。

二

再研究马嵬驿事变中肃宗的地位，并对他前往灵武另立政权作点剖析。

封建社会内廷与外朝之争，失败的一方常是外朝宰相。这是因为外朝宰相既不能如内廷宦官之能经常接近皇帝，有口含天宪的权利，而且权高易于震主，不像宦官是所谓刑余之人，没有篡夺自立的可能。唐代首次内廷与外朝之争也难背离此通则。何况高力士是玄宗当初夺取政权时的从龙勋臣，为玄宗宠用逾四十年之久，而杨贵妃之入宫已属开元之末，杨国忠更迟至天宝十一载才为宰相，他们和玄宗的关系远不如高力士之深。加之自开元十九年禁军首脑王毛仲、葛福顺等与高力士争宠不胜被贬逐后，禁军在另一长官陈玄礼统率下早就投入高力士的怀抱，杨国忠辈在长安并无可以凭借的兵力，其失败自无疑义。马嵬驿事变就是高力士在天宝十三载攻击杨国忠未达到目的后，乘安禄山叛乱之机指使陈玄礼利用禁军所发动的一次清君侧行动。《旧唐书》卷一〇六《陈玄礼传》所说"及安禄山反，玄礼欲于城中诛杨国忠，事不果，竟于马嵬斩之"，以及《旧唐书》卷九《玄宗纪》、《安禄山事迹》卷下所记事变时陈玄礼率禁军杀杨国忠于外，高力士逼缢贵妃于内，都是明证（别详拙作《说马嵬驿杨妃之死的真相》）。至于肃宗，也有个别记载说是参加了这次军事行动，如《旧唐书》卷五一《后妃·杨妃传》：

> 从幸至马嵬，禁军大将陈玄礼密启太子，诛国忠父子。

卷一〇八《韦见素传》：

> 次马嵬驿，军士不得食，流言不逊。龙武将军陈玄礼惧其乱，乃与飞龙马家李护国（辅国）谋于皇太子，请诛国忠，以慰士心。

但如前所说，太子肃宗与杨国忠有矛盾，高力士以及陈玄礼与肃宗并无勾结；而且此时扈从禁军全在高、陈掌握，肃宗毫无实力可资凭借，高、陈又何必密启肃宗，以蹈自外于玄宗之嫌。可见这是出于讹传或有意附会，鉴于后来马嵬驿事变已成为公认的义举①，想以此来为肃宗完美化。因此较严肃的记载，如根据实录纂修的《旧唐书·玄宗纪》《肃宗纪》就都没有这样的说法。

马嵬驿事变后肃宗没有随玄宗入蜀而分兵北趋，即位灵武。其经过据本自实录的《旧唐书·肃宗纪》是：

> 〔天宝十五载六月〕车驾将发，留上在后宣谕百姓，众泣而……

---

① 如杜甫《北征》就说："桓桓陈将军，仗钺奋忠烈。微尔人尽非，于今国犹活。"钱谦益注："余谓'微尔人尽非'，犹言'微管仲，吾其被发左衽矣'，其推许之至矣！"

请从太子收复长安。玄宗闻之曰："此天启也。"乃令高力士与寿王瑁
送太子内人及服御等物，留后军厩马从上。令力士口宣曰："汝好去，
百姓属望，慎勿违之。莫以吾为意。且西戎北狄，吾尝厚之，今国步
艰难，必得其用，汝其勉之。"上回至渭北，便桥已断，水暴涨，无
舟楫，……渭水可涉，又遇潼关散卒，误以为贼，与之战，士众多
伤，乃收其余众北上，军既济，其后皆溺，上喜，以为天之佑。时从
上惟广平、建宁二王及四军将士才二千人。自奉天而北，夕次永寿。
……戊戌，至新平郡，时昼夜奔驰三百余里，士众器械亡失过半，所
存之众，不过一旅。己亥，至安定郡，斩新平太守薛羽、保定太守徐
毂，以其弃郡也。庚子，至乌氏驿，彭原太守李遵谒见，率兵士奉
迎，仍进衣服粮糗。上至彭原，又募得甲士四百，率私马以助军。辛
丑，至平凉郡，蒐阅监牧公私马，得数万匹，官军益振。……上在平
凉，数日之间，未知所适。会朔方留后杜鸿渐、魏少游、崔漪等遣判
官李涵奉笺迎上，备陈兵马招集之势，仓储库甲之数，上大说，鸿渐
又发朔方步骑数千人于白草顿奉迎。时河西行军司马裴冕新授御史大
夫（当作中丞）赴阙，遇上于平凉，亦劝上治兵于灵武以图进取，上
然之。……上行至丰宁南，见黄河天堑之固，欲整军北渡，以保丰
宁，忽大风飞沙，跬步之间，不辨人物，及回军趋灵武，风沙顿止，
天地廓清。七月辛酉，上至灵武，时魏少游预备供帐，无不毕备。裴
冕、杜鸿渐等从容进曰："今寇逆乱常，毒流函谷，主上倦勤大位，
移幸蜀川，江山阻险，奏请路绝，宗社神器，须有所归，万姓颙颙，
思崇明圣，天意人事，不可固违。……"……凡六上笺，辞情激切，
上不获已，乃从。是月甲子，上即皇帝位于灵武，……即日奏其事于
上皇。……八月壬午，……上以治兵收京城，诏〔郭〕子仪等旋师，
子仪、〔李〕光弼率所统步骑五万屯（当作至）自河北。……癸巳，
上所奉表始达成都。丁酉，上皇逊位称诰，遣左相韦见素、文部尚书
房琯、门下侍郎崔涣等奉册书赴灵武。……〔至德〕二载春正月庚戌
朔，上在彭原受朝贺，是日通表入蜀贺上皇……上皇遣平章事崔圆奉

诏赴彭原。

又卷五二《后妃·肃宗张皇后传》：

> 后天宝中选入太子宫为良娣，……辩惠丰硕，巧中上旨。禄山之乱，玄宗幸蜀，太子与良娣俱从。车驾渡渭，百姓遮道请留太子收复长安。肃宗性仁孝，以上皇播越，不欲违离左右。宦者李靖忠（辅国）启太子请留，良娣赞成之，白于玄宗，太子如灵武。时贼已陷京师，从官单寡，道路多虞，每太子次舍宿止，良娣必居其前，太子曰："捍御非妇人之事，何以居前？"良娣曰："今大家跋履险难，兵卫非多，恐有仓卒，妾自当之，大家可由后而出，庶几无患。"及至灵武，产子，三日起缝战士衣。太子劳之曰："产忌作劳，安可容易。"后曰："此非妾自养之时，须办大家事。"

卷一八四《宦官·李辅国传》：

> 本名静忠，闲厩马家小儿，……天宝中，闲厩使王鉷嘉其畜牧之能，荐入东宫。禄山之乱，玄宗幸蜀，辅国侍太子扈从。至马嵬，诛杨国忠，辅国献计太子，请分玄宗麾下兵，北趋朔方，以图兴复。辅国从至灵武，劝太子即帝位，以系人心。

这些记载自难免有所夸饰，但大体尚保存若干事实真相：

一、肃宗分兵自立，其谋实出于李辅国、张良娣，并非玄宗的本意。李辅国当时已是东宫宦官的首脑，他之所以劝肃宗分兵自立，是袭当年高力士的故智，想通过拥立来窃取权柄。张良娣则性"辩惠"，是武则天、韦后、太平公主式的政治人物，也想通过拥立来窃取权力。而肃宗在东宫初无其他亲信，此时亲随保护的唯有李、张，李、张的主意自然易于为肃宗接受，何况这个分兵自立的主意也确实对肃宗有利。《肃宗纪》所以不提李辅国、张良娣劝分兵自立者，当是由于纪所根据的《肃宗实录》是代宗朝所修，其时李、张在政治上均已先后失败，自不便再以此功归诸李、张。至于所谓百姓泣留肃宗，以及《张后传》所谓肃宗"性仁孝""不违离左右"，自然更是带有美化性质的表面文章，不足置信。

二、分兵自立后，下一步怎么办？肃宗以及李辅国、张良娣都并无成算，从肃宗到达平凉后尚未"知所适"可知。《李辅国传》说他献计肃宗时就提出"北趋朔方"，《通鉴》卷二一八记分兵后肃宗三子建宁王倓就提出"朔方道近，士马全盛"，"速往就之，徐图大举"，都出于事后附会或行文疏失，不足信据①。当时河西、陇右两节度主力即已覆没于灵宝之役，朔方军成为唯一可用的武力，这点肃宗、李、张等自然是清楚的。但在潼关陷落后朔方军的态度如何，是否还继续支持唐室，当时还未获得可靠的情报，因此直到朔方留后人员奉迎后才敢决策赴灵武。由此可见玄宗之同意肃宗分兵，也不是认为他有把握利用朔方军以中兴唐室，而只是借此分散安禄山叛军的注意力，在长安西北牵制叛军使不至全力向南追逼，从而保障自己入蜀后的安全。

三、当时灵武、成都间的交通从来未中断，裴冕等劝进笺中所说"江山阻险，奏请路绝"不是事实。肃宗不请示玄宗获得认可而自行即皇帝位，迫使玄宗承认既成事实而逊位为太上皇，很明显是夺权性质，但任何封建帝王非万不得已都不甘愿退位让权，玄宗自难例外，因而在鉴于肃宗获得朔方军支持不得不追认这一既成事实的同时，仍派韦见素、房琯、崔涣、崔圆打着奉诏册的旗号先后赴灵武，企图对新成立的肃宗政权作一定的影响和控制。

以上几条都比较重要，我认为可以用来作为了解肃宗朝中枢政局的主要线索。

---

① 据《旧唐书》卷一一六《肃宗诸子·承天皇帝（即建宁王）倓传》，他在当时的主张是"暂往河西，收拾戎马"，并非如《通鉴》所说是要就朔方。《通鉴》在"朔方道近，士马全盛"下还说"裴冕衣冠名族，必无贰心"。据《旧唐书·肃宗纪》和卷一三《裴冕传》，此时冕是河西行军司马，正以授御史中丞向赴长安，这和所谓建宁王建议要前往的朔方又有何相干？可见《通鉴》这段记载全非事实，不足凭信。

三

肃宗在位前后七年，除地方节镇及安史叛乱势力不属本文探讨，内廷和外朝的政治势力主要有下面这一些：

内廷首先是宦官，《旧唐书·李辅国传》说：

> 肃宗即位，擢为太子家令，判元帅府行军司马事，以心腹委之，仍赐名护国，四方奏事，御前符印军号，一以委之。……从幸凤翔，授太子詹事，改名辅国。肃宗还京，拜殿中监，闲厩、五坊、宫苑、营田、栽接、总监等使，又兼陇右群牧、京畿铸钱、长春宫等使，勾当少府、殿中二监都使。至德二年十二月，加开府仪同三司，进封郕国公，食实封五百户。宰臣百司，不时奏事，皆因辅国上决。常在银台门受事，置察事厅子数十人，官吏有小过，无不伺知，即加推讯。府县按鞫，三司制狱，必诣辅国取决。随意区分，皆称制敕，无敢异议者，每出则甲士数百人卫从。……判元帅行军司马，专掌禁兵，赐内宅居止。

再一个内廷政治人物是张良娣，《旧唐书》本传：

> 肃宗即位，册为淑妃。……乾元元年四月，册为皇后。……皇后宠遇专房，与中官李辅国持权禁中，干预政事，请谒过当。

可见张、李在肃宗即位，尤其是返回长安之后，已掌握中枢绝大部分权力，张后颇似中宗朝的韦后，李辅国则较其前辈高力士权势更为有过无不及。因为高力士当年除知内侍省事、任内侍监等宦官最高本职外，还未公开兼任军职和其他官职，李辅国则公开兼任关系财政、军需的监牧诸使，并窃取司法大权，甚至以判元帅行军司马而直接统率禁军。对此，很多人认为肃宗要负责任，是肃宗个人昏庸之所致。其实不然，因为肃宗在东宫除李、张外别无可用的私党及奥援，已如前所说，分兵自立之谋又实出李、张，则即位返京后又如何能对李、张不委以重任。这种委任与当年玄宗之委任高力士、王毛仲，以至玄宗以前唐室诸帝之委任宠臣、后妃，在做法上并无什么不同，不能因李、张跋扈就诟肃宗为昏庸。而且，肃宗对李、张的跋扈也并非全无觉察，一味盲目信任，《张后传》在记述她"干预政事，请谒过当"后接着就说"帝颇不悦，无如之何"。对付李辅国，则不是"无如之何"而采取了对策，《旧唐书》卷一一二《李岘传》就有这样一段记载：

> 初，李辅国判行军司马，潜令官军于人间听察是非，谓之察事，忠良被诬构者继有之，须有追呼，诸司莫敢抗。御史台、大理寺重囚在狱，推断未了，牒追就银台，不问轻重，一时释放，莫敢违者。每日于银台门决天下事，须处分，便称制敕，禁中符印，悉佩之出入。纵有敕，辅国押署，然后施行。及岘为相，叩头论辅国专权乱国，上悟，赏岘正直，事并变革。辅国以此让行军司马，请归本官，察事等并停。

李岘拜相是在乾元二年，即肃宗返回长安后的第三年，此时已听从宰相的进谏对李辅国有所约束，为时亦不算太迟，尽管所谓"让行军司马"一事并非真能实现①。其察事等司法大权确系由此而被剥夺。过了两年，到上元二年八月，又发生了李辅国本人求兼宰相的事情，《旧唐书·辅国传》：

> 辅国骄恣日甚，求为宰臣，肃宗曰："以公勋力，何官不可，但

---

① 李辅国之罢判元帅行军司马，是代宗即位后宝应元年六月己未的事情，见《旧唐书》卷一一《代宗纪》，《李辅国》《程元振》等传所记略同。《通鉴》卷二二一乾元二年四月庚子记李岘之谏作"辅国由是让行军司马，请归本官，上不许"，知辅国虽有此请而肃宗察其非诚，鉴于时机不成熟因而不许，《旧唐书·李岘传》行文自稍嫌疏失。《新唐书》卷一三一《李岘传》即据《旧传》改写，乃径作"辅国由是让行军司马"，连《旧唐书·代宗纪》以及《辅国》《元振》等传都不参考检核，其失弥甚。

未允朝望，如何？"辅国讽仆射裴冕联章荐己，肃宗密谓宰臣萧华曰："辅国欲带平章事，卿等欲有章荐，信乎？"华不对，问裴冕，曰："初无此事，吾臂可截，宰相不可得也。"华复入奏，上喜曰："冕固堪大用。"辅国衔之。

宦官如任宰相，则是合内廷与外朝为一体，其权力之大将为前朝之所未有，因此肃宗用宰相予以抵制。只是由于可凭借的力量尚嫌不足，加以第二年宝应元年四月肃宗即病死，没有来得及作出更有效的措置。

外朝宰相在肃宗朝先后有过十六名，即韦见素、崔圆、房琯、裴冕、崔涣、李麟、苗晋卿、张镐、王玙、吕谌、李岘、第五琦、李揆、萧华、裴遵庆、元载（《唐会要》卷一"帝号"，并参考《新唐书》卷六二《宰相表》）。韦见素、崔圆、房琯、崔涣以及李麟都出于玄宗任命，以后才来到肃宗身边，其中以房琯较有才略，《旧唐书》卷一一一《琯传》：

> 肃宗以琯素有重名，倾意待之，琯亦自负其才，以天下为己任。时行在机务，多决之于琯，凡有大事，诸将无敢预言。寻抗疏自请将兵以诛寇孽，收复京都，肃宗望其成功，许之。……及与贼对垒，琯欲持重以伺之，为中使邢延恩等督战，苍黄失据，遂及于败。上犹待之如初，仍令收合散卒，更图进取。会北海太守贺兰进明自河南至，……进明曰："……陛下待琯至厚，以臣观之，琯终不为陛下用。"上问其故，进明曰："琯昨于南朝为圣皇制置天下，乃以永王为江南节度，颍王为剑南节度，盛王为淮南节度，……枝庶悉领大藩，皇储反居边鄙，此虽于圣皇似忠，于陛下非忠也。……"上由是恶琯。……崔圆本蜀中拜相，肃宗幸扶风，始来朝谒，琯意以为圆才到，当即免相，故待圆礼薄，圆厚结李辅国，到后数日，颇承恩渥，亦憾于琯。……〔至德〕二年五月，〔琯〕贬为太子少师。

肃宗进取长安之所以一开始不用朔方军而用房琯，并不是真对房琯信任，而是企图借此形成一支由中央直接控制的强大作战部队，庶不致兵柄完全落入地方节镇之手，因此并没有给房琯指挥全权，而派遣宦官邢延恩等凌驾其上监军督战，这和安禄山叛乱后玄宗对西边节镇将领封常清、高仙芝、哥舒翰不完全信任，派宦官边令诚等监军督战是同一做法。房琯之所以罢相，也不是由于收京战败，而是由于有党于玄宗而对肃宗不忠之嫌。至于韦见素等人，则如《旧唐书》卷一〇八《韦见素传》所说：

〔至德二载〕三月，〔见素〕除左仆射，罢知政事。……及房琯以败军左降，崔圆、崔涣等皆罢知政事，上皇所命宰臣无知政事者。

排列一下这几个人罢相的年月，韦见素在至德二载三月，房琯在五月，崔涣在八月，崔圆和李麟同在至德三载即乾元元年五月（《旧唐书·肃宗纪》）。不到十五个月就出现"上皇所命宰臣无知政事者"的局面，其根本原因显然和前面所说房琯之所以罢相者同，是肃宗怀疑玄宗任命的这些人对自己不忠，不放心让他们在外朝掌权，这和当年高宗之必欲贬死太宗旧人长孙无忌、褚遂良正出于同一目的。当然，除掉这个根本原因外，有些人还有其他原因，如崔涣"惑于听受，为下吏所鬻，滥进者非一，以不称职闻"（《旧唐书》卷一〇八本传），李麟"正身谨事，无所依附"，为李辅国所"不悦"（《旧唐书》卷一一二本传）。这些原因应该都是次要的，例如崔圆对李辅国"惧其威权，倾心事之"（同上），却和不依附李辅国的李麟同时罢相。于此也可见李辅国并不能完全左右肃宗的意志。

其余十一名宰相都是肃宗自己任命的，其中除元载的任命已在肃宗临死之前，其发生作用实在代宗朝而外，大体可区别为三类。第一类曾谄附李辅国，如苗晋卿和崔圆同样惧辅国威权而"倾心事之"（《旧唐书·李麟传》）。李揆"见辅国执子弟之礼，谓之五父"（《旧唐书·李辅国传》）。第二类如王玙"以祭祀妖妄致位将相"（《旧唐书》卷一三〇本传），第五琦以财利进用（《旧唐书》卷一二三本传），都还不曾发现他们有依附李辅国的实迹。但看他们的生平言行也未必能和宦官立异同，到代宗朝宦官鱼朝恩被杀，"琦坐与款狎"而被贬可为佐证。第三类则不依附李辅国甚至有所斗争。李岘、萧华之曾和李辅国斗争已如前所说（并可参考《旧唐书》卷九九《萧华传》）。裴冕早在至德二载三月就和韦见素同时罢知政事而转迁尚书右仆射，在对待李辅国求为宰臣问题上态度比较暧昧，不如萧华坚决，但也没有真替李辅国出力，他后来"以幸臣李辅国权盛，将附之"，则已是代宗即位初的事情，不好算进肃宗朝宰相的动态里（《旧唐书》卷一一三本传）。裴遵庆是由萧华引进，自不致在对待李辅国问题上和萧华有大分歧（《旧唐书》卷一一三本传）。吕𬤊虽然曾和"出纳诏命"的宦官马上言相昵，但外任后在处理李辅国党羽妖人申泰芝时还能"刚断不挠"（《旧唐书》卷一八五下《良吏》本传），张镐则缘宦官谋孽而罢相（《旧唐书》卷一一一本传），可推测他们起码不致和李辅国有牵连。这第三类和李辅国没有牵连以至作过一定斗争的宰相比第一、二类加起来还多，和玄宗朝之多因高力士"而取将相高位"（《旧唐书·力士传》），睿宗朝"宰相七人，五人出〔太平〕公主门"的局面颇为不同（《旧唐书》卷一八三《外戚·太平公主传》）。这说明李辅国等内廷宦官的势力在肃宗时并未深入外朝宰相之中，同时也说明肃宗命相还有自己的主见，并未全以李辅国的好恶为转移。

肃宗朝还有一个介乎内廷、外朝之间的李泌。《新唐书》卷一三九《李泌传》和《通鉴》都把他说得如何才智兼备，好像真是并世无双的杰出人物。但《新传》《通鉴》之所根据主要是泌子李繁所写的《邺侯家传》，而《家传》中有很多是夸饰之辞。这只需看他在德宗朝真做上宰相后只是"随时俯仰，无足可称"，就足证明《家传》所说的嘉言懿行之类至少要打个大折扣，因此这里不根据多本《家传》的《新传》《通鉴》而用《旧唐书》卷一三〇里的《李泌传》。传中说他：

> 天宝中，自嵩山上书论当世务，玄宗召见，令待诏翰林，仍东宫供奉。杨国忠忌其才辩，奏泌尝为感遇诗，讽刺时政，诏于蕲春郡安置，乃潜遁名山，以习隐自适。天宝末，禄山构难，肃宗北巡，至灵

> 武即位，遣使访召。会泌自嵩、颍间冒难奔赴行在，至彭原郡谒见，陈古今成败之机，甚称旨，延致卧内，动皆顾问。泌称山人，固辞官秩，特以散官宠之，解褐拜银青光禄大夫，俾掌枢务。至于四方文状，将相迁除，皆与泌参议，权逾宰相，仍判元帅广平王军司马事。……寻为中书令崔圆、倖臣李辅国害其能，将有不利于泌。泌惧，乞游衡山，优诏许之，给以三品禄俸，遂隐衡岳，绝粒栖神。

从这里可以看出李泌之见用主要是由于乱前曾为东宫供奉，是肃宗的故旧，肃宗在灵武除张后、李辅国外在士人中更无亲信，自然要把这位东宫旧人李泌找来做帮手，尽管资历不够，不便立即任命为宰相，仍让他参与中枢机密。这必然要引起另一个早就参与中枢机密的宦官李辅国的疑忌，外朝宰相也必然对这个实权超过他们的人不满。李泌处于内外交逼的不利形势下，为保全自己而暂时退出了政治舞台，这种做法即使用封建社会的标准来衡量，也未必算是什么美德。

四

肃宗病死之前发生过两件大事，一件是玄宗被逼迁入西内，继而先肃宗死去，再一件是张后与李辅国火并而为李辅国杀死。这两件事过去也多认为是肃宗昏庸之所致。

先说玄宗之逼迁西内。这在《旧唐书·肃宗纪》中讲得很简略，只说上元元年七月"丁未，上皇自兴庆宫移居西内。丙辰，开府高力士配流巫州，内侍王承恩流播州，魏悦流溱州，左龙武大将军陈玄礼致仕"。具体的过程则以《高力士外传》所记为详悉：

> 上元元年七月，太上皇移仗西内安置，高公窜谪巫州，皆辅国之计也。上皇在兴庆宫先留厩马三百匹，欲移仗前一日，辅国矫诏索所留马，惟留十匹。有司奏陈，上皇谓高公曰："常用辅国之谋，我儿

不得终孝道，明早向北内！"及晓，至北内，皇帝使人起拜云："两日来疹病，不复亲起拜伏，伏愿且留吃饭。"饭毕，又曰："伏愿且归南内。"行欲至夹城，忽闻戛戛声，上惊回顾，见辅国领铁骑数百人便逼近御马，辅国便持御马，高公惊下争持，曰："纵有他变，须存礼仪，何得惊御。"辅国叱曰："老翁大不解事，且去！"即斩高公从者一人。高公即拢御马，直至西内安置。自辰及酉，然后老宫婢十数人将随身衣物至，一时号泣，上皇止之。皆辅国矫诏之所为也，圣上宁得知之乎？

《外传》多本力士口述，这段纪事自然是最可信据的，由此可知这实际上是武装劫送，使玄宗自此完全落入与外界隔绝的俘囚境地。问题是这个行动究竟由谁主谋，据《外传》中所加的"皆辅国之计"，"皆辅国矫诏之所为"等案语，好像主谋者只有一个李辅国。另外有一些记载也是这么说，如《通鉴》卷二二一上元元年六月、七月的纪事就作：

〔辅国〕言于上曰："上皇居兴庆宫，日与外人交通，陈玄礼、高力士谋不利于陛下。今六军将士尽灵武勋臣，皆反仄不安，臣晓谕不能解，不敢不以闻。"上泣曰："圣皇慈仁，岂容有此？"对曰："上皇固无此意，其如群小何？陛下为天下主，当为社稷大计，消乱于未萌，岂得徇匹夫之孝。……"上不听。……辅国又令六军将士号哭叩头，请迎上皇居西内，上泣不应。

这段纪事没有《考异》，不详其所根据。从所谓"上不听"，"上泣不应"来看，好像确实是李辅国在矫诏。但《通鉴》接着还记述逼迁西内的过程，说当时高力士还能叱令李辅国下马，"与己共执上皇马鞯侍卫如西内"云云，较《高力士外传》所述已大事粉饰，显然在为上皇玄宗留面子。因此所谓"上不听"云云，和《外传》所作"皆辅国之计"的案语，实际上也都是为肃宗留面子而作的曲笔。歪曲不大比较近真的记载今保存在《旧唐书·李辅国传》里：

> 上皇自蜀还京，居兴庆宫，肃宗自夹城中起居。上皇时召伶官奏
> 乐，持盈公主往来宫中，辅国常阴候其隙而间之。上元元年，上皇尝
> 登长庆楼，与公主语，剑南奏事官过朝谒，上皇令公主及如仙媛作主
> 人。辅国起微贱，贵达日近，不为上皇左右所礼，虑恩顾或衰，乃潜
> 画奇谋以自固，因持盈待客，乃奏云："南内有异谋。"矫诏移上皇居
> 西内，送持盈于玉真观，高力士等皆坐流窜。

这里虽仍说"矫诏"，但在李辅国奏"南内有异谋"后不再说什么"上不
听"了，可见移居之诏并非出李辅国所矫。从"辅国常阴候其隙而间之"
来看，可知玄宗还京居南内后就久在肃宗及其代理人严密监视之下。虽然
如前所说肃宗后来已和李辅国发生矛盾，但在对付玄宗这点上则利害始终
一致。这是因为灵武即位本属夺权性质，玄宗还京后万一复辟，不仅李辅
国等夺权支持者立即贬逐诛戮，就连肃宗本人的下场也将不堪设想。因此
当初玄宗还京途中次凤翔郡时，肃宗就派遣精骑三千以迎卫名义将扈从玄
宗的旧禁军武装全部解除（《高力士外传》，并参《旧唐书·玄宗纪》、
《通鉴》卷二二〇至德二载十一月丙申条），此时肃宗多病[1]，深恐给玄宗
造成机会，于是采取逼移西内的断然措施。这不是李辅国真的背着肃宗在
矫诏，而是肃宗、李辅国出于利害一致的合谋，所以不能凭此就给肃宗安
上顶昏庸的帽子。当然，也不必给肃宗另安残酷无情或不孝的帽子，因为
尽管封建社会里讲究家族关系，但在利害攸关的时候，照样可以把什么父
子之情、兄弟或夫妻之情等统统抛开不管。前此玄宗自己之逼睿宗退居太
上皇，以及太宗之逼高祖退居太上皇，实际上也都是叫自己的父亲充当高
级政治俘囚，不过当时海内安谧，政局稳定，用不到像肃宗这样采取更严
酷的措施而已。

---

[1] 《旧唐书·肃宗纪》上元二年正月甲午"上不康"，宝应元年"上自仲春不豫"，又《高力士外
传》记迁进西内事也说肃宗"两日来疹病"，可见肃宗晚年之多疾病。

　　玄宗之被囚禁于西内历时不到两年，在宝应元年四月甲寅死于西内神龙殿，这自然属于通常史书上所说的"幽死"。但过了十三天，肃宗自己也就死去。尽管《旧唐书·肃宗纪》作了解释，说是肃宗"自仲春不豫，闻上皇登遐，不胜哀悼，因兹大渐"，总有事太突兀之嫌。北宋乐史所撰《杨太真外传》记玄宗死前毫无病痛，只说"令具汤沐，'我若就枕，慎勿惊我'，宫爱闻睡中有声，骇而视之，已崩矣"。隐约地表示其非善终而系兵死。《太真外传》当然不能视为信史，但乐史撰写时实多采唐人旧闻小说，说明在唐代确有玄宗兵死的传说[①]。当时肃宗既已久病难愈，李辅国怕给玄宗造成复辟的机会而抢先下手，在事理上也是完全可能的。这也可说是封建统治集团内部斗争的一种规律，和肃宗个人之昏庸与否当然毫无关涉。

　　肃宗临死时，发生了张后和李辅国之间的火并，张后为辅国所杀。其经过据《通鉴》卷二二二宝应元年四月丁卯条《考异》所引《肃宗实录》说：

　　　　张后因太子监国，谋诛辅国，其日，使人以上命召太子，语之，太子不可。乙丑，后矫上命将唤太子，程元振知之，密告辅国。景寅，元振与辅国夜勒兵于三殿前，使人收捕越王及同谋内侍朱光辉、段恒俊等百余人，系之，移皇后于别殿。

《旧唐书》卷一一六《越王係传》所记同上引《肃宗实录》而稍加详，《通鉴》即据《越王係传》编写。但《旧唐书》卷一一《代宗纪》，《张后传》，以及《宦官·程元振传》则是另一种说法。《代宗纪》说：

　　　　宝应元年四月，肃宗大渐，所幸张皇后无子，后惧上功高难制，阴引越王係于宫中，将图废立。乙丑，皇后矫诏召太子，中官李辅

国、程元振素知之，乃勒兵于凌霄门，俟太子至，即卫从太子入飞龙
厩以俟其变。是夕，勒兵于三殿，收捕越王係及内官朱光辉、马英俊
等禁锢之，幽皇后于别殿。

《程元振传》略同。《张后传》则更补述了张后所以反对代宗的原因：

> 先在灵武时，太子弟建宁王倓为后诬谮而死。自是太子忧惧，常
> 恐后之构祸，乃以恭逊取容。后以建宁之隙，常欲危之。张后生二子
> 兴王佋、定王侗。兴王早薨，侗又孩幼，故储位获安。

《张后传》《代宗纪》等的说法显然比《肃宗实录》之类可信。封建社
会后妃要立自己所出的皇子为太子以图固宠怙权，久已成为通例，张后又
在肃宗身边握有相当的权势，自然不容建宁王和太子代宗。李辅国本是肃
宗的私党，和代宗并无渊源，但在返回长安后已渐与肃宗发生矛盾，而且
此时肃宗久病已渐危殆，因而想通过拥立代宗来保持其权力。他和张后虽
然本来互为表里，沆瀣一气，但到双方权力膨胀发生矛盾不得解决之时，
自亦不恤见诸干戈，这和肃宗本身昏庸与否仍不发生关系。元载修《肃宗
实录》时李辅国、程元振当已被贬杀，为了隐讳代宗之为李辅国拥立而不
恤歪曲真相，把一切罪过归之于李辅国、程元振。《通鉴》转信此等曲说，
可谓失察。

五

代宗在位十八年中，后妃里没有出现过政治性人物。宰相先后有过十
二名，即雍王适、苗晋卿、裴遵庆、元载、李辅国、刘晏、李岘、王缙、
杜鸿渐、裴冕、杨绾、常衮。其中雍王适即后来的德宗是以平河北之功拜
尚书令，不久就立为皇太子。宦官李辅国之兼任中书令也没有几天。苗晋
卿等是肃宗朝留下来的旧人。其余几个在中枢权力斗争中也多不关紧要，

关紧要的只有一个元载。因此，这里不准备多谈外朝宰相的问题，而只对李辅国、程元振、鱼朝恩几个宦官在中枢的权力消长以及代宗所采取的对策作若干剖析。

先看李辅国。《旧唐书》本传说：

> 代宗即位，辅国与程元振有定策功，愈恣横，私奏曰："大家但内里坐，外事听老奴处置。"代宗怒其不逊，以方握禁军，不欲遽责，乃尊为尚父，政无巨细，皆委参决。五月，加司空、中书令，食实封八百户。程元振欲夺其权，请上渐加禁制。乘其有间，〔六月己未〕乃罢辅国判元帅行军事，其闲厩以下使名，并分授诸贵，仍移居外。辅国始惧，茫然失据。〔辛酉〕诏进封博陆王，罢中书令，许朝朔望。……十月十八日夜，盗入辅国第，杀辅国，携首臂而去。诏刻木首葬之，仍赠太傅。

李辅国有杀张后、越王，拥立代宗之功，但代宗并不为其所惑，在表面尊崇甚至满足其宰相要求的同时迅速下手，即位后才两个月就剥夺李辅国的一切权力，实现了肃宗的遗志。从这点来说，代宗应该比唐代某些对宦官一味信任不移的皇帝包括玄宗在内要高明，至少安不上昏庸的恶名。至于李辅国之为盗所杀，据《通鉴》卷二二二宝应元年十月壬戌条引《统纪》说是代宗所指使，这当然有极大的可能。

李辅国倒台后，另一宦官头目程元振又在中枢擅权，有人又认为这是代宗昏庸，其实也颇冤枉。代宗所以要用程元振，是要利用他来剥夺李辅国的权力，尤其是剥夺掌管禁军的权力，李辅国既倒，然后再寻找机会对程元振下手。《旧唐书·程元振传》所说：

> 代宗即位，以功拜飞龙副使、右监门将军、上柱国，知内侍省事。寻代辅国判元帅行军司马，专制禁兵。……是时元振之权，甚于辅国，军中呼为十郎。……广德元年……九月，吐蕃、党项入犯京

畿，……十月，蕃军至便桥，代宗苍黄出幸陕州，贼陷京师。……及至行在，太常博士柳伉上疏切谏诛元振以谢天下，代宗顾人情归咎，乃罢元振官，放归田里。……十二月，车驾还京，元振服缞麻于车中，入京城，以规任用，与御史大夫王昇饮酒，为御史所弹，诏……长流溱州。

程元振的权势如此煊赫一时，何以在代宗出走陕州后会束手就擒，《旧唐书·宦官·鱼朝恩传》作了解答：

> 至德中，常令〔朝恩〕监军事。九节度讨安庆绪于相州，不立统帅，以朝恩为观军容宣慰处置使。……自相州之败，史思明再陷河洛，朝恩常统禁军镇陕，以殿东夏。广德元年，西蕃入犯京畿，代宗幸陕。时禁军不集，征召离散。比至华阴，朝恩大军遽至迎奉，六师方振。

原来程元振借以擅作威福的禁军在京师不守时已告瓦解，元振随代宗进入陕州时已成为无拳无勇之徒，代宗自然很容易地利用陕州屯军长官鱼朝恩使之就范。在乱离中能抓住有利时机办成这一平时不易办到的大事，足见代宗之机捷果断。

再看代宗下一步如何利用宰相元载以对付鱼朝恩。此事《旧唐书·鱼朝恩传》所记不甚明晰，这里改引《新唐书》卷二〇七《宦官·鱼朝恩传》：

> 元载乃用左散骑常侍崔昭尹京兆，厚以财结其党皇甫温、周皓，温方屯陕，而皓射生将，自是朝恩隐谋奥语，悉为帝知。……朝恩入殿，尝从武士百人自卫，皓统之，而温握兵在外。载乃徙凤翔尹李抱玉节度山南西道，以温代节度凤翔，阳重其权，实内温以自助。……留温京师，未即遣，约与皓共诛朝恩。谋定以闻，帝曰："善图之，

勿反受祸。"方寒食，宴禁中，既罢，将还营，有诏留议事。朝恩素
肥，每乘小车入宫省，帝闻车声，危坐，载守中书省，朝恩至，帝责
其异图，朝恩自辨悖慢，皓与左右禽缢之。

这颇近似于后来文宗朝宰相李训谋图宦官仇士良的所谓"甘露之变"，但
元载能勾结鱼朝恩的亲信皇甫温、周皓，使宦官的武力转而为己所用，自
然能够必操胜算。元载此人本来并不反宦官，《旧唐书》卷一一八本传还
说他与李辅国以及内侍董秀等都曾有所勾结。而此时乐于为代宗谋诛鱼朝
恩者，是由于鱼朝恩一再欺凌宰相，甚至"谋将易执政，以震朝廷"
（《新唐书·鱼朝恩传》），使元载为了自己的生存，不得不对鱼朝恩进
行反击。因此，可以说这场斗争不仅是皇帝反对宦官，在很大程度上还反
映了内廷宦官与外朝宰相之争。

元载对鱼朝恩斗争取得胜利，自然要进行攫取更多的权力。《旧书》
卷一一八本传说：

载兼判度支，志气自若，谓己有除恶之功，是非前贤，以为文武
才略，莫己之若，外委胥吏，内听妇言，……恣为不法，侈僭无度，
……货贿公行，近年以来，未有其比。与王缙同列，缙方务聚财，遂
睦于载，二人相得甚欢，日益纵横。

外朝宰相势力膨胀至此，当然不是代宗之所能容忍，大历十二年元载被
杀，王缙也被贬逐。自此中枢大权完全归皇帝所掌握。

通常多认为自从玄宗宠任高力士以来，宦官一直在中枢掌权，尽管顺
宗朝的二王八司马，文宗朝的李训、郑注等都以讨除宦官为己任，但都告
失败，最后宰相崔胤引藩镇朱温的武力尽除宦官，而中央政权也就随之而
为朱温所夺取。其实并不尽然。从上面对肃、代两朝中枢政局的剖析，可
看到早在肃宗朝皇帝对宦官已有所抵制，而代宗则继承肃宗遗志，在对付
宦官问题上大获全胜，再通过诛杀元载以抑制宰相的骄纵，使中枢政局出

现短期的稳定。以后德宗即位之初颇事振作者，正是承受了代宗后期政局
稳定的余荫。

（原载《唐史研究会论文集》，1983年）

"泾师之变"发微

唐德宗建中二年发动对淄青、成德、魏博以及山南东道四节度使的讨伐战争，当年淮西节度使李希烈平山南东道梁崇义，三年王武俊以成德请降。但不久幽州、成德又联同魏博、淄青拒命，淮西也与之交通而叛唐，德宗把注意力转移到南战场对付李希烈。四年十月准备到南战场解襄城之围、救援哥舒曜的泾原兵东过长安时发生变乱，拥立朱泚称帝，是为"泾师之变"。德宗出奔奉天，在北战场作战的李怀光、李晟等回师救援。明年改元兴元，赦淮西、魏博、成德、淄青、幽州，专讨朱泚，而李怀光又叛归河中，德宗再奔梁州。同年五月李晟等收复长安，杀朱泚。明年贞元元年七月平李怀光。二年四月李希烈被杀，淮西归顺。对这场前后延续七个年头的军事行动，一向很少有人研究。尤其是影响大局的"泾师之变"，在常见的通史、断代史里或一带而过，或沿袭旧史作夸大个人作用的记述评议。为了弄清历史真相，探讨封建统治集团内部矛盾斗争的规律，有必要重新解剖分析。

一　泾原和凤翔

要剖析"泾师之变"，先得弄清楚泾原节度使和泾原兵的来历，以及所拥立的朱泚的来历。

泾原节度使是代宗大历三年设置的，领有泾、原二州。泾州在今甘肃灵台、泾川、镇远一带，原州在今甘肃平凉、隆德和宁夏固原一带，肃宗乾元二年始置邠宁节度使时这两州本在邠宁所管九州之内，大历三年罢邠宁才置泾原。大历十四年复置邠宁节度使，管邠、宁二州，在泾原之东；再东是以鄜、坊二州为基础的渭北鄜坊节度使；泾原之南则是以凤翔府（岐州）和陇州为基础的凤翔节度使（《新唐书》卷六四《方镇表》，吴廷燮《唐方镇年表》）。这凤翔、泾原、邠宁、鄜坊连成一线，是安史乱后京西北防御吐蕃的屏障。但在安史乱前，这京西北地区除设置若干监牧以蕃蓄军马外（《新唐书》卷五〇《兵志》，《元和郡县图志》卷二凤翔府普润县条、卷三原州监牧条），并无重兵屯驻，因为在这个地区的北边有朔方，西边有河西、陇右，更西在西域还有安西、北庭，这几个节度使管区都已配备重兵，用不着在内线的京西北地区再设第二道屏障。《旧唐书》卷一〇《肃宗纪》记"马嵬之变"后肃宗北上至新平郡（即邠州）时，"士众器械亡失过半，所存之众不过一旅"，即五百人左右①，却有力量讨斩弃郡的新平郡太守薛羽和保定郡（即泾州）②太守徐毅，足见当时京西北地区连稍具战斗力的地方兵也没有③。安史乱起，原有的朔方军要用于对付山东叛军，河西、陇右两军的主力在哥舒翰统率下经过灵宝战役又遭受重大损失，为防御吐蕃入侵建立京西北节镇，形成"平时安西万里疆，今日边防在凤翔"（白居易《新乐府·西凉伎》）的新局面，驻屯的镇兵就只有从其他地区调入。请看《旧唐书》卷一五二《马璘传》，他是设置泾原节度使后的第一任：

---

① 《左传》哀元年："有众一旅。"杜注："五百人为旅。"《肃宗纪》的"一旅"即用此故实。

② "泾州保定郡，本安定郡，至德元载更名"，见《新唐书》卷三七《地理志》。《旧唐书》卷三八《地理志》泾州条失记至德元载更名保定郡事。

③ 独孤及《毗陵集》卷一一《唐故特进太子少保郑国公李公（遵）墓志铭》说安禄山叛军进入长安后，"自新平属之五原（盐州），二千石皆反为贼守，肃宗以余骑十数次于彭原（宁州），公……悉发仓库，募敢死士，获九百人，……师次临泾（泾州管县），又北至于平原（平原郡即德州，在河北道，此平原或是平凉之误，或是平凉、原州的简称），收携贰逆命者斩之以徇，破其余党"，与《肃宗纪》所记先斩薛、徐然后得彭原太守李遵迎谒之说不同。独孤及和李遵是同时人，所志当多少透露真相，则肃宗以九百人即能收斩已为贼守的地方官，并破其余党，更足说明京西北地区当时兵力之单弱。

> 开元末，杖剑从戎，自效于安西。……至德初，王室多难，璘统甲士三千，自二庭赴于凤翔。……永泰初，……迁四镇北庭行营节度及邠宁节度使。……以犬戎（指吐蕃）浸骄，岁犯郊境，泾州最邻戎虏，乃诏璘移镇泾州，兼权知凤翔陇右节度副使、泾原节度、泾州刺史，四镇北庭行营节度使如故。……镇守凡八年，……大历十二年卒。

这里应该注意的是，马璘无论在邠宁抑移镇泾原，始终带有四镇北庭行营节度使头衔，说明安西、北庭镇兵是他的基本队伍。这安西、北庭兵不都如《马璘传》所说是他自己带来赴难的，还有一支是肃宗在灵武时下诏叫李嗣业从安西带来的。李嗣业的地位比马璘高，马璘赴难时只是左金吾卫将军同正，李嗣业已是骠骑左金吾大将军，所以开始被任命为镇西北庭支度行营节度使的是李嗣业（《旧唐书》卷一〇九《李嗣业传》）[①]。乾元二年李嗣业战死，荔非元礼"权镇西北庭行营节度使"（《旧唐书》卷一〇《肃宗纪》）。宝应元年荔非元礼为麾下所杀，李嗣业先锋将安西胡人白孝德被推为安西北庭行营节度（《旧唐书》卷一〇九《白孝德传》《段秀实传》，《通鉴》卷二二二宝应元年建卯月）。其后白孝德出任邠宁节度使，这支由李嗣业留下的安西、北庭兵由他带至邠宁，他去职后由马璘接任四镇北庭行营节度、邠宁节度使（《唐方镇年表》卷一邠宁大历元年条），这支安西、北庭兵才落入马璘之手。大历三年暂罢邠宁置泾原，诏马璘移镇，他所统率的安西、北庭兵也就带进泾州，《旧唐书》卷一二八《段秀实传》所说"璘既奉诏徙镇泾州，其士众尝自四镇、北庭赴难中原"，便是明证。这个情况后来并无变化，如大历九年代宗为防吐蕃侵扰降敕，叫"马璘以西域前庭、车师后部，兼广武之戍、下蔡之徭凡三万众

---

① 《通鉴》卷二一八至德元载七月甲戌："上命河西节度副使李嗣业将兵五千赴行在。"考异："《段秀实别传》曰：'诏嗣业将安西五万众赴行在。'今从《旧传》。"案今本《旧唐书》本传只说"嗣业自安西统众万里，威令肃然"，并无"将兵五千"之说，但《别传》所说"五万"也未免太多，按照天宝元年的数字安西、北庭驻兵总共不过四万五千，见《通鉴》卷二一五。至于《通鉴》把李嗣业说成是河西节度副使，也显然不对，这"河西"或是"安西"之误，也可能司马光误信了不可靠的记载。《通鉴》同条又说"上又征兵于安西，行军司马李栖筠发精兵七千人"，系本《新唐书》卷一四六《李栖筠传》，《李传》不言统将，或即李嗣业所率，《通鉴》误分为两次。

屯于回中"（《旧唐书》卷一九六下《吐蕃传》），这"广武之戍、下蔡之徭"是泾原节度所遥管的郑、颍二州派来的防秋兵[①]，"西域前庭、车师后部"则是马璘基本部队安西、北庭兵的雅称。防秋兵通常每支二三千人，则当时屯于回中的泾原镇安西、北庭兵当在二万以上，这和《旧唐书》卷一一八《杨炎传》"泾有劲兵二万"之说正相吻合。大历十一年马璘病死，由安西旧将，历任李嗣业、荔非元礼、白孝德的节度判官、马璘的节度副使的段秀实继任泾原节度使，仍兼带四镇北庭行营节度使的头衔（《旧唐书·段秀实传》，《通鉴》卷二二一乾元二年三月辛卯条）。

后来被泾原兵拥立的朱泚本是幽州镇将，属于河北系统，和泾原以至安西、北庭毫无渊源。大历三年朱泚与弟滔和朱希彩杀幽州节度使李怀仙，拥立朱希彩为幽州节度（《新唐书》卷二一二《李怀仙传》）。大历七年朱希彩被杀，朱滔又拥立朱泚为幽州节度（《旧唐书》卷二〇〇下《朱泚传》）。但朱泚、朱滔之间又发生矛盾，大历八年朱泚上表由朱滔率兵二千五百人赴京西防秋，朱滔"戍还，乃谋夺泚兵"（《新唐书》卷二一二《朱滔传》）。大历九年，朱泚"请自领步骑三千人入觐"（《旧唐书·朱泚传》），"滔摄后务，稍稍剪落泚牙角，泚自知失权，为滔所卖，不得志，乃请留京师，帝因授滔节度留后"（《新唐书》卷二二五中《朱泚传》）。这是幽州兵将长期屯驻关中的开始，不过还没有获得固定的地盘。到大历十二年凤翔陇右节度使李抱玉死，才让朱泚以挂名的幽州节度使兼"陇右节度使、权知河西泽潞行营兵马事"（《旧唐书·朱泚传》）。李抱玉本系"武德功臣安兴贵之裔，代居河西"，是河西镇出身的将领，安史乱起以战功任泽州刺史，代宗即位擢泽潞节度使，广德元年兼凤翔节度使（《旧唐书》卷一三二《李抱玉传》），而以弟抱真为泽潞节度留后

---

① 这广武不是当时兰州的广武县，而是指郑州西北的广武山，马璘移镇泾原后因为地方太穷，"诏璘遥管郑、颍二州，以赡泾原军"（《旧唐书》卷一二八《段秀实传》）。"广武之戍"就是指从郑州来的防秋兵。下蔡在颍州，"下蔡之徭"当然也就是从颍州来的防秋兵。郑、颍二州都原属淮西节度使管领，《旧唐书》卷二〇〇下《朱泚传》所记大历九年防秋有"淮西、凤翔兵，马璘统之"之语，其中的淮西兵马即指郑、颍二州防秋兵而言。至于凤翔兵也归马璘所统，则是由于马璘兼权知凤翔陇右节度副使的缘故。

（《旧唐书》同卷《李抱真传》），实际上专镇凤翔。当时陇右已为吐蕃攻占，只好让相邻的凤翔节度使挂上陇右节度虚衔，所以朱泚之任陇右节度使也就是任凤翔节度使，从此凤翔成为朱泚所统幽州兵的据点。至于朱泚同时带有"权知河西泽潞行营兵马事"者，则是由于原属李抱玉的河西、泽潞兵还留在凤翔的缘故。但后来这支河西、泽潞兵应撤回泽潞归李抱真统带，因此德宗建中三年因朱滔叛唐而召朱泚回长安后，源出《实录》的《旧唐书》卷一二《德宗纪》就只说"以中书侍郎、平章事张镒兼凤翔尹、陇右节度使，以代朱泚"，卷一二五《张镒传》也只说"为凤翔陇右节度使代朱泚"，都不再有"知河西泽潞行营兵马事"的兼衔。"泾师之变"发生后德宗本想去凤翔依靠张镒，被人劝阻，赵元一《奉天录》卷一载其理由曰：

> 张镒虽陛下信臣，莅职日浅，所管劲卒，皆朱泚部曲，本渔阳突骑凶众，城中既立朱泚，本军必生大变。①

可见其时凤翔确已不再有河西、泽潞兵留驻。当然，防守凤翔这样一个军事要地单凭朱泚当初带来的三千幽州兵是不够的，肯定还从幽州增调过部队。大历十四年十月南诏和吐蕃联合进攻四川，宰相杨炎说"今朱泚所部范阳（幽州）劲兵，戍在近甸，促令与禁兵杂往，举无不捷"，"乃发禁兵四千、范阳兵五千赴援东川"（《旧唐书》卷一一七《崔宁传》），除赴援东川的五千人以外还得有兵留守凤翔，可见当时凤翔的幽州兵总数当在万人以上。此外，凤翔府西边紧邻着陇右的陇州也属凤翔节度使管辖，在朱泚罢任凤翔节度使时"留范阳五百人戍陇州，而泚旧将牛云光督之"（《旧唐书》卷一四〇《韦皋传》），光靠五百幽州兵也不够守陇州，也

---

① 赵元一《奉天录》四卷，《新唐书》卷五八《艺文志》杂史类著录，《录》中目德宗为"上"、为"皇帝"，不称庙号、谥号，知作于德宗在位之时，是记载"泾师之变"的第一手史料。这个劝阻者《录》中未著姓名，《新唐书》卷一〇一《萧瑀传附萧复传》则认为是萧复，所记理由是"凤翔乃泚旧兵，今泚悖乱，当有同恶者"，与《录》所说相同，不过没有点明"渔阳突骑凶众"。《通鉴》卷二二八建中四年十月壬子书此事本《新唐书·萧复传》，但改"旧兵"为"旧部曲"。

应有其他部队,很可能是从陇右内撤的陇右兵,不过史无明文。

朱泚和泾原发生关系,是由于建中元年城原州之役。其事详记于《旧唐书·杨炎传》:

> 建中二年(当作元年)二月,〔炎〕奏请城原州。先牒泾原节度使段秀实,令为之具,秀实报曰:"凡安边却敌之长策,宜缓以计图之,无宜草草兴功也。又春事方作,请待农隙而缉其事。"炎怒,征秀实为司农卿,以邠宁别驾〔邠宁节度使〕李怀光〔兼泾原〕,居前督作,以检校司空平章事〔凤翔节度使〕朱泚、御史大夫平章事崔宁各统兵万人以翼后。三月,诏下泾州为具,泾军怒而言曰:"吾曹为国西门之屏十余年矣。始治于邠,才置农桑,地著之安,而徙于此。置榛莽之中,手披足践,才立城垒,又投之塞外。吾何罪而置此乎!"李怀光监朔方军,法令严峻,频杀大将。泾州裨将刘文喜因人怨怒,拒不受诏,上疏复求段秀实为帅,否则朱泚。于是以朱泚〔兼四镇北庭行营、泾原节度使〕代怀光。文喜又不奉诏,泾有劲兵二万,闭城拒守。……命朱泚、李怀光等军攻之,……泾州别将刘海宾斩文喜首,传之阙下。……原州竟不能城。

刘文喜之乱平定后,朱泚"还镇凤翔,而以舒王谟遥领泾原节度"(《旧唐书·朱泚传》),可见朱泚并没有真正进入泾州行使过节度使职权。舒王谟遥领时"孟晖为泾原节度留后,自以文吏进身,不乐军旅,频表荐〔姚〕令言谨肃,堪任将帅,晖寻归朝廷,遂拜令言为四镇北庭行营、泾原节度使"(《旧唐书》卷一二七《姚令言传》)。到建中四年就发生了"泾师之变"。

弄清楚以上史实,对"泾师之变"中的许多复杂问题才能作出合理的解释:

一、泾原节度使管下的部队是李嗣业和马璘两次带进来的安西、北庭兵,总共才二万多人。因此《旧唐书》卷一二七《姚令言传》说叛乱的泾师是姚令言所率救援哥舒曜的"本镇兵五万",显然太多。《通鉴》卷二二八建中四年十月丙午条考异引徐岱《奉天记》①作"令言本领三千,请加至五千",《奉天录》卷一作令言"总师五千",《新唐书》卷二二五中《朱泚传》也作"令言督镇兵五千",这五千之数才正确。变乱发生后,据《奉天录》卷一所记有"幽陇三千人,与哥舒曜救援者,行至渑池县,闻朱泚僭伪,返旆投泚",所谓"幽陇三千人"者就是在陇右凤翔节度使管下的幽州兵②,和倡乱的泾原兵合起来不过八千人,此外不曾再有正规部队来投靠。所以朱泚首次向奉天发兵"奉迎乘舆,阴起逆谋"时,只能动用"锐卒三千"(《奉天录》卷一,《旧唐书·朱泚传》《段秀实传》同)。其后"朱泚自统众攻奉天",人数增多,一仗就被官兵"杀伤万计",应该多数属于新招募或裹胁来的缺乏战斗力的人员,是所谓"蚁聚之众"(《奉天录》卷二,《旧唐书·朱泚传》同),所以才杀伤得如此容易(当然这"杀伤万计"还不免有夸大的成分)。

二、这东征的区区五千泾原兵何以敢公开叛乱,并且不是像淄青、成德、魏博等只是割据抗命,而是进据京师长安,另立皇帝,颠覆原有的中央政权。《奉天录》卷一说是由于部队路过长安时"京兆尹王雄(当作翃)属吏置顿,牛酒俭薄"。《旧唐书·姚令言传》也说是"京兆尹王翃犒军士,唯粝食菜啖而已",从而激怒了将士,反戈鼓噪,酿成变乱。我不否认这是变乱的导火线,但同时还应看到泾原的安西、北庭兵本就是极不稳定、惯于闹事作乱的部队。诚然,《旧唐书》卷一○九《李嗣业传》说他带安西、北庭兵勤王时"统众万里,威令肃然,所过郡县,秋毫不犯"。

---

① 此书一卷,《新唐书·艺文志》杂史类著录,原注:"德宗西狩事。"撰者徐岱两《唐书》均有传,《旧唐书》卷一八九下说他"从幸奉天、兴元",可见此书是据见闻而记述,其史料价值自不亚于《奉天录》,惜全卷已佚,仅考异引存片段。

② 《旧唐书·朱泚传》别谓"凤翔、泾原大将张廷芝、段诚谏以溃卒三千余自襄城而至",与《奉天录》所谓"幽陇三千人"数字相同,应属同一事而记载稍有歧异;《朱泚传》"凤翔、泾原大将"的"泾原"二字则是衍文,因为有关"泾师之变"的各种记载里都看不出前此曾调泾原兵东征之事。《通鉴》卷二二八建中四年十月庚戌条所记"凤翔、泾原将张廷芝、段诚谏将数千人救襄城,未出潼关,闻朱泚据长安,杀其大将陇右兵马使戴兰,溃归于泚",则显系参考《朱泚传》所写,不足为据。又同卷十月丁巳记"幽州兵救襄城者闻泚反,突入潼关,归泚于奉天",也应和张廷芝、段诚谏之"溃归于泚"是一回事,被《通鉴》错成了两起。

但到归白孝德统率赴镇邠宁时就出现"大军西迁，所过掠夺"的局面，靠段秀实约束才"号令严一"。马璘奉诏移镇泾原，"刀斧将王童之因人心动摇，导以为乱"，又被段秀实捕杀，才能迁至泾州。马璘死，"都虞候史廷干、裨将崔珍、张景华谋作乱，秀实乃送廷干于京师，徙珍及景华外镇，军中遂定"（均详《旧唐书·段秀实传》）。接着就是怕艰苦不肯城原州，引起以刘文喜为首的抗命作乱。像这样以作乱为茶饭常事的部队，在当时节镇中确是罕见的，对此中央也不会不清楚。这次抽调其中五千人东征，固然是暂无其他可靠的部队可调用，同时也未必不是因为这支部队不可靠，才有意让他们去南战场牺牲，从而削弱其实力，而想不到他们敢在辇毂之下闹这样的大变乱。

三、这五千泾原兵的统帅是他们的节度使姚令言，为什么变乱后不拥立姚令言，显然是姚令言的威望太不够。如前所说，姚令言之得任泾原节度使是出于孟晫的保荐，而孟晫"文吏进身"，并非安西、北庭系统的旧将，所保荐的姚令言自然不会获得将士的拥护。因此在发动变乱时根本不和姚令言打招呼，弄得"军声浩浩，令言不能戢"（《旧唐书·姚令言传》），甚至"有引弓射令言者"（《奉天录》卷一），这样姚令言才跟着走上叛乱的道路，后来"既以身先逆乱"，方"颇尽心于贼"。现任节度使充当拥立对象既不合格，就只好到前任节度使中去寻找。前任节度使中最有威望的首推段秀实，当年拒不城原州时就曾"复求段秀实为帅，否则朱泚"，而且这时段秀实正在长安做司农卿。但段秀实是解决泾原兵变的老手，此时既闹到把德宗撵出京城，段秀实肯定不会答应，于是求其次找朱泚。朱泚是被人家从幽州挤出来的，在关中的直属部队只有凤翔地区的万把幽州兵，实力还比不过泾原，让他当主子，不会形成对泾原兵的威胁。而且当年他在幽州有两度参与兵变的历史，连他的幽州节度使都是通过兵变得来的，加之现在"失权废居，怏怏思乱"（《旧唐书》本传），在这次更大规模的兵变中把他拥立当主子肯定不会遭到拒绝。这就是"泾师之变"所以要拥立朱泚的原因。

四、长安乱兵并无多大实力，老于军旅的朱泚自然是知道的，因此赶快罗致党羽，扩充实力。罗致的对象首先是段秀实，段秀实在泾原的声望朱泚是钦仰已久的，当初段秀实被调离泾原入京路过凤翔时，"泚固致大绫三百匹"以结好（柳宗元《段太尉逸事状》，《柳集》卷八），这时当然好坏要把他拉出来，至少可以借此获得留守泾原的安西、北庭全军的支持。据《旧唐书·段秀实传》，"泚召秀实议事，源休、姚令言、李忠臣、李子平皆在坐，秀实戎服，与泚并膝"，可见朱泚心目中段秀实的地位远在姚令言等人之上。无奈段秀实坚决反对叛乱，当场夺象笏把朱泚打得中颡流血，朱泚却仍是"一手承血，一手指群凶曰：'义士，勿杀之！'声手相及，段公已害，泚哭之甚哀，封忠义侯，以三品礼葬之"（《奉天录》卷一）。这当然不是真为了讲"忠义"，而仍是想以此笼络泾原驻军，至少不开罪他们。至于当时同坐诸人中除姚令言外，源休在变乱时是光禄卿（《旧唐书》卷一二七本传），李忠臣是被李希烈所逐单骑赴京师的原淮西节度使（《旧唐书》卷一四五本传）[①]，此外为朱泚所罗致的如张光晟是太仆卿、前振武军使，乔琳是吏部尚书、前宰相，蒋镇是工部侍郎，洪经纶是前黜陟使，彭偃是都官员外郎（均见《旧唐书》卷一二七本传），不是手无寸铁的朝官，便是久已失去兵权的光杆军人，并不能真正给朱泚补充什么实力。

　　五、泾原、凤翔两镇好像应该全力支持朱泚，事实上并非如此。泾原在姚令言出征时以冯河清"知兵马，留后"，姚况"知州事"，"上幸奉天，河清与况闻之，乃集三军大哭，因共激励将吏，誓敦诚节，众颇义之，即时发甲仗器械，车百余辆，连夜送行在所。时驾初迁幸，六军虽集，苍黄之际，都无戎器，及泾州甲仗至，军士大振。特诏褒其诚效，拜四镇北庭行军、泾原节度使。……贼泚及姚令言累遣间谍招诱，河清辄拘而戮焉。及驾幸梁州，其将田希鉴潜通泚，使结凶党害河清"（《旧唐书》卷一二五《张镒传附冯河清传》）。这显然是由于泾原兵内部不统一闹矛盾。所以当初刘文喜抗命时别将刘海宾就杀文喜归顺朝廷，这时节度使姚令言在

---

①　李子平经历不详。

长安叛变，留后冯河清又公开支持奉天行在。但只能在甲仗器械上给行在支持，不能正式出兵勤王，显然又系田希鉴等反对派在阻挠。田希鉴杀冯河清后也无力公开出兵支持朱泚，朱泚失败奔泾州，田希鉴就"闭门登埤"，掷还并焚毁朱泚给他的节度使旌节（《旧唐书·朱泚传》）。所有这些只能用内部不统一来解释。同时，朱泚叛军基干力量单薄，并无必成大业的把握，也是泾原根据地所以举棋不定、不敢匆促作一边倒的原因。至于凤翔，本是朱泚系统幽州兵的据点，所以长安刚刚变乱，李楚琳就袭杀支持朝廷的节度使张镒而接受朱泚任命的凤翔节度使伪职。但凤翔节度使管下驻有五百幽州兵的陇州却没有能跟着叛变，权知陇州行营留后事韦皋诱杀督五百幽州兵的朱泚旧将牛云光，被行在任命为陇州刺史、奉义军节度（《奉天录》卷二，《旧唐书》卷一四○《韦皋传》），这对李楚琳也是一个约束。因而李楚琳始终摇摆不定，"泚攻奉天，楚琳供应，及李怀光救援，……楚琳势穷，遂进节奉天，……后怀光阻兵，帝幸梁、洋，楚琳又与泚通耗"（《奉天录》卷四），但仍没有敢于发兵。

六、"泾师之变"的严重性只是在于变起荤毂打乱了李唐政权的指挥中心。以朱泚为首的叛乱集团既没有强大的实力，又得不到关中各节镇包括泾原、凤翔在内的军事援助，其唯一办法就是继续用迅雷不及掩耳之势向行在奉天猛扑，如果消灭了奉天这个新指挥中心，大局自可以改观。而以德宗为首的中央统治集团也深明这一局势，采取了正确的对策，即用临时拼凑的力量坚守奉天，以待在河北前线作战的大部队回师解围。这就是四十多天的奉天攻守战所以空前酷烈的原因。来解围的大部队中军容最盛的是李怀光统率的朔方军，有精兵五万（《奉天录》卷二，《旧唐书·朱泚传》）[1]，而叛军中较有战斗力的安西、北庭和幽州兵加起来不过八千，如何能与五万朔方精兵较量。因此当朔方兵到达泾阳时，"朱泚闻泾阳战鼓，不觉坠榻，遂抽军却守长安"（《奉天录》卷二）。如果不是神策军和朔方兵发生矛盾，促成李怀光的叛变，长安肯定提前收复。

---

[1] 因为其中有少数民族部队，保存着部落组织形式，所以《奉天录》还说"子父相继可十五万"。

二 朔方兵

朔方兵统帅李怀光的叛变是神策军将李晟促成的，这在第三节论神策军时要细谈，这里只谈朔方兵和李唐中央政权的关系。

朔方兵是朔方节度使管下的部队，朔方节度使则是安史乱前久已设置的九节度之一。当时朔方兵屯灵、夏、丰三州（灵州在今宁夏西部，夏州在今内蒙古西南部，丰州在今内蒙古西北部），东联邻镇河东以对付回纥（回纥之前是复兴后的东突厥），西援河西、陇右以对付吐蕃。据《通鉴》卷二一五天宝元年正月壬子条所记，朔方节度兵六万四千七百人，次于范阳、陇右、河西而居第四位。这应是当时中央的统计，实际上恐不止此数，如郭子仪就有"朔方……开元、天宝中战士十万，战马三万"之说（《旧唐书》卷一二〇《郭子仪传》大历九年上封事）。因此当安禄山以范阳、平卢诸镇进取中原，河西、陇右主力又随哥舒翰战败溃散后，完整而且强大可用的部队就只有朔方兵，从而成为平定安史的主力。对此，旧作《〈通典〉论安史之乱的"二统"说证释》已作了疏说。但成为主力是一回事，是否得到信任是另一回事，旧作对此并没有认真考虑。直到1981年撰写《唐肃宗即位前的政治地位和肃代两朝中枢政局》（载《唐史研究会论文集》，陕西人民出版社，1983年），重新细读《旧唐书》，方发现这支主力在当时并没有得到中央政权的信任。

通常认为"马嵬之变"后肃宗是为了去灵武依靠朔方兵，才留下而没有跟随玄宗去成都。《旧唐书》卷一八四《李辅国传》也说"辅国献计太子，请分玄宗麾下兵，北趋朔方，以图兴复"。其实均非实录。其真实情况应如《旧唐书》卷一〇《肃宗纪》所说：

上（肃宗）在平凉，数日之间，未知所适。会朔方留后杜鸿渐、魏少游、崔漪等遣判官李涵奉笺迎上，备陈兵马招集之势，仓储库甲之数，上大悦。鸿渐又发朔方步骑数千人于白草顿奉迎。时河西行军

> 司马裴冕新授御史大夫（当作中丞）赴阙，遇上于平凉，亦劝上治兵
> 于灵武以图进取，上然之。上初发平凉，有彩云浮空，白鹤前引，出
> 军之后，有黄龙自上所憩屋腾空而去。上行至丰宁南，见黄河天堑之
> 固，欲整军北渡，以保丰宁。忽大风飞沙，跬步之间，不辨人物，及
> 回军趋灵武，风沙顿止，天地廓清。七月辛酉，上至灵武。

除掉最后几句史官作了天命论的附会外，可看出肃宗对去灵武存在着顾
虑，即使灵武的朔方留后杜鸿渐等表态欢迎，并且出动部队护驾，还是徘
徊不定，一度想不去灵武而保丰宁，说明安禄山叛乱后中央对其他节度使
也不敢完全信任。肃宗在灵武称帝，朔方节度使郭子仪、新任范阳节度使
李光弼奉诏统率以朔方兵为主力的五万步骑从河北前线撤回灵武。但在进
取长安时却另行编组了五万人马，宰相房琯自请任统帅，"仍令兵部尚书
王思礼为副，分兵为三军，杨希文、刘贵哲、李光进等各将一军"（《旧
唐书·肃宗纪》）。其中王思礼是随哥舒翰战败西赴行在的陇右大将，这
五万人马中自应有他带来的部分河陇兵。这个李光进是李光弼的兄弟
（《新唐书》卷一三六《李光弼传附光进传》），说明这五万人马中也抽
调有若干朔方兵。但何以不动用建制完整的朔方全军并让郭子仪或李光弼
任统帅，仍旧是由于肃宗对朔方兵不信任，因而要另行组建中央直属的嫡
系部队，并企图让它在收京战役中立大功以树威信。结果这支新军在陈涛
斜战败，中央第一次建军打算没有如愿。

此时建军不成，平乱只好主要依靠朔方兵。但总怕朔方兵尤其是他们
的统帅靠不住，因此多次在人事上用功夫。中央知道，安禄山之所以能叛
乱，长期充任范阳节度使至十二年之久是一个相当重要的原因，因为时间
久了容易使节度使成为全军独一无二的领袖，偏裨拔擢都出领袖之手，上
下盘结形成自外于中央的地方特殊势力，进而和中央对抗。于是煞费苦心
地多次更易朔方统帅，生怕他们步安禄山的后尘。第一次是郭子仪做了三
年朔方节度使之后，肃宗乾元二年三月与李光弼等共九节度在相州战败，
七月以李光弼"代郭子仪为朔方节度、兵马副元帅"（《旧唐书》卷一一

○《李光弼传》、《肃宗纪》）。第二次是在李光弼做了两年之后，肃宗上元二年二月北邙之役李光弼战败，"走保闻喜"，三月授李光弼"侍中、河中尹、晋绛等州节度观察使"，朔方兵进入河中即始于此时。但到五月就把李光弼调离河中的朔方行营，改"充河南副元帅、都统河南淮南山南东道五道行营节度，镇临淮"（《旧唐书·肃宗纪》）。八月李国贞"充朔方、镇西、北庭、兴平、陈郑等节度行营兵马及河中节度都统处置使，镇于绛"（《旧唐书》卷一一二《李国贞传》），成为朔方兵的统帅[1]。第三次是在肃宗元年建卯月（宝应元年二月），由于李国贞是文吏出身，干了几个月就被管下突将王元振等所杀，朔方兵乱，"时太原节度邓景山亦为部下所杀，恐其合从连贼，朝廷忧之，后辈帅臣，未能弹压，势不获已，遂用子仪为朔方、河中、北庭、潞、仪、泽、沁等州节度行营兼兴平、定国副元帅，充本管观察处置使，进封汾阳郡王，出镇绛州"（《旧唐书·郭子仪传》），以安定朔方兵。第四次就在同年四月，代宗即位后"以子仪功高难制"，"罢副元帅""充肃宗山陵使"，"留京师"（《旧唐书》本传），而由朔方宿将、朔方行营节度使仆固怀恩统率朔方兵从天下兵马元帅雍王适收复洛阳，平定河北，十二月，授仆固怀恩朔方节度使、河北副元帅以代郭子仪[2]。但仆固怀恩所统朔方兵在第二年广德元年平定河北后没有回河中治所，而顿兵汾州，八月叛变（《新唐书》卷六《代宗纪》）。第五次是在广德二年正月，因为仆固怀恩叛变，只好仍以郭子仪为关内河东副元帅、河中节度使、朔方节度大使（《通鉴》卷二二三广德二年二月戊寅考异引《实录》《汾阳家传》《邠志》），二月郭子仪镇河中，又汾州，"怀恩之众数万悉归之"（《通鉴》卷二二三）。自此至大历十四年终代宗之世朔方节度使一直是郭子仪没有更动，而且还扩大了朔方节度管区，广

---

[1] 没有让李光弼把朔方兵带往临淮，所以"监军使以袁晁方扰江淮，光弼兵少，请保润州以避其锋"（《旧唐书·李光弼传》），如果朔方兵跟随移镇就绝无"兵少"之说，足见其时朔方兵已落入李国贞之手。所以后来李国贞管下王元振矫令修李国贞的都统宅以激怒士卒，被激怒的士卒有"朔方健儿岂修宅夫邪"之说（《通鉴》卷二二二）。

[2] 这里的时间据《旧唐书·代宗纪》，《通鉴》卷二二二作十一月。授朔方节度使据《旧唐书》卷一二一《仆固怀恩传》和《代宗纪》广德二年五月癸未制，《仆固怀恩传》所载广德元年八月二十三日怀恩上书中所列职衔则曰朔方节度副大使。

德二年罢河中节度和振武节度，以河中所管蒲、晋、绛、隰、慈五州和振武所管麟、胜二州隶朔方，大历三年罢邠宁节度，以所管邠、宁、庆三州隶朔方（《新唐书》卷六四《方镇表》）。这应由于此时吐蕃、回纥的威胁比较严重，需要利用较有威望的郭子仪来统筹防御，同时还由于此时神策军已成为中央直属部队且迅速壮大，对邻近的地方部队可起钳制作用而不怕他们造反。第六次是在大历十四年，这年五月代宗死，德宗即位，诏郭子仪"还朝、摄冢宰，充山陵使，赐号尚父，进位太尉、中书令"，"所领诸使、副元帅并罢"（《旧唐书·郭子仪传》），彻底解除他的兵权。而将朔方节度分成邠宁（包括河中）、朔方（灵盐）、振武三节度，"以朔方都虞候李怀光为河中尹，邠、宁、庆、晋、绛、慈、隰等州节度观察使，以朔方右留后常谦光兼灵州大都督，西受降城、定远军、天德、盐、夏、丰节度等使，以朔方左留后、单于副都护浑瑊为单于大都护，振武军、东中二受降城、镇北及绥、银、麟、胜等军州节度营田使"（《旧唐书·德宗纪》）。常谦光所得虽是朔方老治所所在，但朔方兵主力久已东移，浑瑊所得也不关重要，重要的是李怀光所得邠宁（包括河中），是朔方兵主力之所在。建中二年七月又"以邠宁节度使李怀光兼灵州大都督、单于镇北大都护、朔方节度使"（《旧唐书·德宗纪》），但并未去灵武，三年奉诏东讨魏博，四年回师解奉天之围，接着叛变。

以上几位朔方节度使除李国贞是中央派出的文职人员外，郭子仪、李光弼、仆固怀恩、李怀光都是朔方本镇的军将，出身其他节镇的军将都没有一个能来朔方当统帅，而李国贞的被杀就更显出这个军事集团对中央的离心。因此，中央也决不会把这个军事集团的骨干当作自己人，任用他们充当本镇节度使是事非得已，在任用的同时对他们猜忌、打击，力图消除他们的影响，则是中央的本意或可谓之国策。

就所谓"再造王室，勋高一代"的郭子仪来说，朝廷给他太尉、中书令、汾阳郡王等崇高官爵，甚至赐号"尚父"，八子七婿皆朝廷重官，六子暖且尚代宗第四女升平公主，面子上很过得去，骨子里却不尽如此。《旧唐书·郭子仪传》所载史臣裴垍的一段议论就颇堪玩味：

　　汾阳事上诚荩，临下宽厚，每降城下邑，所至之处，必得士心。
前后遭罹幸臣程元振、鱼朝恩谮毁百端，时方握强兵，或方临戎敌，
诏命征之，未尝不即日应召，故谗谤不能行。代宗幸陕时，令以数十
骑觇贼，及在泾阳，又陷于胡虏重围之中，皆以身许国，未尝以危亡
易虑，亦遇天幸，竟免患难。田承嗣方跋扈魏州，傲狠无礼，子仪尝
遣使至，承嗣西望拜之，指其膝谓使者曰："兹膝不屈于人若干岁矣，
今为公拜。"李灵曜据汴州，公私财赋一皆遏绝，独子仪封币经其境，
莫敢留之，必持兵卫送。其为豺虎所服如此。麾下老将若李怀光辈数
十人，皆王侯重贵，子仪颐指进退，如仆隶焉，幕府之盛，近代无
比。始与李光弼齐名，虽威略不逮，而宽厚得人过之。岁入官俸二十
四万贯，私利不在焉。其宅在亲仁里，居其里四分之一，中通永巷，
家人三千，相出入者不知其居。前后赐良田美器，名园甲馆，声色珍
玩，堆积羡溢，不可胜纪。代宗不名，呼为大臣。天下以其身为安危
者殆二十年。校中书令考二十有四。权倾天下而朝不忌，功盖一代而
主不疑，侈穷人欲而君子不之罪，富贵寿考，繁衍安泰，哀荣终始，
人道之盛，此无缺焉。

　　郭子仪身为朔方大镇最有威信能得士心的统帅，对麾下老将若李怀光辈王
侯重贵者可以颐指进退，视若仆隶，这是他的本钱。因此而为田承嗣、李
灵曜等人所畏服，也因此而使朝廷对他采取两面手法。一面是以高官厚
禄、良田美器、名园甲馆来拉拢，这是当年玄宗对待安禄山之流的老办法
（见《旧唐书》卷二〇〇上《安禄山传》、姚汝能《安禄山事迹》），也是
当时笼络节度使们的常用手法（见《旧唐书·马璘传》、卷一三四《马燧
传》）。再一面是对他制造种种困难，所谓"前后遭罹幸臣程元振、鱼朝
恩谮毁百端"者，当指这么几次：相州之役战败后，"中官鱼朝恩素害子
仪之功，因其不振，媒蘖之"，用李光弼取代子仪；上元元年"以子仪为
诸道兵马都统"收河北，"诏下旬日，复为朝恩所间，事竟不行"；"代宗

即位，内官程元振用事，……以子仪功高难制，巧行离间，请罢副元帅，……充肃宗山陵使"；元帅雍王收河北，"代宗欲以子仪副之，而鱼朝恩、程元振乱政，……子仪既为所间，其事遂寝"，而改用仆固怀恩（均见《旧唐书》本传）。程元振、鱼朝恩等宦官在这里起作用当然不能否认，但宦官是皇帝的亲信和代言人，尽管程、鱼后来和皇帝有矛盾以至被收拾，在对待地方节镇势力上始终从同一立场出发。否则德宗即位时并无宦官在掌权，何以德宗也要解除郭子仪的兵权？何以代宗为了对付吐蕃、回纥两度让郭子仪身陷险境，差点成为牺牲品？亏得郭子仪颇有处理统治集团内部矛盾的经验，才获得"富贵寿考，繁衍安泰"的结局。因此所谓"权倾天下而朝不忌，功盖一代而主不疑"，只是裴垍巧为文辞而已，并非直笔。

对待李光弼也是如此，给予高官厚禄的同时排挤打击。肃宗称帝之初让李光弼和郭子仪把朔方精兵带回灵武后，又派李光弼以景城、河间之卒去守太原，加上太原的兵马也只有不满万人的乌合之众，却要抵挡史思明等十余万众的进攻。北邙战败，李光弼被撤去朔方兵的指挥权后，又只让带少数兵马去镇临淮（《旧唐书》本传）。这些做法和让郭子仪去对付吐蕃、回纥两度陷入险境并无不同。《旧唐书》本传还说是鱼朝恩、程元振在和李光弼为难，这仍旧是把责任推给后来倒了台的宦官而为皇帝掩饰的手法。所不同的，李光弼是契丹酋长李楷洛之子，虽然能读《汉书》，未必真像郭子仪那样精通处世之道，"广德初，吐蕃入寇京畿，代宗诏征天下兵，光弼……迁延不至。……吐蕃退，乃除光弼东都留守，以察其去就。光弼伺知之，辞以久待敕不至，且归徐州，欲收江淮租赋以自给"（《旧唐书》本传），只是不曾公开背叛，不曾落到仆固怀恩的地步。

前李怀光叛变的是仆固怀恩，他是铁勒部落仆骨歌滥拔延的曾孙，世袭朔方管内夏州九都督府的金微都督（《旧唐书》卷一二一本传），是带了整个家族参加朔方部队的，在朔方兵中形成了一支以他为首的先锋主力。肃宗时郭子仪收复长安、洛阳，就靠这支主力在出力。代宗即位后他代郭子仪任朔方节度使，又用这支主力再收洛阳并平定河北，"一门之内死王事者四十六人"（《旧唐书》本传），应说是为朝廷立了大功。但他濡染中原文化太浅，不习惯封建统治阶级的处世之道，"刚决犯上，始居偏裨之中，意有不合，虽主将必诟怒之"（《旧唐书》本传）。当了统帅，立下大功，还要"为人媒孽，蓄性犷戾，怏怏不已"，终于在平定河北回军途中叛变。这种叛变是逼出来的，确非本愿预谋，所以当时"明怀恩反者，独辛云京、李抱玉、骆奉先、鱼朝恩四人耳，自外朝臣，咸言其枉"（《旧唐书》本传载颜真卿语）。也正因为不是预谋，而系仓卒行事，全无布置，所以在朝廷起用郭子仪后，他只好"率麾下数百骑……渡河北走灵武，……啸聚亡命"，诱吐蕃、回纥入寇，最后病死灵武，终未能成大事（《旧唐书》本传）。至于媒孽他的人，肃宗时是宦官李辅国（《旧唐书》本传载怀恩叛变前所上书），代宗时如上面所说是辛云京、李抱玉、骆奉先、鱼朝恩，辛、李是和朔方有矛盾的地方军人，骆、鱼则又都是宦官，这说明仍是中央在歧视排挤地方势力。《旧唐书》卷一二一本传说："怀恩逆命三年，再犯顺，……而上为之隐恶，前后下制，未尝言其反。及怀恩死，群臣以闻，上为之悯默曰：'怀恩不反，为左右所误。'其宽仁如此。"不言其反是避免过于刺激朔方兵，因为随怀恩反的朔方主力这时已归郭子仪统率替朝廷出力，"宽仁"云者则无非是史臣为代宗推卸责任而已。

李怀光是"渤海靺鞨人"，"本姓茹，其先徙于幽州，父常为朔方列将，以战功赐姓氏"，"怀光少从军，以武艺壮勇称"，"性清勤严猛，而敢诛杀，虽亲戚犯法，皆不挠避"（《旧唐书》卷一二一本传），和仆固怀恩一样是很少濡染中原文化、不习惯封建处世之道的少数民族将军。他在解奉天之围立下大功后被逼反，和仆固怀恩平定河北后被逼反如出一辙，都是中央歧视朔方这支地方势力的结果。不过从大历五年代宗杀掉鱼朝恩后，到德宗前期，宦官一直没有在中央掌大权，所以排挤欺压李怀光的不是宦官而是中央新建嫡系主力神策军及其统将李晟。

三 神策军

读史者通常认为神策军只是禁军，这可能是受《新唐书·兵志》的影响。卷五○《兵志》就是把神策军放在禁军里讲的，尽管也说到"神策兵虽处内，而多以神将将兵征伐，往往有功"，但不为人们所注意。至于以宦官管领神策军，更被诟为唐代的一大弊政。有些人在给李晟评功摆好时，也尽量少讲或不讲他和神策军的关系。这种说法自不宜再接受，而需要把神策军的作用包括神策军将李晟的功过统统还其历史真面目。

在第二节论朔方兵时已说过，安史乱起后组建中央直属嫡系部队成为迫切任务。肃宗在灵武图恢复，抽调部分朔方兵加上部分河陇兵并扩大招募，编组一支新部队由宰相房琯来统率，便是一次尝试。但临时拼凑的地方杂牌部队未必能听从毫无渊源的统帅来指挥，因此这次尝试没有能成功。为中央计，成立直属部队的最理想办法是找一支建制完整且具有战斗力的地方部队，排除其原有将帅，由既与此部队有渊源又忠于李唐皇室者来统带，从而化此地方武力为中央嫡系，合乎理想的便是原属陇右地方武力的神策军。

神策军成为中央直属嫡系主力的经过，以《唐会要》及《新唐书·兵志》所记最得要领。《唐会要》卷七二"京城诸军·神策军"说：

> 天宝初，哥舒翰破吐蕃于临洮城西二百余里，遂请以其地为神策军，朝廷以成如璆为洮阳太守兼神策军使。及安禄山反，如璆使其将卫伯玉领神策军千余人，赴难于相州城下。官军相州之败，伯玉收其兵，与观军容使鱼朝恩同保陕州，时西边土地已没，遂语伯玉所领军号神策军，以伯玉为军使，与陕州节度使郭英乂同镇于陕，观军容使鱼朝恩亦在焉。敕伯玉以其兵东讨有功，遂加号神策军节度使。伯玉寻归朝，英乂兼领神策军节度使。寻追郭英乂为仆射，其军遂统于观军容使。

这条史料为论述神策军者所常引用，但仍需作点疏说。首先，相州之役"以子仪、光弼俱是元勋，难相统属，故不立元帅，唯以中官鱼朝恩为观军容宣慰使"，通常认为是肃宗的失策者，其实多半系出于士大夫对宦官这种皇帝家奴、刑余之人的偏见。皇帝纵使昏愚[1]，何至连宦官的军事才能不如职业军人这点都不懂得，其所以要派宦官监军者，是让宦官以皇帝代表的身份去控制地方部队，作为加强中央集权的措施。郭子仪的地位声望本高于李光弼，这点肃宗也不会不知道，所以不让郭子仪为最高统帅者，是要让鱼朝恩代表肃宗来直接控制参加相州之役的九节度军而限制郭子仪等的权力，因为不止监一军而要统监九军，所以不再如通常称"监军"而改用"观军容宣慰处置使"[2]作为这一高级监军的专称。卫伯玉在相州之役时还只是神策军使下面的兵马使（《旧唐书》卷一一五《卫伯玉传》）[3]，没有资格和九节度使并列，他和所率的神策军自应成为观军容使鱼朝恩的直属部队，所以九节度战败后他会和鱼朝恩"同保陕州"。这时神策军当已依靠鱼朝恩的力量大事扩编，绝不止当初赴难时千余人之数，因而才能升格到节度使级，卫伯玉之由军兵马使、军使一再擢任至节度使也自出于鱼朝恩的保荐卵翼。这时神策军的兵柄实际上已为鱼朝恩所掌握，因此调离卫伯玉军中不会有波动。郭英乂虽也是陇右出身的军人（《旧唐书》卷一一七本传），但和神策军素无渊源，这时他的本职是陕州节度使，神策军节度使是兼领，只算个过渡人物。因此他征为仆射入京之后，神策军就顺理成章地统于观军容使鱼朝恩，不再另设节度使而成为中央直属部队。所有这一切显然出于鱼朝恩的谋划，当然也获肃、代二宗的首肯。至于这支中央直属部队如何进而成为禁军，则如《新唐书·兵

---

[1] 肃宗、代宗常被读史者诟为昏愚，其实不然，别详拙作《唐肃宗即位前的政治地位和肃代两朝中枢政局》。

[2] 这是观军容使的全称，见《旧唐书》卷一八四《鱼朝恩传》及《新唐书·兵志》，"处置"者，有权代表中央处置军政之谓。

[3] 但《旧唐书·卫伯玉传》的有些记述是错误的。如说他本是安西将领，肃宗即位后他"自安西归长安"，即与《唐会要》所说"领神策军千余人赴难"不同，如果真是安西将领，何以又是陇右系统的神策军兵马使，可见《旧》传所说不如《会要》可信。《旧》传又说他在擢任神策军节度使前曾"转四镇北庭行营节度使"，其实此"四镇北庭行营节度使"头衔一直为安西、北庭系军人李嗣业、荔非元礼、白孝德、马璘等人相继拥有，未尝中断，如何能忽然落到卫伯玉头上。再如卫伯玉的离开神策据《会要》是在广德元年代宗幸陕州之前，《旧》传却说成是幸陕以后，但《旧唐书》卷一一《代宗纪》宝应元年十月戊辰条只说"留郭英乂、鱼朝恩镇陕州"，已不再提卫伯玉，可见《旧》传所说又不如《会要》可信。盖《旧》传本诸行状、家传、碑志之属，故史料价值逊于《会要》所据官方文书。《新唐书》卷一四一《卫伯玉传》在这些地方一本《旧》传，无所纠正，今并不取。

志》所说：

> 广德元年，代宗避吐蕃幸陕。朝恩举在陕兵与神策军迎扈，悉号
> 神策军，天子幸其营。及京师平，朝恩遂以军归禁中，自将之，然尚
> 未与北军齿也。永泰元年，吐蕃复入寇，朝恩又以神策军屯苑中，自
> 是浸盛，分为左右厢，势居北军右，遂为天子禁军，非它军比。朝恩
> 乃以观军容宣慰处置使知神策军兵马使。大历四年，请以京兆之好
> 畤，凤翔之麟游、普润皆隶神策军。明年，复以兴平、武功、扶风、
> 天兴隶之，朝廷不能遏。

广德元年代宗幸陕这件事值得注意，因为在唐代每逢长安受威胁时皇帝通
常南幸，如前此玄宗就南幸成都，就算成都也易受吐蕃威胁不宜南幸，也
何必一定东幸陕州？可见在代宗心目中已将鱼朝恩所统神策军视为嫡系武
力，投奔其所在地陕州比投奔其他非嫡系地方武力更放心。鱼朝恩从陕州
西上迎扈的部队，《唐会要》"神策军"只提神策军，《兵志》则神策军外
还说有"在陕兵"，这自是郭英乂内任仆射后留下的陕州节度使所管部队，
通过这次迎扈被正式编入神策军建制，使神策军兵额再一次增多。当时长
安原有的禁军已经"离散"（《旧唐书》卷一八四《鱼朝恩传》），其首脑
程元振也被罢官放归田里（《旧唐书》同卷《程元振传》），因此鱼朝恩
统率的神策军实际上已成为天子行在的禁军，事定返回长安后升格为正式
的禁军自是顺理成章的事情[①]。至于大历时划京西北好畤、麟游等地为神
策军驻防区，则自系由于神策军本是有地盘的野战部队而非单纯从事警卫
的禁军，除驻屯长安宫禁外有必要在长安周边指定防区，实际上是以长安
为中心设置了一个直属天子的节度使级管区，使其他地方节镇更不敢向中

---

① 《兵志》说其时神策军"尚未与北军齿"，到永泰元年"分为左右厢"后方"势居北军右"而
成为"天子禁军"，则显系行文疏失。分左右厢是在"泾师之变"平定以后，见《唐会要》"神策军"，
唐长孺先生在《唐书兵志笺正》中已经指出。而原有之禁军在吐蕃攻占长安后既已离散，事后即
稍有恢复，亦不可能有战斗力，焉能与炙手可热的鱼朝恩和神策军相抗衡？

央政权问鼎染指。这显然也是秉承皇帝的意图，也许就直接出于代宗的宸断。《兵志》对此反说"朝廷不能遏"。好像是鱼朝恩或神策军自行其是，《通鉴》卷二二四大历五年正月辛卯条又说这是宰相元载为了收拾鱼朝恩所出的点子，"朝恩喜于得地，殊不以载为虞，骄横如故"，和《兵志》之说相矛盾，只能说都是事后附会之谈。鱼朝恩恃功骄横逾分致被代宗利用元载予以铲除是一回事，神策军的需要发展壮大是另一回事。"大历五年朝恩得罪死，以其将刘希暹代之。是岁希暹复得罪，以朝恩旧将王驾鹤代将"（《唐会要》"神策军"，《新唐书·兵志》同），可见鱼朝恩只是代宗对鱼个人不满意，对神策军及其将领们一如既往地倚任信用。

代宗晚年曾讨伐河北诸镇中最不顺命的魏博节度田承嗣，但没有派出神策军，只是用以地方势力制地方势力的传统策略，发动昭义、成德、幽州、河东、河阳、淄青、淮西等镇进讨，这可能出于稳重，不愿轻易动用嫡系主力，结果由于一些节镇不出力，讨伐没有成功。大历十四年代宗死，德宗即位，这是一个比代宗要冒进些的皇帝，同时也可能总结了前朝用兵的经验教训，从而开始动用神策军。这年十月，吐蕃与南诏三道入侵剑南，德宗诏李晟将神策军四千合凤翔的幽州兵赴援（《旧唐书》卷一二《德宗纪》、卷一一七《崔宁传》、卷一三三《李晟传》）。第二年建中元年刘文喜泾州之叛，据《通鉴》卷二二六同年四月乙未条也曾命神策军使张巨济将禁兵二千助讨。这两次小试都成功了。到建中二年发动对东方叛镇的大讨伐，就把神策军作为主要力量，和其他服从中央的地方武力一起投入战场。当然，效果并不理想，东方诸叛镇并没有被神策军打平，南战场对付淮西李希烈的神策军且一再失利。这是神策军的总兵力尚嫌不足（对付一个叛镇虽有余，对付若干叛镇即嫌不足），还是具体战役指挥上有错误，当另行研究。这里只能就动用神策军讨叛这个措施和"泾师之变"的关系作探讨。

要探讨这个关系，先得弄清楚神策军投入讨叛战场的情况。据现存文献，首先是建中二年三月张巨济部都将阳惠元率三千神策军与京西防秋兵移镇关东讨魏博田悦，这支神策军到第二年五月诏李怀光讨田悦时归怀光统率（《旧唐书》卷一四四《阳惠元传》、《德宗纪》）。再一支是建中二年六月神策先锋都知兵马使李晟与河东节度使马燧、昭义节度使李抱真会兵讨田悦（《旧唐书·李晟传》、卷一三四《马燧传》）。以上这两支都是用于北战场的。用于南战场的也有两支：建中四年正月左龙武大将军哥舒曜总神策军五万讨李希烈（《旧唐书·德宗纪》，《奉天录》卷一，《新唐书》卷一三五《哥舒曜传》）①。八月，李希烈围哥舒曜于襄城，神策制将行营兵马使御史大夫刘德信、御史大夫高秉哲各马步共一万救襄城（《奉天录》卷一，《通鉴》卷二二八建中四年八月丁未条、九月丙戌条）②。这里北战场李晟所统率的兵数史无明文，但可肯定是神策军的精锐，因为当时没有估计到南战场的开辟。因此，到李希烈叛变，建中四年正月攻下汝州，哥舒曜调动剩余的京西北各镇神策军东征后，已处于"神策军皆临贼境"（《旧唐书·德宗纪》建中四年六月条）京畿空虚的局面。于是在同年四月赶快任命神策军使、检校左散骑常侍兼御史大夫白志贞为京城招募使，给神策军招募新兵（《旧唐书》卷一三五《白志贞传》、《通鉴》）。"时尚父〔郭〕子仪婿端王傅吴仲孺家财巨万，以国家召募有急，惧不自安，乃上表请以子弟率奴客从军，德宗嘉之，超授五品官，由是志贞请令节度、观察、团练等使并尝为是官者，令家出子弟甲马从军，亦与其男官"（《旧唐书·白传》）。这种用子弟兵补充的新神策军在质量上当然已不如原有的神策军，但比市井之徒总还有些战斗力。神策制将刘德信统率救援哥舒曜的部队据《通鉴》建中四年九月丙戌条说是"诸将家应募

---

① 《旧唐书·德宗纪》作"以龙武大将军哥舒曜为东都畿汝节度使，率凤翔、邠宁、泾原等军东讨希烈"。《哥舒曜传》作"拜曜东都汝州行营节度使，将凤翔、邠宁、泾原、奉天、好畤兵万人讨希烈"。第一手史料《奉天录》则作"上命工部尚书兼右仆射哥舒曜总禁兵五万而讨之"。此禁兵即神策军，好畤、奉天也本隶神策军（见前引《兵志》及《旧唐书》卷一五一《高崇文传》）。至于邠宁，节度使就是李怀光，所部兵早已开赴北战场，凤翔、泾原二节度使的兵则这次并未出动。这次出动的凤翔、邠宁、泾原各，实际上也是三节度境内的神策军，如《兵志》所说凤翔境内即有麟游、普润二神策军镇可证。因此《奉天录》所说"哥舒曜总禁兵"讨李希烈实较《旧》纪、《旧》传为得要领。此外《录》称哥舒曜为"工部尚书兼右仆射"者，系任行营节度使时所加职衔，与其原职左龙武大将军也并不矛盾。

② 年月从《通鉴》，纪事从《奉天录》。但《录》作兵一十万，与《通鉴》建中四年九月丙戌条所记刘德信兵止三千之数相去太远，《录》盖误衍"十"字，今删去而定刘、高二军共一万，似差近事实。

者三千人",就是这次招募来的子弟兵①。这支子弟兵开赴前线后,就只好召募"其人皆在市廛"的"京师沽贩之徒"以填神策军之阙(《旧唐书·白传》),弄得"宫苑之内,备卫不全"(陆贽《论关中事宜状》),从而在客观上为"泾师之变"创造了条件,在泾师变作时,"诏志贞以神策军拒贼,无人至者"(《旧唐书·白传》)。平心而论,这不能由白志贞来负责。所以德宗出奔奉天后"仍以志贞为行在都知兵马使"(《旧唐书·白传》),委以防守奉天的重任。至于当时某些人把白志贞和卢杞同样认为奸邪,说德宗播迁是"卢杞、志贞之罪",《旧唐书·白传》因之,则系卢杞、志贞的反对派故意制造舆论,混淆视听,吕诚之(思勉)师已作过辨析,见师所著《隋唐五代史》第六章第三节②。

泾师既系乘京师空虚之机发动变乱,而且变乱的部队加上部分凤翔兵如前所考一共只有八千主力,在德宗赦免东方诸叛镇、撤回前线的神策军以及其他节镇兵主要是朔方兵以专讨朱泚后,变乱本不难平定。至于李晟,不过以神策军统帅的身份适逢时会而成其大功,这正和前此郭子仪以朔方军统帅身份成大功享大名相同。因此在原本国史的《旧唐书》里获得佳传,《新唐书》《通鉴》因之,李晟在人们心目中遂成为"一代之贤将"(《旧唐书》本传史臣曰)。但就他在破贼收京过程中的所作所为来看,实大谬不然。先看他杀刘德信,这件事很少有人注意,好像无关紧要,其实大有讲究。刘德信的职衔是神策制将行营兵马使、御史大夫(《奉天录》卷一),而李晟在东征时也不过是神策先锋都知兵马使加御史中丞,地位和刘德信差不多,到撤军回援途中才加检校工部尚书、神策行营节度使(《旧唐书》卷一三三《李晟传》、《金石萃编》卷一〇八裴度撰《唐故太尉兼中书令西平郡王赠太师李公(晟)神道碑》),却敢不经奏请擅杀

---

① 陆贽《论关中事宜状》(重印《四部丛刊》影宋本《唐陆宣公集》卷一一,又见《通鉴》建中四年八月)建议"所遣神策六军士马及点召节将子弟东行应援者悉可追还",其中"点召节将子弟"也就是刘德信所率东征的三千子弟兵。

② 当时被诬为奸邪者还有判度支赵赞,其罪名是税商贾、官借富商钱、税间架、算除陌(《旧唐书·德宗纪》、卷一三五《卢杞传》),其实也是在军费开支庞大、财源枯竭下不得已的措施,诚之师《隋唐五代史》同节亦已作辨析。而泾师兵过京师因"牛酒俭薄"而兵变,也显然是由于当时政府太穷乏,对杂牌的地方部队供应得马虎一些,而并非京兆尹王翃刻薄之所致。

同军大将刘德信，已属骇人听闻。再看杀的理由，《旧唐书·李晟传》说刘军"先次渭南，与晟合军，军无统一，晟不能制，因德信入晟军，乃数其罪斩之，晟以数骑驰入德信军，抚劳其众，无敢动者，既并德信军，军益振"。好像李晟杀将并军满有理由，刘德信则罪有应得，其实都是曲笔。其真相要看《奉天录》。《奉天录》卷二说：

> 〔建中四年十月〕十日，制将刘德信、高秉哲闻帝蒙尘，遂拔汝州，星夜兼驰，于沙苑监取官马五百匹，先收东渭桥，于是天下转输食粮在此焉。军次昭应，列阵于见子陵之西隅，……王师大捷，乘胜筑垒于东渭桥，时十月十九日也。……刘德信、高秉哲固守渭桥，往往出师游弈于望春楼下，〔贼〕设伏皆败绩。……〔十一月〕二十八日，……李公晟自赵州拔城，从飞狐口越白马津，闻难骏奔，……驻军于东渭桥，斩刘德信而并其军。……初，刘德信军礼不备，失仪于公，公斩之，孔子曰："何以为身？日恭敬忠信而已，恭则远于患，敬则人爱之，忠则和于众，信则人信之。"犯此先诫，其刘公之谓乎！

原来刘德信和高秉哲的援军最先赶到，抢占东渭桥要冲，屡立战功，只缘刘德信对迟到的新任行营节度使李晟礼数不周有欠恭敬，有损于李晟的尊严，就身被杀而军被并。对同属神策军系统的尚且如此，对受中央歧视的朔方兵及其统帅李怀光更可想而知。李怀光带领朔方主力五万从河北前线回师，据《奉天录》卷二，在十一月十八日就赶到泾阳，是仅次于刘德信、高秉哲到达的勤王大军[①]，朱泚因此而"抽军却守长安"。对此《奉天录》说了"李怀光返斾解奉天重围""功无与议"的公道话。但在大功垂成之际忽然叛变，其根本原因自如第二节所说是当时中央政权对地方势力

---

① 据《奉天录》李晟是在李怀光到达泾阳的十天以后，十一月二十八日才自赵州回师的。但《通鉴》卷二二九建中四年十一月记李怀光回师之事却有"至河中，力疲，休息三日，河中尹李齐运倾力犒宴，军尚欲迁延"之说，形容李怀光对勤王之不出力，这显然是李怀光叛变后所加诬蔑之词。《旧唐书》本传说此行"怀光率军奔命，时属泥潦，怀光奋厉军士，道自蒲津渡河"云云，倒还保存了事实真相。

的歧视排挤。至于导火线,据《旧唐书》卷一二一《李怀光传》说是由于
"怀光性粗厉疏愎,缘道数言卢杞、赵赞、白志贞等奸佞,……屯军咸阳,
数上表暴扬杞等罪恶,上不得已为贬杞、赵赞、白志贞以慰安之。〔怀光〕
又疏中使翟文秀,上之信任也,又杀之。怀光既不敢进军,迁延自疑,因
谋为乱"。这似太不近情理,德宗既已接受李怀光表疏为之贬杞、赞、志
贞,杀翟文秀,也可算是言听计从,何以李怀光转而自疑甚至谋乱①?因
此我认为真正的导火线,应该从李怀光的对立面李晟那边去找寻。好在
《旧唐书·李晟传》里在这个问题上留下了不少蛛丝马迹。卷一三三《李
晟传》说:

> 时朔方节度使李怀光亦自河北赴难,军于咸阳,不欲晟独当一面
> 以分己功,乃奏请与晟兵合,乃诏晟移军合怀光军。晟奉诏引军至陈
> 涛斜,军垒未成,贼兵遽至,晟乃出阵,且言于怀光曰:"贼坚保宫
> 苑,攻之未必克,今离其窟穴,敢出索战,此殆天以贼赐明公也。"
> 怀光恐晟立功,乃曰:"吾军适至,马未秣,士未饭,讵可战耶?不
> 如蓄锐养威,俟时而举。"晟知其意,遂收军入垒,时兴元元年正月
> 也。每将合战,必自异,衣锦裘绣帽前行,亲自指导,怀光望见恶
> 之,乃谓晟曰:"将帅当持重,岂宜自表饰以啖贼也!"晟曰:"晟久
> 在泾原,军士颇相畏服,故欲令其先识以夺其心耳。"怀光益不悦,
> 阴有异志,迁延不进。晟因人说怀光曰:"寇贼窃居京邑,天子出居
> 近甸,兵柄庙略,属在明公,公宜观兵速进,晟愿以所部得奉严令,
> 为公前驱,虽死不悔。"怀光益拒之。

这表面上颇像李晟一再要出兵,而一再受李怀光阻挠,李怀光真是心存两
端。其实李晟军垒未成如何能出战,朱泚叛军虽少但困守京师坚城,又如
何能一战幸胜。何况当时李怀光是元帅,李晟的神策军形式上总得受李怀

---

① 这种不近情理之说,很大可能是事定后党于李晟者所制造,借以为李晟激变李怀光一事
开脱罪责。

光指挥，而李晟偏要表饰自异①，要充当先锋前驱以独占收京之功，完全是以嫡系自傲而蔑视非嫡系地方部队的姿态，自使李怀光难于忍受。《李晟传》又说：

> 晟兵军于朔方军北，每晟与怀光同至城下，怀光军辄虏驱牛马，百姓苦之，晟军无所犯。怀光军恶其独善，乃分所获与之，晟军不敢受。久之，怀光将谋沮晟军，计未有所出。时神策军以旧例给赐厚于诸军，怀光奏曰："贼寇未平，军中给赐，咸宜均一，今神策独厚，诸军皆以为言，臣无以止之，惟陛下裁处。"怀光计欲因是令晟自署侵削己军，以挠破之。德宗忧之，欲以诸军同神策，则财赋不给，无可奈何，乃遣翰林学士陆贽往怀光军宣谕，仍令怀光与晟参议所宜以闻。贽、晟俱会于怀光军，怀光言曰："军士禀赐不均，何以令战？"贽未有言，数顾晟，晟曰："公为元帅，弛张号令，皆得专之，晟当将一军，唯公所指，以效死命，至于增损衣食，公当裁之。"怀光默然，无以难晟，又不欲侵刻神策军发于自己，乃止。

案撰《李晟传》者的本意自然想借此表白李晟的公忠体国，其实反为中央嫡系欺压朔方军增一佐证。当年陈寅恪先生撰论文《论李怀光之叛》（《清华学报》十二卷第三期，又收入《金明馆丛稿二编》），已指出此军饷不均对朔方军情绪之影响。而李怀光名为元帅却对军饷独优的中央嫡系神策军无可奈何，李晟又在中央代表陆贽的支持下对李怀光公然出难题，以及朔方军迫于军饷不继虏驱百姓牛马后，分惠神策军以示友好复被拒绝，凡此恐更为李怀光和朔方军所不能堪。但这些仍构不成李怀光叛变的主要原因。主要原因当如《李晟传》下文所说：

---

① 李晟虽曾任泾原四镇北庭都知兵马使，而李怀光在城原州之役中更久著威名，《旧唐书》本传即有"泾州军士咸畏之"之说，可见李晟所谓"久在泾原，军士颇相畏服，故欲令其先识以夺其心"云云，只能说是强词夺理而已。

怀光屯咸阳，坚壁八十余日，不肯出军。德宗忧之，屡降中使，促以收复之期，怀光托以卒疲，更请休息，以伺其便。然阴与朱泚交通，其迹渐露。晟惧为所并，乃密疏请移军东渭桥，以分贼势，上初未之许。晟以怀光反状已明，缓急宜有所备，蜀汉之路，不可壅也，请以禅将赵光铣为洋州刺史，唐良臣为利州刺史，晟子婿张彧为剑州刺史，各将兵五百以防未然，上初纳之，未果行。无何，吐蕃请以兵佐诛泚，上欲亲总六师，移幸咸阳，以促诸军进讨。怀光闻之大骇，疑上夺其军，谋乱益急。时鄜坊节度李建徽、神策将杨惠元（一作阳惠元）及晟并与怀光联营，晟以事迫，会有中使过晟军，晟乃宣令云："奉诏徙屯渭桥。"乃结阵而行，至渭桥。不数日，怀光果劫建徽、惠元而并其兵，建徽遁免，惠元为怀光所害。

原来李晟不仅欺凌朔方军，还不断地媒孽离间，硬给李怀光安上"阴与朱泚交通""反状已明"之类的大罪名。证据最多只是"怀光屯咸阳，坚壁八十余日，不肯出军"，但持重以待时机也为兵家之所允许，否则这年三月底李怀光叛变，李晟担任统帅后仍过了两个月到五月二十八日才收复京师又如何解释？此外所谓"反状"更无实迹。相反，李晟密疏移军并布置子婿等心腹以算计李怀光倒是事实。李晟的态度对德宗当然有影响，所以既屡降中使促战，又颁赐"铁券"（《旧唐书·李怀光传》），但对李晟布置子婿张彧等任三刺史的建议"初纳之"而"未果行"，因为并不完全相信李怀光真马上会叛变。至于德宗准备"亲总六师，移幸咸阳"，是否真有夺李怀光军的打算，史无明文可稽，而李怀光缘此疑惧，则当然又是李晟不断媒孽离间的结果。最后李晟矫诏徙屯渭桥，更直接以军事行动促成了李怀光之叛。所幸叛变并非本心，如《奉天录》卷三记怀光所说："吾心惟勤王，而圣主见疑，锡之铁券，吾骑虎捻耳，掎鹿是困。自古列地封王，各为盟主，今是时也。吾观兵河中，晋之旧壤，秣马训士，以候天时，看其形势，见机而取之，卞庄子刺虎之事也，不亦休哉！"从而既不与朱泚联军（由此也可见所谓"与朱泚交通"之诬），更没有进逼奉天、梁州，而只是退守河中这个朔方军根据地以自保。这样才使李晟有可能以全力对付朱泚，成其收京大功。而李怀光则于第二年贞元元年在朔方军另一旧将浑瑊和邻镇河东节度使马燧的围攻下被部将所杀，其粗疏以致杀身和李晟的智诈以成大功，正是一个鲜明的对比。

不过智诈之人亦往往有弄巧成拙的时候。实力过于庞大的地方势力朔方军及其不懂得封建处世之道的统帅李怀光，在德宗心目中固在所必除；但在京师尚未收复、朱泚尚未歼灭的情况下动手，则绝不是时候。因此德宗尽管要给中央嫡系神策军撑腰，多少听进这些李晟的谗言，却一则没有实行李晟安排三刺史的建议，再则没有同意李晟移军渭桥的要求。而李晟偏偏矫诏行动，终于促成李怀光之叛，弄得德宗再度仓皇移驾，对李晟的这些跋扈行为德宗自不能绝无戒心。加之前此李晟的擅杀刘德信，也易于引起德宗对他猜疑和神策军对他的离心。于是在收复京师之后三个月，兴元元年八月以解决泾原田希鉴及凤翔乱党为理由，叫李晟以兼凤翔尹充凤翔陇右节度等使、泾原四镇北庭行营兵马副元帅的名义出镇，解除了他在神策军的统帅权，到兴元三年三月册拜他为太尉、中书令，彻底罢掉他的兵权（《旧唐书·德宗纪》、本传）。这对李晟来说，诚可谓咎由自取[1]。当然，面子上还是给李晟下得去的，身前极其尊崇，殁后备尽哀荣，诸子也多擢授显要，这无非是一种安定人心的手段，试和《旧唐书·郭子仪传》对看，自可了然。

李晟调离后，让谁来接统神策军？让其他功臣悍将来接统自然同样不放心。但像白志贞那样既"小心勤恪"又"动多计数"的人才实在不好找，而白志贞本人当时已经贬谪，无从重新起用[2]。为一劳永逸起见，只好恢复肃代两朝的老办法，让皇帝自己的亲信家奴宦官代表皇帝来统带。兴元元年十月，"令中官窦文场、王希迁监左右厢神策军都知兵马使"

[1] 其后元稹撰《望云骓马歌》为李晟鸣不平，有所谓"千官暖热李令闲，百马生狞望云老"云云（《元氏长庆集》卷二四），非文人无识，即别有寄托，要与史事真相差之甚远。
[2] 后来德宗要起用白志贞为果州刺史，"宰臣李勉及谏官表疏论列，言志贞与卢杞罪均，未宜叙用，固执不许，凡旬日，方下其诏"（《旧唐书·白传》）。这是贞元二年的事情，已是兴元元年后的第三年，阻力尚如此之大，自然谈不上在兴元元年让他复任神策军职。

（《旧唐书·德宗纪》）①。"贞元二年九月二日，神策左右厢宜改为左右神策军，每军置大将军二人，秩正三品，将军各二人，从三品"（《唐会要》"神策军"），这是沿用传统的左右羽林军、龙武军等设置大将军、将军的办法，任职的今仅知有个三流军人柏良器，《新唐书》卷一三六《李光弼传附柏良器传》说他曾"入为左神策军大将军知军事"②。但据《新唐书·兵志》在改神策左右厢为左右神策军的同时还"特置监勾当左右神策军以宠中官"，则实权仍在此等中官之手，即如柏良器也受窦文场排挤改任右领军卫大将军而离开神策军了事。贞元十二年六月，"以监勾当左神策军、左监门卫大将军、知内侍省事窦文场为左神策军护军中尉，监勾当右神策军、右监门卫将军、知内侍省事霍仙鸣为右神策军护军中尉"（《新唐书·兵志》）③。左右神策中尉之为左右神策军首脑遂成定制，正如《旧唐书》卷一八四《宦官传序》所说，"自是神策亲军之权，全归于宦者矣"。同卷《窦霍传》还追溯其前窦文场的用事，说到"泾师之乱，……志贞贬官，左右禁旅，悉委文场主之"。案之《册府元龟》卷四一四"赴援"，又有"张孝忠为易定节度，时朱滔侵逼，诏神策行营兵马使李晟、中官窦文场以众援之"的记载④，则窦文场还曾做过李晟所统神策军的监军，以窦易李，正与当年用鱼朝恩以代卫伯玉、郭英乂之事相同，自不致产生阻力。至于在神策军左右厢的基础上正式分神策为左右两军，各设护军中尉，又在于使他们分掌兵柄，互相牵制，比集权于一宦官易对皇帝闹独立性的办法来得稳妥，这和过去羽林、龙武等禁军之必分左右是同一意图。

---

① 《唐会要》"神策军"也说"兴元克复，〔李〕晟出镇凤翔，始分神策为左右厢，令内官窦文场、王希迁分知两厢兵马"。《德宗纪》"监左右"下原脱一"厢"字，今据《唐会要》补。此盖仿节度使制度，节度使下通常设置左右厢兵马使各一人。

② 此条承研究生贾宪保检示。

③ 《兵志》上记贞元十二年，事在是年六月则据《旧唐书·德宗纪》及卷一八四《宦官·窦霍传》，惟《窦霍传》又说"右神威军使张尚进为右神策中护军，内谒者监焦希望为左神策中护军"，此"右神策""左神策"据《德宗纪》及《兵志》当作"右神威""左神威"，与左右神策军无关，新点校《旧唐书》未能察出改正。

④ 此条亦系贾宪保所检得。

顺便说一下，在上述七年讨叛战争中人们往往认为德宗是个彻底失败者，甚至因此而斥责德宗为"昏君"。其实不然，在北战场是打了个平手，南战场则先后消灭了山南东道的梁崇义和淮西的李希烈，尽管淮西的问题并未完全解决以后有劳宪宗来收拾。对巩固京畿来说平定了朱泚的叛乱，消灭了泾原、凤翔的隐患，还附带解决了中央长期不放心的朔方兵问题，并把嫡系主力神策军的兵权收归比较可靠的皇帝家奴宦官来掌握。这些都只能说是成功而不能说失败。当然，这并不等于否认德宗的某些措施不够妥当或有失误，甚至出了乱子。但出了乱子仍能力图挽救且收效，可见德宗实在不昏。

（原载陕西师范大学《唐史论丛》第二辑，1987年1月）

所谓"永贞革新"

一

"永贞革新"者，是近二三十年来某些教科书上出现的新词语，用来肯定唐顺宗时以王叔文为首的政治集团的活动，称之为革新运动。

但从对这个革新运动的论述来看，实在并无多少新内容。旧时代的文人、政治家中早有人提出过类似的见解，如北宋时的政治家范仲淹就认为：

> 刘禹锡、柳宗元、吕温坐王叔文党贬废不用。览数君子之述作，体意精密，涉道非浅，如叔文狂甚，义必不交。叔文以艺进东宫，人望素轻，然传称知书，好论理道，为太子所信，顺宗即位，遂见用，引禹锡等决事禁中。及议罢中人兵权，悟俱文珍辈，又绝韦皋私请，欲斩刘辟，其意非忠乎？皋衔之，会顺宗病笃，皋揣太子意，请监国而诛叔文，宪宗纳皋之谋而行内禅。故当朝左右谓之党人者，岂复见雪？《唐书》芜驳，因其成败而书之，无所裁正。[①]

清人王鸣盛在所著《十七史商榷》卷七四"顺宗纪所书善政"、卷八九

---

① 见南宋初严有翼撰《柳文序》，收入世彩堂本《河东先生集》附录卷下。

"南衙北司""王叔文谋夺内官兵柄"诸条更反复申说王叔文之公忠体国，如"顺宗纪所书善政"条即说：

> 叔文之柄用，仅五六月耳，〔《旧书·顺宗纪》〕所书善政，皆在此五六月中。如二月辛酉，贬京兆尹李实为通州长史。甲子，诸道除正敕率税外，诸色杂税并宜禁断，除上供外，不得别有进奉。三月庚午，出宫女三百人于安国寺，又出掖庭教坊女乐六百人于九仙门，召其亲族归之。五月己巳，以右金吾卫大将军范希朝为右神策统军，充左右神策、京西诸城镇行营兵马节度使。六月丙申，二十一年十月已前百姓所欠诸色课利、租赋、钱帛，共五十二万六千八百四十一贯、石、匹、束，并除免。七月丙子，赠故忠州别驾陆贽兵部尚书，谥曰宣，赠故道州刺史阳城为左散骑常侍。以上数事，黜聚敛之小人，褒忠贤于已往，改革积弊，加惠穷民，自天宝以至贞元，少有及此者。……《新书》于二月甲子禁断诸色榷税一条不书，却书罢宫市，《通鉴》亦书此，且并及罢五坊小儿，……此皆宦者所为害民之事，……故顺宗立后即罢之也，叔文专与宦官为难如此。……叔文行政，上利于国，下利于民，独不利于弄权之阉宦、跋扈之强藩。观《实录》，叔文实以欲夺阉人兵柄，犯其深忌。……盖其意本欲内抑宦官，外制方镇，摄天下之财赋兵力而尽归之朝廷。刘辟本韦皋所遣，叔文必欲杀之，若其策得行，后日何烦高崇文往讨劳费兵力乎？

王鸣盛算是比较知名的学者，等而下之，一般旧文人中发此类议论者还不少，如学识平平的陈其元在同治时所撰写的《庸闲斋笔记》卷七"古人被冤"条里也曾为王叔文等申冤，声调和范仲淹、王鸣盛辈如出一口，可见这已成为旧时代部分文人的共同见识①。

　　对比一下，今日学者关于"永贞革新"的讲法和这些旧时代的文人、

---

① 其实何止文人，陈其元《笔记》中还说"我高宗纯皇帝"即乾隆帝的"御论亦辨白之"，可惜手边无他的御制文集和《御批通鉴辑览》之类可查，想来调门也差不多吧！

政治家并没有多大不同。《庸闲斋笔记》之类人们未必找来参考，应该是承袭了《十七史商榷》。所增添的当然也有，即认为王叔文集团是"代表庶族地主阶级的新兴力量"，其政治活动是对掌权的"宦官藩镇豪族地主阶级的旧势力"作斗争①，并正式名之曰"永贞革新"而已。

旧时代人说的是否对，尤其是今人增添的是否真有道理，容待下文讨论。这里姑先指出一个十分明显的错误，即"永贞革新"这个词语的错误。顺宗是在贞元二十一年正月丙申即位的，到八月庚子就禅位皇太子宪宗而退为太上皇，第二天辛丑才以太上皇名义下诰，"宜改贞元二十一年为永贞元年"②。而前此王叔文集团的政治活动都在顺宗在位时期，其时年号尚是贞元而非永贞。就算这真是革新，也只能在"革新"之前冠以"贞元二十一年"，如嫌累赘冠以"顺宗"或"王叔文"之类也均无不可，何必生造什么"永贞革新"！难道是因为《通鉴》在这年正月即以永贞纪年③，抑系受了韩愈所写《永贞行》④的影响？但以最后所改年号冠于本年之首是司马光编写《通鉴》的通例，何况胡三省在"永贞元年"下已注明"是年八月始改元永贞"，"永贞革新"命名者何至视而不见。《永贞行》则是以歌颂宪宗即位剪除王叔文集团为主题的诗歌，所谓"嗣皇卓荦信英主，文如太宗武高祖。膺图受禅登明堂，共流幽州鲧死羽"云云都是改元永贞以后的事情，才以《永贞行》为题目。凡此均成不了以"永贞"来称"革新"的理由。

二

言归正传，正经地来看看当前"永贞革新"论者的主要论点。

主要论点之一，即上文所说的认为王叔文集团是"代表庶族地主阶级

---

① 此两语见王芸生《论二王八司马政治革新的历史意义》，载《历史研究》1963年第3期，此文可说是"永贞革新"论的代表作。
② 详《昌黎先生外集》本《顺宗实录》卷五及《旧唐书》卷一一四《顺宗纪》。
③ 新标点本《通鉴》且在页边印上"顺宗永贞元年"。
④ 见《昌黎先生集》卷三。

的新兴力量"，其政治活动是对掌权的"宦官藩镇豪族地主阶级的旧势力"作斗争。这后半句话在文字上颇不好懂，是宦官和藩镇再加上豪族地主阶级呢？还是宦官和藩镇本身也都是豪族地主阶级？有的教科书上是把豪族地主阶级和宦官、藩镇三者并列的，那么这豪族地主阶级说具体点应该是何等样人物？

从在中央掌权这点来看，除内廷的宦官外应该是外朝的宰相，还有在当时已分掌部分相权、有"内相"之称的翰林学士。贞元末年顺宗即位前已居相职的是贾耽、杜佑、郑珣瑜和高郢[①]，翰林学士则有卫次公、郑絪、李程、王涯和后来属于王叔文集团名列所谓八司马的凌准[②]。

先看这些宰相的政治态度。在《昌黎先生外集》本《顺宗实录》卷二贞元二十一年三月里有这样一段纪事：

> 丁酉，吏部尚书、平章事郑珣瑜称疾去位。其日，珣瑜方与诸相会食于中书。故事：丞相方食，百寮无敢谒见者。叔文是日至中书，欲与执谊计事，令直省通执谊。直省以旧事告，叔文叱直省，直省惧，入白执谊。执谊逡巡惭赧，竟起迎叔文，就其阁语良久。宰相杜佑、高郢、郑珣瑜皆停箸以待。有报者云："叔文索饭，韦相已与之同餐阁中矣。"佑、郢等心知其不可，畏惧叔文、执谊，莫敢出言。珣瑜独叹曰："吾岂可复居此位！"顾左右，取马径归，遂不起。前是，左仆射贾耽以疾归第，未起，珣瑜又继去，二相皆天下重望，相次归卧，叔文、执谊等益无所顾忌，远近大惧焉。

这段文字后来被《新唐书》卷一六五《郑珣瑜传》和《通鉴》所采用，大概由于写得颇似小说，胡注认为是"史甚言其事"。但既出于《实录》，至

---

① 《旧唐书》卷一三《德宗纪》，《新唐书》卷六二《宰相表》。
② 《旧唐书》卷一五九《卫次公传》《郑絪传》，卷一七六《李程传》，卷一六九《王涯传》，柳宗元《河东先生集》卷一〇《连州司马凌君权厝志》。

少基本可信，则郑珣瑜、贾耽之反对王叔文集团应是事实①。虽然据《顺宗实录》卷四贞元二十一年七月乙未条和《旧唐书》卷一四《顺宗纪》，郑珣瑜是在以顺宗名义下诏权令皇太子宪宗勾当军国政事，也就是王叔文失败时才正式罢相的。高郢，也是和郑珣瑜一起罢相的，《旧唐书》卷一四七本传说他“为韦执谊等所惮”，但《河东先生集》卷一二有柳宗元贬永州司马后所写的《先君石表阴先友记》，仍以郢为先友，并说他是“有文章规矩自立者，不干贵幸”，因此他是否坚决反对过王叔文集团还不清楚，不过至少没与王叔文集团站到一起或为这个集团所利用，这里姑且算作郑珣瑜一边的人物。至于杜佑，在王叔文任度支盐铁副使时为正使，就算“其实叔文专总”，也已被叔文所利用成不了对立面②。对立面郑珣瑜、贾耽外加高郢，一共宰相三人。

五名翰林学士之中，凌准属于王叔文集团。李程，《旧唐书》卷一六七本传说他“为王叔文所排，罢学士”，自然是叔文集团的对立面。还有卫次公、郑絪和王涯，则可看《旧唐书》卷一五九《卫次公传》里的这样一段记载：

> 德宗升遐，时东宫疾恙方甚，仓卒召学士郑絪等至金銮殿。中人或云：“内中商量，所立未定。”众人未对，次公遽言曰：“皇太子虽有疾，地居冢嫡，内外系心，必不得已，当立广陵王，若有异图，祸难未已。”絪等随而唱之，众议方定。

这里的广陵王即后来成为顺宗的皇太子而在政治上与顺宗及王叔文集团对立的宪宗。而《顺宗实录》卷四贞元二十一年七月乙未条所说草诏权令皇

---

① 《旧唐书》卷一三八《贾耽传》也说：“时王叔文用事，政出群小，耽恶其乱政，屡移病乞骸，不许。”

② 《顺宗实录》卷二贞元二十一年三月景（丙）戌条，《旧唐书·顺宗纪》，卷一三五《王叔文传》。

太子宪宗勾当军国政事的也正是"翰林学士郑纲、卫次公、王涯等"①，可见这三人确属王叔文集团的对立面。问题是这些和王叔文集团对立的宰相、翰林学士是否都如"永贞革新"论者之所认定是属于"豪族地主阶级"。

"豪族地主阶级"是现代的新词，但用在这里似不甚妥切。因为"豪族"一词在南北朝时通常是"土豪"的同义语②，实际上尚属于今天所说庶族地主的范畴。因此有些教科书上不用这个名词而称和王叔文集团对立的宰相、翰林学士为士族地主阶级。但哪些郡姓可算士族地主阶级，仍不甚好说。因为现存的唐代谱牒文献，如《元和姓纂》《新唐书·宰相世系表》等都是士族、庶族并列而未作区别。《新唐书》卷一九九《儒学·柳冲传》附载柳芳论氏族的文章里除列举"为大""首之"的少数侨姓、吴姓、郡姓、虏姓外，小一点次一点的士族仍没有讲到。何况士族这个事物和任何历史事物一样有其产生、发展以至衰亡的过程，各个士族产生、发展、衰亡的先后迟早还各不相同。从东汉末年大姓名士中显贵者发展成为魏晋时在经济政治上具有特权的士族后，南朝的庶族地主仍不断因缘军功或其他功勋上升为士族，北朝则经魏孝文帝之定姓族也让大批鲜卑贵族步入士族的行列③。到唐太宗修新《氏族志》以"崇重今朝冠冕"④，仍旧要像魏孝文帝那样培养一批新士族。无如当时士族制度已成尾声，《唐令》中再也不能像西晋户调式那样规定"士人子孙"有庇荫宗族佃客的特权，这个新《氏族志》并没有能产生实效。因而讲唐代的士族、庶族，实在没有十分精确的衡量标准。不得已只好来个笼而统之的折中办法，即除沿用柳芳文章里说过的几个成为士族的侨姓、吴姓、郡姓、虏姓外，凡先世在

---

① 《旧唐书》卷一八四《宦官·俱文珍传》讲草诏者还有李程,但李程在此时已"罢学士",当是《俱传》撰写者手滑而妄加。

② 此点可参看熊德基《魏晋南北朝阶级结构研究中的几个问题》,收入中国社会科学院历史研究所魏晋南北朝隋唐史研究室编《魏晋隋唐史论集》第一辑。

③ 要弄清这个问题,应看唐长孺《魏晋南北朝史论拾遗》中的《东汉末期的大姓名士》《士族的形成和升降》《士人荫族特权和士族队伍的扩大》《论北魏孝文帝定姓族》等四篇论文,我认为都是研究我国中古士族问题最好的论文。

④ 《旧唐书》卷六五《高士廉传》,《唐会要》卷三六"氏族"贞观十二年正月十五日条。

南北朝以至隋及唐初历任显职者也都算成是士族，不具备此等条件者则概归之于庶族。

贾耽，《旧唐书》卷一三八本传只说是"沧州南皮人，以两经登第，调授贝州临清县尉"。《元和姓纂》辑本卷七贾姓乐陵条也只说"唐沁水丞贾元琰生耽"。《新唐书》卷七五下《宰相世系表》才说其祖"知义，沁源主簿"，曾祖"远则，长河尉"，高祖"敬言，刑部郎中、滑州刺史"，六世祖"处静，隋成州长史"，七世祖"宪"，"后周秘书监"。如这个世系可靠，应算是士族，但到贾耽久已破落，所以本传不再提及父祖。如世系有问题，就只能是庶族。

高郢，《旧唐书》本传说"其先渤海蓨人"，"父伯祥，先为好畤尉"。据《新唐书》卷七一下《宰相世系表》，"京兆高氏又有与北齐同祖，初居文安，后徙京兆"的一支是郢所自出，郢父"伯祥，右拾遗"，祖"质，沧州长史"，曾祖"卿，遂城令"，以上即不详。看来应是渤海高氏的假冒牌，只好算作庶族。

卫次公，《旧唐书》本传只说是"河东人"，"弱冠举进士"，而不言其父祖。《姓纂》辑本卷八卫姓安邑条也只说"今陕虢观察卫次公"，"河东安邑人"，而不详其世系。足见是地道的庶族。

李程，《旧唐书》卷一六七本传只说是"陇西人"。《新唐书》则列入卷一三一《宗室宰相传》，说明是"襄邑恭王神符五世孙"，也就是唐高祖李渊的从父弟李神符的后裔。"李唐先世若非赵郡李氏之破落户，即是赵郡李氏之假冒牌"，其自言陇西李氏实随宇文泰入关后所改[1]，惟自此即成为西魏的八柱国家，自可与北朝的虏姓士族同样看待。但唐代宗室之稍疏远者实毫无权势可言，所以李程只能通过"进士擢第，又登宏辞科"以进身，其地位实际上相当于一个没落的士族或庶族。

王涯，《旧唐书》卷一六九本传说是"太原人"。《新唐书》卷一七九本传则说"其先本太原人，魏广阳侯冏之裔"。案之《新唐书》卷七二中

---

① 陈寅恪《唐代政治史述论稿》上篇。

《宰相世系表》，则是系出东胡乌桓的乌丸王氏而非山东郡姓的太原王氏[①]，而且还只是乌丸王氏的旁支即所谓乌丸王氏始祖阆的五世孙元政的一支，而且这一支由元政四传至王涯再无分出，这样的世系本身就很可疑，大有王涯显贵后伪造以高攀房姓士族之嫌。再看其先世，除父"晃，温州刺史"外，祖"祚，青州司马"，曾祖"实，安吉令"，高祖"元政，幽州别驾"，可说无一显贵。因此只能定之为庶族。

郑珣瑜、郑𬘡，据《新唐书》卷七五上《宰相世系表》，都系荥阳郑氏，珣瑜出北祖房，𬘡出南祖房，是柳芳所说"为大"的山东郡姓之一，又是唐代流俗"以崔、卢、李、郑为四姓"的四姓之一。但《世系表》又记珣瑜父"谅，冠氏令"。《新唐书》本传说他"少孤，值天宝乱，退耕陆浑山以养母"，"大历中以讽谏主文科高第"，则已没落不振。郑𬘡据《旧唐书》卷一五九本传也是"擢进士第，登宏词科"。据《世系表》除父"羡，池州刺史"外，祖"查，河阳丞"，曾祖"崇业，永州司马"，高祖"过庭，蓨令"，按连几代都未能显达，也只能算是旧士族中趋向没落者。

以上和王叔文集团对立以及不受其利用的宰相、翰林学士七人中，原为士族已趋没落者二人，庶族或士族之没落者一人，相当于庶族或没落士族一人，纯属庶族的倒有三人。

再看王叔文集团。这个集团通常也叫"二王八司马集团"，"二王"者王叔文、王伾，"八司马"者事败后被贬为南方边远诸州司马的韩晔、韩泰、陈谏、柳宗元、刘禹锡、凌准、程异、韦执谊。此外，据《顺宗实录》卷五永贞元年八月壬寅条附王叔文传、《旧唐书》卷一三五《王叔文王伾传》，属于此集团的还有房启、李景俭、吕温、陆质诸人。这里也审查他们是否真如"永贞革新"论者所说是庶族地主阶级。

王叔文，《旧唐书》本传说他是"越州山阴人"，"以棋待诏"。又《河东先生集》卷一三有《故尚书户部侍郎王君先太夫人河间刘氏志文》，是柳宗元为王叔文母撰写的墓志，志中只说叔文"举明经，授任城尉，左金

---

① 乌丸王氏之出东胡乌桓族，别详姚薇元《北朝胡姓考》外篇"东胡诸姓"王氏条。

吾卫兵曹"。说明王叔文确实出身于地位低微的庶族。

王伾，《旧唐书》本传说是"杭州人，始为翰林侍书待诏"，父祖别无可考。可见也是地位低微的庶族。

凌准，据《河东先生集》卷一〇《故连州员外司马凌君权厝志》所说是杭州人，"以孝悌闻于其乡，杭州刺史常召君以训于下，读书为文章"，"年二十，以书干丞相"，而不言其父祖官职。也应是庶族。

程异，《旧唐书》卷一三五、《新唐书》卷一六八本传都只说是"京兆长安人"，不言父祖官职。《新唐书》卷七五下《宰相世系表》则谓其父"献可，太子左谕德"，祖"子珪，左赞善大夫"，曾祖"思奉，利州刺史"，如可靠自有属于士族之可能。但本传又说他在宪宗朝被擢任宰相，"议者以异起钱谷吏，一旦位冠百僚，人情大为不可"。则仍应是庶族，《世系表》所记盖有增饰。

李景俭，《旧唐书》卷一七一本传说是"汉中王瑀之孙，父褚，太子中舍，景俭，贞元十五年登进士第"。据《新唐书》卷七〇下《宗室世系表》睿宗六子让皇帝房，汉中王瑀是睿宗长子所谓让皇帝宪之子。则李景俭在宗室中较王叔文对立面李程还稍为近亲一点，其地位至少相当于一个破落士族。

吕温，据《旧唐书》卷一三七《吕渭传附温传》是吕渭之子吕延之之孙。渭历官礼部侍郎、湖南都团练观察使，延之官浙江东道观察使。据《姓纂》辑本卷六吕姓，这是属于河东一族，很可能是士族。如是庶族，也应是庶族中之上升者。

刘禹锡，《旧唐书》卷一六〇本传说是"彭城人，祖云，父溆，仕历州县令佐，世以儒学称"。但《刘梦得外集》卷九有刘禹锡自撰《子刘子自传》，略谓："其先汉景帝贾夫人子胜，封中山王，谥曰靖，子孙因封为中山人。……七代祖亮，事北朝为冀州刺史、散骑常侍，遇迁都洛阳，为北部都昌里人，世为儒而仕。……曾祖凯，官至博州刺史。祖锽，……殿中丞、侍御史，赠尚书祠部郎中。父讳绪，亦以儒学，天宝末应进士，遂及大乱，举族东迁，……为浙西从事，本府就加盐铁副使，遂转殿中，主务于埇桥。"所说系出汉中山靖王之后自属依托,《姓纂》辑本卷五刘姓中山条即未列入刘禹锡一系。而七代祖亮以下则虽有夸饰,比较《旧唐书》本传尚差为可信。此刘亮《周书》卷一七有传,谓"父持真,镇远将军、领民酋长",显是胡人。又据此传亮虽未如《自传》所说"为冀州刺史、散骑常侍",但在北魏节闵帝初年曾以都督从贺拔岳西征入关中,可见刘禹锡家也确系北朝后期新兴的虏姓士族。《自传》所谓"世为儒而仕"则是刘亮以后的事情。先世以军功起家,后裔转而以儒学见称,本来就是魏晋以来士族发展的一种规律。

柳宗元,《旧唐书》卷一六〇本传说是"河东人,后魏侍中济阴公之系孙。曾伯祖奭,高宗朝宰相。父镇,太常博士,终侍御史"。《新唐书》卷七三上《宰相世系表》则说其祖"察躬,德清令",曾祖"从裕,清池令",高祖"子夏,徐州长史",五世祖"楷,济、房、兰、廓四州刺史",六世祖"旦","隋黄门侍郎、新城男",七世祖"庆","后魏侍中、左仆射、平齐景公"。《姓纂》辑本卷七柳姓河东解县条所载与此略同。这河东柳氏是柳芳所说关中六郡姓之一,柳宗元父祖及曾祖的官职虽不算通显,伯曾祖则是宰相,比郑珣瑜、郑纲这两支士族入唐后久不出宰相者要显赫得多。

韦执谊,《旧唐书》卷一三五本传只说是"京兆人。父浼,官卑"。因而"永贞革新"论者说他"出身低微"①。殊不知京兆韦氏本是柳芳所说的关中六郡姓之一,是从北朝到隋唐仍未甚衰败的士族。据《姓纂》辑本卷七京兆诸房韦氏条和《新唐书》卷七四上《宰相世系表》,韦执谊系出龙门公房,是京兆杜陵韦氏东眷房的一支,其六世祖龙门县公"遵,骠骑大将军、晋州大总管府长史",五世祖"善嗣,上谷郡太守",高祖"崇德,太子谕德",祖"仲昌,京兆少尹",父"浼","巴州刺史"。刺史在唐代仍属显职,《旧唐书》本传说浼"官卑",无非是执谊失败后国史的诬辞曲笔。

---

① 《论二王八司马政治革新的历史意义》。

韩晔,《旧唐书·王叔文王伾传》说是"宰相滉之族子"。据《新唐书》卷七三上《宰相世系表》则是滉弟韩洄之子,宰相韩休之孙。《韩洄传》附见《旧唐书》卷一二九及《新唐书》卷一二六《韩滉传》,谓"以荫绪受任",历任户、兵、刑诸部侍郎,京兆尹,国子祭酒。又据《姓纂》辑本卷四韩姓及《新唐书·宰相世系表》,韩休一支出昌黎棘成,即所谓昌黎韩氏。这在北朝已是士族,入唐后仍颇显贵。

韩泰,据《新唐书》卷七三上《宰相世系表》,其父"某,万州刺史"。祖"某,著作郎",曾祖"某,郢州刺史",五世祖"仲良,户部尚书、颍川公"。《姓纂》辑本卷四韩姓列韩仲良南阳堵县条,但所记仲良父祖又有脱误。据于志宁撰《韩仲良碑》拓本,则仲良"祖褒,魏侍中,周使持节、开府仪同三司、原凉二州总管、少保、三水贞公","父绍,周昌乐郡守,隋仪同三司、骠骑将军、卫尉少卿、金崖县开国公"。可见也是北周以来未见衰败的士族。

房启,据《新唐书》卷一三九《房琯传附启传》,是肃宗朝宰相房琯之孙,"以荫补凤翔参军事,累调万年令"。又据《新唐书》卷七一下《宰相世系表》,房琯一系为河南房氏,原系胡姓屋引氏,是高车贵族南迁洛阳后改为房氏者[①]。《世系表》谓启父"乘,秘书郎",曾祖"融,相武后",五世祖"恭懿,隋海州刺史",六世祖"谟,北齐侍中、吏部尚书",八世祖"伦,后魏殿中尚书、武阳公"。也是北朝以来未见衰败的士族。

陆质,《旧唐书》卷一八九下《儒学传》说是"吴郡人","有经学,尤深于《春秋》"。《新唐书》卷一六八本传说"七代祖澄,仕梁为名儒,世居吴"。澄传见《南齐书》卷三九、《南史》卷四八,谓澄祖邵,临海太守,父瑗,州从事,澄历官度支尚书、散骑常侍、秘书监、吴郡中正、国子祭酒。吴郡陆氏本是柳芳所说东南"为大"的四吴姓之一,陆澄、陆质这一支又以儒学见称,当然不可能冒牌而系地道的吴姓士族。

最后还有一个陈谏,事迹仅附见于两《唐书·王叔文王伾传》,此传

---

① 别详《北朝胡姓考》内篇"内入诸姓"房氏条。

附见诸人多不言其籍贯、先世，陈谏之为庶族抑士族已不易查明。

以上王叔文集团的十四人中，除一人士庶难明外，属于士族的多至七人，有士族可能一人，相当于没落士族一人，剩下真正的庶族只有四人，还不到总数三分之一。

既然王叔文集团及其对立面中都是既有士族又有庶族，而且和"永贞革新"论者所想象相反，王叔文集团中士族还远多于庶族，对立面中靠得住的士族转少于庶族。则王叔文集团代表庶族地主阶级向士族或所谓豪族地主阶级作斗争之说，岂非空中楼阁！

<h2 style="text-align:center">三</h2>

也许"永贞革新"论者会说：上面这些考证统统是白花气力，因为判断一个封建政治集团之代表庶族地主抑士族地主的利益，主要不是看其成员的家庭成分，而要看他们的政治表现，而在政治表现上，王叔文集团及对立面是分别代表了庶族地主和士族地主的利益。

此话似乎也有道理。因此，这里再从范仲淹、王鸣盛以来直至今之"永贞革新"论者公认的王叔文集团两大政治表现，即"内抑宦官""外制方镇"这两点来作考察。考察每一点还需要分两层：首先，得从理论上弄清楚是否只有庶族地主才反对宦官或藩镇，而士族地主则不反甚至勾结投靠宦官或藩镇；然后，再用史实来证明是否只有王叔文集团真在反宦官或藩镇，而其对立面则不反甚至勾结投靠宦官或藩镇。

先谈藩镇，这里又得首先澄清通行教科书给人们造成的糊涂观念，即安史之乱以后的藩镇统统是和中央闹独立性，甚至是和中央完全处在对立地位的。事实上，除河北地区的幽州、成德、魏博以及今山东地区的淄青属于安史残余势力，对中央闹半独立性外，其余的藩镇都像安史乱前那样是由中央主动设置，而且节度使也由中央任免，很少像河北三镇及淄青那样闹世袭。实际上只是在原先的州、县二级地方行政机构之上再加上一级节度使管区，并且像魏晋南北朝的州刺史或使持节都督某某等州军事那样掌握一定的兵权而已。他们一般都服从中央，拥护中央，向河北三镇看齐要求世袭以至反抗中央的是极少数，魏晋南北朝有兵权的刺史、都督有时也会反中央，这本来不值得大惊小怪，因此，在当时很少想到从根本上取消这种藩镇制度。有人认为柳宗元的《封建论》是公开宣传"封建非圣人意"，是一篇反藩镇的文章。其实文章里从没有把古代的封建和当时的藩镇等同起来，捎带讲到藩镇的只有这么几句："唐兴，制州邑，立守宰，此其所以为宜也。然犹桀猾时起，虐害方域者，失不在于州而在于兵，时则有叛将而无叛州，州县之设，固不可革也。"①这只是把当时境内的战乱归之于节度使拥兵太多，仍旧没有进一步提出取消藩镇的主张。至于说只有庶族地主才反藩镇，士族不反或勾结投靠，那就更缺乏理论根据了。因为节度使并非都是士族地主，相反如最成问题的河北诸节度使几乎都出身庶族地主，甚至原先连地主都不是，也很难找到他们有什么代表士族利益的言行。当然，还曾经有人认为藩镇的社会基础是封建大地主所有者即大庄园主，但大庄园主和士族之间又如何能画等号？何况藩镇的社会基础有人认为是充当职业佣兵的农民和流氓无产者②，这和士族地主的利益就更风马牛不相及了。

王叔文集团是不是真正在反藩镇？反藩镇这个制度并没有，已如上所说，即使《封建论》也不能算。对某一具体藩镇的言行表示反对倒确曾有过，就是《顺宗实录》卷四贞元二十一年六月乙亥所说的：

> 贬宣州巡官羊士谔为汀州宁化县尉。士谔性倾躁，时以公事至京，遇叔文用事，朋党相煽，颇不能平，公言其非。叔文闻之，怒，欲下诏斩之，〔韦〕执谊不可，则令杖杀之，执谊又以为不可，遂贬焉。由是叔文始大恶执谊，往来二人门下者皆惧。先时，刘辟以剑南节度副使将韦皋之意于叔文，求都领剑南三川，谓叔文曰："太尉使

---

① 《河东先生集》卷三。
② 关于社会基础这点可参考杨志玖《试论唐代藩镇割据的社会基础》，载《历史教学》1980年第6期；杨志玖、张国刚《藩镇割据与唐代的封建大土地所有制》，载《学术月刊》1982年6月号。

某致微诚于公，若与某三川，当以死相助；若不用，某亦当有以相酬。”叔文怒，亦将斩之，而执谊固执不可。辟尚以游京师未去，至闻士谔，遂逃归。[①]

这是韦皋、刘辟提出扩大地盘的要求，才碰了钉子，如不提，不是相安无事了吗，此外还有什么反藩镇的实迹呢？当然，这件事也可说是反过某个藩镇，但只是王叔文在反，集团中的韦执谊便不那么坚决，并不是整个集团的一致行动。而且王、韦的闹意见如《实录》所说主要在对待羊士谔上，对待刘辟还是次要的，说明王叔文本人也并没有把刘辟的问题作为头等大事来处理。至于韦皋，这个有点野心的节度使本来并没有反对王叔文集团闹“革新”，相反如《实录》所说倒是想和这个集团拉好关系的。无奈王叔文不领情，于是如《旧唐书》卷一四〇《韦皋传》所说：“皋知王叔文人情不附，又知与韦执谊有隙，自以大臣可议社稷大计，乃上表请皇太子（宪宗）监国。”从而成为拥立宪宗推翻王叔文集团的首先发难者。这是形势发展所造成的，并不能说明藩镇和王叔文集团之间有天生的矛盾。

更有意思的是，韦皋不久病死了，刘辟叛乱，是谁把这场叛乱平定的呢？请看《旧唐书·韦皋传附刘辟传》：

永贞元年八月，韦皋卒，辟自为西川节度留后，率成都将校上表请降节钺。朝廷不许，除给事中，便令赴阙，辟不奉诏。时宪宗初即位，以无事息人为务，遂授辟检校工部尚书，充剑南西川节度使。辟益凶悖，出不臣之言，而求都统三川，……遂举兵围梓州。宪宗难于用兵，宰相杜黄裳奏：“刘辟一狂蹶书生耳，王师鼓行而俘之，兵不血刃。臣知神策军使高崇文骁果可任，举必成功。”帝数日方从之。于是令高崇文、李元奕将神策京西行营兵相续进发，令与〔山南西道

① 《旧唐书》卷一四〇《韦皋传》所记刘辟事略同。

节度使〕严砺、〔东川节度使〕李康掎角相应以讨之，仍许其自新。元和元年正月崇文出师，三月，收复东川，乃下诏……削夺〔辟〕在身官爵。……九月，崇文收成都府。……辟槛送京师，……戮于子城西南隅。

宪宗在"永贞革新"论者心目中是保守派拥戴的新皇帝，是断送王叔文集团革新事业的元凶。杜黄裳是宪宗以皇太子勾当军国政事的同一天任门下侍郎、平章事当上宰相的①，《旧唐书》卷一四七本传说他"贞元末为太常卿，王叔文之窃权，黄裳终不造其门。尝语其子婿韦执谊，令率百官请皇太子监国，执谊遽曰：'丈人才得一官，可复开口议禁中事耶？'黄裳勃然曰：'黄裳受恩三朝，岂可以一官见买。'即拂衣而出"。足见也是坚决站到宪宗一边的。而神策军以及神策军使高崇文的上司又正是拥立宪宗的宦官，大宦官俱文珍且亲自出任高崇文的监军，但就是平定了藩镇刘辟的叛乱。不仅如此，《旧唐书·杜黄裳传》还说：

> 后与宪宗语及方镇除授，黄裳奏曰："德宗自艰难之后，事多姑息，贞元中，每帅守物故，必先命中使侦伺其军动息，其副贰大将中有物望者，必厚赂近臣，以求见用，帝必随其称美而命之，以是因循，方镇罕有特命帅守者。陛下宜熟思贞元故事，稍以法度整肃诸侯，则天下何忧不治。"宪宗然其言，由是用兵诛蜀、夏之后，不容藩臣骞傲，克复两河，威令复振，盖黄裳启其衷也。

这种制裁藩镇的态度岂不比王叔文当年更坚决。宪宗本人在刘辟初叛时态度似尚不够坚决，这是《旧唐书·刘辟传》所说由于刚即位"难于用兵"的缘故，以后还是用兵了。而且在元和元年三月又平定夏州，杀知节度留后杨惠琳；二年平定镇海军，杀节度使李锜；五年擒获昭义节度使卢从

---

① 《顺宗实录》卷四贞元二十一年七月丁未条。

史；七年魏博田弘正归心中央，由中央任命为节度使；八年平定振武军乱事；十一年平定宥州乱事；十二年平定淮西，杀自领节度的吴元济；十三年成德节度使王承宗送二子入侍为人质；十四年平定淄青，杀节度使李师道；幽州节度使刘总也想"尽更河朔旧风"，在宪宗身后穆宗长庆元年把地盘交还给中央：所有成问题的藩镇包括河北三镇和淄青在内基本上全被解决。按照反藩镇就是革新的逻辑，宪宗岂非是个大大的革新派？但只因为他收拾了王叔文集团，就被扣上顶保守的帽子①。

现在再谈宦官。说只有庶族地主才反宦官，士族则不反甚至投靠宦官，同样拿不出理论根据。真讲理论，那宦官是皇帝的"家奴"即家内奴隶，倒真正出身于庶族，而且是庶族中地位极低下者，多数连地主都够不上。不过既成为皇帝的家内奴隶，其中掌权者就和主子即皇室互相依存，有共同的利益而已②。现在有的教科书中说"宦官是工商杂类在政治上的代表"③，大概是看到宦官统率的"神策军军士多是长安富家子即工商家子"，从而以偏概全，其难于成立自毋庸多说④。但不管怎样宦官和士族地主之间总不致存在什么特殊利害关系。事实上也端不出宦官只代表士族不代表庶族的言行。

至于王叔文集团，和某些宦官有过斗争倒是事实。《顺宗实录》卷三

---

① 但宪宗解决了那么多的藩镇总是事实，那也好办，或是假装不知道，或是发挥文字技巧加以贬低。如《论二王八司马政治革新的历史意义》中就说讨伐刘辟、李锜、吴元济三役只是"表面胜利"。不知道怎样才算不是表面胜利，是否像王叔文想杀刘辟而未果才是彻底胜利。王鸣盛则说得更妙，什么"刘辟本韦皋所遣，叔文必欲杀之，若其策得行，后日何烦高崇文往讨劳费兵力"。好像杀了一个刘辟就能彻底消除日后西川的叛乱。而且，王叔文之策不行只能说他自己不够坚决，几曾有集团以外的反对派在阻挠，王鸣盛这位封建史家大概写史论写得手滑，连起码的历史事实都顾不上了。

② 《唐代政治史述论稿》上篇指出唐代宦官"多出自今之四川、广东、福建等省，在当时皆边徼蛮夷区域"，这个看法是很精辟的，古代的家内奴隶，除自愿卖身投靠者外，或系战争被俘虏，或系被掠卖，当时南方少数民族力量单弱，因而常遭到被俘虏或掠卖充当奴隶的厄运。不过既成为皇帝的家内奴隶而且得宠掌权后，阶级地位自起变化，不再代表原来被压迫的少数民族的利益了。

③ 《中国通史简编》第三编第二章第三节。

④ 旧社会上海工商界人士中颇有为了保障财产不受流氓侵害而不得已参加帮会的，岂能说帮会是代表工商杂类利益？宦官以至神策军之不代表工商杂类利益也同此道理。

贞元二十一年五月条说:

> 辛未,以右金吾大将军范希朝为检校右仆射兼右神策京西诸城镇行营兵马节度使。叔文欲专兵柄,藉希朝年老旧将,故用为将帅,使主其名,而寻以其党韩泰为行军司马专其事。甲戌,以度支郎中韩泰守兵部郎中兼中丞,充左右神策、京西都栅行营兵马节度行军司马,赐紫。

同书卷五所附王叔文传在讲了这个措施后还接着说:

> 中人尚未悟。会边上诸将各以状辞中尉,且言方属希朝,中人始悟兵柄为叔文所夺,乃大怒曰:"从其谋,吾属必死其手。"密令其使归告诸将曰:"无以兵属人。"希朝至奉天,诸将无至者。韩泰白叔文,计无所出,唯曰:"奈何,奈何!"

案神策军包括神策军的京西诸城镇行营都是归属由宦官所任神策中尉管辖的,叫范希朝任京西诸城镇行营兵马节度使,是想从事实上来控制这支部队,分割神策军的部分兵权,在名义上并没有改变神策全军和中尉之间的隶属关系。而边上诸将偏偏"各以状辞中尉,且言方属希朝"者,说明王叔文的企图早为他们所洞察,所以及时向中尉报告,并奉中尉之命拒绝这两位新上司。王叔文的斗争手段实在算不上多么高明。

更堪注意的,王叔文在图谋抓神策军部分兵权的同时,却和另一个大宦官相互勾结,如《顺宗实录》卷一说:

> 闻德宗大渐,上(顺宗)疾不能言,〔王〕伾即入,以诏召叔文,入坐翰林中使决事。伾以叔文意入言于宦者李忠言,称诏行下,外初无知者。

卷四说：

> 上自初即位，则疾患不能言，至四月益甚，时扶坐殿，群臣望拜
> 而已，未尝有进见者，天下事皆专断于叔文，而李忠言、王伾为之内
> 主，〔韦〕执谊行之于外。

卷五附王叔文传说：

> 叔文既得志，与王伾、李忠言等专断外事。……伾以侍书幸，寝
> 陋吴语，上所褻狎。而叔文颇任事自许，微知文义，好言事，上以故
> 稍敬之，不得如伾出入无阻。叔文入至翰林，而伾入至柿林院，见李
> 忠言、牛昭容等，故各有所主。伾主往来传授，刘禹锡、陈谏、韩
> 晔、韩泰、柳宗元、房启、凌准等主谋议唱和，采听外事。

又《旧唐书·王叔文传》说：

> 时上寝疾久，不复关庶政，深居施帘帷，阉官李忠言、美人牛昭
> 容侍左右，百官上议，自帷中可其奏。……叔文因王伾，伾因李忠
> 言，忠言因牛昭容，转相结构。

这些史料所说顺宗有病当是事实，"疾患不能言"则过甚其词，当是史官
故意把一切罪名推在二王等人身上，从而为顺宗开脱，因为宪宗究竟是顺
宗的儿子，儿子可反父亲，但还得为父亲留面子。但顺宗最亲信的大宦官
李忠言在其中所起的重大作用，则是事实而不可能虚构。勾结一个大宦
官，同时想从另一派宦官手里夺兵权，这最多只能说和某些宦官争权闹矛
盾，说反宦官就未免太夸大，因为他们并没有反整个宦官制度和全体宦
官，相反仍然在维持宦官控制内廷的传统，仍旧是内廷外朝相勾结呼应的
老一套而已。不仅如此，《实录》卷四还说：

> 自叔文〔因母丧〕归第，伝日诣中人并杜佑，请起叔文为相，且
> 总北军；既不得，请以威远军使平章事；又不得，其党皆忧悸不自保。

《旧唐书·王叔文传》又说：

> 叔文母死。前一日，叔文置酒馔于翰林院，宴诸学士及内官李忠
> 言、俱文珍、刘光奇等。中饮，叔文白诸人曰：“叔文母疾病，比来
> 尽心戮力为国家事，不避好恶难易者，欲以报圣人之重知也。若一去
> 此职，百谤斯至，谁肯助叔文一言者，望诸君开怀见察。”……俱文
> 珍随语折之，叔文无以对。

这些在文辞上自难免有对王叔文等贬低丑化之处，但事实总不至凭空捏造。则王叔文、王伾在大势将去之时，仍有这类乞怜于宦官，甚至包括反对派大宦官俱文珍之流的活动，王伾甚至还想通过这种乞求让王叔文来“总北军”即神策军。这种与虎谋皮的办法也正说明王叔文集团之对待宦官实在说不上有多么坚强的斗争性。

为“永贞革新”论者铺张扬厉如火如荼的“内抑宦官”“外制方镇”，其真相不过如此，其余所谓新政也就可想而知。当然，我不是说他们没干好事，除争夺神策军指挥权的是非尚待研究外①，他们所干的在封建社会里大体都可算是好事。但能不能干这类好事，和是否庶族地主并无什么关系。而且在唐代能干或想干这类好事的还颇有其人。与俱文珍有牵连，并不讲王叔文好话的韩愈，以及京兆尹吴凑和其他谏官御史，在德宗末年都先后论列宫市之弊，韩愈且由此被贬为阳山令②。放宫女的事情，除众所

---

① 关于神策军对维护中央政权所起的积极作用，以及为什么德宗最后要把神策军归属宦官统率，别详拙作《“泾师之变”发微》。

② 《旧唐书》卷一六〇《韩愈传》，卷一四〇《张建封传》。

周知的唐太宗曾把"怨女三千放出宫"外①，打开《册府元龟》可看到"帝王部·仁慈"里还记载了不少。在唐朝高宗、睿宗、宪宗、穆宗、敬宗、文宗都放出过，其中收拾王叔文集团的宪宗在元和八年就"出宫人二百车，许人得娶以为妻"，这在人数上也未必少于顺宗。至于赋税，在封建社会里本是经常减免的（当然这种减免对老百姓真有多少好处还可考虑），查一下《元龟》的"邦计部·蠲复"，就知道在唐代几乎所有的皇帝都下诏减免过，光宪宗一朝就有二十二次之多。如果这都算"革新"，那历史上的革新人物也就未免太多了。

<h1 style="text-align:center">四</h1>

王叔文等人形成一个政治集团是事实，干了一系列的政治活动也是事实。如上所说既不算革新运动，更不是庶族地主对士族地主的斗争，那这场政治活动政治斗争究竟属于什么性质？我认为首先应该注意王叔文等人在顺宗朝之所以能进用，这在有关王叔文、王伾的记载里本已讲得很清楚，如《顺宗实录》卷一就说：

> 上学书于王伾，颇有宠，王叔文以棋进，俱待诏翰林，数侍太子棋。叔文诡谲多计，上在东宫，尝与诸侍读并叔文论政，至宫市事，上曰："寡人方欲极言之。"众皆称赞，独叔文无言。既退，上独留叔文，谓曰："向者君奚独无言，岂有意邪？"叔文曰："叔文蒙幸太子，有所见，敢不以闻？太子职当侍膳问安，不宜言外事。陛下在位久，如疑太子收人心，何以自解？"上大惊，因泣曰："非先生，寡人无以知此！"遂大爱幸，与王伾两人相依附，俱出入东宫。

卷五附叔文传说：

---

① 白居易《新乐府》首篇《七德舞》。

〔叔文〕以棋入东宫，颇自言读书知理（治）道，乘间常言人间疾苦。上将大论宫市事，叔文说中上意，遂有宠。因为上言某可为将，某可为相，幸异日用之。密结韦执谊，并有当时名，欲侥幸而速进者陆质、吕温、李景俭、韩晔、韩泰、陈谏、刘禹锡、柳宗元等十数人，定为死交，而凌准、程异等又因其党而进。

《旧唐书·二王传》基本上承用《实录》而稍有补充，如《王叔文传》说是"德宗令直东宫"，说"宫中之事依之裁决"，《王伾传》说"始为翰林侍书待诏，累迁至正议大夫、殿中丞、皇太子侍书"。总之，这些史料讲得很清楚，王叔文、王伾都是顺宗为皇太子时的东宫旧人，在东宫里早已以王叔文为首，并吸收了后来成为八司马的一批有政治欲望的人，结合成朝廷以外的政治小集团，说得不好听点就是形成了皇太子顺宗的私党。皇太子顺宗一旦即位，私党们当然弹冠相庆，要登上政治舞台作出一番表演。

王叔文集团的下台仍旧是这个规律在起作用。《顺宗实录》卷四说：

六月……癸丑，韦皋上表请皇太子监国，又上皇太子笺。寻而〔荆南节度使〕裴均、〔河东节度使〕严绶表继至，悉与皋同。……七月……乙未，诏军国政事宜权令皇太子某勾当。……〔时〕外有韦皋、裴均、严绶等笺表，而中官刘光奇、俱文珍、薛盈珍、尚解玉等皆先朝任使旧人，同心怨猜，屡以启上。上固已厌倦万机，恶叔文等，至是遂召翰林学士郑絪、卫次公、王涯等入至德殿，撰制诰而发命焉。又下制以太常卿杜黄裳为门下侍郎，左金吾卫大将军袁滋为中书侍郎，并平章事。又下制，吏部尚书、平章事郑珣瑜，刑部尚书、平章事高郢并守本官罢相。

又《旧唐书》卷一八四《宦官·俱文珍传》说：

俱文珍，贞元末宦官，后从义父姓曰刘贞亮。……每〔李〕忠言
宣命，内臣无敢言者，唯贞亮建议与之争。知其朋徒炽，虑骙朝政，
乃与中官刘光琦、薛文珍、尚衍、解玉等谋①，奏请立广陵王（宪宗）
为皇太子，勾当军国大事。顺宗可之。贞亮遂召学士卫次公、郑絪、
李程、王涯入金銮殿草立储君诏。及太子受内禅，尽逐叔文之党，政
事悉委旧臣。……元和八年卒，宪宗思其翊戴之功，赠开府仪同三司。

可见这是以宦官俱文珍为首的德宗朝所任使的旧人旧臣，结合到一起对顺
宗朝的李忠言、王叔文等人的一次大夺权。德宗早已死去，他们所拥戴的
自然只能是顺宗的长子、后来成为皇太子的广陵王。同时，如前所说早在
顺宗当皇太子时已以王叔文为首形成了东宫里的政治小集团，这些德宗时
的旧人不会毫无知觉，所以如前引《旧唐书·卫次公传》所说在德宗死去
时卫曾有"皇太子虽有疾，地居冢嫡，内外系心，必不得已，当立广陵
王"的创议。这当然不是忠诚于顺宗，而正是准备寄托希望于宪宗。因为
顺宗健康之恶化也为人所共知，立了顺宗，时间不会太长宪宗就有上台的
可能。这又说明他们这些德宗朝旧臣宦官和宪宗早有勾结，在顺宗朝早已
形成了一个势力超过了王叔文等人的政治集团，继而很快达到了取而代之
的目的。此外外边藩镇中的韦皋如前所说是本想投靠王叔文集团，碰钉子
后才反王的。裴均据《新唐书》卷一〇八本传是德宗朝大宦官左神策军中
尉窦文场的"养子"，"德宗以均任方镇，遂欲相之"，经谏官点出是宦官
养子才作罢。严绶据《旧唐书》卷一四六本传也是被德宗亲自选任为河东
行军司马，接着升擢节度使的，和宦官同样多所勾结。说明他们也都是以
德宗旧臣的身份和俱文珍等内外呼应来反王叔文的。德宗旧臣中还有虽反
王叔文却没有被宪宗重用的，如宰相郑珣瑜、高郢在宪宗以皇太子勾当军
国政事时反被罢了职，这应是他们在反王的同时并未投靠宪宗和俱文珍之
流。这又说明以宪宗为核心的政治集团并没有把德宗朝旧人全部包括进

---

① "尚衍、解玉"《实录》作"尚解玉"，未知孰是。

去，是以这些旧人为基础的重新组合。

由此可知，王叔文集团的结集和成败，只是唐代统治阶级各个集团之间内部斗争的体现。这些集团都得找一个皇帝或皇子为集团的核心，而参加的成员多数是皇帝或皇子的旧人，是以人事关系结集而并非以士族、庶族来区分。而且在政策上各个集团之间也并没有太大的差别。因为施点仁政之类本是中国儒家的传统思想，一般来讲无论哪个集团得势登上政治舞台总得多少做一点。这就是前面所说的尽管宪宗上台收拾了王叔文集团，用人上"一朝天子一朝臣"，在行政上有好些地方看起来倒像是顺宗朝的延续。

在这里，我想引用《中国通史简编》第三编第二章第三节里关于宪宗收拾王叔文所写的几句评论，即：

> 从此，唐朝又创了一个新的恶例，每一个皇帝都把自己任用的人当作私人，后帝对前帝的私人，不分是非功过，一概敌视，予以驱逐。

案《简编》讲述王叔文虽未能完全脱出王鸣盛等人的窠臼，但并没有像其他通行教科书那样把它说成是庶族士族之争，也没有乱用"永贞革新"这样的新词语。而上面这几句话则说得更高明，差不多触及了这场政治上反复斗争的实质。不过这并不能说是宪宗个人所创的"恶例"，而只是当时统治阶级内部矛盾斗争的规律或模式。因为早在宪宗之前这个规律已多次在起作用，从玄武门之变算起，武则天之架空高宗改唐为周，玄宗之杀韦后杀太平公主夺取政权，肃宗之在灵武拥兵自立，甚至前一个朝代隋炀帝之取代杨勇登上帝位，无一不是体现了这个规律。对此我别有专文论证，在这里不再多说。

（原载《青海社会科学》1986 年第 5 期）

唐元和后期党争与宪宗之死

　　唐宪宗之见杀于宦官，史有明文。陈寅恪先生《唐代政治史述论稿》《顺宗实录与玄怪录》，先师吕诚之（思勉）先生《隋唐五代史》第七章第三节中也都有所论述。但对宦官之所以要冒此大不韪杀害宪宗，还未暇深求。这篇文章就想在此问题上作点拾遗补阙工作。

一

　　在两《唐书》等文献中可看到宪宗之死和储位之争有干系。其中《新唐书》本纪说得更明显，卷七《宪宗纪》结尾说"〔元和〕十五年正月，宦者陈弘志等反，庚子，皇帝崩"，而卷八《穆宗纪》开头说"〔元和〕十五年正月庚子，宪宗崩，陈弘志杀吐突承璀及澧王。辛丑，遗诏皇太子（穆宗李恒）即皇帝位于枢前"。因此要弄清楚宪宗之死的真相，必须研究宪宗朝的立储问题。

　　宪宗诸子的情况，《新唐书》卷八二《宪宗诸子列传》讲得最简明：

　　　　宪宗二十子，纪美人生宁，懿安皇后生穆宗皇帝，孝明皇后生宣宗皇帝，余十七王皆后宫所生，史逸其母之号氏。

但据同书卷七七《后妃传》，孝明皇后郑氏是"丹杨人，或言本尔朱氏，元和初李锜反，有相者言后当生天子，锜闻，纳为侍人，锜诛，没入掖廷，侍懿安后，宪宗幸之，生宣宗"，则与生宁的纪美人也都是后宫的一般姬侍婢妾，所以纪美人也无传可稽，她俩能留下姓氏只是生了宣宗和皇太子宁的缘故。当时看来出身高贵的只有生穆宗的懿安皇后，《后妃传》说：

> 宪宗懿安皇后郭氏，汾阳王子仪之孙，父暧，尚升平公主，实生后。宪宗为广陵王，娉以为妃。

她是中兴元勋郭子仪的孙女，德宗皇帝的外甥女，又是宪宗还未当上皇太子时就聘娶的正妃。我国古代立皇太子通常有两种办法：一是立嫡，也叫立贵，即立正嫡所生的儿子而不立姬妾庶出之子；一是立长，即立最年长之子。如果用前一种办法，郭氏所生的穆宗李恒做皇太子自然最合格。

要不要用后一种立长的办法，一般得看皇子中长幼的差别是否很大。如果差得很大，譬如长子比次子、三子大上七八岁、十几岁，立嫡出的次子、三子太幼小怕影响政局稳定，可以改立长子，虽庶出也无妨。但宪宗诸子并非如此，《旧唐书》卷一七五《宪宗诸子传》说：

> 惠昭太子宁，宪宗长子也，……〔元和〕四年闰三月立为皇太子。……元和六年十二月薨，年十九。

推算起来生于德宗贞元九年。而同书卷一六《穆宗纪》说：

> 贞元十一年七月生于大明宫之别殿。

则仅比庶出的长子宁小两岁。除非有特殊原因，不会考虑两岁之长而弃嫡立庶。

无如元和四年立皇太子偏偏立了长子惠昭太子宁而叫穆宗落选，其原因就在穆宗生母郭妃身上。《新唐书·后妃传》说：

> 宪宗懿安皇后郭氏，……元和元年进册贵妃。八年，群臣三请立
> 为后，帝以岁子午忌，又是时后廷多嬖艳，恐后得尊位，钳掣不得
> 肆，故章报闻罢。穆宗嗣立，上尊号皇太后。

可见这位嫡妃郭氏在宪宗即位后只进册贵妃而不直接册封皇后，而且
终宪宗朝也没有当上皇后。这真是因为"岁子午忌"吗？那过了元和八年
还有什么可忌呢？说"后廷多嬖艳，恐后得尊位，钳掣不得肆"，也许有
一点，可更多的还应该是从政治上考虑。要知道，在唐代皇后的地位是颇
为特殊的，遇上有政治欲望的，就很容易干预朝政甚或垂帘听政，高宗朝
的武后、中宗朝的韦后、肃宗朝的张后都是先例。而这位郭妃的家世声望
尤非这几位所能比拟。试看郭妃的祖父郭子仪早在肃、代两朝就备受猜
疑[1]，则此时郭妃之不能正位中宫自可理解。母既受遏制不能正位中宫，
子自然也随之失宠，元和四年皇太子之位遂为长子惠昭太子宁所得而穆宗
不能不落选。

<h2 style="text-align:center">二</h2>

元和六年十二月惠昭太子宁死去，又再次出现储位之争。《旧唐书·
宪宗诸子传》说：

> 澧王恽，宪宗第二子也，本名宽，……元和元年进封澧王，七年
> 改今名。时吐突承璀恩宠特异，惠昭太子薨，议立储副，承璀独排群
> 议，属澧王，欲以威权自树。赖宪宗明断不惑。上将册拜太子，诏翰
> 林学士崔群代澧王作让表一章，群奏曰："凡事已合当之而不为，则
> 有退让焉。"上深纳之。及宪宗晏驾，承璀死，王亦薨于其夕。

---

[1] 别详拙撰《"泾师之变"发微》，收入陕西师范大学《唐史论丛》第二辑，1987年1月。

据此好似宪宗将册拜穆宗为太子，而诏崔群代澧王作让表。检同书卷一五九《崔群传》乃大谬不然：

> 元和七年，惠昭太子薨，穆宗时为遂王，宪宗以澧王居长，又多内助，将建储贰，命群与澧王作让表，群上言曰："大凡己合当之，则有陈让之仪；己不合当，因何遽有让表？今遂王嫡长，所宜正位青宫。"竟从其奏。

原来是宪宗已要立澧王为太子，叫崔群代澧王作个让表，履行一下接受储位之前的手续，并非真叫澧王把储位让给遂王即穆宗，而崔群却站在穆宗一边反对澧王，最后澧王竟告失败而穆宗成为太子。惠昭太子宁死于元和六年十二月，而《新唐书·宪宗纪》说遂王即穆宗在七年七月乙亥立为皇太子①，其间储位虚悬不定至七个月之久。凡此均可见当时争夺的剧烈。

争夺储位的澧王一边首要人物自推大宦官吐突承璀。本来，宪宗刚即位时大宦官中的老资格还算不上吐突承璀而是后来改姓名为刘贞亮的俱文珍，宪宗之能逼顺宗为太上皇而由自己即位实多仗此人之力②。但据《旧唐书》卷一三四《宦官·俱文珍传》，他是"贞元末宦官"，也就是德宗朝的旧人，因此如《新唐书》卷二〇七《宦者·刘贞亮传》所说，宪宗对他"终身无所宠假"，他在宪宗朝只累迁至右卫大将军知内侍省，迄未一任神策中尉或知枢密等有权力的实职。吐突承璀则不然，据《旧唐书》卷一八四本传，他"幼以小黄门直东宫，性敏慧，有才干。宪宗即位，授内常侍，知内省事，左监门将军，俄授左军中尉、功德使"。这东宫应是宪宗为皇太子时的东宫。但宪宗在贞元二十一年四月册为皇太子，八月就受内禅即皇帝位，如宪宗为皇太子时他还"幼"是个"小黄门"，过四个月宪

---

① 《旧唐书》卷一五《宪宗纪》同作乙亥但脱去"七月"。《旧唐书·穆宗纪》则未书乙亥，但作"十月"，"十""七"形近，作"十月"当是传写之误。
② 别详拙撰《所谓"永贞革新"》，载《青海社会科学》1986年第5期。

宗即位后他如何能迅速大用？《新唐书》卷二〇七本传作"以黄门直东宫，为掖廷局博士，察察有才，宪宗立，擢累左监门将军、左神策护军中尉、左街功德使，封蓟国公"，当转得其实。总之此人是以宪宗在东宫时的亲信宦官而在即位后被大用的，这种大用东宫时亲信宦官在唐代本是通例。左监门将军和俱文珍所任右卫大将军之类只是虚衔，仅用来定个品阶，其实职先是知内侍省事，继而左神策中尉。而自德宗朝始置左、右神策中尉以来，左神策中尉即居右神策中尉之上，如贞元十一年新译《华严经》《大方广佛华严经》译场列位衔名作"右神策军护军中尉兼右街功德使元从兴元元从云麾将军右监门卫将军知内侍省事上柱国交城县开国男食邑三百户臣霍仙鸣，左神策军护军中尉兼左街功德使元从兴元元从骠骑大将军行左监门卫大将军知内侍省事上柱国邠国公食邑三千户臣窦文场等进"可证。这时吐突承璀既为左神策中尉，就已跃居宦官的首领地位。元和四年十月征讨成德军节度使王承宗，任吐突承璀为行营招讨处置使，谏官说"自古无中贵人为兵马统帅者"，才改"处置"为"宣慰"，吐突承璀"率禁军上路，帝御通化门楼，慰谕遣之"，这都可见宪宗对吐突承璀的信任重用。元和五年四月吐突承璀诱执和王承宗通谋的昭义节度使卢从史，七月王承宗上表自首，朝廷罢兵，这说明吐突承璀也不无劳绩，所以"班师，仍为禁军中尉"。但接着就发生一段波折，如《旧唐书》本传所说是：

〔补阙〕段平仲抗疏极论承璀轻谋弊赋，请斩之以谢天下，宪宗不获已，降为军器使。俄复为左卫上将军，知内侍省事。时弓箭库使刘希先取羽林大将军孙璹钱二十万以求方镇，事发赐死，辞相告讦，事连承璀，乃出为淮南节度监军使。太子通事舍人李涉性狂险，投匦上书，论希先、承璀无罪，不宜贬戮，谏议大夫、知匦事孔戣见涉疏之副本，不受其章，涉持疏于光顺门欲进之，戣上疏论其纤邪，贬涉硖州司仓。上待承璀之意未已，而宰相李绛在翰林，时数论承璀之过，故出之。八年，欲召承璀还，乃罢绛相位。承璀还，复为神策中尉。

案刘希先以及李涉的事情又见于《旧唐书》卷一五四《孔戣传》，但文字与《承璀传》基本相同，此外别无其他记载可以参考，其真相已不可得而尽悉，只是李绛此人在竭力反对吐突承璀这点必无疑问。《旧唐书》卷一六四《李绛传》说：

> 元和二年，以本官充翰林学士。……时中官吐突承璀自藩邸承恩宠，为神策护军中尉，乃于安国佛寺建立圣政碑，大兴功作，仍请翰林为其文，绛上言……乞圣恩特令寝罢。宪宗深然之，其碑遂止。绛后因浴堂北廊奏对，极论中官纵恣、方镇进献之事。……及镇州（案即成德军）节度使王士真死，〔子承宗嗣领节度，〕朝廷将用兵讨除，绛深陈以为未可。……六年，犹以中人之故罢学士，守户部侍郎，判本司事。……吐突承璀恩宠莫二，是岁，将用绛为宰相，前一日，出承璀为淮南监军，翌日降制，以绛为中书侍郎、同中书门下平章事。同列李吉甫便僻，善逢迎上意，绛梗直，多所规谏，故与吉甫不协。时议者以吉甫通于承璀，故绛尤恶之。

可见自翰林学士而至宰相的李绛，和前面所说反对澧王为皇太子的翰林学士崔群，都是其时吐突承璀的政敌。而早于李绛任宰相的李吉甫则站在吐突承璀一边。李绛、崔群一边是否有宦官支持，则史无明文，《旧唐书》卷一四《宪宗纪》纪元和五年九月"降承璀为军器使"后说："乃以内官程文干为左军中尉。"但此人事迹不可考，后来杀宪宗拥立穆宗的宦官王守澄、陈弘志等人在此时权位如何也不甚清楚，姑从阙疑。至宪宗之既宠信吐突承璀又任用李绛、崔群者，则是旧时人君平衡臣下势力、不过听一方的传统办法，不足为怪。

弄清楚当时内外朝的势力派别，就比较易于探索元和七年的储位之争。前引《旧唐书·宪宗诸子传》说"惠昭太子薨，议立储副，承璀独排群议，属澧王"，《吐突承璀传》说"惠昭太子薨，承璀建议请立澧王宽为太子"，都好像当时吐突承璀身在京师，其实不然。吐突承璀之得监军淮南之任命，据前引《旧唐书·李绛传》是在李绛任宰相的前一日，而《旧唐书》卷一四《宪宗纪》说元和六年十二月"己丑，制以朝义郎、守尚书户部侍郎、骁骑尉、赐紫金鱼袋李绛为朝议大夫、守中书侍郎、同中书门下平章事"[①]，则吐突承璀监军淮南之命当在元和六年十二月戊子，检《通鉴》卷二三八则谓元和十一年丙申"以承璀为淮南监军"，据《考异》实以《实录》为根据，《旧》传或本诸行状家传不尽可信，但元和六年闰十二月辛亥惠昭太子宁死亡之前吐突承璀已受命监军淮南自无疑问。至第二年元和七年七月乙亥穆宗立为皇太子时，吐突承璀已在淮南而不在京师。所以《通鉴考异》说："盖宪宗末年承璀欲废太子立澧王耳，非惠昭初薨时也。"案宪宗末年承璀欲废太子立澧王自是事实，下文正拟申说，不过并不能因此排除惠昭初薨时欲立澧王的可能。因为和吐突承璀有关系的李吉甫已于元和六年正月自淮南节度使重行入相，吐突承璀支持澧王的主张尽有办法让宪宗知悉而不致有所壅隔，《旧唐书·宪宗诸子传》和《承璀传》的说法绝非毫无来历。当然，也毕竟由于吐突承璀此时不在内廷，支持澧王的势力有所削弱，致使穆宗能在这次储位之争中获胜。

三

《旧唐书》卷一五《宪宗纪》载：

> 〔元和〕九年，春正月……乙卯，李吉甫累表辞相位，不许。……二月……癸卯，制朝议大夫、守中书侍郎、同平章事、上柱国、高邑男李绛守礼部尚书，累表辞相位故也。

这是两派势力的一次消长。如前所引《旧唐书·承璀传》也说元和"八

---

① 《新唐书》卷七《宪宗纪》同，独卷六二《宰相表》作元和六年十一月己丑，但检《二十史朔闰表》是年十一月并无己丑，十一月必是十二月之误。

年，欲召承璀还，乃罢绛相位，承璀还，复为神策中尉"。这吐突承璀重任左神策中尉的确切月日虽不可考，但在九年二月李绛罢相之后不久当无疑问。所以李吉甫虽在元和九年十月去世，十年二月辛亥仍"以礼部尚书李绛为华州潼关防御镇军等使"。十一年二月甲寅"以华州刺史李绛为兵部尚书"，仍未能恢复相职，接着就丁母忧。十四年六月起复，"甲子，以前兵部尚书李绛检校吏部尚书、河中尹，充河中、晋、绛、慈、隰观察使"。《旧唐书》本传说："河中旧为节制，皇甫镈恶绛，只以观察命之。"可见这个和吐突承璀作对的李绛已彻底失势。

再看出力支持穆宗为皇太子的崔群。《旧唐书》本传说他元和"十二年七月，拜中书侍郎、同中书门下平章事"，是得志大用了。可下文又说：

> 度支使皇甫镈阴结权幸，以求宰相，群累疏其奸邪。……镈深恨之，而宪宗终用镈为宰相。无何，群臣议上尊号，皇甫镈欲加"孝德"两字，群曰："有睿圣则孝德在其中矣。"竟为镈所构，宪宗不乐，出为湖南观察都团练使。

案之《旧唐书》卷一三五《皇甫镈传》："镈贞元初登进士第，登贤良文学制科，授监察御史。丁母忧，免丧，坐居丧时薄游，除詹事府司直，转吏部员外郎，判南曹，凡三年，颇钤制奸吏，改吏部郎中，三迁司农卿、兼御史中丞，赐金紫，判度支，俄拜户部侍郎。时方讨淮西，切于馈运，镈勾剥严急，储供办集，益承宠遇，加兼御史大夫。〔元和〕十三年，与盐铁使程异同日以本官同平章事，领使如故。"可见是位颇有才干的人物，史传说他如何"奸邪"无非是他失败后加上的诬陷不实之辞。但《旧唐书·镈传》说"中尉吐突承璀恩宠莫二，镈厚赂结其欢心，故及相位"，则当有事实根据，即皇甫镈实与吐突承璀内外呼应，在宪宗最后几年操纵了朝政，而支持穆宗为皇太子与吐突承璀对立的崔群自不得久于相位，议宪宗尊号只是个导火线而已。《旧唐书·镈传》说镈奏曰："昨群臣议上徽号，崔群于陛下惜'孝德'两字。"而宪宗确有从他父亲顺宗手里夺取帝位有伤孝道的惭德，则崔群为宪宗深恶而贬黜亦自势所必至。

崔群之贬充湖南观察使是在元和十四年十二月乙卯即十一日，两《唐书·宪宗纪》和《新唐书·宰相表》均无异辞，而宪宗之死在元和十五年正月庚子即二十七日，距离崔群之贬才四十五日，可见崔群之贬是对他所支持的皇太子穆宗及其党与敲响了警钟，为保有大位和随之而来的权势富贵，不得不发动宫廷政变以作孤注之一掷。对此《旧唐书》卷一二〇《郭子仪传附郭暧子郭钊传》有这样一条记载：

> 〔元和〕十五年正月，宪宗寝疾弥旬，诸中贵人秉权者欲议废立，纷纷未定。穆宗在东宫，心甚忧之，遣人问计于钊，钊曰："殿下身为皇太子，但旦夕视膳，谨守以俟，又何虑乎？"迄今称钊得元舅之体。

这"中贵人秉权者"指谁呢？《新唐书》卷一三七《附郭钊传》文字略同《旧》传，只有《通鉴》作了答复，卷二四一元和十五年正月条说：

> 初，左军中尉吐突承璀谋立澧王恽为太子，上不许。及上寝疾，承璀谋尚未息。太子闻而忧之，密遣人问计于司农卿郭钊，钊曰："殿下但尽孝谨以俟之，勿恤其他。"

案《通鉴》如此写自必有依据。郭钊是否真如此回答，固不得而知，很可能是穆宗即位后为掩饰自己弑君父罪行而编造，并借以美化舅氏，这里姑置勿论。而秉权的中贵人吐突承璀欲议太子的废立，为太子的穆宗闻而忧之要采取措施，则得此史料正可证实。这次宫廷政变的主角自然是穆宗，陈寅恪先生《唐代政治史述论稿》引用《新唐书》卷八《宣宗纪》大中十二年二月"废穆宗忌日，停光陵朝拜及守陵宫人"，和裴廷裕《东观奏记》卷上所说：

> 宪宗皇帝晏驾之夕，上（宣宗）虽幼，颇记其事，追恨光陵商臣之酷，即位后，诛除恶党无漏网者。时郭太后……以上英察孝果，且怀惭惧。时居兴庆宫，一日，与二侍儿同升勤政楼，倚衡而望，便欲殒于楼下，欲成上过。左右急持之，即闻于上，上大怒。其夕，太后暴崩，上志也。

商臣是弑君父的楚穆王的大名，事见《左传》文公元年，光陵是穆宗的陵寝，"光陵商臣之酷"即言穆宗行商臣之事弑君父宪宗。宣宗是宪宗第十三子，为报杀父之仇自当追恨其兄长穆宗而废其忌日、停其朝拜。至郭太后既受宪宗遏制不得正位中宫，而爱子穆宗的皇太子地位复发生危险，则自有可能与穆宗合谋政变。故宣宗欲杀郭太后，绝不仅为生母郑氏曾为郭侍儿如《新唐书·后妃传》所说"有曩怨"之故，《东观奏记》之记载必是实录。于此寅恪先生已有论证，兹可不赘。

穆宗、郭后当不至于躬操白刃，行凶加刃者是吐突承璀对立面的若干宦官。这在《旧唐书》卷一五《宪宗纪》是如此写的：

> 〔元和〕十五年春正月……庚子，……是夕，上崩于大明宫之中和殿，享年四十三。时以暴崩，皆言内官陈弘志弑逆，史氏讳而不书。

《宦官·王守澄传》讲得稍详细点，也只说：

> 宪宗疾大渐，内官陈弘庆等弑逆。宪宗英武，威德在人，内官秘之，不敢除讨，但云药发暴崩。时守澄与中尉马进潭、梁守谦、刘承偕、韦元素等定册立穆宗皇帝。

这都说得半真半假，当缘《实录》本只说"药发暴崩"，对真相"讳而不书"，而石晋纂修《旧唐书》时并未认真考核之所致。因为如果真只是陈弘志弑逆，王守澄等未尝与闻，则何以"不敢除讨"？今既考知杀宪宗即是为了保穆宗，则"定册立穆宗"的王守澄辈焉得与杀宪宗之举无关？因此《新唐书》卷二〇八《宦者·王守澄传》改写为：

> 是夜，守澄与内常侍陈弘志弑帝于中和殿，缘所饵，以暴崩告天下，乃与梁守谦、韦元素等定册立穆宗。

还比较接近真相，只是梁守谦、韦元素以及其他所有参与定册立穆宗的宦官当都属于此政变阴谋集团之成员，看《新唐书·守澄传》说文宗讨"元和逆罪"杀韦元素、杨承和以及王守澄、守澄弟守涓等可证。又据《旧唐书》卷一六九《李训传》所说：

> 训既秉权衡，即谋诛内竖。中官陈弘庆者，自元和末负弑逆之名，忠义之士无不扼腕，时为襄阳监军，乃召自汉南，至青泥驿，遣人封杖决杀。

这陈弘庆即陈弘志当是加刃于宪宗之人，因此特"负弑逆之名"，《旧唐书·宪宗纪》《王守澄传》也就来个曲笔说"内官陈弘志弑逆"或"内官陈弘志等弑逆"，让王守澄等变成了置身事外的善后者了。至于这些弑逆的宦官和穆宗本来有无关系，已无明文可稽。但如《新唐书·王守澄传》说他"史亡所来"，而不像《吐突承璀传》那样明确地写出"以黄门直东宫"云云，则很可能本非穆宗东宫旧人，只是因某方面利害攸同而临时结合而已。

原先支持穆宗为皇太子的崔群和同吐突承璀作对的李绛，如前所说，在元和十五年正月宫廷政变之前都已经离京外任，对政变自不可能参与。《旧唐书·崔群传》说："穆宗即位，征拜吏部侍郎，召见别殿，谓群曰：'我升储位，知卿为羽翼。'"《李绛传》说皇甫镈得罪后李绛也回京任兵部尚书。但为时不久二人又都外放节镇，没有能重掌相权。这当缘二人与王守澄等新掌权的中贵人缺少渊源，得不到内廷助力所致。

吐突承璀和澧王当与宪宗同时被杀，但没有公开宣布罪状，很可能制造不出或不敢制造出什么罪状。而且《旧唐书·穆宗纪》还把"澧王宽薨"写在元和十五年四月丁丑条下，当是拖到这天才公开宣布澧王死讯，因而《实录》照写，而《旧》纪又照抄《实录》。这又是穆宗等心中有鬼弄得手忙脚乱之所致。公开宣布罪状的只有皇甫镈，见《旧唐书》本传。其中说他"恣求方士，上惑先朝"，又把进献宪宗仙药的山人柳泌和僧大通"付京兆府决重杖一顿处死"，这就是前引《旧唐书·王守澄传》所说陈弘志等弑逆后"内官秘之，不敢除讨，但云药发暴崩"，而柳泌和僧大通作为了替罪者，当然这两个进仙药以图富贵也自有取死之道。但对皇甫镈仍只是"俾黜遐荒"而且让他"卒于贬所"，不敢明正典刑或采取赐死等办法，说明他们给皇甫镈罗致罪名时多少感到心虚理亏。

四

最后再讲一方提供与元和十五年政变有关史料的唐墓志。它当在清季或民国初年于西安出土，所以没有收入清人撰集的碑刻书录，至民国三十年开明书店印《国立北平图书馆藏碑目（墓志类）》、壬午即民国三十一年印罗振玉《墓志征存目录》始见著录，都题为《赵氏夫人墓志》。今原石不明所在，拓本尚有流传，略谓赵氏父名萱，尝为鸿胪卿，赵氏初适杨某，元和六年杨卒于京兆府长安县，赵氏复改适吴郡顾氏，元和十四年赵氏卒，十五年归葬长安县。志题"吴郡顾方肃撰"，铭文又谓"愚夫撰铭"，可见这顾方肃即赵氏改适之后夫，妻死而躬撰志铭。虽文字拙率，用词缀句尚是唐人风格，书法亦唐楷之中下者，在清季民国初此类志石市值不过银元几枚，知绝无伪造之可能。但事有奇者，志中忽出一"永新"年号，谓：

夫人元和十四年七月十一日不起宿疾，终于兹川。以元和十五年

> 少帝即位，二月五日改号为永新元年，以其年岁在戊戌二月十二日归
> 窆于长安县昆明乡魏村先妣段夫人茔。

案元和十五年正月庚子宪宗被杀，丙午穆宗即位，这里所谓"以元和十五年少帝即位，二月五日改号为永新元年"之少帝自只能是穆宗。穆宗生于贞元十一年即公元795年，至元和十五年即公元820年即位时为二十六岁，自可称为少帝，但"改号为永新元年"之事不特两《唐书》《通鉴》《唐会要》《册府元龟》等文献中不见记载，即唐人诗文小说中亦绝无影响。北平馆目、罗目在著录时对此大概也感到困惑，所以只说元和十五年二月十二日而不曰永新元年二月十二日。

但此志石之非伪造，已如前所说。而志石之撰刻即在长安，对国家改元大事必无道听途说或信笔捏写之可能。因而研究工作者面前的问题即此"二月五日改号为永新元年"究当如何解释。

先说"改号"，改号或曰改元在我国历史上通常在新皇帝即位的第二年年初，但有时也在新皇帝即位后不久就改，不必等到第二年。以唐代而言，在穆宗之前即有：

公元684年本为中宗嗣圣元年，二月戊午中宗为武太后所废，己未立睿宗，同日改元文明。

公元710年本为中宗景龙四年，六月壬午中宗崩，甲申发丧，韦后临朝，改元唐隆，丁亥少帝重茂即位。庚子韦后等被杀，甲辰少帝逊位，睿宗即位，七月己巳改元景云。

公元712年本为睿宗延和元年，八月庚子睿宗传位于皇太子玄宗，同日改元先天。

公元756年本为玄宗天宝十五载，七月甲子肃宗自立于灵武。同日改元至德。

以上五个即位同日或即位后不久就改元的例子，都出现在政局发生特殊变动之时。今元和十五年正月丙午穆宗即位之前同样发生了宪宗遇弑这样的政局大变动，则改元之事提前在同年二月五日固在情理之中。这是第

一点。

第二点，唐代改元初期多下诏，武太后以后多用赦文，看两《唐书》本纪及《唐大诏令集》卷三、四、五"改元"类自知。墓志说"元和十五年少帝即位，二月五日改号为永新元年"，而《旧唐书·穆宗纪》正有元和十五年"二月……丁丑御丹凤楼大赦天下"之文，《新唐书·穆宗纪》也如此说，这二月丁丑就是二月五日，这篇赦文就是保存在《唐大诏令集》卷二"即位赦"类里的《穆宗即位赦》，其中有"自元和十五年二月五日昧爽已前，大辟罪已下，罪无轻重咸赦除之"云云的文字可证①。当然从这个赦文里已看不到有改元永新的话了，但当年的颁行原本一定是有的，否则墓志怎么正好说"二月五日改号为永新元年"，难道在二月五日除了这个赦文外还曾另下了一道专讲改元永新的赦文？

因此可作出这样的结论：元和十五年正月二十七日庚子宪宗被杀，二十八日辛丑穆宗即位，以事属政局特殊变动，在当年二月五日丁丑即提前改元永新，但稍后感到如此做法易引起人们对帝位交替产生疑问，于巩固统治转形不利，乃又取消此永新年号而按正常办法在第二年正月三日辛丑改元长庆，同时将元和十五年二月五日丁丑赦文中改元永新之文字删除，其他文字中有永新年号者也一律窜易或毁去。宋绶、宋敏求父子在北宋时编集《唐大诏令集》所见元和十五年二月五日赦文已是删除改元永新之本，因而没有把它收入"改元"类而编进了"即位赦"类。只有墓志在撰刻后即随逝者长埋而无发冢磨改之理，致此改元永新史实得随《赵氏夫人墓志》之出土重白于世。碑志有时可补史实，可资发微，此亦一佳例。

类似的改元旋又废弃，在清代尚有一例，即文宗死后肃顺等辅政时改元祺祥，旋慈禧勾结恭王奕䜣杀肃顺等又废祺祥而改元号为同治，惟以时日去今不甚遥远，文士王闿运又有《祺祥纪事》一文传世，世多知此掌

---

① 这"即位赦"类共收赦文十三篇，其中《神尧即位赦》《太宗即位赦》《睿宗即位赦》《肃宗即位赦》《代宗即位赦》《敬宗即位优赐诸军诏》是即位当天颁行的赦文，《中宗即位赦》《明皇即位赦》《顺宗即位赦》《武宗即位赦》《宣宗即位赦》《懿宗即位赦》则和《穆宗即位赦》一样都是即位后过了若干天才颁行的赦文，读赦文本文并参考两《唐书》本纪可知。说严格点，这后者应是"即位后赦"而不是真的"即位赦"。

故，与永新改元之事久无人知晓者差有间了。

附：《辛公平上仙》是讲宪宗抑顺宗

唐人李复言撰《续玄怪录》中有《辛公平上仙》一篇，见于南宋书棚刻四卷本《续幽（避宋讳改"玄"为"幽"）怪录》卷一及明陈应翔刻本《玄怪录》所附一卷本《续录》①。陈寅恪先生撰《顺宗实录与续玄怪录》，认为篇中所说"上仙"即被杀的皇上是指宪宗，是"假道家'兵解'之词，以纪宪宗被弑之实"。这从篇首讲"元和末"发生此事来看，好像确是讲对了的。问题是在篇末又说"元和初，李生畴昔宰彭城，而公平之子参徐州军事，得以详闻，故书其实"，则此事又应发生在元和之前，被杀的不可能是宪宗而可能是顺宗。究竟是错在篇首的"元和末"，还是错在篇末的"元和初"？被杀的是宪抑顺？在学术界久已是个疑问。

其实此疑问似尚不难解答，因为篇中讲了辛公平见到此皇上兵解上仙之后，有这么几句话：

〔辛〕秘不敢泄。更数月，方有攀髯之泣。

攀髯之泣者，即用《史记》卷二八《封禅书》所说"有龙垂胡髯下迎黄帝，黄帝上骑，群臣后宫从上者七十余人，……余小臣不得上，乃悉持龙髯，龙髯拔，堕，堕黄帝之弓，……乃抱其弓与胡髯号"的典故，也就是说帝王之死，这在陈寅恪先生文中已经指出。但何以既已兵解上仙，却要"更数月"即过了几个月后"方有攀髯之泣"？是否神魂先已兵解上仙，肉体"更数月"才死亡，这在我国古代谈神说鬼的所谓志怪小说中有无先例？试检《太平广记》"征应""梦"二门，类似的讲法在此前倒真出现

① 书棚本有胡珽《琳琅秘室丛书》排印本、徐乃昌《随庵丛书》覆刻本和《续古逸丛书》《四部丛刊续编》两种影印本，程毅中先生用书棚本和陈应翔本合成《玄怪录》《续玄怪录》的点校本一册，1982年中华书局版行，最便观览。

过。如卷一四一"征应·人臣咎征·谢安"条引《异苑》：

> 东晋谢安于后府接宾，妇刘氏见狗衔安头来，久之，乃失所在，是月安薨。

卷一四二"人臣咎征·尔朱世隆"条引《广古今五行记》：

> 后魏仆射尔朱世隆昼寝，妻奚氏忽见有一人携世隆头出，奚氏遽往视之，隆寝如故，及隆觉，谓妻曰："向梦见有人断我头将去。"数日被诛。

这都是古人相信凡事皆有预兆而产生的故事，但所说预兆的示现一般只在灾祸发生的前几天。即如《玄怪录》卷四《岑曦》篇所说岑曦伏法之前门客郑知古见到"大鬼者执曦头而出"，也只在伏法的前夕。因此《辛公平上仙》篇所说兵解上仙到攀髯之泣要"更数月"，必然别有原因。而这原因正好能从顺宗身上找到。韩愈撰《顺宗实录》（《昌黎先生外集》本）卷五说：

> 〔贞元二十一年〕八月庚子（四日）诏曰："……宜令皇太子（宪宗）即皇帝位，朕称太上皇，居兴庆宫，制敕称诰。"……辛丑（五日）……诰曰："……宜以今月九日册皇帝于宣政殿，……宜改贞元二十一年为永贞元年。"……元和元年正月甲申（十九日），太上皇崩于兴庆宫咸宁殿。

两《唐书》、《通鉴》也都这么说，而从贞元二十一年八月到第二年元和元年正月正好是"更数月"。在这数月之中，除了元和元年正月丙寅朔"太上皇于兴庆宫受朝贺，皇帝率百僚奉上尊号"，更不见退居太上皇的顺宗有什么活动。很可能因此而产生顺宗早在退居太上皇时就已被杀害的传说，而李复言据此传说在《续玄怪录》中写了这篇《辛公平上仙》。当然也有可能元和元年正月元旦"太上皇于兴庆宫受朝贺"云者只是宪宗制造的烟幕或史官的曲笔①，顺宗在成为太上皇时真已被杀死，"更数月"到元和元年正月甲申才宣布死讯。凡此今天自无从弄清楚，但《辛公平上仙》是讲顺宗之死这点则已可肯定而不容置疑。至于宪宗，则如《旧唐书》卷一五《宪宗纪》所说在元和十五年正月庚子（二十七日）"上崩于大明宫"之前，尚有"义成军节度使刘悟来朝，戊戌（二十五日），上对悟于麟德殿，上自服药不佳，数不视朝，人情恟惧，及悟出道上语，京城稍安"的记载，自然不会产生先已上仙，"更数月，方有攀髯之泣"的写法。

《辛公平上仙》既是讲顺宗之死，则篇首的"元和末"只能是"贞元末"之误。"贞元"何以会误"元和"，则与宋人避讳有关系。这"贞元"之"贞"，是宋仁宗赵祯的嫌名，照例可以改写为"正"，无如书棚本只是不甚谨严的坊刻，何况刻的又是无关紧要的前朝小说，于是转而采取了把"贞元末"改成"元和末"的办法，不曾想到会和篇末的"元和初"发生冲突。这种改"贞元"为"元和"的例子在书棚本《续幽（玄）怪录》里并不止一起，卷二《张质》篇有所谓"元和十一年""元和十七年"，查对《广记》卷三八〇所引本作"贞元十一年""贞元十七年"，而且元和只有十五年并无十七年，可见《广记》所引之作"贞元"必是原文。再有卷四《张逢》篇开头说"张逢元和末薄游岭表"而化虎，后面又说张逢恢复人形于"元和六年旅次淮阳"，又前后冲突，查对《广记》卷四二九所引，开头的"元和末"本作"贞元末"，这和《辛公平上仙》开头"元和末"之应作"贞元末"又正相同。至于陈应翔刻本《辛公平上仙》篇开头也作"元和末"，《张质》篇也作"元和十一年""元和十七年"者，是因为陈刻一卷本《续玄怪录》本系合并书棚本卷一、二而成，书棚本以"元和"代"贞元"处自易仍而不改。

---

① 说"太上皇于兴庆宫受朝贺"者仅有《顺宗实录》，《旧唐书》卷一四《顺宗纪》只说"皇帝率百僚上太上皇尊号"，同卷《宪宗纪》也作"皇帝率群臣于兴庆宫奉上太上皇尊号"，则并不真用太上皇露面。

　　另外这《辛公平上仙》者其实是讲辛公平见皇上上仙，要简省至少得称《辛公平见上仙》，如今省却"见"字，岂非辛公平自己上仙了？再看《续玄怪录》以至《玄怪录》的其他篇名，一般只写个主角的姓名。则这篇原本当只作《辛公平》，"上仙"二字应是后人或即书棚主人所妄加，以致加得欠通顺。而陈应翔本也和书棚本同有"上仙"二字，这又可为陈本源出书棚本增一佐证。

　　　　　　　　（原载《中华文史论丛》总第四十九辑，1992年6月）

唐代的宦官

一 来源和身份

所谓"宦",本来只是指在政府里学习办事。战国时贵族多养"门客","宦"又成为充当门客的意思。这种门客不仅贵族门下有,国君也有,专门畜养着充当近侍随从,就叫做"宦官"。因此宦官本来并不都是阉割过的人。但既成国君的亲随,经常穿宫入户,弄得不好会和后妃们搞不正常男女关系,总不如阉割过、丧失生殖能力的人来得保险。正好,古代本有对男性俘虏施加"宫刑"的办法,即阉割后到宫室里来服役,于是宦官中也常选用这类受过宫刑的人来充当①。最受秦始皇宠信的宦官赵高,就本系赵国"诸赵疏属",国亡后受宫刑当上宦官的(《史记》卷八八《蒙恬传》)。《后汉书》卷七八《宦者传》说:"中兴之初,宦官悉用阉人。"可见直到前汉宦官还不都阉割,要从后汉起才都用受过宫刑的阉人,当然也包括许多自行阉割以投效谋生的②。

古代门客之于主子多少有点人身依附关系,发展成为宦官制度以后,宦官更统统是奴隶身份。唐末以昭宗名义所下诛戮宦官的诏书中就说过,"此辈皆朕之家臣也,比于人臣之家,则奴隶之流"(《旧唐书》卷一八四

---

① 以上都根据吕诚之(思勉)师的考证,见所著《三国史话》,民国32年开明书店本。

② 现在又通称宦官为"太监",这是因为明代的宦官办事机构分设十二监,每监各设太监一员为长官,以后宦官权势大了,人们也就把非太监的宦官混称为"太监"。

《宦官传》)。用现代科学语言来讲就是皇帝的家内奴隶。家内奴隶通常和从事劳动生产的奴隶一样，都是被奴役受压迫的；但如上升为奴隶头儿，奴隶总管，成为高级的宦官，那就转而站到主子的立场去压迫奴役别人了。

在这个问题上，应该提一下史学界老前辈陈寅恪先生的观点。陈先生在其名著《唐代政治史述论稿》中指出："唐代阉寺多出自今之四川、广东、福建等省，在当时皆边徼蛮夷区域。其地下级人民所受汉化自甚浅薄，而宦官之姓氏又有不类汉姓者，故唐代阉寺中疑多是蛮族或蛮夷化之汉人也。"案奴隶本多是俘虏来的，也有是买来的，唐代北方游牧为生的少数民族比较厉害，即使战败也多不愿受阉割当家奴。皇帝家奴只有从当时从事农耕的南方少数民族中选用。但这些皇帝家奴得宠掌权后阶级地位就起了变化，不再代表被压迫的少数民族的利益，而只能是代表皇室的利益，成为皇帝的得力爪牙了。这点务请读陈先生《述论稿》的读者们注意①。

二　在什么情况下掌权

我国封建社会的宦官并非在任何情况下都能掌权。一般说来，贵族势力大，能够分掌中枢大权时轮不到宦官掌权；必须皇帝有较大权力就是中央高度集权的时候，作为皇帝的家奴才有可能掌权。历史上宦官掌过权的朝代，如秦、汉、唐、宋、明等莫不如此。战国以前照我看是封建领主制社会，贵族和国君共同掌权，魏晋南北朝出现的门阀制度是领主制残余在地主制社会的回光返照，皇帝得靠世家大族撑腰，皇帝家奴更没有资格多说话。少数民族皇帝的金、元、清等朝在内廷基本上不搞汉人那一套，即使有个别宦官作点威福也形成不了制度。

---

①　现在有些教科书如《中国通史简编》等还认为唐代宦官"是工商杂类在政治上的代表"，这大概是看到有些长安富家子即工商家子也混进宦官统率的神策军充当兵将，从而以偏概全，其立论之难于成立，自更毋庸多说。

再就中央集权的朝代来说，也并非一开始就让宦官掌权。因为开国皇帝身边总有一批同过患难、经过考验的功臣元勋，即使他们贵为宰相，和皇帝仍是休戚与共，皇帝用不到另外培植贴身亲信。如唐开国时高祖有他的"太原元谋功臣"，太宗有参与"玄武门之变"帮他夺取政权的功臣。高宗即位时，宰相长孙无忌、褚遂良都是先帝太宗的旧人，为了从他们手里夺回权力，转而依靠"素多智计，兼涉文史"的昭仪武氏，形成了在皇帝身边的另一个中枢机构所谓"内朝"，而和宰相为首的"外朝"相抗衡。武氏当上了皇后、太后，最后改唐为周当女皇帝，先是自己掌权，晚年信任男宠张易之、张昌宗，又形成了女皇帝的内朝。中宗复周为唐，又宠信韦后形成内朝。这几个内朝都还轮不到宦官参与。

开始让宦官组成内朝，是在唐玄宗时候。玄宗吸取前此皇后擅政的教训，在废掉王皇后后不再立皇后，不让所宠爱的武惠妃、杨贵妃凭借皇后名义插手政治。把政权全部交给外朝宰相吧，当然更不放心。于是挑选了身边的大宦官高力士协助他处理政务，"每四方进奏文表，必先呈力士，然后进御，小事便决之"，力士也就此"常止于宫中，稀出外宅"（《旧唐书》卷一八四《高力士传》），这样就出现了由宦官组成的和外朝宰相抗衡的内朝。原先，唐宦官机构"内侍省"不置三品官，长官"内侍"只是四品，这时设置正三品的"内侍监"为长官，抬高到和外朝正三品的宰相同一级别。

唐玄宗之所以让宦官组成内朝，当然是由于宦官都已阉割过，按照习惯这种阉割过的"刑余之人"是没有可能当皇帝的，不像宰相权势大了有可能篡位当皇帝，皇后也有可能当女皇帝；同时，也由于宦官是家奴，既贴近，又恭顺听话，不像外朝宰相有时要摆官架子，装得严肃可怕。至于宦官中选用高力士，则是因为高力士给他出过大力，"玄宗在藩，力士倾心奉之"，玄宗剪除太平公主从太上皇睿宗手里取得全部政权时，力士又积极参与军事行动（《旧唐书·高力士传》及卷八《玄宗纪》），可说是经得起考验的干才。以后各个皇帝宠任的宦官就两《唐书·宦官传》所记，如李辅国、窦文场、霍仙鸣、吐突承璀、仇士良、田令孜等，都曾是皇帝在东宫当太子时的亲侍，程元振、俱文珍、王守澄、梁守谦等都以拥立皇帝建有殊勋，总之多数是皇帝心目中最亲近最可信赖的人物。要知道，"任人唯亲"本是旧社会的通病，唐代某些宰相也是以东宫旧人的身份被擢用的，何况宦官！

三　监军·神策中尉·枢密使

在《旧唐书·职官志》《新唐书·百官志》等记述唐代官制的文献里，都曾备列内侍省自内侍监以下大小宦官的官职，但这些事务性官职并不能使宦官掌握多少权力。宦官之能够掌大权，是由于玄宗以后他们可以外任监军、内任神策中尉和枢密使，这些不见于当初正式编制的才是真正有权有势的要职。先说派宦官监军，这种做法在唐初是没有的，因为当时的将领多半和皇帝共过患难，而且有大征战部队都是临时抽调组成，"将帅无握兵之重"，用不到再派人监视。玄宗时设置了九节度使，边塞重兵长期由节度使控制，这就需要派自己的家奴宦官去充当监军。如宦官边令诚长期充当安西四镇节度使的监军，安禄山叛乱，现任和前任节度封常清、高仙芝战败，边令诚凭玄宗敕书就能在军中把封、高诛杀，可见监军的威权（《旧唐书》卷一〇四《高封传》）。乱事平定后，中央为了对付河北、淄青的乱党残余势力，抵御西北边吐蕃等少数民族，以及巩固全国其他地区的统治，保证运河粮道畅通等需要，先后主动设置了三四十个节度使、观察使。可又怕他们走安禄山的老路叛变作乱，就派出大批宦官分头到他们的管区充当监军，形成了固定的监军制度。当然，充当监军的宦官未必都懂军事，还经常干出贪污受贿之类的丑事，甚至会因私嫌而诬构陷害节度使（《册府元龟》卷六六九"内臣贪货"王贱言条、李国贞条，卷六七〇"内臣诬构"薛盈珍、高重昌、许遂振诸条）。但在代表中央加强对节度使控制这点上总还是起了积极的作用，有时节度使管区内发生变乱，监军也有能力及时救平（《元龟》卷六六七"内臣立功"皇甫政条，《旧唐书》卷一四五《董晋传》记俱文珍事）。

宦官开始插手禁军也是在玄宗时候。先是高力士和禁军将领争宠，禁军将领葛福顺及其后台王毛仲等失败被贬杀（《旧唐书》条一〇六《王毛仲传》），另一伙以陈玄礼为首的禁军将领就倒向了高力士。到肃宗朝的大宦官李辅国，代宗朝的大宦官程元振，就都曾正式"专掌禁兵"（《旧唐书》卷一八四《李辅国传》《程元振传》）。但所有这些禁军还只是用来驻守宫城，巩卫京师，力量究属有限。要到神策军由宦官专掌，才可算事关大局。

神策军本来只是陇右节度使管下的边防部队，安禄山叛乱时才开进中原作战，归监九节度使的高级监军"观军容宣慰处置使"大宦官鱼朝恩指挥，本军旧将领调走了，鱼朝恩就很自然地成为它的正式长官（《唐会要》卷七一"京城诸军"，《新唐书》卷五〇《兵志》）。要知道，自从安禄山叛乱之后，皇帝对节度使再不敢无条件信任了，他迫切需要建立一支直属自己的野战部队，以维护中央的威权。这支直属部队的兵源光靠招募不行，临时招募拼凑不会有战斗力，必须找一支建制完整且有战斗力的地方部队，排除其原有将帅，由既与此部队有渊源、又忠于皇室的人来统带，从而化此地方武力为中央嫡系。以宦官鱼朝恩为长官的神策军适当其选，于是在代宗时开进京城升格为天子禁军。这支禁军和过去的禁军相比较在性质上已起了变化，它不仅负责京师的巩卫，而且如上所说成为皇帝的直属野战部队，把京西北的好畤、麟游、普润、兴平、武功、扶风、天兴等地划归它驻防，称为"神策行营"，实际上是以京城为中心设置了一个直属皇帝的节度使级管区。而且这个管区的兵力比任何一个节度使都强大，在德宗时已扩大到十五万（《新唐书·兵志》），武宗时左右神策军每军有十万（《入唐求法巡礼行记》卷四），而当时节度使手下真能作战的最多不过三、五万，少的仅一万。加之节度使之间矛盾重重，即使最不听话的河北、淄青也很难联合起来对付中央，因而这十五至二十万神策军足可使节度使们不敢轻举妄动。一旦有所举动，皇帝可以马上动用神策军。《新唐书·兵志》所谓"神策兵虽处内，而多以裨将将兵征伐，往往有功"，确实点清了神策军的积极作用。

神策军之成为禁军是鱼朝恩的功劳。以后鱼朝恩跋扈被杀，代宗没有再派宦官接管神策军，而由神策军将自行统率。这些军将不是当大帅的材料，到德宗时又改派出身朔方军、懂得军事的文官白志贞来统率。以后由于打河北、淄青及打淮西把神策军调空了，京西北的泾原兵过京城发动兵变，白志贞受到朝廷反对派的攻击无法继续干下去。等前线的神策军撤回来平定了兵变，又发现它的临时统将李晟过于飞扬跋扈，不敢让他正式成为神策全军的长官。比较起来还是家奴宦官可靠一些，于是先让曾经充任李晟监军的宦官窦文场和另一个宦官霍仙鸣，以"监勾当左右神策军"名义作为神策全军的监军。贞元十二年正式设立"神策中尉"，以窦为左神策护军中尉，霍为右神策护军中尉，自此出任中尉的宦官成为名正言顺的神策军长官。当然，皇帝对神策中尉的信任还是有限度的，他采用过去禁军分左右的办法也让神策军分成左右，设置不相统属的左军中尉和右军中尉，让他们在自己面前互相争宠，互有牵制，而自己从中操纵利用。有些中尉之所以会被贬逐诛杀而无力反抗，正是因为他不曾掌握神策全军，得不到另一个中尉支持的缘故。

神策中尉独掌兵权，枢密使则分掌政权。前面说过，玄宗时高力士接受"四方进奏文表"，这实际已起着后来枢密使的作用。代宗时用内侍董秀"掌枢密"，"宣传诏旨于中书门下，秀诛，以〔乔〕献德代之"（《册府元龟》卷六六五"内臣总序""恩宠"）。从此逐渐形成制度，到敬宗时正式设置了两员由大宦官充任的枢密使①。枢密使的本职如上所说只是在皇帝身边掌管机密，宣传诏旨，但实际上可以和宰相"共参国政"（《通鉴》卷二五○咸通二年二月条），甚至有权过问宰相的任命（《通鉴》卷二四七会昌三年五月条），所以和两神策中尉合称为"四贵"。一般说来，枢密使的级别似乎比中尉低，中尉往往由枢密使升任，但由于枢密使干预政事的机会多，和皇帝更亲近，地位实际上反高于中尉。不过中尉也经常干政，尤其是政局有大变动时，掌握兵权的中尉往往有力量否决枢密使的

---

① 《册府元龟》"内臣总序"说宪宗元和中始置枢密使二人，按之有关文献恐不可信，这里据贾宪保《唐代枢密使考略》所订正，载陕西师范大学《唐史论集》第二辑。

主张①。此外还应看到，皇帝不仅任用枢密使、中尉组成内朝，还同时任用文人以"翰林学士"的名义来充当自己的机要秘书，当时称中尉、枢密使为"内大臣"（《唐语林》四库本卷七），而翰林学士和枢密使又都有"内相"之称（《旧唐书》卷一三九《陆贽传》，曾"总枢密之任"的宦官梁守谦墓志拓本），这又是皇帝在对各帮势力搞平衡。

四　和皇帝、宰相的关系

先说宦官和宰相的关系。宰相是外朝，因为办公的中书、门下两省在宫城南面也通称为"南衙"，而宦官组成的内朝相对称为"北司"。早在天宝末年高力士就在玄宗面前攻击宰相杨国忠（《高力士外传》），陈玄礼所率禁军在马嵬驿诛杀杨国忠、逼死杨贵妃，据我研究也应出于高力士的指使，这实际上是北司和南衙的第一次斗争。到中晚唐这类斗争更为频繁剧烈，形式也多种多样。如宰相元载在代宗指使下剪除鱼朝恩（《旧唐书》卷一八四《鱼传》），是宰相和皇帝联合起来收拾个别宦官。如翰林学士王叔文、宰相韦执谊等联合顺宗身边的大宦官李忠言来分割神策军的部分兵权，对付另一个大宦官俱文珍（《旧唐书》卷一三五《王传》、卷一八四《俱传》），是皇帝私党包括宦官、翰林学士和宰相来反对准备拥立皇太子的另一派宦官和朝官②。只有文宗时宰相李训等是想"尽诛宦官"，结果没有成功反被左军中尉仇士良等所杀害（《旧唐书》卷一六九《李训传》、一八四《王守澄传》）。宰相等都是士大夫，比较有文化修养，有时确想施点"仁政"之类。宦官虽然也能看章奏、宣诏旨，比起士大夫来总差了一大截，贪赃枉法、扰害老百姓之类的事情比士大夫做得更多更露骨。加之旧史书的纂修概出于士大夫之手，所以看上去士大夫总像正面

---

① 如武宗、懿宗之得立为皇帝，就都是中尉否决了枢密使的主张，详《旧唐书》卷一八上《武宗纪》、卷一九上《懿宗纪》。
② 此即通常所称"永贞革新"，过去常有人夸大王叔文等的进步性，说他们要剪除整个宦官势力，显然是不对的。

人物，阉割过的宦官常为人们所厌恶。其实宦官、宰相同属封建统治阶级，他们之间的斗争绝大多数只是本阶级内部的权力之争，未必真有多少大是大非可说。

宦官和皇帝的关系只是家奴和主子的关系。中晚唐有些皇帝由宦官拥立，有时某一派宦官还会杀掉在位的皇帝拥立他们所依附的皇子做皇帝，或者皇帝遗嘱要立某个皇子而他们不同意另立别的皇子做皇帝，所有这些也只能看成是家奴在参与皇室的内部纠纷。好比旧社会大家族里各房的奴婢分别帮助其小主子争产业，而并非奴婢的权力真大到可以反掉整个大家族。如宣宗死后神策中尉准备拥立懿宗时，宰相夏侯孜就曾说"但是李氏子孙，内大臣立定，外大臣即北面事之"（《唐语林》四库本卷七）。换句话说，如果宦官要改事别姓，推翻李唐皇室，那就办不到。相反，宦官即使贵为中尉、枢密使，其命运在一定程度上还得由皇帝来掌握。首先他们都得由皇帝擢用，条件许可时皇帝也能将他们撤任或诛杀。一些权势显赫的大宦官，如宪宗朝的左军中尉吐突承璀曾被放逐外任淮南监军，复任后到穆宗朝又被诛杀；文宗朝的右军中尉王守澄被赐死（《旧唐书》卷一八四《吐突传》《王传》）；即使在文宗朝大杀宰相朝官凶焰不可一世的左军中尉仇士良，到武宗朝也被迫退休，死后还削官爵籍没其家。当他退休时，曾向其他宦官传授经验说："天子不可令闲暇，暇必观书，见儒臣，……莫若殖财货，盛鹰马，日以毬猎声色蛊其心，极侈靡，使悦不知息，则必斥经术，暗外事，万机在我，恩泽权力欲焉往哉！"（《新唐书》卷二〇七《仇士良传》）这仍是要讨好愚弄皇帝，而没敢说要欺压。当时"每岁樱桃熟时，两军（左右神策军）各择日排宴，祗候行幸，谓之行从，盛陈歌乐，以止尽日，倡优百戏，水陆无不具陈"（《中朝故事》），就是博取皇帝欢心的一种手法。这种手法即使对诛讨宦官失败后的文宗仍要使用，只是文宗"意忽忽不乐"，才使"两军毬鞠之会什减六七，虽宴享音伎杂遝盈庭，未尝解颜"而已（《通鉴》卷二四五开成元年十一月条）。有人根据文宗所说"朕受制家奴"等牢骚话（《新唐书·仇士良传》），认为到唐后期皇帝都已成为宦官的傀儡，是十分错误的。

宦官对李唐皇室有异心是在黄巢起义以后，这时神策军因长期不打仗而彻底腐化，不堪起义军一击即告瓦解，以后虽重建，再也不具备战斗力。李唐政权眼看保不住，大宦官中如被迫退休的前右军中尉杨复恭才萌反心，左军中尉骆全瓘才转而投靠地方势力把昭宗劫持到岐州，右军中尉刘季述才敢依仗地方势力废黜幽囚昭宗（《旧唐书》卷一八四《杨复恭传》）。接着地方势力中最强大的朱温进入长安，宰相崔胤借他的兵力大杀宦官后自己也被杀，昭宗在朱温压力下迁都洛阳，最后朱温称帝，李唐政权随之宣告结果（《旧唐书》卷二〇上《昭宗纪》）。

五　余论

从以上的事实，可以看到唐代之所以任用宦官，让宦官执掌枢密、统率禁军并外出监军，都是在封建社会特定条件下必然要出现的事情，而并非如通常所说是由于皇帝昏庸的缘故。皇帝是有昏庸与否之分的，但何以自玄宗以后宦官几乎受到每一个皇帝的信用，朱温大杀宦官后后唐庄宗又访求故唐时宦官加以任用，到宋、明两朝宦官擅政的事情仍不断出现？研究历史应该从中探索其必然的规律，不能简单地归之于某些个人的昏不昏。

前人常把唐亡的原因归之于宦官擅政，现在看来也有问题。政权之能存在或崩溃原因很复杂，绝非简单地把责任推到某一种人身上就能了事。至于宦官本身，主观上倒是真心诚意要维护李唐皇室的，家奴和主子总是相依为命嘛！而且如前所说，宦官也确实做了不少有益于李唐皇室的事情，可说是和宰相朝官在不同岗位上为维护封建统治而卖力。当然这种卖力归根到底无非是为了朝官或宦官们各自的利益而已，不能倒过来把宦官都夸成是所谓尽愚忠的"忠臣"。

（原载《文史知识》1987年第4期）

读陈寅恪先生《狐臭与胡臭》
兼论"狐"与"胡"之关系

陈寅恪先生撰《狐臭与胡臭》一文，载《语言与文学》（国立清华大学中国文学会编，民国二十六年六月中华书局印本）中，其要点谓：

> 中古华夏民族曾杂有一部分之西胡血统，……疑吾国中古医书中有所谓腋气之病即狐臭者，其得名之由来或与此事有关。……疑此腋气本由西胡种人得名，迨西胡人种与华夏民族血统混淆既久之后，即在华人之中亦间有此臭者，傥仍以胡为名，自宜有人疑为不合，因其复似野狐之气，遂改"胡"为"狐"矣。若所推测者不谬，则"胡臭"一名较之"狐臭"实为原始而且正确欤？

案陈先生之说大体甚是；惟尚稍嫌未备，请逐一考论：

（一）陈先生谓"腋气本由西胡种人得名"，实为卓识。惟仅据唐崔令钦《教坊记》及五代何光远《鉴诫录》，谓："范汉女大娘子（见《教坊记》）虽本身实有腋气，而其血统则仅能作出于西胡之推测，李珣（见《鉴诫录》）虽血统确是西胡，而本身则仅有腋气之嫌疑。证据之不充足如此，而欲依之以求经论，其不可能，自不待言。但我国中古旧籍明载某人体有腋气，而其先世男女血统又可考知者，恐不易多得。即以前述之二人而论，则不得谓腋气与西胡无关。"其实"我国中古旧籍明载某人体有腋气，而其先世男女血统又可考知者"并非绝无，《太平广记》卷三七六"再生"二"士人甲"：

> 晋元帝世，有甲者，衣冠族姓，暴病亡，见人将上天，诣司命。司命更推校，算历未尽，不应枉召。主者发遣令还，甲尤脚痛，不能行。……司命……曰："适新召胡人康乙者，在西门外，此人当遂死，其脚甚健，易之，彼此无损。"……胡形体甚丑，脚殊可恶……主者令二并闭目，倏忽二人脚已各易矣，仍即遣之。豁然复生，具为家人说，发视，果是胡脚，丛毛连结，且胡臭。甲本士，爱玩手足，而忽得此，了不欲见，虽获更活，每惆怅殆欲如死。旁人见识此胡者，死犹未殡，家近在茄子浦。甲亲往视胡尸，果见其脚着胡体，正当殡敛，对之泣。胡儿并有至性，每节朔，儿并悲思，驰往，抱甲脚号咷，忽行路相逢，便攀援啼哭。为此每出入时，恒令人守门，以防胡子。终身憎秽，未尝误视，虽三伏盛暑，必复重衣，无暂露也。（出《幽明录》）（案《隋书·经籍志》："《幽明录》二十卷，宋刘义庆撰。"）

案"康"为西胡种姓，此段记载正是西胡种人体具"胡臭"之明文[1]，文中且颇尽形容描画之能事。虽小说虚拟，似非《教坊记》《鉴诚录》等史实之比；然实可表示至迟在刘宋时代，已成立西胡体具"胡臭"之观念。然则"胡臭"之得名于西胡体臭，得此记载，已可确然无疑；正不待引据唐代不充足之证据，如《教坊记》《鉴诚录》等，而作疑似之推论也。

（二）陈先生论"胡臭"与"狐臭"之问题，所据仅限于隋唐史料。如引用唐孙真人《备急千金要方》七四之九"胡臭漏腋"第五论"有天生胡臭者，为人所染胡臭者"云云，及隋巢元方《诸病源候总论》五八"小

---

[1] 永年于生理医药之学绝无通解，与陈先生同。腋气究仅限于腋部，抑及于全身，恐前人亦未必能事区分。故此处所谓"胡脚"之"胡臭"，仍可与腋部之"胡臭"，视为一事；未可据有"胡脚"二字，便谓此"胡臭"别是一种，与隋唐医书所称者不同也。

儿杂病诸候"六"胡臭"条"人有血气不和，腋下有如野狐之气，谓之狐臭"云云，而曰："孙思邈生于隋代，与巢元方为先后同时之人，故不可据巢书作'狐臭'而孙书作'胡臭'，遽谓'狐臭'之称尚先于'胡臭'也。"其实隋唐以前之书籍中，早见"胡臭"及"狐臭"之事。苟单读陈先生文，似"胡臭""狐臭"二事，即始见于孙、巢二氏之书者矣。初学读陈文至此，恐易生误会。故不惮词费，更征引隋唐以前记载，以伸说之。

案"胡臭"之事，见上引刘宋刘义庆《幽明录》。而"狐臭"之事，亦已见于刘宋之时，《太平广记》卷四四七"狐"一"胡道洽"：

> 胡道洽自云广陵人，好音乐医术之事，体有臊气，恒以名香自防，唯忌猛犬。自审死日，戒子弟曰："气绝便殡，勿令狗见我尸也。"死于山阳，敛毕，觉棺空，即开看，不见尸体。时人咸谓狐也。（出《异苑》）（案《隋书·经籍志》："《异苑》十卷，宋给事刘敬叔撰。"）

此文中所谓"臊气"，即是腋气。而时人咸谓胡道洽是狐；可见臊气之为狐之特征，已为时人所公认。故此文未道出"狐臭"一词，实已表示"狐臭"一词，至迟在刘宋时已成立矣。

据此，知"胡臭"或"狐臭"之事，均早已见于刘宋之时。惟吾人一方面固不能断定前此必无关此二事之记载，而断言此二事即始于此时。一方面亦更不必推究《幽明录》与《异苑》成书之先后，以决定"胡臭"与"狐臭"二称究为孰先。盖决定此二称之先后，与考定腋气之得名，本别有其依据（如陈先生即依据"今日国人尝游欧美者咸知彼土之人当盛年时大抵有腋气"及中古旧籍中腋气与西胡之关系，而决定此二称之先后，谓"此腋气中由西胡种人得名"云云也），初无预于此二称发见于载籍之先后耳。然则陈先生置辨于此二称发见于载籍（且为隋唐后世之载籍）之先后者，得毋稍涉蛇足之嫌乎？

（三）陈先生于"胡臭""狐臭"二词产生先后之解释，谓："疑此腋气本由西胡种人得名，迨西胡人种与华夏民族血统混淆既久之后，即在华人之中亦间有此臭者，傥仍以胡为名，自宜有人疑为不合，因其复似野狐之气，遂改'胡'为'狐'矣。"案此说固甚有理致，惟鄙意以为尚未免过嫌简单。盖"胡""狐"两者之间，疑颇有其相当关系在，而未为陈先生所拈出也。考旧籍载唐及唐以前"狐"事最富者，莫《太平广记》若。《广记》辑狐事九卷，鄙见以为其中可以透露"胡""狐"有关之消息者，凡有数端：

（甲）狐多姓"胡"。卷四四七"狐"一"胡道洽"："胡道洽，……时人咸谓狐也。"（出《异苑》）卷四四九"狐"三"李元恭"："唐，……狐遂见形为少年，自称胡郎。"（出《广异记》。案《广异记》，唐戴孚撰，见《文苑英华》卷七三七顾况《戴氏广异记序》。）同卷"李氏"："唐开元中，……狐乃令取东引桃枝，以朱书板上，作齐州县乡里胡绰、胡邈。"（出《广异记》）卷四五〇"狐"四"杨氏女"："小胡郎乃野狐尔。"（出《广异记》）案此均言狐为"胡姓"（后世小说言狐事者仍多言狐为胡姓，如清蒲松龄《聊斋志异》等，当即源自唐人）。

（乙）狐姓"白""康"。卷四五〇"狐"四"唐参军"："唐洛阳思恭里有唐参军者，……有赵门福及康三者投刺谒唐。……引剑刺门福不中，次击康三中之。……门福骂云：'彼我虽是狐，我已千年，千年之狐，姓赵姓张，五百年狐，姓白姓康。'"（出《广异记》）案"白""康"均系西胡种姓（"白"为龟兹姓，"康"在唐为昭武九姓之一）。

（丙）狐长流沙碛。卷四四九"狐"三"韦明府"："唐开元中，……崔狐……曰：'……今长流沙碛，不得来矣。'"（出《广异记》）案唐人流放多在岭表，今曰长流沙碛者，以沙碛在西域，为西胡所居处也。

（丁）狐多化形为僧佛菩萨。卷四四七"狐"一"僧服礼"："唐永徽中，太原有人自称弥勒佛，……僧服礼……因是虔诚作礼，如对弥勒之状，忽见足下是老狐。"（出《广异记》）同卷"大安和尚"："唐则天在位，有女人自称圣菩萨，……变作牝狐下阶而走。"（出《广异记》）卷四四八"狐"二"叶法善":"开元初，……叶师命解其缚，犹胡僧也。……乃弃袈裟于地，即老狐也。师命鞭之百，还其袈裟，复为婆罗门。"（出《纪闻》）（案《纪闻》，《旧唐书·经籍志》《新唐书·艺文志》《宋史·艺文志》均未著录，当出唐人手。）卷四四九"狐"三"汧阳令"："唐……菩萨坐狮子上。……〔罗〕公远笑曰：'此是天狐。'"（出《广异记》）卷四五〇"狐"四"唐参军"："唐，……有一佛容色端严，……是赵门福（案即狐）。"（出《广异记》）同卷"代州民"："唐，……窃视菩萨，是一老狐。"（出《广异记》）卷四五一"狐"五"长孙甲"："唐坊州中部县令长孙甲者，……举家见文殊菩萨。……唯其子心疑之，入京求道士为设禁，遂击杀狐（案即前之文殊菩萨）。……复有菩萨乘云来，……云：'狐刚子者，即我是也。'"（出《广异记》）案佛为"胡神"，僧为"胡道人"（多见魏晋南北朝旧籍中），佛教徒除隶籍西域中亚外亦有印度人，而时人固亦被以胡称，与西胡等视也。

案中国本土古本多狐，狐之一物，恒见于先秦旧籍之中（如《周易》、《尚书》、《诗经》、《礼记》、《左氏传》、《国语》、诸子书中多有之，文繁不具引），其非属外来西域输入之物也明甚。然则其在后世载籍中，何以与西胡发生如斯之关系？于此不得不试作如下之解释：

窃谓以兽类称异族，实吾华夏古代之陋习。颇疑西胡之入中国，本为华人之所歧视；乃缘"胡""狐"读音相近之故，遂以"狐"称之，借寓鄙弃之意于其中①。此犹清代以"俄""鹅"音近，遂以"鹅鬼"称俄人之例也（"鹅鬼"见黄濬《花随人圣盦摭忆补》所引剑影双虹之室致胡林翼札中，载《学海》月刊第一卷第四册，民国三十三年十月上海印本）。《广

---

① 此外胡人腋臭之似"野狐之气"，或亦为以"狐"称"胡"之一缘由。所谓"野狐之气"，不仅见于陈先生所举隋巢元方《诸病源候总论》中。《广记》卷四五〇"狐"四"王苞"："唐吴郡王苞者，少事道士叶静能，中罢为太学生，数岁，在学，有妇人寓宿，苞与结欢，情好甚笃。静能在京，苞往省之，静能谓曰：'汝身何得有野狐气？'固答云无。能曰：'有也。'苞因言得妇始末。能曰：'正是此老野狐。'"（出《广异记》）。可见野狐有气，为时人之所共悉。

记》卷四四七"狐"一"胡道洽"所载之胡道洽者，即颇有西胡之嫌疑[①]，而时人顾咸以狐称之，殆即以"狐"称"胡"之史实之流露于小说者乎？（后世如清蒲松龄《聊斋志异》之多述狐事，时人称其影射胡人——满人，殆即此种观念之一脉相承。）

此种推测，尚可就其他方面以证明之。考中国载籍之记"狐"，最初纯为兽类，不涉神怪性质，如经传诸子书所载者均是[②]。迨至战国秦汉之世，始渐被以神怪色彩，如《史记·陈涉世家》之"篝火狐鸣"，即为最显著之一端。惟其时之神怪色彩非狐之所独擅；其他禽兽，如牛虎蛇鼠鸡牛狸獭鱼蛙之属，无不可成精魅；狐在其中，初无特出之处。鲁迅先生辑《古小说钩沉》，集存世隋唐以前小说之大成，试就其中统计之，"狐"事仅及三条，远不若"犬"怪纪事之繁多。迨至《太平广记》，为唐代小说之总汇（《广记》所收固及唐以前，而实以唐代为主），则其中兽类之分配，为"龙"八卷，"虎"八卷，"畜兽"十三卷，"狐"九卷，"蛇"四卷，"狐"居其首，而于《古小说钩沉》中最占多数之"犬"竟降而仅就"畜兽"中占得二卷之地位矣。夫"蛇""虎"之特多，由其乃中国本土虫兽之为害最烈者也；"龙"之特多，由其为印度之所崇拜，而其时佛教已大行于中国也；"狐"之特多，且为诸兽冠，何为哉？岂非以南北朝之后隋唐之时，西域与中国交往既密，西胡或以政治，或以商业，纷纷大量入居于中国内陆之所致哉！盖华人既以"狐"诟"胡"，"狐"之中自亦渗入大量之"胡"性。故"胡"之入居也日亟，而"狐"之为怪也日烈。《广记》卷四四七"狐"一"狐神"："唐初已来，百姓多事狐神，房中祭祀以乞恩，食饮与人同之，事者非一主。当时有谚曰：'无狐魅，不成村。'"

---

① 胡道洽具有西胡之嫌疑者，凡有四端：姓"胡"，一也。"自云广陵人"，广陵即扬州，在唐代为西方商胡之所汇（具见全汉昇先生《唐宋时代扬州经济景况的繁荣与衰落》，载《史语所集刊》第十一本），推之在南北朝时，当亦为此等商胡之所趋（或竟有史籍明文记及此等事迹，而为永年之所不知者），二也。"好音乐"，音乐本西胡之所擅，三也。"体有臊气"，四也。案"胡道洽"此则，自出文人虚构，不必真有其事，然虚构必有其社会背景。

② 惟此亦有例外，如《山海经·南山经》："又东三百里曰青丘之山，……有兽焉，其状如狐而九尾（郭璞注：即九尾狐），其音如婴儿，能食人，食者不蛊。"《逸周书·王会解》："青丘狐九尾。"然此为古代神话，与后世之变怪故事，初不相涉。

（出《朝野佥载》）（案《新唐书·艺文志》："（唐）张鷟《朝野佥载》二十卷，自号浮休子。"）疑即可以凭吾说以解之。而中国本土既有"狐"，益之以"胡"性，"狐"之一物，遂兼具本土与外来两成分；《广记》卷四五〇"狐"四"唐参军"："千年之狐，姓赵姓张，五百年狐，姓白姓康。""赵""张"，华姓也，"白""康"，西胡姓也，华人居本土久，故曰"千年"，西胡外来日浅，故曰"五百年"，此段记载，大似透露此项消息者矣。

苟如上所说，则于陈先生之说，敢修正之曰：此腋气本由西胡种人得名，惟时人多以狐称西胡种人，故于西胡种人之臭——"胡臭"，亦可称之为狐之臭——"狐臭"；迨西胡人种与华夏民族血统混淆既久之后，即在华人之中亦间有此臭者，傥仍以胡为名，自宜有人疑为不合，于是"胡臭"一词渐废，"狐臭"一词专行迄今而不替矣。鄙见如此，以视陈先生单据"似野狐之气"一点以疏说者，理由或较充分也。后学妄论，尚祈陈先生不吝赐正是感！

（原载《东南日报·文史》第81期，1948年3月10日）

补论 "狐" 与 "胡" 之关系

　　拙作《读陈寅恪先生〈狐臭与胡臭〉兼论 "狐" 与 "胡" 之关系》，载本刊第八十一期，其中论 "狐" "胡" 之关系，略谓：

　　以兽类称异族，吾华夏族之所惯为者也。颇疑西胡之入中国，本为华人之所歧视；乃缘 "胡" "狐" 读音相近之故，遂以 "狐" 称之，借寓鄙弃之意于其中。……后世如清蒲松龄《聊斋志异》之多述狐事，时人称其影射胡人——满人，殆即此种观念之一脉相承也。

惟当日匆匆成稿，虽发此义，未获确证。近日检书，始得一事，可以证成鄙说者，后晋刘昫《旧唐书》（开明二十五史景武英殿本）卷一〇四《哥舒翰传》：

　　哥舒翰，突骑施首领哥舒部落之裔也，蕃人多以部落称姓，因以为氏。祖沮，左清道率。父道元，安西副都护。世居安西。翰家富于财，倜傥任侠，好然诺，纵蒱酒。年四十，遭父丧，三年客居京师，为长安尉不礼，慨然发愤，折节仗剑之河西。……翰好读《左氏春秋传》及《汉书》。……天宝……十一载，加开府仪同三司。翰素与〔安〕禄山、〔安〕思顺不协，上每和解之，为兄弟。其冬，禄山、思顺、翰并来朝，上使内侍高力士及中贵人于京城东驸马崔惠童池亭宴会。翰母尉迟氏，于阗之族也。禄山以思顺恶翰，尝衔之；至是忽谓翰曰："我父是胡，母是突厥，公父是突厥，母是胡，与公族类同，何不相亲乎？"翰应之曰："古人云'野狐向窟嗥'，不祥，以其忘本也，敢不尽心焉！"禄山以为讥其胡也，大怒，骂翰曰："突厥敢如此耶！"翰欲应之，高力士目翰，翰遂止。

宋祁《新唐书》（开明二十五史景武英殿本）卷一三五《哥舒翰传》：

> 哥舒翰，其先盖突骑施酋长哥舒部之裔。父道元，为安西都护将军、赤水军使，故仍世居安西。翰少补效毂府果毅，家富于财，任侠重然诺，纵蒱酒长安市。年四十余，遭父丧不归，不为长安尉所礼，慨然发愤，游河西。……翰能读《左氏春秋》《汉书》，通大义。……〔天宝〕十一载，加开府仪同三司。翰素与安禄山、安思顺不平，帝每欲和解之。会三人俱来朝，帝使骠骑大将军高力士宴城东，翰等皆集，诏尚食生击鹿，取血瀹肠为热洛何以赐之。翰母，于阗王女也。禄山谓翰曰："我父胡，母突厥，公父突厥，母胡，族类本同，安得不亲爱？"翰曰："谚言'狐向窟嗥，不祥'，以忘本也，兄既见爱，敢不尽心？"禄山以翰讥其胡，怒骂曰："突厥敢尔！"翰欲应之，力士目翰，翰托醉去。

较《旧唐书》所记，除文笔稍整饰外，大体相同。又宋司马光《资治通鉴》（《四部丛刊》景宋本）卷二一六：

> 〔天宝〕十一载……哥舒翰素与安禄山、安思顺不协，上常和解之，使为兄弟。是冬，三人俱入朝，上使高力士宴之于城东。禄山谓翰曰："我父胡，母突厥，公父突厥，母胡，族类颇同，何得不相亲？"翰曰："古人云，狐向窟嗥不祥，为其忘本故也，兄苟见亲，翰敢不尽心！"禄以为讥其胡也，大怒，骂翰曰："突厥敢尔！"翰欲应

之，力士目翰，翰乃止，阳醉而散。自是为怨愈深。

则参合两《唐书》以成文者也。案此段史料，其重要在禄山所谓"我父胡，母突厥，公父突厥，母胡"一语。夫哥舒翰之血统已见所引，其父为突厥，母为胡，可无疑问。而安禄山之血统，据《旧唐书》卷二〇〇上《安禄山传》：

> 安禄山，营州柳城杂种胡人也，本无姓氏，名轧荦山。母阿史德氏，亦突厥巫师，以卜为业。突厥呼斗战为轧荦山，遂以名之。少孤，随母在突厥中。将军安波至兄延偃妻其母。开元初，与将军安道买男俱逃出突厥中，道买次男贞节为岚州别驾，收获之。〔禄山〕年十余岁，〔贞节〕以与其兄及延偃相携而出，感愧之，约与思顺等并为兄弟，冒姓为安。及长，解六蕃语，为互市牙郎。

其母为突厥，亦无疑问，惟"杂种胡人"之界说为何？即其"父是胡"一语，尚未悉明也，然试观《新唐书》卷二二五上《逆臣传》：

> 安禄山，营州柳城胡也，本姓康。母阿史德，为覡，居突厥中。祷子于轧荦山，虏所谓斗战神者，既而妊。及生，有光照穹庐，野兽尽鸣，望气者言其祥。范阳节度使张仁愿遣搜庐帐，欲尽杀之，匿而免。母以神所命，遂字轧荦山。少孤，随母嫁虏将安延偃。开元初，偃携以归国，与将军安道买亡子偕来，得依其家。故道买子安节（案：《旧唐书》作贞节）厚德偃，约两家子为兄弟。乃冒姓安，更名禄山。及长，忮忍多智，善亿测人情，通六蕃语，为互市郎。

则明谓其"本姓康"。案《新唐书》好采小说，其事增于《旧唐书》者，时或不足信。惟此处则不然，盖文中"及生，有光照穹庐"云云，当即为禄山盛时或其余党所夸饰之符命；而其同时所述之"本姓"则亦当出于禄山一方面之记载，而必非后人之得杜撰者也。陈寅恪先生亦信从之，故其《唐代政治史述论稿》（《史语所专刊》，三二，五，商务初版本）上篇《统治阶级之氏族及其升降》中，即引此文，合以姚汝能《安禄山事迹》等书之左证，而案曰：

> 《安禄山事迹》上引郭子仪雪安思顺疏，谓安禄山本姓康。今敦煌写本天宝丁籍亦有康、安、石等姓以羯为称者（见《历史与地理杂志》第三三编第四卷天宝十载丁籍及同书第四一编第四卷天宝四载丁籍），故安禄山父系之为羯胡，即中亚月氏种可无疑矣。

更据《旧唐书》卷一二七《张光晟传》之"杂种胡"于《新唐书》卷二一〇上《回鹘传》作"九姓胡"之事，而曰：

> 知当时杂种胡人之称实径指昭武九姓月支种而言。

则禄山之父为西胡，亦无问题矣。案中国之惯例，本身之族类为何，常就其父系之血统而决定。哥舒之父为突厥，禄山之父为西胡，则二人之族类，从可知矣。

禄山、哥舒二人之族类既明，然后可进而讨论《哥舒翰传》所载与禄山误会之问题，夫哥舒父本突厥贵族，母为于阗王女，少居京师，通《左传》《汉书》（具见前所引两《唐书》本传）。至《旧唐书》卷一〇六《李林甫传》所云："自是高仙芝、哥舒翰皆专任大将，林甫利其不识文字。"则显与本传"能读《左氏春秋》《汉书》"之言相违（当系行文笼统之失，不足据以疑本传之不实也）。其华化已深，故宴会之际，自能举雅言酬答。禄山则系出贫贱，幼经流离（见前所引两《唐书》本传），未尝学问，其不解哥舒之喻亦当然也。然不解可也，不解复何以致怒？则岂非当时唐代社会，本有以野狐讥西胡之习惯；故野狐之喻在突厥之哥舒为失言，在西胡之禄山则认为针对自身之讥词，不容不大怒矣。

唐代以野狐讥西胡之习惯，于此既可窥出，则拙作所疑"西胡之入中国，本为华人之所歧视。……遂以'狐'称之，借寓鄙弃之意于其中"者，当不谬矣。

又《旧唐书·哥舒翰传》所载禄山父胡母突厥之语，陈寅恪先生《唐代政治史述论稿》上篇论"杂种胡"一词时，已引及之。惟陈先生主旨在说明"杂种胡"之意义与安禄山、史思明之血统，于此"狐""胡"琐屑之问题，不暇顾及。故所引传文，亦仅至禄山所语而止，于哥舒野狐之喻以下，未阐及耳。

（原载《东南日报·文史》第92期，1948年6月9日）

"羯胡""柘羯""杂种胡"考辨

记述安史之乱的文献里，有"羯胡""柘羯"等名词。陈寅恪先生《唐代政治史述论稿》根据《大唐西域记》卷一所说飒秣建国（康国）"兵马强盛，多是赭羯之人，其性勇烈，视死如归"，《新唐书》卷二二一下《西域传》所说安国"募勇健者为柘羯，柘羯犹中国言战士也"，石国"或曰柘支，曰柘折，曰赭时"，而康国及其支属安国、石国都是中亚月氏种昭武九姓胡，因而认为文献里的"羯胡""柘羯"都是指昭武九姓胡，又认为当时河朔地区已有多数昭武九姓胡等中亚胡人，这些人勇健善战，是安史武装集团的主力。陈先生是研究魏晋南北朝隋唐史可尊敬的老前辈，《唐代政治史述论稿》是一部史学名著。但上面这个说法，我认为还需要商榷。根据记载，唐代杂居在河朔地区的少数民族主要是奚、契丹，安史集团中少数民族部队的主力也是奚、契丹。如比较原始的史料唐姚汝能《安禄山事迹》卷上就说安禄山"养同罗及降奚、契丹曳落河八千余人为假子，及家童教弓矢者百余人，以推恩信，厚其所给，皆感恩竭诚，一以当百"，卷中又说"禄山起兵反，以同罗、契丹、室韦曳落河，兼范阳、平卢、河东、幽、蓟之众，号为父子军，马步相兼十万，鼓行而西"，其中都不曾提到昭武九姓胡。这个问题在拙作《唐代河北藩镇与奚、契丹》《〈通典〉论安史之乱的"二统"说证释》中别有论证。这里仅就"羯胡""柘羯"等词究应作何解释，讲点个人的看法。

《后汉书》卷四八《吴盖陈臧传论》里有"戎羯丧其精胆"的句子，

唐章怀太子注："羯本匈奴别部，分散居于上党武乡羯室，因号羯胡。此总谓戎夷耳，不指于羯也。"案章怀注实为张大安、刘纳言辈代作，不出一手，后人或病其踳驳漏略，但这里所注"总谓戎夷耳，不指于羯也"，真可称得上通人卓识，一语破的，至当不易。关于羯这个古代少数民族的由来，章怀注所说当本于《魏书》卷九五《羯胡石勒传》，应是信史。他们源出于中亚月氏，因此姓石氏，东徙聚居上党的武乡（羯室这个地名，当是羯胡聚居后才有的，是地以种族得名，不是种族以地得名。中华书局校点本《后汉书》把前引章怀注羯所居之地点断作"上党、武乡、羯室"，大谬），先世曾附属匈奴，因此称为匈奴"别部"（历史文献上所谓"某某别部""某某别种"，大都是异种部落附属于某某少数民族后的称呼，并非这个某某少数民族中分出的支属）。大概由于他们在内地多充当过奴隶、佃客，社会地位低下（详《三国志》卷二二《魏书·陈泰传》，《晋书》卷九二《外戚·王恂传》、卷一〇四《石勒载记》），日子一久，"羯"这个词就成为指斥北方少数民族的用语，由专名变成泛称。好比"胡"这个词本专指匈奴，后来变成北方少数民族的泛称，再以方位地域区别为"东胡""西域胡"之类。这里举几个实例，《晋书》卷八六《张轨附张寔传》愍帝将降刘曜，下诏于寔曰："羯贼刘载，僭称大号，祸加先帝，肆杀藩王。"寔叔父肃请为先锋击刘曜，曰："羯逆滔天，朝廷倾覆，肃宴安方裔，难至不奋，何以为人臣。"卷六三《李矩传》刘聪遣从弟畅讨矩，矩谋夜袭之，令郭诵祷子产祠曰："君昔相郑，恶鸟不鸣，凶胡臭羯，何得过庭。"《文选》卷三七《刘越石劝进表》李善注引王隐《晋书·怀帝纪》："羯贼刘曜破洛，皇帝崩于平阳。"刘赵是匈奴，也有人说它出于匈奴别部屠各，但总非月氏种人，本不应称之为"羯"，而这里却把刘聪、刘曜骂成"羯贼""羯逆"，可见最迟在西晋末年，"羯"已和"胡"一样，成为少数民族至少是北方少数民族的泛称。到南北朝以至唐代还是如此，如《宋书》卷六〇《范泰传》载少帝时范泰上封事极谏，其中说到"河南非复国有，羯虏难以理期"。卷七〇《袁淑传》谓索虏南侵，太祖使百官议防御之术，淑上议中有"羯寇遗丑，趋致畿甸"的话。这里说的都是拓跋魏，拓跋魏是鲜卑族，却被骂成是"羯虏""羯寇"。又如《全唐文》卷二〇九陈子昂《为建安王贺破贼表》："凶羯遗丑，未及犬羊。"卷二一〇《为建安王谢借马表》："皇师久露，凶羯未孚。"卷二一四《为建安王誓众词》："契丹凶羯，敢乱天常。"（卷二一六陈《祃牙文》亦有此语）卷二二四张说《论神兵军大总管功状》："自契丹背恩，营州失守，前军丧律，榆关不开，幽平鸟栖于重堑，戎羯虎食于四野。"卷二三三《为河内王作祭陆冀州文》："戎羯不道，侵轶幽都。"《为魏元忠作祭石岭战亡兵士文》："戎羯慢天，南牧吠主。"这些都是武后朝对奚、契丹作战时的有关表状文告，奚、契丹源出鲜卑，在这些表状文告里被骂成"凶羯""戎羯"。可见这些"羯"都是对北方少数民族带有敌忾的泛称，不再是中亚西域月氏人或东迁群居上党后的种族专用名词。

再看记述安史之乱的文献，其中用到"羯胡"一词的有：《旧唐书》卷一〇《肃宗纪》天宝十五载七月制曰："乃者羯胡乱常，京阙失守。"卷一〇四《封常清传》常清表曰："昨者与羯胡接战。"卷一二〇《郭子仪传》子仪论奏曰："间者羯胡构乱，九服分崩。"又子仪死，德宗闻之震悼，诏曰："昔天宝多难，羯胡作祸。"《安禄山事迹》卷下哥舒翰曰："逆胡猖狂，偶然一胜，天下之兵，计相续至，羯胡之首，期悬旦暮。"钱笺本《杜工部集》卷七《往在》："前者厌羯胡，后来遭犬戎。"卷一五《咏怀古迹》："羯胡事主终无赖。"草堂诗笺逸诗拾遗《送灵州李判官》："羯胡腥四海。"也有作"胡羯"的，如《杜集》卷二《彭衙行》："胡羯仍构患。"卷一〇《寄彭州高三十五使君适虢州岑二十七长史参三十韵》："胡羯漫猖狂。"卷一一《村夜》："胡羯何多难。"还有单称"羯"的，《旧唐书》卷一〇四《高封哥舒传》史臣曰："及遇羯贼，旋致败亡。"赞曰："羯贼犯顺，戎车启行。"卷一八七下《忠义·颜杲卿传》：杲卿瞋目报禄山曰："汝本营州一牧羊羯奴。"《安禄山事迹》卷下："安史二凶羯。"又："奚、契丹两蕃数出北山口，至于范阳，……城中……以乐人戴竿索者……出战，……大败，为奚羯所戮。""虏未至前月余日，童谣云：'旧来夸戴竿，今日不堪看，但看五日里，清河水边见契丹。'初闻莫悟，至是而应之。"以上这些"羯胡""胡羯"和"羯",仍旧是对北方少数民族敌忾之称,不是种族的专用名词。因为这些除最后一条外,都是指安禄山及其部众的。安禄山"本姓康"(《安禄山事迹》卷上引郭子仪《请雪安思顺表》、《新唐书》卷二二五上《安禄山传》),"父是胡,母是突厥"(《旧唐书》卷一〇四《哥舒翰传》),可以说一半是月氏种昭武九姓胡血统。但其部众中的少数民族,如前所说,主要是奚、契丹,奚、契丹不是月氏种,何以也被骂成"羯胡""胡羯"和"羯"?特别是最后一条,是讲塞外奚、契丹入侵幽州的事情,塞外的奚、契丹并非安禄山的部众,而是安史集团的敌人,他们也被骂成"奚羯"。说明这些"羯"与"羯胡""胡羯",和过去一样,只是敌忾之称,不能据以推断安禄山部众之多昭武九姓胡人。(对北方少数民族的泛称,用得更多的是前面提过的"胡","胡"比"羯"用起来似乎敌忾成分少一点。《杜集》里用"胡"比用"羯"还要多,切莫把这些"胡"当作"西域胡"的省称。因为《集》里有时还用"东胡"来称安禄山及其部众,如卷二《北征》:"东胡反未已。"卷五《忆昔》:"阴山骄子汗血马,长驱东胡胡走藏。"这"东胡"也只是泛称,因为安禄山老巢在东北方向就加个"东"字,而不能实指为古代的"东胡"种族。否则,处处实指,那就把安禄山及其部众一时说成东胡种,一时说成昭武九姓种,号称"诗史"的作品能这么语无伦次吗?)

只有一条史料似乎和上面的论证相抵触,就是《通鉴》卷二二二上元二年三月李怀仙为范阳尹条考异所引用的《蓟门纪乱》,这是纪述幽州城内安史部众阿史那承庆和高鞫仁内讧火并的事情,说"承庆……招集蕃羯,鞫仁……统麾下军讨之,……皆城旁少年,骁勇劲捷,驰射如飞。承庆兵虽多,不敌,……诣洛阳自陈其事,城中蕃军家口尽逾城相继而去。鞫仁令城中,杀胡者皆重赏,于是羯胡俱歼,小儿皆掷于空中,以戈承之,高鼻类胡而滥死者甚众"(《安禄山事迹》卷下也录这段杀胡的话)。这里说羯胡高鼻,而高鼻正是月氏种昭武九姓胡的容貌特征(见《旧唐书》卷一九八《西戎·康国传》)。能不能以此来证明安史之乱文献里的"羯胡"都是实指昭武九姓胡而不是泛称呢?仍旧不能。因为这个记载本身就有问题。考异引用另一种记载《河洛春秋》对这次内讧是这样说的：
"阿史那王……领诸蕃部落及汉兵三万人，……与〔高〕如震会战，如震
……腹背而击之，并招汉军万余人，阿史那军败走，……后〔史〕朝义使
招之，尽归东都，应是胡面，不择少长，尽诛之。"这里就没有"高鼻"
之说，而且从文义来看，这次大杀蕃胡也并不在幽州城内，《蓟门纪乱》
所说幽州城内"羯胡俱殪"云云，可能根本不是事实。《纪乱》自己也说
这次幽州内讧"但两敌相向，不入人家剽劫一物，盖家家自有军人之故，
又百姓至于妇人小童皆闲习弓矢，以此无虞"。物且不失，何至伤人，怎
么可能出现"小儿皆掷于空中，以戈承之"的惨剧，弄得"高鼻类胡而滥
死者甚众"呢？我怀疑这些话是《纪乱》作者从《晋书》卷一○七《石季
龙载记》里套来的，《载记》说"〔冉〕闵躬率赵人，诛诸胡羯，……于
时高鼻多须至有滥死者半"，冉闵所诛是月氏种入居上党的羯，他们确是
高鼻，《纪乱》作者不管阿史那的蕃军是不是月氏种，随便套用，这就是
刘知幾在《史通·模拟》里批评的"貌同心异"。这种"貌同心异"的文
辞在旧史里是常见的，刘知幾就列举了好多，不足为怪。

　　"柘羯"这个词，在记述安史之乱的文献里见得更少。《旧唐书·封常
清传》："常清使骁骑与柘羯逆战，杀贼数十百人。"（《新唐书》卷一三五
《封常清传》略同）《新唐书》卷一九二《忠义·张巡传》："尹子琦将同
罗、突厥、奚劲兵……攻睢阳。……有大酋被甲，引拓羯千骑麾帜乘城招
巡。"（这"拓羯"应是"柘羯"之误。又《旧唐书·张巡传》及《通鉴》
至德二载五月所记均无"大酋被甲引柘羯千骑"之语）能不能如陈寅恪先
生那样根据《大唐西域记》《新唐书·西域传》关于康国、安国有"柘羯"
（"赭羯"）的记载，来断定《封常清传》《张巡传》里的"柘羯"就是
昭武九姓胡呢？我认为仍旧不能。先看《张巡传》，上文说尹子琦攻睢阳
时率领的只有同罗、突厥、奚劲兵，下文忽然冒出多至千骑的昭武九姓
胡，这就有点奇怪。再看《杜工部集》，《喜闻官军已临贼境二十韵》有
"花门腾绝漠，拓羯（也是'柘羯'之误）渡临洮。此辈感恩至，嬴俘何
足操"的句子，这是诗人歌咏东来援助官军的回纥部队，所说的"柘羯"

和"花门"一样，只能是指回纥。回纥在种族上与昭武九姓毫无牵连，怎么也用得上"柘羯"一词呢？可见"柘羯"和昭武九姓胡绝不会是同一个概念。"柘羯"指什么，《大唐西域记》和《新唐书·西域传》本来讲得很清楚，《西域传》说安国"募勇健者为柘羯，柘羯犹中国言战士也"，可见"柘羯"只是安国人中勇健而充当战士者之称。《西域记》说康国"兵马强盛，多是赭羯之人，其性勇烈"，也只说康国勇烈的战士才叫"赭羯"。这两处记载本来只能说明昭武九姓胡里的勇士叫"柘羯"，不能说明昭武九姓胡人都可以叫作"柘羯"。昭武九姓胡人在唐代是常来内地做买卖的，他们的若干特殊用语会被某些汉人所知悉（犹奚、契丹把勇士叫"曳落河"，奚、契丹常和汉人打交道，这个特殊用语也为某些汉人所熟悉，陈涛斜之战，房琯就说过"逆党曳落河虽多，岂能当我刘秩等"的大话）。于是诗人可以用"柘羯"来称回纥的猛士，国史编纂者又可以用"柘羯"来称安史的精骑。这实际上已成为北方少数民族中精骑猛士的泛称，并不意味着一定指哪个种族（至于陈先生引《西域传》所说的石国"或曰柘支，曰柘折，曰赭时"，只是石国国名不同的音译，和"柘羯"更是两个不同的概念，更不能作为文献上的"柘羯"必是昭武九姓胡的佐证）。

"羯胡""柘羯"之外，在记述安史的文献里还出现过"杂种胡"一词。如《旧唐书》卷二〇〇上《安禄山传》说安禄山"营州柳城杂种胡人也"，《史思明传》说史思明"宁夷州突厥杂种胡人也"。《唐代政治史述论稿》根据《旧唐书》卷一二七《张光晟传》"建中元年回纥突董、梅录领众并杂种胡等自京师还国，舆载金帛相属于道"，《新唐书》卷二一七上《回鹘传》作"始回纥至中国，常参以九姓胡，往往留京师，至千人，居赀殖产甚厚，会酋长突董、翳蜜施、大小梅录等还国，装橐系道"，就说"当时杂种胡人之称实径指昭武九姓月支种而言"。后来陈先生又写了一篇《以杜诗证唐史所谓"杂种胡"之义》（载1950年岭南大学国文学会《南国》第二期），认为杜诗里称安史为"杂种"，因此"杂种"肯定就是昭武九姓胡。陈先生这个说法我认为也有点似是而非。晋南北朝以来，"杂人""杂户""杂夷""杂类""杂胡""杂种"等词在文献里是时常出现的。如

《魏书》卷一一三《官氏志》：昭成帝建国二年初置百官，"其诸方杂人来附者，总谓之乌丸，各以多少称酋、庶长，分为南北部，复置二部大人以统摄之"。这些"杂人"总谓乌丸，绝不可能是西域胡。卷一五《昭成子孙·元悦传》悦说帝云："京师杂人，不可保信，宜诛其非类者。"这"杂人"也当是上面所说乌丸之类。卷五一《封敕文传》："金城边冏、天水梁会谋反，扇动梁、益二州杂人万余户，据上邦东城，攻逼西城。敕文先已设备，杀贼百余人，被伤者众，贼乃引退。冏、会复率众四千攻城，氐、羌一万屯于南岭，休官、屠各及诸杂户二万余人屯于北岭，为冏等形援。"这里"杂人""杂户"为互文，氐、羌、休官、屠各等都不是西域胡。苻秦时《重修邓太尉祠碑》："甘露四年十二月二十五日到官，以地接元朔，给兵三百人，军府吏属一百五十人，统和宁戎、鄜城、洛川、定阳五部，领屠各、上郡夫施黑羌、白羌、高凉西羌、卢水、白虏、支胡、粟特、昔水杂户七千，夷类十二。"这些"杂户"除卢水、支胡、粟特外，屠各、羌、白虏（即鲜卑，见《晋书》卷一一四《苻坚载记》）都不是西域胡。《魏书》卷二《太祖纪》：天兴元年正月，"徙山东六州民吏及徒何、高丽杂夷三十六万，百工伎巧十万余口，以充京师"。这里在"杂夷"上冠以徒何、高丽，可见与西域胡无关。《晋书·苻坚载记》：坚平前燕，"诸州郡牧守及六夷渠帅尽降于坚"，"徙关东豪杰及诸杂夷十万户于关中，处乌丸杂类于冯翊、北地，丁零翟斌于新安"。这里的"乌丸杂类"即《魏书·官氏志》等所说的乌丸"杂人"，"杂夷"就是前燕的"六夷"，都不是指西域胡。《三国志》卷三二《蜀书·先主传》：先主之救陶谦，"有兵千余人与幽州乌丸杂胡骑"。这"乌丸杂胡"也就是"乌丸杂类""杂人"。《晋书》卷九七《四夷·匈奴传》：郭钦上疏议"徙平阳、弘农、魏郡、京兆、上党杂胡，峻四夷出入之防，明先王荒服之制"。这些"杂胡"中只有居住上党的羯是月氏迁来的西域胡，居住其他地区的便不是。《魏书》卷九五《刘曜传》：曜"封其子胤为南阳王，以汉阳十三郡为国，置单于台于渭城，置左右贤王已下，皆以杂种为之"。而《晋书》卷一〇三《刘曜载记》作"皆以胡、羯、鲜卑、氐、羌豪桀为之"。则《魏书·刘曜传》

的 "杂种" 包括胡、羯、鲜卑、氐、羌，不专指羯这个西域胡。《宋书》
卷九五《索虏传》："佛佛骁猛有谋算，远近杂种皆附之。"佛佛即赫连勃
勃，当时关中氐、羌、匈奴都极多，这 "远近杂种" 当然也不专指西域
胡。《南齐书》卷五八《东南夷传》史臣曰："南夷杂种，分峙建国。"这
"杂种" 是指东南夷，更不是西域胡。只有如《魏书》卷一《序纪》穆帝
七年所记："国有匈奴杂胡万余家，多〔石〕勒种类，闻勒破幽州，乃谋
为乱，欲以应勒，发觉伏诛。"这个 "杂胡" 才是附属于匈奴的某些西域
胡。可见 "杂胡" "杂种" "杂类" "杂夷" "杂人" "杂户" 这类名词，只
是若干少数民族的统称。月氏余裔以至昭武九姓胡种姓不一，自可被以
"杂种胡" 之称，而 "杂种胡" 则不一定是月氏余裔昭武九姓胡，二者不
好等同。这在唐代还是如此，如《全唐文》卷三五二樊衡《为幽州长史薛
楚玉破契丹露布》："大阅于松林，管内勇士万人，……东胡杂种君长之
郡，左射人，右射马，翼迅霆转沙振骅角者二万五千余骑。"这 "东胡杂
种" 即奚、契丹、室韦之类。《杜工部集》卷一五《承闻河北诸节度使入
朝欢喜口号》："社稷苍生计必安，蛮夷杂种错相干。"这 "蛮夷杂种" 是
统指当时四裔少数民族，四裔少数民族种类繁多，就统称 "蛮夷杂种"。
因此，不能看到《杜集》里有用 "杂种" 称安史部众之处，如卷二《留花
门》"胡尘逾太行，杂种抵京室"，卷一〇《秦州见敕目三十韵》"杂种虽
高垒，长驱甚建瓴"，就肯定这 "杂种" 是指昭武九姓胡（其实这些 "杂
种" 应指安史主力奚、契丹、同罗等），更不能看到这几处 "杂种"，就认
定安史部众是以昭武九姓胡为主（《杜集》用 "杂种" 之类名词还有一
处，即卷一〇《收京》"杂虏横戈数，功臣甲第高"，这个 "杂虏" 含义不
明，大概是泛指当时从事攻战的蕃胡，不一定指安史及其部众）。至于安、
史本身的血统，安禄山 "本姓康"，"父是胡，母是突厥"，可以说一半是
昭武九姓胡种；史思明则《旧唐书·史思明传》只说他是 "宁夷州突厥杂
种胡人"，在没有找出其他史料前，便不能断定他有昭武九姓胡血统，这
"宁夷州突厥杂种胡人"，只是 "在宁夷州的和突厥有关的一些少数民族中
人" 之谓。《旧唐书·安禄山传》的 "营州柳城杂种胡人"，本身也只能解

释为"在营州柳城的一些少数民族中人",另外根据他"本姓康"等记载,才能说这些少数民族是昭武九姓胡,不能一见这"杂种胡"就断定他是昭武九姓胡人。

《唐代政治史述论稿》既认为唐代河朔地区有多数昭武九姓等中亚胡人,又推测昭武九姓胡大量东迁到河朔地区"似有三因:其远因为隋季之丧乱,其中因为东突厥之败亡,其近因或主因为东突厥之复兴"。陈先生这种说法仍颇涉附会,难于成立。(一)先看远因,陈先生的根据是《旧唐书》卷九三《唐休璟传》,其中说唐休璟"授营府户曹。调露中,单于突厥背叛,诱扇奚、契丹侵掠州县,其后奚、羯胡又与桑干突厥同反,都督周道务遣休璟将兵击破之于独护山,斩获甚众,超拜丰州司马。永淳中,突厥围丰州,都督崔智辩战殁,朝议欲罢丰州,徙百姓于灵、夏,休璟以为不可,上书曰:'丰州控河遏贼,实为襟带,自秦汉已来,列为郡县,田畴良美,尤宜耕牧。隋季丧乱,不能坚守,乃迁徙百姓就宁、庆二州,致使戎羯交侵,乃以灵、夏为边界。贞观之末,始募人以实之,西北一隅,方得宁谧。今若废弃,则河傍之地,复为贼有,灵、夏等州,人不安业,非国家之利也。'朝廷从其言,丰州复存。"陈先生认为这里所说的"戎羯""羯胡",都是昭武九姓胡,认为昭武九姓胡乘隋季丧乱侵入西北的丰州,再由丰州东迁渐至东北的营州。案"羯"之为指斥北方少数民族之词,前已论证。唐休璟所上书中西北一隅的"戎羯交侵",明系指突厥等入侵而言,通观《旧》传上下文自知。在营州与桑干突厥同反的"奚羯胡",我怀疑原文止作"奚羯",与上文的"奚、契丹"同一个意思(犹《安禄山事迹》上文说"奚、契丹两蕃数出北山口,至于范阳",下文说范阳乐人出战"为奚羯所戮"。见前所引),"胡"字是后人妄增(《新唐书》卷一一一《唐休璟传》、《通鉴》卷二〇二调露元年十月壬子且只说"突厥诱奚、契丹叛",无"其后奚、羯胡又与桑干突厥同反"之语)。何况《旧唐书·唐休璟传》所述调露营州之乱和永淳丰州之围本是不相干的两件事,即使《旧》传原文确作"奚、羯胡",这"羯胡"又确是昭武九姓胡,也只能说当时营州确有昭武九姓胡杂居,怎么能进一步判断这些九姓胡一定是从西北丰州一隅迁来？（二）再看中因，陈先生的根据是戈直注本《贞观政要》卷九《安边》所云"自突厥颉利破后，诸部落首领来降者皆拜将军、中郎将，布列朝廷，五品已上百余人，殆与朝士相半，唯拓拔不至，又遣使招慰之"。《通典》卷一九七"边防"突厥传"拓拔"作"柘羯"，陈先生因谓"然则东突厥之败亡，必有少数柘羯因之东徙者矣"。案《政要》戈本多妄改，这里的"拓拔"诚是"柘羯"之讹。但如前考证，"柘羯"一词只是勇士之称，这里的"柘羯"是泛指突厥统下之勇士，还是专指昭武九姓之勇士，就很难断定。退一步即使是昭武九姓吧，也只能说朝廷所在的关中地区增加了一些昭武九姓胡，和河朔地区之有昭武九姓胡又何相干？难道昭武九姓胡进入关中地区后非继续东徙到河朔不可，这在文献上有何根据？（三）至于近因或主因，陈先生是根据《旧唐书》卷一九四上《北突厥传》、一九四下《西突厥阿史那弥射附孙献传》《阿史那步真传》《突骑施乌质勒传》及《新唐书》此诸传的记载，认为武则天及玄宗开元时"东突厥复兴后之帝国其势力实远及中亚，此时必有中亚胡族向东北迁徙者"。案东突厥复兴后骨咄禄和默啜的势力远及中亚，西突厥领部如昭武九姓等受其统辖当然是事实，但单凭这个事实怎么能作出"此时必有中亚胡族向东北迁徙"这样肯定的结论呢？难道昭武九姓一经东突厥统辖，就必然要大量东迁，这不仅在文献上毫无依据，在逻辑推理上也是讲不通的。

月氏种之迁徙内地，从魏晋以来，多群居在西北的凉、雍、并诸州，到唐初在这些地方还有他们的余裔（详吕诚之师《燕石札记·胡考》，唐长孺先生《魏晋南北朝史论丛·魏晋杂胡考》）。这些月氏种移民里，以群居并州上党武乡的羯在历史上最为著名。它曾经是"匈奴别部"，西晋末它的首领石勒、石虎等所以勇悍善战，当是习染匈奴的俗尚所致（犹石氏的大将冉闵本是汉人，为石虎养孙，习于胡风，遂"勇力绝人"，"胡夏宿将莫不惮之"）。至于在中亚西域的月氏人，则向来不以善战见称，他们的专长是做买卖，如《旧唐书》卷一九八《西戎传》：康国"生子必以石蜜纳口中，明胶置掌内，欲其成长口常甘言，掌持钱如胶之黏物，俗习胡书，善商贾，争分铢之利，男子年二十，即远之旁国，来适中夏，利之所在，无所不到"（《新唐书·西域传》略同）。《新唐书》卷二二一下《西域传》：安国"贞观初献方物，太宗厚慰其使曰：'西突厥已降，商旅可行矣。'诸胡大悦。"火寻："诸胡惟其国有车牛，商贾乘以行诸国。"此外唐人小说所记西胡擅商贾、识珍宝之事见于《太平广记》者还很多（至于《新唐书》卷二二一下《西域传》所说康国"出善马，兵强诸国"，中曹"其人长大，工战斗"云云，只是在昭武九姓诸国中比较而言，和惯于游牧狩猎的突厥、回纥、吐蕃、契丹等之善骑射战斗不可同日而语）。做买卖的唯利是逐，只要不碰上大战乱，不阻塞道路，哪里富庶他们就会到哪里去，这和民族的大规模迁徙完全是性质不同的两回事。河朔至迟在唐代初年已是物产丰富经济繁荣的地区，如《通典》卷一二"轻重"载天宝八年正仓、义仓、常平仓的诸色米共一亿零九百九十万六千零六十四石，河北道就有二千一百零二万九千八百二十四石，占全国十道总数的将近五分之一。《通典》卷六"赋税"记天下诸郡每年常贡，属于河北道诸郡所贡的丝麻织品合计有绫千五百九十匹，绢百匹，绅三十六匹，罗二十匹，纱二十匹，丝布丝葛十匹，锦五十匹，花式之繁、数量之多也是超越其他各道的。《杜工部集》卷三《后出塞》是安史乱前的作品，第三首中讲到当时的河朔地区是："渔阳豪侠地，击鼓吹笙竽。云帆转辽海，粳稻来东吴。越罗与楚练，照耀舆台躯。"可见其贸易的发达与统治者生活的奢侈。这些虽都是天宝时的史料，天宝以前已有一定程度的富庶也从可推知。因而"利之所在，无所不到"的昭武九姓胡到这里来活动就是很自然的事情，不必再像陈先生那样去寻找其他政治上的原因。这些昭武九姓胡在河朔地区的职业还是做买卖，如《旧唐书》卷一八五下《良吏·宋庆礼传》说他开元初充当营州都督时"招辑商胡，为立店肆"（《新唐书》卷一三〇《宋庆礼传》同）。《安禄山事迹》卷上说禄山尝以"解九蕃语，为诸蕃互市牙郎"（《旧》传、《新》传略同），节镇范阳后，复"潜于诸道商胡兴贩，每岁输异方珍货，计百万数。每商至，则禄山胡服坐重床，烧香列珍宝，令百胡侍左右，群胡罗拜于下，邀福于天，禄山盛陈牲牢，诸巫击鼓歌舞，至暮而散，遂令群胡于诸道潜市罗帛，及造绯紫袍、金银鱼袋、腰带等百万计，将为叛逆之资，已八九年矣"（《新》传略同）。这些都是昭武九姓等西域胡在河朔地区以做买卖为业的佳证。研究历史最好通观大局，单从若干名词上立论总是有些危险的。

〔附记〕陈寅恪先生是我敬佩的前辈学者，三十年前我曾在"胡"与"狐"的关系、白居易《长恨歌》等问题上撰文和他商讨，他的谦虚和谨严使我永志不忘。这篇《考辨》是我当年研究河北藩镇的副产品，在1970年困难的条件下写出初稿，准备以后有机会再请陈先生指正。直到最近，才知道陈先生已于1969年逝世了，怆痛之余，只好把粗糙的初稿稍加润饰，刊出向其他研究唐史、民族史的同行请教。

（原载中华书局《文史》第八辑，1980年）

"士先器识而后文艺"正义

早年读顾炎武《日知录》，知道宋人有"士当以器识为先，一号为文人，无足观矣"的话。后来又知道更早的讲法是"士先器识而后文艺"，见于《旧唐书·文苑传》。但如何理解，则甚模糊，无非和很多人同样认为是讲德最重要，才则其次，甚至可有可无而已。近来重读《旧唐书》，旁征其他文献，才知道这是封建社会评论人才的特殊标准，其间还掺杂过很大的迷信成分，和今天的德才问题完全是两种不同的概念。

一

《旧唐书》卷一九〇上《文苑·王勃传》说：

> 初，吏部侍郎裴行俭典选，有知人之鉴，见〔勃兄〕勔与苏味道，谓人曰："二子亦当掌铨衡之任。"李敬玄尤重杨炯、卢照邻、骆宾王与〔王〕勃等四人，必当显贵。行俭曰："士之致远，先器识而后文艺。勃等虽有文才，而浮躁浅露，岂享爵禄之器耶？杨子沉静，应至令长，余得令终为幸。"果如其言。

友人傅璇琮精熟唐集，成《唐代诗人丛考》，首篇《杨炯考》就考证了《旧唐书·王勃传》这段纪事。他指出：

王勃有《上吏部裴侍郎启》(《王子安集》卷八),其中说:"殊恩屡及,严命并加,……诚恐下官冒轻进之讥,使君侯招过听之议。"又说:"今者接君侯者三矣,承招延者再矣。"则裴行俭为吏部侍郎,王勃参选时,裴行俭对王勃是很看重的。……骆宾王也有与裴行俭的书启,也表示过与王勃类似的意思,他的《上吏部侍郎帝京篇》一文(《骆临海集笺注》卷一),自序有云:"宾王启,昨引注日,垂索鄙文,拜手惊魂,承恩屡息。"说"引注日",即咸亨中裴行俭为吏部侍郎时,骆宾王参预铨试事。由此可见,至少裴行俭对王勃、骆宾王的才器是相当看重的。再看王勃《上吏部裴侍郎启》中所表达的思想,……"文章之道,自古称难。……苟非可以甄明大义,矫正末俗,俗化资以兴衰,家国由其轻重,古人未尝留心矣。"又说"君侯受朝廷之寄,掌熔范之权,至于舞咏浇淳,好尚邪正,宜深以为念也。伏见铨擢之次,每以诗赋为先,诚恐君侯器人于翰墨之间,求材于简牍之际,果未足以采取英秀,斟酌高贤者也。"这里的议论,与所传裴行俭的"士之致远,先器识而后文艺",可以说是如出一辙;而且这些话又都直接说给裴行俭听的,裴行俭又何从而获得王勃等"浮躁浅露"的印象呢?

这里除以为王、裴思想见解"如出一辙"似尚可商榷,读拙作下文自知外,所持理由均可谓精当不易。前此清末民国初年人姚大荣所著《惜道味斋集》里有一篇《跋骆宾王上吏部裴侍郎书》,根据《书》中所说"不图君侯忽垂过听之恩,任以书记之事,正当陪麾后殿,奉节前驱",以及"流沙一去,绝塞千里"等语,指出:

行俭以吏部侍郎奉使册立波斯王,便道计禽西突厥都支,在调露元年己卯六月,是时宾王官武功主簿,以母老不堪远行辞不往。……行俭奉使绝域,欲立奇功,择于众中,而辟宾王,使掌书记,其相知必深，相期必厚；使果有浮躁浅露之嫌，肯引为臂助，与之驰驱绝塞乎？……况王勃卒于上元二年乙亥，在行俭辟宾王之前五年。行俭之评四子，若在勃卒后，不应与三子同论；若在勃存时，其后何为又举用宾王？反复推求，抵牾实多。

因此这件事情之出于虚构而非事实，已绝无疑问。

问题是何以要在裴行俭身上虚构这件故事，它有没有来龙去脉可以寻求。

二

先从史源上来推究。这个虚构故事除《旧唐书·王勃传》外，还见于《旧唐书》卷八四《裴行俭传》、《新唐书》卷一〇八《裴行俭传》，以及《唐会要》卷七五"藻鉴"、《大唐新语》卷七"知微"、《张说之文集》四部丛刊影印嘉靖本卷一四《赠太尉裴公（行俭）神道碑》。除《新唐书·裴传》全袭《旧唐书·裴传》及《王勃传》可置不论外，其他五种记载究竟孰先孰后？从表面看，张说的《裴公神道碑》似乎撰述在先，其他记载均源出此碑，姚大荣即如此认识。其实不然。因为《旧唐书·裴传》所记此故事与《唐会要》完全相同，即文字亦无甚出入，而《唐会要》在德宗以前实出苏弁、苏冕兄弟之手。二苏贞元时人，自无窥见石晋时所修《旧唐书》之理，可见二者实同源出于韦述等所撰国史旧传，今《旧唐书》与行俭同传的《刘仁轨传》末尚存"史臣韦述曰"云云更足为佐证。再据《新唐书》卷四六《百官志》："考功郎中、员外郎各一人，掌文武百官功过、善恶之考法及其行状，若死而传于史官，谥于太常，则以其行状质其当不，其欲铭于碑者，则会百官议其宜述者以闻，报其家。"又《唐会要》卷六四"史馆杂录"载史官李翱奏："凡人之事迹，非大善大恶，则众人无由知之，旧例皆访问于人，又取行状、谥议以为依据。今之作行状者，非门生即其故吏。……"（《李文公集》卷一〇《百官行状奏》同）则

《旧唐书·裴传》及《唐会要》所本之国史旧本，自系根据裴氏门生故吏所作行状撰写，这和张说所撰《神道碑》之本诸行状者正相同。而且试持《神道碑》与《旧唐书·裴传》相比对，还可发现整个《旧唐书·裴传》的纪事远较《神道碑》为详密，足证《旧唐书·裴传》比《神道碑》更接近于行状原本，在行状原本失传以后可说是有关裴行俭的原始史料。

对四杰的评论，《旧唐书·裴传》这个原始史料是如此写的：

> 行俭尤晓阴阳算术，兼有人伦之鉴，自掌选及为大总管，凡遇贤俊，无不甄采，每制敌摧凶，必先期捷日。时有后进杨炯、王勃、卢照邻、骆宾王并以文章见称，吏部侍郎李敬玄盛为延誉，引以示行俭，行俭曰："才名有之，爵禄盖寡，杨应至令长，余并鲜能令终。"是时，苏味道、王勮未知名，因调选，行俭一见，深礼异之，仍谓曰："有晚年子息，恨不见其成长，二公十数年当居衡石，愿记识此辈。"其后相继为吏部，皆如其言。

这开头几句"尤晓阴阳算术，兼有人伦之鉴"云云，《旧唐书·王勃传》没有写进去，《大唐新语》改成"少聪敏多艺"，《神道碑》则把"又善测候云物，推步气象"写在裴氏生平所著书籍之前，和人伦之鉴分别开来，似均有失门生故吏撰述此裴氏行状时的本意。其本意是要把二者扯到一起的，因为在我国古代这二者确实颇有牵连。如《汉书·艺文志》就以阴阳书入五行家，与包括相人术在内的形法家同属刘歆《七略》的术数略。到唐代则将此等迷信总称之曰"阴阳"，如吕才承太宗命纂修的《阴阳书》，即包括宅经、禄命、葬书部分。吕书今不传，其大略见于《旧唐书》卷七九本传，所述禄命部分除列举若干以生年月日推禄命的事例外，还引用《论衡·骨相篇》"见骨体而知命禄，睹命禄而知骨体"等语，说"此即禄命之书，行之久矣"，可见在唐初所谓相人禄命之术已统属于阴阳范畴。因此门生故吏在裴氏行状中把人伦之鉴和晓阴阳算术合写到一起，说行俭"自掌选及为大总管，凡遇贤俊，无不甄采，每制敌摧凶，必先期捷日"，然后举出鉴相四杰和苏味道、王勮的事例，这种写法在当时正是理所当然。这里所谓"人伦之鉴"，完全是属于阴阳范畴的相人术，和正常的月旦人物不能混为一谈。

阴阳迷信包括相人术之类在今天看来自不值一笑，但在封建社会尤其宋以前确有其广阔的市场。在这方面，先师吕诚之（思勉）先生所著《先秦史》《秦汉史》《两晋南北朝史》《隋唐五代史》的宗教杂迷信部分已钩稽出大量事例，旧类书以及《太平广记》卷二二一至二二四所集《定命录》等有关相术故事也可资参考，文繁自毋庸备列。这里只提出一点，即《新唐书》卷九三《李靖李勣传论》所谓：

> 世言靖精风角、鸟占、云祲、孤虚之术，为善用兵。是不然，特以临机果，料敌明，根于忠智而已。俗人傅著怪诡机祥，皆不足信。

裴行俭这位在军事上有成就的将相大臣之所以被抹上"晓阴阳算术""每制敌摧凶，必先期捷日"的迷信色彩，是和李靖一样出于"俗人傅著"，抑裴氏本人有意以此夸饰，甚至其人的系笃信此道，今已无从分辨。但撰述行状的门生故吏在当时把这类迷信色彩写进去，确是想以此为逝者荣。这和宋人撰写《新唐书·二李传论》时不信此道，斥之为"怪诡"者正说明时代意识之不同。至于把王勃等作为附会裴氏精于相人之术的题材，则自由于（一）王勃四人是当时有影响的人物，如《旧唐书·文苑·杨炯传》就说他们"以文词齐名，海内称为'王杨卢骆'，亦号为'四杰'"。（二）而此"四杰"的生平：王勃"为沛府修撰"，"补虢州参军"，"当诛，会赦除名"，上元二年"渡南海，堕水而卒，时年二十八"；杨炯"拜校书郎，为崇文馆学士"，"迁詹事司直"，"左转梓州司法参军，秩满，选授盈川令"，"卒官"；卢照邻"授邓王府典签"，"拜新都尉，因染风疾去官"，"沉痼挛废，不堪其苦"，"自投颍水而死，时年四十"；骆宾王"为长安主簿"，"左迁临海丞"，"弃官而去，文明中，与徐敬业于扬州作乱"，"伏诛"（均详《旧唐书·文苑》本传）：确实都是"爵禄盖寡"，除杨炯外

"鲜能令终"，可以作为裴行俭所否定人物的代表者。（三）此外王勃兄勮"弱冠进士登第，累除太子典膳丞，长寿中，擢为凤阁舍人"，"寻加弘文馆学士，兼知天官侍郎"（《旧唐书》附王勃传）；苏味道"弱冠本州举进士，累转咸阳尉"，裴行俭"征突厥阿史那都支，引为管记"，"延载初，历迁凤阁舍人，检校凤阁侍郎、同凤阁鸾台平章事，寻加正授，证圣元年，坐事出为集州刺史，俄召拜天官侍郎"（《旧唐书》卷九四本传）：都是宦途通达而且确实做到天官即吏部侍郎的显贵人物。加之苏味道曾为裴行俭的"管记"，自更易于附会成为裴氏能前知其显贵。

凡预言前知而且应验必系被预言者结局已明显后所编造（外舅童丕绳先生遗著《春秋左传研究》论预言诸条言之最审）。裴行俭卒于永淳元年四月，行状之撰述当在其后不久。王勃卒于上元二年固在其前，骆宾王文明元年后被诛，杨炯长寿二年后卒官（据传《考》），以及王勮长寿中擢凤阁舍人，寻加弘文馆学士兼知天官侍郎，苏味道证圣元年出为集州刺史，俄召拜天官侍郎，都已是永淳元年裴行俭卒后二三年以至十三四年的事情。何以骆、杨结局和王、苏之任吏部"居衡石"都能成为行状所述裴氏鉴人前知故事的内容？这也好解释。张说的《裴公神道碑》中已讲到"开元孝享，宰嗣延恩，赠公太尉"，又讲到"季子光庭，侍中兼吏部尚书"，后者更是开元十八年的事情（见《旧唐书》卷八《玄宗纪》，《新唐书》卷六一《宰相表》）。此时不仅"四杰"，即王勮、苏味道亦均早已前卒（勮万岁通天二年被诛，味道神龙初卒，均见《旧唐书》本传）。而张说撰此《裴公神道碑》必取资于行状，半世纪前行俭初卒时的旧行状至此自不尽适用，在光庭及裴氏门生故吏增饰此旧行状、补入光庭贵显事迹的同时，将此鉴相"四杰"及王勮、苏味道的前知故事附丽状末，以为先人光宠，正是合乎人之常情。《旧唐书·裴行俭传》所用国史旧传，当即本此已增订之行状撰写，因而有此鉴相"四杰"等故事。至此故事究系先已流传于社会而为增订行状时采用，抑即出于增订者之所编造，则无关大体，自可不必深究。

三

以上根据《旧唐书·裴行俭传》探索了故事的性质和来源。但《旧唐书·裴传》里并没有"士先器识而后文艺"的话。记有这句话的除《旧唐书·王勃传》外，是中唐元和时刘肃所撰《大唐新语》卷七"知微"，所纪此故事的全文是：

> 裴行俭少聪敏多艺，立功边陲，屡克凶丑。及为吏部侍郎，赏拔苏味道、王勮，曰："二公后当相次掌钧衡之任。"勮，勃之兄也。时李敬玄盛称王勃、杨炯等四人，以示行俭，曰："士之致远，先器识而后文艺也。勃等虽有才名，而浮躁浅露，岂享爵禄者！杨稍似沉静，应至令长，并鲜克令终。"卒如其言。

这在文字上和《旧唐书·王勃传》基本相同，但并非二者同本于旧国史王勃传。因为《旧唐书·王勃传》没有《新语》此条开头的"少聪敏多艺，立功边陲，屡克凶丑"这几句话，而这几句话和讲裴氏有鉴人之能无关，显然是因袭今《旧唐书·裴传》所从出的国史裴传或裴氏行状。把原来的"行俭尤晓阴阳算术，兼有人伦之鉴，自掌选及为大总管，凡遇贤俊，无不甄采，每制敌摧凶，必先期捷日"云云去掉迷信色彩，"晓阴阳算术"改为"聪敏多艺"，"每制敌摧凶，必先期捷日"改为"立功边陲，屡克凶丑"，而省却中间"兼有人伦"云云几句话，忘掉"立功边陲"也与鉴人无关，从而留下了因袭点窜的痕迹。《旧唐书·王勃传》则采用《新语》此条，但为了要以王勃等"四杰"为主体，所以在采用《新语》时再把无关的裴氏"聪敏多艺"，"立功边陲"以及对苏味道、王勮的评鉴一并删去。《裴传》《新语》《王传》三者之间的关系既如此，则将此"士之致远，先器识而后文艺"加入裴氏鉴人故事之中，自必始于《新语》而非《王传》或旧国史。

从《新语》此条之删改"阴阳算术"诸语，可推知其撰人刘肃对阴阳以至相人之术必不感兴趣。因此这增入的"士之致远，先器识而后文艺"自亦不致与当时社会迷信有关，其出典应在其他文献。就我所知，这个文献就是曹魏黄初时刘劭所撰著的《人物志》。这是现存的我国封建地主制社会前期关于人才学的唯一理论专著，可惜清代以来的学者很少给予重视。《志》的上卷《流业》篇这样写道：

> 盖人流之业，十有二焉：有清节家，有法家，有术家，有国体，有器能，有臧否，有伎俩，有智意，有文章，有儒学，有口辨，有雄杰。若夫德行高妙，容止可法，是谓清节之家，延陵、晏婴是也；建法立制，强国富人，是谓法家，管仲、商鞅是也；思通道化，策谋奇妙，是谓术家，范蠡、张良是也；兼有三材，三材皆备，其德足以厉风俗，其法足以正天下，其术足以谋庙胜，是谓国体，伊尹、吕望是也；兼有三材，三材皆微，其德足以率一国，其法足以正乡邑，其术足以权事宜，是谓器能，子产、西门豹是也。兼有三材之别，各有一流：清节之流，不能弘恕，好尚讥诃，分别是非，是谓臧否，子夏之徒是也；法家之流，不能创思远图，而能受一官之任，错意施巧，是谓伎俩，张敞、赵广汉是也；术家之流，不能创制垂则，而能遭变用权，权智有余，公正不足，是谓智意，陈平、韩安国是也。凡此八业，皆以三材为本，故虽波流分别，皆为轻（此据《四部丛刊》影印隆庆本，疑当作经）事之材也。能属文著述，是谓文章，司马迁、班固是也；能传圣人之业，而不能干事施政，是谓儒学，毛公、贯公是也；辨不入道，而应对资给，是为口辨，乐毅、曹丘生是也；胆力绝众，材略过人，是谓骁雄，白起、韩信是也。凡此十二材，皆人臣之任也。……清节之德，师氏之任也；法家之材，司寇之任也；术家之材，三孤之任也；三材纯备，三公之任也；三材而微，冢宰之任也；臧否之材，师氏之佐也；智意之材，冢宰之佐也；伎俩之材，司空之任也；儒学之材，安民之任也；文章之材，国史之任也；辨给之材，

行人之任也；骁雄之材，将帅之任也。……

此外在中卷《接识》篇还历述此十二种人材在知人、识人问题上的得失。这里的所谓"器能"之材，是兼有"清节""法""术"之材，具体而微，仅次于最高一级"国体"的人材，刘《志》认为可以胜冢宰之任。而《周官》冢宰后世通常与尚书省六部之吏部相比附，作为吏部长官之雅称。这和所谓见知于裴行俭的苏味道、王勮之居衡石为吏部侍郎的身份正相符合，从而便于为《大唐新语》净化裴行俭鉴人事之所借用。其作"器识"者，当即"器能之识"的简写。至"四杰"本是文艺之士，与刘《志》所谓"文章"之材能任国史之任如司马迁、班固者有别。但如迁、固"文章"之材在《志》中尚远居"器能"之下，更何论"四杰"，自然可以写成"先器识而后文艺"（"四杰"本也可称文章之士，如《旧唐书·杨炯传》就记有崔融所说"王勃文章宏逸"的话，而《新语》之不作"而后文章"必曰"文艺"者，或许就是为了要和迁、固的"文章"有所区别）。应该注意的，在这句话前面还有"士之致远"几个字，往往为后世引用者所忽略。其实这是"士先器识而后文艺"的前提，万万省略不得。所谓"致远"者，即在政治上飞黄腾达之谓。要在政治上飞黄腾达当然不能靠文艺，必须是有"器识"能胜冢宰之材者才行。所以《新语》这句话虽然已洗去了行状的迷信色彩，但基本上还没有背离所谓裴行俭能鉴相人之前程的原意。

弄清楚这点，可以附带解决一个小问题。所谓为裴行俭称许的苏味道、王勮，其人品据记载其实是不足取的。《旧唐书·王勮传》说他在兼知天官侍郎后"颇任权势，交结非类，万岁通天二年，綦连耀谋逆事泄，勮坐与耀善，并弟勔并伏诛"，结局比王勃"堕水而卒"还不如。《旧唐书·苏味道传》则说苏"前后居相位数载，竟不能有所发明，但脂韦其间，苟度取容而已，尝谓人曰：'处事不欲决断明白，若有错误，必贻咎谴，但摸棱以持两端可矣。'时人由是号为'苏摸棱'"，到后来"摸棱"故事遂成为不堪的话柄。记得前人已据此对裴行俭之善鉴人提出异议，大意是说裴赏识的竟是苏摸棱之流，足见其鉴人之术实不过尔尔。今既弄清所谓裴之鉴人本来只是鉴相其能否"致远"，则行状等所写的对"四杰"，以及苏味道、王勮的鉴相诚可谓灵验，并无失于照应之处可资人抨击。

<h1 style="text-align:center">四</h1>

《日知录》卷一九"文人之多"条所引宋刘挚之说，见于《宋史》卷三四〇本传，谓：

> 其教子孙，先行实后文艺，每曰："士当以器识为先，一号为文人，无足观矣。"

案"士当以器识为先"的话当然是刘挚从《大唐新语》或《旧唐书·王勃传》《新唐书·裴行俭传》借用的，否则不会连用词造句都如此一致。但其含义已和唐人不同，这从本传所纪刘挚对人才的看法及其自身的表现就可以看得很清楚：

> 挚与同列奏事论人才，挚曰："人才难得，能否不一：性忠实而才识有余，上也；才识不逮而忠实有余，次也；有才而难保，可借以集事，又其次也；怀邪观望，随时势改变，此小人也，终不可用。"
> 挚性陗直有气节，通达明锐，触机辄发，不为利怵威诱。自初辅政至为相，修严宪法，辨白邪正，专以人物处心，孤立一意，不受谒请。

可见刘挚之所谓"行实"，就是要像他那样在政治上"陗直有气节，通达明锐，触机辄发，不为利怵威诱"，抽象一点则是"性忠实而才识有余"，这就是刘挚之所谓"器识"。这种"器识"，自和《人物志》以至《大唐新语》里的能具冢宰之才、在政治上得飞黄腾达便为有"器能"或"器识"

者大相径庭。《人物志》尤其《大唐新语》里的"器识"，只讲才而不及品德，所以苏摸棱、王勔之流在封建社会里都被认为品德欠缺者仍可当"器识"之选。而刘挚的"器识"则除要才识外还更重视"忠实""邪直有气节"的品德，从这点上讲倒有点仿佛今天所说的"德才兼备"。当然刘挚之讲品德只是讲封建士大夫的品德（他本人在封建士大夫中还是属于王安石变法运动的反对派），和今天"德才兼备"的德仍有本质上的区别。至于"文艺"，今天是才的一种表现，而刘挚却把它排除在才之外，认为是极不关紧要的东西，更不许人家成为他所认为的只有"文艺"而无"器识"的文人，所以他会断然地说："一号为文人，无足观矣。"这和今天之重视文艺也全然不同。

顾炎武虽然引用了刘挚的话，但对"器识"另有他自己的标准。《日知录》"文人之多"条的全文是：

> 唐、宋以下，何文人之多也！固有不识经术，不通古今，而自命为文人者矣。韩文公《符读书城南》诗曰："文章岂不贵，经训乃菑畬。潢潦无根源，朝满夕已除。人不通古今，马牛而襟裾。行身陷不义，况望多名誉。"而宋刘挚之训子孙，每曰："士当以器识为先，一号为文人，无足观矣。"然则以文人名于世，焉足重哉！此扬子云所谓"摭我华而不食我实"者也。黄鲁直言："数十年来，先生君子但用文章提奖后生，故华而不实。"本朝嘉靖以来，亦有此风，而陆文裕（深）所记刘文靖（健）告吉士之言，空同（李梦阳）大以为不平矣（见《停骖录》）。

> 《宋史》言欧阳永叔与学者言未尝及文章，惟谈吏事，谓文章止于润身，政事可以及物。

又所撰《亭林文集》卷四《与人书》十三也有相似的议论：

> 《宋史》言刘忠肃（案挚谥）每戒子弟曰："士当以器识为先，一

命为文人，无足观矣。"仆自一读此言，便绝应酬文字，所以养其器识，而不堕于文人也。……中孚（案李颙字）为其先妣求传再三，终已辞之，盖止为一人一家之事，而无关于经术、政理之大，则不作也。韩文公文起八代之衰，若但作《原道》《原毁》《争臣论》《平淮西碑》《张中丞传后序》诸篇，而一切铭状概为谢绝，则诚近代之泰山北斗矣，今犹未敢许也。

顾炎武在这里主要是反对只会做文章的文人，这是针对明嘉靖以来的社会风气，尤其针对晚明钟惺之流而发（参看《日知录》卷一八"钟惺"条）。他并不绝对反对做文章，只是要求文章的内容必须有关于"经术、政理之大"，亦即"文须有益于天下"（参看《日知录》卷一九"文须有益于天下"条）。这和刘挚简单地"后文艺"已有所不同，倒有点近似于王勃《上裴侍郎启》中所说的"文章……苟非可以甄明大义，矫正末俗，俗化资以兴衰，家国由其轻重，古人未尝留心"。当然顾炎武和王勃对文章如何能有益于天下的认识不会相同，而且从《王子安集》里的文章可以看到王勃并没有认真贯彻自己的主张，而顾炎武却是将自己的主张付诸实践，拒绝为好友李颙的先妣撰述家传就是例证。顾炎武对"器识"的解释也和刘挚不同，刘挚认为"性忠实而才有余"便是有"器识"，顾炎武则主张"器识"要包括识经术、通古今、得政理之大。顾炎武也正是这样要求自己的，他的名著《日知录》之有价值正在"事关民生国命者必穷源溯本，讨论其所以然"，"则古称先，规切时弊，尤为深切著明"（顾氏门人潘耒为《日知录》所撰序中语），和乾嘉学派之单纯从事考证者有所不同。当然，这种思想也是明末时势所造成的，正和刘挚站在王安石反对派的立场，需要提倡他"性忠实而才识有余"的"器识"论一样。

对"士先器识而后文艺"作了如上的正义，可以看到任何一种主张的提出和解释都决定于时代的条件和本人的立场。持"旧瓶"喝"旧酒"是绝对不行的。"旧瓶装新酒"也许可以喝，但"旧瓶"的外貌装潢易于混淆视听，必须作一番注疏式的解释才能免滋流弊。因此我认为在必要时不妨另制"新瓶",譬如"德才兼备"的提法在今天就比"士先器识而后文艺"要确切。当然"士先器识而后文艺"这类"旧瓶"也不必丢进垃圾堆,留着对了解古人的思想意识固自有其用处,拙作正义即是一次尝试。

（原载陕西师范大学《唐史论丛》第四辑，1988年6月）

论韩愈在中国思想史上的地位

我在中国哲学史思想史的研究上夙未下过功夫，但对通行教科书总有点看法，即此等教科书过于追求孰是唯物、孰是唯心，并认为唯物者必好、唯心者必坏，而对其政治主张却不感兴趣，似忘却中国的哲学家思想家多数是政治理论家，且其理论是要用之于现实的政治，不像外国的尤其印度的佛教和外道那样整天在哲学领域里讨生活。此看法蓄之已久，最近才下决心用韩愈这个题目把它写出来。文中自以韩愈为主，因为我认为韩愈在这方面有其特殊重要的地位。当然为了讲清楚，在他前后的思想发展也需要适当涉及，或者说应该适当地明其源流。

一

早在西周春秋，知识多为祝史所掌握。其水平如何姑不论，但为其时之政治服务则绝无疑问。春秋晚期出现孔子，继之以战国的百家争鸣，掀起我国历史上第一个学术文化高潮。其成就较前之祝史固已远过，但用之于现实政治这点却继承了祝史的旧传统。正如《汉书·艺文志》所说，此诸子"皆起于王道既微，诸侯力政，时君世主，好恶殊方，是以九家之术，蜂出并作，各引一端，崇其所善，以此驰说，取合诸侯"。举凡儒、墨、法等显学，孔、孟、荀、翟、商、韩诸大师，均无不如此。其政治主张可以各异，可以各有其是非，但在希图改造现实这点上则完全一致。

"存在决定意识","经济基础决定上层建筑"。春秋战国之交所以出现此种新气象,今人多已承认与社会的变动有关。惟某些教科书说此变动乃由西周春秋之奴隶社会转变为战国之封建社会,则甚失当。盖由西周进入春秋社会初无变化,而研究春秋社会最可信据之文献《左传》及《国语》之周、鲁、晋、郑、楚语中所见奴隶,却多属家内仆役而非从事农业生产[①],则如何可说其时是奴隶社会?再看西周春秋时天子、诸侯、大夫、士、庶人之森严等级,实与西欧中世纪之封建领主最为相似,则西周春秋时社会亦应同属封建领主制社会,春秋之入战国乃由封建领主制转入我国特有之封建地主制。在此封建地主制社会中,租种地主土地之佃农在身份及经济地位上较领主制下之农奴固大为改善,且复出现为数众多不直接受地主剥削之自耕农,致使此社会之先进与活力不特非前此之封建领主制社会所能梦见,即西欧中世纪之领主制社会亦何能企及。此战国时所以有百家争鸣而西欧中世纪学术仅存于基督教会之中[②]。此种百家争鸣以期改造现实革新政治的精神直延续到汉代。试看西汉儒生如贾谊、晁错、眭弘、盖宽饶、王吉、贡禹以至翼奉、夏贺良等人的言论,仍具有此地主制社会前期之朝气,与先秦诸子之学实一脉相承而并非另一种格局[③]。

无如事物发展多有曲折,大至中国社会的演变亦何能例外。在战国以后地方上仍存在封建领主制的残余势力,如汉人仕于州郡者均奉其长官为君,称其地方政府为本朝,而地方豪强大姓亦迄不可轻侮,凡此到汉末又养成气候,卷土重来,于是出现魏晋南北朝的门阀制度。考论门阀制度要以唐长孺先生最为精核[④],这里可不必多说。这里只需指出其时的门阀中人即所谓士族,在经济上如西晋《户调令》规定有庇荫宗族佃客之特权,

① 惟《晋语一》所云"其犹隶农也,虽获沃田而勤易之,将不克飨,为人而已"之隶农,或有可能是从事农业生产之奴隶,但从"获沃田"之语看仍以释农奴为近是。凡此别详先外舅童丕绳(书业)先生《春秋左传研究》"考证"卷一奴隶制条,"札记"奴隶条、奴隶地位之变迁条。
② 我光辉灿烂之华夏古代文化实多产生在此封建地主制时代,至十六世纪西欧由领主制直接进入资本主义社会,我国地主制经济文化始相形见绌。
③ 别详先师吕诚之(思勉)先生《秦汉史》第五章第一节、第六章第一节、第三节。
④ 见所撰《魏晋南北朝史论拾遗》中《东汉末期的大姓名士》《士族的形成和升降》《士人荫族特权和士族队伍的扩大》《论北魏孝文帝定族姓》四篇。

政治上则其时宦途有清浊之分，清职几为士族所独擅，就这两点已足证此门阀制度确是西周春秋时的领主制在死灰复燃。所差别的是这些士族及其占有的土地人口在全中国来讲毕竟只是少数，普通地主以至自耕农仍大量存在，所以领主制的死灰尚未能燃成燎原之势，只好说是这种旧制度彻底死亡前的一次回光返照，或者说中国社会的演变在这时走了点曲折之路。

但这个曲折仍极大程度地影响了思想界。其时兴起的魏晋玄学，在哲理上讲固可说开拓了新的境界，但就用世这点来说，则较先秦诸子、西汉诸贤呈现了大倒退。试看玄学清谈的核心问题所谓"名教"之争，崇尚名教派之首领王祥、何曾、荀颛，固均佐司马氏欺人孤儿寡妇以致位三公之流；反对此派之崇尚自然者如嵇康、阮籍等人，亦仅能标榜老庄之学以"遁世""避世"，别无积极的言行。而一部记录清谈的《世说新语》，虽仍列有"政事"专篇，复何能找出一点先秦诸子、西汉诸贤汲汲用世的气象？即后来的杰出人物如陶渊明此公，陈寅恪先生所评为主张新自然说者，亦"惟求融合精神于运化之中，即与大自然为一体"①。所作《神释》诗之所谓"纵浪大化中，不喜亦不惧，应尽便须尽，无复独多虑"，不过是在个人生死问题上树立的一种超脱思想。而寄托其理想之《桃花源记》，主张无君臣官长尊卑名分，则更转而退回到了《老子》所说的"小国寡民""邻国相望，鸡犬之声相闻，民至老死不相往来"的社会。都说明他缺乏积极用世的想法，脱不掉"自了汉"的境地。可见时代对人的局限，虽以陶渊明之才识亦莫能超越。至若《颜氏家训》那样苟全身家性命的言论，自又等而下之了。

南北朝结束重归统一，中国社会又呈现一新局面，韩愈则为此新局面呈现后应运而生的新人物。

---

① 《陶渊明之思想与清谈之关系》，哈佛燕京社单行本，后收入寅恪先生《金明馆丛稿初编》。

二

　　要讲韩愈，还得先破除一重魔障。魔障者，即有些人认为南北统一后中国社会并未出现新局面，旧日门阀并未退出历史舞台。说具体点，即世袭的士族地主经南北朝、杨隋到李唐仍未消失，且代表着政治上的保守势力，而成为其对立面的新兴庶族地主则代表着进步力量，有些人甚至认为还能曲折地代表了广大农民的利益。这些人认为顺宗时王叔文集团的活动即此新兴庶族地主的政治革新运动，柳宗元参加了此集团自属进步，韩愈不参加且有微词必系保守云云。这种论调其实只是往年强调阶级斗争的空气下的产物，何尝符合历史事实！事实是南北朝原有的门阀至此又告衰亡，唐太宗命高士廉等"取今日官爵高下作等级"以重修《氏族志》而企图建立的新门阀，亦复有名无实。这反映在《唐令》中已不再有庇荫宗族佃客特权的规定，要进入宦途除凭借军功外只能通过科举，虽北朝大士族王、崔、卢、李、郑等所谓郡姓之后人亦难例外，以致到中唐时编集的《元和姓纂》和《新唐书》的《宰相世系表》上已不复有某是郡姓、某是庶姓的明文。至如王叔文集团中人，其为南北朝旧士族后裔，以及世代显宦用南北朝时标准够得上定为士族者转占多数，柳宗元亦居其一。此集团与其对立面之倾轧，只是顺宗周围以王叔文为核心之政治小集团，与彼德宗旧人重行结合到宪宗周围之政治小集团之间的权力之争，初无士族庶族之分。凡此我十年前已写过题为《所谓"永贞革新"》的专文，自信于破除此重魔障上已聊尽绵力①。

　　往年不为此魔障障目者自亦有其人其文，陈寅恪先生《论韩愈》即其中堪传世的名作②。近又获读在香港中文大学历史系执教的刘健明博士

---

　　① 此文登载《青海社会科学》1986年第5期，传布未广，近收入我的论文集《唐代史事考释》，付台北联经公司出版。又登载台北《新史学》第1卷第4期之拙作《唐代政治史研究中的士族庶族问题》亦可参考。

　　② 原载《历史研究》1954年第2期，后收入《金明馆丛稿初编》。

《韩愈的治道思想》一文[①]，所论亦极平实可看。以此我在这里不必再作全面的讲述，但就其思想的主导方面稍事疏说，我认为这样才易看清楚韩愈此公在中国思想史上的地位而不致目迷五色。

疏说韩愈思想的主导方面自必依据《原道》，这不仅是《韩昌黎文集》的压卷之作，也是我国思想史上承前启后的一篇绝大文字。惜乎很多人只从此文的反佛老即反佛道二教上去考虑。不知若单就反佛道二教而言，历来形诸文字，甚至彰之诏令者已可说是汗牛充栋，增加一篇韩愈的又何足为重？何况《原道》的反佛道二教又并未能在哲理上着力，还引起懂得佛学者的轻视。所以我奉劝读《原道》者先把这反佛道放过一边，而来抓住文中的真正紧要之处。这就是在指斥佛教为"夷狄之法"时提出的：

> 传曰："古之欲明明德于天下者，先治其国；欲治其国者，先齐其家；欲齐其家者，先修其身；欲修其身者，先正其心；欲正其心者，先诚其意。"然则古之所谓正心而诚意者，将以有为也。

这"古之欲明明德于天下者……"一段是从《大学》里引来的，自从《大学》成为《四书》之一后久已家喻户晓，但在韩愈此时这《大学》还只是《五经》中的《礼记》的一篇，韩愈把它大段引用便很有新鲜之感[②]。自然更新鲜的是其内容，即不只讲内心修养且明确其目的是要治国平天下。这是门阀制度出现以来历时五百多年久已不闻的弘论，从而使韩愈的思想回到了先秦诸子下至西汉诸贤的境界[③]。所以在他的诗文里很少提到魏晋南北朝，即使题《桃源图》的七言古诗也要来一句"桃源之说诚荒唐"而未对陶公赞一辞。并且在所写的《圬者王承福传》中指出此王君尽管已可称

---

① 载香港中文大学历史系主编《史薮》，香港兴峰文化事业公司1994年版。

② 附带说一下，《礼记》里的《大学》在"欲正其心者，先诚其意"之下还有"欲诚其意者，先致其知；致知在格物"两句，而韩愈把它略去者，当是由于这两句在后面独缺讲说，且其含义也确实不易清楚的缘故。

③ 后来苏轼撰写《潮州韩文公庙碑》说韩愈"文起八代之衰"，其实还应说在思想上起八代之衰才对，苏轼毕竟只是文学家而比不上韩愈之更是思想家啊！

"贤者"，但仍有"其自为也过多，其为人也过少"的缺点，对"独善其身"的人生哲学作了点批判。对西汉以后的学者，韩愈只肯定了王充、王符、仲长统，给他们写了《后汉三贤赞》，当也是欣赏三贤之思路恢宏且颇有用世的气度，尚存西汉诸贤的遗风。

在这些贤哲之中，最为韩愈尊崇的，自是先秦诸子中儒家的大师孟子。这不仅由于孟子的用世之志特别明朗化，敢于公开宣称："五百年必有王者兴，其间必有名世者。由周而来七百有余岁矣，以其数则过矣，以其时考之则可矣。夫天未欲平治天下也，如欲平治天下，当今之世，舍我其谁也。"（《孟子·公孙丑下》）这种气概即使在当时最走运的法家中也难找见。更主要的还在于孟子的政治思想确实比其他大师来得高明，这高明即他能更多地主张民为邦本。前面说过，封建地主制之所以比领主制先进，是因为出现了佃农和自耕农取代了领主制下的农奴。自耕农自不用说，即使佃农的身份和经济地位也远较农奴提高，这样就产生了中国封建地主制社会里特有的这种民为邦本的思想：即在维护此封建剥削的前提之下，要经常考虑到老百姓即所谓民者如何才能维持其生活，如何方能生活得好一点，否则连君的存在都将发生问题。这就是孟子所说的"民为贵，社稷次之，君为轻"（《孟子·尽心下》）。至于具体的措施，就是要："五亩之宅，树之以桑，五十者可以衣帛矣；鸡豚狗彘之畜，无失其时，七十者可以食肉矣；百亩之田，勿夺其时，数口之家可以无饥矣；谨庠序之教，申之以孝悌之义，颁白者不负戴于道路矣。七十者衣帛食肉，黎民不饥不寒，然而不王者，未之有也。"孟子不仅把这告诉了梁惠王，同样也告诉了齐宣王（均见《孟子·梁惠王上》），在讲周文王的仁政时又重复了一遍（《孟子·尽心上》），可见这确是孟子用来治国平天下的政纲。这种农业社会自给自足式的政纲在资本主义出现后自然显得太苟简了，即使在当时要真正实行恐怕也困难，说施行了这种仁政便可使民"制梃以挞秦楚之坚甲利兵"，实在有点一厢情愿。但平心而论比较法家的虐用其民以富国强兵的做法总要好得多。秦国用了法家最终虽实现统一大业，过不久就覆亡这点给人们留下实在太深刻的历史教训。所以两汉以来用点法家手段以佐治者则有之，若要打出治国平天下的蓝图总不得不乞灵于儒家。而儒家的创始人孔子虽成为"先圣"，《论语》里的言论却太片段欠系统，这就是韩愈所以要尊崇并取法孟子的原因。请看《原道》里所说的政纲：

> 夫所谓先王之教者何也？博爱之谓仁，行而宜之之谓义，由是而之焉之谓道，足乎己无待于外之谓德。其文，《诗》《书》《易》《春秋》；其法，礼、乐、刑、政；其民，士、农、工、贾；其位，君臣、父子、师友、宾主、昆弟、夫妇；其服，麻丝；其居，宫室；其食，粟米蔬果鱼肉：其为道易明，而其为教易行也。是故以之为己，则顺而祥；以之为人，则爱而公；以之为心，则和而平；以之为天下国家，无所处而不当。是故生则得其情，死则尽其常，郊焉而天神假，庙焉而人鬼飨。

这似比孟子说的还要富丽堂皇，但察其根本仍在"其服""其居""其食"上，则和孟子"五亩之宅……"的主张岂不出于一辙！再看《原道》的另一段：

> 是故君者，出令者也；臣者，行君之令而致之民者也；民者，出粟米麻丝、作器皿、通货财以事其上者也。君不出令，则失其所以为君；臣不行君之令而致之民①，民不出粟米麻丝、作器皿、通货财以事其上，则诛。

则又是孟子"民为贵，社稷次之，君为轻"思想的体现，和《孟子》书里所写的："孟子谓齐宣王曰：'王之臣有托其妻子于其友而之楚游者，比其反也，则冻馁其妻子，则如之何？'王曰：'弃之！'曰：'士师不能治士，则如之何？'王曰：'已之！'曰：'四境之内不治，则如之何？'王顾左右

---

① 这是据朱熹《韩文考异》所校定的本子，别本在此句下多出"则失其所以为臣"七字，从文义上看必系浅人妄增。

而言他。"(《梁惠王下》）直是同一种笔法。这里的"诛"只是诛讨即追究责任，责以应得之罪的意思，有些人把它当作"杀"的同义字，说韩愈对百姓一味主张诛杀①，这是一种误解，相反应该看到当时能说出"则失其所以为君"的话之实在不容易。

韩愈不仅对孟子尊崇取法，还进而以孟子的继承人自居。所以《原道》在讲了先王之教、先王之道后，还要接着说：

> 尧以是传之舜，舜以是传之禹，禹以是传之汤，汤以是传之文、武、周公，文、武、周公传之孔子，孔子传之孟轲。轲之死，不得其传焉。荀与扬也，择焉而不精，语焉而不详。

这在韩愈的另一篇文章《送浮屠文畅师序》里还重复了一遍，在《读荀子》里还一再地强调："吾读孟轲书，然后知孔子之道尊，圣人之道易行"；"孔子之徒没，尊圣人者，孟氏而已"；"孟氏醇乎醇者也，荀与扬大醇而小疵"。《与孟尚书书》里更明确表示："愈尝推尊孟氏，以为功不在禹下"，"使其道由愈而粗传，虽灭死万万无恨"，再要加一句："天地鬼神，临之在上，质之在旁。"足见韩愈继承孟子之坚决。

这里又牵涉到一个从尧、舜、禹、汤、文、武、周公、孔子、孟子传到韩愈的所谓"道统"问题。"道统"这个名词是到宋代才有人使用的。如朱熹在《中庸章句序》里就有"自上古圣神，继天立极，而道统之传，有自来矣"等话。但实际上怕还不是始创于韩愈的《原道》，应该说早在孟子当年已提出来了。《孟子》的最后一篇《尽心下》的最后一章就说："孟子曰：由尧、舜至于汤五百有余岁，若禹、皋陶则见而知之，若汤则闻而知之。由汤至于文王五百有余岁，若伊尹、莱朱则见而知之，若文王则闻而知之。由文王至于孔子五百有余岁，若太公望、散宜生则见而知之，若孔子则闻而知之。由孔子而来至于今百有余岁，去圣人之世若此其

---

① 章士钊甚至妄说韩愈持诛民史观，见所撰《柳文指要》"通要之部"卷六第韩。

未远也，近圣人之居若此其甚也，然而无有乎尔，则亦无有乎尔！"这种观念自和我国古人喜欢托古改制、不欲自我作古的习惯不无关系，但更主要的当还是出于一种尽力于百姓方始成其为圣人的历史观。孟子在批驳农家许行和对公都子谈话时都系统讲述了这种历史观（《孟子·滕文公上》《滕文公下》），即所谓"昔者禹抑洪水而天下平，周公兼夷狄、驱猛兽而百姓宁，孔子成《春秋》而乱臣贼子惧"，"我亦欲正人心，息邪说，距诐行，放淫辞，以承三圣者"。而在《原道》里这种历史观也同样地表达出来，说：

> 古之时人之害多矣。有圣人者立，然后教之以相生养之道，为之君，为之师，驱其虫蛇禽兽，而处之中土；寒，然后为之衣；饥，然后为之食；木处而颠，土处而病也，然后为之宫室；为之工，以赡其器用；为之贾，以通其有无；为之医药，以济其夭死；为之葬埋祭祀，以长其恩爱；为之礼，以次其先后；为之乐，以宣其湮郁；为之政，以率其怠倦；为之刑，以锄其强梗；相欺也，为之符玺斗斛权衡以信之；相夺也，为之城郭甲兵以守之。害至而为之备，患生而为之防。

衡以今日之水平，此种历史观自已无足取，但较之西周春秋时王者受命于上帝，所谓"天命玄鸟，降而生商"（《诗·玄鸟》），"皇矣上帝，临下有赫，监观四方，求民之莫"（《诗·皇矣》）之类的思想，其高出又何止一筹！基于此种历史观而提出的"道统"，亦只是表示自己要继承诸先圣的遗志而干一番尽力于百姓之事业，则又何可非议，何容致讥。

以上就构成了韩愈思想的主导方面。《原道》这篇大文章，只是通过反佛道二教来阐明此主导方面。这种笔法仍旧是从孟子那里学来的。孟子正是通过批判杨朱、墨翟来弘扬孔子之道的。孟子当年说"杨墨之道不息，孔子之道不著"，"能言距杨墨者，圣人之徒也"（《孟子·滕文公下》）。今《原道》说"周道衰，孔子没"，"其言道德仁义者，不入于杨，则入于墨，不入于老，则入于佛"，正是把当时的佛道二教和孟子时代的杨墨同样看待的。既然如此，那并非主导方面的反佛道的话为什么在《原道》里讲得如此之多，大有喧宾夺主之势？这自别有其原因。案《原道》这篇文章的写作年月虽不可考，总应是他久历宦途、思想成熟后的产物，所以《原道》所阐明的先王之道韩愈自己也知道无法在当时实施，只好算是个期之于将来的最高纲领。因之《原道》在讲了那几句"道统"之后要接着说：

> 由周公而上，上而为君，故其事行；由周公而下，下而为臣，故
> 其说长。

表明自己在当时的责任主要是宣传此最高纲领，以传之后世真能付诸实施的圣君贤臣。这样，在当时有实施可能的就只剩下了并非主导的反佛道方面。因为这种事情在前朝的君主中本就有人干过，佛教"三武之祸"中的前二武——北魏太武帝和北周武帝的灭佛韩愈应该知道得很清楚。加之李唐本朝的皇帝也不乏整肃佛道的措施，如开国的唐高祖就下过诏书要对"诸僧、尼、道士、女冠"加以"沙汰"，想规定"京城留寺三所、观二所，其余天下诸州各留一所，余悉罢之"①。因而韩愈在《原道》的结尾处可以说：

> 不塞不流，不止不行。人其人，火其书，庐其居，明先王之道以
> 道之。鳏寡孤独废疾者有养也，其亦庶乎其可也！

把这反佛道二教作为当前有实施可能的最低纲领，"其亦庶乎其可也"者就是最低标准的意思。

---

① 此诏是武德九年五月辛巳所下，见《旧唐书》卷一《高祖纪》，纪说"事竟不行"者，或系同年六月庚申发生玄武门政变高祖行逊位之故。后来韩愈在《论佛骨表》中也提到此事，说"高祖始受隋禅，则议除之"。

说到这里还应该对韩愈反佛道这件事的本身作点评说。首先是他这么做算不算随大流？因为如上所说唐朝的皇帝本就有过整肃佛道之举。我说仍不能算。要知道信佛在唐代已成习尚，皇帝中毕竟还以佞佛者居多；道教则至少获得名义上的尊崇，老子成为大唐的"圣祖玄元皇帝"，何况某些自诩能炼仙药的道教徒还常蒙皇帝宠信。所以韩愈提出这个反佛道的最低纲领在当时仍需有点勇气。再是前面提到的《原道》之反佛道未能在哲理上着力，以致引起懂得佛学者对他轻视。我认为这应该分两方面来说。一方面要看到《原道》这篇文章本是从政治上来宣传先王之道，来反佛道二教的，没有必要也没有可能再插进从哲理上批判佛道的大段文字。另方面也得承认哲理批判确非韩愈之所长，即使在哲理上作正面的讲述，除《原性》《原人》《原鬼》等少数几篇外，在《韩集》中就再找不出同类的文字，而这讲述哲理的三《原》之价值又何能与政论文章《原道》等量齐观①。至于有人抓住他的《送浮屠文畅师序》《送浮屠令纵西游序》以及几通《与大颠师书》说他反佛不彻底，则更属无聊之举。韩愈之肯定文畅、令纵只是肯定其文章，所以会说"吾忘令纵之为释氏之子"，在《送文畅序》中更对此佛教徒大事宣传尧、舜、禹、汤、文、武、周、孔之道。和佛教徒大颠往来，则是韩愈上《论佛骨表》南贬后因"海上穷处，无与话言"的缘故，而且既是书信总得向对方讲几句恭维话，何能就此当真而讥笑韩愈在反佛上有自相抵牾之处？

倒是韩愈的上《论佛骨表》这件事值得大书特书。我们不是常常讥笑有些人言行不一吗？某些读书人高谈阔论但实际行动之全不是那么回事，不是更被人齿冷吗？我们的先贤韩愈可不是如此！上这《论佛骨表》是宪宗元和十四年正月里的事情，当时韩愈在京城里任刑部侍郎，和迎佛骨初不相干，本可以抱事不关己、不闻不问的消极抵制态度，何况宪宗之迷信佛骨想迎以祈福的心态韩愈又并非不清楚。可偏偏要担着天大风险写了这

---

① 就讲哲理来说，韩愈的从游者李翱便转胜于韩愈，其名作《复性书》在哲理上较韩愈诚有出蓝之誉。傅斯年先生《性命古训辨证》下卷"附论李习之在儒家性论发展中之地位"有此说可参看。

通大唱反调的《论佛骨表》送上去，敢于直截了当地说这佛指骨是"枯朽之骨，凶秽之余"，说迎这佛骨会"伤风败俗，传笑四方"，要"乞以此骨付有司，投诸水火，永绝根本，断天下之疑，绝后代之惑"。把这位宪宗皇帝气得对他"将加极法"，经宰臣和国戚诸贵劝谏才落得个"贬为潮州刺史"的下场（《旧唐书》卷一六○《韩愈传》）。可他在贬出京城时所写的《左迁至蓝关示侄孙湘》这首七律名作中仍说："一封朝奏九重天，夕贬潮州路八千。欲为圣明除弊事，肯将衰朽惜残年。"其言行一致、不计安危且决不悔改的形象实在令人肃然起敬①。所以苏轼在《潮州韩文公庙碑》里要特别讲他"忠犯人主之怒，而勇夺三军之帅"。这"勇夺三军之帅"是指韩愈后来回朝任兵部侍郎时，奉诏冒险前往发生了叛乱的成德军中宣慰安抚的事情，其经过在《新唐书》卷一七六《韩愈传》里讲得很详细，但总不能和上《论佛骨表》之壮举相比拟。我曾为此写了首七绝道："誉柳讥韩总唾余，千秋功罪一轩渠。容易封事寻常笔，愧对高文诋佛书。"我认为韩愈这种有志于治国平天下的恢宏气魄和言行一致的品德，应该属于我中华民族的优秀传统文化，直至今日仍值得我们学习。

三

最后讲韩愈在思想上对后世的影响。

宋代出了不少著名的政治思想家，有主张革新的范仲淹、王安石，以及和王对立的司马光，不论其主张如何，在不考虑少考虑个人得失而关心国计民生有治国平天下之志这点上则是共同的。司马光晚年纂修《通鉴》而标明"资治"，也是本诸"我欲载之空言，不如见之于行事之深切著明"的《春秋》遗教②，并非真在为写历史而写历史。这些政治思想家的出现

---

① 至于到潮州后的《潮州刺史谢上表》和量移袁州后的《袁州刺史谢上表》中说了些"哀臣愚忠，恕臣狂直"，"圣思弘大，天地莫量"等话，乃是久成惯例的官样文章，并不说明韩愈真在认罪屈服。

② 此语见于《史记·太史公自序》，说是孔子所讲的，其实只是儒家后学的看法。

自是由于其时中国已进入了比较成熟的地主制社会，但也不能忽视韩愈在当时社会上尤其是文士中的影响。因为经宋初柳开、穆修、尹洙的提倡韩文，欧阳修等人更加以弘扬，《韩昌黎文集》已成为文士们学习古文的时兴读物，有多种版本流传①。而范、王、司马诸公均是古文作家，王安石更被明人推崇为唐宋古文八家中的一家，他们能从韩文里接受《原道》治国平天下的思想，自在事理之中。

当然，在宋代这个成熟的地主制社会中，哲学思想上更能自成体系且影响垂及元明清三朝者，自尤推宋学亦即所谓道学或理学。遗憾的是此学多年来被扣上唯心主义帽子而备受诟辱，即在过去也常有人讥笑这些理学家空谈性命而无裨实用。其实都有点冤枉。还是六十多年前吕诚之先生撰写的《理学纲要》给他们作出了公允的评价。《理学纲要》指出："理学家之特色，在其精微彻底。""以其所求之彻底，故其所为，必衷诸究极之是非；而寻常人就事论事之言，悉在所不取。""以此推之政治，则不肯作一苟且之事。""其行诸己者，尤为卓绝。横渠（张载）曰：'学必如圣人而后已，知人而不知天，求为贤而不求为圣，此秦汉以来学者之大蔽。'伊川（程颐）曰：'且莫说将第一等让与别人，且做第二等。才如此说，便是自弃，虽与不能居仁由义者差等不同，其自小则一也。言学便以道为志，言人便以圣人为志。自谓不能者，自贼者也。谓其君不能者，贼其君者也。'所以必希圣，必以第一等人自期者，以天下惟有一真是，舍此皆不免毫厘千里之差也。"（篇十五"总论"）这岂非从诚意正心到治国平天下的气象在重现，而且还和韩愈那样不只讲理论且要付之实践。如《理学纲要》所指出的："横渠见饿殍，辄咨嗟，对案不食者经日。尝以为欲致太平，必正经界。欲与学者买田一方试之，未果而卒。""凡宋儒，讲求农田、水利、赋役之法，勒有成书，欲行之当世者，盖数十百家，其志未尝行，其书亦不尽传，然其事则不可诬也。"（"总论"）至于这些措施之并不能突破封建地主制的格局，且即在当时亦不易实施，则自受时代的制

---

① 别详《郡斋读书志》袁本赵希弁附志和朱熹《韩文考异序》。

约，前面讲韩愈时已说过。但因此就肆意指斥则实欠公道。

此种理学与韩愈的思想有何关系？从"道统"这点最容易看清楚。宋代理学家中最喜讲"道统"的是朱熹，在《中庸章句序》里讲，在另一篇《沧州精舍告先圣文》里也讲，归纳起来除尧、舜之前加上了伏羲、黄帝，孔、孟之间加进了颜渊、曾子、子思外，与韩愈在《原道》里提出的完全相同，惟不承认韩愈有资格继承孟子，而改推周敦颐来继承，程颢、程颐则继承周敦颐，实际上再以朱熹本人作为二程的继承者。但仔细查考，以曾子、子思插入孔、孟之间，仍系由韩愈首创。韩愈《送王秀才序》里就说过"孟轲师子思，子思之学盖出曾子，自孔子没，群弟子莫不有书，独孟轲氏之传得其宗"的话。到朱熹则不仅接受了这个孔、曾、思、孟递相传授之说，并从《礼记》中抽出了本来不知作者的《大学》和《中庸》，说《中庸》是"子思忧道学之失其传而作"，说《大学》的开头一段总纲，也就是包含了《原道》所引用的"古之欲明明德于天下者，先治其国"云云一大段，"盖孔子之言而曾子述之，其传十章则曾子之意而门人记之"。并给此《学》《庸》另定了章句，再为记录孔子言行的《论语》和记录孟子言行的《孟子》分别作成集注，合成了一套《四书章句集注》，作为学者必读的孔、曾、思、孟四位圣贤的遗书。同时在此《四书》中还特别提出《大学》之最为重要，如《朱子语类》所记："问：'初学当读何书？'曰：'《六经》《语》《孟》……皆当读，但……须知缓急。《大学》《语》《孟》最是圣贤为人切要处。然《语》《孟》却是随事答问，难见要领。惟《大学》是……说古人为学之大凡，体统都具，玩味此书，知得古人为学所乡，读《语》《孟》便易入，后面工夫虽多，而大体已立矣。'"所有这些，说不受韩愈的影响殊不可能。何况朱熹本人还曾撰写过《韩文考异》这部校勘名作，对韩文确实下过硬功夫。

理学经朱熹的发扬在南宋已成为显学。南宋覆亡时抗元的志士仁人，当也多从韩愈首先表彰的《大学》里的诚意正心修身齐家治国平天下人生观吸取营养。文天祥被俘后敌人诱以宰相高位而不为所动，殉难时"衣带中有赞曰：孔曰成仁，孟曰取义，惟其义尽，所以仁至。读圣贤书，所学何事？而今而后，庶几无愧"（《宋史》卷四一八本传）。而陆秀夫治兵崖山辅佐幼主帝昺，"虽匆遽流离中，犹日书《大学章句》以劝讲"（《宋史》卷四五一本传）。后者曾被某些人讥为儒者迂缓不达世务，其实也仍是此种精神之体现，即使在危难中亦不忘用诚意正心以致治平之道来教育幼主。

自从元延祐元年以《四书章句集注》及朱熹等注《易》《诗》《书》与《五经》古注疏等合用课士以来，由韩愈重振的《大学》治平之道日益深入士子之心。明亡时如史可法、陈子龙、夏允彝、黄淳耀、何腾蛟、黄道周、瞿式耜、张煌言等忠臣义士之甘心殉国而不思苟全者，其为数之多远逾于宋季，不能不说与接受此种传统思想之教育有关。而清初顾炎武、黄宗羲、王夫之三大儒之思想，与此《大学》治平之道恐亦多有踪迹可寻。驯至西方资本主义势力东侵，戊戌之变法图强，辛亥之颠覆帝制，以及后来自愿舍弃优越处境而献身革命事业诸英烈，在海外各色新思潮影响下虽宗旨容有异同，其不计个人利害而欲改造现实当为共有的信念。则仍不能不谓韩愈重振的《大学》治平之道在起着作用，而大有别于欧美社会中人之多以求得个人财利声誉便满足。凡此自均尚有待深论，在这里只能姑发端绪。

（原载《陕西师范大学学报》哲学社会科学版1996年第1期）

唐代籍帐中"常田""部田"诸词试释

现存唐代籍帐等有关土地的官文书，在"一段×亩永业"或"一段×亩"下面，有时用小字注上"常田""部田"等名称。这些名称在民间契约上也有时出现。这里就我所见，作如下的统计：

名称 出现次数 文书标题①	常田	常田买附	部田	部田壹易②	部田贰易	部田叁易③	赐田	赐田二易	薄田	潢田	秋潢田	卤田	沙车田	石田	蒲陶	陶	桃	枣	枯枣	桑	泮桑	菜	其他田
〔1〕④	2					1⑤																	
〔2〕						1																	
〔3〕			2																				
〔4〕	2		2																				

---

① 为便于查对，文书标题悉遵所据原书，即有未妥，亦不改易。

② 亦作"部田一易"。

③ 亦作"部田三易"。

④ 中国科学院历史研究所资料室编：《敦煌资料》第一辑，1961年中华书局版。以下各件凡不注来源者均见于此。

⑤ 原件作"永业部□三□"，审系"部田三易"之阙文。以下各件还有类似的阙文，只要原文可推知，就径列入本表，不再一一加注。

续表

文书标题 ＼ 名称（出现次数）	常田	常田买附	部田	部田壹易	部田贰易	部田叁易	赐田	赐田二易	薄田	潢田	秋潢田	卤田	沙车田	石田	蒲陶	陶	桃	枣	枯枣	桑	泮桑	菜	其他田
〔5〕①		3																					
〔6〕②	3	2	1																				
〔7〕			1							1					1								
〔8〕	5	2																					
〔9〕③	8											5	2	3	7			3	1	7	1		4
〔10〕④	1	3		2																			
〔11〕	2	1			1													1					
〔12〕				1																			
〔13〕				1																			
〔14〕	2																						
〔15〕	2	3		1																			
〔16〕				1	2																		
〔17〕		1																					
〔18〕																			2				

---

① 原载中村不折《禹域出土墨宝法书源流考》下册史料类,兹据贺昌群《汉唐间封建的国有土地制与均田制》(1958年上海人民出版社)上篇第七节第45页所引。《敦煌资料》第一辑亦收有此件,系据羽田亨《西域文明史概论》,缺去前半截重要的受田部分。

② 原件在日本东京上野国立博物馆所藏《树下美人图》的里贴上,兹据《山东大学学报·历史版》1963年第1期唐耕耦《从敦煌吐鲁番资料看唐代均田令的实施程度》所引。

③ 中国科学院藏,兹据《汉唐间封建的国有土地制与均田制》下篇第八节所附图版一至四,并参考此书106至107页所做的释文。

④ 《大谷文书》是日本所藏我国新疆吐鲁番出土的古文书,其中有关土地的约三百件,上起高昌延寿年间,下迄唐永泰元年,而以开元时期的居多,发表于日本西域文化研究会编1959年出版的《敦煌吐鲁番社会经济资料》里。这里引用的从1225、2388、2392缀合到4374号,均见该书所载西嶋定生《吐鲁番出土文书すり见たる均田制の施行状态》的"给田文书"部分,并参考该文的《补遗·补正》。

续表

文书标题\出现次数\名称	常田	常田买附	部田	部田壹易	部田贰易	部田叁易	赐田	赐田二易	薄田	潢田	秋潢田	卤田	沙车田	石田	蒲陶	陶	桃	枣	枯枣	桑	泮桑	菜	其他田
〔19〕										1												1	
〔20〕	1		4			2			1														
〔21〕	2		1																				
〔22〕	1			1																			
〔23〕			2																				
〔24〕			1																				
〔25〕	2		2																				
〔26〕	1		2																				
〔27〕	2		2			1																	
〔28〕	2		1			3																	
〔29〕			1							1													
〔30〕						1																	
〔31〕	1		1			2																	
〔32〕	1																						
〔33〕	1					1																	
〔34〕	1																						
〔35〕	1		1			1																	
〔36〕						1		1															
〔37〕			1																				
〔38〕			1																				
〔39〕										2													
〔40〕	1																						
〔41〕			1																				
〔42〕	1																						
〔43〕	1																						

续表

文书标题	常田	常田买附	部田	部田壹易	部田贰易	部田叁易	赐田	赐田二易	薄田	潢田	秋潢田	卤田	沙车田	石田	蒲陶	陶	桃	枣	枯枣	桑	泮桑	菜	其他田
〔44〕			1																				
〔45〕			1																				
〔46〕①	2	2	1		1														1				
〔47〕	1	6																					
〔48〕	6	3			7																		
〔49〕	4	2																				1	
〔50〕	2				5																		
〔51〕	3	1	1																				
〔52〕	1																						
〔53〕	2	1																					
〔54〕	2									1	1												
〔55〕	5	3			1												1						
〔56〕	3	1			2				1								1						
〔57〕					1																		
〔58〕	3	6																					
〔59〕	1	4																	1				
〔60〕	1	2			1																		
〔61〕	1											1											
〔62〕	4									1													
〔63〕	1																1						
〔64〕			1																				
〔65〕			1																				

① 从1220、2860缀合到4901号，均见西嶋定生《吐鲁番出土文书より见たる均田制の施行状态》的"退田文书"部分。

续表

出现次数／文书标题	常田	常田买附	部田	部田壹易	部田贰易	部田叁易	赐田	赐田二易	薄田	潢田	秋潢田	卤田	沙车田	石田	蒲陶	陶	桃	枣	枯枣	桑	泮桑	菜	其他田
〔66〕						2																	
〔67〕	2																						
〔68〕			1																				
〔69〕	1		1																				
〔70〕					1																		
〔71〕	1																						
〔72〕			1																				
〔73〕									1														
〔74〕	1																					1	
〔75〕			1																				
〔76〕	1		1																				
〔77〕	2																						
〔78〕			1																				
〔79〕			2																			1	
〔80〕			2																				
〔81〕	2		3									1	1										
〔82〕①	201	182																					
〔83〕②		61																					

① 从1458到4378号,均见《敦煌吐鲁番社会经济资料》所载西村元佑《唐代吐鲁番における均田制の意义》的"欠田文书"部分,2892、2897、2900缀合见西嶋定生《吐鲁番出土文书すり见たる均田制の施行状态》。这种所谓"欠田文书",都是先列户名,下面注出"欠常田×亩,部田×亩",也有只欠"常田"或只欠"部田"的,却没有提到欠其他种类。因此在这里把28件合并统计,以节省篇幅。

②从1200到3407号,均见西村元佑《唐代吐鲁番における均田制の意义》附录"田籍文书"全文。这26件"田籍文书"只有"部田"没有其他种类,因此合并统计。

续表

名称＼出现次数＼文书标题	常田	常田买附	部田	部田壹易	部田贰易	部田叁易	赐田	赐田二易	薄田	潢田	秋潢田	卤田	沙车田	石田	蒲陶	陶	桃	枣	枯枣	桑	泮桑	菜	其他田
〔84〕①	2																						
〔85〕	1		3																				
〔86〕②	1		1																				
〔87〕③	1																						
〔88〕④	1																						
〔89〕⑤	1																						
〔90〕	1																						
〔91〕⑥	1																						
〔92〕⑦			1																				
〔93〕⑧			1																				
〔94〕⑨	1																						
合计	309	3	335	3	1	40	1	2	8	7	2	5	2	3	7	1	3	9	1	7	1	4	4

---

① 《敦煌吐鲁番社会经济资料》所载周藤吉之《佃人文书の研究》。

② 《敦煌吐鲁番社会经济资料》所载周藤吉之《唐代中期における户税の研究》。

③ 《文物》1962年第7、8期合刊所载吴震《介绍八件高昌契约》的图版和释文。延昌二十四年为隋开皇四年。

④ 《介绍八件高昌契约》。本件时代不得迟过开皇六年。

⑤ 本件和下一件均见西嶋定生《吐鲁番出土文书すり见たる均田制の施行状态》一文,时代均为高昌延寿十五年,即唐贞观十二年。

⑥ 《介绍八件高昌契约》。

⑦ 用《历史研究》1962年第6期孙达人《对唐至五代租佃契约经济内容的分析》所引参校,孙文据原件显微胶片,较《敦煌资料》第一辑之转录者正确。

⑧ 《敦煌吐鲁番社会经济资料》所载仁井田陞《吐鲁番出土の唐代取引法关系文书》。时代为开元二十四年。

⑨ 用《历史研究》1963年第1期沙知《吐鲁番佃人文书里的唐代租佃关系》所引参校,沙文据仁井田陞《唐宋法律文书的研究》图版七。

〔1〕《赵师户残卷》（斯4682）。〔2〕《武则天永昌元年帐后大女史女辈等户籍残卷》（仁井田）。〔3〕《武则天圣历二年帐后智力等户籍残卷》（仁井田）。〔4〕《唐户籍残卷》（那波）。〔5〕《唐开元四年柳中县高宁乡户籍》（中村）。〔6〕《唐开元四年柳中县高宁乡户籍》（上野）。〔7〕《柳中县户残卷》（斯609）。〔8〕《户籍残卷》（《流沙遗珍》）。〔9〕《赀合文书残卷》。〔10〕《大谷文书》1225、2388、2392缀合。〔11〕《大谷文书》1228、2390、2930、2974缀合。〔12〕《大谷文书》1229、2925缀合。〔13〕《大谷文书》1230。〔14〕《大谷文书》1231、2932缀合。〔15〕《大谷文书》1232、2384缀合。〔16〕《大谷文书》1233。〔17〕《大谷文书》1235。〔18〕《大谷文书》1236。〔19〕《大谷文书》1237。〔20〕《大谷文书》1238、2604缀合。〔21〕《大谷文书》1243。〔22〕《大谷文书》1244。〔23〕《大谷文书》1246、2381缀合。〔24〕《大谷文书》1250。〔25〕《大谷文书》1376。〔26〕《大谷文书》2382。〔27〕《大谷文书》2383。〔28〕《大谷文书》2385。〔29〕《大谷文书》2386。〔30〕《大谷文书》2388。〔31〕《大谷文书》2389。〔32〕《大谷文书》2391。〔33〕《大谷文书》2395。〔34〕《大谷文书》2598。〔35〕《大谷文书》2916。〔36〕《大谷文书》2926。〔37〕《大谷文书》2927。〔38〕《大谷文书》2969。〔39〕《大谷文书》2971。〔40〕《大谷文书》2973。〔41〕《大谷文书》2976。〔42〕《大谷文书》2981。〔43〕《大谷文书》2987。〔44〕《大谷文书》4374。〔45〕《开元二十九年户籍残卷》（大谷）。〔46〕《大谷文书》1220、2860缀合。〔47〕《大谷文书》2376、2990缀合。〔48〕《大谷文书》2852、2853、2854缀合。〔49〕《大谷文书》2855。〔50〕《大谷文书》2856。〔51〕《大谷文书》2857。〔52〕《大谷文书》2859。〔53〕《大谷文书》2861。〔54〕《大谷文书》2862。〔55〕《大谷文书》2863。〔56〕《大谷文书》2865。〔57〕《大谷文书》2866。〔58〕《大谷文书》2867、2875缀合。〔59〕《大谷文书》2868。〔60〕《大谷文书》2869。〔61〕《大谷文书》2870。〔62〕《大谷文书》2871。〔63〕《大谷文书》2873。〔64〕《大谷文书》2874。〔65〕《大谷

文书》2875。〔66〕《大谷文书》2876。〔67〕《大谷文书》2913。〔68〕《大
谷文书》2914。〔69〕《大谷文书》2915。〔70〕《大谷文书》2938。〔71〕
《大谷文书》2996。〔72〕《大谷文书》3068。〔73〕《大谷文书》3125。
〔74〕《大谷文书》3377。〔75〕《大谷文书》3406。〔76〕《大谷文书》
3487。〔77〕《大谷文书》4046。〔78〕《大谷文书》4377。〔79〕《大谷文
书》4381。〔80〕《大谷文书》4901。〔81〕《唐开元二十九年柳中县张保叶
等户籍残卷》（大谷）。〔82〕《大谷文书》1458、2376、2886、2912缀合，
2887、2888、2890、2904缀合，2889、2891、2892、2897、2900缀合，
2893、2906缀合，2894、2895、2896、2898、2899、2901、2902、2903、
2904、2905、2907、2908、2909、2910、2911、2948、4042、4043、
4378。〔83〕《大谷文书》1200、1201、1204、1205、1206、1207、1208、
1216、2356、2357、2358、2359、2360、2361、2362、3394、3395、
3396、3397、3398、3400、3401、3403、3404、3406、3407。〔84〕《橘瑞
超文书》1—11。〔85〕《唐天宝四载户籍残卷》（大谷）。〔86〕《橘瑞超文
书》1—26。〔87〕《延昌二十四年道人智贾（？）夏田契》。〔88〕《麴郎出
租常田契》。〔89〕《大谷文书》1469。〔90〕《大谷文书》3464。〔91〕《龙
朔三年赵阿欢仁与张海隆租佃常田契》。〔92〕《唐天授元年张文信租田契》
（马314）。〔93〕《大谷文书》3107。〔94〕《唐天宝五载吕才艺出租田亩残
卷》（《流沙遗珍》）。

这个统计虽不够科学①，但多少可以看出各类田所占的比重，其中
"常田""部田"占了绝大多数。

上篇 考释

"常田""部田"等名称不见于《唐六典》《通典》《唐会要》《册府元
龟》以及两《唐书》等所载田令中，说明不是法定的正式名称，因此不像
"永业""口分"之类容易解释。就我所知，历来研究田制和敦煌学的中外

---

① 首先,统计的对象只是现存少数残缺不完的文书,这些文书的性质还不完全相同(这点
在本文下篇里要讲到);其次,只是统计各个名称出现的次数,没有统计亩数。

学者对此还未写出过考释的专文，只是在某些论著中附带作过说明。其中较有影响的是贺昌群的《汉唐间封建的国有土地制与均田制》一书，书中认为"常田就是永业田"，"部田则是畿外州县的公田"[①]。

贺书一〇九页引用了中国科学院藏《赀合文书残卷》，说：

> 上文所举《赀合》残卷中的常田，就是永业田，晚近西北各地出土的唐代籍帐中常见之。《白氏长庆集》卷四七《策林》三说："当要冲以开府（兵府），因隙地以营田，府有常业，俾乎时而讲武，岁以劝农，分上下之番，递劳役之序。"那末，常田应是永业田，上篇第七节所录吐鲁番出土的开元四年籍帐中，就明记永业田为常田。

这就是贺书主张常田即永业田的理由，这些理由我认为都不能成立。

首先，贺书征引白氏《策林》就有脱误。《策林》这段文字见于第四十五复府兵置屯田篇，我查了《白氏文集》的旧刻善本[②]，都作"府有常官，田有常业"，贺书当是把中间"常官田有"四字抄漏了，才变成"府有常业"。而且不管抄漏与否，从这段文字里总看不出"常田应是永业田"的暗示。

至于贺书所谓"明记永业田为常田"的开元四年籍帐，即前列统计表中的《唐开元四年柳中县高宁乡户籍》（中村），原文是：

（前缺）壹段捌拾步永业 常田买附 城南半里（下略）

壹段贰拾伍步永业 常田买附 城南半里（下略）

---

① 如吴震《介绍八件高昌契约》就承用了贺书"常田就是永业田"之说。

② 文学古籍刊行社影印宋本《白氏文集》，明嘉靖伍忠光龙池草堂本《白氏文集》，万历马元调本《白氏长庆集》，这三个都是先诗后笔的本子；另有分前、后、续集的四部丛刊影印日本那波道圆活字本《白氏文集》，篇章文字和先诗后笔本实无甚出入。《策林》此篇见先诗后笔本卷六四，活字本卷四七，贺书引作卷四七，所据当即活字本。

壹段叁拾步永业 ^{常田}_{买附} 城南半里（下略）（后略）

这里在"永业"下注有"常田"，这就是贺书所说"明记永业田为常田"。但有些籍帐在"永业"下注有"部田"和其他田，如《柳中县户残卷》（斯609）：

（前缺）壹段陆拾（中缺）城渠□□□□ 东 壹段贰亩永业 部田 城东

贰拾里 柳中县 壹段叁亩永业 潢田 城东肆拾里 柳中县 东（后缺）

又有在"永业"下"常田""部田"并注的，如《唐户籍残卷》（那波）：

（前略）一段贰亩永业 常田 城南一里（下略）一段壹亩永业 部田 城南一里

（下略）一段叁亩永业 ^{贰亩常田}_{壹亩部田} 城南一里（下略）（后略）

按贺书的逻辑，都不好解释。而且，在某些文书里，"常田"还和口分田联在一起，如《唐天宝五载吕才艺出租田亩残卷》（《流沙遗珍》）：

天宝五载闰十月十五日□□交用钱肆佰伍拾文于吕才艺边租取洞东渠口分常田一段贰亩。（下略）

《龙朔三年赵阿欢仁与张海隆租佃常田契》：

龙朔三年九月十二日武城乡人张海隆，于同乡人赵阿欢仁边，夏取叁、肆年中，五、六年中，武城北亦（渠?）口分常田贰（贰）亩。

（下略）

口分也有"常田"，这是常田不等于永业田的铁证。

贺书"部田是畿外州县的公田"之说，也同样不能成立。贺书一二八页说：

> 部乃所治地方，西汉有十三州部，即十三州所治的地方。《居延汉简》（二三）五〇五·三七有哀帝"建平五年……男子丘张自言与家买客田，居作都亭部"，即作都亭所部管的地方。……灵帝光和七年《樊利家买地券》，有"买石梁亭部桓千（桓氏阡）东、比是佰（比氏陌）北田五亩"，《芒洛冢墓遗文续编》卷上《孙成买地券》有"左厩官大奴孙成从雒阳男子张伯始卖（买？）所名有广德亭部罗伯田一町"。上所举各亭部，都是亭所治的地方。由此可知，部田之称，当是汉以来的常用语。

这里对"州部""亭部"的解释是正确的，但与"部田"有何关系？所引汉简、地券中并无"部田"这个名词，更未说"州部""亭部"之田可称为"部田"，如何能据此便说"部田之称当是汉以来的常用语"？贺书同页还引用了《通典》卷二开元二十五年令"其州县县界内所有部受田悉足者为宽乡，不足者为狭乡"，《新唐书》卷一〇五《长孙顺德传》"前〔泽州〕刺史张长贵、赵士达占部中腴田数十顷"，《唐律疏议》卷一三"诸部内田畴荒芜者，以十分论，一分笞三十"，疏"部内，诸州县及里正所管田"等史料，也没有一处提到"部田"，如何能把"州县界内所有部"受的田，"张长贵、赵士达占部中"的田，以及"部内田畴"亦即"州县及里正所管"的田都指实为"部田"，从而得出"部田则是畿外州县的公田"的结论？

贺书五三页说："均田是由封建政权……把政府在京畿内外所掌握的公田授与各级'吏民'以一定数额的土地。"这种看法是否正确姑置不论，但照此说来，所谓"畿外州县的公田"的"部田"，就应该包括永业田和口分田，或至少包括必须还授的口分田在内。①如贺书认为只包括口分田，不包括永业田，则籍帐上何以常有"一段×亩永业部田"的记载？如认为"部田"还包括永业田，则与认为等于永业田的"常田"又如何区别？试以前引《唐户籍残卷》（那波）中的"一段叁亩永业贰亩常田壹亩部田"为例，如把此"壹亩部田"解释为口分田，则和"一段叁亩永业"相冲突，如把它解释为永业田，则和所谓等于永业田的"贰亩常田"相重复，怎样解释都讲不通。

其实，这些在"一段×亩永业"之下注有"常田""部田"等名称的，都是当时籍帐之类的土地文书，不是附加笺注的古籍。如"常田"当真和永业田是同一含义，编造籍帐者何以如此不惮烦地在"永业"之下注上这些同义词？编造者既注上"常田""部田"之类，就说明这些名称与永业、口分绝非同一性质的东西，应从别的方面找寻其含义。

从前列统计表可看到和"常田""部田"处于同一位置的还有"潢田""卤田"等名称，这些名称比较容易从字面上来探索其含义。如果把这些名称的含义和性质弄清楚，则处于同一位置的"常田""部田"的性质就可随之而确定，再进一步探索"常田""部田"的含义也就容易一些。

下面就先易后难，先将"潢田""卤田"等逐个考释，最后对"常田""部田"进行解说。

潢田　秋潢田

"潢田"，除前引《柳中县户残卷》（斯609）提到外，还见于《大谷文书》1237，2386，2971，2862，2871诸件，如《大谷文书》2871：

（前缺）

〔安〕

---

① 照贺书所解释的"部田"究竟只指口分田，还是口分田和永业田都包括在内，贺书没有交代。

（上缺）永业常田　城东肆拾里柳中县　东棠悍粉　西（下缺）
　　　　〔安〕

（上缺）永业常田　城东肆拾里柳中县　东王波斯　西（下缺）
　　　　〔安〕

（上缺）永业常田　城东贰拾里柳中县　界　东孟运积　西（下缺）
　　　　〔安〕

（上缺）永业潢田　城东肆拾里柳中县　东至渠　西（下缺）

（上缺）退

（上缺）常田　城西贰里（下缺）

（上缺）田　城（下缺）

（后缺）

《大谷文书》2870和《唐开元二十九年柳中县张保叶等户籍残卷》（大谷）
则载有"秋潢田"如《大谷文书》2870：

（前缺）
（上缺）　西柒里榆树渠口（下缺）
（上缺）死退
　　　　〔安〕
（上缺）亩永业常田　城东贰拾里柳中县　东魏秃子　西至渠
南冯（下缺）
　　　　〔安〕
壹段贰亩永业秋潢田　城南伍里土营部　东至渠　西至渠　南
（下缺）
　　　（后缺）

《左传》隐三年："潢污行潦之水。"孔疏引服虔注："畜小水为之潢。"
《说文》："潢，积水池也。"因此"潢田"应是低洼易于积水的耕地。

这样解释是否正确，要看记有"潢田"的是什么地区的文书，这个地区有没有这样易于积水的耕地。这几件标为《大谷文书》的和斯609文书上都有"城东××里柳中县"字样，《通典》卷一九一：贞观"十四年八月，交河道行军大总管侯君集平高昌国……太宗以其地为西州，以交河城为交河县，始昌城为天山县，田地城为柳中县，东镇城为蒲昌县，高昌城为高昌县。"这都在现在的新疆吐鲁番地区，其中高昌在今哈拉和卓之西，三堡之南，柳中在今鲁克沁，所谓"城东××里柳中县"，就是坐落高昌城东××里柳中县界的意思。[①]今新疆可耕地多为低洼的盆地，吐鲁番盆地即是其一，可耕地中又有水草地和盐碱地两种[②]，唐代的情况当也如此[③]。因此所谓"潢田"可以肯定是水草地中低洼易于积水的耕地。《大谷文书》2382有"城东三里浴中潢"字样，更说明当时吐鲁番确有这种积水的地段。

"潢田"含义既明，"秋潢田"就好解释。两件有"秋潢田"的文书都有"柳中县"字样，也都是吐鲁番地区的东西，所谓"秋潢田"，即是在秋季易于积水成潦的耕地。

卤田

"卤田"见于中国科学院藏《赀合文书残卷》，《残卷》第一张反面：

齐都卤田八亩半　常田七亩

枣七亩　石田三亩　桑二亩半

得吴并卤田四亩半

（后略）

---

① 有"潢田"字样的《柳中县户残卷》(斯609)收入《敦煌资料》的正编里，据《资料》前言，正编所收概为敦煌石室发现的文书，则此《柳中县户残卷》(斯609)当为斯坦因从敦煌石室取去的大宗写本之一。当时内地与西域交通有南北两道，吐鲁番处于北道，敦煌是南北两道进入内地的会合点，《柳中县户残卷》自有流入敦煌之可能。

② 可参考讲述新疆经济地理的论著，以及黄文弼《吐鲁番考古记》(1954年中国科学院版)所附《吐鲁番考查路线图》，特别注意图中的河流、草地和盐层。

③ 千年来这里的自然环境未起根本变化，旧史高昌传所记气候物产与今吐鲁番地区大致相同，即是明证。

又第二张正面①：

　　　　　（前略）

　　阓衍桑四亩

　　常田十七亩　七亩入冯泮

　　卤田十八亩半　田地桑十三亩半三斛

　　蒲陶（中缺）亩二斛（后缺）

第二张反面：

　　得□（中缺）田一亩半

　　出卤田四亩入田地道人惠政

　　出卤田四亩入保居

　　赀合二百二十一斛五斗

　　其 八十九斛（中缺）除
　　　 百卅（下缺）

　　（后缺）

　　这《赀合文书残卷》贺书一〇六页说是"新疆吐鲁番胜金口出土的"，卷中常见的"蒲陶"也是吐鲁番的特产②，可以肯定这《赀合文书残卷》也是当时吐鲁番地区的东西。解释"潢田"时说过新疆可耕地有水草地和盐碱地两种，《残卷》上的"卤田"就是这种盐碱地。《史记·夏本纪》："厥田斥卤。"《集解》："郑玄曰：斥谓地咸卤。"《索隐》："《说文》云：卤，咸地，东方谓之斥，西方谓之卤。"③都是最好的说明。《通典》卷二

---

　　① 第二张贺书未作释文，图版又不甚清晰，所释容有差错。
　　② 参考本篇"蒲陶"等条考释。
　　③ 今本《说文》作："卤，西方碱地也。"

水利田引永徽六年雍州长史长孙祥请修郑白渠奏中有"至于咸卤，亦堪为水田"的话，可见"卤田"之称当时在内地也行用。

沙车田

"沙车田"也只见于科学院藏《赀合文书残卷》，第一张正面：

（前略）得张阿兴蒲陶二亩半　得阚衍常田七亩　得韩千哉田地沙车田五亩　得张渚其他田四亩半□二亩半　赀合二百五十七斛

第二张正面：

（前缺）　□常（下缺）　得范周□（下缺）　得□猗奴（下缺）　田地沙车（下缺）　□知道常田七亩赀五斛□□赀　赀合二百卅二斛五斗　（后略）

汉代西域诸国中有莎车，与此"沙车田"当无关系。王祯《农书》卷一一："沙田，南方江淮间沙淤之田也，或滨大江，或峙中洲，四围芦苇骈密，以护堤岸，其地常润泽，可保丰熟。"吐鲁番的自然地理和江淮间完全不同，绝不能用江淮间的"沙田"来解释吐鲁番的"沙车田"。而且"沙车田"这个词在"赀合文书"上出现了两次，"沙车"的"车"字也绝不会是衍文。

常书鸿《敦煌抒感》中说："由于这里水土含碱量大，全年无霜期短促，因此，除掉一般的耕作劳动外，必须多上肥，勤翻土，常日晒；为了中和水土的碱化硬化，还要把一车一车的沙子掺和在土和肥料中。"[1]据新疆来的讲当地也有这种车了沙子来治盐碱地的办法。我国过去农业技术的发展比较缓慢，这种办法当是沿用已久的老习惯。所谓"沙车田"，就是

---

[1] 《人民文学》1963年11号。

车上沙子的卤田。

《残卷》两处"沙车田"前都冠有"田地"两字。据《残卷》上还有"田地枯枣""田地桑"等字样，可知这"田地"两字与"沙车田"并无特殊的联系。"田地"本是唐人常用词，如《唐大中六年僧张月光易地契》（伯3394）上有"田地贰拾五亩"，"官有处分，许回愽（传）田地"，《分家书样文》（斯4374）上有"庄园，舍宅，田地乡□渠道四至"①。唐人文章如《元氏长庆集》卷三《同州奏均田状》、卷三九《论当州朝邑等三县代纳夏阳韩城两县率钱状》等用"田地"处更多。所谓"田地沙车田"，只是"田地——沙车田"之意而已。

石田

"石田"，也只见于《赀合文书残卷》，第一张正面：

冯照蒲陶二亩半　桑二亩　常田十亩半　其他田十五亩　田地枯枣五亩破为石田亩二斛（下略）

又第一张反面也有"石田三亩"之语，见前"卤田"条征引。

岩石上不好种植农作物，当然不会有真正的石田。《左传》襄十一年："得志于齐，犹获石田也，无所用之。"这里的"石田"当如《左传》的用法，是指极贫瘠、极难耕作的土地。

薄田

"薄田"一词，见于《大谷文书》1128、2390、2930、2974缀合，1229、2925缀合，1238、2604缀合，2926，2862，2865，3125，以及《唐开元二十九年柳中县张保叶等户籍残卷》（大谷）。如《张保叶等户籍残卷》（大谷）：

---

① 均见《敦煌资料》第一辑"契约文书"部分。

（前略）一段壹亩薄田　城东□□柳中县（下缺）（后略）

《大谷文书》2865：

（前略）壹段壹亩永业薄田　城东贰拾里柳中县界（下略）

《齐民要术》卷一《耕田》引《氾胜之书》："得时之和，适地之宜，田虽薄恶，收可亩十石。"同卷《种谷》："地势有良薄。"原注："良田宜种晚，薄田宜种早。"又引崔寔《四民月令》："二月、三月可种植禾，美田欲稠，薄田欲稀。""薄田"，就是对良田、美田而言的薄恶之田。这个名词至今通行，在唐代不可能有其他含义。

蒲陶　陶桃

"蒲陶"，见于《赀合文书残卷》，除第一张"冯照蒲陶二亩半""得张阿兴蒲陶二亩半"，第二张"蒲陶（中缺）亩二斛"，已分别见前"石田""沙车田""卤田"条引用外，第一张正面尚有：

（前略）兴蒲陶二亩半　桑二亩　常田十八亩半　其他田七亩泮桑二亩半

（后略）

以及[①]：

（前略）康豪田地□冲蒲陶五亩　得韩丰田地蒲陶五亩　枣十亩得□□常田五亩　得阚桃□田地桑六亩入韩丰　得阚荣兴田地桑田五

---

① 这一段贺书亦未作释文。

　　亩半　　得阒□□□□□□蒲陶一亩謇田十亩入
　　（后缺）

"陶"只见于《唐开元四年柳中县高宁乡户籍》（上野）：

　　（前略）壹段叁亩半永业陶　城南一里（下略）（后略）

"桃"见于《大谷文书》2863，2865，2873。如2873：

　　（前略）　一段壹亩桃　城东卅里柳中县　东张明愿（下缺）
　　（后缺）

　　以上的《大谷文书》《柳中县高宁乡户籍》《赀合文书残卷》都是吐鲁番地区的东西，而"蒲陶"和"蒲陶酒"正是吐鲁番的特产。如《魏书》卷一〇一《高昌传》："多五果，……多蒲桃酒。"《梁书》卷五四《高昌传》："出……蒲陶酒，……大同中，子坚遣使献……蒲陶。"《隋书》卷八三《高昌传》："多五果，……多蒲陶酒。"《旧唐书》卷一九八《高昌传》："有蒲萄酒，宜五果。"《册府元龟》卷九七〇："及破高昌，收马乳蒲桃实于苑中种之，并得其酒法。"《赀合文书残卷》上出现五处"蒲陶×亩"，正好反映出这个《文书》的地区特色。
　　"蒲陶"今习惯写作"葡萄"，古代多写作"蒲陶"或"蒲桃"。《柳中县高宁乡户籍》中的"陶"显系"蒲陶"的省写。
　　《大谷文书》中多次出现"桃"，粗看很容易当作"桃树"之"桃"。但"桃"非吐鲁番名产，而名产葡萄在大量有关土地的《大谷文书》一次也不出现，倒未免有点不近情理。因此，《大谷文书》上的"桃"显系"蒲桃"的省写，犹"蒲陶"之可省写为"陶"。

枣　枯枣

《赍合文书残卷》有"枣十亩""枣田十亩""枣七亩"的记载，见"蒲陶"和"卤田"条所引。此外，在《大谷文书》1225、2388、2392缀合，1228、2390、2930、2974缀合，1236、1220、2860缀合，2868的"一段×亩"下也都同现"枣"字。如1236：

（前缺）给张（下缺）一段壹亩枣　城东肆拾里（下缺）

　　一段壹亩枣　城东肆拾里　（下缺）　已上贾□　（下缺）

（后缺）

又前"石田"条所引《赍合文书残卷》有"田地枯枣破为石田亩三斛"的记载。

"枣"也是吐鲁番的名产。《大谷文书》所载"一段×亩"的坐落地段中就有"城西五里""城西七里""城西八里"三处"枣树渠"①。以"枣树"名渠，可知当地种植枣树之多。又《大谷文书》3054②：

果子行　干蒲萄壹胜　上直钱拾柒文　次拾陆文　下拾伍文　大枣壹胜　上直钱陆文　次伍文　下肆文

以"大枣"次"干蒲萄"后，亦可见"枣"在吐鲁番所产果品中的地位。

所谓"田地枯枣"，当为枯死的枣树田，已无经济价值，因此只好"破为石田"，即当作"石田"计算。

桑　泮桑

《赍合文书残卷》有"桑二亩半""桑四亩""田地桑十三亩半三斛""桑二亩""田地桑六亩""田地桑五亩半"的记载，分别见于"卤田""石

---

① 参考《敦煌吐鲁番社会经济资料》所载"高昌县城周边地段所在地一览"。
② 《敦煌吐鲁番社会经济资料》所载"价格表文书"。

田""蒲陶"条所引。又有"泮桑二亩半",见"蒲陶"条所引。

《魏书》卷一〇一、《周书》卷五〇、《隋书》卷八三《高昌传》都有"宜蚕"的记载,说明吐鲁番地区养蚕事业一向很发达。养蚕要有桑树,这就是《残卷》出现许多"桑田"的原因。

"泮桑"之"泮"在贺书图版上印得不甚清晰,释"泮"是据贺书释文。"泮"指什么不清楚,"泮桑"当亦桑田的一种。

菜

"菜"见于《大谷文书》1237,2855,3377,4318。如4381:

（前略） 壹段陆□步永业菜 城西拾里武城渠 东（下缺）（后略）

吐鲁番是种蔬菜的,如《大谷文书》3085[①]:

菜子行,蔓菁子壹胜 上直钱贰拾文 次拾陆文 下拾伍文 萝卜子壹胜 上直钱贰拾贰文 次贰拾文 下拾捌文 葱子壹胜 上直钱肆拾贰文 次肆拾文 下叁拾伍文

3441:

韭子壹胜 上直钱肆拾伍文（下缺）

3445:

（上缺）壹胜 上直钱拾伍（下缺） 荏子壹胜 上直钱拾贰

---

① 《敦煌吐鲁番社会经济资料》所载"价格表文书",下同。

文　次拾文（下缺）　兰（下缺）

3409：

新兴华壹束　上直钱拾叁文　次拾贰文　下（下缺）　苣蓿春茭
壹束　上直钱陆文　次伍文　下肆文

可见蔬菜品种颇多。《大谷文书》里的"菜"肯定是蔬菜田。

其他田

《赀合文书残卷》有"其他田四亩半""其他田十五亩""其他田七
亩"，见"沙车田""石田""蒲陶"条所引。此外《残卷》第二张反面还
有仅存的"□其他田四亩"一行。

"其他田"不会是种植谷物的主要耕地。而"蒲陶""枣""桑"在这
《残卷》上都有了，就没有"菜"，因此这"其他田"可能是包括"菜"田
在内的土地。

以上把籍帐等文书上所注土地名称除"常田""部田"及其有关者外
都作了考释。这些土地名称可分两大类："潢田""秋潢田""卤田""沙车
田""石田""薄田"标志土地质量；"蒲陶""陶""桃""枣""枯枣"
"桑""菜"标志种植作物。和这些名称同列的"常田""部田"等也就只
能是标志土地质量或种植作物，不能另有其他含义。

常田

"常田"一词在籍帐等土地文书里出现得最多，前列统计表统计了一
四六件文书，"常田"就出现了三〇九次，不见"常田"的文书只是少
数①。这种载有"常田"的文书前面已有所征引，这里再举几个例子。如

_____

① 这少数文书之所以不见"常田"，还可能是由于文书残缺之故。

《赵师户残卷》（斯4682）：

（前缺）男赵师年拾□□　男　女小姜年贰拾陆岁　丁女　一十
亩永业　一十亩卌分已受　应受田壹顷贰拾壹亩　卌分居住园宅　一
顷一十亩二百分未受
　　一段二亩永业　常田　城西十里武城渠（下略）
　　一段二亩永业　常田　城（中缺）（下略）
　　（上缺）永业　部□　（中缺）（下略）
　　　　　　　　三□
　　（后缺）

又如《大谷文书》1231、2932缀合：

（前缺）给张□□　张阿苏剩退一段壹亩常田　城西拾里武城渠
（下略）〔昌〕给竹昌　献祥（下缺）　一段叁亩常田　城东卌里柳中
县屯续渠（下略）〔昌〕给□□（后缺）

没有叫"常"的作物，"常田"显然不是像"陶""枣""桑""菜"之
类以作物名称为标志的土地。而且一般说来，种植蔬果的土地和种植谷物
的比起来总是少数，"常田"在土地文书上既占绝大多数，说明它一定属
于种植谷物的土地，和"潢田""卤田""薄田"之类一样，是标志土地的
质量。

"常田"是什么质量的土地？这在某些文书上可以得到启发。如《大
谷文书》1237：

（前略）大女张是买一段贰亩　潢田折□　（下缺）（后略）
　　　　　　　　　　　　　　　田　壹　□

比勘《大谷文书》2862中有"潢田折常田"字样，可知上引1237的缺文

是"常"字、"亩"字，全文应作"一段贰亩潢田折常田壹亩"。"潢田"是水草地中低洼易积水的耕地，不算好，贰亩"潢田"折合壹亩"常田"，可见"常田"是质量较好的耕地。再如《唐天宝四载户籍残卷》（大谷）：

> （前略）　弟嘉秀　惟有常田二亩余久不青之次望请准式　上柱
> 国子张嘉盛（后缺）

张嘉盛说其弟嘉秀只有二亩"常田"，其余的土地已久不青，即久不生长作物。这也说明"常田"是质量较好的耕地。

而且，如前所释，"潢田""卤田""沙车田""石田""薄田"等无一不是质量较差的土地，"部田"下面要谈到，也是质量较差的土地。如"常田"质量也差，则这类土地文书上竟无一块好地，这太远于情理。这又说明"常田"只能是质量较好的耕地。

今天用"常"字一般指"经常"或"寻常"，唐代也是如此。如元稹《遣悲怀》"唯将终夜常开眼"，这"常"是经常，和"常田"之"常"无关。杜甫《丹青引》"屡貌寻常行路人"，这"常"是寻常，"常田"之"常"本也是这个意思。王祯《农书》卷一一："围田，种蔬果之田也，……比之常田，岁利数倍。"王祯是元代人，其时仍称寻常之田为"常田"。

前"薄田"条引《氾胜之书》《四民月令》称质量好的耕地为"美田""良田"，唐代诏敕奏议中又有"良沃""上沃""膏腴"之称①。地文书何以不用这些名词，而用本义为寻常之田的"常田"来称质量好的耕地？这是因为土地文书中大部分是籍帐之类需要呈报官府的东西②，呈报时总想多报少，富报贫，如故意"脱户""脱口""增减年状"，以及隐漏土地、定户时"求居下等"等事情，在籍帐上经常出现。因此决不愿写上"良

---

① 如《唐会要》卷八四移户开元十六年十月敕，同卷杂税建中四年六月赵赞奏，卷八九疏凿利人建中元年四月严郢奏。

② 参考本文下篇推论。

田""美田"而只写寻常之田"常田"。日久"常田"一词就成为土地文书上的习惯用语，连民间契约也习用"常田"而不用"良田""美田"①。

常田买附

籍帐上有"壹段×步永业常田买附"的写法，仅见于《唐开元四年柳中县高宁乡户籍》（中村），本文前已征引。

唐代籍帐上有记载"买田"的，见《唐天宝六载敦煌郡敦煌县龙勒乡都乡里户籍残卷》（伯2592）郑恩养户，《唐大历四年沙州敦煌县悬泉乡宜禾里手实》（斯0514）索恩礼户、安游璟户、李大娘户②。如李大娘户：

> 合应受田伍拾玖亩并已受廿亩永业廿五亩买田一十三亩口分一亩居住园宅（中略） 一段拾伍亩买田城东十五里瓜渠（下略） 一段伍亩买田 城东十五里瓜渠（下略） 一段伍亩买田 城东十五里瓜渠（下略） （后略）

"买附"就是"买田附载"的意思。唐代籍帐在姓名、年岁、丁中下面往往注有"××年帐后附"或"××年帐后漏附"，是指婴儿未生或因故脱漏、原先××年籍帐上无此人以后才附加上帐的意思③。"买附"之"附"和此"漏附"之"附"是同一个用法。

因此"买附"是独立词，并非连属在"常田"之下，"常田买附"不能连读。"买附"和"买田"以至"永业""口分"是同一范畴，和土地质量无关④。

---

① 本文统计表自《延昌二十四年道人智贾（？）夏田契》以下八件悉为民间契约，提到"常田"者多至六件。

② 均见《敦煌资料》第一辑。

③ 参考《唐会要》卷八五"籍帐"开元十八年敕："有析、生、新附者，于旧户后以次编附。"

④ 至于《宜和里手实》《龙勒乡户籍》把"买田"和"永业"分开，《高宁乡户籍》把"买附"列于"永业"之下，则是由于"买田"多数隐漏不登，登上籍帐是少数，因而没有形成统一的习惯写法。

部田 部田壹易 部田贰易 部田叁易

"部田"和"常田"同是土地文书最常见的，前列统计表一四六件文书上"部田"出现了三三五次。前面已征引过一些，这里再举两例。《武则天圣历二年帐后智力等户残卷》(仁井田)：

（前缺） 男智力年贰拾玖岁 卫士 女丑始年拾陆岁 中女（中缺） 一段

一亩永业部田 （下缺） 一段二亩永业部□ （下缺）

□段卅步居住□□ （下缺）

（后略）

《大谷文书》2868：

（前缺） 尚贤里□ （下缺）

〔同云〕

一段壹亩壹拾（下缺）

曹屯屯剩退一段壹亩部田 城西廿 （下缺）

〔同云〕

石奴奴剩退壹段壹亩常田 城东 （下缺）

〔同云〕

一段壹亩部田 城东卅里柳 （下缺）

〔同云〕

一段壹亩部田 城西五里 （下缺）

〔同云〕

一段壹亩部田 城西□ （下缺）

〔同云〕

一□□亩枣 城东 （下缺）

〔同云〕

（上缺）□□　　（下缺）

（后缺）

"部田"之"部"可以作多种解释。可以把"部田"之"部"解释为"州部""亭部"之"部"，贺昌群《汉唐间封建的国有土地制与均田制》即如此解释。其不可通已如前说。

唐代西北地区有"部落"的组织，见于《敦煌资料》第一辑的有"上部落""下部落""中元部落""行人部落""悉东萨部落"（亦作"悉董萨""思董萨"）、"阿骨萨部落"①。《太平广记》卷三六八有"居延部落主"条，出《玄怪录》。这种"部落"的性质可另作探讨。但据其纪年均以十二支，如"寅年""卯年""未年""酉年"之类，当系少数民族的习惯，与记有"部田"的籍帐、契约的纪年方法显有区别，不能比附。即勉强比附，将"部田"解释成"部落所有之田"即"部落的公田"，但"部田"多注在已受田"一段×亩永业"之下，"部落"的公田何以能变成私人的"永业"？即变成私人"永业"后又何必再注出"部田"？仍旧讲不通。

唐代还保存"部曲"之称，除见于《唐律》等文献外，如《部曲白善□等名籍残卷》（仁井田）②：

（前缺）　部曲白善□年伍拾陆岁　丁部曲空　部曲白小秃年肆拾捌岁　丁部曲空部曲妻赵慈尚年伍拾岁　丁部曲　部曲男索铁年叁拾岁　丁部曲男空　□□□□□□　拾玖岁丁部曲男空　□□□□□□□□□□　丁部曲男空（后缺）

---

① 分别见《未年安环清卖地契》（斯1475）、《酉年曹茂晟便豆种契》（斯1475）、《曹清奴便麦契》（斯1291）、《张七奴借契》（灵图寺贷差契，斯1475）、《寅年僧慈灯雇工契》（北图咸字59号）、《卯年张和和便麦契》（斯6829）、《寅年钳兴逸等便麦契两件》（伯2502）以及《赵卿卿借契》、《马其邻借契》（均见灵图寺贷麦契，斯1475）、《王清清借契》（普光寺户借麦契，伯2686）。此外还有《翟米老借契》（灵图寺贷麦契，斯1475）作"□□萨部落"，《寅年令狐宠宠卖牛契》（斯3877）说到"同部落"。

② 《敦煌资料》第一辑。

这个名籍的性质尚可研究。但用这里的"部曲"来解释"部田",把它讲成"部曲所有之田",仍属不妥。因为这个名籍上并无"部田"字样,而有"部田"字样的大量文书又从未提及"部曲",说明二者并无关系,不好比附。

《左传》襄二十四年:"部娄无松柏。"杜注:"部娄,小丘。"《太平广记》卷三四八"李全质"条记全质"开成初衔命入关,回宿寿安县,……马旁见一人,……每以其前路物导之,或曰树,或曰桩,或曰险,或曰培塿,或曰穷"(出《博异记》)。"培塿"即"部娄",说明这个古语唐代仍有人使用。"部田"会不会是"部娄之田",关键在于记载"部田"字样文书的出土地有没有这种"部娄之田"即小丘上的可耕地。

在丘陵地带古代就有开垦"梯田"的,如王祯《农书》卷一一:"梯田,谓梯山为田也,夫山多地少之处,除磊石及峭壁例同不毛,其余所在土山,下自横麓,上至危巅,一体之间,裁作重磴,即可种艺。"但记载"部田"字样的文书,除《户籍残卷》(《流沙遗珍》)出土地不明外,《大谷文书》、《橘瑞超文书》、《武则天圣历二年帐后智力等户籍残卷》(仁井田)、《唐开元四年柳中县高宁乡户籍》(上野)、《柳中县户残卷》(斯609)、《唐天授元年张文信租田契》(马314)都是吐鲁番地区的东西[①],《唐户籍残卷》(那波)上有"天山军"字样,《旧唐书》卷四〇《地理志·河西道北庭都护府》:"天山军,开元中置伊州城内。"在今新疆巴里坤。而新疆的耕地都在盆地中间的平地上,包括水草地和盐碱地,冬日积雪的高山地带和低山地带只宜于林牧,冰川雪山和山脚砾石则对农牧甚少直接利用价值。因此用"部娄"来解释"部田"仍不合适。

以上单就"部"字的字义来解释,既都解释不通,就只能像前面考释"常田"那样从其他方面来比勘推测。

籍帐等文书上除了有"部田"外,还有"部田壹易""部田贰易""部

---

① 《张文信租田契》(马314),《敦煌资料》第一辑引自马伯乐《斯坦因在中亚细亚第三次探险的中国古文书考释》。马伯乐原文我未见到,但据1936年中华书局版向达译《斯坦因西域考古记》第十七章及附录一,知是1914年冬斯坦因在吐鲁番所得。

田叁易"等字样。"部田壹易"见于《大谷文书》1244、1220、2860缀合，2857。如2857：

（前略） 大女阴三娘死退壹段壹亩常田 （下缺）

壹段壹亩常田 城东伍里（下缺）壹段壹亩 部田壹易 城北壹里（下缺）（后缺）

"部田贰易"见《唐开元四年柳中县高宁乡户籍》（上野）：

（前略）壹段壹亩永业 部田贰易 城西叁里（下略）（后略）

"部田叁易"最常见，本文统计的一四六件文书中出现了四〇次，仅次于"部田"和"常田"的出现次数。例如《大谷文书》2389：

（前缺） （上缺） □ 讫 （下缺） 一段贰亩 部田叁易 城东廿里高宁城 东荒西

荒 （下缺）〈戌〉给 □ 胜□（下缺） 一段壹亩 部田叁易 城西五里枣树渠 东□（下缺）

〈戌〉给赵桃□ （下缺） 一段壹亩常田 城南一里索渠 东王（下缺）〈归〉给牛□ 〈云〉 （下缺） 一段贰亩 部田 （下缺）（后缺）

又2852、2853、2854缀合：

（前略） 壹段壹亩永业 部田叁易 城西拾里（下略）

〔立〕

壹段壹亩永业 ^{部田}_{叁易}　城西拾里（下略）

〔立〕

（后略）

以上"壹易""贰易""叁易"都和"部田"连属在一起，如果把"壹易"
"贰易""叁易"的含义弄清楚，"部田"的性质就比较容易推测。

"壹易""贰易"等最早见于《周礼·地官大司徒》："凡造都鄙，制其
地域而封沟之，以其室数制之。不易之地，家百晦（亩）；一易之地，家
二百晦；再易之地，家三百晦。"注引郑司农云："不易之地，岁种之，地
美，故家百晦；一易之地，休一岁乃复种，地薄，故家二百晦；再易之
地，休二岁乃复种，故家三百晦。"《汉书·食货志》："民受田：上田，夫
百晦；中田，夫二百晦；下田，夫三百晦。岁耕种者，为不易上田；休一
岁者，为一易中田；休二岁者，为再易下田。三岁更耕之，自爰其处。"
《周礼》《汉志》所讲都是我国古代的休耕方法，这种休耕到唐代仍存在，
如唐武德七年田令："其地有薄厚，岁一易者，倍授之，宽乡三易者，不
倍授。"开元二十五年田令："其给口分田，易田则倍给。"原注："宽乡三
易以上者，仍依乡法易给。"①这"壹易""贰易""叁易"既是"地薄"需
要休一岁、二岁以至三岁才能耕种，则"部田"就不能是质量好，而只能
是质量不好的耕地。所谓"部田壹易""部田贰易""部田叁易"者，就是
质量不好需休耕一岁、二岁以至三岁的土地。

这样解释是否正确，还可用有关的土地文书来检验。《橘瑞超文书》
1-26：

（上缺）十二月　日武城乡人田门孔辞　（上缺）那（上缺）开
十五年娶上件女妇为妻　（上缺）娶已来校豕　门孔身户徭油自

---

① 均用仁井田陞《唐令拾遗》辑本。

（上缺）被里正更索妻无那分大税钱无（上缺）共妻无那若有常部田地半亩　（上缺）昨蒙并合一户夫妻即得　（上缺）被里正撮两户税钱切急　（上缺）帐官用怀政直　（上缺）县已来就成贷

（上缺）往不取不胜　（下缺）　辞

这个文书脱误太甚，但大意还可看清，是说田门孔娶妻后里正要向他收两户的户税钱，可是他和妻子并无什么土地，只好请求减免。其中说到"共妻无那若有常部田地半亩"的话，"常田"是质量好的土地，如把"部田"解释为质量不好的土地，则这句话正好翻译为"好坏田地半亩也没有"，很适合田门孔诉苦的口气。相反，如对"部田"作其他解释，安在这里总不会合适。

再看本文统计表中所列《大谷文书》1458 到 4318，这是日本学者所谓的"欠田文书"。如 2887：

（前缺）　骨不当二丁常田四亩部田四亩　竹玄疑丁欠常田一亩　马忠诚丁欠常田一亩部田二亩　尉嘉宝丁欠常田半亩一百步部田三亩　张阿蹴丁欠常田一亩半部田三亩　辛胡子丁欠常田一亩半　柳天寿丁欠常田一亩部田四亩　曹天保二丁常田五亩部田四亩　耿思顺二丁欠常田一亩部田五亩　阴祒虚丁欠常田二亩部田三亩　白怀寿丁欠部田二亩　白善生丁欠常田二亩　孙鼠居丁欠常田一亩　白善住一老四丁欠常田二亩部田十一亩　（后略）

这些"欠田文书"每户名下多以"常田""部田"并提，"常田"是质量好的土地，"部田"是质量不好的土地，在这里作这种解释又正合适。

再看本文统计表各种土地的比例，质量好的"常田"包括"常田买附"出现三〇九次，而质量不好的"薄田""潢田""秋潢田""卤田""沙车田""石田"加起来只有二七次，还不到"常田"出现次数十分之一，难道吐鲁番等地区的土地都是好质量？如把"部田"包括"部田叁易"等解释为质量不好的土地，则质量不好的土地合起来就有四〇六次，比"常田"次数多出近三分之一，从当时土地所有者希图多报少、富报贫的情况来看，这样的比数较为合乎情理。

从以上几方面的审察的结果，证实把"部田"解释为质量不好的土地是正确的。

质量不好的土地何以要写成"部田"，不写成"薄田"？我认为，这个"部田"就是"薄田"的异写，"部"字是"薄"字的假借。现存唐代文书中本多不好认、不易解的字，大体有三种情况：一种是当时流行的异体字，如"年"之作"秊"，"叶"之作"葉"，"戒"之作"式"①。一种是笔误或写别字，如"若是自牛并死者不关雇人之是"的"并"为"病"之误写，"是"为"事"之误写②，"其绢梨头"之"梨"为"利"之误写③，"山河违誓"之"违"为"为"之误写④，"放牧则不被饥寒"之"被"为"避"之误写⑤。再有一种则是通行的假借字，有时以繁易简，多用于单位数字，以防涂改，如"石"之作"硕"⑥，"一"之作"壹"，"二"之作"贰"，"三"之作"叁"，"五"之作"伍"，"十"之作"拾"⑦；有时又以简代繁，以省笔墨，如"悬欠"之作"玄欠"⑧，"亲姻"之作"亲因"⑨，

---

① 参考《敦煌资料》第一辑所附"敦煌资料中的别体字改排为繁体字对照表"。

② 《壬辰年雇牛契》（斯6341），见《敦煌资料》第一辑，下同。

③ 《丙辰年僧法实贷生绢契》（伯3051）。

④ 《善濮兄弟分家文书》（伯2685）。

⑤ 《家童再宜放良书》（斯6537）。

⑥ 用"石"字的如《丙子年阿吴卖儿契》（斯3877）、《唐天复二年樊曹子租地契》（斯5927）等，用"硕"字的如《寅年令狐宠宠卖牛契》（斯1475）、《乙亥年索黑奴等租地契》（斯6063）等，其例甚多。

⑦ 这类数字之作大写在籍帐及契约文书中最为常见。

⑧ "悬欠"见《唐乾宁四年张义全卖宅舍契》（斯3877）、《未年安环清卖地契》（斯1475）等，"玄欠"见《唐大中六年僧张月光易地契》（伯3394）、《后唐清泰三年杨忽律哺卖宅舍契》（斯1285）等。

⑨ "亲姻"见《后唐天复九年安力子卖地契》（斯3877）、《后唐天复四年贾员子租地契》（伯3153）等，"亲因"见《丙子沈都和卖宅舍契》（北图生字25号）、《姚文清买宅舍契》（斯5700）等。

"质典"之作"只典"①。"薄田"之作"部田"就是最后一种情况。

这样说是有根据的，唐代文书中就有以"部"代"簿"的例子。以"簿"称计帐文书，由来已久②，唐人尤习惯使用③，而《敦煌资料》第一辑所收斯0542记载敦煌地区诸寺役使丁壮的名册，首行却题作"戌年六月十八日诸寺丁壮车牛役部"，这"部"字显系"簿"之俗写简化。至于"竹"头"艸"头之分，古人颇不讲究，《释名》卷六释书契"簿"字条江声疏证："簿，俗字也，据汉《夏承碑》'为主薄督邮'，《韩敕碑》'主薄鲁薛陶'，《武荣碑》'郡曹史主薄'，古'薄'字皆从'艸'明矣，然诸史书并从'竹'，如'籍''藉'之类，亦互相通。"唐碑、唐墓志中这类例子尚多。"簿""薄"既相通用，则"部"可代"簿"，自亦可代"薄"，从字形上说是没有问题的。

问题在读音上，根据唐及北宋人增修本《广韵》④，"部""簿"在上声姥部，均音裴古切，"薄"在入声铎部，音傍各切，二者读音不同，把"部"字说成"薄"之假借似不可通。但《广韵》源出隋陆法言《切韵》，而"《切韵》所悬之标准音，乃东晋南渡以前洛阳京畿旧音之系统，而非杨隋开皇仁寿之世长安都城行用之方言"⑤，这种语言"分析过密，是音韵学家严格审定的标准语言，一般人或者不容易照这样去说"⑥。因此"部""簿""薄"在唐代西北地区的方言里是否相通，需要重新考察。

罗常培著《唐五代西北方言》一书，其中虽未提及"部""簿""薄"等字，但所引敦煌发现的《注音本开蒙要训》却提供了一个值得注意的现

① "只典"见《后周广顺三年罗思朝典地契》（斯0466）、《乙未年赵僧子典儿契》（伯3964）等。

② 参考钱大昕《恒言录》卷四货财类"帐簿"条。

③ 官文书如《唐律疏议》卷一三《户婚律》："应收授之田，每年起十月一日，里正预校勘造簿。"《唐会要》卷八五"团貌"："延载元年八月敕：诸户口计年将入丁老疾应免课役及给侍者，皆县亲貌形状，以为定簿。"又如《唐国史补》卷中"陈谏阅染簿"条则是私人的帐簿。小说中更常见"簿书"之词，见《太平广记》卷三一〇"马朝"条（出《河东记》）、三一三"赵瑜"条（出《稽神录》）、三一四"李泳子"条（出《野人闲话》）等。

④ 《古逸丛书》覆宋本。

⑤ 陈寅恪《从史实论切韵》，1948年《北京大学五十周年纪念论文集》单行本。

⑥ 唐兰《论唐末以前的"轻重"和"清浊"》，同上。

象，即四声互注之例多不胜举，可见唐五代西北地区仍有四声不分的情况①，当然四声不分不一定上声的"部""簿"和入声的"薄"就可通读假借，经古音韵学家研究"假借必取诸同部"②，而"部""簿"为上声姥部，"薄"为入声铎部，而姥、铎在古音正同属一部③，这样"部""簿""薄"的通假就有了理论依据。再看实际情况，顾炎武《唐韵正》卷一八入声铎部："薄，平声则音蒲，《书序》'成王既践奄，将迁其君于蒲姑'，《史记》作'薄姑'，《左传》亦作'蒲姑氏'。"这虽是先秦、两汉的古音，从《广韵》以及同经唐人北宋人增修的《玉篇》④中仍可找到许多这样的例子。《广韵》入声铎部"薄"字之后就另有个"簿"字，注曰"蚕具"，和"薄"同音"傍各切"，《玉篇》艸部"薄"字则曰"蒲各切，厚薄，又林薄也，一曰蚕薄"，"蚕薄"，"蚕具"显属一物，而一作"薄"，一作"簿"，"竹""艸"不分，读音相同。《玉篇》竹部"簿"，"蒲各切，裴古切"，前者同《玉篇》及《广韵》"薄"字读音，后者同《广韵》姥部"簿"字读音，又是"竹""艸"不分，读音相同。《玉篇》食部"餺"，"蒲莫切，饼也"，《广韵》铎部"餺"，"餺饦，亦作䬪"，唐慧琳《一切经音义》卷三七"䴤䴺"："此油饼本是胡食，中国效之，微有改变，所以近代方有此名，诸儒随意制字，元无正体，未知孰是。"日本《和名类聚钞》卷一六作"䴤飿"，音"部斗"，这"餺""䴤"明系一字，所谓"随意制字，元无正体"者，而前者从"薄"音"薄"，后者从"音"音"部"，"薄""部"同音，这又是一例。《广韵》《玉篇》等都是经文士整理过的韵书字书，还透露这么多"薄""部"同音，"簿""薄"不分的例子，说明当时社会上确实存在这种通读互用的情况，何况出土的唐代土地文书多属

---

① 其中一小部分"关于声调的错综注音"，罗书认为"大概不是类推的读法，就是记音时的疏略"（罗书129页）。案此恐是罗书过求规律而云，《开蒙要训》虽是启蒙读物，撰注人不必有高水平，但也不至于如此连篇累牍地念别字。

② 这个原则是十分正确的，不仅先秦古籍如此，即《敦煌资料》中也有这样的例子，如前引"悉东萨部落"一作"悉董萨部落"，据《广韵》"东"在上平东部，"董"在上声董部，二者可通用，就因为东、董在古音同属一部。

③ 段玉裁《六书音韵表》卷一今韵古分十七部表。其他古音韵学家对此两部也别无异说。

④ 日本庆长时覆刻元至正南山书院本。

文化程度不高的里正等人的手笔。这些人为了减省点画，以简代繁，从而把"薄田"有时写成"部田"。这应该是对把质量不好的土地写成"部田"的最合理的推测。

有人会提出异议，因为少数文书上有"薄田"和"部田"同时出现的情况，如《大谷文书》1228、2390、2930、2974缀合：

> （前略）　（上缺）　一段半亩　常田　城西六十里交河县界
> （下略）　（上缺）天亩　常田　城西六十里交河县界（下略）
> 〔西〕□上给孙小胡讫　一段壹亩　薄田　城北廿里新兴（下略）
> 〔顺〕给张令珣讫〔泰〕一段贰亩（部田）　城东卅里柳中县界对渠
> （下略）给王神□　（下缺）　一段半亩　枣　城东卅里柳中县枣
> （下略）　给□□□讫　（下缺）　（后略）

如果"部田"为"薄田"之简写，何以二者会同时出现？其实，这种繁简同用、同时出现，在唐代文书中并不止这一例，如《丙午年翟信子便麦粟契》（伯3860）[①]：

> （前略）先辛丑年于氾法律面上便麦陆石，粟两石，中间其麦粟并总填还多分，今与会智定欠麦肆硕，粟陆硕。（后略）

许国霖《敦煌写经题记与敦煌杂录》下辑《书幡帐目》：

> （前略）　三月五日使牛具种两日折麦一石，又布一匹折麦肆硕二升。
> 又僧伯明处遗付麦一石捌升，九月十日矬祼折麦壹硕肆升。
> 又使牛两日折麦一石，又硙祼折麦一石，又亲家支麦陆硕。（后

---

① 《敦煌资料》第一辑。

略）

繁写之"硕"与"石"可同时出现，简写之"部田"与"薄田"同时出现
又何足为怪！今天的简化汉字是正式颁行的，但书写起来还时常繁简并
用，在一篇文稿中同一字往往繁简两体互见，何况古人只是约定俗成地在
行用，怎么可能要求他们一定用简废繁，杜绝繁简互见？

赐田　赐田二易
《大谷文书》2938有"赐田"字样：

（前略）　　一段壹亩　赐田　城西二里（下缺）　　（上缺）西
十里（下缺）　　（上缺）里左部渠东荒　西张伯　南（下缺）　　（后
缺）

1233有"赐田二易"字样：

（前略）（上缺）亩部田三易　　（中缺）　　西渠　南□（下缺）（上
缺）段壹亩贰佰步^{赐田二易}　城西（中缺）　　西渠　南卜武　北（下
缺）　已上安忠秀　（下缺）　　（上缺）　壹亩贰佰步^{赐田二易}　城南五
里　东渠　（下缺）　给　□　（下缺）　（后缺）

唐代赐田之事极多[1]，《通典》卷二三《屯田郎中》："掌屯田、官田、诸司
公廨、官人职分、赐田及官园宅等事。"卷二引开元二十五年田令："应赐
人田，非指的处所者，不得狭乡给。其应给永业人若官爵之内有解免者，
从所解者追，其除名者依口分例给，自外及有赐田者并追。若当家之内有

----

① 详吕思勉师《隋唐五代史》第十七章第二节，1959年中华书局版846页。

官爵及少口分应受者，并听回给，有剩追收。""其官人永业田及赐田欲卖及贴赁者皆不在禁限。"①说明"赐田"除受赐者犯事被解免官爵得追还外，便成为私有，允许贴赁买卖。有"赐田"字样的《大谷文书》2938是所谓"退田文书"，有"赐田二易"字样的1233是所谓"给田文书"，这两起"赐田"当已经政府追收不属受赐者所有，才能或"给"或"退"。

"赐田"一词并不标志土地质量，何以能与标志土地质量的"部田"等处在同一位置，写到"一段×亩"之下？这当与前释"常田买附"的情况相同。"买田"和"赐田"都只是说明土地的来源，和"常田""二易"均非连属成一名词，1233的"赐田二易"应读作"赐田""二易"，"二易"者即"部田二易"之简称。至2938之单独写上"赐田"，不再标志土地质量者，盖此土地即系"常田"，以质量好的"常田"究属正常情况，因此可省略不注，不像质量较差的"赐田"必须加上"二易"字样。

有"赐田"及"赐田二易"字样的文书仅此两件，缺乏更多的资料作比勘，仅能作如上初步推测。

下篇　推论

籍帐等文书上为什么会写上"常田""部田"等标志土地质量的名词？这需要从籍帐作用来考虑。

《唐六典》卷三"户部郎中员外郎"述唐代籍帐制度：

> 凡男女始生为黄，四岁为小，十六为中，二十有一为丁，六十为老。每一岁一造计帐，三年一造户籍。县以籍成于州，州成于省，户部总而领焉（原注：诸造籍起正月，毕三月，所须纸笔、装潢、轴帙，皆出当户内，口别一钱，计帐所须，户别一钱）。凡天下之户，量其资产，定为九等（原注：每三年，县司注定，州司覆之，然后注籍，而申之于省）。每定户以仲年（原注：子、卯、午、酉），造籍以

---

① 参考《唐令拾遗》田令所辑。

季年（原注：丑、辰、未、戌），州县之籍，恒留五比，省籍留九比。

《唐会要》卷八五"籍帐""团貌""定户等第"，《册府元龟》卷四八六"户籍"，《通典》卷三"乡党"，收辑有关敕令，所言益为详备，如《会要》"籍帐"引开元十八年十一月敕：

> 诸户籍三年一造，起正月上旬，县司责手实、计帐，赴州依式勘造。乡别为卷，总写三通，其缝皆注某州某县某年籍，州名用州印，县名用县印。三月三十日纳讫。并装潢一通，送尚书省，州县各留一通。所须纸笔装潢，并皆出当户内口户别一钱①。其户每以造籍年预定为九等，便注籍脚。有析生新附者，于旧户后以次编附。②

这都说明当时对编造籍帐十分重视。有人根据这点，又看到籍帐上记有"应受田"若干，若干亩"未受"，就认为唐代确实在出力地推行均田制，编造籍帐就是为了"均田"，用籍帐来登记"应受""未受"之数，准备补授。有些研究唐代籍帐的人也把注意力集中到这方面，其实这是一种错觉。代表地主阶级利益的政府绝不可能对群众受田如此关心，要不惮其烦地三年一造户籍③。编造籍帐的目的主要是为了按籍征税，犹如地主向佃户收租需要收租帐簿。因此，均田制的实施从北魏到唐只有三百年光景，而上起先秦下至明清，无一封建王朝不重视编造户籍的工作④。

唐代税收前期以"租庸调"为主。"租庸调"是按丁征收的，因此要

① 此句《册府元龟》作"当户户口内外一钱"，与此均有脱误，当用上引《六典》注文校正。
② 参考《唐令拾遗》户令所辑。
③ 关于唐代均田制的真相，1949年来的报刊上颇多讨论文章，我认为杨志玖《论均田制的实施及其相关问题》（《历史教学》1962年第4期）、汪篯《唐代实际耕地面积》（《光明日报》1962年10月24日《史学》二四九号）两文中提出的看法比较正确。唐代"均田"实际上是把各户私有土地按"丁男给永业田二十亩"等规定划出一部分加上"永业"称号，剩余的就算"口分"。此外，政府为了增加收入，把所掌握的一些荒闲地按"先贫后富，先无后少"的规定分给无地少地农民，但这和各户原有的私田相比只占少数。
④ 韦庆远《明代黄册制度》（1961年中华书局版）第一章第一节对此作了简要的叙述，可参考。

"诸户口计年将入丁老疾，应免课役及给侍者皆悬亲貌形状，以为定簿，一定之后，不得更貌，疑有奸欺者，听随事貌定，以付手实"①，然后登诸户籍，按籍按丁征收租庸调。这和"常田""部田"等土地质量无关，在这里可不必细说②。

"租庸调"外还有"户税""地税"。地税按亩征收，贞观二年规定"王公以下，垦田亩纳二升"③，以后除永徽二年一度改为"率户出粟，上上户五石，余各有差"外④，长期是"亩纳二升"⑤，要到安史乱后才分"上田""下田"两等征收⑥。现存唐代籍帐多数是安史乱前的，其中武则天时的也许沿袭永徽时按户等出粟的办法，一般都是"亩纳二升"，用不着区别土地的好坏。即使安史乱后要区别，也只需注明"上田""下田"或"常田""部田"两等，没有必要再注"壹易""贰易""潢田""卤田"之类。可见籍帐之注有土地质量和征收地税也基本无关。

再看户税，武德六年三月令："天下户量其资产，定为三等。"九年三月诏："天下户立三等，未尽升降，宜为九等。"按户等高下征收户税⑦。

---

① 《唐会要》卷八五"团貌"引延载元年八月敕。《唐令拾遗》所辑开元二十五年《户令》末句作"以附于实"，盖误。
② 这从现存唐代籍帐已得到证实，如《敦煌资料》第一辑《唐天宝六载敦煌郡敦煌县龙勒乡都乡里户籍残卷》(伯2592)郑恩养户：
  户主郑恩养　载肆拾叁岁　白丁口空　课户　见输
  母程　载陆拾柒岁　老寡
  妻氾　载叁拾玖岁　丁妻空
  男嗣方　载壹拾捌岁　中男空
  女王王　载壹拾壹岁　小女
  （后略）
凡属唐代正式的籍帐，每户开头都必须列上这样的名单，作为征收"租庸调"的依据。
③ 《通典》卷六"赋税"卷一二"轻重"、《唐会要》卷八"仓及常平仓"、《册府元龟》卷五〇二"常平"贞观二年制。
④ 同上永徽二年颁新格。
⑤ 《唐令拾遗》辑本开元七年《赋役令》，《通典》卷一二"轻重"开元二十五年定式。
⑥ 《册府元龟》卷四八七"赋税"大历四年十月、十二月，五年三月诸条。
⑦ 《通典》卷六"赋税"，《唐会要》卷八五"定户等第"，《册府元龟》卷四八六"户籍"。案《通典》卷六尚有武太后长安元年十月诏："天下诸州，王公以下，宜准往例税户。"可见前此早有征收户税之事，唐初多承隋制，武德三年、九年之定户即为征收户税无疑。

以后税额虽有变动①，以至建中元年以户税、地税为基础颁行两税法后改用摊派的办法不再有统一的税额②，但按户等高下分别征收之法始终不改。这就是前引开元十八年敕所说"其户每以造籍年预定为九等，便注籍脚"的目的。户等怎么评定，前引《唐六典》及武德六年令只说"量其资产"，天宝四载三月敕具体一些："每至定户之时，宜委县令与村乡对定，审于众议，察以资财，不得容有爱憎，以为高下，徇其虚妄，令不均平，使每等之中，皆称允当，仍委太守详覆定后，明立簿书。"③但"资财""资产"指什么，如何"量""察"，直到所谓《赀合文书残卷》发现后才弄清。《残卷》前已征引，为便于说明问题，再将其中比较完整的第一张正反面冯照、齐都两户的全文抄录如下：

冯照蒲陶二亩半　桑二亩　常田十亩半　其他田十五亩　田地枯枣五亩破为石田亩二斛　兴蒲陶二亩半　桑二亩　常田十八亩半　其他田七亩　泮桑二亩半　得张阿兴蒲陶二亩半　得阇衍常田七亩　得韩千哉田地沙车田五亩　得张渚其他田四亩半□二亩

半　赀合二百五十七斛

　　齐都卤田八亩半　常田七亩　枣七亩　石田三亩　桑二亩半　得吴并卤田四亩半　赀合八十斛——右孝敬里　扣竟　校竟

这里把冯照一户中冯照本人和冯兴所有的各种土地开了清单，再加上买进的张阿兴等土地，分别折价，折价是以粮食若干斛来计算的④，土地好的折得多，坏的折得少，因此才要将好坏不同的"常田""其他田"等分别开来，各自折合。最后算出该户"赀合二百五十七斛"的数字。齐都户也

---

①　户税天宝中税额见《通典》卷六"赋税"天宝中天下计帐户下原注，大历四年税额见同卷长安元年十月诏下原注及《唐会要》卷八三"赋税"、《册府元龟》卷八四七"赋税"。

②　别详拙作《唐代两税法杂考》，《历史研究》1981年第1期。

③　《唐会要》卷八五《定户等第》，《册府元龟》卷四八六《户籍》。

④　如"田地枯枣五亩破为石田亩二斛"，就是五亩"枯枣"田照"石田"计算，每亩折价粮食二斛。其余"常田""其他田""蒲陶""桑"之未注斛数，当是由于这些较为常见，其折算已有成法，为统计者所熟知，因而省略不注。"田地枯枣"非常见，故需注明"破为石田亩二斛"。

是如此。由此可见标明"常田""部田"等名称，是为了计算赀财，以定户等第，然后按户等高下向户主征税。

《赀合文书残卷》上不记户等，户等是根据《文书》上的赀合若干斛，经过一定手续如天宝四载三月敕中所说那样评定出来，然后登记在正式的籍帐上面。籍帐上只记最后评定的户等，没有必要再把"常田"等各若干、赀合若干一一记上去。今天所能看到的籍帐大多数是如此①。在已受田"一段×亩永业"下注出"常田""部田"等词的只有本文统计表中从《赵师户残卷》（斯4682）到《户籍残卷》（《流沙遗珍》）七件。这七件之所以记有"常田""部田"等词，大概是根据"赀合文书"之类登记户等时顺便照抄上去的。从现存唐代籍帐来看，在某些细节上并不怎么统一，如有的籍帐在每户户口后开上"计租×石"②，有的则不开③；有的先记"××亩已受""×亩永业""×亩口分"，再记"合应受田××亩""××亩未受"④，有的则在"合应受田××亩"下面，用双行小字注出"××亩已受""××亩永业""××亩口分""××亩未受"⑤。如此之类，不一而足。"常田""部田"等在籍帐上或注出或不注也是一例。

统计表中的《大谷文书》，日本学者把它分作四类：从1225、2388、2392缀合到4374，称为"给田文书"，《开元二十九年户籍残卷》（大谷）大概也是同样性质；1220、2860缀合到4901，称为"退田文书"，《唐开元二十九年柳中县张保叶等户籍残卷》（大谷）也是同一类；1458到4378，称为"欠田文书"；1200到3407，称为"田籍文书"。以上这些，研究唐代土地制度的人往往认为是有关均田的文书，且用来说明唐代均田

---

① 如《敦煌资料》第一辑所收《唐天宝六载敦煌郡敦煌县龙勒乡都乡里户籍残卷》（伯3354）是造得很正规的，每逢接缝处都写上"敦煌郡敦煌县龙勒乡都乡里天宝六载籍"一行，与前引开元十八年敕所谓"其缝皆注某州某县某年籍"吻合，敕中规定"州名用州印，县名用县印"，而《资料》小注："本卷中盖有'敦煌县之印'多颗。"但其中就只注明户等，在"一段××亩永业""口分"下不再加注"常田""部田"等词。

② 如《唐开元九年帐后户籍残卷》（伯3877）等，见《敦煌资料》第一辑。

③ 如《唐天宝六载敦煌郡敦煌县龙勒乡都乡里户籍残卷》（伯2592）等。

④ 如《武则天圣历三年帐后沙州敦煌县效谷乡户籍残卷》（伯3669）等。

⑤ 如《唐天宝三载籍后敦煌郡敦煌县户籍残卷》（《沙州文录》）等。

制下土地还授的情况①。我的看法不同，因为不仅所谓"田籍文书"和一般籍帐大有差异②，所谓"欠田文书"每户欠田一般止"常田"几亩，"部田"几亩③，和籍帐上动辄几十亩甚至几顷未受的情况相去太远，因此我认为这几类文书上的土地未必是均田。这几类文书的性质及其登载"常田""部田"的原因当另行研究④。

《唐天宝四载户籍残卷》（大谷）和《橘瑞超文书》1-11、1-26，都是上呈官府的文牒。除《天宝残卷》和《橘文书》1-26涉及"常田""部田"已分别在"常田""部田"条作了解释外，应和上述《大谷文书》一并另行研究。

统计表中《延昌二十四年道人智贾（？）夏田契》以下各件，都是民间租佃和买田的契约。这种契约收入《敦煌资料》第一辑"契约、文书"部分里的就有好多件，但除列入统计表的《张文信》《吕才艺》两件外，一般都不注明"常田""部田"。当然，好地租价买价都高，坏地低，但这都可由立约双方面议，只需把土地亩数、地段和租价、买价记清楚就行了，不一定要在契约上再注明"常田"或"部田"。

此外，在唐代土地文书的"四至"中还出现"常田""薄田""易田""水田"以及"潢""卤""荒"等词，和标志地形的"泽""渠""道"

---

① 如《敦煌吐鲁番社会经济资料》中有关各篇，韩国磐《根据敦煌和吐鲁番发现的文件略谈有关唐代田制的几个问题》（《历史研究》1962年第2期），唐耕耦《从敦煌吐鲁番资料看唐代均田令的实施程度》。

② 如《大谷文书》1200：

乡义乡

户主焦龙贞　年六十六　男才爽　年卅□

壹段壹亩永业部田　城西柒里枣树渠　东贾怀（下缺）

户主令狐小及卅七白丁残疾思顺年十一

壹段贰亩永业部田　城西伍里枣树（下缺）

□□□守忠　年卅一卫士

（后缺）

一概不记"应受田"若干，"已受田"若干。有些连"永业"等也不记。而每户亩数一般只有一二亩，多亦不过五六亩，也实在少得奇怪。

③ 如前"部田"条所引《大谷文书》2887。

④ 如《橘文书》1-11中的"周祝子"又见于"欠田文书"2899，"欠田文书"等的性质如不弄清楚，这些文书就很难全部理解。

"塞",标志土地属主的"州公廨""县公廨佐史田""驿田""亭田""官田""××寺""××寺厨田""大户地""百姓"等词并列。这几类词都比较复杂,也应另行研究。

后记

这篇论文是1963年12月写成的。1964年9月上海人民出版社又出版了贺昌群的《汉唐间封建土地所有制形式研究》,其旧著1958年上海人民出版社版《汉唐间封建的国有土地制与均田制》已收入作为一个篇章。收入时略有修改,1958年版所谓"常田就是永业田"之说已删去,并承认"常田的土质比部田优良",但对1958年版所谓"部田是畿外州县的公田"之说尚作保留。而且"常田"为什么不是永业田,1958年版所说为什么不对,也未有任何说明。因此我这篇论文中对贺说的批评就无改写之必要,这样对正确判断这个学术问题的是非来说似更有好处。

(原载中华书局《文史》第十九辑,1983年)

唐天宝宣城郡丁课银铤考释

　　关于唐代的银铤，过去日本学者加藤繁根据历史文献作过一些推测[①]。至于实物，则是近若干年来陆续发现的[②]。1956年在西安市郊唐大明宫遗址发掘到四铤，《文物参考资料》1957年第4期有专文报导，并经唐长孺教授作了题为《跋西安出土唐代银铤》的考释[③]。1963年长安县文化馆又自该县秦渡地区北张村征集到一铤，据说是从某个古墓中出土的，《文物》1964年第6期刊登了报导。

　　这里，对1963年征集到的一铤作若干考释，以补唐《跋》的不足。

一

　　1963年征集到的这铤长30厘米，宽8厘米，重2.1公斤，和大明宫出土的四铤基本相同[④]。大概出土后曾经椎击，已弯成弧形。铤的两面铭刻着文字，由于椎击，创痕累累，文字受到损伤，颇难辨认。《文物》报导中所录谬误太甚，不堪卒读。1964年夏我到长安县文化馆查看了原物，把文字勾摹下来，今照录如下：

---

①　《唐宋时代金银之研究》第四章第二节及其他有关部分，有中译本。
②　旧社会里不见得没有发现，不过当时对这类文物不重视，即有发现，也当作普通金银销毁掉，难于保存流传。
③　《学术月刊》1957年第7期。
④　由于厚度不一，五铤的长宽均略有出入，但大致保持长四宽一之比。重量之微有出入，当是由于熔制时的粗疏及年久侵蚀磨损之所致，不能以此"证明唐时衡制尚未统一"（如《文物参考资料》1957年第4期报导中所说）。

正面一行：

　　天宝十三载采①丁课银一②铤③伍拾④两

反面五行，从左到右，为：

　　朝请⑤大夫使持节宣城郡诸军事守宣城郡太⑥守□□⑦副使上轻
事⑧都尉清水县开国男赵悦（按：原铭文此行较后四行高出六字）
　　朝议郎守司马□□□
　　朝议郎行录事参军□□⑨
　　朝议郎行司士参军李□⑩
　　部送纲将仕郎守宣城⑪县尉员外置同正员刘铢

报导录此五行系从右到左，是不对的。唐人习惯，把官职高的写在前面，
低的写在后面，传世的唐人文书如"告身"之类多如此，大明宫出土的朗
宁郡贡银也先题太守，后题户曹参军，都是这五行应从左到右的明证。过
去汉文上下行的多数从右到左，但古代铭刻中也偶或从左到右，唐代尚不
乏这样的例子⑫，不足为怪。

---

① "采"字报导脱去。
② "一"字报导作匹，不可通，今审"一"字上有数线道，实椎击创痕，非本来字画。
③ "铤"字右旁模糊，报导误释为"锭"。
④ "伍拾"报导误从省笔"五十"。
⑤ "请"，报导误作"清"。
⑥ "太"，报导作"大"。"太"字古人本写作"大"，但唐人已习惯用"太"，细审原物，"大"下实
有一点。
⑦ 模糊平漫，不可辨释。下作□者同。
⑧ "轻"即"轻"字，"事"乃"车"字之误刻，唐有"轻车都尉"无"轻事都尉"可知。报导释为
"干事"，大谬。
⑨ 原物此处虽不可辨释，但细审实是二字，报导多列一□，误。
⑩ 此字上半作"明"尚可辨。
⑪ 报导此处误衍"郡"字。
⑫ 参考叶昌炽《语石》卷九"左行"条。

二

唐代的白银，除前朝遗留下来外，有两个来源：一是从有银矿的地方开采出来；再是中亚、南海各国的金银经过河西走廊和交广一带的贸易港流入中国①。这个记有"宣城郡"（即宣州②）的天宝银铤，我认为应该是从当地开采出来的。

报导中也讲到这一点，根据《新唐书》卷五四《食货志》所载"凡银、铜、铁、锡之冶一百六十八，陕、宣、润、饶、衢、信五州银冶五十八"③，以及卷四一《地理志》江南道"宣州宣城郡，望④，土贡：银、铜器……"，属县南陵"凤凰山有银"，宁国"有银"，来"断定此银铤产自宣城郡，是该郡矿冶手工工人生产的"。案这样论证在史料的时间性上尚有问题。试检《元和郡县图志》，其中注明出银和税银的有五州，贡银的元和中有九州，开元中有七州，其中都没有宣州⑤。卷二八江南道宣州的"贡赋"项下只说"开元贡白纻布，自贞元后，常贡之外，别进五色线毯及绫绮等珍物，与淮南、两浙相比"。上推《通典》，卷六"赋税"所载天宝时"天下诸郡常贡"中提到贡银的有三十二郡，其中也无宣城郡，宣城郡只"贡白苎布十匹"⑥。开元末编纂的《唐六典》，在卷三"户部郎中"下列举各道各州的贡品中，宣州也只有"白纻布""黄连""绮"而没有银或银器。因此，《新唐书·地理志》中关于产银、贡银等记载，前人早疑

---

① 参考《唐宋时代金银之研究》第八章第一节、第五节，吕诚之（思勉）师《隋唐五代史》第十八章第五节。

② 《旧唐书》卷四〇《地理志》江南西道："宣州，……天宝元年改为宣城郡，……乾元元年复为宣州。"

③ 《志》所举实有六州，"五州"疑"六州"之误。

④ 唐有所谓六雄、十望州，见《唐会要》卷七〇"量户口定州县等第"条，及王鸣盛《十七史商榷》卷七九"赤畿望紧上中下辅雄"条。又《会要》同卷"州县分望道"："江南道，……新升望州：润州、宣州、越州、常州，并会昌五年四月升。"报导引此以"宣州宣城郡望"为句，误。

⑤ 参考《唐宋时代金银之研究》第八章第一节所列简表。

⑥ 同注上。又《通典》原书未注明此"天下诸郡常贡"的时代，所以知其为天宝者，以其中上称"××郡"下注"今×州"可知，《唐会要》卷六八"刺史"："天宝元年正月二十日，改州为郡，改刺史为太守。至德元载十二月十五日，又改郡为州，太守为刺史。"

为"根据元和以后昭宗以前某时期的记录"①，不能用来说明天宝时的情况。至于《新书·食货志》中的记载，更难判明其时代，同样不能随便用来作为唐代前期宣州产银的佐证。

唐代前期有没有宣州产银的记载？有的，《新唐书》卷一〇〇《权万纪传》："召万纪为持书御史，即奏言宣、饶部中可凿山冶银，岁取数百万。"这是太宗时候的事情。《太平御览》卷八一二"珍宝部·银"引《唐书》讲得更详细："贞观中，治书侍御史权万纪上言：'宣、饶二州诸山大有银坑，采之极是利益，每岁可得钱百万贯。'上谓曰：'朕贵为天子，是事无所少乏，唯须嘉言善事有益于百姓者。且国家剩得数百万贯钱，何如得一有才行人？不见卿推贤进善之事，又不能按举不法，震肃权豪，唯只言税鬻银坑，以利多为美。昔尧抵璧于山，投珠于谷，由是崇名美号，见称千载。后汉桓、灵二帝，好利贱士，为近代庸暗之主，卿遂欲将我比桓、灵耶？'是日放令还第。"②案唐宋时代的金银等矿本是听任民间自行开采的③，如果不是宣、饶二州民间已有人开采银坑，当时缺乏探测地下矿藏的技术，权万纪从何得知"二州诸山大有银坑"，这是宣州在天宝前早日产银的明证。

宣州既早就产银，何以《元和郡县图志》不予记载？我认为，这倒不是《元和志》的脱漏，而系牵涉到当时政府对待银坑的政策。权万纪建议政府经营银坑，给太宗碰了回去，应是当时对金银的需求量还不太大，"是事无所少乏"。其后统治阶级中奢侈之风日甚，对金银的需求量增大，加之国用繁费，也需要广开财源，于是开始对民间开采的银坑征税。这就是《新唐书》卷五四《食货志》所说的"开元十五年初税伊阳五重山银锡"④。这时征税由地方经手，如大明宫出土的天宝十一载信安郡税山银

① 《唐宋时代金银之研究》第八章第一节。

② 吴兢、韦述、柳芳等递修《唐书》，北宋时尚存，《御览》此处所引不见刘昫《旧唐书》卷一八五《权传》，或系引用吴兢等修《唐书》。

③ 参考《唐宋时代金银之研究》第八章第三节。

④ 如据北宋乐史《太平寰宇记》卷一〇七饶州德兴县"有银山，出银及铜，唐〔高宗〕总章二年，邑人邓远上列取银之利，〔高宗〕上元二年，因置场监，令百姓任便采取，官司什二税之"。则初税银山的时间还得推前一些。

就是由本郡的录事参军以兼"专知山官"的身份征收的①。以后才由中央的盐铁使直接掌管，《新书·食货志》下文所谓"德宗时户部侍郎韩洄建议山泽之利宜归王者，自是皆隶盐铁使"②。因此我认为，见于《元和郡县图志》的产银州县，是已经中央过问征税的。宣州当时虽有银坑，但可能开采规模不大，产量不丰③，中唐以前一直没有由中央正式征税，到晚唐才一度征税，这就是宣州产银何以仅见《新书·地理志》的原因④。

唐代前期宣州进银的记载，也是有的，《唐六典》卷二〇"右藏署令"："杂物州土……饶、道、宣、永、安南、邕等州之银，……凡四方所献金玉、珠贝、玩好之物皆藏之。"可见最迟在开元末宣州已有进银之事。但它不见于《六典》的"户部郎中"和《通典》的"天下诸郡常贡"，说明不是正式的"常贡"，而是用其他名义（如大明宫出土的宣城郡和市银和这铤丁课银之类）进入中央的。

如上推测，宣州在唐代前期产银是肯定的，这铤宣城郡"采丁课银"应该是当地银坑的产物，丁课前的"采"字也多少透露了消息。但至少唐代前期，在全国的产银地区中宣州并不占有重要地位。不能看到《新唐书·食货志》的记载，凑巧出土的唐代银铤中宣州又占了二铤（大明宫出土的宣州和市银和这铤丁课银），便如报导那样夸大地说天宝时宣城郡已是"产银、冶银要地"。

---

① 当时中央政府有威权，因此得解缴若干进国库。

② "开成元年复以山泽之利归州县，刺史选吏主之。……及宣宗增河湟戍兵，……盐铁转运使裴休请复归盐铁使以供国用。"

③ 宋代就再不见宣州产银的记载，如《太平寰宇记》《元丰九域志》《宋史·地理志》《食货志》等列举当时产银州县，宣州都不在其内。而权万纪上言中和宣州并提的饶州，则《元和郡县图志》既大书其所属乐平县有"银山在县东一百四十里，每岁出银十余万两，收税山银七千两"（卷二八），《太平寰宇记》《元丰九域志》《宋史·食货志》又都说它产银有银场，可见宣州产银远非饶州之比（宋代产银记载，《唐宋时代金银之研究》第八章第二节列有简表，可参考）。

④ 信安郡（衢州）银坑曾设专知官征税，但也不见于《元和郡县图志》记载者，当亦由于其后来归中央盐铁使掌管。

三

这铤宣州银正面刻着"天宝十三载采丁课银一铤伍拾两"。为什么叫"丁课银",需要作点解释。

如所周知,唐代在安史乱前征收赋税,是实行的租庸调制,高祖武德七年令:"每丁岁入粟二石(案这就是'租');调则随乡土所产,绫绢绝各二丈,布加五分之一,输绫绢绝者,兼调绵三两,输布者,麻三斤(案以上是'调');凡丁,岁役二旬,若不役,则收其佣,每日三尺,有事而加役者,旬有五日免其调,三旬则租调俱免,通正役不过五十日(案以上是'庸');若夷獠之户,皆从半税。"①这也就是所谓"丁课"。丁课本是不输银的,《新唐书》卷五一《食货志》在讲"调"时有"非蚕乡则输银十四两"之说,是错误的,早经前人指摘②。所谓"丁课银",显然不能以《新书·食货志》的话来解释③。

租庸调的收入,除按户部的规定留下一部分以供地方政府开支外,原则上必须上缴到中央④。唐代初年,首都长安所在的关中地区粮产不足,需要把江淮地区的租米通过运河每年大量地输入长安。到玄宗开元后期采用"运江淮变造义仓"及"和籴"等办法,关中存粮充足,就不再需要其他地区的租米,叫这些地区改缴布帛。如《唐大诏令集》卷一一一开元二十五年二月《关内庸调折变粟米敕》所说"自今已后,关内诸州庸调资课并宜准时价变粟取米,……其河南北有不通水州,宜折租造绢,以代关中调课";《册府元龟》卷五〇二"平籴"开元二十五年九月戊子敕所说"今岁秋苗远近丰熟,……宜令……于都畿据时价外,每斗加三两钱,和籴粟三四百万石,……其江淮间今年所运租停";《通典》卷六"赋税"开元二

---

① 《唐会要》卷八三"租税",《册府元龟》卷四八七"赋税"、《旧唐书》卷四八《食货志》略同。

② 见卢文弨《钟山札记》(卷二)、钱大昕《廿二史考异》(卷四五)、赵绍祖《新旧唐书互证》(卷六)诸书。

③ 何况宣州土贡有绮、绫绢之类(见前引《唐六典》《元和郡县图志》),也根本不是"非蚕乡"。

④ 参考《唐六典》卷三"度支郎中""户部郎中"的有关条文。

十五年定令："其江南诸州租，并回造纳布。"都是上述政策的明文规定①。

布帛，在今天是普通的商品，在唐代则兼具货币的作用，这是读史者所习知的事情。大批布帛之集中到长安，显然不是全部当作商品使用，其中一部分成为最高统治阶级手里掌握的货币，以此购买他们所需求的其他商品，特别是高贵的奢侈品，以满足生活享受。而这些高贵的商品，又往往不是长安城里生产的，它是各地的土产，或由商人贩运到长安供应统治阶级的需求，或由统治阶级直接到产地采购。一般的统治阶级只能通过这两个途径来获得土产。皇室则不然，除上两个途径外，各道各州还得向它进贡，使它无代价地获得各地的土产。不过从《通典》《元和郡县图志》等所载土贡的资料来看，数量还很有限，远不能满足皇室无厌的需求。这时候长安存粮既已充足，已叫江淮等地用布帛代租米，那何不索性连布帛也不要，直接把各地土产折成租赋之类运入长安。

从现存史料来看，开始实施这个办法是在玄宗天宝初年。当时韦坚在"天宝元年三月擢为陕郡太守、水陆转运使"，负责运输山东、江淮租赋的工作。他建议"于江淮转运租米，取州县义仓粟，转市'轻货'，差富户押船"②。天宝二年，这些"轻货"运到了长安新凿成的广运潭，"其船皆署牌表之：若广陵郡船，即于栿背上堆积广陵所出锦、镜、铜器、海味；丹阳郡船，即京口绫衫段；晋陵郡船，即折造官端绫绣；会稽郡船，即铜器、罗、吴绫、绛纱；南海郡船，即玳瑁、真珠、象牙、沉香；豫章郡船，即名瓷、酒器、茶釜、茶铛、茶碗；宣城郡船，即空青石、纸、笔、黄连；始安郡船，即蕉葛、蚺蛇胆、翡翠；船中皆有米；吴郡即三破糯米、方文绫。凡数十郡。"③以上各郡"土地所产宝货诸奇物"④，就是转市来的"轻货"。

继之而起是杨国忠。此人在天宝七载"擢给事中兼御史中丞，专判度

————————
① "运江淮变造义仓""和籴""回造纳布"等考证，详见陈寅恪《隋唐制度渊源略论稿》七《财政》。

② 《旧唐书》卷四八《食货志》。

③ 《旧唐书》卷一〇五《韦坚传》，参考《新唐书》卷一三四《韦传》。

④ 《新唐书》卷五三《食货志》。

支"，掌握了国家财政大权。"时海内丰炽，州县粟帛举巨万，国忠因言：古者二十七年耕，余九年食，今天置太平，请在所出滞积，变轻赍，内富京师；又悉天下义仓及丁租地课，易布帛以充天子禁藏。"①所谓"轻赍"，即韦坚所市的"轻货"。韦坚只是把义仓存米变换轻货，杨国忠更扩大了范围，不论义仓、滞积、丁租、地课，都可斟酌情况变易成"轻货"上供京师（"变轻赍"和"易布帛"是互文，并非"天下义仓及丁租地课"只"易布帛"不得"变轻赍"，不可死读）。

天宝十三载宣城郡的"丁课"银铤，就是这样来的，它是把当地丁课换成"轻货"上缴中央的一种。

四

金银，用近代眼光来看主要是货币，似乎不能同真珠、象牙、翡翠、沉香、名瓷、铜器、吴绫、绛纱等"轻货"相提并论。在唐代则不然。唐代不曾用金银为货币，这是我国过去的学者早就作了考证的②。日本加藤繁独持异议，但所列举的证据，也大体局限于统治阶级间贿赂、赠遗、进献、赏赐⋯⋯之用，并不能说明它真正具备了价值尺度和流通手段的职能③。凡不具备以上两种职能的就不算货币。加藤之说已有人驳正④，这里不再多说。

那么，当时统治阶级大量搜求金银干什么呢？从前面所引唐太宗申斥权万纪的话中，可看出当时是把金银和珠玉等玩好同样看待的。唐代统治阶级用金银制作玩好器物之风，极为盛行。吕诚之师曾从两《唐书》里搜辑了好多这方面的资料⑤。这里单就他没有提到的天宝时代的情况举出个实例，这就是唐姚汝能《安禄山事迹》卷上所载玄宗赏赐安禄山的大批器

① 《新唐书》卷二〇六《杨国忠传》。
② 如顾炎武《日知录》卷一一"金""银"，黄宗羲《明夷待访录》"财计"，赵翼《陔余丛考》卷三〇"银"。
③ 详《唐宋时代金银之研究》第二章第一、二、五节。
④ 《历史研究》1964年第1期李埏《略论唐代的"银帛兼行"》。
⑤ 《隋唐五代史》第一八章第一五节。

物。其中如天宝九载禄山入居赐宅，不仅赏赐金银平脱的家具，甚至"厨厩之内亦以金银饰其器"，有"金平脱五斗饭罌二口，银平脱五斗淘饭魁二，银丝织成笤筐、银织笄篱各一，金银具食藏二"；同年天长节又"赐禄山宝钿镜一面，并金平脱匣、宝枕、承露囊、金花碗等"；不久又"赐禄山金靸花大银胡饼四，大银魁二并盖，金花大银盘四，杂色绫罗三千尺"；十载正月禄山生日玄宗又"赐金花大银盆二，金花银双丝平二，金镀银盖碗二，金平脱酒海一并盖，金平脱杓一，小马脑盘二，金平脱大盏四，次盏四，金平脱大脑盘一，玉腰带一，并金鱼袋一，及平脱匣一，紫细绫衣十副，内三副锦袄子并半臂，每副四事，熟锦细绫□□三十六具"，此外还有杨妃所赐的"金镀银盒子""金平脱盒子""银沙罗""银鐹碗"等等，"其日又赐陆海诸物，皆盛以金银器"。以上这些器物玩好中，金银制作的占了绝大多数①。单凭皇室内库一点存银，如何供得上这样挥霍，这就是天宝时代搜刮各地"轻货"中会出现银铤的原因。

弄清银铤在当时的用途，就可附带谈一谈大明宫出土的天宝十载"宣城郡和市银"。唐长孺教授《跋西安出土唐代银铤》中说："和市即是国家向民间收买物资。可是这铤银何以称为和市银却不很清楚。一种解释是中央分付宣城郡和市若干土产，预发价若干，后来买价较预计为低，还有多余，以之缴还国库，这也算一种所谓'羡余'。另外一种解释是以租调义仓粟折钱和市轻货送往长安，这铤银是和市所得之物，因此称为和市银。"我认为后一种解释似较妥当。因为银铤在当时并非货币，不可能把银铤发到宣城郡去收购土产；而且和市也不会是一次，如果中央发给宣城郡其他钱帛之类的货币，一次用不完尽可留待下次再用，何必急忙换成银铤上缴。

---

① 近若干年来在西安多次出土唐代银器，制作极为精工；日本正仓院保存的唐代日本皇室遗物中，用金银饰制者为数亦极多，足证《安禄山事迹》所说并无夸大。又《事迹》传世鲜善本，上引文字容有脱落讹误；"平脱"则为当时一种手工艺，可参考傅芸子《正仓院考古记》，1941年日本文求堂版，于此均不赘。

五

这铤丁课银背面有五行题名，都是天宝十三载宣城郡现任的地方官。他们在两《唐书》没有立传，可见都不是什么重要有关系的人物。其中太守赵悦，李白曾做诗送他，见缪氏覆宋本《李太白文集》卷一二，是一首题为《赠宣城赵太守悦》的五言古体诗，应酬之作，谀辞满篇，也别无考证价值。

至于官职，也没有必要逐条仔细解释，只讲几点较有关系的。

题名以"宣城郡太守"居首，太守是一郡之长，本郡上供银铤，当然由他领衔。

太守（刺史）下面设若干职事官，分别承担行政事务。职事官多少，视州郡等级而定。宣城郡在天宝年间应为上州①，据《唐六典》卷三〇所载，上州有别驾一人，长史一人，司马一人，录事参军事一人，录事二人，司功参军事一人，司仓参军事一人，司户参军事二人，司兵参军事一人，司法参军事二人，司士参军事一人，参军事四人，……其中见于此"丁课"银铤的只有司马、录事参军和司士参军。据《六典》，其职掌是："别驾、长史、司马，掌贰府州之事，以纪纲众务，通判列曹，岁终则更入奏计。""司录录事参军，掌付（府）事勾稽，省署抄目、纠正非违，监守符印，若列曹事有异同，得以闻奏。"以上这两个当是以太守副贰和出纳审计的身份列名"丁课"银铤的。"士曹司士参军，掌津梁、舟车、舍宅百工众艺之事，启塞必从其时，役使不夺其力，通山泽之利，以赡贫人。"《六典》在这里还加了一条重要的原注："凡州界内有铜铁处，官未采者，听百姓私采。铸得铜及白镴，官为市取，如欲折充课役亦听之。"

---

① 《新唐书·地理志》称宣州为望州，这是会昌五年才升的，前此的《元和郡县图志》卷二八则称宣州为紧州。《旧唐书·地理志》则是根据天宝十一载的资料写成的（参考《十七史商榷》卷七九"天宝十一载地理"条），在卷四〇宣州条下虽不注等级，但讲清楚"天宝领县九，户一十二万一千二百四"，再据《唐会要》卷七"量户口定州县等第例"开元十八年敕"四万户已上为上州"的规定，则宣城郡在天宝时至少为上州（当然也可能已是紧州，但开元十八年敕有"其六雄十望三辅等……并同上州"。则即使其时宣城郡已为紧州，所设职官亦与上州无出入）。

铜、铁矿如此，银坑当亦不例外，司士参军是矿冶的主管者，当然要列名银铤了。原注中所谓"官市取"的，当即大明宫出土的"和市"银；所谓"折充课役"的，则就是这铤"丁课"银。

《六典》："仓曹司仓参军，掌公廨、度量、庖厨、仓库、租赋征收、田园、市肆之事。""户曹司户参军，掌户籍计帐、道路、逆旅、田畴、六畜、过所、蠲符之事。""户籍计帐""租赋征收"，都是管丁课的，何以这铤"丁课"银上不列该郡司户、司仓参军之名？大概丁课虽由户曹、仓曹征收，折银上供则专归主管矿冶的士曹办理，因此司户、司仓参军就不再有必要列名银铤吧！这应是宣城郡地方上的特殊规定①。

银铤上最后列名的是"宣城县尉员外置同正员"。宣城县是宣城郡的属县，郡治所在。唐制，县亦分等级，宣城县《元和郡县图志》《新唐书·地理志》都说是望县，天宝时当已如此，望县同于上县②。据《唐六典》卷三〇，上县只规定有尉二人。额外添设一名，就叫"员外置同正员"。《六典》："县尉亲理庶务，分判众曹，割断追征，收率课调。"则丁课确是县尉的职掌范围，因此被郡太守点派承担押送丁课进京的任务（所押送之丁课不会都是丁课银铤，当还有其他粟、帛之类）。这行题名的开头有"部送纲"三字，唐宋时代的运输队叫"纲"③，所谓"部送纲"，即押送运输队的意思。

当时中央掌管赋税调度的是户部的度支郎中，掌管金钱财货出纳的是户部的金部郎中，藏储出纳金银玩好等轻货的是太府寺的右藏署④。丁课银铤押送到长安后，得经户部然后入藏右藏署。不过如前所说，当时所以广求金银，主要是供皇帝挥霍，则入藏右藏署后，迟早要像大明宫出土的税山银、和市银那样被杨国忠之流进奉入宫廷的内库。这铤天宝十三载丁

---

① 大明宫出土的"郎宁郡都督府天宝二年贡银"就有"户曹参军陈如玉、陈光远、□□仙"的题名。

② 《唐会要》卷七〇"量户口定州县等第例"。

③ 北宋宣和时的"花石纲"已众所周知。其实唐代早有此称，如《册府元龟》卷四八七"赋税"开元九年十月敕"天下诸州送租庸行纲，发州之日，依数收领，至京都不合有欠"即是。

④ 详《唐六典》卷三"度支郎中""金部郎中"及卷二"右藏署令"。

课银上所以看不到进奉的铭文，当是由于第二年即爆发安史之乱，没有来得及进奉。

这些银铤制作不甚精工，不仅厚薄不匀，边缘不平，而且文字也不讲究，如这铤丁课银上的文字即显系工匠随手刻就，点画草草，且有误字（"轻车"误"轻事"）。案唐代所铸的铜钱是极其精工的，看传世的"开元通宝"之类可知。银铤之所以简率从事者，当因它本仅是制造珍贵器物的原料，迟早得熔掉，自不必讲求精工了。

〔附记〕加藤繁考证唐宋银铤，未能举出实物。唐代银铤过去未见著录，固不必苛求加藤，但宋代银铤实物清人早有记载。莫友芝《宋元旧本书经眼录·附录》卷二有"宋达州进奉大礼银铤"："款识三行，云：'达州今解发宝庆三年绍定元年分/进奉大礼银一大铤重伍拾两/奉议郎通判达州军州兼管内劝农兼权州事臣任隆祖'。中有人名汤孙、朱荣、山泽，而山泽字倒书向上。结衔行后复有'靳德一郎记'五小字。此铤重准今库平五十两少一两四钱，准东南市用漕平少四钱。同治元年皖南镇总兵官唐义训统强中营驻休宁，掘黄氏窖藏，得银七千余两以充饷，中有此铤，舍弟祥芝拓其款识以存。"案这是南宋理宗时以南郊祭名义进奉的东西。莫氏虽未记其形制，实物经所谓"充饷"也早被销毁，拓片也无可踪迹，但从其重量、铭文来看，还和唐代银铤相近似。至其中地理、职官、制度之类，当别事考释，于此不赘。

（原载《陕西师大学报》哲学社会科学版1978年第4期）

唐两税法杂考

唐德宗建中元年颁行两税法是历史上的一件大事，但许多历史教本对两税法本身并没有讲清楚。原因之一是史料掌握得不充分，一般喜欢用《旧唐书》卷一一八《杨炎传》里请作两税法的奏疏，而对《唐会要》卷八三"租税"所载实施两税法的正式诏令建中元年正月五日赦文①、二月十一日起请条以及"其月大赦天下"云云的纪事不予重视，更不用说旁征其他文献了。

本文以赦文、起请条等为依据，并参考大历十四年八月杨炎请作两税法的奏疏②、陆贽《均节赋税恤百姓六条》对两税法的批评（《陆宣公集》卷二二）和其他文献，力求把两税法及其前身户税、地税弄清楚。《历史研究》1963年第6期发表过王仲荦先生的论文《唐代两税法研究》，对两税法之包括户税、地税和户、地税如何发展成为两税作了大体正确的论述，因此这里只就一般历史著作以及王先生论文所没有讲到或没有解决的问题作若干考释，名之曰"杂考"，不再系统地讲说。

一　根据什么来定征收户税的等第

户税在唐初就开始正式征收，按照户等高下确定税额。《唐会要》卷

---

① 《唐会要》卷七八"黜陟使"、《册府元龟》卷四八八"赋税"、《通典》卷六"赋税"所载建中元年正月制就是这个正月五日赦文。

② 《唐会要》标明"其年八月宰相杨炎上疏"，而把它次于建中元年正月赦文等后，显然是不对的，"上疏"条当次于上文大历十四年五月条之后，今本传抄致误。

八五"定户等第"："武德六年三月令：天下户量其赀产，定为三等。至九年三月二十四日诏：天下户三等未尽升降，依为九等。"卷八三"租税"："大历四年正月十八日敕：天下〔百姓〕及王公已下，自今已后，宜准度支长行旨条，每年税钱，上上户四千文，上中户三千五百文，上下户三千文，中上户二千五百文，中中户二千文，中下户一千五百文，下上户一千文，下中户七百文，下下户五百文。"到建中元年实施两税法，正月五日敕文仍规定要"约丁产，定等第"，二月十一日起请条也说要"据旧征税数及人户土客，定等第钱数多少"，按户等来征收户税。

怎样定户等第，《册府元龟》卷四八六"户籍"所载天宝四载三月敕讲得比较具体，即"每至定户之时，宜委县令与村乡对定，审于众议，察以资财，不得容有爱憎，以为高下，徇其虚妄，令不均平，使每等之中，皆称允当，仍委太守详覆，如有不平，县令录奏量事贬降，其乡村对定之人便与节级科罪，覆定之后，明立簿书"。其中关键仍如武德六年令所说，在于"量其赀产"即"察以资财"。"赀产""资财"指什么，武德令、天宝四载敕都没有再说，王仲荦先生认为："在封建社会里，土地是主要的生产资料，是重要的财产，如果定户等第而不把土地当作财富统计在内，那成什么话说？"但这只是推测，没有举出证据。其实证据是有的，即中国科学院图书馆所藏新疆吐鲁番胜金口出土的三片所谓《赀合文书》①，这里抄录第一片正反面比较完整的两段。

第一片正面：

冯照蒲陶二亩半　桑二亩

　　常田十亩半

　　其他田十五亩

　　田地枯枣五亩破为石田亩二斛

　　兴蒲陶二亩半　桑二亩

---

① 贺昌群先生《汉唐间封建的国有土地制与均田制》图版一、二，1958年上海人民出版社版。并参考贺先生部分释文。

　　　常田十八亩半　其他田七亩

　　　泮桑二亩半

　　　得张阿兴蒲陶二亩半

　　　得阚衍常田七亩

　　　得韩千哉田地沙车田五亩

　　　得张渚其他田四亩半□二亩半

　　　赀合二百五十七斛

第一片反面：

　　　齐都卤田八亩半　常田七亩

　　　枣七亩　石田三亩　桑二亩半

　　　得吴并卤田四亩半

　　　赀合八十斛

　　　——右孝敬里

　　　扣竟

　　　　校竟

　　《文书》上没有年号，贺昌群先生说："据其字迹观察，当是北朝末至唐初之物。"即使是北朝或隋代的吧，唐初的定户等第也还是继承前朝的办法，仍旧可以用它来说明唐代的定户等第。它是定户等第时"量其赀产""察以资财"的一种底账，在上面算出各户的资产折合若干斛即"赀合××斛"，从而确定他们的户等，登入正式的籍帐。而"赀产""资财"，则如《文书》所开列，尽是"常田×亩""卤田×亩""蒲陶×亩""枣×亩"等各种不同质量和出产的土地顷亩数。当然《文书》中的冯照、齐都都是农村户口，城市户口除了官僚和某些富商外不一定有土地，但在旧社会里，农村户口占绝大多数，就是官僚的资产也总是以土地为主，因此这个《文书》是有代表性的，它证实了按照户等征收的户税，实际上主要还是以拥有土地的数量质量为依据。

弄清这个事实很重要。因为，建中元年实施的两税法虽然把户税和地税都包括在内，但在时人心目中还往往侧重户税。如杜牧《同州澄城县户工仓尉厅壁记》说："县之所重，其举秀贡贤也，……次乃户税而已。"《唐故处州刺史李君墓志铭并序》说："出为池州刺史，始至，创造籍簿，……复定户税。"（《樊川文集》卷一〇、卷八）韦庄《秦妇吟》："乡园本贯东畿县，岁岁耕桑临近甸；岁种良田二百壈，年输户税三千万。"何以到了宋代的"二税"，却完全按土地顷亩来征收，成为清一色的地税性质？现在知道户税的定户等第主要也是依据该户的土地，而两税法中的户税和地税又都在同一个时间征收（详本文第四节），发展下去，就势必合并成为完全按土地征收的"二税"。如果忽视这一点，认为宋代的"二税"和唐代的两税法只是名称相似，并无渊源，那就未免有割断历史之嫌。

二　什么时候把义仓税称为地税

地税最初是义仓税。《册府元龟》卷五〇二"常平"载："太宗贞观二年四月制：'天下州县，并置义仓。'先是，每岁水旱，皆以正仓出给，无仓之处，就食他州，百姓流移，或致穷困。左丞戴胄上言：'……请自王公以下，爰及众庶，计所垦田稼穑顷亩，每至秋熟，准其见苗，以理劝课，尽令出粟。稻麦之乡，亦同此税，各纳所在，为立义仓。若年谷不登，百姓饥馑，所在州县，随便取给。'……户部尚书韩仲良奏：'王公已下，垦地亩纳二升，其粟麦粳稻之属，各依土地，贮之州县，以备凶年。'制可之。"这只是一种备荒措施，不算正式税收，后来政府随便动用，失去了义仓备荒的本意，义仓税才变成了正式的国家税收——地税。

什么时候发生这种转变？据《通典》卷一二"轻重"所说是："高宗、武太后数十年间，义仓不许杂用，其后公私窘迫，贷义仓支用。自中宗神龙之后，天下义仓，费用向尽。"中宗神龙元年到玄宗即位只有八年，从《通典》的文字上看好像义仓税变成地税是在开元年间。王仲荦先生并根据《册府元龟》卷四九〇"蠲复"所载开元十三年正月诏中出现"地税"

这个名词，说："因为……按亩征收的缘故，索性连义仓的名称也取消，把它改称为地税了。"

按"地税"这个名词出现后，义仓的名称并未完全取消①，王先生这句话有错误。但认为"地税"这个名词的出现标志着义仓性质的转变这点，则是正确的，不过说开元十三年诏才开始用"地税"这个名词，又说得太晚了。《册府元龟》卷四九〇"蠲复"高宗永隆元年正月己亥诏载："雍、岐、华、同四州六等已下户宜免两年地税。"中宗景龙三年十一月南郊礼毕大赦："关中诸州无出今年地税。"这都在玄宗以前。大概高宗后期武后掌实权时就已使用了"地税"这个名词。这和《通典》所说"高宗、武太后数十年间，义仓不许杂用"的话并不矛盾。《通典》在"中宗神龙之后，天下义仓，费用向尽"之前已说"其后公私窘迫，贷义仓支用"，中宗神龙前就是高宗、武太后时代，可见《通典》本意只是说"高宗、武太后数十年间"义仓原则上不许杂用，事实上后来因公私窘迫，已贷义仓使用，所以到"中宗神以后，天下义仓，费用向尽"（古人行文有时过于疏略，需仔细寻绎上下文才好理解）。这样，通常认为义仓制度破坏在中宗时，实应提前到高宗后期武氏掌权时，而"地税"这个名词正在此时出现绝非偶然，可以如王先生那样认识，是标志着义仓税的性质在起变化。

三 地税什么时候开始提高税额
什么时候开始一年两度征收

地税税额，在贞观二年开始设置义仓时，是依照韩仲良奏"王公已下，垦地亩纳二升"。除永徽二年一度改为按户等出粟外（《唐会要》卷八八"仓及常平仓"），长期没有变动。如《通典》卷一二"轻重"："开元二十五年定式：王公以下，每年户别据所种田，亩别税粟二升，以为义仓。"《册府元龟》卷四八七"赋税"代宗广德元年七月诏："地税依旧每

---

① 如《通典》卷一二"轻重"就说："开元二十五年定式：王公以下，每年户别据所种田，亩别税粟二升，以为义仓。"并根据天宝八载的资料列举了各道义仓的贮粮石数。

亩税二升。"以后起了变化，如《元龟》同卷大历四年十月敕："北（应作比）属秋霖，颇伤苗稼，百姓种麦，其数非多，如闻村闾，不免流散，来年税麦，须有优矜，其大历五年夏麦所税，特宜与减常年税，其地总分为两等，上等每亩税一斗，下等每亩税五升，其荒田如能开佃者，一切每亩税二升。"大历四年十二月敕："今关辅诸州，垦田渐广，江淮转漕，常数又加。计一年之储，有大半之助。其余他税，固可从轻。其京兆来年秋税，宜分作两等，上下各半。上等每亩税一斗，下等每亩税六升。其荒田如能佃者，宜准今年十月二十九日敕，一切每亩税二升。"大历五年三月："定京兆府百姓税，夏税上田亩税六升，下田亩税四升。秋税上田亩税五升，下田亩税三升。荒田开佃者亩率二升。"但有人据此就认为大历五年才开始提高地税税额，这显然是不对的。王仲荦先生说："大历四年两次诏令，都提到'优矜''从轻'，根据这字面来推测，可知大历四年以前的地税征收率，有一度比这令文所规定的还要重。"这个认识是正确的。

究竟什么时候开始提高，王先生根据《新唐书》卷五一《食货志》所说："大历元年……天下苗一亩税钱十五，……号青苗钱。又有地头钱，每亩二十，通名为青苗钱。"认为："当时竭泽而渔，开始征收青苗钱和地头钱，地税的加重，当在这同时。"按王先生这样讲只是推测，没有从文献上找证据。其实证据还是有的，《算经十书》本《夏侯阳算经》卷中"求地税章"就有这样的算题："今有田三百七十九亩，亩出税谷三升纳官，每斛加二升耗，问输正及耗各几何？""今有田一亩，计税谷三升，问一步合计几何？"这部《夏侯阳算经》是为现实生活中应用需要而编写的，说明地税税额在代宗广德元年"依旧每亩税二升"以后，第一步是提高到每亩三升，到大历四年之前再进一步提到夏、秋地税各在一斗或一斗以上，到大历四年认为提得太高实行有困难又略为降低，如四年十月、十二月敕所说那样。从广德二年到大历四年的六年中是地税税额变动最剧烈的时候①。

地税在"亩税二升"时从未说过一年两度征收，到大历四年十月、十二月敕中却说"夏麦所税"和"秋税"，因此一般认为地税之一年两度征收始于大历四年。这也有问题。因为如真始于大历四年，在这两个敕中对为什么改为两度征收必有所解释，但敕中并无任何解释，只平淡地说"其大历五年夏麦所税"，"其京兆来年秋税"，说明地税在这以前早已分夏秋两度征收。这在《夏侯阳算经》中也可得到证实，《算经》卷中"定脚价章"有"两税米"的算题，在唐代凡一年两度征收的赋税都可称为"两税"（详下节），可见地税在每亩税额提高到三升时已改为一年两度征收。

一方面一年两度征收，一方面又规定亩税三升，究竟是夏秋各征三升呢？还是夏秋税额合起来一共三升？这在文献上无可稽考。但我认为，前一个可能性大些，因为如果夏秋两次合起来每亩三升，则一次的税额比过去每亩二升还要少，当时政府正急于搜刮，税米到手越早越多越好，决不愿意这么做。

四　为什么叫两税法　两税法包括地税有什么证据　两税法中的户、地税是否同时征收

关于两税法之所以得名，过去有人认为是由于它包括了户、地两种税的缘故。这种认识不对。因为在唐代，只要一年两度征收的都可以叫"两税"，如《文苑英华》卷四八四常衮大历四年三月《免京兆府税钱制》中就说："国家计其户籍，俾出泉货，著在令典，谓之两税。"就是把两税法实施前的户税称作"两税"。因此有些人猜测两税法也应因此而得名，如

① 这里牵涉到《夏侯阳算经》编写的年代问题，1963年中华书局出版的钱宝琮先生校点《算经十书》本，在提要中据《新唐书》卷四九下《百官志》"上元二年诸州复置别驾，德宗时复省"等记载，定此书为代宗时代的作品。但钱先生列举的证据多成问题，即以"别驾"这个职官名称来说，从《唐会要》卷六九"别驾"与《新唐书·百官志》的记载知并非止是肃宗上元二年以后才有。而《夏侯阳算经》卷中"分禄料章"除"别驾"外还提到"太守"，据《唐会要》卷六八"刺史"的记载，"太守""别驾"同时存在只有天宝元年到八载这一段时间，因此我认为《夏侯阳算经》的原本应是天宝元年到八载之间所编写。到安史乱后代宗年间又有所增改，添入或改写成"亩税谷三升"。

王仲荦先生就说："只要一个赋税分为两次征收，都可带上'两税'这一名称。杨炎两税所规定的户税，是分夏秋两次征收的，地税也是分夏秋两次征收的，因此新税法便很自然地采用两税法这一现成名词。"不过王先生等都没有举出证据。其实证据就在实施两税法的建中元年正月五日赦文、二月十一日起请条和纪事里。赦文说："宜委黜陟使与观察使及刺史、转运，所由计百姓及客户，约丁产，定等第，均率作年支两税。"起请条说："请令黜陟、观察使及州县长官，据旧征税数及人户土客，定等第钱数多少，为夏秋两税。"下文纪事说："遣黜陟使观风俗，仍与观察使、刺史计人产等级为两税法。"三者文句用词都大体相同，而前者讲"年支两税""为夏秋两税"，后者则说"为两税法"，岂不正是由于年支夏秋两税才名之为两税法的明证。

对两税法之不仅继承户税而且包括地税，王仲荦先生已引用《唐会要》卷八四"租税"大中四年正月制、《册府元龟》卷四八四"经费"贞元八年裴延龄条、陆贽《论度支令京兆府折税市草状》、元稹《论当州朝邑等三县代纳夏阳韩城两县率钱状》等加以论证，但建中元年二月起请条中还有个最坚强的内证，即所谓"其黜陟使每道定税讫，具当州府应税都数及征纳期限，并支留合送等钱物斛斗，分析闻奏，并报度支、金部、仓部、比部。"按所谓"黜陟使每道定税"，从下文"遣黜陟使观风俗，仍与观察使、刺史计人产等级为两税法"的纪事来看，所指的是两税，而所定的内容则为"当州府应税都数及征纳期限，并支留合送等钱物斛斗"。这里的"钱"，不用说是户税钱，"斛斗"，也显然是指上文"其应科斛斗，请据大历十四年见佃青苗地额均税"的地税而言，这就充分说明黜陟使所定两税是兼包户税和地税①。只是由于地税是"据大历十四年见佃青苗地额均税"，手续比较简单，不像户税那样要重新"计百姓及客户，约丁产，定等第"，因此在下文纪事中就只说"计人产等级为两税法"，正月五日赦

---

① 至于起请条"钱物斛斗"之"物"，当即谷物之"物"。有人根据陆贽所说户税"定税之数，皆计缗钱，纳税之时，多配绫绢"，认为这"物"指绫绢而言。但"钱物斛斗"是指定税的数字，既然"定税之数，皆计缗钱"，这"物"就不可能是绫绢。

文中也只说"约丁产，定等第，均率作年支两税"，没有再提"应科斛斗"，从而使有些人产生了地税不包括在两税之内的错觉。

两税法中的户税和地税是否同时征收，讲述两税法的论著都没有提到。其实这在起请条里也已交代清楚。起请条先讲户税"据旧征税数及人户土客，定等第钱数多少，为夏秋两税"，再讲地税的"应科斛斗，请据大历十四年见佃青苗地额均税"，接着总括一句："夏税六月内纳毕，秋税十一月内纳毕。"这"夏税"和"秋税"中当然都各自包括户、地税，户、地税是同时征收的。本来，我国大多数地区一年收获两次，地税是田亩税，户税评定户等所依据的资产如本文第一节所说也以土地为主。旧历六月、十一月正是夏收、秋收之后，广大农民有油水可供榨取之时，封建统治阶级不趁此向他们同时征收户、地税，更待何时？当然，有些地方的收获季节和一般地区不完全一样，或迟或早，所以这"夏税六月内纳毕，秋税十一月内纳毕"也只是大体的规定，允许因地制宜，有所变通，这就是敕文中所说"如当处土风不便，更立一限"和杨炎请作两税法奏疏中所说"居人之税，夏秋两征之，俗有不便者正之"①。而起请条末了所谓"黜陟使每道定税讫，具当州府应税都数，及征纳期限，并支留合送等钱物斛斗，分析闻奏"，也说明各州府的"征纳期限"可由黜陟使根据当地实际情况作出具体规定，不一定拘于六月、十一月。

五　两税法有没有全国统一的税额

两税法实施前户、地税的税额一直是全国统一的，有些学者认为两税法也应有全国统一的税额。如陈寅恪先生《秦妇吟校笺》解释"岁种良田二百壥，年输户税三千万"时就引用《唐会要》卷八三"租税"大历四年正月十八日敕来推测户税税额，王仲荦先生也说："两税实施以后，按亩

---

① 《册府元龟》卷四八八"赋税"建中元年二月条作"二之"，《旧唐书》卷四八《食货志》作"三之"。王仲荦先生根据敕文所说"更立一限"，认为应作"三之"。但"更立一限"者，似是不按照六月、十一月的规定另立期限的意思，并非说在六月、十一月外再定个期限一年收三次。"正之"，则是对原定六月、十一月作更正的意思。

征收粟米的税额，固然史无明文。但据元稹《同州奏均田》奏议中称：'右臣当州百姓田地，每亩只税粟九升五合，草四分。'陆贽在《均节赋税恤百姓六条》的奏议中称：'今京畿之内，每田一亩，官税五升，而私家收租，殆有亩至一石者。'陆贽的奏议在贞元十年（794），元稹的奏议在长庆二年（822），由此可知，从794年到822年这三十多年间，地税每亩的税额，在五升至九升五合左右，如果元稹所指的是一年的税额，而陆贽所指的系夏税或秋税一次的税额，两次合加起来，也近一斗，那末陆贽和元稹所举的数目，又相差不远。"按以上这些推测均欠科学，因为建中元年正式实施两税法后，无论户税、地税都再没有全国统一的税额。建中元年二月起请条就明确规定："据旧征税数及人户土客，定等第钱数多少，为夏秋两税。……其应科斛斗，请据大历十四年见佃青苗地额均税，……其黜陟使每道定税讫，具当州府应税都数及征纳期限，并支留、合送等钱物斛斗，分析闻奏。"这里所谓"钱数多少"指户税，"应科斛斗"指地税，是分别按"旧征〔户〕税数"及"大历十四年见佃青苗地额"为"当州府应税都数"，也就是陆贽《均节赋税恤百姓六条》第一条"论两税之弊须有厘革"中所说："每州各取大历中一年科率钱谷数最多者便为两税定额。"用今天的语言来表达，就是根据大历时各州府征收的户、地税最高额作为当州府户、地税的固定总额，然后把这户税总额按当州府的户数户等分摊到每户头上，把这地税总额按当州府的垦田亩数分摊到每亩垦田上，这完全是一种摊配性质的税制。后来元稹的《同州奏均田状》就是因当州垦田荒失、地税摊配不均需要重摊，《论当州朝邑等三县代纳夏阳韩城两县率钱状》就是要求纠正朝邑等三县代摊夏阳、韩城两县户税的不合理办法（《元氏长庆集》卷三八、卷三九）。《册府元龟》卷四八八"赋税"会昌元年正月制所说："州县每年所征科斛斗，一切依元额为定，……数外如有陂泽山原，百姓或力能垦辟耕种，州县不得辄问，所收苗子，五年不在收税限，五年之外，依例收税。于一乡之中，先填贫户欠阙，如无欠阙，即均减众户合征斛斗，但令不失元额，不得随田地顷亩加税。"则是对垦田增辟后如何摊配的规定。正因为是摊配，所以建中元年正月敕文、二月起请条中都不提税额，这不是史无明文或史有阙文，而是本不存在全国统一的税额①。

六 两税法实施后原有的租庸调税额如何处理

两税法实施后，原有的租庸调税额如何处理？过去研究的人往往不甚注意。他们看到杨炎请作两税法奏疏中所说"其租庸杂徭悉省，而丁额不废"，便认为原有的租庸调已不再征收，对建中元年二月起请条中所说的"其丁租庸调，并入两税"，则认为是"一句无甚意义的空文"②。这种认识有问题。

建中元年实施两税法以前，租庸调并没有废止，就大历年间来说，如《册府元龟》卷四九〇"蠲复"大历四年十一月乙亥敕："淮南数州……其准上今年租庸、地税、旨支米等宜三分放二分。"十二年十一月庚辰诏："巴南……蓬、渠、集、壁、充、通、开等州宜放二年租庸。"可见当时租庸调仍每年征收。至于收入有多少，王仲荦先生根据杨炎请作两税法奏疏中所说"至德之后，……天下残瘁，荡为浮人，乡居地著者，百不四五"，认为租庸调是只向土户中的课口征收的，这时土户既已不到安史乱前的百分之四五，租庸调的收入就"微不足道"，这也恐不尽然。《通典》卷七"历代盛衰户口"说唐代户口极盛是在天宝十四载，其时"管户总八百九十一万四千七百九"，而大历中还有"百三十万户"，将近极盛时的百分之十四，而不是百分之四五，杨炎奏疏所说"百不四五"是行文夸饰之词。这"百三十万户"中课口数字史无明文，姑按《通典》"历代盛衰户口"原注所记肃宗乾元三年"应管户总百九十三万三千一百七十四"，其中"课口二百三十七万七百九十九"的比例来推算，大历中的课口总得在一百五十万左右。以租庸调的法定税额每丁租二石、绢二匹、绵三两（半屯）计，每年还可收入租三百万石，绢三百万匹，绵七十五万屯，不论收

---

① 关于两税法之为摊配，李剑农先生的《魏晋南北朝隋唐经济史稿》（1959年三联书店版）第十二章第三节里已首先提出，但迄未为人们注意，因此仍有必要在这里考证清楚。

② 见金宝祥先生《唐代封建经济的发展及其矛盾》，载《历史教学》1954年第5、6期。

入后是否上供中央，就数量来说总还是很可观的。试以《通典》卷六"赋税"原注所纪建中初实施两税法后"每岁天下共敛三千余万贯，……税米麦共千六百余万石"①的数字相比较：绢三百万匹，按每匹值钱三贯计②，折钱九百万贯，将近两税钱三千余万贯的三分之一，租三百万石，也将近两税米麦千六百余万石的五分之一；还有绵七十五万屯没有折算在内。这样一笔收入，政府在实施两税法时如何肯放弃。因此起请条中规定"其丁租庸调，并入两税"，就是要把各州府的租庸调总额折成钱谷分别附加进当州府户、地税总额里，作为户、地税摊配到当州府每户和每亩垦田上。杨炎奏疏中"其租庸杂徭悉省"的"省"，实际上是"省并"之"省"，不能理解为"省却"之"省"。

附带说一下，杨炎奏疏中"其租庸杂徭悉省，而丁额不废"，以及起请条中所说的"州县常存丁额，准式申报"，也不是空文。唐代除按丁征收租庸调外，还有按户等丁额征发徭役的规定，如《唐大诏令集》卷六九《广德二年南郊赦》、卷七〇《宝历元年正月南郊赦》中都提到当时各种徭役的名称，杜牧《唐故处州刺史李君墓志铭并序》中并有开成时"出为池州刺史，始至，创立籍簿，民被徭役者，科品高下，鳞次比比，一在我手"的记载（《樊川文集》卷八）。说明按丁征收的租庸调虽已并入两税，按户等丁额征发的徭役却从没有废止。因此，杨炎要提出"丁额不废"，起请条要作出"州县常存丁额，准式申报"的规定。

七 两税法有没有减轻剥削

两税法在剥削上比过去减轻还是加重？讲述两税法的人很少作出明确

---

① 《通鉴》卷二二六建中元年作"税钱一千八十九万八千余缗，谷二百一十五万七千余斛"，与此数字不同。《历史教学》1951年第2卷第5、6期所载岑仲勉先生《唐代两税基础及其牵连的问题》认为"系专指供京师的数目"。

② 《夏侯阳算经》是天宝元年至八载间编写、代宗时又有所增改的算书，卷下"说诸分章"有"绢一匹值一贯一百文""绢……每匹三贯五百文"，"绢……每匹当钱四贯三百六十六文四分七厘八毫九丝四忽"等几个绢价，陆贽"论两税之弊须有厘革"中则说"往者纳绢一匹，当钱三千二三百文"，折中一下，姑以每匹二贯作为大历时的一般绢价。

的答复。这也难怪，因为摊派式的两税法没有统一税额，无从用几个简单的数字来和实施前的户、地税以及租庸调相比较，但如果用其他方法来比较分析，这个问题还是可以解答的。

先看两税法的主要组成部分户、地税。前面第五节里已说过，建中元年二月起请条里规定户税"据旧征税数"，地税"据大历十四年见佃青苗地额"，这户税的"旧征税数"和"大历十四年见佃青苗地额"，据陆贽所说是"每州各取大历中一年科率钱谷数最多者"，也就是说各州府的户、地税总额是根据过去征收户、地税最多一年的总额来确定，这和其他年份的户、地税相比，剥削已经加重。

再看过去的租庸调。前面第六节里已经说过，实施两税法时已把各州府原先征收的租庸调总额分别附加进当州府户、地税总额里，并没有丝毫省免。

租庸调是法定的"正供"，户、地税在安史乱后也成为事实上的"正供"。除这些"正供"外，安史乱后地方上还出现了种种巧立名目、擅自征收的非法赋敛，如杨炎请作两税法的奏疏中所说"科敛之名凡数百，废者不削，重者不去，新旧仍积，不知其涯"。建中元年正月赦文规定，"比来征科色目，一切停罢"，好像两税法一实施，这些非法赋敛就统统制止。其实不然。当时只是把各州府非法赋敛的钱物斛斗并入当州府的两税税额之中。陆贽所说"大历中非法赋敛，急备、供军、折估、宣索、进奉之类者，既并收入两税"就是明证。所谓"征科色目，一切停罢"者，只是不再保留原有的急备、供军等等名目而已。而且，陆贽还说："大历中，纪纲废弛，百事从权，至于率税少多，皆在牧守裁制。邦赋既无定限，官私惧有阙供，每至征配之初，例必广张名数，以备不时之命，且为施惠之资，应用有余，则遂减放。增损既由郡邑，消息易协物宜，故法虽久刓，而人未甚瘁。及总杂征虚数，以为两税恒规，悉登地官，咸系经费。计奏一定，有加无除。"（《论两税之弊须有厘革》）原先各州府自定的赋敛数额并不一定照实征足，还有减放的可能，这时统统并入两税，上报户部——"地官"，就非征足不可了，这实际上又加重了剥削。

以上就两税法的制定来说，剥削已是加重而不是减轻。

至于实施起来，剥削量更大大增加。"自初定两税，货重钱轻，乃计钱而输绫绢。既而物价愈下，所纳愈多，绢匹为钱三千二百，其后一匹为钱一千六百，输一者过二，虽赋不增旧，而民愈困"（《新唐书》卷五二《食货志》）。又建中元年正月赦文规定"两税外辄率一钱，以枉法论"，这是防止地方政府再私自非法赋敛，是一种限制地方财权的措施，但实际上藩镇州县仍旧"多违法聚敛"（《通鉴》卷二三二贞元三年七月李泌奏）。建中三年"淮南节度使陈少游请于当道两税钱每一千加税二百，度支因请诸道悉如之"（《唐会要》卷八三"租税"），更打破了两税法的原定额。因此陆贽在《均节赋税恤百姓六条》中要说："今既总收极甚之数，定为两税矣；所定别献之类，复在数外矣；间缘军用不给，已尝加征矣；近属折纳价钱，则又多获矣；比于大历极甚之数，殆将再益其倍焉。"（第二条"请两税以布帛为额不计钱数"）陆贽这个奏疏是德宗贞元十年所上的，离开建中元年实施两税法不过十四年，可见两税法没有给百姓带来好处。

两税法的总剥削量比过去加重，但摊派到某些人户上的税额会不会有所减轻？有人认为对土户说来有所减轻，根据是杨炎奏疏中所说的"户无土客，以见居为簿；人无丁中，以贫富为差"（《唐会要》卷八三"租税"）①，过去只征土户，现在也摊派到客户头上，岂非减轻了土户的负担？其实这是个错觉。因为建中元年以前户、地税本来一向是土客户同样征收的，所谓"户无土客，以见居为簿；人无丁中，以贫富为差"，就是承用过去征收户、地税的老办法，并非过去户、地税只征土户，这时才土、客户并征。非法赋敛也是如此。只有租庸调过去只征土户，并入两税后分摊到客户头上。不过如前所说，实施两税后州府的总税额既已加重，土户的负担即使把原先租庸调部分分摊给客户后仍不会有所减轻。

唐代有检括户口的办法，如"开元九年正月二十八日，监察御史宇文

---

① 《旧唐书·杨炎传》作"户无主客"，当从《会要》。

融请急察色役伪滥，并逃户及籍田，因令充使，于是奏劝农判官数人，……分往天下，安辑户口，检责膌田，……诸道括得客户凡八十余万，田亦称是"（《唐会要》卷八五"逃户"）。实施两税法时也作了一次这样的检括。《通典》就说"户至大历中唯有百三十万户，建中初，命黜陟使往诸道按比户口，约都得土户百八十余万，客户百三十余万"（卷七"历代盛衰户口"原注），土、客户比过去多检括出近二百万户。把原先一百三十万户承担的赋税转移一部分到新检括出的近二百万户头上，对原先一百三十万户来说负担岂非有所减轻。我认为账不能这样算。因为逃亡他乡的客户多数成为地主的依附，检括他们会和当地的地主豪绅引起矛盾，而安史乱前赋税收入是由中央严格控制的（详《大唐六典》卷三"户部度支郎中"），地方政府检括户口、增加税收徒然得罪地主豪绅，对自己并无很大好处，要检括必须由中央下决心。安史乱后不同了，地方政府可以自擅赋税而不上供中央，征收愈多对自己好处愈大，可以检括的户口早已被他们检括干净了，他们检括不到的就更非外来的黜陟使在短期内所能检括出来。《通典》的这条记载只能说明安史乱后中央已不复掌握地方政府据以征税的真实户数，实施两税法时才由黜陟使把若干土、客户从地方政府手里要过来。因此实施两税法时并不能像宇文融那样真正检括出隐匿不纳赋税的户口，这次检括只对中央有好处，原先缴纳赋税人户的负担并不会减轻。

八 《杨炎传》"版籍不造而得其虚实"应如何理解

有人根据《旧唐书·杨炎传》所说实施两税法后"版籍不造而得其虚实"，认为两税法实施后真可不用编造户籍，这绝非事实。

我国封建社会里没有一个朝代可以不用户籍簿，因为这是政府用来征调赋役的依据。就两税法来说，如果"版籍不造"，如何能知道当州府有多少应该负担赋役的土、客，如何能按户等来向他们摊派户税，如何能按垦田亩数来向他们摊派地税，又如何谈得上"得其虚实"？相反，在两税法实施后的诏令里，多次提到要审定户籍，如贞元四年正月敕文："天下两税，更审定等第，仍令三年一定，以为常式。"元和十五年二月敕节文："自今已后，宜准例三年一定两税，非论土著客居，但据赀产差率。"（《唐会要》卷八五"定户等第"、《册府元龟》卷四八八"赋税"）长庆四年三月制："自今已后，州府所由户帐及垦田顷亩，宜据见征税案为定，申省后户部类会，具单数闻奏；仍敕五年一定两税，如有逃亡死损，州县须随事均补，亦仰年终申户部，如有隐漏，委御史台及所在巡院察访闻奏。"（《册府元龟》卷四八八"赋税"）尽管这样三令五申，地方官吏还常常不认真执行，《元和十四年册尊号赦》中就公开承认："比来州县，并不定户，贫富变易，遂成不均，前后频有制敕，长吏不尽遵守。"（《唐大诏令集》卷一〇）其中也有想认真遵行、扫除积弊的，如元和六年正月衡州刺史吕温奏："臣昨寻旧案，询问闾里，承前征税，并无等第，又二十余年，都不定户，存亡孰察，贫富不均。臣不敢因循，设法团定，检获隐户，数约万余，州县虽不征科，所由已私自率敛，与其潜资于奸吏，岂若均助于疲民？"（《唐会要》卷八五"定户等第"）元稹《同州奏均田状》："右件地并是贞元四年检责，至今已是三十六年，其间人户逃移，田地荒废。又近河诸县，每年河路吞侵，沙苑侧近，日有沙砾填掩，百姓税额已定，皆是虚额征率；其间亦有豪富兼并，广占阡陌，十分田地，才税二三，致使穷独逋亡，赋税不办，州县转破，实在于斯。……臣遂设法，各令百姓自通乎实状，又令里正、书手等傍为稳审，并不遣官吏擅到村乡。百姓等皆知臣欲一例均平，所通田地，略无欺隐。臣便据所通，悉与除去逃户荒地及河侵沙掩等地，其余见定顷亩，然〔后〕取两税元额地数，通计七县沃瘠，一例作分抽税。自此贫富强弱，一切均平，征敛赋租，庶无逋欠。"（《元氏长庆集》卷三八）可见两税法实施后不按时更定户籍，正是病民弊政之一，要扫除这种积弊实不容易。哪有实施两税法便可以不造户籍之理。因此所谓"版籍不造而得其虚实"，应从另一个角度去理解，即两税法实施后，尚书省只需掌握黜陟使所上报的各州府"应税都数及征纳期限，并支留、合送等钱物斛斗"数字，就能得其虚实，用不着去过问各州府人户增减的实况。版籍不是不用造，而是一任地方政府去造，尚书省不必在这上面再操心力。

（原载《历史研究》1981年第1期）

论建中元年实施两税法的意图

　　首先声明，本文不是讲两税法取代租庸调的必然性。这个必然性是摆得很明白的。原先唐代的国家"正供"租庸调名义上以均田制为基础，受田一顷的丁男必须承担相应的租庸调。但实际上受田多流于形式，而租庸调却不能减少，以致田愈少者负担愈重，只好大批逃亡他乡成为客户，使只征土户的租庸调收入锐减。于是不论土客户按资产分等征收的户税和按田亩征收的地税起而代之，安史乱后不断提高户、地税额使之成为实际上的"正供"，建中元年（780）更通过法令正式颁行了以户、地税为主的两税法，把租庸调残额以及非法赋敛并入两税税额。这个取代过程及其必然性已为多数人所认识，用不到在这里多说。

　　本文要讨论的是为什么在德宗刚即位的建中元年明令实施两税法，实施这个两税法的主观意图是什么。

上篇

　　在六十年代，史学界已经有人提出这个问题，他们的看法是："唐代宗以来，由于政府过度剥削而引起社会危机，大江南北，都不断发生农民起义，尤其是袁晁等几次在江南规模较大的起义，震撼了唐皇朝的统治基础，迫使统治阶级在赋税制度方面，不得不进行一些改革"，两税法就是

"唐政府在巨大的人民威力下不得不被迫进行改革"的产物①。

要判断这种看法是否正确，应该对当时的反政府军事行动作具体的如实的观察。

《通鉴》卷二二二②：肃宗上元二年（761）九月，"江淮大饥，人相食"。宝应元年（762）正月，"租庸使元载以江淮虽经兵荒，其民比诸道犹有赀产，乃按籍举八年租调之违负及逋逃者，计其大数而征之，择豪吏为县令而督之，不问负之有无，赀之高下，察民有粟帛者发徒围之，籍其所有而中分之，甚者什取八九，谓之'白著'，有不服者，严刑以威之。民有蓄谷十斛者，则重足以待命，或相聚山泽为群盗，州县不能制"。袁晁就是其中最主要的一支。《通鉴》同卷：代宗宝应元年八月己巳，"台州贼帅袁晁攻陷浙东诸州，改元宝胜，民疲于赋敛者多归之。李光弼遣兵击晁于衢州，破之"。九月，"袁晁陷信州"。十月，"袁晁陷温州、明州"。广德元年（763）四月庚辰，"李光弼奏擒袁晁，浙东皆平。时晁聚众近二十万，转攻州县，光弼使部将张伯仪将兵讨平之"。其经过大略如此③。案安史乱后财赋所入颇赖于江淮地区，袁晁在浙东反抗赋敛，当然会给政府一定的打击，但斗争只持续一两年，虽"聚众近二十万"，占领过若干州县，而派去平乱官军却仅是李光弼部将所率领的偏师，李光弼本人仍坐镇徐州防御安史余孽，足见对政府的打击并不太大，绝不会达到"震撼唐皇朝的统治基础"的程度④。而且这次军事行动主要是由"白著"之类的重赋苛敛引起的，因此在宝应元年十月袁晁占领温州、明州之后，政府已"诏浙江水旱，百姓重困，州县勿辄科率"。袁晁失败后，广德二年（764）

① 见王仲荦先生《唐代两税法研究》，载《历史研究》1963年第6期。又韩国磐先生《隋唐五代史纲》第十一章第二节、第十二章第二节也均有类似之说。

② 为方便起见，本文凡纪事尽先引用《通鉴》，《通鉴》所不详，再杂引两《唐书》等文献。

③ 有关袁晁的记载还见于《册府元龟》卷一二二"征讨"、卷三五九"立功"、卷三八五"褒异"，《旧唐书》卷一一《代宗纪》、卷一五二《王栖曜传》，《新唐书》卷六《代宗纪》等文献，除袁晁失败时间《新纪》作广德二年十一月外，所述均大体相同。

④ 《旧唐书》卷一一〇《李光弼传》有"监军使以袁晁方扰江淮，光弼兵少，请保润州以避其锋"的记载，似乎袁晁声威已足牵制李光弼的行止。但这段记载是不可信的，所说地理也有错误，宝应元年五月的《通鉴》考异已作了辨正。

十一月又"免越州今岁田租之半，给复温、台、明三州一年"①。尽管这种诏令实行的程度还可以研究②，在政府总算多少作了一些缓和矛盾的措施。何以事情已过去十多年，到建中元年再来个旧事重提，用实施两税法的办法来缓和矛盾？这使人难于理解。

除袁晁外在代宗时还有几次反政府军事行动。《通鉴》卷二二三：广德二年（764）春正月，"吐蕃之入长安也，诸军亡卒及乡曲无赖子弟相聚为盗，吐蕃既去，犹窜伏南山子午等五谷，所在为患。丁巳，以太子宾客薛景仙为南山五谷防御使以讨之"。十一月，"五谷防御使薛景仙讨南山群盗，连月不克，上命李抱玉讨之。贼帅高玉最强，抱玉遣兵马使李崇客将四百骑自洋州入，袭之于桃虢川，大破之，玉走成固。庚申，山南西道节度使张献诚擒玉，献之，余盗皆平"。案之《旧唐书》卷一一《代宗纪》，广德二年九月，"自七月大雨未止，京城米斗值一千文，蝗食田"，"是秋蝗食田殆尽，关辅尤甚，米斗千钱"。可能有若干困于灾荒的农民参加了这次行动。但吐蕃攻入长安后的"诸军亡卒"当在其中起了主要作用，从而使它的性质和袁晁为反抗赋敛的行动不尽相同。它前后只有一年多光景，四百骑官军就能大破其最强的贼帅，可见对政府的威胁也不大。

《通鉴》卷二二四：大历六年（771），"岭南蛮酋梁崇牵自称平南十道大都统，据容州，与西原蛮张侯、夏永等连兵攻陷城邑，前容管经略使元结等皆寄治苍梧。经略使王翃至藤州，以私财募兵，不数月，斩贼帅欧阳珪"。"翃募得三千余人，破贼数万众，攻容州，拔之，擒梁崇牵，前后大小百余战，尽复容州故地，分命诸将袭西原蛮，复郁林等诸州。先是，番禺贼帅冯崇道、桂林叛将朱济时，皆据险为乱，陷十余州，官军讨之，连年不克，〔节度使〕李勉遣其将李观与翃并力攻讨，悉斩之。三月，五岭皆平"。卷二二五：大历十年（775）十一月，"西原贼帅覃问乘虚袭容州，翃伏兵击擒之"。卷二二六：大历十四年（779）十二月，"湖南贼帅王国

---

① 均见《新唐书》卷六《代宗纪》，后一条又见《册府元龟》卷四九〇"蠲复"。

② 这类减免赋税的诏令在唐代是经常发布的，看《册府元龟》卷四九〇"蠲复"可知，但实施起来是否会打折扣，落到农民头上的好处真有多少，均未可知。

良阻山为盗,上遣都官员外郎关播招抚之"。建中元年(780)七月丙寅,"邵州贼帅王国良降。国良本湖南牙将,观察使辛京杲使戍武冈,以扞西原蛮。京杲贪暴,国良家富,京杲以死罪加之,国良惧,据县叛,与西原蛮合,聚众千人,侵掠州县,濒湖千里,咸被其害,诏荆、黔、洪、桂诸道合兵讨之,连年不能克。及曹王皋为湖南观察使,……遗国良书,……约为兄弟,尽焚攻守之具,散其众使还农"。案这几起反政府的军事行动前后持续了十年左右,牵动今湖南、广东、广西三省,其规模比袁晁之在浙东似乎还大一些。但从《旧唐书》卷一五七《王翃传》所谓"自安史之乱,频诏征发岭南兵募隶南阳鲁炅军,炅与贼战于叶县,大败,余众离散,岭南溪洞夷獠乘此相恐为乱"的记载来看,这是少数民族乘政府力量削弱而发动的军事行动,汉族农民也参加,从所谓"散其众使还农"可证明,而为首的则是军官王国良之流,说明其性质与袁晁的抗赋行动实有所不同。同时,湖南、两广和江淮也不一样,不是当时上供财赋的主要地区。从而难于设想实施两税法和这地区的反政府行动有什么关联。王国良是建中元年七月才被曹王李皋招降的,《通鉴》所载李皋的招降书也只说:"将军非敢为逆,欲救死耳。我与将军俱为辛京杲所构,我已蒙圣朝湔洗,何心复加兵刃于将军乎?"专从私人恩怨利害来打动他,没有一句提到这年正月实施的两税法。

以上几次都是《通鉴》以及《旧唐书》本纪所记载的。《旧唐书》本纪以《实录》为蓝本,司马光纂修《资治通鉴》也经过一番别择,说明这几次总还是引起封建统治者注意,而且要引为鉴戒以"资治"的。此外,这个时期的反政府军事行动散见于文献者还有若干起,如舒州杨昭、新安沈千载①,余姚龚厉②,沂州李浩③,常州张度④,宣、饶二州方清、陈

---

① 均见独孤及《毗陵集》卷八《张镐遗爱颂》。
② 《毗陵集》卷五《为江东节度使奏破余姚草贼龚厉捷书表》。
③ 《新唐书》卷一六一《郑运逵传》。
④ 《新唐书》卷一四六《李栖筠传》。

庄①，宣州王方②，苏、常诸州潘狞虎、胡参等③，除个别外大都发生在长江下游的财赋之区。但规模都不太大，人数至多不过"数千"，为时不过"累年"，活动范围也多数局限于本州县，至多波及邻近州县。他们之所以有所举动，一方面固然由于安史之乱以来赋敛的加重，另一方面也是由于政府要集中力量对付安史叛军而削弱了对后方的控制。因此，一旦引起地方长官的注意，调动为数不很多的部队就能把他们平定④，从而也就没有被写入《旧唐书》本纪和《通鉴》。要说政府慑于他们的威力被迫实施两税法，似乎更说不过去。

而且，如果政府真是慑于农民的威力被迫实施两税法，那两税法之所征收总得比过去要减轻些，这样才谈得上缓和阶级矛盾。主张慑于农民威力被迫实施两税说者对这个关键问题却没有怎么考虑。为此，在拙撰《唐两税法杂考》一文中⑤，曾根据实施两税法的诏令建中元年正月五日赦文⑥，二月十一日起请条⑦，以及事前杨炎请作两税法的奏疏⑧，事后陆贽《均节赋税恤百姓六条》之一"论两税之弊须有厘革"中对两税法的批评⑨，把两税法所征收的数量算了一笔总账：（一）两税法以户、地税为

---

① 《旧唐书》卷一三二《李芃传》、《毗陵集》卷四《贺袁傪破贼表》。

② 《元和郡县图志》卷二八宣州旌德县。

③ 《旧唐书》卷一四〇《张建封传》、李翱《李文公集》卷一三《柏良器神道碑》。又拙文写成后获读张泽咸先生的《唐五代农民战争史料汇编》（中华书局，1979年），所收至为繁富，虽间或旁及并非农民战争之史料，仍可参考。

④ 如攻打龚厉的战役，据独孤及《为江东节度使奏破余姚草贼龚厉捷书表》，官军方面只有"军将吕道光领拍刀手一百人"，"军将左璋率弩手一百五十人"，"军将潘景兰领辎驮数十辈伪为商旅"以诱敌，"转战数十里"，只杀死龚部三百余人，最后和龚厉一同被杀的也只有"八九十人"；而《捷书》上却说什么"僵仆原隰，脂膏草莽"，颂扬皇上"圣谟神策，与天合契，制胜两楹，威加四海"，极尽铺张扬厉之能事。

⑤ 载《历史研究》1981年第1期。

⑥ 见《唐会要》卷八三"租税"。又卷七八"黜陟使"及《册府元龟》卷四八八"赋税"、《通典》卷六"赋税"所载建中元年正月制即此正月五日赦文，文字均略有出入，可互相参考补正。

⑦ 见《唐会要》卷八三"租税"。

⑧ 见《旧唐书》卷一一八《杨炎传》。又《唐会要》卷八三"租税"、《册府元龟》卷四八八"赋税"也收有此疏，文字略有出入。《唐会要》标明"其年八月宰相杨炎上疏"，而把它次于建中元年正月赦文等后，是传抄致误，原本当列于上文大历十四年五月条之后，这年五月德宗即位，八月杨炎，请作两税法奏疏即拜相后所上。

⑨ 收入《陆宣公集》卷二二。

主，二月十一日起请条规定户税"据旧征税数"，地税"据大历十四年见佃青苗地额"，据陆贽所说是"每州各取大历中一年科率钱谷数最多者"，比其他年份的户、地税加重。（二）起请条规定"其丁租庸调，并入两税"，就是把各州府原先征收的租庸调残额分别附加进当州府户、地税总额里，并未省免。（三）安史乱起后地方政府纷纷巧立名目，非法赋敛，如杨炎奏疏中所说"科敛之名凡数百，废者不削，重者不去，新旧仍积，不知其涯"，实施两税法时却变这些非法赋敛为合法，把它们统统"并收入两税"，而且原先这些非法赋敛不一定都照数征足，"并收入两税"成为"恒规"后就非征足不可①。最后把这加进租庸调残额和非法赋敛的州府户、地税总额摊派到该州府土、客户及其垦田上面。因此农民的负担不仅没有减轻，反而比实施两税法之前更加重。天下绝无用加重赋税来缓和矛盾之理，可见两税法的实施和安史乱起后的反政府军事行动并无因果关系。

还有一点也值得注意。唐人在发布的诏令里是很喜欢做文章的，尤其在如何惠爱优恤百姓上常常大做其文章。只要检读《唐大诏令集》《唐会要》《册府元龟》等书的都会有此感觉。但在建中元年正月五日赦文、二月十一日起请条以至杨炎请作两税法奏疏里都没有两税法如何减轻赋敛、如何恤民之类的话头。这正是因为实施两税法时本没有从减轻赋敛、缓和矛盾上来考虑，以致擅长撰写恤民文字的诏令代言人也无从在这方面着笔。

下篇

建中元年实施两税法是在财政税收上的一次大改革，凡大改革在当时总有其意图，总准备用来解决一些矛盾。六十年代史学界提出这点本来是应该的，问题是这个大改革究竟用来解决什么矛盾。在安史乱起后，东南江浙地区的农民反政府行动确实使阶级矛盾比乱前尖锐了一些，但从前面

---

① 别详陆贽"论两税之弊须有厘革"。

所说规模和持续时间等来看，显然成不了当时的主要矛盾。当时中央政权用全力来对付的是安史叛军，安史乱定后用很大精力来对付的仍旧是地方藩镇，这个中央和地方的矛盾才是当时的主要矛盾。而通常研究历史的只注意到这个时期中央和地方在政治军事上的矛盾，很少有人考虑到经济上的矛盾，从而不知道建中元年实施两税法的主要意图就在于从财政税收来解决中央和地方的经济矛盾。

要弄清楚这个问题，应该回顾一下唐初以来的财政制度。

从唐初到安史乱前，财政收入一向是归中央统一掌管的。如《大唐六典》卷三"户部"："度支郎中、员外郎，掌支度国用租赋少多之数，物产丰约之宜，水陆道路之利，每岁计其所出而支其所用，凡物……皆料其远近时月众寡好恶而统其务焉。……凡天下边军，皆有支度之使，以计军资粮仗之用，每岁所费，皆申度支而会计之，以《长行旨》为准。"原注："支度使及军、州每年终各具破用、见在数，申金部、度支、仓部勘会。开元二十四年敕：以每年租耗杂支轻重不类，令户部修《长行旨条》五卷，诸州刺史、县令改替日，并令递相交付者，省司每年但据应支物数，进画颁行，附驿递送，其支配处分，并依旨文为定。"租庸调等税收原则上都要上缴到中央，地方州县每年所需的开支，得按户部所规定在税收中留下一部分，边军的开支也必须按户部的规定在税收中留用或调拨，并且每到年终还要把"破用"和"见在"的数字上报户部①。中央把地方的财政控制得如此严密，是和当时全国统一、中央集权的局面完全相适应的。

安史乱后，局面起了变化。河北藩镇"收安史余党，各拥劲卒数万，治兵完城，自署文武将吏，不供贡赋，……朝廷专事姑息，不能复制，虽名藩臣，羁縻而已"②。其他地区也是"纪纲废弛，百事从权，至于率税少多，皆在牧守裁制"③，"征敛多名，且无恒数"④。而这些非法赋敛之

---

① 《通典》卷六"赋税"就载有天宝中度支岁计粟、布、绢、绵、钱上缴中央和留州、供军的数字。
② 《通鉴》卷二二三永泰元年七月壬辰条。
③ 陆贽"论两税之弊须有厘革"。
④ 《通典》卷七"丁中"后总论自注。

所入，又多为地方所有，所谓"有重兵处皆厚自奉养，正赋所入无几，吏之职名，随人署置，俸给厚薄，由其增损"，"朝廷不能覆诸使，诸使不能覆诸州"①。归结起来，就是"赋敛、出纳、俸给皆无法，长吏得专之"②，而中央的财源大为缩减。甚至如周智光在华州"擅留关中所漕米二万斛，藩镇贡献，往往杀其使者而夺之"③。即使京师的情况也不妙，"旧制，天下金帛皆贮于左藏，太府四时上其数，比部覆其出入"，这时也由于"京师多豪将，求取无节"，而不得不"尽贮于大盈内库，使宦官掌之"④。这种局面如不设法扭转，中央政权就有难于维持的危险。

肃宗时安史之乱还未平定，没有力量来解决这个问题，只好任用第五琦等在盐利上大肆搜括⑤。这在当时虽有一定成效，可总不是根本解决的办法，因为如果听任地方势力发展，盐利也同样有被侵吞的危险。代宗初年，安史之乱算是平定，但其残余势力以田承嗣为首的藩镇仍跋扈河北，时动干戈，同时吐蕃占领河陇地区，并一度攻陷长安，关中局势重形紧张，解决财政税收问题当然还不是时候。要到代宗大历年间，吐蕃的威胁稍见减轻，河北藩镇因内部矛盾不能协力对付中央，某些节度使且有转而亲附中央的倾向⑥，盘据华州的周智光也被中央消灭。中央政权日趋稳固，削弱地方势力，包括解决财政税收问题才能提上议事日程。

大历后期，代宗已在这方面开始作出措施。《通鉴》卷二二五：大历十二年（777）五月辛亥，"诏自都团练使外，悉罢诸州团练守捉使，又令诸使非军事要急，无得擅召刺史及停其职务差人权摄。又定诸州兵皆有常

---

① 杨炎请作两税法奏疏。
② 《通鉴》卷二二六建中元年十月条追述"大历以前"的情况。
③ 《通鉴》卷二二四大历元年正月。
④ 《通鉴》卷二二六大历十四年十二月条追记。
⑤ 《旧唐书》卷四七《食货志》、卷一二三《第五琦传》，《新唐书》卷五四《食货志》。
⑥ 如《通鉴》卷二二四：大历八年八月辛未，"幽州节度使朱泚遣弟滔将五千精骑诣泾州防秋。自安禄山反，幽州兵未尝为用，滔至，上大喜。卷二二五：大历九年，"朱泚入朝，……九月庚子，至京师，士民观者如堵"。大历十年，"成德节度使李宝臣、淄青节度使李正己皆为田承嗣所轻，……及承嗣拒命，宝臣、正己皆上表请讨之。上亦欲因其隙讨承嗣。夏四月己未，……命河东、成德、幽州、淄青、淮西、永平、汴宋、河阳、泽潞诸道发兵前临魏博。……六月，……田承嗣以诸道兵四合，部将多叛而惧"。

数。……自兵兴以来，州县官俸给不一，……刺史月给或至千缗，或数十缗，至是始定节度使以下至主簿、尉俸禄，掊多益寡，上下有叙，法制粗立"。大历十四年（779）五月代宗去世，嗣位的德宗更是个急于恢复中央威权、企图有所作为的人物[①]，《通鉴》卷二二六：大历十四年十二月，下诏"凡财赋皆归左藏，一用旧式"，恢复了中央财政机关的权力。前面所说地方专擅目无中央的情况，大历末年都在逐一纠正。再进一步就要通过实施两税法把尤关重大的财政税收问题用快刀斩乱麻的手段予以解决。

考论史事必须利用第一手史料。认真研读建中元年正月五日赦文、二月十一日起请条以及杨炎奏疏、陆贽《均节赋税恤百姓六条》，就会发现，两税法除继承原先的户、地税和归并租庸调残额外，举凡前所未有而为这次所作出的新规定新措施，无一不与解决中央和地方的财权有关系：

一、户、地税在两税法实施前已成为事实上的国家"正供"，把它作为两税的基础，再把法定的"正供"租庸调附加进去，这都是比较名正言顺的。至于非法赋敛，即使在封建社会也被认为是虐民弊政，何以实施两税法时却把它承认下来而附加进户、地税里？如说怕废止了要影响收入，那尽可把户、地税额再进一步提高，何必让本来非法的东西合法化？这就因为这些非法赋敛是地方政权的收入，过去中央无力过问，只好任其恶性发展；这时虽已有力过问，但仍不便明令取缔，以免激起地方政权的普遍反抗。于是采取如上的折中办法：承认这些非法赋敛为合法，不予取缔；同时把它"并收入两税"，纳入中央的控制范围。这就是两税法要"采非法之权令，以为经制，总无名之暴赋，以立恒规"[②]的原因。

二、两税法和过去户、地税、租庸调最显著的区别，是不再像过去户、地税、租庸调那样有全国统一的税额，而改用摊派的办法。二月十一日起请条中明文规定："据旧征税数，及人户土客，定等第钱数多少，为

---

① 如《通鉴》卷二二五："郭子仪……权任既重，功名复大，……代宗欲分其权而难之"，德宗五月癸亥即位，甲申即"诏尊子仪为尚父，加太尉兼中书令，……所领副元帅诸使悉罢之，以其裨将……李怀光、……常谦光、……浑瑊……分领其任"，利用朔方军内部矛盾剥夺了这位中兴元勋的实权，非有作为者不敢出此。

② 陆贽"论两税之弊须有厘革"中对非法赋敛"并收入两税"的批评。

夏秋两税，……其应科斛斗，请据大历十四年见佃青苗地额均税。……其黜陟使每道定税讫，具当州府应税都数，……分析闻奏。"说得具体一点，就是以州府为单位，把该州府过去征收户、地税最多一年的总额，加上该州府原先征收的租庸调残额和非法赋敛，成为该州府的户、地税总额，然后按该州府的土客户数户等和见佃青苗地额来摊派。这样各州府之间就不再有划一的户、地税额，出现了"创制之首，不务齐平"①的奇怪现象。其所以如此，是因为这时各州府百姓的负担本来就不"齐平"，硬要制定划一的税额使之"齐平"，必然出现有的州府税收较前增多，而有的较前减少的局面，增多了自有背于中央限制地方财权的目的，减少了则易于招致地方的口舌。不如对既成事实作适当的迁就，"不务齐平"以减少波动。

三、所以说适当地迁就而不是一味地迁就，是在承认各州府既成事实的同时又把它统统作为国家的"正供"，不仅本来是"正供"的租庸调残额和准"正供"的户、地税，就连地方政权别出心裁的种种非法赋敛也成为国家"正供"。而既成为国家"正供"就得由中央来经管支配。具体办法是由中央派出"黜陟使十一人分巡天下"②，"与观察使、刺史计人产等级为两税法"③，并如二月十一日起请条所规定"黜陟使每道定税讫，具当州府应税都数及征纳期限，并支留、合送等钱物斛斗，分析闻奏，并报度支、金部、仓部、比部"。也就是由黜陟使代表中央和地方长官观察使、刺史协商，在确定该州府两税总额的钱物斛斗后，从中划出若干"支留"地方，若干"合送"中央。所谓"天下百姓输赋于府，一曰上供，二曰送使，三曰留州"④，就是从这时开始的。"自是轻重之权始归于朝廷"⑤，扭转了过去"率税少多，皆在牧守裁制"⑥，"正赋所入无几"的局面，使

---

① 陆贽"论两税之弊须有厘革"中的批评语。
② 《通鉴》卷二二六建中元年二月丙申条。
③ 《唐会要》卷八三"租税"建中元年二月关于两税法的纪事。
④ 《唐会要》卷八三"租税"元和六年二月条。这"送使"也叫"留使"，如同卷元和四年十二月度支奏中就称"诸州府应供上都两税匹段及留使、留州钱物等"。"送使""留州"都是地方"支留"，"上供"即是"合送"中央。
⑤ 《旧唐书·杨炎传》、《册府元龟》卷四八八"赋税"建中元年二月条原注。
⑥ 陆贽"论两税之弊须有厘革"。

中央获得"赋不加敛而增入"的好处①。

四、两税法不仅没有全国统一的税额，就连上供、送使、留州的数量，各州府之间也没有划一的比例。陆贽《均节赋税恤百姓六条》之一"论两税之弊须有厘革"中所说"谋始之际，不立科条，分遣使臣，凡十余辈，专行其意，各制一隅，遂使人殊见，道异法，低昂不类，缓急不伦，逮至复命于朝，竟无类会裁处"，也就包括上供、送使、留州之无划一比例在内。这是由于地方政权对中央的服从程度各不相同，管辖地区的富饶贫瘠又有所差别，服从中央、态度恭顺而又富饶的地区，中央可以索取较多的上供，反之虽富饶而态度不十分恭顺，或者虽恭顺而地区过于贫瘠，自然只好放宽送使、留州的数量。因而中央不宜订出划一的比例，而是委派黜陟使分赴各道和地方长官协商，确定"当州府应税都数及征纳期限并支留、合送等钱物斛斗"。黜陟使在唐代是代表中央的钦差大臣，有极大的权威②，他们做不到的中央自别无办法，所以当他们"复命回朝"就一律照准，不再"类会裁处"。

五、确定了各州府两税总额，以及上供、送使、留州的数字，让地方政权分得一定的好处，此外就不再允许地方政权非法赋敛，所谓"比来新旧征科色目，一切停罢，两税外辄别率一钱，四等官准擅兴赋，以枉法论"③。尽管到后来此禁令形同具文，但当初绝非官样文章，而是要用来限制地方势力的发展，不准再像过去那样背了中央私自另开财源。

以上都是建中元年颁行两税法时的新规定新措施，无一不是反映了中央对地方的财权之争。其结果则是"每岁天下共敛三千余万贯，其二千五

---

① 《旧唐书·杨炎传》、《册府元龟》卷四八八"赋税"建中元年二月条原注。

② 黜陟使在唐初就派过，《唐会要》卷七八"黜陟使"："贞观八年，将发十六道黜陟大使，畿内未有其人，上问房玄龄：'此道事最重，谁可充使？'尚书右仆射李靖曰：'畿内事大，非魏徵莫可。'上曰：'朕今欲向九成宫，事亦不小，朕每行不欲与其相离者，乃为其见朕是非得失必无所隐。'乃命李靖充使。"在李靖、魏徵等大臣中拣择黜陟使人选，可见这个差使寄任之重，威权之大。因此建中元年就以黜陟使名义派出中央代表和地方长官打交道。其中如"河北黜陟使洪经纶，……闻〔魏博节度使田〕悦军七万，符下，罢其四万令还农"，敢于在两税之外干预部队编制，而田悦也只得"阳顺命，如符罢之"，过后再"使各还部伍"，不敢公然抗命（《通鉴》卷二二六建中元年二月丙申条）。可见这批黜陟使仍有相当的威风。

③《册府元龟》卷四八八"赋税"所载建中元年正月制。

十余万贯以供外费，九百五十余万贯供京师；税米麦共千六百余万石，其二百余万石供京师，千四百万石给充外费"①。中央收入虽远比不上外费的总数，但已远远超过任何一个地方政权的收入，说明实施两税法向地方争夺财权，在当时确已取得成效。

前面说过，德宗初年之所以能在财政税收上对地方采取措施，是因为这时候中央政权重形稳固，威权有所恢复。以后一旦威权下坠，地方政府必然会在财权问题上有所反复。两税法在建中元年实施后曾经有过一些变动，执行起来也有时认真，有时马虎。如果仔细观察，就会发现这一切几乎或多或少地都关系到中央和地方势力的消长，它实质上还是中央、地方间财权之争的反映。

这里举几个比较明显的例子。

建中"三年五月，初加税。时淮南节度使陈少游请于当道两税钱每一千加税二百，度支因请诸道悉如之"②。两税法才实施了三个年头，就不顾原来的规定大幅度提高税额，岂非中央自丧威信？但如果考察一下当时的形势，就可知道中央如此做实有不得已的苦衷。原来德宗对地方政权操之过急，在财权问题刚取得一些胜利后，就要从政治上进一步铲除以河北藩镇为首的地方割据势力，在建中二年向田悦、李纳等采取军事行动，使田悦等联合起来对付中央，到建中三年四月，原来听命于中央的王武俊、朱滔又先后转而支援田悦。中央由于"两河用兵，月费百余万缗，府库不支数月"，实施两税法后增加的收入已不足以应对庞大的军费开支，以致要"诏借商人钱"，"括僦柜质钱"，弄得"长安嚣然如被寇盗"，"百姓为之罢市"③；军事上又从优势转为劣势，威权迅速下降。而陈少游建节淮南，正是财赋所出之地，他本人又是桀骜不驯之流，中央对他不得不有几

---

① 《通典》卷六"赋税"原注。当然，这次增出的收入中有一部分是黜陟使在各道搜括户口得来的，见《通典》卷七"历代盛衰户口"原注和"丁中"后总论。但这些增出的户口实际上早已为地方政权所私下掌握，黜陟使这次不过是从地方政权手里要过来而已。我在《唐两税法杂考》里曾对此作了分析。

② 《唐会要》卷八三"租税"，《册府元龟》卷四八八"赋税"、《通鉴》卷二二七略同。

③ 《通鉴》卷二二七建中三年四月甲子。

分顾忌①。他在建中三年五月正当形势逆转中央十分被动的时候提出加税的要求，中央如何能不同意。不仅同意陈少游，而且让各道也照样增加，这样既可买好各道藩镇让他们支持中央，同时中央也想从中分得好处，以充实已告匮乏的府库。

杜佑指出两税法实施后"仍属多故，兵革荐兴，浮冗之辈，今则众矣，征输之数，亦以阙矣"②。李泌也说"自变两税法以来，藩镇州县多违法聚敛，继以朱泚之乱，争权率、征罚以为军资，点募自防。泚既平，自惧违法，匿不敢言"③。这是由于德宗两河用兵未能取胜，又经朱泚叛乱，不得不改变即位初年积极进取的态度，即后人所谓"德宗自艰难之后，事多姑息"④。因此实际上不会是地方重新"违法聚敛"后"匿不敢言"，而应是中央明知其事不欲过问。至于户口流亡隐匿，则是我国封建社会中经常发生的事情，这时中央威权既已下坠，没有力量再派黜陟使之类去各道检括，自然形成"浮冗之辈，今则众矣"的局面。

宪宗是德宗以后有志恢复中央威权而且取得成效的皇帝，在他手里对两税法又作出一系列措施。如"元和元年已后三度赦文，每年旨条两税留州、留使钱外，加率一钱一物，州府长吏并以枉法赃论"。出巡的监察御史也根据赦文照章办事，认真弹劾地方官在两税外加征钱物的非法行为⑤。"自建中初定税时，货重钱轻，是后货轻钱重，齐人（民）所出，固已倍其初征矣。其留州、送使，所在长吏又降省估使就实估，以自封殖，而重赋于人。及〔元和三年〕裴垍为相，奏请天下留州、送使物，一切令依省估；其所在观察使仍以其所莅之郡租赋自给，若不足，然后许征于支郡，

---

① 参考《通鉴》卷二二七建中三年十一月己卯条、卷二二九建中四年十一月陈少游将兵请讨李希烈条。

② 《通典》卷七"丁中"后总论。

③ 《通鉴》卷二三二德宗贞元三年七月。

④ 《旧唐书》卷一四七《杜黄裳传》。

⑤ 元稹《元氏长庆集》卷三七《弹奏山南西道两税外草状》《弹奏剑南东川节度使状》。

其诸州送使额，悉变为上供”①。省估货价高，实估货价低，这样一来不仅取消了地方政权在实估上取得的非法进款，而且使"诸州送使额悉变为上供"，把藩镇的财权局限于所驻节的州郡，大大削弱了他们对管内支郡的控制，而加强了支郡对中央的联系。此外，中央还先后多次任命两税使勘定诸道两税。如《唐会要》卷八四"两税使"所记元和四年命盐铁使扬子留后、江陵留后、上都留后、度支山南西道分巡院官充诸道两税使。"五年（当作十四年）诛李师道，收复淄、青十二州，……命谏议大夫王彦威充十二州勘定两税使，朝法振举"。"十五年闰正月命度支郎中赵佶使淄、青、兖、海、郓、曹、濮、蔡、申、光等州定两税"。所以能如此，正是由于元和元年平夏绥杨惠琳，平西川刘辟，二年平镇海军李锜，五年平昭义卢从史，八年平镇武军，十一年平宥州，十二年平淮西吴元济，十四年平淄青李师道，把对抗中央、动乱不安的大小地方势力逐一解决，连最不易对付的魏博、成德、幽州所谓河北三镇都先后归心朝廷。中央重张威权，才能在两税上进一步作出如上的限制措施。

任何历史事物的出现和存在绝不会是孤立的。两税法在建中元年以后实施的认真与否既和中央、地方势力之消长有如此紧密关系，就更可证实建中元年之实施两税法确实是一项向地方争夺财权的重大措施。

（原载《陕西师大学报》哲学社会科学版1988年第3期）

---

① 《唐会要》卷八三"租税"元和六年二月制，《通鉴》卷二三七元和三年九月丙申条略同。有关这个措施的章奏、诏令，今存尚有元和四年十二月度支奏和敕旨、五年正月度支奏，均见《唐会要》同卷、《册府元龟》卷四八八"赋税"。

元魏李唐和籴以济京师事考释

《新唐书》卷五三《食货志》云：

> 贞观、开元后，边土西举高昌、龟兹、焉耆、小勃律，北抵薛延陀故地，缘边数十州戍重兵，营田及地租不足以供军，于是初有和籴。牛仙客为相，有彭果者献策广关辅之籴，京师粮廪益美，自是玄宗不复幸东都。

《通鉴》卷二一四开元二十五年九月条亦云：

> 先是，西北边数十州多宿重兵，地租营田皆不能赡，始用和籴之法。有彭果者因牛仙客献策，请行籴法于关中。戊子敕：以岁稔谷贱伤农，命增时价什二三，和籴东西畿粟各数百万斛，停今年江淮所运租。自是关中蓄积羡溢，车驾不复幸东都矣。

上述记载曾先后为俞大纲先生《读高力士外传论变造和籴之法》（《历史语言研究所集刊》第五本第一分）、陈寅恪先生《隋唐制度渊源略论稿》第七"财政"章、全汉昇先生《唐宋帝国与运河》第三"大唐帝国的极盛与运河"章所征引，寅恪先生且由此得出"西北边州早行和籴之法，史已明言，牛仙客推行引用于关辅，此和籴之法乃由西北地区制度一变而成中央政府制度"，为先生所持隋唐制度河西地方化之说增一佐证。

惟永年以为京畿租粟之不足供应，未必始于隋唐，而"岁稔谷贱伤农，命增时价什二三"之原理，早略具于《管子·轻重》诸篇，且帝王纵或昏愚，宰执不尽庸陋，何以其前便不能作出类此之措施？而必迟至盛唐之世，且必得西北边军和籴供军之启发。近缘工作重读《北齐书》，则和籴以济京师之史料固赫然在目，但恨当年之徒事涉猎而欠经心耳。因更钩稽其他关涉此问题之文献，草成斯篇，藉供研治元魏旧闻、李唐故事者采择。

上篇　和籴以济京师之事初不始于盛唐

《北齐书》卷二《神武纪》云：

> 初，神武自京师将北，以为洛阳久经丧乱，王气衰尽，虽有山河之固，土地褊狭，不如邺，请迁都。……至是复谋焉，遣三千骑镇建兴，益河东及济州兵，于白沟虏船不听向洛，诸州和籴粟运入邺城。

案白沟为其时河北地区之水运干道，《纪》中所云经白沟向洛阳之船，必水运河北诸州和籴粟以济京师者，此非盛唐以前和籴以济京师之明文耶？微有别者，开元时就地和籴于关中，此史料则谓和籴河北以济洛阳，而不即于洛阳所在之司州和籴。盖经历契胡尔朱辈之骚扰，司州残破，别无余粟可籴已。

《神武纪》所纪此事，《通鉴》系于卷一五六梁武帝中大通六年，即北魏孝武帝永熙三年（534）。顾此种办法之实施未必即始于是年。《魏书》卷七九《鹿悆传》有云：

> 普泰中，加征东将军，转卫将军、右光禄大夫，兼度支尚书、河北五州和籴大使。

案建明二年（531）二月北魏节闵前废帝即位改元普泰，普泰二年（532）四月见废，鹿悆之任斯职必在此首尾二年之间。曰河北五州和籴大使，足见前所推测《神武纪》和籴粟来自河北诸州为不诬。以主管天下财赋之度支尚书兼任河北五州和籴大使，亦是司州无余粟可籴、洛阳朝廷有赖河北和籴以维持之佳证。至鹿悆任度支之前是否已于河北和籴，则文献无稽（观《册府元龟》卷五〇三"平籴"于鹿悆事外别无征引，而《通典》卷一二"轻重"并此亦未涉及可知）[1]。

入东魏、北齐此和籴以济京师之事是否继续？检附入《隋书》之《五代史志·食货志》可得答复。《隋书》卷二四《食货志》云：

> 魏武西迁，连年战争，河洛之间，又并空竭。〔东魏孝静帝〕天平元年（534），迁都于邺，……常调之外，逐丰稔之处，折绢籴粟，以充国储，于诸州缘河津济，皆官仓贮积，以拟漕运。

足证入东魏后此种和籴仍继续施行，惟是"逐丰稔之处"而不必局限河北诸州。观"缘河津济，皆官仓贮积，以拟漕运"诸语，知和籴之粟仍是运入其时之京师邺城以充政府所用，与普泰、永熙时运入京师洛阳者实无不同。其后北周吞灭高齐，杨隋混一寰宇，迄以长安为京师，河南北租赋西运有三门峡之阻，隋及唐初遂有就食东都洛阳之举；至开元时国力丰盈，乃行籴法于关辅以省转输之劳费：凡此皆事势之所必然，与河西之行用和籴别无特殊关系也。

中篇　和籴以济京师之事初不启自河西

和籴原理之略具于《管子·轻重》诸篇，已如前所说。其施行则自先

---

[1]　《通鉴》则如前所说止在中大通六年四月条书《神武纪》所云和籴粟运入邺城一事，其前鹿悆任河北五州和籴大使事不复见采，而胡注于中大通六年四月条下径谓："和籴以充军食盖始于此。"不知身之先生以高欢运和籴粟入邺为充军食耶？抑即以和籴粟济京师为充军食？设是后者，则亦难辞疏略。

汉宣帝以来，历西晋、萧齐、元魏、高齐、北周实多有之，检读《通典》卷一二"轻重"、《册府元龟》卷五〇二"平籴""常平"所集正史记载便知。其间虽难免摊配之流弊，如后来《白氏长庆集》卷四一《论和籴状》所说："但令府县散配户人，促立程限，严加征催，苟有稽迟，则被追捉，迫蹙鞭挞，甚于税赋，号为和籴，其实害人。"然谓其未尝实施则甚不可。进入李唐之世，和籴文献之见诸《通典》《元龟》以及《唐会要》卷八八"仓及常平仓"、卷九〇"和籴"，《旧唐书》卷四九《食货志》者尚不乏，且多广事推行，未尝局限于西北诸州或以西北诸州为重点。姑就玄宗开元前期而言，《唐会要》"仓及常平仓"云：

> 开元二年九月二十五日敕：天下诸州，今年稍熟，谷价全贱，或虑伤农。常平之法，行之自古，宜令诸州加时价三两钱籴，不得抑敛，仍交相付领，勿许悬欠。蚕麦时熟，谷米必贵，即令减价出粜。豆等堪贮者熟，亦宜准此。以时出入，务在利人。其常平所须钱物，宜令所司支料奏闻。

> 七年六月敕：关内、陇右、河南、河北五道，及荆、扬、襄、夔、绵、益、彭、蜀、汉、剑、茂等州，并置常平仓。其本上州三千贯，中州二千贯，下州一千贯。每籴具本利与正仓帐同申。

> 十六年十月二日敕：自今岁普熟，谷价至贱，必恐伤农。加钱收籴，以实仓廪，纵逢水旱，不虑阻饥，公私之间，或亦为便。宜令所在以常平本钱及当处物各于时价上量加三钱，百姓有粜易者为收籴，事须两和，不得限数。配籴讫，具所用钱物及所收籴物数，具申所司，仍令上佐一人专勾当。

以上文献亦复收入《元龟》"常平""平籴"及《旧唐书·食货志》，止个别文字间有省略出入。试与《通鉴》开元二十五年九月条所引是月戊子敕比较，此敕全文收入《元龟》"平籴"者为：

适变从宜，有国常典，恤人济物，为政所先。今岁秋苗，远近丰熟，时谷既贱，则甚伤农，事资均籴，以利百姓。宜令户部郎中郑昉、殿中侍御史郑章，于都畿据时价外每斗加三两钱，和籴粟三四百万石，所在贮掌。江淮漕运，固甚烦劳，务在安人，宜令休息，其江淮间今年所运租停。其关辅委度支郎中兼侍御史王翼，准此和籴粟三四百万石。应须船运等即与所司审计料奏闻。

是敕中除增添"江淮间今年所运租停"之措施外，都畿及关辅即《通鉴》所谓东西畿之和籴原理，与前此开元十六年敕以至七年、二年敕中所云初无不同，则何得云开元二十五年敕中所云和籴必是受西北诸州和籴之启发，岂近在目前之开元十六年以至七年、二年和籴敕玄宗君臣悉皆忘却耶？此揆之事理必不可通者也。

下篇　《新唐书·食货志》所述和籴事之疏释

《通鉴》开元二十五年九月条末事考异，盖即用《新唐书·食货志》所述和籴事改写。而《新唐书·食货志》所述既不见于《旧唐书·食货志》，即《旧唐书》卷一〇三《牛仙客传》亦无此记载（《新唐书》卷一三三《仙客传》亦无所增益），其"牛仙客为相"云云，实本诸《高力士外传》。《外传》所记此事原文为：

〔开元〕二十三年后，上忽言曰："朕亲主六合二十余年，两都往来，甚觉劳弊，欲久住关内，其可致焉？"三问群臣卿士，皆云："江淮漕运，转输极难，臣等愚蒙，未知为计。"上甚不悦。后李林甫用裴曜（案当作裴耀，裴耀卿也）之谋，爰兴变造，牛仙客取彭果之计，首建和籴，数年之中，甚觉宽贷。上因大同殿思神念道，左右无人，谓高公曰："朕自住关内，向欲十年，俗阜人安，中外无事，高止黄屋，吐故纳新，军国之谋，委以林甫，卿谓如何？"高公顿首曰："臣自二十年已后，陛下频赐臣酒，往往过度，便染风疾，言辞倒错，进趋无恒，十年已来，不敢言事。陛下不遗鄙贱，言访刍荛，纵欲上陈，无裨圣造，然所闻所见，敢不竭诚。且林甫用变造之谋，仙客建和籴之策，足堪救弊，未可长行。恐变正仓尽即义仓尽，正义俱尽，国无旬月之蓄，人怀饥馑之忧。和籴不停，即四方之利不出公门，天下之人尽无私蓄。弃本逐末，其远乎哉！但顺动以时，不逾古制，征税有典，自合恒规，则人不告劳，物无虚费。军国之柄，未可假人，威权之声，振于中外，得失之议，谁敢兴言，伏惟陛下图之。"上乃言曰："卿十年已来，不多言事，今所敷奏，未会朕心。"

案高力士晚岁贬逐巫州，讲说旧事，由郭湜记述而成此《外传》，实研治盛唐政治之第一手资料，虽所说"牛仙客取彭果之计，首建和籴"事不见两《唐书》及其他文献记载，其为史实当无疑问。惟此段文字实玄宗、力士君臣研讨以变造、和籴免除"两都往来"之得失，彭果之计亦着眼于借和籴以充实关辅粮食，庶玄宗不复有"逐粮天子"之虞（"逐粮天子"，《通鉴》卷二〇九记中宗语）。《外传》"首建和籴"云者，不过与上文之"爱兴变造"为骈偶，初不谓牛、彭真是和籴法之创始人。故本此改写之《新唐书·食货志》亦只谓"有彭果者献策广关辅之籴"，别无"首建"字样，欧阳永叔固亦知关辅和籴非创始于牛、彭也。

至《新唐书·食货志》上文所云"贞观、开元后，边土西举高昌、龟兹、焉耆、小勃律，北抵薛延陀故地，缘边数十州戍重兵，营田及地租不足以供军，于是初有和籴"者，其来源虽无可稽考，当亦非出之杜撰。惟审其文义，止言"缘边数十州"之"初有和籴"，而不谓李唐一朝之和籴始于此缘边数十州也。且前贤修撰史志，往往将所得史料逐条写录，其间不必有因果关系，不得缘此便谓牛、彭之在关辅和籴是受上文缘边和籴之启发。误认此两事有因果关系，盖始于《通鉴》，试比勘《通鉴》此条与《新唐书·食货志》之行文自可知晓。至寅恪先生引用《旧唐书·牛传》，从牛仙客之久官西北牵连《新唐书·食货志》此两段史料之关系，恐亦事属巧合，未必真可证成其有内在联系，否则拙文前引开元十六年及其前之多数和籴文献便无一可通解矣。

1991年2月初稿，1992年8月改定

（原载《新史学》第四卷第二期，1993年6月；又载《冰茧彩丝集——纪念缪钺教授九十寿辰暨从教七十年论文集》，成都出版社，1994年）

《长恨歌》新解

　　白居易《长恨歌》是千年传诵不衰的名篇，但要通解似乎也不甚容易。三十多年前史学界前辈陈寅恪先生发表《长恨歌笺证》，接着在笺证白居易《新乐府》时又指出《骊宫高》《李夫人》两篇和《长恨歌》的关系，用以史证诗的方法为《长恨歌》研究开辟了一条新途径①。我这篇《新解》，就是在陈先生研究成果的启发指引下，对《长恨歌》试作全面探讨，并提出自己的看法。

—

　　我认为要理解《长恨歌》，弄清楚这是一篇什么性质的作品，应该考察一下《歌》中的重要情节，看其是否符合史实。

　　马嵬驿事件是《长恨歌》重要的情节，《歌》是这样写的：

　　　　九重城阙烟尘生，千乘万骑西南行。翠华摇摇行复止，西出都门百余里。六军不发无奈何，婉转蛾眉马前死。花钿委地无人收，翠翘金雀玉搔头。君王掩面救不得，回看血泪相和流。

白居易作《歌》的同时还请陈鸿撰写《长恨歌传》，是《歌》的散文化，

---

　　① 《长恨歌笺证》最早发表于《清华学报》十四卷第一期，后编入《元白诗笺证稿》作为第一章，《新乐府》的笺证则是此《稿》第五章，此《稿》初版系岭南大学1950年铅印线装本。

其中也说：

> 翠华南幸，出咸阳，道次马嵬亭，六军徘徊，持戟不进。从官郎吏，伏上马前，请诛错以谢天下。国忠奉牦缨盘水，死于道周。左右之意未快，上问之，当时敢言者，请以贵妃塞天下之怒。上知不免，而不忍见其死，反袂掩面，使牵之而去，苍黄展转，竟就绝于尺组之下。

这和《旧唐书》卷一〇六《杨国忠传》、《通鉴》卷二一八天宝十五载六月丙申所纪细节虽有出入，而认为事变是陈玄礼所率扈从禁军因饥疲愤怒而自发的行动则相一致。其实这似非真相，因为《旧唐书》同卷《王毛仲传附陈玄礼传》就有这样的明文：

> 及安禄山反，玄礼欲于城中诛杨国忠，事不果，竟于马嵬斩之。

《旧唐书》卷九《玄宗纪》更说：

> 次马嵬驿，诸卫顿军不进，龙武大将军陈玄礼奏曰："逆胡指阙，以诛国忠为名，然中外群情，不无嫌怨。今国步艰阻，乘舆震荡，陛下宜徇群情，为社稷大计，国忠之徒，可置之于法。"

案《旧唐书》宣宗以前本纪多本《实录》，《陈玄礼传》纪事简括，也不可能是杂采不足凭信的野语小说，可见禁军首脑陈玄礼本有清除杨国忠之心，至马嵬驿顿军不进，尽灭杨氏一门，虽贵妃亦不免，都是有计划的预谋行动。

陈玄礼此人据《旧》传是"淳朴自检"，绝非行险侥幸之徒，所以有此行动者，实缘有宦官首领高力士为其后台。高力士在玄宗朝以"知内侍省事""内侍监"为宦官首领，"每四方进奏文表，必先呈力士，然后进御，小事便决之。玄宗常曰：'力士当上，我寝则稳。'故常止于宫中，稀出外宅"（《旧唐书》卷一八四《宦官·高力士传》），破除了李唐建国以来"权未假于内官"的旧例，成为实际上执掌政柄的内大臣。有了内大臣，和外朝的外大臣宰相之间就会发生矛盾，宰相之不事弄权者犹可（甘愿投靠大宦官者更不必说），喜好弄权如李林甫、杨国忠之流就非和大宦官闹到水火不相容不可。后来肃宗朝与高力士同时贬流巫州的郭湜本力士口述所撰写的《高力士外传》中有这样一段记载：

> 〔天宝〕十二年冬，林甫云亡，国忠作相。……十三年秋，大雨昼夜六十日，陈希烈罢相，韦见素持衡。上因左右无人，谓高公曰："自天宝十年之后，朕数有疑，果致天灾，以殃万姓，虽韦、陈改辙，杨、李殊涂，终未通朕怀，卿总无言，何以为意？"高公伏奏曰："开元二十年以前，宰臣授职，不敢失坠，边将承恩，更相戮力。自陛下威权假于宰相，法令不行，灾眚备于岁时，阴阳失度，纵为轸虑，难以获安，臣不敢言，良有以也。"上久而不答。①

陈希烈之于李林甫，韦见素之于杨国忠，都是伴食性质，高力士所攻击的开元二十年后假弄威权的宰相自非林甫、国忠莫属。林甫已前卒不论，国忠、贵妃等杨氏势力则尚有待剪除。至于剪除杨氏势力之所以能动用禁军，则由于禁军长官陈玄礼早在开元时禁军与宦官的斗争中为高力士所拉拢。开元十九年在禁军系统与玄礼地位相埒的葛福顺及以次若干禁军将军悉随王毛仲被贬逐，而陈玄礼得继续"宿卫宫禁"，备受信用，成为禁军主力万骑营升格的龙武军的大将军即是明证②。高力士此人本是凭武力以解决政争的老手，早年就以支持玄宗戡定韦后、安乐公主之难并参与剪除

---

① 《通鉴》卷二一七天宝十三载九月"高力士侍侧"云云即据此节写。

② 关于玄宗初期禁军之受控于王毛仲，及以王毛仲为首的禁军集团与宦官高力士的斗争并失败，备详《旧唐书》卷一〇六《王毛仲传》。拙作《说马嵬驿杨妃之死的真相》对此问题以及高力士控制利用陈玄礼禁军以制造马嵬驿事件等问题均有所疏说，载《学林漫录》五集，1982 年 4 月。

太平公主的军事行动而成为玄宗的心腹，天宝十一载又曾亲率"飞龙禁军四百"诛讨在京城谋乱的故鸿胪少卿邢璹子邢縡（《通鉴》卷二一六天宝十一载四月乙酉条、《旧唐书》卷一〇五《王铁传》）。因此，在与外朝宰相杨国忠矛盾尖锐，玄宗又迟疑不遽表态的情况下，乘安禄山叛乱之机，指使陈玄礼动用禁军"欲于城中诛杨国忠"，终于在马嵬驿尽灭国忠、贵妃并杨氏一门，正是事理之所必至。《旧唐书·玄宗纪》记贵妃之死说：

> 兵士围驿四合，及诛杨国忠、魏方进一族，兵犹未解，上令高力士诘之，回奏曰："诸将既诛国忠，以贵妃在宫，人情恐惧。"上即命力士赐贵妃自尽。

卷五一《后妃·玄宗杨贵妃传》说：

> 既而四军不散，玄宗遣力士宣问，对曰："贼本尚在！"盖指贵妃也。力士复奏，帝不获已，与妃诀，遂缢死于佛室，时年三十八。

《安禄山事迹》卷下注语：

> 行在都虞候陈玄礼领诸将三十余人带仗奏曰："国忠父子既诛，太真不合供奉！"上曰："朕即当处置。"……高力士乃请先入见太真，具述事势，太真曰："今日之事，实所甘心，容礼佛。"遂缢于佛堂，舁置驿庭中，令玄礼等观之。

可见其时陈玄礼率禁军除杨国忠等于外，而高力士逼缢贵妃于内，马嵬驿之变之由高、陈合谋，事极明显。

对玄宗来说，不论高力士、陈玄礼以及杨国忠都是自己的亲信。因此当天宝十三载高力士攻击杨国忠时就"久而不答"，没有偏袒任何一方。但到这时候形势起了变化，在安禄山叛军进逼下长安政权已告崩溃，玄宗要考虑的首先是自身安全问题。而高力士、陈玄礼和自身的关系深，都是早在四十多年前青年时代就合谋攫取政权的老伙伴，而且此时老伙伴手握禁军，负有扈从的重任，是自身安全的唯一保障。贵妃的入宫则已在开元之末，杨国忠之见亲幸更是天宝后期的事情，和玄宗的关系都远比不上高、陈①。加之玄宗此时高龄已届七十二，贵妃亦已三十八，久已不属青年人徒知沉溺男女之情的年岁，区区床第之爱何如自身安全之重要，玩弄封建政治几及半个世纪、老于谋算的玄宗自能了然于心。当此不能两全之时，宁从高力士、陈玄礼而舍弃杨国忠、贵妃，正是玄宗必然作出的抉择。所以《旧唐书·玄宗纪》所书的"上即命力士赐贵妃自尽"倒可说是实录直笔，而《长恨歌》"君王掩面救不得，回看血泪相和流"之句写得并不真实。

这种分析从以后的事态也可以得到证实。马嵬驿事件后玄宗和扈从官吏军士一千三百人在七月安抵成都，第二年八月皇太子肃宗即位灵武，玄宗退居太上皇，九、十月郭子仪收复两京，肃宗遣使入蜀奉迎太上皇，十二月太上皇玄宗返回长安（《旧唐书》卷九《玄宗纪》、卷一〇《肃宗纪》）。在路途往返以及留居成都一年多时间内均惟赖高力士、陈玄礼护持②，所以至德二载十二月大封赏中居首列的"蜀郡元从功臣"除韦见素以前宰相、太子太师挂名外，就只有高、陈二人，足见高、陈与玄宗的关系并未因马嵬驿事件而稍形疏隔。即使在凤翔被肃宗亲信宦官李辅国收缴随驾甲仗，回长安定居兴庆宫后更处于受肃宗政权监视的极端不利的情况下，高、陈仍追随玄宗克尽保护之职（《高力士外传》，《通鉴》卷二二〇至德二载十一月丙申、卷二二一上元元年六月诸条）。如果贵妃之缢真是在"君王掩面救不得"的情况下高、陈的专擅行动，未经玄宗同意，则存在逼杀宠妃之仇的高、陈与玄宗间关系还能如此融洽，倒是

---

① 从《旧唐书·陈玄礼传》所纪"天宝中，玄宗在华清宫，乘马出宫门，欲幸虢国夫人宅，玄礼曰：'未宣敕报臣，天子不可轻去就。'玄宗为之回辔"一事，也可看出玄宗之信赖陈玄礼有过于杨氏。

② 如《旧唐书》卷一一二《李峘传》即纪"上皇在成都，健儿郭千仞夜谋乱，上皇御玄英楼招谕，不从，〔蜀郡太守、剑南节度采访使〕峘与六军兵马使陈玄礼等平之"。

不可思议的奇迹。

二

《长恨歌》自马嵬驿事件后以大半篇幅描写玄宗对贵妃的思念，而其高潮则通过临邛道士入海上仙山获见贵妃来表现，所谓：

> 临邛道士鸿都客，能以精诚致魂魄。为感君王展转思，遂教方士殷勤觅。排空驭气奔如电，升天入地求之遍。上穷碧落下黄泉，两处茫茫皆不见。忽闻海上有仙山，山在虚无缥缈间。楼阁玲珑五云起，其中绰约多仙子。中有一人字太真，雪肤花貌参差是。……

这是《长恨歌》的又一重要情节。陈鸿《歌传》也作同样的记述，但这仍旧不是事实。当然，这不是说海上仙山之不存在和方士到仙山获见贵妃之不可能，这种不可能在今天自已毋庸多说。这里是说连方士为玄宗寻觅贵妃的装神弄鬼活动在当时也不可能有过，也不是事实。

玄宗以太上皇身份于至德二载十二月丁未返回长安后定居兴庆宫即南内，乾元三年七月丁未移居西内之甘露殿，第二年上元二年四月甲寅卒于神龙殿（《旧唐书》卷九《玄宗纪》、卷一〇《肃宗纪》，惟《肃宗纪》误纪入居南内在丙午）。《长恨歌》所说方士寻觅贵妃之事是在南内抑西内，《歌》中不曾明确交代（如何不明确在第四节里要谈到）。姑且先作为南内吧，玄宗入居南内后的情况见《旧唐书》卷一八四《宦官·李辅国传》及《通鉴》卷二二一上元元年六月条，而以《通鉴》所纪较为详备：

> 上皇爱兴庆宫，自蜀归即居之。上时自夹城往起居，上皇亦间至大明宫。左龙武大将军陈玄礼、内侍监高力士久侍卫上皇，上又命玉真公主、如仙媛、内侍王承恩、魏悦及梨园弟子常娱侍左右。上皇多御长庆楼，父老过者往往瞻拜，呼万岁，上皇常于楼下置酒食赐之，又尝召将军郭英乂等上楼赐宴，有剑南奏事官过楼下拜舞，上皇命玉

真公主、如仙媛为之作主人。

又《旧唐书》卷一〇《肃宗纪》：

〔乾元元年八月〕甲辰，上皇诞节，上皇宴百官于金明门楼。……〔十月〕甲寅，上皇幸华清宫，上送于灞上。……十一月丁丑，……上皇至自华清宫，上迎于灞上。

《高力士外传》：

上皇在兴庆宫，先留厩马三百匹。

则玄宗在南内的二年半时间虽处于肃宗政权监视之下，仍有相当范围内之自由。要招致方士，以后世的眼光来看似不无可能，因为这无非是迷信活动，不牵涉到政治。但在封建社会却并非如此简单，尤其是封建社会前期，上层统治阶级所兴的大狱往往和交通左道、巫祝、方士之类发生牵连。即以玄宗朝而言，如《旧唐书》卷五一《后妃·玄宗废后王氏传》：

后兄守一以后无子，常惧有废立，导以符厌之事。有左道僧明悟为祭南北斗，刻霹雳木，书天地字及上讳，合而佩之，且祝曰："佩此有子，当与则天皇后为比。"事发，上亲究之，皆验，……下制曰："皇后王氏，……可废为庶人，别院安置。……"守一赐死。

卷一〇七《玄宗诸子·棣王琰传》：

宠二孺人，……孺人乃密求巫者，书符置于琰履中以求媚。琰与监院中官有隙，中官闻其事，密奏于玄宗，云琰厌魅圣躬。玄宗使人掩其履而获之，玄宗大怒，……命囚于鹰狗坊中，绝朝请，忧惧而死。

卷一〇五《杨慎矜传》：

> 慎矜性疏快，素昵于〔王〕鉷，尝话谶书于鉷，又与还俗僧史敬忠游处。……鉷于〔李〕林甫构成其罪，云"慎矜是隋家子孙，心规克复隋室，故蓄异书，与凶人来往，而说国家休咎"。……林甫令人发之，玄宗震怒，……诏杨慎矜、〔及兄〕慎余、〔弟〕慎名并赐自尽。

这几件案子都是玄宗亲手处理过的，他不可能不懂得交通方士、左道之类在某种情况下的严重性。此时处于肃宗政权监护之下，即使依恋贵妃的美色，重萌思念之心，也绝对不敢冒此不韪，公然访求临邛道士来装神弄鬼。何况此时逼杀贵妃的高力士、陈玄礼日侍左右，玄宗的圣躬正有赖他们保护，作为有政治头脑的玄宗，也绝对不至有此等思恋贵妃的行动以启高、陈之疑忌。因此可以断定，即使在南内有一定的自由时，玄宗也不可能招致方士来寻觅贵妃。

迁入西内如何？《通鉴》卷二二一上元元年七月所纪说：

> 丁未，〔李〕辅国矫称上语，迎上皇游西内，至睿武门，辅国将射生五百骑露刃遮道奏曰："皇帝以兴庆宫湫隘，迎上皇迁居大内。"上皇惊，几坠。高力士曰："李辅国何得无礼！"叱令下马，辅国不得已而下。力士因宣上皇诰曰："诸将士各好在！"将士皆纳刃，再拜，呼万岁。力士又叱辅国与己共执上皇马鞯，侍卫如西内，居甘露殿，辅国帅众而退。所留侍卫兵才尫老数十人，陈玄礼、高力士及旧宫人皆不得留左右。……丙辰，高力士流巫州，王承恩流播州，魏悦流溱州，陈玄礼勒致仕，置如仙媛于归州，玉真公主出居玉真观，上更选后宫百余人置西内备洒扫。

据《高力士外传》则高力士之除名长流尚在移西内十余日后，而所述迁移情景之狼狈似更为近真：

> 上皇谓高公曰："常用辅国之谋，我儿不得终孝道，明早向北内（肃宗所居大明宫）！"及晓，至北内，皇帝使人起拜云："两日来疹病，不复亲起拜伏，伏愿且留吃饭。"饭毕，又曰："伏愿且归南内。"行欲至夹城，忽闻夏夏声，上惊回顾，见辅国领铁骑数百人便逼近御马，辅国便持御马，高公惊下，争持曰："纵有他变，须存礼仪，何得惊御。"辅国叱曰："老翁大不解事，且去！"即斩高公从者一人。高公即拢御马，直至西内安置，自辰及酉，然后老宫婢十数人将随身衣物至，一时号泣。……〔上皇〕便处分尚食，明日已后不须进肉食。每日上皇与高公亲看扫除庭院，芟薙草木，或讲经论，议转变说话。

则已成完全失去自由的俘囚，其不可能招致方士更无待言。

关于马嵬驿事件当时尚有某些皮相之谈，如后来《旧唐书·杨国忠传》等之所记载，白居易也许确实不明其真相。玄宗入居南内、西内后之不可能招致方士，则在本朝曾任秘书省校书郎的白居易不会不懂得。陈寅恪先生《元白诗笺证稿》第五章"新乐府·李夫人"曾指出《李夫人》此篇"又不见泰陵一掬泪，马嵬坡下念杨妃，纵令妍姿艳质化为土，此恨长在无销期"等句与《长恨歌》的关系，以论证《长恨歌》"后半节畅述人天生死形魂离合之关系"，实"由汉武帝李夫人故事转化而来"。我亦有同样的看法（详拙作《汉皇与明皇》，载1949年4月8日《东南日报·文史》）。我并认为，这段方士寻觅贵妃的情节，并非白居易采集已在社会上流播的故事传说，而即系白居易以汉武帝、李夫人为蓝本所编造，因为在唐人杂记小说中有关玄宗贵妃的逸闻至多，其中还有若干是牵涉到方士罗公远、叶法善之类的，但从未见到这样请方士寻觅贵妃的故事。

三

《长恨歌》的再一个画龙点睛式的重要情节，是贵妃见到玄宗使者临邛道士时对玄宗的寄语：

> 临别殷勤重寄词，词中有誓两心知。七月七日长生殿，夜半无人私语时。在天愿作比翼鸟，在地愿为连理枝。

《歌传》说得更具体些：

> 昔天宝十载，侍辇避暑骊山宫，秋七月牵牛、织女相见之夕，……夜殆半，休侍卫于东西厢，独侍上，上凭肩而立，因仰天感牛女事，密相誓心，愿世世为夫妇，言毕，执手各呜咽，此独君王知之耳。

对此，陈寅恪先生早在《长恨歌笺证》里就提出了两个问题。

一个问题是关于长生殿，陈先生根据《旧唐书》卷九《玄宗纪》天宝元年十月条、《唐会要》卷三〇"华清宫""长生殿名曰集灵台以祀神"的记载，以及《唐诗纪事》卷六二郑嵎《津阳门诗注》"长生殿乃斋殿""飞霜殿即寝殿"的讲法，认为"唐代宫中长生殿虽为寝殿，独华清宫之长生殿为祀神之斋宫，神道清严，不可阑入儿女猥琐，乐天未入翰林，犹不谙国家典故，习于世俗，未及详察，遂致失言"。不过这类"失言"问题尚小，华清宫寝殿之究为长生抑飞霜对探讨《长恨歌》无甚关系，而且据我推测郑嵎《诗注》未必便为典要，《长恨歌》之长生殿为华清宫寝殿很可能本无错误，对此本文附录《说长生殿》要详加讨论，这里不再多说。

陈先生提出的另一问题则值得注意，即"温泉之浴，其旨在治疗疾病，除寒祛风，非若今世习俗，以为消夏逭暑之用"，"则玄宗临幸温汤必在冬季春初寒冷之时节。今详检两《唐书·玄宗纪》无一次于夏日炎暑时幸骊山，而其驻跸温泉，常在冬季春初，可以证明者也。夫君举必书，唐代史实，武宗以前大抵完具，若玄宗果有夏季临幸骊山之事，断不致漏而不书。然则绝无如《长恨歌》《传》所云，天宝十载七月七日玄宗与杨妃在华清宫之理，可以无疑"。陈先生这点讲得很正确。玄宗在位四十四年中有三十一年行幸过骊山，其去起初在九月至明年正月，开元二十六年后基本固定在十月，返回长安则在十月至明年正月，如《歌传》所说"避暑骊山宫"七夕相誓的天宝十载，《旧唐书·玄宗纪》即写明是"冬十月辛亥幸华清宫"，因此某些记载如《旧唐书·贵妃传》《杨国忠传》就索性说"玄宗每年十月幸华清宫"。《长恨歌》《传》把七月七日相誓说成在骊山华清宫，确实有悖于史实。

但在这个重要情节上为什么再一次违背史实，陈先生尚未暇疏说。我则认为，这也和前一个重要情节招致方士之不可能一样，不是白居易不谙典故，缺乏常识，而是明知故犯。因为今本《白氏长庆集》卷一二歌行曲引除收有《长恨歌》外，还收入一首题为《江南遇天宝乐叟》的歌行，其中说道：

> 是时天下太平久，年年十月坐朝元。

朝元阁是华清宫的建筑物，见《旧唐书·玄宗纪》天宝七载十二月戊戌条，可见白居易本人是知道每年十月幸华清宫这个故事的。如果说这首歌行未注写作年份，或许成于《长恨歌》之后，则可覆检配合《长恨歌》同时撰写的《歌传》，其中也已说道：

> 时每岁十月驾幸华清宫。

加以《长恨歌》本身"春寒赐浴华清池"之不曰"夏暑"而作"春寒"，都可作为白居易明知行幸季节的铁证。不谙典故缺乏常识自可不论，明知故犯就不能不探讨其故犯的原因。

原因我认为应该从两方面来说。先是时间，为什么一定要把夜半相誓说在七月七日。这需要考察七月七日是怎样的日子。《艺文类聚》卷四"岁时"引东汉末崔寔《四民月令》：

> 七月七日，……设酒脯时果，散香粉于筵上，祈请于河鼓、织女，言此二星神当会①。

《初学记》卷四"岁时部"引晋周处《风土记》：

> 七月七日，其夜洒扫于庭，露施几筵，设酒脯时果，散香粉于河鼓（注：《尔雅》曰"河鼓谓之牵牛"）、织女，言此二星神当会，守夜者咸怀私愿，或云见天汉中有奕奕正白气，有耀五色，以此为征应，见者便拜，而愿乞富乞寿，无子乞子，唯得乞一，不得兼求，三年乃得言之，颇有受其祚者。

又引萧梁宗懔《荆楚岁时记》：

> 七夕，妇人结彩缕，穿七孔针，或以金银鍮石为针，陈瓜果于庭中以乞巧，有喜子网于瓜上，则以为得。

唐代犹是如此，如《唐语林》四库本卷八"补遗"：

> 七夕者，七月七日夜。《荆楚岁时记》云："七夕，妇人穿七孔针，设瓜果于庭以乞巧。"今人乃以七月六日夜为之，至明晓望于彩缕，以冀织女遗丝，乃是七晓，非夕也，又取六夜穿七窍针，益谬

---

① 《初学记》卷四"岁时部"引《四民月令》无此数语，但东汉人《古诗十九首》中已有"迢迢牵牛星，皎皎河汉女"之咏。可见其时确已有此风俗，《类聚》所引不妄，《初学记》当以其语与上文所引周处《风土记》重复删落，而未思《风土记》之实承用崔语。

矣。今贵家或连二宵陈乞巧之具，此不过苟悦童稚而已①。

即《长恨歌传》也说：

> 秋七月牵牛、织女相见之夕，秦人风俗，是夜张锦绣，陈饮食，树瓜华，焚香于庭，号为乞巧，宫掖间尤尚之。

至于见于诗人歌咏，自《古诗十九首》"迢迢牵牛星，皎皎河汉女"以下之见于《艺文类聚》《初学记》以及《北堂书钞》卷一五五"岁时"者已连篇累牍，更无论唐人。白居易生于唐代，自备悉当时宫掖民间于七月七日牛女相会之夕的乞巧风俗，同时又身为文士，易受前人以七夕牛女乞巧故事入诗歌之启发，其所编集以资辞藻之用的《白氏六帖事类集》，在卷一"七月七日"条下就备列《荆楚岁时记》等记载，则撰写《长恨歌》时选择此通行宫掖民间的牛女相会七夕乞巧节，作为玄宗、贵妃男女相誓的时间，以天上牛女与人间夫妇相比附，诚可说是天衣无缝，锱铢悉称，要改用冬春任何其他节日都不可能如此适合。

再说地点。七月七日玄宗、贵妃既不可能在骊山，能不能把相誓的地点说成在其时皇帝平日所居的大明宫或宫中寝殿，不曰"七月七日长生殿"而曰"七月七日大明宫"或"七月七日某某殿"？这也不能，因为骊山对玄宗来说已有其不可分离的特殊关系。本来，由于骊山毗邻长安，又有温汤之胜，在长安地区建都的帝王前往游乐者自多有其人，并非始于李唐，更不始于玄宗（详宋敏求《长安志》卷一五"临潼县温汤"）。不过像玄宗那样几乎每年行幸，甚至在骊宫受正旦朝贺者确实是前所未有。而旧骊宫之踵事增华为华清宫，于"骊山上下益治汤井为池，台殿环列山

---

① 《唐语林》系北宋王谠采唐人小说五十家分门编集，此条不知取自何书，不知所谓"七月六日夜为之"是唐何时何地习俗，但恐仍以七日夜为之者为通行，如《长恨歌传》所说，及李商隐《七夕偶题》"花果香千户"，《辛未七夕》"惟与蜘蛛乞巧丝"之类可证。何况此条本身也仍说"贵家或连二宵"，并非都改七夕为六夕或七晓。

谷"，"又筑会昌城，即于汤所置百司与公卿邸第"，俨然与长安的大明宫及西内、南内相敌体，则又悉成于玄宗之时，迥非前此帝王略事兴筑之所能及。自玄宗以后，则"天子罕复游幸，唐末遂皆圮废"（宋《志》），其间只有穆宗、敬宗这两个青年童稚喜好游乐的皇帝各去过一次，当日即回（《旧唐书》卷一六《穆宗纪》元和十五年十一月，卷一七上《敬宗纪》宝历元年十一月），还备受臣下们的谏阻。谏阻穆宗的表状今存元稹《元氏长庆集》，即卷三四的《两省供奉官谏驾幸温汤状》，其中说：

> 伏以驾幸温汤，始自玄宗皇帝，乘开元致理之后，当天宝盈美之秋，茸殿宇于骊山，置官曹于昭应，警跸于缭垣之内，周行于驰道之中，万乘齐驱，有司尽去，无妨朝会，不废戒严，而犹物议喧嚣，财力耗顿，数年之外，天下萧然。累圣已来，深惩覆辙，骊宫圮毁，永绝修营。

敬宗之事则见于《唐语林》四库本卷六"补遗"：

> 宝历中，敬宗皇帝欲幸骊山，时谏者至多，上意不决。拾遗张权舆伏紫宸殿下叩头谏曰："昔周幽王幸骊山，为戎所杀；秦始皇葬骊山，国亡；明皇帝宫骊山，而禄山乱；先皇帝（穆宗）幸骊山，而享年不长。"帝曰："骊山若此之凶耶？我宜往以验彼言。"

可见中唐时人舆论以为安禄山叛乱是由于玄宗淫侈游乐，而淫乐之中心则在骊山，人主除个别外多不敢蹈此覆辙，几以行幸骊山为恶德。这种认识今天看来当然大成问题，而当时诗人则不能不深受其影响。因此举凡中唐以还诗人歌咏玄宗、贵妃故事多涉骊山，歌咏骊山亦必及玄宗、贵妃。白居易作为诗人自亦未能免俗，这就是《长恨歌》宁愿违背史实而必须把七月七日夜半相誓的地点放到骊山这个淫乐热闹之所的原因。

四

除上述若干重要情节外,《长恨歌》还有许多背离史实、不易理解的地方。这点早在南宋时的程大昌已有所发觉,在所撰《雍录》卷四"温泉说"中就认为《长恨歌》"多不得其实",只是没有把不得其实之处逐一列举,其他人在这方面也谈得不多且较零星,因此在这里还有必要说一说。

"汉皇重色思倾国,御宇多年求不得。"唐人诗篇称玄宗往往用其谥号曰"明皇",这里本也可用"明皇"。用"汉皇"者,是暗示此《歌》的蓝本是汉武帝李夫人故事,所以《歌传》就点明贵妃"鬓发腻理,纤秾中度,举止闲冶,如汉武帝李夫人"。这在陈寅恪先生《长恨歌笺证》中已经指出。不过当时中国亦可称"汉",皇帝自亦可称"汉皇",所以这里用"汉皇"是语意双关,不能算背离史实。背离史实倒是第二句"御宇多年求不得"。玄宗先天元年御宇,到开元末年贵妃入宫已近三十年,诚可说"多年"。但这"多年"中已有备承恩宠"特赐号为惠妃,宫中礼秩,一同皇后"的武氏(《旧唐书》卷五一《玄宗贞顺皇后武氏传》),并非"多年求不得"而是早已求得。但《长恨歌》偏要如此写,目的是使主题更加集中,这比《歌传》一定要写出"先是,元献皇后、武淑妃皆有宠(其实后来追赠元献皇后的杨氏之受宠绝不能与惠妃、贵妃相比),相次即世",然后转入寻求贵妃者显然高明。读《歌》者多读《传》者少,某些选本如《唐诗别裁集》且存诗去传,固然与文字体裁有关,而文学水平的高下恐也是一个重要原因。

"杨家有女初长成,养在深闺人未识。"杨贵妃先为玄宗十八子武惠妃所生寿王瑁之妃,已是人所共知的事实,《歌传》即点明"潜搜外宫,得弘农杨玄琰女于寿邸"。而《歌》不如实写出者,倒并非如宋人赵与峕、马永卿等所说是"大恶不容不隐"(赵氏《宾退录》卷九),"《春秋》为尊者讳"(马氏《懒真子》卷二),而也是为了集中文字于主题,防止旁生枝节。

"春寒赐浴华清池,温泉水滑洗凝脂。侍儿扶起娇无力,始是新承恩泽时。"据《旧唐书·玄宗纪》骊宫在天宝六载十月才改名华清宫，前此则曰温泉宫，贵妃之承恩早在其先，如何能有华清池之称，此点《雍录》即已指出。但今本《旧唐书》肃宗乾元以前纪传多用唐吴兢等所撰国史；而据《歌传》"世所知者有《玄宗本纪》在"之语，知白居易实读过此等国史本纪。今仍违背国史记载写作"华清池"者，以华清宫之名为人所共知，写"华清池"则并宫名也连带而出。否则写成"温泉池"，或如《歌传》写成"汤泉"，则不仅均属不辞，且与下句"温泉水滑"相犯，写成"赐浴在汤池"又点不出"华清"二字，都不如径用"华清池"为好。

　　"六军不发无奈何，婉转娥眉马前死。"贵妃之死并非禁军自发行动，已如本文第一节所说。"六军"一词也有问题，《旧唐书》岑建功本校勘记卷三二贵妃传"既而四军不散"条引张宗泰说："以《新书·兵志》考之，大抵以左右龙武、左右羽林合成四军，及至德二载，始置左右神武军，是至德以前有四军无六军明矣。《白居易长恨歌传》曰'六军徘徊'，《歌》曰'六军不发无奈何'，盖诗人沿天子六军旧说，未考盛唐之制耳。"案《新唐书·兵志》所说左右龙武军建置时间虽有错误，但玄宗末年禁军之仅有左右羽林、左右龙武四军，则诚是事实，别详唐长孺先生《唐书兵志笺正》卷三。而《长恨歌》《传》所以沿用"天子六军"旧说者，很明显是考虑到"六军"之称比较通俗，不若"四军"眼生，必须于当时史实作过研究的人方能懂得。

　　"黄埃散漫风萧索，云栈萦纡登剑阁。峨嵋山下少人行，旌旗无光日色薄。"这有两个问题。首先，从陕西南下至成都不需要经过峨嵋山，如宋沈括《梦溪笔谈》卷二三"谬误"所说："峨嵋山在嘉州，与幸蜀路并无交涉。"而所以如此写者，一则峨嵋是四川有名的大山，用峨嵋山比用其他不甚知名的山川来得通俗且更易形象化。再据《元和郡县图志》卷三一剑南道嘉州峨眉县："峨眉大山，在县西七里，……两山相对，望之如峨眉，故名。"是此山本以似眉而名峨嵋，用峨嵋山可与上面所咏"宛转娥眉马前死"映带成文。这是地理上的问题。从时间来说也有问题，玄宗之幸蜀，据《旧唐书·玄宗纪》是天宝十五载六月乙未离长安，丁酉发马嵬驿，七月壬戌次益昌县，渡吉柏江入剑南，庚辰至成都，一路上正值炎暑。炎暑来风可热可凉，但绝对不能如秋风之称"萧索"，炎炎烈日也绝不能形容成秋冬季节日色之"薄"。而《长恨歌》偏要不顾时令用"风萧索""日色薄"者，无非是为了要写出幸蜀途中君臣心情之凄凉暗淡，以与前此"骊宫高处入青云，仙乐风飘处处闻"的热闹场面相衬托。

"天旋日转回龙驭，到此踌躇不能去。马嵬坡下泥土中，不见玉颜空死处。君臣相顾尽沾衣，东望都门信马归。"案之《旧唐书·玄宗纪》"〔至德二年〕十月，肃宗遣中使啖廷瑶入蜀奉迎。丁卯，上皇发蜀郡。十一月丙申，次凤翔郡，肃宗遣精骑三千至扶风迎卫。十二月丙午，肃宗具法驾至咸阳望贤驿迎奉。"则玄宗返回长安确仍经过马嵬。但此时高力士、陈玄礼及原在陈指挥下杀戮杨国忠等的禁军都扈从随行，为"君"的玄宗面对他们不可能垂思念贵妃之泪，为"臣"的这批人更不可能为贵妃垂泪，迎卫监视的肃宗系部队也不会垂泪。《长恨歌》偏说"君臣相顾尽沾衣"，是为了要写出贵妃之死博得时人广泛的同情哀怜。

"归来池苑皆依旧，太液芙蓉未央柳。"这两句是描写回到长安时的情景。据宋敏求《长安志》卷六"唐宫室·东内大明宫章"："有太液池，池内有太液亭子。"知此池是人君游赏之所，池内种植芙蓉即《歌传》所谓"池莲"自属可能。同卷"禁苑内苑章"："未央宫，……汉之旧宫也，去宫城二十一里，唐置都邑之后，因其旧址复增修之，宫侧有未央池。"《歌》所谓"池苑"之苑即指此内苑，"未央柳"之未央即指此内苑未央宫中或未央池侧之柳，案之苑中有所谓"柳园亭"，此处植柳也自可能。但玄宗于至德二载十二月返回长安时的活动经过如《旧唐书·玄宗纪》所说是："丁未，至京师，文武百僚、京城士庶夹道欢呼，靡不流涕。即日御大明宫之含元殿见百僚，上皇亲自抚问，人人感咽。时太庙为贼所焚，权移神主于大内长安殿，上皇谒庙请罪，遂幸兴庆宫。"[①]其间并未一经内苑，而且大明宫的太液池远在含元殿之北，当日忙于抚问百官，请罪神

主,也未必有暇涉足。此外,返回时已届十二月严冬,芙蓉早已枯败尽净,冬柳也绝不能如下文所说那样"如眉"。《长恨歌》只是为了要写下文的"芙蓉如面柳如眉,对此如何不泪垂",才不顾时令地点信笔出此"太液芙蓉未央柳"之句。

"西宫南苑多秋草,落叶满阶红不扫。梨园弟子白发新,椒房阿监青娥老。"据《长安志》、徐松《唐两京城坊考》,唐代并无南苑,此"南苑"自即南内之互文。玄宗回长安后先住南内,其后被迫移入西内,则应说"南苑西宫"方妥。不过这出入尚小,与事实大有出入的是"梨园弟子"两句。《旧唐书》卷二八《音乐志》:"玄宗又于听政之暇,教太常乐工子弟三百人为丝竹之戏,……号为皇帝弟子,又云梨园弟子,以置院近于禁苑之梨园。"这些乐工子弟不可能是中年以上之人,而玄宗天宝十五载六月离长安幸蜀,第二年至德二载十二月即返回,不到一年半时间他们如何能迅速衰老而新生白发?椒房之阿监虽一般由年龄稍长的宫女来充任,也不至于在同样短促时间内就顿现老态。《长恨歌》如此写,是为了要极言归来后之凄凉衰败,不堪回首。

"夕殿萤飞思悄然,孤灯挑尽未成眠。"宋邵博《闻见后录》卷一九对此批评说:"宁有兴庆宫中,夜不烧蜡油,明皇帝自挑灯者乎?书生之见可笑耳。"陈寅恪先生《长恨歌笺证》也认为"乐天之作《长恨歌》在其任翰林学士以前,宫禁夜间情状,自有所未悉"。其实恐仍是为了极言玄宗回长安后处境之凄凉,所以不用蜡烛入诗而偏用"孤灯"。

"悠悠生死别经年,魂魄不曾来入梦。"这"别经年"通常只能解释为别离经一年,但贵妃之死在天宝十五载六月,离第二年十二月玄宗之返长安已近一年半时间。即使笼统一点讲,这"别经年"也应是指玄宗初返长安而言,当时玄宗入居南内,逼迁西内是两年半以后乾元三年七月的事情,而上文却已讲到"西宫南苑多秋草",岂非自相矛盾。所以如此者,仍由于《长恨歌》本非写实,在这些地方可以随便不拘。

五

《长恨歌》全篇不过八百四十字，而为文学需要不恤细节者既如此，重要情节之背离史实又如彼，足证其非杜甫式的史诗，而系选择若干史实，加以彻底改造编撰，使之成为一完整故事，而用歌行这种体裁写出来的文学作品。

根据以上对几个重要情节之所以不顾史实重加改造编撰的分析，可以看出：（一）《长恨歌》故事是以汉武帝思念李夫人的旧闻为蓝本。不过李夫人是因病善终的，而杨贵妃则被缢凶死，凡凶死者从民俗学来说最易打动人们的心灵①。抓住马嵬驿之变把它说成是士兵自发行动，君王则如汉献帝于伏后之死那样"掩面救不得"，自更能猎取读者的同情。（二）李夫人之有故事性，全在于死后有方士齐人少翁为之招魂，因此《长恨歌》必须在玄宗返回长安后用大段篇幅编造一临邛道士寻觅贵妃的故事，不顾其与史实之有矛盾扞格。（三）李夫人故事以招到一个"是邪非邪"的形影就结束（《汉书》卷九七上《外戚·孝武李夫人传》），《长恨歌》则由此展开"七月七日长生殿"的故事，"青出于蓝而胜于蓝"，正是白居易这位大文学家手笔高妙之处。（四）这个故事的时间所以要定在七月七日夜半，是利用在宫掖民间都流行已久的七夕乞巧风俗，从天上牵牛、织女七夕相会引出人间男女的离合悲欢，如《歌传》所谓"感牛女事，密相誓心，愿世世为夫妇"，作为全诗的主题。（五）既然相誓"愿世世为夫妇"，并且如《歌传》所写贵妃将"复堕下界，且结后缘，或为天，或为人，决再相见，好合如旧"，则可谓结局圆满无复遗恨。但白居易在"在天愿作比翼鸟，在地愿为连理枝"两句之后，忽接上"天长地久有时尽，此恨绵绵无绝期"以为全诗结束，并题目也标作《长恨歌》，这不是标目和主题矛盾，而是点清海上仙山、重践誓言云云无非虚幻，只能作故事欣赏而不必凿

---

① 如蒋子文据《搜神记》只是汉末秣陵尉，苏峻用旧时看法更是犯上作乱之徒，而在东晋南朝成为朝野严祀的蒋帝、苏侯神者，凶死是其主要原因。明清时关羽祠庙之遍及各地，岳飞、于谦之崇祀西湖，均颇传灵响，和他们的不得其死也很有关系。

实。这又是白居易高妙之处，迥非并时文士之所能企及。（六）至于七月七日之地点必须放在骊山华清宫，则如前所说，由于当时骊宫与玄宗、贵妃已不能分割，不用骊宫改用其他大明宫等作为背景，整个故事就将大为减色。其他细节之不顾史实随心凑捏描绘者，也出于同一目的。这种要求情节服从于主题，就是《长恨歌》与杜甫式史诗的一个显著区别。

弄清了《长恨歌》的性质，才能确如其分地对它作出评价。但现在对《长恨歌》的许多评价似乎不是如此。这些评价归纳起来大体有两种：一种认为《长恨歌》是歌颂爱情，甚至说是歌颂纯洁的爱情；另一种则相反，认为是讥讽封建统治阶级；还有人从中调和，认为二者兼而有之。我看都未见得中肯。

《长恨歌》是讥讽之说并非现在才有，清代思想正统且颇有点迂腐的诗人沈德潜就如此主张，在他所选的《唐诗别裁集》中有"此讥明皇之迷于色而不悟也。以女宠几于丧国，应知从前之谬戾矣，乃犹令方士遍索"云云的议论。如果要找根据，《歌》中的"春宵苦短日高起，从此君王不早朝"，"姊妹兄弟皆列土，可怜光彩生门户。遂令天下父母心，不重生男重生女"之类句子都可算得上。《歌传》所说"乐天因为《长恨歌》，意者不但感其事，亦欲惩尤物，窒乱阶，垂于将来"，更可说是第一等的证据。但后者和元稹《莺莺传》结尾"大凡天之所命尤物也，不妖其身，必妖于人"之类的议论同属套话，名义上可说是模仿古人的"曲终奏雅"，实际与主题无甚关涉。试问读过《长恨歌》者只要不抱成见，有谁能产生"惩尤物，窒乱阶"的思想以至仇恨封建统治阶级的感情？可见这种讥刺说实近乎深文周纳，没有多少说服力。

歌颂爱情说也有问题。且不说封建帝王对后妃嫔御除生理欲望外一般不会有多少真正的爱情，也不说马嵬驿贵妃之缢事实上是为玄宗权衡利害后所默许。即从《长恨歌》本身来看，一开头便说"汉皇重色思倾国"，"色"难道能和爱情等同，爱情岂必倾国之色，"回眸一笑百媚生，六宫粉黛无颜色"之类岂能谓之纯洁？中国古代诗歌中歌颂纯洁爱情确是有的，如《华山畿》《孔雀东南飞》之类，很难说《长恨歌》和这类作品有同样的思想风格。

我认为与其漫无凭准地猜测，还不如看看作者本人对作品的自我评价。《白氏长庆集》卷一六有《编集拙诗成一十五卷因题卷末戏赠元九李二十》，首联就说：

> 一篇《长恨》有风情，十首《秦吟》近正声。

《秦吟》者，即《白集》卷二"讽谕"之《秦中吟》十首，前有自序所谓"贞元、元和之际，予在长安，闻见之间，有足悲者，因直歌其事"，与《新乐府》等同属以讽谕为目的之作品。白居易认为这样的作品方符合古人采诗观风的要求，如《白集》卷四五《与元九书》中所说：

> 仆当此日，擢在翰林，身是谏官，手请谏纸，启奏之外，有可以救济人病、裨补时阙而难于指言者，辄咏歌之，欲稍稍递进闻于上，上以广宸聪，副忧勤；次以酬恩奖，塞言责；下以复吾平生之志。岂图志未就而悔已生，言未闻而谤已成矣。又请为左右终言之：凡闻仆贺雨诗，而众口籍籍，已谓非宜矣；闻仆哭孔戡诗，众面脉脉，尽不悦矣；闻《秦中吟》，则权豪贵近者相目而变色矣；闻乐游园寄足下诗，则执政柄者扼腕矣；闻宿紫阁村诗，则握军要者切齿矣。大率如此，不可遍举。不相与者号为沽名，号为诋讦，号为讪谤；苟相与者，则如牛僧孺之戒焉；乃至骨肉妻孥，皆以我为非也；其不我非者，举不过两三人。……呜呼，岂六义四始之风，天将破坏不可支耶？

可见白居易认为只有《秦中吟》之类的讽谕诗才符合古代诗人"六义四始"之旨，才够得上所谓"正声"也就是今人所谓讥刺性、政治性的作品。至于《长恨歌》，则白居易编集时并没有把它收入讽谕诗里，不认为"正声"而止是"风情"之作。对此，白居易《与元九书》中也有所申说：

及再来长安，又闻有军使高霞寓者，欲聘倡妓，妓大夸曰："我诵得白学士《长恨歌》，岂同他妓哉！"由是增价。……自长安抵江西三四千里，凡乡校、佛寺、逆旅、行舟之中，往往有题仆诗者；士庶、僧徒、孀妇、处女之口，每每有咏仆诗者。此诚雕虫之戏，不足为多。然今时俗所重，正在此耳。虽前贤如渊、云者，前辈如李、杜者，亦未能忘情于其间哉！

又说：

今仆之诗，人所爱者，悉不过杂律诗与《长恨歌》已下耳。时之所重，仆之所轻。

唐末五代时人王定保所撰《唐摭言》卷一五"杂记"，记大中皇帝（唐宣宗）吊白乐天诗中也有"童子解吟《长恨》曲"之句。足见《长恨歌》之见重于时，是见重于士庶、僧徒、妇女、童子，亦即彼时高水平者在外的流俗之人[1]。这些流俗之人对政治性强烈的讽谕诗未必感兴趣，感兴趣的是故事性强，当然文采也要好的比较通俗的文艺作品。《长恨歌》所讲的既是离开当时才半个世纪的本朝宫闱故事，故事的中心又牵涉到流行在社会上尤为妇女、童子所喜爱的七夕乞巧风俗，从牵牛、织女的相会引出玄宗、贵妃人间天上的离合悲欢，而所用记叙体长歌的表达形式又颇似当时风行的"变文""俗讲"[2]，自然比用散文形式撰写的记叙男女之情的传奇

---

[1]　宋惠洪《冷斋夜话》卷一所谓："白乐天每作诗，令一老妪解之，问曰解否，妪曰解，则录之，不解则易之。故唐末之诗近于鄙俚。"当即由此而编造，《夜话》纪事颇有不足凭信者，此亦其一。至于唐末某些作者之诗较前此确有近鄙俚处，其原因当别事研讨，决不能把责任往白居易身上一推了之。

[2]　关于"变文""俗讲"之流行于唐代，向达先生《唐代俗讲考》已有所论述（收入所撰《唐代长安与西域文明》三联书店本）。又唐孟棨《本事诗》"嘲戏"门记诗人张祜与白居易相戏，"（祜）曰：'祜亦尝记得舍人《目连变》。'白曰：'何也？'祜曰：'上穷碧落下黄泉，两处茫茫皆不见，非《目连变》何耶？'"恐在掎摭个别诗句巧相比类的同时还有《长恨歌》体式近乎"变文"的暗示。

如《李娃传》《无双传》《霍小玉传》之类更易受到当时流俗的欢迎。所谓"有风情"者，就是指这类以男女之情为中心的作品。这种男女之情和今日所谓纯洁爱情本非一回事，"风情"的作品《长恨歌》以至《李娃传》等本只是讲说故事而没有考虑去歌颂男女主角的什么爱情①。因此只能老老实实地说：像《长恨歌》这样的作品在艺术上是十分成功的，思想则说不上什么。白居易在《与元九书》里本来只承认《长恨歌》是以"雕虫之戏"即今日所谓艺术性而为"时俗所重"，《戏赠元九李二十》诗之"一篇《长恨》有风情"也无非是以艺术上的成功自夸，若与讲求思想性的讽谕"正声"相比，则自然要重"正声"而轻"风情"。对一个诗人来说，写出"正声"当然是可贵的，"正声"之余写点无害于社会的"风情"以及其他够不上"正声"之作谅亦无伤大雅。而且非"正声"的无害之作有时由于艺术高超也能流传不衰，在诗歌、绘画、音乐等文艺领域里其例至多。又何必一定用今天的标准来要求，把这类流传不衰之作一一拔高，非把《长恨歌》提到讽刺封建统治阶级或歌颂纯洁爱情的高度来认识不可？这样既难于自圆其说，又有背作者本意，实殊属不必。

附：说长生殿

"长生殿"一词除写入白居易《长恨歌》外，尚见于其他文献，如《旧唐书》卷七八《张行成附张易之昌宗传》说"则天卧疾长生院"。卷八二《李义府附李湛传》说"〔李湛〕率所部兵直至则天所寝长生殿"。以及卷一〇《肃宗纪》说"崩于长生殿"，卷一一六《肃宗诸子·越王係传》说"〔张〕后令内谒者监段恒俊与越王谋，召中官有武勇者二百余人授甲于长生殿"。胡三省注《通鉴》，在卷二〇七长安四年十二月"太后寝疾居长生院"下对此作了解释，认为"长生院即长生殿"，"盖唐寝殿皆谓之长生殿。此武后寝疾之长生殿，洛阳宫寝殿也。肃宗大渐，越王係授甲长生

---

① 白行简所撰《李娃传》中有倡女李娃与其姥勾结诳骗男主角的情节，主张歌颂爱情说者对此极感棘手，多方辩解。其实只要懂得这类作品本不在歌颂爱情而只是"风情"之作，则面对这种诳骗情节就不至于有所惊怪而曲为回护。

殿，长安大明宫之寝殿也。白居易《长恨歌》所谓'七月七日长生殿，夜半无人私语时'，华清宫之长生殿也"。

但《旧唐书》卷九《玄宗纪》书：天宝元年"十月丁酉，幸温泉宫，辛丑……新成长生殿，名曰集灵台，以祀天神。"《唐会要》卷三〇"华清宫"也作："天宝元年十月造长生殿，名为集灵台，以祀神。"据北宋时宋敏求撰《长安志》卷一五"临潼温汤"长生殿小注引《实录》"天宝元年新作长生殿集灵台以祀神"，知《旧纪》《会要》所书均本《实录》，惟宋《志》所引在"集灵台"前脱去"名曰"或"名为"二字。长生殿既为祀神之用，则似不能同时作为寝殿，《长恨歌》、《通鉴》胡注以华清宫的长生殿为寝殿就有问题。

《唐诗纪事》卷六二郑嵎《津阳门诗》自注又提出另一种说法："有长生殿，乃斋殿也，有事于朝元阁，即御长生殿以沐浴也。""飞霜殿即寝殿，而白傅《长恨歌》以长生殿为寝殿，殊误矣。"这里明确否定了华清宫的长生殿为寝殿之说，说华清宫寝殿是飞霜殿。至于华清宫的长生殿则是斋殿，有事于朝元阁之先在此沐浴，则祀神之所复是朝元阁而不是长生殿，和《实录》长生殿名曰集灵台是祀神之所的讲法又有不同。《诗注》连集灵台这个名称都没有提到。

宋敏求《长安志》"温汤"所述华清宫的殿阁名称方位，由于史料阙佚，多本"《津阳门诗》注及今所在遗迹"。其中据诗注分列飞霜殿、长生殿为两个条目，条目下小注即抄录诗注作为解释。另外，又在长生殿条目后面别出一集灵台条目，这和《实录》之以长生殿即集灵台的讲法复有歧异。南宋程大昌《雍录》卷四"温泉"、元骆天骧《类编长安志》卷九"胜游门·华清宫"都照抄宋《志》。不过宋《志》、程《录》在集灵台条目下都无小注，骆《志》则集灵台下新增一段注释："在长生殿侧，天宝元年作，则斋沐以祀神。"后句是从宋《志》长生殿小注抄来的，前一句是骆天骧自己加上的。

陈寅恪先生撰《长恨歌笺证》，则兼信《旧纪》、《会要》即《实录》与《津阳门诗》注，将《实录》长生殿祀神和诗注长生殿斋宫沐浴两种不同的讲法合二而一，说"李三郎与杨玉环乃于祀神沐浴之斋宫，夜半曲叙儿女私情，揆之事理，岂不可笑"，从而和诗注一样否定《长恨歌》之以夜半私语在长生殿，并否定《通鉴》胡注之以华清宫长生殿为寝殿。

前此清人冯浩笺注李商隐《骊山》"平明每幸长生殿"句，又别具新说，说"今玩白傅诗，初未言是寝殿，七月七日焚香乞巧，亦祀天神之类也。郑嵎所讥自欠明晰，《通鉴》注亦小疏"（《玉溪生诗集笺注》卷三）。实际是在为《长恨歌》的"七月七日长生殿"回护。

以上种种，诚可谓异说纷纭，歧中有歧。如何理清头绪，探得真相，多年来我曾反复考虑。

现在我认为：（一）《旧唐书·玄宗纪》和《唐会要》所书都本《实录》。是最可信据的第一手原始史料，而且二者文句基本相同，可知其并无脱误，对此均不能有所怀疑动摇。（二）但《旧纪》《会要》这段的文句确实不易通解。既说"新成长生殿"，则"长生殿"已是此新成建筑物的名称，何以下文又接上一句"名曰集灵台"或"名为集灵台"，难道此建筑是一物而有二名？如果这样，则应说"又名集灵台"，如何能说"名曰""名为"，难道《实录》撰人的文理真如此欠通。（三）《旧唐书·二张传》说"则天卧疾长生院"，《李湛传》说"率所部兵直至则天所寝长生殿"，但同书卷九一《桓彦范传》却说彦范、李湛等率兵斩关而入时"则天在迎仙宫之集仙殿"，此集仙殿应即《李湛传》的长生殿，则又是一建筑物而有二名。（四）试检宋敏求撰元人增修的《元河南志》（《藕香零拾》刻徐松辑《永乐大典》本），于卷四"唐城阙古迹"的宫城部分只有集仙殿，小注"武太后造，前有迎仙门"，与《桓彦范传》所纪相符合，而不见如《李湛传》等所说长生殿或长生院的名称。检宋敏求撰《长安志》，于卷六"唐宫室"的"东内大明宫章"以至"西内章"、卷九"南内兴庆宫"条也都不见长生殿的名称，长生殿的名称仅见于"东内大明宫章"后的"别见"部分。而所谓"别见"者，是不见于唐人所传宫省旧图为宋敏求旁搜其他文献所得，故方位悉不明了，其中的长生殿疑即抄自《旧唐书·李湛传》等，别无其他依据。

根据以上几点，我认为只能作这样的解释，即所谓长生殿者，并非某所建筑物的专称，而系唐人对皇帝寝殿的通称。既是通称，自然不能记入宫省图，宫省图上只能标记专称，因此在《长安》《河南》两宋《志》中除"别见"外就找不到所谓长生殿的痕迹。这样，《旧纪》《会要》即《实录》所纪的头两句也就很好通解，"新成长生殿，名曰集灵台"者，"新成寝殿，名曰集灵台"之谓，并非一建筑物而二名，"长生殿""集灵台"之间当然也不能用"一名"而要用"名曰""名为"。此外，武则天卧疾的寝所一说长生院、一说长生殿者，也不必如《通鉴》胡注作"长生院即长生殿"的解释，院不能等于殿，而应是院中有殿，据《桓彦范传》《河南志》，此院正式名称应是迎仙宫或迎仙院，此殿正式名称应是集仙殿，因为是皇帝所寝之宫院与所寝之殿，所以可称为长生院与长生殿。

《旧纪》即《实录》纪事的后一句"以祀天神"应如何解释，祀神之所或斋宫是否必不能同时又是寝殿，如《津阳门诗》注和《长恨歌笺证》以及冯浩笺注李商隐诗等所说，我认为也不见得。因为寝殿并非一定不能祀神，如清代大内即今北京故宫的坤宁宫，是皇后所居亦即所谓寝殿，而其中每日朝祭释迦牟尼、观音、关帝，夕祭穆哩罕诸神、画像神、蒙古神，又同时为日常祀神之所，沈阳故宫的皇后所居寝殿也是如此，这都是寝殿可以祀神的明证。当然，这可能是满族的习俗，但唐代皇室也多染所谓胡俗，胡人服饰、歌舞之充斥宫廷已是读史者所习知的事情，则宫廷中出现一些在寝殿祀神的胡俗诚不足为怪。《实录》之所以特别加上一句"以祀天神"，只是为了解释长生殿即寝殿之为什么要命名集灵台，此外不再含有其他用意。冯浩笺注李诗把儿女七夕乞巧附会为祀神，说《长恨歌》所咏七夕相誓的长生殿本谓祀神之所而非寝殿，则徒事调停弥缝，既有背诗旨，又于当时风俗习惯全不相合。

郑嵎虽是唐人，但《津阳门诗》里有"湟中土地昔湮没，昨夜收复无疮痍"之句，则实系宣宗大中时期的作品，去天宝已逾百年，不特遗老无存，旧时华清宫的建筑物亦复日见废圮。即使此诗真如郑嵎自序所说是根据他"下帷于石瓮僧观"时所闻"宫中陈迹"和耳闻"自言世事明皇"的山下旅邸主公所道"承平故实"而作，也无非采撷当时流传的野语逸闻，其价值不过与《开元天宝遗事》之类相伯仲。试看诗注中对罗公远、叶法善之类荒诞不经的故事津津乐道，并以懂得"开元中未有东西神策军但以六军为亲卫"自诩，而不知其时实止有左右羽林龙武四军之类，即可知所说之多不足为典要。其所谓"长生殿乃斋殿"，"白傅《长恨歌》以长生殿为寝殿即殊误"者，自系误解《实录》"长生殿名曰集灵台以祀天神"所致（盖至晚唐时以长生殿为寝殿通称的习惯已不存在，或当时此种用语本止流行在上层统治阶级内部，非寻常士人若郑嵎者之所能谙熟）。又看到骊山别有一祀神之朝元阁遗址，为避免重复而窜易《实录》之祀神为斋沐，并增添出"有事于朝元阁即御长生殿以沐浴"的臆说。不知祀神本不必止在一地，如清大内日常祀神虽在坤宁宫，岁终至元旦大祭则别在所谓堂子。而且据《旧唐书·玄宗纪》天宝七载十二月戊戌"言玄元皇帝见于华清宫之朝元阁，乃改为降圣阁"，以及卷一〇六《李林甫传》"林甫时已寝疾，……巫言一见圣人差减，……乃敕林甫出于庭中，上登降圣阁遥视，举红巾招慰之"等纪事，和白居易《江南遇天宝乐叟》"年年十月坐朝元"的诗句，似朝元阁仍为皇帝日常起居之所，而并非专用以祀神的建筑，后来认为祀神者乃缘讹言玄元皇帝李耳降临而附会。诗注如此增益，实徒见心劳力拙。宋敏求本唐史专家，乃以文献无征之故，撰述《长安志》"华清宫"部分不得不旁采诗注，而不知用《实录》校出诗注此条之多事增窜。又所据《实录》此条"集灵台"上脱去"名曰"或"名为"，遂误长生殿与集灵台为两建筑物，而在长生殿下别标一集灵台条目。其后程《录》、骆《志》悉本宋《志》，骆《志》且径谓集灵台在长生殿侧，旧时撰述类多此等粗疏凭臆之处，正有赖后人匡正。

至于飞霜殿之为寝殿，当系郑嵎在骊山所闻野老传说，同样不能视作典要。宋《志》本之已如前所说。程氏《雍录》卷四有华清宫图，则才入津阳门即标一飞霜殿，世岂有大门之内便是卧寝之理，其悠谬不足取信益显而易见。元李好文别撰《长安志图》三卷，附宋《志》行世，其中唐骊山宫图广占三幅，则又移飞霜殿于程图长生殿位置，而迁长生殿与集灵台于宫墙外东侧丛山之中。无非师心自用,自我作古,益为识者之所不取。

　　以上辨说推断,对研究白居易《长恨歌》本无多大裨益。但骊山温泉至今仍是关中胜迹,长生殿故事亦恒为人们所艳说。将紊若乱丝的旧说作一次清理,似尚与"为无益之事"者有别。因草成此篇,不入《长恨歌新解》正文而聊充附录。

　　　　　　　（原载人文杂志丛刊《文史集林》第一辑,1985年）

汉皇与明皇

——读陈寅恪先生《长恨歌笺证》札记稿

唐白居易《长恨歌》（据《四部丛刊》景印日本那波道圆活字本《白氏长庆集》卷一二《歌行曲》引所载）云：

> 汉皇重色思倾国，御宇多年求不得。杨家有女初长成，养在深闺人未识。天生丽质难自弃，一朝选在君王侧。

陈鸿《长恨歌传》（同上本）云：

> 玄宗在位岁久，……以声色自娱，……诏高力士潜搜外宫，得弘农杨玄琰女于寿邸。既笄矣，鬒发腻理，纤秾中度，举止闲冶，如汉武帝李夫人。

陈寅恪先生《长恨歌笺证》（《元白诗笺》之一，刊三十六年十月《清华学报》第十四卷第一期中）云：

> 在《白歌》《陈传》之前，〔太真〕故事大抵尚局限于人世，而不及于灵界，其畅述人天生死形魂离合之关系，似以《长恨歌》及《传》为创始。……虽然此节物语之增加，亦极自然容易，即从汉武

帝李夫人故事附益之耳。《陈传》所云"如汉武帝李夫人"者,是其明证也。故人世上半段开宗明义之"汉皇重色思倾国"一句,已暗启天上下半段之全部情事。

案《笺证》之说是也。汉武帝李夫人故事,实《长恨歌》《传》之蓝本也。《白氏长庆集》卷四"讽谕"四《新乐府》中有《李夫人》一首,卷三"讽谕"三《新乐府·序》云:"李夫人,鉴嬖惑也。"其词(《四部丛刊》景印明嘉靖徐焴刊本《唐文粹》卷一三《诗丁·乐府辞下·追悼一》所引同)云:

> 汉武帝,初哭李夫人,夫人病时不肯别,死后留得生前恩。君恩不尽念未已,甘泉殿里令写真。丹青画出竟何益,不言不笑愁杀人。又令方士合灵药,玉釜煎炼金炉焚。九华帐中夜悄悄,反魂香降夫人魂。夫人之魂在何许,香烟引到焚香处。既来何苦不须史,缥缈悠扬还灭去。去何速兮来何迟,是耶非耶两不知。翠蛾仿佛平生貌,不似昭阳寝疾时。魂之不来君心苦,魂之来兮君亦悲。背灯隔帐不得语,安用暂来还见违。伤心不独汉武帝,自古及今皆若斯。君不见,穆王三日哭,重璧台前伤盛姬;又不见,泰陵一掬泪,马嵬路上念杨妃。纵令妍姿艳质化为土,此恨长在无销期。生亦惑,死亦惑,尤物惑人忘不得。人非木石皆有情,不如不遇倾城色。

尤明显指示出汉武故事与玄宗之关系。案《新乐府·序》中明谓"元和四年为左拾遗时作",而《长恨歌》之写成,据《传》云"元和元年冬十二月,太原白乐天自校书郎尉于盩厔,鸿与琅邪王质夫家于是邑,暇日相携游仙游寺,话及此事,……乐天因为《长恨歌》"云云,知为元和元年。以产生之时间论,《新乐府》实在《长恨歌》之后。则其中"李夫人"一题,当为就《长恨歌》中玄宗与汉武之关系而重加发挥者;所谓"生亦惑,死亦惑,尤物惑人忘不得。人非木石皆有情,不如不遇倾城色"者,正与《传》文"意者不但感其事，亦欲惩尤物，窒乱阶，垂于将来"，及《文苑英华》卷七九四附录《丽情集》中别本《传》文"嘻，女德无极者也，死生其大别者也，故圣人节其欲制其情，防人之乱者也，生感（案：当是'惑'字之讹）其志，死溺其情，又如之何"之宗旨相合；而"纵令妍姿艳质化为土，此恨长在无销期"之语，直犹"天长地久有时尽，此恨绵绵无绝期"矣。读《长恨歌》者，当取此《新乐府》以作参证，庶几于白氏作歌之蓝本及宗旨，更易明了也。

又以汉武故事喻玄宗者，不特白氏为然，白氏同时及以后人之诗篇中，凡咏及玄宗遗事者，几莫不然也。前贤读书，亦颇有觉察此点者，如唐李商隐《李义山诗集》（同治广东倅署刊朱鹤龄笺注沈厚塽辑评本）卷上《碧城三首》："武帝内传分明在，莫道人间总不知"上，有何焯评云："唐人率以明皇为武帝。"是也。

（原载《东南日报·文史》第一三二期，1949年4月8日）

《秦妇吟》通释

　　一九四九年冬，为了寻找唐末农民起义史料，重读韦庄的《秦妇吟》，并参考王国维《唐写本韦庄秦妇吟残诗跋》《秦妇吟跋》①、张荫麟译 Lionel Giles《秦妇吟之考证与校释》②、黄仲琴《秦妇吟补注》③、于鹤年《关于秦妇吟补注通讯》④、陈寅恪《读秦妇吟》⑤、刘修业《秦妇吟校勘续记》⑥，写出几条札记。继而在五〇年春看到周云青《秦妇吟笺注》⑦、罗振玉《秦妇吟书后》⑧、夏承焘《韦端己年谱》⑨、徐嘉瑞《秦妇吟本事》⑩。五一年秋陈寅恪先生又寄赠《秦妇吟校笺旧稿补正》抽印本⑪。当时即想重新通盘研究，写篇通释。由于种种原因，在三十年后的今天才实现这一夙愿。

　　敦煌所出《秦妇吟》有九个写本，文字略见异同，这次大体以刘修业《校勘续记》的汇校本为准，这个汇校本后已收入王重民《补全唐诗》

---

① 北京大学《国学季刊》一卷四号，赵万里编校本《观堂集林》卷二一。
② 《燕京学报》一期。
③ 中山大学《文史学研究月刊》一卷五期。
④ 中山大学《文史学研究月刊》二卷二期。
⑤ 《清华学报》一一卷四期。
⑥ 《学原》一卷七期。
⑦ 商务印书馆国学小丛书本。
⑧ 《敦煌零拾》。
⑨ 《词学季刊》一卷四号。后又稍事增收，收入所著《唐宋词人年谱》，上海古典文学出版社本。
⑩ 华中大学、哈佛燕京社本。
⑪ 《岭南学报》一〇卷二期，即《读秦妇吟》的增订本。

里①。

上篇　韦庄自讳《秦妇吟》事探测

（一）

孙光宪《北梦琐言》卷六以歌诗自误条②：

> 蜀相韦庄应举时，遇黄寇犯阙，著《秦妇吟》一篇，内一联云："内库烧为锦绣灰，天街踏尽公卿骨。"尔后公卿颇多垂访，庄乃讳之。时人号为"秦妇吟秀才"。他日撰《家戒》，内不许垂《秦妇吟》障子，以此止谤，亦无及也。

这条资料自王国维首先引用后，久为读《秦妇吟》者所熟知。孙光宪是五代时人，避地荆南，"高从诲见而重之，署为从事，历保融及继冲三世，皆在幕府"③，《琐言》自序谓：

> 唐自广明乱离，秘籍亡散，武宗已后，寂寞无闻，朝野遗芳，莫得传播。仆生自岷峨，官于荆郢，咸京故事，每愧面墙，游处之间，专于博访。顷逢故凤翔杨玭少尹，多话秦中平时旧说，常记于心。他日渚宫见元澄中允，款狎笑语，多符其说。元公谓旧族一二子弟曰："诸贤生在长安，闻事不迨富春，此则存好问之所宏益也。"厥后每聆一事，未敢孤信，三复参校，然始濡毫，非但垂之空言，亦欲因事劝戒。三纪收拾筐箧，爰因公退，咸取编连，先以唐朝达贤一言一行，列于谈次，其有事类相近，自唐至后唐、梁、蜀、江南诸国所得闻知者，皆附其末。

---

① 《中华文史论丛》三辑。
② 案今通行雅雨堂本作"自娱"，与所说李远、韦庄、和凝皆见累于歌词不合，原本必是"自误"，以形似滋误，今径改正。
③ 《宋史》卷四八三《孙光宪传》。

案"唐自武宗已后无实录,史官之职废"①,此书博访长安故事②,兼及后唐、梁、蜀、江南诸国之所得闻知,盖以拾遗补阙自任,因此其中某些记述较有本原,非一般小说杂记之比。此条所说韦庄"时人号为'秦妇吟秀才'",必当时秦中或江南、西蜀地区确有此称号流传;"他日撰《家戒》,内不许垂《秦妇吟》障子",亦必孙光宪本人或他人见过此《家戒》,《家戒》里确有"不许垂《秦妇吟》障子"的明文。《琐言》所说这两点都是事实。

但说韦庄自讳《秦妇吟》、不许垂《秦妇吟》障子是由于写了"内库烧为锦绣灰,天街踏尽公卿骨"引起公卿垂讶,则未必是事实,因为:

(1)这"内库烧为锦绣灰,天街踏尽公卿骨"对公卿以至朝廷谈不上有什么触犯,陈寅恪《校笺》已有所辨说。罗振玉《书后》据元辛文房《唐才子传》卷一〇《韦庄传》引作"天街踏尽却重回",以为是"后来避谤所改",其实《秦妇吟》在宋以后久不见流传,《唐才子传》以至南北宋间计有功《唐诗纪事》卷六八所纪都只是沿袭《北梦琐言》,行文遣词都大体相同,而《纪事》仍作"天街踏尽公卿骨",可见《才子传》之作

---

① 《新五代史》卷五七《贾纬传》,并参考《旧五代史》卷一三一《贾纬传》,卷四三《后唐明宗纪》长兴三年十一月壬午条,《五代会要》卷一八前代史后晋天福六年四月赵莹奏、贾纬奏,《新唐书》卷五八《艺文志》起居注类,赵翼《廿二史札记》卷一六旧唐书原委条、唐实录国史凡两次散失条。

② 文中"咸京"即长安之谓。魏晋以来下逮唐人多以咸阳称长安,如曹操《蒿里》谓:"关东有义士,兴兵讨群凶。初期会盟津,乃心在咸阳。"《宋书》卷九五《索虏传》元嘉十九年拓跋魏移书徐州谓"大魏以沙漠之突骑,兼咸夏之劲卒"(夏即据长安之赫连夏,为拓跋魏所并)。二十三年兖州答房移谓:"北临河济,西尽咸洴。"同年盖吴上表归顺谓:"创迹天台,爰暨咸雍。"李白《上安州裴长史书》谓:"遭沮渠蒙逊难,奔流咸秦,因官寓家。"贞元八年《张维岳碑》(在陕西高陵)谓:"汾阳荡定咸、洛,追钼元恶。"《全唐诗》一二函七册安凤《赠别徐侃》谓:"一自离乡国,十年在咸秦。"《五代会要》卷一八天福二年赵莹奏谓:"及咸秦荡覆,钟石沦亡。"均是其例。郭沫若《李白与杜甫》引《上安州裴长史书》谓:"咸秦地望,注家不详所在,如为建都咸阳之旧秦,则与碎叶、条支相抵触,且由边陲迁入内地而为'官',亦不得言'奔流',故'咸秦'必系讹字,盖因原字蠹蚀破坏而后人以意补成之。余意'咸秦'当即'碎叶'之讹,碎字左半包含在'咸'字中,叶字下部也包含在'秦'字中。"考李白生于碎叶,自可备一说,但不必执此便臆测咸秦必碎叶之讹,汉魏以来边裔多喜自托于中夏,碑志所述先世犹多不足凭,何况书函自诩之辞。注家盖以咸秦地望读唐诗者多已知悉,故不复笺说。

"却重回"只是辛文房记忆之误①，不能凭此臆测当年真有避谤的改本。

（2）《家戒》"不许垂《秦妇吟》障子"，必当时社会上流行《秦妇吟》障子才作此针对性训诫。而障子是公卿贵族府第里流行的陈设物，读唐张彦远《历代名画记》卷一〇张璪、李仲和，北宋郭若虚《图画见闻志》卷二房从真、卷四黄居寀、卷五张璪、李益、卷六张氏图画诸条可知。何以公卿既对《秦妇吟》垂讶不满，而府第里又垂起《秦妇吟》障子，这岂不自相矛盾！

（3）即使确因公卿垂讶使韦庄不得不自讳此《吟》，也最多只能在《家戒》里不许自己的儿孙垂《秦妇吟》障子，如何能制止人家垂《秦妇吟》障子，所以《琐言》也说"以此止谤，亦无及也"。但既明明"无及"，韦庄何以还要这么做？韦庄是个颇能做官最后当上王蜀小朝廷宰相的巧宦，何以在这个所谓"止谤"问题上会有"掩耳盗铃"式的愚蠢做法？

可见《家戒》之"不许垂《秦妇吟》障子"，必别有原因，绝非为了"止谤"，更不是由于公卿垂讶。

（二）

陈寅恪《校笺》看到《北梦琐言》卷九李氏女条据刘山甫《金溪闲谈》所说黄巢入长安后"有西班李将军女奔波随人，迤逦达兴元"，为凤翔奏将军董司马所得的纪事，并考证了当时官军杨复光部的驻地，对韦庄自讳《秦妇吟》事提出一个新解释：

> 据《旧唐书·杨复光传》，王重荣为东面招讨使，复光以兵会之。又据两《唐书·王重荣传》，复光与重荣合攻李祥于华州，及重荣军华阴，复光军渭北，犄角败贼。是从长安东出奔于洛阳者，如《秦妇吟》之秦妇，其路线自须经近杨军防地。复依《旧唐书·僖宗纪》

---

① 而且"回"是平声，与上下文均用仄韵者亦不相叶。

《新唐书·王重荣传》及《通鉴》中和元年〔九月〕之纪事，复光屯军武功，则从长安西出奔于成都者，如《金溪闲谈》之李氏女，其路线亦须经近杨军防地。而杨军之八都大将之中，前蜀创业垂统之君、端己北面亲事之主（王建）即是其一。其余若晋晖、李师泰之徒，皆前日杨军八都之旧将，后来王蜀开国之元勋也。当时复光屯军武功，或会兵华渭之日，疑不能不有如秦妇避难之人，及李女委身之事。端己之诗，流行一世，本写故国乱离之惨状，适触新朝宫闱之隐情。所以讳莫如深，志希免祸，以生平之杰构，古今之至文，而竟垂戒子孙，禁其传布者，其故傥在斯欤？

后来徐嘉瑞《秦妇吟本事》又另作一种解释：

> 以前笺释《秦妇吟》的，对"金天神"一段不大注意，……其实"金天神"一段……是讽刺僖宗的，讽刺得最厉害。……王建虽然是一个叛臣，他对唐僖宗私人的关系太深，《五代史·前蜀世家》云："……光启元年，……王重荣……召晋兵犯京师，僖宗幸凤翔，二年三月移幸兴元，以建为清道使，负玉玺以从，行至当涂驿，李昌符焚栈道，栈道几断，建控僖宗马冒烟焰中过，宿坂下，僖宗枕建膝寝，既觉，涕泣解御衣赐之。"……王建虽然叛逆，但叛逆的人最怕叛逆，他希望他的臣子对他忠顺，这一类讽刺的文字他一定不喜欢的。

案这两种解释都仍从政治上着眼。但"金天神"实是华山神，《校笺》已有所考证，《旧唐书》卷二一《礼仪志》：

> 昊天上帝……为大祀，……岳镇海渎……为中祀。

卷二四《礼仪志》：

> 五岳、四镇、四海、四渎，……祀官以当界都督刺史充。……证
> 圣元年，有司上言曰："……谨按五岳视三公，四渎视诸侯……"

韩愈《昌黎先生文集》卷三《谒衡岳庙遂宿岳寺题门楼》也说：

> 五岳祭秩皆三公。

可见以五岳比三公久为唐人所习知，纵使华岳神得了"金天王"的封爵，也从无人把它和昊天上帝或人间的皇帝等同模拟①。《校笺》更提醒：《秦妇吟》是韦庄投奔"忠于唐室之大臣"周宝的贽见作，"岂肯作斯无君之语，转自绝其进谒之路"。因此《本事》的解释不能成立。

《校笺》对当时官军杨复光等部进逼长安的军事形势作了考证，但所作《秦妇吟》"适触新朝宫闱之隐情"的推测仍有问题，因为：

（1）这究竟是推测，并无任何史料可证实王蜀宫闱妃妾中确有当年屯军武功、会军华渭时掳来的妇女。

（2）即使有，在《秦妇吟》里也没有触及，《秦妇吟》叙述自长安到潼关，即穿越杨复光等部控制地区时只笼统地说"霸陵东望人烟绝，树锁骊山金翠灭"，"破落田园但有蒿，摧残竹树皆无主"，并没有点明是官军所破坏。

（3）而且据《图画见闻志》卷五常生条所纪：

> 王先主既下蜀城，谒僖宗御容，于时绘壁百僚咸在，惟不见田令孜、陈太师，因问何不写貌彼二人，左右对以近方涂灭。先主曰："不然，吾与陈、田，本无仇恨，图霸之道，彼此血刃，岂与丹青为参商乎！"遽命工重写之。

---

① 唐代曾以高祖、太宗、高宗等先皇配享昊天上帝，见《旧唐书》卷二一《礼仪志》，可知当时只能以最尊崇的昊天上帝和皇帝模拟。

说明王建在无关紧要的问题上颇懂得故示宽大以笼络人心。而且，王建尤其懂得笼络士人，如《新五代史》卷六三《前蜀世家》所说：

> 蜀恃险而富，当唐之末，士人多欲依建以避乱。建虽起盗贼，而为人多智诈，善待士，故其僭号，所用皆唐名臣世族。

韦庄是早有"秦妇吟秀才"之称的，但王建就因为他是唐朝宰相韦见素的后裔请他以左散骑常侍判中书门下事，当自己的宰相，可见即使《秦妇吟》像《校笺》所说有触及宫闱隐情之处，王建也并未计较，韦庄更没有作"掩耳盗铃"式地自讳此《吟》的必要。

何况唐代在文字上本来就一贯宽大，南宋时熟谙前朝故事的洪迈在《容斋续笔》卷二里就写有题为"唐诗无避讳"的札记，引用杜甫、元稹、白居易、张祜、李商隐等人的诗句为例，说：

> 唐人歌诗，其于先世及当时事，直辞咏寄，略无避隐，至宫禁嬖昵，非外间所应知者，皆反复极言，而上之人亦不以为罪，……今之诗人不敢尔也。

像北宋时苏轼的"乌台诗狱"，清代康、雍、乾三朝的文字狱，在唐五代时是不可能出现的。我们今天不必要也不可能从政治上找出韦庄自讳《秦妇吟》的原因。

（三）

《秦妇吟》是韦庄所作的歌诗，韦庄歌诗集保存下来的有十卷本《浣花集》，《集》中诗篇下依次注有：

> 庚子季冬大驾幸蜀后作（卷二卷首）；
> 时大驾在蜀，巢寇未平，洛中寓居作（卷三卷首）；

浙西作（卷四卷首）；

已后自浙西游汴宋路至陈仓迎驾，却过昭义相州路归金陵作（卷四卷中）；

时在婺州寄居作（卷五卷首）；

自三衢至江西作（卷六卷首）；

甲寅年自江南到京后作（卷八卷首）；

及第后出关作（卷九卷首）；

时在华州驾前奉使入蜀作（卷十卷首）。

这些完全是韦庄本人的口吻，可见它是韦庄晚年入蜀定居后将生平诗篇大体按写作时期选编的定本①。在这个晚年定本里是没有《秦妇吟》的。这不仅可证实韦庄晚年自讳《秦妇吟》不许垂《秦妇吟》障子是事实，而且应该有可能从这个定本来探测出韦庄晚年自讳《秦妇吟》的真实原因。

韦庄晚年对杜甫是极为尊崇的，光化三年庚申即定居成都的前一年所编集的唐诗选本《又玄集》即以杜甫居全《集》之首②，一破唐人选诗的惯例③。《唐诗纪事》卷八六纪韦庄：

---

① 今通行十卷本《浣花集》有明正德时朱承爵刻本（无序，有补遗二首），明天启时毛晋绿君亭刻本（有序及补遗），《四部丛刊》影印朱本（序配毛本，补遗配旧抄本）。《新唐书》卷五八《艺文志·别集类》未著录《浣花集》。《郡斋读书志》袁本卷四中《别集类》著录《浣花集》五卷，说"伪史称庄有集二十卷，今止存此"。此"伪史"是指《蜀梼杌》，《蜀梼杌》和《崇文总目》辑本均作《浣花集》二十卷，是当包括韦庄其他文章如《谏草》等在内的全集，《郡斋读书志》作五卷是止存诗集。今十卷本最后几卷篇页过少，在唐五代通行卷轴时必不能成卷，当是后人据"庚子季冬大驾幸蜀后作"等九条韦庄自注重分为十卷，其原本当如《读书志》所著录为五卷。《直斋书录解题》聚珍本卷一九诗集类著录《浣花集》一卷，可能是书棚本小集之类的删节本。《宋史》卷一六一《艺文志·别集类》著录《浣花集》十卷，《谏草》一卷，除《谏草》失传外，《浣花集》作十卷已与今本相同，可见今十卷本是承宋刻之旧。至于《全唐诗》一〇函九册所收韦庄诗六卷则是将十卷本又并成五卷，以求与《全唐诗》其他卷帙勾称，又辑未入集的诗六十九题七十首为集外补遗一卷。

② 韦庄《又玄集》三卷，《宋史》卷一六三《艺文志·总集类》著录，庄自序并收入《文苑英华》卷七一四。其书则国内久无传本，王士禛《十种唐诗选》所据实是伪物，惟日本享和三年江户昌平坂学问所所刻是真本，今我国已影印。

③ 杜甫在唐人编集的本朝歌诗选本中本没有地位，今存除《御览诗》选录时代不相及外，《箧中集》《河岳英灵集》《国秀集》《中兴间气集》《极玄集》《才调集》无一选及杜甫作品。而与杜甫同时的王维的作品选入《河岳英灵集》《国秀集》《极玄集》《才调集》，且位置较高，李白作品也选入《河岳英灵集》《才调集》。

> 诵〔杜〕子美诗"白沙翠竹江村暮，相送柴门月色新"，吟讽不辍，是岁辛于花林坊，葬于白沙。

虽带有谈休咎即宿命论的色彩，仍反映出韦庄晚年对杜诗的特殊感情。这种感情在晚年自定的《浣花集》上表现得更明显。《浣花集》有韦庄弟蔼撰序，全文是：

> 余家之兄庄，自庚子乱离前，凡著歌诗文章数十通，属兵火迭兴，简编俱坠，唯余口诵者，所存无几。尔后流离漂泛，寓目缘情，子期怀旧之辞，王粲伤时之制，或离群轸虑，或反袂兴悲，四愁九愁之文，一咏一觞之作，迄于癸亥岁，又缀仅千余首①。庚申夏，自中谏□□□②。辛酉春，应聘为西蜀奏记。明年，浣花溪寻得杜工部旧址，虽芜没已久，而柱砥犹存，因命芟夷，结茅为一室，盖欲思其人而成其处，非敢广其基构耳。蔼便因闲日录兄之稿草，中或默记于吟咏者，次为□□□③，目之曰《浣花集》，亦杜陵所居之义也。余今之所制，则俟为别录，用继于右。时癸亥年六月九日蔼集。

序文说这部歌诗集是韦蔼所"集"，但如前所说实经韦庄手定，即序文也可能是韦庄假弟蔼之名所作，至少也是韦蔼秉兄命所作，所以强烈体现出韦庄晚年尊杜的倾向：定居成都的明年便到"浣花溪寻得杜工部旧址"，"结茅为一室"，以表示"思其人而成其处"，并本"杜陵所居之义"，给编

---

① 徐嘉瑞《本事》引此作"迄于癸亥岁又辍，仅千余首"，后附《改正表》更说"千改十"。这是徐氏不懂得唐人用"仅"字是指"多至"的意思，与今日"仅"字作"仅有"即"少"的意思正相反，从而把"缀"字妄改为"辍"，属之上句，又以为"千余首"不能算少，改为"十余首"。不知今十卷本从第二卷"庚子年冬"算到第十卷已有二〇四首，还是大经删落的，如何能止"十余首"。徐氏《本事》往往疏于文理，此是一例。

② 夏承焘《年谱》："据《容斋三笔》七，端己本年十二月为左补阙，则所阙当为'除左补阙'四字。"案事见《三笔》卷七唐昭宗恤儒士条。

③ 此阙文当是卷数。

集的诗集定本题名为《浣花集》。

序文说庚子后到癸亥岁"缀仅千余首",而集中实存自第二卷"庚子季冬"起到第十卷一共只有二〇四首,可见编集时曾大事去取,所取仅及原作五分之一。而集子既是在尊杜思想下编集的,连集子的名称都本杜甫浣花溪故居叫《浣花集》,则去取自必也以杜诗为标准。杜诗近体和五言古体的风格笼罩有唐一代,即到晚唐时韦庄等人的作品仍与之相去不远。七言古体则自中唐元稹、白居易的作品特别是《长恨歌》《琵琶行》等问世后,很多诗人受了影响,所作歌行的技巧风格随之起了变化①。韦庄也不例外,中年时所作《秦妇吟》之模仿《长恨歌》《琵琶行》的技巧风格是稍有文学修养者公认的事实。到晚年转而尊杜,编集《又玄集》时已摈落《长恨歌》《琵琶行》,只收录白居易的几首近体②,三年后编集自己的诗篇,当然同样要把模仿《长恨歌》《琵琶行》的歌行包括脍炙人口的《秦妇吟》统统删弃,这就是《浣花集》里不仅无《秦妇吟》而且无一首古体歌行全部是近体的原因。这种"文悔少作",本是古今文人常有的事情,如《北梦琐言》以歌词自误条还纪有年辈晚于韦庄的和凝的故事:

> 晋相和凝,少年时好为曲子词,布于汴洛。洎入相,专托人收拾焚毁不暇。然相国厚重有德,终为艳词玷之。契丹入夷门,号为"曲子相公"。所谓好事不出门,恶事行千里,士君子得不戒之乎!

韦庄之删落《秦妇吟》,正与和凝之焚毁曲子词同出一辙,只是和凝

---

① 《白氏文集》卷四五《与元九书》记:"有军使高霞寓者欲聘倡妓,妓大夸曰:'我诵得白学士《长恨歌》,岂同他妓哉。'"(并见《旧唐书》卷一六六《白居易传》)。唐王定保《摭言》卷一五杂记载唐宣宗吊白居易诗亦有"童子解吟《长恨曲》,胡儿能唱《琵琶篇》"之联。可见这两篇歌行对诗坛以至社会影响之深。又元、白本推尊杜诗,但《与元九书》谓:"诗之豪者,世称李、杜。李之作,才矣奇矣,人不逮矣,索其风雅比兴,十无一焉。杜诗最多,可传者千余首,至于贯穿古今,覼缕格律,尽工尽善,又过于李,然撮其《新安》《石壕》《潼关吏》《芦关》《花门》之章,'朱门酒肉臭,路有冻死骨'之句,亦不过十三四。"可见元、白之所推尊者是杜诗的思想内容。与后来韦庄尊杜之在形式上追摹者有别,故不碍其在歌行之技巧风格上别开生面。

② 元稹的《连昌宫词》《望云骓马诗》风格上旧一点,因此还蒙收入《又玄集》。

也许还加上点闲情累德的因素而已。

韦庄《家戒》除《北梦琐言》提及外，未见著录。久已失传，无从考知其撰述确切年月。但这种垂戒子孙的东西一般到晚年才会命笔。而且如前所说，障子是公卿贵人府第里的陈设物，必韦庄定居成都仕宦显达后才有垂障子的条件。这时韦庄已删落《秦妇吟》不使入集，当然也忘不了在《家戒》里作出"不许垂《秦妇吟》障子"的训示。

至于韦庄定居成都后的作品，《浣花集序》说"俟为别录"。但未见传本，也许并未录成。明正德朱承爵刻本《浣花集》附"补遗"二首，《全唐诗》本第六卷"集外补遗"有六十九题七十首，却是从《文苑英华》等书里搜辑出来的，其中有定居成都后所作的，也有以前所作为癸亥编《集》时删落的，已很难一一分别。只有朱本和《全唐诗》本同有的一首《乞彩战歌》起句曰"浣花溪上浣花客"，可确定是韦庄壬戌年结室浣花溪后所作的古体歌行，风格已很近杜甫的《奉先刘少府新画山水障歌》《戏为双松图歌》，与《秦妇吟》显然不同，这也可作为韦庄晚年尊杜的佳证。

（四）

《秦妇吟》障子是什么样子？也附带在这里说一说。

记得童年初读《秦妇吟》，看到《北梦琐言》的记载时，以为《秦妇吟》障子是在障子上写出《秦妇吟》全篇，以备讽诵或欣赏书法，可能还有人同此认识，其实不然。据前面提到的《历代名画记》《图画见闻志》所记障子故事，障子上主要是绘画而不是写字。

长达一千三百八十六字的《秦妇吟》在一幅障子上如何画得下？这要请看《太平广记》卷二一四杂编条引《卢氏杂说》所说：

> 故德州王使君枭家有笔一管，约一寸，粗于常用笔，管两头各出半寸以来，中间刻《从军行》一铺，人马毛发屋木亭台远水无不精绝，每一事刻《从军行》两句，若"庭前琪树已堪攀，塞外征人殊未

还"是也[①]。

"庭前琪树已堪攀，塞外征人殊未还"见于隋卢思道所作《从军行》，收入《乐府诗集》卷三二。《秦妇吟》障子当也是像这《从军行》笔管一样摘出《吟》中个别句子画一画，并非画全《吟》，因此一幅障子完全可以容纳。至于画哪几句，很可能是"路旁忽见如花人，独向绿杨阴下歇。凤侧鸾欹鬓脚斜，红攒黛敛眉心折"等秦妇与韦庄相遇的场面，《刘随州诗集》卷五有《观李凑所画美人障子》，说：

> 西子不可见，千载无重还。空令浣纱态，犹在含毫间。一笑岂易得，双蛾如有情。窗风不举袖，但觉罗衣轻。

《秦妇吟》障子当也就是这种以美人为画面主体的障子。

中篇　韦庄行迹考实

（一）

《秦妇吟》讲述的内容既多且广，在地域上从长安内外讲到陕州、洛阳以至徐州、润州，时间上从广明元年十二月黄巢进入长安到中和癸卯即三年的春三月。要确定这些内容有多少真实性，必须首先弄清楚韦庄从广明元年到中和三年的行迹。

两《唐书》、《五代史》都没有给韦庄立传。王国维《秦妇吟跋》根据《浣花集》《唐诗纪事》等文献考证了韦庄的出处经历，但详于中和三年以后，以前止说"庄遇黄寇之乱，寓居洛中，旋客金陵"，没有深入探索。陈寅恪《校笺》着重探索了韦庄从长安至洛阳及从洛阳东奔的两段路程，惜仍欠精密，不足补王《跋》之阙。至于夏承焘《年谱》在这一段除承用王《跋》陈《笺》外，增益无多，而且还有差错。因此要弄清韦庄广明元

---

① 《图画见闻志》卷五卢氏宅条略同，当即录自《卢氏杂说》。

年到中和三年的行迹，必须钩稽文献，重新考实。

文献主要还是《浣花集》，如前所说，这部韦庄晚年手定的诗集是大体按写作时期选编的，除卷一是"庚子乱离前"所作歌诗外，卷二卷首自注"庚子年冬大驾幸蜀后作"，卷三卷首自注"时大驾在蜀，巢寇未平，洛中寓居作"，卷四卷首自注"浙西作"，说明这三卷是从广明元年十二月黄巢进入长安后到中和三年韦庄抵达江南润州时的作品。其中某些诗题词句标明或反映了所经历的地域和年月时节，是考实韦庄行迹的第一等史料。不过它不是严格的编年，只是大体的分期，在同一时期里的某些诗篇往往先后颠倒，引用时不能过于拘泥。

（二）

首先考实广明元年十二月黄巢进入长安时韦庄的行迹。

《北梦琐言》以歌诗自误条所记韦庄自讳《秦妇吟》事不尽可靠，已如前说。但所说：

> 韦庄应举时，遇黄寇犯阙。

即谓黄巢农民起义军入长安时韦庄身在城中，则是事实。《浣花集》卷一"庚子乱离前"作中有《冬日长安感志寄献虢州崔郎中二十韵》，首韵即云：

> 帝里无成久滞淹，别家三度见新蟾。

说明"庚子乱离"即广明元年黄巢入长安前韦庄确因应举无成而淹留帝里长安。《浣花集》卷二"庚子年冬大驾幸蜀后作"的第一首是《雨霁晚眺》五律，说：

> 入谷路萦纡，岩巅日欲晴。岭云寒扫盖，溪雪冻黏须。卧草跧如

兔，听冰怯似狐。仍闻关外火，昨夜彻皇都。

这里的"关外火"，即潼关外之兵火，"昨夜彻皇都"，指潼关外之兵火即黄巢农民军已进入皇都长安。说"昨夜"进入长安，可见此诗是广明元年十二月黄巢军进入长安的第二天所作。长安南边不远就是南山即终南山，此诗起句说"入谷"，以下又有"岩巅""岭云"诸词，可见黄巢军入城后韦庄即逃入南山。但从长安入南山不过一天路程，韦庄此诗点明进入南山山谷的时间是"日欲晡"，则韦庄出长安城当在这一天即黄巢军进入长安后的第二天的清晨，黄巢军进入长安时韦庄正在城里。

《浣花集》卷二紧接《雨霁晚眺》是一首《立春日作》绝句，开头就说：

九重天子去蒙尘，御柳无情依旧春。

说明韦庄逃入南山后不久又回长安，所以才能在第二年中和元年立春日看到长安城里的"御柳"。《浣花集》这一卷里还有《贼中与萧韦二秀才同卧重疾二君寻愈余独加焉恍惚之中因有题》《重围中逢萧校书》两首五律，所谓"贼中""重围中"，都是指黄巢军控制下的长安城中而言，因为当时官军已从几面进逼长安，所以说"重围中"。

《浣花集》卷二还有一首题为《辛丑年》的七律，首二联是：

九衢漂杵已成川，塞上黄云战马闲。但有赢兵填渭水，更无奇士出商山。

辛丑年是中和元年，上引首二联是咏中和元年四月官军王处存等反扑长安为黄巢军歼灭的一次大战役。关于这次战役的年月史传所述颇多出入，而韦庄《辛丑年》能得其真，《秦妇吟》记此役的经过也很详细，可见在这次战役发生时即中和元年四月韦庄仍留住长安城里。

（三）

韦庄在什么时候离开长安，离开长安后到什么地方，这是过去研究《秦妇吟》的人没有很好解决的问题。

夏承焘《年谱》定中和二年壬寅春韦庄离开长安，其理由是：

> 《集》四《江上逢史馆李学士》云："前年分袂陕城西。"又《全唐诗》端己诗补遗有《江上别李秀才》云："前年相送灞陵春，今日天涯共避秦。"二诗皆明年癸卯作，见明年谱。则离长安，必在本年春间也。

检《年谱》中和三年癸卯，知夏氏定《江上逢史馆李学士》为此年作即据王国维《秦妇吟跋》之说，王说据此诗自注"时巢寇未平"来推断，是正确的，本篇后面要谈到，但不能因此推断另一首《江上别李秀才》也是同时所作，因为此诗并无可反映写作时期的自注，李秀才和李学士也不见得就是同一人。而且"前年"的用法在当时也很宽泛，不一定指"去年"，如《秦妇吟》说中和癸卯即三年春三月韦庄在洛阳城外遇见秦妇，而秦妇说"前年庚子腊月五"是指前三年的广明元年庚子，因此绝不能单凭"前年"来推断时间。再则诗中"分袂""相送"的含义也极宽泛，不一定是李学士、李秀才送韦庄，也可能是韦庄送李学士、李秀才。《年谱》定韦庄中和二年春离开长安的理由都很难成立。

相反，《浣花集》卷三"时大驾在蜀，巢寇未平，洛中寓居作"中倒有许多诗篇可以证实韦庄之离长安绝不在中和二年春日。这些诗篇都是春日所作，有的题目就标明《立春》《春早》，有的如《北原闲眺》《中渡晚眺》《寄园林主人》《对梨华赠皇甫秀才》《和元秀才别业书事》，有"春城""春苑""桃艳""梨华""杏篱"等词句①，尤其是全卷第一首《洛阳

---

① 梨花开于清明时节，其时绝无降雪之可能，《寄园林主人》之"梨华雪又催"和《对梨华赠皇甫秀才》之"林上梨华雪压枝"只是借"雪"形容梨花之白，并非真雪。《全唐诗》本改"梨华雪又催"为"雪又摧"，大谬。

吟》说：

> 万户千门夕照边，开元时节旧风烟。宫官试马游三市，舞女乘舟
> 上九天。胡骑北来空进主，汉皇西去竟升仙。如今父老偏垂泪，不见
> 承平四十年。

更显然是新正时在洛阳怀念承平景物之作①。这当然不会是中和元年的新
正，因为中和元年立春日韦庄还在长安写了"御柳无情依旧春"的绝句，
已如前所说；也不可能是中和三年的新正，因为后面要考证到韦庄在中和
二年年底以前已离开洛阳，因此这《洛阳吟》只能是中和二年新正所作。
中和二年新正韦庄已在洛阳作诗，说明他离开长安绝不会如夏氏《年谱》
所说迟至中和二年春日。

中和元年什么时候离开长安，《浣花集》卷二"庚子年冬大驾幸蜀后
作"中的诗篇提供了线索。和咏中和元年四月王处存之役的《辛丑年》七
律编在一起的有一首题为《思归》的七律，说：

> 暖丝无力自悠扬，牵引东风断客肠。外地见华终寂寞，异乡闻乐
> 更凄凉。红垂野岸樱还熟，绿染回汀草又芳。旧里若为归去好，子期
> 凋谢吕安亡。

诗中的"樱"是樱桃，今樱桃初夏成熟，唐代也是如此，《太平御览》卷
九六九引唐《景龙文馆记》谓：

> 夏四月，上与侍臣于树下摘樱桃，恣其食。……夏四月，上幸两
> 仪殿，命侍臣升殿食樱桃。

---

① 所谓"不见承平四十年"者，即指玄宗在位四十五年而言，与韦庄行年无关。

可见这首有"樱还熟"的《思归》诗是中和元年夏四月所作，大概由于这年四月王处存等官军反扑失败，韦庄认为长安收复无望，加以城里食粮匮乏，就决心离开长安回旧里故居。《浣花集》同卷还有一首题为《家叔南游却归因献贺》的七律，说明中和元年四月后韦庄确已将"思归"见之行动，离开长安回到了旧居，因此他的叔父"南游却归"后能和他在家里相聚。

讲到这里，还可以附带落实一下《辛丑年》七律的写作时间。我过去读《浣花集》时受了《秦妇吟》和时人论著的影响，总认为韦庄离开长安就径奔洛阳，对《思归》《家叔南游却归因献贺》两首诗不曾注意推敲，不知道韦庄离长安是回旧居，因而对《辛丑年》颈联所说：

> 田园已没红尘里，弟妹相逢白刃间。

也和夏承焘《年谱》一样认为是在长安围城中相逢。其实韦庄滞淹长安是为了应举，其弟尤其是其妹怎么会也在长安？前引《贼中与萧韦二秀才同卧重疾二君寻愈余独加焉恍惚之中因有题》中说：

> 弟妹不知处，……怀乡亦泪流。

明系怀念在故居的弟妹，因此《辛丑年》之有"弟妹相逢白刃间"，正说明是回旧居后与弟妹重逢后所作，因此才提到"田园"，所谓"田园已没红尘里"正有陶潜《归去来辞》"田园将芜胡不归"的意味。这首诗首二联"九衢漂杵已成川"云云是咏中和元年四月王处存等入城之役，而紧接着说"田园"说"弟妹相逢"，又可证四月入城之役后不久韦庄就回到了家里。

（四）

韦庄此时家于何处？夏承焘《年谱》说在虢州，这是正确的，主要证据即是前引《浣花集》卷一"庚子乱离前"作《冬日长安感志寄献虢州崔郎中二十韵》，此诗献虢州崔郎中，而首韵即云"帝里无成久滞淹，别家三度见新蟾"，可见韦庄入长安应举时家本在虢州。《浣花集》同卷还有《虢州涧东村居作》《三堂东湖作》《三堂早春》《渔塘十六韵》几首诗。《渔塘十六韵》自注：

> 在朱阳县石岩下。

朱阳是虢州的属县①。三堂则韩愈《昌黎先生文集》卷九有《奉和虢州刘给事使君三堂新题二十一咏》，诗序谓：

> 虢州刺史宅，连水池竹林，往往为亭台岛渚，目其处为三堂。

吕温《吕和叔集》卷一〇还有《虢州三堂记》②。这些也都是"庚子乱离前"韦庄就家于虢州的证据③。

《元和郡县图志》卷六说陕虢观察使"管州三：陕州、虢州、汝州"，而陕州"为陕虢观察使理所"④。新任陕虢观察使后擢节度使的王重盈坐守陕州，不过问虢、汝二州。黄巢农民军先破汝州北上进入洛阳，再从洛阳西上攻破虢州后全军进入潼关，也未必留部队在虢州驻守，此时虢州当已成为较平静的真空地带，《家叔南游却归因献贺》诗中就看不出虢州有什么兵荒马乱的情况。因此不仅韦庄"思归"回到虢州，他的叔父南游后也仍回到虢州⑤。

但韦庄此人是不甘寂寞的。当年为了找出路到长安应举，落第后仍留

---

① 《通典》卷一七七《州郡典》、《旧唐书》卷三八《地理志》、《新唐书》卷三八《地理志》及《元和郡县图志》卷六。

② 《四部丛刊》本，又收入《文苑英华》卷八二七、《唐文粹》卷七四。

③ 以上几首诗夏承焘《年谱》也都已提及，不过对三堂等没有认真解释。

④ 即"治所"，唐人避高宗讳易"治"为"理"。

⑤ 《辛丑年》七律所说"弟妹相逢白刃间"，只是乱世和弟妹重逢之谓，不能死板地理解为虢州当时处在白刃交加的恐怖之下，因为虢州当时如真这样恐怖，韦庄和他的叔父就决不肯回来。

长安等机会，黄巢农民军占领长安后仍不想离开，到王处存等官军反扑长安失败后认为收复无望加以食粮匮乏才不得已回虢州。虢州名义上的统治者王重盈又是毫无作为的地方军阀，因此需要另找个他认为有作为的地方军阀以谋求出路。在此问题上他这个叔父大概给了他启发。《家叔南游却归因献贺》七律的全篇是：

> 缭绕江南一岁归，归来行色满戎衣。长闻凤诏征兵急，何事龙韬献捷稀。旅梦远依湘水阔，离魂空伴越禽飞。遥知倚棹思家处，泽国烟深暮雨微。

从"缭绕江南一岁归"和"离魂空伴越禽飞"，可知这个叔父在一年前南游是游吴越[①]，吴越是黄巢农民军不曾占领过的地区，驻节润州的镇海军节度使周宝又是当地比较强大的军阀，韦庄当是听了这个叔父的情况介绍，才把希望寄托到这个地方军阀周宝身上，准备到江南去投靠。

在唐代从陕西到江南最简捷的走法是走汴路，也可称汴宋路，这是当时南粮北运的必经水道。陈寅恪《校笺》对此已有所考证，中唐时李翱《李文公集》卷一八《来南录》曾就自身亲历详细记述了走这条汴路到润州的日程[②]：

> 元和……四年正月己丑（按即正月十二日[③]），自旌善第以妻子上船于漕，乙未（十八日）去东都。……明日（十九日）及故洛东。……戊戌（二十一日）……暮宿于巩。庚子（二十三日）出洛下河，止汴梁口，遂泛汴流，通河于淮。辛丑（二十四日）及河阴。乙巳

---

① 从"旅梦远依湘水阔"的"湘水"可知这个叔父还到过湖南，但也可能只是以"湘水"泛指南方泽国，好在与本题关系不大，不必深究。

② 据《四部丛刊》影印明成化刻本。《清华学报》所载《读秦妇吟》引此略有舛错，当或排印滋误，其后增订为《秦妇吟校笺旧稿补正》在《岭南学报》刊登时，则缘陈寅恪先生视力衰退，由助手代笔，致仍未改正。

③ 据陈垣《中西回史日历》，以下凡月日日干支之换算悉本此《日历》，不再一一注明。

（二十八日）次汴州。……二月丁未朔（二月一日）宿陈留。戊申
（二日）……宿雍丘。己酉①（三日）次宋州。……壬子（六日）至永
城。甲寅（八日）至埇口。丙辰（十日）次泗州，见刺史假舟。……
庚申（十四日）下汴渠入淮。……壬戌（十六日）至楚州。丁卯（二
十一日）至扬州。……辛未（二十五日）济大江至润州。……自洛州
下黄河汴梁过淮至淮阴一千八百有三十里，顺流自淮阴至邵伯三百有
五十里，逆流自邵伯至江九十里。

旌善坊在洛阳，北临洛水，由此上船走汴路水道到润州二千二百七十里，
除中间访友登眺、病寒召医外，实足用三十几天，即一个月零几天的时
间，这在当时已是较快的速度。从《家叔南游却归因献贺》末联"遥知倚
棹思家处，泽国烟深暮雨微"来看，可知韦庄这个叔父从江南回虢州仍是
走这汴路水道，不过当年李翱是从洛阳南下，而这个叔父是由江南北上。
韦庄听信叔父介绍要去江南，当然仍旧准备走这条水道快捷方式，要走这
条快捷方式就得像李翱那样在洛阳上船，这就是韦庄离虢州旧居后首先要
赴洛阳的原因。

《浣花集》卷二"庚子年冬大驾幸蜀后作"里有两首离虢州赴洛阳途
中的诗篇，一首是《早秋夜作》七律：

> 翠簟初清暑半销，撤帘松韵送轻飙。莎草露永琴书润，山郭月明
> 砧杵遥。傍砌绿苔鸣蟋蟀，绕檐红树织蟏蛸。不须更作悲秋赋，王粲
> 辞家鬓已凋。

从"王粲辞家"可知是重离虢州旧居后所作，从题目"早秋"和"暑半
销""鸣蟋蟀"可知作诗的时间在中和元年七月中下旬，假定韦庄离虢州
前在家里住一两个月，则上推前此回到虢州的时间应在这年五六月之间。

---

① 成化本原误作乙酉，今改。

从长安到虢州据《元和郡县图志》卷八所说为四百三十里，大约得走上半个月，则韦庄离开长安当在这年五月初，这和前面所推测韦庄在这年四月王处存等入城之役后不久就写《思归》离长安正相吻合。

再一首是《宿泊孟津寄三堂友人》七律，首二联是：

> 解缆西征未有期，槐华又逼桂华时。
> 鸿胪陌上归耕晚，金马门前献赋迟。

从题目"寄三堂友人"和"归耕晚"诗句可知也是重离虢州旧居后所作，所谓"解缆西征未有期""金马门前献赋迟"是说西上长安博取功名暂无可能只好东行，"槐华又逼桂华时"点明自虢州东行入黄河到孟津是在中和元年八月。孟津即盟津，《通典》卷一七七《州郡典》：洛阳"东北有盟津"。《元和郡县图志》卷五：河南府偃师县"西南至府七十里"，"盟津在县西北三十一里"。从孟津再有一天的路程就到达洛阳①。

（五）

韦庄到洛阳后为什么停留不进？这是因为徐州发生了时溥的兵乱，汴路受到阻绝。这个问题陈寅恪《校笺》根据两《唐书·僖宗纪》《时溥传》《通鉴》和崔致远《桂苑笔耕集》中代高骈所作书牒首先作出精确的考证。《通鉴》卷二五四中和元年八月：

> 武宁节度使支详遣牙将时溥、陈璠将兵五千入关讨黄巢，二人皆详所奖拔也。溥至东都，矫称详命召师还，与璠合兵，屠河阴，掠郑州而东。及彭城，详迎劳，犒赏甚厚。溥遣所亲说详曰："众心见迫，

---

① 《浣花集》卷二在《宿泊孟津》后又有《天井关》七律一首，天井关在今山西南端的晋城西南太行山上，此诗首联所谓"太行山上云深处，谁向云中筑女墙"即是。自天井关南下自可到达洛阳，但并非从虢州到洛阳的必经之途。从此诗尾联"守吏不教飞鸟过，赤眉何路到吾乡"，当是韦庄过孟津北望志慨之作。黄巢军渡淮后是从汝州北取洛阳，从洛阳西取虢州入潼关，并未北经天井关，韦庄此诗当只是广泛地志慨。

请公解印以相授。"详不能制，出居大彭馆，溥自知留务。璠谓溥曰："支仆射有惠于徐人，不杀，必成后悔。"溥不许，送详归朝。璠伏甲于七里亭，并其家属杀之。诏以溥为武宁留后，溥表璠为宿州刺史。璠到官贪虐，溥以都将张友代还，杀之①。

《桂苑笔耕集》卷八《致泗州于涛常侍别纸》、卷九《致泗州于涛尚书别纸》、卷一一《告报诸道征促纲运书》《答徐州时溥书》《答襄阳郡将军书》以及《文苑英华》卷八〇九李磎《泗州重修鼓角楼记》，均有为两《唐书》、《通鉴》所漏记的时溥借口泗州为武宁军节度使所旧管②而兵侵淮泗的记事，如《笔耕集》中和二年七月四日《答襄阳郡将军书》：

> 去年……武宁忽兴戎役，先侵泗境，后犯淮壖。

《答徐州时溥书》：

> 来示云泗州独阻淮河，自牢城垒，使四方多阻，诸道莫通。……其于淮河久阻，道路不通，皆因贵府出兵，不是泗滨为梗，是非可辨，远近所聆。

《致泗州于涛常侍别纸》：

> 况属彭门叛乱，仍当汴路艰难，独守危城，终摧敌垒。

---

① 此事《旧唐书》卷一九下《僖宗纪》记于广明元年九月，卷一八二《时溥传》记于中和二年，《新唐书》卷一八八《时溥传》不记年月，卷九《僖宗纪》及《通鉴》记于中和元年八月。据《桂苑笔耕集》卷一一中和二年七月四日代高骈《答襄阳郡将军书》有"某自去年春知寇侵秦甸，帝幸蜀川，欲会兵于大梁，遂传檄于外镇，练成军伍，选定行期，便被武宁，忽兴戎役"云云，可证徐州武宁军将时溥倡乱确在中和二年的"去年"即中和元年，《新书·僖宗纪》、《通鉴》元年八月之说可信。

② 《元和郡县图志》卷九徐泗节度使"管州四：徐州、宿州、泗州、濠州"。《旧唐书》卷三八《地理志》武宁军节度使条同。《新唐书》卷六五《方镇表》元和二年"置武宁军节度使，治徐州，领徐、泗、濠三州"，四年"增领宿州"，其后复几经变动，至乾符元年"罢领泗州"。

武宁军节度使治所徐州、徐州治所彭城虽非汴路所经，所属宿州、所侵泗州则都正当汴路要道，《元和郡县图志》卷九：

> 宿州，……其地南临汴河，有埇桥为舳舻之会。
>
> 泗州，……临淮县，……南临淮水，西枕汴河。

所以前引李翱《来南录》说"甲寅至埇口，丙辰次泗州，……庚申下汴渠入淮"。《元和郡县图志》卷九徐州条也说"自隋氏凿汴以来，彭城南控埇桥，以扼汴路，故其镇尤重"。因而一旦时溥倡乱徐、宿，兵侵泗州，就马上出现汴路阻绝、诸道莫通的局面。

时溥倡乱在中和元年八月，随即入侵泗州当在九月。如前所说，韦庄在这年五六月间回到虢州旧居，接着他的叔父也从江南回来，这时时溥尚未倡乱，汴路通行无阻，因此韦庄仍想走汴路赴江南。等韦庄到达洛阳已正是八月，时溥乱事发生，继而汴路受阻，韦庄自然不能前进，只好在洛阳暂时停留。

（六）

韦庄在洛阳逗留时仍想试走汴路，《浣花集》卷三"洛中寓居作"中有一首题为《东游远归》的七律：

> 扣角干名计已疏，剑歌休恨食无鱼。辞家柳絮三春半，临路槐华七月初。江上欲寻渔父醉，日边时得故人书。青云不识杨生面，天子何由问子虚。

这首诗不甚好懂，需要作点分析解释：（1）"辞家柳絮三春半"，中和元年"三春半"韦庄还在长安，谈不上"辞家"，这"辞家"的"三春半"只能是中和二年的"三春半"，所谓"辞家"是辞"洛中寓居"之家，不是辞虢州旧居之家，和前面所考中和元年七月辞虢州之家到洛阳不是一回事①。
（2）"辞家"是为了"扣角干名"即干求投靠以谋出路，投靠的对象是江
南润州的镇海军节度使周宝，所以说"江上欲寻渔父醉"。（3）从题目
"东游"可知这次去"江上"仍试走最简捷的汴路，结果还是走不通，只
好回来作"剑歌休恨食无鱼"之叹。（4）"春半"辞家，"七月初"才回
来，说明这次从汴路走已走得相当远，所以诗题要叫"远归"。（5）这次
功败垂成使韦庄十分懊伤，要东投诸侯路走不通，想西见天子又无有力者
汲引，所以写了尾联"青云不识杨生面，天子何由问子虚"，流露出徘徊
歧途的失意情绪。陈寅恪《校笺》没有注意到这首《东游远归》诗，只推
测汴路虽艰阻，"端己之南投周宝或仍由此路"，不知道由此汴路仍走不通
而东归，可说只讲对了一半。

　　韦庄最后到达江南当然不是走通了汴路，否则到达江南后用以贽见周
宝的《秦妇吟》中就不会仍写出"汴路舟车绝"的句子。汴路走不通走哪
条路，《浣花集》提供了一点资料，就是卷三《东游远归》后的一首题为
《新正日商南道中作寄李明府》的七律：

　　　　相看又见岁华新，依旧杨朱拭泪巾。踏雪偶因寻戴客，论文还比
　　聚星人。嵩山不改千年色，洛邑长生一路尘。今日与君同避世，却怜
　　无事是家贫。

这首诗也要作几点解释：（1）题目的"新正日"是中和三年的新正日，因
为元年新正日韦庄在长安，二年新正日在洛阳，已如前所说。（2）"新正
日商南道中作"何以要提"嵩山""洛邑"，可见是离开洛阳行经商南道中
所作，"洛邑长生一路尘"即指洛阳地区驻屯官军对居民的骚扰残虐，和

---

　　① 《浣花集》卷三"洛中寓居作"中有一首题为《晚春》的五律，颈联有"皎皎洛川神"句，似中
和二年晚春仍在洛阳，与《东游远归》的"辞家柳絮三春半"相矛盾。其实《晚春》此联"峨峨秦氏
鬟，皎皎洛川神"只是说这两年来自己曾先后领略长安、洛阳的酒色，所以尾联接着说"风月应相
笑，年年醉病身"，完全不碍其为离洛阳后旅途中所作。

后来《秦妇吟》中所说"自从洛下屯师旅，日夜巡兵入村坞，……入门下马若旋风，馨室倾囊如卷土"是一个意思。(3)走商南的目的仍是为了想到江南，诗中"避世"即走避滔滔大乱的中原，如《秦妇吟》所说"戎马不曾生四鄙"的江南润州周宝管区之谓，但上次走汴路碰了钉子，这次走商南这条歧路是否走得通还没有把握，从而要发出"依旧杨朱拭泪巾"之叹。所以韦庄第二次离开洛阳的时间和赴江南的路程这首诗都已作了解答：离洛阳是在中和二年年底以前，从洛阳改走商南，中和三年新正日正在商南道中。陈寅恪《校笺》本来也已注意到这首诗，但也许对内容不曾仔细推敲，对新正日这个时间也没有前后排比，仍有点半信半疑，说"岂〔韦庄〕取襄汉路赴润州耶？但诗语无明确之表示，故不敢遽断"。其实不仅诗语有明确之表示，已如上所说，从中和三年新正日这个时间也可肯定韦庄这次走商南道只能是赴江南润州，因为后面要说到，韦庄是在中和三年三月到达江南的，如新正日走商南道是别有目的，则以后再回洛阳，再由洛阳到江南，三个月的时间绝对不够用，在同年三月绝对到不了江南。

韦庄这次从洛阳到江南为什么要走商南？即使汴路不走，在正常情况下应该从洛阳南下先经南阳、襄阳到鄂州，再沿长江东下到江宁、润州。但战乱时就很难说，《通鉴》卷二五四中和元年：

> 黄巢以朱温为东南面行营都虞候，将兵攻邓州，三月辛亥陷之，执刺史赵戒，因戍邓州以扼荆襄。……四月，……贼所署同州刺史王溥、华州刺史乔谦、商州刺史宋岩闻巢弃长安，皆率众奔邓州，朱温斩溥、谦，释岩，使还商州。……七月，……鄜延节度使李孝昌、权夏州节度使拓跋思恭屯东渭桥，黄巢遣朱温拒之。

辑本《旧五代史》卷一《梁太祖纪》采《册府元龟》所记：

> 中和元年二月，巢以帝为东南面行营先锋使，令攻南阳，下之。六月，帝归长安。

邓州在南阳附近，和南阳都是从洛阳南下到襄阳的必经之途，而在中和元年二三月已被朱温所攻占，成为黄巢军在长安以外的一个重要据点，虽然同年六月朱温又调回长安，但邓州、南阳并未随之有弃守之说，到中和二年下半年这里仍可能是兵戈扰攘之区①，从洛阳到襄阳在这里无法通过。至于商州，则位置偏僻，远非南阳、邓州之比，不是兵家必争之地，中和元年黄巢所署的商州刺史宋岩只是个三四流的人物，手里没有多少兵力，所以一听王处存等官军反扑黄巢退出长安的消息就只好自动弃守投靠朱温，尽管朱温仍叫他回商州，也未必能支撑多久，到中和二年下半年商州更应该不见兵戈，所以韦庄就选择了这条通道，从洛阳向西南沿洛水或伊水逆上先到商南地区，再从商南向东南顺沿丹水、汉水到襄阳，然后由襄阳向东顺沿汉水到鄂州，再由鄂州东沿长江到江宁、润州。这样走法比从洛阳直下南阳、襄阳是转了个大弯子，而且从洛阳到商南、从商南到襄阳这段路也很不好走，但总比冒险穿过兵戈扰攘之区要安全得多。

韦庄在什么时候到达江南？前面已讲过王国维《秦妇吟跋》定为中和三年三月，其根据是《浣花集》卷四"浙西作"的第二首《江上逢史馆李学士》七律：

> 前年分袂陕城西，醉凭征轩日欲低。去浪指期鱼必变，出门回首马空嘶。关河自此为征垒，城阙于今陷战鼙。谁谓世途陵是谷，燕来还识旧巢泥。

"城阙于今陷战鼙"句下自注：

> 时巢寇未平。

---

① 唐懿宗咸通以后海内分崩离析，史官之职久阙，某些局部性的战乱往往不见于后来纂修的两《唐书》、《通鉴》，前面所说徐州时溥、泗州于涛兵争之转详于《桂苑笔耕集》中牒即是一例。

但王《跋》过求简洁，没有讲清楚怎样从诗注看出韦庄到江南是在中和三年三月，因此要代王《跋》作点疏说。

诗注的"巢寇未平"，今日通常易理解为黄巢农民军尚未被最后平定。其实不然。"时巢寇未平"是"城阙于今陷战鏖"的注，这个"城阙"之"阙"就是《北梦琐言》所谓"黄寇犯阙"之"阙"，也就是《旧唐书》所载官军杨复光攻占长安露布告捷中所谓"收平京阙"之"阙"①，是指京阙、京城，因此所谓"巢寇未平"之"平"也就是"收平京阙"之"平"，是指黄巢军尚未退出长安而言②。官军杨复光等所谓"收平京阙"据露布是在中和三年四月八日③，江南路远迟一些在五月里总可得到这个消息，而韦庄《江上逢史馆李学士》还说"时巢寇未平"，可见一定是中和三年五月以前的作品，这时韦庄已能在江上逢史馆李学士，所以王《跋》把韦庄到达江南润州定在中和三年三月里。

韦庄在中和二年年底以前就离开洛阳，三年三月才到达江南润州，比没有战争时李翱从洛阳经汴路只用一个月零几天到润州多走了三个月。

下篇 《秦妇吟》所述史事及词句证释

（一）

《秦妇吟》：

---

① 此杨复光露布全文两见于《旧唐书》卷一九下《僖宗纪》和卷二〇〇下《黄巢传》，文字略有出入，这里从《传》，《纪》作"收平京国"。

② 前面说过韦庄此人不甘寂寞，热衷功名利禄，后来光启二年僖宗为李克用所逼出奔凤翔，第二年韦庄即从浙西经汴路想"西赴行朝""至陈仓迎驾"（《浣花集》卷四《与侯补阙》诗题目及编《集》时加注）。如《江上逢史馆李学士》自注"时巢寇未平"指黄巢军尚未被最后平定，即此诗之作在中和四年七月黄巢牺牲在泰山东南狼虎谷之前，韦庄在中和三年春夏时仍有流寓洛阳的可能，则听到四月杨复光等"收平京阙"的消息后必将计划西归长安以博取功名，决不会舍此机会一意南行。今韦庄南行既是事实，可知"时巢寇未平"绝不能作黄巢军未被最后平定的解释。

③ 杨复光等军进入长安的日子，《旧唐书·僖宗纪》作四月庚辰，但这年四月并无庚辰日，《黄巢传》作四月十一日，《新唐书·僖宗纪》作四月丙午即十日，此外《通鉴考异》引宋敏求补撰《实录》及《后唐太祖纪年录》《唐年补录》都作四月乙巳即九日，自均不如杨复光露布之可信据，《通鉴》亦从露布定为四月甲辰即八日，详《通鉴》卷二五五中和三年四月甲辰条并《考异》。

> 中和癸卯春三月，洛阳城外花如雪。东西南北路人绝，绿杨悄悄
> 香尘灭。路旁忽见如花人，独向绿杨阴下歇。凤侧鸾欹鬓脚斜，红攒
> 黛敛眉心折。借问女郎何处来，含嚬欲语声先咽。回头敛袂谢行人，
> 丧乱漂沦何堪说。三年陷贼留秦地，依稀记得秦中事。君能为妾解征
> 鞍，妾亦与君停玉趾。

全《吟》以此开始，说"中和癸卯"即中和三年"春三月"时韦庄在洛阳
城外遇见秦妇，以下到终篇就都是所谓秦妇的口述。

韦庄在洛阳城外遇见秦妇是不是事实？《秦妇吟》这首长诗是纪实还
是假托？这是读《秦妇吟》时必须解决的问题，否则很多问题将随之发生
纠葛不好理解。

王国维《秦妇吟跋》和陈寅恪《校笺》没有谈这个问题，其他有关
《秦妇吟》的论著如夏承焘《年谱》、徐嘉瑞《本事》则都认为真有其事。
《本事》印本流传不广，所持"真有其事"的理由也极为牵强，在学术界
没有影响。《年谱》则经修订后收入所著《唐宋词人年谱》一书，颇为近
时治唐宋词者所推重，其实如前面考实韦庄行迹时所谈到，《谱》中实多
脱略抵牾。在这个是否真有其事的问题上《年谱》是这样写的：

> 中和三年癸卯，三月，在洛阳，作《秦妇吟》。游江南，献诗于
> 周宝。

这后面一句的根据是王国维《秦妇吟跋》所定"中和三年三月庄已至江
南"，前面一句的根据是《秦妇吟》本身的"中和癸卯春三月"，《年谱》
认为春三月在洛阳遇见秦妇作《秦妇吟》是事实。案三月份一个月里从洛
阳到江南，这在今天有现代化交通工具当然不在话下，但在唐代怎么可
能，李翱在平静时从洛阳走最简捷的汴路水道到江南都要一个月零几天，

何况汴路阻绝的战乱时期。《年谱》这种写法显然有悖事理①。王国维《跋》定韦庄在中和三年三月已至江南是不错的,已如前"韦庄行迹考实"中所说,"行迹考实"还考证了早在中和二年年底以前韦庄就已离开洛阳,中和三年新正日已行经商南道上,因此可以断定中和三年三月韦庄绝没有仍逗留洛阳遇见秦妇的可能,整篇《秦妇吟》只是诗人的假托,绝对不是纪实之作。

解决了这个问题,则《吟》中所说"三年陷贼留秦地"只是韦庄笔下秦妇的行止,从广明元年十二月黄巢进入长安到中和三年春正可算是"三年",但与韦庄本人的实际行迹是两回事。而下文假托秦妇的长篇纪事,哪些是所眼见耳闻,哪些是出于地主阶级本能的捏造诬蔑,则当结合前面所考实的韦庄本人行迹来观察,这样才能达到以《吟》证史补史,即从史料角度来研究《秦妇吟》的目的。

至于这"中和癸卯春三月"究竟指什么?既然春三月韦庄早已不在洛阳为什么还要在全《吟》开卷写上这个"春三月"?我认为这是韦庄在点明作《吟》进见周宝的时间。朱庆余《闺意》"洞房昨夜停红烛,待晓堂前拜舅姑。妆罢低声问夫婿,画眉深浅入时无"是唐人著名的赞见诗②,因为赞见的是著名的文人张籍,可以写得十分含蓄。而韦庄赞见的是"借荫为千牛备身"起家的周宝③,军人文学修养差,所以韦庄在《秦妇吟》开卷要点出作《吟》赞见的时间"中和癸卯春三月",使周宝一看便知此《吟》是专为赞见而作,是韦庄假秦妇之口来对自己歌颂。当然我这样讲也仅是一种比较近乎情理的推测,不敢以定论自诩,只算聊备一说。

---

① 《年谱》于"在洛阳作《秦妇吟》"下还说"《北梦琐言》《唐诗纪事》《唐才子传》皆谓在长安应举时作,非也"。其实《琐言》等本意只说"蜀相韦庄应举时"适逢"黄巢犯阙",因而"著《秦妇吟》一篇",并未说著《秦妇吟》的地点时间,更不是说著《秦妇吟》就在长安应举时,这是《年谱》误解了《琐言》等的文义,《琐言》等并没有错,错的倒是《年谱》自己的中和三年三月在洛阳作《秦妇吟》之说。

② 《唐诗纪事》卷四六,又《四部丛刊三编》影印南宋书棚本《朱庆余诗集》。

③ 《新唐书》卷一八六《周宝传》。

（二）

《秦妇吟》：

> 前年庚子腊月五，正闭金笼教鹦鹉。斜开鸾镜懒梳头，闲凭雕栏
> 慵不语。忽看门外起红尘，已见街中擂金鼓。居人走出半仓惶，朝士
> 归来尚疑误。是时西面官军入，拟向潼关为警急。皆言博野自相持，
> 尽道贼军来未及。须臾主父乘奔至，下马入门痴如醉。适逢紫盖去蒙
> 尘，已见白旗来匝地。

这是韦庄借秦妇之口追述长安城破时的情况，当时韦庄正因应举在长安，
这一段追述是韦庄在城里所耳闻眼见。

"前年庚子腊月五"，这是纪"适逢紫盖去蒙尘，已见白旗来匝地"即
僖宗出逃、黄巢军入长安的日子。这个日子文献记载颇多歧异。《旧唐书》
卷一九下《僖宗纪》广明元年十二月甲申：

> 是日，上与诸王、妃后数百骑，自子城由含光殿①、金光门出幸
> 山南，文武百官僚②不之知，并无从行者，京城晏然。是日晡晚，贼
> 入京城。时右骁卫大将张直方率武官十余迎黄巢于坡头。

纪僖宗出逃、黄巢军进入均在甲申即十二月五日。卷二〇〇下《黄巢传》：

> 十二月三日，僖宗夜自开远门出，趋骆谷，诸王官属相次奔命，
> 观军容使田令孜、王若俦收合禁军扈从。四日，贼至昭应，金吾大将
> 军张直方率在京两班迎贼灞上。五日，贼陷京师。

---

① 唐大明宫正牙曰含元殿，又皇城即子城南面三门西曰含光门，此曰"自子城由含光殿、金
光门出幸山南"，"含光殿"当是"含光门"之误。金光门则外郭城西面三门的中间一门，从含光门
正西行直穿金光门出长安城。

② "僚"当作"了"。

别定僖宗出逃在十二月三日。《新唐书》卷九《僖宗纪》：

> 甲申，……行在咸阳。丙戌，左金吾卫大将军张直方率武官叛附于黄巢，巢陷京师。

又以黄巢军进入长安为丙戌即十二月八日。《通鉴》则同《旧书·僖宗纪》，卷二五四书：

> 甲申，……〔田〕令孜帅神策兵五百奉帝自金光门出，惟福、穆、泽、寿四王及妃嫔数人从行，百官皆莫知之。……晡时，黄巢前锋将柴存入长安。金吾大将军张直方帅文武数十人迎巢于霸上。

现在《秦妇吟》正把"适逢紫盖去蒙尘，已见白旗来匝地"同叙在"腊月五"即十二月五日这一天，可见《旧书·僖宗纪》及《通鉴》的纪日为可信。而《旧书》卷一五八《郑从谠传》记广明元年十二月僖宗传诏从谠中所谓：

> 今月五日，草贼黄巢奔冲。

得此也可知还是说黄巢进入长安之日。至于《秦妇吟》用"适逢""已见"，似僖宗出逃与黄巢军进入在同一时刻，不像《旧书·僖宗纪》《通鉴》所纪之有先后，则是由于歌吟的行文遣词究竟不同于史官执笔，不必以此执诗疑史。

"朝士归来尚疑误"，这"朝士"即上引《旧唐书·僖宗纪》所说的"百官"，《僖宗纪》说僖宗出逃"文武百官僚不之知"，《通鉴》本之作"百官皆莫知之"。正由于朝士即百官尚不知僖宗已出逃，不知长安即将不守，因此归来时，"忽看门外起红尘，已见街中擂金鼓"尚疑是误听谣传自相惊扰。《秦妇吟》这句诗证实了《旧书》僖宗纪这段纪事的可靠性。

"是时西面官军入，拟向潼关为警急"，这个"是时"从文义来看是指"忽看门外起红尘，已见街中擂金鼓"的稍前，即同为腊月五日的事情。但两《唐书》、《通鉴》在广明元年十二月五日长安城破之前并无官军从西面进入长安、东向潼关援急的记事，而韦庄又完全没有必要凭空捏造这一事实。当是由于十二月五日这天发生了僖宗出逃、黄巢军进入这样的大变动，这支实际上并未起作用的小股官军已引不起人们注意，事后易被忘却。而这个时期的历史文献多系后来追记，以至连僖宗出逃、黄巢军进入的时日都会记错，何况漏记这易被人们忘却的小股官军。

"皆言博野自相持，尽道贼军来未及"，这"博野"就是博野军，本是河朔的一支地方部队，《通鉴》卷二四二穆宗长庆二年：

> 二月，……丙寅，……以左神策行营乐寿镇兵马使清河傅良弼为沂州刺史，以瀛州博野镇遏使李寰为忻州刺史。良弼、寰所戍在幽、镇之间，朱克融、王庭凑互加诱胁，良弼、寰不从，各以其众坚壁，贼竟不能取，故赏之。……三月，……李寰率其众三千出博野，王庭凑遣兵追之，寰与战，杀三百余人，庭凑兵乃还，余众二千犹固守博野。……夏四月，……甲戌，以傅良弼、李寰为神策都知兵马使[1]。

自此博野军就附属神策军，成为中央禁军系统的部队。其参与拒守潼关见《旧唐书·黄巢传》：

> 朝廷以田令孜率神策、博野等军十万守潼关。……尚让、林言率前锋由禁谷而入，夹攻潼关，官军大溃。博野都径还京师，燔掠西市。

《新唐书》卷二二五下《黄巢传》增添了一个具体细节：

---

[1] 《旧唐书》卷一六《穆宗纪》长庆二年四月甲子条、《新唐书》卷一四八《牛元翼传》所记均略有异同，以与本文无关，不复考核。

> 始，博野、凤翔军过渭桥，见募军服鲜煇，怒曰："是等何功遽然！"至是更为贼乡导，前贼归，焚西市。

《通鉴》卷二五四广明元年十二月壬午条又说遇见募军是西撤时的事情：

> 博野、凤翔军还至渭桥，见所募新军衣裘温鲜，怒曰："此辈何功而然，我曹反冻馁！"遂掠之，更为贼乡导，以趣长安。

案潼关之溃在十二月壬午即三日，博野军当即在此时溃败西归，何时溃入长安则各书都没有明纪时日①。今据《秦妇吟》在黄巢军入城之前尚"皆言博野自相持"，可见博野军溃入长安并"燔掠西市"只比"是日晡晚"黄巢军入城稍前一些，因此《新书·黄巢传》和《通鉴》才有"更为贼乡导"之说。

"已见白旗来匝地"，这说明黄巢军是以白旗为标识。《通鉴》广明元年十二月庚辰朔：

> 是日，黄巢前锋军抵〔潼〕关下，白旗满野，不见其际。

与"白旗来匝地"之说正相符合②。又《浣花集》卷三"洛中寓居作"中有《喻东军》七律，说：

---

① 《通鉴》广明元年十二月甲申条有"百官退朝,闻乱兵入城,布路窜匿"的记载,此"乱兵"似可指为博野军,但《新唐书·黄巢传》作"传言贼至,百官奔",《通鉴》盖本之而易"贼"为"乱兵",故未足凭信。

② 《通鉴》此"白旗满野"的纪事不见于两《唐书·僖宗纪》《黄巢传》,当别据其他文献,惜《通鉴考异》编写得太简略,许多记载的出处和记载有异同时取舍的理由都没有写进去,实一大憾事。

四年^①龙驭守峨嵋，铁马西来步步迟。五运未教移汉鼎，六韬何必待秦师。几时鸾凤归丹阙，到处乌鸢从白旗。独把一樽和泪酒，隔云遥奠武侯祠。

这"白旗"也无疑是指黄巢军。按我国中古起义军常有"尚白"的习惯，唐长孺《白衣天子试释》对此问题作了研究^②，认为：

白衣为弥勒教之服色，起原当在元魏之世。而白衣天子亦为弥勒教之谣谶。……信仰弥勒者特重白莲，所以尚白恐取其意。

今黄巢军亦悉用白旗，苟非巧合，疑与此弥勒教信仰不无关系，而《秦妇吟》下文所说"必谓妖徒今日死"的"妖徒"也就不止是一般性的诬蔑谩骂之词。可惜再无其他记载作为左证。

（三）

《秦妇吟》：

扶羸携幼竞相呼，上屋缘墙不知次。南邻走入北邻藏，东邻走向西邻避。北邻诸妇咸相凑，户外崩腾如走兽。轰轰昆昆乾坤动，万马雷声从地涌。火迸金星上九天，十二官街烟烘烔。日轮西下寒光白，上帝无言空脉脉。阴云晕气若重围，宦者流星如血色。紫气潜随帝座移，妖光暗射台星拆。家家流血如泉沸，处处冤声声动地。舞伎歌姬尽暗损，婴儿稚女皆生弃。（以下吟四邻女被掠被杀从略）

---

① 按韦庄在中和元年八月到达洛阳，二年年底前离洛阳赴江南，这首诗当是中和二年洛中寓居所作，由此上推僖宗入蜀为两个年头，故此"四年"必"二年"之误。可能是浅人读《浣花集》时没有考虑到此诗所作的年代，以为僖宗中和元年入蜀，光启元年回京，前后已足四年，就妄改原诗"二年"为"四年"。夏承焘《年谱》不察，转据这"四年"定此诗为光启元年三月"僖宗还京前作"，不知这时韦庄已身居江南，如此诗果是这时所作，怎么能编入《浣花集》卷三"洛中寓居作"中，而且其时黄巢军早被消灭，诗中也不可能仍有"到处乌鸢从白旗"之说。

② 《燕京学报》三五期。

这一段讲黄巢军进长安后如何烧杀抢掠。有人说这是农民军对付公卿百官，对平民并非如此。但对公卿百官也不应如此惨酷。当然，我们也不能自以为革命立场稳，阶级感情深，一见这类说农民军烧杀抢掠之词便斥之为造谣诬蔑，这样缺乏说服力，要说人家造谣诬蔑，总得拿出点过硬的证据。

证据就是地主阶级自己纂修的史书，《旧唐书·僖宗纪》在记述广明元年十二月甲申即五日晡晚"贼入京城"后说：

> 壬辰（十三日），黄巢据大内，僭号大齐，称年号金统。悉陈文物，据丹凤门伪赦，……伪赦书云："揖让之德，废已久矣，窜逐之迹，良用怃然。朝臣三品已上并停见任，四品已下宜复旧位。"……时宰相豆卢瑑、崔沆、故相左仆射刘邺、太子少师裴谂、御史中丞赵蒙、刑部侍郎李溥、故相于琮皆从驾不及，匿于闾里，为贼所捕，皆遇害。

《旧唐书·黄巢传》说：

> 时巢众累年为盗，行伍不胜其富，遇穷民于路，争行施遗。既入春明门，坊市聚观，尚让慰晓市人曰："黄王为生灵，不似李家不恤汝辈，但各安家。"巢贼众竞投物遗人。十三日，贼巢僭位，国号大齐，年称金统，仍御楼宣赦。……贼搜访旧宰相不获，以前浙东观察使崔璆、杨希古、尚让、赵璋为四相。……中和元年，……宰相崔沆、豆卢瑑匿从不及，匿之别墅，所由搜索严急，乃微行入永宁里张直方之家。朝贵怙直方之豪，多依之。既而或告贼云："直方谋反，纳亡命。"贼攻其第，直方族诛，沆、瑑数百人皆遇害。自是贼始酷虐，族灭居人。遣使传命召故相驸马都尉于琮于其第，琮曰："吾唐室大臣，不可佐黄家草昧，加之老疾。"贼怒，令诛之。广德公主并贼号

　　眺而谓曰："予即天子女，不宜复存，可与相公俱死。"是日并遇害。

这两种记载互有详略，盖各有所本，但都没有说黄巢军一进城就杀人，相反还叫"四品已下宜复旧位"，即使"三品已上并停现任"，但对其中知名的宰相公卿仍想借重起用，所谓"搜访旧宰相"即是为此目的。只是由于这些宰相公卿顽固不化，一再躲藏，又传有与张直方勾结谋反之说，黄巢军才对他们镇压。《旧书·黄巢传》就明谓"自是贼始酷虐，族灭居人"，这"居人"就是这些态度顽固并有谋反嫌疑的宰相公卿，可见前此对这些人也并不酷虐。这次杀宰相公卿，《旧书·黄巢传》纪于中和元年，《旧书·僖宗纪》纪于广明元年十二月十三日以后，《新书·黄巢传》未纪年月，《新书·僖宗纪》纪于广明元年十二月庚子即二十一日，《通鉴》纪于广明元年十二月己亥即二十日之后，都不曾说是发生在黄巢军刚入城时。

　　此外，《新书·黄巢传》和《通鉴》还纪有黄巢军入城后的另一次杀戮，《新书·黄巢传》：

　　　　甫数日，因大掠，缚棰居人索财，号淘物，富家皆跣而驱。贼酋阅甲第以处，争取人妻女乱之，捕得官吏悉斩之，火庐舍不可赀，宗室侯王屠之无类矣。

《通鉴》：

　　　　居数日，各出大掠，焚市肆，杀人满街，巢不能禁，尤憎官吏，得者皆杀之。……庚寅（广明元年十二月十一日），黄巢杀唐宗室在长安者无遗类。

案《通鉴》此处所纪当即根据《新书·黄巢传》而稍变易词句。而《新书·黄巢传》下文又纪攻杀张直方和豆卢瑑、崔沆等事，如果这里所说"捕得官吏悉斩之""宗室侯王屠之无类"是信史，则张直方、豆卢瑑等早已被屠斩，哪能留到后来再去攻杀，可见这段独见于《新书·黄巢传》的纪事和本传就自相矛盾，很难置信。而且即使如这段纪事所说，也是"甫数日"的事情，并没有说黄巢军一进城就杀掠。

关于放火，《新唐书》卷二〇八《宦者·田令孜传》说：

> 自贼破长安，火宫室舍庐十七，后京兆王徽葺复粗完。

好像黄巢军确有其事。但据《通鉴》卷二五五中和三年四月甲辰条：

> 〔李〕克用等自光泰门入京师，黄巢力战不胜，焚宫室遁去。……官军暴掠，无异于贼，长安室屋及民所存无几。

又卷二五六光启元年十二月乙亥条：

> 夜，〔田〕令孜奉天子自开远门出幸凤翔。初，黄巢焚长安宫室而去，诸道兵入城纵掠，焚府寺民居什六七。王徽累年补葺，仅完一二。至是复为乱兵焚掠，无孑遗矣。

则黄巢军仅焚宫室，而且是在撤离长安之时，焚"府寺民居什六七"是官军入城纵掠时所干的。其实这么说还是偏袒了官军，因为《通鉴》光启元年十二月乙亥这条是根据《旧唐书·僖宗纪》编写的，而《旧书·僖宗纪》光启元年十二月所纪原文是：

> 初，黄巢据京师，九衢三内，宫室宛然。及诸道兵破贼，争货相攻，纵火焚剽，宫室居市闾里十焚六七。贼平之后，令京兆尹王徽经年补葺，仅复安堵。至是，乱兵复焚，宫阙萧条，鞠为茂草矣。

《新唐书·黄巢传》也说：

> 至巢败，方镇兵互入虏掠，火大内，惟含元殿独存，火所不及者止西内、南内及光启宫而已。

可见大内宫室以及居市间里"十焚六七"都是官军破城时所为，黄巢军在长安连大内宫室都不曾烧，更不说居市间里了①。

以上所引两《唐书》、《通鉴》都是封建地主阶级纂修的史书，其所依据也无非是封建地主阶级的公私记载，绝无为黄巢军隐讳说好话之理。可见《秦妇吟》这段讲黄巢军进入长安后如何焚杀抢掠，纯属造谣诬蔑，绝非事实。

据本文中篇第（二）节考证，广明元年十二月五日黄巢军进入长安时韦庄正在城里，第二天清晨离长安入南山，过不了几天又重回长安。黄巢军入城后的安静不扰韦庄是完全清楚的，因此在《秦妇吟》里写出这种诬蔑之辞绝不能诿之轻信他人谣传，而只能由韦庄本人负责。

（四）

《秦妇吟》：

> 妾身幸得全刀锯，不敢踟蹰久回顾。旋梳蝉鬓逐军行，强展蛾眉出门去。旧里从兹不得归，六亲自此无寻处。一从陷贼经三载，终日惊忧心胆碎。夜卧千重剑戟围，朝餐一味人肝脍。鸳帏纵入岂成欢，宝货虽多非所爱。蓬头垢面狨眉赤，几转横波看不得。衣裳颠倒言语异，面上夸功雕作字。柏台多士尽狐精，兰省诸郎皆鼠魅。还将短发戴华簪，不脱朝衣缠绣被。翻持象笏作三公，倒佩金鱼为两史。朝闻

---

① 至于上引《旧书·僖宗纪》及《通鉴》所纪光启元年十二月事，近日西安出土昭宗光化二年六月二十七日建《唐重修内侍省碑》，郑璘撰，阎湘行书，董璟篆额，其中所说昭宗"乾宁三载，以道思展义，爰幸咸林，既旧址荒凉，而孰议修葺"，即指光启元年十二月长安的再度被焚，这次由内枢密使宋道弼、景务修主持修葺，并立碑纪事。宋、景事迹见《旧唐书》卷一三四《宦官传》、《新书》卷二〇八《宦者·刘季述传》。

奏对入朝堂，暮见喧呼来酒市。

这一段说黄巢军在长安的作为。据本文中篇第（二）（三）节考证，韦庄在广明元年年底或中和元年年初从南山回长安，到中和元年四月以后才离开，他对黄巢大齐朝的统治实况是应该很清楚的，可惜出于阶级本能，不仅没有在《秦妇吟》里留下点史书所不载的大齐朝治绩，相反仍是信口开河，恶意诬蔑，比两《唐书》、《通鉴》都不如。

这里先对"柏台""兰省"等句作点解释。"柏台"是指御史台，《通典》卷二四御史台：

> 汉谓之御史府，……府中列柏树，常有野乌数千，栖宿其上，晨去暮来，号曰朝夕乌。

此故事见《汉书》卷八三《朱博传》，而为唐人所习用，因此不仅见引于《通典》，《白氏六帖事类集》卷二一御史大夫条且明谓御史台在当时有"柏台""乌台"之称。"兰省"是指秘书监，《通典》卷二六秘书监：

> 龙朔二年改秘书省为兰台，……咸亨初复旧。

但此名称也仍为唐人所习用，《白氏六帖事类集》同卷秘书监条就说秘书监有"兰台"之称，《秦妇吟》这里是为避上句"柏台"之复而称之为"兰省"。"两史"，陈寅恪《校笺》已引《通典》卷二一中书令：

> 隋初改中书为内史，置监、令各一人，寻废监，置令二人，……大唐武德初为内史令，三年改为中书令，亦置二人。

说"两史与三公为对文，自指宰相而言"。《秦妇吟》这"柏台多士尽狐精，兰省诸郎皆鼠魅。还将短发戴华簪，不脱朝衣缠绣被。翻持象笏作三公，倒佩金鱼为两史"六句话，是讥刺黄巢所用宰相朝臣出身低微不懂得朝仪。

大齐朝的"三公""两史""柏台多士""兰省诸郎"如果都由农民起义军将士来充当，不懂朝仪是有可能的。但大齐朝并没有采取这样的用人政策，如前引《旧唐书·僖宗纪》所载黄巢在丹凤门发布赦书中就宣布：

> 朝臣三品已上并停见任，四品已下宜复旧位。

可见原则上要把四品已下官全部照旧一体录用。这种政策对不对姑置不论，但相当多的原四品已下官参加了大齐政权则是事实。如《册府元龟》卷三七四王景崇条即说：

> 时僖宗西幸，屈节伪廷者十三四。

现在无法看到大齐的百官簿，仅《旧唐书·僖宗纪》《黄巢传》，《新书·黄巢传》及《通鉴》广明元年十二月壬辰条开列了部分名单，如《旧书·僖宗纪》所说：

> 以太常博士皮日休、进士沈云翔为〔翰林〕学士。

这皮日休就是人所共知的晚唐文学家①。至于三品已上即宰相也并非不用

---

① 陆游《老学庵笔记》卷一○："《该闻录》言皮日休陷黄巢为翰林学士，巢败被诛。今《唐书》取其事。案尹师鲁作《大理寺丞皮子良墓志》称：'曾祖日休，避广明之难，徙籍会稽，依钱氏，官太常博士，赠礼部尚书。祖光业，为吴越丞相。父璨，为元帅府判官。三世皆以文雄江东。'据此，则日休未尝陷贼为其翰林学士被诛也。光业见《吴越备史》颇详。孙仲容在仁庙时仕亦通显。乃知小说谬妄，无所不有。师鲁文章传世，且刚直有守，非欺后世者，可信不疑也。故予表而出之，为袭美雪谤于泉下。"胡三省即引此以注《通鉴》。今案《旧书·僖宗纪》说"以太常博士皮日休、进士沈云翔为学士"，《新书·黄巢传》也说"皮日休、沈云翔、裴渥翰林学士"，都不止说皮日休一人，可见皆别有所本，并非取自《该闻录》小说。墓志则侈陈先德，不惜造作故实，自南北朝以来一贯如此，即使尹师鲁"刚直有守"，也可能免此诔墓结习。太常博士据《旧书·僖宗纪》是皮日休在唐朝时任官，尹《志》却说成是仕吴越后所任官，显系日休后人缘皮光业、皮璨等仕吴越而编造。前人对农民起义有成见，以日休之仕大齐为大节有亏，因而一见尹《志》就深信不疑，转而否定史传，陷于偏执而不自知。

旧官僚，《旧书·黄巢传》就说：

> 贼搜访旧宰相不获，以前浙东观察使崔璆、杨希古、尚让、赵章为四相。

又《太平广记》卷三一二柳晦条引《补录记传》说：

> 晦，河东人，少有文学，始以荫补，咸通末，官至拾遗，因上疏不纳，乃去官。……及黄巢犯阙，求能檄者，或荐晦，……巢命晦为中书舍人，寻授伪相。

这前浙东观察使崔璆、太常博士皮日休、进士沈云翔、前拾遗柳晦等，都是懂得朝仪的，有这些人参加大齐政权，怎么会闹出"翻持象笏""倒佩金鱼"之类地主阶级心目中的所谓笑话。

"朝餐一味人肝脍"，这也是无中生有的诬蔑之辞，应与下文"黄巢机上刲人肉"一并来考察批驳。

（五）

《秦妇吟》：

> 一朝五鼓人惊起，呼啸喧争如窃语。夜来探马入皇城，昨日官军收赤水。赤水去城一百里，朝若来兮暮应至。凶徒马上暗吞声，女伴闺中潜生喜。皆言冤愤此时销，必谓妖徒今日死。逡巡走马传声急，又道官军全阵入。大彭小彭相顾忧，二郎四郎抱鞍泣。沉沉数日无消息，必谓军前已衔璧。簸旗掉剑却来归，又道官军悉败绩。

这是讲述官军王处存、唐弘庆等反扑长安之役。这次战役的年月史传所纪大有差异，《旧唐书·僖宗纪》：

中和……二年……二月，泾原大将唐弘夫大败贼将林言于兴平，俘斩万计。王处存率军二万径入京城，贼伪遁去，京师百姓迎处存，欢呼叫噪。是日军士无部伍，分占第宅，俘掠妓妾，贼自灞上分门复入，处存之众苍黄溃乱，为贼所败。

《旧书·黄巢传》：

〔中和〕二年，王处存合忠武之师，败贼将尚让，乘胜入京师，贼遁去。处存不为备，是夜复为贼寇袭，官军不利。

《新书·黄巢传》：

〔唐〕弘夫拔咸阳，栅渭水，破尚让军，乘胜入京师。巢窃出，至石井。〔程〕宗楚入自延秋门，弘夫傅城舍，都人共噪曰："王师至！"处存选锐卒五千，以白㡊自志，夜入杀贼，都人传言巢已走，邠、泾军争入京师，诸军亦解甲休，竞掠货财子女，市少年亦冒作㡊，肆为剽。巢伏野，使觇城中弛备，则遣盂楷率贼数百掩邠、泾军，都人犹谓王师，欢迎之。时军士得珍赇不胜载，闻贼至，重负不能走，是以甚败。贼执弘夫害之，处存走营，……巢复入京师，……诸军退保武功。于是中和二年二月也。

以上都系这次战役于中和二年，《旧书·僖宗纪》《新书·黄巢传》更定为中和二年二月。而《新书·僖宗纪》：

中和元年……四月戊寅，〔泾原节度使〕程宗楚、朔方军节度使唐弘夫及黄巢战于咸阳，败之。壬午，巢遁于灞上。丁亥，复入于京师，弘夫、宗楚死之。

《旧书》卷一八二《王处存传》：

> 中和元年四月，泾原行军唐弘夫败贼将林言、尚让军，乘胜进逼京师。处存自渭北亲选骁卒五千，皆以白缯为号，夜入京城，贼已遁去。京师故人见处存，遮道恸哭，欢呼塞路，军人皆释兵，争据第宅，坊市少年多带白号杂军。望日，贼侦知，自灞上复袭京师，市人以为王师，欢呼迎之。处存为贼所迫，收军还营①。

以上又系这次战役于中和元年四月。《通鉴》纪事参取《旧书·王处存传》《新书·黄巢传》，系年则从中和元年四月之说，《考异》并说明去取理由：

> 《旧》纪、传、《新》传皆云弘夫败在二年二月②，《惊听录》、《唐年补录》、《新》纪、《实录》皆在此年四月③，《新》纪日尤详，今从之。

---

① 《新书》卷一八六《王处存传》不纪此役。

② 通行胡克家仿元刻胡注本《通鉴》卷二五四中和元年四月壬午条所引《考异》作"六月"，误，今从《四部丛刊》影印南宋刻单行本《通鉴考异》，此条在卷二四，明嘉靖时孔天胤刻单行本同，建国后新校点本《通鉴》亦已改正。

③ 《五代会要》卷一八前代史后晋天福六年四月起居郎贾纬奏："伏以唐高祖至代宗已有纪传，德宗至文宗亦存《实录》，武宗至济阴废帝凡六代，唯有《武宗实录》一卷，余皆阙略，臣今搜访遗文及耆旧传说，编成六十五卷，目为《唐朝补遗录》，以备将来史官条述。"新、旧《五代史·贾纬传》及《直斋书录解题》聚珍本卷四编年类均作《唐年补录》，即是此书。《廿二史札记》卷一六旧唐书原委条谓："今《旧唐书》会昌以后纪传盖纬所纂补。"但今《旧书·僖宗纪》《黄巢传》皆系王处存、唐弘夫入城战役于中和二年二月，和《考异》所说《唐年补录》定在元年四月者不同，可见《札记》所推测未可全信。唐自武宗以后无实录，这个《实录》是北宋时宋敏求所补撰。宋敏求补撰《唐武宗实录》二十卷、《唐宣宗实录》三十卷、《唐懿宗实录》二十五卷、《唐僖宗实录》三十卷、《唐昭宗实录》三十卷、《唐哀宗实录》八卷，见《宋史》卷一五六《艺文志》编年类、《郡斋读书志》袁本后志卷一实录类《唐武宗实录》条及《直斋书录解题》聚珍本卷四起居注类。

陈寅恪《校笺》则转从中和二年二月之说①,但没有申述理由,可能并未深考②。其实《通鉴》的抉择是正确的。因为《浣花集》卷二"大驾幸蜀后作"中有一首"九衢漂杵已成川"的七律,见本文中篇第(二)节所引,这"九衢漂杵"云云是吟王处存等入城战役的溃败,而诗的题目就叫"辛丑年",辛丑正是中和元年,可见《新书·僖宗纪》《旧书·王处存传》中和元年四月之说完全正确。《旧书·僖宗纪》《黄巢传》之作中和二年,大概是同据一脱乱不可靠的史料。《新书·黄巢传》的叙事本不多纪年月,在叙述这次战役后又有"天子更以王铎为诸道行营都统"的纪事,王铎为都统的年月据《通鉴考异》虽有异辞,但至迟也在中和二年二月③,说明《新书·黄巢传》所据史料本也把入城战役写在中和二年二月之前,与《新书·僖宗纪》等纪入城战役在中和元年四月并不矛盾,"于是中和二年二月也"这句话当是宋祁撰修时据《旧书·僖宗纪》《黄巢传》所插入。

关于王处存等入城战役所经历的时日各书记载也颇有出入。《旧书·僖宗纪》《黄巢传》把黄巢军的撤退和反攻说成是同一日的事情。《旧书·王处存传》说是第一日撤退"翌日"反攻。只有《新书·僖宗纪》说壬午即四月五日"巢遁于灞上",丁亥即十日"复入京师",《通鉴》承用这个说法,先后相距达六日。这正和《秦妇吟》所说"沉沉数日无消息"相符合,可见同日或翌日的纪事都不可信。

《秦妇吟》这一段里所说的"赤水",《校笺》已据《水经注》卷一九渭水篇考知其地望。《校笺》又据苏鹗《苏氏演义》卷上、李匡乂《资暇集》卷下考知"大彭小彭"之"彭"是奴,据《旧唐书》卷九六《宋璟传》考知"二郎四郎"之"郎"是主,均极精确。但《校笺》说"此二句诗意,只谓主人及奴仆,即举家上下全体忧泣而已",似于韦庄写这几句诗的本意还未达一间。这几句诗实承上文"逡巡走马传声急,又道官军全

<hr>

① 如说"依《秦妇吟》所述,此妇之出长安,约在中和二年二月黄巢洗城之后","洗城"据《旧唐书·僖宗纪》、《新书·黄巢传》即在王处存等入城战役后发生,别详本文下篇第(六)节。

② 夏承焘《年谱》竟未提及这次战役,更为疏略。

③ 《考异》引皮光业《见闻录》说。《通鉴》则定属二年正月,见卷二五四。

阵入"而来，是说在官军全阵进入的紧急情况下走马传呼起义军悉数出战应敌，而某些起义军已颇怯战，故有"相顾忧""抱鞍泣"的表现。当然这也可能是韦庄蓄意诬蔑之辞。

（六）

《秦妇吟》：

> 四面从兹多厄束，一斗黄金一升粟。尚让厨中食木皮，黄巢机上刲人肉。东南断绝无粮道，沟壑渐平人渐少。六军门外倚僵尸，七萃营中填饿殍。长安寂寂今何有，废市荒街麦苗秀。采樵斫尽杏园花，修寨诛残御沟柳。华轩绣毂皆销散，甲第朱门无一半。含元殿上狐兔行，花萼楼前荆棘满。昔时繁盛皆埋没，举目凄凉无故物。内库烧为锦绣灰，天街踏尽公卿骨。

这是记述中和元年四月王处存等入城战役后长安围城中的情况，有几点可与史传互作证释。

史传纪王处存等军溃退后黄巢有"洗城"之事，《旧唐书·黄巢传》：

> 贼怒坊市百姓迎王师，乃下令洗城，丈夫丁壮，杀戮殆尽，流血成渠。

《旧书·僖宗纪》：

> 黄巢怒百姓欢迎处存，凡丁壮皆杀之，坊市为之流血。

《旧书·王处存传》：

> 贼怒，召集两市丁壮七八万，并杀之，血流成渠。

《新书·黄巢传》：

> 巢复入京师，怒民迎王师，纵击杀八万人，血流于路可涉也，谓
> 之洗城。

《通鉴》：

> 丁亥，巢复入长安，怒民之助官军，纵兵屠杀，流血成川，谓之
> 洗城。

惟独记述王处存等入城战役时日详备的《新书·僖宗纪》没有所谓"洗城"的纪事。看来《新书·僖宗纪》不纪是正确的。因为当时韦庄身在长安，而且对黄巢农民军有阶级仇恨，如王处存等溃退后黄巢真有"洗城"之事，在韦庄的有关诗篇中不可能全无反映。今《秦妇吟》只说"四面从兹多厄束，一斗黄金一升粟"，没有说黄巢如何杀人"洗城"，专吟入城战役的《辛丑年》七律也一句不提"洗城"①，可见当时并无什么"洗城"之事。当王处存等官军入城时"京师故人"以及"坊市少年"充当内应并乘机骚扰剽掠如《旧书·僖宗纪》《王处存传》《新书·黄巢传》所说是可能的，官军溃退后黄巢为维持治安对这些坏人加以镇压更是应该的，但坏人总不会太多，杀少数坏人在广大居民中不会引起什么震动，因此无论在《辛丑年》在《秦妇吟》以及在《新书·僖宗纪》所根据的较可靠的记载中都没有把它当件大事写进去。

《通鉴》卷二五四中和元年二月后面还有这样的记载：

> 有书尚书省门为诗以嘲贼者，尚让怒，应在省官及门卒悉抉目倒

---

① 这首诗首句"九衢漂杵已成川"是用《伪古文尚书·武成篇》"血流漂杵"的典故，这个典故一向只能用来形容两军战斗的惨烈，与屠杀居民的所谓"洗城"并无关涉。

悬之，大索城中能为诗者，尽杀之，识字者给贱役，凡杀三千余人。

这件事不见于两《唐书》，当是杂记小说抓住黄巢镇压少数内应官军的坏人这件事所捏造，比把镇压少数坏人夸大为"洗城"这件事说得更不近情理。韦庄可算当时住在长安城里的"能为诗者"，但就一直安然无恙，到中和元年四月以后才离开长安，可见什么"大索城中能为诗者，尽杀之"完全是造谣诬蔑。

当时影响长安居民生活的是食粮匮乏，《旧书·僖宗纪》：

> 中和……二年春正月甲辰朔，天下勤王之师，云会京畿。京师食尽，贼食树皮，以金玉买人于行营之师，人获数百万，山谷避乱百姓多为诸军之所执卖。

《旧书·黄巢传》中和元年十二月后说：

> 时京畿百姓皆寨于山谷，累年废耕耘，贼坐空城，赋输无入，谷食腾踊，米斗三十千。官军皆执山寨百姓，鬻于贼为食，人获数十万。

《新书·黄巢传》说：

> 于时畿民栅山谷自保，不得耕，米斗钱三十千，屑树皮以食。有执栅民鬻贼以为粮，人获数十万钱。

《通鉴》中和二年四月后纪：

> 民避乱皆入深山筑栅自保，农事俱废，长安城中斗米直三十缗。贼买人于官军以为粮，官军或执山寨之民鬻之，人直数百缗，以肥瘠

论价。

这几条都有所谓"贼买人于官军以为粮"的记载，好像《秦妇吟》在这里所说的"黄巢机上刲人肉"和前面所说的"朝餐一味人肝脍"是事实。其实不然，因为这种记载太不近情理，当时长安城里有的是人，如果黄巢军真残忍到以人为粮，何必花每人数百缗即数十万钱的重价甚至用金玉到官军手里去购买，而且当时长安城里的米价也只是斗三十缗即三十千钱，买一个人的价钱竟超过一斗米价十倍，那何不买米要去买人肉？

这种以人为粮的事情，在当时亦兵亦匪的军队中倒是有的，如《旧书》卷二〇〇下《秦宗权传》说：

> 秦宗权者，许州人，为郡牙将，……因调发至蔡州。……天子幸蜀，姑务剪寇，上蔡有劲兵万人，宗权即与监军杨复光同议勤王。出师破贼，以蔡牧授之，仍置节度之号。中和三年，巢贼走关东，宗权逆战不利，因与合从为盗。巢贼既诛，宗权复炽，僭称帝号，补署官吏，遣其将秦彦乱江、淮，秦贤乱江南，秦诰陷襄阳，孙儒陷孟、洛、陕，虢至于长安，张晊陷汝、郑，卢瑭攻汴州。贼首皆慓锐惨毒，所至屠残人物，燔烧郡邑，西至关内，东极青、齐，南出江、淮，北至卫、滑，鱼烂鸟散，人烟断绝，荆榛蔽野。贼既乏食，啖人为储，军士四出，则盐尸而从。

《通鉴》卷二五六中和四年末所纪即本此《旧书·秦传》，《新书》卷二二五下《秦传》又增出：

> 然无霸王计，惟乱是恃，兵出未始转粮，指乡聚曰："啖其人可饱吾众。"官军追蹑，获盐尸数十车。

秦宗权本是今所谓兵痞头目，借与黄巢合作之名扩充势力，为害中原，所遣诸将中孙儒有传见《新书》卷一八八，是"河南人，以趫卞横里中，隶忠武军为裨校，……黄巢乱，以兵属秦宗权为都将"，其余当也是这类出身亦兵亦匪的人物①。这类人和真正的农民军不同，一贯无恶不作，史书说他们"乏食啖人"应是事实。但由于他们和黄巢合作过，打过农民军的旗号，这种"乏食啖人"的恶行就容易被封建地主阶级的史书转嫁到黄巢的农民军头上。《旧书·僖宗纪》就说：

> 中和……三年……六月，……黄巢围陈州，……时黄巢与宗权合从，纵兵四掠，远近皆罹其酷。时仍岁大饥，民无积聚，贼俘人为食，其炮炙处谓之舂磨寨，白骨山积，丧乱之极，无甚于斯。

《旧书》及《新书·黄巢传》、《通鉴》卷二五五中和三年六月条、《北梦琐言》卷一六舂磨寨条也都有这样的记载。在这以前不曾说黄巢军有舂磨寨之类，一和秦宗权合从就出现这种恶行，可见这种兽行本是秦宗权匪军所为，被作史者转嫁到黄巢军身上。以此类推，说中和元年黄巢在长安"买人于官军以为粮"，以及"刲人肉"餐"人肝脍"之类，应是因围城官军有以人为粮的事情而捏造。当时围城官军军纪之坏当不亚于秦宗权匪军，看他们中和元年四月攻入长安时"分占第宅，俘掠妓妾"，中和三年四月攻入长安时"纵火焚剽，宫室居市闾里十焚六七"可知，这种军队在乏食时以人为粮是完全可能的。

至于《秦妇吟》所说"尚让厨中食木皮"，以及《旧书·僖宗纪》所说"贼食树皮"，则可能有部分真实性，当然未必是"尚让厨中"。但这个恶果仍是官军造成的，不仅"东南断绝无粮道"的责任在官军，就是"京畿百姓皆寨于山谷，累年废耕耘"的责任也在官军，因为当时黄巢军多数在长安城内，城外是所谓"勤王之师，云会京畿"，正是这些勤王之师扰害得京畿百姓不得不累年废耕耘而皆寨于山谷。

---

① 《秦彦传》见《旧唐书》卷一八二，《新书》卷二二四下，也是"为卒，隶徐州，……坐盗系狱"的货色，但中和二年已为宣歙观察使，虽乱江、淮，未尝附属秦宗权，《通鉴》作陈彦，未知孰是。

本文下篇（三）曾批驳黄巢军入长安后焚烧宫室之说，《秦妇吟》这里的"含元殿上狐兔行，花萼楼前荆棘满"也可作为左证。因为只说"狐兔行""荆棘满"，可见殿、楼还完好无恙，如经焚烧就绝不能如此写法。

"天街踏尽公卿骨"，当是如《旧书·僖宗纪》所说黄巢军搜杀"宰相豆卢瑑、崔沆、故相左仆射刘邺、太子少师裴谂、御史中丞赵蒙、刑部侍郎李溥、故相于琮"等公卿，说"天街踏尽"当然也是夸张笔法。

"一斗黄金一升粟"，有的校本作"一斗粟"，《校笺》已据伯三七八〇、伯三九五三两写本之作"一胜粟"校改。"七萃营中填饿殍"，本作"七架营""七策营"，《校笺》据《穆天子传》"七萃之士"及《白氏长庆集》卷三六《驸马都尉郑何除右卫将军制》、卷三七《除户部尚书王泌充灵盐节度使制》，《会昌一品集》别集卷六《扶风马公神道碑铭》校改。均极精当，无可补充。

（七）

《秦妇吟》：

> 来时晓出城东陌，城外风烟如塞色。路旁时见游奕军，坡下寂无迎送客。霸陵东望人烟绝，树锁骊山金翠灭。大道俱成棘子林，行人夜宿墙匡月。明朝晓至三峰路，百万人家无一户，破落田园但有蒿，摧残竹树皆无主。路旁试问金天神，金天无语愁于人，庙前古柏有残枿，殿上金炉生暗尘，一从狂寇陷中国，天地晦冥风雨黑，案前神水咒不成，壁上阴兵驱不得，闲日徒歆奠飨恩，危时不助神通力，我今愧恧拙为神，且向山中深避匿，寰中箫管不曾闻，筵上牺牲无处觅，旋教魔鬼傍乡村，诛剥生灵过朝夕。妾闻此语愁更愁，天遣时灾非自由。神在山中犹避难，何须责望东诸侯。

这是纪秦妇离长安东行经京畿过华山的所见所闻。秦妇并无其人，这实际上是写韦庄自己的见闻。

如本文中篇第（四）节所考，中和元年五月韦庄离长安回虢州旧居，华山是必经之途。"路旁试问金天神"的金天神就是华山山神，陈寅恪《校笺》已引《唐大诏令集》卷七四先天二年八月二十日《封华岳神为金天王制》作了说明。伯二七○○和伯三七八○写本"金天神"下注有"华岳三郎"四字，《校笺》引《北梦琐言》卷一一关三郎入关条①所说：

> 唐咸通乱离后，坊巷讹言关三郎鬼兵入城，家家恐悚，罹其患者，令人寒热战栗，亦无大苦。弘农杨玭挈家自骆谷路入洋源，行及秦岭，回望京师，乃曰："此处应免关三郎相随也。"语未终，一时股栗，斯又何哉！夫丧乱之间，阴厉旁作，心既疑矣，邪亦随之，关妖之说，正谓是也。

用来解释"旋教魔鬼傍乡村，诛剥生灵过朝夕"，也解释得不错。但金天神何以又称华岳三郎，华岳三郎何以又称关三郎？这个三郎与金天神究竟是一是二？《校笺》没有再作解释。其实唐人撰述中仍有这方面的资料，《太平广记》卷三○○"三卫"条是一篇柳毅传书式的小说，采自唐戴孚《广异记》，其中说：

> 开元初，有三卫自京还青州，至华岳庙前，……见一妇人，……曰："己非人，华岳第三新妇，夫婿极恶，家在北海，三年无书信，以此尤为岳子所薄，闻君远还，欲以尺书仰累。"……东还青土，行至华阴，……前时女郎……见三卫，拜乃言曰："蒙君厚恩，远报父母，……然三郎以君达书故，移怒于君，今将五百兵于潼关相候，君若往，必为所害……"

可见华岳三郎是华山山神金天王的儿子，潼关在他管辖之下，所以又叫关

---

① 案此条本文说"关三郎鬼兵入城"，则标目当作"入城"，今本作"入关"系涉关三郎之"关"滋误。

三郎，他秉性"极恶"，所以惯为厉疫邪祟。至于某些写本在"金天神"下注有"华岳三郎"，只是后人附记，不是韦庄原注，不能凭此就在金天神和华岳三郎间画等号。此外，《北梦琐言》孙光宪自序中说过：

> 顷逢故凤翔杨玭少尹，多话秦中平时旧说，常记于心。

可见这关三郎入关条是杨玭亲口告诉孙光宪的，不同于某些杂记小说的传闻失实或向壁虚构，加上《秦妇吟》所说"旋教魇鬼傍乡村""天遣时灾非自由"，说明乾符、广明、中和间关中地区长安到潼关一带确有"令人寒热战栗，亦无大苦"的时疫流行，可补古医药书纪事之阙。

"行人夜宿墙匡月"，伯二七〇〇写本作"长匡"，伯三七八〇写本作"横匡"，都讲不通。Lionel Giles 据《浣花集》卷一《长安旧里》"满目墙匡春草深"，《补全唐诗》中华文史论丛编辑室所加案语据郑谷《再经南阳》"寥落墙匡春欲暮"，来证明《秦妇吟》这句应作"墙匡"，都讲得很对，可惜没有进一步对"行人夜宿墙匡月"全句作解释。《补全唐诗》又有俞平伯案语对全句作了解释，说"墙匡非指一般的墙，盖名为有墙，其中空无所有，只剩得一个匡廓耳"。但仍不好懂。其实这是说一路房屋都被焚毁，只剩下围墙或房屋的四壁，行人过此只好在墙圈子里的月光下露宿。不直说房屋被焚毁，而用"行人夜宿墙匡月"来衬托出房屋被焚毁，这是诗歌的艺术手法。

（八）

《秦妇吟》：

> 前年又出杨震关，举头云际见荆山。如从地府到人间，顿觉时清天地闲。陕州主帅忠且贞，不动干戈唯守城。蒲津主帅能戢兵，千里晏然无戈声。朝携宝货无人问，暮插金钗唯独行。

这是写秦妇出潼关到洛阳前的见闻。如本文中篇第（四）节所考，韦庄在中和元年四月以后从长安回虢州旧居，同年七月又离虢州赴洛阳，因此这实际上是写韦庄自己的见闻。

"前年又出杨震关，举头云际见荆山"，Lionel Giles 说："杨震关于他书无可稽，或即潼关之别名，杨震华阴人，华阴密迩入潼关之西道，震墓即在道侧。"周云青《笺注》又据《后汉书》卷四四《杨震传》"诸儒为之语曰'关西孔子杨伯起'"，说："此关即潼关，故名。"《秦妇吟》的"杨震关"从地望来说当然只能是潼关，但潼关为什么叫杨震关，以上两种说法都有点牵强。我认为杨震关是当时对潼关的俗称，形成这个俗称还有个过程。李商隐有一首题为《荆山》的绝句：

> 压河连华势屏颜，鸟没云归一望间。杨仆移关三百里，可能全是为荆山。

这杨仆移关的故事见于《汉书》卷六《武帝纪》元鼎三年冬"徙函谷关于新安"的应劭注：

> 时楼船将军杨仆数有大功，耻为关外民，上书乞徙东关，以家财给其用度，武帝意亦好广阔，于是徙关于新安，去弘农三百里。

这本是说徙函谷关，但李商隐诗的"压河连华"明系指潼关，可见由于函谷关的重要性被潼关所代替后，流俗已将"杨仆移关"故事由函谷关移之于潼关，又因为杨仆这个人远不如杨震知名，流俗就不称之为"杨仆关"而称之为"杨震关"。

《秦妇吟》说"举头云际见荆山"，李商隐这首绝句里也说到荆山。这荆山就在虢州，《通典》卷一七七虢州湖城县下说：

> 县有荆山，出美玉，黄帝铸鼎于荆山，其下曰鼎湖，即此也。

《元和郡县图志》卷六陕虢观察使、《新唐书》卷三八《地理志》虢州湖城县下也都有荆山的记载。中和元年四月后韦庄离长安东出潼关回虢州旧居，所以这"举头云际见荆山"不仅由李商隐《荆山》诗蜕化，还自觉不自觉地透露出当时遥望荆山、旧居在迩的心情。

"陕州主帅"是王重盈，事迹见《新唐书》卷一八七其弟重荣传：

> 重盈前此已历汾州刺史，黄巢度淮，擢陕虢观察使，重荣据河中，三迁检校尚书右仆射，即拜节度使。

本文中篇第（四）节已据《元和郡县图志》知当时陕虢观察使管陕、虢、汝三州，而以陕州为治所，因此可以称"陕州主帅"。据《通鉴》卷二五四广明元年：

> 十一月……庚申，东都奏黄巢入汝州境。……丁卯，黄巢陷东都。……辛未，陕州奏东都已陷。壬申，……贼陷虢州。……十二月庚辰朔，……黄巢前锋军抵〔潼〕关下①。

可知王重盈坐守治所陕州，对所管汝州、虢州的失陷初不过问，《秦妇吟》说他"不动干戈唯守城"真一点也不错。但这本应是贬词，何以上文又加上"如从地府到人间，顿觉时清天地闲"的褒词？我童年读《秦妇吟》时百思莫得其解。现在知道韦庄离长安后先回虢州旧居，虢州当时平静无事，"如从地府到人间，顿觉时清天地闲"是韦庄亲身的感受。而所以能如此，还全赖陕州主帅"不动干戈唯守城"，不出兵干预虢州之赐。从这

---

① 两《唐书·僖宗纪》所纪时日略有出入，进军方向则别无异词。周云青《笺注》却说："广明元年十一月庚申，巢破潼关，入汝州境，时虢陕观察使王重盈急以奏闻，已则惟守城，巢率众陷京师，未遑入陕，见《资治通鉴》卷二百五十四。"其实《通鉴》只说"东都奏黄巢入汝州境"，《笺注》把"东都"当成"陕虢"，又颠倒为"虢陕"，并编造了上面这段话，不知汝州在洛阳东南，远在潼关之东，如何能有"破潼关入汝州境"之可能。

里也透露出当时官军所至残民以逞已到达何等程度。"蒲津主帅"是王重荣,《通鉴》:

> 广明元年十一月,河中都虞候王重荣作乱,剽掠坊市俱空。……辛酉,以王重荣权知河中留后。……计二月,……河中留后王重荣请降于贼。……黄巢遣使调发河中,……王重荣……悉驱巢使者杀之,巢遣其将朱温自同州,弟黄邺自华州,合兵击河中,重荣与战,大破之,获粮仗四十余船,遣使与王处存结盟,引兵营于渭北。……中和元年……夏四月,……王重荣屯沙苑。……庚寅,……诏以河中留后王重荣为节度使[①]。

据《元和郡县图志》卷一二河中节度使"管州五:河中府、绛州、晋州、慈州、隰州",河中府为治所,而河中府的河东县有"蒲坂关,一名蒲津关,在县西四里,《魏志》曰:'太祖西征马超、韩遂,夜渡蒲津关。'即谓此也。今造舟为梁,其制甚盛,每岁征竹索价,谓之桥脚钱,数至二万,亦关河之巨防焉"。当以此称河中节度使为"蒲津主帅"。当中和元年四月以后韦庄离长安出潼关时王重荣的河中军主力已驻屯沙苑,沙苑在渭水之北的同州冯翊县,而韦庄路经华山是走渭水之南,并没有经过王重荣军的驻地。出潼关后就进入陕虢节度使所管的虢州,虢州以东是陕虢节度使的治所陕州,也不会迂道北上经过河中节度使的辖区。为什么《秦妇吟》在讲了"陕州主帅"后还要讲"蒲津主帅"?我认为这很大可能是由于"陕州主帅"王重盈兵力孱弱,"蒲津主帅"王重荣以兄弟关系派了部分河中军在陕州协助防守,以后韦庄从虢州经陕州赴洛阳时经过驻守陕州的河中军防地,所以在讲了"陕州主帅"后还要讲"蒲津主帅"。

据上引《通鉴》所说王重荣作乱时"剽掠坊市俱空",《新唐书·王重荣传》纪重荣叛黄巢后:

---

① 《旧唐书》卷一八一、《新书》卷一八七《王重荣传》所纪略有出入,且多未著年月,故用《通鉴》。

> 因大掠居人，以悦其下。

则河中军军纪也极为败坏，陕州有河中军驻守绝不可能出现"朝携宝货无人问，暮插金钗唯独行"的太平景象。而韦庄偏要给"蒲津主帅"写上几句诒谀之词，当是由于其时河中地区已成为官僚士人的逋逃薮，如《新唐书·黄巢传》纪长安食粮匮乏时：

> 士人或卖饼自业，举奔河中。

《通鉴》中和元年二月：

> 黄巢得王徽，逼以官，徽阳瘖不从，月余，逃奔河中，遣人间道奉绢表诣行在。

韦庄本身就是士人，当然要为这个逋逃主说好话。

又"蒲津主帅能戢兵，千里晏然无戈声"的"戈"字，系据伯三三八一写本之作"戈"字改定。此外伯二七〇〇写本作"交"，伯三七八〇写本作"天"，斯五四七七写本似"犬"。《补全唐诗》俞平伯案语说："以文义论，若作'戈声'，则戈不必有声，若作'哭声'，则哭声又岂必处处皆闻，我以为'犬声'较长。"自可备一说。但戈实有声，即战斗时兵戈碰击之声，惟与上文"不动干戈唯守城"有点重复。作"哭声"是说"千里晏然"无一处哭声，并非说哭声"处处皆闻"，不过这里用"哭声"似嫌过于质直，不够艺术。

（九）

《秦妇吟》：

明朝又过新安东，路上乞浆逢一翁。苍苍面带苔藓色，隐隐身藏蓬荻中。问翁本是何乡曲，底事寒天霜露宿？老翁暂起欲陈辞，却坐支颐仰天哭：乡园本贯东畿县，岁岁耕桑临近甸。岁种良田二百廛，年输户税三千万。小姑惯织褐绁袍，中妇能炊红黍饭。千间仓兮万斯箱，黄巢过后犹残半。自从洛下屯师旅，日夜巡兵入村坞。匣中秋水拔金蛇，旗上高风吹白虎。入门下马若旋风，罄室倾囊如卷土。家财既尽骨肉离，今日垂年一身苦。一身苦兮何足嗟，山中更有千万家。朝饥山上寻蓬子，夜宿霜中卧荻花。

新安是当时东都河南府管下的畿县，在洛阳之西，"明朝又过新安东"即已进入洛阳地区，这一段是借老翁之口诉说洛下师旅的横暴。如本文中篇第（四）节所考，中和元年八月韦庄从虢州到达洛阳，因此对洛阳地区官军的横暴知之最为深切。

洛阳地区的官军来自何处已很难稽考。《旧唐书》卷一八二《时溥传》纪时溥倡乱徐州自任节镇后：

又命别将帅军三千赴难京师①。

而这三千徐州兵不见于后来围攻长安的官军行列，因此徐嘉瑞《本事》猜测它到洛阳就留驻下来，《秦妇吟》所说的洛下师旅就是这三千徐州兵。但时溥倡乱在中和元年八月，而《浣花集》卷二中和元年五月以前韦庄在长安所作的《重围中逢萧校书》五律尾联已说：

底事征西将，年年戍洛阳。

可见在时溥倡乱前早有逗留洛阳不敢"赴难京师"的官军。即使如《本

---

① 《新唐书》卷一八八《时溥传》略同。《旧书·僖宗纪》无时溥倡乱的纪事，《新书·僖宗纪》《通鉴》有倡乱纪事而无"别将帅军三千"之语。

事》猜测中和元年八月后有三千徐州兵在洛阳逗留，也只能是洛下师旅中的一支。

《浣花集》卷三"洛中寓居作"中还有两首有关洛下师旅的诗，一首是《赠戍兵》七律，尾联说：

> 止竟有征须有战，洛阳何用久屯军。

这同样是指责官军的不敢西向"赴难"。一首是《睹军回戈》七律，后两联说：

> 漫教韩信兵涂地，不及刘琨啸解围。昨日屯军还夜遁，满车空载洛神归。

这透露洛下师旅不仅不敢西向，且有怯敌遁归老巢的。"满车空载洛神归"是说从洛阳掳走了许多妇女，可见其军纪荡然，和《秦妇吟》所说正相符合。

"岁种良田二百壈，年输户税三千万"，《校笺》认为"正指地户两税"。案后一句指户税自没有问题，说前一句指地税尚可商榷。因为这"良田二百壈"只是赀财，地税固要就赀财中的垦田按亩征收，户税的征收也仍由户等高下即拥有的赀财主要是垦田多少好坏来决定，不能说"良田二百壈"只与地税有关。唐建中元年正式颁行的两税法包括户税和地税，但习惯上把户税看得比地税更重要，所以这里为了字句的拘限就只提户税不再提地税。《校笺》又引《唐会要》卷八三租税大历四年正月十八日敕以释户税税额，并认为"广明以后，一般税率当更较大历时增多"。这也有问题，因为两税法里的户税和地税都是以州府为单位确定一个总额，然后分摊到当州府所属每户和每亩垦田上，再没有全国统一的税额税率①。至于这两句诗当然是指老翁一家而言，不是指一乡，因此下文才有"一身苦兮何足嗟，山中更有千万家"的话。"二百壖""三千万"都是文艺作品的夸张之笔，等于"白发三千丈"之类，不能当真。

"千间仓兮万斯箱"，各写本本来都作"万丝箱"，因《诗·甫田》有"乃求千斯仓，乃求万斯箱"的话，各家校本都改"丝"为"斯"。案这样改是对的，《浣花集》卷五《和郑拾遗秋日感事一百韵》中也说：

> 路愁千里月，田爱万斯箱。

可见韦庄惯用"万斯箱"一词，作"万丝箱"是敦煌写本抄手不学妄改。

"黄巢过后犹残半"，这是说黄巢军在洛阳的破坏远不如官军之甚。但据《旧唐书·僖宗纪》广明元年十一月：

> 己巳，贼陷东都，留守刘允章率分司官属迎谒之。贼供顿而去，坊市晏然。

《新书·黄巢传》：

> 巢已陷东都，留守刘允章以百官迎贼。巢入劳问而已，里闾晏然。

《通鉴》所纪略同，可见黄巢军进入洛阳后纪律的整肃。城内闾里如此，城外乡曲也不致两样，说明所谓"黄巢过后犹残半"已是过甚其辞，实际上是黄巢过时根本没有残破。

（十）

《秦妇吟》：

---

① 以上有关两税的问题，均别详拙作《唐代两税法杂考》(刊于《历史研究》1981年第1期)。

　　妾闻此父伤心语，竟日阑干泪如雨。出门惟见乱枭鸣，更欲东奔
何处所。仍闻汴路舟车绝，又道彭门自相杀。宿野徒销战士魂，河津
半是冤人血。适闻有客金陵至，见说江南风景异。自从大寇犯中原，
戎马不曾生四鄙。诛锄窃盗若神功，惠爱生灵如赤子。城壕固护教金
汤，赋税如云送军垒。奈何四海尽滔滔，湛然一境平如砥。避难徒为
阙下人，怀安却美江南鬼。愿君举棹东复东，咏此长歌献相公。

这最后一段仍借秦妇之口把江南说成是唯一可供栖托的乐土。《补全唐诗》
在"宿野徒销战士魂，河津半是冤人血"下加引号，以为秦妇所说到此为
止，实大误。

　　"宿野"写本多作"野色"，只有斯五四七七作"野宿"，陈寅恪《校
笺》据《元和郡县图志》卷九宿州条和泗州宿迁县条改为"宿野"，说是
指"宿州或宿迁即泗州之野"。这样改是正确的，因为"宿野"和"河津"
正好对偶。

　　"适闻有客金陵至，见说江南风景异"，我过去认为是虚拟之词。现据
本文中篇第（三）（四）节所考，中和元年五月韦庄回虢州旧居后曾碰上
他的叔父从江南回来，韦庄的想到江南还可能是受他叔父的启发，把这段
事实融化进《秦妇吟》才写出"适闻有客"云云。

　　这个江南相公，王国维《秦妇吟跋》首先考出是以镇海军节度使同平
章事镇润州的周宝。陈寅恪《校笺》又据《会昌一品集》别集卷一《鼓吹
赋序》、《杜樊川集》卷一《杜秋诗序》以及《廿二史考异》卷四九贞元三
年分浙江东西为二道条等说明"唐人亦称节将治所润州之丹徒为金陵"。
均极稳当。《周宝传》见《新唐书》卷一八六：

　　黄巢据宣歙，徙宝镇海军节度兼南面招讨使。……僖宗入蜀，加
检校司空。时群盗所在蝥结，柳超据常熟，王敖据昆山，王腾据华
亭，宋可复据无锡。宝练卒自守，发杭州兵戍县镇，判八都，石镜都

董昌主之，清平都陈晟主之，於潜都吴文举主之，盐官都徐及主之，新登都杜稜主之，唐山都饶京主之，富春都文禹主之，龙泉都凌文举主之。中和二年，进同中书门下平章事，兼天下租庸副使，封汝南郡王。宝和裕喜接士，以京师陷贼，将赴难，益募兵，号后楼都。……宝子璵统后楼都，屡不能驭军，部伍横肆。宝亦稍惑色，不恤事。以婿杨茂实为苏州刺史，重敛，人不聊。

《通鉴》卷二五五中和二年七月：

> 镇海节度使周宝奏高骈承制以贼帅孙端为宣歙观察使。诏宝与宣歙观察使裴虔余发兵拒之[①]。

这和设置八都大概就是《秦妇吟》所谓"诛锄巨盗若神功"。既然如此，"戎马不曾生四鄙"就是假话。"惠爱生灵如赤子"大概是指"宝和裕喜接士"而言，所以韦庄以及《浣花集》卷四《江上逢史馆李学士》的李学士之流要投靠他。但这"生灵"并不包括老百姓在内，看他的爱子统率后楼都、爱婿为苏州刺史的"横肆""重敛"就可知。他本人的"惑色"也是事实，《浣花集》卷四《陪金陵府相中堂夜宴》七律首联：

> 满耳笙歌满眼花，满楼珠翠胜吴娃。

《观浙西府相畋游》七律尾联：

> 归来一路笙歌满，更有仙娥载酒迎。

都可作证。可见《秦妇吟》之称颂周宝全属面谀。读诗的人往往不甚读

---

① 《通鉴》又系"加镇海节度使周宝同平章事"于中和元年十一月，余所纪事和《新书·周宝传》也有先后详略，兹不复细考。

史，读了《秦妇吟》易对这个周宝产生好印象，因此有必要把此人的本来面目作点揭示。

"城壕固护教金汤"，"教"就是"教如"的省称，不必如《补全唐诗》俞平伯案语所说"当是'效'字，效金汤者，似金汤也"。"赋税如云送军垒"，当和周宝"兼天下租庸副使"有关，当时江南之为财赋所出的主要地区，已是读史者所熟知的事情，这里不用多说。这里只指明一点，即既以"如云"的赋税"送军垒"，则当地百姓的负担绝不轻，这和所谓"惠爱生灵"又大大矛盾。

据本文中篇第（六）节所考，韦庄从洛阳到江南由于汴路不通改走商南，然后再经襄阳、鄂州到江宁、润州，是先西南再东南，走了一个折角形。而《秦妇吟》最后仍说"愿君举棹东复东"者，当是为了修辞，如果写成"西复东"就很不像话，做诗词之类和做散文究竟有点区别。

（原载《唐史论丛》第一辑，陕西人民出版社，1988年）

《纂异记》和卢仝的生卒年

中唐诗人卢仝之死于文宗大和九年即公元835年的"甘露之变"，是向来没有人怀疑的。至于生年，近人所编写的文学史、辞书或定为公元790，或定为公元795，都是根据贾岛《哭卢仝》诗中所谓"平生四十年，惟着白布衣"，认为卢仝只活了四十年光景，从而上推取其成数得出来的，他们自己也感到没有把握，所以加上了"？""约"等字样①。最近，在《学林漫录》第七辑上发表了姜光斗、顾启合写的文章《卢仝罹甘露之祸说不可信》，只信贾诗的"平生四十年"而认为死于甘露之变不是事实。说固新奇，其实更成问题。

姜、顾两位言论的主要之点，是他们遍检两《唐书》、《通鉴》中有关甘露之变的记载，"都一字未及卢仝"。对此，我还可以帮他们再找一点证据，即《新唐书》卷一六七《韩愈传》所附《卢仝传》也没有讲到死于甘露之变。但这种论点总有所谓默证之嫌。甘露之变"坐训、注而族者凡十一家""诸司从吏死者六七百人"（《旧唐书》卷一六九《李训》等传），其姓名见于史传及《唐大诏令集》卷一二五《诛王涯郑注后德音》等文献者，除李训、郑注、王涯、贾𫗧、舒元舆、王璠、郭行余、罗立言、李孝本、韩约、魏逢诸主要人物外，只有很少几个被偶然提到的亲族、从吏，此外绝大多数的亲族、从吏以及其他被波及者的姓名并没有在史传里一一

---

① 如陆侃如、冯沅君的《中国诗史》作公元"790?"，北京大学中文系文学专门化1955级集体编著的《中国文学史》作"795?"，新本《辞海》作"约795"。另外几种较有影响的文学史则没有提到卢仝，或提了而未注生卒年份。

写出来，怎么能由于有关甘露之变的记载中看不到卢仝的姓名就断定卢仝未曾罹难？卢仝在后人看来，固如姜、顾两位所说是韩派诗人，但也有一些文学史认为他在韩派诗人中并不重要而不列其名。何况旧史中如《通鉴》"本以资治，何暇录及文人"（《日知录》卷二六"《通鉴》不载文人"条），在记述甘露之变时不提到这位与政变本无关系的文人卢仝，是很正常的事情。《旧唐书》记载中晚唐史书人物本较简略，既未为卢仝立传自谈不上记载他的生死。《新唐书》是从文艺角度把卢仝和孟郊、张籍、贾岛、刘义同作为《韩愈传》的附传，其中有官职如孟、张、贾诸人还可提一句仕至某某官，无官职如卢仝者自不必详记其结局。只要能通读一些史书，略知一些史例，而不仅仅凭借临时翻检，我想不致缘此对卢仝之死发生怀疑。

姜、顾两位的文章里还有"卢仝死于甘露之变说，宋人虽有记载"这样的话，说明两位还认为除正规史书外，其他唐五代人著述中也一概没有提到卢仝死于甘露之变。这更是极大的错误。五代末期吴越国王钱俶的侄儿钱易入宋后在大中祥符年间所撰写的《南部新书》，是一部记述唐五代遗事旧闻的重要文献，其成书的时间比《新唐书》还要早半个世纪，距离甘露之变也不过一百七八十年，而在卷壬一开头就有这样的记事：

> 李纹者，早年受王涯恩，及为歙州巡官时，涯败，因私为诗以吊之，末句曰："六合茫茫皆汉土，此身无处哭田横。"乃有人欲告之，因而《纂异记》（案《纂异记》上当有脱误，"而"字或"作"字之误）记中有《喷玉泉幽魂》一篇，即甘露之四相也。玉川先生，卢仝也。仝亦涯客，性僻面黑，常闭于一室中，凿壁穴以送食。大和九年十一月二十日夜，偶宿涯馆，明日，左军屠涯家族，随而遭戮。

案这里所说的李纹当作李玫，《新唐书》卷五九《艺文志》小说类著录李玫《纂异记》一卷可证①。其书宋以后即佚失，幸《太平广记》里尚收录了十二篇②，卷三五〇"鬼"类"许生"条就是《南部新书》所说的《喷玉泉幽魂篇》③，可见《新书》之说并非向壁虚构。这里为了便于说明问题，将《广记》本"许生"条全文移录如下：

> 会昌元年春，孝廉许生下第东归，次寿安，将宿于甘泉店。甘棠馆西一里已来，逢白衣叟，跃青骢自西而来，徒从极盛，醺颜怡怡，朗吟云："春草萋萋春水绿，野棠开尽飘香玉。绣岭宫前鹤发人，犹唱开元太平曲。"④生策马前进，问其姓名，叟微笑不答，又吟一篇云："厌世逃名者，谁能答姓名。曾闻三乐否，看取路傍情。"生知其鬼物矣，遂不复问，但继后而行。凡二三里，日已暮矣，至喷玉泉牌堠之西，叟笑谓生曰："吾闻三四君子，今日追旧游于此泉，吾昨已被召，自此南去，吾子不可连骑也。"生固请从，叟不对而去。生纵辔以随之。去甘棠一里余，见车马导从，填隘路歧，生麾盖而进，既至泉亭，乃下马，伏于丛棘之下，屏气以窥之。见四丈夫，有少年神貌扬扬者，有短小器宇落落者，有长大少须髯者，有清瘦言语及瞻视疾速者，皆金紫，坐于泉之北矶。叟既至，曰："玉川来何迟？"叟曰："适傍石墨洞寻赏，憩马甘棠馆亭，于西楹偶见诗人题一章，驻而吟讽，不觉良久。"座首者曰："是何篇什？得先生赏叹之若是。"

---

① 《艺文志》并注明是"大中时人"，和《南部新书》所说的时代也正相当。

② 参考邓嗣禹《太平广记篇目及引书引得》、中华书局本《太平广记索引》。所引或作《纂异记》，或作《纂异录》，这种小出入处古人并不讲究。

③ 南宋初曾慥《类说》卷一九所收《异闻录》和《绀珠集》卷一所收《异闻实录》中的《白衣叟吟》《甘棠馆诗》，也都是这《喷玉泉幽魂》篇的节本。

④ 案此诗又见于《全唐诗》中华书局本卷七二三李洞诗中，题《绣岭宫词》，仅首句作"春日迟迟春草绿"，三句"鹤发人"作"鹤发翁"。钱锺书先生以为此诗本是李洞的作品（《管锥编》第二册《太平广记》一五三条）。但南宋初计有功《唐诗纪事》卷五八收录李洞诗，谓："时人但诮其僻涩而不能贵其劲峭，唯吴子华（吴融）深知之，子华……尝以百篇示洞，洞曰：'大兄所示百篇中有一联绝唱。'"入后又载有"郑谷哭洞诗"。晁公武《郡斋读书志》著录《李洞诗》一卷也说："唯吴融称之，昭宗时不第，游蜀卒。"（袁本卷四中、衢本卷一八。）可见李洞是唐末人，时代已在身值甘露之变的李玫之后。此诗的原作者应属李玫，后来才误入李洞集中。

叟曰："此诗有似为席中一二公，有其题而晦其姓名，怜其终章，皆有意思。"乃曰："浮云凄惨日微明，沉痛将军负罪名。白昼叫阍无近戚，缟衣饮气只门生。佳人暗泣填宫泪，厩马连嘶换主声。六合茫茫悲汉土，此身无处哭田横。"座中闻之，皆以襟袖拥面，如欲恸哭。神貌扬扬者云："我知作诗人矣，得非伊水之上，受我推食脱衣之士乎？"久之，白衣叟命飞杯，凡数巡巡（案后一"巡"似当作"过"），而座中欷歔未已。白衣叟曰："再经旧游，无以自适，宜赋篇咏，以代管弦。"命左右取笔砚，乃出题云《喷玉泉感旧游书怀》，各七言长句。白衣叟倡云："树色川光向晚晴，旧曾游处事分明。鼠穿月榭荆榛合，草掩花园畦垅平。迹陷黄沙仍未寤，罪标青简竟何名。伤心谷口东流水，犹喷当时寒玉声。"少年神貌扬扬者诗云："鸟啼莺语思何穷，一世荣华一梦中。李固有冤藏蠹简，邓攸无子续清风。文章高韵传流水，丝管遗音托草虫。春月不知人事改，闲垂光影照洿宫。"短小器宇落落者诗云："桃蹊李径尽荒凉，访旧寻新益自伤。虽有衣衾藏李固，终无表疏雪王章。羁魂尚觉霜风冷，朽骨徒惊月桂香。天爵竟为人爵误，谁能高叫问苍苍。"清瘦及瞻视疾速者诗云："落花寂寂草绵绵，云影山光尽宛然。坏室基摧新石鼠，潴宫水引故山泉。青云自致惭天爵，白首同归感昔贤。惆怅林间中夜月，孤光曾照读书筵。"长大少须髯者诗云："新荆棘路旧衡门，又驻高车会一樽。寒骨未沾新雨露，春风不长败兰荪。丹诚岂分埋幽壤，白日终希照覆盆。珍重昔年金谷友，共来泉际话孤魂。"诗成，各自吟讽，长号数四，响动岩谷。逡巡，怪鸟鸱枭，相率啾唧，大狐老狸，次第鸣叫。顷之，骡脚自东而来，金铎之声，振于坐中，各命仆马，颇甚草草，惨无言语，掩泣攀鞍，若烟雾状，自庭而散。生于是出丛棘，寻旧路，匹马龁草于涧侧，蹇童美寝于路隅，未明，达甘泉店。店媪诘冒夜，生具以对媪，媪曰："昨夜三更，走马挈壶，就我买酒，得非此耶？"开柜视，皆纸钱也。

这里所说的"少年神貌扬扬者""短小器宇落落者""长大少须髯者""清瘦言语及瞻视疾速者"既"皆金紫",自是李训、王涯、贾𫗧、舒元舆四人,即《南部新书》中所谓"四相"。《旧唐书·李训传》说训"形貌魁梧",当即其中的"长大少须髯者"。而白衣叟所谓甘棠馆亭西楹晦其姓名的题诗结尾作"六合茫茫悲汉土,此身无处哭田横",正是《南部新书》所记李玫吊王涯之作,这也许真如《新书》之说是李玫为避祸故意撰写这篇志怪性的传奇小说以推诿此诗非自己所作,也有可能是人们读了这篇小说而附会此小说是李玫为了避祸而作。不论哪个可能,这个李玫所吊的王涯应是小说中的"少年神貌扬扬者",因为小说说他听了白衣叟所诵诗章后说:"我知作诗人矣,得非伊水之上,受我推食脱衣之士乎?"而且据《旧书》本传王涯曾任河南尹,有在伊水对李玫推食脱衣之可能,又曾任剑南东川和山南西道的节度使,和李玫诗中的"沉痛将军负罪名"也相合。但王涯贞元八年即公元792年进士擢第,至大和九年甘露之变已历四十三年,《新书》本传说他罹难时已"年过七十",和"神貌扬扬者"之为"少年"又不合拍①。如不是李玫故弄玄虚,这个"少年神貌扬扬者"也有可能是舒元舆,因为《旧书》本传说他在元和八年即公元813年才登进士第,仕宦资历也比其他三相都浅,相形之下比较年轻一点,而且也曾"授著作郎分司东都",有可能在伊水与李玫相遇。再看小说中白衣叟说甘棠馆亭诗"有似为席中一二公",则也有可能兼指王涯、舒元舆而言,王、舒在洛阳时均曾有恩于李玫。至于"短小器宇落落者"和"清瘦言语及瞻视疾速者"中必有一个是贾𫗧,另一个是王涯或舒元舆,当时人固一看便知,今天则殊难推断,因为两《唐书》里对贾𫗧、舒元舆的形貌都未作描绘,王涯在《新书》本传中也只说"质状顼省,长上短下",和小说所描绘的仍对不上号。好在这里所要查考的主要还是卢仝不是"四相"。而卢仝之"自号玉川子",不仅《新书》本传有明文,他自己所写的《月蚀

---

① 此外"少年神貌扬扬者"所赋诗中有"邓攸无子续清风"之句,按通常解释为本来无子,则也和王涯身世不合,因为《旧书》本传、《新书》卷七二中《宰相世系表》都说王涯有子孟坚、仲翔。如此诗用邓攸典只是说因族诛而绝嗣,自对"四相"中不论有子无子者均合适。

诗》、《自咏》、《走笔谢孟谏议新茶》(《玉川子诗集》卷一)、《叹昨日》《孟夫子生生亭赋》(卷二)里也都以"玉川子""玉川先生"自称,则小说里被呼为"玉川"的白衣叟自非卢全莫属。再看卢全在这里是以"鬼物"的身份与"四相"幽魂相会,所赋诗中又自言"罪标青简竟何名",加之"四相"幽魂赋诗中有"白首同归感昔贤"和"珍重昔年金谷友,共来泉际话孤魂"之句,运用了西晋文士潘岳与显贵石崇同刑东市时,以所撰《金谷诗序》"白首同所归"之句和石崇相酬答的典故①,都说明了卢全确是和"四相"同罹甘露之难的一分子。当然,如果这篇传奇小说出于唐末五代宋人之手,还可说是后人附会不足据为典要。但如《南部新书》所说,小说作者李玫不仅和卢全"四相"同时,且曾受"四相"中王涯等人之恩,小说本身的内容也说明了这一点,则这篇小说对证实卢全罹甘露之难来说,确是第一手最可信据的史料,其可信程度即使后来史书上的正式记载也不足以比拟,即使后来史书记载与此矛盾也只能以此为准。何况史书如《旧唐书》《通鉴》并没有讲到卢全,《新唐书》虽为卢全立传也没有讲他的结局,都找不出有什么记载和这篇小说发生矛盾。

要说有矛盾,只能是贾岛的《哭卢全》诗,诗今见《贾浪仙长江集》卷一,为推敲方便起见,也把全篇移录在下面:

> 贤人无官死,不亲者亦悲。空令古鬼哭,更得新邻比。平生四十年,惟着白布衣。天子未辟召,地府谁来追。长安有交友,托孤遽弃移。冢侧志石短,文字行参差。无钱买松栽,自生蒿草枝。在日赠我文,泪流把读时。从兹加敬重,深藏恐失遗。

姜、顾两位说:"此诗有两点值得注意,一是卢全死时年龄是四十或四十稍出头,二是他死时孩子年龄很幼小,否则是说不上'托孤'二字

---

① 《世说新语》"仇隙类":"孙秀……收石崇、欧阳坚石,同日收(潘)岳。石先送市,亦不相知,潘后至,石谓潘曰:'安仁,卿亦复尔邪?'潘曰:'可谓白首同所归。'潘《金谷集》诗云:'投分寄石友,白首同所归。'乃成其谶。"复录入《晋书》卷五五《潘岳传》。

的。"但照我看，两位似都没有很好理解贾诗的文义。

这里先说"平生四十年，惟着白布衣"的"白布衣"。《旧唐书》卷四五《舆服志》记隋大业六年所定服色是"庶人以白"。又说"武德初因隋旧制"。又据《太平广记》卷四八五"杂传记"类元和中陈鸿祖撰《东城老父传》记曾事玄宗的老父贾昌所说："〔开元天宝时〕老人岁时伏腊得归休，行都市间，见有卖白衫、白叠布，行邻比廛间，有人禳病，法用皂布一匹，持重价不克致，竟以幞头罗代之。近者老人扶杖出门，阅街衢中，东西南北视之，见白衫者不满百，岂天下之人皆执兵乎？"知盛唐下至中唐庶人仍以白布为衣①。可见贾岛《哭卢仝》诗之所谓"惟着白布衣"者，并非说卢仝衣着的简朴，而是说卢仝平生从未仕宦的另一种较文雅的讲法，以免与此诗首句"贤人无官死"的"无官"相重复。人所共知，未成年的儿童谈不上仕宦不仕宦，仕宦不仕宦只是成年人的事情。因此这里所谓"平生四十年"者，并非说卢仝只活了四十年，而是指卢仝自成年到罹甘露之难之间的四十年，则其享年自当过六十。这和《纂异记》小说中称卢仝为"白衣叟"正相吻合，和卢仝《与马异结交诗》（《玉川子诗集》卷二）中所谓"卢仝四十无往还"也正相吻合。因为韩愈《寄卢仝》诗（《昌黎先生集》卷五）有"玉川先生洛城里"，"嗟我身为赤县令"等语，据洪兴祖撰《韩子年谱》，"〔元和〕五年庚寅授河南县令"，"六年辛卯行尚书职方员外郎"②，可见《寄卢仝》诗必作于元和五、六年即公元810、811年之间。而此诗说到"往年弄笔嘲仝、异"，即指卢仝《与马异结交诗》而言，唐人诗文用"往年"一般只是前一二年，则《与马异结交诗》亦必作于公元808或809年。《结交诗》中既自言年"四十"，下推至公元835年甘露之变也正好是年过六十。

再谈贾诗中的"托孤"问题。姜、顾两位根据韩愈《寄卢仝》诗说到"去岁生儿名添丁"，认为"添丁生于元和五年"，又根据卢仝的《寄男抱

---

① 参考陈寅恪先生《读东城老父传》，《历史语言研究所集刊》第一〇本，今收入《金明馆丛稿初编》。

② 据《四部丛刊》本《朱文公校昌黎先生集》卷尾《新书》本传注所引。

孙》诗（《玉川子诗集》卷一），说"添丁有兄名抱孙，比添丁要大好几岁"，"由此推算，添丁到甘露之变那年已二十六岁，抱孙可能要三十岁了"。这几点考证大体上都可以说是正确的。问题在于是否真如两位所认识一定要"孩子年龄很幼小"才说得上"托孤"，恐怕不见得。这里看两个历史上的实例。一个是众所周知的刘备临死前请诸葛亮辅佐嗣子刘禅，据《三国志·蜀书》卷三《后主传》，当时刘禅已十七岁，在古人已可算成年，但卷五《诸葛亮传》裴注引孙盛的议论仍称之为"托孤"。再一个唐太宗临死前要长孙无忌、褚遂良辅佐太子高宗，《旧唐书》卷八〇《褚遂良传》说："太宗寝疾，召遂良及长孙无忌入卧内，谓之曰：'卿等忠烈，简在朕心，昔汉武寄霍光，刘备托葛亮，朕之后事，一以委卿，太子仁孝，卿之所悉，必须尽诚辅佐，永保宗社。'又顾谓太子曰：'无忌、遂良在，国家之事，汝无忧矣。'"又高宗将废王皇后立武昭仪时，遂良也有"先帝不豫，执陛下手以语臣曰：'我好儿好妇，今将付卿'"的话。可见这也是一次托孤。但据卷四《高宗纪》高宗生于贞观二年，到贞观二十三年嗣位也已二十二岁。这都证明贾岛《哭卢仝》诗用"托孤"一词，对二十多岁的添丁以及抱孙来说，并未背离情理。

贾岛《哭卢仝》诗不仅和卢仝罹甘露之难说不存在矛盾，如果仔细咏涵诗旨，还可发现有些地方适足证实罹难之说。即如"长安有交友，托孤遽弃移"两句，就完全表明了以白衣而罹难如卢仝者的身份。正因为只是白衣，不是显贵，虽身死而可免族诛之惨[1]，才谈得上"托孤"，而不必用覆巢无完卵之类的典故[2]。同时，又由于甘露变起后长安局面极为混乱，"兵遂大掠"，"民乘乱往往复私怨，相戕击，人死甚众"（《新唐书》卷一七九《李训传》），卢仝交友不敢接受托孤遽行弃移才在情理之中。又如贾诗所说"空令古鬼哭，更得新邻比"，这"新邻比"也不是泛词，而是

---

① 当时族诛者止十一家，见前引《旧唐书·李训》等传，此外或身死，或家破，其子嗣亲族尚可免诛戮。如《旧书》卷一六三《胡证传》谓"证素与贾𫗧善，及李训事败，禁军利其财，称证子溯匿𫗧，乃破其家，一日之内，家财并尽，军人执溯入左军，仇士良命斩之以徇"，即不言并其子嗣家族。

② 覆巢无完卵的典故，出《世说新语》"言语类"孔融被收条。

指和卢仝同时罹难的"四相"诸人而言，即"白首同所归"的意思①。此外全诗没有一处像通常哀悼诗章那样言及死者的老病，死者卢仝之非正命也就在不言之中。凡此蛛丝马迹，姜、顾两位何以不稍事审察，而只在"四十年"几个字上做功夫？

至于《唐才子传》卷五《卢仝传》所谓"仝老无发，奄人于脑后加钉，先是生子名添丁，人以为谶"之说，也并非始创于传的作者元人辛文房，我记忆中至迟宋人著作已有此说。手头宋人杂记诗话不备，这里只引一段南宋人刘克庄《后村诗话前集》卷一里的话：

> 唐人多传卢仝因留宿王涯第中，遂预甘露之祸。仝老无发，奄人于脑后加钉焉，以为添丁之谶。或言好事者为之。仝处士，与人无怨，何为有此谤？然平时切齿元和逆党，《月蚀》一诗，脍炙人口，意者群奄因此害之。《太平广记》载孝廉许生遇四丈夫与白衣叟会饮于甘棠馆西喷玉泉，……盖王涯、贾𫗧、舒元舆、李训与仝之鬼也。……白衣叟所举壁间诗云："六合茫茫皆汉土，此身无处哭田横。"妙甚，此必是涯、元舆门生故吏所作。

从这最后一句之作揣测之词，知《诗话》作者刘克庄没有看到过《南部新书》的记载，但竟揣测得不错，可见读书之贵咏涵白文，体会文义。所谓"仝老无发，奄人于脑后加钉"，是指当年被刑杀者要枭首示众，卢仝年老发脱，要加钉才便于悬挂②。但唐代枭示也有不用悬挂的③，而且卢仝并非"四相"那样的头面人物，未必够得上枭示资格。所谓"添丁"应谶，显然出于附会。甘露之变波及面广，横死者多，自易附会出若干谶应、定数

---

① 姜、顾两位引用贾岛在"更得新邻比"句后加上问号（?），当是没有体会文义，把"更得新邻比"当成了"更得新邻无"。

② 姜、顾两位没有弄清楚为什么要"脑后加钉"，错误地解释成"行刑时脑后加钉"。

③ 如日本僧圆仁《入唐求法巡礼行记》卷四所记"斫叛主刘从简（实是刘稹，稹是刘从谏之侄，圆仁听闻不真而误记）头来，三锋枪头穿之，杆高三丈余，上头题名，先绕两市，进入内里"，就不用悬挂。

之类的故事，如晚唐人苏鹗撰《杜阳杂编》卷中所记王涯再从弟沐初不为涯所亲，甘露变前得涯召见许官而罹祸，舒元舆族人守谦初为元舆礼遇，甘露变前被谴责辞归江南而免祸，"当时论者以王、舒祸福之异有定分焉"①。卢仝之"添丁、应谶"无非也是这种气氛下的产物，初不足深究。

从以上的考订，可看到前此文学史、辞书的错误，在于没有懂得贾岛《哭卢仝》诗"平生四十年，惟着白布衣"的含义，因此弄错了卢仝的生年。姜、顾两位同样不理解贾岛诗句的含义，从而错误地否定卢仝死于甘露之变这一史实。足见不轻信成说加以否定是可以的，但一定要提出坚强的证据，并细心体会证据的文义，否则难免有以不误为误的危险。

（原载复旦大学《中国古典文学丛考》第二辑，1987年11月）

---

① 并收入《太平广记》卷一五六"定数"类、《唐语林》四库辑本卷六补遗。

释敦煌写本《杂抄》中的"面衣"

敦煌写本《杂抄》一卷，题下原注："一名《珠玉抄》，二名《益智文》，三名《随身宝》。"看这几个名称即可知道是民间的通俗用书，其中应保存有当时社会风俗习尚的资料。可惜原件已为伯希和携归法国，入藏巴黎国立图书馆（编号伯二七二一）。二十年代初刘复教授到巴黎抄录了该馆的大量敦煌写本，编成《敦煌掇琐》出版，中辑七七号即为此《杂抄》，但仅录全卷首尾，认为中间"一百三十五行悉是杂记典故，全无道理，故未抄录"，致今人读之殊有买椟还珠之叹。幸其后周一良教授获睹全卷照片，于一九四八年撰成《敦煌写本〈杂抄〉考》，刊载于《燕京学报》第三五期，对被《掇琐》删落的一百三十五行开始给予重视。其中有几条已作了很好的考释，有的则尚嫌疏略，如《杂抄》所说：

> 何人死面衣？……（周《考》：中间叙吴王败于越，谓死后无颜见伍子胥。）请与面帛盖之，于今不绝。

这里的"面衣"究系何物，周《考》即未著一语，似仍有需要作点考释。

"面衣"一词不仅见于民间俗书，即所谓"正史"里亦已提及。因此，前人编撰辞书为之专列条目。如旧《辞源》即有"面衣"条，引《晋书》卷四《惠帝纪》所说：

〔帝〕行次新安，寒甚，尚书高光进面衣。

又引《西京杂记》卷一所谓赵飞燕女弟在昭阳殿所上物中有：

金花紫罗面衣

案这类"面衣"显然只是生人所用而非人死后专用的东西。

生人何以要用"面衣"？旧《辞海》在承用上述两条史料后说是"远行之服，用以障风尘者"。近时台湾所编《中文大辞典》"面衣"条则更转袭旧《辞海》，别无新义。其实，这样解释是不确切的。《西京杂记》不论是否东晋时葛洪所伪造，从其原意看只是讲女弟上物是为了庆贺赵飞燕当上皇后，而并非为了送飞燕"远行"以"障风尘"。从《晋书·惠帝纪》，也只能看出"面衣"可以御寒，看不出是用来"障风尘"。

对此，唐高宗时慧立撰述、武太后初彦悰增补写定的《大慈恩寺三藏法师传》里有条史料讲得更清楚，即卷一所纪高昌王麴文泰为玄奘西行赠送了许多东西，其中：

制法服三十具，以西土多寒，又造面衣、手衣、靴袜等各数事。

这里的"手衣"当即今日手套之类，和"手衣"并提的"面衣"当然也和《晋书》里所说的"面衣"一样，都是用以御寒之物。出行逢到天寒固可戴上，不出行在家里遇到冷天也未始不可戴用，因此《西京杂记》撰作者在开列所上飞燕皇后物品时会把"金花紫罗面衣"写进去。

除生人戴用"面衣"以御寒外，死人也需要戴"面衣"。早在先秦时已有此习，不过不叫"面衣"而曰"幎目"，如《仪礼·士丧礼》说：

幎目：用缁，方尺二寸，楎里，著，组系。

郑玄注：

> 幎目，覆面者也。幎，读若《诗》云"葛藟萦"之萦。纰，赤
> 也。著，充之以絮也。组系，为可结也。

孔颖达疏：

> 郑读从"葛藟萦"之萦者，以其葛藟萦于树木，此面衣亦萦于面
> 目，故读从之也。云"组系，为可结也"者，以四角有系，于后结
> 之，故有组系也。

《仪礼·士丧礼》和郑注已把"幎目"的形制讲得清楚。而据孔疏，此古
之"幎目"即后来的"面衣"。在唐人说鬼的小说中这种"面衣"更时常
出见，如《太平广记》卷三二八鬼一三陆余庆条引《御史台记》：

> 群鬼悉有面衣。

卷三三〇鬼一五王鉴条引《灵异集》：

> 向火之人半无头，有头者皆有面衣。

同卷《僧仪光》条引《纪闻》：

> 妇人进食，捧盘前来，独带面衣，……知是亡人。

卷三四五鬼三〇裴通远条引《集异记》：

遗一小锦囊，诸女共开之，中有白罗制为逝者面衣四焉。

可见当时人死后戴用"面衣"之事已极普遍，因而编造说鬼小说时才常用"面衣"作为所谓鬼的特征。这种死人的"面衣"当然在制作上或质料色彩上和生人所用有点区别，犹如明器和生人用器总有所区别一样，所以上引裴通远条要特别说明是"逝者面衣"，并且一见戴用这种"面衣"者就"知为亡人"，如上引《僧仪光》条所说。

为什么死人也需要戴"面衣"？《仪礼》士丧礼和郑注、孔疏都未作解释。《杂抄》则认为是由于死后无颜见先逝者才盖上"面衣"，并认为其事始于春秋末的吴王夫差。一九六〇年乾陵出土了一方刘仁轨的儿子刘濬和夫人李氏在开元十七年合葬的墓志，其中讲了李氏的许多嘉言懿行，说她：

临绝之际，叹曰："古有失行者，耻见亡灵，所以用物覆面，后人相习，莫能悟之。吾内省无违，念革斯弊。"子孙敬遵遗训。

这是近似《杂抄》所说而又略有不同的另一种解释。关于《杂抄》编写所用的资料，周一良教授据其中"何名五岳"条"中岳嵩高山"下所注"嵩城县"，认为应是高宗、武太后时的东西，正与刘濬夫妇的时代大体相当。但二者对人死所以要用"面衣"的解释却不怎么一致，足见这类解释只是此种习俗形成日久之后人们想象附会之说，而并非当初给死人戴用的本意。当初的本意，我认为倒是和生人相同的，从《仪礼·士丧礼》所记"幎目"之需要"著"即"充之以絮"，就可知道和生人所用"面衣"同样是为了御寒。

人死了还要御寒吗？《太平广记》再生类收有许多死者赴"地府"见"冥官"的小说，对此作了肯定的答复。如卷三八一再生七裴龄条说龄暴疾为地府黄衫吏所追的情况是：

> 呼家人取马，久之不得，乃随吏去，见街中灯火甚盛，吏出门行十余里，烟火乃绝，唯一径在衰草中，可行五十里，至一城，墙壁尽黑，无诸树木。

有的说得更为遥远，如卷三七八再生四贝禧条引《稽神录》说禧被召为地府北曹判官的情况：

> 乘一马，其疾如风，涉水不溺，至暮宿一村店，店中具酒食而无居人，虽设灯烛，如隔帷幔，云已行二千余里矣。向晓复行，久之，至一城。

这些小说还都把所谓冥中写得幽晦阴暗，最明显是卷三七八再生四张汶条引《宣室志》：

> 行十数里，曛黑不可辨，……汶有表弟武季伦者，卒且数年，……汶因谓曰：“今弟之居，为何所也？何为曛黑如是？”季伦曰：“冥途幽晦，无日月之光故也。”

既“无日月之光”，自然阴冷，何况还得长途跋涉驱驰，在古人想象中其苦寒定不亚于玄奘之往西土，自然非让逝者和生人一样戴上“面衣”以御寒不可。先秦时虽未有后世“地府”“冥官”之类的鬼话，但“幽都”旧说则由来已久，所谓“幽都”者，先秦时人或以为在北方（《尧典》），或以为在地下（《招魂》），同样都是阴寒之所，所以也需要给逝者戴用充絮的“幎目”即“面衣”。否则，真如《杂抄》或《刘濬墓志》所说只是为了遮羞才“用物覆面”，那这个遮羞之物又何必充絮，何以会和专供生人御寒的同称“面衣”而不另用其他的名称？

这种给死人盖面的习俗唐以后继续存在。但也许由于遮羞之说流行后已逐渐失去其御寒的本意，因而制作日趋简易。明初罗贯中根据南宋临安小说话本编写的《水浒传》所讲武大郎死后"将片白绢盖了脸"（百回本第二五回），即是过去"面衣"的遗制，不过已只用片御不了寒的白绢，不仅取消了充絮和缝制，连"面衣"这个名称也不再使用。旧社会用棺葬的某些地方还有此习俗，则更率直地称之为"盖面布"。

（原载《敦煌学辑刊》第三辑，1983年）

释敦煌写本《王道祭杨筠文》

——兼论有关王梵志的考证

自王梵志诗的多种写本从敦煌莫高窟流出后，唐宋人小说诗话里提及的王梵志重新引起学术界的注意。最近又出版了一册《王梵志诗校辑》，在校辑王诗的同时还汇总了国内外研究王梵志的成果，并提出了校辑者的若干新看法，对这项课题的进一步探讨做了有益的工作。

这本《校辑》也有缺点，即对某些文献的理解和考证上还存在问题。任半塘先生为此书撰序，称其"认真严肃"，得毋有溢美之嫌。

一

问题最明显的，是对敦煌写本所谓《王道祭杨筠文》的理解。此文编号伯四九七八，检日本冈野诚副教授所贻东洋文库 1978—1980 年印本 Tun-huang and Turfan Documents，I Legal Texts，其（B）Plates 中即收有伯四九七八影印本，正面定为兵部选格（？）的断片，背面即所谓祭文，标题《王道祭杨筠文》一行，祭文残存九行，断句悉加细点。《校辑》附编《王梵志诗评述摘辑》录文有脱误，标点也不尽确切。今据复印件移录全文，并参考原件断句，重加标点如下：

维大唐开元二七年岁在绍丑二月，东朔方黎阳故通玄学士王梵志直下孙王道，谨□清酌自醪之奠，敬祭没逗留风狂子、朱沙染疟□

儿、洪农杨筠之灵。惟灵生爱落荒，不便雅□语，仆虽不相识，籍甚狂名。前度承闻尚书，阿□盖婆见选蒙见用，计兹果报 天恩不为君□□子合思而自将（案：此处文义不明，原本断句之细点又模糊不可辨，不敢妄加标点），岂得重烦□（案：此处有一大黑点，似字之起笔，疑本有字而纸坏缺没去者）

圣德。谚云：何颡年窠里觅兔，计君几许痴心。鹦鸪上于铁□牛，选场中岂□□嘴□夸其□□□□为不□（下缺）

校辑者看了文章的头几行，便在所撰《校辑》附编《唐初民间诗人王梵志考略》里用断定的口气说："这篇祭文的重要意义在于：第一，明确肯定王梵志是'东朔方黎阳'人；第二，王梵志还有'通玄学士'之称；第三，开元二七年，王梵志已卒，其孙并能为人作祭文。"另外，任半塘先生为《校辑》所撰序里也有同样的认识，在引用了祭文头几行后，说："这里留下了铁证！表明开元二十七年，王梵志早已下世，他的孙儿已能为杨筠作祭文……"是任先生先有此认识，而为校辑者所承用，还是校辑者先提出此看法，经任先生首肯而在撰序时写了进去，没有交代清楚。但不论怎样，从这篇所谓祭文是不应该得出如上结论的，因为某些敦煌文书中的姓名是不能当真的。

这里姑以伯三八一三唐判集残卷为例，其影印本亦见 Tun-huang and Turfan Documents，I Legal Texts（B）Plates，（A）In-troduction & Texts 且作了释文。其中就有如下两个判例：

奉判：石崇殷富，原宪家贫，崇乃用钱百文，雇宪涛（淘）井。井崩压宪致死，崇乃不告官司，惶惧之间，遂弃宪尸于青门外。武候巡检捉得崇，送官司请断。……

奉判：郭泰、李膺，同船共济，但遭风浪，遂被覆舟，共得一桡，且浮且竞。膺为力弱，泰乃力强，推膺取桡，遂蒙至岸，膺失桡势，因而致殂。其妻阿宋，喧讼公庭，云其夫亡，乃由郭泰。泰共

（供）推臀取桄是实。……

原宪是孔门弟子中以贫见称的，石崇是西晋时头等大豪富，但二人生不同时，何来石崇雇原宪淘井之可能。郭泰、李膺倒都是东汉人，而且是朋友，确曾"同船共济"过，其事见于《后汉书》卷六八《郭太传》，说太"游于洛阳，始见河南尹李膺，膺大奇之，遂相友善，于是名震京师。后归乡里，衣冠诸儒送至河上，车数千两，林宗（太字）唯与李膺同舟而济，众宾望之以为神仙焉"。但从未说过有舟覆争桄、李溺郭生的事情。显然，这些仅是借用人所共知的原宪、石崇、李膺、郭泰之名，犹其他判例之用甲、乙或冯甲、王乙之类而已（见伯二五九三唐判集残卷，亦收入同书）。

再看伯四九七八之所谓《王道祭杨筠文》，在这篇文章的前面还有缺失题目的半篇残文，共残存八行，是：

冻彻腹心忄□皮□□□□□□□□□□仲春令月，宜社祚余，飣饍纵横，杯觞骆驿。伏□惟公等，西园广辟，东阁大开，邀宾则置驿□驮来，爱客则投辖留着。傥能稍分桂酌，薄□盛兰肴，结草则略胏令颠，扶轮则□膊远送。不望猪□头杜口，乞愿鸡毛略唇。请不白毡上倒曳猎儿，官仓里喝乌子。必不得虾蟆鸳眼，嗔蟷□□亦如鸜鹆上于铁牛，兔吃骆驼妳矣。

详文义像是要求参与宴会的信札，但看什么"不望猪头杜口，乞愿鸡毛略唇"之类，明系游戏文章而不是真的信札。值得注意的，信札末尾"鸜鹆上于铁牛"这句话，还重见于下面《王道祭杨筠文》里；鸜鹆者，今俗谓八哥，在唐代为民间习见之鸟，如《西阳杂俎·盗侠门》即有"两京逆旅中多画鸜鹆及茶椀"之说（前集卷九）。这种鸟以果实、种子及昆虫为食，牛身所集牛虻之属当为其所喜食，故常依附牛背，如周敦颐"鸜鹆"诗中即有"载归牛背夕阳斜"之句（《古今图书集成·博物编·禽虫类·鸜鹆部》）。今既是铁牛，鹡鸰飞上自然落空，和下文所说兔之不能吃到骆驼奶，以及所谓《王道祭杨筠文》中的"计君几许痴心"正相呼应。可见这"鹡鸰上于铁牛"是当时用以讥讽痴心妄想者的俗语。如果这篇《王道祭杨筠文》是真的祭文，或者是祭文的拟作、范本，则文章里如何能出现游戏文章里用以讥讽人的俗语，可见这篇所谓祭文也只是和上文同样性质的游戏文章而已。正因为如此，祭文里对被祭的杨筠才可冠以"没逗留风狂子""朱沙染疠儿"这样开玩笑的字眼，在文章一开始又可以讥笑杨筠是"生爱落荒，不便雅语"。不知王诗的校辑者对此等语句何以漫不经心，把游戏文章当成了真的严肃的祭文。

前面所引用的唐判集残卷是正规的判词范本，其中所用的姓名尚有出之虚拟，不尽属真人真事。则对同时的游戏文章所谓《王道祭杨筠文》又如何能过于当真，认为真有一个姓王名道者是王梵志的"直下孙"——嫡孙，在给逝者杨筠写祭文。而且，还应该想一想，如果是真的祭文，哪能在致祭者姓名之上冠以已故祖父的衔名。可见王梵志之所谓"通玄学士"，以及他有什么直下孙王道云云，也无非是游戏之词而已，值不得认真对待。更不宜以此作为"铁证"，作出"开元二七年，王梵志已卒，其孙并能为人作祭文"的结论。

但伯四九七八背面的这半篇所谓《王道祭杨筠文》对考证王梵志还是有用处的。（1）因为王梵志的大名能够放到开元时代的游戏文章里，说明王梵志出现的时代离盛唐开元必已相当远，而且王梵志诗也经过了长时间传播、在社会上家喻户晓才有可能。则五十年代以来国外学人研究王梵志较有影响的言论，如戴密微所说"八世纪下半叶（案即安史乱后）才开始有人谈到王梵志的诗"（《汉学论著选读》）；入矢义高所说"王梵志是天宝、大历年间的人"，其诗"自唐朝末年到北宋期间曾在社会上流行"（《论王梵志》）；矢吹庆辉所说王诗"至少是大历以前撰集的"，"王梵志或许是王维"等等（《鸣沙余韵解说》，以上节译本均见《校辑》附编《王梵志诗评述摘辑》），自均已不再有任何价值。（2）前此认为到唐末五代时人所撰《桂苑丛谈》以及《太平广记》卷八二异人门王梵志条引《逸史》才有隋文帝时王梵志生于卫州黎阳城东王德祖家林檎树瘿的神话，今《王道祭杨筠文》中既已给王梵志加上"东朔方黎阳"云云，可见如《逸史》《桂苑丛谈》所记的王梵志出生神话早在盛唐开元之前已流行。（3）《王道祭杨筠文》中所谓王梵志有直下孙王道固非事实，但由此也可知当时社会上流行的神话传说中并不以王梵志为已出家无后嗣的佛教徒，祭文中给他加上"通玄学士"之称，以及《广记》将他列为"异人"而不入"异僧"，当也出于同样的观念。这样，自不能根据晚唐咸通时范摅撰《云溪友议》卷下"蜀僧喻"条所谓王梵志"生于西域林木之上"，就作出他是"胡僧"的推测。

二

王梵志既已久属传说中人物，且被有浓厚的神话色彩，则其真实事迹在未有确凿可信的新史料发现前，已无从窥测。研究王梵志者自可就诗论诗，根据今存王诗来研究当时的社会思想意识。否则，硬要去猜测王梵志的身世，自难免主观附会，校辑者所撰《唐初民间诗人王梵志考略》就存在着这样的毛病。

校辑者是企图"就王梵志诗歌透露出来的材料寻绎诗人家世的蛛丝马迹"。为了讨论方便，先请读一读校辑者在《考略》里寻绎出来的东西（标点悉遵原作，仅把原作分段处并联）：

> 王梵志出生在一个比较殷实的家庭，他在诗中多次提到"吾家多有田"（卷二）；"吾家昔富有"（卷五），有一首诗写道："我家在河侧，结队守先阿。院侧狐狸窟，门前乌鹊窠。闻莺便下种，听雁即收禾。闷遣奴吹笛，闲令婢唱歌。男即教诵赋，女即学调梭。"（卷三）这是一个有奴有婢、生活充裕的家庭，悠然闲适，给王梵志留下深刻的印象。时过境迁，家庭境遇不断发生变化，王梵志在描写他本人生活时写道："吾有十亩田，种在南山坡。青松四五树，绿豆两三窠。热即池中浴，凉便岸上歌。遨游自取足，谁能奈我何？"（卷三）这时

只剩下十亩田地，生活还过得去。当积下钱财时，也出外经商求利："吾富有钱时，妇儿看我好……吾出经求去，送吾即上道。将钱入舍来，见吾满面笑。绕吾白鸽旋，恰似鹦鹉鸟。"（卷一）后来，在繁重的赋税徭役和天灾人祸的打击下，好景不长，渐趋破败，以致濒于穷愁潦倒的状态："草屋足风尘，床无破毡卧。客来且唤入，地铺藁荐坐。家里元无炭，柳麻且吹火。白酒瓦钵盛，铛子两脚破。鹿脯四五条，石盐五六颗。"（卷三）生活已经大不如前，身体慢慢瘦弱下来，变得"我瘦饿欲死"（卷三），困窘得无衣无食，诗人只得把一件"中心褧破毡，还将布作里"的袄子，"白日串项行，夜眠还作被"（卷二），强以为生。"近逢穷业至，缘身一物无。披绳兼带索，行时须杖扶。四海交游绝，眷属永还疏。东西无济着，到处即安居"（同前）。终于落到一无所有，步履维艰，四处流浪的地步。诗人不得不悲愤地写道："无衣使我寒，无食使我饥。还你天公我，还我未生时。"（卷六）王梵志历尽沧桑，在由富变穷的急剧变化过程，难免不遭受周围人的讥笑冷落，诗人沉痛地说："他家笑吾贫，吾贫极快乐。"（卷一）尽管表面上还豁达不羁，实际上由于家世的变化，诗人已深刻体验到人生的世态炎凉，从而触发他思想的转变，使一个希冀摆脱一切人生烦恼、皈依佛教的信徒，逐渐离经叛道，面向社会，为"穷汉村"、"硬穷汉"鸣不平，终于走向批判现实的道路。如果不了解王梵志的家世和他那由富到穷的家庭变迁史，我们对诗人及其作品，也就不可能有深入的理解。

这段话好像说得振振有词，有王梵志本人的诗篇即考证方法上所谓内证作为证据。但只要稍作思考，就会发现这些貌似坚强的内证其实统统是空中楼阁。（1）把诗篇作为内证来考证作者的生平，必须首先弄清楚这些诗篇是否作者在记述自己的事迹经历。以众所周知的杜诗来说，用《同谷七歌》《北征》等来考证杜甫的事迹经历是合适的，但不能求之于另一些名作如《三别》之类，不能根据《垂老别》就认为杜甫"子孙阵亡尽"，根据《无家别》就认为天宝后杜甫被县吏"召令司鼓鞞",不能把讲社会现象的作品当作作者的自述。校辑者在引用王梵志诗来考证其生平时,有没有研究一下这些诗是王梵志自述还是一般地讲社会现象,没有;有没有提出任何证据来论证这些诗确属王梵志自述,更没有。这些起码的工作都没有做,就武断地用王诗来讲王梵志的生平,如何能令人信服!(2)是不是校辑者把有"我"字或"吾"字的诗当作王梵志的自述诗,如"我家在河侧",就是王梵志自家住河边,"吾有十亩田",就是王梵志自言有十亩耕地。但校辑者引用的某些诗并无"我"字、"吾"字,如"中心襄破毡""白日串项行"之类,何以见得也是王梵志在自述?同时,即使有了"我"字、"吾"字的诗也何以见得一定是王梵志在自述?如有一首"家口总死尽,吾死无亲衰。急手卖资产,与设逆修斋,……"(卷一),诗里有"吾"字,按照有"我"字、"吾"字即系王梵志自述来说,应解释为王家口死尽,孑然一身。而另一首则说:"夫妇生五男,并有一双女。儿大须娶妻,女大须嫁处。户役差科来,牵挽我夫妇。妻即无褐裙,夫体无裈裤。父母俱八十,儿年五十五。当头忧妻儿,不勤养父母。……"(卷五)是讲老夫妻年已八十,因儿子不孝而穷困,这老夫妻前加有"我"字,按照有"我"字、"吾"字即系王梵志自述来说,岂非王梵志老来又有不孝之子,和前一首"家口总死尽"岂不又发生矛盾。可见诗里的"我"字、"吾"字,并不能用《孟子·告子篇》所讯高叟说诗的方法,认为真是王梵志的自述。(3)就算有"我"字、"吾"字之诗是王梵志在自述,但现今发现的任何一卷王梵志诗都没有标明是编年,校辑者也不曾用词组只字来说明其为编年,则何以能如《考略》那样硬把有奴有婢的"我家在河侧"之诗定在先,"吾有十亩田"之诗定在后,得出先富后中落的结论,何以不能是先有"十亩田"以后发家致富而有奴有婢?(4)以上还算是有点诗句作为证据,尽管都是经不起推敲的证据。有的地方,如《考略》所说王梵志家"在繁重的赋税徭役和天灾人祸的打击下,好景不长,渐趋破败"，就更连一点不像样的证据也举不出来，完全是想当然了①。其实，何止这点是想当然，《考略》对于王梵志家世的考证也统统是这类想当然。说得冒昧一点，校辑者大概是看惯了《红楼梦》的研究文章，自觉不自觉地把"由富到穷的变迁史"当作公式来套王梵志，再从王梵志诗里找些用得上的句子作为"证据"。这种研究方法和马克思主义的要求恐怕是大相径庭的。

此外，《考略》在理论上还存在毛病。如把王梵志诗的批评"赋役差科的不均"，说成"一定程度上适应劳动人民实现'平等''平均'的要求"，甚至要和唐末黄巢起义联系起来。但讨论这种问题已超出了考证的范围，在这篇专谈考证问题的文章里姑且从略。

三

除考证方法外，这本书在其他方面还有一些错误。

如《考略》中还根据"奉使亲监铸"（卷二）和"三年为官两年半"（卷三）两首王诗来推测王梵志"似乎做过短期的监铸官"。其方法之错误已如前所说，这里不必重复论证。这里只提出一点，即校辑者对"三年为官两年半，修理厅馆老痴汉。但知多少与梵志，头戴笠子雨里判"这四句诗的解释也是完全错误的。校辑者的解释是这样的：王梵志"任期未满就被革了职，而那些贪赃枉法的老痴汉却在兴修厅馆，所以王梵志说为官一定要清正廉明，坚持为民申冤，即使是下雨天也要戴着草笠进行查勘判案"。其实，这"三年为官两年半"指的并不是王梵志而是"老痴汉"，讥笑这些"老痴汉"在任没有几年却去"修理厅馆"，这只是旧社会所谓"官不修衙"的思想的反映，而且这种思想也未必值得肯定。至于后两句，无非是说如果落到我王梵志身上，即使逢到下雨也可戴笠判事，要修理厅馆干什么。不知校辑者怎么能把它和为官之清正廉明和贪赃枉法牵扯到一

---

① 当然，如果校辑者要辩护，也可说他在《考略》里已根据王梵志诗和《贞观政要》《通典》等书考证了"初唐人民遭受的赋敛徭役之苦和悲惨的生活遭遇"。但何以能证明王梵志也是缘此而破落？何况如校辑者考证王梵志本是有奴有婢的富户而非劳动者，并不属于其时"人民"的范畴。

起，是对文义没有很好理解，还是为了主观需要故意曲解。

有些错误和缺乏历史知识有关。如《考略》根据"吾有十亩田，种在南山坡。青松四五树，绿豆两三窠。热即池中浴，凉便岸上歌。遨游自取足，谁能奈我何"这首诗，说王梵志"这时只剩下十亩田地，生活还过得去"，甚至在下文还说"当积下钱财时，也出外经商求利"。不知初唐时只有十亩田地已是穷人[①]，生活不是过得去而是过不去，更谈不上有积下钱财以经商求利的可能。这首诗之所以要用"遨游自取足，谁能奈我何"结尾，无非是在宣扬"知足常乐""安贫乐道"之类的思想而已。

校辑者给王梵志诗作了若干注释，有些注释比较好，对阅读王诗有帮助，有的则不够确切妥帖。最明显的是"多置庄田广修宅，四邻买尽犹嫌窄。雕墙峻宇无厌时，几日能为宅中客"一首（卷六），校辑者注："雕墙峻宇：唐太宗《帝京篇序》'峻宇雕墙，穷侈极丽'（见《全唐诗》卷一）。"其实"峻宇雕墙"的最早出处是在《伪古文尚书》的《五子之歌》里。《伪古文尚书》及《伪孔传》流行于南朝，到唐初孔颖达给它作疏列入《五经正义》后更成为国家颁定的标准读本。王梵志诗里的"峻宇雕墙"当然直接出于此书。而不会是引用唐太宗的诗序。校辑者却舍此求彼，不引《五子之歌》而引唐太宗诗序来注王诗，自系由于在经部书上欠下功夫。

校辑者所征引古籍多用旧刻旧抄，并注明是北京图书馆善本部所藏。但校辑者对于版本目录似并不十分在行。如《评述摘辑》里引用了《桂苑丛谈》，写明作者为"冯翊"，其实《新唐书》卷五九《艺文志》小说类著录此书只说"冯翊子子休撰"，晁公武《郡斋读书志》衢本卷六引李淑《邯郸书目》云姓严，《四库提要》据以推测"冯翊子其号，而子休其字也"。《提要》以及《新志》《晁志》均非僻书，校辑者何以不稍事翻检，而把《丛谈》的作者错成姓冯名翊。又如，《评述摘辑》引用了王维的《与胡居士皆病寄此诗兼示学人》，注明"见《王摩诘诗集》卷六，宋刘辰

翁评点，明刻本"，并加按语说："北京图书馆善本部藏《王摩诘诗集》和
《王右丞诗》卷三（刘须溪校本，明弘治十七年吕夔刻本）载该诗时，题
下均注有'二首梵志体'。"其实《四部丛刊》影印元刻《须溪先生校本唐
王右丞集》卷三载此诗也注有此五字，《丛刊》通行易得，校辑者何以忽
略？又如《评述摘辑》引用了范摅的《云溪友议》，注明"《云溪友议·
蜀僧喻》下"云云，看起来好像《云溪友议》的《蜀僧喻》条还分上下或
上中下，其实是《云溪友议》分上中下，此《蜀僧喻》条在卷下，应注作
"《云溪友议》卷下《蜀僧喻》"才不致引起误解。

　　近年来看到许多古籍出版了新点校本很高兴。但总希望点校得好一
些，工作做得细一些，因而对这本《王梵志诗校辑》忍不住发了这么多议
论。是否迹近吹求，尚祈校辑者和任半塘先生谅鉴。

　　　　　　　　　（原载《古籍整理与研究》第一辑，中华书局，1986年）

读唐刘濬墓志

刘濬是唐高宗、武太后时将相重臣刘仁轨之子，事迹附见《旧唐书》卷八四《仁轨传》，止说："子濬，官至太子中舍人，垂拱二年为酷吏所陷，被杀，妻子籍没。"《新唐书》卷一〇八《仁轨传》更删略为："子濬，官太子舍人，垂拱中为酷吏所杀。"又《新唐书》卷七一上《宰相世系表·尉氏刘氏表》载仁轨二子滔、濬，滔不记官职，盖早卒，濬"工部员外郎"，此外别无事迹可考。1960年6月，刘濬墓志出土于高宗乾陵附近，这是因为刘仁轨"陪葬乾陵"，在开元十七年濬妻李氏卒后，濬二子晃、昂请将父母"归祔先茔"的缘故。在唐代本有"其有父祖陪陵，子孙欲来从葬者亦宜听许"的规定，见《唐会要》卷二一"陪陵名位"贞观二十三年八月二十八日诏。此墓志拓片1965年12期《文物》已印出。原石高广均达76公分，三十六行，行三十七字，全文字数多至一千三百余，颇多关涉重要史实、制度以及社会习尚之处，可资研读探讨。

一

《旧唐书·刘仁轨传》即用开元时韦述所修国史原文，传末有"史臣韦述曰"云云可证，所纪当比较可信。其中讲到刘仁轨对武则天的态度问题：

> 则天临朝，加授特进，复拜尚书左仆射、同中书门下三品，专知

〔京师〕留守事。仁轨复上疏辞以衰老，请罢居守之任，因陈吕后祸败之事，以申规谏。则天使武承嗣赍玺书往京慰喻之曰："今日以皇帝谅阁不言，眇身且代亲政，远劳劝诫，复表辞衰疾，怪望既多，徊徨失据。又云：'吕后见嗤于后代，禄、产贻祸于汉朝'，引喻良深，愧慰交集。公忠贞之操，终始不渝，劲直之风，古今罕比。初闻此语，能不恧然，静而思之，是为龟镜。且端揆之任，仪刑百辟，况公先朝旧德，遐迩具瞻，愿以匡救为怀，无以暮年致请。"寻进封郡公。垂拱元年，从新令改为文昌左相、同凤阁鸾台三品。寻薨，年八十四。

徐敬业扬州起兵即在武则天临朝称制的第二年光宅元年九月，同年十一月为武则天所遣扬州大总管李孝逸讨平，因此我曾推测是否刘仁轨上疏请辞并申规谏正值徐敬业起兵之时，而仁轨身居留守京师长安重任，故武则天为安定后方计，不得不对之曲事慰抚。后来细检《旧唐书》卷六《则天皇后纪》，弘道元年十二月丁巳高宗崩，武则天以皇太后临朝称制，甲戌刘仁轨即为尚书左仆射依旧知政事。其上疏请辞当在此时，下距徐敬业起兵尚有八个月时间，可见推测之不确。今读刘濬墓志，始知仁轨子濬本身即参与征讨徐敬业之役：

> 文明岁（案此年年号本曰嗣圣，二月废李显立李旦改元文明，九月改元光宅），敬业作乱维扬，王师未捷，授公江佐（案当作"左"）五州简募宣劳使，开恩信，置权宜，无不到（案当作"倒"）戈，有如破竹，因表言敬业若不入海，即当自缢，飞奏不日，果如所料，虽孙膑削树，陈汤屈指，不足侔也。制曰："允膺八骏之荣，克定五湖之俗。"遂加朝请大夫，兼赍口马金帛。

此事不见于两《唐书》、《通鉴》，这是由于旧史只纪扬州大总管李孝逸这支武装部队的出征作战，刘濬是随后以文职的江左五州简募宣劳使至战地

"开恩信、置权宜"做招抚安置工作，较作战部队究属次要的缘故，但和李孝逸等同样为武则天尽力自无疑问。足证刘仁轨、刘濬父子此时确实忠于武则天，否则武则天在征讨徐敬业"王师未捷"的情况下决不致派遣刘濬负此重任。从而可知刘仁轨之上疏规谏，也只是感到临朝称制对武则天未必有利，在武则天派遣武氏家族的首席代表武承嗣赍玺书慰喻后就不更持异议，即使以后武则天废显立旦也未见他有所表示。他死后据本传"则天废朝三日，令在京百官以次赴吊，册赠开府仪同三司、并州大都督，陪葬乾陵，赐其家实封三百户"，备极哀荣。也说明他和武则天之间是全始全终，没有多大矛盾隔阂。

二

徐敬业之起兵扬州，反对武则天的中央政权，是封建统治集团中的内部矛盾，和前代相州总管尉迟迥、郧州总管司马消难、益州总管王谦之反杨坚相同，都是凭地方势力以反中央，很难简单地用谁是谁非来判断。但封建社会的史官和今天的史学家不同，他们从劝惩的要求出发是需要对这类事情作出简单判断的。如北宋时宋祁所修《新唐书》卷九三《李勣传论》就说：

〔勣〕以老臣辅少主，会房帷易夺，天子畏大臣，依违不专，委诚取决，惟议是听。勣乃私己畏祸，从而导之，武氏奋而唐之宗属几歼焉。及其孙，因民不忍，举兵覆宗，至掘冢而暴其骨。呜呼，不几一言而丧邦乎！

这是否定李勣之"私己畏祸"，对其孙徐敬业的"因民不忍"而反武则天表示肯定。而同在北宋时的司马光则又是另一种论断，《通鉴》卷二〇三光宅元年十一月乙丑条引陈岳论曰：

敬业苟能用魏思温之策，直指河、洛，专以匡复为事，纵军败身戮，亦忠义在焉，而妄希金陵王气，是真为叛逆，不败何待！

陈岳是唐人，撰有《唐统纪》一百卷，见《新唐书》卷五八《艺文志》乙部史录编年类。《通鉴》此条即系引用《唐统纪》的论断，说明司马光对徐敬业还是承袭唐人的旧看法。此外，《旧唐书》卷六七《李勣传论》：

> 英公振彭、黥之迹，自拔草莽，常能以义藩身，与物无忤，遂得功名始终，贤哉垂命之诫，敬业不蹈贻谋，至于覆族，悲夫！

此传虽在结尾涉及李勣五世孙吐蕃将徐舍人事，但大体仍系本诸国史旧文，这个传论也就代表唐人言论。所谓"垂命之诫"，是指传中所纪李勣临终时对其弟李弼的遗言："我有如许豚犬，将以付汝，汝可访察，有操行不伦，交游匪类，急即打杀，然后奏知。"这里是说徐敬业背此贻谋，以至覆族，对徐敬业作否定之辞。

以上两类不同的评论，都从一共同的忠君观念出发，这在封建社会是理所当然，无足深论。问题在于何以唐人在正式言论中多不直徐敬业所为，到易代之后才有人公开给徐敬业说好话。我认为这和唐中央政权之不给徐敬业平反有关。《旧唐书·李勣传》：

> 中宗返正，诏曰："故司空勣，往因敬业，毁废坟茔，朕追想元勋，永怀佐命。昔窦宪干纪，无累安丰之祠，霍禹乱常，犹全博陆之祀，罪不相及，国之通典。宜特垂恩礼，令所司速为起坟，所有官爵，并宜追复。"

这里引用汉代的两件旧事为例：西汉时霍光以功封博陆侯，其子禹后以谋反被杀，"至成帝时为光置守冢百家，吏卒奉祠"（《汉书》卷六八本传）；东汉时窦融以功封安丰侯，曾孙窦宪以谋反被杀，而宪叔父嘉、嘉子万全、万全子会宗等袭爵安丰侯不替（《后汉书》卷五三本传）。中宗以此两例为比，恢复李勣名誉而仍以徐敬业为罪人，对其后嗣亦绝无宥赦之辞。但当时武则天虽已幽居而武三思等尚在，以后玄宗彻底清除武氏政治势力后情况有无变化，旧史没有记载。今读刘濬墓志，则其中仍以徐敬业为"作乱"，以平定徐敬业为刘濬一大功绩。刘濬墓志之撰书已在开元十八年，可见即使武氏势力全部被清除后李唐官方依旧否定扬州起兵，未予徐敬业平反。官方态度既如此，述史著论者自亦无从别生他议。至于不给徐敬业平反的原因，今天已不甚清楚，可能是由于以地方反中央，其风不可长的缘故。因此这一时期见杀于武氏者至中宗、睿宗两朝颇多平反，如李昭德、刘祎之以至裴炎等都追赠官职（《旧唐书》卷八七诸人本传），而徐敬业独长被恶名，不得沾此恩泽。

《旧唐书·李勣传》末所附记五代孙徐舍人故事，是说：

> 贞元十七年，吐蕃陷麟州，驱掠民畜而去。至盐州西横槽烽，蕃将号徐舍人者，环集汉俘于呼延州，谓僧延素曰："师勿甚惧，予本汉人，司空、英国公五代孙也。属武太后殄丧王室，吾祖建义不果，子孙流落绝域，今三代矣，虽代居职任，掌握兵要，然思本之心，无忘于国，但族属已多，无由自拔耳。此地蕃、汉交境，放师还乡。"数千百人，解缚而遣之。

此事又详纪于今本《唐会要》卷九七"吐蕃"，当为宣宗大中七年杨绍复等续修苏冕《会要》时所录，至石晋修《旧唐书》时据杨续《会要》分别录入《李勣传》及卷一九六下《吐蕃传》，《吐蕃传》照录《会要》原文，《李勣传》则颇事删节。但对徐敬业起兵的讲法《会要》也已作"属武后殄丧王室，余高祖建义中泯"，与《李勣传》的删节本相同。这是由于大中时去初盛唐已远，而且是记徐舍人本人的口语，可不必像史官评论其事之非用斥责之辞不可。又据大中时赵璘撰《因话录》卷四"角部之次"所纪淮南裨将谭可则元和十五年因防边为吐蕃所掠事，其中说道：

〔吐蕃〕得华人补为吏者，则呼为舍人，可则以晓文字，将以为知汉书舍人，可则不愿，其旧舍人有姓崔者，本华人，可则尝于灵武相识，其人大为蕃帅所信，为言之得免。

可见吐蕃为吏者颇有汉人，徐舍人之事当非虚构，舍人是徐的职称而不是名号。至于此徐姓之汉舍人是否确系敬业胤裔，自无从考究。但至少说明时至中唐以后朝廷仍无宥赦徐敬业一系的表示，否则杨续《会要》不会如此记录。

<h2 style="text-align:center">三</h2>

刘濬结局，据墓志是：

〔濬〕丁文献忧，太后俾宗族之臣，崇吊问之礼，拟为改革，潜欲禅篡，收率土之望，先大臣之家，既作威福，令表劝进，事若风从，功当隗始。公曰："忠臣守节，不附邪谋，死而后已，未敢闻命。"便被密奏，长流岭南，终于广州，春秋卌有七。

"文献"是开元中刘濬子冕为其祖仁轨表请立碑时获得的谥号，见《旧唐书》本传。刘仁轨卒于垂拱元年正月（《旧唐书·则天皇后纪》），刘濬被杀于垂拱二年。今据墓志，始知刘濬居父丧中所谓"宗族之臣"，即武承嗣或其他武氏家族头面人物已讽使他上表劝进，他拒绝后即被密奏长流广州，这都应该是垂拱元年的事情，第二年才在广州被杀。《旧书》本传只说"垂拱二年为酷吏所陷，被杀"，没有备详此中曲折。其实这个曲折对了解武则天革唐为周的过程是很有帮助的。通常读史时只注意到垂拱四年"四月魏王武承嗣伪造瑞石，文云'圣母临人，永昌帝业'，……五月皇太后加尊号曰圣母神皇"（《旧唐书·则天皇后纪》），以及载初元年傅游艺"上书称武氏符瑞，合革姓受命"（卷一八六上《酷吏》本传），七月，"沙门十人伪撰《大云经》表上之，盛言神皇受命之事，制颁于天下"

（《则天纪》），以为此时武则天才为正式革唐为周作准备。据此刘濬墓志，才知道早在垂拱元年年初，即临朝称制一年后已讽使"大臣之家""令表劝进"。这当是鉴于徐敬业扬州起兵已被平定，天下"莫予毒也"的缘故，和杨坚平定尉迟迥等地方势力反抗后即行革周为隋如出一辙。所谓"事若风从，功当隗始"者，是要刘濬充当今日俗语的带头羊，想刘濬上表劝进后其他大臣及其子嗣闻风紧跟。刘濬不从，自然还会用同样手法讽使其他有地位影响的人。因此，《旧唐书·酷吏传》所称周兴"自垂拱以来，屡受制狱，被其陷害者数千人"中，应该有一部分是属于刘濬之类的拒上劝进表者。而刘濬本和其父仁轨一样是甘愿为武则天效忠的人，但在武则天要革唐命时却坚执"忠臣守节，不附邪谋，死而后已，未敢闻命"，可见革唐命这点在已获高官厚禄的旧臣僚中颇为不得人心。这一方面推迟了武则天正式革唐为周的日程，另一方面也促使武则天大事拔用新进小臣，小臣中的酷吏用来清除不从命的旧臣，有才能者则代不从命的旧臣为宰执大臣。唐人常说武则天的破格用人，如德宗时陆贽称"则天太后践祚临朝，欲收人心，尤务拔擢"（《旧唐书》卷一三九《陆贽传》），宪宗时李绛称"天后朝命官猥多"（《李相国论事集》卷六"上言须惜官"条），今人也有以此为武则天表功者，其实动机止是如此而已。封建帝王之识见才能自可有高下短长，但无非都是为其个人、家族以及周围小集团打算，绝无"出以公心"的可能。

刘濬生前反对武则天称帝，死后四十多年撰书的墓志仍称武则天"潜欲禅篡"，斥之为"邪谋"，下文还称武周为"伪朝"，食"周粟"为有愧明灵，对武则天革唐为周一事坚决否定。但对武则天本人除志铭中因"伪朝"而称之为"伪主"外，并没有作什么人身攻击。可见墓志之坚决否定"伪朝"者不仅是尊重刘濬生前的政治立场，更主要是遵从当时的官方态度。因为睿宗是武则天所出，玄宗是武则天的嫡孙，对祖母的革唐为周不宜承认，对祖母本人则当留有分寸，而承认其为唐室先妣。开元时刘知幾、吴兢仍为武则天重修实录，但不如前此宗楚客所修称《圣母神皇实录》而曰《则天皇后实录》，承用吴兢所修国史的《旧唐书》也以武则天为本纪而日《则天皇后本纪》，都是这个道理。后来史馆修撰沈既济不明此理，在建中元年奏议以则天时事并入《中宗纪》，别纂录其本人事迹入《皇后传》，当然不会被采纳（详《唐会要》卷六三"修国史"、《新唐书》卷五八《艺文志》乙部史录起居注类）。

四

《旧唐书》说刘濬被杀后，"妻子籍没"。墓志则说：

> 及公枉殁南荒，夫人携幼度岭，行哭徒跣，扶榇还乡，寒暑四年，江山万里，一朝至止，谁不嗟伏。……太后自永昌之后，宽典行焉，如公数家，例还资荫。夫人诫其子曰："用荫足免征役，不可辄趁身名，汝祖父忠贞，亡身殉国，吾今食周粟，已愧明灵，汝傥事伪朝，如何拜扫。"二子亲承训诲，甘守乡园。神龙之初，中宗监国，诏书夜过，夫人夙兴，因率二子入都，修词诣阙，时有亲表愚昧，非笑是行，数日之间，果有恩命，各授班秩，咸惊讶焉。

墓志这段记载备详曲折，言之确凿，绝非寻常谀墓之辞。由此可知《旧书》所书"妻子籍没"之为失实。因为被籍没之人已属奴隶性质，绝无亲自至广州迎丧、在外自由往返四阅寒暑的可能。所谓"中宗监国，诏书夜过"，是指神龙元年正月张柬之等发动政变软禁武则天，甲辰中宗以"皇太子监国，总统万机，大赦天下"而言（《旧唐书·则天皇后纪》），此时中宗正式即皇帝位，革周复唐已成定局，刘濬妻遂率二子入都，蒙授班秩。这些都不难解释。难解释的是所谓"太后自永昌以后，宽典行焉"。"宽典"者，通常易于理解为放宽对臣民的镇压。而永昌以后的第二年即为天授，武则天用以镇压臣民的酷吏中大多数之被擢用却正在此天授年间。如《旧唐书》卷一八六上《酷吏上》所纪：来俊臣天授中"告密召见"，"则天以为忠，累迁侍御史，加朝散大夫。按制狱，少不会意者必引之，前后坐族千余家，二年，擢拜左台御史中丞，朝廷累息，无交言者，道路以目";侯思止"天授三年乃拜朝散大夫、左台侍御史","按制狱，苛酷日甚";万国俊"天授二年摄左台监察御史，常与俊臣同按制狱";王弘义"天授中拜右台殿中侍御史，长寿中拜左台侍御史，与来俊臣罗告衣冠"。因此墓志之所谓"宽典行焉"绝不能理解为放宽镇压，而只能是指如上述中宗监国那样的大赦。据《旧唐书·则天皇后纪》，此时大赦有三次：一次是"永昌元年春正月，神皇亲享明堂，大赦天下，改元，大酺七日";一次是"依周制建子月为正月，改永昌元年十一月为载初元年正月","神皇亲享明堂，大赦天下","大酺三日";再一次是同年"九月九日壬午，革唐命，改国号为周，改元为天授，大赦天下，赐酺七日"。改元永昌和改元天授的赦文均不传。《改元载初赦》收入《唐大诏令集》卷四"帝王类·改元"中，其中并未提到长流身故如刘濬这类人的后嗣可以"例还资荫"。则"例还资荫"的宽典当在改元天授的赦文中。此时"改国号为周"，所以刘濬妻有"傥事伪朝，如何拜扫"的话。如果在改元永昌时则唐的国号尚未革除，不会有"伪朝"之说。

有个问题可以在这里附带解决，即《旧唐书·酷吏·索元礼传》末所纪载初元年十月左台御史周矩上疏请"缓刑用仁"，"则天从之，由是制狱稍息"。载初元年九月即改元天授，并无十月，而且其时制狱正炽，已如上所述，如何能说因周矩上疏而"制狱稍息"？司马光也觉察到"是时制狱未息"，从而把此纪事勉强移至如意元年八月右补阙朱敬则上疏请省刑尚宽之后。但如意元年即天授三年，是年四月改元如意，此时酷吏来俊臣、侯思止、万国俊、王弘义等均在台，并无制狱稍息实迹。其实这周矩上疏的所谓"载初元年"当是"延载"之误，延载元年九月"俊臣贬、弘义亦流放琼州"而为人搒杀（《旧书·酷吏传》，"九月"据《通鉴》卷二○五），侯思止之被搒杀、万国俊之卒当也均在其前（《酷吏传》谓侯思止为李昭德搒杀而不著年月，据《则天纪》则昭德于延载元年九月左授钦州南宾县尉，其搒杀侯思止必在此前；万国俊卒于长寿二年按杀广州流人后不久，见《酷吏传》）。酷吏既除，周矩始敢有"缓刑"之请，而制狱之得以稍息亦自在情理之中。唐代文献中"载初""延载"及"景龙""景云"等相近似的年号往往错写，此即一例。

墓志说刘濬遗榇运回后在"延载元年权殡河南午桥东原"。午桥在东都洛阳郊区，即后来裴度绿野堂之所在地，见《旧唐书》卷一七〇《裴传》。则濬妻是从洛阳至广州迎丧，再由广州返归洛阳，所以志铭说刘濬妻"扶榇携幼，来归洛滨"。唐代洛阳、广州间的交通捷径是走水道，其道里日程详见李翱所撰《来南录》，收入《李文公集》卷一八"杂著"。据此《录》李翱于元和四年正月自洛阳启行，六月到达广州，单程八千里，其中只有经玉山岭、大庾岭两处是陆行，其余都走水道。刘濬妻也是走这条捷径，志铭说她"涉水万里，乘舟四春"可证。至于此行往返要经历"寒暑四年"，"乘舟四春"，而李翱单程只走了不到半年者，除在广州为运榇事可能多所稽留外，路上还肯定要比李翱走得慢。这因为李翱是以现任国子博士、史馆修撰的身份应岭南节度使杨於陵之招南行（详《来南录》、《旧书》卷一六〇《李翱传》、《李文公集》卷一四《杨於陵墓志》、吴廷燮《唐方镇年表》卷七"岭南东道节度使"），而刘濬妻子其时尚是流人家属身份，行旅自必倍多困难。

五

刘濬墓志是开元十八年五月与妻李氏合祔仁轨陪陵茔地时所撰书，因此志中颇述李氏懿德。除上述处理刘濬后事如何得体外，还大讲其礼法孝行：

> 文献夫人老疾，公与夫人亲侍汤药，岂遑懈怠，年逾十年，日勤一日。天后召文献夫人曰："年老抱疾，几女在旁？"对曰："妾有男及妇，殊胜于女。"太后嘉之。及文献夫人薨，公终礼谒见，高宗曰："常见皇后说太夫人云，卿夫妇俱能至孝，忠臣取于孝子，岂忘卿乎！"夫人之舅太常崔公，夫人妹婿使君王公，皆当时贵杰，各与昆季谋议，遣子女供承，冀染清规，争求近习，其钦望也如此。

所述已俨然是门阀礼法之家。但细考则殊成问题。

据墓志，"夫人陇西太君李氏，绛郡公六代孙，故右卫将军杨休之长姊"。陇西李氏确有绛郡房，《新唐书》卷七〇上《宗室世系表》说西凉李暠生十子，第六子翻"曾孙曰成礼，绛郡房始祖"可证。则李氏或许确系世族后裔。但志不言其父之姓名官爵，其中杨休亦仅任武职事官之右卫将军，可见至少已渐败落。至于刘氏一系的家世则更多纠葛。墓志说：

> 公讳濬，字德深，汴州尉氏人也，后汉章帝子河间孝王开十九代孙曹州使君之孙，尚书左丞相司空文献公之子。

《元和姓纂》辑本卷五"刘姓尉氏"条说：

> 唐左仆射、乐城公刘仁轨。状称本望河间，后魏南阳太守、乐城公通始居尉氏，通即仁轨高祖。

《新唐书》卷七一上《宰相世系表》说：

> 尉氏刘氏，出自汉章帝子河间孝王开，世居乐城，十世孙通徙居尉氏。

关于通至仁轨诸世则表列为：

通，后魏建武将军、南阳太守、乐城侯。		能，北齐冠军将军。	炽，淮阳王参军。	子威。	仁轨，字正则，相高宗。

将此三种材料对勘，即可发现扞格之处太多。如墓志说刘濬是"河间

孝王开十九代孙曹州使君之孙"，至濬应为二十一代，《世系表》则说河间
孝王开"十世孙通徙居尉氏"，而表格中自通至仁轨共六格，则仁轨才为
河间孝王十五代孙，濬为十六代孙，与墓志所说相差五代之多。又《姓
纂》说"通即仁轨高祖"，但以《世系表》通至仁轨共六格计，则通子某
始为仁轨高祖。又《世系表》中仁轨祖炽"为淮阳王参军"，北齐时封淮
阳王者为和士开，见《北齐书》卷五〇《恩幸》本传，其人权倾一时，刘
炽既为其参军，何炽子子威白身无官职，岂以朝代改易之故？而墓志则说
刘仁轨父为曹州使君，且不著其名，与《世系》之子威又似非一人。再检
《旧唐书·仁轨传》，起首只书：

> 刘仁轨，汴州尉氏人也。少恭谨好学，遇隋末丧乱，不遑专习，
> 每行坐所在，辄书空画地，由是博涉文史。

而不像阀阅之家于列传之首必表出父祖姓名官爵。《太平广记》卷二二一
"张囧藏"条引《定命录》，说：

> 刘仁轨，尉氏人，年七八岁时，囧藏过其门见焉，谓其父母曰：
> "此童子骨法甚奇，当有贵禄，宜保养教诲之。"后仁轨为陈仓尉，囧
> 藏时被流剑南，经岐州过，冯长命为岐州刺史，令看判司已下，无人
> 至五品者，出逢仁轨，凛然变色……谓之曰："仆二十年前，于尉氏
> 见一小儿，其骨法与公相类，当时不问姓名，不知谁耳。"轨笑曰：
> "尉氏小儿，仁轨是也。"

所记述也不像是阀阅之家的气象。因此我推测所谓尉氏刘氏本非世族，仁
轨父系一绝不知名的布衣而非所谓"曹州使君"。仁轨则以孤寒自奋而致
身将相。今墓志等所述尉氏刘氏世系，恐即仁轨贵显后其本人或子孙所编
造。墓志撰作于开元，而《姓纂》成于元和，《新唐书·宰相世系表》所
纪尉氏刘氏世系更已下及宣宗之世，由于所据谱牒伪造增窜之有先后，以

至不能照应周密而发生上述种种扞格。这种伪造谱牒、增窜世系在重视门阀之风未完全衰竭的唐代本是常事，刘仁轨及其子孙之未能免俗自亦可以理解。

刘仁轨既非门阀世族，而其家却讲求礼法，得以见赏于帝后，见重于亲戚，这也很好理解。因为六朝旧门阀的祖先，本来就不是经师儒生，有的是凭勋劳而致身将相，有的更只是地方豪强。及其既贵之后，子孙辈有条件学习文化，积久遂成所谓德业儒素之家。刘仁轨这个后起的将相之家无非是走其先辈的老路而已，初不足为怪。

六

墓志纪刘濬履历以及身后赠官是：

> 累迁太子通事舍人、宫门郎、著作佐郎、秘书郎、尚书郎、秘书丞。朝廷选十学士，以公为诸儒最。……文明岁，敬业作乱维扬，王师未捷，授公江佐五州简募宣劳使，……克定，遂加朝请大夫。……夫人……以开元十七年六月三日薨，……二子口奏父母遗愿，并请归祔先茔，优诏曲临，便允所请，制曰："故太子中舍人刘濬，俾荣充奉之礼，宜加宠饰之命，可赠太子率更令。"

据《旧唐书·职官志》，太子通事舍人、宫门郎都是东宫官属。通事舍人属右春坊，正七品下。宫门郎属宫门局，从六品下（卷四四）。著作佐郎、秘书郎都属秘书省。秘书省著作局有著作佐郎，从六品上。秘书郎直隶于省，也是从六品上（卷四三）。尚书郎在唐代本已无此职称，但《通典》卷二二"历代郎官"条发端即曰"郎官谓之尚书郎"，可见这是唐代对尚书省左右司郎中、六部二十四司郎中、员外郎的习惯通称。《新唐书·宰相世系表》载刘濬任工部员外郎，因此墓志谓之尚书郎，员外郎是从六品上（《旧书》卷四三）。其后为秘书丞属秘书省则从五品上（卷四三）。十学士不是正式官职，不见于两《唐书·志》《通典》《大唐六典》《唐会要》

诸书。它和"时人谓之登瀛洲"的秦府十八学士同样是有颇大荣誉的职称，因此墓志首行题为"大唐故十学士太子中舍人上柱国河间县开国男赠率更令刘府君墓志"，把"十学士"这个职称写进去以为逝者光宠。太子中舍人是刘濬贬死前的官职，开元赠官时说"故太子中舍人刘濬"可证，志文叙述刘濬历官时漏列诚属失检。此太子中舍人也是东宫官属，属太子右春坊，正五品上（《旧书》卷四四，卷四三列正五品下，当是据《开元令》）。因而追赠时给予从四品上的太子率更令，这是太子率更寺的长官（《旧书》卷四四）。从职事官的官品来说，刘濬一生所历止此，不能说很高。但唐代职事官仍前朝旧制有所谓清、浊之分。刘濬所历著作佐郎、秘书郎、尚书诸司员外郎、秘书丞、太子中舍人都是所谓"清官"，其地位非其他浊流之所能比拟，这自由于其父身为宰相的缘故。至于平定徐敬业时所授的江左五州简募宣劳使是临时差遣，不属正式职官。平定后所加的朝请大夫，是正五品下的文散官（《旧书》卷四二），和上述职事官不是同一性质。题衔中开列的上柱国则是正二品的勋官，开国男是从五品上的爵（《旧书》卷四二），更不同于职事官、散官。刘濬之为上柱国是凭其父荫，《旧书·刘仁轨传》纪仁轨总章五年"为鸡林道大总管东伐新罗"，"以功进爵为公，并子侄三人并授上柱国，州党荣之，号其所居为乐城乡三柱里"。"子侄"之子即系刘濬。封河间县开国男仅见题衔，志文不及其事，或许就在授勋上柱国同时。又上柱国名曰正二品勋官，但唐代"勋官预文武选者，上柱国正六品上叙"，后来"战士授勋者动盈万计"。"据令乃与公卿齐班，论实在于胥吏之下"（《旧书》卷四二），刘仁轨父子时虽不至于此，而此上柱国勋官已和其实任的职事官的品秩并无关系，这就是刘濬勋官虽已正二品，而职事官仍需由正七品下的太子通事舍人循资迁升的原因。

除此以外，墓志所纪刘濬嗣子晃官秘书少监，次子昂官祠部郎中，也可补《新书·宰相世系表》晃、昂历官之阙。表只载晃子子藩、昂子子之，而墓志题"孙子英书"，"孙"对刘濬而言，则此名子英者不知是晃抑昂之子，并可见《新书·宰相世系表》之多有脱漏。子英所书正楷兼行，颇臻工妙，且有与今本《兰亭序》相通之处。凡此多涉及刘氏家乘谱牒，和当时的重要史实、制度、社会习尚无甚关系，书法源流问题又牵连过广，非片言之所能决，因此这里都不再详细论列。

（原载《历史论丛》第三辑，1983 年）

《全唐文 · 杨妃碑记》伪证

《全唐文》卷四〇三有所谓《容州普宁县杨妃碑记》，这是篇伪文。但有人据以撰写《杨妃籍贯考》（《人文杂志》1982年第1期），说唐玄宗的杨贵妃是今广西容县人，并非如《旧唐书》本传等所说是杨玄琰的亲女儿，而是杨玄琰在容州做官时强买来的云云。因此仍有必要作点辨伪工作。

何以说是伪作，看文体笔调就可判断。据《全唐文》，此碑记是唐玄宗"天宝时官四门助教"的许子真所撰写（《籍贯考》作许子慎，我所用的《全唐文》嘉庆原刻本作子真），而唐前期承六朝余习，文章仍崇尚骈体，开始试写古文是独孤及等人，所谓"大历、贞元之间，文字多尚古学，效扬雄、董仲舒之述作，而独孤及、梁肃最称渊奥，儒林推重"（《旧唐书 · 韩愈传》），韩愈等人继之而有古文运动，但一般文人仍习惯写骈体文，古文占优势要到北宋中后期。这篇《杨妃碑记》不仅不是骈体文，也丝毫不像独孤及、韩愈等人的古文，而完全是明清时乡曲陋儒拙于文辞者的笔调，对古代文字真有点修养的人一看即能辨别。

也许有人不相信文字有什么时代习尚、时代风格。那也好办。请考虑一下撰立此碑记究竟为了什么。在古代立碑，一般有三种情况，一是地方官的颂德碑或去思碑，这和杨妃毫不相干；二是墓碑或神道碑，必须死后立在墓前，不能立到容州这个所谓出生地；三是寺院或神庙的碑，这也要杨妃死后而且在容州建庙后才有撰立的可能。但此碑记实伪托为天宝时即杨妃生前撰立，因为所谓碑记撰人许子真别无可考，《全唐文》说他"天宝时官四门助教"者，必系所根据的材料注明此碑记是天宝时四门助教许子真撰文。而且，从碑记的内容来看，一开始就毫无隐讳地大讲其杨妃两度被卖的甚不光彩的经历，当天宝年间杨妃正专宠宫闱之时，在所谓出生地容州忽然立上这么一块揭老底的碑记，也是不可思议的怪事（南宋洪迈《容斋续笔》卷二有题为"唐诗无讳避"的札记，但只是说在杨妃和玄宗死去多年后写点歌咏他们风流故事的诗篇并不犯忌，这和杨妃生前公然揭老底、搬丑史不是一回事）。

也许有人还不信服，那可再推敲碑记的措词用语。（一）天宝时对在位的皇帝唐玄宗只能称"天子"或"今上"，也可以称他的尊号，如"开元天宝圣文神武皇帝"之类，而绝不能在天宝以至其后玄宗为太上皇没有死亡之前，称"玄宗"或"明皇"，因为"玄宗"是他死后的庙号，"明皇"是他死后的谥号（谥号全称是"至道大圣大明孝皇帝"，"明皇"是简称）。现在名曰天宝时撰写的碑记却称起"明皇"来，岂非笑柄！（二）杨妃天宝四载八月壬寅册为贵妃（《通鉴》），如此碑真是其时所撰写，照当时行文习惯应称之为"贵妃"，不应加"杨"字，更不应称"杨妃"。（三）唐从天宝元年起改州为郡，肃宗时又改郡为州。容州在开元中称容州都督府，入天宝改普宁郡，到肃宗乾元元年才恢复容州都督府之称。此碑记名为天宝时撰写，却误用了容州这个旧称。这一些也都是明显的漏洞。

也许还有人给它辩解，说许子真虽在天宝时官四门助教，此碑记的撰写也可能在天宝以后甚至宝应元年玄宗去世以后，这样称容州、称明皇都不存在问题，称先朝贵妃为杨妃也可以勉强委之于行文的小疏略。但（四）碑记中说杨妃系"开元二十四年明皇诏入内，号太真，大被宠遇"，这一句话又有两个毛病。首先太真是杨妃为女道士的称号，并非入宫后才号太真；再则玄宗原先最宠爱的是武惠妃，据新旧《唐书·玄宗纪》、《旧书·玄宗贞顺皇后武氏传》、《唐会要》"皇后武惠妃"条，都说她死于开元二十五年（陈寅恪先生《元白诗笺证稿》第一章且对此作了考证，肯定此二十五年说的正确），只有《旧书·杨妃传》误作二十四年，说此后玄宗即诏纳太真,《新书·杨妃传》因之未作订正。伪撰碑记者大概只看了《新书·杨妃传》,就武断地说开元二十四年太真入宫,连同书的本纪也不知查对。(五)碑记把杨妃见纳于玄宗之前先为武惠妃之子寿王瑁妃这件事说成"进入寿宫",这在用语上也有问题。因为当时除皇太子外,一般皇子的住所已不称"宫",这里只能如陈鸿《长恨歌传》那样称"寿邸",称"寿宫"又是一个漏洞。(六)碑记称杨妃三岁听人诵读,"渐长,通语孟",这又是一个漏洞。"语孟"者,《论语》《孟子》之谓。而自汉至唐,《孟子》迄为子书,从未和《论语》并称,并称的是《论语》《孝经》,把《孟子》抬到和《论语》同等地位要到宋代,尤其是朱熹的《四书章句集注》流行、国家用以试士以后。这里称"语孟",分明是明清人的口吻,唐人绝对没有这种讲法。(七)碑记说第一次向杨妃生父杨维强买杨妃的杨康是"后军都置",唐代职官中也从未有此名称。《籍贯考》引作"后军都督",则更是明代才出现的名称(见《明史·职官志》"五军都督府"条)。(八)碑记说第二次从杨康手里强买杨妃的是在容州"摄行帅事"的"杨长史炎",当即《旧书》杨妃本传所说她的生父杨玄琰,但本传只说"玄琰,蜀州司户",是个州刺史手下"从七品下"的小官儿,此外别无记载说他到容州做过官,更未贵为容州都督府"从五品上"的长史,这又是为了说杨妃生于容州而胡乱编造。至于"琰"字作"炎",应是纂修《全唐文》时为避当时嘉庆帝的所谓御讳颙琰而改。没有"玄"字者,当然也是为了避康熙帝的所谓御讳玄烨而省略。但这个省略倒不像出于《全唐文》编纂者之手,因为当时可以用缺笔或写成"元"字等办法来避讳,省略"玄"字,恐怕是伪撰此碑记者所玩的花样,鉴于当时避御讳极严,索性省掉以免引来麻烦。如果这个推测能成立,则可以推知伪造此碑记的时间应在康熙以后、嘉庆修《全唐文》之前。

这篇伪作产生的地点,应在容州普宁县即今广西容县。我手边虽无广西地方志、名胜志之类的书可查,但《籍贯考》作者确已查过明人的书,发现其中确有杨妃生于容县之说。这也不奇怪,我国古代福建、两广、贵州、湖南等地的居民本常被掠卖为奴隶,男的往往充当宦官,女的则沦为婢妾，如石崇的家妓绿珠就有出生在广西的传说，所谓"白州有一派水，出自双水山，合容州江，呼为绿珠井，在双角山下，昔梁氏之女有容貌，石季伦为交趾采访使，以真珠三斛买之"（唐刘恂《岭表录异》聚珍本卷上，《太平广记》卷三九九"绿珠井"条所引略同），其地点正和传说杨妃出生的容州相邻。杨妃这个在后世和绿珠同样著名的传奇式美人虽生前尊为贵妃，毕竟不算正妻而是妾即高等女奴的性质，因而同样产生生长于南方边远地区且被人买卖的传说。"俗语不实，流为丹青"，到清代当地就有人根据传说伪托唐人立了这块所谓"杨妃碑记"，为乡土增一新"古迹"。容县在清代还是小地方，伪造碑记者只是乡曲陋儒，缺乏历史知识，于是留下了上述那么多伪迹。修地方志者同样不高明，把这篇伪迹彰著的碑记抄了进去以为乡土的光宠（当然也可能根本不曾立过这块碑记，而由修地方志者一手所伪造）。

《全唐文》的这篇碑记则据地方志采录，其末尾但作"册为贵妃云"而不尽其辞者，当缘地方志即如此著录（否则如纂修《全唐文》时真直接有碑石拓片为依据，则必录全文而不可能删节）。《全唐文》多至千卷，且是官书，虽然任唐史专家徐松为提调兼总纂，也势难逐篇仔细审核，误收少数伪作正在情理之中（例如卷七九三有一篇被研究黄巢兵事者所引用过的所谓刘汾《大赦庵记》，就是和《杨妃碑记》同样拙劣的伪作，在清人劳格的《读书杂识》中已经指出）。

（原载《人文杂志》1982年第4期）

考唐长安城内两个缺失的坊名

一

要研究唐代的长安城，北宋时人宋敏求编撰的《长安志》是极其重要的文献。但这部书的宋刻本早已不传，现在通行的是清乾隆四十九年毕沅巡抚陕西时刊刻的灵岩山馆本（后来编入《经训堂丛书》，所以也称为经训堂本），宋敏求原书本应有图，今已缺失（宋敏求所撰记述洛阳的《河南志》就有图，见缪荃孙辑刻《藕香零拾》），正文则朱雀门街西第一街从北数起第一、二两坊也缺失，连坊名都看不到。

元至正时李好文撰《长安志图》，明清时与宋敏求《长安志》合刻，应该能用来校补宋志。可惜明清刻本卷上里的"唐宫城坊市总图""唐皇城图""唐京城坊市图"又都缺失，宋《志》里缺失的两个坊名在这本图里仍无法查考。

清乾嘉时考证之学大盛，由治经、讲小学而旁及史地，并且将考证方法用之于编撰地方志。嘉庆二十年董会臣所撰《长安县志》，二十三年陆耀遹、董祐诚（即会臣改名）所撰《咸宁县志》，都不仅详今，且能考古，但对这两个坊名仍无从措手，只好任其空缺。

二

试图补这两个空缺坊名的是清中叶的史地学家徐松。他在嘉庆道光时所纂修、身后由张穆经手刻入《连筠簃丛书》的《唐两京城坊考》里有这样两段考证，卷四"长安县所领朱雀门街之西从北第一"作"光禄坊"，下面考证说：

> 《长安志》于此处缺二坊，别无善本可证。李济翁《资暇集》永乐坊古冢下注云："光禄坊内亦有古冢，《新记》不载，时之以与永乐者对，遂目为王母台，张郎中谦云：常于《杂钞》中见光禄者是汉朝王陵母墓，以贤，呼为王母，所以东呼为王公。"按光禄坊之名不见《长安志》，既云与永乐相对，又云东呼为王公，是在永乐之西，恐两缺坊内有一名光禄者，今注于第一坊下以俟考。

接着在"次南"作"□□坊"，考证说：

> 《张元忠夫人令狐氏墓志》云："夫人卒于京兆府殖业里之私第。"按以南数坊多以"业"为名，或此缺坊为殖业欤？不言县而独言京兆府，以府廨在光德坊，与此坊相近也。存之附考。

后者当然只是一种猜测。因为次南是丰乐坊并无"业"字，再次南才出现两个有"业"字的安业坊、崇业坊，不能如徐松所说"以南数坊多以'业'为名"。而光德坊和这个缺名的坊中间还隔了个通义坊，也说不上相近。《令狐氏墓志》之作京兆府只是统而言之（即只说府而不再提县），不能以此来说明墓志所说殖业坊的地望。大概徐松自己也感到证据实在太薄弱，因而只用怀疑的口气说"或此缺坊为殖业欤？"而在坊名上仍作□□。至于前一个坊的考证，徐松认为较有把握，所以正式填上"光禄"这个坊名。但认真推敲一下，可以发觉其所持理由仍极单薄。因为《资暇集》所说的永乐坊是朱雀门街东第二街从北数第四个坊，和朱雀门街西第一街从北数起第一坊并非东西相对称，不能因为这个第一坊缺了坊名，就把《资暇集》所说的光禄坊硬填进去。

不过，徐松这部《唐两京城坊考》问世后久已成为权威著作，为多数研究唐长安城者无条件信从。于是，今人绘制唐长安城坊图时，几无不在朱雀街西第一街第一坊填上"光禄"，而徐松尚未敢填写的第二坊也断然填上"殖业"。

三

1981年我应中华书局约，点校元人骆天骧《类编长安志》，这是一部元以后即未刊刻仅有钞本流传的秘籍，《四库全书》《宛委别藏》均未著录，毕沅、董会臣、徐松等人也均未寓目。在这骆《志》卷二"京城"类"隋唐·外郭城"条开列了城内的全部坊名，朱雀门街西的第一、二坊即明清刻本《长安志》所缺失的却赫然是"善和"和"通化"，而不是如徐松所猜测的"光禄""殖业"。

后来翻阅日本平冈武夫《唐代的长安与洛阳》的《地图篇》（1957年陕西人民出版社所出版的杨励三译本），知道平冈已知道利用该国静嘉堂文库所藏、原为我国陆氏䜿宋楼收藏的骆《志》传钞本，发现了骆《志》这两个坊作"善和""通化"，并考证"善和里的名称见于《册府元龟》（卷九三八）、《云仙杂记》（卷四'石篷回'条）引用的《大唐龙髓记》、《国史补》（卷下'善和里御井'条）等，通化坊的名称见于《旧唐书·裴度传》（卷一七〇）、《太平御览》（卷一八〇）等"。但平冈过于审慎，认为这"善和""通化"不一定就是宋《志》所缺失的两个坊名。这也许是他发现骆《志》所记坊名和明清刻本宋《志》间或有出入，从而对骆《志》不敢充分信赖。

骆《志》作者的水平确实不高，我在点校中确已发现其中有不少错误，甚至抄宋《志》也会因误解文义而抄错。但这两个坊名倒还是可以信赖的。因为骆氏是金元时人，所用的宋《志》无疑是宋刻或金刻的足本，这个坊名单子可以用宋《志》足本照抄，而且这又牵涉不到文义，不见得会抄错。至于骆《志》中有少数坊名和宋《志》有出入，则是由于唐长安城的有些坊名曾经更改过，骆《志》很可能根据其他史料对宋《志》的坊名作过增改。如骆《志》朱雀街门街西第五坊为"安善"，宋《志》同坊为"崇善"，好像有出入，但宋《志》崇善坊内有玄都观，徐松《唐两京城坊考》抄录宋《志》，在玄都观下作考证说："按《会要》言移玄都观至安善坊，疑安善坊为此坊之旧名。"如前所说徐松是没有见过骆《志》的，但这里的考证却和骆《志》之作"安善"暗合。可见骆《志》所列坊名确可信赖，朱雀门街西第一街第一、二坊之为"善和""通化"，可信从骆《志》毋庸置疑。

四

"善和坊"的宋《志》佚文见于骆《志》卷七"古迹"类"御井"条：

> 《长安志》：善和坊，有井水甘美，以供内厨，开元中，日以骆驼驮入内，以给六宫，谓之御井。

"通化坊"则见于骆《志》卷四"堂宅亭园"类：

> 行台左仆射、郧国公殷开山宅。本隋蔡王智积宅。
> 秘书监颜师古宅。贞观、永徽间，太常少卿欧阳询、著作郎沈越宾亦住此坊。殷、颜即南朝旧族，欧阳与沈又江左士人，时人呼此坊为吴儿坊。
> 郑国夫人杨氏宅。武惠妃之母。
> 京兆尹韦武宅。元和人。
> 右四宅在通化坊。

案这四宅均见于今明清刻本宋《志》卷九朱雀门街东第五街之敦化坊：

> 敦化坊。东门之北，都亭驿。南街之北，净影寺（原注：隋文帝为沙门惠远立，寺额申州刺史殷仲容所题）。东南隅，行台左仆射、

郧国公殷开山宅（原注：本隋蔡王智积宅）。西门之北，秘书监颜师古宅（原注：贞观、永徽间，太常少卿欧阳询、著作郎沈越宾亦住此坊。殷、颜即南朝旧族，欧阳与沈又江左士人，时人呼为吴儿坊）。郑国夫人杨氏宅（原注：武惠妃之母）。京兆尹韦武宅（原注：元和人）。

徐松《唐两京城坊考》卷三"敦化坊"下全录明清本宋《志》的这段文字，但注明"《太平御览》引作通化坊"，今案《御览》所引见卷一八〇：

> 韦述《两京新记》……曰："通化坊，东南郧公殷开山宅，西北颜师古宅，时人谓之吴儿坊。"

可见宋《志》本根据韦《记》而在通化坊下写了殷、颜等宅。骆《志》所据宋《志》尚无脱误，而今明清本宋《志》则把通化坊全文错入敦化坊下。今后整理宋《志》，通化坊条可据此全部恢复原貌。

（原载《唐代史事考释》，联经出版事业公司，1998年）

唐人楷书述论

一

　　"楷书"在这里是用宋以来的概念，魏晋南北朝隋唐人的所谓"楷法""楷书"含义广，而且还经历变化。

　　早在秦代，正规的书体本是"小篆"。这和后世的馆阁体差不多，要一笔一笔认真写，很麻烦，一般人不愿受此拘束，写得随便一些，就出现了"苟趋省易，施之于徒隶"的"隶书"（《汉书·艺文志》）。隶书逐渐通行，取代小篆，到东汉魏晋时又出现隶书的馆阁体，即结构整齐，而且点画要有波发，当时为了区别旧体隶书就称之为"八分"。《说文》："八，别也，象分别相背之形"，"分，别也"。所谓八分，就是指这种整齐化隶书之有波发，呈左右相背像"八"字的样子而言。同时，又因为这八分的隶书整齐好看，可作为人们的楷模法式，于是也称之为"楷法"，如晋成公绥《隶书体》就说这种八分的隶书是"有模有楷"（《初学记》卷二一），刘宋时王愔也说楷法是"字方八分，言有楷模"（《法书要录》所载唐张怀瓘《书断》引）。这种楷法在南北朝时也称为"楷书"，南齐王僧虔刘宋羊欣《采古来能书人名》中说韦诞"善楷书"，又说韦诞"诫子孙绝此楷法"可证（《法书要录》）。因此王愔的《文字志古书三十六种目》（《法书要录》）和南齐萧子良《古今篆隶文体》（《初学记》卷二一）都只有楷书而不再列八分。但隶书这种旧名称并没有被淘汰，如东汉末年的熹平石经是当时标准的八分，曹魏的正始三体石经中的一体也是八分，而东晋末戴祚的《西征记》（《太平御览》卷五八九）、刘宋范晔《后汉书》（《儒林传》）、北魏江式《论书表》（《魏书》本传）、郦道元《水经注》（谷水条）、东魏杨衒之《洛阳伽蓝记》（城南报德寺开阳门条）都称之为隶书，便是明证。

名称是相对稳定的，而事物却总在不断地变化。八分的隶书到东晋南北朝逐渐失去波发而向新体演变，于是隶书、楷书这两个名称也就既包括有波发的旧体又包括失去波发的新体。如《颜氏家训》所说"姚元标工于楷隶，留心小学，后生师之者众，泊于齐末，秘书缮写，贤于往日"（《杂艺篇》），北齐缮写秘书已用新体（看北齐石刻可知），而这里仍说"楷隶"，就是楷书、隶书在当时也包括新体在内的明证。到隋唐时新体已占绝对优势，成为通行的书写体，于是专用八分这个名词来称有波发的旧体，而楷书、隶书变成了新体的专用名词。如隋唐秘书省就设置楷书郎员、楷书手（《隋书·百官志》、《唐六典》卷一〇），唐人并说"字体有五：一曰古文，废而不用；二曰大篆，惟于石经载之；三曰小篆，谓印玺、幡旐、碑碣所用；四曰八分，谓石经、碑碣所用；五曰隶书，典籍、表奏及公私文疏所用"（《唐六典》卷一〇）。直到北宋初郭忠恕的《佩觿》中还说"小篆散而八分生，八分破而隶书出"，还是有波发称八分，无波发称隶书，仍是唐人的传统用语。

但到宋代对这种新体一般已不称隶书而称"正书""真书"或"楷书"。正书这个名称最迟在南北朝时已出现了，如梁庾肩吾《书品》就说"惟草、正疏通，专行于世"，"寻隶体发源，秦时隶人下邳程邈所作，……故曰隶书，今时正书是也"（《法书要录》）。可见正书与草书相对而言，在南北朝时是兼指旧体、新体而言，到唐张怀瓘在《六体书论》中说"隶书者，……字皆真正，曰真书"，在《书议》里又列真书、行书、章草、草书为四体（《法书要录》），可见到唐代已专指新隶书为真书。到北宋时范度以篆、八分、真、行、草为五体书（《玉海》），《宣和书谱》以篆、隶、正、行、草为五体，用真书或正书来称今体从此就固定下来。

而楷书到这时也成了真书或正书的同义词，如欧阳修就说为善书者以真楷为难，而真楷又以小字为难，"前人于小楷艰工而传于世者甚少"（《书蔡君谟茶录后》），赵明诚跋东魏大觉寺碑阴说"题银青光禄大夫韩毅隶书，皆今楷字"（《金石录》）。到今天则称楷书更多于真书、正书，所以本文谈唐人的今体书也径曰"唐人楷书"。

二

今天的所谓楷书，如前所说是从八分的隶书演变过来的，东晋南北朝是过渡时期，到隋大体定型，到唐完全成熟，唐以后则基本上不再变化。所以可说唐楷是楷书发展过程的一个高峰。清中叶以后，包世臣、康有为等厌薄馆阁体楷书而倡导过渡时期不成熟的北魏体，作"尊魏卑唐"之说，只是一偏之见，其实并不懂得书法发展的规律。

唐高宗时李嗣真论次秦以来书家为十品，上上、上中无唐人，上下有欧阳询、虞世南、褚遂良三人（《书后品》，见《法书要录》）。玄宗时张怀瓘《书断》列神、妙、能三品，神品无唐人，妙品的隶书即楷书中唐人也只有褚、虞、欧及陆柬之（《法书要录》），而李嗣真则抑陆柬之为中中，可知欧、虞、褚三人是当时最享大名的书法家。

欧、虞行辈最先，欧阳询"贞观十五年卒，年八十五"，虞世南"贞观十二年卒，年八十一"（《书断》），实际上都是隋人而晚年入唐者。

虞世南楷书只有一块《孔子庙堂碑》，碑立未久就毁失，黄庭坚诗："孔庙虞碑贞观刻，千两黄金那购得。"即可知在北宋时已不易见到唐石原拓本。后世流传的只有北宋初王彦超在西安摹刻今存碑林的所谓陕本，和元代山东城武的摹刻本所谓城武本，清人称之为东西两《庙堂碑》，陕本笔道圆腴而结构稍见欹斜，城武本则转形细锐，看上去都不见得如何美妙，远不能副虞书的盛名，于是人们渴望找见唐石原拓本。到嘉庆时临川李氏居然买到钤有所谓元康里巎巎印记的旧装册本，经翁方纲鉴定，认为是石原拓的残本而补以陕本、城武本，今有影印本流传，为"临川李氏四宝"之一。但用其中所谓唐石原拓部分和陕本、城武本对看，在水平上实在看不出多大差别，因此推崇唐石原拓的翁方纲也承认陕本、城武本和它"皆有极肖处"（《苏斋题跋》）。还有人鉴于这唐石拓部分不见佳妙，怀疑它是参用陕本、城武本的旧拓甚至参用已佚失的宋锦江书院摹刻本来伪充。其实，即使真的唐石原拓本，我认为仍应和陕本、城武本相近似，因为现在镇江还保存有一块《仁静观魏法师碑》，唐高宗上元三年立石，张德言书，书法酷似《庙堂碑》陕本，可见陕本实能传庙堂唐石的真面目。否则，如果陕本已大幅度失真，何以前此高宗时学虞书者所书碑刻的字体转能和陕本相合？由此可以作出一个结论，虞世南的楷书《庙堂碑》本来不见得高明，不必诿之为传摹失真。

为什么《庙堂碑》不见得高明，这要看文献记载。《旧唐书·虞世南传》说虞是"越州余姚人，隋内史侍郎世基弟也。祖检，梁始兴王咨议，父荔，陈太子中庶子，俱有重名。叔父寄，陈中书侍郎，无子，以世南继后"，可见虞氏是江左世族。又说"同郡沙门智永善王羲之书，世南师焉，妙得其体"，而智永的书法从传世《千字文》墨迹和石刻拓本来看，结构运笔都近于梁陈时人伪托为王羲之的《兰亭序》（关于《兰亭序》墨迹之出梁陈时人伪托而非王羲之真迹，我别有考论，并非盲从某个权威），正是南朝后期在高门世族中流行的新体行书。虞世南既系出南朝世族，又以智永为师，他所擅长的就是这种新体行书。《书断》既从俗以虞世南入隶书（即楷书）妙品，又说他"行草之际，尤所偏工"，便是证明。偏工行草的人何以会要用楷书来写《庙堂碑》，则和唐初帝王的爱好有关（清人何绍基曾发此说，见震钧《国朝书人辑略》引何氏墨迹）。《周书·艺术·赵文深传》曾说，"平江陵之后，王褒入关，贵游等翕然并学褒书，文深之书，遂被遐弃"，文深书法本来专长楷隶，属于东晋以至南北朝前期相承的旧体，这时为王褒所淘汰，则王褒的书法必属南朝后期的行书新体无疑。《述书赋》注说唐高祖师王褒而得其妙，实亦"翕然并学褒书"的"贵游"之一，唐太宗耳目濡染，对这种新体行书也极为推崇，不仅"心摹手追"，而且亲自撰制《新晋书》的王羲之传论，夸奖这种新体王书为

"尽善尽美"①。虞世南既擅长这种新体，自被太宗引为同调，在虞死后会发"无人可以论书"之叹，在虞生前遇到书写《庙堂碑》这样典重的石刻就更非借重不可。如果虞思想解放一点，用他擅长的新体行书来写，倒应该比现在的《庙堂碑》好得多，无奈当时还是武德九年十二月，太宗刚即位不久之后，用行书写碑还是并无先例的事情，虞不敢破例，只好舍长就短，参考当时通行的楷书来写②，于是把这块《庙堂碑》弄成非驴非马，徒负重名而令人难以心服。后来，太宗写《晋祠铭》《温泉铭》，就索性打破传统，用擅长新体行书来书写，恐怕多少吸取了虞书《庙堂碑》失败的教训。

虞世南书除《庙堂碑》外，收入《宣和书谱》的还有《千佛铭》《师子赋》《昭陵刻石》《嘉瑞赋》，可能都是行草，今悉失传。今传虞行书《汝南公主墓志稿》墨迹，则颇像后人依旁《庙堂碑》伪造，虽然米芾《宝章待访录》《宣和书谱》都著录过，也未必可以信据。虞行草真相，仍应从今《兰亭序》和太宗所书《晋祠铭》《温泉铭》中求之，绝不会像《墓志稿》那样萎靡不振的模样。

《书断》说虞世南"族子纂书，有叔父体则，而风骨不继，杨师道、上官仪、刘伯庄并立，师法虞公，过于纂矣，张志逊又纂之亚也"。但都是无遗迹可寻。前面所说的步趋《庙堂》的《魏法师碑》又"沉湮已久"（叶昌炽《语石》），后世也绝无习《庙堂碑》成大家的③，可见虞楷在书法史上并无多大影响。

<hr>

① 唐玄宗时何延之作《兰亭记》，刘悚《隋唐嘉话》记太宗得《兰亭序》经过，虽均涉夸饰，多后人附会，但至少说明所谓王羲之书《兰亭序》确实为太宗所最珍爱，才会出现这套夸饰附会的文字。

② 阮元《复程竹庵书》说："虞之《夫子庙堂碑》，乃亦参用率更北法者也，是以《庙堂》原石颇有与《化度》原石相近之处。"自属卓识，只是并不和欧书《化度》相近，而系参用当时通行的王知敬等楷法而已。

③ 清何焯号称习虞楷，实际上褚遂良的成分更多，远比《庙堂碑》妙丽。翁方纲终身欧、虞，也只在结体上稍为参用一点《庙堂》，不能称为虞之嫡嗣。

三

再看和虞世南同行辈的欧阳询。《旧唐书·儒学·欧阳询传》说他是"潭州临湘人，陈大司空頠之孙也，父纥，陈广州刺史，以谋反诛，……陈尚书令江总与纥有旧，收养之，教以书计，……仕隋为太常博士，高祖微时，引为宾客。……询初学王羲之书，后更渐变其体，笔力险劲，为一时之绝"。又据《陈书·欧阳頠传》，頠"为郡豪族"，可见欧阳询的家世初非高门世族如虞世南之比，他学新体的所谓王羲之书，当在江总教以书计之时，濡染未深，所以能"渐变其体"，成为"笔力险劲"的楷书，现存的《九成宫醴泉铭》《温彦博碑》《皇甫诞碑》《化度寺邕禅师塔铭》都是他的代表作。他的这种"笔力险劲"的字体后人通常称之为欧体，好像是欧阳询本人所创始，其实不然。清嘉庆时出土《隋元公墓志》及《元公妻姬氏墓志》，包世臣"玩其笔势，断为欧书"（《艺舟双楫·题隋志拓本》），俞樾则以为欧楷之所从出（两志残石俞跋，有拓本传世），俞说是正确的。晚清以来出土隋墓志很多，其中如《苏慈》《郭世昌》《张乔》《张受暨妻李氏》《曹海凝》《王世琛》等志，都和《元公》《姬氏》两志的书法大体仿佛，说明在隋代自有不少爱写这种楷体的人，欧阳询不过是其中一员，只因为他年寿长，入唐后又做到从四品上阶的太子率更令，就成为知名的书法家而已。但这种欧体书在当时并不为高祖、太宗所喜爱，《旧唐书》本传说："高丽甚重其书，尝遣使求之，高祖叹曰：'不意询之书名，远播夷狄。'"只有高祖平时不重视欧书，才会用这种"不意"的口吻，而贞观十二年虞世南死后，欧阳询还健在，太宗也会说"无人可以论书"的话。今天平心而论，欧体固然有他的优点，但毕竟已是前朝的旧体，而且点画拘谨，很难有进一步的发展，因此现存的高祖、太宗、高宗三朝丰碑巨制，除欧阳询外再没有人写这种险劲的旧体，只有一、二方小墓志如《文安公主墓志》的字体有点近乎《皇甫诞碑》，书人又不复可稽。倒是在中唐及中唐以后的经生书颇有学欧楷的，以后宋杭州地区刻书所谓浙本也继承唐经生书系遵用欧体，对刻书字体的规范化起了一定的作用，但这和书法艺术已不是一回事。

欧阳询的儿子欧阳通也是个书法家，《旧唐书》欧阳询所附小传说他"书亚于询，父子齐名，号大小欧阳体"。他所写的《道因法师碑》《泉男生墓志》虽比欧阳询更为险劲，但《泉男生墓志》已渗入了当时流行的褚遂良的笔法，不能完全固守父亲的营垒。

在初盛唐时更有一种比欧体古旧的书体，它或多或少地还保留了北朝的所谓北魏体笔意。现存的《等慈寺碑》《裴镜民碑》《房山石经》中的初盛唐刻经，以及敦煌发现的初盛唐写经、日本正仓院藏盛唐时东大寺献物帐等等，都属于这种古旧的书体①。这实际上就是初盛唐的经生书，中唐时经生书之写欧体已比它进了一步。这种古旧的北魏体残余，当时大书法家当然都不屑为之。

四

虞世南既不擅长楷书，欧阳询的旧体楷书又已过时，要找初唐时真正有影响的楷书正统，只有以褚遂良为代表的一派才够资格承担。这里之所以说一派而不说褚遂良个人，是因为除褚遂良以外还有很多人都是用类似的书体在写。现存的如王知敬书《李靖碑》《金刚经》，高正臣书《杜君绰碑》《明征君碑》，于立政书《于志宁碑》《令狐德棻碑》，窦怀哲书《兰陵长公主碑》，诸葛思祯书《李孝同碑》，以及建国后出土裴守真书《李愍碑》，结构运笔，绝相近似，都是继承隋代碑中平整流美的一派，而更加提高成为新书体者。此外，高祖献陵、太宗昭陵所陪葬名公贵臣的碑记中作这种新书体而书人无可稽者为数尚多，足见这种新书体在初唐确实风行一时，绝非欧体之孤行鲜附和者可比拟。当时也有想调和欧体和这种新书体的，建国后昭陵出土《驸马都尉王大礼墓志》，咸亨元年右威卫仓曹参军敬客师书，与《王居士砖塔铭》的书人敬客实为同一人，客师其名，而客则其字，《砖塔铭》纯同王知敬、高正臣等书碑为新书体，《王大礼志》

---

① 康有为《广艺舟双楫》说《裴镜民碑》"兼《九成》《皇甫》而一之"，盖以书人殷令名薄有书名，从而附会而已。

则"伤""骹"等个别字右下端悉方劲如欧体，与全体之钩勒圆美者迥异，但这两种书法实相凿枘而不易融合，因而未能别开新局面。

王知敬、高正臣等的水平不相上下，地丑德齐，在这些新体书家中比较杰出，可以说成代表人物的，只有褚遂良。此人在太宗后期高宗初期虽为宰相，而且是权倾一时的宰相而非伴食宰相，但他的书法倒凭真功力而不是因官高而受哄抬。前面说过虞世南死后太宗认为"无人可以论书"，魏徵就推荐褚遂良，说褚"下笔遒劲，甚得王逸少（羲之）体"，太宗即日召令侍书（《旧唐书》褚传），说明他真是当时擅长新楷体的书法家中最杰出的一位，是先凭书法得太宗宠信，后来才成为政治活动家的。他留下来的书法，据《宣和书谱》所说，有"摩崖碑在西洛龙门，《孟法师碑》在长安国子监，《圣教序》在长安慈恩塔，皆世所著闻"。龙门摩崖即《伊阙佛龛碑》，可能由于石质欠佳的关系，方整多于圆美。《孟法师碑》原石久佚，有宋拓影印本，"临川李氏四宝"之一，字画和褚氏身后麟德元年作褚体者所书《李文墓志》绝相似，可证实其为真本，较《伊阙碑》已稍浓艳。慈恩《圣教序》也就是所谓雁塔《三藏圣教序记》[①]，和昭陵的褚书《房玄龄碑》体格相同，较《孟法师碑》更进了一层。《书断》称褚楷"若瑶台青琐，窅映春林，美人婵娟，不任罗绮，增华绰约，欧、虞谢之"。前面二十个字形容得也许不尽确切，因为《圣教序记》《房玄龄碑》还有它挺拔的一面[②]，《孟法师碑》《伊阙碑》则骨格更厚重一些，说"欧、虞谢之"则完全是事实。请看，在褚遂良生前还有王知敬、高正臣和他大同小异，身后从高宗、武则天、中宗、睿宗直到玄宗前期，将近一个世纪之久，几乎所有的碑志都作褚体。说这种褚体是唐楷的最佳结晶，应该不算过分。

由于当时大家都学褚体，要说谁是褚体最优秀的传人倒反而不容易。

---

① 同州也有《圣教序记》碑刻，较雁塔本转近王知敬笔法，但仍比王知敬高明，可能是褚贬官同州刺史时所书别本，身后好事者为之立石，最后"大唐褚遂良书在同州倅厅"一行则妄人增刻。

② 清初画家恽格学褚字，就缺少挺拔的一面徒事柔媚，实在算不上学褚高手。

比较知名的当时有个薛稷，今有所书《信行禅师碑》宋拓孤本传世，但只是死学《房玄龄碑》这种褚体，当时能写到这种水平的还很多，薛稷的所以得名倒可能是因为他官大的缘故。还有一个魏栖梧，写过一块《善才寺碑》，也不见得有过人之处，只因为仅存宋拓孤本，成为"临川李氏四宝"之一，才以罕见珍。

<h1 style="text-align:center">五</h1>

继褚遂良而起以楷书著称的大书法家，在唐代只有一个颜真卿。

苏轼《墨妙亭诗》有"颜公变法出新意"之句，很多论书者也认为颜真卿的楷书即所谓颜字是异军苍头突起。其实这种看法有问题。倒是叶昌炽的《语石》论唐墓志书法时所说的"开元、天宝，变而为华腴，为精整"这句话，真正抓到了唐楷的发展规律。这种华腴精整的书体，是颜字的先驱，颜字不过是其最成熟最有影响者而已。

颜字和过去楷书所不同者，主要在于笔。开元、天宝以前，书法绝大多数都用中锋，不仅欧、虞、褚、王知敬、高正臣等所书碑刻莫不如此，就上推到隋、南北朝以至汉隶、秦篆，也从未舍中锋而用侧偃之笔的，因此写出来的字一般比较瘦硬，杜甫《李潮八分小篆歌》所谓"书贵瘦硬方通神"，就是代表这个时期的书法观。侧笔作书，当始于玄宗天宝时期，建国后出土天宝十一载《南川县主墓志》，就是杜诗所说擅长八分的韩择木所楷书，大体虽沿袭王知敬、褚遂良一路，但侧偃之笔已间或出现，如"桑陌""泉扃""宝婺"等字，和同一年颜真卿所书《多宝塔碑》全无差别，只是《多宝塔碑》全用侧笔，才有面目一新之感。此外，如宋儋的《道安法师碑》，苏灵芝的《梦真容碑》《铁弥弥象颂》，王缙的《王忠嗣碑》①，徐浩的《不空和尚碑》等，都和颜字一样作华腴的侧笔书，其余不甚知名的碑志作这种书体的还很多，颜字只是其中的杰出者，犹褚遂良书在王知敬、高正臣等人中为杰出者而已。颜字成熟，超越宋儋、苏灵芝

---

① 此碑五十年代初不慎被毁。

等人，当始于天宝十三载所书《东方画赞》，到肃宗、代宗两朝，先后书写了《郭氏家庙碑》《臧怀恪碑》《麻姑山仙坛记》《中兴颂》《八关斋会报德记》《宋璟碑》《颜氏家庙碑》《颜勤礼碑》等，均名重后世，万手临摹。但今存《八关斋会记》已经补刻，《家庙》等亦屡经剜治，字画多少有点失真，《仙坛记》原石早已佚失，幸而《颜勤礼碑》在民国初年方出土，新拓党同宋拓，最能体现颜字真相。还有传世的颜真卿自书告身墨迹，字画结构全同《颜勤礼碑》，当也是真迹或比较忠实可靠的临摹本。

附带还得讲一讲柳公权。此人生当中唐，想恢复使用中锋来纠正颜字过于偃侧的毛病。《旧唐书》本传有这样一段记载："穆宗政僻，尝问公权笔何尽善，对曰：'用笔在心，心正则笔正。'上改容，知其笔谏也。"所谓心正自然是讽谏之词，笔正则正道出柳书用中锋特色。本传又说他所书"体势劲媚，自成一家，当时公卿大臣家碑板不得公权手笔者，人以为不孝，外夷入贡，皆别署货贝，曰此购柳书"，则在当时亦颇有影响。但看他所书写的碑刻，如《李晟碑》《大达法师玄秘塔碑》《神策军碑》《金刚经》等，笔法诚多中锋，结构仍囿于颜体，遒紧有余，壮丽不足，以致后人有"露骨浮筋苦不休，缚来手腕作俘囚"之诮，（刘镛《石庵诗集·学书偶成绝句》）。同时作这种书体而较知名的，也只有裴休的《圭峰定慧禅师碑》一块碑刻，比柳碑更拘谨无可取法[1]，后代也从无学柳而成名的[2]。柳书之所以得名，当由于他"历穆、敬、文三朝，侍书中禁"，为帝王所尊崇，史传也因而尽情夸饰，如说柳书"上都西明寺《金刚经》碑，备有钟、王、欧、虞、褚、陆之体"，而不想一想这些书法家各有体则，如何能冶为一炉？流俗多以颜、柳并称，实皮相之谈而已。

六

宋人所刻法帖中常有所谓晋唐小楷，唐书家有虞世南的《破邪论序》，

---

[1] 此碑柳公权撰文，《语石》因谓实系柳书，臆说不足凭信。

[2] 多年来老是教小学生临写《玄秘塔碑》，字越临越坏，自己小时候也深受其苦，真不知提倡者是何居心。

欧阳询的《心经》《尊胜咒》《九歌》，褚遂良的《西升经》《阴符经》《灵宝经》，柳公权的《洛神赋十三行》《清净经》《消灾经》等，其实统统不可信。

（1）除褚书《西升经》曾著录于米芾的《宝章待访录》外，其余在《宣和书谱》《中兴馆阁录》中多未见登载，可说历史不明，来路不清。

（2）欧、虞、褚、柳诸家楷书各不相同，已如前所说，但这些宋人所刻却如出一手，甚至和晋人小楷所谓王羲之的《乐毅论》《黄庭经》《东方画赞》《曹娥碑》，王献之的《洛神赋十三行》《保母李意如墓志》等也如出一手，天下哪能有此等怪事！这些晋人小楷实皆伪物（我别有考证），则同类的唐人小楷之不真可想而知。

（3）真的唐人小楷传世有两类，一类是写经，如敦煌写经，前面讲过还留有北魏余习。再一类是唐碑志，多方格小楷书，其字体和当时碑刻上虽有大小之异，而结构运笔并无差别。宋明人所刻唐人小楷，多侧笔肥钝，只有在颜字流行以后才有可能出现这种书体，最早也是中晚唐，甚至是宋人手笔。

此外，有一种号称颜书的小字《麻姑山仙坛记》，字倒有点像颜，但赵明诚《金石录》已说"验其笔法殊不类，故正字陈无己（师道）谓余，尝见黄鲁直（庭坚），言乃庆历中一学佛者所书，鲁直犹能道其姓名，无己不能记也"。至于所以像颜，则因为有大字《仙坛记》石刻作为蓝本，和其他所谓唐人小楷之凭空捏造者不同。

清书法家王澍是帖学专家，但并不迷信而肯说老实话，他说："晋唐小楷，于今日但须问佳恶，不必辩真伪。数千年来千临百摹，转相传刻，不惟精神笔法全失，并其形摹亦尽易之。故求大楷于唐人碑碣，虽断蚀之余，仅有存者，犹见唐人本来面目。若求小楷于今之类帖，腐木湿鼓，了乏高韵，岂惟不得晋，并不得宋（《竹云题跋》，《论书剩语》楷书条略同）。今天如果还相信所谓唐人小楷来谈楷书，岂非开倒车！

七

综观有唐一代楷书，大宗只有褚、颜两家，以《毛诗》正变为例，可以说褚正而颜变。唐以后人的楷书不论以何种面目出现，总是褚、颜两家的云仍后裔。

先说宋人，清王文治《论书绝句》说"岂知有宋诸名辈，挑却羲之祖鲁公"（《梦楼诗集》）。王澍《论书剩语》说："宋四家皆出鲁公。"又说："《争坐》一稿（颜行书《争坐位贴》）便可陶铸苏米四家。"宋代风行法帖，书家行书多于楷书，王澍、王梦楼是说宋苏（轼）、黄（庭坚）、米（芾）、蔡（襄、京、卞兄弟）的行书多出于颜。但就楷书来说，蔡襄的《万安桥记》《昼锦堂记》，苏轼的《丰乐亭记》《醉翁亭记》都近颜体，蔡京、蔡卞很少写楷书，但京子絛说京始受笔法于襄，既登第，调钱塘尉，时苏轼适倅钱塘，因相与学唐徐浩，后乃屡变其体（《铁围山丛谈》），则于颜字也大有渊源。米芾"无正书"（董其昌），行草多用中锋，出所谓王羲之、献之书，黄庭坚楷书《伯夷叔齐庙碑》和宋徽宗的瘦金体都学褚遂良而参用柳公权，但都未能左右风气，看南渡以后士大夫仍多习颜字可知（可看故宫博物院影印《宋人法书》）。而南宋建阳坊刻本之用颜字，也可见颜字在民间的影响。

赵孟頫出，才一洗颜书影响，创所谓赵字。赵楷书碑刻传世最多，都用中锋学褚遂良体，而参以所谓王羲之笔法，稍见流动，不像褚体那么结构方整。同时元代诸书法家如康里巙巙、鲜于枢、柯九思、郭畀、倪瓒、张雨等结构运笔，都近于赵字，他们未必都习赵，当是和赵同习褚法。今所传元刻本书除建阳坊刻外都作赵体字，可见褚法在元代影响之大。

这种风气入明后仍未有变化。明初沈度、沈粲兄弟创明馆阁体，王文治《论书绝句》所谓："沈家兄弟直词垣，簪笔俱承不次恩。端雅正宜书制诰，至今馆阁有专门。"今二人墨迹尚存者，也是褚赵的嗣音。从明初到成化、弘治的刻本除建本外也都仍旧用赵体字，甚至同一时期朝鲜的李氏王朝铜活字版所用的"卫夫人字"，实际上也是这种赵体字。到正德、嘉靖时祝允明、文徵明等书家还是写赵字，不过文徵明的字要瘦劲一些。重新提倡写颜字，是晚明的董其昌，他的行书学颜而比较秀润，能自成一家，楷书则一味临摹颜字，呆板不好看。

清代书法家则分两派。张照、刘镛等学颜而稍能变化。学褚、赵而能变化，具有自己的面目则以王文治、梁山舟等为代表。提倡北魏书的包世臣其实是以《阁帖》的结构来书写，只有用笔模仿北魏。以后赵之谦也用行书来写北魏，则更形庸俗，反不如他用刀在印章上所刻边款。陶濬宣之写北魏则一味临摹，缺乏生动变化。可见用今天的毛笔来学北魏实是走死胡同。正经学楷书，还得临写褚、颜，取则唐人。

（原载《唐史论丛》第五辑，1990年）

论唐代明器中的木明器

自罗振玉以来，研究古明器的人，大都限于瓦质明器的研究。如郑德坤先生的《中国明器》①中就说："今日明器二字，通指瓦器而言。"而日人滨田耕作的《支那古明器泥象图说》，更索性把"泥象"二字来限制了明器。至于木制的明器，仅郑先生书中根据《唐会要》卷三八武宗会昌元年十一月御史台奏请条疏，说"依此制令，又可见当时明器数目颇多，瓦人之外，今有木俑，木俑形状如何，今不得见，盖木入土最易腐朽"云云，此外简直少有人提起。直到近年来在朝鲜乐浪和我国湖南长沙、山西阳高以及苏北清江浦各地，陆续有木制明器出土，学者才渐渐知道木明器这件事，开始对它发生研究的兴趣。其实，不待地下实物的出土，单就文献上考究，已足够证明木明器在古明器中的重要地位了。

《太平广记》是北宋初年编集的一部小说类书，而以唐人的作品为主，其中颇有涉及明器的故事。试把它一一辑录出来，按照明器质料的不同，作如下的比较：

（一）木制的明器。卷三三四"王玄之"："家人迎丧，发樟，……婢亦帐中木人也"（出唐戴孚《广异记》）。卷三七一"梁氏"："〔韦〕英早卒，……闻〔妻〕梁嫁〔向子集〕，白日来归，……子集……张弓射之，……即变为桃人"（出北魏杨衒之《洛阳伽蓝记》）。同卷"曹惠"："有二木偶人，……是宣城太守谢家俑偶"（出唐牛僧孺《玄怪录》）。卷三七二

---

① 《燕京学报》专号第一号，1933年1月。

"李华"："有一老人，……乃木盟器"（出《广异记》）。同卷"张不疑"："视之，一朽盟〔器〕耳，……命刀劈之，腰颈间果有血浸润于木矣"（出唐谷神子还古《博异记》）。同卷"又张不疑"："以柱杖击其头，沓然有声如击木，遂倒，乃一盟器女子也"（出唐张荐《灵怪集》）。卷三九〇"李邈"："近开一古冢，……有木人数十"（出唐段成式《酉阳杂俎》）。计有七处。

（二）铜制的明器：卷三六九"岑顺"："盟器悉多，甲胄数百，……皆金铜成形"（出《玄怪录》）。卷三八九"古层冢"："昔有开〔古层冢〕者，见铜人数十枚"（出《朗州图经》）。卷三九〇"卢涣"："有盗发墓，云……圹中……每门中各有铜人铜马数百"（出《玄怪录》）。计有三处。

（三）金银制的明器：卷三七二"商乡人"："开冢得金银人马斩头落者数百枚"（出《广异记》）。计有一处。

（四）石制的明器：卷三九〇"曹王墓"："开封人发曹王皋墓，取其石人羊马砖石之属"（出蜀杜光庭《录异记》）。计有一处。

（五）蒲制的明器：卷三七一"梁氏"："〔韦〕英早卒，……白日来归，……从者数人，尽为蒲人"（出《洛阳伽蓝记》）。计有一处。

（六）质料不标明的明器：卷三三五"浚仪王氏"："裴郎……入冢卧棺后，……闻群婢连臂踏歌，……有一婢名秾华，……如是数夜，奴婢皆是明器"（出《广异记》）。卷三三九"阎敬立"："〔敬立至太平旧馆，见〕昆仑奴，一名道奴，一名知远，……面皆昆仑，兼以白字印面分明，……〔后至其处〕更无物，惟墙后有古殡宫，……前有冥器数人"（出《博异记》）。卷三四一"郑驯"："题冥器童背，一曰鹰儿，一曰鹘子"（出唐薛渔思《河东记》）。卷三六六"张氏子"："一盟器婢子，背书红英字"（出荆南孙光宪《北梦琐言》）。卷三七二"蔡四"："废墓中有盟器数十，当圹者最大，额上作王字"（出《广异记》）。同卷"卢涵"："见一大盟器婢子"（出唐裴铏《传奇》）。卷三九〇"严安之"："有盟器敕使数人"（出唐卢肇《卢氏逸史》）。计有七处。但自"浚仪王氏"至"蔡四"五处，都说俑有名字，而这些名字，大都写在俑的身上。近代出土的瓦俑不为不多，但从没有发现一件在身上写有名字的，可见这有名字的俑，大概仍旧是木制的明器。

唐代的明器以俑为主，上面所辑都是俑的资料。从其中可以看到木制的明器是占着绝对的多数，而瓦明器几乎一处也不见，这是什么缘故呢？

再从历代的诏令官文书中，来看瓦明器和木明器的地位。《汉书·文帝纪》赞曰：

孝文皇帝……治霸陵，皆瓦器，不得以金银铜锡为饰。

《三国志·魏书·文帝纪》作终制曰：

吾营此丘墟不食之地，……无藏金银铜铁，一以瓦器。

《陈书·宣帝纪》遗诏曰：

金银之饰，不使入圹，明器之具，皆令用瓦。

帝王崇俭而用瓦明器，可见瓦明器在明器中的地位本是不高的。

再看《唐会要》卷三八玄宗开元二十九年正月十五日敕：

三品以上明器，……五品以上，……九品以上，……庶人，……皆以素瓦为主，不得用木及金银铜锡。

只许人家用瓦明器，木明器则与金银铜锡一样地位高贵而被禁用。但正由于社会上已经流行木明器，才要硬性禁用，而流行的东西通常是很难禁得住的。到武宗会昌元年十一月御史台奏请条疏，就改为：

京城文武百寮及庶人丧葬事，三品以上，……明器并用木为之，不得过一百事，……五品以上，……明器不得过七十事，……九品以上，……明器不得过五十事，……工商百姓诸色人吏无官者，诸军人无职掌者，……其明器任以瓦木为之，不得过二十五事。……敕旨宜依。

除掉明器的件数要按等级有所限制外，要用木明器谁都可以。说明木明器之为文武百僚以至工商百姓所欢迎，使政府不得不作出让步准许大家使用的规定。

古人制作明器，是埋进墓里想为死者使用服役的，当然希望它能保存得长久。而木制的东西入土易于腐烂，古人岂有不知之理，可他们仍旧看重木制的明器。足见木明器在形制的精美上，一定远胜于瓦明器。其长处推想起来应该有两点：一是形态上，因为木质的雕刻较之土瓦的塑造易于精致，精巧的可以做成活动的手足，如长沙出土的战国木俑和乐浪出土的汉木俑那样，而瓦质的不能。再是色彩上，唐代虽已出现今所谓唐三彩的瓦质明器，其色彩总有局限，不如木质明器可以随心所欲地施加彩绘，有的还题上名字，有的还穿上彩衣。这些自使瓦明器包括唐三彩也相形见绌。

再回过头来看《太平广记》的记载。《广记》中木明器之所以占绝大多数，今天可以作两种推测。一种推测是在唐代用木明器殉葬的确实更多于用瓦明器。这是由于用明器来殉葬本是奢侈的举动，惟富贵者方能享受，而富贵者岂有放着上等的木明器不用而多用瓦明器之理，因此其时木明器最为普遍。至于后世所以少见木明器出土，则以木质入土，时间久了即易烂掉。另一种推测是其时唐三彩等瓦明器不一定少于木明器，只是《广记》所收都是明器兴妖变怪的故事，兴妖变怪的东西要愈逼真愈好，写作故事者自要取材于逼真且能活动的木明器，而对瓦明器不屑一顾了。

上面的推测，不管哪一种较为近是，总说明了在唐代木明器的地位远在瓦明器之上。今后对明器的研究，至少得木瓦两方并重，不能光着眼于瓦明器唐三彩了。

（原载《中央日报上海版·文物周刊》第35期，1947年5月21日）

唐代家具探索

一

研究我国古代家具，以明、清两代易于措手，因为实物具存，只需按时期、地区分类排比，就可掌握其特点，找出其发展规律。唐代则不然，经过一千多年的岁月，木制的家具除非有特殊的保护早已毁失净尽，虽经考古工作者和文物征集者的努力，在国内至今还没有看到唐代的家具实物。日本正仓院是藏有大量盛唐时候的工艺品和当时日本的仿制品的，但其中家具极少，常用的坐卧家具一件也没有。因此，要研究唐代的家具，主要还得依靠当时的文献记载和绘画。绘画中敦煌的壁画真实性没有问题，但不是高手的作品，画得比较粗糙不够逼真。传世的几幅著名唐画号称大画家所作，画得确实比敦煌壁画要精致，但未必是真迹，大多是后人的摹本，临摹时在画面上难免加进点后世的东西。所以必须把这几方面的资料结合起来，才能比较如实地探索出唐代家具的真面目。这是首先要说明的一点。

再有一点，唐代有很多风俗习惯是沿袭继承前代的，在家具上也是这样。因此往往要追溯到两汉、魏、晋、南北朝，甚至追溯到先秦，才能把唐代的讲清楚。有时唐代的资料缺乏，还要依靠前代的资料来推测。同时唐代统治时间比较长，从建国到灭亡有二百九十年，唐亡后的五代又只是晚唐政局的延续，把五代加上去更长达三百四十三年。经历这么长的时间，事物有起变化的可能，而实际上晚唐、五代的家具也的确起了大变化。因此不能笼统地讲唐代家具，必须把后期的变化弄清楚。

唐代家具有哪些品种名目，从当时一些类书中可得到启发。隋末虞世南的《北堂书钞》"服饰部"有屏风、床、榻、几、胡床（卷一三二、一三三、一三五），唐初欧阳询的《艺文类聚》"服饰部"有屏风、几、胡床（卷六九、七〇），盛唐时徐坚的《初学记》"器物部"有屏风、床（卷二五），中唐时白居易的《白氏六帖事类集》有屏风、几、床（卷四），北宋初年的《太平御览》"服用部"有屏风、床、榻、胡床、几、匮、厨（卷七〇一、七〇六、七一〇、七一三）。匮、厨现在写作柜、橱，和屏风都不是坐卧起居的必需品，以后有机会再谈。这里谈唐代最常用的家具床、榻、胡床和几，以及后期流行的卓、倚。

二

通常说古人席地而坐，这大体是说对了的。古人确有席地而坐的习惯，远的不说，东汉时山东武氏祠、孝堂山、河南南阳等地的石刻，四川成都、新津等地的砖刻，以及河北望都、辽宁辽阳等地汉墓的壁画上，人都是坐在地上的，地上往往铺有"席"（也写作"蓆"），在传为东晋时顾恺之所画实系后人的摹本《女史箴图》里，这种四方有边的席就画得很清楚。但可供坐的家具也早就有了，这就是"床"。床在先秦的古画里是常见的，最初只作为卧具，当然也只是"高贵"些的才用，"卑贱"的就睡在地上，《诗·小雅·斯干》就说"乃生男子，载寝之床"，"乃生女子，载寝之地"，到《后汉书·列女传》载班昭的《女诫》中还说"卧之床下，明其卑弱"。至于兼作坐具，大概开始于汉代，东汉时刘熙的《释名》里已说："人所坐卧曰床。"但当时坐地的习惯还未消失，所以汉画里还都坐地。《益部耆旧传》里说"刺史每自坐高床，为从事设单席于地"（《御览》卷七〇九引）。可见坐床还是比较高贵讲究的事情。大概经过南北朝坐床之风才普遍。

床是什么样子？既然最初只是卧具，面积应该比较宽大，东汉时服虔的《通俗文》说："八尺曰床"（《初学记》卷二五引）。但开始时不会怎么高，河北望都汉墓壁画所画主记史像坐在床上，有四条床腿，高度按比例只有五寸左右，所以古代有"用龟支床足"的故事（《史记·龟策列传》）。以后《女史箴图》和北魏司马金龙墓木板漆画上的床都升高了。唐代的床，在日本正仓院里藏有圣武天皇的"御床二张"，见日本天平胜宝八年（765）的《东大寺献物帐》，惜已失去。但在敦煌壁画的所谓《得医图》（窟号217）、《帷屋闲话图》（窟号85）、《战争图》（窟号12），传为阎立本画实为后人摹本《帝王图》的陈文帝像和陈废帝像，日本教王护国寺藏李真画的《不空金刚像》，以及传为顾恺之实为唐人画后人所摹的《洛神赋图》里还可看到，形式都一致，即：（1）略带长方形。（2）高度和现在的床差不多。（3）床面中间一块大木板，四边镶以木条，和旧式八仙桌的桌面做法一样（这在《不空金刚像》上看得特别清楚）。（4）床腿不是四条而是八条，大的在八条以上，而且每条腿的边不作直线而是弧形，看起来很美观且有坚实之感。（5）为了防止腿的松散，现在的木制桌椅往往用木条在腿的中部联结起来以加固，唐床也用木条联结腿部，但联结在最下端，也颇有坚实之感（见图一，采自《不空金刚像》）。

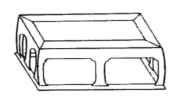

图一　床

这些唐床有大小两种。大的如《得医图》《帷屋闲话图》上的可以坐几个人，唐姚汝能《安禄山事迹》所记唐玄宗赏赐安禄山的东西中有"白檀香床两张，各长一丈阔六尺"，"贴文牙床一张，各长一丈阔三尺"，当是坐卧两用的。小的则只能坐一个人，只是坐具不是卧具。这在东汉时已如此。《释名》讲了床后又说："小者曰独坐。"可见当时已有专供一人独坐的小床。这种小床当然不能用来睡觉。就是大床虽然可坐可卧，也不一定都坐卧兼用。《晋中兴书》说："中宗既登尊号，百官陪列，诏王导升御床共坐"（《北堂书钞》卷一三三引）。《旧唐书·裴寂传》说："高祖视朝，必引与同坐。"这都是设在朝堂上的大床，当然不会兼充卧具。只有在内室里的如《得医图》上的大床才坐卧兼用。这种作卧具的床往往还有附加物，主要是屏风。屏风在古代有"连地屏风"和"床上屏风"两种（《御览》卷七〇一引《东宫旧事》），前者和今天的屏风一样立在地上，后者比较矮，专设于床上。这种"床上屏风"有的只设在床的背后一面，如《得医图》所绘，有的围到左右两侧甚至延伸至正面，如《女史箴图》所绘（此外所谓顾恺之画的《列女图》上席地而坐的人后面也有屏风，但屏风上画的山水已是南宋以后的画法，此图当出明人手，不敢置信）。卧床上还设有帐、帱、床幨等，当另作研究，这里从略（帐、帱、床幨的文献《御览》卷六九九所列略备）。

在《韩熙载夜宴图》里又是另一个情况。韩熙载是五代南唐的大臣，相传南唐后主派顾闳中偷看了韩家宴的情景而绘制此图，但后来的传本大都是南宋画院中人的手笔（见清初孙承泽《庚子消夏记》），清皇室《石渠宝笈初编》著录今藏故宫博物院并已影印复制的也是其中之一，因为图中所画"连地屏风"和"床上屏风"上的山水都是南宋时最风行的马远、夏圭一派的画法。只是图中人的坐法有些还是如汉画和《女史箴图》那样用膝着床的"跪"式或"跽"式，有的则如《洛神赋图》《帝王图》《不空金刚像》那样用臀着床而盘坐的一种"居"式，这都是先秦以来到唐代沿用的老传统坐法，而没有都画成垂脚着地的新式坐法，可见这个《夜宴图》不全出南宋人凭空杜撰，而是有五代北宋间的旧图为蓝本，画中的大批家具，可以作为晚唐五代时新型家具的标本。这里的床已都是大床（独坐的小床这时已变成椅，后面要谈），和唐前期不同之处是：（1）床腿都作直线条。（2）床下四周围以木板。（3）床上屏风已固定在床上，和床连成不可分的一体（见图二）。

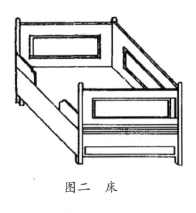

图二　床

三

　　和床关系最密切的是"榻"。《释名》在讲了床后接着说："长狭而卑曰榻，言其榻然近地也。"前面讲过，床最初也是卑矮近地的，后来床升高，才把没有升高的床另叫作榻。这种榻的特点是卑矮、狭小而且轻巧。《通俗文》说"八尺曰床"，"三尺五曰榻板"，可见榻比床狭小得多。谢承《后汉书》记"陈蕃为太守，不接宾客，唯〔徐〕稺来特设一榻，去则悬之"，又记"〔周〕璆来置一榻，去则悬之也"（《御览》卷七〇六引）。榻能悬挂，可见其轻巧程度。这种榻有两个用途：（1）和床同样作为坐具，除了陈蕃为徐稺、周璆特设坐榻外，还有皇甫谧《高士传》所记管宁"常坐一木榻，积五十余年，未尝箕股，其榻上当膝处皆穿"的有名故事（《三国志·魏书·管宁传》裴注引）。到唐代仍常有设榻备坐的事情，如"玄宗命太常韦縚读时令，……御宣政殿，侧置一榻，东置面案，令韦縚坐而读之"（《御览》卷七〇六引《唐书》）；又尝御勤政楼，为安禄山"置一榻坐之"（《安禄山事迹》）；"宰相元载等见中官传诏命至中书者，引之升政事堂，仍置榻待之，〔李〕岘宰相，令去其榻"（《旧唐书·李岘传》）。当然，由于榻狭长，也可以和大床一样权充卧具，如三国时简雍"性简傲跌宕，在先主坐席，犹箕踞倾倚，威仪不肃，自纵适，诸葛亮已下，则独擅一榻，项枕卧语"（《三国志·蜀书·简雍传》），说明坐榻也可横卧。但这究竟不是正常的情况，在正常的情况下睡觉总得用宽一点的卧床。（2）作为卧床前的脚垫。《释名》说："榻登，施之大床前小榻上，登以上床也。"这个"榻登"又作"毲毵"（《一切经音义》引《释名》），可见只是一种毛织物，它铺在大床前的小榻上，而这个小榻才是供上下床时垫脚之用。

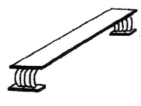

图三　榻

榻在古画中比较少见。《女史箴图》的施帐安屏风的大卧床前画有一张狭长且比床卑矮的家具，就是床前垫脚用的榻（见图三）。前面已说过，《女史箴图》虽号称东晋时顾恺之所画，实系后人摹本，图中床的床腿结构和《得医图》《不空金刚像》等唐画中的床腿结构完全相同，则床前的榻也可看作是唐代的形式。它的特点是：（1）榻面的板很薄，不像床那么厚重。（2）不用四条腿或六条八条腿，而在榻面的两端用若干弧形的细木板作为支柱，弧形细木板下端再用直木板联结加固，这样就既轻巧、又美观。

专作坐具的榻，在敦煌壁画的《宴会图》（窟号361）中可看到一种，榻面仍狭长但比较厚，支柱改用四条直腿，腿之间用木条联结（见图四），能坐四五个人，和今天的长凳差不多，不像《女史箴图》上的那么轻巧。《宴会图》是晚唐的作品，这种坐榻应是后起的式样。

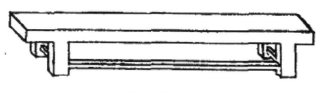

图四　榻

由于榻和床同是坐具，床又是卧具而榻也可横卧，因此很早就常以床、榻并称。如《初学记》把榻并在床这个类目里，《太平御览》把床、榻两个类目安排在一起。到后世床、榻之成为同义词，其原因也在于此。

四

以上的坐具和坐法都是先秦以来的老传统，宋以来通行的坐具和坐法则在很大程度上受了西北少数民族的影响。古代称西北少数民族为胡，把从西北少数民族那里传进来的东西都加个"胡"字，其中就有"胡床"这种家具。根据可靠的文献，这种胡床最迟在东汉末年灵帝时就传进黄河流域（《风俗通》《后汉书·五行志》），西晋时"贵人富室"已"必蓄其器"（《晋书·五行志》），东晋南北朝时的史书里提到胡床之处就更多，一般都在行军作战（《三国志·魏书·武帝纪》注引《曹瞒传》，《晋书·戴若思传》《张重华传》《苏峻传》，《魏书·秃发乌孤传》，《南齐书·柳世隆传》，《梁书·杨公则传》《韦放传》《王僧辩传》）、打猎（《北堂书钞》卷一三五引《魏略》）以及其他室外活动时使用（《晋书·王恺传》《王恬传》《桓伊传》，《魏书·裴粲传》《尔朱弼传》，《南齐书·张岱传》）。它只供一个人坐，轻便，不用时可以挂起来，易于携带。大概西北少数民族习惯于游牧而很少定居，不宜用重且大的床、榻，因而创造了便于携带的胡床，所以传进中原后起初也用之于野外，以后才逐渐用之于室内。经过隋、唐、五代到宋代这种胡床仍是常用的坐具，不过因为已长时间为汉族所用，所以有时也就它的形制称之为"绳床""交床"或"交椅"（宋王观国《学林》、程大昌《演繁露》）。《安禄山事迹》所记赐物中有"白檀香木细绳床一张"，《旧唐书·穆宗纪》更记载长庆二年十二月辛卯"上于紫宸殿御大绳床见百官"，说明这种新式坐具已不仅常在室内使用，且出现于庄严的朝堂之上了。

胡床结构的特点，南朝萧梁庾肩吾《赋得咏胡床诗》里有两句讲得很形象，即所谓"足欹形已正，文斜体自平"（《艺文类聚》卷七〇引）。这就是说，胡床的特点在腿，一般床的腿是垂直的，而胡床是欹斜的，靠欹斜的腿把床面支平正。元胡三省在《通鉴》注里更对交床即胡床作了详细的剖析："交床以木交午为足。足前后皆施横木，平其底，使之错地而安。足之上端其前后亦施横木而平其上，横木列窍以穿绳条，使之可坐。足交午处复为圆穿，贯之以铁，敛之可挟，放之可坐。以其足交，故曰交床"（《通鉴》卷二四二，案胡氏误分绳床、交床为二物，解释绳床虽有错误，剖析交床则很精确）。今天的软面折叠椅当就是其遗制。这种交床即胡床在唐画中尚未找到，但南宋赵仲僩所画《五王熙春图》中还有一具（见图五，不过床面不用绳而用布或皮），推想唐代的也应基本上是这个样子，最多在细节上如靠背部分有点出入（赵图的靠背与《韩熙载夜宴图》中的椅的靠背很相像，可能是晚唐、五代以后的式样）。

图五　胡床

前面说过，从先秦以来通行的坐法是跪式、跽式或居式，到用床榻为坐具后仍是如此，垂脚着地的坐法被认为不礼貌。但胡床因为是软面不便跪、跽或居，所以少数民族坐胡床都是垂脚着地。由于胡床的普及，而且垂脚着地的坐法一般要比跪、跽、居式舒适些，因此坐法也随之而逐渐起变化。到五代、宋时垂脚着地已成为普遍通行的坐法，到今天依然如此。

图六　倚子

胡床之轻便可折叠本为野外使用的方便，在室内使用就不一定要这样，四条垂直固定的腿总比交叉折叠式要稳固些结实些，因此后来又参考床腿的式样，把胡床的四条交叉腿改成四条垂直固定的腿，这就成为今天最通行的坐具——椅子。椅子最初作"倚子"，唐德宗贞元十三年所立《济渎庙北海坛祭器碑》碑阴所列的器物中就有"绳床十，内四倚子"（《金石萃编》卷一〇三，又《安禄山事迹》所记赐物中有"银平脱胡平床子二"，胡床加一"平"字，可能已是固定式的倚子，但尚无确证）。这倚子就可能是腿改为固定式的绳床，所以要注明以区别于一般绳床。至于为什么叫倚子，当是因为有个靠背可以倚靠的缘故。到五代、北宋初，这种倚子更风行起来，而且因为这是木制家具，把"倚"改写成"椅"（见《新五代史·景延广传》、北宋人撰《丁晋公谈录》"周世宗时窦俨侍郎"条、南宋初王铚《默记》"南唐李后主"条）。《韩熙载夜宴图》中的坐具就都是这种倚子（见图六），说明五代末年这种新坐具确已十分风行。

五

古代席地而坐以及坐卑矮的床、榻时，当然不能用像今天这样高的桌子。当时用的叫"几"。在西周的文献《尚书·顾命》里就有"凭玉几"的话。不过一般都应是木制，如《礼记·曲礼》说："乘必以几。""谋于长者必操几、杖以从之。"只有用木制而且很轻巧才有可能随意搬动携带，因此有时也写成"机"。最初大概是贵族及有身份的长者坐前放个几,以便伏在几上休息,这种姿态就叫"凭几"或"隐几"。以后当逐渐普及。这时也有专用几来搁置东西的,所以《释名》解释"几"说:"几,庋也,所以庋物也。"《晋书·张华传》说张华"雅爱书籍,身死之日,家无余财,惟有文史,溢于机箧",《刘琨传》说"文案盈机",唐韦应物《燕居即事》诗中说"几阁积群书,时来北窗阅",都是用几来堆放书籍文案的例子。至于用餐、读书、写字、办公之用几,就更不言而喻了。《南史·沈麟士传》说他"恒凭素几,鼓素琴",可见琴也可放到几上来鼓弹。

图七　几

这种几是什么样子?从琴可放到几上这点可见几一定比较长。传为王维的《伏生授经图》里画伏生席地而坐,凭几授经,所画的几是一块长木板,两端各用几条弧形的曲木并列作为腿,末端又用木条联结加固(见图七)。腿的这种做法和《女史箴图》里榻的腿很相像,榻这样做是图轻巧美观,几这样做当也是出于同一目的。当然,这张图只是传为王维所画,很可能是后人的摹本,会不会后人不是临摹而是出于杜撰呢?我认为不至于。因为日本学者当年在朝鲜乐浪故址发掘汉代的墓葬,在所谓"乐浪彩箧冢"和"乐浪王光墓"中都发现有几,其形状正和《授经图》相符(只是两端的腿各为五条而不是四条，腿下联结的木板做成波浪形式，见当年朝鲜古迹研究会出版的《乐浪彩箧冢》和《乐浪王光墓》两书图版，日本学者把彩箧冢里的一张错释为"大形涂木案"），可见这至少是自汉代以来相沿用的式样，到唐代还是如此，《授经图》如出后人之手也应是一个忠实的摹本。晋人撰《语林》的某个故事中讲到几的基本形制是"直木横施，植其两足"（《御览》卷七一○引），不说四足而说两足，也是一个很好的例证。

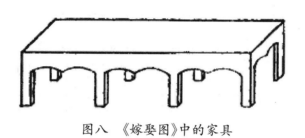

图八　《嫁娶图》中的家具

坐床、榻成习惯后几怎么办？如果是大床可以把几放到床上，就像今天北方农村的炕桌一样。传为南唐卫贤的《高士图》就画梁鸿坐在床上，床上再放一个几，这几的形制和《授经图》里的差不多，也许是按唐、五代时的实物描绘。至于在单人坐的小床以及长条的榻前如何放几，是否把

图九　卓子

几加高些，则文献和唐画里都无可查考。在晚唐、五代的敦煌壁画上则另出现一种新的式样，前面讲榻时引用过的晚唐《宴会图》（窟号361）以及另一五代时的《嫁娶图》（榆林窟·窟号38）上都画有这种新式样的家具，它比几要长要高，每边有四条或四条以上的直腿，但腿与面之间接有一条波浪形的边，显系从床的形式蜕化而来（见图八，据《嫁娶图》临摹）。家具面上放着食物，有好几个人垂脚并坐在长凳式的榻上（即图四所摹绘）准备进食。这种家具不知仍叫几还是另有新名称。到了《韩熙载夜宴图》上则已都是一个长方面、四条直腿，腿之间用几根细木条作为横档以联结加固，和今天的桌子没有多大区别（见图九）。这种形式的家具在敦煌唐画《屠房》（窟号85）中已可看到，不过没有横档，且作为屠案，不像《夜宴图》中的已登大雅之堂。五代后唐时僧齐己的《白莲集》中有《谢人寄南榴卓子》诗，北宋初杨亿的《谈苑》中也有"造檀倚、卓"的记载，可见《夜宴图》上的这种家具已应叫"卓子"。为什么叫卓子，北宋末黄朝英《靖康缃素杂记》作了解释，认为"卓之在前者为卓"，也就是卓然直立在前面的意思。《杂记》又说"今人用倚、卓字多用木旁"，可见在北宋末卓子已多写作"棹子"，至于写成"桌子"则更是以后的事情。

附带说一下日本正仓院所藏的几。据正仓院藏品的摄影图录《东瀛珠光》（1910年日本宫内省版）所载，中仓下层藏有若干张名为"几"的家具，有"苏芳地彩绘箱及苏芳地金银绘花形方几"（第一六八）、"绿地彩绘箱及粉地花形方几"（一七〇）、"黄杨木几"（一八二）、"黑柿苏芳染金绘长花形几"（一八三）、"白地金银绘八角长几"（一八四）、"粉地银绘花形几"（一八五）、"粉地彩绘几"（一八六）、"粉地彩绘八角几"（一八七）、"粉地木理绘长方几"（一八八）、"彩绘长花形几"（一八九）、"苏芳地六角几"（一九〇）。除头两张实际是木箱的座架外，其余多是花形、六角形、八角形，没有一张和传统的作长形的几相似，不像是放在座位前和今天的桌子起着同样作用的家具。而且上述这些名称不见于《东大寺献物帐》等原始文书，当出于后人所拟，其本来名称是不是"几"还可研究。

六

最后谈一点唐代家具的文饰。

唐代的高档家具上是有文饰的。这可以从三方面得到证实：（1）首先文献记载上就提到，唐以前如曹操《上杂物疏》中有"上车漆画重几"（《御览》卷七一〇引），《邺中记》说"石虎御座几悉漆雕，尽皆为五色花"（同上），《北齐书·武成胡后传》有"宝装胡床"。唐代则如《安禄山事迹》所记赐物有"贴文牙床""贴文柏床""银平脱胡平床子"。苏鹗《杜阳杂编》所记妓女石火胡演出百戏的道具有"朱画床子"。（2）日本正仓院所藏盛唐时的工艺品很多都有文饰。其中"木画紫檀棋局"（《东瀛珠光》第四三）、"木画紫檀双六局"（四五）、"木画螺钿双六局"（一七六）、"沉香木画双六局"（一七七）、"紫檀木画双六局"（一七八）的形制，和敦煌《得医图》、李真《不空金刚像》等唐画中的床极为相似，而这几具木局上就都有精致的文饰。（3）唐画中的家具有的也画出文饰，如《不空金刚像》的坐床四周就加有彩绘，其他未加彩绘的转可能是作画时所省略。例如《帝王图》中陈文帝和陈废帝的坐床就只涂红色而无彩绘文饰，皇帝的坐床不见得比不空这个和尚的更朴素，如不是作画时省略就不好理解。

唐代木制工艺品的文饰，据正仓院藏品及其他文献来看，大体有四种：（1）金银泥绘和其他彩绘。如正仓院的"朽木金绘木理箱"（一六二）、"碧地金银绘箱"（一六三、一六四）、"苏芳地金银绘箱"（一六五、一六六、一六七）、"黄杨木金银绘箱"（一六九）、"黑柿苏芳染金银绘箱"（一七一）、"金银绘杉棋子合子"（一八〇）、"苏芳地金银绘笼箱"（一八一）、"黑添苏芳染金银绘如意箱"（二七七）、"沉香木绘箱"（一四九）、"密陀彩绘漆箱"（一五二、一五三、一五四）、"苏芳地彩绘箱"（一六八）以及前面提到的若干金银绘几、彩绘几。（2）木画。如正仓院的"紫檀木画挟轼"（八二）、"沉香木画箱"（一五〇、一五一）、"紫木画箱"（一五七）、"朽木木画箱"（一六〇）、"槟榔木画箱"（一六一）、"紫檀木画琵琶"（二九四、二九五）以及前面提到的木画棋局、双六局，《唐六典》记每年二月二日中尚署所进"木画紫檀尺"（卷二二）。（3）螺钿。如正仓院的"螺钿紫檀琵琶"（三四）、"螺钿紫檀阮咸"（三七）、"螺钿玉带箱"（一四五）、"玳瑁螺钿八角箱"（一五八）、"枫苏芳染螺钿琵琶"（二九三）《安禄山事迹》中的"瑞锦褾钿轴"。（4）平脱、平文。如正仓院的"金银平文琴"（三三）、"银平脱合子"（三一、三二、一一二），《安禄山事迹》中的"金平脱函""金平脱盒子""银平脱胡平床子"，《杜阳杂编》所说赐新安国寺的讲座、唱经座"研檀沉为骨，以漆涂之，缕金银为龙凤花木之形遍覆其上"，当也是平脱。《新唐书·肃宗纪》所载至德二载十二月戊午诏书中提出"禁珠玉、宝钿、平脱、金泥、刺绣"，正好反映出当时这类工艺品的风行。这些工艺文饰中，金银泥绘、彩绘和螺钿镶嵌今天仍有人在制作，不用多说。木画是在紫檀木或桑木上用染色象牙、黄杨、鹿角等做成花纹图案，现在日本还有类似的制品。平脱是用金银薄片剪成花纹图案，胶在器物上，再重重施漆，最后打磨光洁，使金银的花纹图案在平面上脱露出来，明初陶宗仪《辍耕录》所载鎗金银法（卷三〇）实即其遗法。至于叫平文的器具则比较少见，和平脱是否一回事，还是如日本广濑都巽所说"凡所嵌之金银片文漆后成为平面者为平脱，花纹浮出者为平文"（见傅芸子《正仓院考古记》，1941年日本文求堂版），尚待研究。

　　文饰的花纹图案也很复杂，有龙凤鸟兽花木等等，看《东瀛珠光》或《正仓院御物图录》（1928年日本东京帝室博物馆版）、《正仓院考古记》的图版就可知道。其中以蔓草式的所谓"唐草文"用得最多。这种唐草文可在整齐中寓变化，确实比较生动美观，某些比较讲究的唐碑碑侧也往往刻上这种图案作为装饰。

（原载《家具与生活》1981年第1、2期）

说饼——唐代长安饮食探索

写这篇文章，有几点要交代清楚。（一）《太平御览》卷八六"饮食部·饼"引《范子》说："饼出三辅。"可见长安地区的饼一向著名，谈古长安的饮食首先应该说饼。（二）饼在今天只是主食中不甚重要的一种，唐和唐以前却作为最重要的主食。这是因为"饼"的概念古今有所不同。今天的饼必是干的而且多数是扁而圆的，古代则不然。东汉许慎的《说文》在篇五下"麦部"里说："面，麦屑末也。""食部"里说："饼，面餈也。""餈，稻饼也。"用稻米制作的叫做餈，用麦粒研成面粉制作的就都叫饼，所以汉末刘熙的《释名·释饮食》篇里说："饼，并也，溲面使合并也。"并不论其形状与干湿。而在唐和唐以前，我国经济文化重心在黄河流域（从宋代开始，长江流域才后来居上），黄河流域适宜种植小麦，从而饼就成为当时最重要的主食。（三）这篇文章讲唐代长安的饼，却引用了许多唐以前的文献。这是考虑到唐代饮食文献，尤其有关长安的文献并不多，而饮食习惯又不一定随时间或地域而起变化。在时间上，自两汉历魏晋南北朝到隋唐的饮食习惯向来一脉相承。在地域上，长安既是当时的京城，黄河流域其他地区的饮食在长安城里肯定都会有，正如今天在北京可以吃到全国的名菜一样，何况长安夙以制饼著称。因此说唐代长安之饼而引用唐以前黄河流域的文献，似不能算离题。

当时的饼有哪些花式品种，像今天的食谱那样可分成几大类，唐代文献中无明文可稽。北魏贾思勰《齐民要术》卷九"饼法"篇中列举了好些饼的名目，但并不齐全，更没有分类。这里把它分做"蒸饼""汤饼""油饼""胡饼"四大类来讲，只是凭我个人的理解。

蒸饼。这应是最普及的一种饼。《御览》引《晋阳秋》："王欢耽学贫窭，或人惠蒸饼一颗，以充一日。"这种穷人吃的蒸饼大概用面粉发酵蒸熟就行了。富贵人吃的则有种种讲究。《初学记》卷二六"饼"引王隐《晋书》："何曾尊豪累世，蒸饼上不作十字不食。"《御览》引《赵录》："石虎好食蒸饼，常以干枣、胡桃瓤为心，蒸之使坼裂方食。"这种能坼裂成十字颇有点像今天的开花馒头，估计不可能太薄。石虎爱吃干枣、胡桃瓤心的蒸饼当是甜的。另外还有肉馅的，《初学记》《御览》都引有束皙《饼赋》，其中有"尔乃重罗之面，尘飞白雪，胶粘筋剿，溓液濡泽。肉则羊膀豕胁，脂肤相半，脔如蜿首，珠连砾散。姜枝葱本，萃缕切判，辛桂锉末，椒兰是畔，和盐漉豉，搅和胶乱，于是火盛汤涌，猛气蒸作，振衣振裳，握搦拊搏，面迷离于指端，手萦回而交错，纷纷驳驳，星分霭落。笼无迸肉，饼无流面，姝媠冽歘，薄而不绽，弱似春绵，白若秋练，气勃郁以扬布，香飞散而远遍，……三笼之后，转更有次"等等的铺叙。宋人程大昌《演繁露》卷五"不托"条认为这是讲汤饼，其实是讲肉馅的蒸饼，因为煮汤饼用不到笼，而这里有"笼无迸肉""三笼之后"等话，只有用在蒸饼上才合适。唐人的《次柳氏旧闻》里说肃宗为太子时割羊臂臑，"余污漫在刃，以饼洁之"，可见唐宫廷里常以蒸饼为主食，因为其他的汤饼、油饼、胡饼都是无法用来擦刀的。

今天的馒头或曰蒸馍，古人则写作"曼头"。束皙《饼赋》和《初学记》的"饼"类里都有"曼头"这个名目。束皙是晋人，《初学记》撰集者徐坚是唐开元时人，可见到唐代仍把曼头看成是饼的一种，也应属于蒸饼一类。

汤饼。这是用汤煮的面食，所以也叫"煮饼"。《汉书·百官公卿表》少府所属有"汤官"，据颜师古注就是专为皇帝供应饼饵的，其所供自当以汤饼为主。据《御览》引《李固别传》，东汉时的小皇帝质帝就是"食煮饼"时被人下毒毒死。束皙《饼赋》说："玄冬猛寒，清晨之会，涕冻鼻中，霜凝口外，充虚解战，汤饼为最。"可见汤饼是冬季大冷天的常食，所以《初学记》引崔寔《四民月令》要说："立秋无食煮饼及水溲饼。"而同书引范汪《祠制》规定"孟冬祭下水引"，这"水引"也就是"水溲饼"，是汤饼的一种。其做法则见于《齐民要术》"水引、馎饦法"条，是"细绢筛面以成，谓肉臛汁，待冷溲之，水引接如箸大，一赤（当作尺）一断，盘中盛水浸，宜以手临铛上接，令薄如韭叶，逐沸煮"，是一种用肉汁搅和面粉做成的汤面条。《御览》引庾阐《恶饼赋》的序文中说"臛鸡为饼"，赋里说："然后水引，细如委和綖，白如秋练，羹杯半在，财得一咽，十杯之后，颜解体润。"则是一种和鸡汁做成的汤面条或鸡肉汤面。

《齐民要术》"水引、馎饦法"中的"馎饦"，也是汤饼的一种，其做法是"接如大指许，二寸一断，着水盆中浸，宜以手向盆旁接，使极薄，皆急火逐沸熟煮，非直光白可爱，亦自滑美殊常"。可见是像今日汤面片那样的东西。汉人所撰《方言》卷一三所说"饼谓之饦，或谓之餦馄"，也就是这种东西，这在唐代又叫"不托"或"馄饨"，唐李匡乂《资暇集》卷下说"不托，今俗字有馎饦"，"馄饨，以其象浑沌之形"。则唐时馄饨已不像《齐民要术》中的馎饦是汤面片而近乎今天的馄饨，而且可能已包馅，因为不包馅的面团是不易煮熟的。

油饼。唐代著名佛教徒慧琳在所撰《一切经音义》卷三七释"麨麷"说："此油饼，本是胡食，中国效之，微有改变，所以近代亦有此名，诸儒随意制字，元无正体。"慧琳说得很对，在《齐民要术》里这种油饼就写作"餢飳"。其做法是："盘水中浸剂于漆盘背上，水作者省脂，亦得十日软，然久停则坚干。剂于腕上手挽作，勿着勃入脂，浮出，即急翻，以杖周正之，但任其起，勿刺令穿，熟乃出之，一面白，一面赤，轮缘亦赤，软而可爱，久停亦不坚。"可见是一种油煎饼。所谓"本是胡食"者，本来是西域兄弟民族所制作，传入内地而为汉人所喜爱。

油饼中还有"鸡鸭子饼"和"细环饼""截饼"，都见于《齐民要术》。鸡鸭子饼是用鸡蛋或鸭蛋"破写瓯中，少与盐，锅铛中膏油煎之，令成团饼，厚二分"，是否加面粉不清楚。"环饼一名寒具，截饼一名蝎子"，都是油煎的甜食，"皆须以蜜调水溲面，若无蜜，煮枣取汁，牛羊脂膏亦得，用牛羊乳亦好，令饼美脆。截饼纯用乳溲者，入口即碎，脆如凌雪"。唐李绰《尚书故实》中说："《晋书》中有饮食名寒具者，……是今所谓馓饼。"可见至少环饼（即馓饼）在唐代仍很流行。

胡饼。这也是西域的东西，《御览》引《续汉书》："灵帝好胡饼，京师皆食胡饼。"又引《魏志》"汉末赵岐避难逃之河间"，"又转诣北海"，"常于市中贩胡饼"。可见早在东汉这种胡饼就传入黄河流域。《通鉴》卷二一八天宝十五载六月乙未条说唐玄宗避安禄山叛军逃离长安后吃不上东西，"杨国忠自市胡饼以献"。日本僧圆仁在唐文宗时曾来长安，归国后所撰写的《入唐求法巡礼行记》卷三里说："开成六年正月六日立春节，赐胡饼、寺粥，时行胡饼，俗家皆然。"可见这种胡饼在唐代也流行于长安地区。《通鉴》胡三省注对这种胡饼有所解释，说："胡饼，今之蒸饼。高似孙曰：胡饼言以胡麻着之也。"说胡饼即蒸饼是错的，因为《齐民要术·饼法》里有"胡饼炉"这个名称，可见胡饼是放到炉里烤而不是放在笼上蒸，和蒸饼是完全不同的两种东西。但所引高似孙说则讲对了，《御览》引《赵录》说："石勒讳胡，胡物皆改名，胡饼……改曰麻饼。"可见胡饼面上确是敷有胡麻的。另外胡饼还有馅，传为五代时陶谷的《清异录》有这样的记载："汤悦逢士人于驿舍，士人揖食，其中一物是炉饼，各五事，细味之，馅料互不同。"这里的"炉饼"也就是胡饼的别名，以在炉里烤制而得名。

《齐民要术》有"作烧饼法"："面一斗，羊肉二斤，葱白一合，豉汁及盐熬令熟，炙之，面当令起。"这种饼虽然也烤炙，但不敷胡麻，所以叫作烧饼，以区别于敷胡麻的胡饼，此所以《一切经音义》在释粔籹而说到其他胡食要并列烧饼和胡饼。

《齐民要术》还有"髓饼法"，"以髓脂、蜜合和，面厚四五分，广六七寸，便着胡饼炉中令熟，勿令反复，饼肥美可经久"。也是胡饼的另一个品种。

以上四个种类的饼有两种创制于汉族，两种创制于西域兄弟民族，这也体现了汉族文化和兄弟民族文化的交流融合。

（原载《中国烹饪》1983年第10期）

后　记

　　先父黄永年教授离开我们已逾十八载，今逢先父一百周年诞辰，承蒙山西人民出版社之邀，我特将先父有关中古史（即南北朝隋唐史）的论文编为一书，名为《北朝隋唐史论集》。

　　先父自高中期间起就受学于国学大师吕思勉先生，此后又受教于顾颉刚、龙榆生、吕贞白、蒋天枢、胡厚宣及先外祖父童丕绳等国学大师和著名学者，曾先后就读于中央大学（1940—1945年南京部分）、光华大学、复旦大学。复旦大学毕业后，先父分配至上海交通大学任教，又于1956年随学校迁至是时经济文化相对落后的西安，除一度由于众所周知的原因被迫离开讲台，他一直秉承西北红烛精神，扎根西部，献身教书育人这一崇高的职业。先父一生研治中国古代史、古文献学，并涉及书法史、篆刻学与考古学等诸多领域，他学识渊博，著作等身。早年就读复旦大学期间即已撰写刊发学术论文，并在学术界产生了相当大的影响，直至去世前两三年还撰写刊发高学术水准的论文。他生平刊发的学术论文累计有数百篇之多，本书所选编的皆系他老人家撰写的有关中古史的论文，合计近六十篇。就其撰写刊发的时间来看，上至二十世纪四十年代后半叶，下至本世纪初先父去世前几年。为便于读者阅读，经反复斟酌，特将本书分为上下两册。另外，原先各篇论文中标点符号及注释体例不一，在此按今通行的使用方法做了统一。这样做既方便了读者的阅读，更重要的是冀望读者能更明晰地了解先父早年的治学经历和文笔特征。而有关本书的学术研究精髓贾二强教授在序言中已有详细介绍，故不在此赘述。

　　在此首先感谢先父早年学生、我的恩师贾二强教授为本书撰写了举要先父学术蕴涵且情真意切的序言，也感谢先父的高足王其祎兄为本书题写了书名，这些都为本书增色甚多。

　　最后，要感谢山西人民出版社梁晋华总编辑的支持，感谢责任编辑崔人杰、张志杰在选题立项及具体编校过程中所付出的艰辛！先父诸多门下弟子对本书的编辑出版给予了关注和帮助，我的学生葛洲子、吕志学等为本书校勘也付出辛劳，在此一并致以谢忱！

黄寿成　谨记
二〇二五年元月